Einlesen, eindenken, vorbereiten
Ägypten verstehen
Papierkram, Literatur, Preise
Fortbewegen, Übernachten, Essen

2 Land, Leute und Vergangenheit
Landschaft, Staat, Menschen
Islam, koptische Christen
Längste Vergangenheit der Welt

3 Alexandria, Mittelmeerküste, Nildelta
Alexandria, Mittelmeerküste
Oase Siwa
Nildelta

4 Kairo und Umgebung kennenlernen
Modernes Kairo, Altstadt
Pyramiden
Halboase Fayum

5 In Kairo zurechtkommen
- Praktische Informationen -
Verkehr, Shopping, Nightlife
Restaurants, Hotels

6 Im Niltal von Kairo nach Abu Simbel
Kairo - Luxor
Luxor und Theben-West
Luxor - Assuan - Abu Simbel

7 Die Libysche Wüste und ihre Oasen
Oasen Bahariya, Farafra, Dakhla, Kharga
Weiße Wüste
Libysche Wüste

8 Suez-Kanal-Gebiet, Rotes Meer
Suez-Kanal und Kanalstädte
Suez - Hurghada - Marsa Alam
Verbindungsstraßen zum Roten Meer

9 Sinai
Sharm el Sheikh, Dahab, Nuveiba
Katharinenkloster und Hochsinai
Nordsinai, Trekkingtouren

10 Anhang
Glossar, Mini-Sprachführer
Index
Schreiben Sie uns bitte

Inhalt auf einen Blick

www.reise-know-how.de

Aktuelle Reisetipps und Neuigkeiten,
Ergänzungen nach Redaktionsschluss,
Büchershop und Sonderangebote,
weiterführende Links
zu den Büchern der Reise Know-How Reihe
finden Sie unter obiger Adresse im Internet,
spezielle Infos zu den Tondok-Reiseführern und -gebieten
www.tondok-verlag.de

Wil und Sigrid Tondok

Ägypten individuell

Reisehandbuch zum Erleben, Erkennen und Verstehen
eines fantastischen Landes

Durchsicht der altägyptischen Themen:
Sylvia Schoske, Museum Ägyptischer Kunst München
Dietrich Wildung, Ägyptisches Museum Berlin

IMPRESSUM

Wil Tondok
Ägypten individuell
erschienen im
Reise Know-How Verlag München

© Alle Rechte vorbehalten
Wil Tondok
Nadistraße 18
D-80809 München
info@tondok-verlag.de
www.tondok-verlag.de

ISBN 978-3-89662-475-8
17. neubearbeitete, aktualisierte Auflage 2009
Erstauflage Oktober 1983

Gestaltung und Herstellung
Umschlagkonzept: Manfred Schömann, Köln, Peter Rump, Bielefeld
Realisierung: Michael Luck
Inhalt: Wil Tondok, Christa Epe
Lektorat: Christa Epe
Druck und Bindung: Media-Print Informationstechnologie GmbH, Paderborn

Fotonachweis
Alle Fotos Christa Epe, außer:
Mohamed Khalifa: S. 311,
Sigrid Tondok S. 23, 84, 123, 131, 211, 227, 234, 239, 251,267 (links), 279, 381, 323, 375, 385, 415,477, 527, 538 (links), 539 (links), 541, 548, 556, 639, 643, 645, 664
Wil Tondok 121, 179, 207, 231, 243, 257, 259, 264, 265, 308, 369, 381, 388, 389, 391, 407, 409, 411, 420, 423, 428, 437, 461, 505, 507, 513, 684
Dietrich Wildung S. 387
Umschlagfotos Sigrid Tondok, außer 1. Umschlagseite: Ramose-Grab, Theben-West; Fotoalia/Ludovic Lan

Dieses Buch ist in jeder Buchhandlung der BRD, Österreichs, der Niederlande und der Schweiz erhältlich. Auslieferung für den Buchhandel: Prolit Verlagsauslieferung GmbH, 35463 Fernwald sowie alle Barsortimente (BRD), AVA-buch 2000, CH-8910 Afoltern (Schweiz), Mohr Morawa GmbH, A-1230 Wien (Österreich), Willems Adventure, Postbus 403, NL-3140 AK Maassluis (Niederlande).

Alle Informationen in diesem Buch sind mit großer Sorgfalt gesammelt und vom Lektorat gewissenhaft überprüft worden. Da inhaltliche und sachliche Fehler trotzdem nicht ausgeschlossen werden können, erklärt der Verlag, dass alle Angaben im Sinne der Produkthaftung ohne Garantie erfolgen und dass Verlag wie Autor keine Verantwortung für inhaltliche sowie sachliche Fehler übernehmen.

Vorwort eines Ägyptenkenners

Nicht nur wegen seines Titels „Ägypten individuell" gehört dieser Führer ins Reisegepäck eines jeden Ägyptenfahrers. Die Fülle der praktischen Informationen findet sich nirgendwo sonst, und einzigartig ist auch, dass die beiden Autoren fast alles aus eigener Erfahrung berichten und von Auflage zu Auflage aktualisieren. So ist ein Reisehandbuch entstanden, das an Vollständigkeit und Präzision seinesgleichen sucht.

Was aber jeder Benutzer dieses Führers schon nach wenigen Minuten der Lektüre spüren wird, ist die tiefe Sympathie der Autoren für Ägypten und die Ägypter. Das heutige Ägypten bleibt nicht Staffage für die Altertümer, sondern es wird in seinem offen, aber einfühlsam geschilderten Anderssein selbst zu einem Erlebnis und zur bleibenden Erfahrung.

Für Ägypten-Neulinge und für alte Profis ist dieser Führer in gleicher Weise informativ und anregend - ich kann mir kein anderes Buch vorstellen, das den Aufenthalt in diesem herrlichen und schwierigen Land mehr erleichtern und intensivieren könnte.

Prof. Dr. Dietrich Wildung
Direktor des Ägyptischen Museums, Berlin (SMPK)

Zu diesem Buch

1983 brachten wir einen Ägypten-Führer für Individualisten heraus, dessen Untertitel „Erleben, Erkennen, Verstehen" einen Anspruch anmeldete: Wir wollten den Lesern sowohl die Sehenswürdigkeiten als auch die Menschen und das heutige Leben in Ägypten näherbringen; das ist auch mit dieser Auflage unser Anliegen. 1985 passten wir die Umschlaggestaltung der von uns mitgegründeten Reise-Know-How-Reihe an und tauften das Buch in „Ägypten individuell" um. Mit jeder Auflage wuchsen Umfang und Informationsfülle. Auch die jetzt vorliegende 17. Auflage ist wiederum durchgehend aktualisiert und inhaltlich erweitert.

Die Ägyptologen Dr. Sylvia Schoske und Prof. Dr. Dietrich Wildung überarbeiteten die Teile, die sich mit altägyptischen Themen beschäftigen und setzten die Schwerpunkte so, dass der Laie einen besseren Überblick gewinnt. Es wird jeder, der sich als Amateur in die ägyptische Historie einarbeitet, verstehen, dass wir für derart kompetente Unterstützung sehr dankbar sind. Darüber hinaus freut uns natürlich die Anerkennung durch erfahrene Ägyptenkenner.

Herzlich bedanken möchten wir uns bei den vielen Lesern, die uns schrieben und uns neue wertvolle Informationen lieferten. So können wir die Recherchen unserer vielen eigenen Ägyptenreisen mit den Erfahrungen unserer Leser ergänzen und dieses Buch so aktuell wie nur irgend möglich halten.

Noch ein paar Worte in eigener Sache. Im September 2002 erlag Sigrid, meine Frau und Reisegefährtin auf fast 40 Jahren Lebens- und Reiseweg ihrem Krebsleiden, zwei Wochen vor ihrem 60. Geburtstag. Uns hatte gerade das Unterwegssein zu einer Partnerschaft zusammengeschweißt, die von dieser Droge nicht lassen konnte. Unsere Lebensinhalte und -ziele richteten sich daran aus. Die glücklichsten Stunden erlebten wir unterwegs. In den 1970er Jahren gaben wir unsere beruflichen Karrieren auf, verkauften Hab und Gut und reisten in einem VW-Camper drei Jahre um den Globus. Daraus entstand unser erstes Buch "Im VW-Bus um die Erde". Bald nach der Rückkehr gingen wir für die UNO nach Pakistan, auch das eine interessante Erfahrung. Danach bereisten wir noch ausgiebig Nord- und Westafrika, bevor uns berufliche Verpflichtungen endgültig an Deutschland banden.

Der Aufbau einer weltweit tätigen Servicefirma war zwar auch mit Reisen verbunden, allerdings unter anderen Vorzeichen. Für längere Trips blieb keine Zeit mehr. So konzentrierten wir uns auf das relativ nahe gelegene Ägypten, das wir bei mindestens jährlichen Besuchen wirklich kennen und darüber hinaus sehr lieben lernten: Ägypten wurde uns zur zweiten Heimat.

Ganz besonders möchte ich wieder Christa Epe danken, die dieses Buch lektoriert und mich bei der Herstellung mit ganzer Kraft unterstützt hat. Ebenso gilt mein Dank Susanne Mlasko sowie Mohamed Khalifa in Kairo für die tatkräftige Hilfe vor Ort.

Ich wünsche Ihnen so viel Freude bei Ihrem Besuch, wie ich sie jedes Mal erlebe, wenn ich ägyptischen Boden betrete.

Wil Tondok

PS. Manchmal denke ich, dass ich langsam alt genug bin, mit dem Büchermachen aufzuhören. Andererseits macht das Reisen, Recherchieren und Schreiben nach wie vor so viel Spaß, dass die Zukunft noch offen bleibt. Dennoch verabschiede ich mich schon mal und wünsche allen Lesern wunderschönes Reisen - wohin auch immer.

Gebrauchsanleitung für *Ägypten individuell*

Wie immer man einen Reiseführer entwirft, dem Benutzer wird Vor- und Zurückblättern leider nicht erspart bleiben. Wir bemühen uns, dies so gering wie möglich zu halten.

Kurz zum prinzipiellen Aufbau: *Kapitel 1* informiert Sie über Vorbereiten, Ankommen und Zurechtkommen in Ägypten, *Kapitel 2* über Land, Leute und Vergangenheit. Mit *Kapitel 3* beginnt das Reisen in Ägypten. Die Beschreibungen folgen dem System Nord nach Süd, mit Ausnahme des Sinai. Zunächst besuchen wir Alexandria und die Mittelmeerküste einschließlich der Oase Siwa, dann geht es über Kairo *(Kapitel 4 und 5)* immer am Nil entlang *(Kapitel 6)* bis nach Abu Simbel. In *Kapitel 7* fahren wir über die Oasen der Libyschen Wüste nach Luxor. In *Kapitel 8* folgen wir der Rotmeerküste über Hurghada bis fast zur Sudan-Grenze nach Süden. *Kapitel 9* gehört, nach unserem Wissen, zu den derzeit ausführlichsten deutschsprachigen Sinaiführ-

Abkürzungen

Bei **Abfahrtszeiten** von Bussen, Zügen etc. verzichten wir auf die stereotype Wiederholung xx Uhr; wenn dort also 17.00 steht, so ist immer 17.00 Uhr gemeint.

Öffnungszeiten und Eintrittspreise von Museen sind wie in dem folgenden Beispiel angegeben: (9-14, F 9-12, £E 2). Die erste Zahlengruppe bezieht sich auf die normale Öffnungszeit, also hier 9–14 Uhr. „F" gibt die Öffnungszeit für freitags an. Der Eintritt beträgt £E 2.

Um Ihnen Entscheidungshilfe bei der **Auswahl der vielen Sehenswürdigkeiten** zu geben, klassifizieren wir sie mit einem Stern-System:

Wir meinen, dass man an
****auf keinen Fall vorbeigehen sollte, dass
***eine wertvolle Bereicherung darstellen,
**ebenfalls den Besuch lohnen.
Aber auch um die Sehenswürdigkeiten, die nur mit * bewertet sind, würde man sich in vielen anderen Ländern noch reißen...

Allgemeine Abkürzungen
AC – Aircondition
Jh – Jahrhundert
£E – Ägyptische Pfund
Md – Midan (Platz)
pP – pro Person
Pt – Piaster
Sh – Sharia (Straße)
Std – Stunde
nC – nach Christi Geburt
vC – vor Christi Geburt

Bei Hotelangaben
ang – angenehm
B – Bad
D – Doppelzimmer

Dorm – Dormitory (Mehrbettzimmer ab 3 Betten)
E – Einzelzimmer
einf – einfach
einger - eingerichtet
empf – empfehlenswert
F – Frühstück
fr – freundlich
gr – groß
gu - gute/r/s
hb – hilfsbereit
HP – Halbpension
Kü – Küche, Kochgeleg.
Kschr – Kühlschrank
la – laut
li – links

mä – mäßig
mF – mit Frühstück
ni – nicht
re – rechts
rel – relativ
Rest – Restaurant
ru – ruhig
sa – sauber
se – sehr
Terr - Terrasse
tlw – teilweise
unfr – unfreundlich
Ven – Ventilator
VP – Vollpension
wW - Warmwasser

> **Bitte berücksichtigen Sie:**
> **Viele Preisangaben in diesem Buch unterliegen massiver Inflation!**

Gebrauchanleitung für *Ägypten individuell*

rern. Im Anhang, *Kapitel 10*, sind Glossar, Index und ein Mini-Sprachführer zusammengefasst.

• Sie halten sowohl einen **historischen** als auch einen für **individuelles Reisen** konzipierten Führer in der Hand. In Erweiterung früherer Auflagen haben wir sehr detaillierte und örtlich möglichst genaue Beschreibungen der meisten historischen Plätze aufgenommen

• **Wir wenden uns an jeden**, der in Ägypten herumreist: mit öffentlichen Verkehrsmitteln, in organisierter Gruppe, mit Auto, Motorrad oder Fahrrad.

• In den Reisekapiteln steht nach jedem Ort eine **km-Angabe** für die Entfernung zum nächsten erwähnten Punkt. Diese unverbindliche Angabe soll nur eine Orientierung sein, damit man sich über Zeitbedarf etc. klar werden oder als Selbstfahrer Ziele leichter finden kann.

• In jedem Kapitel finden Sie eine Übersicht „**Sehenswertes**", damit Sie auf einen Blick feststellen können, was die Besichtigungsmühe lohnt.

• Alle wichtigen **praktischen Informationen** sind durch blaue Schrift oder - wie die meisten Restaurants und Übernachtungsmöglichkeiten - durch blaue Kästen hervorgehoben.

• Ein sehr detaillierter **Index** sowie viele **Querverweise** sollen Ihnen helfen, schnell die gewünschte Information zu finden.

• In den letzten Auflagen konnten viele **Karten und Pläne** anhand von eigenen GPS-Daten und von Satellitenkarten überarbeitet werden und damit der Wirklichkeit näher gebracht werden, um die Defizite der in Ägypten erhältlichen Vorlagen zu beseitigen. In vielen Fällen zählen diese neuen Karten zu den genauesten, die derzeit publiziert werden.

• Die **Nummerierungen in den Plänen** laufen - soweit möglich - stets von oben links nach unten rechts.

• Wenn keine **Straßennamen** vermerkt sind, so sind uns keine bekannt. Die Schreibweise der relativ wenigen lesbaren Straßenschilder kann sich von unserer Schreibweise unterscheiden, weil es keine einheitliche Transkription gibt.

• Häufiger werden Sie im Text **GPS-Daten** finden, die wir entweder selbst ermittelten oder die uns von Lesern mitgeteilt wurden. (Beispiel: N27°04,97' E28°12,04'; Achtung, Sekunden sind dezimal als Minuten angegeben). Bitte verwenden Sie diese Informationen mit der gebotenen Skepsis; es können sich Ablese- wie auch Übertragungsfehler eingeschlichen haben.

• Da die **Schreibweise vieler Straßen- oder Ortsnamen** gewaltig variiert (z.B. verbirgt sich hinter Melaui und Mallawi derselbe Ort), entschieden wir uns jeweils für die Variante, die uns am gebräuchlichsten erschien; häufig die englische Version, vielfach auch im Deutschen eingebürgerte Namen.

• Alle Informationen entsprechen dem uns bei **Redaktionsschluss** Ende November 2008 bekannten Stand. Wenn Sie genauere, aktuellere oder nützlichere Angaben machen können, teilen Sie uns **Ihre Erfahrungen** bitte - so frisch wie möglich - mit. Am Buchende finden Sie einen Vordruck dafür. Als Dankeschön schicken wir Ihnen dann ein Buch aus unserem Programm (siehe Seite 706).

Achtung, allerletzte Meldung:

Ganz kurz vor Druckbeginn erhielten wir von unserer in Luxor lebenden deutschen Informantin die folgende Meldung: „Am 2.12.08 wurden die

Konvois von und nach Assuan sowie Hurghada eingestellt.

Man wird zwar an den Checkpoints kontrolliert, kann sich aber frei bewegen. Einzige Einschränkug: Man muss bis Sonnenuntergang sein Endziel erreicht haben."

Gefahr durch Terroranschläge?

Seit dem Anschlag auf das World Trade Center in New York leben wir in einer veränderten Welt, in der die Medien leichtfüßig Islam und Terror, sogar auch Araber und Terror gleichsetzen.

Wir wollen hier auf die Verallgemeinerungen eingehen; denn wie schon seit Jahrzehnten schaut die westliche Welt geflissentlich an der Hauptursache vorbei, oder zumindest der Ursache, die allen Scharfmachern im Nahen Osten gerne als Rechtfertigung dient.

Der tiefere Grund liegt in Palästina, wo Generationen von Menschen unter demütigenden, verzweifelten Umständen herangewachsen sind. Jede Hoffnung auf eine gerechtere oder nur bessere Zukunft wurde stets aufs Neue zerstört und schließlich bleibt keine Hoffnung. Dieses Problem verdrängen wir alle, die Schutzmacht der einen Seite ist besonders im Wegschauen geübt. Solange die westliche Welt den aus ihrer Heimat vertriebenen Palästinensern – deren Lebensraum durch immer neue israelische Siedlungen ständig weiter eingeengt wurde – nicht zu ihrem Recht, zumindest aber einem fairen Kompromiss verhilft, wird es keinen Frieden geben, werden Terroristen immer wieder Argumente und Anlässe für Anschläge finden.

In der nahen und mittleren Zukunft werden wir mit mehr Gefahren leben müssen als in der Vergangenheit. Selbst wenn man die Drahtzieher des internationalen Terrorismus dinghaft machte, wird es genug Nachfolger, Nachahmer und Trittbrettfahrer geben, bis sich die emotional so aufgeheizte Situation beruhigt haben wird. Dennoch glauben wir, dass Ägypten auch künftig als eins der sicheren Nahost-Länder gelten wird. Denn, wie Präsident Mubarak mehrfach betonte, hat man schließlich bitterböse Erfahrungen mit Terrorismus machen müssen und ihn in großem Umfang eindämmen können, aber nicht besiegt, wie besonders die Anschläge auf dem als sicher eingeschätzten Sinai 2005 und 2006 zeigten.

Rufen wir uns in Erinnerung: Nach diversen Anschlägen seit 1992 schlachteten in einem grausamen Höhepunkt am 17. November 1997 fanatische Terroristen 57 wehrlose Besucher im Hatschepsut-Tempel in Luxor förmlich ab; heute meint man, dass auch dieser Anschlag Bin Ladens Erfindung sei. Das Schlimme damals: Das Massakrieren entspricht ganz und gar nicht der Mentalität der Ägypter, schon gleich nicht der Offenheit und Herzlichkeit der ländlichen Bevölkerung.

Drei Wochen nach dem Attentat verurteilten die politischen und militärischen Führer der Untergrundorganisation Gamaa Islamija den Anschlag und teilten mit, dass künftig keine Aktionen gegen ausländische Touristen mehr unternommen würden. Das hilft zwar den Todesopfern und Verletzten herzlich wenig, verspricht aber künftigen Besuchern eine Prise Sicherheit.

Seit dem Luxor-Attentat gingen die Anschläge auf Touristen drastisch zurück. Offizielle Stellen führen mehrere Gründe für den Erfolg an, deren Inhalt je nach Interessenlage differeriert. Aber letztendlich mag es die Summe aller Maßnahmen sein, die Ägypten wieder zu einem im weltweiten Vergleich sicheren Reiseland aufsteigen ließ.

Ein dichtes Netz aus sichtbaren und unsichtbaren Sicherheitskräften riegelt die touristischen Schwerpunkte quasi ab. Auch die Infrastruktur der Terroristen wurde ins Visier genommen sowie versucht, die Finanzquellen auszutrocknen. Ägyptische Gesprächspartner bestätigen denn auch häufig, dass die staatlichen Maßnahmen wirkungsvoll gegriffen hätten.

Tatsächlich spielt aber eine wichtige Rolle im Bewusstsein der Menschen, dass dieses grauenhafte Luxor-Attentat gegen alle Regeln eines muslimischen Gastgebers verstieß, wie

Gefahr durch Terroranschläge

Wie es weitergeht, ist derzeit nur schwer abzuschätzen. Viele Zeichen sprechen dafür, dass der Terrorismus im Land langsam abebbt und in der Bevölkerung keinen Rückhalt mehr findet. Doch die eigentlichen Ursachen, nämlich soziale Spannungen und Verarmung immer größerer Bevölkerungskreise, werden sich kaum zum Positiven ändern, ein Nährboden, wie geschaffen für Revolutionäre.

Dennoch betrachten wir in diesem Führer die Situation weitgehend so, als ob sie bereinigt wäre. Wir können nur schwerpunktmäßig auf die derzeit gefährdeten Gebiete aufmerksam machen, nicht aber die Lage für jeden Ort beschreiben. Andererseits wollen wir Ortsbeschreibungen nicht herausnehmen oder modifizieren, nur weil Städte wie z.B. Assiut oder Minia Hochburgen der Fundamentalisten sind und daher immer noch schwer zugänglich sind.

Wenn Sie sich als Individualtourist vorsichtig verhalten wollen, dann sollten Sie an die folgenden Punkte denken:

Vermeiden Sie Reisen im Niltal zwischen Minia und Qena; seien Sie vorsichtig im Fayum.

Verhalten Sie sich möglichst unauffällig, dies gilt besonders auch für weibliche Kleidung.

Erkundigen Sie sich vor Reiseantritt nach der aktuellen Situation, z. B. bei der Deutschen Botschaft bzw. beim Auswärtigen Amt unter Tel 01888170. Die Empfehlungen des AA liegen eher auf der vorsichtigen Seite. Auch im Internet (siehe Seite 44) informiert das AA über die Länder, in denen aktuell Gefährdung besteht.

Fahren Sie weniger mit den sogenannten Luxusbussen, lieber mit der einfacheren Ausgabe, in der sie unter sehr viel mehr Einheimischen sitzen. Nehmen Sie bei der Bahn nicht den Supersleeper, sondern die Züge 1. oder 2. Klasse (die außerdem viel billiger sind).

Hören Sie lokale oder auch internationale Nachrichten, um auf ein eventuelles Wiederaufflammen von Terrorismus reagieren zu können.

Wenn Sie die Schwerpunkte fundamentalistischer Aktivitäten in Mittelägypten meiden wollen, dann *fliegen* Sie von Kairo nach Luxor. Oder fahren Sie am Roten Meer entlang oder westlich des Niltals durch die Oasen nach Oberägypten.

Seit dem 11.09.01 habe ich insgesamt **viele Monate** in Ägypten verbracht, war mit öffentlichen Verkehrsmitteln, mit Mietwagen und dem eigenen Auto unterwegs – es gab **keinen einzigen Augenblick**, in dem ich mich unsicher oder gar bedroht gefühlt hätte.

Inhalt

Zu diesem Buch 6
Abkürzungen 7
Gefahr durch Terroranschläge? 9

Einlesen, eindenken, vorbereiten
Kommen Sie mit in den Orient 19
Ägypten verstehen 20
Was man falsch machen kann 22
Bakschisch........................ 26
Erste Eindrücke in und von Ägypten 27
Zum Thema Müll 28
Als alleinreisende Frau in Ägypten 29
Geschäft mit den Gefühlen argloser Urlauberinnen 31
Mit Kindern in Ägypten 32
Als Behinderte in Ägypten 33
Reisen mit Hund 33
Arbeiten in Ägypten 34

Reisevorbereitung
Wichtige Adressen 34
  Ägyptische diplomatische Vertretungen . 34
Papierkram (Visum, Impfungen etc.) 35
  Übliche Einreise 35
  Einreise von Israel/Libyen aus. 36
  Geldtausch 36
  Impfungen 36
  Bestimmungen für Autofahrer......... 37
  Einfuhr von Zweirädern 38
Literatur, Karten, Museen, Internet 39
  Zum Einlesen 39
  Über pharaonische Zeiten 40
  Museumsführer 41
  Bildbände....................... 41
  Englischsprachige Literatur, Sonstiges ... 42
Ägyptische Museen im deutschsprachigen Raum 43
Internetlinks 44
Kleidung, Ausrüstung 46
  Allgemeine Tipps.................. 46
  Tipps für Pechvögel................ 48
  Ausrüstung für Camper 48
  Ausrüstung für Wohnmobil-Fahrer 49
  Ausrüstung für Motorradfahrer 49
  Ausrüstung für Fahrradfahrer 49
Geld, Preise und Kosten 50
Reisezeit 52
Anreise 53
  Auf dem Landweg nach Ägypten....... 54
  Per Auto nach Ägypten 54
  Rabatte nutzen: teilorganisierte Reisen .. 55
  Spezialisten für Wüsten-Trips 56
Reiseziele und -routen in Ägypten 56
  Kuren in Ägypten 58
  Routenvorschläge 58
  Zeitbedarf in Tagen 59

Ankunft und Abreise
Ankunft Kairo-Flughafen (Heliopolis) 59
Abflug vom Flughafen Kairo........... 61
Ankunft/Abreise in Luxor und anderen Flughäfen................. 62
Einreise per Auto/Motorrad............ 63
Ankunft/Abreise per Flugzeug oder Schiff in Alexandria 63
Ankunft bzw. Abfahrt in Nuveiba........ 63
Grenzübergang Israel 64
Einreise/Ausreise Libyen.............. 65
Weiterreise in den Sudan 66

In Ägypten zurechtkommen
Fortbewegen....................... 67
  Mit der Eisenbahn reisen............ 67
  Bus, Minibus oder Sammeltaxi 68
  Neue Verkehrsstrafen 70
  Auf dem Nil unterwegs 70
Per Auto oder Mietwagen unterwegs ... 70
  Ägypten per Mietwagen 72
  Motorrad fahren................... 74
  Fahrrad fahren 74
Übernachten 75
  Generelle Tipps und Infos 75
  Tipps für Billighotels 76
Essen und Trinken 77
  Vorspeisen und Hauptgerichte........ 77
  Nachspeisen 78
  Getränke........................ 79
Gesundheit 80
Sicherheit, Polizei 83
Die Medien 84

Inhalt

Rundfunk und Fernsehen 84
Zeitungen/Zeitschriften 85
Telefon und Post 85
Souvenir- und Einkaufstipps 86
Tipps für Wüstentrips 88
   Wandern in der Wüste 88
   Kameltrips 90
   Mit dem Auto in die Wüste 91
Tipps für Schnorchler und Taucher 92

Land, Leute und Vergangenheit
Die Landschaft 95
   Fauna und Flora 98
Der Staat und seine Probleme 99
Schule, Bevölkerungsexplosion 101
Wirtschaft, Öl und Energie 103
Die Menschen und ihr Alltag 105
   Städtische Bevölkerung 105
   Fellachen 106
   Koptische Bevölkerungsgruppe 106
   Beduinen 107
   Nubier 108
Täglich Freud und Leid 108
Die Stellung der Frauen 111
   Als alleinlebende Europäerin in Kairo . . 112
Der Islam - Religion der Mehrheit 115
   Mohammed und seine Zeit 115
   Grundsätze des Islam. 116
Koptische Christen 120
Die längste Vergangenheit der Welt –
im Eilgang durch die Geschichte. 122
   Weltmacht am Nil 122
   Pharaonische Zeit 123
   Fremdherrschaft. 124
   Islamisch-arabische Epoche 125
   Europäischer Einfluss 126
Geschichtstabelle 129
   Frühgeschichte. 129
   Altes Reich (AR) 130
   Mittleres Reich (MR) 130
   Neues Reich (NR). 130
   Spätzeit 131
   Ptolemäische Zeit 132
   Römische Zeit 132
   Islamisch-arabische Epoche 132
   Engländer 132

Republik 133
Zur Religion der alten Ägypter 134
   Pharaonische Götter 134
Zur Architektur altägyptischer Tempel 137
Islamische Architektur 138
Koptische Kirchen 140

Alexandria, Mittelmeerküste, Nildelta
Alexandria und östliche Umgebung 141
   Alexander der Große 142
Alexandria kennenlernen 145
   Sehenswertes 145
   Baden in Alexandria und Umgebung. . . . 156
   Praktische Informationen 157
   Öffentliche Verkehrsmittel. 157
   Fernverkehr 157
   Flugverbindungen. 158
   Nützliche Adressen 158
   Shopping, Sonstiges 159
   Restaurants 160
   Unterhaltung, Nightlife 160
   Übernachten 162
Von Alexandria nach Osten. 164
   Aus Alexandria herauskommen. 164
   Alexandria - Rosetta - Damietta. 165
   Rosetta 165
Alexandria - Marsa Matruh - Oase Siwa - Oase
Bahariya 167
   Sehenswertes 169
   El Alamein 170
   Marsa Matruh 171
   Marsa Matruh kennenlernen. 172
   Praktische Informationen 174
   Verkehrsverbindungen. 174
   Restaurants 175
   Übernachten. 175
   Besuch der Oase Gara 176
Weiterreise nach Siwa, Bahariya, Sollum . 176
   Zur libyschen Grenze 176
   Weiter nach Siwa 177
   Oase Siwa 177
   Siwa kennenlernen 180
   Tagesausflüge 184
   Praktische Informationen 185
   Verkehrsverbindungen 185
   Restaurants 186

Inhalt

Übernachten 186
Von Siwa nach Bahariya 188
Alexandria - Kairo, Deltagebiet 190
   Wüstenautobahn Alexandria - Kairo 190
   Mena-Kloster 191
   Wadi Natrun 193
   Besuch der Klöster. 193
   Deltastraße Alexandria - Kairo 195
   Tanta 195
Östliches Deltagebiet 195
   Tanis 197
   Von Tanta nach Damietta. 197
   Damietta. 198
   Badeorte. 198

Kairo und Umgebung kennenlernen
   Stadtgeschichte 199
   Sehenswertes 200
   Orientierung in Kairo 202
Modernes Kairo. 204
   Midan Tahrir und Umgebung. 204
   Ägyptisches Museum 206
   Downtown 213
   Ramsis Bahnhof, Midan Ramsis 216
   Insel Gezira - Botanischer Garten - Zoo. . 217
   Gepflegt relaxen. 221
Kairos Altstadt: Islamisches Viertel 222
   Museum für Islamische Kunst 223
   Khan el Khalili-Bazar und
   umliegende Souks 225
   Wichtige islamische Monumente 226
   Nördliches Islamisches Viertel 230
   Mittelalterlicher Luxus 235
   Südliches Islamisches Viertel 238
   Al Azhar Park 243
   Zitadelle. 245
   Sultan Hassan-, Rifai-Moschee. 249
   Ibn Tulun-Moschee,
   Gayer-Anderson-Haus, ... 250
Die Totenstädte. 254
   Nördliche Totenstadt 255
   Südliche Totenstadt 257
Alt-Kairo und Umgebung. 258
   Alt-Kairo. 258
   Koptisches Museum 260
   Fustat 262

Andere Attraktionen Kairos 263
   Pharaonic Village und Papyrus Institut . . 263
   Mokattam-Berge 263
   Müllprojekt und koptische Kirchen
   St. Samaan (Höhlenkirchen) 264
Engere Umgebung von Kairo. 266
   Wissa-Wassef-Werkstatt 266
   Weberdorf Kerdassa 267
   Kamelmarkt 267
   October War Panorama 268
   Heliopolis und der
   Obelisk von Sesostris. 268
   Petrified Forest – Versteinerter Wald . . . 270
   Heluan 270
   Delta-Staudamm (Barrages du Nil) *271*
Die Pyramiden 271
   Zwei neue Theorien zum
   Pyramidenbau 272
   Pyramiden von Giseh. 274
   Praktische Informationen. 282
   Pyramide von Abu Roash 283
   Pyramiden von Abusir 283
   Pyramiden von Sakkara 285
   Bezirk der Djoser-Pyramide 286
   Bezirk der Teti-Pyramide 288
   Nordwestlicher Bezirk 289
   Praktische Informationen. 290
   Memphis 291
   Pyramiden von Dashur 292
   Praktische Informationen. 292
   Pyramiden von Lisht. 293
   Pyramide von Medum 293
Halboase Fayum 294
   Sehenswertes 295
   Abstecher nach Qasr el Sagha und Dime 297
   Von Nord nach Süd durch die Oase 298
   Karanis 298
   Medinet Fayum 299
   Praktische Informationen 300
   Restaurants 301
   Übernachten. 301
   Tempel von Medinet Madi. 301
   Nazla 302
   Zu den Fayum-Pyramiden. 302
   Zum Wadi Rayan und Wadi Hitan 304
   Wadi Rayan Wasserfälle. 304

Inhalt

14 In Kairo zurechtkommen – Praktische Informationen -

Kairo für Fußgänger 307
Kairos Busse 307
Einige Buslinien in Kairo 308
Die Metro - Kairos U-Bahn 309
Motorboot-Liniendienst. 310
Taxi. 310
Organisierte Bus-Trips 311
Fernverkehr 311
 Züge 311
 Fernbusse. 313
 Abfahrten vom Midan Turguman. 313
Autofahren in Kairo. 315
 Mitschwimmen im Verkehr 315
 Das Straßennetz 316
 Auf der Ringroad - um Kairo herum. 317
Nützliche Adressen 318
 Wichtige Organisationen,
 staatliche Stellen. 318
 Botschaften 318
 Kultur, Archäologie 319
 Fluggesellschaften; Ferry nach Aqaba. . . 319
 Medizinische Versorgung. 319
 Reiseagenturen 320
 Reiseführer. 321
 Reiseagenturen für Individualtouristen . . 321
 Mietwagen 321
 Kirchen in Kairo 322
 Sonstige Adressen. 322
Shopping 322
Was man alles unternehmen kann 326
 Kunstgalerien, Kino, Theater. 327
 Nightlife 328
 Sport. 331
Restaurants. 332
 Khan el Khalili 334
 Gezira und Zamalek 335
 Agouza und Mohandissin 335
 Dokki und Giseh. 336
Übernachten 337
 Zentrum 337
 Zamalek 342
 Westlich des Nils (Agouza, Mohandissin,
 Dokki, Giseh, Sakkara). 343
 Heliopolis und Maadi. 344

6th October City 344
Camping 344

Im Niltal von Kairo nach Abu Simbel

Kairo - Luxor 345
 Sehenswertes 345
 Beni Suef 347
 Minia 347
 Praktische Informationen 349
 Kuppelgräber von Sawjet el Maitin 350
 Techna el Gebel, Fraser Tombs,
 koptisches Kloster Deir el Adra 351
 Felsengräber von Beni Hassan 352
 Hermopolis 354
 Tuna el Gebel 356
 Mallawi 357
 Tell el Amarna 358
 Assiut 362
 Sohag 364
 Abstecher nach Achmin 365
 Abstecher zum
 Weißen und Roten Kloster 365
 Praktische Informationen. 366
 Abydos 367
 Nag Hammadi 371
 Tempel von Dendera 371
 Qena. 376
 Kuft. 376
 Nagada. 376
 Kunsthandwerkszentrum Garagos 377

Luxor, Karnak und Theben-West

 Sehenswertes 379
Luxor kennenlernen 380
 Tempel von Karnak 380
 Tempel von Ramses III 382
 Luxor-Tempel 390
 Museen in Luxor 393
Theben-West kennenlernen 396
 Sonnenlitanei, Toten-, Pforten-
 und Höhlenbuch 398
 Tal der Könige 399
 Privatgräber 412
 Gräber von Asasif 417
 Gräber in Dra Abu Nega 417

Inhalt

Arbeitersiedlung Deir el Medina 418	Tempel von Kalabsha und Beyt el Wali . 488
Königinnengräber. 419	Katarakt-Ausflug mit einer Feluke 490
Grab- bzw. Totentempel 421	Per Feluke Nil abwärts. 492
Totentempel von Sethos I 421	Ein paar Tipps zum Segelvergnügen 493
Deir el Bahri, Hatschepsut-Tempel 421	Praktische Informationen. 494
Ramesseum 424	Verkehrsverbindungen 495
Totentempel des Merenptah 425	Restaurants 497
Medinet Habu - Ramses III Tempel 427	Übernachten 498
Memnon-Kolosse 429	Unternubien, Nasser-Stausee, Abu Simbel 501
Praktische Informationen 431	Anreise nach Abu Simbel 501
Wichtige Adressen 431	Abenteuer im Lake Nasser 502
Fernverkehr 432	**Kreuzfahrt auf dem Nasser-See** 502
Ohne Konvoi ans Rote Meer 435	Tempelgruppe New Sebua 503
Fortbewegen 436	Tempelgruppe New Amada 506
Besichtigungsprogramm 438	Qasr Ibrim. 508
Wo gibt es Eintrittskarten? 438	Einlaufen in Abu Simbel 509
Eintrittspreise (£E) für Theben-West 439	**Die Tempel von Abu Simbel** 509
Shopping 439	Sonnenspektakel 510
Relaxen in Luxor 440	Weltweite Rettungshilfe 512
Bazar/Souk, Tiermarkt 441	Praktische Informationen 515
"Bergsteigen" 442	Toshka - das Jahrhundertprojekt 517
Restaurants in Luxor und Theben-West . . 443	
Übernachten 445	**Durch die Wüste - Oasen Bahariya,**
Ferienwohnungen 450	**Farafra, Dakhla, Kharga**
Camping. 450	Die Libysche Wüste und ihre Oasen. 519
Von Luxor nach Assuan. 451	Sehenswertes 520
Kreuzfahrten auf dem Nil. 451	Verantwortung 522
Sehenswertes 452	Streckenbeschreibung 523
El Tod 453	Erzmine Managem 524
Moalla 454	**Oase Bahariya**. 524
Esna 454	Bawiti 525
El Kab. 455	Bahariya kennenlernen 528
Edfu 456	Wüstentrips 531
Gebel el Silsila. 460	Praktische Informationen 533
Kom Ombo 463	Busverbindungen 533
Darau 465	Preise für Ausflüge, Trips. 533
	Restaurants 534
Assuan – Nasser-Stausee – Abu Simbel	Übernachten. 534
Sehenswertes 466	Shopping 534
Die Stadt kennenlernen. 467	„Nightlife" 534
Nubisches Museum 470	Gara Tropfsteinhöhle 536
Insel Elephantine 474	**Weiße Wüste** 537
Pflanzen-Insel (Gezira el Nabatat) 478	**Oase Farafra** 540
Das Westufer. 479	Praktische Informationen 543
Die Staudämme 481	Übernachten 543
Insel Philae. 484	Nach Dakhla auf dem alten Kamelpfad. . 544

Inhalt

Oase Dakhla 544	Landstraße Kairo - Ismailiya 585
El Qasr 546	Schnellstraße Kairo - Ismailiya 586
Mut. 549	Schnellstraße Kairo - Suez 586
Praktische Informationen 550	Küstenstraße am Roten Meer:
Trips in die Umgebung 550	Suez - Hurghada - Bir Shalatin 586
Verkehrsverbindungen 551	Sehenswertes 587
Restaurants 552	**Pauluskloster** 588
Übernachten. 552	Ras Gharib 589
Balat. 553	Zum Mons Claudianus von Osten her . . . 589
Von Mut durch die Westliche Wüste	El Gouna. 590
nach Abu Simbel 554	**Hurghada** 592
Bashandi 555	Praktische Informationen 594
Tineida 556	Was man unternehmen kann 594
Abu Tartur 556	Praktische Informationen 598
Oase Kharga und Medinet Kharga . . . 557	Fernverkehr 598
Kharga kennenlernen. 558	Lokaler Transport 599
Praktische Informationen 562	Schiffsverbindung
Verkehrsverbindungen 562	Hurghada - Sharm el Sheikh 599
Restaurants 563	Shopping 601
Übernachten. 563	**Safaga** 608
Ausflüge in die Umgebung. 563	Praktische Informationen. 608
Abstecher nach Süden. 564	**Kosir** 609
Bulaq 564	Praktische Informationen 611
Baris 565	**Marsa Alam** 613
Direkte Straße	Wadi Gimal National-Park. 615
Kharga - Edfu/Luxor - Assuan 565	Verbindungsstraßen Niltal - Rotes Meer . . 617
Darb el Arbain 566	Kairo - Ain Sukhna/Suez 618
Dush Ruinen 566	Kairo - El Burumbul - Ras Zafarana 618
Weiter von Kharga nach Assiut. 567	**Antoniuskloster** 618
Faszination der Libyschen Wüste 567	El Sheikh Fadl - Ras Gharib 620
Unterwegs in der Libyschen Wüste 571	Qena - Safaga 620
	Mons Claudianus 620
Suez-Kanal-Gebiet,	Kuft - Kosir. 622
Küste am Roten Meer	Edfu - Marsa Alam. 623
Sehenswertes 574	
Port Said. 575	**Sinai**
Praktische Informationen 577	Faszination einer urtümlichen Landschaft . 625
Verkehrsverbindungen 578	Sehenswertes auf dem Sinai. 628
El Qantara 579	Ein paar wichtige Tipps 628
Ismailiya. 579	Suez-Kanal - Sharm el Sheikh - Tabah 629
Praktische Informationen 580	Fortbewegen 629
Verkehrsverbindungen 581	**Ras el Sudr**. 630
Suez 583	Etwas Abwechslung 631
Praktische Informationen 584	Abu Zenima 632
Verbindungsstraßen	Abu Rudeis. 632
Kairo - Suez-Kanal-Gebiet. 585	**El Tur** 633

Inhalt

Nationalpark Ras Muhammed	633
Sharm el Sheikh	636
Praktische Informationen	638
Verkehrsverbindungen	638
Medizinische Hilfe	639
Tauchen, Schnorcheln	639
Nightlife	639
Naama Bay	642
Nationalpark Nabq	645
Dahab	646
Touristenzentrum	647
Beduinendorf El Assalah	648
Was man in Dahab unternehmen kann	650
Praktische Informationen	652
Busverbindungen	652
Ein paar Tipps und Infos	653
Durch die Wadis Nasib und Zaghara zum Katharinenkloster	656
Nuveiba	657
Abstecher zum Nationalpark Ras Abu Gallum	657
Nuveiba City	658
Praktische Informationen	660
Ras Burka	664
Tabah	666
Abu Rudeis - Katharinenkloster - Nuveiba	667
Wadi Feiran	667
Blaue Berge	668
Katharinenkloster	669
Praktische Informationen	671
Ausflug auf den Mosesberg	673
Naturschutzgebiet St. Catharine	673
Ausflug auf den Katharinenberg	676
Wadi Arada	676
Nawamis	678
Ain Hudra	678
Suez - Mitla-Pass - Nakhl - Nuveiba/Tabah	680
Suez - Nakhl - Nuveiba	680
Qalat el Jundi	681
Rainbow Canyon	**682**
Coloured Canyon	**682**
Nakhl - Tabah	684
Suez - El Arish (- Raffah)	685
Pelusium	686
El Arish	687
Praktische Informationen	689
Suez-Kanal - Mitla-Pass - El Arish	689
Quseima	690
Abstecher von den Hauptstraßen des Sinai	690
Serabit el Khadim und Forest of Pillars	691
Serabit el Khadim	692
Forest of Pillars	694
Gebel Magharah und Wadi Mukattab	695
Wadi Mukattab	696
Kamel- und Trekkingtouren auf dem Sinai	697
Kameltrips an der Ostküste	697
Hochsinai	699

Anhang

Glossar	701
Mini-Sprachführer	702
Schreiben Sie uns bitte	706
Index	707
Atlas	724

Verzeichnis der Karten und Pläne

Abu Simbel, Großer Tempel, Grundriss	511
Abu Simbel, Großer Tempel, Querschnitt	510
Abydos	367
Alexandria, Strände	146
Alexandria, Versunkenes Land	150
Alexandria, Zentraler Bereich	147
Alexandria, Zentrum	149
Assiut	363
Assuan, Hotels im Zentrum	499
Assuan, Nubisches Museum	471
Assuan, Philae	485
Assuan, Stadtplan	468
Assuan, Umgebung	483
Bahariya, Bawiti	529
Bahariya, Oase	525
Dahab	649
Dakhla, Mut	551
Dakhla, Oase	545
Delta-Gebiet	191
Dendera	371
Der lange Weg des Nils	95
Edfu, Horus-Tempel	456
El Arish	688
El Gouna	590

Inhalt

Farafra, Zentrum 541
Fayum, Halboase 295
Fayum, Medinet Fayum 299
Flughafen Kairo 59
Hermopolis, Tell el Amarna 355
Historische Daten 133
Hurghada, Sigala 597
Hurghada, Übersicht 593
Hurghada, Zentrum (Dahar) 595
Ismailiya 581
Kairo, Ägyptisches Museum 209
Kairo, Alt-Kairo 261
Kairo, Giseh-Pyramiden 277
Kairo, Großraum 315
Kairo, Hotels im Stadtzentrum 339
Kairo, Islamisches Museum 223
Kairo, Islamisches Viertel Nord 228
Kairo, Islamisches Viertel Süd 229
Kairo, Khan el Khalili Bazar 231
Kairo, Metro 309
Kairo, Midan Ataba 215
Kairo, Midan Ramsis 217
Kairo, Midan Tahrir 214
Kairo, Nördliche Totenstadt 255
Kairo, Pyramiden in Kairos Umgebung . 273
Kairo, Querschnitt durch die
   Giseh-Pyramiden 275
Kairo, Ramsis Bahnhof 312
Kairo, Restaurants im Stadtzentrum ... 333
Kairo, Stadtzentrum 203
Kairo, Südliche Totenstadt 257
Kairo, Zamalek 219
Kairo, Zitadelle 247
Kharga, Oase 557
Kharga, Stadtplan 558
Katharinenkloster 670
Katharinenkloster, Umgebung 674
Kom Ombo, Doppeltempel 463
Kosir 611
Kreuzungssystem 71
Luxor, Hotels im Zentrum 445
Luxor, Karnak Amun-Tempel 383
Luxor, Karnak Tempel-Areal 380
Luxor, Luxor Museum 393
Luxor, Luxor-Tempel 391
Luxor, Stadtplan nördlicher Teil 432
Luxor, Stadtplan südlicher Teil 433
Luxor, Theben-West 397
Luxor, Theben-West, Deir el Bahri 421
Luxor, Theben-West, Grab Nr. 69, Menna . 413
Luxor, Theben-West, Grab Ramses VI .. 399
Luxor, Theben-West, Medinet Habu 427
Luxor, Theben-West, Privatgräber (Noble) . 413
Luxor, Theben-West, Ramesseum 425
Luxor, Theben-West, Tal der Königsgräber . 401
Luxor, Übersichtsplan 377
Marsa Matruh 171
Minia 348
Mons Claudianus 621
Moschee- und Madrasa-Grundriss 139
Naama Bay 643
Nasser-See, Gerettete Tempel,
   Toshka-Projekt 507
Nuveiba 658
Nuveiba, Umgebung 698
Pharos Leuchtturm 143
Port Said 577
Qena 376
Ras Muhammed 634
Rosetta 166
Route Abu Rudeis - Katharinenkloster -
   Tabah 667
Route Alexandria - Marsa Matruh - Siwa . 167
Route Kairo - Luxor 346
Route Luxor - Abu Simbel 453
Route, Oasenstraße 519
Route, Suez - El Arish 685
Route, Suez-Kanal - Tabah 629
Route, Suez - Marsa Alam 586
Route, Suez - Mitla-Pass -- El Arish . 690
Route, Suez - Nuveiba/Tabah 680
Sakkara-Pyramiden 287
Sharm el Sheikh, Stadt 637
Sharm el Sheikh, Umgebung 636
Sinai 627
Siwa, Oase 183
Siwa, Zentrum 181
Südwestliche Libysche Wüste 568
Suez 583
Suezkanal-Gebiet 573
Typische Tempelarchitektur 138

1

Einlesen, eindenken, vorbereiten

Kommen Sie mit in den Orient

Schon die Griechen und Römer waren fasziniert vom Pharaonenreich, segelten in großer Zahl übers Mittelmeer, um das sagenumwobene Land zu besuchen. Thomas Cook, Erfinder der Pauschalreisen im 18. Jh, organisierte seine ersten Reisen – ins Land am Nil. Auch heute noch zählt Ägypten zu einem der beliebtesten und interessantesten Reiseziele weltweit.

Seit Thomas Cook gilt Ägypten als das klassische Land der Pauschaltouristen. Die gesamte Infrastruktur scheint dafür ausgelegt zu sein. Aber genauso leicht lässt es sich nilauf- und -abwärts allein reisen, unabhängig von Gruppenstress und Hetzerei der Reiseleiter. Inzwischen sind alle touristischen Schwerpunkte bestens im Hinblick auf Verkehrserschließung, Unterkunft und Verpflegung versorgt.

Das Buch, das Sie in Händen halten, wird Sie an alle attraktiven Ziele führen und Ihnen dort, auch im Licht der historischen Hintergründe, sehr genau erklären, was es zu sehen gibt. Es lässt Sie ebenso im touristischen Alltag nicht allein und bietet eine reiche Auswahl an Unterkünften, Restaurants, Verkehrsverbindungen und zahllose praktische Tipps.

● Folgen Sie uns in die **Weiße Wüste**, um die grandiosen Kunstwerke der Erosion zu bestaunen und sich in den Oasen im Schatten von Palmenhainen auszuruhen.

● Oder legen Sie ein paar Badetage an der westlichen **Mittelmeerküste** ein, dort, wo z.B. bei Marsa Matruh schneeweiße Sandstrände

1 Einlesen, eindenken, vorbereiten

und ins Meer stürzende Kalksteinfelsen eine ganz ungewöhnliche Badekulisse schaffen.
- Erleben Sie die gewaltigen Felsengebirge, die sich in den Trockentälern des **Südsinai** gen Himmel türmen; kommen Sie mit in die Canyons, in denen senkrechte Wände immer enger zusammenrücken.
- Schlafen Sie doch einmal in der **Einsamkeit** der faszinierenden Wildnis unter freiem Himmel: Sie werden sich den Sternen so viel näher und der Umgebung so viel mehr verbunden fühlen.
- Und tauchen Sie in das tiefblaue Rote Meer, um die **Unterwasserwelt der Korallenriffe** - die zu den schönsten der Erde zählen - zu beobachten.

Ägypten und *Tausendundeine Nacht* - zwar sind viele der Flüstergeschichten verstummt, aber der geheimnisvolle, einst märchenhafte Orient ist in den meisten seiner schillernden Facetten immer noch lebendig, wenn auch mit weniger Pracht und viel mehr Armut. Kommen Sie mit auf **Spaziergänge durch Kairos alte Viertel**. Da brodelt das Leben in all seinen Spielarten, da scheinen sich nur Äußerlichkeiten in den letzten Jahrhunderten geändert zu haben. Mit ein bisschen Fantasie erstehen plötzlich vergangene Zeiten auf. Das Leben von heute ist mit dem Leben von gestern so eng verwoben, dass sich der Besucher häufig erstaunt fragt, ob seine Umgebung Wirklichkeit oder ein Traum ist.

Natürlich zählen die Pyramiden auch heute noch zu den Weltwundern, sind die vielen pharaonischen Gräber mit ihren Bildergeschichten und die imposanten Tempel wirklich sehenswert, ist der Nil mit seinen Segelbooten, seinen Inseln und Dörfern ein wichtiger Teil des *Erlebnisses Ägypten*. Doch besondere Aufmerksamkeit verdient auch das heutige Ägypten mit seinen freundlichen Menschen, die dem Fremden großmütig und herzlich begegnen - solange sie nicht zu den "professionellen" Bakschischjägern der Tourismusbranche zählen.

Wo immer Sie den Orient betreten, werden Sie in wenigen Augenblicken von einer anderen, ungeheuer spannenden Welt gefesselt sein. Einmal angekommen, ist alles viel unkomplizierter, als es zuvor aussah. In den folgenden Kapiteln finden Sie alle notwendigen Informationen, um eines der fantastischsten Reiseländer kennen und (hoffentlich) lieben zu lernen. Ein Leser schreibt: *Insgesamt ist Ägypten ein fantastisches Land mit unheimlich netten, normalen, herzlichen und offenen Menschen. Ich erlaube mir dieses Urteil, nachdem ich nahezu den ganzen Orient (Syrien, Iran, Jordanien, Dubai, Oman, Türkei, Tunesien, Marokko) gut kenne.*

Ägypten verstehen

Es liegt auf der Hand, dass man in fünftausend Jahren Geschichte eine eigene Identität erwirbt. Zwar war diese Zeit abwechslungsreich und turbulent, eine Anzahl Fremder ergriff Besitz von der Niloase und hinterließ Spuren im Erbe des Volkes. Dennoch sind die Ägypter Leute mit selbstbewusster Meinung und eigenen, auf dem Islam bzw. dem koptischen Christentum basierenden Moral- und Lebensvorstellungen. Die überwiegende Zahl der Menschen nimmt das Leben gelassen hin, ja weit zufriedener, als wir Mitteleuropäer es unter materiell viel günstigeren Bedingungen tun.

Wenn wir also dieses so vielschichtige Volk besuchen, seine uns manchmal unverständlich scheinenden Verhaltensweisen miterleben, dann sollten wir mit unserem Urteil zurückhaltend sein und nicht als Lehrmeister oder Besserwisser auftreten. Die Fairness anderen Menschen gegenüber gebietet, sie vor dem Hintergrund ihrer Traditionen, Religion und geografisch-klimatischen Lage zu sehen. Erst wenn wir versuchen, uns in diese Welt einzudenken, besser noch einzufühlen, werden wir den Menschen näher kommen und feststellen, dass es hier nur andere, nicht jedoch bessere oder schlechtere Verhaltensweisen gibt.

Mit der ältesten Universität der Erde – der Al Azhar in Kairo - im Rücken, an der die Glaubensgrundsätze des Islam für die gesamte islamische Welt noch heute geprägt und gelehrt werden, hat Ägypten eine deutliche Führungsrolle im arabischen bzw. islamischen Lager inne. Selbst wenn der Wind der Freundschaft hin und wieder dreht, weiß jeder Ägypter von dieser Führungsrolle und ist stolz darauf. Doch selten werden Sie Menschen finden, die arrogant auf Nichtägypter blicken. Das Land am Nil kennt seit Jahrtausenden Fremde und verschiedene Lebensarten und weiß diese zumindest zu tolerieren.

Die Ägypter sind höfliche und hilfsbereite Leute. Ihre Höflichkeit hat lange Tradition und wird manchmal fast um ihrer selbst willen gepflegt. Wenn Ihnen ein Mann auf der Straße mit großem Wortschwall den falschen Weg weist, dann tut er das nicht, um einen Fremden in die Irre zu lenken, sondern, weil es unhöflich wäre, eine Antwort schuldig zu bleiben –selbst wenn er über die einzuschlagende Richtung unsicher ist.

Die Vorstellungen des Ägypters vom Sinn des Lebens weichen fundamental von den unseren ab. Während wir überall nach dem Sinn und Zweck von Tun und Lassen suchen, nimmt der Ägypter sein Leben aus Allahs Hand und versucht, sich von seinem Schöpfer führen zu lassen. Auslegungen des Heiligen Koran sind die Basis vieler Handlungen und Entscheidungen.

Ständig werden Sie *Inshallah – so Gott will –* hören, was z.B. irritierend wirken kann, wenn der Flugkapitän die Landung ankündigt und *Inshallah* an den Satz hängt. Grundsätzlich wird dieser Begriff für alle Aussagen, die sich auf die Zukunft beziehen, verwendet. Denn nach dem Glauben frommer Muslime bestimmt Allah, was morgen passiert, und nicht der Mensch. Uns mag dies als Ausflucht erscheinen, ein Muslim würde aber Allah herausfordern, wenn er Ihnen einen Termin für morgen zusagt und etwa vergäße, *Inshallah* hinzuzufügen.

Der Ausruf *Malesh, Malesh* gehört auch zu den Begriffen, die häufig genug zu hören sind. *Malesh* ist freundliche Resignation und heißt so viel wie *Schicksal*; wobei hier die ägyptische Lebensphilosophie voll zum Tragen kommt. *„Malesh, das Auto ist kaputt"*, das ist halt passiert, da wird man nicht groß hadern und nach dem Warum und Wieso fragen. Es ist für den Besucher häufig besser, sich mit einer Sache –*Malesh, Malesh* – abzufinden und nicht herumzunörgeln, wenn etwas nicht klappt.

Man könnte meinen, alle Ägypter seien taubstumm, so eifrig benutzen sie Hände und Arme während jeder Unterhaltung, und selten wird leise gesprochen. Hier ein paar Gesten der **Kommunikation per Zeichensprache,** vor allem solche, die mit anderen Normen belegt sind als bei uns und leicht zu Missverständnissen führen können (zitiert aus einem Artikel der Zeitschrift *Papyrus*):

• **Begrüßung**: nach dem Händeschütteln als Ehrerbietung die rechte Hand auf die Brust legen.

• **Langsam, warte**: Handfläche nach oben, Finger gekrümmt, Hand langsam auf und ab bewegen - eine der typischsten orientalischen Gesten.

• **Heranwinken**: ausgestreckter Arm, Handfläche nach unten, Hand öffnen und schließen bei ausgestrecktem Daumen (Heranwinken mit dem Zeigefinger wie bei uns, ist sehr unhöflich).

• **Geh weg**: ähnliche Gebärde wie oben, aber abweisendes Öffnen und Schließen der Hand.

• **Nein**: Hand mit nach oben gestrecktem Zeigefinger schnell hin und her bewegen.

• **Aufpassen**: mit dem Zeigefinger der rechten Hand erst auf rechtes, dann auf linkes Auge weisen.

• **Schlau**: mit dem Finger auf die Stirn tippen (genau das Gegenteil von unserem Verständnis).

• **Zahlensprache**: erhobener Zeigefinger für "1", Zeige- und Mittelfinger zum V-Zeichen bedeutet ein Paar; abgezählt wird mit dem Daumen: am kleinen Finger beginnend für "1", am Ringfinger für "2" etc.

• **Übereinstimmung**: Gesprächspartner schlagen Handflächen der jeweils rechten Hand aneinander.

Was man falsch machen kann

Fehlverhalten kann sehr viel im zwischenmenschlichen Bereich zerstören. Nicht alle Mitmenschen bringen die nötige Sensibilität für ihre (fremde) Umgebung auf und benehmen sich dort leider wie „Elefanten im Porzellanladen". Viele Besucher haben sich zwar über das pharaonische Ägypten informiert, aber kaum über das heutige Leben. Doch selbst mit besserem Einfühlungsvermögen kann man nicht immer wissen, wann und wo und warum die Gastgeber völlig anders reagieren als wir. Generell sollte man wissen, dass die Orientalen etwas anders miteinander umgehen, als wir es im nüchternen Mitteleuropa gewöhnt sind. Freunde, die sich treffen und verabschieden, tun dies mit viel Aufwand an Stimme und körperlichem Kontakt: Umarmungen, Bruderküsse oder Händchenhalten - auch unter Männern - gehören zur Vermittlung persönlicher Wertschätzung.

Die Ägypter kennen eine Reihe von **Begrüßungsformeln**. Am besten benutzt der Besucher wohl: *Ahlan we sahlan* oder kurz *Salam*, worauf sein Gegenüber antwortet: *Ahlan bik* oder einfach *Salam* (weitere Formeln des nicht gerade einfachen Begrüßungszeremoniells finden Sie im Mini-Sprachführer, siehe Seite 702).
Man begrüßt sich keineswegs immer per Handschlag. Daher sollte man etwas zurückhaltend abwarten, ob der Partner die Hand reicht, dann natürlich den Handschlag erwidern. Viele Moslems heißen andersgeschlechtliche Besucher aus religiösen Gründen nicht mit Handschlag willkommen (auch aus pragmatischen: Ein Mann müsste sich vor dem Gebet erneut die Hände waschen). Umarmungen und Küsse zwischen Mann und Frau sind auf die engste Familie beschränkt. Es grüßt immer derjenige zuerst, der ein Haus betritt. Bei der Begrüßung bleibt die Frau nicht sitzen.

Höflichkeit und **Gastfreundschaft** sind Tugenden, die der Ägypter bis zur Selbstaufgabe pflegt. Wenn Ihretwegen ein Fellache auf dem Land sein letztes Huhn schlachten will, dann ist das selbstverständliche Gastfreundschaft dem Besucher gegenüber. Auf der anderen Seite erwartet der Gastgeber natürlich auch von Ihnen eine Erwiderung seiner Höflichkeitsbezeugungen. Gastgeschenke legt man fast belanglos ab, um den Gastgeber nicht in Verlegenheit zu bringen, weder im positiven noch im negativen Sinn.

Die Höflichkeit verpflichtet umgekehrt auch den Ärmsten, Einladungen auszusprechen. Allerdings gehört zur Etikette, **Einladungen mindestens dreimal hartnäckig abzulehnen**, erst beim vierten Mal sind sie vom Gastgeber wirklich ernst gemeint. Das gilt natürlich genauso bei Einladungen, die Sie aussprechen: mindestens dreimal wiederholen. Selbstverständlich gibt es westlich orientierte Ägypter, die unsere Traditionen kennen und eine Einladung gleich beim ersten Mal ernst meinen; man muss dies mit etwas Fingerspitzengefühl beurteilen.

Bei der Annahme von Einladungen ist immer zu überlegen, ob das Festmahl für den Ausländer die wirtschaftlichen Verhältnisse des Gastgebers nicht überfordert. Besonders bei sozial schwächeren Bevölkerungsschichten sollte man Einladungen möglichst ablehnen. Ein Ägyptenkenner schreibt: *‚Die Gastfreundschaft ist den Ägyptern - wie mir immer wieder bestätigt wurde - eine Art Zwang und nicht selten eine große Last. Empfehlenswert ist eine hartnäckige Ablehnung hartnäckiger Einladungen, sofern nicht genau bekannt ist, dass der Gastgeber entsprechend betucht ist.'*

Diese Regeln gelten übrigens nicht für Wasser, das als Geschenk Gottes von jedem, der es hat, jedem, der danach fragt, zu geben ist.
Es gibt eine Reihe von Lebensäußerungen, die uns ungewohnt und fremd erscheinen. Daher ein paar wichtige **Verhaltensvorschläge**:

Aufgeschlossen sein

Begegnen Sie den Menschen offen, ohne Besserwisserei, Dünkel und Arroganz. Wenn man – auch in schwierigeren Situationen – mit einem Lächeln Freundlichkeit anbietet, wird man umso mehr Herzlichkeit empfangen.

Aus vielen Gesichtern strahlt spontane Herzlichkeit

1 Einlesen, eindenken, vorbereiten

Adäquat gekleidet sein

Über die lockeren Kleidungssitten der Europäer regen sich die Ägypter mehr auf, als offiziell bekannt wird. Die freizügige weibliche Bekleidung treibt in Europa niemanden mehr auf die Barrikaden. Für orthodoxe Muslime (aber auch Kopten), deren Frauen jahraus, jahrein komplett zugeknöpft in der Öffentlichkeit erscheinen, geht die moralische Welt beim Anblick knappster weiblicher Hüllen halbwegs in Entrüstung unter (auch wenn sie umso genauer hinschauen). Sie fühlen ihren Sittenkodex durch unangemessene Kleidung verletzt, empfinden die lockere Kleiderordnung als sexuell provozierend. Für sie sind bereits weibliche Kopfhaare, nackte Arme und Beine Sexsymbole, die es zu verstecken gilt. Folglich ist die Mehrheit der Ägypterinnen traditionell gekleidet, also von Kopf, zumindest von Hals bis Fuß verhüllt. Diese Aussage muss man in Kairo und Großstädten relativieren, doch sie gilt auch dort trotz freierer Kleidung und selbstbewussterem Auftreten der Frauen.

Man muss als westliche Frau nicht in Sack und Asche gehen. Doch Schultern und Arme bedeckende, weite Kleider schützen die Trägerin meist vor aufdringlichen Belästigungen. Und diese Zudringlichkeiten – unter anderem wie Folge der von unbedarften Frauen vorgeführten aufreizenden Minimalbekleidung – können die Reisefreude deutlich mindern. Als Anmerkung noch: Auch Rauchen in der Öffentlichkeit gilt bei Frauen als anstößig.

An den typischen, von Ägyptern genutzten Stränden gehen die Frauen fast ausnahmslos in kompletter Kleidung einschließlich Kopftuch ins Wasser. Es wäre völlig unpassend, dort einen Bikini zu tragen; am besten badet Frau dort überhaupt nicht oder trägt einen Badeanzug; Shorts und ein T-Shirt darüber wären noch besser.

Bedeckende Kleidung ist Pflicht für den Besuch von Moscheen und religiösen Stätten. Häufig wird locker gekleideten Damen vor Betreten ein Umhang und ein Kopftuch überreicht.

Die Ägypter werden sich ebenso über Männer amüsieren, die meinen, sich in der Hitze nur mit nacktem Oberkörper und Badehose oder Shorts bewegen zu können, da unsere Shorts ägyptischen Unterhosen nicht unähnlich sehen. Den Körper bedeckende Kleidung hat positiv klimatisierende und schützende Effekte.

Taktvoll fotografieren

Besonders Frauen scheuen – aus traditionellen und religiösen Gründen – den Fotografen. Sobald gegen Ihre Kamera Protest erhoben wird, sollten Sie dies respektieren oder, besser noch, zuvor fragen.

Strikt verboten ist das Fotografieren militärischer Einrichtungen aller Art, dazu können bereits Brücken gehören. Angeblich ist auch das Fotografieren ärmlicher Gegenden oder von Bettlern verboten, d.h. von Motiven, die ein schlechtes Bild von Ägypten vermitteln würden. Fotografieren und Filmen in historischen Stätten ist nur gegen hohe Gebühren erlaubt.

Religiöse Bräuche respektieren

Moscheen sind grundsätzlich ohne Schuhe (oder mit am Eingang ausgeliehenen Überschuhen) und in angemessener Kleidung zu betreten. Sie sollten nicht während der Gebetszeit besichtigt werden.

Kein Alkohol in der Öffentlichkeit

Obwohl Bier im Land gebraut wird, lehnt die muslimische Majorität Alkohol aus religiösen Gründen völlig ab. Derjenige Ägypter, der sich dennoch einen Schluck Alkohol genehmigt, wird versuchen, seine Mitmenschen nicht herauszufordern. Im Übrigen steht Alkoholgenuss in der Öffentlichkeit unter Strafe, theoretisch kann der Trinker im Gefängnis landen.

Keine Drogen

Drogen aller Art sind in Ägypten streng verboten. Wer sich dennoch auf Rauschgiftsuche macht, handelt verantwortungslos und missbraucht das Gastrecht. Drogenvergehen fallen unter Schwerverbrechen und können mit der Todesstrafe geahndet werden.

Die Fastenzeit Ramadan respektieren

Wenn andere fasten, sollte man sie nicht durch Essen, Trinken oder Rauchen in der Öffentlichkeit provozieren. Gehen Sie tagsüber in die geöffneten Restaurants, die sich häufig auch auf Fremde eingestellt haben. Abends, nach Sonnenuntergang, gibt es zum *Iftar* (Fastenbrechen) die köstlichsten Speisen – Ramadan ist die beste Zeit für Feinschmecker.

Handeln und Feilschen
Es gibt relativ selten Festpreise im Orient. Sie müssen um den reellen Handelswert nahezu jeder touristisch interessanten Ware mit Zähigkeit feilschen, das gehört schon fast zum guten Ton. Üblicherweise ist mindestens ein Drittel Luft im Preis, bei Fremden häufig viel mehr. Sollten Sie sich betrogen fühlen, lassen Sie sich – wenn es sich um lohnenswerte Beträge handelt – eine Quittung geben und drohen Sie dann, damit zur Polizei zu gehen. Wenn möglich, ersparen Sie sich und der anderen Partei den tatsächlichen Schritt.

Wie kann man sich vor überhöhten Preisen schützen? Eigentlich kaum, weil Handeln und Feilschen einfach zu selbstverständlich sind und dem Europäer gewöhnlich sowohl das Gefühl für den richtigen Preis als auch der sportliche Ehrgeiz zum Feilschen fehlen. Nützlich ist, wenn man die arabischen Zahlen kennt, die wenigen Preisschilder lesen und die wichtigsten Worte Arabisch kann. Oder man beobachtet, wie viel ein Ägypter für die gewünschte Ware zahlt. Oder man testet beim Nachbarhändler mit bewusst niedrigem Angebot die Schmerzgrenze aus. Man kann sich natürlich auch bei Einheimischen erkundigen.

Als Gast beim ägyptischen Gastgeber
Ein ägyptischer Gastgeber gibt nicht nur, er fährt sozusagen auf: Man faste ein paar Tage, um mit wirklich leerem Magen anzutreten und den Hausherrn samt Familie nicht durch bescheidenes Essen zu enttäuschen oder gar vor anderen Gästen zu blamieren. Versuchen Sie, von allem Aufgetischten wenigstens etwas zu essen, sei es auch noch so fremd und seltsam schmeckend. Wer seine Gastrolle ernst nimmt, schreckt auch vor Salat, ungeschältem Obst und allem, was ihn tagelang ans Klo fesseln könnte, nicht zurück...

Doch die Höflichkeit beginnt schon bei der Ankunft: Es wäre extrem rücksichtslos, pünktlich zu erscheinen. Wenn Sie für 20 Uhr eingeladen sind, kommen Sie ganz locker zwischen 20.30 und 21.00 Uhr an. Erwarten Sie aber nicht, sogleich mit dem Dinner beginnen zu können, das kommt vielleicht erst Stunden später. Es ist höflich, die erste Tasse Tee zunächst abzulehnen und erst nach dem zweiten oder dritten Angebot gütigst anzunehmen. Wenn man eine Privatwohnung betritt, sollte man die Schuhe ausziehen.

Gastgeschenke
Sehr häufig will man sich für die Freundlichkeiten der Leute erkenntlich zeigen und sucht nach einem passenden Geschenk, das möglichst auch noch im Reisegepäck unterzubringen ist. Da gibt es die unterschiedlichsten Dinge (siehe auch "Bakschisch" weiter unten):

Wenn bei Einladungen die Aufwendungen des Gastgebers nicht durch Gastgeschenke kompensiert werden können - z.B. mit einer großen Schachtel Süßigkeiten bzw. Kuchen aus einer bekannten, guten Bäckerei -, sollte man dies durch äquivalente Geldgeschenke tun, die für die Kinder des Gastgebers bestimmt sind; damit verliert keiner der Beteiligten sein Gesicht. Wenn Sie bereits vor der Ankunft in Ägypten eingeladen wurden, sollten Sie keine Geldgeschenke machen, sondern Kinderspielzeug oder, falls bekannt, Nützliches mitbringen.

Stecken Sie ein paar Fotos zum Herzeigen aus Ihrem privaten Bereich (Familie, Haus, Beruf) ein. Ihr Gastgeber oder andere Bekanntschaften werden sich sehr dafür interessieren. Wenn Sie keine Kinder haben, nehmen Sie Fotos anderer Kinder mit; so mancher Frager wird Ihr Familienglück bestaunen und Sie vielleicht weniger lästig nach allen Details Ihrer Lebensumstände ausfragen.

Noch einmal sei betont, dass die Freundlichkeit, die wir den Ägyptern entgegenbringen, vielfach belohnt wird. Ein Lächeln in Ihren Augenwinkeln wird den mürrischen Kellner viel eher zur Freundlichkeit bewegen als überhebliches Schimpfen. (Manchmal wirkt das ja auch bei uns.)

1 Einlesen, eindenken, vorbereiten

Homosexuelle

Gleichgeschlechtliche Beziehungen werden von der ägyptischen Gesellschaft praktisch nicht toleriert, obwohl Homosexualität mindestens im selben Maße wie überall auf der Welt verbreitet sein wird. Aber sie wird nicht gezeigt, sondern blüht im Verborgenen; lesbische Beziehungen bleiben noch versteckter. Gleichgeschlechtlichen Paaren kann daher nur geraten werden, ihre Beziehung tunlichst zu verbergen, um unangenehmen Situationen, bis hin zu Verhaftungen, aus dem Weg zu gehen. Denn im engen Moralkodex wird Homosexualität als religiöser sowie gesellschaftlicher Affront betrachtet und mit Gefängnisstrafen bis zu fünf Jahren belegt.

Bakschisch

Mohammed machte die Almosenpflicht zu einem der Grundpfeiler der islamischen Religion. Auf diese Weise hat er jedem die soziale Verantwortung für den Mitmenschen auferlegt. Es gehört daher zur selbstverständlichen Gepflogenheit, dem Bedürftigen vom eigenen Wohlstand etwas abzugeben.

Auf der anderen Seite macht der Bedürftige gern auf sich und seine Lage aufmerksam. Häufig wird dies mit einer kleinen Dienstleistung verbrämt, um mehr als ein Almosen, eher einen geringen Lohn, fordern zu können. Allerdings richtet der Bittsteller seine Forderung ganz nach dem Bild des potentiellen Gebers: Sieht dieser wohlhabend aus, so kann er ihn auch ohne vorherige Leistung um ein *Bakschisch* – sinngemäß: *teile, was du hast* – angehen.

Das Verlangen von Bakschisch hat häufig sehr ernste Hintergründe: Selbst mit dem Durchschnittseinkommen lässt sich heute in Ägypten keine Familie mehr durchbringen. Gerade bei den Ärmsten mit nur geringem regelmäßigem Verdienst muss jedes Familienmitglied zum Lebensunterhalt beitragen. Sei es nun, dass der Vater tagsüber seinem schlecht bezahlten Staatsjob nachgeht, nachmittags Taxi fährt und abends Koffer schleppt, oder dass bereits die Jüngsten durch Pseudodienstleistungen zum Bakschisch-Betteln geschickt werden.

Alle Touristen werden vom Normalbürger als reich eingestuft, weil sie sich die weite Reise leisten können. Daher gehört die Frage „*Bakschisch?*" häufig schon zum Umgangston, sobald der Fremde nur von Ferne auftaucht. In typischen Touristenzentren wird man immer wieder nach einer Gabe angegangen, häufig in einer Form, die beim Adressaten stoische Gemütsruhe voraussetzt, um nicht zu explodieren. Die Erfahrung, die der geplagte Tourist dann beim Geben macht, ist auch nicht erbauend: Gibt er z.B. 2 Pfund als Bakschisch, so ist das zu wenig. Erhöht er bei nächster Gelegenheit auf das Doppelte, so wird es wieder nicht genug sein. Dieses Spiel kann bis in hohe Beträge gehen. Am Ende ist der Geber völlig frustriert.

Verständlicherweise ist die Bakschisch-Bettelei für viele Besucher zu einer Art Alptraum geworden. Dabei spielt dieses System im ägyptischen Alltag durchaus eine positive Rolle. Es gibt eine Unzahl Gelegenheitsjobs, die keine Arbeit im eigentlichen Sinne sind, die einem Menschen aber durch geringste Hilfereichung zu einem selbstverdienten, wenn auch niedrigen Einkommen verhelfen. Ob es junge Burschen sind, die aus dem Verkehrsgewühl ein Taxi heranwinken und dafür 1 £E Lohn erhalten, ob es der Mann ist, der dem haltenden Wagen die Tür aufreißt oder der flinke Mensch, der die Parkplätze am Straßenrand „verwaltet" und suchende Autofahrer einweist – sie alle haben eine Art von Beschäftigung, die sie nicht als Arbeitslose oder zu Bettlern stempelt.

Unter diesem Aspekt sollte der Besucher das Thema Bakschisch auch sehen, allerdings sich über die Größenordnungen klar werden: Ein Lehrer verdient im ersten Berufsjahr kaum mehr als £E 10-15, später etwa £E 20-25 pro Tag, ein Professor der Cairo University nach 20 Berufsjahren vielleicht £E 1200 im Monat. Es wäre daher verkehrt, dem Sohn des Lehrernachbarn für eine lächerliche Hilfe große Scheine zu geben. Einige Beispiele aus dem Jahr 2008 (bitte Inflation bis zu Ihrem Besuch berücksichtigen):

- **Parkplatzwächter** £E 4-6
- **Bell Captain** im Hotel etwa £E 5 pro Auftrag (z.B. Flugumbuchung)
- **Kofferträger** £E 5 pro Stück, in größeren Hotels £E 8-10
- **Zimmerservice** etwa £E 5-10/Tag (am besten im Voraus, umso sauberer wird das Zimmer sein)
- Trotz Servicezuschlag auf der Rechnung sollte man dem **Kellner** 10-15% Trinkgeld zusätzlich geben, je nach Servicegüte.
- **Schnorchel-** oder **Tauchführer** freuen sich über 10% des Tagessatzes, **Reiseleiter** über 5-10% der Reisekosten.

Geben Sie nur dann ein Bakschisch, wenn der Empfänger auch etwas dafür getan hat, es sei denn, es handelt sich um einen wirklich aus Not Bettelnden. Kinder sollten nur geringe Beträge erhalten, auch wenn sie Piaster-Scheine empört von sich weisen; besser sind nützliche Naturalien.

In der Grauzone zwischen reinen Bakschischjägern und an Fremden wirklich interessierten Ägyptern operieren die Geschäftemacher, die Ihnen Tag und Nacht Papyrus, Alabastervasen, fässerweise Parfüm, Goldschmuck und noch vieles mehr andrehen wollen. Diese Leute denken sich die tollsten Tricks aus, um mit Ihnen ins Gespräch und damit ins Geschäft zu kommen. Wenn sie Ihnen auch extrem auf die Nerven gehen, so sollten Sie doch ein bisschen Verständnis aufbringen: Die meisten leben von diesen Geschäften, für sie ist es bitterster Überlebenskampf. Die Leute hingegen, die Ihre Bekanntschaft aus Interesse und ohne Hintergedanken suchen, erkennen Sie an Unaufdringlichkeit und daran, dass sie Ihnen z.B. nicht sofort die Hand zur Begrüßung hinstrecken.

Auch in Ägypten nimmt die Zahl der Bettler zu. Es sind - neben wenigen berufsmäßigen - meist wirklich bedürftige Menschen, die sich auf diese Weise Mittel zum Lebensunterhalt beschaffen müssen. Das können Saisonarbeiter oder sonstige Arbeitslose, aber auch Behinderte sein, die keine Arbeit finden.

Erste Eindrücke in und von Ägypten

Ägypten ist ein fantastisches Reiseland, und das liegt – nach unserer Ansicht – in erster Linie an den so freundlichen und herzlichen Menschen, in zweiter Linie an den vielen unterschiedlichen Landschaften und ebenso an den historischen Relikten. Doch das Land am Nil kann auch anstrengend im Hinblick auf die menschlichen Begegnungen sein.

Unsere allerersten Eindrücke vom Reisen und Leben als Tourist in Ägypten waren nicht immer erfreulich; häufig genug hören wir ähnliche Schilderungen oder Leser schütten uns ihr Herz aus. Andere sind vom ersten Tag an begeistert. Wir halten es aber für wichtig, diese Erfahrungen zumindest anzusprechen – auch wenn es zu negativ klingen mag, wie ein Leser schreibt: *„Nach der Lektüre der ersten Kapitel habe ich mich ernsthaft gefragt, ob es eine gute Entscheidung war, Ägypten auf eigene Faust zu erkunden. Ich war dann wirklich sehr angenehm überrascht, wie freundlich die Ägypter sind (abgesehen von einigen Ausnahmen, z.B. die berühmten Schlepper, auf die man gerne hereinfällt)."* Oder: *„Es gab Tage, an denen man sehr freundschaftliche Begegnungen mit Ägyptern hatte – an anderen wiederum fühlte man sich von morgens bis abends belästigt. Trotzdem werde ich meinen nächsten Urlaub wieder in Ägypten verbringen, es gibt kein anderes Land, das Ähnliches zu bieten hätte."*

Hier muss man sich nun in die Lage der Leute versetzen, die vom Touristenstrom leben, und zwar nicht als pensionsberechtigte Staatsdiener, sondern als Kleinstunternehmer. Sie stehen meist ganz unten in einer Hierarchie von Händlern und müssen den Kitsch und die falschen Antiquitäten auf Biegen und Brechen an den Mann oder die Frau bringen. Wenn nicht, hungert unter Umständen die Familie am nächsten Tag.

Keiner dieser Händler hat eine Verkaufsschulung erlebt oder wurde mit den distinguierten Kaufgepflogenheiten eines z.B. hanseatischen

Zum Thema Müll

Agypten ist voller Widersprüche. Unzählige Straßen, Plätze, leer stehende Grundstücke, selbst Innenhöfe dienen als Müllabladeplatz. Anderseits haben die Autobesitzer stets einen Lappen parat, mit dem sie penibel jedes Staubkorn entfernen oder entfernen lassen. Blank gewienerte Schuhe gehören ebenso in diese Sauberkeitsmanie wie blütenfrische Kleidung.

Der mit spiegelnden Schuhen im staubkornfreien Auto sitzende, sich vornehm gebende Geschäftsmann scheut sich keinen Augenblick, Papierschnipsel, Plastiktüten oder sonstigen Abfall aus dem Autofenster zu werfen, selbst wenn die Straße gerade gereinigt wurde. Der Unrat hat solche Ausmaße angenommen, dass künftige Ausgräber der heutigen Zivilisation über die Erzeugung und Entsorgung der unglaublichen Mengen von Abfall, insbesondere Plastikabfall rätseln werden – ähnlich wie wir über den Bau der Pyramiden.

Großzügiger Umgang mit den täglichen Hinterlassenschaften menschlichen Treibens wurde den Ägyptern allerdings schon im Jahre 1652 von dem Franzosen Jean de Thevenot bescheinigt. Er schrieb über den Khalig-Kanal, der während der Nilschwemme das damalige Stadtzentrum Kairos mit Wasser versorgte:

"Das Wasser war porphyrfarbig, grün, blau und rot. Nach Auflösung des morgendlichen Nebels war der Gestank so entsetzlich, dass man sich fragte, wie man in den Palästen und Häusern an den Ufern leben konnte. Benutzt wurde der Kanal als Stadt-Kloake, in der tote Tiere und aller Abfall schwammen. Nachts plagten einen die Mücken, am Tag die Fliegen."

Auch heute dienen Kanäle, die Lebensadern der ägyptischen Landwirtschaft, häufig genug ebenso als Müllkanäle, in die jeglicher Abfall geworfen wird. Sie degenerieren zu stinkenden Kloaken, in denen die Frauen dennoch Wäsche und Kochgeschirr waschen müssen. Wenn dann die Bagger anrücken, um den Wasserdurchfluss wieder zu ermöglichen, häufen sie die Berge von Abfall an den Kanalböschungen auf.

Dieses sorg- und achtlose Verhalten auch der Landbevölkerung, die den Wert eines Kanals hochhalten müsste, anstatt ihn zu vermüllen, bleibt eins der Rätsel des ägyptischen Alltags.

Bürgers bekannt gemacht. Er glaubt hingegen, dass penetrantes Anbieten und Anbiedern der sichere Weg zum Verkaufserfolg sei. Auch ist ihm nur zu geläufig, dass Europäer das landesübliche Feilschen nicht gewohnt sind; diese Exoten scheinen für ihn zwar mit vollen Taschen nach Ägypten zu kommen, aber naive Käufer zu sein. Daher nimmt der orientalische Händler (wie weltweit jeder Mensch an der Verkaufsfront) das, was der Markt hergibt – und mit Vergnügen auch das Doppelte dessen, was die Sache per Angebot und Nachfrage wert wäre. Kann man ihm das wirklich übel nehmen? Soll er sich wegen der Touristen umerziehen lassen und seine Jahrtausende alte Händlertradition über Bord werfen?

Ein weiterer Negativ-Eindruck ist der **Schmutz** und **Dreck**, der herumliegt und -fliegt. Diese Patina aus Wüstensand und Abfällen bleibt unter anderem deswegen ewig liegen, weil sie von keinem Regen weggewaschen wird. Es kommt aber noch die Gleichgültigkeit der Orientalen hinzu. Es stört sie offensichtlich nicht, wenn vor der Haustür der Müll gen Himmel wächst, weil ihn keiner abholt. Das war seit Generationen so, warum soll es sich ändern?

Ähnliches gilt auch für die Hygiene. Immer wieder werden Sie Menschen beobachten, die direkt aus dem Nil oder einem Wassergefäß trinken, das zuvor schon Hunderte benutzten. Wer als Kind in Ägypten den Kampf gegen den steten Ansturm der Bakterien bestanden hat, den wirft später ein Schluck aus einem schmuddeligen Becher nicht gleich aufs Krankenlager.

Das auch bei uns erst junge **Umweltbewusstsein** ist inzwischen auch in Ägypten erwacht. Der Staat beginnt, mit ernsthaften Maßnahmen gegen die ständig wachsenden Umweltbelastungen aus verschiedensten Quellen vorzugehen. Doch diese Entwicklung benötigt Zeit und letztendlich unsere Mithilfe. Als Beispiel: Pestizide - selbst solche, die bei uns längst verboten sind - kommen häufig ohne Anwendungsanleitung, ohne arabisch beschriebene Informationen und auch an Analphabeten in den Handel. Der Anwender gebrauchst sie nach Gutdünken, schädigt oft sich selbst (jährlich etwa 30 Todesfälle) und belastet die Umwelt.

Schlimm steht es um die Luft- und Wasserbelastung. Obwohl 1995 striktere Umweltgesetze mit einer Übergangsperiode von drei Jahren in Kraft traten, hatten am Ende dieser Periode nicht einmal fünf Prozent der Industriebetriebe auf umweltfreundlichere Verfahren umgestellt. Neben enormer Luftverschmutzung fließen Unmengen Abwasser unbehandelt in den Nil...

Als alleinreisende Frau in Ägypten

Ein Wort vorweg quasi als Zusammenfassung dieses Kapitels: Lassen Sie sich von den folgenden Argumenten auf keinen Fall in Zweifel stürzen, ob Sie als Frau allein in Ägypten reisen sollten – tun Sie es unbedingt und ohne Einschränkung! Die Erfahrungen unserer Leserinnen liegen in der Summe ganz eindeutig auf der positiven, meist sogar der sehr positiven Seite. Betrachten Sie daher die folgenden Sätze als Informationen, die Ihnen durch mehr Verständnis und angepassteres Verhalten einen problemfreieren Aufenthalt ermöglichen sollen.

Ganz unproblematisch ist es allerdings nicht, in einem muslimischen Land als Frau ohne männliche Begleitung zu reisen. In diesem Zusammenhang ist Christine Polloks Buch *Kulturschock Islam* (siehe Seite 39) eine wichtige Fundgrube von Informationen, die weit über das hinausgehen, was wir hier darstellen können. So sagt sie schon im Vorwort:"*... konfliktfreies Reisen ist für eine Frau in der islamischen Welt nicht möglich, zu unterschiedlich sind die Kul-*

Wo es fast nie regnet, verführen auch Dächer leicht zur Gerümpelablage

turen." Die Autorin gibt aus eigener Erfahrung eine Reihe guter Ratschläge.

Das Wichtigste herausgegriffen und ergänzt: **Selbstsicher auftreten**, sich nicht einschüchtern lassen, keine „Opferhaltung", distanziert auftreten, aber auch nicht arrogant sein, so wenig wie möglich provozieren durch zur Schau gestellte Weiblichkeit (angemessene Kleidung, wenig Haut zeigen, angezogen im „Citylook"), Blickkontakt vermeiden (dunkle Sonnenbrille tragen). Rasieren Sie eventuell Bein- und Armhaare, sofern diese zu sehen sind, denn ägyptische Frauen entfernen alle Haare außer den Kopfhaaren. Auf Ansprechen bzw. Anmachen sollte man überhaupt nicht reagieren, d.h. so tun, als ob nichts wäre. Wenn Sie darüber hinaus einen Ehering anstecken (rechts verlobt, links verheiratet) und sich passende Erklärungen dafür ausdenken (z.B. Mann beruflich unabkömmlich), eventuell ein Kopftuch tragen, dann werden Sie zwar immer noch Anmache erfahren, aber vielleicht weniger aufdringlich.

Wenn Sie auf der Straße eine Auskunft oder Hilfe brauchen, fragen Sie andere Frauen; vielleicht finden Sie dabei auch Kontakt zu ägyptischen Frauen, die Sie u.U. als Guide begleiten und vor Ärger mit Männern bewahren. Setzen Sie sich in Bahn oder Bus möglichst nur neben Frauen. Reiten Sie tunlichst nicht mit einem Mann gemeinsam auf einem Kamel.

Sollte die Anmache zu aufdringlich werden, schimpfen Sie so laut und so wütend, dass Umstehende es hören und aufmerksam werden. Wahrscheinlich benutzen Sie am besten deutsche Schimpfwörter, weil Sie die kennen und aus dem Tonfall Ihr Ärger hervorgeht. Arabische Worte müssen richtig betont werden und - sie müssen einem im richtigen Moment einfallen. Eine Leserin empfiehlt die folgenden Steigerungen: *"Eh da?"* (Was ist das?), *"Mushkila?"* (gibt's ein Problem?), *"Anta malak!"* (kümmer dich um deine eigenen Sachen). Wenn Sie zu sehr belästigt werden, gehen Sie zur Polizei oder Touristenpolizei.

Frauen genießen aber auch ein paar Vorteile: Bei Ticketschaltern gibt es meist eine eigene, kürzere Reihe für Frauen, in der Metro einen nicht so vollen Wagen, im Bus wird fast immer ein Platz frei gemacht. Ein Tipp für die Bahn: Kaufen Sie zwei Tickets - z.B. ist zweite Klasse AC nicht teuer -, so dass Sie sich auf zwei Plätzen ausstrecken können und/oder zusätzlich eine Mindestdistanz zu unliebsamen Nachbarn haben.

Nun noch Zitate aus Briefen allein reisender Frauen, die Ihnen auch die eine oder andere Information geben mögen:

"Euer Reiseführer war eine große Hilfe. In Ägypten gibt's keine Spielregeln für Frauen, auch angemessene Kleidung ist kein Schutz (allerdings habe ich dafür oft Anerkennung erfahren, ich trug immer lange weite Hosen, BH, nie enge oder ärmellose T-Shirts). Das Schwierige am Spiel ist, dass die Männer wirklich nett und freundlich sind, in einer Art, die wir Europäerinnen meist nicht kennen (ich glaube, das macht uns anfällig für großes Vertrauen)."

"Für die Ägypter ist es unverständlich, dass man allein reist. Für sie bedeutet es, dass etwas nicht in Ordnung ist und somit wollen sie sich um einen kümmern. Frau sollte dann immer eine passende Ausrede parat haben (z.B. dass sie gleich ihren Freund trifft) und deutlich machen, dass sie keine Hilfe benötigt. Denn nicht selten stecken hinter den vermeintlichen Hilfeleistungen ganz eindeutige Absichten."

"Noch nie habe ich mich als alleinreisende Frau in einem Land so sicher gefühlt wie in Ägypten. Völlig in Bann gezogen wurde ich von der Freundlichkeit, Fröhlichkeit, Gastfreundschaft und Hilfsbereitschaft, die ich überall antraf. Ich fand es richtig beschämend, dass Fremden in Deutschland ganz anders begegnet wird: kein 'welcome', sondern Distanz oder gar Abweisung."

"Ganz allgemein habe ich immer viel bessere Erfahrungen gemacht, wenn ich nur mit Frauen unterwegs war. Ich denke, das liegt daran, dass Frauen zu zweit oder in einer Gruppe für Ägypter ganz normal sind."

"Wir merkten, dass entschlossenes und sicheres Auftreten – wenn auch nur als Bluff – viel

Als alleinreisende Frau in Ägypten

ausmacht: deutlich und laut sagen, was wir wollten, sich mit 'Madame' und Nachnamen vorstellen, bei Anätscheleien im Bus laut schimpfen, sich gleich neben Frauen setzen oder stellen. Fremde nicht mit Handschlag begrüßen, denn das war oft die erste Berührung, es folgte Hand auf die Schulter legen, danach um den Rücken, so Stückchen für Stückchen. Unsere Forderung 'Fassen Sie mich nicht so an' wurde immer sofort akzeptiert, manchmal zunächst mit Entrüstung, dann folgte Achtung, dass wir nicht alles mit uns machen lassen."

„Alleinreisende Frauen brauchen in Ägypten keine Angst zu haben, wenn sie sich in der Kleidung und im Benehmen etwas anpassen können und wissen, was sie wollen. Sie sollten Frauen etwas mehr ermutigen in Ihrem Buch. Ich habe nur gute Erfahrungen gemacht und kann Ägypten nur empfehlen. Nach erstem Lesen Ihres Buches war ich allerdings eher skeptisch."

„Schwanger in Ägypten (5./6. Monat) zu reisen, war überhaupt kein Problem. Die Ägypter sind unglaublich kinderfreundlich, mein dicker Bauch war oft Einstieg in ein Gespräch oder Anlass zum Schenken kleinerer Glücksbringer."

Es sollte noch angemerkt werden, dass Mütter mit Kindern ganz anders respektiert werden als allein reisende Frauen (siehe auch Seite 112, „Als allein lebende Europäerin in Kairo").

Geschäft mit den Gefühlen argloser Urlauberinnen

Die Versuchung für Frauen, sich im Orient in ein Liebesabenteuer zu stürzen, scheint sehr groß zu sein. Häufig geschieht es spontan, viele Frauen lassen sich unwissend auf dieses gefährliche Abenteuer ein: Ägyptische Gigolos kennen alle Tricks, um mit gekonnten Liebesschwüren auch an das Geld der gutgläubigen Europäerinnen zu kommen. Doch die meisten dieser Beziehungen enden in einem Desaster.

In unserem Bekanntenkreis verliebte sich kürzlich eine 42jährige verheiratete Mutter eines noch kleinen Kindes unsterblich in einen 22jährigen Kellner in Hurghada. Der neue Freund brauchte ständig Geld. Als alle ihre Ersparnisse dahingeschmolzen waren, endete mit dem letzten Nachschub die anfangs unvergängliche Liebe des jungen Mannes abrupt.

Eine über 50jährige deutsche Juristin investierte 150 000 € in ein Mietwagenunternehmen, das ihr 25jähriger Geliebter in Hurghada aufzubauen vorgab. Nachdem sich schließlich die Autoflotte als Luftblase herausstellte und die Dame kein Geld mehr nachschießen konnte, erstarb wiederum schlagartig die Liebe des ägyptischen Partners.

Eine 25jährige Rheinländerin verliebte sich auf einer Nilkreuzfahrt in einen Schiffskellner. Sie holte ihn nach Deutschland, heiratete ihn und bekam einen Sohn. Sie machte Schulden, um das gemeinsame Haus bei Sharm el Sheik zu finanzieren. Als der junge Mann die unbefristete Aufenthaltserlaubnis für Deutschland in Händen hielt, verließ er sie und entführte den Sohn zu seiner Familie nach Ägypten. Er selbst blieb hier, ließ sich von seiner „ungläubigen" deutschen Frau scheiden und holte die „richtige" Frau aus seiner Heimat. Die Rheinländerin kämpft nun um ihr Kind und mit den Schulden, die ihr Ehemann ihr hinterlassen hat. Das Haus in Ägypten wird sie nie sehen, darf aber den Kredit abzahlen.

Auf dem Internetportal **www.1001geschichte.de** ist gleich eingangs mit aller Deutlichkeit zu lesen: *Trotz der angestrebten Globalisierung und dem zunehmenden Interesse an der orientalischen Kultur hat sich in den letzten Jahren in einigen Urlaubsländern ein neuer Geschäftszweig entwickelt, der sich **BEZNESS** nennt. Diese Bezeichnung steht für das **Geschäft mit den Gefühlen europäischer Frauen**. Tausendfach verlieren hauptsächlich Frauen aller Altersklassen und aus allen sozialen Schichten nicht nur ihr Herz, sondern auch ihr gesamtes Hab und Gut, weil sie den gespielten Liebesschwüren und betrügerischen, schauspielerischen Höchstleistungen ihrer Urlaubsliebes aus Unkenntnis verfallen. Die meisten dieser*

Fälle enden mit sozialem Abstieg, unendlichen Schulden und einer jahrelangen Traumatisierung der Betroffenen. Gemeinsame Kinder aus diesen Beziehungen werden benutzt, um den Aufenthaltsstatus in Europa zu sichern. Kindesentzug und Entführungen sind keine Seltenheit. Hier schreiben betroffene Frauen und Männer die wahren Geschichten ihrer binationalen Beziehungen, die zur Hölle wurden.

Selbst wenn vor der Abreise kein Gedanke an ein derartiges Abenteuer verschwendet wurde, sollte frau interesse- oder vorsichtshalber bereits zu Hause in *www.1001geschichte.de* blättern.

Mit Kindern in Ägypten

Ägypten ist ein sehr kinderfreundliches Land, nicht nur der sprichwörtlichen Fruchtbarkeit wegen. Kindern gehört die ganze Liebe und Aufmerksamkeit der Familie. Auch Touristenkinder sind gern gesehen. Warum also nicht die eigenen Kinder mitnehmen? Ein Leser aus Weimar schrieb Tipps zu diesem Thema, eine Leserin aus Heidelberg ergänzte nach überaus positiven Erfahrungen auf einer Reise mit ihrem vierjährigen Sohn.

Reisevorbereitungen: Auch Kinder sollten auf das Kennenlernen eines anderen Landes vorbereitet werden. Begriffe wie Pyramiden, Wüste, Kamele, Mumien, Nil oder Pharaonen sind vielen Kindern geläufig und können als Ansatzpunkt einer eingehenden Auseinandersetzung mit Land und Leuten dienen. Aber erklären Sie auch das Prinzip des Feilschens, weil hiesige Kinder nur das System der festen Preise kennen. Außerdem können ein paar arabische Worte wie *bitte* oder *danke* aus Kindermund Ägypter in helle Verzückung setzen.

Ein paar **Buchvorschläge** zur Vorbereitung: Die wohl amüsanteste Einführung in die Vergangenheit bietet der Comic-Band *Asterix und Cleopatra*. Eingehender wird das Ägypten der Pharaonen in *Das alte Ägypten* aus der Reihe *Was ist was* (Tesloff-Verlag Nürnberg) dargestellt. Mit Pyramiden und Mumien befassen sich zwei weitere Bände dieser Reihe. Mit dem Leben im heutigen Ägypten können sich junge Leser durch den Sammelband *Idris, Geschichten aus Ägypten* (Ilse van Heyst, Spectrum-Verlag) mit Kurzgeschichten vom alltäglichen Leben der Kinder vertraut machen. Ein besseres Verständnis des Islam ermöglicht das Vorlesebuch *Fremde Religionen* (M. und U. Tworuschka, Band 1: Judentum/Islam. Verlag Ernst Kaufmann, Lahr). Vom nicht leichten Leben der Beduinen berichtet in kindgerechter Form die dokumentarische Schilderung *Drei Tage bis Ras Muhammad* (Tikva Sarig und Levy Shabtai, Arena Verlag Würzburg).

Essen: Manchmal ist es auf Reisen nicht ganz einfach, den Wünschen der Junioren gerecht zu werden. Die großen Hotels wissen auch die Wünsche der jungen Gäste zu befriedigen. Dabei hält aber auch die ägyptische Küche so manche Spezialität bereit, die bei den Jungen Anklang finden dürfte. "Ägyptisches Fast Food" wie *Shauwarma*, *Felafel* oder *Kofta* gibt es in jedem Dorf. Beim Eis nur abgepacktes nehmen und darauf achten, dass es nicht schon geschmolzen war; das untere in der Truhe ist kühler.

Wenn Sie für Ihre Kinder **Unterhaltung** in Kairo suchen, dann könnten folgende Besuche lohnen: Zoo, Zirkus, Puppentheater, interaktives *Child Museum* in Heliopolis, *Crazy Water Park*, (6. October City) mit Wellenbad, Wasserrutschen, Wasserspielen etc. oder *Filfila Village* am Maryutiya Canal in Giseh (Pyramid Road kurz vor der Abzweigung Sakkara rechts); hier gibt es zu typisch ägyptischen Gerichten orientalische Shows mit Akrobaten, Zauberern, Tanz und Gesang. In Luxor oder Assuan sind Felukenfahrten das große Ereignis, aber auch Kalesche, Esel- oder Kamelritte.

Lange Busfahrten können problematisch werden; es kann besser sein, sie in zwei Etappen zu teilen, auch wenn dann eine Übernachtung an einem unattraktiven Ort anfällt; Spiele gegen Langeweile mitnehmen.

Wenn Sie mit Kleinkindern unterwegs sind, müssen Sie noch weiter voraus denken und

nötigenfalls Windeln, dem Alter entsprechende Nahrung und Ersatzkleidung für Fälle mitnehmen, in denen die gewünschte Unterkunft, z.B. wegen einer Panne, nicht erreicht werden kann oder diese Dinge am Ankunftsort nicht vorrätig sind.
Sollte Ihr Kind im Urlaub an Reisedurchfall erkranken, dann achten Sie ganz besonders darauf, dass es genug trinkt. Viele Kinder verweigern Flüssigkeit, wenn sie sich nicht wohl fühlen. Seien Sie geduldig, aber hartnäckig, und notieren Sie sich, wie viel am Tag getrunken wurde, damit Sie den Überblick behalten. In leichten Fällen genügt die Einhaltung einer Diät (z.B. Salzstangen, Haferbrei, Kartoffeln, gedünstetes Gemüse) und erhöhte Flüssigkeitszufuhr mit Fruchtsäften (am besten mit einer Prise Salz und Zucker) oder gesüßtem Mineralwasser.

Als Behinderte in Ägypten

Ägypten bemerkt in jüngerer Zeit, dass auch Behinderte gern zu Besuch kommen oder kommen würden. Es dürfte jedoch noch eine lange Weile dauern, bis man als RollstuhlfahrerIn die nötige Infrastruktur auch nur in den wichtigsten Tourismusgebieten finden wird. Einige Reiseagenturen entdeckten dieses neue Marktsegment und spezialisierten sich darauf. So berichtet ein behinderter Leser sehr positiv von dem professionellen Service des (deutschsprachigen) Reisebüros:

- **Egypt For All**, 44 Sh Mostafa Sadek El Rafei, Helioplis-Kairo, Tel 3270 457, 3113 988, info@egyptforall.com, www.egyptforall.com.

Die Mitarbeiter sind auf Behinderten-Trips spezialisiert, sie schrecken weder vor Grabkammern noch Wüstentrips oder Schnorchel-Aktivitäten zurück. Mit Geschick und Fürsorge wird den Besuchern Ägypten in Dimensionen erschlossen, die von den Behinderten zuvor nicht denkbar waren. Das heißt aber, dass man sich als Einzeltourist nur dann ins Land begeben kann, wenn man bereits zu Hause vorbaut und professionelle Hilfe organisiert.

Als einzige Airports sind derzeit nur Kairo und Sharm el Sheikh einigermaßen behindertengerecht ausgestattet, andere Flughäfen ziehen langsam nach. Die ebenerdige Lage der Abfertigungsgebäude bietet jedoch relativ geringe Hindernisse für Rollstuhlfahrer.
Nur wenige Hotels können das Attribut "behindertengerecht" in Anspruch nehmen. Zwar bieten die meisten Herbergen der Luxusklasse auch rollstuhlgerechte Zimmer an; in den billigeren Kategorien sind uns nur wenige bekannt: im 4*-Bereich das *Basma* in Assuan und das *Mercure* in Luxor.
Es gibt selten fußgängergerechte Bürgersteige, geschweige denn behindertengerechte Wege in Ägypten. Behinderte ohne professionelle Hilfe müssen sich auf diverse Schwierigkeiten vorbereiten; der Besuch von pharaonischen Gräbern oder Pyramiden-Kammern z.B. dürfte sehr schwierig bis unmöglich sein. Andererseits stellen viele Tempel oder ebenerdige Bauwerke keine unüberwindbaren Hindernisse dar, zumindest dann, wenn man als Einzelreisender einheimische erfahrene Helfer anheuert, die einen Rollstuhl auch einmal ein Stück tragen. Das Ägyptische Museum in Kairo wurde mit Aufzügen ausgestattet, so dass Behinderte z.B. auch Zugang zur Tutanchamun-Ausstellung im oberen Stockwerk haben. Den meisten Behinderten wird bei Eintrittsgeldern der Studentenpreis eingeräumt bzw. vom Kassierer angeboten.

Reisen mit Hund

Ob man einen Hund den Strapazen einer langen Reise aussetzt, hängt nicht zuletzt von dessen gesundheitlicher Konstitution ab. An Papieren sind lediglich die in Europa üblichen Dokumente nötig, die jedoch selten kontrolliert werden. Die Araber verhalten sich wesentlich anders zu Tieren als wir. Lässt man den Hund z.B. allein im Auto zurück, kann es leicht vorkommen, dass vor allem Jugendliche das Tier nach Kräften ärgern. So wie Moscheen absolut tabu für die „unreinen" Hunde sind, gibt es viele andere Ge-

1 Einlesen, eindenken, vorbereiten

legenheiten, bei denen der vierbeinige Freund ungern gesehen wird.

Weitere Belastungspunkte sind der überall herumliegende Dreck und Unrat, mit dem sich ein Hund gern zu schaffen macht und sich dabei natürlich Infektionen holen kann. Auch der Kontakt mit streunenden, manchmal arg heruntergekommenen Hunden dürfte selten im Sinn des Besitzers sein.

Unabhängig vom Risiko für das Tier, ergibt sich für die Besitzer natürlich der Vorteil, einen Bodyguard ständig um sich zu haben. In der Regel ergreifen selbst großmäulige Kontaktsuchende die Flucht, wenn sie auf den vierbeinigen Bewacher stoßen.

Arbeiten in Ägypten

Niemand sollte nach Ägypten reisen und dort seine Reisekosten durch einfache Arbeiten wie Kellnern o.ä. verdienen wollen: Es gibt zahllose Arbeitslose im Land, denen man eine Chance nicht wegnehmen darf. Andererseits finden sich für bestimmte Beschäftigungen keine oder nur wenige einheimische Kräfte. Vor allem Englisch sprechende junge Frauen, die in so genannten Nursery Schools als Kindergärtnerinnen arbeiten wollen, können eventuell einen Job finden. Die Monatslöhne liegen bei £E 600 bis 1000, also um 100 Euro. Interessierte schauen in englischsprachige Zeitungen. Bis zu sechs Monaten kommt man meist mit dem Touristenvisum zurecht.

Am leichtesten dürfte noch in Touristenzentren wie Hurghada oder Sharm el Sheikh Arbeit zu finden sein. Besonders bei Tauchschulen oder in großen Hotels gibt es häufig spezielle Jobs für Ausländer (Tauchlehrer, Animateure etc.).

> **Schreiben Sie uns bitte**, wenn Sie Fehler, Änderungen oder Neuigkeiten feststellen.

Reisevorbereitung

Wichtige Adressen

Ägyptische diplomatische Vertretungen

- **Botschaft der Arabischen Republik Ägypten,** Stauffenbergstr. 6-7, 10785 Berlin, Tel 030 477 5470 (keine Visa), Fax 030 477 1049, www.egyptian-embassy.de
- **Generalkonsulate der Arabischen Republik Ägypten**
- 10785 **Berlin**, Stauffenbergstr. 6-7, Tel 030 477 01880, Fax 030 477 4000, ConsularSection@Egyptian-Embassy.de
- 60322 **Frankfurt**, Eysseneckstr. 34, Tel 069 955 1340, Fax 069 597 2131
- 20149 **Hamburg**, Harvestehuder Weg 50, Tel 040 413 3260, Fax 040 4133 2619, gen-kons-et-hh@gmx.de

Berliner und Ostdeutsche beantragen in Berlin, Norddeutsche in Hamburg, NRW und südlich davon in Frankfurt.

Österreich
- **Botschaft der Arabischen Republik Ägypten,** Hohe Warte 50-54, 1190 Wien, Tel 01 370 8104, Konsularabteilung Tel 01 370 810860, Fax 01 370 810869, consulate@egyptembassyvienna.at

Schweiz
- **Botschaft der Arabischen Republik Ägypten,** Elfenauweg 61 3006 Bern, Tel 031 352 8012, Fax 031 352 0625
- **Konsulat der Arabischen Republik Ägypten,** 47, Route de Florissant, 1201 Genf, Tel 47 63 79

Touristische Auskünfte

Für den deutschsprachigen Raum ist das Fremdenverkehrsamt in Frankfurt zuständig:
- **Ägyptisches Fremdenverkehrsamt**, Kaiserstr. 64 A, 60329 Frankfurt, Tel 069 252 153, 252 319, Fax 069 239 876, Staatlich@aegyptisches-fremdenverkehrsamt.de

Auskünfte
über koptische Angelegenheiten

- **Koptisch-Orthodoxes St. Antonius Kloster,** Hauptstraße 10, 35647 Waldsolms-Kröffelbach Tel 060 852 317

Papierkram
(Visum, Impfungen etc.)

Die Einreise- und Zollbestimmungen können sich jederzeit ändern. Daher sollten Sie sich rechtzeitig nach den aktuellsten Vorschriften erkundigen.

Übliche Einreise

- An Papieren für die Einreise ist zunächst ein **Reisepass** der Schlüssel zum Land. Er muss mindestens noch drei Monate gültig und mit einem Visum versehen sein. Bürger aus der EU und der Schweiz können das Visum am Einreise-Flughafen erwerben: An einem der Bankschalter vor der Passkontrolle kauft man eine Wertmarke in Form eines Stickers zu $ 15 (Stand Nov. 08), die in den Pass geklebt und dann abgestempelt wird, Wartezeit wenige Minuten. Neuerdings genügt (zur Not) auch der Personalausweis bei der Flugzeugeinreise. Für das Erteilen des Visums müssen in diesem Fall eine Ausweiskopie und zwei Passfotos vorgelegt werden; also bereits zu Hause besorgen.
- Den Reisepass sollte man im Hotel hinterlegen, da das Risiko, ihn zu verlieren, deutlich größer ist, als dass er im Hotel verschwindet. Bei Passverlust kann nur die Botschaft in Kairo einen Ersatz ausstellen. Eine Kopie der beiden ersten Seiten erleichtert diesen (sehr aufwändigen) Vorgang.
- **Kinder** können theoretisch bis zum 16. Lebensjahr nach Ägypten einreisen, wenn sie im Pass der Eltern eingetragen sind und dieser ein Foto des Kindes enthält. Besser: Lassen Sie sich zusätzlich vor Reiseantritt einen mit Foto versehenen Kinderausweis ausstellen.
- **Hinweis**: Wenn Sie länger als einen Monat bleiben wollen, sollten Sie ein **Dreimonats-Visum** bereits zu Hause besorgen (möglichst beim Konsulat der Botschaft), das teurer ist als an der Grenze. Kalkulieren Sie vorsichtshalber eine gute Woche als Vorlaufzeit für die Abwicklung ein. Visa-Anträge können Sie beim Konsulat oder bei einem Reisebüro anfordern oder downloaden. Den ausgefüllten Antrag mit den Visagebühren in bar, Passfoto und Rückumschlag (ausreichend frankieren!) an das zuständige Konsulat schicken.
- An den Seehäfen sollte das Visum auch erhältlich sein, es wird aber immer wieder von Schwierigkeiten berichtet, Ähnliches gilt für die Landgrenzübergänge. Besorgen Sie es vorsichtshalber vor der Ankunft. Das in Europa erteilte Visum ist in der Regel drei bis sechs Monate gültig, das an den Flughäfen nur drei Monate. Zurzeit kann es bis zu einem Jahr verlängert werden.
- Das Visum ermöglicht nur die Einreise, für den Aufenthalt im Land benötigt man eine weitere Erlaubnis. Als Normaltourist erhält man am Grenzübergang in der Regel nicht mehr als vier Wochen **Aufenthaltserlaubnis**. Falls man länger bleiben will, muss man innerhalb dieser Zeit die Aufenthaltsdauer bei der nächsten Passbehörde verlängern lassen (in Kairo in der *Mogamma*, siehe Seite 205). Versuchen Sie dennoch, mit Hartnäckigkeit gleich bei der Einreise die gewünschte Aufenthaltsdauer zu bekommen. Überziehen des Aufenthalts um 7 bis zu 14 Tage wird meist toleriert, danach bestraft. Informationen zu Ankunft und Abreise finden Sie ab Seite 59, die Sie unbedingt kurz vor der Ankunft lesen sollten.
- Wenn Sie einen Kurzbesuch Israels oder Jordaniens von Ägypten aus planen, sollten Sie sich vorsichtshalber ein **Multiple-Entry-Visum** geben lassen, mit dem Sie mehrfach ein- und ausreisen können. Bei nur einmaliger Aus- und Wiedereinreise lassen Sie sich ein **Re-Entry-Permit** bei der Ausreise aus Ägypten geben, das ist umsonst. Beim ägyptischen Konsulat in Elat oder bei den Kollegen in Aqaba kann man andernfalls ein ganz normales Visum oder natürlich auch ein Multiple Entry Visum bekommen. Wer sicher gehen will, holt sich bereits in Kairo, Mogamma-Gebäude am Midan Tahrir, 1. Stock, ein Re-Entry-Visum.

1 Einlesen, eindenken, vorbereiten

- Einen **Internationalen Führerschein**, den die heimische Kfz-Behörde ausstellt, sollte man nach Möglichkeit mitnehmen. Wenn Sie ein Auto mieten wollen, geht es häufig nicht ohne dieses Papier. Andernfalls müssten Sie theoretisch den ägyptischen Führerschein machen, was Sie drei Tage Bürokratie kosten kann.
- Wenn Sie Ihr Auto oder Motorrad nach Ägypten mitnehmen, lassen Sie sich einen **Auslandsschutzbrief** eines Automobilclubs ausstellen. Falls Sie Ersatzteile aus der Heimat benötigen, werden diese schnell beschafft und die Zollformalitäten professionell abgewickelt.
- Der **Internationale Studentenausweis** verhilft dem Besitzer zu erheblichem Nachlass bei Eintrittsgeldern und sogar bei Eisenbahn-Tickets. Besorgen Sie sich den Ausweis erst kurz vor der Abreise und möglichst in demselben Kalenderjahr; am besten funktioniert der grüne Internationale Studentenausweis mit Foto.

Auch die *International Student Identity Card* wird in Ägypten durchweg anerkannt. Nähere Informationen erhalten Sie über
- **ISIC**, Box 9048, 1000 Kopenhagen, Dänemark, Tel 0045 339 39303.

Wer seinen Studentenausweis verlor oder vergaß, kann einen neuen Ausweis in der **Medical University,** Kairo, 23 Sharia El Manial, Insel Roda (Öffnungszeiten: So-Do 9-19, 1. Stock über Nationalbank) gegen Gebühren um ca. £E 50, Vorlage eines Passbildes und der Studienbescheinigung (nicht zwingend) bekommen. Dasselbe ist bei Prof. AHMED EL SHEIKH in der *Faculty of Engineering in der Cairo University* in Giseh (Sa-Do 9.30-13.30) möglich.

- **Zivildienstleistende** bekommen manchmal auch Ermäßigung auf ihren Ausweis (einfach ausprobieren).
- **Ägyptologen** oder Archäologen erhalten bei Nachweis ihres Berufes ein Türen öffnendes Permit (Tasrih) vom *Supreme Council of Antiquities (SCA),* Kairo (Adresse siehe Seite 318). Es werden £E 50 und ein Foto benötigt sowie ein Schreiben des jeweiligen Instituts, welches die Seriosität des/der Antragstellers/in bestätigt. Die Beantragung dauert meistens nur ein paar Minuten und klappt problemlos.
- In den diversen Youth Hostels, aber auch bei der Eisenbahn ist die **International Youth Hostel Card** von Nutzen.
- **Einreise mit Tieren:** Offiziell ist ein amtstierärztliches Gesundheitszeugnis nötig, Hunde und Katzen müssen (höchstens zwei Wochen vor Einreise) gegen Tollwut geimpft sein.

Einreise von Israel aus

Wenn Sie über eine der Israel-Grenzstationen einreisen, wird Ihnen die Weiterreise in ein anderes arabisches Land (Libyen, Sudan, Syrien) nicht möglich sein, weil die Grenzbeamten eines arabischen Landes aus dem Namen des ägyptischen Grenzortes eindeutig darauf schließen können, dass Sie zuvor Israel besuchten.

Einreise von Libyen aus

Für die Einreise von Tunesien nach Libyen benötigen Sie derzeit eine Einladung und jemanden, der Sie an der Grenze in Empfang nimmt und bis zur ägyptischen Grenze begleitet; das Visum gibt es neuerdings an der Grenze. Einladungen und Begleitung vermitteln u.a. Al Sahel GmbH, Bonn, Tel 0228 857 9592; Libyen Tours, Ludger Trier, TRO IG, Tannenbergstr. 3-5, 51465 Bergisch-Gladbach, Tel 02202 50483, www.libyen-tours.com; Medusa Travel & Tourism, Märchenstr. 13, 76297 Stutensee, Tel 0721 968 4773, www.medusatours.com.

Geldtausch

An jedem Grenzübergang warten Banken darauf, dass man Geld wechselt; der Kurs ist etwas ungünstiger als üblich. Den bei Redaktionsschluss dieser Auflage gültigen Wechselkurs und weitere Informationen zum Thema Geld können Sie auf Seite 50 nachlesen.

Impfungen

Unter www.fit-for-travel.de finden Sie die aktuellsten Informationen. Prüfen Sie dort ihr individuelles Risiko und die vorgeschlagenen Vorbeu-

gemaßnahmen. Ein Impfpass ist normalerweise nicht gefragt, es sei denn, man kommt aus Gebieten, in denen Impfungen obligatorisch sind.
Die WHO (Weltgesundheits-Organisation) rät von einer **Malaria-Prophylaxe** ab, weil das Infektionsrisiko in Ägypten sehr gering geworden ist; lediglich im *Fayum* ist von Juni bis Oktober Vorsicht geboten.
Grundsätzlich sollte man sich gegen **Hepatitis A und B** impfen lassen, weil die Ansteckungsmöglichkeiten wesentlich höher als in Europa sind; aber auch zu Hause lebt man nicht ungefährdet. Weiterhin sollten Sie überprüfen, ob eine Auffrischung von Kinderlähmung- und Tetanus-Impfungen nötig ist; die Impfungen lassen sich zur Not in Kairo im *Vaccination Center* nachholen, das im Stadtteil *Agouza* am Ende der 6.October-Brücke liegt (weitere Informationen zum Thema Gesundheit siehe Seite 80).
Auch den Abschluss einer **Reisekrankenversicherung** sollte man ins Auge fassen, wenn die eigene Krankenkasse in Ägypten nicht zahlt. Hier einige Anbieter: DKV AG, Köln, Tel 01801 358100, www.dkv.com, Europa-Krankenversicherung AG, Köln, Tel 0221 573701, SIGNAL Unfallversicherung a.G., Dortmund, Tel 0231 135 7570, www.signal-iduna.de, Württembergische Krankenversicherung AG, www.wuerttembergische.de.

Zollbestimmungen

Zolldeklaration bei der Einreise: Offiziell sind Wertgegenstände wie Fotoapparate o.ä. bei der Einreise zu deklarieren; derzeit wird allerdings das entsprechende Formular gar nicht ausgegeben. Mitgeführte wertvollere Geräte werden im Reisepass eingetragen, eventuell ist sogar eine Kaution beim Zoll zu hinterlegen. Die Einfuhr von Sprech- oder Amateurfunkgeräten ist nicht erlaubt. Natürlich sind Drogen und Narkotika verboten.
Zollfrei dürfen eingeführt werden: 400 Zigaretten, 3 Liter Spirituosen, 1 Fotoapparat, 1 Filmkamera, 1 Fernglas, 1 Radio, 1 Videokamera, Campingausrüstung.

Bei der Ausreise dürfen Sie **keine Antiquitäten ausführen**, es sei denn, Sie sind im Besitz einer Genehmigung der Altertümerverwaltung oder eines konzessionierten Händlers. Diese Bestimmung wird von Ägyptern verständlicherweise scharf überwacht, auf Missbrauch stehen hohe Strafen.

Bestimmungen für Autofahrer

Grundsätzlich raten wir vom Mitbringen des eigenen Autos ab, nachdem es derzeit keine Autofährverbindungen nach Ägypten gibt. Die Anreise über Tunesien, Libyen oder Syrien, Jordanien ist zumindest bürokratisch aufwändig, die Einreise ins Land mit stundenlangen Wartezeiten und nahezu steinzeitlichen Abwicklungsmethoden verbunden. Mietwagen sind heute zuverlässig und die wesentlich billigere Alternative.
Ein mitgebrachtes Auto können Touristen, laut Rundnote Nr. 7 vom 15.1.1985 des ägyptischen Außenministeriums und nach dem Ministerialerlass Nr. 316/1983, bis zu drei Monate unter einer der folgenden Bedingungen vorübergehend einführen:
• Vorlage einer bis zum Ablauf der festgesetzten Freigabefrist gültigen **Bankgarantie** einer in Ägypten akkreditierten Bank in Höhe der fälligen Zollgebühren oder
• Vorlage eines für Ägypten gültigen **Carnet des Passages** auf den Namen des Einreisenden oder Zahlung der Zollgebühren und -abgaben als Kaution in konvertierbarer Währung, die beim Verlassen des Landes gemäß Formular Nr. 93 DE zurückgezahlt wird.
• **Wichtig:** Wenn Sie nicht Eigentümer des Fahrzeugs sind, mit dem Sie einreisen, müssen Sie eine Vollmacht des Eigentümers vorlegen (Formular beim ADAC), diese dann notariell und zusätzlich von einer offiziellen ägyptischen Stelle (Botschaft oder Konsulat, Kosten ca. € 50) bestätigen lassen. Starten Sie den langwierigen Vorgang möglichst frühzeitig!
• Vermerkt sei noch, dass unsere **Kfz-Haftpflichtversicherung** in Ägypten nicht gilt und dass daher bei der Ankunft eine entsprechende

1 Einlesen, eindenken, vorbereiten

> **Carnet des Passages**
>
> Zur vorübergehenden zollfreien Einfuhr eines Kfz wird eine Zollbürgschaft benötigt. Diese Bürgschaften übernehmen Automobilclubs (in Deutschland z.B. der ADAC) mit der Ausstellung eines *Carnet des Passages*. Ein Carnet für Ägypten ist wegen des häufigen Missbrauchs teuer. Übereinstimmend verlangen alle Clubs eine Sicherheitsleistung (z.B. Bankbürgschaft) über mindestens € 10 000 bis z.B. € 30 000 bei einem Fahrzeugzeitwert von € 50 000. An Gebühren sind beim ADAC € 150 (für Mitglieder) fällig. Angeblich stellt der israelische Automobilclub in Elat auch für Ausländer eine Zollbürgschaft aus, noch dazu ohne Sicherheits-Hinterlegung. Dasselbe gilt für den Libyschen Automobilclub - es bleibt in beiden Fällen das Risiko, dass die Ägypter dieses Papier nicht anerkennen.

Versicherung abgeschlossen werden muss. Geben Sie dabei die maximale Aufenthaltsdauer an, eine Verlängerung der Versicherung außerhalb des Ankunftsortes ist sehr zeitraubend.

• Falls eine zweite Einreise innerhalb von zwei Monaten nach Ägypten erfolgt, die KFZ-Versicherung nicht für die gesamte Zeit abschließen (z.B. Sudanbesuch). Bei der Wiedereinreise ist trotz bestehendem Versicherungsschutz ein neuer Abschluss fällig

• Bei **nicht verlängerter Versicherung** ist mit extremen Schwierigkeiten bei der Ausreise zu rechnen (Leser schreiben, dass ihnen die Beschlagnahme des Fahrzeugs angedroht wurde), Strafe pro überzogenem Tag ₤E 6. Wenn Ihnen erst unterwegs einfällt, länger als vorgesehen zu bleiben, so lassen Sie sich bei der Polizeistelle, bei der Sie Ihre Aufenthaltserlaubnis verlängern, eine Bescheinigung geben, dass Sie eine Versicherungsverlängerung versucht hätten.

• Für Autos und Motorräder wird eine Straßenbenutzungsgebühr erhoben, die abhängig vom Hubraum und der Aufenthaltsdauer zu sein scheint; Leser und wir selbst machten unterschiedliche Erfahrungen über die Höhe. Nähere Angaben finden Sie bei dem Abschnitt zur Einreise, siehe Seite 59.

• Ein Tipp: Für die Zeit, in der Sie im Ausland (Ägypten) versichert waren, können Sie von Ihrer Versicherung zu Hause Rückerstattung der Beiträge fordern.

• **Warnung**: Verschiffen Sie Ihr Auto nicht als Frachtgut. Die Zollfreigabe in Alexandria kann mehr Zeit als einen Urlaub in Anspruch nehmen. Ein Leser, der voraus flog, war nach einem vergeblichen Kampf gegen die Zollbürokratie froh, sein Auto - unbenutzt - wenigstens wieder zurückverschiffen zu dürfen...

Einfuhrverbote für Fahrzeuge

Allrad- und/oder Diesel getriebene Fahrzeuge durften früher - offiziell - überhaupt nicht, jetzt können sie nach Gesetz 316/84 über alle Grenzübergänge außer Tabah eingeführt werden. Die Restriktion für Tabah wird angeblich wegen der Kurzzeit-Visa für Israelis aufrechterhalten.

Ein Wohnmobil darf nicht mehr Sitze als die zulässige Personenzahl haben (zusätzliche Sitze tarnen). Mietwagen sind von Israel her grundsätzlich nicht gestattet.

Für Rechtslenker muss (höchstwahrscheinlich) eine Sondergenehmigung beantragt werden.

Einfuhr von Zweirädern

Für **Motorräder** gilt sinngemäß das für Autofahrer Gesagte. Wer allerdings sein Motorrad per Luftfracht schickt, benötigt eventuell bis zu drei Tage für das Entzollen im Flughafen Kairo. Es kann Schwierigkeiten bei der Motorradeinreise von Israel aus geben, weil die beiden Staaten angeblich kein entsprechendes Abkommen geschlossen haben.

Fahrradfahrer haben es viel leichter. Bisher scheint der ägyptische Zoll das administrativ zu behandelnde Objekt noch nicht erkannt zu haben. Es kann kostenlos eingeführt werden. Man könnte auch auf die Idee kommen, sich in Ägypten ein Fahrrad zu kaufen und nach der Reise zu verkaufen; die Auswahl entspricht aber in keiner Weise dem Angebot bei uns.

Literatur, Karten, Museen, Internet

Touristen mit eigenem Auto erhalten ein ägyptisches Nummernschild und einen Kfz-Schein (den man nicht lesen kann...)

Literatur, Karten, Museen, Internet

Wer nicht als Blinder durch Ägypten reisen will, informiert sich vor der Ankunft über Land und Leute. Erzählungen oder Romane z.B. vermitteln einen allerersten Eindruck. Man liest sich dabei ein bisschen in die Seele und täglichen Probleme der Menschen ein, die man besuchen will.

Ägypten-Literatur gibt es in Hülle und Fülle, doch die meisten Autoren befassen sich mit dem alten Ägypten. Die folgende Liste, die keine systematische Bibliografie ist und keinen Anspruch auf Vollständigkeit erhebt, soll Ihnen bei der Auswahl helfen. Der jeweilige Kurzkommentar stellt im Übrigen unsere subjektive Ansicht dar.

In der Liste sind auch einige vergriffene Bücher aufgeführt, die wir dennoch für so interessant oder wichtig halten, dass man versuchen sollte, sie in Bibliotheken auszuleihen oder antiquarisch aufzutreiben.

Ein Hinweis: Falls Sie zu Hause keine Zeit mehr zum Bücherkaufen finden: In Kairo gibt es die deutschsprachige Buchhandlung Lehnert & Landrock (44 Sharia Sherif) mit einem breiten Angebot auch deutschsprachiger Ägyptenbücher.

Zum Einlesen

• T. Hussain: **Kindheitstage**, Edition Orient, Berlin; der blinde Dichter beschreibt einprägsam seine Kindheit auf dem Land (leider vergriffen); das Büchlein gibt einen sehr guten Einblick in die täglichen Probleme und Ängste der Fellachen. Der Band **Jugendjahre in Kairo** schildert das Leben an der Schul-Moschee Al Azhar.

• Y. Hakki: **Die Öllampe der Umm Haschim**, Edition Orient, Berlin; die Erzählung stellt auf einfühlsame Weise das islamische Leben Kairos aus arabischer Sicht europäischer Denkweise gegenüber.

• Karim El-Gawhary: **Alltag auf Arabisch**, Kremayr & Scheriau Verlag; die als „Nahaufnahmen von Kairo bis Bagdad" apostrophierten Geschichten erhellen dem Besucher nicht nur scheinbar Unverständliches, sondern beleuchten auch soziale und politische Hintergründe – sehr empfehlenswert.

• F. Büttner, I. Klostermeier: **Ägypten**, Beck'sche Reihe BsR 842 Aktuelle Länderkunde; hervorragende Hintergrundinformationen zum Verständnis von Politik und Wirtschaft des Landes, fast spannend zu lesen.

• **GEO-Special Ä!gypten** und **Geo Epoche Pharaonen** beschreiben das Land aus zeitgenössischer wie historischer Sicht; ein guter Überblick über das Land, das Sie bereisen wollen.

• Die folgenden Bücher der ägyptischen Ärztin Nawal el Saadawi zählen zur kritischen Literatur über das heutige ägyptische Leben (besonders der Frauen): **Bericht einer Frau am Punkt Null**, Frauenbuchverlag, München; eine zum Tode verurteilte ägyptische Prostituierte reflektiert ihr Leben; leider vergriffen. **Gott stirbt am Nil**, Verlag A. Kunstmann; hervorragende Einblicke in das Leben in einem ganz normalen Dorf: staatliche und religiöse Macht, Familienstrukturen und Solidarität der Frauen untereinander.

• C. Pollok: **Kulturschock Islam**, Reise Know-How Verlag; die Autorin beschäftigt sich mit der Problematik von Touristinnen in islamischen Ländern. Neben sehr viel Hintergrundwissen gibt der Band auch wichtige Ratschläge für Konfliktsituationen; besonders für allein reisende Frauen empfohlen.

• Jehan Sadat: **Ich bin eine Frau aus Ägypten**, Scherz Verlag; Die Autobiografie einer au-

1 Einlesen, eindenken, vorbereiten

ßergewöhnlichen Frau unserer Zeit' ist der zu wenig versprechende Untertitel. Die Frau des ermordeten Präsidenten berichtet von der politischen Entwicklung und ihren zahlreichen Aktivitäten für die Besserstellung der Frauen sowie vom Leben in der Stadt und auf dem Land; ein spannend geschriebenes Buch.

- Nagib Machfus (alle folgenden Bücher erschienen im Unionsverlag, Zürich): **Die Midaq-Gasse**; der Nobelpreisträger schildert in einem seiner bekanntesten Bücher mit sehr viel Beobachtungsgabe das Leben in einer typischen Straße Kairos. **Die Moschee in der Gasse**; die ausgewählten Novellen zeichnen zum Teil spannende, zum Teil schwermütige Bilder aus dem täglichen Leben. Auch ein spannender Krimi **Der Dieb und die Hunde** gehört zu den Werken von Machfus. Die **"Kairoer Trilogie" – Zwischen den Palästen, Palast der Sehnsucht, Zuckergäßchen** – ist sehr spannend zu lesen und baut dabei ein Bild von Kairo auf, in das man als Besucher sofort eintreten kann; besonders, wenn man die Bücher in Kairo verschlingt!
- Lawrence Durrell: **Justine**, rororo Bd. 724; mit seiner großartigen Tetralogie, zu der die Bände **Balthasar**, **Mountolive** und **Clea** (alle rororo) gehören, zeichnet Durrell *Paradies und Hölle Alexandrias*, wie es treffend auf dem Klappentext heißt - für Alex-Freunde fast ein Muss.
- G. Flaubert: **Reisetagebuch aus Ägypten**, Societäts Verlag; höchst unterhaltsam, aufschlussreich und manchmal amüsant, die Spuren dieses Mannes zu verfolgen, der, ungern unterwegs, Mitte des letzten Jahrhunderts zwei Jahre durch Ägypten zog.
- A. Ismali & M. Gabriel: **Mein Mann ist Ägypter**, Glare Verlag, 2008; fünfzehn deutsche Frauen, alle seit 40 Jahren mit Ägyptern verheiratet, berichten über ihr teils abenteuerliches, teils schwieriges Leben und die immer noch große Liebe zu ihren Partnern.
- F. Bliss: **Siwa - die Oase des Sonnengottes**, P.A.S. Bonn 1998; der Ethnologe Bliss betrieb mehrere Jahre Feldforschung in Siwa und fasst nicht nur seine eigenen Erkenntnisse zusammen, sondern schuf ein hochinteressantes Werk über das "Leben in einer ägyptischen Oase vom Mittelalter bis in die Gegenwart" (Untertitel).
- F. Bliss: **Wirtschaftlicher und sozialer Wandel im ‚Neuen Tal' Ägyptens**, P.A.S. Bonn 1989; auch wenn das *Neue Tal* des Titels heute ein fast "altes" Tal ist, so findet hier der am Leben und seinen sozialen Strukturen in den Oasen Interessierte hervorragendes und gut lesbares Material mit vielen Hintergrundinformationen.
- F. Bliss: **Oasenleben**, P.A.S. Bonn 2006; in seinem jüngsten und umfassendsten Band schildert der Professor für Ethnologie nun das Leben in Bahariya und Farafra von den Anfängen der Besiedlung bis in die Gegenwart. Ein hochinteressantes, ja spannendes Buch, das jedem Oasen-Interessierten wärmstens empfohlen werden kann.
- J. Willeitner: **Die ägyptischen Oasen**, Städte, Tempel und Gräber in der Libyschen Wüste, Zabern, Mainz 2003; der Ägyptologe beschreibt sehr anschaulich schwerpunktmäßig die Vergangenheit der Oasen bis zu den jüngsten Entdeckungen mit vielen, sehr guten Fotos. Auch dieses Buch ist Oasen-Interessierten sehr zu empfehlen.

Über pharaonische Zeiten

- E. Friedell: **Kulturgeschichte Ägyptens und des Alten Orients** – Ägypten im Mittleren Reich, C.H. Beck Verlag; ausgehend von Kunstdenkmälern, umfassende Darstellung dieser Epoche.
- J. Romer: **Sie schufen die Königsgräber** – Die Geschichte einer altägyptischen Arbeitersiedlung, Nymphenburger Verlag; die spannend geschriebene Geschichte der Siedlung Deir el Medina anhand von Originaldokumenten (Papyri, Ostraka, Grabungszeugnisse).
- E. Hornung: **Tal der Könige**, Die Ruhestätte der Pharaonen, Artemis & Winkler; der Ägyptologe und anerkannte Königsgräber-Fachmann liefert hervorragende Hintergrundinformatio-

nen und stellt Zusammenhänge dar, sehr gut bebildert, sehr empfohlen.
• E. Hornung: **Altägyptische Jenseitsbücher**, Primus Verlag; dieser einführende Überblick vermittelt die wichtigen Informationen zum Verständnis des pharaonischen Jenseitsglaubens.
• J. Assmann: **Tod und Jenseits im Alten Ägypten**, C.H.Beck, München; der Ägyptologe versucht in seinem hochinteressanten Buch, die Todeskultur der alten Ägypter umfassend zu beschreiben.
• C. Jacq: **Tal der Könige**, Geschichte und Entdeckung eines Monuments der Ewigkeit, Droemer Knaur, München; der Autor schreibt spannend über das Tal der Könige, seine Toten und seine Entdecker.
• H. Schlögl: **Amenophis IV – Echnaton** mit Selbstzeugnissen und Bilddokumenten, rororo-Bildmonografien; beste Darstellung der Amarna-Zeit, kurz und präzise, viele Originalzitate.
• R. Stadelmann: **Die ägyptischen Pyramiden** – Vom Ziegelbau zum Weltwunder, von Zabern Verlag; Übersicht über die Entwicklung des Pyramidenbaus von der Frühzeit bis nach Meroe, neueste Pläne, Baugeschichte, Bedeutung (Vorgeschichte und Frühzeit langatmig).
• D. Wildung: **Sesostris und Amenemhet**, Hirmer Verlag; der kompetente Fachmann beschreibt Geschichte, Religion und Leben im Mittleren Reich, hochinteressant und fast spannend zu lesen (vergriffen).
• **Sennefer, die Grabkammer des Bürgermeisters von Theben**; von Zabern Verlag, die Begleitpublikation zur Ausstellung einer Fotoreproduktion dieses Grabes vermittelt gute Vorstellungen von der Dekoration eines thebanischen Grabes (vergriffen).
• G. Rohlfs: **Drei Monate in der libyschen Wüste**, Nachdruck der Ausgabe Cassel 1875, Heinrich-Barth-Institut, Köln; der bekannte Afrikaforscher Gerhard Rohlfs schildert seine Winterreise von 1873/74 in die bis dahin völlig unbekannte libysche Wüste; im Nachdruck sind die Fotos und die farbige Karte enthalten.

Museumsführer

• **Die Hauptwerke im Ägyptischen Museum Kairo**, von Zabern Verlag; in 270 Katalognummern (alle mit Fotos) wird eine Auswahl der Objekte mit ausführlichen Beschreibungen vorgestellt; weniger für den Besuch als vielmehr für Vor- und Nachbereitung geeignet.
• A. Bongiomanni, Hrsg. **Ägyptisches Museum Kairo**, Mairs Geographischer Verlag, Ostfildern; aufwendig und sehr gut, bester derzeitiger Führer, erhältlich auch im Museumsshop in Kairo.

Bildbände

• Lange/Hirmer: **Ägypten – Architektur, Plastik, Malerei in drei Jahrtausenden**, Hirmer Verlag; der Klassiker unter den Ägypten-Bildbänden.
• W. Weiss: **Ägypten**, Bucher Verlag; einer der besten Bildbände mit hervorragenden Fotos und informativem Text über Vergangenheit und Gegenwart (vergriffen).
• Maroon/Newby: **Ägypten – Kunst, Geschichte, Land und Leute**, Belser Reich Verlag; Bildband mit schönen und eindrucksvollen Fotos, Schwerpunkt ist das alte Ägypten.
• B. Rothenberg: **Sinai,** Kümmerly + Frey; ein Bildband mit religiösem Unterton, aber sehr informativem Text über Geografie, Geologie, Flora, Fauna u.a.m. des Sinai (leider vergriffen).
• W. u. R. Jahn: **Sinai und Rotes Meer**, *Durch das Land der Beduinen zum Roten Meer*, Belser Verlag; die Biologen - die lange in Ägypten lebten - bereiten dem Leser mit sehr fundiertem Text sowie mit schönen, zugleich informativen Fotos auf den Sinai vor (vergriffen).
• **Farbatlas Meeresfauna Rotes Meer** (2 Bände: Niedere Tiere; Fische), Eugen Ulmer Verlag. Bei Platz im Gepäck sollten Sie diese Bücher wirklich einpacken; nach dem Schnorcheln/Tauchen werden Sie sich darauf stürzen, um mehr über das unter Wasser Gesehene zu erfahren.
• **Unterwasserführer Rotes Meer;** Verlag Stephanie Naglschmid; Band *Fische* von Helmut Debelius und Band *Niedere Tiere* von Peter

1 Einlesen, eindenken, vorbereiten

Schmid u. Dietmar Paschke, ausgezeichnete Führer für die Unterwasserwelt des Roten Meeres.

Englischsprachige Literatur, Sonstiges

Viele der folgenden englischsprachigen Titel sind praktisch nur in Ägypten (Kairo) erhältlich.

- Baker/Sabin: **A Practical Guide to Islamic Monuments in Cairo**, The American University in Cairo Press; ein sehr spezialisiertes, aber informatives Buch für den an islamischen Monumenten Interessierten.
- O. Seif: **Khan al-Khalili**, a comprehensive mapped guide to Cairos's historic bazar, American University in Cairo Press; ein hervorragender Führer durch das Gewirr der Khan el Khalili-Gassen und seiner Shops. Auch die angrenzenden historischen Stätten werden kurz beschrieben.
- C.Vivian: **The Western Desert of Egypt**, American University in Cairo Press; der Spezialführer für das Gebiet der Libyschen Wüste einschließlich Fayum und Mittelmeerküste ist die derzeit ausführlichste, aber trotz 2. Auflage 2000 nicht aktuellste Informationsquelle für Leute, die sich intensiv mit dieser Gegend beschäftigen wollen.
- R.N.Neil: **The Fayoum**, American University in Cairo Press; ein sehr guter Führer in das Fayum, den Garten Kairos.

Sonstiges

- A.Fakhry: **The Oasis of Egypt**,Siwa Oasis; Bahariya and Farafra Oasis, The American University in Cairo Press; für Besucher der genannten Oasen eine sehr informative Lektüre über deren pharaonischen Hintergrund.
- Hadidi/Boulos: **Street Trees In Egypt**, Cairo, ohne Verlagsangabe, erhältlich z.B. bei Lehnert & Landrock, Kairo; viele Zeichnungen helfen dem Interessierten, die Bäume an den Straßen Ägyptens zu identifizieren.
- L. Jonsson: **Die Vögel Europas und des Mittelmeerraumes**, Kosmos-Naturführer; mit 400 Farbtafeln eines der besten ornithologischen Bestimmungsbücher, das auch weitgehend die Vögel Ägyptens beschreibt.

- P. Dittrich: **Biologie der Sahara**, Edition Chimaira, Frankfurt/Main; der Klassiker über die Sahara-Biologie, der bei interessierten Travellern seit jeher begehrt ist, liegt jetzt in 3. Auflage vor.
- **Kauderwelsch, Arabisch für Globetrotter**, ein sehr nützlicher Band aus dem Reise Know-How Verlag, Bielefeld
- Prof. Riad Gayed, Kairo: **Praktische Methode für die arabische Umgangssprache**, Librairie Al-Hilal (in Ägypten erhältlich). Weiterhin hat die Elias Modern Publishing House Co. methodisch sehr gute Arabisch-Englisch-Lehrbücher herausgegeben; erhältlich in Kairo.
- Dia Ed-Din M. Badr, Kairo: **Die moderne arabische Sprache**; gutes Lehrbuch, bei Lehnert & Landrock in Kairo erhältlich.
- T. Troßmann: **Motorradreisen zwischen Urlaub und Expedition**, Reise Know-How Verlag Bielefeld; das Motorradbuch für Fahrten zwar hauptsächlich abseits der Asphaltstraße, aber sicher auch für Motorrad reisende Ägyptenbesucher von hohem Wert.
- A. Wirth: **Erste Hilfe unterwegs**, wie auch **Wo es keinen Arzt gibt** von D. Werner, sind kompakte und vor allem kompetente Ratgeber für unterwegs; beide Reise Know-How Verlag, Bielefeld.

Spezialliteratur zur Libyschen Wüste

- H. Schiffers: **Die Sahara und ihre Randgebiete**; wissenschaftlich orientiertes, sehr informatives Werk in 3 Bänden
- L. Almasy: **Schwimmer in der Wüste**, dtv Verlag München, Oktober 1998; der Autor schildert sehr spannend und mit viel Gefühl für Landschaftsbeschreibungen seine abenteuerlichen Reisen.
- R. Bagnold: **Travel in a dead world**, Hodder and Stoughton, London; das Buch des bekannten Erforschers der Libyschen Wüste ist vergriffen.
- K. Därr: **Trans-Sahara**, Reise Know-How Verlag, informatives Handbuch für Vorbereitung und Durchführung von Wüstenfahrten (derzeit vergriffen)

- **Durch Afrika**, Reise Know-How Verlag Bielefeld, beschreibt alle wichtigen Routen des Kontinents.
- E. Klitzsch: **Zur Geologie des Gilf Kebir Gebietes in der Ostsahara**, Clausthaler Geologische Abhandlungen 30 (1979)

Karten und Stadtpläne

Leider sieht es auf diesem Sektor nicht besonders gut aus. Die erhältlichen Karten bieten keineswegs optimale oder gar zuverlässige Informationen, da die ägyptische Verwaltung nur veraltete Karten herausgibt, auf denen z.B. seit Jahren existierende neue Straßen nicht zu sehen sind! In Kairo können Sie Karten bei den großen Buchhandlungen und in den Hotel-Bookshops kaufen.
- **Reise Know-How Ägypten**, 1:1 250 000, ISDN 3-8317-7142 derzeit mit Abstand aktuellste und trotz des Maßstabs sehr detailreiche Karte, da großformatig (und auf zerreißfestem Papier) gedruckt; viele Straßenführungen wurden von uns per GPS aktualisiert.
- **Reise Know-How Sinai**, 1:500 000, ISDN 3-8317-71820, ganz aktuelle, ebenfalls auf zerreißfestem Papier gedruckte Karte
- **Freytag & Berndt**, Ägypten-Autokarte mit Kulturführer, 1:1 Mio; übersichtlich, allerdings mit einer Reihe von Ungenauigkeiten.
- **Bartholomews**, Egypt, World Travel Map, 1:1 Mio, übersichtlich.
- **Michelin 154** Afrique (Nord-Est), 1:4 Mio, nur als Übersichtskarte brauchbar.
- **Nelles Maps Egypt**, 1:750 000, 1:2500000
- **SINAI Map of Attractions**, South Sinai, 1:250 000, TZOFIT Ltd, Tel Aviv; mit Abstand beste Karte des Südsinai, informative Kurzangaben zu Reisezielen, englischsprachig; erhältlich u.a. bei Därr Expeditionsservice, München.
- **Russische Generalstabskarten Ägypten**, 1:500 000 und 1:200 000, mit deutscher Übersetzung der Legende und des kyrillischen Alphabets, erhältlich u.a. bei Därr Expeditionsservice, München.
- In Ägypten können Sie **Stadtpläne** von Kairo, Luxor, Assuan und Alexandria im Buchhandel kaufen. Bei den Tourist Offices erhält man meist nur sehr dürftige Pläne, auf die man aber in anderen Städten angewiesen ist.
- **CAIRO MAPS**, Herausgeber The American University in Cairo Press, ein Taschenatlas mit 44 Einzelkarten und ausführlichem Index, sehr handlich
- **Luxor**, Herausgeber GEOprojects Ltd., beste Karte von Luxor (dort erhältlich). Trotz allem: Keiner der Pläne ist frei von Fehlern.

Zeitschriften

- **Papyrus** heißt die mit viel Engagement gemachte Zeitschrift der deutschsprachigen Ausländer in Ägypten, auf die eine ganze Reihe von Informationen in diesem Reiseführer zurückgehen. *Papyrus* wird nur im Abonnement vertrieben.
- **Kemet** – Die Zeitschrift für Altägyptenfreunde, Kemet-Verlag Adel Kamel, Berlin, Tel 030 873 5967, abo@kemet.de; Schwerpunkt pharaonisches Ägypten, hervorragende Beiträge über alte und neue Erkenntnisse; sehr empfehlenswert.
- **Egypt Today** ist ein ägyptisches Magazin, das stark kulturell ausgerichtet ist und informativ über das Leben in Ägypten berichtet.

Ägyptische Museen im deutschsprachigen Raum

Ägyptenreisende können sich schon zu Hause über die historischen Hintergründe ihrer Reise recht gut informieren. Es gibt eine ganze Reihe von Museen oder Institutionen, die sich mit dem pharaonischen Ägypten beschäftigen. Hier eine Auflistung für den deutschsprachigen Raum:
- **Basel, Genf** Basel: Museum für Völkerkunde, Genf: Museum für Kunst und Geschichte
- **Berlin** Staatliche Museen Preußischer Kulturbesitz, Ägyptisches Museum, im Alten Museum, Am Lustgarten, 10170 Berlin
- **Frankfurt** Liebig-Haus, Museum alter Plastik, Schaumainkai 71

1 Einlesen, eindenken, vorbereiten

Internetlinks

Tausende von Internetseiten zum Thema Ägypten warten auf Besucher, vor allem im englischsprachigen Raum. Es ist nicht einfach, die Spreu vom Weizen zu trennen und Empfehlungen auszusprechen, zumal sich die Angebote täglich ändern können.

Allgemeine Informationen zum Land

- » Empfehlungen des Auswärtigen Amtes zur Reisesituation (wenn Ägypten hier nicht genannt ist, sieht das AA die Sicherheitssituation als normal):
  www.diplo.de/diplo/de/Laenderinformationen/01-Reisewarnungen-Liste.html
- » Deutsche Botschaft in Kairo: www.kairo.diplo.de/Vertretung
- » Reisewarnungen des Österreichischen Außenministeriums:
  www.bmaa.gv.at/view.php3?f_id=1822&LNG=de
- » Reisesicherheitshinweise der schweizerischen EDA:
  www.eda.admin.ch/travel/aegyp_d.html
- » CIA Factbook (allgemeine statistische Daten):
  www.odci.gov/cia/publications/factbook/geos/eg.html
- » Wirtschaftsinformationen der Deutsch-Arabischen Industrie- und Handelskammer:
  www.ahkmena.com
- » Informationen hauptsächlich statistischer und wirtschaftlicher Natur von AME Info:
  www.ameinfo.com/egypt/
- » Kemet-Ring, eine "Verkettung" verschiedenster Websites zum Thema Ägypten:
  http://g.webring.com/hub?ring=kemetring
- » Interessante Infos der seit 1983 in Kairo lebenden deutschen Familie von der Way, auch Veranstaltungskalender und Links für in Kairo lebende Ausländer: www.kairofamiliennetz.de
- » Das Geschäft mit den Gefühlen unbedarfter Urlauberinnen: www.1001Geschichte.de

Linklisten

- » Sehr ausführliche Linksammlung der Uni Heidelberg:
  www.ub.uni-heidelberg.de/helios/fachinfo/www/aegypt/internetquellen.htm
- » Links zu sehr vielen koptischen Einrichtungen: www.coptic.net/CopticWeb

Zeitungen, Zeitschriften

- » Kemet, Zeitschrift der (Alt)-Ägyptenfreunde (deutschsprachig): www.kemet.de/
- » Al Ahram Weekly, führende ägyptische Zeitung: http://weekly.ahram.org.eg/index.htm
- » BBC News Middle East (leider sehr unregelmäßig aktualisiert):
  http://news.bbc.co.uk/2/hi/middle_east/default.stm
- » Egypt Today, bekanntes Journal mit vielen kulturellen Infos: www.egypttoday.com
- » Egypt Daily, regierungsnahe, sehr aktuelle Internetzeitung: www.egyptdaily.com
- » Daily News Egypt, ausführliche Nachrichten von Politik bis Kunst: www.dailystaregypt.com
- » The Egytian Gazette: www.algomhuria.net.eg/gazette/1/

Tourismus / in Ägypten unterwegs

- » Eine neue, sehr gute Website der Egypt Tourist Authority gibt in deutsch einen lebendigen, ziemlich umfassenden Überblick: www.egypt.travel
- » Offizielle Information des Ministry of Tourism, Tourist-Netz (gut und informativ): www.touregypt.net; darunter die folgenden Seiten: Travel Guide to Egypt (Informationen mit Bildern zu den wesentlichen Reisezielen): www.touregypt.net/edestinations.htm oder Zugverbindungen: www.touregypt.net/trains.htm; „Wild Egypt, An Online Safari" (interessant, Reisen auf dem Nil, in der Wüste und Tauchen, gute Tierfotos) www.touregypt.net/wildegypt; gute

Literatur, Karten, Museen, Internet

Internetlinks
Informationen über koptische Klöster: www.touregypt.net/featurestories/monasteries.htm
» Die Deutsche Botschaft Kairo informiert über Land und Leute: www.cairo.diplo.de
» Reiseportal, Last Minute Reisen: www.wondertravels.de/Reiseverzeichnis
» Reiseportale, Hotelinformationen etc: www.willgoto.com, www.tripadvisor.de, www.purlaub.de, www.hostelworld.com, www.Hostelbookers.com
» Wikitravel, ständig wachsende Informationssammlung von freien Autoren (deren Qualifikation in der Regel nicht bekannt ist): http://wikitravel.org/de/%C3%84gypten

Regionale touristische Informationen
» Nationalparks in Ägypten: www.parksegypt.org
» Kairo: Ägyptisches Museum: www.egyptianmuseum.gov.eg
» Koptisches Museum: www.copticmuseum.gov.eg
» Islamisches Keramik Museum: www.icm.gov.eg
» Islamische Monumente in Kairo: www.cim.gov.eg;
» Luxor: (siehe auch Altägypten, weiter unten) Öffnungsangaben von Sehenswürdigkeiten: www.cyclejp.com/luxor/indexEf.html; Luxor-Westbank, eine auf die Region spezialisierte Webseite (von in Luxor lebenden deutschen Journalisten): www.luxor-westbank.com

Altägypten
» Altertümerverwaltung (Supreme Council of Antiquities, SCA): www.guardians.net/sca/
» Monumente in Ägypten (etwas spärliche Informationen zu allen Monumenten, auch nachpharaonischen): www.touregypt.net/monument.htm
» Ancient Egypt, hervorragende Sites zum pharaonischen Ägypten: www.guardians.net/egypt/ und www.ancientegypt.co.uk (des British Museum), unter http://www.guardians.net/hawass/ berichtet Zahi Hawass, Chef der ägyptischen Altertümerverwaltung, über Neues
» Ausgehend von KV 5, dem größten Grab im Tal der Könige, können hier viele Gräber virtuell besichtigt werden: www.thebanmappingproject.com
» Ausführlich über die Ptolemäische Epoche: www.houseofptolemy.org
» Egyptology Resources (Newton Institute in the University of Cambridge): www.newton.cam.ac.uk/egypt/index.html
» Internationaler Ägyptologenverband mit einer Reihe interessanter Links: www.fak12.uni-muenchen.de/aegyp/IAEPage.html
» EEFNEWS (für Ägyptologen), z.B. mit einer Liste aller gegenwärtigen Ausstellungen: www.geocities.com/TimesSquare/Alley/4482/EEFNEWS.html#10.5
» Das Staatliche Museum Ägyptischer Kunst, München, glänzt mit einer sehr sehenswerten Internet-Site: www.aegyptisches-museum-muenchen.de
» Das Institut für Ägyptologie der Ludw.-Maximilians-Universität München (www.aegyptologie.lmu.de) veröffentlicht unter dem Titel Deir el Medine wissenschaftliche Beschreibungen nichtliterarischer Ostraka aus Deir el Medina. Es ist interessant, in dem Archiv zu blättern: http://obelix.arf.fak12.uni-muenchen.de/cgi-bin/mmcgi2mmhob/mho-1/hobmain/
» Chat: www.aegyptologie-chat.de/

Foren, Einzeldarstellungen, Sonstiges
» Fundgruben an Informationen sind die deutschsprachigen Foren: www.aegyptologie.com; www.isis-und-osiris.de/isisosiris/enter.html
» Informative private Sites über Altägypten: www.land-der-pharaonen.de/index.html, www.selket.de, www.manetho.de

1 Einlesen, eindenken, vorbereiten

> **Internetlinks**
> » Im Inneren der Cheops-Pyramide, das Uppuaut-Projekt: www.cheops.org
> » Informationen zu einzelnen pharaonischen Plätzen: www.akhet.co.uk/index.htm
> » Interessante Details zum Grab der beiden Männer Nianch-Chnum und Chnumhotep in Sakkara: www.egyptology.com/nianhkhnum_khnumhotep/
> » Sennefri-Grab in Theben-West: www.newton.cam.ac.uk/egypt/tt99/index.html
> » Virtuelle Mumie - Auswickeln per Mausklick: http://www.uke.uni-hamburg.de/institute/medizinische-informatik/index_15991.php

- **Schlossmuseum Gotha**, Schloss Friedenstein
- **Hamburg** Museum für Völkerkunde, Rothenbaumch. 64
- **Hannover** Kestner-Museum, Tramplatz 3
- **Hildesheim** Pelizaeus-Museum, Am Steine 1
- **Karlsruhe** Badisches Landesmuseum, Schloss
- **Leipzig** Ägyptisches Museum, Schillerstr. 6
- **München** Museum Ägyptischer Kunst, Hofgartenstraße
- **Weiden** Internationales Keramikmuseum, Luitpoldstraße (weltweit größte Ausstellung ägyptischer Keramik)
- **Wien** Kunsthistorisches Museum, Ägyptisch-Orientalische Sammlung, Burgring 5
- **Würzburg**, Residenz, Antikensammlung, Residenzplatz 2

Auch Universitäten unterhalten ägyptische (Studien)sammlungen:
- **Uni Heidelberg** Sammlung des Ägyptischen Instituts, Marstallhof
- **Uni Tübingen** Sammlung des Ägyptischen Instituts, Schloss Hohentübingen
- **Koptisches Kloster Waldsolms** Koptisch-orthodoxes Zentrum und Kloster (Hauptstr. 10, 35647 Waldsolms) mit modernen und alten Ikonen sowie Museum.

Kleidung, Ausrüstung

In den Monaten November bis März kann es, speziell in Unterägypten, recht kühl werden; ein Wollpullover und/oder eine Jacke bzw. ein Anorak sind für diese Zeit unentbehrlich. Es kann im Winter sogar in Luxor so kalt werden, dass jeder Schlafsackbesitzer beneidet wird. Preiswerte Hotelzimmer sind meist ungeheizt, nur eine dünne Wolldecke soll gegen Kälte schützen; Kälteempfindliche sollten daher einen Schlafsack einpacken. Wir erhielten viele Zuschriften, die warme Kleidung zumindest für Dezember bis Ende Februar empfahlen, z.B. ein Viertel leichte Kleidung, der Rest warm.

Ansonsten eignet sich leichte, luftige Baumwollkleidung und Baumwollunterwäsche am besten. Vergessen Sie auf keinen Fall Sonnenhut, -brille, -schutzöl und Badezeug. Als Schutz gegen Anmache eignet sich, allerdings nur bedingt, ein schwarzes (Seiden)Kopftuch, das frau klein falten und bei entsprechenden Gelegenheiten umschlagen kann. Frau trägt in Ägypten knielange Röcke oder Hosen und keine ärmellosen Blusen oder T-Shirts.

Vom Schuhwerk her genügen einfache Sandalen nicht, in denen man sich bei den tagelangen Wanderungen in Städten die Füße ruinieren kann. Nehmen Sie Schuhwerk mit, in dem Sie sich wohlfühlen und in dem Sie auch bei heißgelaufenen Füßen noch gut gehen können. Dazu gehören entsprechende Socken.

Es empfiehlt sich sehr, für längere Reisen in klimatisierten Zügen oder Bussen – *manchmal Kühlhaustemperaturen* – einen leichten Pullover oder eine Jacke griffbereit zu haben. Vielleicht packen Sie auch ein etwas besseres Outfit für mögliche Einladungen ein.

Allgemeine Tipps

- Denken Sie an Ihr **Geld**: Brustbeutel können sehr leicht gestohlen werden, Geldgürtel (**in der** Hose getragen) oder Bauchtaschen sind sicherer.
- In einigen Gegenden gibt es vor allem in unklimatisierten Hotelzimmern **Moskitos**,

gegen die man sich am besten per Moskitonetz schützt. Netze mit Einpunktbefestigung in der Mitte erfordern z.B. eine Lampe oder eine andere Möglichkeit der Deckenbefestigung. Vierpunktnetze sind etwas flexibler, man kann sich z.B. mit Stuhllehnen als Stütze behelfen. In jedem Fall sollte man zusätzlich Seil und eventuell Karabiner- oder Fleischerhaken mitnehmen. Alternativ zum Netz lassen sich Moskitos durch Einreiben mit einem Repellent in Abstand halten, z.B. mit *Autan*. Das Schweizer

- *Anti-Brumm* sowie das finnische *Jungle-Oil* oder das *No-bite Spray* sind ebenfalls geeignet. Nelkenöl stinkt so, dass vermutlich nicht nur Fliegen und Moskitos die Flucht ergreifen. Die ägyptischen Apotheken verkaufen lokale Mittel, deren chemischer Hintergrund allerdings zu prüfen wäre.
- Wem vor schmutzigen Duschen oder Fußpilz graut, der nehme **Badeschuhe** mit.
- Wer die meist unansehnlichen **Wolldecken** in Hotelzimmern nicht mag, nimmt einen leichten eigenen Bezug oder ein Laken mit. Alternativ ist ein dünner Leinenschlafsack zu empfehlen (z.B. Jugendherbergsschlafsack oder Bettdeckenbezug), der weniger Arbeit bereitet und mit dem man auch ungewechselte Bettwäsche überdecken kann.
- Wenn frau unbedingt an hauptsächlich von Ägyptern frequentierten Plätzen baden will, nimmt sie einen **Badeanzug (keinen Bikini)** mit. Die Ägypterinnen gehen in voller Montur ins Wasser, um den Männern kein Stückchen Haut zu viel zu zeigen.
- Eine gute **Taschenlampe** sollte unbedingt im Gepäck sein, denn einige historische Stätten sind schlecht beleuchtet oder die Beleuchtung funktioniert nicht.
- Ein **Messer** (Schweizer Offiziersmesser) kann ebenso von Vorteil sein wie ein zusammenlegbares **Besteck**. Achtung: nicht im Handgepäck ins Flugzeug mitnehmen.
- Eine **Rettungsdecke** aus dem Auto-Verbandskasten lässt sich klein falten, ist gut als Schlafsackunterlage im Freien oder z.B. auch als Sonnen-/Wärmeschutz an Hotelfenstern etc. zu gebrauchen.
- Für Benutzer von **Elektrogeräten**: **220 Volt** elektrische Spannung, Eurostecker passen fast immer, doch es gibt, meist bei unpassender Gelegenheit, jede Menge Ausnahmen, daher vorsichtshalber Universaladapter einpacken.
- **Fotografen**: Falls Filme gebraucht werden, diese am besten von zu Hause mitnehmen und dort auch entwickeln lassen. Strenges **Fotografier- sowie Filmverbot** besteht in allen Gräbern und vielen historischen Innenräumen sowie Museen; Sondergenehmigungen kosten angeblich £E 1000 und mehr. Ghafire (Wächter), die trotzdem zum Fotografieren ermuntern, erwarten ein entsprechend hohes Bakschisch. Das Verbot gilt ganz besonders für alle militärischen Anlagen, Brücken, Hafenanlagen etc. .
- Wenn Sie unbedingt in Hotelbadewannen baden wollen, fehlt häufig der **Abflussstöpsel**. Packen Sie einen Universalstöpsel ein.
- Nehmen Sie ein kleines, aber gutes **Vorhängeschloss** mit, um nicht vorhandene Schlösser in Billighotels zu ersetzen.
- Zusätzliche **Passfotos** benötigt man immer mal wieder.
- Für **Fahrradausflüge** z.B. in Luxor lohnt es sich, von zu Hause einen "Knochen" und eine kurze Luftpumpe mitzunehmen, um eventuelle kleinere Reparaturen oder Einstellungen (Sattelhöhe) selbst vornehmen zu können.
- Ein **Kurzwellenradio** hält die Verbindung zur Heimat (Deutsche Welle, siehe Seite 84) aufrecht.
- Wer mit **Kleinkindern** unterwegs ist und Windeln benötigt: Höschenwindeln (Pampers), auch H-Milch gibt es in allen größeren Städten.
- **Tampons** sind nicht überall in Ägypten erhältlich; entweder von zu Hause mitnehmen oder z.B. in Pharmazien in Kairo einkaufen.
- Die Firma FEEL FREE schrieb uns an, um **P-MATE** bekannt zu machen: Ein in jede Handtasche passendes Hilfsmittel, mit dem „Frauen im Stehen urinieren können" – was unterwegs hilfreich sein kann, www.pmate.de.

1 Einlesen, eindenken, vorbereiten

Tipps für Pechvögel

Unterwegs können allerhand Missgeschicke passieren, deren Folgen dann zu meistern sind: Wer den Pass **zu Hause vergisst,** kann sich vom Bundesgrenzschutz am Flughafen ein Ersatzdokument ausstellen lassen. Dies wird allerdings nicht in USA, Kanada und allen Ländern, die Einreise-Visa verlangen, akzeptiert. Wenn der Pass in Ägypten verloren geht, muss man die Botschaft persönlich aufsuchen und dort einen Ersatzpass beantragen. Danach folgt der nervtötende Schritt: Im Mogamma-Gebäude am Midan Tahrir ein neues Visum in den jungfräulichen Pass stempeln lassen – das kann einen halben Tag dauern! In all diesen Fällen sind entweder eine Passkopie oder der Personalausweis sehr hilfreich.

Bei **verlorenem oder vergessenem** Ticket stellen Airlines Ersatztickets aus, die man zunächst bezahlen muss (Kreditkarte oder bar). Wer eine Kopie des Tickets vorlegen kann, hat es bei diesem Vorgang wesentlich leichter. Das Geld wird erstattet, wenn niemand auf das Originalticket eincheckt.

Wer in der Charter- oder Touristenklasse den **Flieger verpasst,** kann nur auf die Kulanz der Airline hoffen, ein Anspruch auf Beförderung besteht in der Regel nicht mehr. Bei **Verlust von Bargeld** hilft niemand, bei Reiseschecks erhält man Ersatz. Eine **abhanden gekommene Kredit- oder EC-Karte** muss man möglichst schnell sperren lassen, nur dann übernimmt die ausstellende Bank die Kosten bei Missbrauch. Daher Hotlines der betreffenden Banken und Kartennummern notieren.

Wenn der **Koffer nicht ankommt,** geht man mit dem Ticket zunächst zum Schalter „Lost & Found", dort wird der Weg des Koffers verfolgt. Wird er ausfindig gemacht, kommt er auf die nächste Maschine. Dauert dies länger, stellt die Airline ein Notset zur Verfügung. Geht er endgültig verloren, bekommt man (bescheidenen) Ersatz.

Vorsichtige Menschen nehmen mit:
- Kopien vom Ticket und von den beiden ersten Pass-Seiten,
- Hotline-Nummern der Kreditkarten- bzw. EC-Kartenbanken, z.B. MasterCard und (Visa, Angabe in Klammern):
Deutschland 0800 819 1040 (0800 811 8440),
Österreich 0800 218 235 (0800 296 704),
Schweiz 0800 897 092 (0800 894 732).

- **Toilettenpapier** ist in öffentlichen Toiletten meist nicht vorhanden. Man reinigt sich stattdessen mit der linken Hand mit Wasser (man reicht niemals die Linke zur Begrüßung!), daher gibt es in den meisten Toilettenkabinen einen Wasserhahn.
- Schnorchel- oder gar **Schnorchel/Taucherausrüstung,** eventuell auch Kamera-Unterwassergehäuse. Wenn's der Platz erlaubt, das eigene Gerät mitnehmen. In den meisten Orten kann man Schnorchelausrüstung für wenig Geld leihen.
- Wichtig für **Brillenträger:** In Ägypten sind Gläser mit der passenden Dioptrie für Taucherbrillen nur sehr schwer zu bekommen sind. In Deutschland bieten Tauchsportgeschäfte Maskenkörper und Gläser der Stärke 1 bis 6,5 der Firmen Spirotechnique und Seemann Sub an.

Ein **Kocher** kann in der Wüste oder im abgelegenen Strandquartier von Nutzen sein. Am besten ist ein Allesbrenner, der einen batteriebetriebenen Ventilator besitzt, und mit allem, was irgendwie brennt (von Holzstückchen bis Kameldung), zu beheizen ist.

Ausrüstung für Camper

Es ist nahezu sinnlos, für Rucksack-Reisen im Niltal ein Zelt mitzuschleppen. Denn zum einen gibt es nur wenige Campingplätze, zum anderen findet man im dicht bevölkerten und landwirtschaftlich bis auf die letzte Krume genutzten Tal kaum Stellen, an denen sich auch nur einigermaßen ungestört ein Zelt aufschlagen ließe.

Ägypten verlangt aufgrund seiner äußerst günstigen klimatischen Bedingungen für das Schlafen im Freien nicht viel mehr Ausrüstung als einen guten Schlafsack für kühle Nächte (besonders auf dem Sinai oder in der Wüste) und eine auf die persönlichen Komfortwünsche abgestimmte Unterlage (Isoliermatte, Luftmatratze). Um sich gegen unerwünschte Zuschauer, aber auch Wind, Schlangen, Skorpione oder gar einen der seltenen Regenfälle (im Winter im Mittelmeer-Küstenbereich) zu schützen, ist ein leichtes Zelt für den zu empfehlen, der sich nicht auf Hotels verlassen und außerhalb bewohnter Gegenden übernachten will.

Ausrüstung für Wohnmobil-Fahrer

Es gibt inzwischen genug Literatur über die zweckmäßige Ausrüstung von Wohnmobilen für außereuropäische Länder. Daher hier nur ein paar Tipps. Allradantrieb ist manchmal von Vorteil, aber auf den "klassischen" Strecken keineswegs notwendig. Wer in der Wüste von der Straße abbiegt - und wer tut das nicht - sollte tunlichst Sandbleche und Schaufel dabei haben, siehe Seite 91. Denken Sie dann auch an genügend Trinkwasservorräte.

Da Moskitos durch die kleinste Öffnung kriechen, sollten Sie zumindest den Schlafbereich - besser noch den gesamten Aufenthaltsbereich Ihres Campers - hermetisch mit Moskitonetzen verschließen können. Ausreichend Toilettenchemikalien mitnehmen.

Ausrüstung für Motorradfahrer

Für die Ausrüstung von Motorrädern gibt es einige Dinge zu bedenken. Unbedingt empfehlen wir das Buch von T. Troßmann *Motorradreisen zwischen Urlaub und Expedition* (siehe Seite 42) zur Vorbereitung.
Motorrad-Typ: Die ägyptischen Straßen zählen nicht zu den besten der Welt, häufig sind sie wellig und mit unvermuteten Speedbrakern garniert. Ihr Motorrad muss also mechanisch einiges verkraften, wählen Sie daher ein gutes Tourengefährt aus. Das Tankvolumen muss ggf. auch für Fahrten außerhalb des Niltals ausreichend sein.

Erkundigen Sie sich bei Ihrem Händler nach Vertretungen in Ägypten. Es gibt bei weitem nicht so viele internationale Fabrikate wie bei uns. Vertretungen bekannter Marken dürften sich auf das Gebiet Kairo/Alexandria beschränken.

Kleidung: Von Dezember bis März mag in vielen Gegenden Ägyptens sogar Lederkleidung angebracht sein, weil die Sonne gegen den aus dem Norden blasenden kühlen Wind nicht so recht ankommt. Sobald es wärmer wird, ist weite, helle Kleidung sinnvoller. Gegen immer mögliche Stürze und damit verbundene Verletzungen schützen Cross-Stiefel und Handschuhe, Schulter-, Ellbogen- und Knieschützer.

Ein Helm ist trotz Hitze ein unbedingtes Muss. Viele Motorradfahrer klagen über Stürze durch Öl, häufiger noch durch Sand auf der Straße.

Ausrüstung für Fahrradfahrer

Basis ist ein stabiles Tourenrad mit entsprechenden Gepäckträgern, für den Sinai ist breites Übersetzungsspektrum wichtig (mindestens 21 Gänge). Lassen Sie sich von Ihrer Werkstatt über Werkzeug und Ersatzteile beraten. Zusätzlich zu deren Empfehlungen: Kabelbinder, eine LED-Taschenlampe und ein Flaschenhalter für 1,5 Liter-Flaschen, die es in Ägypten überall

In Winter-Wüstennächten schützt ein Zelt vor Wind und Kälte

1 Einlesen, eindenken, vorbereiten

gibt (Tageswasserbedarf ca. 5 Liter). Wichtig zu wissen: Europäische Reifengrößen und Fahrradzubehör für Mountainbikes oder bessere Straßenfahrräder sind selbst in Kairo kaum erhältlich.

Zum Schutz gegen die unerbittliche Sonne sind eine Schirmmütze und/oder z.B. Sonnenschutzcreme mit Faktor 20 sehr empfehlenswert, eine Sonnen-/Gletscherbrille auch als Staubschutz. Für die Ernährung ist Müsli bei vielen Radlern eine wichtige Basis, Mikropur o.ä. für Wasserentkeimung nicht vergessen.

Generell gilt auch hier, dass Männer in kurzen Hosen lächerlich wirken und Frauen in Shorts den islamischen Sitten widersprechen; über Ärger darf man sich dann nicht wundern. In allen Ortschaften gibt es einfache Unterkünfte, auf die meist schon bei der Ankunft Leute aufmerksam machen. Sehr positiv berichten alle Radler über die Ehrlichkeit der Ägypter. Obwohl sie Gepäck am unbeobachteten Rad ließen, wurde nichts gestohlen.

Geld, Preise und Kosten

Die Landeswährung ist das Ägyptische Pfund (abgekürzt £E), unterteilt in 100 Piaster (Pt), die heute nahezu wertlos sind. Zurzeit wird eine Ein-Pfund-Münze mit dem Bild von Tutanchamun eingeführt, eine 50-Piaster-Münze mit Kleopatra-Konterfei soll folgen. An Scheinen gibt es 1, 5, 10, 20, 50 und neuerdings 200 Pfund-Noten. Offiziell einführen dürfen Sie maximal £E 1000 und Fremdwährungen beliebiger Menge.

Die Central Bank of Egypt (CBE) bildet aus den Tageskursen der Einzelbanken einen Durchschnittstauschwert, der unter www.cbe.org.eg aktuell abrufbar ist.

Im November 2008 lag der offizielle Kurs bei rund 7 £E für 1,00 € (d.h. 1 £E kostete 14 Cent). Es gibt eine ganze Reihe von Wechselstuben, in denen man unbürokratisch, schnell und häufig zum besseren Kurs als bei Banken ans Ägyptische Pfund kommt. Erkundigen Sie sich bei mehreren Banken bzw. Händlern nach dem aktuellen Kurs; Schwankungen um 10 Prozent sind nicht ungewöhnlich. Lassen Sie sich beim Tauschen möglichst auch kleine Noten geben, da Kleingeld immer rar ist. Achten Sie darauf, dass die Noten nicht beschädigt sind.

Lassen Sie sich beim Geldtausch nicht mit dem Straßenangebot *Schwarzmarkt* verlocken. Fast immer wird versucht, Sie mit allen Tricks, bis hin zu Falschgeld, hereinzulegen. Leider nehmen Gaunereien mit Geld immer mehr zu: Gibt man z.B. einen 50-Pfund-Schein, wartet auf das Wechselgeld und schaut nur einen Augenblick weg, so hat sich der Schein plötzlich in eine 20-Pfund-Note verwandelt, und der Mensch hinter dem Tresen behauptet, der habe von Anfang an dort gelegen. In Luxor und Assuan wird man oft gebeten, Euro-Münzen in Ägyptische Pfund zu tauschen; zieht der Fremde seinen Geldbeutel, so kann blitzschnell eine größere Note durch Taschenspielertricks verschwinden.

Reiseschecks verlieren mehr und mehr an Bedeutung. Verschiedene Leser beklagen sich über Probleme beim Einlösen, weil offenbar immer weniger Banken dazu bereit sind. Empfehlung: American Express, da überall bekannt, für Visa-Travellerschecks sind kaum Banken zu finden. Bargeld lässt sich dagegen leicht tauschen, man zahlt keine zusätzlichen Gebühren. Das Risiko muss man selbst abschätzen. Da in Ägypten Diebstahl oder Raubüberfälle sehr selten vorkommen, könnte eine Lösung sein, etwa die Hälfte des Budgets in bar am Körper zu tragen und den Rest über Kreditkarte oder EC-Card aus Automaten zu ziehen (Gebühren um 3 %). Nehmen Sie Euro mit, die werden inzwischen überall akzeptiert.

Kreditkarten: Visa-Karten sind am weitesten verbreitet, dann folgt die Mastercard und weit abgeschlagen American Express. Geldautomaten (englisch *ATM*) gibt es bei vielen Banken oder in den größeren Hotels (z.B. Hilton, Sheraton, Marriott). Bei Barabhebungen müssen Sie die PIN Ihrer Kreditkarte kennen.

Auch die **EC-Card** scheint in Ägypten mehr und mehr akzeptiert zu werden. Allerdings können Sie kaum damit im Supermarkt bezahlen, son-

Geld, Preise und Kosten

dern nur an den üblichen Automaten Geld ziehen. Einige der ATMs sprechen sogar deutsch. Doch verlassen Sie sich nicht völlig auf diese Möglichkeit.

Wer wissen will, an welchen Geldautomaten mit der Mastercard Bargeld zu ziehen ist, kann sich über http://www.mastercard.com/atmlocator/index.jsp informieren. Visakartenbesitzer schauen nach unter http://corporate.visa.com/pd/consumer_services/atms.jsp.

Wenn Sie in einem Notfall dringend Bargeld benötigen, so können Sie das über die Reisebank AG oder direkt über den ziemlich teuren Bargeld-Transfer-Service von Western Union (oder auch MoneyGram) blitzschnell überweisen lassen, beachten Sie aber penibel deren Sicherheitshinweise. Auszahlungsstellen von Western Union finden Sie unter www.westernunion.com.

Ein paar Worte zum Bankwesen. Es gibt staatliche Banken (National Bank of Egypt, MISR-Bank, Bank of Alexandria u.a.), Joint-Venture-Banken, d.h. Gemeinschaftsgründungen ausländischer mit ägyptischen Banken (z.B. American Express mit der Bank of Alexandria), private Banken (z.B. Nile Bank, Al Ahram Bank), Niederlassungen ausländischer Banken, die allerdings nur Transaktionen in ausländischer Währung durchführen dürfen, und islamische Banken.

Die Letztgenannten betreiben anstelle von Zinswirtschaft sog. Erfolgsbeteiligungswirtschaft, da im Islam Zinsgeschäfte verboten sind. Sie ersetzen den festen Zinssatz durch eine Vereinbarung über Gewinn- und Verlustbeteiligung, d.h. sie beteiligen den Kunden anstelle von Guthabenzinsen am Gewinn der Bank.

Öffnungszeiten der Banken: So-Do 8.30-14 Uhr, der Behörden: 9-21 Uhr.

Noch zwei Tipps: Heben Sie alle Tauschquittungen bis zur Ausreise auf, sonst können Sie eventuell kein Geld rücktauschen. Ohne große Formalitäten wird bei der Egyptian Exchange Co. Bank in Kairo ägyptische Währung in € oder $ getauscht. Wenn Sie zu zweit unverheiratet reisen, lassen Sie sich zu Hause Schecks auf beide Namen ausstellen, andernfalls kann einer von Ihnen nie nachweisen, dass auch auf seinen Namen Geld getauscht wurde, was bei Aufenthaltsverlängerung etc. ärgerlich sein kann.

Selbstversorger können in Ägypten relativ preiswert leben. Zur Kalkulation und auch zum besseren Wissen beim Handeln und Feilschen ein paar **Preisbeispiele in £E** der unteren Kategorie (Stand 2008, die Preise können, bis Sie das Buch in Händen halten, wegen der Inflation massiv gestiegen sein):

1,5 l Mineralwasser	2,50
1 Fl. Coke 0,2 l	1,50 - 2
1 Tasse Tee, Karkade	2 - 3
1 Fladenbrot	0,25 -0,30
1 Fladenbrot mit Foul/Felafel	1,50
1 Ei	ca. 0,75
1 Fl. Stella Bier (Export) 0,5 l im Shop	6
1 Portion Reis mit Sauce	2 - 2,50
1/2 Hähnchen	10
1 Portion Kushari	2 - 2,50
1 Portion Tahina	1,50
Benzin (80 Oktan)	1,35
Benzin (Super 96 Oktan)	1,80
Diesel	1,25

Preisbeispiele von typischen Souvenirs: Galabeya (ägyptischer "Kaftan") je nach Stoffqualität ab £E 40 - 70, Wasserpfeifen ab £E 60, bessere Exemplare mit echtem Messingmittelstück können auch £E 100 und mehr kosten, Leinenrucksäcke mit Applikationen ab £E 50-80.

Während der Hauptsaison können die oben genannten Preise deutlich ansteigen. Achten Sie bei Wasserflaschen darauf, dass der Sicherungsring tatsächlich unbeschädigt ist und Sie nicht Leitungswasser kaufen! Beim Einkaufen aufpassen, dass das richtige Gewicht (nicht 500 Gramm statt 1 kg) auf der Waage liegt!

Wenn Sie sich irgendwo ausgenommen fühlen (Hotel, Restaurant, Post), dann lassen Sie sich eine Quittung *(Fatura)* geben; das ändert manchmal sehr schnell den Preis.

Die **Öffnungszeiten** von normalen Geschäften liegen etwa zwischen 9-12.30 und 16-20 Uhr, im Winter 9-19 Uhr - viele Ausnahmen bestätigen die Regel!

1 Einlesen, eindenken, vorbereiten

Die Reisekosten ergeben sich aus dem individuellen Bedarf. Rucksackreisende können mit ca. € 150-200 an Gesamtkosten pro Woche hinkommen, wenn sie auf preiswerte Übernachtung und Verpflegung im landesüblichen Rahmen achten. Dennoch sollte dieser Betrag nicht die Basis für das Reisebudget sein; rechnen Sie mit dem doppelten Betrag und freuen Sie sich, wenn nachher die Hälfte übrig bleibt.

Wer in Geschäften mit großen Parkplätzen an Landstraßen Souvenirs einkauft, sollte wissen, dass hier in der Regel Busladungen an Touristen ausgesetzt werden. Der Reiseleiter, der diese Menschen ihrem Schicksal überlässt, erhält 30-50 % Provision von der eingekauften Ware. Das sollte also der Mindestrabatt für jemanden sein, der aus ganz freien Stücken dort auftaucht.

zunehmend wärmer. Wir ziehen diese Jahreszeit vor.

Ungestörter vom allgemeinen Andrang können Sie außerhalb der Saison oder an deren Beginn bzw. Ende reisen. Dann werden Sie allerdings mit höheren Temperaturen rechnen müssen, aber es gibt eine Reihe Vorteile: Die Hotels, Restaurants, interessanten Stätten, Strände etc. sind weniger frequentiert, man ist in manchem Hotel ein freudig begrüßter Gast und schließlich: die Tage sind länger als im Winter.

In der zweiten Januarhälfte gibt es relativ kurze Schulferien in Ägypten, dann sind in Luxor und Assuan viele Hotels und die Sehenswürdigkeiten überfüllt. Es empfiehlt sich, diese Zeit tunlichst zu meiden.

Häufig ist es z.B. wegen geschlossener Behör-

Klimatabelle (in Grad C)		Jan	Feb	Mrz	Apr	Mai	Jun	Jul	Aug	Sep	Okt	Nov	Dez
Kairo	min	8	9	11	14	17	18	22	21	20	18	12	10
	max	19	20	24	28	32	34	35	34	32	30	24	20
Assuan	min	8	9	13	17	21	24	25	25	22	19	13	10
	max	24	30	35	38	41	42	42	42	39	36	30	25

Reisezeit

Ägypten kennt praktisch keine Regen-, eher Hitzesorgen. So liegt die klimatisch günstige Reisezeit zwischen Mitte Oktober und Mitte April, wobei das Land während der üblichen Ferienzeiten (Weihnachten, Ostern) von Touristen förmlich gestürmt wird. Kenner wählen etwa Mitte September bis Mitte November oder Anfang März bis Mitte Mai. Im Herbst ist es warm oder sogar heiß, die Tage sind verhältnismäßig klar (sofern nicht Rauch vom Strohabbrand auf den Feldern die Sicht trübt). Von Dezember bis in den Februar hinein kann es morgens und abends sehr kühl sein, im Frühjahr (etwa ab Mitte März) verdüstern häufig Sandstürme *(Chamsin)* den Himmel, aber die Tage werden länger – und

den wichtig, **Feiertage** einzukalkulieren. Die Daten der religiösen Feste Ägyptens hängen vom islamischen Hedschra-Kalender ab. Sie ändern sich daher und liegen jährlich um etwa 11 Tage früher (siehe Kasten), wobei dies außerdem vom örtlichen Erscheinen bzw. Verschwinden des Mondes abhängt.

Die gesetzlichen Feiertage sind festgelegt auf: 7.1. (koptisches Weihnachten), 22.2./ 3.3./ 25.4./ 1.5./ 18.6./ 23.7./ 6.10./ 23.12. Daneben gibt es bewegliche islamische bzw. koptische Feiertage, die in der Tabelle auf der nächsten Seite aufgelistet sind.

Während des Fastenmonats **Ramadan** verlangsamt sich das öffentliche Leben tagsüber. Viele Geschäfte, Ämter, Fahrkartenschalter oder auch einige Museen sind kürzer als üblich geöffnet oder ganz geschlossen, viele Restaurants bedienen nur abends ihre Kunden. Dafür beginnt nach Sonnenuntergang, dem Ende eines Fastentages, ein überaus reges Leben und Treiben, das alle Einschränkungen des Tages weitgehend wettmacht. Der Ramadan endet mit dem mindestens dreitägigen **Beiramfest** (auch *Id el Fitr* genannt). Dann sind Behörden, Banken und viele Geschäfte, aber auch Sehenswürdigkeiten geschlossen.

Islamische Feiertage der nächsten Jahre			
Jahr	2009	2010	2011
Ramadan-Beginn	22.08.	11.08.	01.08.
Ramadan-Ende *(Beiram, auch Id el Fitr)*	22.09.	10.09.	30.08.
Opferfest *(Großes Beiram, Id el Adha)*	27.11.	12.11.	06.11.
Neujahr *(Awil Sana)*	18.12.	07.12.	26.11.
Mohammeds Geburtstag *(Mulid el Nabi)*	09.03.	26.02.	04.02.

Das gilt ebenso für das Opferfest **Id el Adha**, das zehn Wochen später stattfindet. Vermeiden Sie öffentliche Verkehrsmittel vor dem Fest und am letzten Tag, weil wegen der Verwandtenbesuche alles total überfüllt ist. Ebenfalls sollten Sie in den 14 Pilger-Tagen möglichst keinen Flughafen benutzen, von dem aus Reisen nach Mekka stattfinden (hauptsächlich Kairo): Pilger und ihre Verwandten übervölkern jeden Quadratzentimeter, Abfertigungsprozeduren dauern um einiges länger als in Normalzeiten. Weiterhin werden noch Mohammeds Geburtstag *(Mulid el Nabi)* und das islamische Neujahr *(Awil Sana)* als eintägige Feste gefeiert (siehe Feiertagstabelle).

Das **koptische Weihnachtsfest** findet am 7. Januar (nach einer 43-tägigen Fastenzeit) statt.

Das Frühlingsfest **Sham el Nessim**, das mit dem koptischen Ostersonntag zusammenfällt (eine Woche nach dem christlichen Ostersonntag), geht auf altägyptische Zeiten zurück; es hat sich in seiner Ausdrucksform praktisch nicht geändert. Die pharaonische Bevölkerung betrachtete die Tag- und Nachtgleiche als Neubeginn des Lebens; man stand sehr früh auf, der Mann schenkte seiner Frau eine Lotusblüte, dann färbte man Eier - Symbol des Lebens - mit Hibiskusblüten oder Zwiebelschalen. Außerdem wurden gesalzene und getrocknete Fische gegessen. Heute wird die Nacht vor dem Fest ausgiebig gefeiert, in der Morgendämmerung isst man gemeinsam gesalzenen Fisch und Eier als Basis, die Ausstattung des Festtisches ist natürlich üppiger...

Es gibt eine Reihe großer religiöser Feste mit Volksfestcharakter, so genannte *Mulids,* nähere Informationen und Termine siehe Seite 110.

Die Zeitverschiebung zwischen Mitteleuropa und Ägypten beträgt MEZ + 1 Stunde (Überschneidungen während der Umstellung auf Sommerzeit berücksichtigen). Häufig werden Fahrpläne oder auch Eintrittszeiten in diesem Zusammenhang geändert.

Anreise

Derzeit stehen nur zwei Anreisemöglichkeiten zur Wahl: per Flugzeug oder – ziemlich theoretisch - auf der Straße; bei Redaktionsschluss war keine Schiffsverbindung von Europa aus für Passagiere (mit oder ohne Fahrzeug) in Sicht, obwohl immer wieder Gerüchte kursieren.

• **Internationale Zielflughäfen** sind Alexandria, Hurghada, Kairo, Luxor, Marsa Alam, Sharm el Sheikh und Tabah. Billige Tickets dorthin verkaufen spezialisierte Reisebüros. In den Reisebeilagen der Tageszeitungen und im Internet finden Sie aktuelle Billigflug-Angebote. Auch die Last-Minute-Flugbüros können für den, der das Spiel mit der letzten Minute eingeht, eine Fundgrube sein: z.B. € 150 nach Kairo und zurück.

• Checken Sie auch Verbindungen mit osteuropäischen Gesellschaften; diese sind häufig preiswerter als westliche, jedoch kann es zu unangenehm langen Zwischenaufenthalten in den jeweiligen Hauptstädten kommen.

• Wenn Sie auch innerägyptische Flüge planen, dann fliegen Sie tunlichst mit Egypt Air an

1 Einlesen, eindenken, vorbereiten

den Nil, denn dann kostet das Ticket für einen lokalen Flug nur etwa 60 Prozent des normalen Inlandspreises. Studenten sollten sich nach einem STA-Ticket erkundigen, das gewöhnlich billiger als ein Normalticket ist.

Hier ein paar Adressen von Reisebüros mit gewöhnlich günstigen Angeboten:

- **All Holidays,** Schönefelder Chaussee 183, 12524 Berlin, Tel 030 6069 0524, info@all-holidays.de, www.all-holidays.de z.T. sehr günstige Angebote, viele Kreuzfahrten
- **Hoga Tours,** 76646 Bruchsal, Tel 07251 55011, Fax 55045, www.flieglos.de
- **Sindbad-Reisen Dr. Ahmed Fathy,** Mozartstr. 9, 77871 Renchen, Tel 07843 1449, www.bestofegypt.de
- **Travel Overland** Flugreisen, Isabellastr. 20 80798 München, Tel 089 272 760, www.travel-overland.de

Billige Flüge übers **Internet** suchen und buchen:

- **5vor12**, www.lastminute.de
- **FLUG.DE**, www.flug.de
- **Gratistours.com**, www.gratistours.de, sehr günstige Angebote
- **LTUR** (Last Minute), www.ltur.de
- **Jet-Travel**, www.jet-travel.de, sehr günstige Angebote
- **START**, www.start.de
- **TRAVEL CHANNEL**, www.travel-channel.de
- **Air Berlin**, www.airberlin.de
- **Oneway-Flüge**: Wer preiswert (von Sharm el Sheikh) nach Deutschland zurückfliegen will, kann sich an die Agentur *Bright Sky*, Naama Bay (Sinai), Tel 069 360 2040 wenden. Auch Helmy Hamed von *LTU*, helmyltu@hotmail.com, Tel 010-5410 766 vermittelt ähnliche, aber teurere Flüge.

Mit öffentlichen Verkehrsmitteln auf dem Landweg nach Ägypten

Rucksackreisende, die auf dem Landweg mit Zug und/oder Bus über die Türkei, Syrien nach Jordanien fahren, erreichen von Aqaba aus Nuveiba (Sinai) in 2-3 Stunden Schiffsreise (siehe Seite 658). Von dort aus werden Sie bereits einen der ersten Höhepunkte Ihrer Ägyptenreise erleben.

Von Israel aus können Sie über Elat nach Ägypten einreisen und gleich den südöstlichen Sinai besuchen. Lassen Sie sich an der Grenze das normale Visum für Gesamtägypten und nicht das (für Israelis geschaffene) Kurzzeitvisum für 7 bzw. 14 Tage Aufenthalt geben, denn damit dürfen Sie den südöstlichen Sinai nicht verlassen, d.h. z.B. nicht nach Kairo weiterfahren. Der Besuch des Katharinenklosters ist nur auf der Straße von Nuveiba aus möglich.

Auch über Tunesien (Anreise per Schiff) und Libyen kommt man mit öffentlichen Verkehrsmitteln nach Ägypten, wobei dies in Libyen wegen weniger und schlechterer Hotels wie auch Restaurants einigermaßen beschwerlich ist. Von der Grenze bei Sollum fahren Sammeltaxis nach Marsa Matruh.

Per Auto nach Ägypten

Eine Reise mit dem eigenen Auto nach Ägypten kann heute nur noch für Leute mit starken Nerven und viel Geduld empfohlen werden. Die Grenzabfertigungen unterwegs, die zeitraubende, nervige Ein- und Ausreise an Ägyptens Grenzen und der Bürokratismus im Land, all das muss ertragen werden. Und, nicht zuletzt, die Kosten betragen ein Vielfaches eines Chartertickets. Dieses Unterfangen lohnt sich wirklich nur, wenn man Offroad in die Wüste geht und sich lieber auf sein eigenes als auf ein lokal gewartetes Gefährt verlassen will.

Die Anreise per Auto auf dem direkten Landweg ist von Israel, von Libyen und vom Sudan her möglich. Autofahrer, die über die Türkei und Syrien nach Jordanien fahren, sollten nicht über Israel nach Ägypten einreisen, sondern direkt von Aqaba nach Nuveiba verschiffen, weil sie sonst über keines der arabischen Nachbarländer wieder ausreisen können.

Um die oben genannten Länder zu erreichen, bietet sich der Seeweg an, leider seit den Terroranschlägen mangels Fährgelegenheit nicht mehr direkt nach Alexandria. Es bleibt, entweder von einem der südeuropäischen Häfen nach

Tunesien oder in die Türkei zu verschiffen und von dort auf dem Landweg nach Ägypten weiterzureisen.
Wenn Sie sich nach Fährschiffsverbindungen - vielleicht wird Alexandria oder Tripolis ja irgendwann wieder angelaufen - erkundigen wollen, dann z.B. bei
- **Neptunia**, Bodenseestraße 5,
81241 München, Tel 089 8960 7320 bzw. deren Schwestergesellschaft *Transcamion Schifffahrtsagentur GmbH*, 81241 München, Tel 089 8960 7328, Fax 089 8 34 85 85, www.transcamion.com.

Wer über Syrien an- oder zurückreisen will, holt sich am besten zu Hause ein Visum (z.Zt. 60 €), es ist ein halbes Jahr gültig und für mehrere Einreisen gut; es ist aber auch - mit einem gewissen Unsicherheitsfaktor - in Kairo zu bekommen.

Geführte Wohnmobilreisen in den Nahen Osten bieten u.a. an:
- Kuga Tours, Kulmbach, Tel 09221 84110
- Perestroika Tours, 56291 Hausbay, Tel 06746 80280, www.mir-tours.de

Entscheidungshilfe für den Landweg

Wenn Sie vor der Frage stehen, ob Sie über Land und dabei **über die Türkei/Syrien/Jordanien** nach Ägypten fahren oder **über Tunesien/Libyen**, dann mögen Ihnen folgende Angaben nützlich sein: Von Italien verschifft man nach Griechenland/Patras und weiter von Piräus zur Insel Chios, von dort nach Cesme (Nähe Izmir, auch mit Wohnmobil möglich). Es folgen 1200 km durch die Türkei bis Syrien, das man auf ca. 600 km und ähnlich Jordanien auf ca. 600 km durchfährt, um schließlich von Aqaba nach Nuweiba zu verschiffen. In Syrien und Jordanien ist der Sprit billiger als bei uns, was jedoch zum Teil von hohen Visa- und Grenzgebühren kompensiert wird. Theoretisch kann man die Gesamtstrecke in 8-10 Tagen bewältigen, allerdings gibt es unterwegs so viel zu sehen, dass man wohl mehr Zeit brauchen wird.

Bei der Anreise durch Libyen muss man zunächst nach Tunesien verschiffen, z.B. von Genua, La Spezia oder Trapani/Sizilien nach Tunis. Von dort fährt man ca. 600 km zur libyschen Grenze. Dann geht es - nur mit einer libyschen Begleitperson - weiter bis zur ägyptischen Grenze. Für die knapp 1600 km auf dem kürzesten Weg benötigt man 2-3 Tage durch z.T. stocklangweilige Landschaft. Der Begleiter kostet mindestens € 60-80/Tag zusätzlich Rückfahrtkosten. Visagebühren einschließlich Grenzgebühren schlagen mit mehreren 100 € zu Buche, der Sprit kostet unter 10 Cent/l.

Rabatte nutzen: teilorganisierte Reisen

Reisegruppen erhalten bei Fluggesellschaften und Hotels Rabatte bis zu 50 Prozent. Auch Einzelreisende können diese Preisnachlässe zumindest in gewissem Umfang nutzen, wenn Sie die Hilfe von Reiseveranstaltern in Anspruch nehmen. Wenn Sie bereits zu Hause die Hotels in Ägypten einschließlich der Transfers zum Flughafen oder Bahnhof sowie Flug-, Bahn- oder Schiffsreisen buchen, ist einiges an Lauferei vor Ort gespart.

In vielen Katalogen der Reiseveranstalter findet man spezielle Baustein-Angebote für Individualtouristen. In diesem Sinn dürften folgende Adressen von Interesse sein:

- **OFT REISEN**, Siemensstr. 6, 71254 Ditzingen, Tel 07156 16110, oft@oft-reisen.de, www.oft-reisen.de
Als einer der größten Ägypten-Reiseveranstalter bietet OFT auch so genannte Bausteine für individuell organisierte Reisen. Leser berichten positiv davon. OFT unterhält in Kairo ein Büro mit 24-Stunden-Erreichbarkeit.
- **Roger Tours**, Schulstr. 8, 55578 Wallertheim, reisen@rogertours.de, www.rogertours.de
- **schulz-aktiv-reisen**, Bautzner Str. 39, 01099 Dresden, Tel 0351 266 255, Fax 0351 266 256, info@schulz-aktiv-reisen.de, www.schulz-aktiv-reisen.de
- **Sindbad-Reisen** Dr. Ahmed Fathy, Mozartstr. 9, 77871 Renchen, Tel 07843 1449, info@sindbadreisen.de, www.bestofegypt.de

1 Einlesen, eindenken, vorbereiten

- **Noga Tours**, Hussein Saied Hussein, **Kairo**, Tel 02 207 1224, 012226 069902, Fax 02 206 3340, info@nogatours.com, www.nogatours.com, www.cometoegypt.com, vermittelt zum Teil sehr günstige Übernachtungen für alle Kategorien ab $ 10 pP direkt in Ägypten, **per Email** im Voraus gebucht werden können; eventuelle Stornierungen sind (mit Ausnahmen) kostenlos. Leser berichten sehr positiv.
- Bei **Sara Egypt**, Mr. Assim Sersy, field@saraegypt.com, www.saraegypt.com, Tel 002 (0)127 677 592, kann man bereits zu Hause unterschiedlichste Trips recht günstig buchen. Wenn Sie schließlich vor Ort keine Lust mehr am Selbstorganisieren haben oder aber bestimmte Ziele bequemer ansteuern möchten, kann Ihnen dort geholfen werden, Einzelheiten siehe Seite 320.

Spezialisten für Wüsten-Trips

- **Adventure Holidays**, Travco Group, 112 Sharia 26.July, Kairo-Zamalek, Tel 02 738 2224, Fax 02 738 0400, nevine@travco-eg.com, www.travco-eg.com Travco ist einer der größten Reiseveranstalter Ägyptens, das Adventure-Programm deckt sowohl die Libysche Wüste als auch den Sinai ab.
- **Badawiya Tours**, Kairo, 22 Sharia Talaat Harb, 6th floor, flat 66, Tel 02 2575 8076, Eigentümer Awlad Saad fährt von seiner Heimatoase Farafra in die Westliche Wüste
- **Bedu Expeditionen Peter Franzisky**, Neureutherstr.10, 80799 München, Tel. 089 6243 9791, Fax 6243 9885, mail@bedu.de, http://www.bedu.de; Reisen in kleinen Gruppen per Auto, Kamel oder zu Fuß auf dem Sinai und in der Westlichen Wüste (Oasen, Gilf Kebir); auch individuell buchbar
- **Dabuka Expeditions**, Feldwiesenstraße 1, 35647 Waldsolms, Tel 06085 987 9896, Fax 06085 987 9855 info@dabuka.de, www.dabuka.de; der deutsch-ägyptische Eigentümer Tarek El-Mahdy ist ein exzellenter Wüstenkenner
- **Katrin Biallas**, Tel 07071 83791, www.sinai-bedouin.com, führt zweimal jährlich mit lokalen Beduinen durch interessante Sinai-Gebiete; von Teilnehmern sehr gelobt.
- **NOMAD. Reisen zu den Menschen.** J. Baums Travel, Weißhausstr. 25, 50939 Köln, Tel 022 12722 0910, Fax 0221 2722 0919, info@nomad-reisen.de, www.nomad-reisen.de; auch individuelle Reisen, 4WD, Trekking, Kameltrek oder Tauchsafaris
- **Spirit of Sinai,** Sharm el Sheikh, Tel 0020 69 366 4842, 012 770 7949, www.spiritofsinai.de; Jutta Brasch, die in Sharm el Sheikh lebt und den Sinai liebt, bietet u.a. Frauenwanderungen auf dem Südsinai an
- **TRH Treckingtours Rudolf Hoffmann**, Am Rissener Bahnhof 11, 22559 Hamburg, Tel 040 8196 2129, Fax 040 8196 2130
- **Wüstenmeditation** beim Wandern in der Wüste (Sinai) bietet Dr. Hans-Jürgen Geisler, Gilchinger Str. 5, 82239 Alling, Tel 08141 386 355, dr.h-j.geisler@gmx.de, www.wuestenmeditation.de

Weitere Adressen von Veranstaltern finden Sie auf unserer Webseite www.tondok-verlag.de/Libysche_Wueste.htm, die sich speziell mit der Westlichen Wüste befasst.

Reiseziele und -routen in Ägypten

Für ein so vielseitiges Land wie Ägypten muss der Reisende entweder viel Zeit mitbringen, um alles Sehenswerte zu besuchen, oder sich auf das für ihn Wichtige beschränken. Die folgenden Kurzbeschreibungen der Reiseziele sollen Ihnen den Überblick erleichtern helfen, und die anschließenden Routenvorschläge Anhaltspunkte für eine Reiseplanung geben. Weiterhin finden Sie am Beginn jeder Routen- oder Stadtbeschreibung unter dem Punkt *Sehenswertes* eine Zusammenfassung und Bewertung der wichtigsten Sehenswürdigkeiten.

Alexandria, Mittelmeerküste, Nildelta

Alexandria, einst ptolemäische und römische Hauptstadt Ägyptens, auch heute charmant, sehr lebendig und mediterran-orientalisch, ist mit seinen Kulturstätten unbedingt einen Besuch wert. In östlicher Richtung lohnt ein Ausflug nach **Rosetta** an die Mündung des gleichnamigen Nilarms, nach Westen eine Fahrt über **El Alamein** - berüchtigtes Schlachtfeld des Zweiten Weltkrieges - nach **Marsa Matruh** mit seinen ungewöhnlichen kreideweißen Badebuchten und Kalkfelsen. Aber damit nicht genug. 300 km südwestlich liegt, umgeben von blauen Salzwasserseen, das malerische **Siwa**, eine der schönsten Sahara-Oasen. Auf dem Weg von Alexandria nach Kairo sollten Sie einen Abstecher zu den koptischen Klöstern im **Wadi Natrun** einlegen.

Kairo und Umgebung

Kairo hat drei Gesichter: Das sympathisch-orientalische, das modern-turbulente und das pharaonische der Pyramiden. Kairo muss man erleben, sich vor allem in den Gassen des Islamischen Viertels treiben lassen, mit den Leuten in Kontakt kommen und ihre Freundlichkeit erwidern. Aber auch die historischen Schätze und Sehenswürdigkeiten sind nicht zu vergessen; Sie sollten zumindest das Ägyptische Museum besuchen, das mit seinen Kunst- und Kulturschätzen Einblicke bis in die Zeit vor 5000 Jahren bietet. Und in der direkten Umgebung der Stadt setzen sich die historischen Eindrücke mit dem Weltwunder der **Pyramiden von Giseh** und den nicht weniger imposanten Ruinen von **Sakkara** ins Überdimensionale fort. Ein Ausflug in die Halboase **Fayum**, den *Garten Kairos*, rundet das Bild ab.

Das Niltal von Kairo bis Abu Simbel

Eine Reise entlang der Lebensader Ägyptens bietet Ihnen immer wieder neue Eindrücke vom Leben auf dem Land und dem der kleinen Städte. Einmalige Bilder der pharaonischen Vergangenheit können Sie an vielen Orten betrachten. Schwerpunkte auf dem Weg nach Süden sind:
• die sympathische Stadt **Minia** und die zahllosen Kuppeln der Gräberstadt Sawjet el Maitin
• die bekanntesten Felsengräber des Mittleren Reichs bei **Beni Hassan** mit einer Vielzahl von Bildern über das tägliche Leben, über Handwerk und Sport vor 4000 Jahren
• **Hermopolis mit Tuna el Gebel** und, auf der anderen Nilseite, die spärlichen Reste der Hauptstadt des "Ketzer"-Pharaos Echnaton bei Tell el Amarna
• der am Hauptort der Osiris-Verehrung sehr gut erhaltene Tempel von **Abydos** und der 1200 Jahre jüngere Hathor-Tempel von **Dendera**
• Dann folgt **Luxor mit Theben-West**, die größte pharaonische Ruinenstätte mit dem einmaligen **Tempelkomplex von Karnak** und dem jüngeren **Tempel von Luxor**. Gegenüber, in Theben-West, liegen die berühmten **Königsgräber** mit den Darstellungen des jenseitigen Lebens, die **Privatgräber** mit einprägsamen Bildern aus dem täglichen Leben der Verstorbenen, die **Gräber der Königinnen** und die Siedlung der Nekropolenarbeiter. Außerdem sind interessante **Grabtempel** u.a. der Hatschepsut, des Ramses II und III zu besichtigen.
• Weiter nilaufwärts warten die Tempel von **Esna, Edfu** (einer der besterhaltenen überhaupt) und der Doppeltempel von **Kom Ombo** auf einen Besuch.
• Das viel besuchte **Assuan** bietet ebenfalls eine Menge Sehenswertes: landschaftlich **reizvolle Nilinseln**, einen pharaonischen Steinbruch mit einem **unfertigen Obelisken**, die aus dem Stausee geretteten **Tempel Philae** und **Kalabsha**, schließlich die gewaltige Staumauer des **Nasser-Stausees**. Und weitere 300 km tiefer im Süden liegen die wirklich eindrucksvollen Tempel von **Abu Simbel**.

Im koptischen Kloster im Wadi Natrun

1 Einlesen, eindenken, vorbereiten

Die Libysche Wüste und ihre Oasen

Sie können die Wüste ungefährdet auf der Asphaltstraße der Oasen von Kairo nach Luxor fahren und dabei die Oasen **Bahariya, Farafra, Dakhla und Kharga** besuchen. Unterwegs werden Sie Eindrücke vom Leben in den Oasen sammeln und von den einmaligen Erosions-Monumenten der **Weißen Wüste** begeistert sein. Doch die Libysche Wüste bietet weitere fantastische Ausflüge, die aber nur mit wüstentauglichen Fahrzeugen möglich sind (siehe auch www.tondok-verlag.de/Libysche_Wueste.htm).

Suez-Kanal-Gebiet, Küste am Roten Meer

Es ist schon ziemlich einmalig, Schiffe durch die Wüste schwimmen zu sehen. Das können Sie z.B. in **Port Said**, **Ismailiya** oder **Suez** beobachten. Von Suez aus führt eine Straße entlang der Küste des Roten Meeres bis zur sudanesischen Grenze. Unterwegs sind das **Antonius**- und das **Pauluskloster** sehenswert, sonnenhungrige Badefans liegen in **Hurghada** richtig. Dort und in **Safaga** finden Sie genug Tauchzentren, um professionell die Korallenriffe zu ertauchen. Das noch "jungfräuliche" Gebiet um **Marsa Alam** wurde verkehrsmäßig gerade durch den Bau eines internationalen Flughafens erschlossen, Hotelanlagen ziehen nach. Die Verbindungsstraßen zum Niltal führen teilweise durch bizarre Wüstengebirgslandschaften.

Sinai

Eine der landschaftlich faszinierendsten Gegenden des Vorderen Orients ist die Sinai-Halbinsel, umgeben von goldgelben Sandstränden am Mittelmeer, von steil ins Meer abfallenden, Korallen gesäumten Küsten am Golf von Aqaba - und von hässlichen Ölbohrinseln im Golf von Suez. Das berühmte **Katharinenkloster** ist schon wegen der Anreise durch die grandiose Gebirgswelt einen Ausflug wert, der von einer Besteigung des Mosesberges gekrönt werden kann. An der Ostküste gibt es bekannte Bade- und Tauchplätze wie **Nuveiba**, **Dahab**, **Sharm el Sheikh** mit dem Naturpark **Ras Muhammed** an der unbewohnten Südspitze.
Ein ganz besonderes Erlebnis ist ein **Kamelritt** in die Einsamkeit der Berge, den man z.B. von Nuveiba oder Dahab aus unternehmen kann.

Kuren in Ägypten

An vielen Orten des Landes sprudelt stark mineralhaltiges Wasser aus dem Boden, das z.T. einen hohen Schwefelgehalt aufweist. Außerdem enthält der reichlich vorhandene Sand häufig radioaktive Bestandteile. Das wussten schon die Bewohner Siwas seit langem zu nutzen und ließen sich bis zum Kopf im Sand vergraben, um gegen das vom damals stark mineralhaltigen Trinkwasser verursachte Rheuma anzugehen. Auch wenn Kurtourismus neuerdings propagiert und gefördert wird, so entsprechen die im Prospekt in vorauseilendem Wunschdenken genannten Ziele selten dem Standard von Kureinrichtungen; im Grunde mangelt es fast überall (noch) an der spezialisierten Infrastruktur. Einzig Heluan, dessen Kuranlagen auf das 19. Jh zurückgehen, mag den Vorstellungen noch am nächsten liegen, doch der Kurgast hat die dreckige Smogwolke der Stahlwerke in unmittelbarer Nähe zu ertragen.

Routenvorschläge

Die folgenden Vorschläge basieren auf unseren subjektiven Erfahrungen. Grundsätzlich wäre zu sagen, dass das Niltal mit Kairo, Luxor und Assuan die Basis einer Ägyptenreise ist und nach Möglichkeit zu jedem Programm gehören sollte, dass aber eine Reise in die Wüste - sei es östlich oder westlich des Niltals oder auf den Sinai - das Erlebnis Ägypten erst wirklich abrundet. Sinnvolle Reiserouten ergeben sich aus geografischen Gründen:
• Kairo - Minia - Assiut - Abydos - Dendera - Luxor und Theben-West - Assuan (wegen der Terroristengefahren ist derzeit der Abschnitt Minia - Qena nur schwer zugänglich)
• Kairo - Oasen Bahariya, Farafra, Dakhla, Kharga - Luxor - Assuan

- Kairo - Paulus-/Antoniuskloster - Hurghada -Safaga - ins Niltal bei Qena oder an der Küste weiter nach Marsa Alam und darüber hinaus
- Kairo - Suez - Ismailiya - Port Said und über Damietta, Tanta zurück nach Kairo
- Kairo - Katharinenkloster - Nuveiba - Sharm el Sheikh - Kairo
- Kairo - Suez - El Arish
- Kairo - Alexandria - Marsa Matruh - Oase Siwa - Oase Bahariya und weiter nach Süden oder zurück nach Kairo

Für die Planung muss man eine ungefähre Vorstellung haben von der Zeit, die man an einem Ort verbringen will. Der Zeitbedarf hängt natürlich sehr von individuellen Wünschen und Interessen ab. Die folgende, subjektive Auflistung soll Ihnen lediglich Anhaltspunkte geben.

Zeitbedarf in Tagen (einschließlich Anfahrt)

(Minimale Zeit in Klammern)	Tage
Alexandria	(2) - 3
Marsa Matruh, Oase Siwa	(3) - 5
Wadi Natrun	1
Kairo, Giseh, Sakkara	(3) - 5
Fayum	(1) - 2
(Rundreise mit Wadi Rayan)	
Oasen Bahariya, Farafra, Dakhla, Kharga	(4) - 7
Minia, Beni Hassan, Hermopolis, Amarna	(3) - 4
Assiut, Abydos, Dendera	(2) - 3
Luxor, Theben-West	(2) - 4
Assuan, Abu Simbel	(2) - 4
Suez-Kanal-Gebiet	(2) - 3
Küste **Rotes Meer** mit Klöstern, **Hurghada**, weiter nach Süden (ohne Badetage)	(3) - 4
Süd-Sinai	
Katharinenkloster	2 - (3)
Golf von Aqaba	(3) - 5
Nordsinai	(1) - 2

Im Niltal fährt man am besten mit der Bahn. Für Besuche von Beni Hassan, Hermopolis und Tell el Amarna startet man in Minia oder, bei kürzeren Wegen, aber schlechter Unterkunft, in Mallawi. Für Abydos steigt man in Balyana aus und nimmt dann ein (Sammel)Taxi, Dendera erreicht man von Qena aus. Die Mittelmeerküste geht man von Alexandria aus per Bus (oder umständlicher per Bahn) an; das Rote Meer ist nur per Bus zu erreichen, sowohl von Kairo als auch von Luxor/Qena aus. In die Suezkanal-Städte kommen Sie am besten per Bus. Der Sinai ist ein Busziel, auch alle Oasen der Westlichen Wüste sind - bis auf Kharga - nur per Bus erreichbar.

Ankunft und Abreise

Ankunft Kairo-Flughafen (Heliopolis)

Sollten Sie Alkohol einigermaßen preiswert erwerben wollen, so ist dies noch vor der Passkontrolle in den Duty-Free-Shops möglich; hier dürfen Sie 4 l Alkohol und 4 Stangen Zigaretten kaufen. Allerdings lässt sich dies auch in allen größeren Städten bei Duty-Free-Shops innerhalb der ersten 24 Stunden nach Ankunft nachholen. Wenn Sie kein Visum in Europa gekauft haben, müssen Sie noch **vor der Passkontrolle** an einem der Bankschalter einen metallisch aussehenden Gebühren-Sticker gegen derzeit $ 15 (oder ca. € 12, je nach Kurs) erwerben und diese in den Pass kleben. Da hier viel geschummelt wird, am besten abgezähltes Geld hinlegen. Bei der Gelegenheit können Sie gleichzeitig den Geldbedarf für die ersten Tage tauschen; erst danach an der Passkontrolle anstellen. Wenn Sie mit Freunden unterwegs sind, sollte sich eine Person am Bankschalter anstellen und die anderen in den Schlangen vor der Passkontrolle. In der Regel erhält man bei der Einreise nur eine **Aufenthaltszeit** von maximal vier Wochen, vielleicht lässt der Passbeamte über längeren Aufenthalt mit sich reden.

Achtung: Geldwechsler mischen schon mal 50-Piaster-Scheine geschickt in den £E-Stapel und zählen sie als Pfundnoten vor – prüfen Sie selbst geduldig nach und lassen Sie sich nicht ablenken.

Es gibt manchmal Irritationen bei der Einreise, wenn kein Rückflug gebucht wurde. Laut ägyptischem Konsulat genügt die Angabe ei-

1 Einlesen, eindenken, vorbereiten

ner Übernachtungsadresse, eine Hotelbuchung wird nicht verlangt. Suchen Sie sich also ein beliebiges Hotel aus dem jeweiligen Verzeichnis und tragen dessen Adresse ein.

▶ **Infos zum Airport** (siehe auch www.cairo-airport.com), der zur Zeit stark erweitert wird:

• **Egypt Air Flüge** kommen an einer neuen Ankunftshalle (Hall 3) im Terminal 1 an. Der Abflug findet weiterhin von Hall 1 aus statt.

• Es gibt zwei internationale Terminals: **Terminal 1** *(Old Terminal)* und - leider etwa 2,5 km entfernt - einen **Terminal 2** (häufig noch als *New Terminal* bezeichnet). Im Terminal 1 ist die Egypt Air zu Hause, neben Nahost-Airlines wie Royal Jordanian, Syrian, Sudan Air etc.

Der **Terminal 1** besteht aus vier Hallen.

• **Hall 1**: (der umgebaute Ursprung des Flughafens) internationale Abflüge (Departures) von Egypt Air und den Nahost-Airlines

• **Hall 2**: Abflug und Ankunft Luxor, Assuan, Abu Simbel

• **Hall 3** (moderne Stahl/Glas-Konstruktion mit angeschlossener Air Shopping Mall): Internationale Ankunft von Egypt Air

• **Hall 4**: Abflug und Ankunft Hurghada, Sharm el Sheikh; sie liegt etwa 2 km von Hall 1 entfernt, an der Straße Richtung Stadt, keine Shuttle-Verbindung.

• **Terminal 2** beherbergt alle anderen Linien. Mindestens stündlich fährt tagsüber und abends ein **Pendelbus** zwischen Terminal 1 und 2 (wichtig: Dieser wird auf den Hinweistafeln in der Ankunftshalle nur als *C.A.A.-Bus* bezeichnet). Er ist grün-weiß angepinselt, ein unscheinbares Schild *Terminal 1 bzw. 2* deutet auf seine Funktion. Wegen Bauarbeiten fährt der Shuttle derzeit nicht bis zum Ziel am Terminal 2, sondern nur zum Parkplatz. Dort muss man in einen schon wartenden Bus umsteigen. Man kann ebenso mit den öffentlichen Bussen hin und her fahren, die an beiden Terminals halten. Doch nachts ist dieser Trip schwierig. Sobald der Pendelbus nicht mehr fährt, muss man ein Taxi teuer bezahlen.

▶ Noch ein paar Worte zum **Weg vom Flughafen in die Stadt**. Vom Terminal 1 fährt der normale **Stadtbus** Nr. 400 (tags alle 20, nachts alle 40 Minuten) über Midan Ramsis bis zum Midan Abdel Minin Riyad (zwischen Ramses Hilton Hotel und Rückseite des Ägyptischen Museums) ins Zentrum. Fahrzeit ca. 1 Stunde. Alternativ können Sie vom Terminal 1 oder 2 per **Minibus** Nr. 27 alle halbe Stunde zum Midan Abdel Minin Riyad fahren (Fahrzeit z.B. mittags ca. 1 Stunde). Alle Busse starten vom Busbahnhof hinter dem Parkplatz, etwa 10 Fußminuten ab Hall 1.

▶ Daneben betreibt das Unternehmen CTA **klimatisierte Busse** quer durch die Stadt: Die Linie 356 fährt zwischen Flughafen (beide Terminals) alle 20 Minuten von 6.30-23.30 Uhr zum Midan Abdel Minin Riyad und weiter zum Mena House Hotel bei den Pyramiden. Der Fahrer kümmert sich um das Reisegepäck, das zusätzlich zu bezahlen ist. Neuankommenden kann diese mit £E 5 preiswerte Fahrt gegenüber den Auseinandersetzungen mit Taxifahrern nur empfohlen werden.

▶ Neu ist ein sogenannter **Airport Shuttle Bus**, der zu festen Preisen - z.B. Downtown £E 35 - in die Stadt fährt. Information am Ausgang nach der Zollabfertigung.

▶ **Taxifahrten** in die Stadt bucht man am besten am Ausgang des Terminals, Verhandlungen mit Taxifahrern sollte ein Neuankömmling tunlichst nicht eingehen, denn er wird mit Fantasiepreisen bedient. Auch die **Touristeninformation** am Flughafen hilft weiter. Eine Fahrt zum Midan Tahrir, also ins Stadtzentrum, sollte für ca. £E 50–70 zu haben sein. Falls Sie kein Taxi sehen, versuchen Sie Ihr Glück bei *Departure*.

▶ Im **Sammeltaxi** - falls vorhanden - kostet der Platz ca. £E 10. Wenn Sie all den Ärger mit Taxifahrern, Omnibussen etc. sparen wollen, dann können Sie sich neuen Ärger einhandeln, indem Sie sich selbst ins Verkehrsgewühl stürzen und bereits am Flughafen einen Leihwagen mieten.

Hotelsuche vom Flughafen aus: Sie können im Büro von MISR TRAVEL oder der Touristeninformation am Flughafen ein Hotelzimmer buchen (kostenloser Vermittlungsservice). Dies klappt einigermaßen gut. Es erspart lange Märsche zwischen voll belegten Hotels; am nächsten Tag hat man dann Zeit, nötigenfalls die Unterkunft zu wechseln. Dieser Service ist vor allem bei nachts Ankommende von Vorteil. Achten Sie aber darauf, dass nur die Angestellten telefonieren; es stehen viele Schlepper am Schalter herum, die sich als Offizielle ausgeben, aber nur auf „Opfer" warten.

Warnung vor Schleppern: Besonders Rucksackreisenden bieten sich bereits am Flughafen und im Bus oder vor den Billighotels hartnäckige Schlepper an. Sehr professionell aussehend, geben sie sich auch als beauftragte Beamte aus. Sie gehen jeweils von Hotel zu Hotel mit und fragen den Rezeptionisten auf Arabisch nach freien Betten. Diese sind dann angeblich ausgebucht, so dass schließlich nur noch übertreuerte Hotels übrig bleiben. Wimmeln Sie diese Leute mit dem Argument ab, Sie hätten schon Hotel XY gebucht und suchen Sie selbst, denn Sie müssen die ca. 30 % Provision für den Schlepper mitbezahlen. Ähnliches gilt für die Ankunft in Luxor oder Assuan!

Ein anderer Aspekt des Problems: Man kann Schlepper auch als Makler betrachten, die versuchen, das für die Nachfrage zu geringe Gut "Hotelbett" dem zu verkaufen, der am meisten bietet. Diese Leute gehen einem Gewerbe nach, von dem sie vermutlich leben; leider verhalten sich einige undurchsichtig bis unfair, was ihren Job suspekt macht.

Tipps für spät Ankommende: Falls die Zimmervermittlung geschlossen ist, suchen Sie sich aus der Hotelliste ein Hotel aus, das Sie einem Schlepper nennen; entweder er bringt Sie dorthin oder Sie bestehen auf dieser Preiskategorie - wenn Sie damit zurechtkommen, wird Ihnen viel Ärger erspart bleiben. Oder Sie lassen sich zum Midan Talaat Harb fahren und klappern von dort aus die Hotels in der Sharia Talaat Harb ab. Sollten Sie irgendwann gegen Morgen ankommen, so können Sie die Zeit bis 9 Uhr vertrödeln und erst dann auf Suche gehen. Zu dieser Zeit haben die Hotels wieder Betten frei und die Auswahl ist größer.

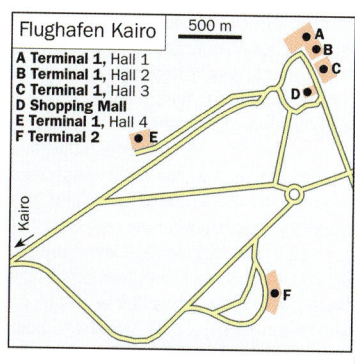

Flughafen Kairo 500 m
A Terminal 1, Hall 1
B Terminal 1, Hall 2
C Terminal 1, Hall 3
D Shopping Mall
E Terminal 1, Hall 4
F Terminal 2

Abflug vom Flughafen Kairo

Ein Leser beschreibt die Situation beim Abflug ziemlich treffend: „Beim Einchecken herrscht nicht nur Chaos, sondern nahezu Anarchie, da jeder Reiseführer versucht, seine Gruppe mit einem riesigen Stapel Pässe (wohl nach vorheriger Bakschischzahlung) vor den anderen Gruppen ins Flugzeug zu mogeln, so dass man als anständiger, sich anstellender Mensch befürchtet, keine Chance zu haben..." Die hat man in der Regel doch, wenn man rechtzeitig (mindestens 2 Stunden vor Abflug) antritt und zwei Tage vor dem Abflug das Rückflugticket bei der Fluggesellschaft bestätigen ("to confirm") ließ - zu Stoßzeiten, wie Weihnachten oder Ostern z.B., bei Egypt Air besser noch früher.

Zum Terminal 1 fährt der normale **Stadtbus** 400 (tags alle 20, nachts alle 40 Minuten) vom Midan Abdel Minin Riyad (zwischen Ramses Hilton Hotel und Rückseite des Ägyptischen Museums) und Midan Ramsis, Fahrzeit ca. 1 Stunde. Bus 949 verbindet den Midan Abdel Minin Riyad mit Terminal 2 in derselben Frequenz wie Bus 400. **Minibus** Nr. 27 fährt alle halbe Stunde vom Midan Abdel Minin Riyad zu beiden Terminals. Der AC-Bus 356 von CTA startet zwischen 6.30-23.30 Uhr alle 20 Minuten ebenfalls von diesem Platz und bedient beide Terminals.

Auch bei **Taxifahrten** zum Flughafen müssen Sie wissen, in welchem Terminal Ihre Airline abfertigt; bei Unsicherheiten lassen Sie den Fahrer warten. Zum Flughafen kann man - vor allem bei Frühflügen - eine Limousine bei MISR TRAVEL vorbestellen, Tel 2259 9813, als zuverlässig bekannt, aber teurer.

Bei der Ausreise dürfen Sie keine Antiquitäten ausführen, es sei denn, Sie sind im Besitz einer Genehmigung der Altertümerverwaltung oder eines konzessionierten Händlers. Diese Bestimmung wird von Ägyptern verständlicherweise scharf überwacht, auf Missbrauch stehen hohe Strafen. Sollten Sie grundsätzliche Zweifel haben, ob ein gekauftes oder gefundenes Stück überhaupt ausgeführt werden darf, können Sie sich beim *Ministry of Agriculture* in Giseh Rat oder ein Zertifikat holen.

Ankunft/Abreise in Luxor und anderen Flughäfen

Der Neubau des *International Airport* (auch für Inlandsflüge) von Luxor präsentiert sich sogar mit einer eigenen Website www.luxor-airport.com, auf der Arrivals und Departures tagesaktuell dargestellt sind.

Im Prinzip gilt Ähnliches wie in Kairo. Das Visum ist auch hier unkompliziert zu den üblichen Bedingungen erhältlich, d.h. zu $ 15 (oder ca. € 12) und bis zu maximal 4 Wochen Aufenthalt. Lassen Sie sich für die Fahrt in die Stadt nicht von Taxifahrern übers Ohr hauen: Der Trip sollte etwa £E 30-40 per Auto plus £E 1 pP Straßenbenutzungsgebühr kosten.

Obwohl in Assuan seit Jahren ein fix und fertig für Auslandsflüge eingerichteter neuer Flughafenterminal bereit steht, waren bis zur Zeit der Recherche keine internationalen Flüge zugelassen.

Am Flughafen von **Hurghada** sollten Sie das Visum nicht bei "fliegenden Händlern" in der Empfangshalle kaufen, sondern ausschließlich an den Bankschaltern zu $ 15 (oder € 12). Es gibt keine Busse in die Stadt. Die Taxifahrt dorthin liegt bei £E 25-35; Achtung, Fahrer verlangen von Neulingen Traumpreise, da hilft nur hartes Verhandeln oder aus dem Flughafengebäude rechts hinaus bis zum nahen Privat- und Busparkplatz gehen, wo "halboffizielle Wagen" auf kundige Kunden warten.

Bei der Abreise mindestens 2 Stunden vorher am Flughafen sein und vorher erkundigen, welcher Terminal zu benutzen ist. Bis zum Flugfeneingang fahren auch Sammeltaxis/Minibusse; der Polizist dort sorgt dafür, dass man mit der nächsten Fahrgelegenheit zum Terminal kommt.

Bei der Ankunft auf dem eher kleinen Flughafen von **Sharm el Sheikh** erhält man nur dann ein (kostenloses) Visum für den Ostsinai, wenn man ausdrücklich danach fragt oder aber auf den Einreisezettel schreibt "Sinai only". Normalerweise erhält jeder Einreisende ein für ganz Ägypten gültiges Visum zu den üblichen Gebühren und Bedingungen. Die Bank tauscht nur Bargeld. Es gibt keine öffentlichen Verkehrsmittel. Die Taxifahrt nach Sharm el Sheikh kostet etwa £E 40.

Ähnliches gilt auch für den Flughafen **Tabah** (auch *Nakab*) in der Nähe des Grenzorts Tabah. Das kostenlose „Sinai only" Visum muss man ausdrücklich verlangen. Ansonsten sieht es mit Service eher schlecht aus: kein öffentliches Verkehrsmittel, nicht einmal Geldtausch möglich.

Über den neuen internationalen Flughafen **Marsa Alam** liegt uns keine Information vor; er wird überwiegend von Gruppenreisenden angeflogen.

Rückkehr nach Europa

Irgendwann werden Sie auch wieder zurückkehren, davor liegt der heimische Grenzübergang. Sie sollten sich vor der Abreise erkundigen, was zollfrei in Europa eingeführt werden darf. Aber denken Sie auch an das Artenschutzabkommen. Die Einfuhr selbst "harmloser", am Strand gefundener Muscheln kann schon auf Schwierigkeiten stoßen. Sollten Sie auf supergünstige Rolex-Uhren oder ähnliche "Schnäppchen" aus dem Kapitel Markenpiraterie hereingefallen sein, so kann der Zoll dies mit sehr empfindlichen Strafen ahnden.

Einreise per Auto/Motorrad

Der ägyptische Staat verlangt Straßenbenutzungsgebühren von Besuchern, die mit dem eigenen Fahrzeug einreisen. Außerdem muss eine Haftpflichtversicherung abgeschlossen und das Fahrzeug mit ägyptischen Nummernschildern versehen werden. Die Höhe der Einzelgebühren ist manchmal etwas undurchsichtig, liegt aber etwa bei folgenden Beträgen: Straßenbenutzung £E 1085, Versicherung £E 512, Leihgebühr Nummernschilder £E 20, Verwaltungsgebühr £E 10,50. Für Motorräder staffelt sich die Straßenbenutzungsgebühr: bis 1600 ccm £E 272, 1600-2000 ccm £E 580, über 2000 ccm £E 1085. Hinzu kommen 3-6 Stunden Bürokratie an der Grenze – und das kostet nur £E 10,50…

Achtung: Besitzer größerer Fahrzeuge sollten darauf bestehen, dass sie mit einem Wohnmobil (Caravan, Campmobil oder *Nome* - arabisch "Schlafauto") einreisen, weil sonst eine teure Lkw-Zulassung ausgestellt wird, die wöchentlich zu verlängern ist. Allerdings kann man den Vorgang bei Car Customs in Kairo korrigieren lassen.

Sollte eine Verlängerung der Fahrzeugpapiere notwendig sein, können Sie Ihr Glück in Kairo, Suez oder Assuan versuchen. Mehrere Leser schafften es mit tätiger Unterstützung des Tourist Office in Assuan, allerdings ist das Prozedere in jedem Fall sehr zeitaufwändig. In Kairo fährt man zum Flughafen, biegt vor dem Mövenpick Hotel rechts ab, nach ca. 100 m liegt rechts das mit "Car Customs" ausgeschilderte Zollamt.

Ankunft/Abreise per Flugzeug oder Schiff in Alexandria

2001 wurde ein neuer internationaler Airport eröffnet, aber weit außerhalb bei Borg El Arab. Wenige Monate später landeten die (wenigen) ausländischen Airlines wieder auf dem alten Flughafen. Nur wenige **Flugreisende** werden Alexandria direkt ansteuern. Taxis ins nahe gelegene Zentrum sollten nicht mehr als etwa £E 20-25 kosten. Inzwischen wird auch Borg el Arab wieder angeflogen.

Die Passagierschiffe - heute Kreuzfahrtschiffe - legen am Passenger Terminal (Hafenbahnhof) im Westhafen in Alexandria an (bei der Einfahrt in den Hafen schöner Blick auf den in Fahrtrichtung links liegenden Ras-el-Tin-Palast). Wer zum Stadtzentrum gehen will, sollte nach Verlassen des Hafens der vierspurigen Sharia El Nasr (neuere Straße mit modernen Häusern und Souvenir-Shops) folgen. Sie biegt an einem kleinen Platz halbrechts ab und mündet in den Midan Tahrir. Zu Fuß sollte man etwa 15-20 Minuten vom Hafenterminal zum Midan Tahrir rechnen. Bus 83 fährt vom Hafen über Midan Orabi, Ramla Bahnhof zum Hauptbahnhof.

Aufenthaltserlaubnis

Falls Sie länger, als in Ihrem Pass steht, im Land bleiben wollen, müssen Sie Ihre Aufenthaltserlaubnis verlängern lassen. Tun Sie dies rechtzeitig in einer Großstadt (Passfoto notwendig). In Kairo im Mogamma-Gebäude am Midan Tahrir im 1. Stock an den Schaltern 40-50. Die Prozedur ändert sich relativ häufig, man findet aber immer einen hilfsbereiten Englisch sprechenden Menschen, der erklärt, wie es funktioniert. In anderen Städten ist dies beim Police Department möglich. Der Ablauf ist unproblematisch und kostet £E 3.

Jordanien - Ankunft bzw. Abfahrt in Nuveiba

Mit öffentlichen Verkehrsmitteln

Arab Bridge Maritime Co, Tel Cairo 02 419 8657, Tel Nuveiba 069 3520365, sales@abmaritime.com.jo, www.abmaritime.com.jo, ist für die Schiffsverbindung zuständig. Grundsätzlich muss man sich für die Überfahrt auf ein Sardinenbüchsen-Erlebnis gefasst machen, da das Schiff meist mit Gastarbeitern überfüllt ist.

Es ist sinnvoll, das Ägypten-Visum bereits auf dem Konsulat in Aqaba zu besorgen, dann geht die Abfertigung in Nuveiba etwas schneller.

Von Amman verkehrt ein Bus (via Fähre) nach Kairo (ca. $ 40); billigere Alternative: per Bus oder Sammeltaxi nach Aqaba und dort per Taxi

1 Einlesen, eindenken, vorbereiten

zur Fähre, Tickets sind in jedem Reisebüro in Aqaba erhältlich. Von Damaskus verkehrt ein direkter Bus der ägyptischen Super Jet Bus Company in 30 Stunden Fahrzeit nach Kairo, der in Jordanien nicht anhält und $ 80 kostet. Vom Nuveiba-Hafen starten, als direkter Anschluss an die Ankunft der Fähre, ein Bus und Minibusse nach Kairo.

Bei der Reise von **Kairo** nach **Amman** ist man auf den Jet-Bus von Kairo/Midan Turguman angewiesen, der 2-3 Tage im Voraus gebucht werden muss, Abfahrt 20 Uhr. Der Fahrpreis von $ 32 ist in Devisen zu bezahlen, hinzu kommen £E 63 für die ägyptische Teilstrecke. Wer den teuren Bus umgehen will, fährt mit normalen Bussen nach Nuveiba, kauft aber am besten in Kairo ein Fährticket. In Kairo werden auch preiswerte Busreisen nach Jordanien in Zeitungen inseriert bzw. von den Travel Agents in der Gegend des Midan Tahrir angeboten, die auch das Fährticket allein verkaufen. Da die Gesamtfahrzeit bei gut 24 Stunden liegt, sollte man genug Reiseproviant einpacken. Für die Ausreise sollten Sie ca. 2-3 Stunden vor der Abfahrt im Hafen sein (weitere Details siehe Seite 658). Falls nötig, sind Tickets auch im Hafen bei der Egyptian Company erhältlich.

Für Autofahrer

Die **Einreise** in Nuveiba (von Jordanien her) gestaltet sich ziemlich langwierig: Sie benötigen Standhaftigkeit, Bestimmtheit und Sitzfleisch (Uns wurde bei der Ausreise ein Offizier zur Seite gestellt, mit dessen Unterstützung wir nach etwa 45 Minuten fertig waren). Kalkulieren Sie für die gesamte Prozedur der Überfahrt einen Tag ein. Für die Einreise wird zusätzlich zu den weiter oben genannten Gebühren eine Sinai-Abgabe in Höhe von £E 35,50 verlangt.

Für die **Ausreise** mit einem Fahrzeug ist es ratsam, sich bei Travel Agents in Kairo nach Fährpreisen zu erkundigen. In Nuveiba werden gern höhere Preise verlangt, die sich jedoch nach Rücksprache mit der Agentur herunterhandeln lassen. Achtung: Bei starkem Wind kann sich die Fährabfahrt um Tage verzögern.

Grenzübergang Israel

Der Grenzübergang **Raffah** ist zumindest zeitweise wegen der Intifada geschlossen und wegen der Unsicherheiten nicht zu empfehlen. Am von Ausländern mehr frequentierten Übergang **Elat/Tabah** (24 Stunden geöffnet) zahlt man Grenzgebühren an die Israelis und dann an die Ägypter. Von der israelischen Grenzstation zur ägyptischen Abfertigung verkehren Taxis, die Strecke kann man in etwa 15 Minuten auch zu Fuß zurücklegen. Die Abfertigungsprozedur ist verhältnismäßig unkompliziert, beachten Sie aber, dass links an der Straße im Büro "Bordertax" eine (geringe) Zollgebühr zu zahlen ist. Ohne eine Quittung kommt man nicht aus Tabah heraus (was Rückmarsch erfordert).

Achtung: Wenn Sie ein Visum für ganz Ägypten besitzen, machen Sie den Passbeamten auf dieses Visum aufmerksam; falls er Ihnen im Eifer des Gefechts nur das Sinai-Visum erteilt, verfällt das andere und Ihre Reise endet in Sharm el Sheikh. Sollten Sie noch kein Ägypten-Visum besitzen, so können Sie es zuvor in Elat oder Tel Aviv erwerben; rechnen Sie mit gut einem Tag Bearbeitungsdauer. Verwechseln Sie es nicht mit dem Kurzzeitvisum, das nur für die Ostküste des Sinai einschließlich Katharinenkloster gilt.

Ein Einreisestempel von Tabah bzw. Raffah im Pass – mit dem keine Weiterreise nach Syrien oder Libyen möglich ist – kann dadurch unwirksam gemacht werden, dass man sich im Mogamma-Gebäude am Midan Tahrir in Kairo das Visum in einen (bereits im Heimatland ausgestellten) Zweitpass übertragen lässt, in dem dann als Einreiseort Kairo steht. – Busverbindungen von Tabah aus siehe Seite 666.

Sollten Sie mit Ihrem in Europa zugelassenen Auto nach Israel und dann weiter nach Ägypten reisen, dann lassen Sie sich von israelischen Grenzbeamten nicht einreden, die Ägypter würden keine Allrad/Dieselfahrzeuge einreisen lassen. Bestehen Sie auf der Ausreise, in der Regel wird es problemlos auf ägyptischer Seite weitergehen.

Einreise/Ausreise Libyen

Bei der Ausreise nach Israel werden alle Gepäckstücke geröntgt, die Abfertigung ist sehr schleppend und penibel.

Einreise/Ausreise Libyen

Am ägyptischen Grenzübergang Umm Saad bei Sollum sollte man mit gut 3 Stunden bei der bürokratisch höchst umständlichen Abfertigung rechnen. Touristen werden gegenüber dem Heer von Gastarbeitern bevorzugt behandelt. Von der Grenze fahren Sammeltaxis nach Sollum (9 km) bzw. Marsa Matruh (200 km). Für die **Autoeinreise** ist die folgende Prozedur zu absolvieren: Passkontrolle in der Arrival Hall an einem beliebigen Schalter, dann weiter zum Zoll rechts vom Gebäude, der das Fahrzeug meist nur flüchtig kontrolliert. Weiterfahrt zum Gebäude der Traffic Control; dort kontrolliert ein Ingenieur Fahrgestell- und Motornummer und lässt sie von einem Adlatus durch Rubbeln vom Metall abkopieren. Man erhält einige Zettel und geht mit diesen zurück in Richtung Customs Hall, muss aber zuvor im Gebäude der Port Authority (links) die bereits angesammelten Papiere einschließlich Carnet kopieren und zu einer Akte anlegen lassen. Mit Akte und Carnet marschiert man nun zu einem beliebigen Schalter in der Customs Hall und wird zu einem Beamten in ein Büro dirigiert, der vorgibt, sich mit Carnets auszukennen. Nach dem Erstellen zahlloser Papiere sind die entsprechenden Gebühren fällig.

Jetzt wieder zum Traffic Department mit allen Papieren. Dort werden weitere Formulare ausgefüllt, abgeschrieben und bearbeitet. Nun muss man im Büro nebenan die Haftpflichtversicherung abschließen. Dann wieder zur Traffic Control und mit allen Papieren zum Customs-Mann, der Carnet und Formulare endgültig bearbeitet, die man erneut zur Traffic Control trägt. Dort wird jetzt das (hoffentlich richtig gestempelte) Carnet und die sogenannte "*Rochsa*" ausgehändigt, der Kfz-Schein, der einen zum Befahren der ägyptischen Straßen befähigt. Zusätzlich erhält man ein ägyptisches Nummernschild. Mit *Rochsa*, einem Zettel vom Zoll und der Versicherungspolice kann man nun endlich das Auto besteigen und zum Ausgangstor fahren. Die Gebühren entsprechen den weiter oben genannten (siehe *Einreise per Auto/ Motorrad*).

Bei der **Ausreise** Richtung Libyen muss man am Grenzeingang £E 25 für die Bearbeitung der Papiere zahlen, später noch zweimal £E 2. Die Carnetbearbeitung gestaltet sich erneut chaotisch, d.h. es wird in verschiedenen Büros "bearbeitet". Dann müssen die Kennzeichen auf der nördlichen Straßenseite abgeliefert werden; nach Einholen einer Unterschrift auf der südlichen Straßenseite wird das Carnet, richtig gestempelt, ausgehändigt. Es folgt die Passabfertigung, dann an zwei Toren jeweils Kontrolle aller Papiere. Für den Rückweg durch Libyen ist das Visum in Kairo oder direkt an der Grenze erhältlich. Es werden Einladung und Nachweis einer Begleitung durch Libyen benötigt.

Wenn Sie von Ägypten nach Libyen mit **öffentlichen Verkehrsmitteln** reisen wollen, nehmen Sie am besten einen der von Alexandria nach Benghazi täglich fahrenden Busse (z.B. West Delta Co.). Die Fahrt dauert 12-18

Lastkahn auf dem Nassersee bei Abu Simbel

Stunden, abhängig von der 2-5 Stunden langen Grenzabfertigung.

Weiterreise in den Sudan

Ende 2007 gab der ägyptische Investitionsminister Planungsarbeiten an einer 280 km langen Straße zwischen Ägypten und Sudan bekannt, die an der Rotmeer-Küste verlaufen und in Port Sudan enden soll. Über den Fertigstellungstermin wurde nichts veröffentlicht. Die Straße von Assuan über Abu Simbel in den Sudan kann nicht genutzt werden, weil der Grenzübergang seit Mitte der 90er-Jahre aus politischen Gründen geschlossen ist.

Neuerdings bekommt man das Sudan-Visum im Konsulat in Assuan gegen $ 100 und 4 Fotos in ca. 1 Stunde. Angeblich überhaupt nicht. Die klassische Einreise führt über Wadi Halfa. Die Personen-Fähre von Assuan (Abfahrt 10 Fußminuten vom Damm-Bahnhof, dorthin kommt man per Zug oder Taxi) nach Wadi Halfa tuckert Montagnachmittag nach Süden und startet Mittwochnachmittag in umgekehrter Richtung, Fahrtdauer ca. 17 und mehr Stunden.

Tickets für die Fähre nach Wadi Halfa sind bei Nile Navigation, Nähe Tourist Information, Tel 230 3348, bei Vorlage des Visums erhältlich. Man sollte möglichst schon früh, d.h. gegen Mittag am Hafen sein, um einen brauchbaren Platz zu ergattern. Es können vier Motorräder an Bord genommen werden. Die sudanesische Abfertigung findet bereits an Bord statt. Nehmen Sie Trinkwasser für ca. 2 Tage mit.

In Wadi Halfa kommt ein sudanesischer Tourist Officer an Bord und kümmert sich um die "Weißen". Es gibt mehrere Hotels in Wadi Halfa; alle Touristen werden aber vom Tourist Officer direkt von der Fähre in das Hotel Wadi el Nil (Tel 22105) gebracht. Das Hotel ist jedoch gut. Das für Reisen im Sudan nötige Travelpermit sowie die innerhalb von drei Tagen nach Einreise nötige Registrierung kann in Wadi Halfa problemlos beim Aliens' Office erledigt werden.

Autos werden nur auf einem separaten Cargoschiff transportiert, größere auf einem geschleppten Ponton, der etwa $1500 kostet, will man sofort weiterkommen. Andernfalls muss u.U. länger auf zusätzliche Fracht gewartet werden. Ein Leser hatte Glück, dass sich in wenigen Tagen acht Fahrzeuge ansammelten, von denen jedes ohne Ansehen von Größe zu £E 926 nach Wadi Halfa transportiert wurde; Dauer 2 Tage. Nur der Fahrer und seine direkten Angehörigen (Ehefrau, Kinder) dürfen mitreisen, alle anderen Passagiere müssen aus Sicherheitsgründen die Personenfähre nehmen. Leser berichten, dass der Ponton bei starkem Wind/Sturm so stark ins Schaukeln kommt, dass es die Autos regelrecht versetzt.

Wenn Sie Hilfe bei der bürokratischen Abwicklung brauchen: Yahyia, der Besitzer von Adam's Home in Assuan (siehe Seite 500), geht mit Tipps und praktischer Unterstützung zur Hand.

Auch die Verschiffung von Suez über Saudi Arabien nach **Port Sudan** ist möglich. Dazu ist ein Visum für Saudi Arabien nötig, das man nur gegen eine Einladung (z.B. Botschaft) erhält und wenn man jeglichen Verdacht ausräumen kann, je in Israel gewesen zu sein.

Schließlich noch eine Alternative für Afrikadurchquerer: statt nach Port Sudan nach Massawa in Eritrea verschiffen. Dazu bedarf es ebenfalls eines saudischen Visums und erheblichen bürokratischen Aufwands in Kairo, man sollte bis zu 2 Wochen einkalkulieren. Derzeit bestehen mehrere Fährverbindungen pro Woche nach Jeddah, allerdings nur einmal wöchentlich weiter nach Massawa.

Einreise per Yacht/Boot

Insgesamt zwölf Häfen können in Ägypten angelaufen werden, neben den großen Häfen wie Alexandria und Port Said auch Nuveiba, Dahab, Sharm el Sheikh oder Hurghada. Neben Visa und den üblichen Dokumenten für das Schiff ist eine Crew- und Passagierliste in sechsfacher Ausführung den Hafenbehörden vorzulegen. Für die Suez-Kanal-Reise ist eine Versicherung nötig und es sind Gebühren in Höhe von $ 10 pP und $ 20 für das Schiff zu zahlen. Für den Nil ist eine Erlaubnis (Tasrih) erforderlich. Für die Ausreise muss ein Permit der Küstenwache eingeholt werden.

In Ägypten zurechtkommen

Fortbewegen

Die Reisepraxis ist in Ägypten nicht schlecht gelöst, nahezu alle Orte sind mit öffentlichen Verkehrsmitteln erreichbar. Im Niltal nimmt man gern die Eisenbahn, sonst Busse, Minibusse oder Sammeltaxis.

Als Alternative läge noch Trampen im Bereich des Möglichen. Das ist aber in einem Land nicht einfach, in dem häufig genug Leute an der Straße stehen und mitgenommen werden wollen. Denn normalerweise erwarten auch LKW-Fahrer für die zusätzlichen Gäste ein am Bus-Fahrpreis orientiertes Bakschisch.

Wenn Sie mit Sammeltaxis oder Minibussen unterwegs sind, sollten Sie so planen, dass Sie noch vor Sonnenuntergang Ihr Ziel erreichen. Einmal ist die Nachtfahrerei in Ägypten deutlich riskanter, zum anderen sieht man nichts von der Umgebung.

Oder heuern Sie für eine Rundreise (Oasen, Sinai) ein Taxi mit Fahrer an; z.B. waren Leser 11 Tage mit einem Peugeot-Taxi unterwegs und legten etwa 4000 km zurück (in Kairo am Ramsis-Bahnhof Überlandtaxifahrer ansprechen). Größere Gruppen chartern preiswert Minibusse, sprechen Sie einen Fahrer an.

Noch eine generelle Information: Früher standen an vielen Straßen blaue Warntafeln *Foreigners are not allowed to leave the main roads*. In jüngster Zeit verschwanden viele dieser Schilder. Uns ist aber nicht bekannt, dass das Verbot offiziell aufgehoben wurde, daher hier nur der Hinweis. Offiziell ist das Verlassen der folgenden Straßen verboten: Wüstenautobahn Alexandria - Kairo, Alexandria - Marsa Matruh, Borg el Arab - Amereya, die Suez-Kanal-Zone mit Ausnahme der städtischen Zonen, der Sinai mit Ausnahme der Touristenzonen am Golf von Suez und am Golf von Aqaba und beim Katharinenkloster, weite Gebiete der Libyschen Wüste und das Grenzgebiet zum Sudan südlich von Assuan.

Genehmigungen erteilt die *Military Intelligence* in Kairo, Adresse siehe Seite 318.

Mit der Eisenbahn reisen

Die **Eisenbahn** steht an erster Stelle der Transportmittel. Sie ist im gesamten Niltal der Favorit schlechthin. Eine Bahnreise bietet nicht nur preiswerten Transport, Sie können das Landleben durch die Fenster und das Familien- und Zusammenleben direkt neben sich betrachten.

Es verkehren die folgenden Zugarten: Sleeper, 1. Klasse mit Airconditioning (AC), 2. Klasse mit oder ohne AC, 3. Klasse. Der teurere **Abela Sleeping Train** ist nur für Touristen reserviert. Die frühere staatliche Betreibergesellschaft Waggon-Lits wurde teilprivatisiert und firmiert jetzt unter ABELA. Immerhin wurden neue Züge importiert, die bequemer, schneller und pünktlicher sind. Im Fahrpreis sind Dinner und Frühstück enthalten. Über den Komfort lässt sich streiten; die Toiletten sind bald verschmutzt, von der Decke bläst eiskalter Wind. Ein Leser bemängelt zu Recht, dass die oberen Betten nicht durch einen Fallschutz gesichert sind.

Sehr gute Informationen, auch über aktuelle Fahrpläne und -preise finden Sie unter www.seat61.com/Egypt.htm, aber auch die ägyptische Eisenbahn selbst stellt sich unter www.egyptrail.gov.eg,: www.sleepingtrains.com gut im Netz dar.

Erste Klasse (grundsätzlich mit AC) ist zwar etwas teurer, aber für den europäischen Gast vielleicht doch angebracht, weil er hier am wenigsten die ägyptischen Reiseverhältnisse stört. Meist gibt es in diesen Zügen einen Speisewagen oder das Zugpersonal verkauft Getränke. Nachteilig in der Ersten Klasse können laute und pausenlose Videos sein.

Die relativ preiswerte und nicht unkomfortable **Zweite Klasse mit AC** wird von Travellern gern gebucht (kein Speisewagen), jedoch ebenso von der ägyptischen Mittelschicht. Auf die **Zweite Klasse ohne AC** stürzen sich die Ägypter; sie ist zumindest ab Kairo meist erbarmungslos überfüllt, Reservierungen sind wirkungslos. Eine Reise in der **Dritten Klas-**

1 Einlesen, eindenken, vorbereiten

se würde einem die Lebensbedingungen der Mehrheit der Ägypter hautnah vermitteln. Bedenken Sie bitte, dass diese Klasse wegen ihres geringen Preises gerade von den sozial unteren Schichten benutzt werden muss. Europäer sollten das manchmal im wörtlichen Sinne atemberaubende Gedränge vermeiden helfen und sich mindestens für die Zweite Klasse entscheiden, um den Leuten einen Platz zu lassen, die keine andere Chance haben.

Tipps zum Eisenbahnfahren

Achtung: Für **Ausländer** sind wegen der Terrorismusgefahr derzeit nur wenige Züge zugelassen, deren Abfahrten bei den jeweiligen Ortsbeschreibungen angegeben sind. Wenn man die anderen Züge benutzen will, sollte man einen Ägypter bitten, das Ticket einschließlich Platzreservierung zu besorgen, da Ausländer am Schalter abgewiesen werden. Andernfalls einfach einsteigen und das Ticket beim Schaffner kaufen, dann ist allerdings keine Platzreservierung möglich.

- Grundsätzlich sollten **Tickets** (einschließlich der Platzreservierung) zumindest für die Hauptstrecken einige Tage **im Voraus** beschafft werden.
- Für die Buchung im **Sleeping Train** wird der Reisepass benötigt, Vorausbuchung während der Saison bis zu einer Woche ist empfehlenswert. In Luxor und Assuan sind die entsprechenden Schalter nur vormittags geöffnet. Alkoholische Getränke sind im Zug sehr teuer.
- **Ticket** sofort nach Erhalt prüfen, ob es tatsächlich für den gewünschten Zielbahnhof ausgestellt wurde.
- Seit dem Ausbau des Schienennetzes fährt die ägyptische Eisenbahn mit erstaunlich hoher **Pünktlichkeit**. Allerdings führten schwere Bahnunglücke 2006/2007 dazu, dass zumindest vorläufig vorsichtiger gefahren wurde, mit dem Effekt stundenlanger Verspätungen. Der Aufenthalt in den Bahnhöfen dauert nur wenige Minuten. Rechtzeitig anstellen, sonst kommt man nicht raus!
- **Reservierungen** sind grundsätzlich nur für längere Strecken möglich, auf kleineren Bahnhöfen außerhalb Kairos meist überhaupt nicht. Dort sind Karten erst wenige bis eine Stunde vor Abfahrt erhältlich. Wenn Sie zu mehreren unterwegs sind, lassen Sie sich zusammen liegende Sitze geben; im Zug ist ein Tausch nahezu unmöglich.
- Bei **ausgebuchtem Zug** funktioniert häufig der Trick, dass man ohne Reservierung gegen £E 1,50 Aufpreis in der gewünschten Klasse stehend mitfahren kann. Spätestens in Minia werden die ersten Plätze frei, oder man hat schon früher Glück, denn für Privilegierte wie Parlamentarier, Armeeangehörige etc. wird immer ein bestimmtes Kontingent Plätze freigehalten und erst kurz vor Abfahrt freigegeben. Oder versuchen Sie es mit einem Ticket über den Zielbahnhof hinaus, also z.B. nach Assuan statt Luxor oder von Assuan nach Kairo, obwohl Sie erst in Luxor zusteigen (das liegt an reservierten Kontingenten für Zielbahnhöfe).
- **Ermäßigung** gibt es auf den Internationalen Studentenausweis und auf den Internationalen Youthhostel-Ausweis, allerdings nicht für den Supersleeper.
- **AC-Abteile** können sehr kühl sein. Möglichst Platz auf der Schattenseite wählen, weil man sonst nur gegen geschlossene Vorhänge schaut.
- Für lange Bahnfahrten **Trinkwasser** einpacken, da Getränke im Zug sehr süß sind. Toilettenpapier ist häufig nicht vorhanden.
- Wer den **Zug verpasst**, tauscht sein Ticket - nur innerhalb von 24 Stunden möglich! - im Ramsis-Bahnhof in Kairo im Büro vor Gleis 8.
- **Telefonische Zugauskunft** in Kairo unter 147 und 753 555.

Bus, Minibus oder Sammeltaxi

Busfahrten bieten gegenüber der Eisenbahn den Vorteil, dass man u.U. auch außerhalb der Haltestellen aus- und (mit etwas Glück) wieder zusteigen kann. Die großen Überland-Buslinien sind relativ pünktlich, Stehplätze gibt es nur in Ausnahmefällen. Die Komfort-Skala reicht bis zu Airconditioning, bequemen Sesseln, Video, Snack-Bar, Toilette. Auch wenn Reisebüros Bus-

Bus, Minibus oder Sammeltaxi

karten beschaffen und Vorausbuchungen erledigen, sollte der Kostenbewusste dies selbst tun, denn die Agenturen schlagen bis zu 100 Prozent Bearbeitungsgebühr auf den Fahrpreis.

Viele Leute beklagen sich über "Eiseskälte" und unerträglich laute Videos in Fernbussen, manchmal drei nacheinander; unbedingt wird Oropax für solche Reisen empfohlen. Die Fahrer regeln allerdings auf Bitten die Lautstärke herunter. Nachtbusse sind schneller, aber teurer.

Weiterhin bedienen **Minibusse** Ziele im näheren Umkreis der Orte, wenige fahren lange Strecken. Fast überall starten sie in oder in der Nähe der Bus-Terminals zu meist festgesetzten Zeiten wie stündlich oder halbstündlich. "Marktschreiern" gelingt es, den Verkehrslärm zu übertrumpfen und die Fahrziele auszurufen.

Sammeltaxis (arabisch *Servies*), die zwischen nahezu allen Orten verkehren, stellen eine gute Alternative zum Bus dar. Früher waren es PKWs (meist Peugeot), heute steigt man in der Regel in Minibusse fernöstlicher Bauart (enge Sitze!). Häufig verkehren auf entlegeneren Strecken – aber auch in Theben-West - Pickups, auf deren Ladefläche einfache Bänke befestigt sind. Will man aussteigen, klopft man entweder an die Rückscheibe der Fahrerkabine oder stampft mit dem Fuß auf den Boden oder bittet einen anderen Fahrgast, den Fahrer zu verständigen.

Die Abfahrplätze liegen meist im Ortszentrum in der Nähe der Bushaltestellen, unterwegs winkt man sie einfach heran. Sie fahren nur dann ab, wenn der Wagen voll ist (oder man für die fehlenden Passagiere mitzahlt). Fahrpläne gibt es nicht; das Warten auf einen vollen Wagen dauert selten länger als eine halbe Stunde.

Der Fahrpreis liegt etwas höher als beim Bus (etwa 10-15 Piaster pro 10 km); man sollte vor dem Einsteigen den Fahrpreis aushandeln. Man muss auch hier damit rechnen, dass mehr als von den Einheimischen gefordert wird. Sinnvoll ist, dass man sich für längere Strecken mit anderen Reisenden zusammentut (Peugeot-Taxi hat sieben Plätze) und dann unabhängig von Warterei ist.

Tipps zum Busfahren

Die Angaben in den Busfahrplänen, die in diesem Buch bei den jeweiligen Orten aufgeführt sind, stammen aus eigenen Recherchen, aus Leserbriefen und aus offiziellen Angaben. Verlassen Sie sich bitte nur insoweit darauf, als Sie damit planen. Die **aktuelle Abfahrt** sollte man **immer vor Ort nachprüfen** bzw. durch Befragen anderer Traveller, die gerade die Strecke fuhren, herausbekommen. Denn Fahrpläne können sich überraschend sowohl vorübergehend als auch ständig ändern; offenbar geht auch Sommer- oder Winterzeit mit ein.

- Fast immer ist **Vorabbuchung** und Platzreservierung empfehlenswert, häufig sogar notwendig, wenn man wie geplant fahren will. Bei der Ticketreservierung immer die Bezeichnung "a.m." für vormittags bzw. "p.m." für nachmittags hinzufügen; sonst gibt Ihnen der Mann ein Ticket für den 19-Uhr-Bus, Sie wollten aber mit dem um 7 Uhr fahren!

- **Kontrollieren** Sie das Ticket. Einige Busfahrer versuchen, ein paar £E mehr zu verdienen als auf dem Ticket in arabischen Zahlen aufgedruckt ist. Meist erhält man das zuvor zu viel gezahlte Geld problemlos zurück.

- Als **Alleinreisende(r) ohne Platzreservierung** schließt man sich am besten anderen Travellern an. Während einer in den Bus stürzt, um Plätze zu reservieren, kümmert sich der andere darum, dass das Gepäck gut verstaut wird und nichts zurückbleibt.

- Am **Zielort** den Busfahrer so lange nicht aus den Augen lassen, bis man alle Gepäckstücke wieder in Händen hat - nicht, dass der Bus mitsamt Rucksack zur nächsten Stadt auf- und davonbraust.

- Die Busse fahren häufig auch **früher** ab, als im Fahrplan steht; das können 20-30 Minuten sein.

- Wenn **zwei Gesellschaften** dieselbe Strecke befahren, erkundigen Sie sich immer nach Preisen und Fahrzeiten bei beiden; häufig gibt es krasse Unterschiede.

- Vorsicht bei **Serviceleistungen** in Luxusbussen: Wer einen Tee bestellt, wird mit Kek-

1 Einlesen, eindenken, vorbereiten

sen und Schokoriegeln zusätzlich überhäuft, die später übertеuert zu bezahlen sind.

Innerägyptische Flugverbindungen

Innerägyptische **Flugreisen** verkürzen die Reisezeit erheblich, sind natürlich teurer als alle anderen Verkehrsmittel und geben kaum einen Eindruck von dem Land, über das man hinwegeilt. Da die Inlandsflüge häufig überbucht sind, sollten Sie frühzeitig am Flughafen sein. Verspätungen kommen nicht selten vor, d.h. achten Sie bei Inlandsflügen vor Ihrem Heimflug darauf, nicht zu spät den Abflughafen zu erreichen. Eine Sicherheitsreserve von einigen Stunden ist angebracht.

Egypt Air als Quasi-Monopolist greift bei innerägyptischen Flügen dem Besucher heftig in die Tasche. Z.B kostet ein lokal gebuchter Flug Kairo - Assuan knapp das Doppelte von dem zu Hause mitbezahlten Anschlussflug, vorausgesetzt, man schwebt mit Egypt Air in Ägypten ein. Zwischen Kairo, Luxor, Assuan und Abu Simbel gibt es täglich mehrere Flüge.

Egypt Air bedient folgende Strecken:
- Von Kairo (und zurück) täglich nach Abu Simbel, Alexandria, Assuan, Hurghada, Luxor, Sharm el Sheikh
- Ebenfalls täglich Luxor - Assuan
- Je nach Saison: Kairo - Kharga, Kairo - Marsa Matruh, Assuan - Sharm el Sheikh, Luxor - Sharm el Sheikh, Luxor - Hurghada

Auf dem Nil unterwegs

Wenn Sie per **Feluke** oder **Motorschiff** auf dem Nil kreuzen wollen, dann bietet sich die "Rennstrecke" zwischen Luxor und Assuan an. Informationen zu Nilkreuzschiffreisen finden Sie auf Seite 451 und zum Segeln mit Feluken auf Seite 492.

Per Auto oder Mietwagen unterwegs

Autofahrer sollten in Ägypten ein paar kleine, aber feine Unterschiede zu europäischen Verhältnissen beachten.

Neue Verkehrsstrafen

Im Sommer 2008 wurden neue Strafen eingeführt:
Geschwindigkeitsübertretung 1-10 km/h £E 50, 10-20 km/h £E 100, 20-30 km/h £E 150 (+1-3 Monate Gefängnis), 30-40 km/h £E 200 (+1-3 Monate), mehr als 40 km/h £E 250 (+1-3 Monate).
Beim Checkpost nicht anhalten: £E 250 (+1-3 Monate), auf der Gegenfahrbahn fahren £E 250 (+1-3 Monate), Rotlicht-Missachtung £E 250 (+1-3 Monate). - Die praktische Durchführung bleibt abzuwarten...

Gehen Sie davon aus, dass alle uns eingedrillten Verkehrsregeln durch die Macht des Alltags nahezu aufgehoben sind. ABER: Jeder gibt dem anderen eine Chance; man macht Platz, wenn z.B. der Vordermann ausscheren will; man blockiert nicht den Verkehr, nur um auf seinem Recht zu bestehen.

Auf der anderen Seite können Sie alle Vorteile dieses Systems in vollen Zügen ausschöpfen, solange Sie sich anpassen. Zeigen Sie sich so flexibel wie die anderen, dann werden Sie wie ein Fisch im Schwarm mitschwimmen und diese sehr unkonventionelle Art der Verkehrsabwicklung mit Vergnügen mitmachen.

Dennoch muss als Grundsatz gelten:
- Fahren Sie vorsichtig und mit **wachen Augen**; die Unfallrate Ägyptens ist deutlich höher als die Deutschlands, vermutlich handelt es sich meistens um Blechschäden. Aber auch bei den Verletzten und Toten (7300 Tote in 2007) liegt Ägypten wesentlicher höher bei geringerem Autobestand und weniger Bewohnern. Andererseits habe ich im Lauf von 25 Recherche-Jahren wahrscheinlich mehr als 200 000 km in Ägypten zurückgelegt, und habe nie einen Unfall direkt erlebt oder war selbst in einen verwickelt.
- Vermeiden Sie tunlichst **Nachtfahrten**. Denn nachts wird Sie das orientalische Abblendsystem sehr irritieren: Einer der beiden sich begegnenden Wagen schaltet jeweils das Licht für ein paar Sekunden ganz aus, dann

schaltet man wieder an und der andere schaltet aus; totale Dunkelpausen wie totales Blenden sind in das System fest einprogrammiert! Außerdem bewegt sich vom Esel bis zum LKW alles Mögliche unbeleuchtet auf der Straße.

Ein wichtiger Hinweis zu Unfällen: Sollten Sie in einen Unfall verwickelt sein, bei dem Menschen verletzt wurden, fahren Sie - falls möglich - unbedingt sofort weiter und melden Sie sich bei der nächsten Polizeistation, einerlei, ob Sie schuldig waren oder nicht. Der Volkszorn könnte schnell überkochen, und an der Unfallstelle wären Sie völlig ungeschützt. Benachrichtigen Sie in schwierigeren Fällen sofort Ihre Botschaft.

• Über **Blechschäden** zu debattieren, lohnt nicht, Schadenersatz ist kaum zu bekommen.

• Spätestens ab Mitternacht werden **Ampeln von niemandem beachtet**; ahnungslose Europäer könnten auf die Idee kommen, dass Grün freie Durchfahrt bedeutet.

In letzter Zeit bemüht sich die **Polizei um mehr Ordnung im Verkehr**, rote Ampeln und Parkverbote werden in Kairo strenger überwacht; ein Leser benötigte einen ganzen Tag, um sein aus dem Parkverbot abgeschlepptes Auto zurück zu bekommen. Die **Strafen** wurden im August 2008 massiv erhöht.

Dies gilt auch für die **Höchstgeschwindigkeit:** in Orten 50 km/h, außerhalb 90. Auch nur geringfügiges Überschreiten der Höchstgeschwindigkeit von 100 km/h auf den Autobahnen (Radarfallen) wird bestraft (siehe Kasten). Dabei werden zunächst Führerschein und Zulassungskarte eingezogen und Ersatzpapiere ausgestellt, die man dann gegen Zahlung der Strafe eine Woche später in Kairo abholen muss, einerlei, wo das Malheur passierte und wo man statt dessen sein wollte.

Größere **Straßenkreuzungen** wurden in den letzten Jahren "entschärft": Der Mittelstreifen wurde zugemauert, so dass jeder, der die Kreuzung in gerader Linie überqueren will, nun rechts abbiegen, sich dann auf die linke Seite hinüber quetschen muss, nach ca. 100 m (und mehr) folgt ein U-Turn, dort fädelt man sich in die Gegenrichtung ein, drängelt möglichst schnell nach rechts, um schließlich in die Straße rechts abzubiegen, auf die man bei Geradeausfahrt sofort gekommen wäre. Dieselbe "Schikane" gilt natürlich auch für Linksabbieger.

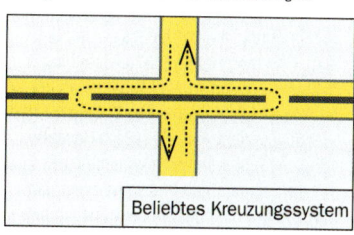

Beliebtes Kreuzungssystem

Um Schnellfahrer zu bremsen, tauchen in vielen Orten und auch außerhalb unvorhergesehen "Speedbraker" als schwarze Asphaltschwellen quer über die Straße in unglaublicher Höhe auf - meist ohne jede Vorwarnung wie z.B. Nagelstreifen oder auffällige Markierung und häufig dort, wo man sie nicht erwartet. Diese Schwellen sind achsbrecherisch, wenn man zu schnell drauffährt! Besonders schlimm sieht es im Delta mit den Hürden aus, dort kann man als Autofahrer nur noch auf den Asphalt starren.

Bürgersteigkanten sind häufig farbig angemalt, das bedeutet je nach Ort oder Provinz, dass Parken oder Halten an diesen Kanten verboten ist – für Gesetzestreue.

Bahnübergänge wirken seit eh und je als die besten Speedbraker, man kann sie in der Regel nur im Kriechgang überwinden. Ist die Schranke geschlossen, stellen sich auf jeder Seite die Auto- und Eselskarrenfahrer in voller Straßenbreite auf, um dann beim Öffnen mit lautem Gehupe aufeinander loszufahren. Aber das, was wie eine Katastrophe aussieht, löst sich schnell wieder in flüssigen Verkehr auf.

Abenteuerliche Gefährte bewegen sich auf der Straße, vom Oldtimertaxi, dessen Fahrgäste die Türen zuhalten müssen, bis zum übervoll besetzten, aber kürzlich verunglückten Minibus, dessen Karosserie zum Parallelogramm verschoben ist, dessen Türen nur mit großem Spalt schließen; die Frontscheibe ist der Ein-

> **Verkehrssünder**
>
> Sollten Sie bei Verkehrsvergehen erwischt werden und im Giseh Traffic Office Ihren **Führerschein abholen** müssen, dann können Sie sich anhand der folgenden Beschreibung eines Lesers orientieren: Vom Sheraton Hotel, Sharia Murad Kairo, Richtung Zoo, großes Eckgebäude an letzter Querstraße - Sharia Abd El Salam Arif - rechts vor dem Zoo, dort durch Haupteingang und Außentreppe hinauf, dann rechte Tür ins angrenzende Gebäude, durch langen Gang mit Schaltern, am Ende graue Eisentreppe hinauf, an deren Ende rechts und in dieser Richtung an Aufseherbude vorbei, wieder rechts durch Gang mit ein paar Treppenstufen. Vor der abschließenden Wand sind links zwei Türen, die zweite von links ist Ihr Ziel.

fachheit halber durch ein Stück Fensterglas ersetzt. Grundsätzlich ist bei Minibussen und Taxis höflicher Abstand geboten, denn bei jedem Menschen am Straßenrand, der wie ein Fahrgast aussehen könnte, steigt der Fahrer voll in die Bremse und wechselt dabei abrupt von der ganz linken Spur zum Straßenrand hinüber.

Der starke Verkehr belastet natürlich die Straßen entsprechend, d.h. **Spur- und Querrillen** gehören zum Alltag, genauso wie Bodenwellen aller Art, die bei jeder Neuasphaltierung liebevoll erhalten werden. Eine gewisse Vorsicht ist auch bei Kanaldeckeln angebracht; sie sind entweder zu hoch oder zu tief eingebaut, in - seltenen - Fällen fehlt der Deckel überhaupt.

Verzagen Sie nicht über den ägyptischen **Straßenzustand**. Gute und schlechte Abschnitte wechseln sich in schöner Regelmäßigkeit ab. Verzagen Sie auch niemals über Straßenschilder. Diese können Sie u.U. genau in die verkehrte Richtung weisen, weil derjenige, der sie installierte, sie nicht lesen konnte.

Je besser der Zustand Ihres Wagens vor der Abreise ist, umso sorgloser werden Sie fahren können. Größere Reparaturen sind nur in den Großstädten möglich. Unterwegs werden Sie im Fall eines Falles die Improvisationskunst der Ägypter erleben, aber man sollte sich nicht darauf verlassen.

Ein Leser mit Mietwagen wurde in Assiut ohne **Auto-Feuerlöscher** erwischt, neben der Strafe von £E 20 war besonders ärgerlich, dass er seine Papiere in Assuan abholen musste.

Nehmen Sie **gute Reifen** und möglichst einen weiteren Ersatzreifen mit. In Ägypten fährt man häufiger platt als bei uns, weil alles Mögliche auf den Straßen liegt und die Beanspruchung der Bereifung durch die Hitze hinzukommt. Überprüfen Sie möglichst alle Wartungs- bzw. Reparaturarbeiten selbst; einen Leser kostete ein schlampig durchgeführter Ölwechsel den Motor.

Der nicht in Ägypten ausgestellte Internationale Führerschein wird nur einen Monat lang anerkannt (wird selten kontrolliert). Auskunft über die Ausstellung eines ägyptischen erteilt der Automobile and Touring Club of Egypt, 10 Sharia Qasr el Nil, Kairo, Tel 578 355.

Ägypten per Wohnmobil

Eine Ägyptenreise per Wohnmobil ist nach unserer Meinung und Erfahrung das Nonplusultra aller Reisemöglichkeiten. Man kann jederzeit dorthin fahren, wohin man gerade will, übernachten, wo es einem gefällt (falls möglich natürlich) und schlägt sich nicht mit der Suche nach Hotels herum. Und, das ist manchmal für die gestresste Reiseseele nicht unwichtig, man öffnet die Fahrzeugtür und ist zu Hause.

Doch den Vorteilen stehen auch Nachteile gegenüber: Die Anreise ist sehr teuer; diese Kosten lassen sich kaum durch gesparte Hotelübernachtungen kompensieren. Es gibt wenige offizielle Campingplätze für den, der sich dort wohler fühlt als in der freien Natur.

Ägypten per Mietwagen

Wenn Sie Ihr eigenes Fahrzeug nicht mitnehmen wollen, kann ein Mietwagen eine Alternative sein. Die Preise liegen deutlich unter den europäischen. Sie können bei den inter-

Per Auto oder Mietwagen unterwegs

nationalen Anbietern bereits zu Hause buchen; preiswerter dürfte es jedoch sein, das lokale Angebot vor Ort zu prüfen. - Mietwagen gibt es hauptsächlich in Kairo, Alexandria, Hurghada, Tabah und Sharm el Sheikh, bedingt auch in Luxor oder Assuan.

An Mietkosten muss man mit etwa € 45-80/Tag und ca. € 0,15-0,30/km mindestens für ein einfaches Auto rechnen. Aktuelle Preise können Sie im Internet zumindest bei den internationalen Anbietern abfragen. Verleiheradressen finden Sie bei den jeweiligen Stadtbeschreibungen. Beim Preisvergleich sollten Sie fragen, ob jeweils Steuer und Versicherung enthalten sind. Lesen Sie vor Unterzeichnung des Mietvertrages nach, welche Kosten tatsächlich bei einem Unfall an Ihnen hängen bleiben. Das Mindestalter für Mieter beträgt meistens 25 Jahre, Europcar lässt auch 23-Jährige, Hertz schon 21-Jährige ans Steuer.

Allradfahrzeuge werden in den meisten genannten Städten vermietet. Die Wochenpreise einschließlich Vollkasko und freier km-Zahl für Fahrzeuge wie Jeep Cherokee, Landrover Discovery oder Mitsubishi Pajero beginnen bei etwa $ 900. Achtung: In der Hauptsaison sind 4WDs knapp, Vorreservierung empfohlen.

Wenn Sie sich zum Mietwagen entschließen, informieren Sie sich über das Verkehrsverhalten der Ägypter, siehe weiter oben. Für einen Neuling im Orient in ungewohntem Fahrzeug können die Verkehrsbedingungen ziemlich stressig sein.

Mietwagen sind mit einem entscheidenden Nachteil behaftet: Der Mieter ist der Zuverlässigkeit des Fahrzeugs ausgeliefert, ohne dieses zuvor testen zu können.

Daher ein paar Tipps:

- Die internationalen Anbieter erscheinen uns genauso gut oder schlecht wie die nationalen, letztere sind in der Regel billiger. Sollte es allerdings zu Auseinandersetzungen (Regress) kommen, können Sie bei den internationalen Vermietern Ansprüche u.U. auch noch von zu Hause durchsetzen.

- Achten Sie besonders auf den Zustand der Reifen (Schnitte, Beulen in der seitlichen Karkasse, auch auf der Wageninnenseite) und genauso auf das Ersatzrad. Reifenpannen gehören zum Straßenbild Ägyptens!

- Verlangen Sie bei längeren Fahrten ein zweites Ersatzrad, besonders wenn Sie in die Oasen fahren (wir trafen z.B. zwischen Marsa Matruh und Siwa Deutsche, deren Mercedes-Mietwagen mit der fünften(!) Reifenpanne endgültig

Gegenverkehr

liegen blieb; in Siwa war nur eine weitere Krücke von Reifen aufzutreiben).
- Sind ausreichendes Werkzeug und ein funktionierender Wagenheber an Bord
- sowie Feuerlöscher und Verbandskasten? Bei Straßenkontrollen kann Ihnen das Fehlen eines Löschers viel Ärger bereiten.
- Prüfen Sie die wichtigsten Funktionen, besonders die Hupe und die Bremsen.
- Prüfen Sie den Ölstand vom Motor (auch unterwegs!!).

Motorrad fahren

Immer häufiger unternehmen Motorradfahrer den Sprung nach Ägypten. Ein Motorrad hat zumindest den Vorteil, dass das Verschiffen (oder eventuell sogar das Verschicken als Luftfracht) weitaus billiger als der Transport eines Autos ist. Zudem bietet Ägypten mit seinem nahezu ununterbrochenen Sonnenschein die Garantie für Wettersorglosigkeit.

Als Motorradfahrer zählt man natürlich zu den kleinen und damit verwundbaren Verkehrsteilnehmern. In einem Land, in dem Respekt im Verkehrsgeschehen auch von der räumlichen Größe des Partners abhängt, bedeutet dies häufigeres Nachgeben und Ausweichen als z.B. im Auto. Daher ist defensive Fahrweise schon fast überlebenswichtig. Eine Gefahr, die einem Europäer kaum bewusst sein dürfte, können Kinder erzeugen: Zwei Leser schrieben uns, dass ihnen Kinder beim langsamen Fahren Stöcke zwischen die Speichen steckten - also Augen auf. Andererseits bemühen sich die Erwachsenen sehr hilfsbereit um Motorradfahrer und bieten bei der kleinsten Panne Unterstützung an.

Fahrrad fahren

Fahrrad-Fernfahrer tauchen auch mehr und mehr in Ägypten auf. Für sie sind richtiges Verhalten, Timing und die richtige Wegstrecke ganz entscheidende Punkte für das Gelingen der Reise. Die folgenden Argumente sollten bedacht werden:
Früher gab es Schwierigkeiten mit Kindern, die sich ein Vergnügen daraus machten, Leute z.B. mit blitzschnell in die Speichen gesteckten Stöcken vom Rad zu holen. Ein Radler, der Anfang 2008 in Ägypten 2300 km zurücklegte, hatte diese Probleme nicht.

Ein Leser schreibt: *"Obwohl das Prinzip des Stärkeren gilt, existiert eine in Mitteleuropa unbekannte Kommunikation und Rücksicht zwischen den Verkehrsteilnehmern."* Für Kairo liege die beste Fahrzeit zwischen Mitternacht und 6 Uhr morgens; andere wiederum kamen im Hauptverkehr problemlos zurecht. - Wenn Sie schließlich die Lust verlieren, so stellen Sie Ihren Drahtesel in die Eisenbahn, das ist spottbillig. Falls es nur darum geht, den nächsten Ort, z.B. rechtzeitig vor Dunkelheit, zu erreichen, dann hilft auch trampen: leere Lkw halten meist an.

Ein anderer Leser nahm sein Klapprad (Modell „glide" der Fa. Dahon) mit auf die Gruppenreise, es passte sogar in die Schiffskabine. Er konnte sich damit unabhängig von der Gruppe bewegen und musste keine Parfümshops oder Alabasterfabriken besichtigen.

Fahrstrecke: 2008 waren Radtouren im Niltal trotz der Konvoivorschriften wieder möglich. Mehrere Radfahrer berichteten davon. Auf der Strecke Minia – Qena wurden sie meist von der Polizei begleitet („*kostet nichts und die Polizisten sind sehr freundlich"*).

Man sollte von Nord nach Süd fahren, dann schiebt der stetige Nordwind kräftig mit, der durchaus 25 km/h ermöglichen kann. In umgekehrter Fahrtrichtung ist der fast ständige Gegenwind sehr nervig.

Wer von Kairo her die Oasenstrecke wählt, sollte entsprechende Vorräte vor allem an Wasser mitnehmen. Unterwegs laden, wenn gewünscht, Lkw oder Busse (geringer Verkehr!) den müden Radler auf. Ebenso wird der Sinai wegen seiner landschaftlichen Abwechslung und des geringen Verkehrs gelobt. Verlassen Sie sich nur kritisch auf Auskünfte von Passanten, besonders dann, wenn die Ziele mehr als 10 km entfernt sind.

Übernachtung: Sinnvoll ist natürlich, die Tagesetappen so zu planen, dass man jeweils

Orte mit Hotels erreicht. Bei der ersten Frage nach einem Nachtquartier wird man von den bei Radfahrern besonders hilfsbereiten Bewohnern meist sofort hingebracht. Es gibt auch in weniger bedeutenden Orten, bei denen wir in diesem Buch keine Unterkünfte angeben, Übernachtungsmöglichkeiten, z.B. in Ras Shukeir, Ras Gharib, Abu Zenima, Abu Rudeis.

Übernachten

Für nahezu alle Orte von touristischer Bedeutung listen wir **Übernachtungsmöglichkeiten** auf - sofern überhaupt vorhanden. Dabei verwenden wir Abkürzungen, die auf Seite 7 angegeben sind.

Verschiedene Internetportale lassen von ihren Lesern Hotels bewerten. Die Zeitschrift *test* untersuchte in 02/07 die Bewertung und kam zu dem Ergebnis, dass nur bei *holiday-check.de* weitgehend verlässliche Aussagen zu finden sind.

Da Ägypten jährlich Millionen von Besuchern unterzubringen hat, sind viele Hotels in der Hauptsaison aus- oder überbucht und der Einzeltourist hat oft seine liebe Not, eine Unterkunft zu finden. Häufig zaubert ein etwas ansehnlicheres Bakschisch dennoch ein Bett im ausgebuchten Hotel herbei.

Schwierigkeiten kann es während der Wintersaison in Oberägypten und während des ganzen Jahres in Kairo bei der Zimmersuche geben; allerdings hat sich die Situation in jüngster Zeit gebessert. Kümmern Sie sich dennoch rechtzeitig darum, wo Sie nachts Ihr Haupt hinlegen wollen oder (nur) können. Die ägyptischen Hotels sind in Kategorien eingeteilt, die mit fünf Sternen am oberen Ende beginnen und bei keinem Stern enden. Die 5*-Herbergen gehören meist internationalen Ketten und kosten deutlich ab € 100 aufwärts. 4*-Hotels sind häufig in ägyptischer Hand, durchwegs recht gepflegt und eine echte Alternative zur teuren Kategorie; hier kommt man zu etwa Zweidritteln des 5*-Preises unter.

Auch 3*-Unterkünfte bieten gute Konditionen fürs Geld: in der Regel Airconditition (zumindest vorteilhaft gegen Moskitos und Straßenlärm), eigenes Bad mit warmer Dusche und übliche, akzeptable Sauberkeit. Meist stehen ein Kühlschrank sowie ein TV im Zimmer und morgens ein (etwas bescheidenes) Frühstück auf dem Tisch. Für den anspruchsvolleren, aber kostenbewussten Traveller sind sie bei Preisen von 30-80 $ eine gute Wahl.

Generelle Tipps und Infos

• Der Wertverlust des Ägyptischen Pfunds und die galoppierende Inflation werden dazu führen, dass die in diesem Buch angegebenen **Übernachtungspreise früher oder später überholt** sein werden; bedenken Sie dies bitte, wenn Sie die Hotellisten durchgehen.

• Alle **Preise sind in £E** angegeben. Wenn andere Währungen vom Hotelier verlangt werden, finden Sie ein $ oder € vor der Angabe. Dies gilt insbesondere für Hotels der 3-5*-Kategorie, die in **Fremdwährung fakturieren** müssen, d.h. Sie zahlen in baren Devisen oder mit Kreditkarte, in £E nur bei Vorlage einer offiziellen Umtauschquittung . Dies war in der Vergangenheit schon öfters ähnlich geregelt und löste sich irgendwann in Wohlgefallen auf.

• Theoretisch kommen bei allen Hotelkategorien **Steuern und Servicegebühren** in Höhe von 19 bis zu 26,6 % auf die Rechnung. Die Angaben in diesem Buch nennen, bis auf wenige Ausnahmen, den Endpreis einschließlich aller Steuern und Gebühren.

• **Preisgünstige Hotelbuchungen:** Wenn Sie dem Stress der ersten Hotelsuche in Ägypten vorbeugen wollen, können Sie bereits zu Hause eine preiswerte Einzelunterkunft buchen: Suchen Sie sich ein Hotel aus und schicken Sie eine Email oder rufen dort an, in der Regel funktioniert die Reservierung zuverlässig. Bei der Email-Reservierung erhält man eine schriftliche Bestätigung. Allerdings muss der Hotelier auch seine Mailbox täglich abfragen, und das scheint nicht immer zur ständigen Übung zu gehören.

• Auch im Land selbst haben Sie noch die Möglichkeit, bei American Express oder Thomas Cook nach einem **Voucher** für das Hotel

Ihrer Wahl zu fragen. Mit einem solchen Schein kann man zu wesentlich günstigeren Preisen einchecken (besonders bei den besseren Unterkünften). Bucht man ein Zimmer über einen in Ägypten stationierten Vertreter eines heimischen Reiseveranstalters (Sprechzeiten hängen meist in größeren Hotels aus), spart man u.U. 30 % und mehr.

Es sei noch einmal ausdrücklich betont: Als Einzeltourist sind Sie bei besseren Hotels immer der Unterstützer der Pauschalreisenden! Denn Sie werden mit erheblichen Zuschlägen bedacht. Wenn Sie feste Termine für Ihre Aufenthalte schon zu Hause wissen, dann buchen Sie wahrscheinlich vorteilhafter über ein Reisebüro, siehe Seite 55.

• Nahezu **alle in diesem Buch genannten Unterkünfte wurden von uns geprüft**, d.h. Zimmer und Bäder angeschaut und Preise beim Rezeptionisten abgefragt. Das ist allerdings keine Gewähr, dass der Hotelier bei passender Gelegenheit ganz andere Preise verlangt...

• In der **Sommersaison** (Mai bis September) sind viele Hotels deutlich billiger. In der Spitzen-Hochsaison (Weihnachten, Ostern) langen die Hoteliers mit gewaltigen Zuschlägen kräftig zu. Gruppenreisende (ab 10 Personen) erhalten die besten Konditionen.

• Auch in Hotels gehört **Feilschen** zum Handwerk, zumindest in den mittleren und unteren Kategorien. Verschenken Sie daher nicht Ihr Geld!

• Etwa in der zweiten Januarhälfte sind **Ferien** an Schulen und Universitäten Ägyptens. Dann kann es durchaus passieren, dass man aus Hotels herausfliegt, weil eine Gruppe lange im Voraus buchte und kein Mensch daran dachte...

• Einige Leser machten schlechte Erfahrungen bei **Vorauszahlungen**, die sie gutmütig leisteten – wenn sie früher abreisen wollten, gab es kein Geld zurück. Wenn der Rezeptionist Vorkasse verlangt, ist vermutlich etwas faul; lassen Sie sich nie darauf ein.

• Wenn Ihnen jemand - vornehmlich an Bahnhöfen, Bushaltestellen etc. - anbietet, bei der Hotelsuche behilflich zu sein, handelt es sich meist um einen **Schlepper**. Er bekommt eine Provision vom Hotel, die Sie natürlich mit bezahlen müssen. Andererseits kann sich der oft nicht hohe Betrag lohnen, weil sich zumindest Wege und Sucherei verkürzen.

• Schauen Sie sich das Zimmer möglichst genau an und **testen Sie** Wasser, Toilette, Dusche, Ventilator oder AC, bevor Sie fest buchen.

• Ein simpler Ratschlag: Nehmen Sie in heißer Zeit **kein Zimmer nach Westen**, dort heizt sich das Gemäuer so auf, dass es bis tief in die Nacht alle Wärme in Ihr Zimmer strahlt.

• Wahrscheinlich wollen Sie unterwegs mal Ihre Wäsche waschen lassen: Viele Hotels bieten schnellen und preiswerten **Wäscheservice** an. In diversen Billighotels steht eine Waschmaschine häufig zur freien Benutzung.

Tipps für Billighotels

• Achten Sie darauf, dass Sie Ihr **Zimmer verschließen** können und dass frau sich ungestört bzw. unbeobachtet durch Löcher in Wand oder Tür waschen kann.

• An die **Sauberkeit der billigen Unterkünfte** darf man keine hohen Ansprüche stellen. Wenn die Bettwäsche noch vom Vorgänger stammt, so wird sie doch in den meisten Fällen gewechselt, wenn der Gast nachhaltig darauf besteht. Nehmen Sie für diese Kategorie eigene Handtücher mit.

• In der untersten Hotel-Kategorie können **Flöhe** vorkommen (die allerdings auch gern in dichtem Gedränge oder in öffentlichen Verkehrsmitteln auf frisches Blut umsteigen). Gegen Wanzen - die sich von der Decke auf ahnungslose Schläfer fallen lassen - und natürlich auch Moskitos schützt ein Moskitonetz.

• Ein paar Bemerkungen zum unvermeidlichen Thema **Toiletten** in Ägypten: In den allermeisten Hotels findet man heute ganz normale Sitztoiletten, auch wenn manche nicht gerade zum Sitzen einladen (Infektionen holt man sich übrigens weniger durchs Sitzen als durch aufspritzende Flüssigkeit).

Häufig ragt in der Mitte ein nicht gerade sauberes Röhrchen empor, das anstelle des Abputzens

Strandpavillon eines Luxushotels auf dem Sinai

Wasser zum Waschen (und zwangsläufig auch Fäkalienreste) nach oben spritzen lässt. Oder es gibt einen flexiblen Schlauch mit Wasserhahn, was etwas hygienischer sein kann. Manchmal steht in der Toilettenkabine ein Korb/ Eimer für benutztes Toilettenpapier, weil Toilettenschüssel und Kanalisation dem ungewohnten Medium nicht gewachsen sind und gern daran verstopfen. Was lässt sich beim "Call of Nature" von Hygiene versessenen Menschen tun? Nicht auf eine Brille setzen z.B. oder aber entsprechende Papierunterlagen mitbringen bzw. aus Toilettenpapier zurechtlegen. Falls vorhanden, sind die "türkischen" Hock-Klos mit simplem Loch im Toilettenbecken durchaus vorzuziehen. Allerdings kann beim Ziehen der Spülung die Kabine geflutet werden, also vorher die Flucht ergreifen.

Essen und Trinken

Zahllose Restaurants, Garküchen und Imbissstände sorgen dafür, dass man nicht verhungert. Dass es in vielen dieser Etablissements nicht so fürchterlich hygienisch zugeht, kann der vom üppigen Mahl erfreute Besucher kurze Zeit später erleben, wenn ihn ein Durchfall plagt. *Je teurer, je ungefährlicher* – ist keine feste Regel, besitzt aber doch etwas Wahrheit. Wer mit empfindlichem Gedärm in den Orient reist, sollte Garküchen und vor allem Imbissbuden am Straßenrand meiden, denn dort wird z.B. das Fett selten gewechselt oder wenig frisches Wasser benutzt. Vielleicht als Faustregel für Billigangebote: Dort, wo großer Andrang herrscht und viele Portionen verkauft werden, haben die vorbereiteten Speisen oder Lagerbestände weniger Zeit, schlecht zu werden.

Die typische Mittagessenszeit beginnt gegen 13 Uhr, Dinner wird etwa ab 20 Uhr serviert, wobei Ägypter lieber ab 21.30 Uhr speisen; dies gilt vornehmlich für die besseren Restaurants. Die ägyptische Küche ist stark geprägt von türkisch-arabischer Tradition, außerdem sind mediterrane Einflüsse erkennbar. Als Anregung hierzu einige Erklärungen, die Ihnen die Wahl des vielseitigen und meist sehr schmackhaften Angebots erleichtern.

Vorspeisen und Hauptgerichte

- **Aish** - frisches Fladenbrot
- **Baba Ghanush** - kaltes Auberginenpüree mit rauchigem Beigeschmack, weil die Auberginen bei der Zubereitung angeröstet werden. Es eignet sich zu Vorspeisen wie z.B. eingelegten Möhren, Gurken, Rettichen oder anderem Ge-

müse. Es wird auch häufig als Salatsauce und zu Fisch serviert.
- **Banja** - ein Zucchini ähnliches Gemüse, das mit viel Knoblauch und Tomaten gekocht wird
- **Batata** - heiße Süßkartoffeln, die vor allem im Winter auf den Straßen verkauft werden
- **Betingan** - geröstete Auberginenscheiben, die meist mit Tahina und Fladenbrot angeboten werden
- **Dolma** - gefüllte Paprikaschoten oder Weinblätter
- **Fassulja** - weiße Bohnen in Tomatensauce
- **Felafel** - Gemüsefrikadellen: Braune Bohnen, Zwiebeln, Erbsen, Petersilie und andere Kräuter werden durchgedreht, scharf gewürzt und Frikadellen ähnlich in Öl ausgebacken.
- **Feta** - ein in eine Schüssel geschichtetes Gericht. Die unterste Lage besteht aus Fladenbrot, darüber kommen Reis und obendrauf Fleischstücke. Alles ist mit Knoblauch zubereitet und mit würziger Brühe durchtränkt.
- **Foul** - *das Fleisch des armen Mannes* genannt. Kleine, getrocknete braune Bohnen werden viele Stunden - häufig über Nacht - auf sehr kleinem Feuer gekocht. Foul hält sich trotz des heißen Klimas über mehrere Tage. Gewürzt und endgültig zubereitet wird jedes Gericht erst kurz vor der Mahlzeit. Zum Frühstück isst man es aus der Schüssel, mit Olivenöl und Zitrone angemacht; als kleinen Imbiss zwischendurch belädt man Fladenbrot mit Foul und gehacktem Salat und Tahina; als Hauptmahlzeit genießt man es mit eingelegten Gurken, frischem Salat, Tomaten und hart gekochten Eiern.
- **Gibna Bejda** - recht schmackhafter, weißer Schafskäse
- **Haman Mashi** - gedünstete Täubchen. Sie sind eine ägyptische Delikatesse, der Höhepunkt vieler Festessen. Bei der traditionellen Art der Zubereitung wird der Vogel mit gestoßenen, grünen Weizenkörnern gefüllt und in einer Tonkasserolle gedünstet. Frische Minzeblätter sorgen dabei für ein anregendes Aroma. Als *Haman Mashwi* ist das Täubchen gegrillt.
- **Humus Bi Tahina** - kaltes Kichererbsenpüree mit Tahina
- **Kebab** - ein typisches, auf Reis serviertes orientalisches Gericht aus am Spieß gegrillten Fleischstücken, Zwiebeln und Tomaten
- **Kibda** - frittierte Leberstückchen
- **Kushari** - ein Gericht aus Nudeln, Reis und Linsen, darüber geröstete Zwiebeln und ein Schuss Tomatensauce. Bei Bedarf gibt man über das eigentlich milde Gericht Knoblauch-Essig und Chili-Sauce. Diese preiswerte Speise wird häufig an kleinen, fahrbaren Kushari-Ständen oder in spezialisierten Restaurants angeboten.
- **Kufta** - am Spieß gegrillte Hackfleischröllchen
- **Mashi Koossa** - Zucchini mit köstlich gewürzter Reisfüllung
- **Mashi Betingan** - dasselbe mit Auberginen
- **Mashi Wara Ainab** - Weinblätter mit gewürzter Reisfüllung
- **Molucheya** - eine Art Suppengericht aus spinatartigem, klein gehacktem und in Fleischbrühe gekochten Gemüse, als Einlage dienen Reis oder Fleisch. Es ist kräftig gewürzt und mit viel Knoblauch angereichert. Das Gemüse sieht wie unsere Brennnesseln aus, man verwendet nur die Blätter. Molucheya ist eines der beliebtesten Nationalgerichte Ägyptens.
- **Mussaka** - dem griechischen *Moussaka* ähnliche Speise aus Auberginenscheiben, Tomaten, Zwiebeln
- **Pasterma** - Rindfleisch, das mit einer dicken Gewürzschicht umgeben ist (manchmal wird ersatzweise junges Kamelfleisch verwendet, das auch gut schmeckt)
- **Tahina** - eine köstliche, dicksämige Sauce aus Sesamöl und fein gemahlenen Hülsenfrüchten; Knoblauch, Zitrone, Salz und Pfeffer geben die nötige Würze. Mit ihrem Nuss-Aroma schmeckt sie vorzüglich, besonders wenn man - ganz nach orientalischer Art - kleine Stücke von frisch gebackenem Fladenbrot in die Sauce tunkt.

Nachspeisen

- **Aish es Seraya** - ein in Zuckersirup eingeweichter Honigfladen, garniert mit frischer Sah-

Essen und Trinken

ne. Eine recht gehaltvolle Nachspeise, die ihrem Namen *Brot des Palastes* alle Ehre macht.
- **Fetir Mishalet** - ein Blätterteig ähnliches Gebäck aus mehreren Teigschichten, gefüllt mit Pistazien und gehackten Nüssen, das mit dunklem Likör aus Zuckerrohr übergossen wird
- **Omm Ali** – dünne, mit Rosinen und Nüssen gefüllte Teigschichten, die in Sahne und Milch eingeweicht und im Ofen überbacken werden

Getränke

Tee (*Shay*) und Kaffee *(Ahwa)* sind die klassischen Nationalgetränke schlechthin; wobei man Teebeutel-Tee erhält, wenn man nur *Shay* bestellt. Ägyptischen Tee ordert man *Shay el arosa* oder *Shay Masr*. Bei jeder nur denkbaren Gelegenheit wird Tee angeboten: schwarzer Tee, Pfefferminztee (*Nhana*) und der rote **Karkade** (aus Hibiskusblüten), der sowohl heiß als auch gekühlt getrunken wird und eins der erfrischendsten Getränke schlechthin ist. Beliebt sind auch **Qirfa** (aus Wasser, Zimt und Zucker) oder **Helba** (aus Bockshornklee).

- Bei der **Kaffee-Bestellung** sollten Sie türkischen Kaffee - wobei der Begriff türkisch negativ belegt ist - ordern, der *Ahwa* heißt, weil Sie sonst meist Pulverkaffee bekommen.
- **Mineralwasser** (Baraka, Siwa, Perrier, Evian etc.) ist in 1,5- und 0,75-Liter-Flaschen zu bekommen, daneben gibt es Cola-Getränke, Seven-Up und u.ä. mehr. Achten Sie im Restaurant auf den versiegelten Verschluss, um nicht nachgefülltes Leitungswasser zu kaufen.
- **Fruchtsäfte** werden frisch gepresst an vielen Straßen, aber auch in Restaurants angeboten.
- **Sachleb** - köstliches warmes Getränk aus Milch mit Kokosnuss, gehackten Nüssen und anderen Zutaten
- **Tamarhindi** - erfrischendes, süßsäuerliches Teegetränk, das aus getrocknetem Fruchtfleisch der Tamarinde gekocht wird
- **Zuckerrohrsaft** - wird häufig mit Walzenpressen direkt "von der Stange" am Ort gepresst; schmeckt als Gemisch mit Orangensaft auch sehr gut.

Ägypter machen gern Scherze: Garküche mit Köchen und Kunde

1 Einlesen, eindenken, vorbereiten

Alkoholische Getränke

Stella, das klassische in Ägypten gebraute Bier mit niedrigem Alkoholgehalt (auch als *Export* erhältlich), ist nach einem heißen Tag eine willkommene Erfrischung. Das lässt sich auch mit anderen, neu auf den Markt gekommenen Bieren erreichen, z.B. Sakkara oder Löwenbräu.

Der Weinanbau hat bis in pharaonische Zeiten zurückreichende Tradition. Wandmalereien in den Gräbern zeigen bereits Szenen von der Weinlese, und Amphoren mit Jahrgangsangaben wurden als Grabbeigaben entdeckt. Zwar ging mit dem Einzug des Islam, der Alkohol in jeder Form verbietet, der Weinanbau zurück, es wird jedoch in kleinerem Umfang weiterhin gekeltert. Ergebnisse ägyptischer Winzerkunst erhält man in einigen Spezialgeschäften, in wenigen Supermärkten wie auch in internationalen Hotels und Restaurants.

Importierter Alkohol ist überdurchschnittlich teuer (etwa das Vierfache europäischer Preise), jedoch in Großstädten erhältlich. Vorsicht bei höherprozentigem Alkohol: Immer wieder werden - sogar in seriösen Geschäften - der Originalverpackung täuschend ähnlich nachgemachte Spirituosen angeboten, die aber gepanscht sind, u.a. mit Methylalkohol. Bereits geringe Mengen davon können tödlich sein; 1988 und 1991 starben jeweils zwei Deutsche in Ägypten an Methylalkoholvergiftung.

Als Abschluss einer üppigen Mahlzeit kann es anregend sein, gemeinsam mit den Tischnachbarn die **Shisha**, die orientalische Wasserpfeife zu rauchen, deren Rauch durch Wasser gekühlt wird. Das Mundstück mit seinem langen, beweglichen Schlauch wird dabei von einem zum anderen Raucher gereicht (in besseren Restaurants gibt's auswechselbare Mundstücke). Der Tonaufsatz *(Haga)* der Shisha ist meist mit *Maasal-Tabak* gefüllt, dessen Aroma durch Beimengung von Zuckerrohrmasse leicht süßlich ist. Zur Shisha schlürft man gern einen türkischen Mokka. Es darf nicht unerwähnt bleiben, dass Shisha-Rauch weit gefährlicher als Zigarettenrauch ist.

Gesundheit

Zwar zählt Ägypten nicht gerade zu den hygienischsten Ländern dieser Erde, aber mit etwas Um- und Vorsicht lässt sich das Land mit heiler Haut bereisen. Wenn Sie ein paar Regeln beachten, werden Sie die meisten Gefahren stark reduzieren oder ganz ausschalten können (Impfungen vor der Reise siehe Seite 36).

Rohes Gemüse oder auch Obst dienen vielen Krankheitskeimen (u.a. wegen der Kopfdüngung) als Sprungbrett in des Genießers Innenleben. Daher möglichst nur „**natürlich Eingepacktes**" wie z.B. Bananen essen, Äpfel oder anderes Obst sehr gründlich waschen (und eventuell schälen). Neben der ohnehin üblichen Hygiene gilt für empfindliche Naturen die etwas harte, aber effektive Regel: *Auf ungeschältes Obst und ungekochtes Gemüse, auf Salat, Eiswürfel und Speiseeis verzichten, kein Leitungswasser, sondern nur abgefülltes Wasser trinken.* Die Engländer haben diese Weisheit sehr griffig formuliert: *Peel it, boil it, cook it or forget it!* Allerdings scheint sich (subjektiv beurteilt) die hygienische Lage in den letzten Jahren deutlich gebessert zu haben; frühere Magen/Darmprobleme kamen auf unseren letzten Reisen praktisch nicht mehr vor.

Vorsicht ist auch bei Speiseeis geboten, das auf der Straße oder in eher einfacher/unsauberer Umgebung verkauft wird. Man weiß nie, ob die Kühlkette nicht unterbrochen wurde; besondere Vorsicht nach Stromausfällen. Empfindliche vermeiden auch Meeresfrüchte wie Muscheln, Krabben etc., deren Filtersystem für viele Krankheitserreger durchlässig ist; z.B. lässt sich auf diesem Weg eine Hepatitis A einfangen.

Essen Sie immer dort, wo auch viele andere essen, d.h. der Warenumschlag groß ist. Saubere Restaurants und Garküchen mit sauberen Köchen/Bedienungen bürgen eher für hygienisch einwandfreie Speisen als schmuddelige Buden. In Kairo und anderen Großstädten ist übrigens das **Wasser** so stark gechlort, dass nicht nur Bakterien einen großen Bogen darum machen.

Gesundheit

Obwohl das aus dem Nil gewonnene Wasser am Ausgabepunkt der Stadtwerke bakteriell einwandfrei ist, können infolge von Leitungsbruch oder bei ungenügender Pflege der Hauswassertanks Bakterien eindringen. Viele Ausländer trinken das Kairo-Wasser seit Jahren problemlos und unbehandelt.

Auch **mit Eiswürfeln gekühlte Getränke** können durchschlagend aufs Gedärm wirken, wenn eingefrorene Bakterien auftauen und sich im Innenleben des Trinkers rasant vermehren.

Wenn z.B. beim Anblick der Toiletten oder aufgrund der Umstellung der Darm mit **Verstopfung** reagiert, dann helfen als natürlichstes Mittel frische Feigen oder bereits zu Hause gekaufte Früchtewürfel oder Trockenpflaumen mit viel Flüssigkeit.

In kühlen Wintern holen sich viele Touristen böse **Erkältungen** mit Fieber. Daher gegen Abend oder bei kaltem Wind rechtzeitig etwas Wärmendes anziehen.

Die **Wundinfektionsgefahren** sind in Ägypten höher als bei uns, Staub oder Fliegen können leicht Bakterien in offene, auch kleine Wunden verschleppen. Ein rechtzeitig aufgeklebtes Pflaster nach der Desinfektion (z. B. Betaisodona) bietet hinreichend Schutz.

Auf Erkrankungen, die speziell in Ägypten vorkommen, sei besonders hingewiesen. Die **Bilharziose** ist eine der am längsten bekannten Tropenkrankheiten. Sie führt zu schweren Schäden im Darm, den Harnwegen und der Leber und in ernsten Fällen zum Tod. Krankheitssymptome sind Fieber, Kopf- und Gliederschmerzen, Leber- und Milzvergrößerung und allgemeine Schwäche. Seit einigen Jahren kann Bilharziose durch die Einnahme von Tabletten geheilt werden. Wer befürchtet, sich eventuell infiziert zu haben: Etwa 4-6 Wochen nach dem möglichen Infektionszeitpunkt ist ein Bluttest auf Antikörper möglich.

Die jetzt "einfache" Heilung der Bilharziose hat u.a. dazu geführt, dass die Kanalränder heute nicht mehr in dem Maße mit Pestiziden behandelt werden wie früher. Dadurch kann sich der **Leberegel** (*Fasciola*) wieder vermehrt ausbreiten. Er wird durch Blattgemüse (Salat, Brunnenkresse, Porree, Petersilie) übertragen, an dem sich die *Cercarien* – ein Zwischenstadium zwischen Ei und Wurm - anheften. Die Keime gelangen über die Darmwände in die Leber, von dort in die Galle, in der sie sehr starke Entzündungen auslösen. Ein durchschlagendes Mittel gegen diese Krankheit gibt es nicht, außer Vorsorge: Grünzeug mindestens 15 Minuten in Essigwasser oder eine schwach konzentrierte Permanganat-Lösung legen - oder auf frische Vitamine verzichten.

Eine weitere Gefahr ist die Ägyptische Augenkrankheit, das **Trachom**. Sie wird durch den Kontakt mit Bindehautsekret bzw. Tränen eines Erkrankten (Fliegen!) übertragen. Unbehandelt kann sie bis zur Blindheit führen. Deshalb bei Augenentzündungen einen Augenarzt aufsuchen. Verleihen Sie nicht Ihre Brille, Fernglas, Fotoapparat etc. oder benutzen Sie umgekehrt keine fremden Utensilien dieser Art.

Die **Malaria** hat sich auch in Ägypten nicht ganz ausrotten lassen; allerdings wurde die letzte Erkrankung 1998 aus dem Fayum gemeldet. Sie wird während der Monate Juni bis Oktober von der Malaria(Anopheles)-Mücke übertragen, die von ihrem Brutplatz in seichten Tümpeln bis zu 3 km ausschwärmt. Daher in der fraglichen Zeit und Gegend durch helle Kleidung, Moskitonetz und/oder Repellents wie *Autan Active* oder *NoBite* gegen Moskitostiche vorbeugen. Unter www.fit-for-travel.de finden Sie aktuelle Informationen. Wer 7 Tage nach einem Aufenthalt in einem Risikogebiet Fieber über 38 Grad bekommt, sollte unbedingt einen Malariabluttest veranlassen.

Amöben sind Parasiten, die durch Fäkalien von Kranken auf Gesunde übertragen werden. Durch mangelnde Hygiene gelangen sie ins Trinkwasser, auf Speisen oder z.B. durch Fäkaliendüngung auf Obst oder Gemüse. Ein typisches Zeichen von eingefangener Amöben-Ruhr ist blutiger Durchfall ohne Fieber. In diesem Fall den Arzt aufsuchen und Stuhl untersuchen lassen.

Eine andere Infektionskrankheit ist **Hepatitis A,** die nicht nur durch Schmierinfektion auf Toiletten, sondern auch durch unsaubere Ess- und Trinkwerkzeuge wie herumgereichte Becher oder auch das ungesäuberte Mundstück der Shisha (Wasserpfeife) übertragen werden kann. Lassen Sie sich unbedingt zu Hause dagegen impfen, am besten als Kombination von **Hepatitis A und B,** sofern nicht eine Immunität besteht. Mit Hepatitis B und C kann man sich übrigens auch bei ungeschütztem Geschlechtsverkehr anstecken.

Man sollte auch vor jeder Reise klären, ob der **Tetanus-Schutz,** noch besteht, der nach der Impfung 10 Jahre gilt. Je nach Reisestil wird von der WHO auch noch Impfschutz gegen Typhus und Meningokokken angeregt.

Tollwut ist auch in Ägypten bei Tieren verbreitet. Man sollte sich - unabhängig vom Ägyptenbesuch - bereits zu Hause dagegen impfen lassen, was heute mit drei Spritzen innerhalb eines Monats möglich ist. Aber auch nicht tollwütige Hunde können besonders abends und nachts in Rudeln aggressiv werden. Häufig hilft Bücken und einen Stein aufheben oder ihn aufs Rudel werfen, wenn es nicht flüchtet.

Noch ein Hinweis auf einen simplen, häufig unbeachteten Effekt: Durch das viele **Schwitzen** oder bei Durchfall verliert der Körper mehr Salz als gut tut, man fühlt sich schlapp und hat u.U. mit Kreislaufbeschwerden zu kämpfen. Man kann dem zwar mit einem Teelöffel Salz abhelfen, täuscht dann aber dem Körper eine zu hohe Salzkonzentration vor, was zu vermehrtem Salzausstoß führt. Besser ist: Speisen kräftig salzen und würzen, gesalzene Nüsse, salzige Lakritze oder getrocknete Aprikosen essen.

Ein paar Worte zum Thema **AIDS**. Viele Ägypter sehen AIDS als ein typisch westliches Problem, wahrscheinlich sogar als gerechte Strafe Gottes für unseren lockeren Lebenswandel. Selbst wenn es denn so ist, kann auch der "Gerechte" in den Strudel dieser Strafe geraten, wenn er der Versuchung zu nahe kommt. Zahlen über AIDS-Fälle sind uns nicht bekannt, doch ist kaum anzunehmen, dass dieses von unzähligen Fremden überschwemmte Land frei von dem heimtückischen Virus sein könnte. Zwar besteht für den Normaltouristen kaum eine Gefahr der Infektion aus ägyptischen Quellen, viel eher durch Zufallsbekanntschaften aus dem eigenen Kulturraum. Umgekehrt aber der Appell, diese Krankheit nicht unter die Ägypter zu bringen - sie haben wahrlich genug andere Überlebenssorgen.

Eine Leserin berichtet, dass man trotz des Staubes auch in Ägypten **Kontaktlinsen** tragen kann, wenn man sich eine Sonnenbrille mit seitlichem Schutz und für die Dunkelheit eine Kunststoffbrille für Radrennfahrer oder weiche Kontaktlinsen besorgt.

Man sollte eine den individuellen Bedürfnissen angepasste **Reiseapotheke** mitnehmen, in der zunächst alle Medikamente, die Sie zu Hause regelmäßig einnehmen, in ausreichender Menge vorhanden sein müssen. Wenn wir im Folgenden eine Medikamentenliste zusammenstellen, so muss das keinesfalls bedeuten, dass alles und jedes wichtig ist. Packen Sie zusätzlich das ein, was aus Ihrer persönlichen Sicht während der Reisedauer notwendig sein könnte; im Zweifel sollten Sie mit Ihrem Hausarzt sprechen.

Als pauschale Empfehlung: Medikamente gegen Erkrankungen des Magen-Darm-Traktes, gegen Allergien und Insektenstiche, Erkältungskrankheiten (relativ häufig wegen der Temperaturwechsel); fiebersenkende Mittel, Antibiotika, Schmerzmittel, Verbandzeug, Fieberthermometer, Einwegspritzen, Einwegkanülen, Desinfektionsmittel.

Für bakterielle und amöbenbedingte **Durchfälle** reicht üblicherweise eine Einmaldosis von 500 mg *Ciprofloxacin*, einem Breitspektrum-Antibiotikum, das die meisten bakteriellen Erreger ausreichend behandelt, die Durchfälle in tropischen Ländern auslösen. Dazu gehört ein überall einfach herzustellender Elektrolytersatz; WHO-Vorschlag: 1/2 L Wasser plus 1/2 L Orangensaft plus 10 Teelöffel Zucker plus ein Teelöffel Salz - davon möglichst viel trinken. Denselben Effekt erzielen die Mittel *Rehydran*

oder *Elotrans*. Innerhalb der ersten 24 Stunden sollten Sie nichts essen, um den Darm zu entlasten. Jeder Durchfall, der länger als 3 Tage anhält, sollte vom Arzt untersucht werden.
Das gern angewendete *Imodium* stoppt lediglich die Darmbewegungen. Dadurch können toxische Substanzen und Erreger länger im Darm verbleiben, die der Körper über den Durchfall loswerden will. Es sollte nur für den Notfall (Überlandfahrten, Rückflug oder längerer Stadtbummel) Verwendung finden. Zur Nachbehandlung kann man das rezeptfreie *Perenterol* einsetzen.
Allergiker müssen ihre Präparate ständig dabeihaben. Leser empfehlen immer wieder Augentropfen wegen der trockenen, staubhaltigen Luft.
Ein Tipp für Leute, die dringend ein Medikament benötigen: Die **Flughafenapotheke in Frankfurt** ist Tag und Nacht geöffnet und sorgt für schnellsten Transport. Pharmazeuten machten uns darauf aufmerksam, dass vor allem in kleineren ägyptischen Apotheken in Asien produzierte, aber gefälschte Medikamente angeboten werden, die u.U. sogar gefährlich sein können. Man sollte, wenn unbedingt nötig, in einer großen (und teureren) Apotheke kaufen, die von einem approbierten Pharmazeuten geführt wird.
Zum Schluss dieses Kapitels ein paar Worte zum Sinn und Wert der obigen Empfehlungen. Ein Leser schrieb fast empört, dass wir "*Angst und Zittern*" mit der Schilderung der Gefahren verbreiten, er selbst habe nicht das geringste Übel während seiner langen Reise verspürt und alles wie die Ägypter gegessen.
Das glauben wir gern. Jedoch sind die menschlichen Abwehrkräfte individuell sehr unterschiedlich, ihre Grenzen lassen sich nur durch schmerzhafte Erfahrung ausloten. Wir würden es als verantwortungslos ansehen, nicht auf mögliche Krankheiten hingewiesen zu haben und dabei durchaus vom "worst case" ausgegangen zu sein, zumal wir aus Leserbriefen wissen, dass viele Leute mit einer Ägyptenreise zum ersten Mal den Sprung in ein Land dieser Art wagen.

Wenn man die Gefahren kennt und sie nüchtern und realistisch beachtet, muss das keineswegs das Reisevergnügen dämpfen; wir selbst sind jahrelang in manchmal gesundheitlich sehr viel riskanteren Gegenden herumgereist und waren dank üblicher Vorsicht kein einziges Mal krank.

Sicherheit, Polizei

Trotz der großen Enge und Armut im Niltal gehört Ägypten zu den sichersten Reiseländern überhaupt (sieht man von der weltweiten Bedrohung durch die Fundamentalisten ab). Das dürfte u.a. an der gutmütigen Mentalität und der sprichwörtlichen Genügsamkeit der Bewohner liegen. Dennoch: Gelegenheit macht Diebe, und leider bieten allzu nachlässige Touristen häufig solche Gelegenheiten.
Wie überall auf der Welt gilt auch hier, Dieben das Handwerk so schwer wie möglich zu machen:
• Je weniger Wertvolles Sie mitnehmen, umso weniger Sorgen müssen Sie sich machen.
• Zeigen Sie nicht, wie reich Sie sind (z.B. durch teuren Schmuck).
• Tragen Sie Ihr Geld nicht gut sichtbar in einem Brustbeutel herum (der von geschickten Dieben sehr leicht entwendet werden kann). Bauchtaschen oder Taschen auf der Innenseite der Hosenbeine sind weniger auffällig und weitaus schwieriger zugänglich.
Brutale Raubüberfälle – wie in westlichen Ländern schon fast an der Tagesordnung – kommen in Ägypten offenbar so selten vor, dass wir, trotz einiger Nachforschungen, nichts darüber erfuhren. Trotzdem sollte man Vorsicht walten lassen und nicht unbedingt in tiefster Nacht allein und Juwelen beladen durch dunkle Gegenden wandern.
Es soll selbsternannte oder sogar echte Polizisten in Uniform geben, die Fremde in eine Falle locken, ihnen sogar Drogen unterjubeln, um dann mit Papieren und Wertsachen unter Drohungen zu verschwinden. Sollten Sie bei einer dubiosen Begebenheit Zweifel an der Echtheit Ihres uniformierten Gegenübers haben, versuchen Sie, so schnell wie möglich wegzukom-

1 Einlesen, eindenken, vorbereiten

men oder durch lautes Schreien Passanten aufmerksam zu machen.

Von einem wohlbekannten **Taschendiebtrick** im Kairoer Khan el Khalili Bazar berichtet ein Leser: Kinder bewerfen das Opfer mit Staub oder spritzen es nass, hilfreiche Erwachsene entschuldigen sich und klopfen den Betroffenen sauber – erst zu spät stellt er fest, dass dabei Wertsachen verschwanden.

In Kairo macht sich in letzter Zeit leider auch ein internationales Phänomen bemerkbar: die Beschaffungskriminalität von Drogensüchtigen. Ägypten blieb von der harten Drogenwelle schließlich nicht verschont; die Folgen sind zwar noch nicht so schlimm wie in Frankfurt oder Zürich, doch die sprichwörtliche Sicherheit könnte längerfristig einen Einbruch erleiden.

Von Vergewaltigungen von Touristinnen haben wir bisher nur zweimal gehört. Den Tätern droht die Todesstrafe durch Erhängen, die auch meistens vollstreckt wird. Die Dunkelziffer bei diesem Delikt ist unbekannt.

In allen Touristenzentren ist die Touristenpolizei stationiert, die wohl allein durch ihre Anwesenheit für mehr Sicherheit bürgt. Leider sprechen die wenigsten dieser Beamten eine Fremdsprache, so dass Hilfe von dem Mann mit der Binde der *Tourist Police* nur dann zu erwarten ist, wenn er kapiert, um was es geht. Bei wirklich negativen Vorkommnissen sollte man sich an diese Leute wenden, ja die bloße Drohung mit der *Tourist Police* kann schon ein Einlenken herbeiführen.

Wir haben uns bisher in ganz Ägypten absolut sicher gefühlt, obwohl wir z.B. irgendwo an einer stillen Stelle im Wohnmobil, im Zelt oder unter freiem Himmel übernachteten. Das bestätigt unter vielen anderen ein Leser: *"Ich habe mich absolut sicher in Ägypten gefühlt. Weder um mich selbst noch um mein Gepäck habe ich jemals Angst haben müssen."* Einem anderen Leser wurde zweimal Bargeld, das er verloren hatte, nachgetragen. Leserin Sandra G. schreibt, dass sie in Kairo ihren Geldbeutel mit Zugticket nach Luxor, 100 DM und £E 30 in bar sowie 300 DM in Travellerschecks verlor. Sie meldete den Verlust der Tourist Police, durfte ohne Ticket nach Luxor reisen und erhielt dort drei Tage später alles zurück!!

Die Medien

Rundfunk und Fernsehen

Informiert zu sein, ist vor allem in politisch kritischen Situationen wichtig. Nachrichten aus Europa treffen häufig besser das Bild als lokale, politisch einseitig gefärbte Sendungen. Daher hier die empfangsgünstigsten Frequenzen einiger Kurzwellensender (der Empfang ist tages- und jahreszeitlich unterschiedlich, die Frequenzen werden auch häufig geändert): *Deutsche Welle* 6075 kHz (abends), 11795 kHz (abends), 13780 kHz (abends und tags), 17845 kHz (tags), 21600 kHz (morgens); *Österreich* 11670 und 11715 kHz, *Schweiz* 9885 kHz. Fernsehsendungen der Deutschen Welle-TV und von DW-Radio sind über Eutelsat II-F 1 (Transponder) auf 13 Grad Ost zu empfangen. Das Schweizer Radio SRI geht auf 9860, 13635 und 17565 kHz ab 7.15 Uhr MEZ auf Sendung.

Deutschsprachige Radiosendungen von Radio Kairo täglich von 18-19 Uhr auf Mittelwelle 558 kHz und UKW 95,4 MHz in Kairo, in Alexand-

Touristenpolizei auf dem Weg zum Einsatzort

ria 97,0 MHz, Luxor 96,3 MHz und Assuan 92,1 MHz. Radio Kairo sendet auf Kurzwelle 1990 kHz täglich von 19-20 Uhr UTC nach Europa mit reichem Programmangebot (meist gut zu empfangen).

Kanal 2 des ägyptischen Fernsehens sendet täglich englischsprachige Nachrichten um 20.15 Uhr. In vielen Hotels können deutschsprachige Kabel- oder Satellitenprogramme empfangen werden.

Zeitungen/Zeitschriften

In den englischsprachigen Zeitungen *Egyptian Gazette* und in der *Al-Ahram Weekly* (einmal wöchentlich) finden Sie auch Informationen über gerade laufende Ausstellungen, Konzerte, Zugverbindungen etc. Ebenfalls wöchentlich erscheint die *Middle East Times*, die auch ägyptische Themen ausführlich behandelt. Monatlich erscheint u.a. *Egypt Today*, ein recht anspruchsvolles Magazin mit Beiträgen aus Kunst und Kultur; auch gute und stets aktualisierte Tipps zu Kultur und Nightlife in Kairo. Ähnlich gelagert ist *Egypt's Insight*, die neben interessanten Artikeln viele Adressen von Kunstgalerien bis zu Theatern bringt. *Egypt Revealed* widmet sich mehr altägyptischen Themen.

An deutschsprachigen Zeitschriften erscheint nur *Papyrus*, das Sprachrohr der deutschsprachigen Gemeinde, das aber nicht im öffentlichen Handel erhältlich ist. Europäische Zeitungen und Zeitschriften gibt es in den internationalen Hotels.

Telefon und Post

Telefonieren ins Ausland

Von Europa aus kann man im Selbstwähldienst nach Ägypten durchwählen: Landeskennzahl 0020, Ortskennzahl siehe Kasten (vom Ausland her „0" nicht mitwählen), danach die gewünschte Nummer.

Von Ägypten ins Ausland zu telefonieren, kostet viel Geld (Ägypten zählt weltweit zu den drei teuersten Telefon-Ländern). Nahezu überall findet man internationale Telefone (vor al-

Wichtige Telefon-Vorwahlen			
Alexandria	03	Assiut	088
Assuan	097	Beni Suef	082
Bahariya	02	Dahab	069
Dakhla	092	El Arish	068
El Tur	069	Fayum	084
Hurghada	065	Ismailiya	064
Kairo	02	Kharga	092
Kosir	085	Luxor	095
MarsaMatruh	046	Minia	086
Naama Bay	069	Nuveiba	069
Qena	096	Port Said	066
Safaga	065	Sharm el Sheikh	069
Siwa	046	Sohag	093
Suez	062	Tabah	069

lem in Telefonämtern), von denen aus man per Telefonkarte selbstwählend nach Hause anrufen kann. Dies gilt grundsätzlich auch für Hotels, die allerdings saftige Aufschläge kassieren. Ein Drei-Minuten-Gespräch nach Europa kostet beim Telefonamt von 8-20 Uhr £E 27, von 20-8 Uhr £E 16. Achtung, jede Verbindung – auch falsche – kostet 10 £E. Wenn Sie sich verbinden lassen, zahlen Sie mindestens die Drei-Minuten-Gebühr, vom roten Telefoncard-Apparat nur die tatsächlich genutzte Zeit. Für die Telefonzellen gibt es Telefoncards; man kauft sie in Telefonämtern oder Shops, die mit einem Telefonzeichen dafür werben.

Für Vieltelefonierer lohnt sich eine ägyptische SIM-Karte, Vodafone z.B. verlangt £E 40 incl. 10 £E Startguthaben. Am besten lässt man sich vom Verkäufer englischsprachig anmelden. Eine Prepaid-Karte mit z.B. £E 50 Guthaben bekommt man für £E 58. Nationale und internationale SMS kosten 50 Piaster, 1 Minute Inland £E 1,50, nach Deutschland 4,50 tagsüber und 3,50 £E nachts. Die Tarife sind in Bewegung geraten; wenn Sie dieses Buch in Händen halten, dürften die Gebühren noch niedriger liegen.

GSM-Handys (in Ägypten, wie international üblich, „*Mobile*" genannt) funktionieren auch mit der heimischen SIM – je nach lokalem Provider – fast überall in den besiedelten Gebieten, sogar

1 Einlesen, eindenken, vorbereiten

in Abu Simbel. Erkundigen Sie sich vorsichtshalber bei Ihrem eigenen Provider, welche Roaming-Abkommen bestehen. Achtung, die Tarife nach Europa liegen bei 2-3 € pro Minute.

Als „Deutschland Direkt Service" bietet die Telekom eine Lösung, aus dem Ausland für den Anrufer kostenlos nach Hause zu telefonieren, falls der Angerufene die Gebühren übernimmt. Das ist vor allem in Notfällen (Geld gestohlen, Unfall) von Vorteil. Man wählt in Ägypten 02 365 7774 (in Kairo ohne die 02) und wird mit einem deutschsprachigen Operator verbunden, der den gewünschten Gesprächspartner anruft. Weitere Infos über 0800 33 00490.

Faxen ist ebenfalls möglich (Post, Hotel); eine A4-Seite nach Deutschland kostet ca. £E 30, manchmal auch weniger. Mit Abstand am billigsten sind Telegramme für Leute, die nur ein Lebenszeichen von sich geben wollen: Ein Wort kostet £E 0,66 in Kairo (Telegrafenamt Sharia Alfi Bey), in Luxor £E 1 (auch Anschriftswörter!) - und erzeugt zu Hause eine schon nahezu anachronistische Überraschung.

Die billigste Möglichkeit, mit der Heimat zu kommunizieren, ist **SMS**. Auch die zahlreichen **Internet Cafés** bieten reichlich Gelegenheit, per **Email** mit den Lieben daheim in Verbindung zu treten; die Gebühren liegen zwischen £E 3 und selten mehr als £E 10 pro Stunde.

Telefonieren im Inland

Bei Inlandsgesprächen muss man allerdings die Telefonnummer kennen, denn es gibt kaum Telefonbücher. Die Telefonauskunft in Kairo hat die Nummer 140.

In lokalen Telefonzellen zahlt man entweder mit Token, die zuvor gekauft werden müssen, oder mit silbernen 5- oder 10-Pt-Münzen (1 Münze für Drei-Minuten-Stadtgespräch). Bei einigen Apparaten muss man den Antwortknopf drücken, wenn sich der Angerufene meldet.

Post

Post heißt *Bosta*, Briefkästen sind grün. Postkarten und Briefe sollte man sicherheitshalber im Postamt oder in großen Hotels abgeben. Das Porto für Postkarten sowie für Briefe bis 15 g beträgt £E 1,50. Postkarten im Briefumschlag kommen übrigens mit höherer Erfolgsquote und meist schneller beim Empfänger an. Filme sowie Kassetten können nur vom Hauptpostamt in Kairo nach Europa gesendet werden.

Falls Sie sich Briefe nach Ägypten schicken lassen wollen, können Sie die Adresse der Botschaft (M. Müller, c/o Embassy XY) angeben lassen oder die von American Express (Client's Mail; Adresse siehe bei den jeweiligen Städten) oder postlagernd (poste restante) an das Hauptpostamt. Für denjenigen, der unbedingt ein **Paket** (maximal 30 kg) in die Heimat schicken will, hier eine Preisinformation: Ein 3-kg-Paket kostet per Seefracht £E 175. Vor dem Absenden muss man zum Zoll und sich dort in einer sehr aufwändigen Prozedur eine Bestätigung holen. Danach das Paket endgültig verschnürt in Kairo im Postamt neben dem Ramsis-Bahnhof im 2. Stock links aufgeben.

Souvenir- und Einkaufstipps

Souvenirs

Passen Sie, wie überall in der Welt, beim Souvenirkauf auf, dass Sie nicht übers Ohr gehauen werden, vor allem von fliegenden Händlern. Nach dem Kauf entpuppt sich dann der schöne Edelstein als Plastik, das Leder als Kunststoff und das Silber als poliertes Blech. Beliebt ist auch nachgemachtes Pharaonisches, das ganz Naiven als echt (und teuer), dem Normalverbraucher aber zumindest als handgemachte Basaltskulptur angedreht wird; bei genauem Hinsehen entdeckt man dann die Bläschen im Polyester.

Schlepper, aber auch Reiseagenturen oder Busunternehmer erhalten Provisionen um 30-50 % für die Käufe der Touristen, die sie in entsprechende Geschäfte schaffen; die Provision wird natürlich auf den Verkaufspreis geschlagen. Bei derartigen Gelegenheiten sollte man sich lediglich informieren, aber nicht kaufen. Es gibt viele Shops, in denen man ein identisches Warenangebot findet.

Souvenir- und Einkaufstipps

Papyrusbilder gehören zu den beliebten Souvenirs. Doch hier gibt es viele Fälschungen, die auf Extrakt aus Bananenblättern gemalt sind. Falschen Papyrus erkennt man daran, dass es beim Knicken an z.B. einer Ecke bricht bzw. brüchig wird, während echter Papyrus unverändert bleibt. Echter Papyrus ist kaum unter £E 50 zu kaufen.

Parfüm: Da in arabischen Ländern Alkohol verboten, dieser jedoch zur Parfümherstellung unabdingbar ist, erhält man in Ägypten meist Parfümöl, das Ihnen ständig in aufdringlichster Weise angeboten wird. Es birgt die Gefahr, dass es leicht mit minderwertigem Speiseöl verlängert werden kann. Als Käufer geht man also das Risiko ein, mehr Speise- als Parfümöl nach Hause zu tragen.

Silber und Gold werden nach Tagespreisen verkauft; lassen Sie den aktuellen Preis von Ihrem Hotelrezeptionisten aus ägyptischen Zeitungen ermitteln, denn die Händler im Khan el Khalili Bazar in Kairo - größtes und qualitativ bestes Angebot im Land - schlagen automatisch 6-8 £E/Gramm auf den Tagespreis. Passen Sie auf den Stempel auf, denn gern wird anstelle von 21 Karat 18-karätiges Gold verkauft. Die Edelmetalle selbst dürften kaum billiger als auf dem Weltmarkt sein. Wesentlich billiger allerdings sind die Gold- und Silberschmiede: Je mehr handwerkliche Kunst im Schmuckstück steckt, umso preiswerter können Sie es in Ägypten erwerben - falls Sie dem Händler gewachsen sind.

Viel Vorsicht ist beim Kauf von **Edelsteinen** (Opale, Alexandrite etc.) geboten; wegen der täuschend echten Imitationen nur etwas für Kenner!

Leicht lassen sich **Leinentaschen** nach Hause transportieren, die es preiswert z.B. in der Gegend des Bab Zuwela in Kairo gibt.

Auch **Gewürze** und Heilkräuter bringen wenig Gewicht auf die Waage. Beim Heilkräuterkauf muss man wissen, um was es geht. Gewürze gibt es in nahezu jedem Souk, z.B. kann man Koriander, Kreuzkümmel (Kumin) oder Pfeffer zu Hause gebrauchen. Wem einmal im Gewürzmarkt die Augen überliefen (buchstäblich), der wird dick bepackt mit der Fülle orientalischer Ingredienzien die Stätte verlassen. Doch auch hier heißt es aufpassen: Kurkuma z.B. wird gern als Safran verkauft; Kurkuma kostet ca. £E 2, Safran mehr als das Zehnfache. Daher zunächst nach Kurkuma fragen und dann erst nach Safran.

An **Textilien** herrscht fast unbegrenzte Auswahl. Frauen werden neben gängiger (westlicher) Mode ungewöhnliche oder ungewöhnlich preiswerte Dinge finden, wie z.B. bestickte Kleider. Hier sollte frau auch ein Auge auf das werfen, was Beduinenfrauen herstellen oder direkt anbieten.

Beduinenschmuck gehört sicher nicht zu den Alltagserscheinungen in Europa. Mit etwas Glück lassen sich in Souks oder in Galerien für den Kunsthandel sogar noch alte Stücke auftreiben.

Eine riesige Auswahl an **Kupfer- und Messinggefäßen** liegt in jedem größeren Souk zu Ihren Füßen. Nahezu alles stammt aus heutiger Produktion, ist aber meistens noch in Handarbeit hergestellt. Ältere Stücke mit entsprechender Patina werden immer seltener. Orientalische **Messinglampen** können Ihrem Zuhause einen ganz eigenen Touch geben; es gibt viel Kitsch, aber auch erlesene Stücke.

Auch beim Thema **Keramik** verfolgt den Interessenten die Qual der Wahl, denn gerade in diesem schon von den pharaonischen Künstlern zur Meisterschaft entwickelten Fach bieten die Nachkommen eine schier unendliche Auswahl.

Die ägyptischen **Glasbläser** beschäftigen sich vorwiegend mit blauem Material. In vielen Shops findet sich reichlich Auswahl.

Eine gute Idee ist es, Souvenirs in den **Fair Trade Shops** zu kaufen (www.fairtradeegypt.org/default.asp). Diese Organisation (NGO) bemüht sich, Produkte von Kunsthandwerkern zu fairen Bedingungen aufzukaufen und in ihren Läden wiederum zu fairen Bedingungen anzubieten. Die Adressen der relativ wenigen Shops sind bei den jeweiligen Städten genannt.

1 Einlesen, eindenken, vorbereiten

Eine Reihe von Souvenirs kann man mit dem eigenen Namen oder dem des Beschenkten **personalisieren** lassen, z.B. bei geeignetem Schmuck, bei Messing(tür)schildern, bei Papyrusbildern in Hieroglyphen und anderem mehr. Dass die meisten Textilien sozusagen in Windeseile von Schneidern – auch nach Maß - gefertigt werden, gehört ebenfalls zum alltäglichen Service.

Generelle Einkaufstipps

Noch vor wenigen Jahren galten strenge Importverbote für viele westliche Waren des täglichen Bedarfs. Heute stehen die Türen von Supermärkten offen, in denen es nahezu alles zu kaufen gibt, was z.B. ein in Ägypten lebender Europäer braucht oder zu brauchen meint.

Grundsätzlich sind alle lokal hergestellten Waren preiswerter als im Westen, in vielen Fällen allerdings auch bei schlechterer Qualität. Bei Textilien - vor allem solche aus Baumwolle - dürfte dieses Risiko geringer sein oder durch den geringen Preis aufgefangen werden. Vielleicht wollen Sie sich neu einkleiden: Wenn Sie Ihre Größe nicht finden, dann lassen Sie doch anfertigen, viele Schneider warten auf Kunden.

Vor allem Männer können durch den Kauf von **Baumwollunterwäsche** Geld sparen, denn ägyptische Baumwolle ist sehr gut und preiswert. In jeder größeren Stadt werden Sie die Kaufhauskette *Omar Effendi* und dort qualitativ sehr gute Baumwollwäsche zu einem Bruchteil des heimatlichen Preises finden.

Innerhalb von 24 Stunden nach Ankunft ist für Ausländer **zollfreier Einkauf** - vor allem von Alkoholika - in besonders zugelassenen, relativ wenigen Duty Free-Geschäften möglich. Achtung: Lassen Sie sich nicht auf Leute ein, die angeblich für die Hochzeit ihres Bruders auf Ihren Pass Alkohol kaufen wollen. Das sind häufig Profis, die den Alkohol auf dem Schwarzmarkt für das Mehrfache weiterverkaufen. Dabei wird Ihr Pass missbraucht und Sie tragen mögliche Konsequenzen.

Tipps für Wüstentrips

Wer Ägypten richtig kennenlernen will, zieht auch die riesige Fläche des Landes in Betracht, die aus Wüste besteht. Das lässt sich noch positiver formulieren: Ägypten bietet die ausgezeichnete Chance, die Wüste in fast allen ihren Erscheinungsformen kennen zu lernen – ohne dabei zu verdursten.

Die attraktiven Ziele in den Wüstenlandschaften sind in den Kapiteln 7 bis 9 beschrieben. Hier soll die Rede vom Vorbereiten und technischen Durchführen sein, damit man gesund, munter und um viele Erlebnisse reicher wieder zurückkehrt.

Denken Sie zunächst und immer daran: Die Grundvoraussetzung aller Wüstenunternehmungen ist Trinkwasser. Nach Angaben des britischen Militärs benötigt ein Mensch bei Temperaturen um 40 Grad **mindestens fünf Liter Trinkwasser** pro Tag!

Wandern in der Wüste

Der Rheinländer Otto Bell zieht seit vielen Jahren immer wieder als einsamer Wanderer durch Ägyptens Wüsten. Wir baten ihn, seine Erfahrungen weiterzugeben.

Wer, wie Otto, die Wüste als Hilfsmittel für Entdeckungsreisen in neue innere Welten nutzen will, kann nur allein losmarschieren. Ob man das überhaupt fertig bringt, sollte man zunächst physisch und psychisch zu Hause austesten. Vom heimischen Stress und Lärm ohne Vorbereitung in die Einsamkeit und Stille der Wüste zu fliegen, wird eher im inneren Chaos und als Horrortrip enden.

In der Wüste gibt es nur Wasserlöcher, Brunnen oder Zisternen gegen das Verdursten. Deren Wasser ist meist sauber und trinkbar, sofern sich nicht Touristen mit Seife darin wuschen. Ein Taschenfilter (*Katadyn*) hilft bei bakterieller Verschmutzung. Wer das Gewicht erträgt - im wörtlichen Sinn -, kann sich auch mit Plastikwasserflaschen abschleppen, sofern er bereit ist, die leeren Flaschen wieder herauszutragen. Das gilt auch für alle nicht biologisch verwert-

Tipps für Wüstentrips

baren Abfälle: nichts liegenlassen. Toilettenpapier lässt man nicht davon flattern, sondern zündet es nach Gebrauch an.

Für die Kleidung wendet Otto Bell das Zwiebelprinzip an: Je kühler es wird, umso mehr Hosen und Pullis zieht er übereinander; die Luftschicht zwischen jeder dieser Schalen isoliert zusätzlich. Bis auf winddichte Oberbekleidung und Pullover besteht alles nur aus Baumwolle. Möglichst wenig Haut der Sonne aussetzen, daher auch Schirmmütze mit Nackenschutz oder einen Tuareg-Turban tragen.

Seine Füße stecken ausschließlich in Teva-Sandalen, trotz der Horrorgeschichten um Schlangen und Skorpione. Vorsichtshalber sollte man nicht unter Bäumen schlafen, weil sich dort gern Schlangen aufhalten. Für die Nacht verwendet er einen guten Daunenschlafsack und eine Isomatte als Unterlage, ein Moskitonetz als Schutz gegen Mücken, Skorpione und Schlangen. Wasser transportiert er in Ortlieb-Wassersäcken. Zur Orientierung ist ein Kompass unablässig, ein GPS Handgerät kann ebenfalls sehr gute Dienste leisten (zu Hause üben!).

Datteln, das uralte Nahrungsmittel der Wüste, machen den Hauptbestandteil seiner Verpflegung aus, zusätzlich Feigen, Mandeln, Nüsse, Olivenöl, Kichererbsen, Vollkornmehl, Carob (Bohnenart) und Kishk (nährstoffreiches Gericht, besonders häufig in den Oasen). Er rechnet mit 200-500 Gramm Lebensmittelverbrauch pro Tag.

Als Universalheil- und Desinfektionsmittel verwendet er Urin, der durch Einmassieren in z.B. wunde Füße morgens und abends "Wunder wirkt". Als einzige Medizin aus der Apotheke führt er *Traumeel* gegen Verstauchungen und

Weiße Wüste - Kamele richtig zu beladen, will gelernt sein

1 Einlesen, eindenken, vorbereiten

Prellungen neben Pflastern und einer elastischen Binde mit.

Für den Transport der gesamten Ausrüstung hat sich Otto einen zweirädrigen Karren konstruiert, der ihm die Last des Tragens abnimmt, aber Bewegungsenergie fordert.

Für den Beginn einsamer Touren schlägt er vor, sich in der Nähe einer Wasserstelle niederzulassen und von dort aus in die Umgebung auszuschwärmen. Man sollte nicht unmittelbar am Wasser bleiben, weil man dort eher von Schlangen oder Skorpionen belästigt werden könnte, vor allem aber von menschlichen Störenfrieden. Vor Beginn einer Tageswanderung markante Punkte in eine selbst gefertigte Kartenskizze einzeichnen, damit man auch wieder zurückfindet.

Kameltrips

Wüstentrips mit Kamelen bieten deutlich mehr Komfort als ein selbst gezogener Wagen mit dem Nötigsten. Diese Trips kann der Normaltourist nur mit einem Führer und aus Kostengründen meist nur in einer Gruppe unternehmen; sie sind also nicht für einsame Unternehmungen geeignet.

Zu einem erfolgreichen Trip gehören gute Kamele, ein verständiger Führer, interessante Ziele und - keine wund gescheuerten Körperteile.

Ein paar Tipps:

• Bei der Wahl des Kamelführers muss man grundsätzlich bedenken, dass die wenigsten Beduinen Englisch sprechen, daher kann es zu Verständigungsschwierigkeiten und Komplikationen kommen. Besonders als Trekking-Neuling sollte man auf gute Kommunikation Wert legen, denn es gibt unterwegs eine Menge zu fragen und zu beantworten, vor allem was Flora und Fauna, aber auch Sitten und Bräuche betrifft. Daher ist ein kenntnisreicher Mann eine weitere Bedingung. Wenn dieser Idealkandidat dann abends auch noch Beduinenmusik spielt, ist das Erlebnis vollkommen. Anbieter solcher Trips finden Sie bei verschiedenen Ortsbeschreibungen.

• Bestehen Sie bei der Buchung auf fester Wegstreckenzusage und darauf, dass diese Abmachung endgültig ist, also nicht mitten in der Wüste der Preis erhöht wird, und dass die Tour nicht entlang der Asphaltstraßen führt.

• Buchen Sie Touren stets im Ort, der dem Ziel am nächsten liegt. Es macht z.B. wenig Sinn, von Dahab aus in den Coloured Canyon zu reiten, Nuveiba liegt um die Ecke.

• Weil man auf dem Kamel einigermaßen unbequem mit stark gespreizten Beinen sitzt, sollte man weite Hosen tragen. Gegen Wundscheuern helfen weiche Kissen, Wechsel zwischen Vorder- und Hintermann (falls man zu zweit auf einem Kamel reitet, was nicht stört) und immer mal wieder längeres Führen des Kamels (daher auch gute Wander- oder Trekkingschuhe). Weiterhin Hut und lange Ärmel als Schutz gegen die unerbittlich brennende Sonne, für die Nächte unter freiem Himmel einen warmen Schlafsack und eine Unterlage (Isomatte) mitnehmen.

• Falls nicht inbegriffen, sollte man Verpflegung möglichst schon in Kairo beschaffen (oder z.B. Müsli aus Europa mitbringen), dort gibt es für einen Europäer mehr Auswahl, um das gestellte Angebot ein bisschen anzureichern. Unterwegs bereitet der Führer häufiger deftig schmeckende Brotfladen am offenen Feuer. Weiterhin empfiehlt sich, entsprechende Mengen an Trinkwasser einzupacken; das Wasser an den Quellen unterwegs ist mehr oder minder salzhaltig.

• Bestehen Sie darauf, dass der Beduine sein Radio zu Hause lässt oder abschaltet; es sei denn, Sie wollen selbst stundenlang Musik hören.

• Fürs Kochfeuer finden sich zwar immer wieder ein paar trockene Holzstücke; doch wenn Fremde in größerer Zahl einfallen, werden die Beduinen bald kaum mehr ein Stück Holz haben. Wenn es das Reisegepäck zulässt, ist es durchaus sinnvoll, einen kleinen Kocher (Allesbrenner, siehe Seite 48) mitzunehmen, auch wenn die romantische Stimmung am Feuer und der rauchige Teegeschmack zu kurz kommen.

Tipps für Wüstentrips

• Bei Wanderungen im Hochsinai - bei denen man die Kamele immer nur abends am Lager trifft - sollte man ein oder mehrere Wasserbehälter für den Tagesbedarf (d.h. die Zeit der Wanderung) von 4-5 Litern zur Verfügung haben. Da man die Tagesverpflegung im Rucksack mitschleppt, empfiehlt es sich, bereits zu Hause energiereiche Trockennahrung als "Zubrot" zur gebotenen Verpflegung einzupacken. Gute, d.h. rutschfeste Trekkingschuhe sind für die Felskletterei wichtig. Für die manchmal bitterkühlen Nächte im Hochsinai (Temperaturen um den Gefrierpunkt, stetige Luftbewegung) benötigt man einen wirklich warmen Schlafsack und für die Zeit vor dem Schlafengehen warme Kleidung.

Mit dem Auto in die Wüste

Zahllose Beduinen kurven mit zweiradgetriebenen Pickups - die respektablen Abstand vom Boden aufweisen - durch die Wüste. D.h. es muss nicht unbedingt Allrad sein, um im Gelände herumzufahren, doch diese Antriebsart erleichtert das Fortkommen abseits befestigter Straßen ganz erheblich. Aber Bodenfreiheit ist ein nahezu unabdingbares Muss.

Weichsandstellen können das Vorwärtskommen erheblich verzögern, aber mit etwas Übung lassen sich viele ohne Steckenbleiben durchfahren. In erster Linie gilt es, die Massenträgheit auszunutzen und mit Schwung durch die kürzeste Strecke zum wieder festeren Boden zu gelangen. Ist die Entfernung zu weit oder der Sand zu weich, hilft als nächste Maßnahme, den Luftdruck der Reifen auf etwa 1 bis 1,5 atü abzulassen, damit die Reifen breiter aufliegen und nicht so bald versinken. Fahren Sie dann aber besonders vorsichtig, da ein scharfer Stein sehr schnell den Reifen total beschädigen kann. Sobald festerer Boden erreicht ist, Reifen wieder aufpumpen.

Wenn Sie merken, dass Ihr Fahrzeug beginnt stecken zu bleiben, geben Sie nicht so viel Gas, dass die Räder durchdrehen - Sie graben sich nur umso schneller und tiefer ein. Geht nichts mehr vor und zurück, beginnt schweißtreibende Arbeit mit der Schaufel. Es gilt, für die angetriebenen Räder mit den Sandblechen

Wer im Sandmeer unterwegs ist, muss zuverlässig ausgerüstet sein (hier einer von zwei Geländewagen)

1 Einlesen, eindenken, vorbereiten

eine Anfahrtsstrecke zu schaffen. Dazu ist der Sand so tief zu entfernen, dass das Rad bei vorsichtiger Beschleunigung aufs Blech rollen kann. Oder man hebt den Wagen so hoch an, dass sich das Blech direkt unters Rad schieben lässt.

An zusätzlicher Ausrüstung sollten Sie also mindestens Sandbleche und Schaufeln zum Bergen eines eingesandeten Wagens sowie eine Luftpumpe (Fußpumpe und/oder elektrischen Kompressor) mitnehmen; Bezugsquellen z.B. *Därr Expeditionsservice*, München, Tel 089 282 032 oder *Woick*, Stuttgart, Tel 0711 709 6700. Dass Kompass bzw. GPS, entsprechende Sprit- und Wasservorräte sowie Verpflegung dazugehören, ist eigentlich selbstverständlich. Wenn Sie den Bereich frequentierter Asphaltstraßen (die Sie notfalls zu Fuß wieder erreichen könnten) verlassen, fahren Sie nur im Konvoi aus wenigstens zwei Wagen.

Tipps für Schnorchler und Taucher

Uwe Scherner, ein passionierter Taucher mit vielen Tauchgängen im Roten Meer, schrieb die folgenden Tipps.

Lassen Sie sich von den folgenden Informationen nicht abschrecken, die faszinierende Korallenwelt mit all ihren Bewohnern anzusehen. Wenn Sie die – **eigentlich wenigen** – Gefahren kennen und etwas Aufmerksamkeit walten lassen, dann ist ein Ausflug ins Korallenriff ungefährlich. Es soll auch nicht so aussehen, als ob die Meerestiere nur auf einen Taucher warten, um ihn zu verletzen. Die Tiere haben in ihrer Umwelt einen für sie günstigen Schutzmechanismus entwickelt und machen zwischen natürlichem Feind und dem Menschen, auch wenn er friedlich gesonnen ist, keinen Unterschied.

Wenn Sie noch nie geschnorchelt haben, sollten Sie das zunächst zu Hause üben; denn das Riff fällt an den schönen Stellen meist um viele Meter steil ab, und das kann beängstigend sein. Nehmen Sie möglichst die eigene Ausrüstung mit; die Leihgeräte sind häufig ausgeleiert, der eigene Schnorchel ist hygienischer.

Sie können auch Tauchkurse am Roten Meer absolvieren. In der Regel folgt ein solcher Kurs dem Lehrprogramm des CMAS. Doch eine kritische Anmerkung aus dem Mund fachkundiger Leser: Das, was im Schnellverfahren innerhalb von 2-4 Tagen gelehrt wird, kann nicht unbedingt das Wissen vermitteln, wie man sicher und ökologisch verträglich taucht. Anfänger sind dann unter Wasser mehr mit Tauchtechnik beschäftigt, als dass sie Muße zum Betrachten finden. In Deutschland dauert eine solche Ausbildung deutlich länger.

Es ist wichtig, sich auch hier auf seine Umwelt einzustellen, sie so schonend wie möglich zu behandeln und sich ihr zum eigenen Schutz möglichst anzupassen.

Korallen sind - weltweit - in höchstem Maß gefährdet. Nach aktuellen wissenschaftlichen Untersuchungen sind etwa 60 % aller Riffe dem Tod nahe oder schon abgestorben. Dies gilt selbst für das 2000 km lange Great Barrier Reef vor der Küste Australiens, das größte von Lebewesen geschaffene Bauwerk der Erde. In erster Linie ist es der Mensch selbst, der durch brutales Vorgehen die Bestände gefährdet bzw. vernichtet. Dazu gehören nicht nur das mutwillige Absägen der Korallen oder das Fischen mit Dynamit bzw. Gift, sondern mehr und mehr auch die Invasion der Taucher. Die Anker der Tauchboote wirken wie Abrissbirnen, und die Taucher selbst tragen häufig genug durch ihr Verhalten zur Zerstörung bei. Auch der Anstieg der Wassertemperaturen (infolge von z.B. El Nino) stört das empfindliche Ökosystem der Korallen; schon 3° höhere Temperaturen können zum Kollaps führen. Zunächst verlieren die Korallen ihre leuchtenden Farben, weil die einzelligen Algen, mit denen sie symbiotisch zusammenleben, absterben. Sie können keine Nährstoffe mehr aufnehmen und keinen Kalk produzieren. Das Riff zerfällt.

Daher **ein paar Verhaltensregeln** (die inzwischen um die wesentlichen *Tips For Divers And Snorkellers*, die vom Ras Muhammad National

Tipps für Schnorchler und Taucher

Park verteilt werden, ergänzt wurden und sich mit ähnlichen Regeln decken):
- Die wichtigste Regel ist, sich so zu verhalten, dass möglichst gar keine Veränderungen durch Ihre Anwesenheit entstehen.
- Schonen Sie das fragile Riff und seine Bewohner maximal. Entfernen oder sammeln Sie keine Korallen, Muscheln, Fische oder sonst irgendetwas.
- Schwimmen Sie mit kontrollierten, ruhigen Flossenbewegungen (bereits im Pool trainieren), weil sonst zu viel Sand aufgewirbelt wird und dabei die winzigen Rifforganismen zerstört werden. Korallen verwenden eine Menge Energie, um sich vom Sand zu befreien, denn Sand erhöht ihre Anfälligkeit und Zerbrechlichkeit.
- Füttern Sie keine Fische, Sie würden deren Gewohnheiten nachhaltig negativ beeinflussen. Zerschlagen Sie keine Seeigel, sie kontrollieren den Algenbewuchs.
- Tapsen Sie nicht blind im Riff umher, dabei zerstören Sie Korallen. Berühren Sie die Korallen nicht, stehen oder knien Sie nicht darauf oder brechen Sie sie nicht ab. Bewegen Sie sich schwimmend mit Maske, Schnorchel und Flossen. Durch Ihre Maske können Sie auch das Herannahen einer Gefahr rechtzeitig erkennen und entsprechend reagieren.
- Fassen Sie möglichst nichts an und wenn, nur das, von dem Sie sicher wissen, was es ist. Eine Feuerkoralle ist zum Festhalten nicht geeignet und ein Steinfisch weicht auch nicht aus.
- Greifen Sie nie in Löcher oder Spalten, dort könnte eine Muräne sitzen, die das als massiven Angriff wertet.
- Werfen Sie keinen Abfall ins Meer. Im Gegenteil, bringen Sie Abfälle, die Sie entdecken, mit heraus.

Die Schönheit des Korallenriffs ist leider mit ein paar Gefahren verbunden, die von einigen dort lebenden Tieren ausgehen. Allerdings verhalten sich grundsätzlich fast alle diese Tiere defensiv und greifen (bis auf Haie) nur an, wenn sie sich bedroht fühlen. Die einfachste Regel: Nichts im oder unter Wasser anfassen; im Wasser, vor allem an seichten Stellen, möglichst stets auf Sand gehen, nicht auf Drückerfische oder Haie zu schwimmen - dann ist das Rote Meer ungefährlich.

Zu den gefährlichen **Giftfischen** zählen:
- der **Steinfisch**, der aussieht wie ein veralgter Stein und mit Giftstrahlern an der Rückenflosse und im Analbereich ausgerüstet ist,
- der farbenprächtige **Feuerfisch** (Rotfeuerfisch) mit einem quergestreiften, rotbraunen und weißen Muster mit weit ausladenden Brust- und Rückenflossenstrahlen und sehr wirksamem Gift,
- **Stachelrochen** mit grauer bis olivgrüner Haut, Rücken und Bauchseite sind abgeplattet, der Schwanz ist peitschenartig in die Länge gezogen, die Schwanzflosse enthält zwei Giftdrüsen,
- auch **Seeigel** mit giftigen Stacheln gehören in diese Kategorie.

ERSTE HILFE bei Vergiftungen: Das aus Proteinen aufgebaute Gift lässt sich mit heißem Wasser denaturieren, d.h. die toxischen Eiweißmoleküle werden durch die Hitze zerstört. Daher die Wunde so schnell wie möglich mit 50-60° heißem Wasser übergießen, besser den betroffenen Körperteil ca. 1 Stunde im heißen Wasser belassen oder heiße Trockenkompressen (besser verträglich) auflegen, so heiß, wie man es aushält. So schnell wie möglich zum Arzt. Als Notmittel: Schnaps zur Kreislaufstärkung, Aspirin zur "Blutverflüssigung". Anstelle der Heißwassermethode - angeblich umstritten - wird Cortison und Sauerstoff empfohlen - doch woher nehmen?

Eine Leserin berichtet von einer Verletzung durch Seeigelstacheln: In einem Beduinencamp wurde Öl aufgetragen und per Zigarette erhitzt. Nachdem sich ein kurzer Brandschmerz verflüchtigt hatte, war auch der ursprüngliche Schmerz verschwunden, weil das Gift durch die Hitze denaturiert worden war.

- Zwar gehört die **Feuerkoralle**, die an einem regelmäßig verzweigten Kalkfächer von gelbbrauner Farbe mit weißen Enden zu erkennen ist und bei Berührung Tausende von Nessel-

1 Einlesen, eindenken, vorbereiten

kapseln abschießt, auch in die obige Kategorie, aber hier soll man die betroffene Haut intensiv mit Alkohol abwaschen.

Angreifende Fische:
- **Haie**: Von den etwa 250 Arten sind nur wenige, in der Regel die 2-3 m langen Arten, durch kräftige Bisse gefährlich.
- **Muränen** (schlangenartig langgestreckter Körper) wohnen in Löchern und Spalten und verteidigen diese; ihr Biss verursacht tiefe Wunden, der Mundschleim kann Blutvergiftung hervorrufen.
- **Barrakudas**, ähnlich einem Hecht mit langgestrecktem Körper und silbrig glänzender Haut, greifen Menschen selten an und wenn, dann mit gefährlichen Wunden.
- **Riesendrücker** sind besonders zur Brutzeit von Juli bis August sehr aggressiv.

Lassen Sie sich auf keinen Fall durch diese Hinweise vom Baden, Schnorcheln oder Tauchen abhalten. Von 1991 bis 1993 wurden in Nuveiba z.B. 16 Feuerfischunfälle (12 bei badenden Ägyptern) und keine Steinfisch-, Hai- oder Barrakuda-Attacken bekannt.

Anfang 2007 verunglückten mehrere Taucher im Roten Meer tödlich, wobei in der Gegend von Marsa Alam drei Taucher abgetrieben und nicht wiedergefunden werden konnten. Denn die Gefahr, dass Strömungen unterschätzt werden oder häufiger wechseln, tritt im südlichen Roten Meer häufiger auf. Ein österreichischer Taucher verunglückte im Blue Hole in Dahab tödlich, vermutlich weil er tiefer als die zugelassene Tauchtiefe von 30 m ging und keine Ausbildung für Höhlentauchen hatte.

Gut ausgerüstet in die Tiefe - Taucher auf dem Sinai

2
Land, Leute und Vergangenheit

Die Landschaft

Ägypten - das ist der Nil. Dieser gewaltige Strom übertrifft mit knapp 7000 km Länge alle anderen Flüsse Afrikas. Der eine seiner Quellflüsse, der *Weiße Nil*, entspringt als *Kagera* in 2620 m Höhe in Burundi, der andere, der *Blaue Nil,* in rund 2000 m Höhe in Äthiopien. Nach der Vereinigung der beiden Arme in Khartoum im Sudan liegen vor dem nun gemeinsamen Wasser - an denen der Blaue Nil 85 % Anteil hat - immer noch 3000 km Reise bis zur Mündung ins Mittelmeer. Sie führt durch zehn Länder und, im unteren Bereich, fast ausschließlich durch Wüstenlandschaften, in denen der Fluss eine sehr schmale, aber die längste Oase der Welt geschaffen hat. Während er sich südlich von Assuan durch Sandstein beißen musste, konnten ihm die Kalksteinschichten, die etwa 70 km nördlich von Assuan bei Silsila beginnen, nicht so viel Widerstand entgegensetzen. Ab hier wird das Tal deutlich breiter, es variiert zwischen 4 und 12 km Breite, an den Rändern steigt es um etwa 150 bis 200 m an. Denn nun folgt der Nil einer tektonischen Störungslinie, die er mit fruchtbarem Schwemmland aufgefüllt hat, das durchschnittlich 10 m hoch ist. In Assuan macht der so genannte Erste Katarakt der Schifffahrt ziemlichen Kummer, weil hier um mächtige Granitfelsen im Fluss Stromschnellen entstehen. Bis Khartoum folgten einst weitere fünf Katarakte; allerdings ging der zweite von ihnen (südlich von Wadi Halfa) im Nasser-Stausee verloren.

Erst im Deltagebiet Ägyptens weitet sich das Fruchtland zu einem fast gleichschenkligen Dreieck von etwa 250 km Seitenlänge aus. Ein Blick auf die Karte verdeutlicht den häufigen Vergleich mit der Lotusblume: das Delta als reiche Blüte, der Lauf des Nils versinnbildlicht den Stängel. Auch lässt sich die bereits von Herodot beschriebene Tatsache nicht übersehen: Das Land, besser das Fruchtland, ist ein Geschenk des Nils, weil er im regenarmen Ägypten das notwendige Nass heranführt und durch

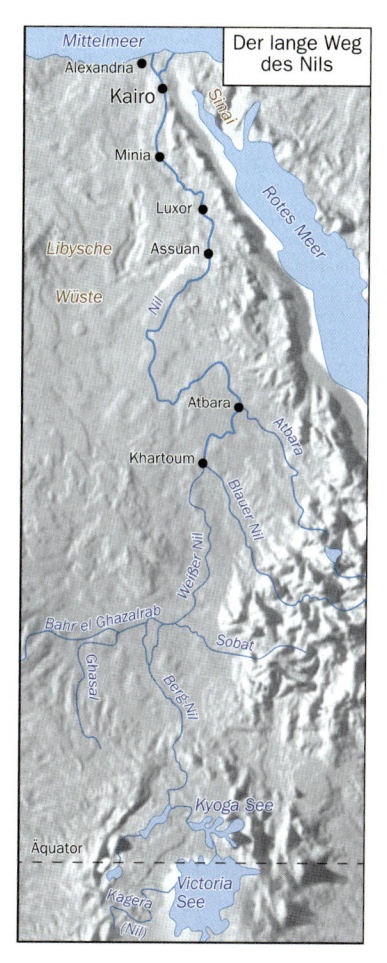

2 Land, Leute und Vergangenheit

die jährlichen Überschwemmungen wertvollen Schlamm in seinem Tal ablagerte. Dass dieses Geschenk im Delta reichere Früchte trägt als im engen Niltal, zeigt der Vergleich ebenfalls treffend: Etwa zwei Drittel der Anbaufläche Ägyptens liegen im Delta; ähnlich verteilt sich - abgesehen von den Städten - die Bevölkerung. Gab es zur Zeit Herodots noch sieben Mündungsarme des Nils, so teilt er sich heute im Delta nur noch in zwei Flussläufe auf, in den Rosetta- und den Damietta-Arm (nach den an der Mündung liegenden Städten benannt).

Der mächtige Fluss speist zahllose Kanäle, die sich immer weiter auffächern, um auch die entferntesten Felder zu erreichen. Denn dort, wo es nie regnet, muss man das Wasser auf diese Weise zum Verbraucher bringen. Einer der ältesten Kanäle - ursprünglich ein Seitenarm des Nils - ist der Bahr Yussuf, der heute aus dem Ibrahimiya-Kanal abzweigt, das Fayum bewässert und schließlich im Qarun-See verdunstet.

Das Nilwasser teilen sich, vertraglich abgesichert, der Sudan mit 18,5 und Ägypten mit 55,5 Milliarden Kubikmetern jährlich (diese Zahlen entsprechen dem langjährigen Jahresdurchschnitt). Als Vergleich ist interessant, dass der Rhein mit 73 Milliarden Kubikmetern etwa gleich viel und die Donau mit 197 Milliarden Kubikmetern über das Doppelte an Wasser pro Jahr führen – der Amazonas gar 50mal mehr. Als weitere Wasserquellen Ägyptens dienen noch das Grundwasser mit etwa 1 % der Nilwassermenge und der Regen mit 0,25 %.

Das Nilwasser ist eines der kostbarsten Güter in einem Land, in dem es praktisch nicht regnet. Daher wird es von alters her mittels eines ausgefeilten Systems auf die einzelnen, rundherum eingedämmten Felder aufgeteilt. Allerdings fließt es längst nicht immer von selbst zu allen Feldern, häufig muss es angehoben werden: nur noch selten mit pharaonischen Mitteln wie dem Göpelwerk *(Sakija)*, das von Ochsen oder Eseln angetrieben wird, oder - mühseliger - mit dem *Schaduf*, einem in der Mitte gelagerten Balken mit einem Eimer an der einen und einem Gegengewicht an der anderen Seite, oder der archimedischen Schraube, einer handbetriebenen Schneckenwelle, die sich in einem Rohr dreht. Heute übernehmen weitgehend Motorpumpen diese Arbeit.

Die Monsun-Regenfälle in Äthiopien lassen jährlich den Nil so anschwellen, dass er zwischen Juli und Oktober seinen Wasserspiegel bis zu 6 m anhebt und das gesamte Tal in einen einzigen See verwandelt. Allerdings wird der Unterlauf seit dem 1971 fertig gestellten neuen **Staudamm** *(Sadd el Ali)* von der Überschwemmung verschont: An der mächtigen Mauer unweit von Assuan staut sich das Hochwasser und kann jetzt gleichmäßig während des gesamten Jahres das Land versorgen. Doch löst der Staudamm keineswegs alle Probleme, sondern erzeugt neue Sorgen; lesen Sie hierzu mehr auf Seite 481.

Das Niltal ist mit einem weiteren Vorteil gesegnet: Der Wind weht, bis auf relativ kurze Unterbrechungen, fast immer von Nord nach Süd, d.h. entgegen der Laufrichtung des Nils. Dies trug sicher mit zur Entwicklung des Landes bei. Denn bereits die frühen Bewohner ließen sich in ihren Papyrusbooten flussabwärts treiben, flussaufwärts hissten sie die Segel und überließen dem Wind den Antrieb.

Aber Ägypten besteht nicht nur aus dem Nil. Im Westen erstreckt sich die endlose Weite der **Libyschen** (oder **Westlichen**) **Wüste** mit dem wegen seiner immensen Ausdehnung *Sandmeer* getauften Dünengebiet, mit dem siziliengroßen Tafelberg namens *Gilf Kebir* und den von der Erosion zernagten Felsgebilden, gesprenkelt mit ein paar von Dattelpalmen gesäumten Oasen. Auch diese einsame Landschaft hat sich seit den 70er Jahren dem Besucher erschlossen: Eine Asphaltstraße verbindet die Oasen und ermöglicht eine Reise, weit entfernt von der Hektik der Zivilisation.

Östlich des Nils erstreckt sich die **Arabische Wüste** bis zur Küste des Roten Meeres, deren bis zu 2000 m hohe Gebirgszüge aus Basalt, Granit, Diorit und anderem Hartgestein eine

Die Landschaft

streckenweise bizarre Kulisse bilden. Die Breite dieses Wüstenstreifens beträgt im Norden etwa 120 km, im Süden bis zu 300 km.

Über das **Rote Meer** sind auch ein paar Sätze zu sagen. Es liegt so weit nördlich des Äquators, dass die Wassertemperatur wesentlich niedriger sein müsste und dort normalerweise keine Korallen gedeihen könnten. Doch ein paar glückliche Umstände bewirken nahezu das Gegenteil: Die stets von Norden blasenden Winde treiben das Oberflächenwasser nach Süden, es wird aber an der nur 27 km breiten Schwelle zum Indischen Ozean, am Bab el Mandeb, nach unten gedrückt und fließt langsam zurück nach Norden. Dort taucht es im Winter wieder auf, wenn die kalten Nordwinde das Oberflächenwasser abkühlen. Dieser Kreislauf sorgt dafür, dass die Wassertemperaturen nie unter 20 Grad sinken; eine absolut lebenswichtige Voraussetzung für Korallen. Weiterhin besitzt das Rote Meer ein felsiges Ufer mit nur ganz wenigen Zuflüssen, d.h. nährstoffarmes, sehr klares Wasser; wiederum eine Überlebensbedingung für Korallen. Sein mit 4,1 % vergleichsweise hoher Salzgehalt (Atlantik 2,7 %) ist auf die hohe Verdunstung und auf Solequellen am Meeresboden zurückzuführen.

Die winzig kleine **Koralle** ernährt sich mittels Fangarmen von nachts vorbeiziehendem Plankton. Die Nährstoffarmut des Wassers kompensiert sie durch ein enges Zusammenleben mit Algen. Diese Symbiose ist übrigens für das bunte Farbspektrum des Korallenriffs und die Kalkausscheidung verantwortlich; ohne Algen würde dieser Prozess auf ein Zehntel verlangsamt.

Landschaftlich am beeindruckendsten ist der **Sinai**, die wüstenhafte Halbinsel mit ihren herrischen Gebirgszügen. Sie zwängt sich zwischen Afrika und Asien und liegt am Grabenbruch des Roten Meeres, der Fortsetzung des ostafrikanischen Grabenbruchs. Am Golf von Aqaba, an den steil ins Meer abfallenden Hängen des Grabenbruchs, liegen mit die schönsten Korallenriffe der Welt.

Ungefähr 40 % der ägyptischen Bevölkerung leben entlang der **Mittelmeerküste**: in der Millionenstadt Alexandria, im küstennahen Nildelta, an der Sinaiküste und der dünner besiedelten westlichen Küste bis zur libyschen

Ägypten besteht zum allergrößten Teil aus Wüste

2 Land, Leute und Vergangenheit

Ägyptens Kamele sind Dromedare

Jeder spricht vom *Kamel* in Ägypten, meint aber immer die einhöckrige Variante dieser Tiergattung, das *Dromedar (Camelus dromedarius)*. Denn eigentlich wird das Tier mit den zwei Höckern als *Kamel (Camelus bactrianus)* bezeichnet. Im Laufe der Evolution passte sich die Gattung optimal den Wüstenbedingungen an: Die so genannten Schwielenfüße sind bestens für sandiges Gelände geeignet, der sehr geringe Wasserbedarf und ihre Wasserspeicherfähigkeit von bis zu 150 Litern, die sie in speziellen Zellen bunkern und nicht im Höcker - er dient mit seinem Fett als Energiereserve für bis zu 30 Tage -, sichern die Überlebensfähigkeit bis zu zwei Wochen ohne nachzutanken. Und der hohe Hals überragt bei den meisten Sandstürmen die dichteren Schichten in Bodennähe. Seine doppelten Wimpernreihen schützen die Augen vor Sand.

Für den Menschen bietet das Kamel einen Nutzungsgrad wie kaum ein anderes domestiziertes Tier. Neben den allseits bekannten Reit- und Trageigenschaften produziert es Milch, Wolle, Fleisch und - Dung. Dieser eignet sich hervorragend als Brennmaterial, das schon so manchem Beduinen mitten in der baumlosen Wüste zu einem warmen Tee oder Mahl verholfen hat. Zum Schluss: Das Schimpfwort „Dummes Kamel" kann nur von dummen Menschen kreiert worden sein, die niemals mit dem Tier zu tun hatten.

Grenze. Dieser Abschnitt hat landschaftlich attraktive Regionen wie um Marsa Matruh zu bieten und wurde auf langen Strecken mit Ferienwohnanlagen für Ägypter zugemauert, die in der Sommerhitze dorthin flüchten. Doch dieser lange Strand wird besonders unter der bevorstehenden Klimaerwärmung zu leiden haben. *Egypt's Environmental Affairs Agency* sagt einen Anstieg des Mittelmeer-Wasserspiegels von 30 cm innerhalb der nächsten 13 Jahre voraus, der etwa 300 Quadratkilometer Land verschlucken und mindestens 500 000 Bewohner für immer vertreiben wird. Würde der Wasserspiegel um weitere 70 cm ansteigen, wären etwa 7000 Quadratkilometer Küstenlandschaft bedroht und u.a. die Großstadt Alexandria verloren.

Fauna und Flora

Der Esel, als geduldigstes Lasttier, begegnet dem Besucher allüberall, und häufig sieht man Wasserbüffel, die sich in Kanälen suhlen. Kamele werden mit zunehmender Motorisierung immer mehr verdrängt. Aber die Tourismusbranche erzeugt einen steigenden Bedarf, weil mehr und mehr Besucher auf dem zuverlässigen Wüstenschiff „offroad" gehen. Eine ähnliche Entwicklung haben die Pferde offenbar schon hinter sich, man sieht sie hauptsächlich in Reitschulen oder bei Züchtern. Die Fellachen halten als Haustiere Wasserbüffel oder Kühe, Ziegen, Schafe und Kleintiere wie Hühner und Gänse.

In den Berichten aus pharaonischer Zeit ist von einer Menge Wildtieren die Rede, die heute spurlos aus dem ägyptischen Leben verschwunden ist. Zugvögel haben sich Teile der Mittelmeerküste und den Südsinai als Rastplätze auf ihrem langen Weg ausgesucht. Aber auch die heimische Vogelwelt zählt viele Arten, sowohl in der Wüste als auch im Fruchtland. Jedem Besucher werden die weißen Kuhreiher auffallen, die in Scharen auf Feldern herumpicken.

Wichtig für den Besucher ist es, die **gefährlichen Tiere** zu kennen. Es gibt eine ganze Reihe von giftigen Schlangenarten, die sich im Sommer auf Steinen oder im Sand aufhalten, sich nachts oder in der kühleren Jahreszeit im Sand eingraben oder unter Steinen Schutz suchen. Als sicherste Mittel gegen Schlangenbiss gelten: Augen offen halten und aufpassen, Geräusche machen, damit die Schlange flüchten kann, festes Schuhwerk und Hosen als Schutz der Haut tragen. Die grünen und schwarzen Skorpione, die sich an dunklen Stellen wie z.B. in Stein- oder Mauerritzen aufhalten, sind nicht gerade lebensgefährlich, ihr Stich ist aber sehr schmerzhaft.

In Ägypten wächst das Umweltbewusstsein langsam, aber stetig. In den 80er Jahren wurden die ersten Nationalparks oder *Protected Areas* geschaffen, inzwischen zählt man 24 über ganz Ägypten verstreute, aus unterschiedlichsten Gründen geschützte Gebiete.

Auch das Niltal wurde nicht von landwirtschaftlichen Monokulturen verschont. Baumwoll- und Getreidefelder bestimmen vor allem im Delta die **Flora**. Die Fellachen bauen außerdem Reis, Zuckerrohr, Bohnen, Zwiebeln und eine Vielfalt von Gemüsesorten an, um nur das Wichtigste zu nennen. Im Übrigen wurde die Baumwollproduktion, die Präsident Nasser stark förderte, in ihrer Bedeutung von staatlicher Seite zurückgenommen, um die Gefahr der Monokulturen und der Abhängigkeit von Weltmarktpreisen zu mindern, obwohl Ägypten mit die beste Baumwolle weltweit produziert.

Bei den Bäumen beherrscht die Dattelpalme das Bild, die in etwa 40 Arten in Ägypten vorkommt und deren Früchte zwischen August und Dezember reif werden. An den Kanälen stehen Sykomoren als typische Bäume des Landes und Tamarisken, die Niltalstraße ist vielfach von Eukalyptusbäumen gesäumt. An seinen scharlachroten, großen Blüten wird Ihnen - wenn er im Frühling blüht - der Flamboyant-Baum auffallen. Der Jakaranda (Palisander) mit seinen blauen Blüten betört fast genauso durch seinen Duft wie durch sein Aussehen. In der Wüste stößt man in Wadis, in denen sich zumindest Feuchtigkeit halten kann, auf Akazien, häufig zusammen mit Kameldornbüscheln.

Verschwunden war das Wappenzeichen der Pharaonen, die Papyruspflanze, obwohl sie einst weite Flächen vor allem im Delta bedeckte und außerordentlich vielseitige Verwendung fand: die Wurzel und der untere Stamm als stärkehaltiges Nahrungsmittel, der Schaft für Behältnisse von Körben bis zu seetüchtigen Schiffen. Erst dem Exdiplomaten Dr. Rhagab gelang es in den 1960er Jahren, diese so elegante Pflanze im Südsudan wiederzufinden und für die Papiergewinnung nach altem Brauch nach Ägypten zurückzuholen.

Der Staat und seine Probleme

Vorbemerkung zu den nächsten Kapiteln: Zahlen und statistische Angaben zu Ägypten unterscheiden sich je nach Quelle um viele Prozentpunkte. Als einigermaßen zuverlässig erscheint uns das *CIA Factbook*, auf das viele der folgenden Daten zurückgehen.

Erst seit 1952 wirklich unabhängig, trotzdem immer wieder eine Art Spielball zwischen den Mächten, mit der Last von Kriegen und ständigen Militärausgaben befrachtet und mit einem hohen Anteil Analphabetentums geschlagen, hat sich Ägypten eine erstaunliche Position im internationalen Staatengerangel geschaffen. Obwohl das Camp-David-Abkommen, d.h. der Frieden mit Israel, eine schwere Belastung für die Führungsrolle Ägyptens in der arabischen Welt war, gehört diese Problematik längst der Vergangenheit an.

Die Arabische Republik Ägypten - *El Djum Hurriya Misr El Arabiya* - ist eine präsidiale Republik mit sehr starker Stellung des Präsidenten,

2 Land, Leute und Vergangenheit

Vergleich statistischer Daten Ägypten - Deutschland		
	Ägypten	Deutschland
Daten aus CIA Factbook		
Bevölkerungszahl (Juli 08)	81.713.517	82.369.548
davon älter als 65 (%)	4,7	20
davon 15-64-Jährige (%)	63,5	66,2
davon 0-14-Jährige (%)	31,8	13,8
Geburtenüberschuss (%)	1,682	-0,044
Lebenserwartung (Jahre)	71,9	79,1
Arbeitslose (2007, %)	9,1	8,4
Bruttoinlandsprodukt BIP (Mrd $)	128	3 322
Zuwachsrate (2007, %)	7,5	2,5
BPI pro Kopf ($)	1 565	34 200
Landwirtschaftl. Anteil am BIP (%)	13	0,8
Inflationsrate (2007, %)	11	2,3
Export (Mrd $)	25,72	1334
Import (Mrd $)	43,43	1089
Mobiltelefone (Mio)	30,047	84,3
Daten aus dem Länder-Lexikon Spiegel Online Archiv		
Säuglingssterblichkeit (pro 1000 Geb.)	28	4
Müttersterblichkeit (pro 100 000 Geb.)	130	4
Med. Versorgung (Ärzte/1000 Ew.)	0,5	3,4
Tourismus (Mio. Besucher, 2007)	8,24	21,5

allgemeinem Wahlrecht und der Hauptstadt Kairo. Amtsinhaber ist seit der Ermordung Sadats 1981 Hosni Mubarak, der 2005 mit 88,6 Prozent der Stimmen wiederum für eine weitere Amtsperiode von sechs Jahren gewählt wurde. Seine Partei NDP zog bei den letzten Wahlen erneut mit überwältigender Mehrheit von 311 Sitzen ins Parlament (insgesamt 454 Sitze). Auf den zweiten Rang wurden 112 Unabhängige gewählt, die meisten von ihnen gehören fundamentalistischen Gruppierungen an.

Um das Land im internationalen Vergleich einzuordnen, wird gern die Wirtschaftsleistung als Maßstab genommen. Bei Betrachtung der absoluten Zahlen steht Ägypten unter den 190 im CIA-Factbook aufgelisteten Ländern auf Platz 52 von insgesamt 179 Kandidaten, das sieht nicht schlecht aus. Bei einer Pro-Kopf-Betrachtung landet Ägypten bei der Weltbank auf Rang 89 von 167 aufgeführten Ländern, im Factbook auf Platz 102 unter 190 Kandidaten. Die oberen Plätze halten, wie könnte es anders sein, die dünn besiedelten Ölförderländer.

In der nebenstehenden Tabelle *Vergleich statistischer Daten Ägypten - Deutschland* sind noch ein paar weitere Eckpunkte zusammengetragen, hier im Vergleich zu Deutschland, das von der Bevölkerungszahl her im Augenblick ähnlich liegt (bzw. nach Drucklegung dieses Buches bereits überholt sein wird). Einige Zahlen werden weiter unten im Text noch näher beleuchtet. Hier soll in diesem Zusammenhang auf eins der drängendsten Probleme des Landes eingegangen werden.

Die zum Teil vom Weltmarkt importierte galoppierende Inflation (im April 2008 16%) ist von vielen Menschen kaum mehr zu stemmen, besonders bei den Lebensmittel-Preissteigerungen: Sie stiegen innerhalb eines Jahres (Mitte 2007 bis Mitte 2008) um etwa 25% im Durchschnitt, darunter Speiseöl um 100%, Mehl und Reis über 50%. Durch Spritpreiserhöhungen um über 30% stiegen die Fahrtkosten massiv, auch das ein Schlag für die unzähligen Pendler.

Ein durchschnittlicher Fabrikarbeiter verdient etwa 250-300 £E, das entspricht 30-35 € pro Monat oder ca. 1 € pro Tag. Mit einem so geringen Einkommen – von dem etwa 40 % der Bevölkerung leben müssen - können praktisch nur die Grundbedürfnisse befriedigt werden. Preissteigerungen in diesem Sektor treffen den Lebensnerv der Ärmsten am härtesten. Doch auch Beamte sind kaum besser gestellt, das Spitzengrundgehalt eines Professors beträgt rund 160 € im Monat, allerdings kann er noch knapp 100 € an Zulagen zusätzlich einnehmen.

Die bittere Armut trieb zu einer bis dahin unbekannten Streikwelle, Hungeraufstände genannt, obwohl Streiks verboten sind. Waren es 2007 etwa 600 nur lokale, kleinere Aufstände, so gingen im Frühjahr 2008 die Textilarbeiter in Mahalla im nördlichen Nildelta massiv auf die Barrikaden. Mindestens drei Menschen kamen ums Leben, über 100 wurden verletzt, als die Polizei mit Gewalt gegen die Verzweifelten vorging. Immerhin reagierte Präsident Mubarak auf die landesweiten Proteste und erhöhte zum 1. Mai die Beamtengehälter um 30 % und bat die privaten Arbeitgeber um ähnliche Lohnerhöhungen. Aber auch das ist im Grunde nur ein Tropfen auf den zum Bersten heißen Stein. Der Staat will die zusätzlichen Kosten durch weitere Preiserhöhungen bei Benzin, Gas, Zigaretten und Streichung von Subventionen wieder eintreiben – die Inflation wird also weiter angeheizt.

Bei diesen Zahlenangaben bleiben die nach offiziellen Angaben 9%, tatsächlich aber eher 20% Arbeitslosen außen vor. Hartz-IV oder ähnliche Synonyme für staatliche Unterstützung sind in Ägypten unbekannt. Stattdessen greift das soziale Netz der Großfamilie, das so schnell niemanden verhungern lässt. Aber was passiert, wenn auch die wenigen Einkommen im Familienverbund nicht mehr ausreichen, um alle Münder zu stopfen? Die Zukunft sieht nicht rosig aus.

Schule, Bevölkerungsexplosion

Der Schulbesuch ist bei Schulgeld- und Lehrmittelfreiheit obligatorisch. Die Analphabetenrate liegt bei den über 15-Jährigen aber immer noch hoch, doch die ganz junge Generation ist inzwischen weitgehend alphabetisiert. 2005 konnten, laut CIA Factbook, 83% der Männer und 59% der Frauen schreiben und lesen. An den Universitäten und sonstigen Hochschulen waren 1999 (jüngere Zahlen liegen nicht vor) rund 350 000 Studierende eingeschrieben, davon über die Hälfte Frauen.

Das Leben der ägyptischen Jugend ist hart, es wird schon früh von Arbeit und Existenzkampf geprägt. Die allgemeine Schulpflicht ist auf sechs Jahre festgelegt, ab dem 12. Lebensjahr gestattet das Gesetz täglich sechs Stunden leichtere Arbeit. Vorsichtige Schätzungen gehen davon aus, dass ca. 1,5 Millionen Kinder unter 15 Jahren ständig arbeiten.

Um den Bildungswillen auch breiter Bevölkerungsschichten anzureizen, hatte sich unter Präsident Nasser der Staat verpflichtet, alle Hochschulabsolventen, die anderweitig keine Anstellung finden, nach zwei Jahren Wartezeit in den Staatsdienst zu übernehmen. Diese löbliche Absicht führte dazu, dass sich die Bürokratie, wo immer möglich, noch mehr aufblähte, und dass viele Stellen mehrfach besetzt wurden, ja dass es Büros gibt, in denen weder genug Tische noch Stühle für die Staatsdiener vorhanden sind. Hinzu kommen die „fürstlichen" Gehälter, mit denen Ägyptens Beamte abgespeist werden und die das Engagement der Staatsdiener nicht gerade fördern.

Der Verwaltung, der auch die Aufklärung über Familienplanung obliegt, ist es nur in Grenzen gelungen, den Bevölkerungszuwachs des überaus fruchtbaren Landes einzudämmen. Denn so lange eine Altersversorgung nicht glaubwürdig gesichert ist, nimmt einem Ehepaar eigentlich nur eine entsprechende Anzahl von Nachkommen die Vorsorge fürs Alter ab; dies sei als einer der wichtigen Gründe für den Geburtenüberschuss genannt.

Während Sie die letzten Zeilen gelesen haben, sind bereits zwei Kinder in Ägypten (statistisch) auf die Welt gekommen: alle 14 Sekunden eine Geburt. Abzüglich der Sterberate ergibt sich derzeit ein Geburtenüberschuss von 1,68 % (vor 10 Jahren noch 2,6 %), d.h. alle zwölf Monate wächst Ägypten um etwa 1,4 Mio Menschen. Und diese Menschen benötigen Schulen, Universitäten, Arbeitsplätze, Wohnungen - selbst hoch industrialisierte Länder wären mit einem derartigen Problem überfordert.

Um 2000 vC lebten etwa 1 Mio Menschen im pharaonischen Reich, für Mitte 2008 gibt das CIA Factbook rund 81,7 Mio Menschen (Juli 2008, geschätzt) an; ein Drittel davon ist

2 Land, Leute und Vergangenheit

jünger als 14 Jahre. Die durchschnittliche Lebenserwartung beträgt 71,9 Jahre. Obwohl Ägypten dreimal größer als die Bundesrepublik Deutschland ist, steht nur eine landwirtschaftliche Nutzfläche von 2,9% der Landesfläche - ungefähr die Größe Baden-Württembergs - zur Verfügung. Auf dieser Fläche drängen sich fast achtmal mehr Menschen als im Land der Schwaben.

Nicht zu vergessen ist, dass die Nutzfläche trotz aller Anstrengungen nicht beliebig in die Wüste ausdehnbar ist. Vielmehr gehen jährlich in Ägypten etwa 8 % wertvoller Ackerboden durch Versandung, Straßen- und Hausbau sowie Ziegelproduktion verloren. Es war schlechterdings unvorstellbar, wo die nächsten 50 Mio Ägypter Platz finden sollten - bis das so genannte *Toshka-Projekt* ins Leben gerufen wurde, das die Agrarfläche Ägyptens massiv durch Neulandgewinnung mit Bewässerungssystemen in der Westlichen Wüste erweitern soll (siehe Seite 517).

Auch der Wohnungsmarkt ist mit Problemen befrachtet. So kostet eine mäßige Dreizimmer-Altbauwohnung in Kairo nur ein paar Pfund Miete, weil Nasser die Mieten auf einem niedrigen Niveau eingefroren hatte; seither wurden sie nicht dem allgemeinen Preisniveau entsprechend erhöht. Die Mieteinnahmen sind bis heute so gering, dass sie die Unterhaltskosten für die Häuser kaum oder überhaupt nicht tragen und daher viele Hausbesitzer wenig zur Erhaltung oder gar Modernisierung unternehmen.

Der trotzdem vorhandene Bauboom treibt immer wieder tödliche Blüten. Da werden Häuser mit so schlechtem Baumaterial zusammengeklebt, dass sie die Last der Bewohner nicht tragen und einstürzen. Oder man stockt ohne Überprüfung der Statik und ohne Baugenehmigung alte Häuser auf, die dann gemeinsam mit dem Neugebauten zusammenfallen.

Die letzte Volkszählung von 1996 ergab, dass die Landflucht stark zurückging. Es hat sich der Trend verstärkt, ein Häuschen weit entfernt von der Großstadt zu bauen und per Minibus täglich bis zu 50 km zur Arbeit zu pendeln. Allerdings steht es um die Infrastruktur der meist illegal gebauten Häuser ziemlich schlecht. 20 % fehlt der Zugang zu elektrischem Strom, 50 % zur Trinkwasserversorgung, und 80 % der Haushalte auf dem Land haben keinen Abwasseranschluss, d.h. das Abwasser versickert oder wird auf die Straße geleitet.

Die heutige und zukünftige Bevölkerung will und muss auch ernährt werden. Bis in die 60er Jahre konnte Ägypten den Eigenbedarf im Agrarsektor selbst decken. Durch Bevölkerungsexplosion und höheren Pro-Kopf-Verbrauch haben sich die Verhältnisse stark geändert. Große Mengen Grundnahrungsmittel wie Weizen, Zucker, Fleisch u.a.m. müssen importiert werden, weil die Nahrungsmittelproduktion nicht mithalten kann und die Unterdeckung, die erst 1978 einsetzte, immer mehr zunimmt. So sank z.B. der Selbstversorgungsgrad des Landes bereits in den 1990er Jahren bei Weizen auf 26 %, bei Mais auf 65 % und bei Zucker auf 62 %. Die Selbstversorgungsrate erreicht bei Grundnahrungsmitteln knapp 50 % des Bedarfs.

Da eine wesentliche Zunahme des fruchtbaren Bodens nicht mehr möglich erscheint - abgesehen von den Neulandgewinnungsprojekten -, kann nur der Ertrag des vorhandenen Ackerlandes gesteigert werden. Dies ist nach Meinung von Landwirtschaftsexperten durchaus möglich, stößt jedoch auf eine Reihe von Hindernissen, die teils in der Tradition uralter Anbaumethoden zu suchen sind, zum anderen in der mangelnden Investitionskraft und -bereitschaft der Bauern. Schon heute reicht der durchschnittliche Ertrag den meisten Fellachen kaum für das Nötigste zum Lebensunterhalt; wo sollen Mittel für z.B. besseres Saatgut, zusätzliche Düngemittel oder die notwendige Drainage gegen die Versalzung der Böden herkommen? Die Ägypter haben sich in der Vergangenheit als sehr anpassungsfähig erwiesen. Dies muss einer der Schlüssel sein, um die immer größere Enge im Niltal in der Zukunft zu meistern.

Die skizzierten Probleme stellen nur einen kleinen Ausschnitt des Berges dar, vor dem Ägypten steht. Der Besucher des Landes sieht meist nur die Spitze des Eisbergs - weder antike Stätten, noch Badestrände, Wüsten oder die Souks der Städte machen allein das Land am Nil aus. Die Realität, vor der wir nicht die Augen verschließen können, begegnet uns während jeder Stunde unseres Besuches: Es sind die Mitmenschen mit ihren Freuden, existentiellen Sorgen und Nöten.

Wirtschaft, Öl und Energie

Ägypten zählt nach Weltbank-Klassifikation auch heute noch zu den so genannten halbindustrialisierten Ländern mit einem mittleren Pro-Kopf-Jahreseinkommen von $ 5500 (2007) - mit 31,7 Milliarden $ (2007) allerdings auch zu den stark verschuldeten Ländern der Dritten Welt.

Die Klassifikation der Weltbank kann dem Besucher durchaus Anlass sein, über die Zeitläufte und das Auf und Ab der Geschichte zu philosophieren: Ein Land, das jahrtausendelang Weltmacht oder führende Macht war, um dessen Gunst so viele buhlten, kämpft heute eher ums Überleben als um weltpolitischen Einfluss.

Mit der von Präsident Sadat eingeführten sog. Open-Door-Wirtschaftspolitik kam Ägypten wirtschaftlich voran. Zwar sind immer noch 32 % der Erwerbstätigen in der Landwirtschaft beschäftigt, aber 17 % hat die aufkeimende Industrie absorbiert, 51 % arbeiten im Dienstleistungsbereich einschließlich Verwaltung und Militär. 2,5 Mio Gastarbeiter, die hauptsächlich in der Golfregion beschäftigt sind, tragen mit ihren Devisenüberweisungen erheblich zur Entlastung des Staatshaushaltes bei. Diese Entlastung des einheimischen Arbeitsmarktes hat durchaus eine Kehrseite: Diejenigen, die ins Ausland gehen, sind meist die Tatkräftigsten und Hochqualifizierten. Damit fehlen gute Handwerker und Facharbeiter, aber auch gute Ärzte oder Ingenieure in dem Land, das sie unter hohen Kosten ausgebildet hat.

Im vorigen Jahrhundert eroberte sich Ägypten mit seinen Baumwollexporten eine zeitweise dominierende Stellung auf dem Weltmarkt. Die Böden des Nildeltas sind besonders für den Anbau des *weißen Goldes* geeignet, der langfasrigen Baumwolle. Auch heute ist die Naturfaser noch ein wichtiger Rohstoff, sowohl für die inländische Weiterverarbeitung in Spinnereien und Textilfabriken als auch für den Export; Ägypten zählt daher zu den großen Baumwollproduzenten weltweit. Die Revolution Nassers zerschlug den monopolartigen Großgrundbesitz der „Baumwollbarone", danach herrschte der Staat als alleiniger Monopolist über dieses Wirtschaftsgut - mit allen negativen Konsequenzen, vor allem der lähmenden ägyptischen Bürokratie.

Der Suezkanal trägt wesentlich zum Staatshaushalt bei

2 Land, Leute und Vergangenheit

Doch Erdöl, das *schwarze Gold*, hat der Baumwolle als Exportschlager den Rang abgelaufen. Ägypten liegt zwar nicht weit von der ölreichen Golfregion entfernt, hat aber vergleichsweise nur bescheidene eigene Ölvorkommen. Sie konzentrieren sich vor allem im Golf von Suez, mit Schwerpunkt bei Abu Rudeis auf der Sinai-Seite und Ras Gharib auf der „Festland"-Seite. Weitere Explorationen finden in der Libyschen Wüste statt, wo relativ ergiebige Lagerstätten gefunden wurden. Viel versprechend sind sehr große Erdgasvorkommen, die derzeit erschlossen werden und sich zu einer wichtigen Devisenquelle entwickeln sollen.

Etwa 80%.der Erdölproduktion - die seit 1973 ständig wuchs - wird für den Eigenbedarf des Landes benötigt. Mit viel Kraft wird an neuen Energiekonzepten für die Zukunft gearbeitet. Alle Ressourcen des Landes sollen genutzt werden. Wichtigster Energielieferant in Form von Elektrizität war der Nasser-Stausee. Zusammen mit dem Bau bzw. Ausbau von Staustufen bei Esna, Nag Hammadi und Assiut konnte die vorhandene Wasserkraftkapazität noch um etwa 20 % gesteigert werden, deckt aber heute nur mehr 19 % des Bedarfs. Alle weitere elektrische Energie muss aus fossilen Brennstoffen erzeugt werden, unter anderem durch das im Land gewonnene Erdgas. Zusätzlich ist der seit vielen Jahren diskutierte Bau eines Kernkraftwerks bei El Daba an der Mittelmeerküste inzwischen beschlossen.

Gern spricht man in Ägypten von den *Big Four* der Devisenbringer, das sind die Überweisungen der ägyptischen Gastarbeiter (10 Mrd $), die Einnahmen aus dem Touristikgeschäft (7,6 Mrd $), Erdölexporte (2,3 Mrd $) und Einnahmen aus dem Suezkanal (3,3 Mrd $). Die Tourismusindustrie ist auch einer der großen Arbeitgeber Ägyptens mit etwa 2,5 Mio direkten und indirekten Jobs.

Der Tourismus als zweitwichtigste Stütze des Devisenhaushalts hatte 1996, im Jahr vor dem Luxor-Massaker, 3,9 Mio Besucher zu verbuchen, 1998 ging diese Zahl drastisch zurück, aber im nächsten Jahr kamen bereits 4,9 Mio Gäste; dieses Verhalten hat sich auch bei den folgenden Anschlägen jeweils kurzfristig wiederholt. 2007 besuchten über 7 Mio Touristen das Land, davon kamen 1,52 Mio aus Russland, an zweiter Stelle lag Deutschland mit 1,05 Mio. Das Tourismusministerium ließ verlauten, dass 78 % der von Touristen hinterlassenen Devisen im Land verbleiben, d.h. dass weniger als ein Viertel der Einnahmen für den Unterhalt touristischer Einrichtungen wieder abfließen. Für die Richtigkeit dieser guten Quote - in anderen Entwicklungsländern sollen 3/4 der Einnahmen wieder abfließen - spricht auch die weitgehend inländische Versorgung mit langlebigen Konsumartikeln wie Kühlschränken, Fernsehern etc.

Obwohl Ägypten sehr viel bessere Voraussetzungen für eine wirtschaftlich gute Entwicklung als andere Entwicklungsländer hat, sorgt der Staat selbst nicht nur durch ausufernde Bürokratie, sondern auch durch zum Teil extreme „Subventionitis" für negative Preisverzerrungen und nimmt manchem Erzeuger Anreize zu höherer Produktion.

So liegen die Energiepreise weit unterhalb des Weltmarktniveaus, was einer sehr hohen indirekten Subvention gleichkommt. Die Preise von Grundnahrungsmitteln werden in der Größenordnung von 6 Mrd $ gestützt. Die galoppierende Inflation auf dem Weltmarkt hat zu ähnlichen inländischen Preissteigerungen geführt. Zwar wurden die Spritpreise massiv angehoben, doch liegen sie immer noch deutlich unter dem Weltmarktniveau. Ein Ausweg aus dem Dilemma der direkten und indirekten Subventionen ist nicht in Sicht: Die Einkommen der sozial schwachen Schichten sind so niedrig, dass sie auf die preiswerten Grundnahrungsmittel angewiesen sind.

1991 setzte der Internationale Währungsfond (IWF) bei der ägyptischen Regierung ein Liberalisierungsprogramm zur Sanierung der Wirtschaft durch. Damit sind die meisten Preise freigegeben, Einfuhrbeschränkungen - welche vor allem die häufig unwirtschaftlich produzierenden Staatsbetriebe schützten - aufgehoben und der Kapitalmarkt geöffnet worden. Kairo, das vor dem Zweiten Weltkrieg die sechstgrößte Börse der Welt betrieb, will im internationalen Börsengeschehen wieder mitmischen und die ehemalige Bedeutung zurückgewinnen. Der IWF konnte zwar erreichen, dass eine Reihe von Staatsbetrieben privatisiert wird, allerdings verläuft der Prozess sehr schleppend, nicht zuletzt, weil viele Managementposten mit Günstlingen besetzt sind, die bei der Privatisierung ihre Positionen verlieren würden.

Aber solange die prinzipiellen Probleme der Wirtschaft, wie gesetzlich verordnete Überbesetzung von Arbeitsplätzen, Schutz vor Wettbewerb und damit international nicht wettbewerbsfähige Unternehmen, nicht gelöst sind, bleiben Investitionen oder der Aktienmarkt für ausländische Anleger wenig interessant.

Dennoch hat sich die ägyptische Wirtschaft im letzten Jahrzehnt gut entwickelt, das Bruttoinlandsprodukt wuchs stetig um durchschnittlich 5-6 % pro Jahr; nach Expertenaussagen ist diese Rate auch in Zukunft dringend erforderlich, um die „Kosten" des Bevölkerungswachstums aufzufangen.

Ab 1996 wurden alle Investitionsgesetze novelliert, um mehr ausländisches Kapital ins Land zu locken. So fiel die Beschränkung auf 49 % der Anteile bei der Gründung oder Beteiligung von Unternehmen. Immobilien bis hin zu Flughäfen oder Energieanlagen können seither uneingeschränkt gekauft werden. Wenn Sie also in ägyptische Feriensiedlungen investieren wollen: Es winken 10 Jahre Steuerfreiheit und - angeblich - hohe Renditen...

Nach einer UN-Statistik (FDI Report 2007) wurden 2006 in Ägypten 10 Mrd $ an Direktinvestitionen von Firmen getätigt, das waren immerhin 30 % der Direktinvestitionen in ganz Afrika. Die Steigerung wird auf die umfangreichen Wirtschaftsreformen der letzten Jahre und den zunehmenden Bürokratieabbau zurückgeführt; für 2008 rechnet der Wirtschaftsminister mit 15 Mrd $ ausländischer Investitionen – ein Zeichen für das zunehmende Vertrauen.

Wenn man abends durch Kairos enge Gassen wandert und noch ganze Heerscharen bei der Arbeit sieht, glaubt man kaum, dass Ägypten sehr stark gewerkschaftlich organisiert ist. In allen Betrieben mit mehr als 50 Mitarbeitern sind Gewerkschaftskomitees zu wählen, die u.a. über die Gewinnverteilung und eine Gratifikation für Arbeitnehmer in Abhängigkeit vom Unternehmensgewinn mitbestimmen. Darüber hinaus kümmern sie sich um die Arbeitsbedingungen, Alphabetisierungsmaßnahmen, soziale Einrichtungen oder Wohnungsbaugenossenschaften.

Die gesetzliche Arbeitszeit ist auf 48 Wochenstunden begrenzt, allerdings gilt praktisch überall die 42-Stunden-Woche. Für die über 20 Einzelgewerkschaften gibt es kein Streikrecht, Streitfragen sind durch Konsens zu lösen, Löhne und Gehälter legt die Volksversammlung fest.

Die Menschen und ihr Alltag

Städtische Bevölkerung

Sehr bald kann der Besucher der Metropole Kairo erkennen, dass sich die Gesichter und Gestalten der Ägypter deutlich in verschiedene Kategorien einteilen lassen. Im Zentrum der Stadt begegnet man der modernen, erstaunlich breiten Mittelschicht: Männern, die mittlere oder höhere Schulbildung erworben haben, die in Kasernen gedrillt wurden oder gar Erfahrungen auf Kriegsschauplätzen machen mussten, die betont nationalistisch und stolz auf ihr Land sind, ebenso Frauen, die durch gute Schulbildung ansehnliche Stellen im Berufsleben erreichten.

Für sie bestimmt nicht die Religion allein den Tagesablauf; sie kennen zumeist westliches Denken und handeln weit pragmatischer, als es in orthodoxen Nachbarländern vorstellbar ist. Dennoch bleiben sie fest im Islam verwurzelt.

Der überwiegende Teil der städtischen Bevölkerung setzt sich aus Nachkommen der Araber zusammen, die im 7. Jh das Land besetzten und kolonialisierten. Ihr Anteil wird auf etwa 20 %

2 Land, Leute und Vergangenheit

der Gesamtbevölkerung geschätzt. Sie sind mittelgroß, schlank und grazil, relativ hellhäutig und haben die typisch semitische, keilförmige Nase.

Fellachen

Etwas anders sieht die Situation nur wenig entfernt von Kairo aus: Das Leben in den Dörfern änderte sich seit Jahrtausenden nur wenig; zumindest äußerlich. Die Fellachen (arabisch *Bauern*) haben sich kaum mit Fremden vermischt; viele sind direkte Nachkommen der pharaonischen Ägypter, kräftig-drahtige Menschen, genügsam und sehr konservativ. Für sie gibt es keine andere Vorstellung, als die Traditionen der Väter fortzuführen, mit Hingabe und fast ausschließlich für die Familie zu leben. Hier bestimmt die Zahl der Kinder sehr wesentlich das Ansehen des Mannes, die Frau hat sie zu gebären und aufzuziehen.

Die Fellachen sind von Natur aus fröhliche, herzliche Menschen, die gern lachen und das Leben auf ihre Art, manchmal durch „positives Nichtstun" genießen. Ihrer Umwelt gegenüber sind sie freundlich und hilfsbereit. Wer diese Menschen bei ihrer Feldarbeit beobachtet und die Gelassenheit wahrnimmt, mit der sie ihrem nicht leichten Los nachgehen, der findet bald viel Bewunderung, wenn er näher mit ihnen bekannt wird.

Bis zur Revolution 1952 gehörte der allergrößte Teil des fruchtbaren Landes nur wenigen großen Familien. Die Fellachen waren zumindest im übertragenen Sinn mehr Sklaven als Pächter der Landeigner. Unter der von Nasser eingeleiteten Agrarreform wurde das Land gleichmäßiger verteilt; die Fellachen avancierten von Pächtern zu Eigentümern. Allerdings hat die Tradition der Erbteilung bereits jetzt die Erbmasse stark zerstückelt, weil der Vater seinen Besitz unter den Söhnen aufteilt. So bleibt häufig für den einzelnen Erben so wenig übrig, dass er kaum davon leben kann - häufig genug müssen die unwirtschaftlichen Kleinflächen an vermögende Nachbarn verkauft werden, und diese wachsen schließlich zu Großfarmen.

Koptische Bevölkerungsgruppe

Als weitere eigenständige Bevölkerungsgruppe sind die Kopten zu betrachten, die der koptischen Form des Christentums anhängen. Sie vermischten sich seit der arabischen Eroberung Ägyptens kaum mit Fremden und sind rein ethnisch nahezu reinrassige Nachfahren der alten

Fleißige Bauern kehren von der Feldarbeit zurück

Ägypter, d.h. der römisch-hellenistisch geprägten Bevölkerung zur Zeit der arabischen Eroberung 639. Muslime durften ihren Glauben nicht verlassen, mischten sich zwar mit den neuen arabischen Herren, aber nicht mit den andersgläubigen Volksgenossen. Die Kopten blieben daher bis heute praktisch unter sich, pflegten eine Spätform der altägyptischen Sprache in ihren Gottesdiensten und hielten gegen alle Widerstände und Benachteiligungen an ihrem Glauben fest.

Die Kopten nennen sich *Gypt* und sind der Meinung, dass die Bezeichnung *Ägypten* auf sie zurückzuführen sei. Die offiziellen Zahlenangaben über ihren Bevölkerungsanteil schwanken zwischen 5 bis 12 % der Gesamtbevölkerung. Allerdings äußerte der ägyptische Religionsminister Zakzouk während des Evangelischen Kirchentages 2007 in Köln, dass die Anzahl der [Kopten bei ca. 11 Millionen liege; das entspräche etwa 16% der Bevölkerung Ägyptens.

Durch die ihnen vom Islam auferlegte Isolation wurden die Kopten von vielen Berufen und vom politischen Leben über viele Jahrhunderte ausgeschlossen. So spezialisierten sie sich u.a. auf das Bank- und Finanzwesen, das ohne sie zusammenbrechen würde, und auf handwerkliche Berufe. Eine koptische Gruppe allerdings wurde weit abgedrängt und beherrscht ein ganz anderes Gebiet: die Müllabfuhr von Kairo, über sie wird auf Seite 264 berichtet. - Zum koptischen Christentum können Sie ab Seite 120 nähere Informationen nachlesen.

Beduinen

Wenden wir uns noch den Beduinen zu. Nur etwa 50.000 (die Zahlenangaben schwanken sehr) leben noch als Nomaden, die überwiegende Anzahl wurde in den letzten Jahrzehnten sesshaft. So verdingen sich viele Sinai-Beduinen in den Ölfeldern und im Tourismus.

Die *Awlat Ali Beduinen* der Libyschen Wüste siedelten sich in den neu erschlossenen Gebieten im Bereich der Mittelmeerküste oder des Deltas an. Auch von ihnen leben einige vom Tourismus; die Fremdenführer bei den Pyramiden stammten ursprünglich fast ausschließlich aus ihren Reihen. In den Gebirgen der Arabischen Wüste, also östlich des Niltals, nomadisieren noch *Ababda-Beduinen* und einige Stämme mehr. Sie sind übrigens nicht arabischen Ursprungs, sondern Hamiten.

Das Leben der Beduinen hat fast nichts mit dem der Fellachen gemein. Im Gegenteil, die stolzen Beduinen schauen auf die in der Erde wühlenden Fellachen etwas mitleidig herab; die Fellachen wiederum sorgten sich beim Auftauchen von Beduinen-Viehherden um ihr Grünzeug. Der Unterschied zwischen den beiden Gruppen könnte kaum krasser sein, denn das harte Leben in der Wüste verlangt den Bewohnern ganz andere Verhaltensweisen ab.

Die (nomadisierenden) Beduinen müssen um jede Möglichkeit der Selbsterhaltung wissen, die geringsten Zeichen von Fruchtbarkeit oder Wasser erkennen können. Sie sind auch heute noch gezwungen, alle ihre Fähigkeiten zum Überleben einzusetzen; sie legen weite Entfernungen mit ihren Herden zurück, um den spärlichen Bewuchs der Wüste für Tier und Mensch zu nutzen. Daher zählt ständige Beweglichkeit zu einer der Grundbedingungen ihres Lebens. Ihre Zelte aus schwarzen Ziegenhaardecken konnten schnell abgebaut und auf die Kamele verladen werden. Die Gerätschaften des täglichen Lebens sind auf das Nötigste beschränkt, der größte Teil des Eigentums musste aus eigener Kraft mitwandern. Viehherden sind die entscheidenden Mittel im Überlebenskampf; diese Besitztümer wird man nur dann verzehren, wenn festliche Anlässe oder wirkliche Notfälle danach rufen. Normalerweise ernährt sich der Beduine von den Grundprodukten Datteln, Ziegenkäse, Brotfladen und Kamelmilch, die entsprechend miteinander verarbeitet werden, z.B. besteht die wichtigste Speise - *Ayesh* genannt - aus Kamelmilch, die mit Mehl verrührt wird. Im Küstenbereich bringt Fischfang Abwechslung in den Speiseplan.

Die Sinai-Beduinen - von denen hier vor allem die Rede ist - halten als Hauptherde Ziegen, seltener Schafe (obwohl diese ökologisch an-

2 Land, Leute und Vergangenheit

gepasster wären, da sie beim Fressen nicht die Wurzeln der Pflanzen herausreißen) und Kamele, die mehr als Arbeitstiere anzusehen sind. Jeder Stamm - dem ein Sheikh vorsteht - hat ein bestimmtes Territorium, in dem er die saisonal günstigsten Weidegebiete aufsucht. Während der Dattelernte im Spätsommer kehrt zumindest der größte Teil der Familie in die Oasen zurück.

Die Beduinen-Frauen sind sehr viel selbstbewusster als andere Muslimdamen, da hier jede Aufgabe mehr oder weniger direkt mit dem Überleben zusammenhängt. Wie üblich auf der Welt, gehört zu ihrem Aufgabenbereich das Kochen, aber sie müssen auch das nötige Brennmaterial dafür einsammeln. Sie kümmern sich um die Kinder, sie hüten die Ziegen und weben z.B. die Ziegenhaar-Zeltbahnen. Die Männer sind verantwortlich für die Tiere, insbesondere die Kamele, und für die täglichen Entscheidungen, unter denen die wichtigste der richtige Weg zum nächsten Weideplatz ist. Sie sind die Beschützer der Familie, und sie waren, zumindest in früheren Zeiten, die Stammeskrieger.

Die Wüste ist erbarmungslos, Fehlverhalten kann schnell zum Tod führen. Daher gibt es seit alters eherne Gesetze, die unbedingt konformes Verhalten einer Gruppe und Sippe erzwingen. Vermutlich lässt sich das biblische „Auge um Auge, Zahn um Zahn" auf die harten Gesetze dieser Wüstenbewohner zurückführen, denn z.B. muss dem Todfeind drei Tage lang Gastrecht gewährt werden - hat er das Lager verlassen, ist er schutzlos und schlimmstenfalls gegen eine Kugel nicht gefeit. Auch die Blutrache ist angeblich noch nicht ausgestorben.

Doch im Leben der Beduinen macht sich die neue Zeit mit Riesenschritten bemerkbar. Man wird kaum noch Zelte finden, zu denen nicht die Spur eines Pickups führt, der das Kamel als Transportmittel abgelöst hat. Viele Zelte wurden durch Häuser innerhalb von Siedlungen ersetzt, in denen die Regierung Schulen einrichtete, um die Analphabetenquote zu senken. Neue oder modifizierte Wertvorstellungen greifen um sich, nicht zuletzt durch den Kontakt mit sesshaften Ägyptern oder Touristen. Es wird nicht mehr lange dauern, bis das echte Nomadentum endgültig der Vergangenheit angehört.

Nubier

Die Nubier, mit denen sich die Pharaonen so manche Schlacht lieferten, lebten ursprünglich südlich von Assuan, nilaufwärts an den dort immer karger werdenden grünen Flecken, bis in die Gegend des sudanesischen *Dongola*. Mit dem ersten, gegen Ende des 19. Jh errichteten Staudamm in Assuan schrumpfte ihr Land erheblich, nach dem Bau des Hochdamms in den 1960er Jahren ging es endgültig verloren.

Die etwa 15 000 ägyptischen Nubier – sie zählen zu den *Nil-Nubiern* - sollten eine neue Heimat hauptsächlich in der Nähe von Kom Ombo finden, eine kleinere Gruppe bei Esna. Die vor der Umsiedlung gegebenen Versprechen wurden zwar einigermaßen eingehalten, aber die neu angelegten Reißbrettdörfer entsprachen nicht dem ehemals gewohnten Großfamilienleben. Seit sich die Lage des Stausees stabilisiert hat, zieht es einige Nubier zurück an den Rand der früheren Heimat; aber Siedlungen im alten Sinn werden kaum entstehen können.

Die dunkelbraunen, schlanken Menschen sprechen dem Arabischen fremde Sprachen, das *Nobiin* und am meisten das *Kenzi*. Sie grenzen sich im privaten Bereich von den Ägyptern ab und verkehren hauptsächlich untereinander. Denn immer noch werden Vorurteile aus alter Tradition gegen sie gepflegt.

Häufig sieht man sehr dunkle Menschen mit negroiden Zügen. Es sind die Nachfahren der Sklaven, die im vorigen Jahrhundert in Ägypten „hängen blieben" und häufig die niedrigsten Arbeiten zu verrichten hatten. (Siehe auch www.thenubian.net/index.php.)

Täglich Freud und Leid

Das tägliche Leben zeigt in jedem Land viele Gesichter. Daher hier nur ein paar Blicke hinter die hohen Mauern, die ägyptisches Familienleben

Täglich Freud und Leid

abschirmen. Die aus Nilschlamm errichteten Häuser der Fellachen (im Delta-Gebiet wegen des häufigeren Regens meist aus gebrannten Ziegeln) könnten wegen ihrer isolierenden Eigenschaften den klimatischen Verhältnissen kaum besser angepasst sein; leider werden sie zusehends von Betonbauten abgelöst. Meistens bestehen sie aus einem Hauptraum, der direkt hinter der Eingangstür liegt, in dem sich der größte Teil des Lebens abspielt. Die Einrichtung besteht aus Sitzbänken und Matten, in besser gestellten Haushalten mit Radio und Fernseher.

Einen Küchenraum in unserem Sinn gibt es selten; Backofen und offene Feuerstelle - getrockneter Kuhmist dient häufig als Brennmaterial - liegen meist im Innenhof, daneben mag ein Gas- oder Petroleumkocher stehen. Nachts legt sich jedes Familienmitglied eine Schlafmatte aus; fest vorgesehene Schlafzimmer gibt es zwar, sie dienen aber häufig als Lagerraum. In weiteren Räumen des Hauses leben die Tiere, vom Wasserbüffel bis zu den Hühnern.

Toiletten gehören nicht überall zum Einrichtungsstandard einfacher Häuser im Dorf; wenn kein Plumpsklo mit Versitzgrube vorhanden ist, benutzt man die Umgebung. Als Bad dient eine größere Schüssel, die in einer uneinsehbaren Ecke des Hauses aufgestellt wird und in die sich der Badende kauert und mit Wasser übergießt. Sofern kein Wasseranschluss besteht, muss Wasser vom öffentlichen Brunnen oder vom Nil geholt und in Tonkrügen aufbewahrt werden.

Der traditionelle Hausbau aus Nilschlamm stößt seit dem Assuan-Hochdamm mehr und mehr an Grenzen, weil kein Schlamm mehr nachgeliefert und stattdessen auf wertvollen Ackerboden zurückgegriffen wird; anderes Baumaterial kann sich der Fellache aber kaum leisten.

Bevor das Land mit den Segnungen der Zivilisation überschwemmt wurde, war die Hauptbeschäftigung nach getaner Arbeit der gemeinsame Schwatz im Teehaus oder einfach das nachbarliche Palaver. Heute zählen Fernsehen und Kino zu den beliebtesten Freizeitbeschäftigungen; wie überall, findet auch hier ein Großteil des Familienlebens vor oder während des Fernsehens statt.

Beim Sport zählt Fußball über alles. Wo immer ein Stück Land frei ist, findet sich ein Bolzplatz. Den jeweils eigenen Spielern gehört das Herz der Zuschauer - ein bisschen emotionaler als bei uns, aber ohne die hierzulande schon zur Tagesordnung zählenden Gewalttätigkeiten.

In der breiten Masse hat sich der Dämonenglaube fast aus pharaonischen Zeiten bis heute erhalten. Von morgens bis zum späten Abend schlägt sich die Dorfbevölkerung mit Geistern

Beduinen bei der Mittagsrast

2 Land, Leute und Vergangenheit

herum, vornehmlich den *Djin* („Dschin" gesprochen), die stets zu besänftigen sind und denen man beileibe nichts Schlimmes antun darf.

Die - nicht greifbaren - Djin wurden von Allah aus rauchloser Flamme geschaffen, die Engel aus Licht, die Menschen aus Lehm. Es gibt gute und böse Djin, sie sind mehrfach im Koran genannt. Auf der Erde wohnen sie bevorzugt an schmutzigen Orten wie in Ställen oder Toiletten. Man schützt sich gegen die Djin durch Reinheit, durch Rezitieren von Koranversen und durch Amulette, auf denen meist Koranverse und geheimnisvolle Formeln stehen.

Ebenso muss man sich ständig vor dem Bösen Blick in Acht nehmen und entsprechende Regeln beachten. Zum Schutz erhält das Baby sofort nach der Geburt Amulette aus Gold oder nur einen blauen Plastikarmreif. Generell bieten blaue Perlen guten Schutz vor dem so manche Heimtücken verursachenden Bösen Blick. Aber auch die vielen Augen- oder Handabbildungen sind vorzügliche Gegenmittel.

Auch der Tod hat seinen festen Ritus. Ein Toter wird mit lautem Schreien und Weinen der weiblichen Angehörigen beklagt; professionelle Klageweiber gibt es nicht mehr. Die rituellen Waschungen des Toten erfolgen noch am Sterbetag, der Körper wird in Leichentücher gehüllt und in einen Sarg oder auf eine Bahre gelegt. Er wird dann ausschließlich von Männern zur

---

Mulid - ägyptische „Kirmes"

Mulid, das ist der Inbegriff eines ägyptischen Volksfestes. Dieses im Wesentlichen religiös inspirierte, meist dreitägige Fest aus Anlass des Geburts- oder Todestages eines Heiligen hat auch sehr profane und säkulare Begleiterscheinungen. Schießbuden, Zirkusvorführungen, Zauberdarbietungen, Schlangenbeschwörer, Puppentheater, farbenfrohe Umzüge, Märkte etc. ziehen manchmal Hunderttausende Besucher an. In Zelten spielen Musiker auf oder es drehen sich Sufis (Derwische) in ekstatischem Tanz zum Trommelwirbel. Die meisten Veranstaltungen finden - mit großer Lautstärke - nachts statt.

Es gibt sehr viele Mulids in ganz Ägypten, denn jeder der etwa 300 Heiligen hat sein eigenes Fest.

Für große Heilige können mehrere Mulids im Laufe eines Jahres zelebriert werden. Im Übrigen feiern Muslims wie Kopten Mulids. Oft sind beide Religionsgemeinschaften im Publikum vermischt, da beide zum gleichen Heiligen beten. Die Gläubigen beginnen bis zu zwei Tage vor der „Großen Nacht" zum Ort des Geschehens zu pilgern. Schon Herodot berichtet, dass die Ägypter gerne Feste feiern. Historisch ist ziemlich gesichert, dass der Mulid auf pharaonische Zeiten zurückgeht, ja dass die alten pharaonischen Gottheiten in späterer Zeit ganz einfach durch christliche und islamische Heilige ersetzt wurden. Das ist am deutlichsten in Luxor erkennbar, wo der pharaonische (Luxor-) Tempel zunächst in eine Kirche und später in eine Moschee umgewandelt wurde. Die heutige Prozession anlässlich des Mulids von Sidi Abou el Hagag geht eindeutig auf das Opet-Fest zu Ehren des Gottes Amun zurück. Noch heute werden die *Barken des Amun* während einer überaus farbenprächtigen Prozession durch die Stadt getragen.

Viele muslimische Mulids finden ad hoc statt oder folgen dem arabischen Mondkalender. Die koptischen Mulids liegen kalendermäßig fest.

Einige große muslimische Mulids:
Kairo: *Sayida Nafisa*, Dezember/Januar; *Sayida Zaynab*, Januar/Februar; *Sayida el Husayn*, Oktober; **Luxor:** *Sidi Abou el Hagag* , islamischer Monat Shaban; **Tanta:** *Sayid Ahmad el Badawi*, Oktober.

Einige große koptische Mulids:
Bilqas/Delta: *St. Damiana*, 20. Mai; **Assiut/ Der el Muharraq,** *Jungfrau Maria*, 28. Juni; **Massara/Heluan:** *St. Barsum el Aryan*, 28. September

nächsten Moschee getragen (oder gefahren), nach entsprechenden Gebeten zum Friedhof gebracht und dort mit dem Kopf in Richtung Mekka beerdigt. Abends treffen sich die Trauernden zur Koran-Rezitation. Meist wird dazu ein großes Zelt auf der Straße errichtet.

Die Frauen versammeln sich im Haus des Verstorbenen. Dies alles geschieht am Tag des Todes, 40 weitere Tage wird strenge Trauer eingehalten, wobei sich die nahen Verwandten jeweils donnerstags am Grab treffen, Koranverse rezitieren und milde Gaben an Arme verteilen. Am 40. Tag findet eine abschließende Trauerfeier statt, bei der sich noch einmal alle Verwandten einzufinden haben.

Die Stellung der Frauen

Es hat sich herumgesprochen, dass die Stellung der Frau in islamischen Ländern anders als bei uns ist. Die Religion prägt oder fördert eine patriarchalische Gesellschaftsstruktur, in der eindeutig der Mann an der Spitze steht. Viele, zum Teil sehr fein gesponnene Mechanismen sorgen dafür, dass diese Stellung nicht so leicht zu erschüttern ist.

Es beginnt bei der Geburt eines Mädchens. Sollte es das Pech haben, die Erstgeborene einer Familie zu sein, so wird man sich meist nicht gerade freuen. Wenn mehrere Mädchen nacheinander auf die Welt kommen, dann ist das Unglück groß; man wird zumindest indirekt der Mutter Vorwürfe machen, dass sie keinen Sohn zu gebären vermag.

Das Erziehungsprinzip für die Mehrheit der Mädchen lässt sich, sehr grob vereinfacht, auf die Formel bringen: Sie werden darauf vorbereitet, die treusorgende Mutter der Kinder ihres künftigen Ehemannes zu sein und diesen Mann mit allem zu umgeben, was das Leben angenehm macht. Ebenso wird den Mädchen von frühester Kindheit an vermittelt, dass sie von Natur aus sündig seien und deswegen eine Gefahr für die Männerwelt darstellen.

Obwohl per Gesetz verboten, werden auch heute noch Mädchen beschnitten; d.h. im Alter von

Großes Gedränge beim Mulid

etwa sechs bis acht Jahren werden Klitoris und zumeist auch die (inneren, seltener auch die äußeren) Schamlippen amputiert. Diese Maßnahme soll die sexuelle Lust mindern und der künftigen Ehefrau jedes Interesse an anderen Männern nehmen. Viele Generationen haben die Beschneidung der Mädchen praktiziert; traditionell wurde sie damit gerechtfertigt, dass die Frau von „unreinen" Körperteilen befreit würde. Die brutale, mit meist untauglichen und unsterilisierten Instrumenten (sogar Glasscherben!) vorgenommene Beschneidung wird von älteren Frauen bzw. Hebammen oder Barbieren durchgeführt. Besonders Mütter pochen auf die Operation, weil „es sich so gehört".

1998 veröffentlichte Studien berichten, dass immer noch über 80 % (UNICEF 2000) aller ägyptischen Mädchen beschnitten werden. Wobei die Rate in gebildeten Familien nahe Null, in Analphabetenkreisen extrem hoch liegt. Eine jüngere Studie des ägyptischen Gesundheitsministeriums kam zu ähnlichen Zahlen. Letzte - positive - Meldung: Im Juni 2008 verabschiedete das ägyptische Parlament endlich ein Gesetz, das die Beschneidung von Mädchen verbietet und das mit sofortiger Wirkung in Kraft tritt. Bei Zuwiderhandlung droht eine Gefängnisstrafe bis zu zwei Jahren oder eine

Als alleinlebende Europäerin in Kairo

Die Österreicherin Susanne Mlasko, 50 Jahre jung, betreibt ein kleines Reisebüro für Ägypten-Individualreisen. Nachdem sie das über zwei Jahrzehnte praktizierte, fühlte sie sich mit dem Land so verbunden, dass sie 2005 nach Kairo übersiedelte und sich im Herzen der Stadt eine Neubauwohnung kaufte. Sie spricht Alltags-Arabisch, fühlt sich pudelwohl und ist froh über ihre Entscheidung. Wir stellten ihr ein paar Fragen.

- Susanne, wie lebt man als alleinstehende Frau in Kairo, wird man ständig von Männern angemacht?

Nein, eigentlich selten. Sehr oft hört man „welcome", was mehr der Ausländerin als der Frau gilt. Ägypter sind sehr höflich und „Anmache" unangenehmer Art kommt, wenn, dann an touristischen Plätzen vor. In Luxor z.B. glaubt jeder Kutschenfahrer, eine Ausländerin mit Geld und Ausreisebewilligung herumzukriegen (was oft genug stimmt…). Ich frequentiere einheimische Straßencafés, um dort meine Shisha zu rauchen, sitze unter lauter Männern und keiner würde mich auch nur anreden. Entsprechende Kleidung und sicheres Auftreten sind aber Voraussetzung: Ellbogen und Knie bedeckt, kleinster Ausschnitt. Wenn man das Bild einer seriösen Dame darstellt, liegen einem alle zu Füßen.

- Welchen Kontakt hast Du zu ägyptischen Frauen?

Ich habe ägyptische Freundinnen aus der Mittelschicht und aus Künstlerkreisen sowie aus unterschiedlichen Altersgruppen. Unser Kontakt ist je nach Beziehung unterschiedlich eng – wie das auch bei uns wäre.

- Sind die Frauen hier wirklich so unterdrückt, wie es die Verschleierung für uns auszudrücken scheint?

Ich denke, dass das eine mit dem anderen nicht viel zu tun hat. Der Schleier ist nicht das Zeichen für Unterdrückung, wie es für uns oft aussieht. Nur als Modeerscheinung würde ich ihn aber auch nicht abtun. Das kann er auch sein, aber auch ein Protest gegen westlichen Einfluss, ein Zeichen für sozialen Druck und Einfluss von Saudi Arabien. Es entwickelt sich dann eine nicht hinterfragte Gewohnheit.
Die Unterdrückung der Frau ist im Gesellschaftssystem, nicht im Islam verankert; das gilt auch für Kopten. Frau lebt nicht alleine, reist nicht alleine, heiratet beizeiten (d.h. nicht später als mit 18 Jahren am Land, in der Stadt mit ca. 25) und hat ihre Aufgabe im Kinderkriegen. Es gibt mittlerweile vereinzelt Frauen und Mädchen, die unabhängig sein wollen. Die organisieren ihr Leben klar durch: Studium, schnell einen Mann heiraten, der verspricht, ein guter Vater zu werden und bei der bereits im Voraus geplanten Scheidung keinen Stress zu machen. Aber man sieht – ohne einmal verheiratet gewesen zu sein und Kinder zu haben, geht es hier nicht. Auch unverheiratete Männer ab ca. 40 werden scheel angesehen. Ich habe aber auch das Gefühl, dass hier die meisten Frauen die Selbständigkeit, die wir anstreben, gar nicht als wünschenswert sehen.

- Welchen gesellschaftlichen Status haben berufstätige Frauen?

Man muss in Ägypten immer zwischen den sozialen Schichten sowie Stadt und Land unterscheiden. In der Oberschicht entscheiden sich Frauen, ob sie arbeiten möchten oder nicht. In den unteren Schichten und am Land ist es eher für den Mann ein Problem, wenn die Frau arbeiten muss. Er hat ja den Stolz, seine Familie allein zu ernähren. Generell sind arbeitende Frauen durchaus anerkannt, wobei aber am Land oft noch der Mann der Frau die Arbeit verbietet, abgesehen von Bauern.

- Falls man das überhaupt beurteilen kann: Hältst Du die ägyptischen Frauen für glücklicher oder unglücklicher als ihre europäischen Geschlechtsgenossinnen?

Ich halte generell die Menschen hier für zufriedener. Und auch bescheidener, sie sind mit sehr wenig schon glücklich. Man lebt hier mehr im Moment und nicht wie bei uns, wo erst dies und jenes gemacht, erreicht, passiert sein muss, um „dann mal" glücklich zu sein….

- Hast Du Informationen, ob die Beschneidung von Frauen tatsächlich rückläufig ist?

Ja, besonders bei den Kopten, weil die Kirche viel eindeutiger als die Mullahs dagegen ist. In den Städten ist die Beschneidung rückläufig, wird aber trotz staatlichen Verbots praktiziert. Und am Land sind quasi alle Mädchen beschnitten und werden es auch noch. Diese „Verschönerung" – wie das hier genannt wird – wird von Hebammen und Ärzten im Haus durchgeführt. Und von diesen hängt das Ausmaß der Verstümmelung ab.

Die Stellung der Frauen

Geldstrafe von knapp 600 €. Da eine Hintertür mit „medizinischer Notwendigkeit" eingebaut wurde, dürften sich leicht rechtskräftige Mittel und Wege dafür finden lassen. Gleichzeitig wurde ein Heiratsverbot für Frauen und Männer unter 18 Jahren erlassen.

Im Übrigen ist die Beschneidung nicht eine Erfindung des islamischen Ägyptens, sie wird ebenso konsequent bei koptischen Mädchen vorgenommen. Diese Sitte ist in vielen afrikanischen Ländern, unabhängig vom Islam, verbreitet. Sie wurde zumindest auch in Südamerika, Südostasien und Australien praktiziert, nicht jedoch in Saudi-Arabien, Iran, Irak, Algerien oder Marokko. In Ägypten lässt sich die Mädchen-Beschneidung bis in die ptolemäisch-pharaonische Zeit zurückverfolgen, aus der zum ersten Mal über derartige Praktiken berichtet wird. Anders bei den Knaben, deren Beschneidung seit alters bekannt und dokumentiert ist. Ihnen soll das weibliche Element, dessen Sitz und Symbol die Vorhaut ist, genommen werden.

Bei Bildung und Ausbildung haben innerhalb der Familie die Knaben Vorrang, selbst beim Spielen dürfen die Jungen ausgelassen toben, während sich die Mädchen zurückhalten bzw. der Mutter bei der Hausarbeit helfen müssen. Etwa ab 15 Jahren steht die Hochzeit ins Haus.

Die Eltern bestimmen in vielen Fällen den Ehepartner, der entweder aus dem weiteren Kreis der Familie kommt oder nach wirtschaftlichen Gesichtspunkten ausgewählt wird.

Im obligatorischen Ehevertrag wird unter anderem auch die "Morgengabe" (Brautpreis) als Geldbetrag oder in z.B. Immobilien festgelegt, den der Bräutigam bzw. dessen Familie aufzubringen hat. Mindestens 50% erhält die Frau bei der Hochzeit, den anderen Teil spätestens bei einer Scheidung.

Die wertmäßige Ausstattung muss so ausgelegt sein, dass sich die Frau im Falle eines Falles ihrer sozialen Schicht gemäß ernähren kann. Damit soll andererseits dem Mann eine Scheidung erschwert werden, zumal Frauen - wie eine Leserin schreibt - "sehr teuer" geworden sind.

Die Hochzeit dauert mehrere Tage, viele hundert Gäste sind keine Seltenheit. Wichtigstes Kriterium für den Vollzug der Ehe ist die Jungfräulichkeit der Braut. Den Beweis muss nach der Hochzeitsnacht ein blutiges Bettlaken erbringen; es ist bekannt, dass in ärmeren Schichten ersatzweise Hühnerblut den Dienst erweist, in besseren Kreisen helfen weit bekannte Ärzte, eine abhanden gekommene Jungfräulichkeit wiederherzustellen.

Frauenarbeit: immer noch Waschen und Spülen in jedem Wasser

2 Land, Leute und Vergangenheit

Für den Europäer etwas ungewöhnlich ist die Sitte, dass Frauen alle Körperhaare außer dem Kopfhaar regelmäßig mit einer aus Zucker und Zitronen hergestellten Substanz (*Hallawa*) entfernen; Männer rasieren in der Regel die Achselhaare, häufig auch die Schamhaare ab.

Die Ehe unterliegt religiösem Recht, der *Sharia*. Danach übt der Mann die „eheliche Gewalt" aus, d.h. ihm steht das Recht zu, seiner Frau im täglichen Leben ziemlich enge Grenzen zu setzen, z.B. über ihre Besucher zu bestimmen. Die Frau ist verpflichtet, ihrem Mann gehorsam zu sein, am ehelichen Aufenthaltsort zu leben, sich tugendhaft zu verhalten und über den Haushalt zu wachen.

Die verheiratete Frau behält ihren Mädchennamen und ihr Vermögen, sie kann frei über ihre Mitgift entscheiden, ihr Ehemann darf sich nicht in ihre finanziellen Angelegenheiten einmischen. Wegen der gesetzlich vorgeschriebenen Gütertrennung kann die Frau in geschäftlichen Dingen völlig unabhängig von ihrem Mann agieren. Die Kinder nehmen den Namen des Vaters und seine Religion an.

Noch vor wenigen Generationen übertraten Frauen die Schwelle ihres Hauses praktisch nur zweimal: bei der Hochzeit und bei ihrem Begräbnis. Seit einigen Jahrzehnten kann die Frau auch einer Tätigkeit außerhalb des Hauses nachgehen. Etwa 20 bis 25 % der Ägypterinnen machen von diesem Recht Gebrauch - neben den vielen Frauen, die in der Landwirtschaft seit Menschengedenken mitarbeiten müssen. Im Beruf ist die Frau gesetzlich dem Mann gleichgestellt, sie hat zumindest theoretisch auch gleiche Chancen. Während des gesetzlich bis zu zwei Jahre garantierten Mutterschaftsurlaubs erhält sie ihre vollen Bezüge.

Die Majorität der Landfrauen rackert - nach statistischen Untersuchungen - 16 bis 19 Stunden täglich: Mann und Kinder mit Essen versorgen, Kleinvieh und eventuell vorhandene Kuh füttern und melken, Brennmaterial beschaffen, Wasser holen, Geschirr und Wäsche (häufig noch im Kanal) mit Sand und bestenfalls Seife waschen, jedes Jahr ein Kind in die Welt setzen sowie die vorhandenen versorgen und, als Hauptbeschäftigung, auf dem Feld arbeiten wie der Mann. Schließlich hat sie die landwirtschaftlichen Produkte auf dem Markt zu verkaufen. Erst die heranwachsende Tochter wird sie entlasten.

Die alltägliche Kleidung besteht aus einem langen, weiten Kleid, langärmelig und mit kleinem Ausschnitt. Um den Kopf wird ein Tuch geschlungen, über das bei Verlassen des Hauses noch ein schwarzes längeres kommt, das fast den ganzen Oberkörper bedeckt.

Für Töchter aus besser gestellten Familien zeichnet sich bereits früh ein anderes Leben ab. Sie drängen in die Hochschulen und sind in akademischen Berufen deutlich stärker als Männer repräsentiert, dabei scheint das Bildungswesen eine Domäne der Frauen zu sein bzw. zu werden. Während die typische Landfrau nur zum Arbeiten Zeit hat, schlagen sich die Frauen aus einkommensstärkeren oder städtischen Schichten mit den Problemen der Familie und deren sozialer Stellung herum.

Ein islamischer Mann kann bis zu vier Frauen heiraten, eine Frau aber nur einen Mann. Will sich eine Frau gegen weitere Partnerinnen in der Ehe wehren, so konnte sie früher die Scheidung verlangen. 1985 wurde ein neues Gesetz verabschiedet, wonach die Frau im Falle einer Zweitehe nachweisen muss, dass sie dadurch materiell oder seelisch schwerwiegend beeinträchtigt wird. Erst dann ist die Scheidung möglich. Außerdem wurde sie materiell insofern schlechter gestellt, als sie nur so lange Anrecht auf Unterhalt und Wohnung hat, bis der Sohn 10 bzw. die Tochter 12 Jahre alt ist. Erst seit 2000 sieht die Lage der Frau besser aus. Seither kann sie die Auflösung der Ehe ohne Begründung verlangen.

Verlässt die nicht geschiedene Frau ihren Mann, weil er sie z.B. misshandelt oder aus anderem Grund, so hat er das Recht, per Polizei in seinen Haushalt zurückzuholen. Der Ehemann kann sich im Grunde selbst von seiner Frau scheiden, indem er dreimal nacheinander sagt: „Ich verstoße dich!" Er muss zwar

Der Islam - Religion der Mehrheit

Alimente zahlen, die sind jedoch mäßig - falls sie überhaupt aufgebracht werden.

Eine geschiedene Frau verliert häufig ihre gesellschaftliche Stellung, in gebildeten Kreisen weniger als auf dem Land. Denn in gehobenen sozialen Schichten hat sie weniger Schwierigkeiten, erneut zu heiraten. Normalerweise muss sie zu ihren Eltern oder anderen Mitgliedern der Familie zurückkehren.

Seit diversen Jahren kehren Frauen zur islamischen Tracht, viele sogar zum Schleier zurück, auch gebildete Karrierefrauen. Die Gründe für diese Tendenz sind vielschichtig, nicht zuletzt zeigt sich darin auch eine Protesthaltung gegen westliche Überfremdung. Darüber hinaus gibt der Schleier einen gewissen Schutz, besonders vor der „Anmache" von Männern. Nicht zuletzt entstand auch ein modischer Trend.

Wir sollten auch sehen, dass der Mann in der islamischen Ehe wesentlich mehr Verantwortung für das Wohlergehen und den Bestand der Familie übernimmt, als es bei Europäern gewöhnlich der Fall ist. Die islamische Familie besitzt ein ungleich stärkeres Zusammengehörigkeitsgefühl, die Mitglieder fühlen sich einander viel mehr verpflichtet. Und in dieser Beziehungswelt spielt die Frau die dominierende Rolle.

Betrachten Sie daher dieses Kapitel als Information, mit der Sie die eine oder andere Lebensäußerung im Gastland besser interpretieren können. Völlig falsch wäre es, daraus eine Aufforderung zu lesen, quasi missionarisch nach Ägypten zu reisen und dort die Frauen „befreien" zu wollen. Ebenso falsch ist das Argument dürftig bekleidet reisender Frauen, den Leuten im Land mit viel nackter Haut zeigen zu wollen, was persönliche (Pseudo-)Freiheit ist.

Der Islam - Religion der Mehrheit

So wie die pharaonische Religion das alte Ägypten in all seinen Lebensformen prägte, so bestimmt der Islam das heutige - auch das moderne - Leben des Landes. Zwar pflegen die Kopten ihre eigene christliche Religion, doch die Dominanz des Islam ist so stark, dass nach außen die koptischen Einflüsse fast völlig überdeckt werden.

Um die Verhaltensweisen der Ägypter, die der Besucher täglich, ja stündlich miterlebt und manchmal mit erträgt, besser verstehen oder interpretieren zu können, ist ein wenigstens minimaler Wissensstand über diese Religion notwendig, besser noch eine Vertiefung durch entsprechende Literatur.

Mohammed und seine Zeit

Zunächst ein kurzer Blick auf die Entstehungsgeschichte des Islam: Seit Menschengedenken verehrten die Beduinen der arabischen Halbinsel bereits die **Kaaba**, das *Haus Gottes*, in das ein großer schwarzer Stein (vermutlich ein Meteorit) eingemauert ist. Dieses würfelförmige, relativ kleine Gebäude wurde angeblich von Abraham errichtet. Hier hatte sich die Stadt Mekka entwickelt, in der Ende des 6. Jhs das Waisenkind Mohammed aus dem Stamm der Hashemiten als Hirte unter Hirtenkindern bei seinem Onkel Abu Talib aufwächst. Später engagiert eine reiche Kaufmannswitwe den zuverlässigen jungen Mann als ihren Vertreter, der auf vielen Reisen in die nähere und fernere Umgebung nicht nur Geschäften nachgeht, sondern auch mit scharfer Beobachtungsgabe die jüdischen und christlichen Religionsinhalte analysiert. 610 nC werden dem etwa 40-Jährigen göttliche Offenbarungen zuteil, die er als Koran *(Offenbarung, Rezitation)* den Menschen um sich herum mitteilt.

Der **Islam**, die monotheistische Lehre Mohammeds (von einem einzigen Gott) knüpft an jüdische und christliche Überlieferungen an. Aber der Prophet gilt im eigenen Lande nicht, die Mitbürger befürchten Einkommensverluste, wenn infolge der neuen Religion die beduinischen Pilger zur Kaaba ausbleiben sollten. Sie verehren lieber ihre traditionellen Fetisch-Götter und Idole weiter.

622, nach 12 wohl ziemlich frustrierenden Jahren zieht Mohammed zusammen mit 70 Gefolgsleuten nach Medina: Mit dieser *Hedschra (Hejra)* beginnt die muslimische Zeitrechnung.

2 Land, Leute und Vergangenheit

In Medina gewinnt Mohammed Anerkennung und gründet die *Umma*, die Gemeinschaft der Muslime, eine theokratisch organisierte Gesellschaftsform, in der politische und religiöse Ideen verschmelzen. Auf diese Synthese wird der spätere Erfolg des Islam zurückgeführt.

630 zieht Mohammed mit einem kleinen Heer zurück nach Mekka, um Stadt und Kaaba zu erobern. Die Bewohner ergeben sich und schließen sich seiner Lehre an. Mohammed reinigt die Kaaba von Götzenbildern und bestimmt sie zum Heiligtum und Zentrum des Islam. Als der Prophet zwei Jahre später stirbt, hat er nicht nur eine neue starke Religion gestiftet, sondern auch die zerstrittenen arabischen Stämme so weit unter dem Zeichen des Islam geeint, dass diese den neuen Glauben und den darin formulierten Gottesstaat blitzartig im Orient verbreiten können.

Mohammed hatte seine Nachfolge nicht geregelt. Als sein erster *Kalif*, d.h. Statthalter des Propheten, tritt Abu Bekr von 632-634 die Nachfolge an. Auf ihn folgt Omar als Kalif, der in seiner zehnjährigen Herrschaft, von Persien im Osten über Syrien bis Ägypten im Westen, einen Großteil der damaligen Welt unterwirft und islamisiert. Nach Omars Ermordung wird von einem Wahlkollegium Othman als Kalif bestimmt, doch dagegen wendet sich Ali, der Schwiegersohn des Propheten, mit dem Argument, nur Familienmitglieder bzw. Nachkommen Mohammeds könnten die Nachfolge antreten.

661 wird Ali im Kampf getötet. Seine Anhänger verlieren die Macht und spalten sich vom Hauptstrom der Muslime als **Schiiten** (*Schiat Ali*, Partei Alis) ab. Die anderen werden **Sunniten** (Befolger der *Sunna*) genannt. Die Schiiten leben in großen Teilen des heutigen Irak und Iran. Das Kalifat besetzen nun die Omayaden, die aus dem Hause Othmans stammen. 750 folgen ihnen für fast fünf Jahrhunderte die Abbasiden.

Die von Mohammed verkündete Religionslehre des Islam (deutsch *Hingabe)* ist im **Koran** festgehalten. Doch Mohammed hatte selbst keine schriftlichen Dokumente hinterlassen; erst 20 Jahre nach seinem Tod wurde eine verbindliche Fassung seiner Lehren schriftlich fixiert. Die zu jener Zeit noch nicht voll ausgeprägte arabische Schrift ließ Mehrdeutungen zu. Insgesamt besteht der Koran in heutiger Fassung aus 114 *Suren* (Abschnitten, Kapiteln), die sich wiederum in *Ayat* (Verse) unterteilen, wobei die kürzeste Sure drei und die längste 306 Verse enthält. Da Gott den Koran dem Propheten mitteilte, wird er von den Gläubigen als heilig und unveränderbar angesehen.

Viele Elemente des Islam basieren auf der Thora bzw. Bibel. So betrachtet Mohammed Moses und Jesus als Propheten und damit als seine Vorgänger, er selbst allerdings sei der letzte in der Reihe der Propheten, dem die größte und abschließende Offenbarung mitgeteilt wurde. Anders verhält es sich mit der **Sunna**, einer Textsammlung aus dem 9. Jh, die im Wesentlichen den Lebensweg des Propheten, sein Denken und Handeln beschreibt. Sie gilt nicht als unfehlbar, spielt jedoch eine wichtige Wegweiserrolle im Leben eines Gläubigen.

Allah, der Gott des Islam, ist einzigartig. Er hat im Gegensatz zum christlichen Gott oder zu den früheren arabischen Göttern keine Söhne oder Töchter. Er, der allwissend ist, verlangt (wie Jahwe und der christliche Gott) unbedingt Hingabe und die strikte Befolgung seiner Gebote.

Es sollte noch angemerkt werden, dass die Ägypter in überwiegender Mehrzahl der sunnitischen Glaubensrichtung angehören.

Grundsätze des Islam

Wie auch in anderen Religionen glauben die Muslime an das Leben nach dem Tod, werden die Taten des Menschen nach dem Tod bewertet (allerdings erst beim Jüngsten Gericht), landen die Bösen unter furchtbaren Qualen in der Hölle, die Guten im Paradies. Jedoch verhält sich der Mensch prinzipiell nach Allahs Willen, er kann sein irdisches Handeln nur bedingt entgegen Allahs Wunsch modifizieren. Daraus resultiert ein gewisser Fatalismus, dem wir Europäer häufig verwundert gegenüberstehen.

Der Islam - Religion der Mehrheit

„Es gibt keinen Gott außer Allah, und Mohammed ist sein Prophet" (arabisch: „La illaha Allah wa Mohammedun rasulu Allah"). Dieses Glaubensbekenntnis und Dogma ist einer der fünf Grundpfeiler des Islam. Täglich hören Sie es von den Minaretten der Moscheen schallen.

Eine weitere Grundpflicht sind die täglichen fünf Gebete: Bei Sonnenuntergang (Beginn des neuen Tages) erfolgt das erste Gebet, zwei Stunden nach Sonnenuntergang das zweite, in der Morgenröte das dritte, mittags das vierte und gegen drei Uhr nachmittags das fünfte. Das Gebet muss rein, d.h. mit gewaschenen Füßen, Händen und sauberem Gesicht, barfuß und auf einer reinen Unterlage (Gebetsteppich) mit dem Kopf in Richtung Mekka erfolgen.

Einmal im Jahr hat der Muslim einen Fastenmonat einzuhalten, der im Mondmonat Ramadan liegt und 30 Tage dauert (ebenfalls einer der fünf Glaubensgrundpfeiler). Von der ersten Dämmerung bis zum Sonnenuntergang darf weder gegessen noch getrunken, geraucht oder sonstigen fleischlichen (sexuellen) Genüssen nachgegangen werden. Darüber hinaus sollen keine bösen Worte gesagt oder gedacht und Streit sowie kriegerische Auseinandersetzung vermieden werden. Für den Besucher kann der Monat Ramadan ein paar praktische Probleme mit sich bringen, da die meisten Sehenswürdigkeiten wie auch Behörden oder Firmen nur eingeschränkt geöffnet, viele Restaurants tagsüber geschlossen und nach Sonnenuntergang total überfüllt sind.

Nach Sonnenuntergang aber geht das Leben in eine zweite, sehr intensive Runde. Zunächst herrscht Ruhe vor dem Sturm, vor dem ersten Gebet und dem so genannten Fastenbrechen. Dann setzt der Verkehr mit voller Vehemenz ein, denn Ramadan ist Besuchs- und Gastgeberzeit. Die Hausfrauen versuchen einander in den köstlichsten Gerichten zu übertreffen. Kinder ziehen mit Ramadan-Laternen durch die Straßen. Wer die Gelegenheit hat, den Abend

Kairo - Hauptstadt der Moscheen (im Vordergrund Sultan Hassan Moschee)

z.B. in der Gegend von Kairos Hussein-Moschee (Khan el Khalili Bazar) zu verbringen, wird von der brodelnden Lebensfreude förmlich mitgerissen.

Während Ramadan steigt der Lebensmittelkonsum um 40 % gegenüber den anderen Monaten, viele Menschen nehmen nicht ab, sondern legen deutlich an Gewicht zu. Die kollektive Fasten-Euphorie ist so mächtig, dass jeder teilnehmen will, selbst Kinder können es kaum erwarten. Menstruierende Frauen allerdings dürfen nicht fasten, keine Moschee besuchen, nicht einmal den Koran anfassen. Die Tage jedoch, die durch *die Tage* ausfallen, müssen nach Ramadan fastend nachgeholt werden. Durch (medizinisch fragliches) unabgesetztes Schlucken der Pille lässt sich das vermeiden

2 Land, Leute und Vergangenheit

– und wird sogar von den religiösen Autoritäten abgesegnet.

Zum Ramadan gehört aber auch noch eine ganz wichtige, im Christentum heute fast unbekannte Komponente: Speisung der Armen. Kurz vor Sonnenuntergang werden an Straßen und Plätzen lange Tischreihen aufgestellt, an denen Bedürftige Platz nehmen und sich satt essen können. Wer dies besonders in Kairo beobachten kann, wo zehn- oder vielleicht hunderttausend Menschen verköstigt werden, wo allein diese logistische Aufgabe mit großer Bravour bewältigt wird - der wird sich mit der hier praktizierten Fürsorge und Nächstenliebe eine andere Meinung über den Islam bilden als die meist bei uns publizierte.

Es ist erstaunlich und bewundernswert, mit welchem Durchhaltewillen die gesamte islamische Welt dem Ramadan-Gebot folgt. Angemerkt sei, dass der Lebensmittelkonsum in allen islamischen Ländern während des Fastenmonats zum Teil weit über das übliche Maß hinaus ansteigt.

Als ein weiterer Glaubenspfeiler gilt die Almosenpflicht gegenüber Armen. Mit dieser „Armensteuer" reinigt sich der Besitzende vom Makel des Besitzes, für den Habenichts ist sie eine Art von Rentenversicherung. Ziemlich genaue Vorschriften regeln, welche Anteile abzugeben sind.

Weiterhin soll – als letzte der fünf grundlegenden Vorschriften – jeder Muslim einmal im Leben eine Pilgerfahrt *(Haj)* nach Mekka unternehmen. Sie zählt zu den Höhepunkten im muslimischen Leben; das gemeinsame Gebet mit vielen tausend anderen Pilgern vor der Kaaba in Mekka ist ein tief prägendes und die Glaubensgemeinschaft verbindendes Erlebnis.

Die Pilgerfahrt findet im islamischen Monat Dhul-Hijra statt; am zehnten Tag wird das Opferfest zelebriert, das die gesamte muslimische Welt mit den Pilgern in Mekka verbindet, die zu dieser Zeit die Kaaba umschreiten. Zum Gedenken an die Barmherzigkeit Gottes, der letztendlich Abrahams Menschenopfer nicht zuließ, sondern sich mit einem Tier begnügte, wird an diesem Tag ein Lamm geschlachtet und das Fleisch mit Verwandten, Freunden und Armen geteilt. Das Fest dauert in der Regel vier Tage; in dieser Zeit ist das öffentliche Leben praktisch lahm gelegt.

Zu den weiteren Vorschriften des Korans zählt die Beschneidung der Knaben. Die meist mit einem großen Fest verbundene Zeremonie findet heute kurz nach der Geburt statt.

Strenge, den klimatischen Verhältnissen angepasste Verbote herrschen auch bei Tisch: Es gibt keinen Alkohol oder andere berauschende Getränke; der Verzehr von Schweinefleisch, ebenso wie von Fleisch fleischfressender Säugetiere ist verboten.

Als Mohammed vor knapp anderthalb Jahrtausenden seine Lehre verkündete, stellte er die Frau dem Mann rechtlich und ethisch gleich – damals ein ungeheurer emanzipatorischer Sprung nach vorn. Auch vor Allah sind beide Geschlechter gleich, lediglich auf Erden sind ihnen, da unterschiedlich geschaffen, unterschiedliche Pflichten auferlegt, aus denen wiederum unterschiedliche Rechte folgen. Dennoch bestimmt der Koran eine Gleichwertigkeit, indem er der Frau Eigenbesitz, Erbrecht und standesgemäße Versorgung zusichert. Selbst für den Fall der Scheidung wird noch vor der Heirat in einem rechtlich verbindlichen Ehevertrag vorgesorgt, der festlegt, für was der Mann aufzukommen hat.

Der Koran verlangt, dass die Ehepartner sich gegenseitig Schutz und Geborgenheit gewähren. Weder verpflichtet er zum Geschlechtsleben, noch wird es als Sünde betrachtet. Im Grunde ging Mohammed die Probleme des täglichen Lebens und Zusammenlebens sehr pragmatisch an, indem er Scheidungen zugestand, andererseits aber den Lebensunterhalt der Frau sicherte. Wer diesen Pragmatismus mit den eher verkrampften Regeln anderer Religionen in der damaligen Zeit vergleicht, wird einen der Gründe finden, warum sich der Islam so schnell verbreitete.

Wenn man heute in westlicher Überheblichkeit auf die Ungleichstellung der Frau in islamischen Ländern hinweist, sollte man vielleicht

Der Islam - Religion der Mehrheit

einmal in unserer Entwicklungsgeschichte die sechs Jahrhunderte zurückblättern, die unsere Religion älter ist. Wie düster sah es damals für Frauen in der christlichen Welt aus, wie schnell konnten besonders Frauen verdächtigt werden und auf dem Scheiterhaufen enden. So werden sich auch in der islamischen Welt Ansichten und Einstellungen wandeln, wird die Abhängigkeit der Frau vom Mann durch zunehmende Berufstätigkeit und die Tendenz zur Kleinfamilie gelockert.

Dass es Menschen - Traditionalisten oder Fundamentalisten - gibt, die sich neuen Ideen oder Praktiken in den Weg stellen, lässt sich beliebig in der Geschichte aller Religionen verfolgen. Häufig geht es nur darum, dass Machthungrige ihr Süppchen zu kochen versuchen, um ihre Positionen zu halten. Es spielt für sie keine Rolle, dass sie ihre Umgebung in einer Weise tyrannisieren, die weit entfernt von den Idealen des Islam ist.

Im Islam ist besonders die bildliche Darstellung von Menschen verpönt, weil sich Mohammed in dieser Richtung äußerte. Allerdings waren seine Äußerungen - keine ausdrücklichen Verbote - mehr gegen den Götzendienst als gegen figürliche Malerei gerichtet. Dennoch scheuen auch heute noch strenge Muslime vor Kameras zurück. Dieses „Verbot" aber hatte extreme Auswirkungen auf die Kunst: Es führte zu der reichen **Flächenornamentik** des Islam. Die antike Blattranke wurde zur Arabeske stilisiert, einem fortlaufenden Rankenmuster aus Stängel, Blatt und Blüte. Darüber hinaus entstand die arabische Schriftkunst, die Kalligrafie, die in kaum einer anderen Kultur ihresgleichen hat.

Auch in Ägypten hat in den letzten Jahren eine Renaissance des Islam eingesetzt, die mehr und mehr das öffentliche Leben durchdringt. Als typisches Beispiel mag die Rückbesinnung auf die *Sharia*, das islamische, gottgegebene Recht, gelten. Hatte Nasser die Rechtsprechung noch sehr auf demokratische Vorbilder orientiert, so kehrt sie jetzt schrittweise zur orthodoxen Richtung zurück.

Die islamischen Fundamentalisten, sehr einflussreich vertreten vor allem durch ein fast subversives Netz der (bislang verbotenen) Muslimbrüderschaft, gewinnen an Boden im öffentlichen Bewusstsein. Sie widersetzen sich allen säkularen Bestrebungen und möchten den Staat voll in das religiöse Leben integrieren. Andererseits darf der Widerstand vieler Intellektueller und besonders der Kopten gegen diese häufig intolerante Linie nicht übersehen werden.

Nicht unwichtig für den Besucher des Landes ist der islamische Kalender, der auf dem Mondjahr basiert. Da es elf Tage kürzer als das Sonnenjahr ist, beginnt das islamische Jahr jährlich jeweils elf Tage früher, d.h. dass sich z.B. der Fastenmonat Ramadan und auch sämtliche re-

---

Den Europäern voraus

Die Forderung des Koran, sich bei den täglichen Gebeten nach Mekka auszurichten, stellte viele Gläubige vor die Frage, wo Mekka überhaupt liegt. Bereits im 8. Jh nC lösten islamische Gelehrte das Problem und gaben unter anderem damit wichtige Impulse zur Weiterentwicklung der Wissenschaft, die bald der Europas weit überlegen war. Islamische Gelehrte berechneten z.B. bereits die Krümmung der Erde, als die Europäer sie noch für eine flache Scheibe hielten. Die erste Universität der Welt in Kairo lehrte nicht nur Islam, sondern auch Astronomie, Physik und Medizin. Der Mathematiker El Chaurismi am Kalifenhof in Bagdad entdeckte im 9. Jh in indischen Manuskripten das Dezimalsystem und seine Vorteile. Zusammen mit der Erfindung der Null revolutionierte es die mühselige Rechenweise mit römischen Zahlen. Aber noch 400 Jahre vergingen, bis es sich auch in Europa langsam durchzusetzen begann. Nach der Rückeroberung Spaniens und dem Zugriff auf islamische Bibliotheken wurden in Europa viele arabische wissenschaftliche Werke übersetzt, und Gelehrte wie Galilei, Paracelsus oder Kopernikus konnten auf dem dort publizierten Wissen aufbauen.

2 Land, Leute und Vergangenheit

ligiöse Festtage gegenüber unserem Kalenderjahr ständig verschieben.
Die Monate werden wie folgt bezeichnet (in Klammern die Anzahl der Tage): *Moharam* (30), *Safar* (29), *Rabei el Awal* (30), *Rabei el Tani* (29), *Gamad el Awal* (30), *Gamad el Tani* (29), *Ragab* (30), *Shaban* (29), *Ramadan* (30), *Shawal* (29), *Zoul Qidah* (30), *Zoul Haga* (29). Die Anzahl der Tage kann variieren, da sie von der Sichtbarkeit des Neumondes abhängt. Die aktuellen Daten für Ramadan finden Sie auf Seite 53.

Koptische Christen

Der Apostel Markus brachte das Christentum nach Ägypten, 68 nC starb er in Alexandria den Märtyrertod. Auf ihn beziehen sich die heutigen Patriarchen (Päpste) der koptischen Kirche; der gegenwärtige Patriarch, Shenuda III, ist der 117. Nachfolger.

Alexandria entwickelte sich schnell zu einem christlichen Zentrum, die neue Lehre verbreitete sich durchs ganze Land. Es konnte daher nicht ausbleiben, dass die alten Machthaber mit Neid den neuen Einfluss beobachteten und zu begrenzen oder zu vernichten trachteten. Am eifrigsten tat sich Kaiser Diokletian hervor, der angeblich 800 000 Christen ermorden ließ. Die Zeitrechnung der Kopten geht in Erinnerung daran - *anno martyrii* - auf die Thronbesteigung Diokletians im Jahre 284 nC zurück.

Doch das nächste Unglück der Kopten ließ nicht lange auf sich warten. Auf dem Konzil von Chalkedon 451 nC konnte man sich nicht über die Natur Christi einigen; die ägyptische Kirche unterlag mit ihrer Ansicht der monophysitischen Lehre von der *einen Natur Gottes, die Fleisch angenommen hat,* während Byzanz von den zwei Naturen sprach. Mit dem Konzil und dem Bruch begann die eigentliche Geschichte der Kopten und sehr bald eine neue Unterdrückung - durch die Glaubensbrüder in Byzanz. Die gnadenlose Ausbeutung der ägyptischen Provinz und ihrer abtrünnigen Christen wurde so schlimm, dass die Ägypter die muslimische Eroberung 639 nC als Befreiung empfanden.

Die islamischen Herrscher ließen der koptischen Landbevölkerung über viele Jahrhunderte relative Religionsfreiheit (verlangten dafür aber höhere Steuern). Die Klöster erlebten ihre Blüte gerade in den ersten islamischen Jahrhunderten. Schließlich griff 1005 nC der schiitische Fanatiker El Hakim streng durch; nahezu alle koptischen Kirchen Ägyptens wurden zerstört und ihre Anhänger unterdrückt.

Aus der ursprünglichen Majorität wurde eine häufig geächtete und gedemütigte Minorität. Dennoch konnte sich diese Minorität über die Jahrhunderte hinweg erhalten. Erst unter Mohammed Ali gewannen die Kopten im 19. Jh wieder mehr persönliche und religiöse Bewegungsfreiheit. Offiziell sind sie heute gleichberechtigt. Ob dies die Realität widerspiegelt, mag fraglich sein, zumindest genießen sie Freiheiten wie selten zuvor in ihrer langen Geschichte.

Allerdings gab es Ende der 1970er Jahre - wie heute wiederum - Schwierigkeiten, die aus den alten Spannungen zwischen Kopten und islamischen Fundamentalisten herrührten. Einige Kirchen und im Gegenzug Moscheen wurden angezündet, Bombenattentate beunruhigten die Bevölkerung. Präsident Sadat ließ 3000 Unruhestifter beider Seiten verhaften, den Patriarchen Shenuda III stellte er unter Hausarrest im Kloster Deir Amba Bishoi im Wadi Natrun. Anfang 1985 wurde der Patriarch von Präsident Mubarak rehabilitiert.

Die Bereitschaft der Gemeindemitglieder zu dienen und zu opfern ist bemerkenswert; nicht zuletzt trägt sie zum Aufblühen der Klöster erheblich bei. Aber auch im täglichen Leben betätigen sie sich sehr aktiv, vor allem im sozialen Bereich.

Die Kopten dokumentieren ihren Glauben auch nach außen durch ein kleines Kreuz, das bereits den Kindern im 4. oder 5. Lebensjahr auf das innere rechte Handgelenk oder zwischen Daumen und Zeigefinger tätowiert wird.

Ein wichtiges Wort ist über die **Klöster** zu sagen. Bereits sehr früh zogen sich fromme Männer zur Askese in die Einsamkeit der Wüs-

Koptische Christen

te zurück, Schüler schlossen sich ihnen an. Da die entstehenden Gebäude auch räuberischen Überfällen ausgesetzt waren, wurden bald hohe Schutzwälle errichtet. Innerhalb der Mauern entstanden - als das typische Kloster-"Ensemble" - Basiliken, Wohn- und Wirtschaftsgebäude, der überlebenswichtige Brunnen und ein Fluchtturm mit Kapellen als letzte Rückzugsmöglichkeit.

Das Mönchstum hat in den letzten Jahren großen Aufschwung genommen. Bei einigen Klöstern bestehen Wartelisten für die Aufnahme. Generell müssen sich die künftigen Novizen im täglichen Leben bewährt, d.h. den Militärdienst abgeleistet und einen akademischen Beruf ausgeübt haben. Die Mönche leben im Zölibat, dagegen sind die Pfarrer der Gemeinden verheiratet.

Die Basilika, die koptische Kirche, hat gewisse Ähnlichkeit mit pharaonischen Tempeln. An eine Vorhalle (*Narthex*) schließt sich ein nach Osten gerichtetes, von Säulen getragenes Langhaus an, dahinter liegt das Allerheiligste (*Sanktuar*) mit dem Altar. Das Sanktuar ist durch eine Holzwand (*Ikonostase*), die nur während der Gottesdienste geöffnet wird, abgetrennt. Nur einmal täglich darf an einem Altar eine Messe gelesen werden, daher stehen häufig mehrere Altäre nebeneinander. Gottesdienste finden mittwochs, freitags und sonntags statt, sie dauern bis zu drei Stunden.

Auch die Kopten halten Fastenzeiten ein: generell mittwochs und freitags, aber auch lange Zeiten wie das *Große Fasten* 55 Tage lang vor Ostern, das *Kleine Fasten* mit 43 Tagen vor Weihnachten, das sie am 7.1. feiern, 15-35 Tage zu Maria Himmelfahrt am 22.8. und 1-3 Tage zum Fest Christi Taufe am 19.1. Das Fasten beginnt um Mitternacht und endet in der neunten Gebetsstunde um 15 Uhr, Strenggläubige halten bis nach Sonnenuntergang durch. Während der meisten Fastenzeiten darf kein Fleisch gegessen werden.

Die größte und repräsentativste Kirche der Kopten ist die St. Markus-Kathedrale in Kairo im Stadtteil Abassiya, die bei ihrer Einweihung 1986 die aus Venedig zurückgeführten Gebeine des hl. Markus aufnahm (siehe auch Seite 216).

Auch in der Kunst haben die Kopten eigene Formen vor allem der menschlichen Darstellung entwickelt (siehe Seite 260, Koptisches Museum in Alt-Kairo). Die koptische Schrift entstammt dem Griechischen, wurde aber um acht zusätzliche Buchstaben erweitert, um die altägyptische Sprache zu beschreiben. Heute hat sich als Alltagssprache Arabisch in Wort und Schrift durchgesetzt; die eigene Sprache -

Markus-Kathedrale in Kairo, größtes Kirchenbauwerk Ägyptens

2 Land, Leute und Vergangenheit

also die auf pharaonische Ursprünge zurückgehende - dient nur noch in der Liturgie.

Zum Schluss des Kapitels noch ein paar ergänzende Bemerkungen: Neben den Kopten sind fast sämtliche christlichen Religionsgemeinschaften in Ägypten vertreten. Stärkste Gruppe dürfte die griechisch-orthodoxe Kirche sein mit einem Patriarchat in Alexandria und dem weltbekannten Katharinen-Kloster auf dem Sinai. Aber auch die Kopten haben sich aufgespalten. So gibt es etwa 300 000 protestantische Kopten, die aus der Missionsarbeit der United Presbyterian Church of North America hervorgingen. Bekanntestes Zeichen ihrer Existenz ist die Amerikanische Universität in Kairo (siehe Seite 205).

Die koptische Kirche ist auch im Ausland vertreten, Gemeinden existieren in verschiedenen größeren Städten der Bundesrepublik. Ein koptisches Zentrum ist das *St. Antonius-Kloster* in Kröffelbach im Taunus (Hauptstr. 10, 35647 Waldsolms). Dort weihte Patriarch Shenuda III im November 1990 die St. Antonius-Kirche ein.

Die längste Vergangenheit der Welt – im Eilgang durch die Geschichte

Weltmacht am Nil

Belgische Archäologen entdeckten in den 1980er Jahren das bisher älteste Bergwerk der Welt in der Nähe von Assiut. In einem Wadi fanden sie etwa 1,50 m tiefe Schächte, in denen vor rund 33 000 Jahren ganz offensichtlich Feuerstein abgebaut worden war. Amerikanische Archäologen fanden Siedlungsreste westlich von Abu Simbel (*Napta Playa*), die sie auf die Zeit ab 10 000 vC datieren.

Demgegenüber erscheint die bekannte Vergangenheit des Niltals als kurz. Immerhin können die Ägypter als einziges Volk der Erde auf eine kontinuierliche Geschichtsschreibung von stolzen 5000 Jahren zurückblicken; das sind, anders ausgedrückt, gute 150 Generationen. Doch auch diese Zahl ist irgendwie so abstrakt, dass sie nur schwer eine wirkliche Vorstellung dieses Zeitraums vermitteln kann.

Vielleicht eine andere Argumentation: Die Blütezeit der Pharaonenreiche umfasste eine Zeitspanne von rund 2000 Jahren, also wie von Beginn unserer Zeitrechnung an bis heute - und sie war bereits 500 vC beendet. Zu dieser Zeit bestand die Weltkarte hauptsächlich aus weißen Flächen, Mitteleuropa lag noch im Dunkel der (noch nicht bezeugten) Geschichte. Erst knapp 500 Jahre nach dem Niedergang der Hochkultur im Neuen Reich tauchten Fell behangene Germanen in den geschichtlichen Annalen auf (deren - politisch unbedeutende - Existenz sich allerdings weiter zurückverfolgen lässt).

Nun zur historischen Entwicklung selbst. Das Niltal bot, wie kaum ein anderer Platz auf der Erde, ideale Voraussetzungen für das Entstehen sozialer Gemeinschaften: Es ist durch die beiderseitigen Wüsten hervorragend geschützt; der Nil sorgte mit seinen regelmäßigen Überschwemmungen für eine unerschöpfliche Fruchtbarkeit des Bodens, zusätzlich liegt er als idealer Transportweg vor der Tür.

Sowohl die Überschwemmungen als auch die immerwährende regenlose Zeit zwangen die Anwohner zur Zusammenarbeit. Je besser man sich organisierte, umso günstigere Ergebnisse ließen sich in der Feldbestellung und Ernte erzielen. Bereits in der Vorgeschichte (5000-3000 vC) entwickelten sich dörfliche Gemeinschaften, dann größere Verbände und schließlich Königreiche. Gegen 3000 vC vereinigte Pharao Menes das oberägyptische mit dem unterägyptischen Reich, eine Tat von großer historischer Tragweite, die immer wieder in der späteren Geschichte durch die Doppelkrone von Unter- und Oberägypten bzw. durch das Umschlingen der Wappenpflanzen Papyrus und Lotus dargestellt wird.

In Abydos wurden bei Ausgrabungen des Deutschen Archäologischen Instituts (DAI) Schriftta-

Im Eilgang durch die Geschichte

felchen gefunden, die als erste Schriftzeichen der Menschheit überhaupt gedeutet werden, aber auch aussagen, dass bereits vor Menes Zusammenschlüsse oder Eroberungen stattgefunden hatten. Etwa 3350 vC wurden auf den Schrifttafeln bereits administrative Daten, wie z.B. Menge und Ursprung von Lieferungen, festgehalten. Aus dieser Grabung stammt auch ein Zepter aus Elfenbein, das im Grab des prähistorischen Herrschers Skorpion gefunden wurde. „Daraus wird geschlossen, dass Skorpion und nicht, wie bisher angenommen, Menes der erste Herrscher Gesamtägyptens war", wurde auf einer Veranstaltung zum 50jährigen Bestehen des DAI Kairo mitgeteilt.

Das heißt, bereits zu jener Zeit waren **Hieroglyphen** als erste Schrift des Niltals entstanden. Diese Zeichen entwickelten sich zu einer umfangreichen Schrift, die bis ins 4. Jh nC zumindest im Zusammenhang mit religiösen Texten benutzt wurde. Aber bereits im Alten Reich entstand parallel dazu die **demotische** Schreibschrift als eine vereinfachte Hieroglyphenschrift .

Pharaonische Zeit

Die Epoche der Pharaonenzeit wird in Dynastien, also Herrschaftsgeschlechter, eingeteilt. Da die Dynastien von sehr unterschiedlicher Dauer waren, sagt deren Anzahl nur wenig über einen bestimmten Zeitpunkt aus. Sie ist allgemein üblich und muss daher auch hier verwendet werden.

In der von Pharao Menes eingeleiteten sog. **Frühzeit** findet eine sprunghafte Entwicklung statt. Die nun vorhandene Schrift macht die staatliche Organisation großer Räume dadurch möglich, dass Anordnungen über weite Entfernungen erteilt, dass sie und die Ergebnisse kontrolliert und zeitlos festgehalten werden können.

Mit der 3. Dynastie beginnt das **Alte Reich**, das etwa von 2670-2195 vC dauert, also 475 Jahre. Für uns Besucher dokumentiert sich diese Zeit als die der großen Pyramidenbauer, beginnend mit Pharao Djoser in Sakkara (3. Dynastie), und ihren Höhepunkt mit den Pyramiden von Giseh (Cheops, Chephren, Mykerinos; 4. Dynastie) findend.

Sphinx von Giseh: Im Alten Reich geschaffen

2 Land, Leute und Vergangenheit

Neben den baulichen Großtaten blühen Kunst und auch Literatur auf. In der Religion wandelt sich der Pharao, der bis dahin selbst ein Gott auf Erden war, nun zu Horus, d.h. er wird als Sohn eines Gottes angesehen. Schließlich zerfällt das Alte Reich durch innere Unruhen, die durch das Machtstreben der Gaufürsten ausgelöst werden. Während der so genannten **Ersten Zwischenzeit** halten politische Wirren Ägypten in Atem.

Mentuhotep II, ein Gaufürst aus Theben, stabilisiert gegen Ende der Ersten Zwischenzeit das Land und leitet die Epoche des **Mittleren Reiches** ein, das von 1994 vC an 344 Jahre Bestand hat. Wieder herrscht eine straffe Zentralgewalt, die eine neue Blütezeit von hohem Niveau einleitet, auch das „Goldene Zeitalter" des pharaonischen Ägyptens genannt. Als wichtige Erweiterung des Fruchtlandes fällt die Urbarmachung des Fayum in das Mittlere Reich. Doch die Ägypter verschlafen die Erfindung des Rades: Als 1650 vC Kampfwagen fahrende Fremde, die Hyksos, eindringen, können diese das Land leicht unterwerfen und damit die **Zweite Zwischenzeit** einleiten. Erst 1550 vC gelingt es Ahmose, die Hyksos zu vertreiben und so das **Neue Reich** zu begründen, das 475 Jahre bestehen wird.

Die glanzvollste Epoche Altägyptens ist eingeleitet. Die politische Landkarte der bekannten Welt wird durch die Eroberungen Nubiens bis zum 4. Katarakt und Vorderasiens bis zum Euphrat nachhaltig verändert. Theben ist Haupt- und Weltstadt zugleich, der Tempel von Karnak entsteht in all seinem Glanz; Kunst und Kultur blühen, Ägypten ist die Weltmacht schlechthin. Pharao Amenophis IV, der sich in *Echnaton* umbenennt, versucht, das ägyptische Götterpantheon auf einen einzigen Gott, den Sonnengott Aton, zu reduzieren. Doch nach seinem Tod leben die alten Götter wieder auf, die Nachfolger Echnatons tilgen nahezu alle seine Spuren. Unter den Pharaonen der 19. Dynastie entstehen großartige Tempelbauwerke. Ramses II setzt sich als größter Bauherr in ganz Ägypten Denkmäler (u.a. Abu Simbel, Luxor, Abydos, Memphis und Städte im Delta). Doch auch das Neue Reich büßt an Kraft und Macht ein. Nach einer **Dritten Zwischenzeit** beginnt 775 vC mit der 25. Dynastie die **Spätzeit**, die den stetigen Verfall des glanzvollen Altägypten einläutet.

Fremdherrschaft

Das Neue Reich geht in der Dritten Zwischenzeit unter. Ab 775 vC beginnt die **Spätzeit**, die vor allem auch durch die Herrschaft von Pharaonen fremder Herkunft gezeichnet ist, so von Nubiern, Äthiopiern, Assyrern, und schließlich von Persern. Zwar besteigen kurzzeitig auch einheimische Könige den Thron, aber die Macht Ägyptens ist gebrochen.

332 vC fällt das Land Alexander dem Großen kampflos in die Hände. Nach dessen unerwartet frühem Tod 323 vC streiten seine Feldherren *(Diadochen)* um die Nachfolge. Ägypten fällt in die Hände von Ptolemäus. 304 vC nimmt er den Königstitel als *Ptolemäus I Soter* (der Retter) an und begründet damit die Herrschaft der **Ptolemäer** – insgesamt 14 an der Zahl -, die sich als Pharaonen installieren und die alten Sitten und die Religion achten, aber dennoch als Griechen herrschen. Doch sie verhelfen Ägypten zu einer nochmaligen Blütezeit, ihr Staat gilt als einer der mächtigsten der Welt.

Alexandria ist Hauptstadt und Anziehungspunkt für Kunst und Wissenschaft. In Oberägypten kann man noch heute Bauwerke dieser Epoche bewundern, z.B. die Tempel von Philae, Kom Ombo, Edfu, Esna und Dendera. 30 vC erobert der Römer Octavian das ptolemäische Ägypten und leitet als Augustus die **Römische Epoche** ein.

Auch die Römer spielen ihre Rolle als Pharaonen, aber nicht mehr mit dem Verantwortungsbewusstsein der Ptolemäer. Für sie ist Ägypten Kornkammer, die Menschen gehören zum Inventar und können keine Bürgerrechte erwerben. Mit der Christianisierung des Römischen Reiches öffnet sich auch Ägypten der neuen Religion. Während der Christenverfolgungen retten sich viele Gläubige in die Wüste, dort entstehen die ersten Klöster.

Im Eilgang durch die Geschichte

Kalender-Erfinder

Das Leben im alten Ägypten hing ganz entscheidend vom Nil und seinen Überschwemmungszyklen ab. Die Nilflut setzte das Land ab Ende Juni unter Wasser - mit einer Toleranz von bis zu 80 Tagen -, nach vier Monaten zog sich der Fluss wieder in sein Bett zurück; diese Zeit hieß *Achet*. Danach konnte die Aussaat beginnen, an die sich das Wachstum anschloss. Diesen wiederum etwa viermonatigen Abschnitt nannte man *Perit*. Es folgte die Erntezeit *Schemu*, die bis zum Beginn der neuen Flut dauerte.

Parallel zu dieser landwirtschaftlichen Jahreseinteilung entwickelten die Priester einen so genannten Luni-Stellar-Kalender, der auf Sternbeobachtungen fußte und die Mondphasen einschloss. Dieser teilte das Jahr in 365 (!) Tage; er begann jeweils mit dem regelmäßigen Erscheinen des Sirius am Morgenhimmel (ab Mitte Juli) und dem nächsten Neumond. Aber dieser Kalender war für viele religiöse Handlungen, die an bestimmten Jahrestagen zu erfolgen hatten, wie auch für administrative Zwecke zu ungenau.

Schon im Alten Reich war ein standardisierter Kalender eingeführt worden, der zunächst aus zwölf Monaten zu 30 Tagen bestand, aber um fünf Tage zu kurz war, die man bald zusätzlich einschob. Doch es fehlte immer noch ein viertel Tag pro Jahr gegenüber dem Umlauf der Erde um die Sonne. Diesen Zustand negierten die Ägypter, so dass ihr „bürgerlicher Kalender" nur alle 1460 Jahre wieder mit dem Aufgang des Sirius im Juli begann; während der übrigen Zeit gab es für jedes Jahr Umrechnungstabellen. Die Römer übernahmen den pharaonischen Kalender, aber erst Papst Gregor XIII synchronisierte ihn 1582 mit der exakten Umlaufzeit durch das vierjährig wiederkehrende Schaltjahr. Unser Kalender ist also eine altägyptische Erfindung.

Ägypten wird eine der wichtigsten Säulen für den neuen Glauben, es trägt wesentlich zu seinem Überleben bei. Mit der Teilung des Römischen Reiches fällt Ägypten an Byzanz, das den Staat am Nil hemmungslos ausbeutet.

Islamisch-arabische Epoche

639 nC tauchen die islamischen Eroberungsheere der Araber auf und nehmen wenig später Ägypten unter die Fahne des Propheten. Der Islam wird Staatsreligion, die arabische Sprache Landessprache, alles Alte hinweggefegt. Aus dem Zeltlager der Eroberer, El Fustat, entwickelt sich sehr schnell eine Metropole, die heute Kairo heißt.

Ägypten bleibt für viele Jahrhunderte eine Provinz des Kalifenreiches, das von Damaskus, später von Bagdad aus regiert wird. Dennoch verstehen die Ägypter, sich auch unter der neuerlichen Fremdherrschaft eine gebührende Stellung zu verschaffen. Mit Gründung der Al Azhar Universität - der ersten Universität der Welt - wird Kairo das religiös-intellektuelle Zentrum des Islam.

Die Geschichte der **islamischen Epoche** liest sich wie ein spannender Roman, der auf der einen Seite von Intrigen, Mord und Totschlag nur so strotzt, auf der anderen Seite in orientalischer Pracht von Tausendundeiner Nacht schwelgt. Allerdings sollte man nicht vergessen, dass, wer auch immer das Land regiert, seine Pracht auf Kosten der Bevölkerung entfaltet, zumeist der Landbevölkerung. Alle bedeutenden Bauwerke entstehen in Kairo, die Provinzen gehen fast leer aus.

Omayaden, Abbasiden, Tuluniden und Ichschididen regieren in Bagdad und halten Ägypten als Provinz. Die Fatimiden, schiitische Eroberer aus dem Maghreb, machen Kairo zur Hauptstadt, werden 200 Jahre später von den Aijubiden verdrängt, die Ägypten wieder an Bagdad anschließen. Ihnen folgen die Mamluken und schließlich ab 1517 die Osmanen, in deren Regierungszeit Ägypten zu einer

2 Land, Leute und Vergangenheit

Randprovinz des Türkenreiches degradiert wird, in der aber weiterhin Mamluken die lokale Macht halten.

Europäischer Einfluss

1798 landet Napoleon in Ägypten, weniger um das Land zu erobern, als um Englands Mittelmeerhandel zu lähmen. Die Franzosen beenden vorläufig die über 250-jährige Herrschaft der Osmanen. Allerdings können sie sich, nicht zuletzt wegen des Eingreifens der Engländer unter Nelson, nur drei Jahre halten.

Das entstandene Machtvakuum macht sich ein analphabetischer albanischer Söldner namens **Mohammed Ali** (1805-1848) zunutze, der sich durchaus brutal zum Regenten aufschwingt: Bei einem als Versöhnung deklarierten Festmahl in der Zitadelle von Kairo lockt er die 480 geladenen Gäste - praktisch die gesamte Führungsschicht der Mamluken - in einen Hinterhalt und lässt sie kaltblütig ermorden. Aber Mohammed Ali reformiert und reorganisiert den Staat und legt damit den Grundstein für ein modernes Ägypten. Er holt europäische Experten ins Land und lässt die Landwirtschaft, vor allem den Baumwollanbau, reorganisieren, den Nil mit ersten Staudämmen regulieren, eine erste Industrialisierungsphase einleiten und eine schlagkräftige Armee aufbauen.

Seine Nachfolger Abbas und Mohammed Said führen das Werk der Modernisierung fort. Unter Said wird 1859 mit dem Bau des Suezkanals begonnen, den Mohammed Alis Enkel Ismail (1863-1879) vollendet. Daneben entstehen Bewässerungsanlagen, Eisenbahnen, Zuckerraffinerien und, als ganz wichtige Investition in die Zukunft, über 4000 Schulen.

Ägypten kann diese Ausgaben nicht allein finanzieren; infolge der hohen Verschuldung muss Ismail 1875 die ägyptischen Suezkanalaktien verkaufen und unter dem Druck der internationalen Finanzverwaltung 1879 zugunsten seines Sohnes Taufik abdanken. 1882 sind nationalistische Unruhen („Ägypten den Ägyptern!") den Engländern Anlass, zum Schutz ihrer Interessen und des 1869 eröffneten Suezkanals so starken Einfluss auszuüben, dass Ägypten unter nahezu vollständige Kontrolle der Briten gerät.

Von 1893 bis 1914 regiert praktisch der englische Generalkonsul Lord Comer Ägypten, der Khedive Abbas II Hilmi ist mehr oder weniger Marionette. Comers Modernisierungsbemühungen wie auch der Bau des ersten Assuandammes sind wesentlich darauf ausgerichtet, Englands Textilindustrie mit der hervorragenden ägyptischen Baumwolle zu versorgen. 1914 wird diese Abhängigkeit „legalisiert"; London erklärt Ägypten zum Protektorat und unterstellt den Suezkanal seiner direkten Kontrolle.

1917 setzen die Engländer Abbas II Hilmi wegen seiner Sympathien für die britischen Feinde ab und proklamieren dessen Onkel Hussein Kamil zum ersten, von den Osmanen unabhängigen Sultan Ägyptens. 1919 brechen landesweite Unruhen mit Saad Zaghlul als Anführer (und späterem Führer der Wafd-Partei) aus, deren Folgen England schließlich 1922 dazu bewegen, sich formal zurückzuziehen und Hussein Kamil unter dem Namen Fuad I zum König einer konstitutionellen Monarchie Ägyptens auszurufen.

Bei den ersten Parlamentswahlen siegt die Wafd-Partei überwältigend. Auch als der charismatische Führer Saad Zaghlul 1927 stirbt, behält die Partei ihren Einfluss. 1936 kommt der junge Sohn von Fuad I, Faruk, auf den Thron. Die Engländer räumen Ägypten mehr Autonomie ein und ziehen sich militärisch auf die Suezkanalzone zurück. Doch im Zweiten Weltkrieg wird das Land - trotz langer offizieller Neutralität - wieder von den Briten in die Pflicht genommen. Während der Nordafrika-Kämpfe dient es den Alliierten als Basis, müssen auch Ägypter ihr Leben opfern.

Nach dem Zweiten Weltkrieg

Als 1948 Ägypten im ersten Krieg gegen Israel verliert, formieren sich „Freie Offiziere" unter General Nagib und jagen König Faruk in einer unblutigen **Revolution am 23. Juli** aus dem Land. Der entscheidende Schritt zur unabhängi-

Im Eilgang durch die Geschichte

gen Republik ist getan - von vielen Beobachtern als die erste, wirklich ägyptische Selbstverwaltung seit dem Ende des pharaonischen Neuen Reiches gefeiert.

In den Folgemonaten werden nahezu alle politischen Institutionen aufgehoben, das Land zur Republik proklamiert und eine Landreform durchgesetzt. 1954 tritt der eigentliche Anführer der Revolution, **General Nasser**, in den Vordergrund, stürzt Nagib und übernimmt alle Ämter. Als 1956 die letzten englischen Besatzungstruppen die Suezkanal-Zone verlassen haben, und die Amerikaner die Finanzierung des geplanten Assuan-Hochdammes wegen Nassers neuer Politik verweigern, verstaatlicht Nasser den Suezkanal. Engländer, Franzosen und Israelis versuchen, durch militärische Intervention einzuschreiten, doch ein Veto des UNO-Sicherheitsrates stoppt den Krieg.

Nasser wendet sich der Sowjetunion zu, sie übernimmt die Finanzierung des Assuan-Hochdammes. 1960 beginnt unter sowjetischer Leitung der Bau, der 1971 fertig gestellt wird. Darüber hinaus avancieren die Sowjets zum Hauptwaffenlieferanten und wichtigsten Finanzier Ägyptens; eine neue Abhängigkeit bahnt sich an.

Nasser träumt von einer panarabischen Union und gründet 1958 als ersten Schritt mit Syrien die **Vereinigte Arabische Republik** (VAR). Die starken sozialistischen Einflüsse wie Verstaatlichung der Banken und aller größeren Industrien führen 1961 zum Bruch der VAR, weil eine innersyrische Opposition gegen diese Tendenzen revoltiert. In Ägypten entwickelt Nasser seine arabisch-sozialistischen Vorstellungen weiter, seine Partei *Nationale Union* wird in die *Arabische Sozialistische Union (ASU)* umfunktioniert.

1967 sperrt Nasser die Straße von Tiran und damit den Zugang zum Golf von Aqaba, d.h. zum israelischen Hafen Elat. Im darauf folgenden **Sechs-Tage-Krieg** dringen die Israelis über den Sinai bis zum Suezkanal vor und schlagen die Ägypter. Nun ist der Suezkanal Demarkationslinie und damit für die Schifffahrt blockiert. 1970 stirbt Nasser unerwartet, Anwar el-Sadat tritt an seine Stelle. In einer Art Staatsstreich säubert Sadat 1971 die politische Führung von allzu linkslastigen „Nasseristen", erlässt eine

Wahrzeichen über Kairo: Moschee von Mohammed Ali, dem großen Reformer

2 Land, Leute und Vergangenheit

neue Verfassung und benennt das Land in *Arabische Republik Ägypten* um. 1972 schickt er 17 000 sowjetische Militärberater nach Hause und knüpft wieder stärkere Fäden zum Westen.

Unbemerkt von der Weltöffentlichkeit und ihren Nachrichtendiensten bereitet Sadat zusammen mit dem syrischen Präsidenten Assad einen Schlag gegen Israel vor, das sich trotz aller diplomatischer Interventionen weigert, das Ostufer des Suezkanals aufzugeben. Sadat hat Erfolg: Im **Oktober-Krieg von 1973** überwindet Ägypten die gewaltigen Sperranlagen am Suezkanal und kann einen Teil des Sinai zurückerobern. Zwar gewinnen die Israelis bald wieder Boden, aber durch internationale Intervention wird der Krieg beendet, die Ägypter stehen wieder auf beiden Seiten des Suezkanals. Dieser kann von gesunkenen Schiffen geräumt, erweitert und 1975 wiedereröffnet werden.

Bereits 1974 kündigt Sadat eine Öffnung der Wirtschaft durch Liberalisierung an, um ausländische Investoren anzulocken. 1975 folgt die politische Liberalisierung, indem größere Presse- und Meinungsfreiheit zugelassen wird. 1976 finden die ersten freien Wahlen seit der Revolution statt, in denen die von Nasser gegründete ASU als eine Art Sammelbecken wirkt. Als Sadat 1978 die *Nationaldemokratische Partei (NDP)* gründet, geht die ASU an Mitgliederschwund ein.

1977 fliegt Sadat nach Jerusalem und hält in der Knesset seine historische Rede, in der er zu Koexistenz und Frieden zwischen Israel und seinen Nachbarn aufruft. Unter Vermittlung des amerikanischen Präsidenten Jimmy Carter verhandeln 1978 Sadat und der israelische Premier Begin und erzielen schließlich im **Camp-David-Abkommen** den Friedensvertrag zwischen den beiden Ländern. Die meisten arabischen Staaten zeigen Unverständnis und brechen die Beziehungen zu Ägypten ab, dessen Mitgliedschaft in der Arabischen Liga suspendiert wird. Aber Ägypten erhält bis 1982 den gesamten Sinai zurück.

Doch die Enttäuschung über die Verhandlungen mit Israel sitzt besonders bei Konservativen sehr tief, trotz der Verringerung der militärischen Bedrohung und der Minderung der Militärausgaben. Im Oktober 1981 wird Sadat bei der Militärparade zur Feier des 6.-Oktober-Sieges von der islamistischen Terrorgruppe El-Jihad erschossen. Sein (bis dahin blasser) Vize **Hosni Mubarak** übernimmt die Führung.

Als Israel 1982 in den Libanon eindringt, nutzt Mubarak die Chance, sich politisch deutlich von Israel abzusetzen, ohne bestehende Verträge zu verletzen. Dies führt zu einer Wiederannäherung an die arabischen Staaten; der Prozess wird durch die Teilnahme Ägyptens an der arabischen Gipfelkonferenz von 1989 positiv abgeschlossen. Mubarak verfolgt auch innenpolitisch moderate Ziele, so dass er in vielen Konflikten eher einen Ausgleich findet.

1990/91 beteiligt sich Ägypten maßgeblich auf Seiten der Amerikaner und Kuwaitis in der Allianz gegen den Irak Saddam Husseins und an der Befreiung Kuwaits (Golfkrieg). Ab Ende 1992 gehen terroristische Fundamentalisten, die schon lange im Untergrund aktiv waren, mit Anschlägen zur offenen Konfrontation über, um das Mubarak-Regime zu stürzen und es durch eine islamistisch-fundamentalistische Variante zu ersetzen. Als leicht verwundbares Ziel auf dem Weg zur Schwächung der etablierten Regierung haben sie den Tourismus auserkoren, der einen wesentlichen Beitrag zum Staatshaushalt leistet.

Zwar geht die Zahl der Terroranschläge und -opfer in den Folgejahren zurück, doch im Herbst 1997 schlagen die fundamentalistischen Terroristen erneut massiv zu. Zunächst wird vor dem Ägyptischen Museum in Kairo ein Bombenanschlag verübt, wenig später schlachten sechs Terroristen vor dem Hatschepsut-Tempel in Luxor bei dem blutigsten Massaker 57 Touristen grausam ab. Diesmal ist ihnen ein Tiefschlag gegen den Tourismus gelungen, der sich allerdings auch gegen die Urheber wendet. Hartes staatliches Durchgreifen und tiefe Abscheu in der Bevölkerung über das Attentat scheinen ihnen zumindest vorläufig den Rückhalt entzogen zu haben.

Seit der im Oktober 2000 ausgebrochenen zweiten Intifada der Palästinenser gegen die Israelis versucht Hosni Mubarak immer wieder, zwischen den Parteien zu vermitteln. Seine geschickte Diplomatie und sein besonnenes Handeln finden weltweit Respekt. Im Irak-Krieg 2003 hält sich Ägypten offiziell auf der neutralen Seite, obwohl heftige Protestwellen gegen das völkerrechtswidrige Vorgehen der Amerikaner die Empörung der Bevölkerung zeigen.

2005 findet eine Volksabstimmung mit dem Ergebnis statt, dass der Präsident nicht mehr vom Parlament, sondern vom Volk gewählt wird. Trotz Gegenkandidaten gewinnt Mubarak die anschließende Wahl im September mit 88,6 % der Stimmen. Bei den Parlamentswahlen im Dezember erobert seine Partei (NDP) mit 311 von 454 Sitzen wiederum die absolute Mehrheit.

Aber Mubarak hat trotz der – wahrscheinlich „geschönten" - Wahlergebnisse viele Sympathien im Volk verspielt, nicht zuletzt dadurch, dass er versucht, seinen Sohn als Nachfolger zu etablieren und damit eine neue Dynastie ins Leben zu rufen – Vorbilder dafür gibt es in der langen Geschichte genug.

Geschichtstabelle

Viele Jahrtausende ereignisreicher Geschichte sind auf den ersten Blick verwirrend. Zur hoffentlich besseren Übersicht haben wir in der folgenden tabellarischen Zusammenfassung mehr als 6000 Jahre ägyptischer Historie zusammengedrängt.

Frühgeschichte

4300-3600
Negade I-Kultur in Oberägypten mit Verbindung zu Nubien und den Oasen

3600-3200
Negade II-Kultur, von Oberägypten auf das Nildelta übergreifend; Beziehungen zu Vorderasien und Mesopotamien

Um **3150** Zusammenschluss verschiedener Stammesgebiete in Ober- und Unterägypten zu größeren politischen Einheiten. Entstehung des Gesamtstaates Ägypten südlich von Edfu bis ans Mittelmeer. Weiterentwicklung der Schrift. Gründung der Hauptstadt Memphis.

1. Dynastie um 3100
Ausbau des Staatswesens mit differenzierter Verwaltung um die Zentralfigur des Pharao.

> **Hieroglyphen**
>
> Die „heilige Schrift" der Ägypter, die Hieroglyphen, werden Ihnen im Zusammenhang mit pharaonischen Zeiten immer wieder vor Augen kommen. Das Geheimnis hinter diesen bildhaften Zeichen lüftete 1822 der Franzose Jean-Francois Champollion anhand eines bei Rosetta gefundenen, mit Hieroglyphen und griechischen Zeichen beschrifteten Steins. Ägyptologen können heutzutage diese Schrift lesen wie ihre Tageszeitung. Kompliziert ist unter anderem, dass jede Hieroglyphe drei Bedeutungen annehmen kann: als normaler Buchstabe, der für bis zu drei Konsonanten stehen kann (Vokale werden, wie z.B. bei Arabisch, nicht geschrieben), als Ideogramm, d.h. als piktogrammähnliches Zeichen (wie z.B. Hinweiszeichen auf Bahnhöfen) oder als so genannte Determinative zur Erläuterung vorangehender Zeichen. Außerdem wurde sowohl von rechts nach links als auch umgekehrt, wie auch von oben nach unten oder umgekehrt geschrieben - so wie es dem Schreiber am schönsten erschien oder die Unterlage vorgab. Als feste Regel gilt, dass sich die Königsnamen aus der Masse des Textes durch ihre ovale Umrandung, die *Königskartusche*, abheben. Die pharaonische Schrift hat einen zu ihrer Zeit noch nicht vorhersehbaren Vorteil gezeitigt: Aus den unzähligen schriftlichen Zeugnissen ließen und lassen sich große Zusammenhänge bis hin zu kleinsten Details des damaligen Lebens rekonstruieren.

2 Land, Leute und Vergangenheit

Vereinheitlichung von Kunst, Schrift, Religion in allen Landesteilen.

2. Dynastie 2820-2670
Letzte innenpolitische Unruhen werden beigelegt. Königs- und Beamtengräber entstehen in Sakkara.

Altes Reich (AR)

3. Dynastie 2670-2600
Explosionsartiger Aufschwung der Kultur: Stufenpyramide des Königs Djoserin Sakkara als ältester Monumentalbau. Expansion nach Osten (Sinai), Westen (Libyen) und Süden (Nubien).

4. Dynastie 2600-2475
Diese Epoche wird Pyramidenzeit genannt. Vollendung des Ausbaus des zentralistischen Staates. Nubien wird ägyptische Kolonie. Entwicklung der klassischen Pyramide als Königsgrab (Cheops-, Chephren- und Mykerinos-Pyramiden in Giseh). Beamtenfriedhöfe um die Pyramiden.

5. Dynastie 2475-2345
Reichskult des Sonnengottes Re. Neben den Pyramiden von Sakkara (Userkaf) und Abusir sowie Sonnenheiligtümer in Abou Gurob für den Kult von König und Re. Politische und wirtschaftliche Verselbständigung der Beamtenschaft.

6. Dynastie 2345-2195
Auflösung der Zentralregierung; Autarkiebestrebungen der Gaufürsten in Mittel- und Oberägypten; außenpolitischer Rückzug Ägyptens aus Nubien und Vorderasien.

Erste Zwischenzeit

7./8. Dynastie 2195-2160
Kurzlebige gesamtägyptische Regierungen

9./10. Dynastie 2160-2040
Auf Mittel- und Unterägypten mit der Hauptstadt Herakleopolis begrenzt. Oberägypten ist unter thebanischen Fürsten unabhängig.

11. Dynastie 2040-1994
Mentuhotep II herrscht zunächst als Gaufürst von Theben. Ihm gelingt die Wiedervereinigung Ägyptens durch die militärische Unterwerfung von Herakleopolis (um 2040).

Mittleres Reich (MR)

12. Dynastie 1994-1781
Ägypten wird zur Großmacht im Ostmittelmeerraum. Residenz wieder in Memphis; Theben bleibt religiöses Zentrum. Nubien und Libyen werden Teil des Reiches; mit Vorderasien enge Handelsbeziehungen. Die Großoase Fayum wird erschlossen. Gaufürsten und hohe Beamte sind relativ selbständig.

13./14. Dynastie 1781-1650
Zahlreiche Könige mit kurzer Regierungszeit. Außenpolitischer Machtschwund, Einsickern vorderasiatischer Elemente im Delta, Kleinkönige der 14. Dynastie und Zerfall der nationalen Einheit.

Zweite Zwischenzeit

15./16./17. Dynastie 1650-1540
Hyksoszeit. Die vorderasiatischen Hyksos herrschen über Unter- und Mittelägypten. Verfall von Kunst und Kultur. Oberägypten bleibt unter der lokalen 17. Dynastie weitgehend unabhängig.

Neues Reich (NR)

18. Dynastie 1550-1291
Der Thebaner Ahmose vertreibt die Hyksos (um 1544) und vollzieht die Wiedervereinigung. Wiederherstellung der außenpolitischen Vormachtstellung Ägyptens: Erneute Unterwerfung Nubiens, Intensivierung der Kontakte zu Palästina-Syrien, das zunehmend in die Abhängigkeit Ägyptens gerät.
Der Amun-Tempel in Karnak wird unter Hatschepsut und Tuthmosis III (1479-1425) zum religions- und wirtschaftspolitischen Zentrum des Reiches und zur Sammelstelle der Tribute aus der ganzen damals bekannten Welt von Punt (Somalia) bis Nordmesopotamien.
Tuthmosis III unterwirft Vorderasien bis zum Libanon. Die Innenpolitik liegt in Händen einer

Geschichtstabelle

selbstbewussten Beamtenschaft. Individualisierung der Politik und Kultur unter Amenophis III (1387-1350) führt zur Revolution von Amarna unter Amenophis-IV-Echnaton (1350-1333) und Gemahlin Nofretete. Bruch mit religiöser, künstlerischer und politischer Tradition, Einführung der monotheistischen Aton-Religion, Aufgabe der Residenzen Memphis und Theben, Gründung von Achetaton (Amarna) als neuer Hauptstadt. Frühzeitiges Ende der *Revolution von oben*, unter Tutanchamun (1333-1323) Rückkehr zu den alten Verhältnissen. Ende der Dynastie unter den Soldatenkönigen Eje und Haremhab.

Obelisken - Meisterwerke der Steinmetze

19. Dynastie 1291-1185
Wiederherstellung der in der Amarna-Zeit verlorenen Hegemonie Ägyptens. Innenpolitisch wachsender Einfluss des Militärs. Residenz im Ostdelta. Ramses II (1279-1212) bannt durch Verträge die Hethitergefahr, Merenptah kann sich gegen die Libyer behaupten. Einsickern von Ausländern in Heer und Verwaltung und wachsende innenpolitische Kritik führen zu Thronstreitigkeiten am Ende der Dynastie.

20. Dynastie 1185-1075
Außenpolitische Bedrohung durch Seevölkereinfall, innere Krise und Zusammenbruch der Wirtschaft durch Streiks, Korruption und Kriminalität (Grabräuber). Übernahme der Macht durch Militärdiktatoren.

Dritte Zwischenzeit

21. Dynastie 1075-945
Spaltung Ägyptens in ein Nordreich mit Hauptstadt Tanis und ein Südreich mit Zentrum in Karnak (Gottesstaat des Amun). Verlust der ausländischen Kolonien.

22. Dynastie 945-718
Libysche Fürsten auf dem Pharaonenthron; bewusste Pflege des national-ägyptischen Erbes. Letzter Versuch einer Vorherrschaft in Vorderasien. Nebenlinien (23./24. Dyn.) führen zum innenpolitischen Zusammenbruch.

Spätzeit

25. Dynastie 775-653
Die kushitischen Fürsten von Napata im Sudan erobern Ägypten (seit 745) und werden als Pharaonen anerkannt. Durch assyrische Übergriffe werden die Kushiten später wieder in ihr Stammland zurückgedrängt.

26. Dynastie 653-525
Saidenzeit. Fürstenhaus von Sais im Delta schüttelt die assyrische Oberhoheit ab und schafft ein Gesamtreich, das in Rückgriff auf die Vergangenheit Großmacht am Nil zu spielen versucht, aber letztlich an Babylon scheitert.

27. Dynastie 525-404
Ägypten wird von Kambyses erobert und Teil des Perserreichs.

28.-31. Dynastie 404-332
Auf die durch ägyptische Aufstände in der 28. Dynastie vertriebenen Perserkönige folgen die letzten nationalägyptischen Herrscher aus Mendes und Sebennytos im Delta.

Nach der kurzen *2. Perserzeit* (sog. *31. Dynastie)* erobert **332 Alexander der Große** kampflos Ägypten, gründet 331 Alexandria, zieht zum Orakel nach Siwa und lässt sich in Memphis zum Pharao krönen.

2 Land, Leute und Vergangenheit

323 Tod Alexanders des Großen

Ptolemäische Zeit 330-30 vC

Ptolemäus I übernimmt das Erbe Alexanders in Ägypten. Ausstrahlung griechischer Kunst und Kultur von Alexandria auf das ganze Land. Später zunehmender Einfluss Roms im östlichen Mittelmeerraum; Stärkung der altägyptischen Hauptstadt Memphis durch Krönung der ptolemäischen Könige nach ägyptischem Ritus (ab 240). Vertreibung griechischer Gelehrter aus Alexandria (145/44), Verlust der Stellung als Kulturmetropole. Mit Kleopatra VII (51-30) letzter Höhepunkt und Untergang der ptolemäischen Herrschaft in Ägypten.

Römische Zeit 30 vC – 640 nC

Ägypten unter römischer bzw. oströmischer Herrschaft. Aufstieg des Christentums in Ägypten (3. Jh); Alexandria wird ein Zentrum christlicher Theologie, Entstehen der koptischen Kirche. Bei der Teilung des Römischen Reiches (395) fällt Ägypten an Byzanz.
639 Unter Amr erobern die Araber Ägypten.

Islamisch-arabische Epoche

Ab 639 Islamisierung durch arabische Heere, 646 endgültige Unterwerfung Ägyptens durch den Kalifenstellvertreter Amr Ibn el As, Gründung der Hauptstadt Fustat, aus dem schließlich Kairo hervorgeht.

Omaijaden 661-750
Hauptstadt Damaskus, Landessprache arabisch

Abbasiden 750-870
Gründung der Hauptstadt Bagdad; Handel und Kunst blühen während der Regierung von Harun el Rashid.

Tuluniden 870-905
Ibn Tulun, ein Türke, gründet eine kurzlebige Dynastie.

Abbasiden 905-935
Nochmalige Herrschaft der Kalifen von Bagdad

Ichschididen 935-969
Der Statthalter Ichschid regiert.

Fatimiden 969-1171
Eroberer Nordafrikas aus dem Maghreb machen Kairo zur Hauptstadt ihres Reiches. Bau der Al-Azhar-Moschee und -Universität, Hakim-Moschee, der Stadttore Bab el Futuh, Nasr und Zuwela.

Aijubiden 1171-1250
Saladin schließt Ägypten wieder dem Kalifat von Bagdad an. Stadtbefestigung, Bau der Zitadelle.

Mamluken 1250-1517
Beybar, Kommandant der Sklavenleibgarde, erringt die Macht und etabliert die Mamlukendynastie. Kalaun-Moschee, Mausoleum und Madrasa, Sultan-Hassan-Moschee, Kait-Bey-Moschee, Mausoleum Sultan Barqu (Kairo). Blüte von Kunst und Kultur.

Osmanen 1517-1798
Ägypten wird zu einer Randprovinz des osmanischen Reiches. Gouverneure sind meist Mamluken.

Französische Herrschaft 1798-1801
Ägypten kommt mit Europa in Verbindung, französische Wissenschaftler begründen die Ägyptologie.

Mohammed Ali 1805-1848
Nach anarchischer Periode erringt der albanische Truppenführer die Macht. Reorganisation des Staates, erste Staudämme, Alabaster-Moschee.

Mohammed Alis Nachfolger 1848-1892
Abbas I, Said, Ismail, Taufik. Unter Said Beginn des Suezkanalbaus. Unter Ismail Fortführung der Modernisierung: Bau von Schulen, Bewässerungsanlagen, Eisenbahnen, Häfen, Zuckerraffinerien.

Engländer

Zunächst bis 1914 nur indirekte englische Einflussnahme, danach offizielles Protektorat 1922-1952 Von England abhängiges **Königreich** unter Fuad I und Faruk

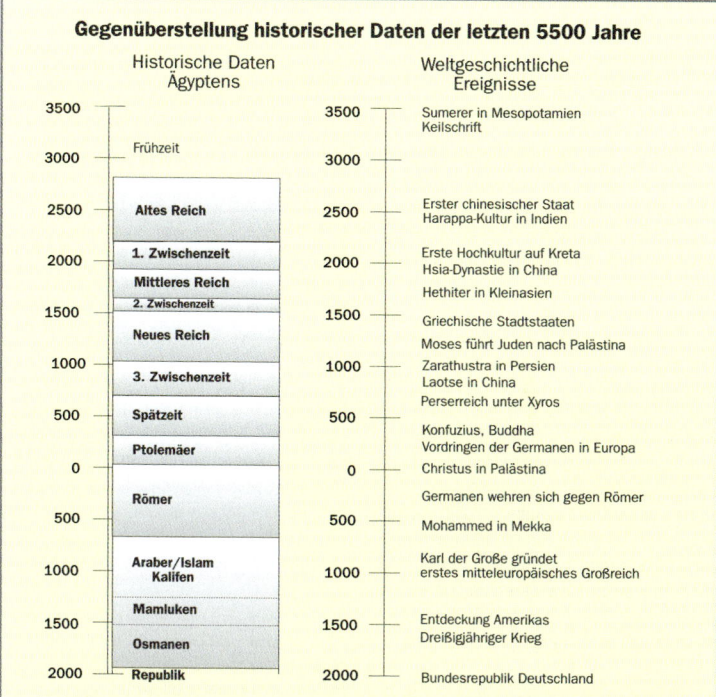

Gegenüberstellung historischer Daten der letzten 5500 Jahre

Historische Daten Ägyptens		Weltgeschichtliche Ereignisse
3500	3500	Sumerer in Mesopotamien, Keilschrift
3000 Frühzeit	3000	
2500 Altes Reich	2500	Erster chinesischer Staat, Harappa-Kultur in Indien
2000 1. Zwischenzeit / Mittleres Reich	2000	Erste Hochkultur auf Kreta, Hsia-Dynastie in China, Hethiter in Kleinasien
1500 2. Zwischenzeit / Neues Reich	1500	Griechische Stadtstaaten, Moses führt Juden nach Palästina
1000 3. Zwischenzeit	1000	Zarathustra in Persien, Laotse in China, Perserreich unter Xyros
500 Spätzeit / Ptolemäer	500	Konfuzius, Buddha, Vordringen der Germanen in Europa
0	0	Christus in Palästina
500 Römer	500	Germanen wehren sich gegen Römer, Mohammed in Mekka
1000 Araber/Islam Kalifen	1000	Karl der Große gründet erstes mitteleuropäisches Großreich
1500 Mamluken / Osmanen	1500	Entdeckung Amerikas, Dreißigjähriger Krieg
2000 Republik	2000	Bundesrepublik Deutschland

Drei Jahrtausende kontinuierlicher, nachweisbarer Geschichte, davon fast zwei Jahrtausende als Führungsmacht der zu jener Zeit im Westen bekannten Welt – welches Volk auf dieser Erde kann auf eine glanzvollere Vergangenheit zurückblicken?
Die obige, nicht ganz maßstabsgerechte Grafik stellt Zeiträume, in denen der Ägyptenreisende zwangsläufig zu denken hat, anderen weltgeschichtlichen Ereignissen gegenüber.

1952 Staatsstreich unter General **Nagib**, Gründung der unabhängigen Republik

Republik

1954 General **Nasser** setzt Nagib ab.
1956 Letzte englische Truppen verlassen Ägypten. Verstaatlichung der Suezkanalgesellschaft, daraufhin „Kanal-Krieg" Englands und Frankreichs gegen Ägypten, durch UNO-Veto gestoppt.
1960 Baubeginn des **Assuan Hochdammes** (*Sadd el Ali*)

1967 **Sechs-Tage-Krieg** gegen Israel, Verlust des Sinai, Kanal-Schließung
1970 **Tod Nassers**, Sadat wird Präsident.
1973 **Oktoberkrieg** gegen Israel, Teileroberung des Sinai
1975 **Wiedereröffnung des Suezkanals**
1979 **Friedensvertrag Israel/Ägypten**, Isolierung in der arabischen Welt
1981 **Ermordung Sadats,** Mubarak wird Präsident
1982 Vollständige **Rückgabe des Sinai** an Ägypten
1991 Teilnahme Ägyptens am **Golfkrieg**

2 Land, Leute und Vergangenheit

1992-1997 **Terroranschläge** auf Touristen
2001 **Mubarak** bemüht sich um Frieden im **Palästinakonflikt**.
2003 **Irak-Krieg**, Ägypten hält sich gegenüber amerikanischen Beteiligungsversuchen bedeckt
2005 **Wahlen nach geändertem Wahlrecht**, Mubarak wird für die nächste Amtsperiode vom Volk (nicht mehr Parlament) wieder gewählt.
2005/06 **Wiederaufflackern von Terrorismus**, Anschläge in Kairo und auf dem als sicher eingeschätzten Sinai fordern Todesopfer

Zur Religion der alten Ägypter

Die große Fruchtbarkeit des Niltals befreite die Ägypter von existentiellen Sorgen. So konnten sie sich intensiver und früher als andere Völker mit philosophischen und religiösen Fragen beschäftigen. Sie hatten es auch nicht nötig, die Naturgewalten durch die Religion oder Rituale zu beschwören. Natur und Kosmos waren für sie Ausdruck göttlicher Ordnung. Der ägyptische Jenseitsglaube konzentrierte sich auf den Wunsch des Menschen, in den ewigen Kreislauf der Natur, der Sonne und der Gestirne einzutreten.

Die Vorstellung von der altägyptischen Religion als finsteres Heidentum mit bizarren Götzenbildern ist völlig falsch. In den ägyptischen Tempeln geht es um die Erklärung der Welt; die Tempelarchitektur ist ein Weltmodell, die Tempelreliefs mit ihren zahlreichen Bildern des Königs beim Gebet und Opfer vor den Göttern schildern und sichern das Verhältnis Gott - Mensch.

Die Grabbilder des Alten Reichs (Giseh und Sakkara) stellen eine ideale Diesseitswelt als Wunschtraum für das Jenseits dar; erst seit dem Mittleren Reich treten erdachte Jenseitslandschaften auf, unseren Paradies- und Höllenvorstellungen vergleichbar (oder deren Ursprung?).

Sie dienen als Bildprogramm für die Königsgräber des Neuen Reichs. Der Eintritt in diese ideale Ewigkeit ist weniger von materiellen Vorleistungen wie Grab, Mumifizierung oder Opfern abhängig, sondern von der moralischen Qualifikation des Menschen, die beim Totengericht festgestellt wird.

Die pharaonische Religion hat sich über drei Jahrtausende fortentwickelt, ägyptische Götter haben nie eine einziggültige Gestalt angenommen. Der Gott Amun kann z.B. als Mensch mit Federkrone, als Widder oder als Gans dargestellt werden. Als Widder werden aber neben Amun auch Chnum von Elephantine und Herischef von Herakleopolis abgebildet. Hinter diesen vielen Gestalten und Namen steht ein übergeordneter, allgemein gültiger Gottesbegriff.

Wenn in der folgenden Auflistung aus der nicht festliegenden Zahl der Namen und Gestalten ägyptischer Götter einige besonders häufig genannte herausgegriffen werden, so sei ausdrücklich darauf hingewiesen, dass jeder Gott jede Gestalt annehmen und, umgekehrt, jede Göttergestalt jedem Gott zugeordnet werden kann; im Zweifel sagen nur die hieroglyphischen Namen aus, um wen es sich handelt. Entscheidend ist, was hinter dieser zunächst verwirrenden „Regel" steht: eine Gottesvorstellung, die die Weltordnung garantiert und der sich die Ägypter dankbar und ehrfurchtsvoll über 3500 Jahre verpflichtet fühlten.

Pharaonische Götter

Eine halbwegs vollständige Liste altägyptischer Götter umfasst etwa 150 Namen; die Variationsmöglichkeiten der Götterbilder sind unbegrenzt und entziehen sich einer strengen Systematik. Als Ordnungsprinzipien in dieser Vielfalt verwendet der ägyptische Theologe u.a. die Familienstruktur Vater - Mutter - Kind (z.B. Amun - Muth - Chons in Theben) oder Zahlensymbolik wie Achtheit und Neunheit. Vorherrschend bleibt aber die Offenheit des Gottesbegriffs: Der alte Ägypter spricht oft ganz einfach von Gott, altägyptisch *nute*, das gleichbedeutend mit dem griechischen *theos* oder dem lateinischen *deus* ist.

Pharaonische Götter

AMUN   ANUBIS   ATON   ATUM

Amun
Der „König der Götter" ist die Verkörperung aller göttlichen Eigenschaften. Er ist der alle anderen Götter überragende Reichsgott Ägyptens und göttlicher Vater des Pharao. In seiner Tempelstadt Karnak wird er wie überall sonst in Ägypten in Menschengestalt mit Doppelfederkrone, in Widdergestalt oder als Gans dargestellt, oft auch als Fruchtbarkeitsgott mit erigiertem Phallus.

Anubis
Einer der Auferstehungsgötter, insbesondere als Schutzgott der Mumifizierung ein Garant ewigen Weiterlebens. Als Schakal oder schakalköpfiger Mensch erscheint er sogar noch in römerzeitlichen Grabbildern und lebt als hundsköpfiger Heiliger in Ikonenbildern fort.

Apis
Fruchtbarkeitsgott, der meist als Stier abgebildet wird und im Tempel von Memphis als wirklicher Stier auf Erden weilt. Seine Bestattung als Stiermumie im Serapeum von Sakkara war eines der großen religiösen Feste. Sein Kopfputz, die Mondscheibe, spielt auf den regelmäßigen Kreislauf des Lebens an.

Aton
Die in Ägypten stets vorhandene Vorstellung von einer allumfassenden göttlichen Macht wurde unter Echnaton (um 1350 vC) im Namen Aton (Sonnenscheibe) zusammengefasst, dessen Strahlen in menschliche Hände auslaufen - ein Bild des unmittelbaren Kontakts zwischen Gott und Mensch.

Atum
Ur- und Schöpfergott, Hauptkultort Heliopolis, aber in ganz Ägypten zu Hause. Dem breiten Wirkungskreis entsprechen viele Darstellungsformen, u.a. Mensch mit Doppelkrone, Sphinx, Schlange, Aal.

Bes
Schutzgott von Haus und Familie in Gestalt eines Gnoms mit Löwenfratze; Urbild des griechischen Satyrs.

Chnum
Als widdergestaltiger Fruchtbarkeitsgott ist er der Schutzgott der Nilflut, aber auch der Weltschöpfer, der die Menschen auf der Töpferscheibe formt.

Chons
Sohn von Amun und Muth; das göttliche Kind, das als Nothelfer große Verehrung genießt. Als Kind abgebildet, oft auch falkenköpfig mit Mondscheibe.

Hathor
Muttergöttin in Kuhgestalt, oft auch als Frau mit Kuhgehörn und Sonnenscheibe dargestellt, als Emblem auch Frauengesicht mit Kuhohren. Vor allem in Dendera und Theben verehrt.

2 Land, Leute und Vergangenheit

APIS   BES   CHNUM   HATHOR   HORUS

Horus
Der schon im 4. Jahrtausend vC verehrte Falkengott inkarniert sich im regierenden König; die ägyptische Mythologie macht ihn zum Sohn von Isis und Osiris, mit denen zusammen er als Horus (das Kind, griechisch Harpokrates) in der ganzen hellenistischen Welt Verbreitung findet.

Gott Horus vor seinem Tempel in Edfu

Isis
Oft wie Hathor dargestellt, daneben auch als Frau mit dem Thronsessel als Kopfputz, verkörpert sie den weiblichen Aspekt des Göttlichen. Überall im Land verehrt, findet sie in der Römerzeit neben Osiris im ganzen römischen Reich Verbreitung.

Maat
Göttin der Weltordnung; als Wesenszug aller Götter genießt sie keinen eigenen Kult. Als Frau mit einer Feder als Kopfputz, der Hieroglyphe „maa" („gerecht"), führt sie die Verstorbenen zum Totengericht.

Muth
Als Gemahlin des Amun und Mutter des Chons ist die Göttin und Königsmutter Teil der thebanischen Triade. Meist wird sie mit einer Geierhaube dargestellt.

Nut
Die Himmelsgöttin, die täglich die Sonne gebiert; ihr nackter Leib, vom Luftgott Schu gestützt, bildet das Himmelsgewölbe; als Baumgöttin spendet sie den Toten Speise und Trank. Auf der Innenseite von Sargdeckeln abgebildet, legt sie sich über den Toten und regeneriert ihn.

Osiris
Der Gott der Auferstehung war einst König auf Erden und wurde von seinem (neidischen) Bruder Seth getötet. Osiris überwand dann den Tod. Er wird damit zum Vorbild der Verstorbenen, die ihrerseits Osiris werden wollen. Der

Architektur altägyptischer Tempel

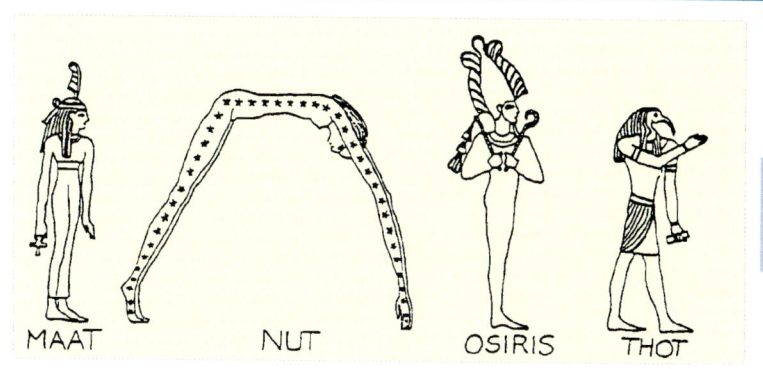

MAAT   NUT   OSIRIS   THOT

„König der Ewigkeit" trägt Krummstab und Wedel als Herrschaftsembleme. Im ganzen Land entstanden Kultorte.

Ptah
Der in Memphis beheimatete Schöpfergott schuf die Welt durch sein Wort. In enger Verbindung mit Sokaris und Osiris ist er auch Auferstehungsgott in der Nekropole von Memphis. Meist mumiengestaltig mit eng anliegender Kappe dargestellt.

Re
Der Sonnengott, meist als Re-Harachte, Re-Atum oder Amun-Re mit anderen großen Göttern zur Allgottheit verbunden und im ganzen Land verehrt. Menschengestaltig mit Falkenkopf und Sonnenscheibe. Haupttempel in Heliopolis.

Sechmet
Löwenköpfige Göttin, in Memphis als Frau des Ptah, in Theben der Muth angenähert (Statuen im Muth-Tempel in Karnak).

Serapis
Ein „Gott aus der Retorte"; aus der Verbindung von Osiris und Apis mit einem bärtigen griechischen Götterbild wird um 300 vC ein Gott geschaffen, der Altägyptisches und Hellenistisches in sich vereinigt. Bis in die Römerzeit im ganzen Imperium verehrt.

Seth
Der Widersacher seines Bruders Osiris, für dessen Ermordung er selbst von Horus getötet wird. Als Verkörperung des Bösen kann er in Gestalt eines Nilpferds oder Krokodils dargestellt werden (Horusmythos von Edfu!); oft auch Fabeltier mit langen Ohren und rüsselartiger Schnauze.

Sobek
Krokodilgott, der die Sonne durch den Ozean der Nacht zum morgendlichen Aufgang transportiert. Vor allem im Fayum verehrt.

Thoeris
Schwangeres Nilpferd mit Krokodilschwanz und Löwentatzen, also Konzentration der mächtigsten Tiere. Beschützerin von Mutter und Kind.

Thot
Als Ibis oder ibisköpfiger Mensch oder Affe dargestellt, ist der Weisheitsgott Thot für Schrift und Kalender, aber auch für das Sündenregister des Menschen zuständig, das er beim Totengericht vor Osiris verliest.

Zur Architektur altägyptischer Tempel

Der altägyptische Tempel ist gleichzeitig Kultbühne und Weltmodell. Als Kultbühne ist er die Wohnung des Götterbildes, das vom Hohepriester (in Stellvertretung des Königs) täglich bekleidet, geschminkt und gespeist wird. Bei großen Festen durchzieht die Götterstatue den Tempel, in Prozessionen verlässt sie auch den heiligen Bezirk. Die Tempelreliefs schildern ausführlich den täglichen Kult und die Feste bei der Begegnung mit dem Gottkönig.

2 Land, Leute und Vergangenheit

Der pharaonische Tempel entstand als Abbild der Welt bzw. der Vorstellungswelt der Menschen. Den gestirnten Himmel stellt er an den Raumdecken dar, die Pflanzenwelt - hauptsächlich Palme, Lotus, Papyrus - in den Säulen, das Leben der Menschen in den Wandreliefs, wobei die Außenwände weltlichen Bildern wie Krieg oder Jagd vorbehalten sind, die Innenseiten religiösen Szenen. Als Abbild der Unterwelt sind die unterirdischen Krypten anzusehen.

Vom Eingang zum Allerheiligsten hin werden die Raumhöhen (Himmel) niedriger; gleichzeitig steigt das Bodenniveau (Erde) leicht an, und die Raumhelligkeit nimmt ab. Im dunklen, geheimnisvollen Allerheiligsten (Sanktuar) treffen sich Himmels- und Erdlinie; im Götterbild begegnen sich Mensch und Gott.

Der eigentliche Tempel ist nach außen durch Umgang und Umfassungsmauer hermetisch abgeriegelt. Er ist Zentrum des Tempelbezirks, den wiederum eine Ziegelmauer umschließt. In diesem (äußeren) Bereich herrschte reges Leben: Ställe, Schlachthöfe, Vorratshäuser, Priesterwohnungen, Tempelverwaltung, Verkaufsstände, Pilgerwohnungen, Krankenhäuser - eine kleine Stadt.

Islamische Architektur

Die islamische Religion soll das gesamte Leben, auch den Alltag umfassen. Es blieb daher nicht aus, dass auch die Architektur islamischer Länder sich so entwickelte, wie sie ihrem Glauben am besten dienen konnte.

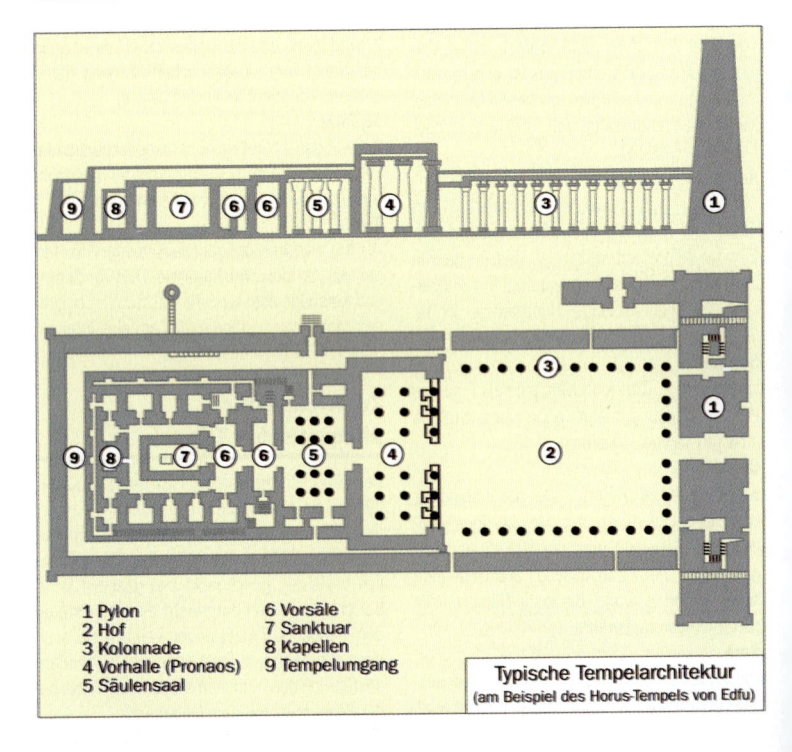

1 Pylon
2 Hof
3 Kolonnade
4 Vorhalle (Pronaos)
5 Säulensaal
6 Vorsäle
7 Sanktuar
8 Kapellen
9 Tempelumgang

Typische Tempelarchitektur
(am Beispiel des Horus-Tempels von Edfu)

Islamische Architektur

Kairo ist eins der größten Open-air-Museen der Welt für islamische Architektur. Wenn auch sehr viel verfallen ist, so kann sich dennoch das Auge an den Schönheiten großartiger Bauwerke erfreuen. Die folgende Kurzbeschreibung typischer Gebäude soll Ihnen die notwendige Hintergrundinformation zum Verständnis dieser steinernen Zeugen bieten.

Moschee

Die erste Moschee war der Hof von Mohammeds Haus in Medina: ein offener, von der Außenwelt etwas abgeschlossener Platz, in dem sich die Gläubigen versammeln und ihre Gebete sprechen konnten. Aus diesen Anfängen entwickelte sich die sog. Freitags-Moschee - *Gami* -, ein großer ummauerter Hof mit Arkadengängen an allen Seiten, die sich in Richtung Mekka - *(Gebetsrichtung, Qibla)* - zu einer Halle erweitern.
In die nach Mekka gerichtete Wand, in Ägypten natürlich immer die Ostwand, ist der *Mihrab*, die Gebetsnische, eingelassen, in größeren Moscheen gibt es manchmal mehrere solcher Nischen. Ganz in der Nähe steht meist der *Minbar*, zu dem eine Treppe hinaufführt und der als Kanzel für den *Imam*, den Vorbeter, dient. In einigen Moscheen findet man noch die *Dikka*, eine auf Pfosten oder Säulen stehende Tribüne, auf der Gehilfen des Imam gewisse Gebetshaltungen vorführen.
Zu jeder Moschee gehört mindestens ein *Minarett*. Architektonisch hat es sich aus dem quadratischen Turm syrischer Kirchen entwickelt. Besonders unter den Mamluken fand es einen krönenden Abschluss: ein schlanker, in den Himmel strebender Turm, der in eine Galerie ausläuft und mit einer Kuppel überdeckt ist.
Der *Muezzin* ist der Gebetsrufer, der früher das Minarett bestieg und von oben den Gebetsruf sang. Heutzutage bleibt er unten und lässt eine plärrende Lautsprecheranlage erschallen.

Madrasa

Die Errichtung der theologischen Schule, *Madrasa* genannt, geht auf Saladin zurück. Er wollte die von seinen fatimidischen Vorgängern hinterlassenen schiitischen Moslems zum rechten sunnitischen Glauben zurückbekehren und vereinte die theologische Ausbildung mit der Möglichkeit zum Gebet.
Die Grundform der Madrasa stammt aus dem schiitischen Iran: Vier Hallen (*Liwane* - nur zum Hof sich öffnende Hallen) stehen sich kreuzförmig gegenüber, im Zentrum meist einen offenen Platz lassend. Der östliche Liwan ist meist wegen des Mihrab größer, zumal sich hier die Gläubigen zum Gebet versammeln. Jeder der vier Liwane ist einer der orthodoxen Glaubensrichtungen - Schafi, Maliki, Hanafi und Hanabali - gewidmet. Meist gehören eine Bibliothek, weitere Unterrichtsräume und Laboratorien zur Madrasa.

Mausoleum

Die islamischen Mausoleen sind meist einer Moschee angeschlossen, d.h. ein Sarkophag - manchmal auch mehrere - steht in einer Nebenhalle. Oder es ist umgekehrt, die jedem Mausoleum angeschlossene Moschee hat sich bei den Gläubigen zu einem so beliebten Gebetsplatz entwickelt, dass die Idee des Mausoleums in den Hintergrund tritt.

Sebil-Kuttab

Unter den Mamluken kam die Mode auf, öffentliche Wasserstellen zu stiften, an die eine Ko-

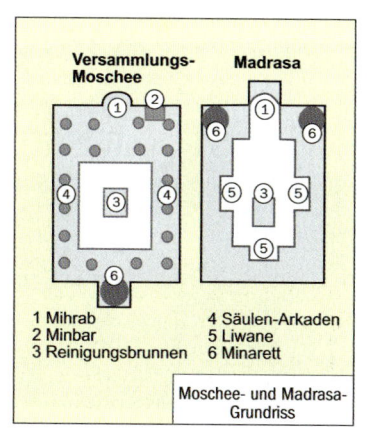

Versammlungs-Moschee | **Madrasa**

1 Mihrab
2 Minbar
3 Reinigungsbrunnen
4 Säulen-Arkaden
5 Liwane
6 Minarett

Moschee- und Madrasa-Grundriss

2 Land, Leute und Vergangenheit

ranschule für Knaben angeschlossen war. Die wenigsten verfügten über eigene Brunnen oder Reservoire, so wurden viele von Wasserträgern nachgefüllt.

Wakala oder Khan

Kaufleute früherer Zeiten reisten direkt mit der Ware. Daher benötigten sie Unterkünfte, in denen sie ihre Ware anbieten und gleichzeitig auch übernachten konnten. Aus diesem Bedarf entstand die *Wakala*, meist ein mehrstöckiges Gebäude mit rechteckigem Grundriss, das einen großen, nach außen geschützten Innenhof umschließt. Im Hof konnten die Lasttiere entladen und in den ebenerdigen Räumen untergestellt werden. Die Wohn- und Geschäftsräume lagen in den Stockwerken darüber. Ganz oben deuten meist holzvergitterte Fenster auf die Wohngemächer der mitreisenden Frauen.

Privathäuser

Muslimische Häuser müssen nach außen möglichst abgeschlossen sein, damit sich die Damen im Inneren unverschleiert bewegen können. Aber auch sie wollen herausschauen, daher wurden sehr schöne Holzgitter - *Mashrabiya* - für die wenigen Fensteröffnungen geschaffen, die den Einblick verhindern, den Ausblick jedoch ermöglichen. Neben der Privatsphäre sollen sie zur Kühlung beitragen, was durch geschickte Ventilation, hohe Räume und Springbrunnen erreicht wurde.

Koptische Kirchen

Die älteren koptischen Kirchen gehen in ihrer grundsätzlichen Struktur auf die römische Basilika zurück, für die eine gewisse Parallele in altägyptischer Architektur zu finden ist (z.B. *Hypostyl* im Karnak-Tempel). Auch heute noch heißt die koptische Kirche allgemein *Basilika*. Sie ist in der Regel ein rechteckiges Gebäude, dessen Achse in Ost-West-Richtung zeigt. Der Eingang liegt im Westen und führt in einen Vorraum, *Narthex* genannt. Es folgt das Mittelschiff mit den beidseitig durch Säulen abgetrennten niedrigeren Seitenschiffen.

Das südliche Seitenschiff ist Frauen vorbehalten, das nördliche den Männern, in dem aber auch Frauen Platz nehmen dürfen. Die kultischen Handlungen werden im *Sanktuar* oder *Allerheiligsten* vorgenommen. Dafür stehen meist drei Altäre für die sieben täglichen Gottesdienste zur Verfügung. Eine hölzerne Zwischenwand *(Ikonostasis* oder *Haikal)*, die häufig sehr kunstvoll mit Einlegearbeiten aus Zedernholz und Elfenbein verziert und mit Ikonen geschmückt ist, trennt diesen erhöht liegenden Bereich vom Mittelschiff.

Ikonostasis in der Moallaka Kirche (Alt-Kairo)

Alexandria, Mittelmeerküste, Nildelta

Alexandria und östliche Umgebung

Hintergrund: *Alexander der Große gründete 331 vC Alexandria mit Kennerblick für die günstige Stadt- bzw. Hafenlage in der Nähe von Heraklion - einer vermutlich auf das 8. Jh vC zurückgehenden Siedlung –, das sich wenig später unter den Ptolemäern und Römern zu einer der attraktivsten Städte der Welt entwickelte.*

Das heutige Alexandria hat fast alles verloren, was im Altertum seinen Ruf ausmachte: Sei es der 130 m hohe, einst als eines der sieben Weltwunder apostrophierte Leuchtturm auf der Insel Pharos, sei es das Museion - eine Gelehrtenkolonie - oder die mit zuletzt 900 000 Papyrusrollen damals weltbekannte und größte Bibliothek. Die Insel Pharos, die zunächst per Damm mit dem Land verbunden worden war (Heptastadium), hat sich zu einer Halbinsel entwickelt, die den Hafen in Ost- (heute Yacht- und Fischereihafen) und Westhafen (heute Handelshafen) unterteilt. Der ehemalige Alexanderfluss ist im Mahmudija-Kanal aufgegangen, der Alexandria mit dem Nil verbindet.

Damals zählte Alexandria nicht zu den Weltstädten - es war die erste und einzige über gute drei Jahrhunderte. Der griechische Geograf Strabo nennt sie „das größte Warenhaus" der Erde und die reichste Stadt zugleich. Überall standen palastartige Villen, mit schneeweißem, in der Sonne blendendem Marmor verkleidet. Das Straßenraster war rechtwinklig angelegt, mit einer ost-westlichen „Durchgangsstraße" parallel zur Küste (etwa der Verlauf der heutigen Sharia Hurriya). Mit Wasserleitungen verbundene Zisternen versorgten die Metropole. Ihr System war von Beginn an so durchdacht, dass es auch 100 Jahre später den Bedarf der dann größten Stadt der Welt mit 1 Mio Menschen befriedigen konnte.

Die Ptolemäer machten Alexandria zum Zentrum von Kunst, Bildung und Wissenschaften, bereits unter Ptolemäus I Soter ab etwa 300 vC. Bald war hier die Forscherelite der damals bekannten Welt versammelt. Die Bibliothek bildete den Mittelpunkt dieser Forschungsstätte, in der naturwissenschaftliche Berühmtheiten wie Archimedes und Euklid lebten und lehrten. Hier wurde auch zum ersten Mal wissenschaftlich dokumentiert, dass sich die Erde um die Sonne dreht und dass sie eine Kugel ist. Der Astronom Eratosthenes stieß in der Bibliothek auf einen Bericht aus Assuan, der besagte, dass die Sonne am Mittag der Sommersonnenwende einen Brunnen so ausleuchtete, dass das Licht reflektiert werde und dass gleichzeitig eine senkrecht stehende Säule keine Schatten werfe. In Alexandria dagegen verblieb ein Restschatten, wurde ein Brunnen nicht bis zum Wasserspiegel ausgeleuchtet. Wenn die Erde eine Scheibe wäre, hätte in Alexandria das Gleiche wie in Assuan passieren müssen; die Erdoberfläche musste also gekrümmt sein. Aus der Länge des Restschattens und der Entfernung zwischen Alexandria und Assuan errechnete der Wissenschaftler den Erdumfang mit 39 706 (tatsächlich 40 075) km, eine mit den damaligen Mitteln erstaunlich präzise Angabe.

Als 48 vC Caesar in Alexandria einzog und von Kleopatra - die sich angeblich zur Begrüßung in einen Teppich als einzige Bekleidung eingewickelt vor seine Füße rollen ließ - erobert wurde, brachen bald Aufstände gegen die beginnende römische Herrschaft und in deren Folge große Feuersbrünste aus. Große Teile der Stadt und der Bibliothek mit ihren 700 000 Papyrusrollen fielen ihnen zum Opfer - und das gesammelte Wissen der damaligen Welt. Schließlich rächte sich der römische Kaiser Caracalla Anfang des

3 Alexandria, Mittelmeerküste, Nildelta

Alexander der Große

Zur Zeit der persischen Herrschaft versuchten die Ägypter häufig genug, die ungeliebten Besatzer unter tätiger Mithilfe der befreundeten Griechen aus dem Land zu treiben. Zur selben Zeit gelang es auf der anderen Seite des Mittelmeers dem Mazedonier Philip, die griechischen Staaten unter seiner Herrschaft zu vereinen, nicht zuletzt, um das persische Reich aus den Angeln zu heben. Aber er wurde ermordet, bevor er seine Pläne in die Tat umsetzen konnte.

Dies blieb seinem noch jungen Sohn und Erben Alexander überlassen, der ein schlagkräftiges Heer auf die Beine stellte und die Perser 333 vC am Granikos in Kleinasien schlug. Sechs Monate später stießen die beiden Heere bei Issos erneut aufeinander, wieder blieb Alexander der Sieger. Der persische Gegner Darius floh nach Asien.

Alexander folgte entgegen spontanen Erwartungen Darius nicht in die Weiten Asiens, sondern entschied, zunächst die persischen Flottenstützpunkte im östlichen Mittelmeer zu beseitigen. Nach der Eroberung der uneinnehmbar geltenden Festung der Stadt Tyros in Syrien zog er im Herbst 332 in Ägypten ein; der persische Statthalter ergab sich bedingungslos. Alexander wurde von den Bewohnern als Freund und Befreier bejubelt, umso mehr, nachdem er von der Priesterschaft in Siwa als Sohn des Amun bestätigt wurde und sich - in den Augen der Ägypter rechtmäßig - in Memphis zum Pharao krönen ließ.

Alexander gründete 331 noch schnell die nach ihm benannte Hafenstadt im Westdelta und machte sich an die Eroberung Asiens. Doch acht Jahre später starb er plötzlich in Babylon, erst 33 Jahre alt. Sein Leichnam wurde nach Alexandria überführt und dort in einem prunkvollen Mausoleum namens Soma beigesetzt.

Mehr als 2000 Jahre später, an der Schwelle des dritten Jahrtausends, stellt die Stadt ihrem Gründer und Namensgeber ein Denkmal auf, das ihr von Griechen gespendet wurde. Es ist kleiner geraten als die meisten Denkmäler von Alexanders Nachfolgern in der jüngeren Geschichte (vor der Blumenuhr an der Sharia Hurriya).

3. Jh nC für Schmähungen der Alexandriner mit einem Blutbad unter den jungen Männern, teilte die Stadt in zwei Hälften und hob die Akademie auf. Das war der Beginn des endgültigen Niedergangs, den Rest besorgten die Christen, unter denen sich der Patriarch Kyrillos durch die Judenvertreibung besonders hervortat. 415 steinigte aufgehetzter Pöbel die berühmte, aber heidnische Wissenschaftlerin Hypathia. Das Ende alexandrinischer Forschungstätigkeit war besiegelt, der wissenschaftliche Horizont wurde während der nächsten eineinhalb Jahrtausende von Theologen abgesteckt.

Mit Beginn der islamischen Epoche verlor Alexandria seine Hauptstadtrolle und damit an Bedeutung. Als 1798 Napoleon die Stadt eroberte, fand er noch 5000 Einwohner vor. 1801 vertrieben die Engländer die Franzosen und durchstachen - um den Alexandrinern das Trinkwasser abzugraben - im Verlauf der Eroberungsaktivitäten die Landenge zwischen Mareotis-See und Mittelmeer: Der See ist seither ein Salzwassersumpf. Mohammed Ali ließ 1819 bis 1823 den Mahmudija-Kanal von 350 000 Arbeitern anlegen, wobei 60 000 Menschen an Hunger und Epidemien starben. Doch die Verbindung zum Nil und die nun unerschöpfliche Trinkwasserversorgung waren Grundsteine zur schnellen Expansion der Stadt und des Hafens. Innerhalb weniger Jahrzehnte eroberte sich Alexandria wieder

Pharos - das siebte Weltwunder

Die Küstenregion um Alexandria ist - wie weite Strecken der nordafrikanischen Küste - flach und von See her gesehen konturenlos. Nachdem sich Alexandria zum meistfrequentierten Hafen Ägyptens entwickelt hatte, ließ Ptolemäus I. (282-246 vC) auf der Insel Pharos einen weithin sichtbaren Turm als Wahrzeichen errichten, der eine Höhe erreichte wie kein Turm zuvor und zu den sieben Weltwundern gezählt wurde.

Es gibt zwar viele Berichte über den Turm von Pharos, aber fast ebenso viele Widersprüche, was sein genaues Aussehen, seine Höhe und die Beleuchtungseinrichtung betrifft. Die bekannten Abbildungen liegen hauptsächlich auf Münzen, Siegeln, Mosaiken etc. vor, d.h. sie sind entsprechend ungenau. Aus den unterschiedlichen Rekonstruktionen ergibt sich folgendes Bild: Der Turm bestand aus drei Stufen, die unterste bildete ein Trapez; es folgte ein sich verjüngendes Achteck; die oberste Stufe war als Zylinder, also als Turm im klassischen Sinn, gebaut worden. Sie war mit einer etwa 7,50 m hohen Statue bekrönt, die Poseidon dargestellt haben könnte. Die Gesamthöhe einschließlich Statue wird mit 110 bis 130 m angegeben. Mit großer Wahrscheinlichkeit diente der Turm zunächst als Tagzeichen mit einem großen Hohlspiegel, der die Sonnenstrahlen reflektierte. Vermutlich wurde erst nach der Zeitenwende ein ebenfalls weithin sichtbares Leuchtfeuer eingerichtet.

Pharos-Turm (Mögliches Aussehen)

Bei einem Erdbeben um 700 nC stürzte die Leuchteinrichtung ein, die nicht wiederhergestellt wurde. Um 1100 fiel die zweite Stufe ebenfalls einem Erdbeben zum Opfer. Auf der verbliebenen unteren Stufe wurde eine Moschee errichtet, die aber ebenfalls durch Erdbeben zusammenfiel. Schließlich nutzte 1477 der Mamlukensultan Kait Bey die Fundamente, um sein Fort zu errichten; Baumaterial lag in Hülle und Fülle herum...

einen Platz unter den kosmopolitischen Städten der Welt.
Nach Gründung der Republik unter Nasser bröckelte der Glanz erneut, u.a. weil viele Ausländer die Stadt verließen. Nach einer stürmischen Industrialisierungsphase in den 80er und 90er Jahren besinnt man sich heute der früheren Eleganz; nach Eröffnung der neuen Bibliothek 2002 rückt Alexandria auch im Kulturkonzert Ägyptens deutlich weiter nach vorne. Bis zur Entwicklung des Flugverkehrs war die Stadt das Tor zu Europa, 2000 Schiffe liefen jährlich den Hafen an. Heute ist Alexandria eine Großstadt mit über 6 Mio Einwohnern, die versucht, mit den Problemen des Industriezeitalters fertig zu werden. Über die Hafenanlagen werden etwa 60 Prozent des ägyptischen Im- und Exports abgewickelt, vornehmlich Erdöl und petrochemische Produkte. Die Stadt ist das Zentrum des Baumwollhandels, was durch den Sitz der Baumwollbörse, aber auch durch Spinnereien und Webereien unterstrichen wird. Aber sie ist auch ein wichtiges Touristikzentrum, das während der Saison von etwa 3 Mio ägyptischen Sommergästen überflutet wird.
Alexandria strahlt ein ganz eigenes Flair aus. Denn hier fand in der Vergangenheit eine Völkermischung statt, die einen deutlich anderen, einen mehr mediterranen und kosmopolitischen

Menschenschlag hinterlassen hat. Schließlich leben auch heute noch etwa 60 000 Griechen und Italiener in der Stadt, auch viele Armenier fanden Zuflucht.

In einem westlichen Vorort brach 1997 bei Straßenbauarbeiten eine Baggerschaufel in einen Hohlraum ein. Damit war ein unterirdischer Friedhof entdeckt worden; vielleicht die Nekropolis, von deren labyrinthischen Ausmaßen der griechische Geograf Strabo 25 vC berichtete. Große Teile stehen unter Wasser, was aber Grabräuber gehindert haben könnte, nach Wertsachen zu stöbern. Noch ist der Friedhof nicht öffentlich zugänglich.

Wegen des im Süden gelegenen Mareotis-Sees, der früher ein natürlicher Schutzgürtel war, kann sich die Stadt nur in Ost-West-Richtung ausdehnen, in nordsüdlicher Richtung bleiben kaum mehr als etwa 2-3 km Platz. Neuerdings entwickelt sich das Gebiet am Beginn der Agriculture Road (Smouha) mehr und mehr zu einem Trabanten im Süden der Stadt.

Trotz der Enge verfügt Alexandria über ein passables Straßennetz, das die Vororte im Osten und Westen an das Zentrum bindet. Eine der Hauptverkehrsadern ist die Corniche (offiziell Sharia 26. July bzw. im Osten Sharia el Geish). Diese nordöstliche Strandpromenade mit immerhin 18 km Länge hat einen großen Teil des Verkehrs der für ägyptische Verhältnisse gepflegten östlichen Vororte aufzunehmen. Das eigentliche Zentrum fokussiert sich auf die Gegend um den Midan Saad Zaghlul mit dem sich gleich anschließenden Ramla-Bahnhof, bis hin zum Midan Orabi und Tahrir; dort liegen die wichtigsten Einkaufsstraßen, bekannte Restaurants und Hotels.

Alexandria hat sich in den letzten Jahren mächtig herausgeputzt. Ein neuer Gouverneur griff mit eiserner Hand durch und ließ vor allem an der Seeseite aufräumen. Von Osten her beginnend, wurde die Corniche gründlich überholt, zum Teil sogar verbreitert oder am Stanley Beach durch eine Brücke verkürzt. Fußgängerunterführungen bieten nun den Gehetzten und Gejagten eine sichere Passage, die Badestrände wurden gereinigt. Überall stehen Müllcontainer, die auch entleert werden; Straßenfeger setzen ihr Leben ein, um die Hauptstraßen sauber zu halten. Zumindest mit den ersten Blocks landeinwärts von der Corniche aus könnte sich Alexandria das Prädikat einer der saubersten Städte Ägyptens holen. Doch täuschen diese Bemühungen nicht über den Dreck und die Müllberge abseits der Promenaden hinweg.

Westlich der Stadt, anschließend an den Ort Amiriya, entstand eine Art Villenvorort für Bessergestellte namens King Mariout. Er wird nördlich von der Borg el Arab-Autobahn und einer riesigen Raffinerie begrenzt. Dem flüchtigen Besucher ist daher diese Ortswahl nicht ganz verständlich, da mit der Hauptwindrichtung Schmutz und Abgase aus den Industrievororten über King Mariout geblasen werden.

Interessant sind in Alexandria nicht nur die (im Vergleich zu Kairo etwas spärlichen) Zeugen der Vergangenheit; darüber hinaus ist vielmehr das tägliche Leben, das Gewimmel auf den Straßen und in den Souks, sind die vom schwachen Laternenschein eingehüllten Nächte erlebenswert. Erwandern Sie diese Stadt, bummeln Sie durch die Souks, durch das Zentrum mit seinen unzähligen Shops oder durch das Atarin-Viertel. Schlendern Sie auf der Corniche und schnuppern Sie die Salzluft der Brandung an stürmischen Tagen. Gehen Sie freitags in die Parks, um mit den Leuten den Feiertag zu verleben, vertrödeln Sie einfach ein paar Tage in Alexandria - es wird sich lohnen.

Wenn Sie von der Atmosphäre Alexandrias in früheren Jahrzehnten lesen und träumen wollen, dann nehmen Sie unbedingt Lawrence Durrells spannende Romane *Justine*, *Balthazar*, *Mountolive* oder *Clea* zur Hand. Unwillkürlich werden Sie auch heute noch auf die Gestalten Durrells stoßen.

Praktische Informationen

siehe . . . . ab Seite 157
Nützliche Adressen . . . . Seite 158
Restaurants, Übernachten . . . . Seite 160

Alexandria kennenlernen

Sehenswertes

****Bibliotheca Alexandrina, die "Nachfolgerin" der ersten Bibliothek der Welt, Seite 148

***Griechisch-Römisches Museum, die bedeutendste Sammlung dieser Epoche Ägyptens mit aufschlussreichen Stücken und gutem Display, wegen Renovierung geschlossen

***Alexandria National Museum zeigt einen Geschichtsquerschnitt mit z.T. erlesenen Objekten, Seite 152

***Römisches Theater Kom el Dik, einziges erhaltenes römisches Amphitheater in Ägypten, dazu *Birds House* mit römischen Mosaiken, Seite 151

***Katakomben von Kom el Schukafa, bedeutendste römische Grabanlage, Seite 154

**Pompejus-Säule im Gelände des ehemaligen Serapeum, Seite 153

**Fort Kait Bey, arabische Festung auf den Mauern des Pharos Leuchtturms (guter Blick auf die Stadt), Seite 145

**Schmuckmuseum mit den Preziosen der Mohammed-Ali-Dynastie, Seite 153

*Nekropolen von **Anfushi** (Seite 145)**, Shatby** (Seite 154) und **Mustafa Kamel** (Seite 154)

*Ras El Tin Palast, Residenz der letzten ägyptischen Könige (nicht zugänglich)

*Montaza Palast mit riesigem Park, am Stadtrand im Osten gelegene Sommerresidenz der letzten Könige, Seite 156

*Meerwasseraquarium mit Fischen aus dem Mittel- und Roten Meer, Seite146

*Parks von Nusha und Antoniadis mit **Zoo**, Seite 155

Alexandria kennenlernen

Ein Blick auf den Stadtplan zeigt, dass sich die interessanten Objekte jeweils schwerpunktartig konzentrieren: im Norden auf der Ex-Insel Pharos, in Bahnhofsnähe im Zentrum, im Südwesten und Südosten. Es lohnt sich also, jeweils ein Gebiet abzuwandern und dann zum nächsten per Bus oder Taxi zu fahren. Apropos Stadtplan: Im Buchhandel, z.B. Al Maaref am Midan Saad Zaghlul, gibt es einen halbwegs brauchbaren Stadtplan von Alexandria, der besonders bei etwas längerem Aufenthalt empfohlen wird.

Beginnen wir im Norden (vom Midan Saad Zaghlul mit Bus 707 bzw. Straßenbahn 15). Der *** Ras El Tin Palast** liegt auf der Westseite von Pharos (heute Stadtteil *Anfushi*). In diesem 1818 von Mohammed Ali errichteten Palast residierten die letzten ägyptischen Könige; hier unterschrieb 1952 König Faruk die Abdankungsurkunde. Das Gebäude dient z.Zt. der ägyptischen Admiralität, es ist nicht zugänglich. Für Schiffsreisende ist der Palast ein erster prächtiger Blickfang beim Einlaufen in den Hafen.

Am Platz vor dem Palast (hinter der Straßenbahnhaltestelle stadteinwärts) finden Sie den Zugang zur ***Nekropole von Anfushi** (9-16, £E 15), in der vier Felsengräber aus der Ptolemäerzeit zu sehen sind. Jedes Grab besteht aus Vorraum und Kapelle, die Wände der Vorräume sind mit Malereien geschmückt; am interessantesten ist Grab N. 1. Von der Eingangstreppe gelangt man in einen offenen Hof, von dem man auf der Ostseite in einen Raum mit Bänken kommt, die in den Fels gehauen sind. Daran schließt sich die Grabkammer mit einem Granit-Sarkophag an. Nach Norden zweigt vom Hof aus ein Raum ab, der später mit Ziegelwänden modifiziert wurde und drei Sarkophage enthält. Der folgende Grabraum weist zwölf Grabnischen (*Loculi*) für Schiebegräber auf.

Zur Ostseite der Halbinsel führt die Straße am Fischmarkt vorbei und endet am ****Fort Kait Bey** (9-16, Fr 8-11.30, 13.30-17, £E 20) aus dem 15. Jh, für dessen Errichtung die arabischen Baumeister die Reste des berühmten, bei Erdbeben eingestürzten Pharos-Leuchtturms verwendeten

3 Alexandria, Mittelmeerküste, Nildelta

Alexandria Strände

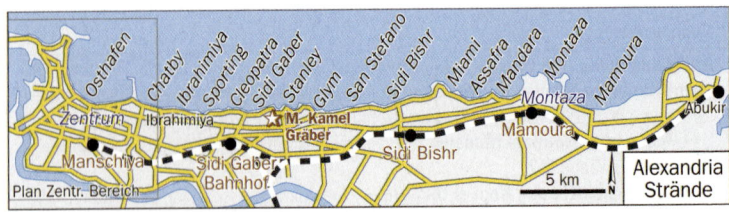

(an dessen Stelle das Fort steht). Mohammed Ali ließ es im 19. Jh ausbauen. Die Residenzräume sind renoviert. Der Besuch des Forts lohnt sich schon wegen des guten Ausblicks von den Zinnen der mächtigen Schutzmauern.

Die östlich des Forts beginnende Hafenmauer bietet ebenfalls gute Sicht, besonders bei Sonnenuntergang. Da der Zugang normalerweise verboten ist, erwirbt man eine Anglererlaubnis (billig, direkt hier), dann lässt einen der Wachsoldat passieren.

Ein **Fischmuseum** wurde unter der Außenmauer des Forts eröffnet; der Eingang ist in der südwestlichen Ecke. Das ungepflegte Museum wäre nicht einmal den bescheidenen Eintritt wert, stünde dort nicht das aufgebockte Skelett eines Wals, das in seiner Größe beeindruckend ist.

Schräg gegenüber dem Fort stoßen Sie auf das ***Meerwasser-Aquarium** (£E 1), das Fische aus dem Mittel- und Roten Meer zeigt. Nach langen Jahren des Siechtums wurden die Aquarien halbwegs renoviert. Auch wenn man nur in wenigen Fällen von artgerechter Haltung ausgehen kann, lohnt ein Blick - und sei es nur, um einmal einem Steinfisch ins nahezu unsichtbare Auge zu blicken.

Folgen Sie jetzt der Corniche - der parallel zum Strand verlaufenden Prachtstraße - stadteinwärts. Am Weg liegt die ***Moschee Abu el Abbas Mursi** aus dem 18. Jh, die als typisch osmanisches Bauwerk über dem Grab des muslimischen Heiligen Abu el Abbas errichtet wurde. Das ursprüngliche Gebäude brannte allerdings ab, die heutige Moschee wurde 1945 eingeweiht. Sie gehört zu den wichtigsten islamischen Einrichtungen Alexandrias. Etwas weiter südlich ist die ***Ibrahim Terbana Moschee** von der Corniche aus zu sehen, bei deren Bau antike Säulen verwendet wurden.

An der Sharia Ras El Tin, die sich etwa parallel zur Corniche nach Südosten bis zum Midan Tahrir zieht, findet

Blick über den Midan Saad Zaghlul nach Westen, links das Cecil-Hotel

Alexandria kennenlernen

man viele **Souks** für z.B. Handicrafts, Leder- und Tuchwaren etc. Im Souk el Libya werden Beduinenkleider verkauft. Je näher man dem Midan Tahrir kommt, umso mehr dehnen sich die Souks in die umliegenden Gassen aus. Wir besuchen in fast lieb gewordener Regelmäßigkeit den Souk el Ched, den Souk des Fadens, weil dort ansässige Schneider schnell etwas nähen oder ändern.

Wenn Sie der Corniche gefolgt sind, biegen Sie am **Midan Orabi** nach rechts ab. Dort steht zunächst das Denkmal des Unbekannten Soldaten; geradeaus mündet der Platz in den **Midan Tahrir**, der in der Bevölkerung mehr noch unter seinem alten Namen Midan Mohammed Ali bekannt ist. Des ehemaligen Namensgebers Statue kündet immer noch von der damaligen Bedeutung: 1830 war dieser Platz als Zentrum der neuen Stadt von Mohammed Ali angelegt worden. 1882 wurde er, nach der Bombardierung durch die Engländer, in Midan Manshiya umgetauft und schließlich unter Nasser in Midan Tahrir (Platz der Befreiung).

Prägten noch vor kurzem Autohupkonzerte im meist stehenden Verkehr, um Kurven quietschende Straßenbahnen und Menschenmassen das Bild des früher heruntergekommenen Platzes, so wurde inzwischen kräftig aufgeräumt. Die Straßenbahnen sind weitgehend verbannt, fast alle Hausfassaden wurden gereinigt und renoviert. Jetzt setzen die wie ein „T" ineinander greifenden Plätze Tahrir und Orabi wieder deutliche Akzente in der Stadt.

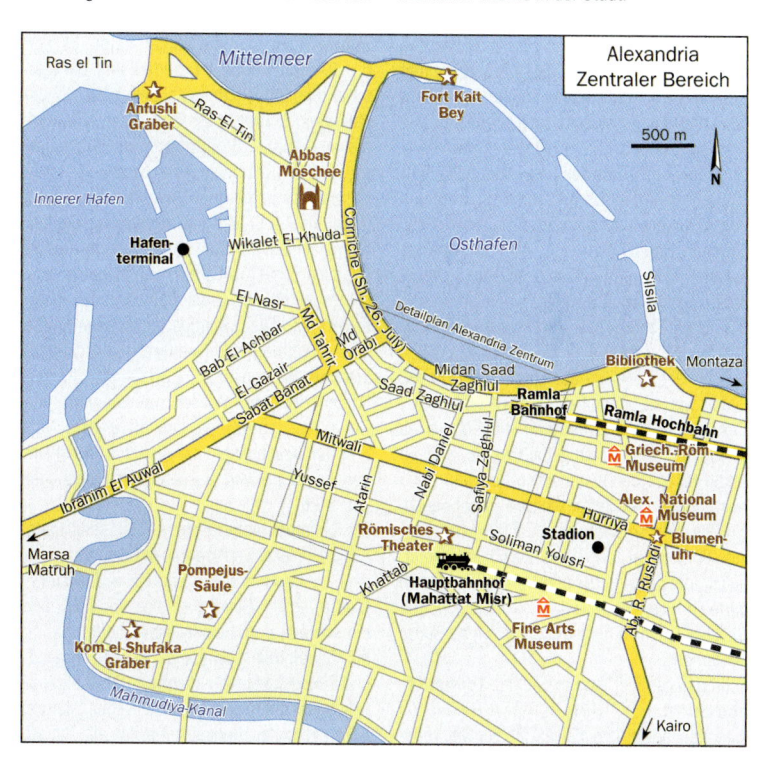

3 Alexandria, Mittelmeerküste, Nildelta

Wenn Sie den Midan Tahrir geradeaus überqueren und bis zur nächsten Parallelstraße gehen, kommen Sie in ein ausgedehntes, besuchenswertes **Marktviertel**: Hier kauft die alexandrinische Hausfrau ihren täglichen Bedarf an Lebensmitteln, hier pulsiert das Alltagsleben der Stadt. Östlich des Midan Tahrir gibt es ein paar Souvenir-Shops, die billiger als die Hotelboutiquen sind.

Das modernere Stadtzentrum hat sich vom Midan Tahrir zum **Midan Saad Zaghlul** verlagert. Hier steht eine von dem Bildhauer Mokhtar geschaffene Statue von Saad Zaghlul, dem unerschrockenen Kämpfer für die Unabhängigkeit Ägyptens von den Engländern (eine „Schwesterstatue" in Kairo). Vom östlich um einen Block versetzten Midan Ramla startet die Ramla-Straßenbahn in die östlichen Vororte. Wahrscheinlich erhob sich einst hier das Caesarium, jener Tempel, den Kleopatra ihrem Liebhaber Antonius bauen wollte; es wurde dann aber von Octavian fertig gestellt.

Bis zum Ende des 19. Jh kündeten noch zwei Obelisken, die Octavian aus Heliopolis hatte herbeischaffen lassen, von dem einstigen Prachtbau (etwa auf dem Gebäudekomplex des heutigen Hotels Metropol). Aber „Kleopatras Nadeln", wie sie gemeinhin genannt wurden, hatten erneut den Standplatz zu wechseln, die eine nach London, die andere in den Central Park von New York.

Ganz in der Nähe, an der Sharia Nabi Daniel, finden Sie als „Landmarke" das Hotel Sofitel **Cecil** in pseudomaurischem Stil. Obwohl es erst in den 20er Jahren gebaut wurde, zählt es schon fast zu den historischen Relikten. Denn hier wurde viel Zeitgeschichte geschrieben, sowohl von hochrangigen Gästen wie Winston Churchill als auch vom britischen Geheimdienst, der lange im *Cecil* residierte. Der Dachgarten des Hotels ist bekannt für seinen weiten Ausblick und sein hervorragendes *China House* Restaurant.

Schräg gegenüber werden Sie das **Tourist Office** (Schild „EGYPTIAN TOURIST AUTHORITY") erkennen, dessen freundliche Damen viel Hilfsbereitschaft zeigen, Einzelheiten siehe Seite 157.

1987 rief die UNESCO zur Errichtung einer *Weltbibliothek* in Alexandria auf. Nach langer Planungs- und Bauphase konnte 2002 die ****Bibliotheca Alexandrina** (www.bibalex.org) eröffnet werden. Das auffällige, architektonisch beeindruckende Gebäude der „Nachfolgerin" der berühmten antiken Bibliothek liegt an der Corniche, östlich vom Midan Saad Zaghlul (etwa gegenüber der Landzunge *Silsila*, Eingang an der Parallelstraße). Aus einem internationalen Wettbewerb, an dem sich weltweit 504 Architekten beteiligt hatten, war der ungewöhnliche Entwurf des norwegischen Büros Snøhetta gewählt worden: ein teilzylindrisches Gebäude, dessen rundes Dach sich zu einem künstlichen See in Richtung Mittelmeer neigt. Es soll die Sonnenscheibe darstellen und die darunter liegenden Lesesäle belichten. In die mächtige Umfassungsmauer des Zylinders, die aus Assuan-Granitplatten errichtet wurde, sind Schriftzeichen und Symbole aus 120 Kulturen eingemeißelt. Gesetztes Ziel sind 5 (ursprünglich 8) Mio hier archivierte Bücher, hauptsächlich in den Sprachen Arabisch, Englisch und Französisch, von denen bisher (Mitte 2008) nur etwa 550 000 das Haus erreichten. Die wichtigsten Schwerpunkte sind Ägyptologie, Wissenschaftsgeschichte, Ethik der Wissenschaft und Technik, Umwelt, Frauen, Wasser, Wissensmanagement und Geografie. Inzwischen sind etwa 1500 Mitarbeiter beschäftigt, die sich u.a. auch um die vielen in- und ausländischen Besucher kümmern.

Die Bibliothek bietet maximal 2000 Lesern Platz, 300 Leseplätze verfügen über Computerterminals für Internetzugang und für audiovisuelle Medien. In den Gesamtkomplex sind zusätzlich ein Konferenz- und ein Wissenschaftszentrum, ein Planetarium sowie eine Kinder-, Jugend- und Blindenbibliothek integriert. Die Bibliotheca arbeitet mit Hochdruck an der Digitalisierung ihres Bestandes. Demnächst sollen alle Bücher

Alexandria kennenlernen

digital zugänglich sein, d.h. man kann zu Hause auf die Bestände zugreifen.

Für den Besucher gibt es also viel zu sehen: Im Ticket zu £E 10 (So-Do 11-19, Fr/ Sa 15-19, Di geschl.) sind die Bibliothek selbst sowie die Shady Abdel-Salam-Ausstellung (Künstler und Filmer) und die Mohammed-Awad-Collection (alte interessante Alexandria-Fotos und Landkarten) enthalten. Ferner warten ein **Manuskript-Museum** (£E 20) mit alten Schriftrollen und Schreibgeräten sowie ein **Antikenmuseum** (£E 20, siehe auch http://touregypt.net/featurestories/alexmuseum.htm) mit u.a. Unterwasserfunden, Funde, die beim Bau der Bibliothek zutage gefördert wurden - z.B. große Mosaike -, aber auch Artefakte aus anderen Regionen, auf Besucher. Wer Geld sparen will, kauft ein so genanntes Kollektiv-Ticket zu £E 45, das für alle drei Stätten gilt, nicht jedoch fürs Planetarium (siehe weiter unten). Tickets werden vor der Bibliothek links (in der Parallelstraße zur Corniche) an den Schaltern für das Konferenzzentrum verkauft. Dort können bzw. müssen auch Rucksäcke oder Taschen in Verwahrung gegeben werden, denn in der Bibliothek sind nur Fototaschen erlaubt. Kostenlose Führungen (empfehlenswert) in Deutsch werden um 12/ 13.30/ 15/ 16 angeboten.

Der hohe, terrassierte Lesesaal wird durch geschickte Lichtführung vor direkter Sonneneinstrahlung geschützt, seine hervorragende Schalldämmung erlaubt ungestörtes, konzentriertes Arbeiten. Man kann sich auch als Besucher ungezwungen aufhalten, einen der Computer-Arbeitsplätze benutzen oder sich Bücher aus den Regalen holen und lesen. Z.B.

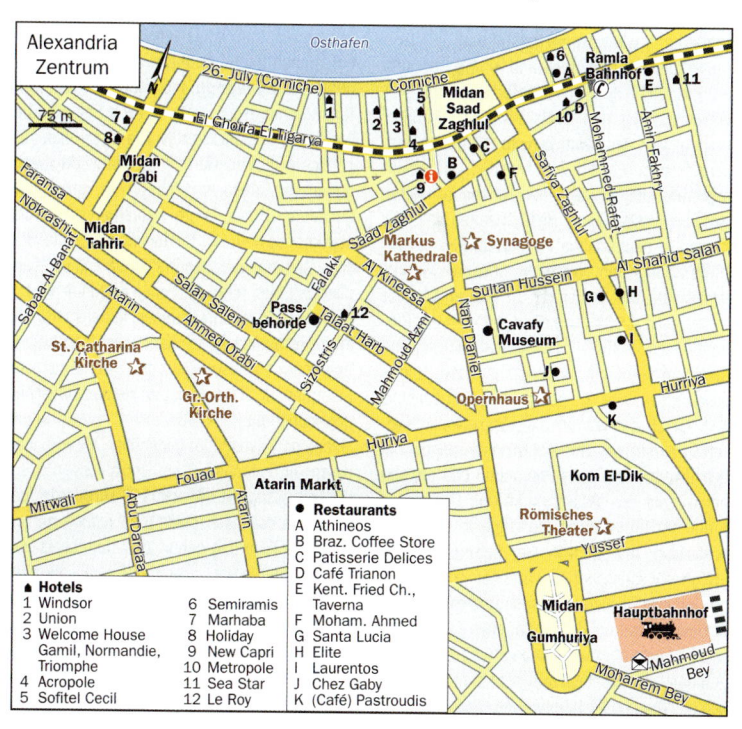

Alexandria Zentrum

Hotels
1 Windsor
2 Union
3 Welcome House Gamil, Normandie, Triomphe
4 Acropole
5 Sofitel Cecil
6 Semiramis
7 Marhaba
8 Holiday
9 New Capri
10 Metropole
11 Sea Star
12 Le Roy

Restaurants
A Athineos
B Braz. Coffee Store
C Patisserie Delices
D Café Trianon
E Kent. Fried Ch., Taverna
F Moham. Ahmed
G Santa Lucia
H Elite
I Laurentos
J Chez Gaby
K (Café) Pastroudis

3 Alexandria, Mittelmeerküste, Nildelta

Alexandria
Versunkenes Land im Osthafen

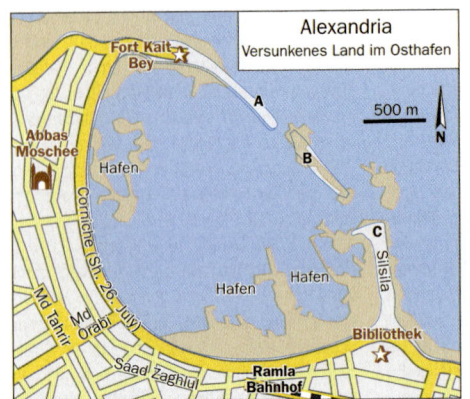

finden Sie dieses Buch in der vorigen Auflage, wenn Sie TONDOK als Suchkriterium eingeben (der Umlaut Ä für *Ägypten individuell* ist auf der Tastatur nur von Kennern darstellbar).

Außerhalb der Bibliothek und an die Corniche gerückt, zieht eine anthrazitfarbige Kugel mit weißen Linien den Blick auf sich. Darunter verbirgt sich das **Planetarium** mit einem wissenschaftsgeschichtlichen Museum und einem Exploratorium, in dem der Anwender selbst experimentieren kann. Besuchszeiten sind nur Zeiten, in denen Filme im Planetarium laufen. Dieses Programm wechselt offenbar vierteljährlich, man muss sich vor Ort oder im Internet informieren. Es ist auch nicht mit dem der Bibliothek synchronisiert: Freitag ist Ruhetag und dienstags werden nur vorangemeldete Gruppen eingelassen. Das Museum im Untergeschoss der Kugel beleuchtet die Wissenschaftsgeschichte bis zum Mittelalter, angefangen bei den Erkenntnissen der Pharaonen und endend bei islamischen Wissenschaftlern. Der innere Kreis der Ausstellung beschäftigt sich ausschließlich mit Medizin, der äußere mit den übrigen Wissenschaften. Offenbar verirren sich nur wenige Besucher in diese hochinteressante Dokumentation, die - zugegeben - viel Lesen und Zeit erfordert, wenn man etwas davon mitnehmen will. Displays erläutern sehr anschaulich die Themen Architektur und Landwirtschaft durch Repliken z.B. von Grabbeigaben oder Abbildungen von Malereien. Auch das hier untergebrachte Imex-Kino ist empfehlenswert (£E 25).

Westlich neben der Bibliothek steht die schon ältere **University Conference Hall**, ein modernes Konferenzzentrum, das für kulturelle Veranstaltungen (viele Konzerte etc.) genutzt wird und jetzt organisatorisch zur Nachbarin gehört.

Die Sharia Saad Zaghlul und die südlich an den Midan Saad Zaghlul angrenzenden Straßen bilden das eigentliche **Shopping-Center** von Alexandria mit anspruchsvollen Geschäften. Folgen Sie vom *Cecil* aus einfach der Sharia Nabi Daniel, sie führt in südlicher Richtung zum Midan Gumhurriya. Unterwegs (bei Haus-Nr. 69) können Sie einen Blick in die einzige noch geöffnete **Synagoge**, die *Eliahu Hanabi*, werfen, allerdings nur durch das von Soldaten bewachte Grundstücksgitter. Die Ursprünge des in einem großen Garten liegenden Bauwerks gehen vermutlich auf das 12. Jh zurück, das derzeitige Gebäude im neoromanischen Stil stammt aus dem 19. Jh. Damals zählte die jüdische Gemeinde Alexandrias etwa 100 000 Mitglieder. Einen alten jüdischen Friedhof mit z.T. sehr kunstvollen Grabsteinen findet man ganz in der Nähe des Midan Khartoum. In den ParkanlagenM an diesem Platz gibt es unterirdische Zisternen, der Eingang ist im kleinen Häuschen gegenüber der CIB-Bank.

Quasi der Synagoge gegenüber könnte man durch ein schmales, aber verschlossenes Tor die koptische **St. Markus Kathedrale** besuchen; tatsächlich muss man jedoch bis zur nächsten Kreuzung gehen, dort halbrechts und noch einmal in der „Straße der koptischen Kirche" (kein Straßennamensschild zu sehen) wiederum halbrechts abbiegen. Etwa in der Mitte lassen sich über einem großen Eisentor die Worte *Patriarchat Copte-Orthodoxe* entziffern. In dem weiten Innenhof erhebt sich neben dem

Alexandria kennenlernen

1200 Jahre verschollen

Werfen Sie in der Gegend um den Midan Saad Zaghlul auch einen Blick ins Wasser. In den Glanzzeiten Alexandrias lag hier das Zentrum der Weltstadt mit dem prunkvollen Königsviertel, Tempeln, Palästen und luxuriösen Gebäuden. Die Küstenlinie verlief streckenweise ein ganzes Stück außerhalb der heutigen Corniche, Inseln und Landzungen bildeten natürliche Häfen.

Der Unterwasserforscher Franck Goddio wies nach, dass Ortsteile im Meer versanken und heute etwa 7-8 m unter der Wasseroberfläche liegen. Erdbeben, ungewöhnliche Nilfluten und langsam voranschreitende geologische Prozesse im 8.Jh nC müssen wohl das Versinken ganzer Stadtteile ausgelöst haben.

Franck Goddio konnte eindrucksvolle Monumente, Architekturfragmente und viele Gebrauchsgegenstände bergen. Es gelang ihm, das versunkene Land durch Vermessung des Untergrunds zu kartografieren und sogar Straßenzüge zu verfolgen (siehe nebenstehende, auf Veröffentlichungen von F. Goddio basierende Karte).

Aber er forschte nicht nur hier, sondern folgte den Angaben von Strabo, der berichtet hatte, dass 25 km östlich von Alexandria die ebenfalls prächtigen Städte **Kanopus** und **Heraklion** lagen. Sie waren seit Menschengedenken spurlos verschwunden. Doch der unermüdliche Goddio entdeckte ihre versunkenen Ruinen in der Bucht von Abukir, unweit vom modernen Hafen.

Patriarchatsgebäude die 1950-87 gebaute Kathedrale, die einen Besuch lohnt.

Da wir bei christlichen Gebäuden sind: Die 1847-1850 errichtete katholische Kirche **Santa Catharina** steht mächtig und dominant am nahe gelegenen gleichnamigen Platz und der Sharia Mansheya. Ihren Namen erhielt sie von der christlichen Märtyrerin Katharina, die im ebenfalls gleichnamigen Sinai-Kloster (siehe Seite 669) beigesetzt ist. Links neben dem Chor gibt es noch eine kleine Kapelle. Der italienische König Vittorio Emanuele III ist hier begraben. In der Nähe, in der Sharia Oskofeya (nahe Kaufhaus Hanneau), steht die **griechisch-orthodoxe Kirche**, die von 8-13 Uhr besichtigt werden kann.

In der Nr. 4 Sharia Sharm-el-Sheikh (früher Sharia Lepsius), die von der Sharia Sultan Hassan parallel zur Sharia Saad Zaghlul abzweigt, wurde für den griechischen Dichter **Constantine Cavafy** in dessen ehemaliger Wohnung ein Museum eingerichtet. Es vermittelt zumindest einen Eindruck, wie das ehemalige Bürgertum Alexandrias wohnte. Der bekannte Literat, „der Kafka Alexandrias", starb 1933, und nur durch die Initiative seiner Fans konnte sein ehemaliges Wohnhaus vor dem Abriss gerettet werden.

Eine **armenische Kirche** und Schule findet man in einem etwas heruntergekommen Viertel (Sharia Mitwali nach Westen, etwa 200 m nach der Querung der Straßenbahn - Parallelstraße zur Sharia Atarin - halblinks in der Sharia El Baidawi: Schild *Armenisch-orthodoxes Episkopat*). Die Gebäude stehen in einem großen blühenden und gepflegten Garten in wohltuendem Kontrast zur Umgebung. Ein Denkmal erinnert an den Völkermord an den Armeniern in der Türkei im Ersten Weltkrieg.

Sollten Sie zufällig in die Sharia Talaat Harb kommen, so schauen Sie nach der Msr Bank, die in einem sehenswerten Gebäude, mit Brunnen am Eingang und schöner Kassettendecke in der Halle untergebracht ist.

Zurück auf die Sharia Daniel. An der Kreuzung mit der Sharia Hurriya bietet sich das gepflegte *Café Venus* für eine erholsame Pause an. Nahe der Kreuzung Sharia Daniel/Saliman Yousri liegt links das sehenswerte Römische Theater *****Kom el Dik** (9-17; £E 15, Birdhouse £E 15), das erst 1964 von polnischen Archäologen ausgegraben wurde und dessen hufeisenförmige Marmorsitzreihen etwa 800 Zuschauern Platz boten. Es handelt sich hier um die einzige derartige Anlage aus der Römerzeit in Ägypten, weniger um ein Theater als vielmehr um ein

3 Alexandria, Mittelmeerküste, Nildelta

Odeum, also eher eine Konzert- als eine Schauspielbühne. Im großen Ausgrabungsgelände wurden eine Kolonnade, die am Theater beginnt, freigelegt sowie ein Badehaus und eine römische Villa, *House of the Birds*, mit sieben schönen **Vogelmosaiken**, die über begehbare Stege anzuschauen sind (hinten rechts im Gelände).

Der Midan Gumhurriya wird vom **Hauptbahnhof** *(Mahattat Misr)* mit seinem quirligen Leben geprägt. Nach Westen schließt sich das **Atarin-Viertel** an, das man beim Besuch Alexandrias keinesfalls auslassen sollte. Einmal, weil sich in den Seitenstraßen der Sharia Masgid el Atarin viele Antiquitätenhändler (Trödler) niederließen. Sie alle profitierten davon, dass Präsident Nasser die Ausländer aus Alexandria vertrieb und ihre Möbel meist zurückblieben. Heute in Ägypten lebende Ausländer durchstöbern das Viertel gern auf der Suche nach alten Möbeln oder sonstigen Antiquitäten. Es kann aber auch Touristen Spaß machen, durch die engen Seitengassen zu bummeln, um z.B. chinesisches Porzellan oder Jugendstilmöbel aus der reichen Vergangenheit Alexandrias zu entdecken. Zwar entwickelt sich das Angebot mangels Masse rückläufig, aber erfindungsreiche Händler lassen Antikes neu produzieren.

Zum anderen macht nicht allein das Mäandern von einem Antiquitätenladen zum nächsten den Reiz des Atarin aus, sondern und vor allem die freundlichen Handwerker, deren Werkstatt häufig genug die schmale Gasse ist. Sie produzieren Tische, Stühle, Schränke oder Lampen, binden Bücher oder verkaufen die gerade hergestellten Produkte. In den winzigen Straßencafés spielen Männer Domino oder Backgammon und fordern mit einladenden Gesten die Fremden zum Mitspielen auf.

In der Sharia Salah el Din im Atarin-Viertel werden Sie auf eine deutschsprachige Inschrift an einer Gebäudetür stoßen: Hier unterhalten die **Borromäerinnen eine deutschsprachige Schule.**

Etwas weiter östlich, in der Sharia El Mathaf El Romani (hinter dem städtischen Gebäude *Mohafza)* liegt das sehenswerte *****Griechisch-Römische Museum**. Leider ist es seit Jahren wegen Renovierung geschlossen, der Zeitpunkt der Wiedereröffnung ist unbestimmt. Daher und weil sich gegenüber dem bekannten Status deutliche Änderungen ergeben werden, verzichten wir in dieser Auflage auf eine Beschreibung.

Nur ein paar Blocks östlich des Museums beginnen die **Shalalat Gärten** mit altem Baumbestand und einigen antiken Säulen bzw. Statuen und Stadtmauerresten. Die Gärten, die auf einem Teil der ehemaligen Umwallung angelegt wurden und die von der sehr frequentierten Sharia Hurriya (Nasr) zerteilt werden, grenzen im Süden an das große Stadion. An der Kreuzung der Sharia Hurriya /Abdel Rahman Rushdi liegt die Blumenuhr schräg im Rasen, eine bekannte Landmarke. Östlich davon wurde 1999 ein von Griechenland spendiertes Denkmal des Stadtgründers Alexander des Großen aufgestellt. Noch weiter südlich, auf der anderen Seite der Bahnlinie, können Interessierte das **Museum der Schönen Künste** (18 Sharia Menasha, Straßenbahn 14) besuchen, das zeitgenössischer Kunst gewidmet ist (nur spärliche Stücke aus den 60er und 70er Jahren). Das **Mahmoud Said Museum** (6 Sharia Mohamed Said Pasha in *San Stefano)* zeigt Bilder des Malers, der zu den bekanntesten und besten ägyptischen Malern des 20. Jh zählt, in dessen ehemaligem Wohnhaus aus den 1920er und 30er Jahren,.

Interessanter ist das neue *****Alexandria National Museum** (9-16, Fr 9-12, 13-16; ₤E 30), 108 Sharia Hurriya (Nasr), ein stark italienisch geprägter Palast aus dem Jahr 1929 (stadteinwärts nach der Blumenuhr das zweite Gebäude rechts). Es zeigt mehr einen Querschnitt durch die ägyptische Geschichte als durch die spezifisch alexandrinische Historie.

Das Ausstellungsdisplay gehört zum Besten, was Ägypten zu bieten hat. Im dunkelblau gestrichenen Keller findet man sehr schöne Stücke der pharaonischen Epoche von der Frühzeit bis zum Neuen Reich, u.a. eine bemerkenswerte Statue von Pharao Mykerinos (Pyramide in Giseh). Im Basement unterhalb des Kellers stehen zwei geöffnete Sarkophage.

Das lichtblau gehaltene Erdgeschoss ist der griechisch-römischen Epoche gewidmet, hier sind u.a. Statuen ausgestellt, die in jüngerer Zeit von Tauchern im Hafenbecken gefunden wurden. Besonders fallen die schwarze Basaltstatue eines Hohen Priesters und die Granitstatue der Göttin Isis ins Auge. Das Obergeschoss gehört islamischer und koptischer Kunst sowie einer Kollektion von Schmuck aus Mohammed Alis Familienschatulle.

Bei der Gelegenheit lohnt es sich durchaus, die Sharia Hurriya ein paar Blocks weiter stadteinwärts zu gehen, und das frisch renovierte **Opernhaus** *(Sayed Darwish Theatre)* anzuschauen. Es liegt etwas zurückgesetzt von der Straße, sozusagen im Hinterhof, und ist nur durch einen Durchgang zu erreichen. Das Gebäude wurde von dem französischen Architekten Georges Baroque entworfen und 1918 errichtet. Es steht wegen seiner Architektur und Dekoration unter Denkmalschutz und gehört heute zum Opernhaus von Kairo. Eintrittspreise variieren von etwa £E30 für arabische Musik bis zu £E400 oder mehr für z.B. Ballettaufführungen international bekannter Gruppen. Außerhalb der Vorführungen lohnt eine kurze Führung in den Zuschauerraum (£E 2). Man anerkennt die sorgfältige Restaurierung und freut sich, Namen europäischer Komponisten in Gold an der Decke glänzen zu sehen.

Schräg gegenüber in der Sharia Hurriya fällt ein ebenfalls renoviertes Gebäude auf, das leider nur arabisch beschriftet ist, englisch als **Alexandria Artcenter** bezeichnet wird. Das ehemalige Klubhaus der Vorrevolutions-Haute Volée ist heute ein lebhaftes Multifunktionshaus mit zwei Kunstgalerien, Vortrags- und Seminarräumen, Tonstudio, Kinoraum, Malerateliers für Amateure etc.. 13 000 Mitglieder finanzieren zumindest zum Teil diese lobenswerte Einrichtung, die eine Art gehobene Volkshochschule ist.

Durchaus sehenswert ist das ****Schmuckmuseum** (9-16, Fr 9-12, 13.30-16, £E 20) in einem kleinen, für Mohammed Alis Enkeltochter Fatima und ihren Mann Ali Heider gebauten Palast in 21 Sharia Ahmed Yehia Pacha (Ortsteil *Zizinia*; blaue Straßenbahn 2 von Ramla, aussteigen bei *Qasr el Safa*), der etwa auf halbem Weg Richtung *Montaza* liegt (etwas schwierig zu finden, lassen Sie sich die Adresse in Arabisch im Tourist Office aufschreiben). Hier sind - mit Erklärungen versehene - Preziosen der Mohammed-Ali-Dynastie zu besichtigen. Interessant ist aber auch der Palast, dessen Innendekoration so gar nicht ins muslimische Moralbild passt: Im Badezimmer sind aus der (zum Ertrinken hohen) Badewanne splitternackte Nymphen auf den Kacheln zu betrachten...

Im Südwesten der Stadt lag das **Serapeum**, der glanzvolle Tempel des Serapis, einer griechisch-römischen Gottheit, in der sich religiöse Vorstellungen des ägyptischen Apis-Kultes mit der Verehrung des griechischen Gottes Dionysos vereinten. Unter Ptolemäus III (246-221 vC) begonnen und von den Römern fertiggestellt, zählte es zu den glanzvollsten Tempeln des Römischen Reiches. Der Serapis-Kult wurde erst um 400 nC von Theodosius endgültig gebrochen und der *heidnische Götzentempel* von den Christen dem Erdboden gleichgemacht. Der Tempel enthielt eine unterirdische „Zweigstelle" der berühmten Bibliothek, aber auch diese wurde vom christlichen Mob auf bischöfliche Anweisung 391 zerstört.

Vom Serapeum blieb im Wesentlichen nur die sog. *****Pompejus-Säule** (9-16, £E 15) an der Sharia Amoud el Sawari erhalten. Die 25 m hohe und an der Basis 2,70 m dicke, aber sehr elegant wirkende Säule hatte Diocletian 298 aufstellen lassen (nach anderen Quellen war sie für ihn errichtet worden). Der aus Rom herbeigeeilte Kaiser hatte einen Aufstand sehr blutig niedergeschlagen und verkündete gewissermaßen seinen Erfolg mit diesem Monolithen, der heute zu den größten erhaltenen der Antike zählt. Wenn man sich vorstellt, dass diese etwa 10 Stockwerke hohe Säule mit den Mitteln der damaligen Zeit in Assuan gebrochen und nach

3 Alexandria, Mittelmeerküste, Nildelta

Alexandria transportiert wurde, dann steht man hier auch vor einem technischen Denkmal. Ihren jetzigen Namen erhielt sie irrtümlich von den Kreuzrittern. Heute steht sie in einem großen Grabungsgelände, in dem eifrig nach weiteren Hinterlassenschaften gesucht wird. Fragmente von Statuen, Säulenteile und andere Relikte liegen verstreut über das Gelände. Die beiden Sphingen, welche die Säule flankieren, stammen ursprünglich aus Heliopolis.

Auf der Westseite führen Treppen in zwei breite, unterirdische Gänge, deren Zweck unklar ist. Rechteckige Nischen in einigen Wänden sprechen dafür, dass hier einst Papyrusrollen aufbewahrt wurden, d.h. es könnte sich um einen Teil der Bibliotheksaußenstelle handeln. In einem Seitengang wurde ein Apis-Stier gefunden, der heute im Griechisch-Römischen Museum Alexandrias zu bewundern ist. Nehmen Sie vom Ramla-Bahnhof aus die Straßenbahnlinie 16 oder ein Taxi zu £E 10-15, bis Sie die Säule sehen.

Ganz in der Nähe - die nächste etwas breitere Querstraße rechts und dort geradeaus halten - finden Sie die Katakomben von *****Kom el Shukafa** (9-17, £E 25; Fotos nicht erlaubt), die größte bekannte Grabanlage der Römer in Ägypten. Die aus dem 2. Jh nC stammenden Katakomben wurden 1900 zufällig dadurch entdeckt, dass ein Esel in den brüchigen Boden einbrach und zu Tode stürzte.

Die Katakomben wurden drei Stockwerke tief in den Sandsteinboden gehauen, heute liegt die unterste Ebene im Grundwasser, was angeblich durch den Bau des Mahmudiya-Kanals verursacht wurde. Eine Wendeltreppe führt hinunter, in deren Kernschacht die Särge mit Seilen heruntergelassen wurden. Im ersten Stockwerk geht man von der Treppe durch einen Vorraum in die so genannte Rotunde, einen kreisrunden Raum, in dessen Mitte wiederum ein Schacht nach unten führt. Rechts kommt man in zwei kleinere Räume mit Schiebefächern für die Toten (*Loculi*) und Sarkophagen; häufig waren mehrere Verstorbene in einer solchen Kammer untergebracht, die mit einem Abschlussstein verschlossen wurde. Links der Rotunde liegt das *Triclinium*, eine Art Bankett-Halle, auf deren Steinbänken die Verwandten zum Gedenken an den Verstorbenen ein Mahl einnahmen (bei der Entdeckung der Anlage fand man noch Weinbehälter und Tischgeschirr). Schräg gegenüber dem Triclinium geht man durch einen vermutlich von Grabräubern geschlagenen Durchgang in eine separate Grabanlage, in die Caracalla-Halle, die viele Tierknochen enthielt, hauptsächlich von Pferden. Daher wird angenommen, dass hier Sieger von Pferderennen begraben wurden. Folgt man der Treppe nach unten, stößt man auf die Grabkapelle mit noch gut erkennbaren Reliefs, z.B. stehen die Götter Anubis, Horus und Thot neben einer Mumie.

Der Vollständigkeit halber seien zwei weitere Grabanlagen erwähnt. Die Gräber von ***Shatby**, Sharia Port Said (9-16, £E 10), werden als die ältesten bisher in Alexandria entdeckten eingestuft. Man findet sie gegenüber dem Parkplatz des St. Mark's College, einem monumentalen rotweißen Ziegelgebäude, und der Corniche bzw. nach dem Youth Hostel (Hausnr. 32). Sie bieten wenig Interessantes, das eigentliche Grab steht teils im Grundwasser.

Das 1934 beim Bau eines Fußballplatzes entdeckte archäologische Gebiet von ***Mustafa Kamel** (9-16, £E 12) liegt am Rand der gleichnamigen Wohnanlage an der Sharia El Muasker el Rumani, die kurz vor Stanley Beach von der Corniche abzweigt. Nach längerer Restauration wurden auf einem Teil des Grundstücks ein paar Palmen und ein wenig Grün angepflanzt. Doch dies täuscht nicht darüber hinweg, dass die Gräber dem Laien kaum etwas bieten (eine Leserin hält dagegen die Gräber 1 und 2 für sehr interessant und sehenswert).

Die vier Grabstätten aus der Zeit um 200 vC bestehen aus zwei unterschiedlichen Typen. Die Gräber 3 und 4 wurden teilweise über- und unterirdisch im Fels angelegt, die beiden anderen als ausschließlich unterirdische Katakomben. Die besser erhaltenen Katakomben 1 und 2 sind über eine in den Fels gehauene Treppe zugänglich, die in einen offenen Hof mündet. Von dort

Alexandria kennenlernen

aus gelangt man zu den Bestattungsräumen. In Grab 1 kann man noch arg verwitterte Sphingen und Farbreste an Wänden sehen. Außerhalb des ummauerten Gebiets liegt zwischen den Hochhäusern ein weiteres Grab, das aber - wie könnte es anders sein - von den Anwohnern als Mülldhalde genutzt wird.

Einen Besuch sind die ***Nusha- und Antoniadis-Gärten** (jeweils £E 2 Eintritt) wert. Üppige Vegetation, relative Stille, schöne Ausblicke - eine wirklich erholsame Alternative zum Gewühl der Stadt. Der Antoniadis-Garten, ehemaliger Landsitz eines reichen Griechen, schließt sich an den Nusha-Garten an, man muss aber eigens Eintritt zahlen. Dafür gibt es unter anderem auch Marmorstatuen zu bewundern. Zusätzlich können Sie den hier liegenden **Zoo** besuchen. Die Gärten grenzen - südöstlich des Zentrums - direkt an den Mahmudiya-Kanal. Kürzlich wurde hier eine Promenade angelegt, die zum Spaziergang einlädt. In der Vergangenheit wandelte man aus den nahe gelegenen vornehmen Häusern im Schatten von Akazien und Sykomoren am Wasserweg entlang.

Eine andere Art der Erholung bieten die vielen **Badestrände** entlang der Corniche: 11 verschiedene Strände von West nach Ost innerhalb des Stadtgebiets. Der Badebetrieb prägt auch das städtebauliche Bild der östlicheren Corniche. Dort stehen Geister-Hochhäuser, von denen die meisten nur für die wenigen Saisonmonate im Sommer zum Leben erwachen. Die sorglose ägyptische Bauweise zeigte sich, wie schon häufiger, zuletzt Ende Dezember 2007, als ein 12-stöckiges einstürzte und 35 Menschen in den Tod riss.; kurz zuvor war das Gebäude ohne Genehmigung um 9 Stockwerke erhöht worden.

Durch die Hafennähe zählen die Badestrände Alexandrias nicht zu den saubersten Ägyptens,

Pompejus-Säule

3 Alexandria, Mittelmeerküste, Nildelta

Baden in Alexandria und Umgebung

Die Strände in Alexandria und Agami sind verschmutzt, in der Saison überlaufen. Ausländer und besonders Frauen leiden unter Gaffern und Belästigungen. Daher einige Alternativen: „Kühle" Typen können es ab Oktober am dann offenen und fast leeren Privatstrand im Montaza-Park versuchen; keine Umkleidemöglichkeiten. Wer, vor allem während der Saison, relativ ungestört baden will, kann den Privatstrand des Hotels Palestine gegen £E 50 oder den hoteleigenen Pool benutzen. Der Sporting Club kostet je nach Saison £E 20-30 Eintritt, am Schwimmbad noch einmal £E 3. Ein Becken ist nur für Frauen und Mädchen offen, das andere für Männer und Jungen; Umkleidemöglichkeiten. An der Rückseite des International Garden (am Kanal) warten die beiden zusammengelegten Clubs, Country und Acacia, mit sehr guten Pools auf. Eigentlich nur für Mitglieder, als Fremder kann man dennoch verhandeln; normalerweise £E 30 Eintritt. An der Küste zwischen Alexandria und El Alamein kann man am Strand oder im bescheidenen Pool des Hilton Borg el Arab (teuer) baden. Gut ist das Gelände des Aida Beach Hotels, Strand, Salzwasserpool, Süßwasserpool für Kinder, Mindestverzehr £E 60.

Stanley Beach im Frühjahr

sein (vorletzter vor Montaza). Der relativ lange Sandstrand liegt an saubererem Wasser, Duschen sind vorhanden. Außerdem sei noch auf *Agami* aufmerksam gemacht, siehe weiter unten. Doch erwarten Sie dort nicht Stille unter Palmen: Die dichte Bebauung reicht bis in den weißen Sand hinein, Scharen von Badegästen bevölkern während der Saison den Rest.

Ganz am östlichen Stadtrand finden Sie den großen ***Park und Palast von Montaza**. Diese Anlage war die Sommerresidenz der letzten ägyptischen Könige, die 1892 von einem venezianischen Architekten gebaut wurde. Zinnen und Türmchen bestimmen den Anblick des so gar nicht orientalischen Bauwerks. Die asphaltierten Wege innerhalb des Parks können sogar gegen £E 5 pro Auto befahren werden, Fußgänger bzw. Autoinsassen bezahlen ebenfalls £E 5; der Palast selbst ist nicht zugänglich. Freitags ist hier großer Picknick-Treff. Erreichbar mit Minibus 220, der auch noch den Mamura-Strand bedient.

Östlich schließt sich an den Montaza-Park der **Mamura-Strand** (Eintritt) an. Es handelt sich um eine Art großes Feriendorf mit vielen Zweitwohnungen betuchter Ägypter, Hotels, Pensionen und relativ preiswerten Geschäften. 6 km weiter östlich trifft man auf das Städtchen **Abukir**, in dessen Bucht 1798 der englische General Nelson die vor Anker liegende französische Flotte leicht vernichten konnte: Die Franzosen hatten nachlässig ihre Schiffe nur an einem Anker befestigt, ein ungünstiger Wind drehte sie mitsamt den Kanonen in die falsche Richtung. Im Westen des Dorfes ist das

obwohl in jüngster Zeit viel zu ihrer Verbesserung getan wurde. In den Sommermonaten werden sie nicht nur von den Bewohnern der Stadt rege genutzt, sondern sind auch beliebte Ausflugsziele von Kairo her. In der Badesaison überschwemmen 1,5 Mio ägyptische Urlauber die Stadt, dann herrscht totales Gedränge - sowohl an Land/Sand wie auch im Wasser. Der ägyptische Mensch scheint stets die Nähe zu seinesgleichen zu suchen, einsame Plätzchen müssen eher ein Greuel für ihn sein. Aufpassen, hier wird viel gestohlen!

Der *Stanley Beach* oder der etwas bessere *Sidi Bishr Beach* mögen eher einen Besuch wert

Fort Taufikiya zu finden. Die Ruinen der antiken Städte *Kanopus* und *Heraklion* entdeckte Franck Goddio hier in der Bucht, siehe auch Seite 151. Abukir ist für frische Fischgerichte bekannt, die Restaurants *Zephyrikon* und *Bella Vista* haben den besten Ruf. Fischer und Angler offerieren ihre Beute direkt am Strand und bereiten sie dort auch zu.

Als Bade-Alternative bietet sich der 17 km vom Midan Saad Zaghlul entfernte Vor- und Badeort **Agami** an, der früher von der High-Society bevölkert wurde. Aus jener Zeit rühren noch einige prachtvolle Villen, von denen die Villa *Wahid el Wakil* wegen ihrer Architektur von der Aga-Khan-Stiftung prämiiert wurde. Heute säumen Müllberge die ausgefahrene Hauptstraße. Der relativ breite Sandstrand ist nur auf schmalen Straßen erreichbar. Dazu zählt der im Ortsteil **Bianchi** gelegene Strandabschnitt *Paradise Beach*, an dem frau sogar ungestört im Bikini baden kann. (Anfahrt mit Bus 750 vom Midan Ramla). Während der ägyptischen Ferien zahlt man Eintritt.

Praktische Informationen
▶ **Telefonvorwahl 03**
▶ **Alexandria im Internet** siehe Seite 44.
▶ **Touristen-Information:** Midan Saad Zaghlul, Tel 484 3380, Nähe Cecil Hotel (8.30-18); sehr kompetent beraten die Damen Dalia Nawar und Maha Taher.
Zweigbüros im Hauptbahnhof, Sidi Gaber Bahnhof, am Flughafen und Hafen.

Öffentliche Verkehrsmittel

Alexandria besitzt ein brauchbares öffentliches Verkehrsnetz, bestehend aus Straßenbahnen, Bussen und einer Hochbahnlinie (Ramla-Hochbahn) auf weitgehend eigenem Gleiskörper (Ramla-Bahnhof am Midan Saad Zaghlul zu den östlichen Vororten bis Sidi Bishr). Achtung: Bei zweiteiligen Zügen ist der erste Wagen, bei dreiteiligen der mittlere für Frauen reserviert.
„Strassenbahnfahren durch Alexandrias Altstadtviertel macht Spaß und ist ein echter Abenteuertipp", schreibt ein Leser.

Hier eine **Auswahl der Straßenbahnen**, die im Zuge der Stadtrenovierung ausgedünnt wurden (gelbe Linien fahren nach Westen, blaue nach Osten; Fahrpreis 25 Piaster):
▶ Linie **1** (blau): Ramla-Bhf - Sidi Bishr/El Nasr
▶ Linie **2** (blau): Ramla-Bhf - Glym Beach - Sidi Bishr/El Nasr
▶ Linie **15** (gelb): Ramla-Bhf - Abu-el-Abbas-Moschee - Ras El Tin
▶ Linie **16** (gelb): Midan St. Katharin - Pompejus-Säule
▶ **Sammeltaxis/Minibusse** starten vom Hauptbahnhof (Midan el Gumhurriya, am anderen Platzende gegenüber dem Ausgang) in unterschiedlichste Richtungen. Am einfachsten kommt man per **Taxi** vorwärts: innerhalb des Stadtzentrums für ca. ₤E 10-15, nach Montaza ca. ₤E 15-20. Neuerdings kann man **City Cabs** unter Tel 19559 rufen, die für den Start ₤E4, pro km ₤E1,50 + 10% Tax berechnen.
▶ Die **Bus- bzw. Minibuslinien** 735, 736 fahren die gesamte Corniche entlang nach Montaza, Nr. 260 von Ras el Tin nach Abukir, Nr. 768 vom Hauptbahnhof nach Abukir, in westlicher Richtung nach Agami.

Fernverkehr
Züge
Fast alle Züge halten auch im Sidi Gaber Bahnhof. Von dort sind die östlichen Stadtteile leichter zu erreichen.
▶ Die Vorortzüge Richtung Abukir und Rosetta fahren vom **Hauptbahnhof** (Misr Station) im Stadtteil Kom el Dik ab.

Züge nach Kairo
▶ Zwei unterschiedliche Zugtypen mit unterschiedlichen Fahrzeiten verkehren auf dieser Strecke: ein schneller, komfortablerer Nonstop-Zug namens „Spanish Train" (2 Std 15 Min, 1.Kl. ₤E 46, 2.Kl. ₤E 29) und ein langsamerer Zug („French train", ca. 3 Std., ₤E41 bzw. 25) mit mehr Stopps unterwegs
▶ Schnell: 7, 8, 14, 15, 19, 19.30
▶ Langsam: 11, 13, 15.30, 17, 18, 20, 21.30, 22.10

3 Alexandria, Mittelmeerküste, Nildelta

Busse

Der Busbahnhof wurde als **New Busstation Moharam Bay** in ein Gelände an der Autobahn zum Hafen verlegt. Wenn man aus dem Zentrum herausfährt, Kanal und Eisenbahn überquert hat, biegt man unter dem auf Stelzen stehenden Autobahnkreisel nach rechts ab. Ein Taxi kostet etwa £E20, Servicetaxi etwa £E2.

Superjet
- **Hurghada:** 20.00 (10 Std, £E 80)
- **Kairo:** 5.30-22.00, alle halbe Stunde (bis 3 Std, £E 35, einige auch zum Kairo Airport)
- **Sharm el Sheikh:** 19.30 (7 Std, £E 88)
- **Jordanien**, Amman: täglich um 18.00, 85 $ + 100 £E; Aqaba: donnerstags 18.00, 40 $ + 145 £E.
- **Libyen**, Tripolis: täglich 8.30, £E 260

Westdelta Bus Co
- **Hurghada:** 18.30, 21.00 (10 Std, £E 80)
- **Ismailiya:** 7.00, 14.30 (3 Std, £E 24)
- **Kairo:** 5.00-01.30, alle halbe Stunde (bis 3 Std, £E 23, Kairo Airport £E35)
- **Marsa Matruh:** in der Sommer-Saison von 7.30-01.30 alle Stunde, danach weniger, (5 Std, £E 15-27); weiter nach **Siwa** 8.30, 11, 14, 22 (8 Std, £E 27), andere nach **Sollum** (9 Std, £E 23)
- **Port Said:** 6, 8, 11, 13, 14.30, 16, 18, 20 (3 Std, £E 20-22)
- **Sharm el Sheikh:** 21.00 (9 Std, £E 85)
- **Suez:** 6.30, 9, 14.30, 17 (4 Std, £E 25)
- **Tanta:** 6.30, 7.20, dann alle 45 Min. (£E 8)

Flugverbindungen

Alexandria erhielt 2000 einen neuen Internationalen Airport, der bei Borg el Arab, also weit im Westen liegt. Dorthin kommt man mit Bus 555 (Abfahrt vor Hotel Cecil), ein Taxi sollte etwa £E 100-120 kosten. Er wird derzeit nur von BA, Emirates und Lufthansa angeflogen. Der stadtnahe alte Airport Nouzha (Busse 703 und 710, Taxi ca. £E 30), der vorübergehend stillgelegt worden war, ist wieder in Betrieb. Hier landet neben Egypt Air u.a. Saudia und Olympic.

Regelmäßige Inlandflüge bietet die Air Egypt Tochter *Express* nach Kairo (mit der Bahn erreicht man das Zentrum schneller), nach Luxor, Hurghada und Sharm el Sheikh.

Nützliche Adressen

Öffentliche Institutionen

- **Notfall:** Tel 123
- **Rettungswagen:** Tel 123 oder 492 5810
- **Feuer:** Tel 180
- **Touristen-Polizei:** im selben Gebäude wie die Tourist-Information
- Nach Schließung des **Deutschen Konsulats** wurde eine Honorarkonsulin bestellt: Frau Nevine Leheta, 9 Sh Al Fawatem, Bab Sharki, Tel 486 7503
- **Österreichisches Konsulat:** Sharia Eglise Debbane, Alexandria, Tel 480 8888
- **Schweizer Konsulat**, 8 Sh Moktar Abdel Halim Khallaf, Tel 583 0726
- **Passbüro** (Visaverlängerung, Touristenpolizei): 28 Sh Talaat Harb
- **Post:** direkt am Hauptbahnhof, dort auch postlagernde Sendungen
- **Telefonämter:** Ramla-Bahnhof, Sh Saad Zaghlul und Midan Gumhurriya, am Bahnhof; inzwischen gibt es ein dichtes Netz von Kartentelefonen
- **Goethe-Institut:** 10 Sh Ptolemees; nach gründlicher Renovierung in einer alten Villa wiedereröffnet („schönstes Goethe-Institut der Welt…"), das Gebäude ist als typisches Beispiel eines Herrschaftssitzes verflossener Zeiten sehenswert
- **Deutsche Schule der Borromäerinnen:** 32 Sh Salah El Din (Atarin-Viertel), www.dasan.de/dsb_alexandria

Reisen und Geld

- **Lufthansa**, 6 Sh Talaat Harb, Tel 483 7031
- **Olympic**, 19 Md Saad Zaghlul, Tel 482 1014
- **Geldautomaten** gibt es inzwischen reichlich in Alexandria, z.B. bei **Thomas Cook**, 15 Md Saad Zaghlul, Tel 484 7830
- **American Express**, 34 Sh Mosakar el Romani, Tel 851 708, Rushdy

- **HSBC Bank**, 47 Sh Sultan Hussein
- Der **Visa-Automat (ATM) der British Egyptian Bank**, Sh El Shahid Salah Moustafa (auch Sh El Sultan Hussein genannt; Nähe Medizinische Fakultät) spuckt wahlweise £E oder US$ aus. Weitere Visa-ATMs: Misr Bank Hurriya, Rushdy, Zahran Mall, Smouha.
- Gute Wechselkurse bei: **Doctor's Exchange**, 19 Sh Salah Salem, und (fast nebenan) bei **Al Ferduos Exchange**.
- Leser machten mit dem **Taxifahrer** Ismail Abbas, Tel 494 9775, mobil 01237 41902, gute Erfahrungen, der sie nach El Alamein fuhr und dafür eine Lizenz hat.

Mietwagen
- **Avis**, Hotel Cecil, Md S. Zaghlul,Tel 485 4202
- **Budget**, 59 Sh El Geish, Tel 597 1273

Medizinische Versorgung - Ärzte
- **Dr. Nour**, Vertrauensarzt des Deutschen Konsulats in Alexandria, deutschsprachig, Tel 484 6836, privat 587 8508
- **Dr. Ghorayeb** (Vertrauensarzt der Lufthansa), Tel 480 6745
- **Dr. Mohammed Heddaya**, englischsprachig, orthopädischer Chirurg, 394 Sh Hurriya, Eingang von Sh Moustafa Kamal, Tel 01221 46 791, Praxis ab 18 Uhr, Tel 543 6016
- **Dr. Abdel Aziz Salah El Dine** (Lungenarzt), englischsprachig, Tel 0101 52 8915, privat 427 6343
- **Dr. Ebtisam El Ghazzawi**, deutschsprachig, Medizinisches Labor, 325 Sh Hurriya, Tel 420 8079
- **Dr. Rageb** (Gynäkologe), Tel 842 2484
- **Dr. Hamy Imbaby** (Hautarzt), englischsprachig, 172 Sh Omar Lofti, Tel 596 4963
- **Prof. Dr. Wafaa** (Augenarzt), englischsprachig, 50 Sh Omar Lotfi (um die Ecke 1. Stock), 17-20 Uhr außer freitags, Tel 596 2826 (Telefonist spricht nur arabisch, Dr. Wafaa verlangen)
- **Dr. Noshi Bassili** (Zahnarzt), englischsprachig, 36 Sh Saad Zaghlul, Tel 480 6090

Krankenhäuser
- **Alex Medical Center,** 14 Sh May, Smouha, gegenüber Esso Tankstelle, Tel 427 2652, 422 6920, Visakarte akzeptiert für Vorauskasse, Betreuung durch Krankenschwestern unzureichend, Betreuung durch Angehörige empfohlen
- **German Hospital,** 56 Sh Abd El Salam, Saba Basha, Tel 585 7681-2, 584 1616

Internet Cafés (eine Auswahl)
- **Cyber Café,** 11 Sh El Borsan El Kadeema
- **Global Net,** 29 Sh Nabi Daniel
- **El Hamaky Net Café,** 1 Sh Bolanaky (schräg gegen Safwa Shopping Mall, westl Sh Saad Zaghlul)
- **TanTan**, Safwa Shopping Mall, westl. Sh Saad Zaghlul
- **Bibliotheka Alexandria**, 230 Computer stehen für freien Internetzugang zur Verfügung, allerdings dürfen keine privaten Emails verfasst werden, ebenso ist Chatten verboten.

Shopping, Sonstiges

- **Egypt Free Shops Company** (Duty-Free), 513 Tariq el Hurriya oder 16 Sh Salah Salem
- **Al Maaref**, Buchhandlung, auch Reiseliteratur, Eingänge am Midan Saad Zaghlul und Sh Saad Zaghlul
- **Al Ahram**, Buchhandlung, Sh Hurriya / Ecke Nabi Daniel
- **Carrefour** betreibt an der Zubringerautobahn zur Desert Road ein sog. City Center mit dem größten Supermarkt der Stadt, Kino, Bowlingbahn etc.
- **Zahran Mall**, Smouha, ist ein schon etwas abgenutztes Shoppingcenter mit zwei westlich orientierten großen Supermärkten, vielen Boutiquen, Kinos und Restaurants (südlich in der Nähe des Sidi Gaber Bahnhofs am Gelände des Marine Racing Clubs)
- **Green Plaza Mall**, Smouha, am Zubringer zur Agriculture Road nach der Bahnüberführung rechts (weit vom Zentrum), eine relativ große, teils überdachte, gepflegte und weitläufige Shopping Mall mit vielen Geschäften und einem integrierten Hilton Hotel, das auch eine separat gebaute *Banquet Hall* für bis zu 1500 Gäste (Hochzeiten!) betreibt

3 Alexandria, Mittelmeerküste, Nildelta

▸ **Fatahalla**, Supermarkt, gegenüber Montaza Park
▸ Viele interessante Shops mit **Antiquitäten** bietet das Atarin-Viertel (siehe Seite 152)
▸ **Tauchzentrum Alexandria-Dive**, Dr. Ashraf Sabri, 24 Sh 26.July, Tel/Fax 483 2045, alxdiv@dataxprs.com.eg, www.alexandria-dive.com, bietet Tauchfahrten zu den verschiedenen Fundstellen pharaonischer Relikte an.

Unterhaltung, Nightlife

Die billigste Unterhaltung am Abend ist ein Bummel durch den Shoppingbereich des Zentrums (oder der jeweiligen Stadtviertel).
Die größeren Hotels unterhalten Diskos und/oder Nightclubs oder Shows; die beste Bauchtanz-Show bietet das Palestine Hotel, das Sheraton steht ihr kaum nach. Wer im Stadtzentrum wohnt, kann die - weniger gute - Show im Cecil ansehen. Nachtclubs bietet auch das *Au Privé Restaurant,* 14 Sh Hurriya. Entlang der Corniche stößt man ebenfalls auf eine Reihe von „Kneipen" mit Live-Musik.
Bekannt ist *Crazy Horse* im Athineos zwischen Corniche und Ramla-Bahnhof. In einer kleinen Querstraße („Alte Börse") der Sh Saad Zaghlul, hinter dem Hauptpostamt und einen Block vor dem Midan Orabi, wartet die Nachtbar *Spitfire* auf Gäste. Abgesehen von ein bisschen Automobil-Dekoration fallen dem deutschen Besucher Firmenschilder deutscher Firmen ins Auge; ein Zeichen, dass hier Monteursgenerationen ihr Heimweh in Importbier und scharfen Alkoholika ersäuften. *Havana,* Tariq el Horeyia, ist eine kleine Bar/Restaurant, die auf eine griechische Taverne zurückgeht; Besitzer Nagy öffnet die Tür auf Klopfen, serviert und unterhält, gute Atmosphäre. In der *Monty's Bar* im Hotel *Cecil* treffen sich meist Ausländer. In den Hotels *Cecil* und *Palestine* können Sie Ihr Geld auch im Casino verjubeln.
Recht gute Kinos findet man in der Umgebung des Midan Saad Zaghlul, zu den besten zählen *Metro* und *Amir.*
Das sorgfältig renovierte **Opernhaus**, 22 Sh Hurriya, hieß früher *Sayid Derwish Theater* und ist heute einer der kulturellen Mittelpunkte der Stadt mit Opernaufführungen und Konzerten.
Jeweils im Oktober wird das **Alexandrias Of The World Festival** zelebriert, mit Delegationen von möglichst all den über 40 Städten, die ebenfalls Alexandria heißen

---

Restaurants

- **Abou Ashraf International Fish** und **Mohammed Hosni**, die beiden stadtbekannten Fischrestaurants liegen in der Sharia Saffa Pascha, Anfushi, nebeneinander (Hosni hat auch Fleischgerichte). Man sucht sich den rohen Fisch aus, zahlt nach Gewicht und bekommt ein komplettes, köstliches Menü, sehr empfehlenswert
- **Abou Shakra**, Smouha Green Plaza und 425 Corniche, bekannte Restaurantkette aus Kairo, ägyptische Gerichte, sehr sauber und sehr gut, gehobene Preise
- **Al Tazaj Fakieh**, Nähe Hotel Cecil, ägyptisches Fastfood auf Chicken-Basis, sehr sauber, preiswert
- **Asteria**, 40 Sh Safiya Zaghlul; italienische Spezialitäten, gute Pizza und andere Gerichte, gut, preiswert
- **Athineos**, Corniche, zwischen Ramla Bahnhof und Corniche, Multifunktionshaus mit Restaurant, Patisserie, Cafeteria und Nachtbar
- **Bella Vista**, Abukir (neben Fischrestaurant Zephyrikon); sehr gutes Fischrestaurant
- **Cecil Hotel**, Midan Saad Zaghlul, Dachgarten mit gutem Restaurant **China House** und tollem Ausblick
- **Chez Gaby**, dritte Parallelgasse zur Sh Safiya Zaghlul Richtung Sh Nabi Daniel, gepflegtes

Restaurant mit italienischer Küche, von Ausländern geschätzt, sehr gut, sauber, vernünftige Preise, angeschlossenes Café
- **Derwish**, Corniche Höhe Ramla-Station; guter Fisch, teuer
- **Elaa**, Sh El Bahariya, etwa 200 m nach dem Abzweig zum Fort Kait Bey, in relativer Nähe des Abou Ashraf Fish Restaurants und sehr ähnlich organisiert, ebenso gut, preiswert
- **Elite**, 43 Sh Safiya Zaghlul, gegenüber Santa Lucia Restaurant; die Wände sind mit Porträts berühmter Künstler dekoriert, in der Vergangenheit Künstler- und Journalisten-Treffpunkt, Essen reichhaltig, freundliche Bedienung, ziemlich preiswert
- **GAD**, Querstraße der Sh Salah Salem (siehe Plan), Filiale am Midan Saad Zahglul; Spezialität Foul, Felafel (sehr gut)
- **Kentucky Fried Chicken (KFC),** Ecke Sh Saad Zaghlul/Safiya Zaghlul, gegenüber dem Ramla-Bahnhof
- **Laurentos**, 44 Sh Safiya Zaghlul; Spezialität Tintenfisch (Sobet), mittlere Preise, Alkoholausschank
- **McDonalds**, Sh Nabi Daniel, kurz vor der Einmündung auf die Sh Saad Zaghlul
- **Mellek el Simman**, Sh Atarin, Nähe Kreuzung Sh Ismail Mehana (Reklameschild mit Vögeln), Hinterhof, Spezialität Wachteln, bekanntes Restaurant, Bier, interessante Atmosphäre, preiswertes Essen
- **Mohammed Ahmed**, 17 Sh Shakour, (Seitenstraße von Saad Zaghlul); Spezialität Foul, Felafel, gut und preiswert
- **New China Restaurant**, im Hotel Corail, 802 Sh El Geish, Montaza, kurz vor Sheraton Hotel; gut, angemessene Preise, 9. Stock, schöner Meerblick
- **Omar el Khayam**, Corniche Nähe Ramla-Bahnhof und ital. Konsulat, schöner Blick auf Meer und Yachthafen; Essen unterschiedlich bewertet, darüber Hotel *Egypt*
- **Pastroudis**, 39 Sh El Hurriya und 374 Sh El Geish; bekannte, 1923 von Griechen gegründete Restaurants, meist überfüllt, preiswert (hier arbeitete Lawrence Durrell an seinem Alexandria-Quartett)
- **Qadoura**, 33 Sh Bairam el Tunsi, zwei Blocks nördlich der Corniche und der Abu Abbas Moschee, gilt bei Alexandrinern immer noch als sehr gutes Fischlokal
- **Santa Lucia**, Sh Safiya Zaghlul, gegenüber Elite Restaurant; bestes Restaurant von Alexandria, das immerhin 1980 einen Preis als eins der weltbesten Restaurants gewann, Spezialität ist Fisch, teuer
- **San Giovanni Hotel**, 205 Sh El Geish (Corniche), Stanley Beach; zählt zur Spitzenklasse, gepflegt, teuer, spezialisiert auf Fisch
- **Taverna**, Sh Saad Zaghlul (gegenüber Ramla-Bahnhof); sauber, gut, schmackhafte Pizzas (auch take-away), gepflegt, preiswert
- **Tikka Grill**, Corniche, 1. Stock, Anfushi, Nähe Abu Abbas Moschee; reichhaltiges Vorspeisen- und Salatbuffet (all you can eat), hauptsächlich ägyptische Gerichte, teuer, Terrasse mit schönem Blick auf Meer und Corniche; im 2. Stock ist das Restaurant **Fish Market**, guter Fisch, Vorspeisen, Brot direkt aus dem Ofen, teuer; im Eingangsbereich des Gebäudes links: **Grand Café**, viel Grün, leckere Snacks, Getränke, Shisha, teuer
- **Zephyrikon**, Abukir (kennt dort jeder), 14 Sh Khalid Ibn Walid (vom Bahnhof bzw. Alexandria kommend geradeaus bis zur Moschee, dann links zum Strand, dort links um einen Block versetzt das eher wie eine Fischmarkthalle wirkende Establissement); angeblich bestes Fischrestaurant Ägyptens, aber sehr teuer

3 Alexandria, Mittelmeerküste, Nildelta

Bekannte Cafés

In keiner anderen ägyptischen Stadt gibt es so gute und so viele Cafés wie in Alexandria:
- **Baudrot**, westliches Ende der Sh Saad Zaghlul, besonders im Sommer bei geöffnetem Garten sehr hübsch
- **Brazilian Coffee Store**, Sh Saad Zaghlul/ Ecke Nabi Daniel; hier gibt es (ganz subjektiv) den besten Kaffee in Ägypten, Kenner lassen sich spezifische Arten zubereiten, im oberen Stock Tische, Kuchen und Kellner
- **Patisserie Athineos** im Restaurant Athineos (s. oben), gute Kuchen, auch während Ramadan Alkohol
- **Pastroudis**, 39 Sh Hurriya, spielt bei Durrell eine wichtige Rolle, guter Kuchen (nur Straßenverkauf, kein Café im eigentlichen Sinn, wie auch die folgende Adresse
- **Patisserie Delices**, Sh Saad Zaghlul, Nähe Brazilian Coffe Shop, Kuchen, auch während Ramadan Alkohol
- **Patisserie Venus**, Sh Hurriya / Ecke Sh Daniel, Jugendstileinrichtung, große Auswahl an köstlichen Kuchen und Konfekten
- **Sofianopoulo Coffee**, Sh Saad Zaghlul (nahezu westliches Ende, Nähe Safwa Shoppingcenter), nur Kaffeeausschank
- **Café Trianon**, westlich gegenüber Ramla-Bahnhof (auch in der Green Plaza Mall), mit Fresken im Jugendstil, gutes Flair, interessantes Publikum, gute Kuchen und Torten

Das Stadtviertel **Camp Shezar** - sieben Straßenbahnstationen vom Ramla-Bahnhof aus gelegen - bietet gute Einkaufsmöglichkeiten, gemütliche Coffee-Shops und ein ziemlich orientalisches Marktviertel.

Übernachten

Wir beschränken uns auf die im Zentrum und in den östlichen Stadtteilen gelegenen Hotels, da die Unterkünfte in den westlichen Badevororten Agami und Hannoville für Normaltouristen zu abgelegen sind. Die Hotels im östlichen Teil der Corniche – meist die besseren - leben im Wesentlichen von ägyptischen Gästen während deren Feriensaison. In der Nichtsaison lassen sich gute Ermäßigungen aushandeln. Doch diese Hotels sind von nahezu allen touristisch attraktiven Zielen weit abgelegen, daher führen wir nur wenige und diese eher beispielhaft an. - Hotels in Strandnähe bieten Zimmer mit Meerblick meist teurer an und erst zuletzt den billigeren Stadtblick.

Für die Hotelsuche ist wichtig zu wissen: Die Sh 26.July ist die Corniche vom Fort Kait Bey bis zur nächsten Landzunge Silsila, nahe der Bibliothek (also noch am Md Saad Zaghlul vorbeiführend); von dort bis Montaza heißt sie dann Sh El Geish mit Hausnummern bis weit über 600!

Zur leichteren Orientierung sind **Hotels in der Nähe des Midan Saad Zaghlul mit +** gekennzeichnet. Zahlen in [ ] verweisen auf die Lage im Plan Seite 149.

Luxus- und bessere Hotels

- **Helnan Palestine**, 5*, Montaza, Tel 547 3500, www.helnan.com, direkt am Meer im Montazha Park gelegen,.. D+B ab $250
- **Hilton Green Plaza**, 5*, Sh 14. May Bridge, Shmouha (am südöstlichen Stadtrand an der Ausfallstraße zur Agriculture Road, innerhalb *Green Plaza Shopping Mall*), Tel 4209120, Fax 420 9140, alexandria@hilton.com, www.hilton.com; .... D+B ab $230
- **Renaissance Alexandria**, 5*, 544 El Gueish (Corniche), Sidi Bishr, Tel 549 0935, Fax 3 549 7690, www.marriott.com/hotels/alyrn-renaissance-alexandria-hotel, ... D+B ab $233
- **Salamlek Palace**, 5*, Montaza Park, ehemaliges Jagdschloss, sehr exklusiv, Tel 547 7999, Fax 547 3585, salamlek@inetalex.ie-eg.com, www.sangiovanni.com, ... D+B ab. €100-1100

Übernachten

- **Sheraton Montaza**, 5*, Montaza, Tel 548 0550, Fax 5401331, alexandria.smontazah@sheraton.com, www.sheraton.com, gut gegenüber Montazah Park gelegen, eigener Strand, .. D+B ab $200-250
- **Aifu Horizont Resort**, 4*, Sh El Geish, gegenüber dem Montazaparkeingang neben Sheraton Hotel in Montaza, Tel 556 1601, Fax 556 1663, www.aifuhorizon.net; se gr Pool, AC SatTV, Kschr, Nightclub und Disko, se sa, rel la, mF ....E+B $75-95, D+B $85-100
- **+Le Metropole**, [10] 4*, 52 Sh Saad Zaghlul, Tel 486 1467, Fax 486 2040, paradiseinnegypte@hotmail.com, www.paradiseinnegypt.com, tlw Superblick, gr Jugendstil-Zi, gute Atmosphäre, renoviert, se sa, la, se fr................. E+B $100-160, D+B $120-180
- **Mercure Romance**, 4*, 303 Sh El Geish, Tel 584 0911, Fax 583 0526, H1677-gmi@accor-hotel.com, AC, SatTV, Kschr, se sa, mF ....E+B €129, D+B €144-159
- **+Sofitel Cecil** [5] 4*, 16 Md Saad Zaghlul, Tel 487 7173, Fax 485 5655, h1726@accor-hotels.com, www.sofitel.com, ehemals bestes Hotel mit vielen berühmten Gästen, nostalgisch, stilvoll, AC, SatTV, Kschr, zentral, Dachterrassenrestaurant, se sa, se ang, mF...... E+B €180, D+B €210
- **Windsor**, [1] 4*, 17 Sh El Shohada/ Ecke Corniche (5 Blocks westl. v. Cecil, älter als dies), Tel 480 8256, Fax 480 9090, windsor_reservation@paradiseinnegypt.com, www.paradiseinnegypt.com, Traditionshotel ähnlich Cecil, stilvoll eingerichtet, se sa, se fr, AC, SatTV, Kschr, mF...E+B $100-125, D+B $120-150

Unterkünfte anderer Klassen

- **+Acropole**, [4] 27 Sh Gamal et Din Yasin, Tel 480 5980, acropole_hotel@yahoo.com, Eingang hinter Hotel Cecil, toller Blick, Leserbeschwerden über schlechten Service, je 1 Bad für 3 Zi, sa, rel la, mF.. E 30-50, E+B 80, D 50-70, D+B 100
- **Alex**, 3*, 23 Sh Nasr, wurde zur Zeit der Recherche renoviert
- **Amoun**, 3*, 32 Md El Nasr, Tel 481 8239, Fax 480 713, amounsun@link.net, AC, SatTV, Kschr, Rest, se sa, fr, mF.. E+B 290, D+B 350
- **Egypt**, 3*, 1 Sh Digla/Corniche (gegenüber Ramla Bhf, im Gebäude vom Omar Kayam Restaurant), www.egypthotel.tk, egyptmhotel_alex@yahoo.com; SatTV, AC, se sa, Rest, mF ....E+B 210-320, D+B 240-350
- **+Gamil**, [3] 8 Sh Gamal et Din Yasin, Tel 481 5458, quasi hinter Hotel Cecil, abgewohnt, sa, fr, la, nur zwei Toiletten für alle Gäste, F £E 5, Ww .... D 30-40

Anmerkung: Die Hotels Gamil, New Welcome House und Normandie sind auf die zwei oberen Stockwerke in einem Haus verteilt.

- **Holiday**, [8] 2*, 6 Md Orabi (2. Ecke südl. der Straßenbahn), Tel 480 3517, Tel/Fax 480 1559, rel gr Zi, TV, se sa, fr, se la, mF...E 57, E+B 73, D 82, D+B 103
- **+Le Roy**, [12] 25 Sh Talaat Harb, Tel 486 9224, guter Blick, sehr abgewohnt, sa, ...E 30, E+B 35, D 45, D+B 50
- **Marhaba**, [7] 2*, 10 Md Orabi (1. Ecke südl. der Straßenbahn), Tel/Fax 480 0957, zentr, sa, ziem. abgewohnt, la, se fr, tlw Balkon, mF .... E+B 70, D+B 100
- **+New Capri**, [9] 23 Sh El Mina el Sharkia, Tel/Fax 480 9310, Fax 480 9703, www.newcapri.com, im Haus vom Tourist-Office, Internetaccess, guter Blick auf Md S. Zaghlul, sa, mF .... E 62 E+B 75, D 118, D+B 136
- **+New Welcome House**, [3] 8 Sh Gamal et Din Yasin, Tel 480 6402, (hinter Cecil), Seeblick, Kü, sa, F 5,..E/D+B 30-80.
- **Nobel**, 2*, 152 Sh El Geish, Tel 546 4845, Fax 546 3374, bestens zum Baden gelegen, tlw AC, SatTV, Kschr, se sa, fr, mF ....E+B 90-125, D+B 135-170
- **+Normandie**, [3] 8 Sh Gamal et Din Yasin, Tel 480 6830, (hinter Hotel Cecil), rel sa,

3 Alexandria, Mittelmeerküste, Nildelta

la, abgewohnt, Zi mit Waschbecken, 4 Toiletten, 2 Waschräume, mF .... pP 30, D 50
- **+Sea Star**, [11] 2*, 24 Sh Amin Fakhry, Nähe Ramla-Bhf, Tel 487 1787, Fax 487 2388,
SatTV, Kschr, se sa, empf, mF .... E+B 100-190, D+B 150-220
- **+Semiramis**, [6] 3*, 180 Sh 26.July, Tel 484 6837, Fax 483 2382, herrl. Seeblick,
etwas abgewohnt, sa, fr, TV, mF .... E+B 120, D+B 150
- **San Giovanni**, 3*, 205 Sh El Geish (an der neuen Brücke des Stanley Beach), Tel 546 7775,
Fax 546 0408, sghotel@sangiovanni.com, www.sangiovanni.com, gibt vor, besser als 3*
zu sein, se la, sa, SatTV, Kschr, AC, mF .... E+B $120, D+B $150
- **+Triomphe**, [3] 26 Sh Gamal et Din Yasin (Eingang gegenüber Acropole Hotel), Tel 480 7585,
adelabaza@hotmail.com, hinter Cecil, 5. St. m. Lift, Balkon, SatTV, freie Küchenbenutzung, gr Zi, se
sa, se fr, rel la .... E 60, E+B 75-100, D 80, D+B 100-120
- **+Union**, [2] 2*, 164 Sh 26.July (Eingang 2. Querstr. westl. Cecil), Tel 480 7312,
Fax 480 7350, 5.-8.St., Lift, Zi im obersten Stock am besten, viele Zi mit Seeblick, gutes
Preisleistungsverhältnis, se sa, TV, empf, mF .... E 67, E+B 77, D 105, D+B 115, D+B+AC 140
- **Youth Hostel**, 32 Sh Bur Said, Tel 592 5459, Fax 591 4759, tlw Balkon, sa (D+B se sa), Ven, zur
Straße la, mF .... pP 12 (8-Bettenraum), D+B 60

King Mariout - „Vorort" für besser gestellte Alexandriner
(an der Autobahn nach Borg el Arab)
- **Adham Compound**, km 1,5 an der Borg el Arab-Autobahn nach Abzweig von der Desert Road,
Tel 448 5883 Fax 448 2963. www.adhamcompoundegypt.com; familiäre Anlage, Pool, SatTV,
se sa, gr Zi, mF .... E+B 200, D+B 250
- **King Mariout Motel**, 2*, Sh Faran (südl. Begrenzungsstraße der Siedlung), Tel 455 1434,
Fax 455 0293, AC, SatTV, Kschr, zwei Pools, gr Garten, se sa, se ru, mF .... E/B+B 185-234

Camping
Generell ist die Situation für Camper in Alexandria schlecht. Als Wohnmobilfahrer kann man sich ein stilles Plätzchen z.B. in der Nähe der Parks von Nusha und Antoniadis suchen oder man fährt, außerhalb der ägyptischen Badesaison, in eine der zum Strand führenden Straßen in Agami.
- **El Alamein**: Gegen ein Bakschisch lässt der Aufseher vom Deutschen Ehrenmal das Übernachten auf dem sehr ruhigen Parkplatz zu.

Von Alexandria nach Osten

Aus Alexandria herauskommen

Gar nicht allzu viele Straßen führen aus Alexandria hinaus: nach Osten die in Mamura beginnende Landstraße nach Rosetta und der International Highway nach Damietta, nach Westen wiederum eine Küsten parallele Landstraße, die später in eine vierspurige „Autobahn" übergeht. Nach Süden verzweigen sich außerhalb des Stadtzentrums die sog. Delta- und die Wüstenstraße. Touristen sollten die Landstraßen eher meiden und für alle Richtungen und aus dem Zentrum wie folgt aus der Stadt fahren: von z.B. dem Midan Orabi her auf der Corniche die südöstliche Richtung, bis hinter den Komplex der neuen Bibliothek, einschlagen. Dort zweigt rechts die Sharia Abdel Rahman Rushdy ab, an der auch ein bescheidenes Schild per Kairo weist. Biegen Sie hier rechts ab und bleiben Sie unverzagt auf dieser bald kreuzungsfrei ausgebauten Straße. Sie unterquert die Sharia Hurriya sowie die Eisenbahn und schließlich überquert sie als Hochstraße die Hafenbahnlinie und den Mahmudiya Kanal.

Von Alexandria nach Osten

Nach dem Ende der Hochstraße folgt bald ein dreistöckiges Kreuzungsbauwerk, das Auffahrten sowohl nach Osten („Agriculture Road") wie nach Westen („Borg el Arab", „Marsa Matruh") anbietet. Fährt man geradeaus weiter (links liegt der Nousha-Flughafen), so kommt man an eine T-Kreuzung, links geht es wieder zur Agriculture Road, rechts zur Desert Road und nach Westen. Man sollte dennoch für alle Richtungen rechts fahren (am Carrefour-Markt vorbei), denn das nächste Kreuzungsbauwerk kommt sogleich.

Hier fädelt man sich nach Osten ein, wenn man auf der **Agriculture Road** durchs Delta nach Kairo fahren will, aber ebenso für Rosetta und Damietta. Man kann auch der Ausschilderung „Borg el Arab" folgen, besser ist jedoch, das Bauwerk geradeaus zu unterfahren. Nach 14 km von dieser Kreuzung zweigt rechts eine vierspurige Straße ins westliche Industrieviertel an der Küste ab, 10 km später wendet sich die Autobahn als **Desert Road** beim Ort Amiriya nach Süden. Rechts zweigt eine 7 km lange Schnellstraße ab, die in eine T-Kreuzung an der Küste mündet, links geht es nach **Marsah Matruh**.

"International Highway"
Alexandria - Rosetta - Damietta

Es ist noch nicht lange her, dass die der Küstenlinie folgende Quer-Delta-Straßenverbindung - als „International Highway" klassifiziert - von Alexandria nach Damietta (205 km) dem Verkehr übergeben wurde. Östlich von Damietta schließt sich eine weitere vierspurig ausgebaute Verbindung nach Port Said an und danach über die Kanalbrücke bei Qantara nach El Arish. Damit ist die ägyptische Mittelmeerküste von Sollum bis El Arish praktisch auf der gesamten Länge autobahnähnlich erschlossen, daher das Attribut „International". Es handelt sich um eine der üblichen ägyptischen „Autobahnen" mit Fahrbahnwechsel, Eselskarren, Geisterfahrern und bereits jetzt jeder Menge Bodenwellen und Schlaglöchern - also Vorsicht.

In Alexandria fährt man, wie oben beschrieben, zum zweiten Kreuzungsbauwerk.

Nach 13 km: Abzweig
Rechts zur Agriculture Road (Deltastraße).
Bis zur Nilüberquerung bei Rosetta zieht sich die Fahrbahn quer durch Felder und Dattelpalmplantagen, ein schönes Bild der Fruchtbarkeit.
Nach 44 km: Abzweig nach

Rosetta

*Hintergrund: Rosetta, (arabisch **Rashid**), wurde außerhalb Ägyptens durch den gleichnamigen, dreisprachig beschrifteten Stein bekannt, der Jean-Francois Champollion die Entzifferung der Hieroglyphen ermöglichte. Aber nicht dieser Stein - im Britischen Museum in London ausgestellt - ist die Attraktion, sondern das etwas pittoreske Städtchen mit einigen alten, hohen Ziegelhäusern und Moscheen, das als letzte größere Bastion am Rosetta-Arm des*

Osmanisches Bürgerhaus, heute Museum

3 Alexandria, Mittelmeerküste, Nildelta

Rosetta

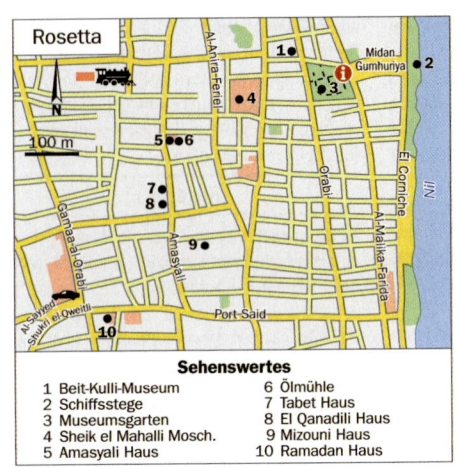

Sehenswertes
1 Beit-Kulli-Museum
2 Schiffsstege
3 Museumsgarten
4 Sheik el Mahalli Mosch.
5 Amasyali Haus
6 Ölmühle
7 Tabet Haus
8 El Qanadili Haus
9 Mizouni Haus
10 Ramadan Haus

Nils liegt, bevor sich dessen Fluten nach langer Reise ins Mittelmeer ergießen. Daher war Rosetta im 17. und 18. Jh der wichtigste Hafen Ägyptens. Aus dieser Zeit stammen noch 22 gut erhaltene, unter Denkmalschutz stehende Bürgerhäuser neben 12 anderen Monumenten wie Moscheen, öffentliche Bäder, eine Ölmühle etc. Viele wurden aus dunklen (z.T. braunen) und hellgrauen Ziegeln in sorgfältigem Schachbrettmuster gebaut.

In den vergangenen Jahren hat die 150 000 Einwohner-Stadt ihr Gesicht gründlich aufgemöbelt. Am Nilufer entstand eine völlig neue breite Straße, natürlich namens Corniche; die Vorgängerin wurde in zweiter Reihe belassen, hat aber keinen Kontakt mehr zum Fluss. Der Midan Gumhurriya wurde aufgeräumt und ist jetzt ein guter Startplatz für die Stadterkundung.

Der Bus endet an dem Platz im Zentrum, an dem die Minibusse starten. Hier beginnt die Sharia Port Said, die von Shops gesäumt zum Nilufer führt. Will man die Sehenswürdigkeiten besichtigen, muss man zuvor Tickets in der **Touristen Information** am Midan Gumhurriya kaufen (Generelles Ticket £E12, das Sheikh Mizouni und Hamam Asouz zusätzlich £E12). Vom Bushalt nimmt man am besten ein Taxi dorthin und macht dann die Besichtigungen in Richtung Süden, zurück zum Busstop. Anstelle einer Taxifahrt geht man zum Nil und wandert an dessen Ufer nach Norden bis zum ersten sehr großen Platz. An der Corniche gibt es eine Bootsanlegestelle und ein paar Restaurants.

An der Touristeninfo bieten sich Führer an, deren Hilfe in dem Gassengewirr von Vorteil ist. Sie kennen natürlich die nach und nach renovierten und sehenswerten alten Bürgerhäuser.

Man besichtigt zunächst das Museum (das bei unserer Recherche 2008 geschlossen war, aber seit Jahren auf die Eröffnung durch Präsident Mubarak wartet). Es ist im renovierten **Arab Kulli Haus** untergebracht und zeigt Funde aus der Umgebung. Von dort geht es weiter zur **Sheikh el Mahalli Moschee** mit knapp 100 antiken Säulen aus römischer und mamlukischer Zeit. Gegenüber ist ein Marktplatz.

Durch schmale Gassen muss man sich zum **Haus des Amasyali** aus dem Jahr 1808 durchschlagen, das typisch für ähnliche Häuser und eine Besichtigung wert ist. Das Erdgeschoss war in Vorratsräume unterteilt, im ersten Stockwerk residierten die Männer, im zweiten die Frauen, ganz oben gab es ein Badezimmer. Die Männer trafen sich in der Empfangshalle *Salamlek*, in der im Sommer auch Musikdarbietungen stattfanden. Nach oben schloss sie mit einer Galerie ab, von der die Damen – geschützt durch Mashrabien - dem Treiben unten zuschauten. Man konnte sich jedoch über eine enge Geheimtreppe nach oben zwängen. Im Frauengeschoss lag als Hauptraum der *Haramlek*, in dem sich die Damen des Hauses aufhielten. Von dort konnten sie, ebenso durch Mashrabien ungesehen, die Straße beobachten. Zum Komplex des Hauses gehört die sehenswerte alte **Ölmühle Abu Shahim**.

Von hier folgt man am besten der Sharia Amasyali nach Süden und kommt an verschiedenen alten Häusern vorbei, u.a. am **Tabet** und **El Qanadili Haus** (kurz vor der dritten Querstraße rechts). In der Nähe ist das **Mizouni Haus** von 1740 einen Besuch wert (falls geöffnet), in dem u.a. ein französischer General, mit einer reichen Kaufmannstochter verheiratet, lebte und zum Islam übergetreten war.

Geht man weiter nach Süden, stößt man auf die Sharia Port Said. In der Nähe des Busterminals steht das **Ramadan Haus**, erkenntlich an Mashrabien vor den Fenstern. Es gehört ebenfalls zu den Schmuckstücken der Stadt und ist ähnlich erbaut wie das Amasyali Haus. Ein paar Straßen weiter südlich blieb das **Hamam Azouz** erhalten, ein vornehmes altes Badehaus, das noch vor 40 Jahren in Betrieb war.

Rosetta bietet eine weitere, nicht unbedingt berauschende, aber beschauliche Attraktion: einen Bootstrip zum 5 km nördlich gelegenen **Fort Kait Bey** (£E 12), in dem 1799 der Stein von Rosetta gefunden wurde. Das restaurierte Fort - es liegt mitten in einem Dorf direkt am Nil - besitzt außer einer großen Moschee und ziemlich dicken Mauern mit Schießscharten nur wenig Attraktives. Vom Fort sieht man zwar die Nilmündung, sie ist aber gute 3 km entfernt. Die Anfahrt auf der Uferstraße könnte mit den Palmenplantagen auf der einen und dem Nil auf der anderen Seite idyllisch sein. Leider säumen viele Ziegeleien das Nilufer.

Ein kürzerer Ausflug per Boot führt zur **Moschee Abou Mandour**, die majestätisch am Nilufer südlich der Stadt liegt. Der Aufstieg auf das Minarett wird mit Ausblick auf die Deltalandschaft belohnt.

Weiter auf dem Highway nach Osten

Bald nach der Nilüberquerung folgt eher trostlose Halbwüste, brettflach bis zum Horizont. Der Landstreifen, auf dem sich die Straße hinzieht, verengt sich allmählich zu einem schmalen Strich zwischen Mittelmeer und **Bahra el Burullus-See**, am Seeufer ragen immer wieder Bootsmasten von Feluken in den Himmel. 58 km nach dem Rosetta-Nilarm überquert man auf einer längeren Brücke die Verbindung des Sees zum Mittelmeer. Nach 15 km zweigt eine Straße zum Badeort **Baltim** ab, der nahezu ausschließlich von Ägyptern genutzt wird. Später tauchen immer mehr Felder auf, vor **Damietta** - das nach 72 km erreicht ist - wieder dichte, grüne Palmenhaine. Dieser "Highway" ist eine bequeme Verbindung zwischen den beiden Nilarmen und eine nützliche für die ägyptische Straßeninfrastruktur ganz sicher. In umgekehrter Richtung fährt man aus Damietta Richtung El Mahalla el Kubra und biegt nach 11 km auf die ausgeschilderte Autobahn.

Alexandria - Marsa Matruh - Oase Siwa - Oase Bahariya

Hintergrund: Ägyptens Anteil an der Mittelmeerküste verläuft von der israelischen bis zur libyschen Grenze. Die Ägypter bevorzugen jedoch den Bereich zwischen dem Delta und der libyschen Grenze, den sie - da kühler als das Rote Meer - im Sommer in großen Scharen als Badeplatz okkupieren. Doch die manchmal fast schneeweißen Sandstrände sind zumindest in der Nähe von Alexandria wegen des starken Schiffsverkehrs mit Unrat und Teerklumpen verdreckt. Die Bucht von Marsa Matruh scheint noch der sauberste Badeplatz des Küstenstreifens zu sein. Der gesamte Landstrich war verhältnismäßig dünn besiedelt. Die sesshaft

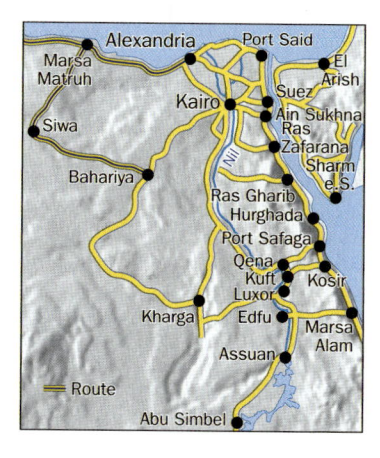

gewordenen Beduinen betreiben Feigenpflanzungen und Viehzucht.

Hauptproblem der Gegend war der Wassermangel, obwohl Winterregen durchaus beachtliche Niederschläge hinterlassen, die in Zisternen gesammelt werden. Inzwischen hat sich die Situation wesentlich verändert, da Wasser vom Nil herangeführt wird. In den letzten Jahrzehnten wurden südlich der Marsa-Matruh-Straße große Siedlungsprojekte angelegt bzw. erweitert, nördlich dagegen wird fiebrig die Küste zugebaut. Im Grunde kann man sagen, dass sich Alexandria derzeit ziemlich nahtlos von Abukir im Osten bis El Alamein nach Westen ausdehnt. Aber auch westlich dieser nahezu kontinuierlichen Bebauung weisen immer wieder pompöse Einfahrten zu Feriendörfer hin - in einem oder zwanzig Jahren dürften Alexandria und Marsa Matruh zusammengewachsen sein...

Derzeit werden zwischen Marsa Matruh und Alexandria 103 „Tourist Villages" gezählt, es handelt sich hauptsächlich um private Apartments oder Bungalows, also nicht oder nur ausnahmsweise um Hotels, die zu den Ungereimtheiten eines Entwicklungslandes wie Ägypten gehören. Außerhalb der dreimonatigen Feriensaison sind sie Geisterstädte, in denen sich gerade mal die Wachmannschaften langweilen. Während der Saison gibt sich die ägyptische Mittel- und Oberschicht ein Stelldichein. Andererseits zeigen die schier endlosen Siedlungen, dass sich offenbar sehr viele Ägypter (und zum Teil auch Araber der Golfstaaten) hier eine Wohnung oder zumindest einen Aufenthalt leisten können. So sehr man den Leuten auch diese sommerliche Flucht aus der Enge des Niltals in die nur unwesentlich weitläufigere Enge der Feriensiedlungen gönnen mag, rein volkswirtschaftlich wird hier sehr viel Aufwand in Projekte gesteckt, die nur einen Bruchteil ihrer Lebensdauer genutzt werden.

Das Niltal müsste während der Urlaubszeit, wenn sich hier alle Ferienwohnungen füllen, fast entvölkert sein. Die dann entstehende Verkehrsproblematik dürfte sich auf gut ägyptische Weise lösen: Die Verkehrslawine walzt in klassischer Chaos-Manier los, Autos, Busse und die wenigen Züge randvoll gefüllt, kommt aber vermutlich ohne große Staus oder Massenkarambolagen am Ziel an - in Deutschland würde das Problem überreguliert werden, Hunderte Kilometer Stau mit pausenlosem Einsatz von Rettungshubschraubern wären die Folge.

Inzwischen hat auch der internationale Tourismus die Küste entdeckt. In der Umgebung von El Alamein entstanden oder entstehen Resorts für europäische Besucher. Der neue Flughafen El Alamein soll die notwendigen Verbindungen ermöglichen.

Ein großes Problem sind die Minenfelder aus dem Zweiten Weltkrieg in der Gegend von El Alamein, deren genaue Lage unbekannt ist. Appelle an die Erzeuger, die Gefahrenherde zu beseitigen, blieben bisher ungehört.

Unsere Route endet nicht in der westlichsten Großstadt Ägyptens, sondern setzt sich zunächst in die Oase Siwa und von dort noch einmal bis zur Oase Bahariya in der Libyschen Wüste fort. Sie ist der ideale Start für denjenigen, der alle Oasen westlich des Niltals besuchen will - wenn man von Kairo Richtung Alexandria losfährt, kann man sogar noch das Wadi Natrun mitnehmen, das nicht ganz so ernst als Oase betrachtet werden kann wie die anderen. Bei der Reise von Alexandria nach Westen sollte man ein Weiteres berücksichtigen: Die Straße hält meist einen respektablen Abstand zur Küste, so dass nur relativ selten ein halbwegs bequemer Abstecher zum Strand möglich ist, und wenn, dann steht eine Feriensiedlung davor.

Einige wenige Feriendörfer sind auch Ausländern zugänglich, meist aber nur außerhalb der Saison. Wer hier wohnt, hat zumindest die Gewissheit, sich abends unbehelligt von Militär am Strand aufhalten zu können, was sonst wegen der Gefahr der Schmuggler nicht erlaubt wird. Während der Saison würde man sich als Fremdkörper vorkommen, darüber hinaus sprechen hier die wenigsten Hotelangestellten englisch.

Alexandria - Marsa Matruh - Oase Siwa - Oase Bahariya

Sehenswertes

*** **Oase Siwa,** die schönste Oase Ägyptens mit 300 000 Dattelpalmen, umgeben von tiefblauen Salzwasserseen

*** **Marsa Matruh,** einige der schönsten Badebuchten der ägyptischen Mittelmeer-Küste

** Soldatenfriedhöfe von **El Alamein**

* **Osiris-Tempel Abusir,** spärliche Ruinen aus römischer Zeit

▶ **Entfernungen** (von Alexandria): Marsa Matruh 274 km, Sollum 472 km, Siwa 585 km, Bahariya 950 km.

Ausfahrt aus Alexandria siehe Seite 164. Am besten ist, zunächst Richtung Desert Road und dann, vor Amiriya abzweigend, zur T-Kreuzung an der Küste zu fahren, insgesamt etwa 36 km. Müht man sich vom Stadtzentrum immer parallel der Küste zu dieser Kreuzung, legt man etwa 22 km zurück. Von hier aus liegen 217 km bis Marsa Matruh, von dort 310 km nach Siwa oder 200 km nach Sollum vor uns.

Nach 25 km: Links

Ruinen des ***Osiris-Tempels von Abusir.**
Die umliegende Stadt (Taposiris Magna) erlebte ihre Blütezeit während der römischen Epoche, in der sie u.a. Hafenplatz für die Pilgerstadt Abou Mena war. Eine byzantinische Kirche mit Taufbecken ist im Grundriss gut erkennbar. Damals reichte der noch mit dem Nil verbundene Mareotis-See bis hierher und ermöglichte Handelsverbindungen nilaufwärts. Davon kündet ein auf einem Hügel im Norden erhaltener Turm, der als Abbild des berühmten Pharos-Leuchtturmes von Alexandria gilt. Von einem Osiris-Tempel, der auf einem Kalksteinfelsen stand, sind die beiden Pylone erhalten. Derzeit ist die Anlage wegen Ausgrabungen nur von außen zu besichtigen. Im Mai 2008 gab die ägyptische Altertümerverwaltung bekannt, dass hier der Kopf einer Alabasterstatue der ägyptischen Königin Kleopatra sowie eine Maske von Marcus Antonius gefunden worden seien.

Nach 1 km: Abzweig

Links nach **Borg el Arab**
Die Stadt ist eine Gründung des britischen Offiziers Jennings-Bramly, der eine Vorliebe für florentinische Architektur hatte, was noch an einigen Bauten sichtbar ist. Er wollte hier Beduinen ansiedeln und schuf Arbeitsplätze, indem er Webereien gründete. Dies gab wohl den heutigen Planern den Anstoß, in der Umgebung große „Gewerbegebiete" zu schaffen, in denen hauptsächlich Textilindustrie siedelt, wie viele internationale Markennamen zeigen.

(Von hier zum **Menakloster:** Von der Küstenstraße aus nach 6 km die erste Straße links abbiegen; nach 5,5 km ist die von der Desert Road kommende vierspurige Straße nach Borg el Arab erreicht; hier rechts abbiegen und der Beschreibung Seite 191 folgen.)

Nach 16 km: Abzweig

Links 4 km nach **El Hamam,** einem beliebten Marktplatz der Beduinen, die bevorzugt dienstags und samstags einkaufen; der traditionsreiche Souk bietet aber auch an den anderen Tagen genug Abwechslung. Von hier führt eine Straße zur Wüstenautobahn Alexandria - Kairo.

Nach 14 km: Abzweig

Rechts zur **Ferienanlage Aida;** der Badestrand kann gegen Tagesgebühr benutzt werden. Unterkunft (hauptsächlich außerhalb der Saison) im

▶ **Aida Beach Hotel,** 4*, Tel 046 410 2802, Fax 046 410 2818, aidaalex@aidagroup.com, www.aidahotels.com, Pool, AC, SatTV, Kschr, se sa.

Nach 15 km:

Rechts **Feriendorf Marina,** das in Ägypten wegen seiner Preise und der dort auftretenden Prominenz einen gewissen Bekanntheitsgrad besitzt. Eine große Lagune wurde geschickt in die Gestaltung mit einbezogen, deren Nehrung ebenfalls mit „Villas" (Ferienhäusern) bebaut ist. Im Grunde handelt es sich um eine Art Kleinstadt mit Restaurants, Shops und mehreren Hotels. Die Anlage mit ihren weißen, feinsandigen und sehr gepflegten Stränden vor dem

3 Alexandria, Mittelmeerküste, Nildelta

türkisblauen Wasser ist durchaus einen Blick und einen Badebesuch wert (Eintritt). Im **Hotel Seagull** können auch Nichtbewohner zu angemessenem Marina-Preis nächtigen.

▶ **Porto Marina Resort & Spa**, 5*, Tel 046 445 2711, Fax 046 445 2712, sales@porto-marina.com. www.porto-marina.com, sehr schöner Strand, Pool, AC, SatTV, Kschr, se sa.

Nach 3 km:
Rechts an der Straße steht ein Hinweisschild ***Greco-Roman Archeological Site of Marina***. Hier wurden Mitte der 80er Jahre Ruinen entdeckt, die zu einer Stadt mit Nekropole aus dem 1. Jh vC bis 7. Jh nC gehören. Polnische Archäologen sind seit Beginn der 90er Jahre mit Ausgrabungen und Renovierung beschäftigt.

Nach 2,5 km: Abzweig
Links 136 km (ausgeschildert 175 km!) Autobahnabzweig zur *Desert Road* Richtung Kairo, die kurz vor Wadi Natrun in den *Desert Highway* einmündet. Diese Autobahn verkürzt die Anreise aus Kairo ganz erheblich. Sie verläuft gewissermaßen als Hypotenuse des Dreiecks aus Desert Highway und Marsa Matruh Highway durch monotone Wüste. Im südöstlichen Bereich sieht man häufiger Landgewinnungsprojekte, im nordwestlichen Teil handelt es sich um einen echten Desert Highway. Abzweig vom Kairo-Alexandria-Highway bei km 125.

Nach 2,5 km: Abzweig links nach

**El Alamein

Hintergrund: Der Afrikafeldzug der Deutschen und Italiener im Zweiten Weltkrieg fand in der Gegend um El Alamein ein bitteres Ende. In der Schlacht, die hier vom 23.10. bis 14.11.1942 wütete, wurde das deutsch-italienische Afrikakorps unter Rommel von den Alliierten unter Montgomery geschlagen. Das Kriegsmuseum und die umliegenden Soldatenfriedhöfe sind sehenswert als erschreckendes Beispiel der Sinnlosigkeit kriegerischer Handlungen.

Kurz vor dem Ort El Alamein zweigt eine Asphaltstraße nach Süden ab und trifft 200 km von Kairo entfernt auf die Strecke Kairo - Bahariya, die hauptsächlich der Ölexploration dient. Allerdings müssen Sie sich zuvor bei der Polizei bzw. dem Militär in El Alamein eine Genehmigung (Tasrih) holen. Diese Route kann derzeit nur Wüstenfans empfohlen werden.

Die Straße Richtung Museum zweigt links von der Autobahn, die den Ort nördlich umgeht, ab. Von diesem Abzweig aus kommt man nach einem kurzen Straßenstück zunächst am links liegenden **Alliierten-Friedhof** vorbei; in ähnlicher Entfernung folgt links das einzige und bescheidene Restaurant mit Billighotel *Amana* und bald danach rechts das **Kriegsmuseum**. Es zeichnet den Verlauf der Kämpfe halbwegs nach; im Außenbereich ist authentisches Kriegsgerät ausgestellt (9-16, £E 15).

Nach 10 km: Abzweig
Rechts führt eine schmale Straße zum **deutschen Ehrenmal** für die hier Gefallenen, das als beeindruckendes Mahnmal in der Einsamkeit der Wüste auf einem Hügel mit weitem Blick steht. (Der Wärter namens Abdel Raouf Waer el Malki oder einer seiner Söhne eilt mit Schlüssel beim Anblick von Besuchern sofort herbei.)

Das achteckige Gebäude wurde nach dem Vorbild des Castel del Monte in Apulien errichtet. In Nischen im Innenhof sind Bronzetafeln mit den Namen der 4280 identifizierten von etwa 4500 gefallenen deutschen Soldaten angebracht. Ihre sterblichen Überreste sind in kleinen Särgen im Untergeschoss gelagert. Im Obergeschoss gibt es einen Ausstellungsraum. Wenn man Geburts- und Sterbedaten der Gefallenen liest - die jüngsten von ihnen gerade mal 18 Jahre alt, dann geht man tief betroffen mit der Frage davon, welche Zwänge zahllose junge Menschen hier in den Tod trieben.

5 km weiter steht rechts der Straße das **italienische Ehrenmal** in der Nähe des Hügels, an dem die Schlacht von El Alamein letztlich entschieden und von den Achsenmächten verloren wurde.

Nach 16 km:
Sidi Abd el Rahman, 2 km nördlich der Straße schöne Badebucht, guter Surfplatz.

***Marsa Matruh

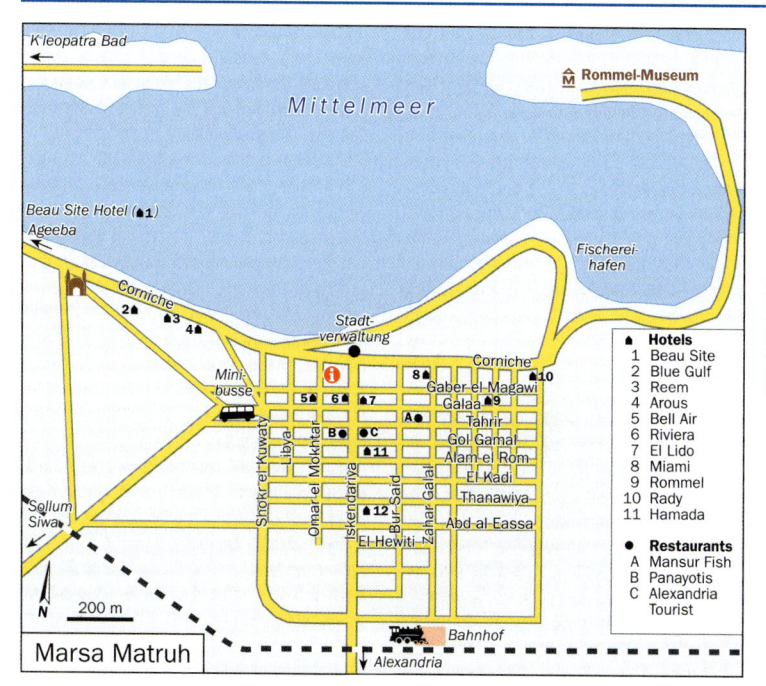

Hotels
1. Beau Site
2. Blue Gulf
3. Reem
4. Arous
5. Bell Air
6. Riviera
7. El Lido
8. Miami
9. Rommel
10. Rady
11. Hamada

Restaurants
A Mansur Fish
B Panayotis
C Alexandria Tourist

▶ Hotel **Al Alamein**, 4*, Tel 046 468 0140, Fax 046 468 0341, in gepflegter Gartenanlage, Pool, AC, SatTV, Kschr, se sa, se teuer, HP
Nach 15 km:
Links Abzweig zum neuen **Flughafen El Alamein**, der von internationalen Chartergesellschaften angeflogen wird.
Nach 10 km: Abzweig
Rechts Ghazalah Bay mit

▶ **Hotel Charm Life el Alamein** (vormals *Mövenpick Resort & Spa Al-Alamein*) 5*, Tel 046 419 0060, Fax: 046 419 0069, ho@charmlifehotels.com, www.charmlifehotels.com.
Nach 29 km: **El Daba**
Größerer Ort, in dem (seit langem) das erste ägyptische Kernkraftwerk gebaut werden soll. Vielleicht deutet die gut 16 km lange, mit Wachtürmen gespickte Einfassungsmauer rechts der Straße auf das Vorhaben hin. - Die Straße zieht sich ohne sonderliche Überraschungen dahin, der Strand bleibt meist in der Ferne, gegen Abend stimmungsvolle Bilder. Weit südlich der Straße fällt die Wüste in die Qattara-Senke ab.
Nach 109 km: Abzweig
Unbeschilderte Umgehungsstraße nach Sollum und Siwa (etwa 100 m nach einer Tamoil Tkst), N 31°16,05' E 27°21,42', die nach 26 km auf die Kreuzung Sollum-/ Siwa-Straße trifft.
Nach 18 km:

***Marsa Matruh

Hintergrund: *Eine weite, vor Tankerabfällen geschützte Lagune hat Werbeleute verführt, von der „Riviera" Ägyptens zu sprechen. Ruhige Sandstrände innerhalb der Lagune stehen im Gegensatz zu (vor allem im Winter) gischtgepeitschten Stränden direkt an der Küste, an der sich Kreidefelsen und Dünen aus weißem Sand auftürmen - fantastische Badeplätze. Die*

3 Alexandria, Mittelmeerküste, Nildelta

Stadt (150 000 Einwohner) liegt etwa gegenüber der relativ engen Einfahrt zur weitläufigen Lagune, durch deren östlichen Teil ein Damm zum Küstenriff hinüberführt. Die Strand parallele Corniche, die in den letzten Jahren zu einer Promenade mit Sitzgelegenheiten und gesäuberten Strandabschnitten ausgebaut wurde, beginnt in der Nähe des Hotels Beau Site und zieht sich bis fast zum Lagunendamm. Nahezu in der Mitte zweigt die Sharia Iskendariya im rechten Winkel landeinwärts (um einen Block versetzt) ab und mündet in die aus Alexandria kommende Landstraße.

Unter dem Namen Amonia errang Marsa Matruh bereits vor der Zeitenwende Berühmtheit: Alexander der Große rastete während seiner Siwa-Reise hier; 300 Jahre später lebte Kleopatra mit Antonius in einem prächtigen Palast an der Lagune. Davon blieb zwar nichts erhalten außer dem Namen „Kleopatras Bad" für ein Becken, das innerhalb eines hohen Kreidefelsens liegt. Etwa zweitausend Jahre später schlug der deutsche Feldmarschall Rommel während des Nordafrikafeldzugs vorübergehend sein Hauptquartier in Marsa Matruh auf; ein Rommel-Museum erinnert daran.

Die Küste von Marsa Matruh war über die Jahrhunderte hin bekannt für ihre Schwämme. Schwammtaucher kamen während der Saison von weit her, um - ohne Gerät - bis zu 80 m tief nach dem Naturprodukt zu tauchen. Als primitive Tauchgeräte aufkamen, nahmen die Unfälle so zu, dass das Tauchen verboten wurde. Später wurde die Jagd nach Seeschwämmen endgültig eingestellt.

Die Stadt zieht während der Sommermonate zigtausend Ägypter zum Badeurlaub mit Kind und Kegel an. In dieser Zeit ist die gesamte Gegend fest im Griff der Besucher, alle Strände sind dicht an dicht belegt. Die Vor- und Nachsaison sind ruhiger von der Besucherzahl her, weniger vom Wetter. Wenn wir die Stadt im Oktober/November besuchten, blies jedesmal ein unangenehm kühler Wind, der uns bereits nach kurzer Zeit vom Strand vertrieb. Der Ort verfällt im Herbst ein bisschen in Melancholie,

die Einheimischen erholen sich von den Strapazen des Sommers, man setzt sich am besten ebenfalls ins Kaffeehaus. Oder man macht lange Strandspaziergänge mit hochgestelltem Kragen und fühlt sich wie auf Sylt im Sommer.

Seit Jahren kennen wir Marsa Matruh mehr oder weniger nur als riesige Baustelle. In dieser Zeit gelang es, den städtischen Strand aufzuräumen und ihn mit einer breiten Promenade zu versehen. Blumenrabatten wurden an Straßen und Parks angelegt, Bürgersteige, Mittelstreifen und Häuserfassaden in Strandnähe erstrahlen in blau/weißem Anstrich und mediterranem Flair. Selbst der Verkehr ist durch ein Einbahnstraßensystem neu geregelt.

Die Bauarbeiten scheinen einen Abschluss gefunden zu haben; als Krönung zieren Brunnen und „Kunstwerke" jeder Güte wichtige Kreuzungen und Plätze. Aus dem einst reichlich verschlafenen Nest hat sich ein modernes Zentrum im Westen des Landes entwickelt, das auch außerhalb der ägyptischen Badesaison Betriebsamkeit zeigt und für so manche Stadt am Nil als Vorbild dienen könnte.

Marsa Matruh kennenlernen

Diese Stadt ist ganz auf Badegäste eingestellt; viel mehr als Strandleben bietet der Ort nicht. Man kann das Rommel-Museum (Sommer 10-16, Winter 10-13; £E 5) besuchen, das in der vom Feldmarschall benutzten Höhle auf dem östlichen Riff eingerichtet wurde. Das Museum bietet außer vergilbten Erinnerungsstücken nichts; es ist schon eher wegen der Naivität der Darstellungen und der entsprechenden Ausstellungsstücke sehenswert. Hier, am Laguneneinlass, liegt der heute bei Ägyptern sehr beliebte *Rommel-Strand*, an dem sich der Feldmarschall schwimmend zu erholen pflegte. Heute stillen Schnellrestaurants die Bedürfnisse der Badegäste.

In der Umgebung der Stadt finden sich einige sehr attraktive Badestrände. Nicht versäumen sollte man den etwa 24 km westlich entfernten **Ageeba Strand**. Ageeba bedeutet in Arabisch *wunderbar*, und dieser Begriff beschreibt recht

Marsah Matruh - weißblaue Stadt am türkisen Meer

treffend den von weißem Kalkstein gesäumten Strand und die malerischen Buchten dieser Gegend. Vom Parkplatz auf einem Hügel, quasi am Ende der Straße, führt ein Treppenweg hinunter in die erste ausgeprägte Bucht; von dort kann man am Felsstrand entlang weiterlaufen und sich ein ruhiges Plätzchen suchen.

Etwa 1,5 km vor dem (Park-)Hügel weist linker Hand ein arabisch beschriftetes Schild auf die 100 m entfernten Grundmauern eines kleinen **Tempels von Ramses II** hin, der von einem seiner Generäle angelegt wurde; erwarten Sie außer den gut erhaltenen Hieroglyphen nicht viel. In der Nähe, auf der anderen Straßenseite, liegt eine ausgedehnte griechisch-römische Nekropole.

In östlicher Richtung vom Parkplatz aus wurde der größte Teil der Küste mit zum Teil mehrstöckigen Feriendorf-Gebäuden auf weiten Strecken zugestellt. Zu dieser weißen Sandküste findet man über ein strandnahes Sträßlein, das direkt vor dem Parkplatzhügel abzweigt. Sucht man sich dort - außerhalb der Saison - einen Strandplatz, verweist das allgegenwärtige Militär in Wassernähe parkende Ausländer mit dummen Argumenten zurück an die Straße.

Anfahrt zum Ageeba-Strand: Busse starten im Sommer jede Stunde vom Busbahnhof aus, letzte Rückfahrt gegen 18 Uhr; auch Minibusse fahren für £E 1,50 häufig nach Ageeba. Per Auto der Straße folgen, die am Hotel *Semiramis* stadtauswärts links abzweigt und parallel zur Küste verläuft. Nach 6 km hat man endlich das Militärgelände hinter sich.

An dieser 6-km-Kreuzung zweigt scharf rechts eine Straße ab, die auf dem Küstenriff entlangführt, das die westliche Buchthälfte vom Meer abgrenzt. Wenn Sie dieser Straße folgen, werden Sie 3 km nach der Kreuzung das **Bad der Kleopatra** (Zutritt nur bei Tag) besichtigen können. Links der Straße wurden ein paar Rastplätze mit Schattendächern angelegt, deren

3 Alexandria, Mittelmeerküste, Nildelta

Eingangsportal an einen überdimensionalen Türstock erinnert. Richtung Pool führt ein gepflasterter Weg. Kurz nach dessen Ende sieht man einen säulenartigen Felsen, links daneben den Felskoloss mit Kleopatras Bad aus dem Wasser aufsteigen. Je nach Tidenstand muss man eventuell dorthin durchs Wasser waten.

Kleopatras Pool ist wirklich einen Blick wert, besonders wenn die Brandung durch die seeseitigen Tunnel hereindonnert. Von der Spitze des Kleopatra-Felsens bietet sich ein guter Ausblick auf das blaugrüne Wasser und die Küstenlinie, die von höheren Kreidefelsen geprägt ist. Manchmal springen wagemutige Jugendliche von hier ins Wasser.

Unser Sträßlein endet nach weiteren 3 km an der Spitze der Landzunge, an der Meerwasserentsalzungsanlage - Fußgänger, die sich hierher übersetzen ließen (nur im Sommer möglich, Abfahrt Nähe Beau Site Hotel), haben also einen entsprechenden Marsch zu Kleopatras Bad vor sich. Der Strand hier heißt übrigens *Liebesstrand*, arabisch *Shat el Garam*.

Praktische Informationen

▶ **Telefonvorwahl 02**

Die **Touristen-Information** - die für Ausländer wenig lokales Material aber viel redliches Bemühen bietet (wenden Sie sich an den gut deutsch sprechenden und sehr hilfsbereiten Nabil Yousuf) - findet man im Governorate Building, im westlichen Block am Nordende der Sharia Iskendariya, Tel 03 493 1841.

Immer wieder beschweren sich Leserinnen über die Ansammlung von Gaffern am Strand (Ägypterinnen gehen im hochgeschlossenen Kleid ins Wasser), vor allem am direkten Stadtstrand machen sie das Baden selbst im Badeanzug nahezu unmöglich. Als Tipp: Den hoteleigenen Strand des San Giovanni Hotels (£E 50/Tag, £E 15 Verzehr enthalten) oder den des Beau Site Hotels gegen geringe Gebühr benutzen, zu dem nur Hotelgäste Zutritt haben. Auch der Public Beach gleich nebenan ist offensichtlich für Frauen geeignet. Etwas entspannter scheint die Situation in Ageeba zu sein.

Verkehrsverbindungen

Das in Marsa Matruh übliche, sehr beschauliche Verkehrsmittel war die *Caretta,* ein einachsiger Eselswagen. Erst 1997 ließ die Stadtverwaltung auch normale Taxis zu, die so preiswert sind, dass sie leider die Carettas schon fast verdrängt haben. Im Sommer fahren Busse zu den Stränden, im Winter stellen viele Linien den Betrieb ein. Da Marsa Matruh von den Sommertouristen abhängt, verändern sich in der Nicht-Saison Fahrpläne, Busverbindungen, Preise etc; berücksichtigen Sie dies bitte bei Ihren Planungen. Zum *Ageeba Strand* fahren Minibusse in häufiger Frequenz von einem Kreisel der westlichen Sharia Galaa ab.

Der Bahnhof liegt etwas abseits südlich des Zentrums; zur Corniche am Strand marschiert man gute 2 km.

▶ **Züge** fahren zwar regelmäßig Richtung Alexandria, gehören aber zur Klasse Bummelzug. Lediglich im Sommer lohnt ein Schlafwagenzug nach Kairo, der um 23.00 abfährt und am frühen Morgen ankommt.

▶ Es gibt einen Flugplatz und in der Sommersaison drei **Flüge** pro Woche (Do, Fr, So) von und nach Kairo.

Busse

Der Busbahnhof wurde nach „Kilo Two" (km 2) der Straße nach Alexandria verlegt („West Delta" ist groß zu lesen). Hier enden und beginnen nun alle **Buslinien**. Sammeltaxis fahren von dort in die Stadt; Taxis kosten etwa £E 5.

West Delta Bus Co.

▶ **Alexandria:** ab 9.00-2.00 jede 2. Stunde (4 Std, £E 20)

▶ **Kairo:** 2, 7.30, 12, 17, 20 (5 Std, £E 35- 47,50)

▶ **Siwa:** 7.30, 13.30 (AC, £E 15), 16 (£E 12), 19 (4 Std)

Superjet (nur Juli-Sept.)

▶ **Alexandria:** 14.30 (£E 25)

▶ **Kairo:** 15 (£E 50), 16.30 (sehr guter Pullman-Bus £E 60)

In der Feriensaison werden diverse zusätzliche Busse eingesetzt - schließlich müssen zigtausend Menschen hin und her transportiert werden.

Praktische Informationen

Restaurants

Die für Traveller interessanten Restaurants liegen in der Sh Iskendariya oder deren Umgebung.
- **Abou Rabijer,** Sh Iskendariya, gute lokale Küche, preiswert
- **Caesar**, Hotel San Giovanni, gutes und entsprechend teures Restaurant im 5*-Hotel
- **Hosni**, an neuer Promenade hinter Verwaltungsgebäude, stark frequentiertes, angeblich bestes Restaurant der Stadt, nicht billig, nur während der Sommersaison geöffnet
- **Kamana**, Sh Galaa/Sh Iskendariya, ägyptische und internationale Küche, gut, schnell, preiswert
- **KFC Kentucky Fried Chicken**, westliche Corniche, Nähe Reem Hotel
- **New Alexandria Tourist Restaurant**, Sh Iskendariya zwischen Sh Galaa und Gol Gamal; bekannt für Kebab und Kofta, ziemlich mäßig, Bier erhältlich
- **New Panayotis**, Sh Iskendariya; bekanntes (ehemaliges) Griechen-Restaurant, Ex-Traveller-Treff (hat seit Umzug und Renovierung Atmosphäre und Kunden verloren), im Winter nur Alkohol und Softdrinks, schräg gegenüber New Alexandria Restaurant
- **Pizza Abou Ali**, neben New Alexandria Restaurant, gute Pizzas und übliche Gerichte
- **Pizzeria Saltanit Halawa** Sh Gol Gamal, schräg gegenüber Hamada Hotel, sehr gute Pizza
- **Stella- und anderes Bier, Wein** gibt es im „Supermarkt" MILAD (zweite kleine westliche Querstraße der Sh Iskendariya nach der Sh Galaa). Verkäufer Paolo kennt sich gut aus, u.a. mit Verkehrsverbindungen.

Übernachten

Im Sommer deutlich höhere Preise, in der Nichtsaison lässt sich nahezu in jedem Hotel ein ansehnlicher Nachlass heraushandeln. Von den vielen Unterkünften werden hier hauptsächlich ganzjährig geöffnete vorgestellt. Im Folgenden bedeutet *O-Corniche* bzw. *W-Corniche* östliche bzw. westliche Corniche von der Einmündung der Sharia Iskendariya aus gesehen. Wenn Sie in der folgenden Liste zwei Angaben pro Kategorie finden, dann handelt es sich bei der höheren um den Preis für die Sommersaison.

Bessere Unterkünfte

- **San Giovanni Cleopatra,** 5*, Tel 494 7600, Fax 494 7601, www.sangiovannicleopatra.com; derzeit einziges 5* Hotel, Nähe Kleopatras Bad an der Buchtseite gegenüber der Stadt, gepfl., mF .... E+B $80-110, D+B $120-150
- **Beau Site**, [1] 3*, W-Corniche, Tel 493 4011, Fax 493 3319, beausite@hiba.com, www.BeauSiteHotel.com, direkt am eigenen Strand, bestes Hotel seiner Kategorie, AC, SatTV, se sa, (Sommer nur als HP), mF .... E+B $57-133, D+B $79-133
- **El Kasr**, 3*, Tel 493 0393, Fax 493 0679, an Ageeba-Straße, wird gelobt, AC, SatTV, Zi und Bad sa, mF .... E/D+B 100-150
- **Miami**, [8] 3*, O-Corniche, Tel 493 5891, Fax 493 2083, sa, SatTV, Kschr, AC, mF, E+B 120, D+B 160
- **Riviera Palace**, [6] 3*, Sh Iskendariya, Tel 493 0472, Fax 4933045, rivierakhaledm@yahoo.com, AC, SatTV, sa, ang, fr .... E+B $55, D+B $75

Andere Unterkünfte

- **Arouss El Bahr**, [4] W-Corniche, Tel 493 4420, Fax 493 4419, se fr, hb, se sa, mF .... E+B 165, D+B 230
- **Bell Air**, [5] Sh. Gaber el Magawi, Tel 493 1433, Fax 493 1492, Nähe Tourist Information, kaum engl. Verständigung möglich, sa, SatTV (tlw), AC (tlw), ... E+B 65, D+B 150
- **Blue Gulf**, [2] Seitenstraße der W-Corniche, Tel/Fax 494 2034, SatTV, Kschr, se sa, ru, gutes Preis/Leistungsverhältnis .... E+B 75, D+B 145

3 Alexandria, Mittelmeerküste, Nildelta

- **El Lido**, [7] Sh Iskendariya/Sh Galaa, Tel/Fax 493 2248, alle Zi mit Balkon, SatTV, la, se sa, mF .... E+B 65, D+B 90
- **Hamada**, [11] Sh Gol Gamal/Sh Iskendariya, Tel 493 3300, Gemeinschaftskschr u -herd, sa, fr, la, wW .... Dorm pP 20
- **Rady**, [10] 2*, O-Corniche, Tel 493 4827, Fax 493 4828, rady_hotel@hotmail.com; SatTV, se fr, se sa, „Disko 54", Nightclub, Preise verhandelbar, individuelle Traveller gern gesehen, mF .... E+B $15, D+B $20
- **Reem**, [3] 2*, W-Corniche, Tel 493 3605, Fax 493 3608, se sa, nur 4 Zi mit Balkon u. Seeblick, SatTV, Kschr, mF .... E+B 80-80, E+B+AC 120, D+B 100, D+B+AC 160
- **Rommel House**, [9] 2*, Sh Galaa, Tel 493 5466, Fax 493 3120, alle Zi mit Balkon, etwas abgewohnt, se sa, TV, Ven, Kschr, ru, mF .... E+B 65 D+B 85
- **Youth Hostel**, 4 Sh El Galaa, Manager spricht engl., fr, hb .... pP 5, 10

Weiterreise nach Siwa, Bahariya oder Sollum

Zwischen Marsa Matruh und Siwa gibt es keine Tankstelle. Wer nicht mit den häufig von Soldaten überfüllten Bussen fahren will, kann für etwa den doppelten Fahrpreis in ein Sammeltaxi steigen.

Besuch der Oase Gara

An der Raststätte auf dem Weg nach Siwa zweigt eine Straße zur 110 km entfernten Mini-Oase Gara am Rand der Qattara-Senke ab (Tasrih erforderlich, nur in Siwa erhältlich). Der etwas weite Abstecher führt in die vielleicht einzige noch ein bisschen ursprüngliche Oase Ägyptens. Trotz Schule, Stromgenerator und Lautsprechern auf dem Minarett der Moschee scheint sich hier noch viel unverfälschtes Oasenleben erhalten zu haben. Sehr ungewöhnlich und gleichsam malerisch thront der verlassene alte Dorfkern auf einem Felsplateau, zu dessen Füßen sich das neue Dorf plan- und gesichtslos angesiedelt hat. In Gara leben etwa 300 Menschen hauptsächlich vom Dattelanbau. In Siwa werden „Rundreisen" nach Gara angeboten; dabei fährt man auf der Asphaltstraße in die Oase und auf Pisten durch die Qattara Senke zurück nach Siwa.

19 km südlich von Marsa Matruh: Abzweig, rechts nach Sollum und Libyen.

Zur libyschen Grenze

Nach 117 km erreicht man **Sidi Barani** mit einer Raststätte am westlichen Ortsausgang (auch Übernachtungsmöglichkeit), nach weiteren 81 km **Sollum**, dann sind es noch ca. 9 km zur Grenzstation **Amsaad**. Interessant ist, dass die heutige Grenzziehung erst 1927 zwischen Italien und England vereinbart und fixiert wurde. Bis dahin gab es eine Grauzone, die bei Ras El Hekma, weit östlich von Marsa Matruh begann.

Sollum hat außer dem Marktgeschehen und einem Hafen nur einen Soldatenfriedhof des Commonwealth zu bieten. Da 2006 über Sollum eine Sonnenfinsternis wie ein Goldregen niederging, wurde die eher ungepflegte Stadt mit neuen Straßen und viel Farbe herausgeputzt und gewann eine wenn auch kurze, aber heftige Berühmtheit mit Präsidenten- und Honoratiorenbesuch.

Neben ein paar sehr einfachen Unterkünften fällt das

▶ **Hotel Seert**, Tel 046 480 1113, in der strandabgewandten Hauptstraße in der Nähe des Soldatenfriedhofs auf, mF E+B 90, D+B 140

Von Sollum fahren Busse (nicht sehr häufig) nach Marsa Matruh und/oder Alexandria, Amsaad erreicht man nur per Taxi oder Minibus.

Weiter nach Siwa

Etwa 3 km südlich des oben genannten Abzweigs überquert man die Eisenbahnschienen der Strecke nach Sollum. Die gut asphaltierte Straße führt zunächst durch eine Steppenlandschaft, in der Kamele grasen, dann durch eine brettflache, ziemlich abwechslungslose Wüstenzone. Erst mit Erreichen des Abfalls zur Siwa-Senke ändert sich das Bild. Es handelt sich übrigens in etwa um die Strecke, auf der früher die Karawanen zogen; eine der berühmtesten war die von Alexander dem Großen, der samt Truppe nach Siwa pilgerte, um dort das Orakel zu befragen.

Nach 148 km: Rastplatz mit Cafeteria „Desert Rose Hotel" und Abzweig zur **Oase Gara**.

Nach 139 km:

Die Senke von Siwa ist erreicht. Links begrüßt Sie eine Mineralwasserfabrik; kurz danach zweigt rechts eine neue Asphaltstraße ins westliche Oasengebiet ab.

Nach 4 km:

***Oase Siwa

Hintergrund: Die Existenz einer Oase mit den Koordinaten Siwas war in Europa völlig in Vergessenheit geraten. Bis ins 18. Jh blieb nicht nur auf den Karten, sondern auch im außerägyptischen Bewusstsein ein weißer Fleck an dieser Stelle. Erst der englische Forscher W. G. Browne fand 1782 nach beschwerlichem und gefährlichem Weg die Oase für die westliche Welt wieder, die einst eine wichtige Rolle gespielt hatte.

Die Geschichte Siwas lässt sich bis in die 18. Dynastie (um 1550-1291 vC) zurückverfolgen. Erst zu jener Zeit interessierten sich die Pharaonen für den weit entfernt gelegenen fruchtbaren Fleck. Vermutlich waren es Amun-Priester aus Theben, die als „Missionare" nach Siwa kamen und einen einfachen Amun-Tempel auf der Anhöhe bei Aghurmi errichteten. Als die Zentralmacht am Nil mehr und mehr zerfiel, entstand in Siwa in gewisser Hinsicht ein unabhängiger Kleinstaat, dessen Geschicke die Priesterschaft des Tempels lenkte. Irgendwann muss ein Priester auf die geniale Idee gekommen sein, die Bedeutung des Tempels durch eine Orakel-Fähigkeit zu erhöhen.

Die weisen Sprüche des Orakels wurden weit über die Grenzen des Pharaonenreiches bekannt. Bestand der Tempel ursprünglich aus dem in Siwa üblichen Baumaterial Lehm, so machten sich um 570 vC offenbar griechische Baumeister die Mühe, einen steinernen Tempel zu errichten, dessen Ruinen noch heute zu sehen sind. Die Griechen waren Einwanderer in die heutige libysche Kyrenaika, die dort die Stadt Kyrene gegründet hatten. Sie entwickelten mit Siwa äußerst erträgreiche Handelsbeziehungen, welche zu der engen Verbindung führten.

Historische Schlagzeilen machte etwa 500 vC das tragische Ende der Soldaten des **Perserkönigs Kambyses**. Antike Quellen berichten, dass sich das Orakel Siwas in einem Spruch gegen die regierenden Perser gewandt hatte. Die Bataillone des Kambyses sollten daraufhin den Amun-Tempel Siwas zerstören. Auf ihrem Weg von Theben über Farafra, dann quer durch das Große Sandmeer, begrub vermutlich ein Sandsturm die gesamte Armee spurlos; die Weissagung war erfüllt.

Die nächsten Schlagzeilen machte **Alexander der Große**, der Macht und Einfluss des Orakels geschickt nutzte. Er ließ sich von der Priesterschaft zum Sohn des Gottes Amun erklären und gehörte damit in die geschichtliche Reihe der Pharaonen. Formal folgte dann in Memphis die Krönung zum Pharao. Bis zum Einzug des Christentums blieb die Stellung Siwas erhalten, danach war das Orakel verfemt, die Oase fiel in Vergessenheit; vieles spricht dafür, dass sie zeitweise komplett verlassen war.

Als Siwa wieder besiedelt wurde, schlugen sich die Bewohner immer wieder mit räuberischen Beduinen herum. Die Häuser der Dörfer wurden daher eng aneinander gebaut und von hohen Festungsmauern umgeben. Da diese Mauern nicht erweitert wurden, wuchs der Ort **Shali** (Alt-Siwa) bis zu sechs Stockwerke in die Höhe, von engen und nahezu lichtlosen Gassen durchzogen. Im Erdgeschoss waren die Tiere untergebracht - die jede Nacht heimgetrieben werden mussten, darüber lebten die Menschen. Erst als die Zeiten sicherer schienen und 1928 ein verheerender Dauerregen viele Mauern zum Einsturz gebracht hatte, verließ man endgültig die drückende Enge und baute östlich vom Burgberg weitläufigere Häuser, die inzwischen allerdings auch wieder zugunsten besserer verlassen oder erneuert werden. Die Ruinen der Vergangenheit ragen in Shali und Aghurmi malerisch gen Himmel.

Die heutigen Bewohner gehen auf **Berberstämme** zurück, die nach der arabischen Eroberung des Maghreb in die Wüste auswichen. Durch die Isolation der Oase erhielt sich ihre ursprüngliche Sprache, ein Dialekt, der mit der Sprache der Shuh-Berbergruppen im marokkanischen Atlasgebirge verwandt ist und der heute noch von etwa 10 000 der 15 000 Bewohner gesprochen wird. Arabisch ist eigentlich eine Fremdsprache in Siwa.

In früheren Zeiten gab es fundamentale Gegensätze zwischen den Sippen im Ost- und Westteil der Oase, die selbst in der Abgeschiedenheit der Wüste zu langen, **blutigen Auseinandersetzungen** führten. Die Kämpfer der verfeindeten Parteien trafen sich auf dem Schlachtfeld und fochten von Sonnenauf- bis Sonnenuntergang. Dann wurden Tote und Verletzte eingesammelt, am nächsten Morgen ging der Kampf weiter, bis eine Partei den Sieg errungen hatte. Bezeichnend ist, dass sich auch in diesem Mikrokosmos ein getreues Abbild der Menschheit widerspiegelte; weder gemeinsame Sprache, noch gemeinsame Religion, Vergangenheit oder täglicher Überlebenskampf konnten die Leute vom gegenseitigen Töten abhalten.

In den Palmengärten wurden Arbeiter beschäftigt, die nicht innerhalb der ummauerten Ortschaften übernachten durften, sondern mit den Gärten vorlieb nehmen mussten. Außerdem war ihnen nicht erlaubt, vor dem 40. Lebensjahr zu heiraten - Homosexualität gehörte zum Leben dieser Männer. Dies ging so weit, dass Ältere für junge Männer eine Art Brautgeld zahlten. Erst die Senussi gingen gegen die „Sittenlosigkeit" vor.

Mitte des letzten Jahrhunderts hatte Ali el Senussi die **Senussi-Sekte** gegründet, um generell die lockeren Sitten zurückzudrängen und im Maghreb den Islam auf seine strengen Grundelemente zurückzuführen. Sein Sohn Sayed el Mahdi vereinigte die Beduinen und beherrschte praktisch die Nordsahara. Während dieser Zeit gehörte Siwa zu den wichtigsten Stützpunkten der Sekte. Nachdem der Mahdi vor den Italienern nach Siwa flüchtete, wurde die Oase das Zentrum des Ordens. Später gerieten die Senussi ins Getriebe der europäischen Großmächte; sie wurden von Franzosen und Engländern bekämpft und schließlich von den Italienern in den 30er Jahren vernichtend geschlagen.

Die Isolation Siwas in der Vergangenheit wurde noch dadurch verkompliziert, dass der Verkehr mit der Außenwelt früher hauptsächlich in der Hand von Beduinen lag, die mit ihren Kamelkarawanen für den Warenaustausch sorgten. In Siwa selbst wurden nie Kamele in nennenswerter Zahl gehalten. Erst seit der Fertigstellung der Asphaltstraße findet reger Warenaustausch mit dem Umland statt. Seither gibt es Waren und auch Nahrungsmittel, die früher völlig unbekannt waren und für die gar keine Worte in der Siwa-Sprache existieren.

Die Menschen in Siwa waren früher ausgesprochen fremdenfeindlich, heute sind sie herzlichfreundlich, doch ein bisschen scheu, vor allem wegen der Sprachprobleme. Die Frauen leben auch heute noch extrem zurückgezogen, weit mehr als im gesamten übrigen Ägypten. Eine verheiratete Frau geht - wenn überhaupt - nur völlig verschleiert aus dem Haus, nur Mädchen sieht man unverschleiert.

Es sollte noch das Olympic Village erwähnt werden, das im Westen der Stadt vom Militär errichtet wurde, in dem sämtliche Sportarten betrieben werden können; mit Stadion für 15000 Zuschauer sowie einem 4*-Hotel.

Wasser, Abwasser, Salz: Siwa dehnt sich in Ost-West-Richtung in einer ca. 80 km langen Depression aus, die bis zu 26 m unter dem Meeresspiegel liegt. Die Geologen vermuten, dass die Siwa- und die östlich liegende Qattara-Senke durch Erosion und Ausräumung durch den ständig aus Norden wehenden Wind entstanden. Als Beweis dieser Theorie wird das südlich sich anschließende Große Sandmeer angeführt, in das der Sand verfrachtet wurde (das Gesamtvolumen der Sanddünen entspricht übrigens in etwa dem fehlenden Material aller ägyptischen Oasendepressionen).

In Siwa quillt Wasser im Überfluss durch artesischen Druck von selbst aus der Erde. Der ergiebigste von mehr als 1500 Brunnen, einer von insgesamt fünf Tiefbrunnen, liefert 10 000 Kubikmeter pro Tag. Im Gegensatz dazu muss es in den anderen Oasen der Libyschen Wüste meist an die Oberfläche gepumpt werden. Chemische Untersuchungen ergaben, dass es sich auch in Siwa um fossiles Wasser handelt, das etwa 30 000 Jahre alt sein dürfte. Häufig ist von „Quellen" die Rede, tatsächlich handelt es sich aber in der gesamten Wüste um „Brunnen". Nachdem das Wasser die Oberfläche erreicht hat, wird es in Kanälen zu den Feldern geleitet und dort weiter verteilt.

Die Nähe zum Grundwasser hat allerdings auch eine Kehrseite: Die Lage der Oase unterhalb des Meeresspiegels bedingt, dass die Abwässer nirgends abfließen können. Sie sammeln sich in riesigen, relativ flachen Seen (Birket) und dunsten infolge der Sonneneinstrahlung ab. Im Winter steigt ihr Wasserstand wegen der geringeren Verdunstung an. Die Bodenfeuchte in Ufernähe der Seen führt vielfach zu starker Salzverkrustung mit aufgebrochenen, wie umgepflügt aussehenden Erdschollen. Von West nach Ost liegen im zentralen Oasenbereich die Birkets Maraqi, Siwa, Aghurmi und Zeitun.

Dieser natürliche Kreislauf setzt dem Wasserhaushalt klare Grenzen: Es darf nicht mehr Wasser gefördert werden als verbraucht wird und in den Seen verdunsten kann, andernfalls versinkt die Oase im eigenen Abwasser. Dies bedeutet für die absehbare Zukunft, dass Experimente mit der Fruchtlanderweiterung sehr gut überlegt werden müssen. Da trotz aller Warnungen immer wieder neue Brunnen erschlossen werden, kommt die Verdunstungsrate nicht nach, und Siwa droht vielleicht doch irgendwann der Abwasserkollaps.

Um dem vorzubeugen und das Salzwasser von den Gärten fernzuhalten, wurden die Seen in den letzten Jahren z.T. mit Erdwällen eingedämmt. Diese Seen sind höher als die alten, bei einem Dammbruch würde die Oase überschwemmt. Als Abhilfe wird über einen sehr

Blick auf die verlassene Altstadt Shali

3 Alexandria, Mittelmeerküste, Nildelta

Environmetal Quality - praktizierte Umweltqualität

Der promovierte Maschinenbau-Ingenieur Mounir Neamatalla gründete 1981 die Firma Environmetal Quality International, die sich hauptsächlich mit Beratungsaufgaben in umweltsensiblen Projekten beschäftigt, so z.B. mit Recycling in Kairo und auch bei der Müllentsorgung durch die Zabbalin. Mitte der 90er Jahre begann Neamatalla, sich mit einem in traditioneller Art zu erbauenden, umweltverträglichen Hotelprojekt in Siwa auseinander zu setzen. Er ließ einen Hotelkomplex namens *Adrar Amelal* am Fuß des „Containerbergs" aus lokalen Baustoffen und nach lokalen Bautechniken errichten. Auch die gesamte Inneneinrichtung besteht ausschließlich aus in Siwa hergestellten Möbeln. Lokale Künstler brachten ihre Ideen und Werke ein, lokale Handwerker revitalisierten alte Bautechniken (die inzwischen auch von einigen Siwi wieder angewendet werden). Es entstand ein ganz ungewöhnliches Hotel, das vom Konzept und der Ausführung her seinesgleichen sucht. Allerdings auch vom Preis: Wer hier bei Petroleumlampenschein übernachten will, muss $400 pro Nacht auf den Tisch des Hauses legen; dafür ist Vollpension inklusive aller Getränke - von Mineralwasser bis Whisky - sowie ein Wüstentrip eingeschlossen.

teuren, ca. 80 km langen Abwasserkanal in eine tiefer liegende Senke nachgedacht.

Leider ist das übliche Wasser der Oase so mineralhaltig, dass es nach Meinung von Medizinern eigentlich nicht für den längeren menschlichen Verbrauch zugelassen werden sollte. Allein der Salzgehalt beträgt durchschnittlich 7 g/l (Meerwasser 35 g/l). Da es bis vor wenigen Jahren keine Alternative zu den artesischen Quellen gab, schlagen sich vor allem die älteren Bewohner mit Gicht und ähnlichen Krankheiten herum. 1988 spendierten die USA eine Demineralisierungsanlage, deren Wasser die Menschen vor diesen typischen Krankheiten schützen sollte. Ein neuer Tiefbrunnen macht seit 1995 die amerikanische Anlage überflüssig.

Auch der Boden ist meist so stark versalzen, dass die Erde vom trockenen Salz (Kharshif genannt) zusammengehalten und daher z.B. als Baumaterial verwendet werden kann. Früher bestanden alle Häuser aus diesem Baustoff, dessen Ausdünstungen ebenfalls zur Gicht der Bewohner beitrugen. Während heftiger Regenfälle weicht das Kharshif auf, und die einstürzenden Häuser begruben nicht selten ihre Bewohner. Kein Wunder also, dass heute Beton und Ziegel bevorzugt werden.

Die ca. 250 000 **Dattelpalmen** sind die wichtigste Erwerbsquelle der heute etwa 23 000 Einwohner. Daneben werden Oliven, Feigen, Orangen und Weizen geerntet und Gemüsesorten wie Tomaten oder Zwiebeln angebaut, die in dem salzhaltigen Boden gedeihen können. Die Dattelpalmen zählen zur Spitzenqualität, denn hier finden sie ideale Bedingungen: genug Wasser im Boden, ständig strahlende Sonne und knochentrockene Luft fast das ganze Jahr über. Und sie dienen den Bewohnern für ihre Zwecke bis zur letzten Faser: Neben den Früchten spendet der Dattelbaum Zweige für dekorative Zäune und für Brennmaterial, aber auch Bast für Stricke und Polstermaterial, sogar Palm-Milch, Holz für leichte Möbel und am Ende seines Lebens (etwas krumme) Balken für Häuser. Allerdings werden derzeit wegen des hohen Olivenpreises mehr Olivenbäume (etwa 40 000 insgesamt) angepflanzt als neue Dattelpalmen.

Siwa kennenlernen

Die Matruh-Straße mündet auf einen Platz (N29° 10,84' E25°33,27'), an dem links ein auffallend hohes Gebäude steht (Mutter/Kind-Hospital) und rechts das Haus mit der **Tourist-Information** (siehe Seite 185). Die links abzweigende Straße führt an der Moschee vorbei zum Zentrum am großen Marktplatz und der rechts aufragenden Altstadt Shali.

Siwa kennenlernen

Souvenirhändler

In der Nähe der Moschee steht das relativ kleine **Siwa House** (Sa-Do 10-12, £E 3), ein empfehlenswertes Heimatkunde-Museum mit Ausstellung von Gebrauchsgegenständen der Oase, Silberschmuck und der dem Fremden meist verborgenen charakteristischen Kleidung der Bewohner. Falls geschlossen, nach Abu Bakr suchen oder über ein Hotel suchen lassen (auch Führungen außerhalb der angegebenen Zeit möglich). Ein Besuch dieses für die Oase typischen alten Hauses lohnt in jedem Fall, weil man hier einen Blick hinter die sonst verschlossenen Türen der Siwaner werfen kann.

Eine Kletterpartie in den Ruinen der **Altstadt Shali** – wurde z. Zt. unserer Recherche renoviert bzw. befestigt - lohnt ebenfalls. Sehr pittoresk ist die Gegend um die alte Moschee, die übrigens noch genutzt wird. Stöbern Sie ein bisschen umher, Fotografen und Filmer werden ungeahnte Perspektiven entdecken. Doch Vorsicht, dass Ihnen die immer labiler werdenden Wände nicht aufs Haupt stürzen oder Sie plötzlich in einem Hohlraum unter Ihren Füßen verschwinden. Der Zugang ist am Marktplatz ausgeschildert.

Nördlich am Altstadthügel sticht ein Neubau-Komplex mit zwei Kuppeln ins Auge. Er beherbergt ein, so scheint es, wenig genutztes Schulungs- und Beratungszentrum für Frauen (Teppichknüpf- sowie Stick- und Strickschule, Jugend-räume, Bibliothek, Internetzugang, Arztstation) unter der Schirmherrschaft der Präsidentengattin Susan Mubarak, aber vom Militär verwaltet. Das Zentrum kann besichtigt werden. Da es dem Militär untersteht, herrscht strenges Fotoverbot (!!), selbst von Stickereien.

Im Süden - nach der Y-Kreuzung südlich des Kleopatra Hotels - ist die **Carpet Factory** (Sa-Do 9-14) durchaus mehrere Blicke wert. Hier werkeln viele junge Mädchen und Frauen, um Teppiche und Kelims herzustellen. Die Factory macht einen guten, betriebsamen und sauberen Eindruck (Einkauf möglich).

Der beste Aussichtsturm in Siwa ist der östlich gelegene **Gebel Dakrour**. Vom Marktplatz im Ort Siwa - südöstliche, am Palm Tree Hotel vorbeiführende Straße - erreicht man den Berg nach etwa 3 km. Auf die Spitze führen einige deutlich sichtbare Pfade (denen man wegen der Überhänge folgen sollte). Von oben schweift der Blick über Palmenhaine, stille Seen, die Zeugenberge und auf die Dünengebirge des Großen Sandmeeres im Süden (siehe Seite 569), das vor den Toren Siwas beginnt. Der

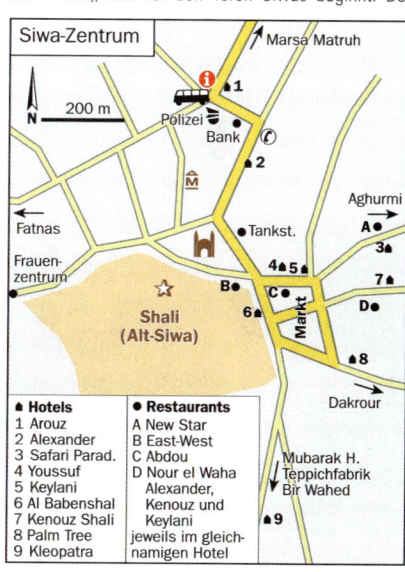

Siwa-Zentrum

▲ **Hotels**
1 Arouz
2 Alexander
3 Safari Parad.
4 Youssuf
5 Keylani
6 Al Babenshal
7 Kenouz Shali
8 Palm Tree
9 Kleopatra

● **Restaurants**
A New Star
B East-West
C Abdou
D Nour el Waha
Alexander, Kenouz und Keylani jeweils im gleichnamigen Hotel

3 Alexandria, Mittelmeerküste, Nildelta

Blick von oben - besonders stimmungsvoll bei Sonnenuntergang - ist einer der Höhepunkte des Besuchs. Seit langer Zeit gibt es übrigens „Rheuma-Kliniken" hier: Im Sommer lassen sich gichtkranke Siwi und Patienten, die auch aus Europa kommen, im heißen Sand am Fuß des Dakrour unter der Aufsicht eines Spezialisten bis zum Hals eingraben. Die Stadtverwaltung kam kürzlich auf die Idee, den Berg während der gesamten Nacht in kitschig-buntes Flutlicht zu tauchen. Dieses „Schmutzlicht" ist so hell, dass es in der näheren Umgebung Sternenbeobachtung erheblich stört.

In der Vollmondzeit im Oktober findet am Gebel Dakrour ein dreitägiges Fest statt, das **Versöhnungsfest** *(Siyaha)*, bei dem Streit des vergangenen Jahres beigelegt werden soll. Von den Familien wird Brot gesammelt, mit heißer Fleischbrühe übergossen und dann gemeinsam mit den Freunden verzehrt. Ansonsten lagert man in den normalerweise leer stehenden Hütten und Häusern am Dakrour und unterhält sich. Das Fest ist zu einer kleinen Touristenattraktion geworden.

Auf der „Rückseite" des Dakrour wurde eine knapp 1000 m tiefe Bohrung gelegt (neben *Ain el Milouk*), aus der Mineralwasser der Marke *Siwa* gewonnen wird (angeblich die beste Qualität Ägyptens). Eine weitere Abfüllfabrik für Mineralwasser, die Marke *Safi*, begrüßte Sie bereits am Eingang zur Oase.

Wenn Sie von hier aus Richtung Shali zurückgehen, sich aber rechts halten, stoßen Sie auf **Kleopatras Brunnen**, der bereits von antiken Schriftstellern als *Sonnenbrunnen* gerühmt wurde. In einem großen kreisrunden Becken steigt Wasser durch einen antiken Schacht blasenbildend auf. Stufen führen hinunter in Kleopatras Riesenbadewanne. In der Nähe gibt es einen Coffee-Shop und eine Toilette.

Der Weg führt weiter zu den sehr bescheidenen Überresten des **Amun-Tempels von Nektabenes** (*Umm el Ubayda*, auch als Ammun-Tempel ausgeschildert) aus der 30. Dynastie, dessen bis zur Jahrhundertwende noch gut erhaltenes Mauerwerk damals zum Bau der Polizeistation und der Moschee verwendet wurde.

Nur ein kurzes Stück weiter folgt das Dorf Aghurmi mit seinem malerischen Ruinenberg, auf dem neben jüngeren Häuserruinen die Reste des **Amun-Tempels** (auch **„Orakeltempel"**, £E 20) stehen sowie eine Moschee aus der Zeit, als der Hügel noch bewohnt war. Der Tempel, der das berühmte Orakel beherbergte, bestand aus einem Hof, zwei Hallen, dem Sanktuar und, links daneben, der Verkündungshalle des Orakels. Dieses funktionierte wahrscheinlich so, dass ein Priester durch einen schmalen Geheimgang (heute weitgehend verfallen) rechts des Sanktuars zu einem Geheimraum gelangte und von dort die Fragen belauschte, die an das Orakel gestellt wurden. Er teilte sie dann dem Oberpriester mit, der sie beantwortete.

Ein Stück westlich sehen Sie den **Gebel Mauta** (£E 20), den Totenberg. Er diente in pharaonischer Zeit als Gräberberg und zeitweise während des Zweiten Weltkriegs als Luftschutzbunker.

Markttag in Siwa

Siwa kennenlernen

Oase Siwa

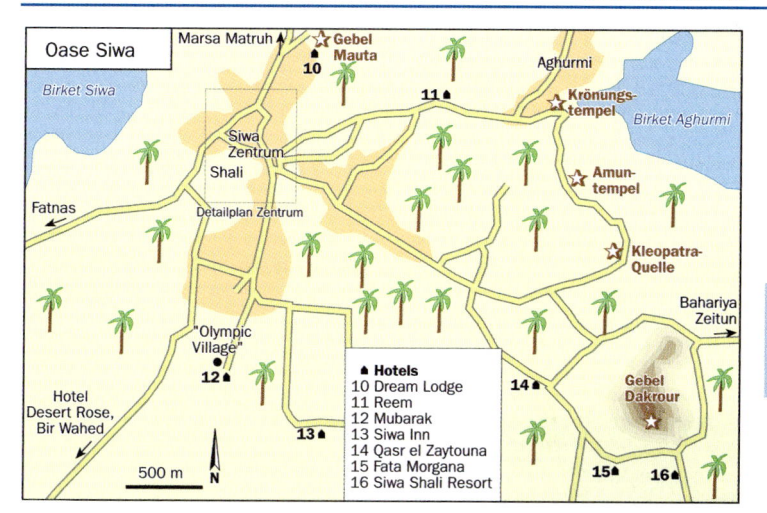

Map labels: Marsa Matruh, Gebel Mauta (10), Aghurmi, Birket Siwa, 11, Krönungstempel, Birket Aghurmi, Siwa Zentrum Shali, Amuntempel, Fatnas, Detailplan Zentrum, Kleopatra-Quelle, Bahariya Zeitun, "Olympic Village" 12, Hotel Desert Rose, Bir Wahed, 13, 14, Gebel Dakrour, 500 m, N, 15, 16

Hotels
10 Dream Lodge
11 Reem
12 Mubarak
13 Siwa Inn
14 Qasr el Zaytouna
15 Fata Morgana
16 Siwa Shali Resort

Die meisten Gräber und Reliefs sind leider stark zerstört. Am besten erhalten sind die Grabkammern von *Niperpathot* - Schreiber in der 26. Dynastie - mit zwei in der Nähe gefundenen Mumien, *Mesu-Isis* (unfertig), *Si-Amun* (griechisch aussehender Grabherr, eindrucksvolle Ausschmückung, soweit noch erhalten) und das *Krokodil-Grab*, in dem der Krokodilgott Sobek verehrt wurde. Der Wächter mit den Schlüsseln hält sich täglich von 9-14 Uhr bei den Gräbern auf (Fotografieren wegen des nahen Militärgeländes nicht erlaubt).

Einen schönen Abstecher können Sie vom Ort Siwa direkt nach Westen machen. Hier gehen die Palmerien in einzelne Inseln über, die inmitten der verkrusteten Erdschollen liegen. Eine davon, als *Fantasy Island* oder arabisch ***Fatnas*** bezeichnet, war eine tatsächliche Insel im Birket Siwa. Heute liegt sie fast im Trockenen, weil der Birket Siwa eingedämmt wurde (siehe Seite 179). Man folgt 4 km der ausgeschilderten Asphaltstraße vom Tourist Office, an der Stadtverwaltung vorbei, und hält sich möglichst immer nach Westen (Parkplatz: N29°11,54' E25°28,92').

Auf der Ex-Insel neigen sich Palmwipfel über einem schattigen Pfad, der zu einem Badebecken führt. Dieser Brunnen hat sich zum „Touristenbad" entwickelt, auch Frauen können hier relativ ungestört baden. Doch gehen Sie noch ein paar Schritte geradeaus zum Westufer; dort gibt es eine kleine Cafeteria mit Palmholz-Sitzgelegenheiten, einem Getränkestand (und Toilette), von dem man früher den Sonnenuntergang über dem - inzwischen verschwundenen - See bewunderte.

Ausflug zu **Bir Wahed** (£E 100-130 pP), dem See im Großen Sandmeer: Bei der Suche nach Öl stießen 1967 russische Ölbohrer auf Wasser, das sich seither in zwei neu entstandenen Seen sammelt; in einem wurden sogar Fische ausgesetzt. Dieser Ausflug lohnt sich sehr, weil man einmal von der schier unendlichen Dünenlandschaft des Großen Sandmeeres einen Eindruck gewinnt, zum anderen, weil plötzlich mitten in diesem Sandmeer Wasser plätschert, grünes Buschland und ein Garten entstanden sind. Übernachten ist dort nicht mehr gestattet; wer dennoch eine Wüstennacht erleben will, kann dies in einem (namenlosen) Camp tun (£E 15 pP, Dinner £E20), das man unterwegs passiert. Ein weiteres ähnliches Wüstencamp wurde östlich des Gebel Dakrour eingerichtet.

3 Alexandria, Mittelmeerküste, Nildelta

▶ **Anfahrt**: Man folgt der Straße, die vom Marktplatz aus am Kleopatra Hotel vorbei nach Süden führt; der Einstieg in die Dünenlandschaft liegt bei N29°10,58' E25°27,89'. Nach 18 km ist der erste See erreicht. Die Piste ist schwierig, stark versandet und daher nur mit Allrad zu schaffen. Man mietet am besten einen Jeep mit Fahrer und kann bei dieser Gelegenheit sehr viel mehr vom Sandmeer sehen und erleben als nur die jüngsten Wasserseen. Touristmanager Mahdi Hweiti ist bei der Beschaffung eines Fahrzeugs behilflich. Man muss mit £E 300-350 pro Fahrzeug rechnen, zusätzlich $5 für die ohnehin erforderliche Genehmigung und £E 11 Bearbeitungsgebühr.

Siwas Frauen sind stets verschleiert

Tagesausflüge

führen nach Osten oder nach Westen. Fahren wir zunächst nach **Osten**:
Folgen Sie der Straße zum Gebel Dakrour, der rechts liegen bleibt. Die Straße führt bald auf einem neuen Damm quer durch den Birket Zeitun. An der T-Kreuzung nach dem Damm (17 km vom Siwa-Zentrum entfernt) hält man sich rechts. Nach 6 km liegt das Neubau-Dorf Qurayshat, weitere 4 km entfernt das Dorf Abou Sharouf und davor rechts einer der ergiebigsten Brunnen der Oase **Ain Sharouf** (N29°11' E25°44,63', gegenüber der Mineralwasserfabrik Hayat), in dem man ungestört baden kann.

Halten Sie sich bei der Weiterfahrt in Seenähe, dann werden Sie auf die verlassenen Ruinen von **Alt-Zeitun** stoßen. Hier lag das religiöse Lehrzentrum der Senussi für Ägypten. Die Gärten, die 1988 abbrannten und sich nur langsam erholen, wurden von schwarzen Sklaven bestellt. Nur etwa 3 km entfernt liegt mitten in der Wüste das Dorf Ain Safri, in dem etwa 30 Beduinenfamilien leben.

Ein Ausflug vom Ort Siwa nach Westen ist landschaftlich eindrucksvoller, weil die Straße meist in der Nähe des Abbruchs zur Siwa-Senke verläuft. Man verlässt den Ort auf der Straße nach Marsa Matruh und biegt 6 km nach dem Hotel Arouz links ab.
Nach 12 km kommt man am mächtigen „Container"-Zeugenberg vorbei (von den Siwi *Gebel Seida - weißer Berg* oder *Gebel Ghaffir* oder in Siwi *Adrar Amelal* genannt). Bei km 16 geht es links in die Dörfer El Gary und Mashendet, geradeaus weiter nach Bahaj el Din. Die Dörfer sind relativ groß und über ziemlich weite Flächen verstreut.
Am Container-Berg ist ein etwas ungewöhnliches, sehr exklusives 34-Zimmer-Hotel namens *Adrar Amelal* entstanden, N29°12,42' E25°26,16', siehe Kasten Seite 180. Mit sehr ähnlicher Philosophie wirbt das neuere Hotel *Taziry (Mond)* um Gäste, das links kurz vor dem „Vorbild" liegt.
In einigen Dörfern finden sich - freilich äußerst bescheidene - Relikte der Römerzeit. Fast überall in den senkrechten Steilabhängen sieht man säuberlich eingemeißelte Grabkammern. Bald nach dem Abzweig nach El Gary (am geradeaus weiterführenden Abschnitt) stehen rechts am Hang einige Ruinen, die bisher nicht näher identifiziert wurden.
Eine griechische Archäologin war in dieser Gegend auf der Suche nach dem Grab von Alexander dem Großen und meinte, es in der Nähe des Dorfes Chamica gefunden zu haben - eine Sensation. Doch 1997 erhielt das Team Grabungsverbot, weil es u.a. Steinblöcke willkürlich so zusammengesetzt hatte, dass sie den Namenszug *Alexander* ergeben.

Praktische Informationen

▶ **Telefonvorwahl** von Siwa 046.
▶ Besuchen Sie bald nach der Ankunft **Mahdi Hweiti**, den Chef des **Tourist Office** (9.30-14, 18-22), Tel 460 1338, 010546 1992, mahdi_hweiti@yahoo.com. Er stammt aus Siwa, spricht sehr gut englisch und bemüht sich nach Kräften, den Besuchern seine Heimat näher zu bringen. Mahdi übernimmt auch Führungen und organisiert Trips in die Umgebung. Er zeigt gern ein deutschsprachiges Video über Siwa. Für das Kennenlernen der Oase sollte man mindestens 2 Tage einplanen.

Mahdi Hweiti bat uns ausdrücklich, auf die Traditionen der Oase hinzuweisen und an Ihre Verantwortung zu appellieren: Wie in anderen Oasen gilt hier noch mehr, dass Sie in einen lange Zeit weltabgeschlossenen Mikrokosmos eindringen. Respektieren Sie bitte die muslimischen Sitten, tragen Sie als Frau lange Röcke oder Hosen und entsprechend weite Oberteile.

Die beste **Besuchszeit** für Siwa liegt zwischen Oktober und April/Mai, wobei die Monate Dezember und Januar etwas kühl sein können. Regen ist in Siwa ziemlich unbekannt, allenfalls tröpfelt es für ein paar Minuten. 1985 regnete es allerdings drei Tage lang mehr oder weniger ununterbrochen, insgesamt wurden über 200 Familien obdachlos, weil ihre Lehmhäuser eingestürzt oder unbewohnbar geworden waren.

Noch ein Wort zum Thema **Baden in Siwa**, zu dem uns der Ethnologe Frank Bliss, einer der besten deutschsprachigen Kenner Siwas, schrieb: „Die Bewohner wollen eigentlich nicht, dass in ihren Brunnen gebadet wird". Frauen sollten, wenn sie unbedingt in *Kleopatras Pool* baden wollen, zumindest über den Badeanzug ein T-Shirt und Shorts anziehen und nicht ins Wasser gehen, wenn sich Männer im Becken aufhalten. An der Straße vom Siwa Paradise zum Reem Hotel wurde der Brautbrunnen (Bride Spring, in dem früher die frischverheiratete Braut badete) neu gefasst; er liegt nur 10-15 Fußminuten vom Marktplatz entfernt und eignet sich ebenfalls als Badeplatz. Wenn Sie ungestörter und unkomplizierter baden wollen, dann fahren Sie nach *Fatnas* (siehe Seite 183) oder nach *Ain Sharouf* (Seite 184) hinaus, dort wird das westliche Vergnügen noch am ehesten toleriert. Frau geht hier überall nur im einteiligen Badeanzug ins Wasser. Völlig ungestört lässt es sich im Bir Wahed See baden (siehe Seite 183).

Verkehrsverbindungen

Die Bushaltestelle wurde neben die Tourist-Information verlegt.
▶ **Busse nach Marsa Matruh** (£E 12) und **Alexandria** (£E 27-30): 7.00, 10.00, 15.00 (nur Winter), 17.00 (nur Winter), 22.00 (nur Sommer); nur nach Matruh 13.00. Tickets für den 7-Uhr-Bus gibt es abends nach der Busankunft aus Alexandria. Nach Kairo kommt man am besten mit dem 7.00-Bus nach Marsa Matruh und von dort weiter um 12.00; dieser Bus umgeht Alexandria und ist um 18 Uhr in Kairo. Oder 10.00 ab Siwa, umsteigen in Alexandria, 21.00 in Kairo. Jeden Donnerstag um 20.00 fährt ein Bus direkt nach Kairo (£E 55, 9 Std).
▶ Der **Verkehr innerhalb der Oase** wird traditionell mit einachsigen Eselskarren abgewickelt (die hier *Karussah* heißen), die auf den welligen Pisten bestens vorankommen. Für einen Ausflug können Sie sich eine **Karussah** (ca. £E 10-15 pro Stunde) mit Führer oder ein (manchmal bremsenloses) **Fahrrad** zu £E 5 pro Tag, u.a. beim Palm Tree Hotel wie auch am Marktplatz mieten (Luftpumpe mitnehmen!). Auch vor den lärmenden **Quads** blieb die Oase nicht verschont (z.B. bei *Siwa Desert Safaris*).
▶ Die **Tasrih für Ausflüge in die Wüste oder die Piste von Siwa nach Bahariya** kostet für Ausländer $ 5 pP + £E 11 Bearbeitungsgebühr. Dabei ist problematisch, dass dieses Geld bar bei der Bank einzuzahlen ist, die freitags (im Sommer auch samstags) geschlossen ist! Allerdings gibt es „Umwege", die Ihr Touroperator kennt.
▶ **Geldwechsel** ist bei der *Banque du Caire* (gegenüber der Polizeistation) möglich; draußen gibt es einen Bankautomaten (ATM) wie auch bei der Bank in Moschee-Nähe.

3 Alexandria, Mittelmeerküste, Nildelta

▶ Gegenüber dem Alexander Hotel bietet ein **Telefon- und Fax-Office** seine Dienste bis 23 Uhr an.

▶ Das Palm Tree Hotel organisiert gute und von Lesern gelobte **Jeep-Ausflüge** in die Umgebung (z.B.Bir Wahed oder Abou Sharouf) oder nach Bahariya, z.B. in die Weiße Wüste und nach Farafra (3 Tage, 2 Nächte). Auch andere Hotels und Restaurants offerieren Ausflüge, die jedoch häufig nicht allzu viel bieten; also vorher genau abfragen, wohin die Reise geht. Fathi Abdallah ist privater Touroperator und kennt sich gut aus (Tel 012490 7806, fathi-siwa@yahoo.com). Der Direktor des Gymnasiums, Abdallah Baghi, ist neben Mahdi Hweiti der derzeit wohl beste **Führer durch Siwa**. Er veranstaltet auch Trips in die Umgebung bis hin nach Bahariya.

▶ In einer Reihe von **Souvenir-Shops** kann man Geld loswerden für z.B. Teppiche bzw. Kelims oder den typischen Siwa-Schmuck – sofern überhaupt noch angeboten -, aber auch andere hübsche Dinge wie Schals oder Körbe kaufen. Ein Shop (neben dem Telefonamt) gehört dem Sohn von Mahdi Hweiti, der während der Semesterferien abends öffnet und eine gute Souvenir-Auswahl sowie englischsprachige Bücher im Programm hat.

▶ **Internetcafés** findet man am Marktplatz und in dessen Umgebung. Es gibt leider nur langsame Modemverbindungen um £E5/Std.

▶ **Bookshop,** neben East-West-Restaurant

Restaurants

Die am meisten frequentierten Touristen-Restaurants findet man am oder um den Marktplatz: **Abdou** (immer noch gut) und **Keylani** (sehr freundlich) sowie das **East West Restaurant**, das eigentlich am besten eingerichtet ist und meist frisch zubereitete und nicht vorgekochte Gerichte anbietet. Das Restaurant mit der besten Atmosphäre und sehr guten Gerichten ist **Kenouz** auf der Terrasse im ersten Stock der Kenouz Shali Lodge direkt unter Palmwipfeln, nicht billig, aber den Preis allemal wert. Das benachbarte Restaurant **Nour el Waha** sowie das **New Star** (schräg gegenüber Siwa Safari Paradise Hotel) gehören auch zu den gern besuchten und preiswerten Essplätzen. **Alexander the Great** (Hotel Alexander) ist nicht schlecht und preiswert. Das **Tekya** zwischen Moschee und Bank wird als sehr sauber, preiswert bei gutem Essen gelobt, ähnlich ist das **Dunes Restaurant** schräg gegenüber dem Palm Tree Hotel (Dakrour-Straße).

Übernachten

Die Hotels [1]-[9] finden Sie im Zentrumsplan (siehe Seite 181), den Rest im Siwa-Plan (siehe Seite 183).

Eco-Hotels nach dem Vorbild des *Adrar Amelal* nehmen mehr und mehr zu in Siwa. Aus lokal vorhandenem Baumaterial und mehr oder weniger im Siwa-Stil errichtet, bieten sie meist große Zimmer, einfache, aber durchaus komfortable Einrichtung, manchmal keine Elektroversorgung, immer aber sind sie viel origineller als übliche Hotels. Für das Erlebnis, in traditionelle Umgebung zurückversetzt zu werden, muss man ziemlich tief in die Tasche greifen – romantische Nächte waren schon immer etwas teurer.

Eco-Hotels
- **Adrar Amelal** (auch „Gafar"), ungewöhnliches Luxushotel am Containerberg im nord-westlichen Oasenbereich (siehe auch Seite 184), Tel 0273 67 879 (Kairo), Fax 2735 5489, www.adreramellel.net, keine Elektrizität, Pool, se stimmungsvoll, se sa u. gepfl., VP incl.. Alkohol u. Wüstentrip .... E+B $370, D+B $493
- **Al Babenshal** [6] direkt am Shali-Hügel am Marktplatz (dort als **Heritage Hotel** ausgeschildert), Tel 460 1499, Fax 460 2266, info@equi.com.eg, www.siwa.com, derselbe Eigner wie

Praktische Informationen

Adrar Amelal, 11 Zi, herrl. Blick von der Dachterr. auf Shali und Marktplatz, se sa, SatTV, typischer Ecolodgestil, mF E+B 260, D+B 340
- **Kenouz Shali Lodge**, [7], Nähe Marktplatz, Tel 460 1299, Fax 460 1799, gehört demselben Besitzer wie das Adrar Amelal Hotel, 16 Zi (mit toll ausgebautem Nebengebäude), stimmungsvolles Hotel im Zentrum der Oase, se sa u. gepfl., mF ... E+B 260, D+B 340
- **Taghaghien Island Resort**, eine Insel am Rand des Siwa Sees, in der Nähe des Containerbergs, Tel 010005 0630, 012215 5596, info@taghaghien-island.com, www.taghaghien-island.com, se schön u. einsam auf einer mit dem Land verbundenen Insel gelegen, se ru, Hütten unter Palmen, Ven, gr Pool, se sa, Rest, mF .... E+B $50, D+B $70
- **Tala Ranch**, südl. vom Gebel Dakrour am Rand der Oase, Tel 01058 86003, moonlight@talaranch-hotel.com, www.talaranch-hotel.com, 6-Chalet Resort im Eco-Stil, Besitzer Sherif Fahmy ist spezialisiert auf Kameltrips der gehobenen Klasse (£E 500/Tag), großzügiges Grundstück zum Relaxen, keine Elektrizität, aber Fackeln in der Nacht, sehr familiäre Atmosphäre, auf Wunsch kostenfreier Sonnenuntergangsritt in die Dünen, mF (auf Wunsch VP) .... D+B 457

Andere Hotels
- **Taziry** („Mond"), an der Asphaltstraße nach Westen auf dem Weg zum Adrar Amelal Hotel, etwa gegenüber der Nordwestseite Containerberg, Tel 0106 445881, taziry@hotmail.com, keine Elektrizität, geschmackvoll eingerichtet, se ru, se stimmungsvoll, Pool, Rest, empf, HP .... E+B 300, D+B 350
- **Alexander**, [2], ca. 100 m nördlich der Moschee, Tel 460 0512, Fax 460 1828, Dachterrasse, einf, se sa .... E+B 25, E+B+AC 30, D+B 40, D+B+AC 60
- **Arouz EL Waha**, [1], Tel/Fax 460 0028, Nähe Tourist-Office, trad. Rest., Ven, sa, re ru .... E+B 48, D+B 60
- **Dream Lodge**, [10], Nähe Gebel Mauta (etwas abgelegen), Tel 460 1745, 010099 9255, gamalsiwa@gmail.com, www.siwadreamlodge.com; geschmackvoll angelegtes kleines „Traumhotel" mit 8 Chalets, alle kuppelüberwölbt, jedes anders, se sa, mF .... E+B 120, D+B 160
- **Desert Rose**, Tel 012 440 81640, 460 0155, ali_siwa@hotmail.com, www.member.Tripod.desert_Rose_hotel.com, Richtung Bir Wahed, 5 km vom Zentrum; schöne Lage am Rand der Wüste, se ru, Pool, keine Elektrizität, tlw mit WC, mF .... E 45, D 100, Bungalow m. Bad 130
- **Fata Morgana**, [15], Gebel Dakrour, Tel 460 0237, hübsch im Palmengarten angelegt, Chalets u. Tonnengewölbe-Zi, se sa, fr, hb, bei unserer Recherche wg. Besitzerwechsel geschlossen
- **Keylani**, [5], Marktplatz, neben Youssuf-Hotel, Tel 460 1052, Balkon, Eigentümer Fati Kelani ist einer von 9 Sheiks in Siwa und traditionell der Boss der Truppe, Manager Ahmed Morse, Dachrest mit Beduinenzelt und gutem Ausblick, se sa, se fr, m F .... E/D+B, 70-90 D+B+AC 120
- **Kleopatra**, [9], Tel/Fax 460 0421, ca. 250 m nach Marktplatz, www.kleopatrasiwa.net, rel sa, se hb, abgewohnt, F £E 4 .... Altbau alle E 18, E+B 18, D 25, D+B 30, Neubau E+B 35, D+B 45
- **Mubarak**, 4*, [12], im Militärgelände hinter Alt-Shali („Olympic Village"), Tel 460 0883, Fax 460 0884, staatliches Haus, rosarote Scheußlichkeit, SatTV, AC, Kschr, se ru, se sa, mF .... E+B 150, D+B 200
- **Palm Tree**, [8], Nähe Marktplatz an der Dakrour-Straße, Tel 460 1703, Fax 460 0006, lauschiger Palmengarten, viele Traveller, Fahrradverleih (£E 10/Tag) rel sa, se hb, se fr, (Lehmziegelhütten D+B 50; Zelt im Garten, Schlafen auf dem Dach pP 10) .... E 20, E+B 35, D 35, D+B 50
- **Qasr el Zaytouna**, [14], am Ende der Dakrour-Straße, Tel/Fax 460 0037, Pool unter Palmen, gr Garten, während unserer Recherche wg. Besitzerwechsel geschlossen
- **Reem**, [11], Aghurmi Straße, Tel 460 0071, Pool, Rest, se sa, fr, mF .... E+B 110 D+B 180

- **Shally,** am südl. Marktplatzausgang, Tel 460 1203, se einf, mä sa, ni empf.................D+B 30
- **Siwa Inn,** [13], ganz im Süden, Weg ausgeschildert, Tel/Fax 460 1287, 460 0405, siwainn2000@yahoo.com, Pool, jedes Zi mit kl. Terrasse, se sa, se ru, Ven, Kschr, Camping im Garten £E 40 pro Zelt, HP möglich, mF...E+B 100, D+B 140
- **Siwa Safari Paradise,** [3], an der Aghurmi-Straße, Tel 460 1590, Fax 460 1592, siwa@siwaparadise.com, www.siwaparadise.com, in altem Palmengarten, gr Pool, Sauna, se sa, SatTV, Rest, ang, mF .... E+B €35, D+B €50, E+B+AC €40, D+B+AC €55
- **Siwa Shali Resort,** [16], Gebel Dakrour, Tel. 921 0064, Fax 921 0103, info@siwashaliresort.com, www.siwashaliresort.com, gr gepfl Bungalow-Anlage zwischen Sandmeer und Dakrour, 2 Pools, Health Club, Rest, Wüstentrips (4WD oder Kamel), Sandbäder, se sa, se ru, fr, hb, Rest, HP ....E+B $48, D+B $60
- **Youssuf,** [4], gegenüber Rest. Abdou, Tel 460 2565, günstige Lage, se sa, se fr, Ven, Kü, Dachterrasse m. tollem Blick auf Shali, ... E 15, E+B 20, D 25, D+B 35

Von Siwa nach Bahariya

Seit 1991 ist die erst wenige Jahre zuvor fertiggestellte Straße zwischen den Oasen Siwa und Bahariya auch für Privatleute zur Benutzung freigegeben. Die knapp 400 km lange Strecke eröffnet eine Verbindung, die vor allem für Touristen von Interesse ist. Denn seither kann der Besuch von Siwa nicht in eine Sackgasse, sondern weiter in südöstlicher Richtung direkt in die anderen Oasen der Libyschen Wüste führen - wenn es der Straßenzustand zulässt. Dieser sollte sich längst geändert haben. 2003 wurde mit dem kompletten Neubau der Straße begonnen. Als nur noch die Teerdecke fehlte, verlangten die beteiligten Firmen wegen der gestiegenen Ölpreise mehr Geld, die Verwaltung lehnte ab, die Firmen zogen alle Maschinen ab und überließen den fertiggestellten Unterbau sich selbst. Er ist zwar über wenige kurze Teilstücke asphaltiert, wird aber auf den anderen Strecken kaputt gefahren oder von Dünen überweht. Wann die Straße nun endgültig fertig gebaut sein wird, ist derzeit völlig offen. Auch danach wird es nach unserer Einschätzung eine Weile dauern, bis ein Bus die beiden Oasen verbindet, denn eigentlich liegen Welten zwischen Bahariya und Siwa, sodass es für Oasenbewohner keinen Grund gibt, die weit entfernten Nachbarn zu besuchen.

Für den Trip nach Bahariya benötigt man eine **Genehmigung der Militärbehörden** in Siwa ($ 5 in bar und £E 11 Bearbeitungsgebühr für Selbstfahrer). Den kompletten Genehmigungsprozess wickelt das Tourist-Office ab. Der Trip muss leider innerhalb eines Tages in Begleitung einer Militärperson durchgeführt werden, damit ist die früher übliche, romantische Wüstenübernachtung hinfällig. In der Regel sammeln sich morgens alle Fahrzeuge, der Begleiter steigt ins erste Auto. Bis zum ersten Checkpost bleibt der Konvoi zusammen, danach geht es relativ frei weiter. Ein 4WD für 4-5 Personen kostet etwa £E1300 per Auto.

Warnung für die derzeitige „Straße": Bis auf wenige Abschnitte handelt es sich um eine bessere Piste, auf die man Asphalt gegossen hat - mit äußerst rauer Oberfläche, ohne jegliche Markierungen, Versorgungsmöglichkeiten oder Trinkwasserquellen. Vielfach ist der Asphalt verloren gegangen, stattdessen erwarten den Autofahrer nervtötende Wellblechstrecken. Ferner ziehen an mehreren Stellen Sandverwehungen über die Straße, die so hoch sein können, dass man sehr plötzlich festsitzt. 2003 standen wir vor einer gut 2 m hohen Düne quer über die Straße, die zu überfahren oder im Weichsand zu umfahren war - ohne Allrad kaum zu schaffen. Durch den Straßenneubau hat sich die Situation insofern gebessert, als man immer wieder mal auf die neue Straße auswei-

Von Siwa nach Bahariya

chen kann. Mindestens einmal wöchentlich fährt eine Militärpatrouille die Strecke ab; in jüngster Zeit hat auch der private Verkehr zugenommen.

Die Soldaten an den Checkposts werden alle 30 Tage (!) ausgewechselt und freuen sich über frisches Gemüse und arabische Zeitschriften. Diesen Posten wird Ihre Reise gemeldet, und nach jeder Ankunft wird Ihre Existenz an den nächsten Posten berichtet, der Sie erwartet. Das ist ein durchaus beruhigendes Gefühl, aber ob es aus lauter Gastfreundschaft und Sorge so geregelt ist, sei dahingestellt.

Vor Ihnen liegt eine landschaftlich streckenweise reizvolle und typische Wüstenstraße, bei der sich langweilige Abschnitte mit Dünenlandschaften, Zeugenbergformationen und Kalksteinuntergrund mit banalem Schotter abwechseln. Manchmal säumen dunkle, dann goldgelbe Oberflächen die Route.

Folgen Sie von Siwa-Zentrum der Marsa-Matruh-Straße 5 km und biegen dann nach Osten ab. Nach 16 km zweigt rechts eine Straße ab, die zum Gebel Dakrour und ins Zentrum führt. Nach 32 km stoßen Sie auf eine Y-Kreuzung. Hier links halten. Wenn Sie nach 4 km am ersten Checkpost ankommen, befahren Sie die richtige Straße. Hier endet derzeit auch der Asphalt, N29°08,41 E25°49,80. Am besten, Sie stellen hier Ihren Tages-km-Zähler auf Null.

Bei km 38 folgt der zweite Checkpost, N29°1,70' E26°15,7', ab km 45 ein ca. 3 km langes Dünenfeld. Bei km 66 liegt links - 12 km entfernt - auf dem Grund einer Senke die von der Straße nicht erkennbare **Oase Areg**, umgeben von Kalksteinabbrüchen und Dünen. Der kleine See ist im weitem Umkreis von Salzboden umgeben, in den Autos einbrechen können. In den Felswänden am Südweststrand gibt es einige römische Gräber; vor einem hat jemand zwei ausgebleichte menschliche Skelette im Sand ausgebreitet.

Bei km 81 liegen rechts in ca. 13 km Entfernung die beiden Salzwasserseen der **Oase Bahrein**. Beim westlichen See gibt es eine Süßwasserquelle, die schwer zugänglich, aber so ergiebig ist, dass im Sommer Beduinen ihre Tiere weiden lassen und tränken können. An den Hängen öffnen sich eine Reihe von in den Fels gehackten Grabkammern, die längst geleert wurden.

Bei km 105 erreicht man den dritten Checkpost, N28°47,60' E26°33,30', etwa 25 km danach liegt rechts die **Nuwaimis Oase** mit ihren Seen, die zwar als landschaftlich schöne Oase gilt, aber wegen der Moskito-Plage gefürchtet ist (Nuwaimis = Moskitos). Es folgt der vierte Posten (N28°47,51' E26°55,33') bei km 140.

Zeugenberg mit leeren Grabhöhlen in der Oase Areg

3 Alexandria, Mittelmeerküste, Nildelta

Bald danach führt die Straße bergab und durchquert für ca. 20 km die **Sitra Oase**, deren ausgedehnter See westlich zwischen Dünen liegt. Achtung: Diese Strecke ist bekannt für die scharfkantig-spitzen Flintsteine, die mit Leichtigkeit Autoreifen aufschlitzen. Einige Modelle liegen an den Straßenrändern.

Beim Ausstieg aus der Senke quert man ein Dünengebiet, in dem mit mehr oder weniger hinderlichen Sanddünen zu rechnen ist. Wenn sie nicht weggebaggert wurden, ist nur mit Allrad durchzukommen. Bei km 278 taucht der erste, zu Bahariya gehörende Checkpost auf (N28°27,11′ E28°06,73′), bei km 324 der zweite, N28°34,67′ E 28°31,60′ und, nach der Abfahrt in die Bahariya-Depression, bei km 370 (N28°20,92′ E28°49,58′) der letzte Posten. 5 km entfernt liegt Bawiti, der Hauptort der Oase. Alle weiteren Informationen finden Sie ab Seite 525.

> **Sehenswertes**
>
> *****Wadi Natrun** mit den vier alten koptischen Klöstern
> ****Ruinen von Tanis** im Ost-Delta
> **Ruinen des **Mena-Klosters**
> ****Leben** und Arbeiten der **Delta-Bauern**
> ***Badawi-Moschee** in **Tanta**

Alexandria - Kairo, Deltagebiet

Hintergrund: Von Alexandria führen zwei wichtige Straßen nach Kairo: die Wüstenautobahn (210 km bis Kairo/Giseh) und die Deltastraße (225 km). Die autobahnähnlich ausgebaute Wüstenstraße ist wegen der hier gefahrenen höheren Geschwindigkeiten mit häufig schlechten Bremsen und der besonders im Winter plötzlich aufkommenden Nebelschwaden durchaus mit Vorsicht zu genießen. Sie soll in den nächsten Jahren kreuzungsfrei ausgebaut werden. Von hier kann man einen Abstecher ins Wadi Natrun mit seinen koptischen Klöstern machen.

Auf der Deltastraße tummelt sich alles, was Beine und Räder hat; sie führt mitten durch das bäuerliche Leben und nicht zuletzt durch die Haupt-Landwirtschaftszone Ägyptens. Unterwegs werden Sie dieses mühselige tägliche Leben der Fellachen beobachten können, abseits der großen Straßen auch die herzliche Freundlichkeit der Menschen erleben. Wir fahren diese Strecke sehr gern, nicht zuletzt weil sie zeigt, dass das Deltagebiet auch heute noch ein eigenes Gesicht gegenüber dem oberägyptischen Niltal hat - man versteht ein bisschen besser die pharaonische Mühe, beide Landesteile zusammenzuhalten.

Wenn Sie im Herbst durchs Delta reisen, werden Sie erleben, wie das Weiße Gold, die ägyptische Baumwolle, geerntet wird. Heerscharen von Helfern pflücken die geöffneten Kapseln mit dem blütenweißen Inhalt. Häufig schaffen über und über beladene Kamele die in große Tücher gehüllten Bündel zu Sammelstellen, von denen dann nicht minder überdimensional beladene LKWs die leichte Last zur Weiterverarbeitung befördert.

Das Delta ist zwar das größte landwirtschaftlich genutzte Gebiet Ägyptens, es bietet jedoch keine großen historischen Attraktionen (mehr). Die in der Pharaonenzeit glänzenden Städte, die sich durchaus mit Theben messen konnten oder gar prächtiger waren, sind wegen der hier angewendeten Lehmziegelbauweise fast vollständig verschwunden. Als von der Größe her imposanteste Ruinenstätte gilt Tanis (bei San el Hagar) (siehe Seite 197).

Wüstenautobahn Alexandria - Kairo

Der Begriff „Wüstenautobahn" - allgemein **Desert Road** genannt - gilt nur noch eingeschränkt. Im Laufe der letzten Dekaden verwandelten die Ägypter diese Wüstenregion mehr und mehr in fruchtbares Ackerland oder erbauten neue Städte, vor allem im Raum Kairo. Wenn man die Strecke im Abstand von einigen Jahren erneut fährt, ist man über das Vordringen von Grünflächen verblüfft; eines Tages wird vermutlich der Begriff Wüstenstraße ganz von blühenden Feldern verfremdet sein. Das,

**Mena-Kloster

Map labels:
Mittelmeer · Baltim · Rosetta · Bahra el Burulls · Ras el Bar · Gamassa · Damietta · Alexandria · El Mansura · Manzala See · Port Said · Marsa Matruh · Agriculture Road (Deltastraße) · Mataryia · Mahalla el Kubra · Borg el Arab · Damanhur · Tanis · Mena Kloster · Wüstenautobahn / Desert Road · Tanta · Nil · Faqus · Tel el Daba · Qantara · El Alamein / Marsa Matruh · Wadi Natrun Klöster · Zagazig · Ismailiya · Baramus · Benha · Bilbeis · Bishoi, Surian · Makarios · Giseh · Kairo · Suez · Delta-Gebiet · 25 km

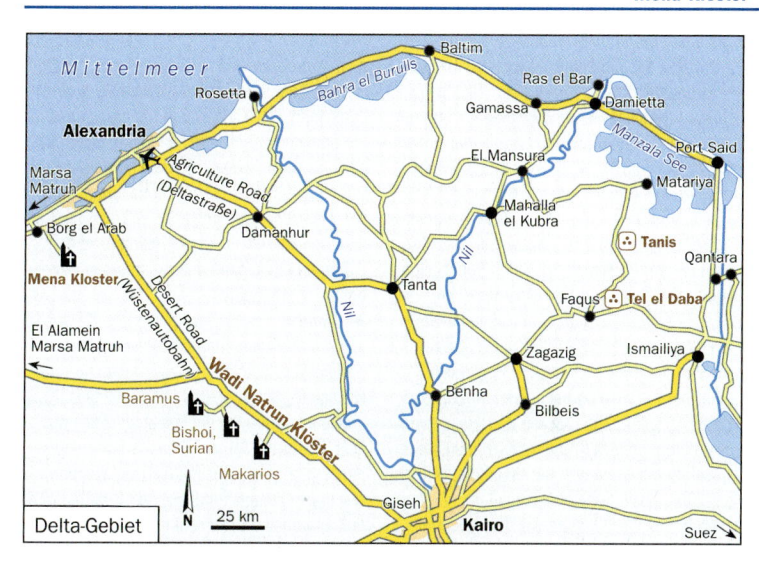

was bei unserer ersten Reise 1981 noch eine beschauliche autobahnähnliche Verkehrsverbindung quer durch eine ziemlich langweilige Wüste war, ist heute ein von einem Reklame-Schilderwald gesäumter Highway.

Doch Vorsicht: Trotz ziemlich strenger Geschwindigkeitsüberwachung wird man immer wieder von Autos überholt, sowohl rechts wie links - manchmal sogar gleichzeitig. Auch „Geisterfahrer" gehören hier zum halbstündlichen Erlebnis, das jeder toleriert. Halten Sie also die Augen auf und wechseln Sie möglichst nicht abrupt die Spur. Auf der Strecke besteht Mautpflicht von £E 2,25. Die zulässige Höchstgeschwindigkeit für Pkw ist hier auf 100 km/h angehoben; strenge Radarkontrollen.

Ausfahrt aus Alexandria siehe Seite 164. Nach dem Abzweig zur Küste folgt 1 km später der nächste Abzweig bei **El Amiriya**, ein Ort mit einem lebendigen Markt, der landwirtschaftliches Zentrum der Umgebung ist.

Rechts führt eine vierspurige Schnellstraße über King Mariout Richtung Borg el Arab (und schließlich auf die Küstenstraße nach Marsa Matruh. Von hier Abstecher zum

**Mena-Kloster

Hintergrund: Der christliche Märtyrer Mena war in der Nähe einer Quelle (Zisterne) begraben worden, deren Wasser bald Wunder wirkte. Dieses Wasser wurde in typischen, den sogen. Mena-Flaschen verkauft. Es entstand eine reiche, aus Marmor und edlen Hölzern errichtete Pilgerstadt mit der größten Basilika Ägyptens und einer Gruftkirche mit unterirdischer Krypta, in der Mena seine letzte Ruhestätte fand.

Nach Zerstörungen durch persische Eroberer und die byzantinischen Rückeroberer im 7. Jh wurde die Stadt endgültig im 9. Jh von muslimischen Heeren zerstört, die Ruinen im Laufe der Zeit vom Wüstensand zugeweht. Der deutsche Forschungsreisende C. M. Kaufmann entdeckte 1905 die Reste vom Abou Mena inmitten unwirtlicher Wüste. Noch heute finden vom Deutschen Archäologischen Institut (DAI) jährliche Grabungen statt. Bei Lehnert & Landrock in Kairo ist der empfehlenswerte, vom langjährigen Ausgrabungsleiter Dr. Großmann verfasste Führer „Abou Mina, A Guide to the Ancient Pilgrimage Center" erhältlich.

3 Alexandria, Mittelmeerküste, Nildelta

Die freigelegten Ruinen zählen zu den ältesten christlichen Monumenten Ägyptens. Innerhalb der Grundmauerreste der großen Basilika errichteten Mönche eine Holzbaracke, die als Kirche dient. Sie verdeutlicht die Dimensionen der Basilika, von der Säulenreste erhalten sind. Nach Westen schloss sich die Gruft- oder Märtyrerkirche mit der Krypta an, die ehemals die Gebeine von Mena enthielt, danach das Baptisterium. Vom dahinter liegenden Schutthügel gewinnt man einen guten Überblick über die Gesamtanlage, die südlich mit einer im Halbrund erbauten Unterkunft für Kranke abschloss, nach Norden mit einem großen Pilgerplatz, Pilgerherbergen und entsprechender Infrastruktur. Allerdings sollte man sich mit dem Besuch beeilen: Eindringendes Grund- oder Drainagewasser gefährdet die relativ tief liegenden Ruinen dermaßen, dass die UNESCO bereits androhte, den Komplex aus der Liste des Weltkulturerbes zu streichen.

Nördlich des antiken Pilgerorts bauten koptische Mönche in den 60er Jahren ein neues Kloster, über dessen hohe Wehrmauern die mächtige Kuppel der Hauptkirche sowie weitere Türme und Kuppeln ragen. In einer Krypta dieser Kathedrale liegt der koptische Papst Kyrillos VI (1959-1971) begraben, der die Neugründung 1959 beschlossen hatte. Auch die Reliquien von Mena wurden von Alt-Kairo, wohin sie nach der Zerstörung der Pilgerstadt im 9. Jh gebracht worden waren, wieder hierher überführt.

Der Baueifer der Mönche ist umso bewundernswerter, als sie in den ersten Jahren nach 1959 über keinerlei Wasservorkommen verfügten. Alles Nass musste von einer über 5 km entfernten Versorgungsstelle herangeschafft werden, ursprünglich per Eselskarren, dann mit Tankwagen. Erst viel später erreichte die direkte Wasserzuführung über Kanäle der Neulandgewinnung das Kloster. Die klostereigene Handschriftenabteilung, in der koptische Handschriften aus aller Welt restauriert und digitalisiert werden, ist bekannt und kann mit Unterstützung eines Mönchs besichtigt werden.

Heute leben etwa 100 Mönche im Kloster, das zu den größten und reichsten Ägyptens zählt. Unterhalten wird der ausgedehnte Komplex durch landwirtschaftliche Aktivitäten und durch die Spenden der zahlreichen Pilger. Sicher werden Sie beim Besuch überrascht sein von der Unbefangenheit der koptischen Gläubigen, in der einerseits Familienleben mit herumtollenden Kindern stattfindet, andererseits aber auch die tiefe Frömmigkeit aller vertretenen Generationen sichtbar wird.

▶ **Anfahrt:** Die vierspurig ausgebaute Straße von Amiriya nach Borg el Arab verläuft quasi parallel zur Küstenstraße zum neuen Stadtbezirk von Borg el Arab und darüber hinaus. Nach 24 km überquert sie die Eisenbahnlinie nach Marsa Matruh. An den nächsten Kreuzungen immer geradeaus halten. Bald tauchen Neubausiedlungen und links der Straße große Industriesiedlungen auf. 8 km nach dem Bahnübergang zweigt kurz nach dem Schild „Entrance 2 G" in einer Rechtskurve links eine Straße nach Süden ab. Man muss bis zur nächsten Kreuzung weiterfahren, einen U-Turn einlegen und dann dieser Straße nach Süden folgen. Bald sieht man die Kirchtürme des Klosters und hält darauf zu (8 km). Die Ruinen der alten Siedlung liegen 3 km südlich.

▶ Sporadisch - besonders am Wochenende - fahren von Alexandria Minibusse (Taxi-Terminal) zum Kloster. Als Alternative bleibt nur eine Taxifahrt entweder von Alexandria oder (nach einer Minibusfahrt) von Borg el Arab aus.

▶ **Rückweg:** Es ist durchaus möglich, sich von hier aus sozusagen querfeldein zur Desert Road durchzuschlagen. Die Route führt mitten durch ein für Städter-Augen gigantisches Projekt zur Begrünung der Wüste. Es ist erstaunlich, was der sonst so tot aussehende Boden hervorbringt. Daher lohnt es sich, vielleicht ein paar Umwege in Kauf zu nehmen und unterwegs ein positives Beispiel menschlicher Schaffenskraft zu bestaunen.

Die gesamte Gegend zählt zu den Fruchtlandgewinnungs-Projekten, die sich bis zur Deltaregion hinziehen. Ein Netz von großen und kleinen

Abu Mena Kloster - Neubau einst mitten in der Wüste

Kanälen sorgt für die Wasserzufuhr. Lag bei unserem ersten Besuch 1983 das Kloster noch einsam mitten in der Wüste, so kann man sich heute nicht mehr vorstellen, dass über Jahrtausende hier nichts wuchs.

Weiter von Amiriya auf der Wüstenautobahn nach Kairo:

Nach 71 km: Hier zweigt eine 135 km lange Autobahn nach El Alamein ab, die den Weg in den Westen stark abkürzt.

Nach 20 km Resthouse und Abzweig:

***Wadi Natrun

Hintergrund: Das etwa 35 km lange und bis zu 10 km breite Wadi Natrun liegt bis zu 24 m tiefer als der Meeresspiegel; vom Niltal her drückt Grundwasser ins Tal, das die über 10 000 Bewohner zur Bewässerung nutzen. Eine Reihe von Seen trocknen im Frühjahr aus, dabei wird Salz und Natron (früher für die Mumifizierung wichtig) gewonnen. Im Winter steigt der Wasserspiegel wieder. Am nördlichsten liegt der Birket Gara, weiter südlich der Birket Bayda, der im Sommer völlig austrocknet und daher den Namen Weißer See erhielt. Im stark salzhaltigen Wasser des südlichen Birket Mawhala kann man gemütlich schwimmen. Im Westen des Wadi Natrun beginnt der Bahr Bela Ma, der Fluss ohne Wasser, dessen sandiges, viele Kilometer breites und häufig mit versteinerten Bäumen bedecktes Bett bis zur Oase Dakhla reicht.

Im 4. Jh zogen viele Christen als Einsiedler in diese Gegend, später gründeten sie Klöster, von denen vier noch heute erhalten sind. Da diese Gemeinschaften häufig unter Überfällen zu leiden hatten, bauten sie ihre Klöster zu Schutzburgen mit hohen Mauern und einem Schutzturm als letzte Rückzugsmöglichkeit aus.

Die beliebte Raststelle auf dem Weg nach Kairo bietet Tankstelle, Restaurants, Pizzeria, Souvenirshops etc. Schließen Sie Ihr parkendes Fahrzeug gut ab, uns wurde wiederholt von Einbrüchen berichtet.

Wenn Sie mit öffentlichen Verkehrsmitteln unterwegs sind: Die Busse der West Delta Bus Co. halten am Rasthaus, einige fahren zum Hauptort Bir Hooker. Von dort bzw. vom Rasthaus fahren Sammeltaxis zu einigen Klöstern, am besten ein Taxi für einen Rundtrip anheuern. Nach Bir Hooker (wird meist als „Wadi Natrun" ausgerufen) fahren auch Minibusse vom Midan Helmi hinter dem Ramsis-Bahnhof in Kairo.

Besuch der Klöster
Bishoi, Surian und Baramus

Das im 4. Jh gegründete **Deir Amba Bishoi Kloster** (geöffnet täglich 9-18, auch während der Fastenzeit) überrascht mit der großen und gut erhaltenen, dem heiligen Bishoi geweihten Basilika und dem Klostergebäude für die Mönche. Ein deutsch oder englisch

3 Alexandria, Mittelmeerküste, Nildelta

sprechender Mönch führt Besucher und verdeutlicht die Entwicklung des Mönchtums über die Jahrhunderte. Er zeigt die Basilika St. Bishoi, den Festungsturm, alte Mönchszellen und das Refektorium mit Gegenständen des früheren täglichen Lebens. Derzeit leben etwa 150 Mönche und 300 Arbeiter im Kloster, das sich durch die landwirtschaftlichen Erträge finanziert. Außerhalb der ursprünglichen Mauern wurde eine neue große Kirche errichtet.

Das nur 500 m entfernte **Deir el Surian Kloster** (Syrer-Kloster; während Fastenzeit geschlossen, sonst 9-16 für Einzelbesucher geöffnet) wurde im 10. Jh von einem syrischen Kaufmann erworben und syrischen Mönchen geschenkt. Es ist mit seinen Gärten, der aus dem 9. Jh stammenden El Adra Kirche mit schönen Fresken und Ikonen, mit Schutzturm, den Wohn- und Wirtschaftsgebäuden sowie einer bekannten Bibliothek vielleicht interessanter als das Bishoi Kloster. Heute leben etwa 120 Mönche hier.

Das **Deir el Baramus Kloster** (8-16 für Einzelbesucher) mit etwa 80 Mönchen ist das entlegenste. Hinter einer langgezogenen modernen Mauer verbirgt sich ein großer landwirtschaftlicher Komplex, in dem einige Hundert Arbeiter beschäftigt sind. Einige davon kümmern sich offenbar mit großer Sorgfalt um die Grünanlagen, die durchaus einem alten Gut zur Ehre gereichen würden. Ein kunstbeflissener Mönch schnitzte und stellte diverse Skulpturen auf. Dieses sehr „gepflegte" Kloster macht von der Stimmung her den besten Eindruck im Wadi Natrun.

Der eigentliche, alte Klosterkomplex besteht aus mehreren Kirchen, u.a. der sehenswerten Basilika der Jungfrau Maria mit alten Fresken und Ikonen. Ihre Säulen sind römischen Ursprungs, das Refektorium ist durch einen Gang direkt mit der Kirche verbunden. Vor der Basilika steht der dreistöckige Schutzturm mit Mönchszellen, Kapelle und Speicher.

▶ **Anfahrt:** Rechts vom Rasthaus führt eine Straße ins Wadi Natrun. Nach ca. 4 km erreicht man das kleine Dorf Bir Hooker. Am Marktplatz geradeaus halten und wenig später dem Straßenverlauf erst nach links, dann rechts folgen. 6 km von der Autobahn trifft man auf eine Kreuzung mit Wegweiser zu den Klöstern: links 5 km nach Bishoi und Surian, geradeaus 6 km nach Baramus.

Zurück zum Rasthaus, nach 13 km Abzweig. Rechts 5 km zum **Makarios Kloster**, das erst nach dem Zweiten Weltkrieg aus dem Sand gegraben, renoviert und massiv erweitert wurde. Bekannt ist die Makarios-Kirche wegen der aus dem 10. Jh stammenden Ikonostasen und dem Schrein des Hl. Makarios. Neben zwei weiteren Kirchen finden Sie den typischen Schutzturm, in den die Mönche bei Überfällen flohen und dessen Stockwerke sie mit Kapellen, Zellen und Speichern ausbauten.

Die etwa 100 Mönche engagieren sich besonders in der Entwicklung neuer landwirtschaftlicher Anbaumethoden, widerstandsfähigerer und ertragreicher Pflanzen oder Tiere und in der Urbarmachung der Wüste. Die Ergebnisse ihrer Forschungs- und Entwicklungstätigkeit sieht man ringsum wachsen und blühen; ihre Erkenntnisse und Erfahrungen stehen der Allgemeinheit kostenfrei zur Verfügung. Im landwirtschaftlichen Komplex sind etwa 800 Arbeiter beschäftigt, die meisten von ihnen kommen aus Oberägypten.

In die Mönchsgemeinschaft (aller Klöster) wird nur aufgenommen, wer bereits im täglichen Leben seinen Mann gestanden und den Wehrdienst abgeleistet hat. Die meisten Mönche sind Akademiker, darunter viele Ärzte und Ingenieure.

Nach 3 km:
Sadat City, Entlastungsstadt für Kairo.
Nach 62 km: Autobahnkreuzung (kurz nach Mautstelle)
Rechts zur Entlastungsstadt 6.October und zur Oase Bahariya, links auf der Zubringerautobahn namens *26.July Corridor* nach Kairo-Mohandissin und ins Stadtzentrum.
Nach 10 km: Autobahnkreuzung mit dem nördlichen Teil der Ringroad
Nach 3 km: Großer Kreisel

Damanhur

Rechts ins Fayum und in die Oasen, links die Sharia Faisal ins Zentrum
Nach 1 km: **Giseh**
Die Stadt der Pyramiden ist erreicht. An der T-Kreuzung können Sie rechts zum Mena House Hotel und zu den Pyramiden abbiegen, links führt die Pyramid Road ins Stadtzentrum von Kairo.

Deltastraße Alexandria - Kairo

Die Straße nach Kairo (auch *Agriculture Road* genannt) ist vierspurig ausgebaut. Sie zählt zu den gefährlichsten Straßen Ägyptens: starker Verkehr, überladene Lkw, unachtsame Fahrer. Vermeiden Sie Nachtfahrten auf dieser 225 km langen Strecke.
▶ **Öffentliche Verkehrsmittel:** Busse, Minibusse und Sammeltaxis verkehren in reger Frequenz zwischen den Städten.
Ausfahrt aus Alexandria siehe Seite 164.
Nach 28 km: links 2 km nach **Kafr el Dauwar**. Hier findet ein sehr bunter und sehenswerter Gemüsemarkt statt. Die Marktstraßen liegen gleich nach der Überführung rechts. Wenn Sie, aus Kairo kommend, in die östlichen Bezirke von Alexandria reisen wollen, könnten Sie hier den Kanal überqueren und dann auf der anderen Seite weiter gen Norden fahren. Auf dieser Strecke kommen Sie an der größten ägyptischen Textilfabrik, den staatlichen Misr-Textilwerken vorbei.
Nach 1 km: Abzweig (an einer Tankstelle)
Rechts führt eine Straßenverbindung über Matamir und das **Weingut Gianaklis** zur Wüstenautobahn. Das Weingut war mit etwa 7000 ha das größte Ägyptens. Der Grieche Gianaklis hatte es im 19. Jh gegründet und zum führenden Weinproduzenten Ägyptens ausgebaut. Nasser ließ es verstaatlichen; es verkam, der Name blieb aber erhalten. 1999 wurde es wieder privatisiert.
Nach 7 km ist eine Köhlerei zu besichtigen. An der Kreuzung bei km 33 rechts halten (links Matamir). Bei km 40 überquert man eine Kanalbrücke mit Blick auf das ehemalige Gutshaus Gianaklis (heute zeitweilig vom Staatspräsidenten bewohnt), danach rechts das Verwaltungsgebäude (Weinverkauf nach ca. 1 km rechts durch eine Schranke, dann 5 km in nördlicher Richtung). Von hier aus 19 km bis zur Wüstenautobahn.
Nach 36 km:

Damanhur

Provinzhauptstadt, Baumwollverarbeitung. Zu Ehren des jüdischen Heiligen Abu Hatzira findet hier jährlich ein jüdisches Fest *(Mulid)* statt, das deutlich anders und eher westlich abgehalten wird als die üblichen Mulids.
Nach 45 km: Brücke über den Rosetta-Nilarm
Nach 23 km:

Tanta

Provinzhauptstadt und Handelszentrum des Deltas. Jährlich im Oktober feiert man hier ein großes islamisches Fest *(Mulid)* zu Ehren des im ganzen Land verehrten Heiligen Ahmed el Badawi, der 40 Jahre in Tanta lebte. Dieser Mulid (zwei kleinere finden im Januar und März statt) zieht zahllose Pilger aus ganz Ägypten an. Er trug wesentlich zur wirtschaftlichen Entwicklung von Tanta bei. Die große, im türkischen Stil erbaute **Moschee** ist dem Heiligen geweiht. Auch außerhalb der Festtage ist sie vom regen Treiben der Gläubigen erfüllt und einen Besuch durchaus wert. In einer Seitenstraße der Sharia El Bachr (Hauptstraße im Ort), am Andalusischen Garten, liegt ein Museum.
Nach 47 km: Brücke über den Damietta-Nilarm
Nach 35 km: Abzweig
Rechts - im Ort Qalyub - 10 km zu Nilstaudämmen **Barrages du Nil** (siehe Seite 271).
Nach 15 km: Kairo

Östliches Deltagebiet

In diesem Kapitel beschreiben wir einige Alternativen, um das an sich interessante Deltagebiet abseits der üblichen Durchgangsstraßen etwas kennenzulernen; denn wegen der weniger spektakulären historischen Zeugnisse steht es praktisch auf keinem Sightseeing-Pro-

3 Alexandria, Mittelmeerküste, Nildelta

gramm. Das bietet dem Individualreisenden die Chance, im täglichen Leben mitschwimmen zu können und nicht ständig von Bakschischjägern umlagert zu sein.

Zagazig und Tanis

Wenn Sie ein bisschen mehr vom Delta sehen wollen, dann empfiehlt sich z.B. die Strecke Tanta - Mit Ghamir - Abou Kebir - Faqus - Ismailiya, die Sie auch beim lohnenswerten Besuch von **Tanis** in der Nähe von **San el Hagar** streckenweise benutzen können.

Die Reise mit **öffentlichen Verkehrsmitteln** ist einigermaßen umständlich und mit Schwierigkeit verbunden, weil man nur in Zagazig und eventuell Husseiniya (unkomfortabel) übernachten kann: von Kairo per Zug nach Zagazig. Von dort fährt ein Bus nach San el Hagar (Busbahnhof am Stadtrand). Oder man schlägt sich von Zagazig mit Minibussen nach Husseiniya durch und dann weiter nach San el Hagar.

Deutlich zügiger kommt man im Auto voran, wenn auch das Fahren auf den stark frequentierten Straßen, die mit „Speedbrakern" gespickt sind, kein allzu großes Vergnügen bereitet. Von Kairo aus sollte man zunächst Zagazig - im Übrigen eine durchaus sympathische Stadt - anfahren. Dazu bieten sich zwei Routen an: Einmal der Agriculture Road durchs Delta bis Benha folgen und dann rechts 35 km nach Zagazig, oder vom Stadtzentrum aus über Heliopolis (Flughafen) über eine recht gute Straße durch die Wüste nach Bilbeis (60 km) und dann weitere 25 km nach Zagazig.

Zagazig

Die Provinzhauptstadt hat einen sehr geschäftigen Souk und die üblichen Verwaltungseinrichtungen. Am südöstlichen Stadtrand von Zagazig - zwischen Sharia Mustafa Kamal und Sharia Bulbais - liegen die Ruinen der antiken Stadt **Bubastis**, Hauptkultort der katzengestaltigen Göttin Bastet. Zum Hauptfest der Göttin strömten in pharaonischen Zeiten mehr als 700 000 Menschen zusammen; Herodot hielt den Bastet-Tempel für den schönsten Ägyptens.

Links der von Bilbeis kommenden und nach Ismailiya ausgeschilderten Straße sieht man Reste eines Tempels des Alten Reichs, rechts neben einem Magazin der Altertümerverwaltung die Ruinen eines Tempels von Osorkon II aus der 3. Zwischenzeit. Über ein ausgedehntes Areal verstreut liegen Blöcke mit Reliefs des Sed-Festes, des königlichen Erneuerungsfestes, und Reste zahlreicher Statuengruppen, mehr zur modernen Siedlung hin ein Palast aus dem Mittleren Reich und eine Nekropole aus dem Alten Reich. Vorsicht: im hinteren Teil des Geländes Schießplatz der ägyptischen Armee, durch Zäune abgegrenzt. In der Nähe der Stadtverwaltung wurde ein interessantes Museum (Mi-Mo 9-13) mit Funden aus der Umgebung eingerichtet.

Von Zagazig nach Tanis

Man muss sich in der Stadt die auch englisch ausgeschilderte Straße nach Ismailiya suchen und ihr folgen.

Nach 23 km: Abou Kebir, geradeaus durch den Ort

Nach 12 km: Faqus

Am Stadtbeginn von Faqus gabelt sich die Straße, fahren Sie nicht geradeaus in die Stadt, sondern nehmen Sie links die Umgehungsstraße. Von Faqus fahren täglich Direktbusse nach Port Said, Ismailiya und Suez.

Nach 2 km: links ab Richtung Husseiniya

An dem folgenden Straßenstück liegen einige pharaonische Stätten, die touristisch nicht zugänglich sind: Tell ed Daba, der Ort der ehemaligen Hyksos-Hauptstadt Auaris (heute nichts mehr zu sehen), dann folgt **Kantir** (langjährige deutsche Grabungen), die Hauptstadt **Pi-Ramesse** in der Ramessidenzeit (umfangreiche österreichische Grabungen).

Nach 21 km: Husseiniya

In der Mitte des Städtchens links ein Abzweig an einem Uhrenturm, doch weiter geradeaus.

Nach 3 km: bei Gezirert Saud links abbiegen

Nach 16 km: San el Hagar

Rechts der Hauptstraße liegt das ausgedehnte Hügelgelände mit dem Ruinenfeld, oben auf dem Hügel steht das Grabungshaus der Franzosen.

**Tanis

Hintergrund: *Tanis, die Hauptstadt Ägyptens in der 3. Zwischenzeit (21./22. Dyn.), lag in der Antike in Küstennähe am tanitischen Nilarm. Dieser ist heute versandet, das Ufer des Mansala-Sees verläuft jetzt etliche Kilometer weiter nördlich. Aus der flachen Ebene ragt der gewaltige Hügel (Tell) schon von weitem deutlich sichtbar heraus: Das gesamte Gebiet der alten Stadt umfasst ein Gelände von ca. 1 x 3 km, das nur zum Teil ausgegraben ist. Darin liegt der große Amun-Tempel (in Ost-West-Richtung), von einer Ziegelmauer von 430 x 370 m eingefasst. Ursprünglich war dies die größte Tempelanlage im Delta, nur von Karnak in Luxor in der Ausdehnung übertroffen. Die wenigen noch aufrecht stehenden Blöcke sprechen dafür, dass der Tempel vermutlich durch ein Erdbeben zerstört wurde.*

In dem weitläufigen Gelände (£E 20 Eintritt) können Sie auf Entdeckungstour gehen: Blöcke mit zum Teil hervorragenden Reliefs, fragmentarische Kolossalfiguren, Säulen und Kapitelle liegen und stehen im Sand, ebenso mehrere Obelisken. Einer von ihnen wurde vor wenigen Jahren nach Kairo gebracht und vor dem Flughafen aufgestellt.

Am Ende der Tempelachse folgt jenseits der inneren Umwallung ein weiterer Tempel. Das Spannende an all den Überresten: Sie stammen nicht aus der Erbauungszeit des Tempels, sondern aus früheren Epochen, aus dem Alten und Mittleren Reich (Blöcke von Cheops und Chefren, Sesostris I), vor allem aber aus der Ramessidenzeit. Deswegen wurde Tanis lange Zeit für die Ramses-Stadt gehalten - erst die Grabungen in Kantir stellten klar, dass man sich in Tanis geirrt hatte, und dass man in der 3. Zwischenzeit im steinarmen Delta praktisch alles in Kantir abräumte und nach Tanis schaffte, vermutlich auch aus anderen Deltastädten.

Rechts der Tempelachse liegen die Gräber der Könige der 21./22. Dynastie, ursprünglich unterirdische Kammern (nicht zugänglich, meist im Grundwasser). Hier fand der französische Ausgräber Montet in den Jahren 1939-1946 die fast unzerstörten Bestattungsrelikte der Könige Psusennes I, Amenemope, Osorkon III und Scheschonk III sowie zweier Beamter - in Silbersärgen, mit Goldmasken, ihrem gesamten Schmuck und Gefäßen aus Edelmetall - ein Fund, der mit der Entdeckung des Tutanchamun-Grabes zu vergleichen ist, aber wegen des Zweiten Weltkrieges nicht ins Bewusstsein der Öffentlichkeit drang. Heute steht er nahezu gleichrangig neben den Exponaten des Tutanchamun im Ägyptischen Museum in Kairo.

Von Tanis aus könnten Sie (über schlechte Straßen) nach **Damietta** weiterfahren und sich an der Mittelmeerküste ausruhen, siehe Seite 198. Oder aber Sie kehren um in Richtung Zagazig und biegen in Abou Kebir rechts ab nach Simbellawin, wo man 8 km nach Nordosten über Feldwege zu den gewaltigen Ruinen der Stadt **Mendes**, **Tell Timai** und **Tell el Roba** fährt (Wer ohne Auto unterwegs ist, nimmt am besten in Simbellawin ein Taxi nach Roba). Hier wurde der Widder von Mendes verehrt; riesige Sarkophage zur Bestattung der Tiere sind noch im Ruinengelände zu sehen. Amerikanische Archäologen legten Gräber aus dem Alten Reich frei. Am beeindruckendsten jedoch ist der weithin sichtbare, fast 8 m hohe Naos aus einem einzigen Granitblock. Er trägt eine Inschrift des Amasis aus der 26. Dynastie. Ursprünglich standen vier Schreine im heute verschwundenen Tempel.

Dieser Schrein spielt heute noch eine wichtige Rolle im Volksglauben: Selbst aus Tanis wandern (eine gute Tagestour) jung verheiratete Frauen hierher, gehen um den Naos herum und lassen sich anschließend auf einem der Blöcke nieder - ein Ritual, das die Fruchtbarkeit fördern soll.

Von Tanta über El Mansura nach Damietta

Von Tanta führt eine gute Straße über El Mansura nach Damietta. Auch diese Route bietet gute Einblicke in das bäuerliche Leben des

3 Alexandria, Mittelmeerküste, Nildelta

Deltas. Man fährt 32 km bis Mahalla el Kubra, dann nach 25 km:

Talkha/El Mansura

Hintergrund: *El Mansura - auf dem rechten Ufer des Damietta-Nilarms gelegen - ist bekannt als die Stadt, bei der 1249 die Kreuzfahrer unter Ludwig IX von einem Söldnerheer unter Sultan El Salah geschlagen wurden. Ludwig geriet in Gefangenschaft und konnte sich nur durch ein Lösegeld freikaufen. Mit diesem Sieg drängten die Muslime endgültig die Eroberungen der Christen zurück und läuteten damit das Ende der europäischen Kreuzzugseuphorie ein. Das etwas bunte Heer des Sultans wurde später unter dem Namen Mamluken bekannt; der Sieg hier verführte die Truppe, den Sultan zu ermorden und in Kairo die Macht zu erobern - von der sie dann 250 Jahre lang, bis zum Einzug der Osmanen, nicht abließ.*

Die Stadt selbst bietet keine besondere Sehenswürdigkeit außer dem ehemaligen Europäerviertel mit alten Villen in großen Gärten, der nicht hässlichen El Muwafik Moschee und der von recht gepflegten Parkanlagen gesäumten Corniche am Nil. Eine Brücke führt zur Nilinsel, mit einladenden Cafeterias.
Nach 51 km: Abzweig zum Internationalen Highway, siehe Seite 165.
Nach 2 km: Abzweig nach Damietta Port, dem neu gebauten Hafen von Damietta.
Nach 5 km:
Abzweig zum Badeort **Ras el Bar**
Nach 4 km:

Damietta

Hintergrund: *Damietta (ägyptisch Dumyat) lag vor allem im 13. Jh im Visier der Kreuzritter, die von hier aus versuchten, in Ägypten Fuß zu fassen. Sie hielten die Stadt von 1219-1221, dann wurde sie von den Ägyptern zurückerobert. Das stark zerstörte Damietta wurde geschleift und in der Nähe wieder aufgebaut. Bis zur Wiederbelebung Alexandrias durch Muhammed Ali im 19. Jh waren Damietta und Rosetta die bedeutendsten ägyptischen Mittelmeerhäfen. In den 1980er Jahren wurde in der Nähe ein neuer Hafen zur Entlastung Alexandrias gebaut.*

Aus der vergangenen Blütezeit sind eine Reihe von Moscheen und Bürgerhäusern erhalten geblieben. Die El Gabana Moschee im Nordosten der Stadt stammt aus dem 13. Jh, die El Bahr Moschee im Zentrum gehört theologisch zur Al Azhar Universität in Kairo. Der Souk von Damietta bietet alles, was das Herz eines Ägypters begehrt; touristischer Nepp hat mangels Nachfrage noch nicht Einzug gehalten.
Von Damietta führt eine auf dem Haff bzw. einem Damm zwischen Mittelmeer und Manzala-See angelegte Schnellstraße (72 km) nach **Port Said** (siehe Seite 575).

Badeorte

Vielleicht wollen Sie eine Erholungspause am Mittelmeer einlegen: **Ras El Bar**, 13 km nordwestlich von Damietta, direkt an der Mündung des Damietta-Nilarms gelegen, ist ein beliebter Badeort der Ägypter mit allerdings nicht allzu anspruchsvoller Infrastruktur, aber wohl Tausenden von Unterkunftsmöglichkeiten für den ägyptischen Mittelstand. Hier steht relativ einfallslos Haus an Haus, kaum weniger eng als in den Städten des Niltals, der Strand liegt meist weit entfernt. Außerhalb der sommerlichen Badesaison macht der Ort den Eindruck einer Geisterstadt. Ein ähnliches Schicksal erleidet die knapp 30 km Küstenlinie weiter westlich gelegene „Nachbar-Badestadt" Gamassa, die nur durch den neuen Hafen und ewig lange Sandstrände von Ras El Bar getrennt ist.
Ebenfalls Urlaub ohne Europäer können Sie, unter allerdings einfachsten Verhältnissen, in den Städtchen El Manzala und El Matarya an der Südküste des Manzala-Sees verleben. Von El Matarya gibt es auch eine Fährverbindung über den See nach Port Said.

Schreiben Sie uns bitte, wenn Sie Änderungen feststellen oder Neues entdecken.

Kairo und Umgebung kennenlernen

Kommen Sie mit in ein Riesenlabyrinth, das überquillt von Lärm, Menschen, Autos, Dreck, in dem neben Hochhäusern das Leben in pharaonisch geprägten Lehmhütten wie vor Jahrtausenden (scheinbar) dahinplätschert, dessen durch und durch orientalische Bazare alle Wohlgerüche des Orients verströmen und dessen chronische Verkehrsstaus zusammen mit allen anderen Luftverpestern den Himmel verdüstern. Und dennoch: Wenn Ihnen Schafe oder (immer seltener) Kamele über den Weg laufen, wenn im Bazar Pfefferschwaden Ihre Nase reizen oder der Bazari zu einem Glas Tee im Dämmerlicht drängt, dann ist das der Orient in all seiner fantastischen und sympathischen Vielfalt.

Viele Touristen schrecken entsetzt vor dem vermeintlichen (häufig auch tatsächlichen) Chaos Kairos zurück, trauen sich kaum einen eigenen Schritt. Aber erst dann, wenn Sie allein oder zu zweit durch die Straßen wandern, werden Sie das echte Kairo erleben können. Sie werden, vielleicht etwas abseits der Touristengebiete, Menschen treffen, die Ihnen freundlich mit offenen Augen begegnen, die Ihnen sofort weiterhelfen, wenn Sie sich verloren glauben und – wo gibt es das noch – unter denen Sie sich sicher fühlen können.

Stadtgeschichte

*641 nC erobert der vom Kalifen in Bagdad ausgesandte **Amr Ibn el Ass** die römische Festung Babylon (heute Alt-Kairo). Aus dem Heerlager Amrs entwickelt sich bald eine Stadt mit u.a. Wasser- und Abwasserversorgung, die **El Fustat** genannt wird und zu den glanzvollsten jener Zeit gehört. Von den **Abbasiden** in Bagdad ernannte Gouverneure regieren Ägypten. 868 macht sich einer der Statthalter, **Ibn Tulun**, unabhängig und errichtet die nach ihm benannte Moschee und gründet eine kurzlebige Dynastie, die bereits 905 von den Abbasiden blutig wieder beseitigt wird. 935 setzt sich der Türke **Ichschide** erneut gegen die Abbasiden durch, wird jedoch 969 von den **Fatimiden** verdrängt. Sie kommen aus Nordafrika, sind*

Kairo - Blick auf den Nil, die Südspitze der Insel Gezira und den Cairo Tower im Hintergrund

4 Kairo und Umgebung kennenlernen

Sehenswertes

Die interessantesten Sehenswürdigkeiten Kairos auf einen Blick:

Modernes Kairo

****Ägyptisches Museum**, berühmtestes Museum der Pharaonenzeit mit mehr als 100 000 Exponaten, u.a. Grabschatz des Tutanchamun, Seite 206

***Insel Gezira** mit **Cairo Tower** (guter Aus- und Überblick), **Opernhaus**, **Museum of Modern Egyptian Art** und weiteren Museen, ab Seite 217

***Museum für Islamische Keramik**, relativ kleines Haus, aber mit auserlesenen Keramiken aus der islamischen Welt, Seite 218

Mahmoud Khalil Museum, sehenswerte Sammlung impressionistischer Maler

Downtown, sehr lebendiges Stadtzentrum, Seite 220

*Landwirtschaftsmuseum** (in Dokki) mit Gebrauchsgegenständen des täglichen Lebens seit der Zeit der ersten Pharaonen, Seite 218

* **Zoologischer Botanischer** und **Botanischer Garten**, ab Seite 220

Islamisches Kairo (Altstadt)

****Souks und Märkte**, beiderseits der Sharia Al Azhar, insbesondere der **Khan el Khalili Bazar**, ab Seite 225

****Beyt el Suhaimi Palast**, typischer und sehr stimmungsvoller Sheikh-Palast und Nachbarhäuser, Seite 234

***Gayer-Anderson-Haus**, ein im alten Stil restauriertes Wohnhaus direkt an der Ibn-Tulun-Moschee, Seite 253

***Ibn Tulun-Moschee**, altes, imposantes und ausgewogenes Bauwerk aus der Frühzeit des Islams in Ägypten, Seite 250

***Museum für Islamische Kunst**, quasi das "Standardmuseum" der islamischen Kunst mit hervorragenden Stücken, Seite 223

***Zitadelle** u.a. mit ***Mohammed-Ali-Moschee** ("Alabaster-Moschee"), **Mohammed Alis Palast**, **Nasir-Moschee**, Militärmuseum und herrlichem Ausblick, Seite 245

***Sultan Hassan-Moschee**, eines der Meisterwerke islamischer Architektur, Seite 249

***Al Azhar-Moschee**, einflussreichste Moschee und Institution mit ältester Universität des Islams, Seite 238

***Mausoleum-Sebil-Kuttab** und **Moschee** von **El Ghuri**; vor allem das erstgeannte Gebäude ist wegen seiner hervorragenden Restaurierung sehenswert, Seite 240

***Kalaun Mausoleum und Madrasa**, interessanter Komplex mit schönen Mashrabiyen und Dekorationen, Seite 236

***Totenstädte**, Kairos Friedhöfe mit einer Vielzahl von Kuppelgewölben, besonders beachtenswert in der nördlichen Totenstadt die **Mausoleen von ***Sultan Barquq** und von ***Sultan Ashraf Qaytbay**, in der südlichen Totenstadt das Mausoleum des **Imam el Shafi,** ab Seite 254

Hussein-Moschee mit dem Kopf des Enkels des Propheten als Reliquie (beliebte Moschee für die täglichen Gebete), Seite 230

El Hakim-Moschee, renoviert, daneben die beiden nördlichen *Stadttore Bab el Futuh** und **Bab el Nasr** mit der dazugehörigen Stadtmauer, Seite 233

Aq Sunqur-Moschee, die wegen ihrer glasierten persischen Fliesen auch **Blaue Moschee** genannt wird, Seite 244

Sehenswertes

**Er Rifai-Moschee, ("Schwester" der Sultan-Hassan-Moschee) mit vielen Stilelementen aus der islamischen Vergangenheit, Seite 250

*Aqmar-Moschee, sehenswertes Bauwerk aus der fatimidischen Epoche (10. Jh), Seite 235

*Beshtak-Palast, typischer Wohnpalast aus dem 14. Jh für ehemals gehobene Verhältnisse, Seite 235

*Mausoleum des Saleh Nageh Ad Din Ayyub, gut restauriertes Bauwerk, das mit den besten Eindruck von alter islamischer Architektur vermittelt, Seite 238

*Wakala El Ghuri, sehr gut restaurierte Karawanserei, heute ein Atelier-Haus, Seite 240

*Muayyad-Moschee mit dem Bronzetor der Sultan-Hassan-Moschee und baumbestandenem Innenhof, Seite 242

*Qajmas el Ishaqi-Moschee, interessantes Bauwerk aus dem 15. Jh mit schönen Marmor-Intarsien und guter Ventilation, Seite 243

*Altinbugha el Maridani-Moschee, aus dem 14. Jh stammende Moschee mit großer Holztrennwand zum baumbestandenen Innenhof, Seite 243

Alt-Kairo und Insel Roda

***Alt-Kairo, der älteste Stadtteil, ist wegen seiner koptischen Kirchen – besonders ****El Moallaka** und ****St. Sergius** – sowie des ******Koptischen Museums** einen Besuch wert, ab Seite 258

**Manial-Palast (Insel Roda), etwas überprächtiges Gebäude aus dem 19. Jh mit schönem Garten und Jagdmuseum, Seite 221

*Nilometer (Insel Roda), der viele Jahrhunderte zur Bestimmung des Wasserstandes diente und eindrucksvoll zeigt, wie hoch die Fluten stiegen, Seite 221

*Amr-Moschee, die älteste Moschee Kairos, Seite 262

Umgebung von Kairo

****Pyramiden von Giseh, **Sphinx, Sonnenboot, Gräber**, von alters her zu den Weltwundern zählend, am besten erhaltene Pyramiden, ab Seite 271

****Pyramiden von Sakkara - mit der sehenswerten *Stufenpyramide des Djoser* beginnt hier die Entwicklung des Pyramidenbaus – und Reste der im Fruchtland gelegenen ersten Hauptstadt Memphis, ab Seite 285

***Pyramiden von Dashur, die *Knickpyramide* zählt zu den bekanntesten, die Grabkammer der *Roten Pyramide* ist zugänglich, Seite 292

*Pyramiden von Abusir und Sonnenheiligtum, ziemlich zerstörte Anlage, Seite 283

*Pyramide von Medum, weit außerhalb gelegen, bekannt wegen der abgerutschten Verkleidung, Grabkammer zugänglich, Seite 293

Schiiten und führen diese islamische Glaubensrichtung in Ägypten ein. Zugleich verlegen sie die Hauptstadt ein Stück nördlich von Fustat und nennen sie **El Qahira** („Eroberer"), woraus sich das westliche Wort **Kairo** ableitet. Sie gründen die Al Azhar Moschee und setzen sich damit ein Denkmal bis auf den heutigen Tag. In ihrer prunkvollen Palastanlage auf der Fläche des heutigen Khan el Khalili-Bazars sind etwa 25 000 Bedienstete beschäftigt.

Als 1168 die Kreuzritter anrücken, zünden die Bewohner von Fustat ihre Stadt an allen Ecken an, damit sie nicht in Feindeshand fällt; sie brennt zwei Monate lang. Die z.T. glanzvolle Epoche der Fatimiden zerfällt schließlich; der Kurde **Salah el Din** („Saladin") ergreift, als er im Auftrag von Bagdad Ordnung schaffen und die Kreuzritter bekämpfen soll, die Macht und gründet die Dynastie der **Aijubiden**, die von 1171 bis 1250 regiert. Saladin baut die Zitadelle, das neue Machtzentrum.

4 Kairo und Umgebung kennenlernen

1250 kämpfen sich **Mamluken** an die Spitze. Sie waren meist als Sklaven in den Dienst eines Sultans geraten und zur militärischen Elite erzogen worden. 1382 entreißen die in der Zitadelle stationierten Burgi-Mamluken den aus den Kasernen am Fluss („Bahri") stammenden Bahri-Mamluken die Führung. Obwohl glanzvolle Epochen die Mamluken-Herrschaft begleiten, herrscht doch um die Macht ein ständiger Kampf auf Leben und Tod. Die durchschnittliche Regierungszeit von fünf Jahren pro Sultan spricht Bände.

1517 erobern die **Osmanen** aus dem fernen Konstantinopel Kairo und lassen den Mamlukensultan Tuman Bey am Bab Zuwela aufhängen. Jetzt übernehmen von der Hohen Pforte, der osmanischen Regierung, abhängige Paschas die Macht, die sich jedoch auf untergeordnete Mamluken stützen. Die Paschas halten sich durchschnittlich drei Jahre an der Regierung. Sie beuten das Land brutal aus, Krankheiten und Hungersnöte dezimieren die Bevölkerung.

1798 beendet **Napoleon** mit dem Einmarsch in Ägypten vorläufig die osmanische Herrschaft. Die Engländer, von den Osmanen zu Hilfe geholt, vertreiben 1801 die Franzosen und ziehen sich 1807 wieder zurück. Die Osmanen setzen 1805 den Albaner **Mohammed Ali** als Pascha ein. Dieser schaltet 1811 den Einfluss der Mamluken aus, indem er deren Elite zu einem Festmahl einlädt, sie aber innerhalb der Zitadelle in einem Hinterhalt umbringen lässt - 474 an der Zahl.

Mohammed Ali krempelt Ägypten und natürlich Kairo um. Sein Enkel Ismail lässt das heutige Stadtzentrum von französischen Architekten planen und bauen, Gasbeleuchtung installieren und Kanalisation legen. Die **Engländer** erobern 1882 Ägypten erneut und behalten bis 1924 im Hintergrund die tatsächliche Macht. In dieser Zeit zieht es viele Europäer nach Kairo, die im neuen Zentrum Gebäude der unterschiedlichsten Stilrichtungen bauen, von Neorenaissance und -barock über Jugendstil bis hin zu Art Deco. Mit dem **Staatsstreich der Offiziere** 1952 und der Absetzung König Faruks geht die Dynastie von Mohammed Ali zu Ende; der westliche Einfluss wird vorübergehend zurückgedrängt.

In den Folgejahren explodiert die Einwohnerzahl von Kairo. Besonders nach der Öffnung des Landes zum Westen unter Sadat entstehen neue Straßen und Wohnviertel, dehnt sich Kairo in alle Himmelsrichtungen aus.

Streng genommen, besteht es aus Kairo (etwa 8 Mio Einwohner) und Giseh, einer selbstständigen Verwaltungseinheit. Die Einwohnerzahl des Großraums Kairo wird auf bis zu 22 Millionen Menschen geschätzt.

Kairo als Regierungssitz beherbergt neben der gesamten Administration auch die diplomatischen Vertretungen, Universitäten, Museen und zahllose Baudenkmäler. Die Altstadt wurde in die des Weltkulturerbes aufgenommen.

Orientierung in Kairo

Kairo zu verstehen, sich im Gewirr der Gassen, Gänge, Straßen, Hochstraßen und Brücken zurechtzufinden, ist keine leichte Aufgabe. Will man nicht wie ein blindes Huhn herumirren, sollte man ein paar Minuten Zeit investieren und sich in die Topografie der Stadt hineindenken (siehe auch Plan Großraum Kairo, Seite 315).

Das alte Kairo entwickelte sich zwischen dem Nil und den Mokattam-Hügeln auf der östlichen Seite des Flusstals. Dieses Gebiet, heute meist *Islamisches Viertel* genannt, zieht sich von der Amr-Moschee (Alt-Kairo) bis zu den Resten der ehemals nördlichen Stadtmauer an der Hakim-Moschee hin. Dort lagen die Residenzen all der glanzvollen islamischen Herrscher.

Zwischen dem Islamischen Viertel und der Niluferstraße Corniche entstand das moderne Stadtzentrum. An der im Verkehr erstickenden (ehemaligen) Prachtstraße Corniche stehen u.a. Luxushotels (Semiramis, Hilton etc.) und Botschaften. Auch die beiden Nilinseln *Roda* und *Gezira* sind vollständig in das moderne Stadtbild einbezogen, wobei Gezira mit dem

Orientierung in Kairo

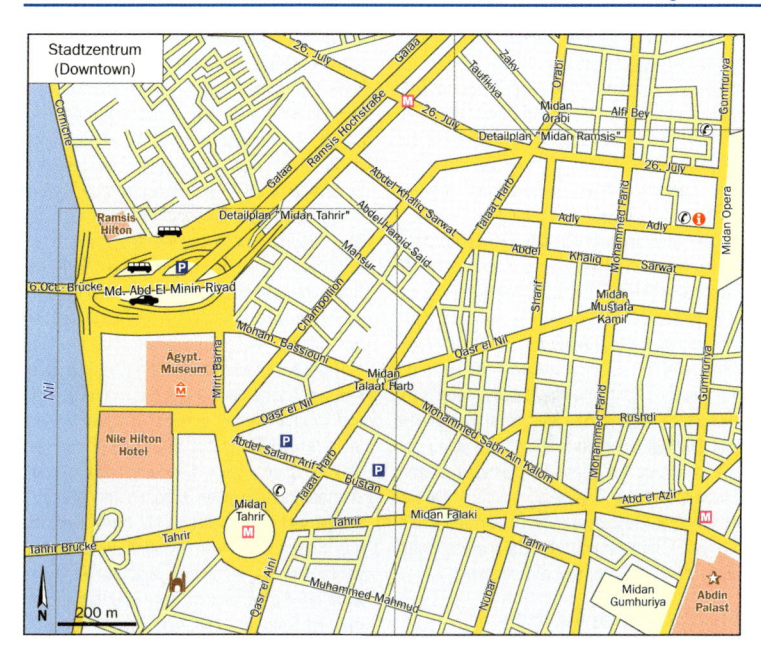

„Stadtteil" *Zamalek* die vornehmere Rolle übernommen hat, mit den entsprechenden Wohnvierteln und vielen Botschaften. Auf der anderen Seite des Nils liegen im Norden die neueren Stadtteile bzw. Wohnviertel *Mohandissin* und *Agouza*, südlich davon *Dokki* mit der Kairo-Universität und dem Zoo. Südwestlich schließt sich die selbstständige Stadt *Giseh* mit ca. 2,5 Millionen Einwohnern an, zu der die Pyramiden am westlichen Wüstenrand gehören, in praxi jedoch ist Giseh fest mit Kairo verwachsen.

Neben diesen zum eigentlichen Kerngebiet Kairos zählenden Vierteln sind aus touristischer Sicht noch zu erwähnen: die im Nordosten liegende Vorstadt *Heliopolis* (in pharaonischer Zeit bereits besiedelt) mit dem internationalen Flughafen, im Südosten die Vorstadt Maadi, ein teures Pflaster, wo viele Ausländer leben, und ein Stück weiter südlich das noch ältere Heluan.

„Kairo soll schöner werden" könnte man ein Programm nennen, das vermutlich gar nicht als strenge Auflage besteht, sondern vor allem dort umgesetzt wird, wo Mittel und Möglichkeiten es zulassen oder vielleicht auch politischer Druck dahintersteht. Speziell in der Innenstadt wurden einige Plätze renoviert und begrünt. Auf verschiedenen Straßen entstanden Pflanzeninseln oder andere Verschönerungen, sogar erste Fußgängerzonen konnten durchgesetzt werden. Insgesamt hat sich das Bild Kairos in letzter Zeit sehr positiv verändert.

Rund um die Hauptstadt wurden in den vergangenen Jahrzehnten Satellitenstädte - die bekannteste heißt „6.October City" - aus dem Boden gestampft, deren Bevölkerungszahl auf derzeit etwa 5 Millionen geschätzt wird. Aber auch an die Reichen wurde gedacht, denen Kairo nicht mehr attraktiv genug ist. In den neuen Städten finden sie exklusive Refugien, frei von

4 Kairo und Umgebung kennenlernen

Smog und Lärm, die mit Mauern und Wachpersonal abgeriegelt sind.

Im Zentrum und auch in anderen Stadtteilen wurden gut lesbare blaue Straßenschilder aufgestellt, deren englische Orthografie nicht unbedingt mit der Namensschreibung in diesem Buch oder in anderen Publikationen übereinstimmt, aber sie helfen weiter.

Noch ein Wort zum Thema Sicherheit:
Viele öffentliche Einrichtungen werden durch Personenschleusen mit Metalldetektoren „geschützt". Lassen Sie daher allzu viel Schmuck, Taschenmesser oder Ähnliches besser im Hotel. Die Tourist Police - mit deutlich beschrifteten Armbinden - steht vor nahezu jedem touristisch wichtigen Gebäude. Die Männer sprechen, wie schon erwähnt, selten eine Fremdsprache, sind aber durchaus hilfsbereit. Einige haben Nebenerwerbsmöglichkeiten erkannt, indem sie sich z.B. den naiven Touristen als Fotomodell anbieten, dann aber ein kräftiges Bakschisch einfordern - den Finger an der Kalaschnikow.

Praktische Informationen

finden Sie in Kapitel 5 *In Kairo zurechtkommen*
- ab Seite 307
- Busse in Kairo 307
- Fernverkehr 311
- Autofahren in Kairo 315
- Nützliche Adressen 318
- Botschaften..318
- Shopping 322
- Was man alles unternehmen kann......... 326
- Restaurants 332
- Übernachten 337
- Kairo-**Stadtplan** siehe Innenseite des vorderen Umschlags

Modernes Kairo

Midan Tahrir und Umgebung

Das moderne Leben pulsiert im Stadtzentrum mit seinen Geschäftsstraßen, Bürohäusern, Banken. Die City (häufig auch **Downtown** genannt) breitet sich vom Midan Tahrir - *Platz der Befreiung* -, dem zentralen Platz schlechthin, mit der Sharia Talaat Harb nach Norden aus, südlich liegt die *Garden City* mit (ehemals) vornehmen Wohnpalästen, Botschaften und Hotels. Ein wichtiger Knoten ist der Midan Talaat Harb im Schnittpunkt der gleichnamigen Straße, der Geschäfts- und Bankenstraße Qasr El Nil und der Sharia Mohamed Bassiouni.

Das Shoppen im modernen Kairo spielt sich im Wesentlichen im Gebiet zwischen Midan Talaat Harb, Sharia Qasr El Nil, Sharia Gumhurriya, Sharia 26.July und Sharia Talaat Harb ab. Besonders in der Sharia Talaat Harb und Qasr el Nil (bis zum Midan Mustafa Kamil) drängen sich am Abend die Fußgänger. Es macht Spaß und ist interessant, zu dieser Zeit hier zu bummeln, entweder selbst einzukaufen oder nur den Ägyptern beim Shopping zuzuschauen. Werfen Sie doch einen Blick in die zweite Querstraße rechts der Qasr el Nil. Dort steht das aus besseren Zeiten stammende Hotel Cosmopolitan am Beginn einiger restaurierter kleiner Straßen, die als ansprechende Fußgängerzone mit viel Grün gestaltet sind; fast ein Blick zurück um 100 Jahre.

Wer es bis 22 oder 23 Uhr aushält, kann in der Gegend des Midan Orabi in einen der Nachtclubs gehen und den Ausflug z.B. mit einer landestypischen Bauchtanzaufführung oder einem Besuch des stadtbekannten *Cinema Metro* in der Sharia Talaat Harb beschließen.

Aber auch am Tag lohnt ein kurzer Abstecher zum Midan Orabi mit dem kleinen Taufikiya-Frischmarkt und der kurzen Fußgängerzone, die nicht nur autofrei gehalten wird, sondern auch mit Grünanlagen und Sitzbänken aufgewertet wurde. Hier und in der Parallelstraße bieten viele kleine und größere Restaurants alle Genüsse der ägyptischen Küche. Besonders abends nimmt die Betriebsamkeit noch zu und kommt erst lange nach Mitternacht zur Ruhe.

Der **Midan Tahrir** (der offiziell *Midan Anwar el Sadat* wie die Metro-Station heißt) ist eine Art Institution in Kairo. Sechs Straßen spucken allen Verkehr auf dieses Areal, Fußgänger - manchmal um ihr Leben rennend - überqueren

Midan Tahrir und Umgebung

die Straßenzüge, obwohl der Metro-Bahnhof ein sicheres Unterqueren ermöglicht. Besonders Neuankömmlinge sollten die Unterführungen vorziehen, weil der Verkehr lawinenartig über den Platz und die einmündenden Straßen rollt.

Von Nord nach Süd liegen am Tahrir oder in unmittelbarer Nähe: das Ägyptische Museum, das Nile Hilton Hotel, das ehemalige Gebäude der Arabischen Liga, das Außenministerium, das Mogamma-Gebäude mit vielen Verwaltungsstellen sowie die Amerikanische Universität. Zwischendrin finden noch eine Bushaltestelle (vor der Mogamma) und natürlich eine Menge von Geschäften und Restaurants Platz.

Das **Nile Hilton Hotel** war früher die zentrale Touristen-Drehscheibe; in den letzten Jahren kam es ein wenig aus der Mode. Es entstand 1959 in den fast puritanischen, nach Moskau ausgerichteten Zeiten unter Nasser. Damals wurde es von dem mehr kosmopolitischen Teil der Bevölkerung gern als eines der wenigen Fenster nach Westen genutzt. Heute noch gilt es als eine Art touristische Institution, nicht zuletzt, weil es mit seinen Restaurants ein meist ruhiges Plätzchen im hektischen Stadtgewühl bietet. Ab Januar 2009 wird es nicht mehr vom Hilton Konzern betrieben und dürfte dann auch unter einem anderen Namen firmieren (der bis Redaktionsschluss nicht bekannt war.)

Das Schwester-Hotel, Ramsis Hilton, wurde später nördlich der 6.October-Brücke in den Himmel geklotzt, ebenfalls kein Architektur-Denkmal. Von der Bar *Windows on the World*, die im 30. Stockwerk kurz vor Sonnenuntergang öffnet, überrascht der fantastische Ausblick, u.a. auf den Midan Tahrir und manchmal bis zu den Pyramiden am Dunsthorizont. Sie ist außerdem ein sehr brauchbarer Platz für einen (teuren) „Sundowner", den Drink nach englischer Art bei Sonnenuntergang.

Eine ganz andere Atmosphäre vermittelt das Mogamma-Gebäude am südlichen Midan Tahrir. Wenn man sein Visum verlängern lässt, kann man einen Blick in die Ameisenburg alptraumhafter Bürokratie werfen. Schauen Sie auf dem Weg zu den Schaltern in die Büros, in denen sich meist mehrere Mitarbeiter einen Schreibtisch teilen müssen. Europäische Büromenschen werden nach diesen Einblicken gern wieder an den eigenen Arbeitsplatz zurückkehren.

Sollten Sie etwas mehr Zeit haben, so könnten Sie der **American University in Cairo** (AUC) an der Südostecke des Midan Tahrir einen Besuch abstatten. Dort finden häufig auch für Fremde interessante Vorträge oder Theateraufführungen statt (Informationen im Public-Relation-Office, Eingang Sharia Sheikh Rihan). Im Bookshop der AUC gibt es jede Menge Literatur, vor allem alle Bücher, Karten etc., die von der American University in Cairo Press herausgegeben werden, aber auch weitergehende Literatur von anderen Verlagen, z.B. über Ägypten. Im Café/in der Mensa lässt sich's frühstücken und mit Studenten in Kontakt kommen. Oder Sie können die Studenten beobachten, die sich frei und ungezwungen verhalten wie auf jedem Campus eines westlichen Landes, obwohl auch hier einige verschleierte Mädchen von den strengen islamischen Bräuchen künden.

2003 wurde übrigens ein deutsches Pendant zur AUC vom Bundeskanzler persönlich eröffnet, die **German University in Cairo (GUC)**. Im Gegensatz zur AUC liegt sie weit außerhalb in **Qatamia** östlich der Ringroad und nahe der Autobahn nach Suez, besitzt dort aber genug Erweiterungsfläche für die Zukunft. Die Gründerväter gaben der Universität einen elitären Anspruch mit auf den Weg, der sich auch in der hochmodernen Ausstattung widerspiegelt (siehe auch www.guc.edu.eg). Der Studienbetrieb mit im Wesentlichen technisch orientierten Fakultäten gilt bereits jetzt als sehr erfolgreich.

Im nächsten Block der Sharia Qasr El Aini ist im ehemaligen Haus der Geologischen Gesellschaft (rechter Eingang vom *Shoura Council*) nur noch das **Ethnologische Museum** (Mo-Do 9-14, kein Eintritt) untergebracht. Hier sind Gebrauchsgegenstände des täglichen ägyptischen Lebens zu sehen, wie Wasserpfeifen, Türschlösser, Schmuck, Kupfertöpfe etc. Ein

Saal ist Afrika (südlich der Sahara) vorbehalten mit Jagdtrophäen und ebenfalls Gebrauchsgegenständen. Versäumen Sie nicht, die Treppe am Eingang in den altertümlichen Vortragssaal hinaufzugehen, der mit wunderschöner Holzkassettendecke und einer angeschlossenen Bibliothek aufwartet. Das interessante **Geologische Museum**, das einst hier verstaubte, wurde in die Corniche 2-4, in die Gegend von Alt-Kairo, verlegt, Eingang Atar el Nabi (Nähe Metro-Station Zahra). Es beherbergt beeindruckende Tertiär-Fauna, Meteoriten, Minerale etc.

Einen Blick in die jüngere Vergangenheit Ägyptens kann man im **Bayt el Umma** (Sh Falaki/Saad Zaghloul, Di-So 10-17), dem ehemaligen Wohnhaus von Saad Zaghloul werfen. Er war Gründer der Wafd Partei und ein unerschrockener Kämpfer für die Unabhängigkeit Ägyptens von England. Gegenüber stehen sein Grabmal und das seiner Frau.

Ein sehenswerter Fokussierungspunkt des täglichen ägyptischen Lebens ist der unweit gelegene Bab el Luk Markt am Midan Falaki an der Verlängerung der Sharia Tahrir. Er lässt sich sehr leicht ausfindig machen, indem Sie vom Midan Tahrir nur ca. fünf Minuten stadteinwärts bis zum nächsten Platz gehen, dort liegt er rechts, nur an unscheinbaren Eingängen zu erkennen. Allerdings ist der Bab el Luk Markt ein bisschen verkommen. Weitere typische Märkte sind der Ataba Markt (siehe weiter unten) und der bereits erwähnte El Taufikiya Markt in der Nähe des Midan Orabi.

****Ägyptisches Museum

▶ Vielleicht denken Sie jetzt an einen Besuch des Ägyptischen Museums (auch *Nationalmuseum*; www.emuseum.gov.eg). Öffnungszeit 9-18.30, Ramadan bis 14) Eintritt £E 60; Pharaonen-Mumiensaal zusätzlich £E 100, Treasury, Ausstellung von im Museum gefundenen Schätzen (im Basement, z.Zt der Recherche geschlossen) £E 15; Ticket ist für Mehrfacheintritt an einem Tag gültig. Innerhalb des Museums sind keine Fotos und Videos erlaubt, nur im Garten. Fotoapparate kann man am Eingang in Verwahrung geben. Museumsführer warten zwischen Ticketschalter und Eingang auf Kunden, Stundenpreis um £E 70. Ein nur englisch oder französisch sprechender Audioführer ist hinter dem Eingang rechts erhältlich, kostet £E 25 und deckt etwa 120 Objekte ab. Der Eingang zum Gelände, der direkt zum Gebäude-Eingang führte, wird ab 2009 weiter nach rechts verlegt.

Auf die hier gebotenen Eindrücke sollte man selbst dann nicht verzichten, wenn man normalerweise einen Bogen um Museen macht; denn hier findet man weltweit einmalige Exponate von unschätzbarem Wert (z.B. Tutanchamun), andererseits aber auch so lebendige Darstellungen des täglichen Lebens vor 5000 Jahren, dass es einem den Atem verschlägt.

Parfümiertes Wasser?

Schlepper nutzen die Not der Touristen auf den Straßen, springen ihnen schnell zur Seite, halten die heranbrausenden Autos auf und geleiten den Fremden freundlich auf die andere Seite mit dem Spruch: „I saved your life!" Der so vor dem Tod Gerettete kann kaum die Einladung ins Parfümgeschäft und dort den Kauf einer Literflasche überteuerten Parfüms ausschlagen... Das ist übrigens nur einer der Tricks. Besonders am Midan Tahrir, in der Sharia Talaat Harb und in den umliegenden Straßen sind Schlepper sehr geschickt auf ahnungslose Touristen aus. Meist sprechen sie ein paar Sätze Deutsch und verwickeln den höflichen Zuhörer in ein Gespräch. Die Freundschaft endet schließlich in einem Shop, dessen Preise stark überhöht sind. Aber es geht nicht nur um Parfüm. Andere Schlepper versuchen, Ihnen überteuerte Ausflüge, z.B. nach Sakkara oder sonst wohin, anzudrehen oder sich Ihnen den ganzen Tag über als freundschaftlicher Führer anzudienen und am Ende ein saftiges Honorar zu verlangen.

****Ägyptisches Museum

Für das mit Ausstellungsstücken und Besuchern vollgestopfte Museum sind ein paar „strategische Überlegungen" angebracht. Um 9 Uhr warten bereits lange Schlangen bei den Gepäckdurchleuchtern und hetzen dann im traditionellen Schema durch die Räume. Folgt man dem üblichen System, dann bringt der spätere Vormittag (ab 11 oder 11.30 Uhr) eine erste Erleichterung, weil die meisten Gruppen jetzt bereits andere Programme abzuarbeiten haben. Daraus folgt eine Alternative: Beginnen Sie gegen den Uhrzeigersinn mit dem Besichtigen, denn die Gruppen laufen quasi mit der Uhr; um 9 Uhr und noch eine Weile später ist z.B. der Tutanchamun-Saal 3 fast leer.

In unserem früher verkauften Tonführer hatten die Autoren Sylvia Schoske und Dietrich Wildung die Besichtigung genau antizyklisch aufgebaut, d.h. mit der Spätzeit beginnend und immer tiefer in die Geschichte bis zur Frühzeit eintauchend. Die noch aktuellen Teile dieses Führers können Sie sich von unserer Website aus dem Internet als Text kopieren und als ausführlichen Führer mitnehmen.

> **Grand**
>
> Seit Jahrzehnten wird über einen Neubau des Ägyptischen Museums diskutiert. Nun ist es soweit: In Giseh, an der „Wüstenstraße" nach Alexandria, künden links kurz vor der Kreuzung mit der Ringroad große Tafeln den Neubau an. Das „Grand Egyptian Museum" soll etwa 100 000 Exponate unter modernsten museumspädagogischen Gesichtspunkten auf etwa 80 000 Quadratmeter Ausstellungsfläche zeigen (das künftige Berliner Ägyptische Museum wird 4500 qm haben). Daher müssen viele Objekte des alten Museums – das nicht geschlossen werden wird – nach Giseh umziehen, u.a. die gesamte Tutanchamun-Ausstellung. Die Eröffnung ist für 2011 geplant.

Es gilt aber noch einen anderen Aspekt zu bedenken. Die Eindrücke bleiben zusammenhanglos und damit fast uninteressant, wenn man sich nicht vorher ein wenig über den geschichtlichen Hintergrund informiert. Lesen Sie bitte das Kapitel *Im Eilgang durch die Geschichte,* siehe Seite 122, und versuchen Sie, die Daten mit Bildern und Inhalt auszufüllen.

Ägyptisches Museum

4 Kairo und Umgebung kennenlernen

Schließlich sollte man sich über das Ordnungsprinzip des Museums klar werden. Im Erdgeschoss sind - mit Ausnahmen - die Stücke und Raumthemen chronologisch angeordnet. Von Raum 47, mit der Frühzeit um 3000 vC beginnend, arbeitet man sich - linksherum gehend - in immer jüngere Epochen der pharaonischen Zeitläufe vor. Das Obergeschoss hingegen ist sachlich sortiert; den meisten Platz nimmt die Tutanchamun-Ausstellung ein. Bei der folgenden Beschreibung halten wir uns an den klassischen Rundgang, d.h. im Uhrzeigersinn von der Frühzeit zur Spätzeit und dann themenbezogen im Obergeschoss (siehe Plan). Bei der Fülle der Exponate beschränken wir uns auf die wichtigen Stücke.

Auf eine weitere Erschwernis muss noch hingewiesen werden: Es gibt mehrere Katalogisierungsschemata der Exponate. Man findet daher unterschiedlichste Nummern an den Stücken oder Vitrinen; manchmal auch gar keine. Da verschiedene Räume neu angepinselt wurden, verschwanden teilweise die Raumnummern unter der neuen Farbe; ohne Plan ist man manchmal hilflos. An den Kiosken am Eingang sind ausführliche und bebilderte Kataloge erhältlich.

Ansonsten ist zu überlegen, die Besichtigung auf mehrere Tage zu verteilen, z.B. vor und nach einem Oberägyptenbesuch. Man sollte auch in weniger frequentierten Räumen oder Fluren stöbern, überhaupt auf Entdeckungstour gehen. Ein Rundgang durch das Ägyptische Museum kann so spannend wie die gesamte Reise sein und man wird bei jedem Besuch wieder Neues finden.

In der folgenden Beschreibung wird pro Raum (**Saal/Galerie**) auf die wichtigen Stücke hingewiesen. Jeweils in Klammern steht zunächst die sichtbarste der individuellen Katalognummern, dann eine grobe Lokalisierung des Aufstellungsplatzes. Fett gedruckte Angaben und Räume mit * verdienen (u.a.) Ihre besondere Beachtung.

Bitte beachten Sie: Seit einigen Jahren wird das Museum gründlich „überholt", d.h. überladene Räume werden ausgedünnt und diverse Exponate besser präsentiert. Andere Stücke sind nur vorübergehend verschwunden oder tauchen – möglicherweise an neuem Platz – wieder auf, weil sie für Ausstellungen ausgeliehen sind oder waren. Und noch ein drauf: Objekte, die ins neue Museum umziehen sollen, müssen ihren angestammten Platz u.U. schon bald verlassen, weil sie zuvor gründlich restauriert werden sollen. Damit können sich laufend Änderungen gegenüber unserer Beschreibung ergeben, die als eine Art Momentaufnahme aus dem Spätsommer 2008 zu betrachten ist.

Erdgeschoss

Nach dem Gedränge im Eingangsbereich und den Sicherheitskontrollen betritt man die so genannte Rotunde (Saal 48) mit Kolossalstatuen aus dem Neuen Reich von Amenophis (Amenhotep) und Ramses II sowie einer Kopie des Rosetta-Steins (re. an der Ecke), dessen Dreisprachigkeit die Entzifferung der Hieroglyphen ermöglichte. Gehen Sie zunächst in den Saal 43 und von dort wieder zurück.

Frühzeit

*Saal 43: Eins der wichtigsten Stücke des Museums ist die **Narmer-Palette** (Vitr. 111, Mitte), die in früher Darstellung (um 3000 vC) Narmer als Sieger im Kampf um die Vereinigung Nord- und Südägyptens zeigt (Seite mit 3 Registern: Narmers Name im oberen Register zusammen mit Hathor-Köpfen, darunter erschlägt Narmer mit oberägyptischer Krone einen Feind im Angesicht von Horus, der ihm weitere Feinde - symbolisiert durch Papyrusstauden – zuführt, im unteren Register flüchten zwei Feinde. Auf der anderen Palettenseite oben wieder Name und Hathor-Gesichter, darunter Narmer mit Keule und Zepter, vor ihm sein Wesir und 4 Standartenträger - die Gaue repräsentierend - und enthauptete Feinde, darunter zwei mythologische Tiere mit verschlungenen Hälsen und von Wärtern gehalten - vermutlich die Einheit des Landes symbolisierend -, im unteren Register Narmer als ein eine Festung zerstörender Stier, der den Feind zu seinen Füßen schont.

Weiterhin im Saal: Vitrinen mit Schmuck und Gebrauchsgegenständen aus der 1. Dynastie. Sie

****Ägyptisches Museum

können von hier aus auch gleich die Mittelhalle besichtigen, siehe Saal 18-33 weiter unten.
Altes Reich (AR)
*Gal. 48/47/46: Kalkstein-Statue von Pharao Djoser aus seinem Totentempel in Sakkara (16 Eing. Mitte); Sarkophage mit Hausdekoration (li.); vollendete Bildhauerei der sog. Triaden: Pharao **Mykerinos** (kleinste Pyramide von Giseh) zwischen Hathor (re. von ihm) und einer einen Gau repräsentierenden Figur (180 li.; 1158 re.); interessante Figurinen aus dem täglichen Leben im AR (Vitr. D Mitte); Opfertisch (119 re. hint.). Zwerg Chnumhotep, sehr schöne Holzfigur eines Trägers mit „Rucksack" und Weidenkorb (Vitr. 54/65/92, Eing. Mitte); Kopf des Pharao Userkaf, 5. Dyn. (6051 hint. re.)
Gal. 41: Sogen. Pastenreliefs des Nefer-maat (25 Eing. li. Wand, re. Wand), Reliefs mit bunter Paste ausgefüllt (Hund beißt Fuchs; Vogelfang)
*Saal 42: Äußerst lebendige Holzfigur des Priesters **Ka-aper** – "Dorfschulze" – (40 li. Mitte); vollendete, sehr sorgfältig gearbeitete Diorit-Statue von Pharao **Chephren** (zweite Giseh-Pyramide) mit Horus-Falke als Beschützer (31 Mitte); **Schreiber** mit eingelegten Augen im Schneidersitz mit Papyrus auf dem Schoß (Vitr. 43 re. Eing.)
*Saal 32/37: „Schifferstechen", bemaltes Relief (60 li. Eing.-Wand vorn); Schreiber Mitri als große und kleine Statue (li. Eing.); herrliche 5000 Jahre alte Farben: **Gänse von Medum** (138 li. Wand Mitte); **Zwerg Seneb** mit Frau und Kindern (39 li. Wand Mitte); Oberpriester **Rahotep** (Sohn des Snofru, Pyramiden von Dashur) und Gemahlin Nofret (27 hint.); Scheintür der Mastaba des Ateti (239 hint. Wand)

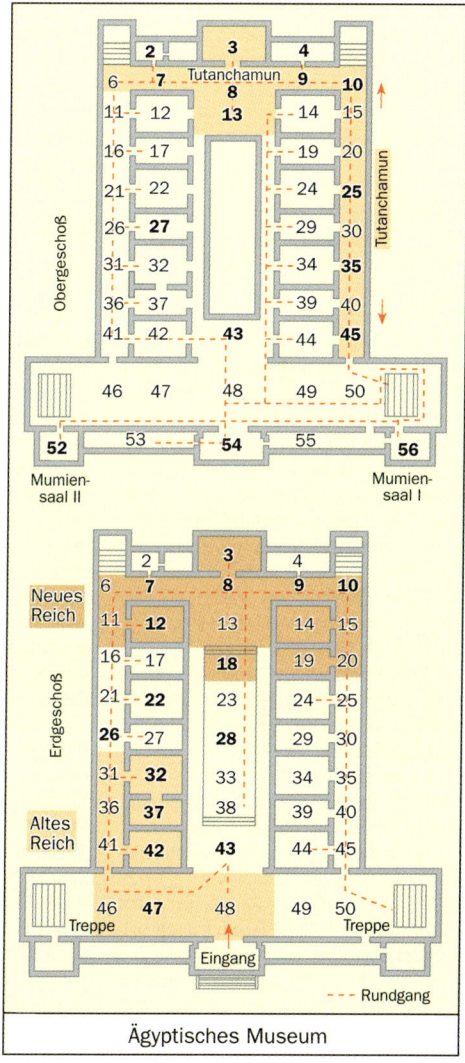

4 Kairo und Umgebung kennenlernen

Nebenraum 37 (hauptsächlich Funde aus dem Grab von **Hetepheres**, Mutter von Pharao Cheops): Sessel, Bett (li. Vitr.); bisher einzige Darstellung von Pharao **Cheops** (höchste Giseh-Pyramide) als 7 cm hohe Elfenbeinstatue (Vitr. Wand hint. Mitte); Sänfte von Hetepheres (vorn re.)

Wieder Saal 32: Grabherr Ti (49 re. Eing.; interessantes Grab in Sakkara)

Gal. 31: Priester Ranofer, langer Schurz (45 hl); derselbe mit kurzem Schurz, Perücke mit kurzen Haaren (46 hint. re.)

Mittleres Reich (MR)

*Gal. 26: Farbige Statue von Pharao Mentuhotep II, Gründer des MR, als Osiris, daher schwarze Hautfarbe, rote Krone Unterägyptens (aus Totentempel Deir el Bahri - neben Hatschepsut-Totentempel -, Theben- West) (67 re.)

*Saal 22: 10 lebensgroße Statuen von Pharao **Sesostris I** (Pyramide in Lisht) um die ausgemalte Grabkammer des Harhotep herum (Mitte), schöne Holzfigur von Sesostris I (Vitr. 88 mittig re.)

Gal. 16: Doppelstatue und Mähnensphinxen, vermutlich von Pharao Amenemhet III

Neues Reich (NR)

Gal. 11: Kalksteinkopf der Pharaonin Hatschepsut, bemalt, Grundton rot (männliche Farbe), der Kopf mit dem strahlenden Gesichtsausdruck stammt von einem Osirispfeiler von Deir el Bahri (Gangmitte)

*Saal 12: 18. Dynastie-Raum: **Marmorstatue von Tuthmosis III** (135 li. Eing.); Amenophis II mit Opfertablett (470 li. Mitte); Relief der verkrüppelten Königin von Punt (130 li. Wand Mitte); Pharao Amenophis III mit Kriegshelm (Vitr. C hint. Wand li.); ausgemalte **Kapelle** mit Hathor-Kuh aus Deir el Bahri, unter ihrem Kopf beschützt sie Amenophis II, der als Königskind am Euter trinkt, an den Kapellenwänden Darstellungen von Tuthmosis III (138 hint. Wand); Statue der Pharaonin **Hatschepsut**, als männlicher Pharao dargestellt (952 re. Wand hint.); Würfelhocker von Senenmut, Günstling von Hatschepsut (418 re. Wand Mitte); Granitstatue von Isis, Gemahlin von Tuthmosis II (424 Mitte re.); Granitstatue von **Tuthmosis III** (400 Mitte re.)

*Gal. 7: Kolossalstatue von **Hatschepsut**, kniend und opfernd (6153 Mitte)

*Gal. 8: **Kalksteinreliefs** von Echnaton und Familie (Vitr. 166 Mitte); Echnaton mit blauem Kriegshelm (Vitr. F 160, 167 Mitte); Restauriertes Kolossalstatuenpaar von Amun und Muth aus Karnak, trotz fehlender Teile imposant

*Saal 3, Amarna-Saal: Vier **Kolossalstatuen** von Pharao Echnaton (li. Eing., re Eing., hint. re., hint. li); Malereien aus dem Palast Echnatons (li. und re. Nische); **Sargdeckel** und **Sargunterteil** („Goldsarg", in München restauriert) von vermutlich Echnaton (Vitr. E 6873 Mitte), ursprünglich wohl für Kija, Nebenfrau Echnatons; unvollendeter Kopf der **Nofretete** (Vitr. L 161 li. Nische).

*Saal 18-13 (Mittelhalle): **Kolossalstatuen von Amenophis III** (Erbauer des Luxor Tempels und des größten Totentempels in Theben-West, von dem nur die Memnon Kolosse blieben) und Gemahlin **Teje** aus der Blütezeit des NR (610, Wand gegenüber der Rotunde); bemalter **Palastfußboden aus Amarna** (Mitte); **Spitze der Pyramide** von Amenemhet III, Dashur (626 Nähe Rotunde)

Gal. 9: Königstafel von Sakkara mit 47 Königsnamen (660 Mitte);

*Gal. 10: Falkengott Horus beschützt den **jungen Ramses II**, der einen Finger an den Mund hält (6245 hint. Mitte)

Gal. 15: Bemalte Kalksteinbüste von **Merit-Amun**, Tochter von Ramses II (Mitte)

Saal 14: Ramses III mit Horus und Seth, die ihn krönen (Eing. Mitte)

Saal 24: Figuren aus grünem Schiefer des Schreibers Psammetich, 26. Dynastie (857, 855 Mitte); Thueris, Göttin der Fruchtbarkeit (248 li. Mitte)

Gal. 30: Alabasterstatue von Prinzessin Amenirdis, 25. Dynastie (930 Mitte)

Saal 34: Griechisch-römische Epoche – auf den ersten Blick ersichtlich; allerdings sind bessere Objekte im entspr. Museum von Alexandria zu sehen

****Ägyptisches Museum

Gal. 40: Objekte der meroitischen Kultur im Nordsudan
Saal 44: Temporäre Ausstellungen
Gal. 50/49: Spätzeitsarkophage
Von hier aus geht man die rechte Treppe (vom Eingang gesehen) hinauf.
Obergeschoss
Tutanchamun-Grabschatz
Die Räume 45, 40, 35, 30, 25, 20, 15, 10, 9, 8, 7 und 3 sind dem Grabschatz des Tutanchamun gewidmet – insgesamt etwa 1700 Exponate. Goldmaske und Sarkophage stehen im eigens klimatisierten Raum 3.
*Gal. 45: **Tutanchamun** in Form von 2 lebensgroßen Wächterfiguren, die einst die Grabkammer bewachten (28 li. Eing.; 180 re. Eing.)
Gal. 40: Tutanchamun auf einem Boot und auf einem Panther (Vitr. 43 Mitte li,); Holztruhe mit Kriegs- und Jagdszenen (Vitr. 157 re.)
*Gal. 35: **Thron des Tutanchamun** aus vergoldetem Holz mit Einlagen aus Silber und Halbedelsteinen, eins der Meisterstücke (Vitr. 157, Mitte); Holztruhe; Spielbretter (Vitr. 56, 189)
Gal. 30: Fächer aus Elfenbein und Straußenfedern (Vitr. 55 Eing.); Krummstäbe, einige Griffe mit unterworfenen Nubiern (Vitr. 187 Mitte)
*Gal. 25: **Zeremonialstuhl** aus Ebenholz, mit Blattgold belegt (Vitr. 181 Mitte)
Gal. 20: Schiffsmodelle (Vitr. 40 re); Alabastervase für Parfümöl (Vitr. 190 li.); Alabaster-Öllampen (Vitr. 33/34 re.); Gott Nefertum mit Gesichtszügen von Tutanchamun (Vitr. 118 rWh)
Gal. 15: Verschiedene Betten und Schiffe (hint. re.)
*Gal. 10/9/8/7: In der Mitte von Gal. 10-7: drei hölzerne **Totenbetten** mit Schutzgöttinnen: Himmelsgöttin Mehurt (183), Fabeltier (22), Löwin (732); Sonnenschirm (9); Schatztruhe mit Totengott Anubis (35); **Kanopenschrein** aus Alabaster (Vitr. 176); **Kanopen-Kapelle**, beschützt von 4 Göttinnen (Vitr. 177); es folgen 4 vergoldete Eichenholzschreine (1319-1322), die ineinander gefügt waren, im Innersten (als erster auf diesem Rundgang zu sehen) stand der Quarzitsarkophag mit den drei inneren Särgen, der Goldmaske und der Mumie (siehe Saal 3); zusammenklappbare Nackenstütze (Vitr. 184 rW)
Gal. 13: Königliche Zeremonialstreitwagen
Die Säle 2, 3 und 4 zählen zu den **Highlights** des Museums, zumindest das, was das Schmuck- und Edelmetallkunsthandwerk betrifft.
*Saal 3: **Grabschatz des Tutanchamun**: **Goldmaske**, die den Mumienkopf bedeckte (Vitr. 5 Mitte); **innerer Sarkophag aus Gold** (Vitr. 17 li.); zweiter vergoldeter Sarkophag (Vitr. 16 li. hint.); rechter Raumteil: Vitrinen mit Waffen, **Schmuck, Goldsandalen** etc.; an der hint. Wand: Halsketten mit Pektoral; **Kanopengefäße** aus Gold (Vitr. 30); Goldbänder mit Totentexten, die Mumienbinden zusammenhielten (Vitr. 51); **Brustschmuck, Diadem** etc. (Vitr. li); Gold- und Silbernägel, mit denen der Sarkophag verschlossen war (Vitr. 54, Eing. li.)
*Saal 4: "Ancient Egyptian Jewellery", **Schmuck aus 3000 Jahren**; die Ausstellung ist chronologisch aufgebaut, rechts vom Eingang mit den ältesten Exponaten beginnend und gegen den Uhrzeigersinn jünger werdend; die Stücke sind erklärt.
*Saal 2: **Grabschatz aus Tanis** (3. Zwischenzeit); Silbersärge, Goldmasken, Schmuck; **Goldmaske des Pharao Psusennes I** (6290 Mitte re.); Brustschmuck des Psusennes I (re. Eing.); Sarkophage (hin. Wand li.)

Göttinnen auf dem Kanopengefäß Tutanchamuns

4 Kairo und Umgebung kennenlernen

Themenbezogene Räume
Gal. 6: Siegel, Amulette, Halsbänder.
Gal. 11/16/21: Sarkophage aus dem Mittleren Reich bis zur Römischen Zeit.
Saal 12: Funde aus thebanischen Königsgräbern (Ushebtis, Kanopengefäße, Perücken etc.).
Saal 17: U.a. Funde aus dem Grab des Grabbaumeisters Sennedjem (19. Dynastie), Deir el Medina, Türblatt zum Grab (215, hint. Mitte).
Saal 22: Funde aus Gräbern des Neuen Reichs
*Saal 27: Interessante Modelle aus dem Mittleren Reich aus dem Grab des Meketre: u.a. **Opferträgerin** mit Gans und Weinkrügen auf dem Kopf (74 Eing. li.); **Spinner und Weber** bei der Arbeit (77 li. Eing.); **Tischlerei** mit sägendem Schreiner (78 li. Eing.); Bootsmodelle (6077 hint. mittig); **Fischer** ziehen Netz von zwei Booten aus (75 re. Eing.); **Viehzählung** vor Meketre, einige Viehtreiber tragen echte Stoffkleidung (76 re. Eing.)
Gal. 31: Ältester Sarkophag, aus Bast hergestellt (Mitte, 1. oder 2. Dynastie)
Saal 32: Grabfunde aus dem Alten Reich; Holzmodelle von Alltagsarbeiten (li. Wand Eing.); 2 hölzerne Statuen von Isheti, 6. Dyn. (Eingang); bemalte Holzstatuen von Menschen (li. Wand Mitte); Boote (re. Wand)
Saal 37: Funde aus dem Grab des Prinzen Mesheti, 12. Dynastie; **40 ägyptische Soldaten** mit Lanzen und Schildern; **40 nubische Bogenschützen**; weitere Modellgruppen
Gal. 36/41: Interessante Funde aus dem Grab des Hemaka, 1. Dynastie: Spielbretter, Schieferteller, Vasen, Pfeile, Holzsichel mit Feuerstein-Schneide etc.
Saal 42: Objekte aus der Vorzeit, u.a. Alabaster- und Keramikgefäße, Gefäße aus Basalt, Porphyr, Diorit, Schiefer; Messer, Pfeilspitzen aus Kupfer
*Saal 43: Relativ umfangreicher **Grabschatz von Juya und Tuya** (Eltern der Teje, 18. Dynastie) aus dem Tal der Könige
Saal 53: **Mumifizierte Tiere**: Geordnet nach Haustieren, Tieren zur Fleischversorgung der Verstorbenen, Tieren als Votivgaben und heiligen Tieren; vergoldete Widdermumien (Vitr. hint. Wand), große Krokodilmumien (vorn re.), aber auch Vasen und Gefäße in Tierform oder mit Tiermotiven bemalt
Gal. 54: **Prähistorische Exponate**, zählen zu den ältesten des Museums; besonders interessante Stücke in den Vitrinen an der Wand, links die ältesten aus der Naqada I Epoche (ab 4200 vC) bis Naqada III (etwa 3100 vC endend), in der sich das Alte Reich formt und offensichtlich eine Art "Massenmarkt" mit „Massenproduktion" entsteht, was aus den abnehmenden Dekorationen geschlossen werden kann
Gal. 48: Särge der Königinnen Kawit und Ashait, 11. Dynastie, kleine Preziosen-Vitrine, davor in mehreren Vitrinen wechselnde Ausstellung neuester Grabungsfunde
Gal. 50: Wasseruhr mit unterschiedlicher Stundenanzeige (4950 an Säule, nahe Eingang zum Mumiensaal).
Gal. 49: Mobiliar; Grundsteinbeigaben
Säle neben den Tutanchamun-Galerien
Saal 44: Opfergaben für Tempel
Saal 39: Ägyptische und griechische Terrakotta-Figuren
Saal 34: Gebrauchsgegenstände aus dem Alltagsleben: Gefäße, Kosmetikutensilien, Spiele, Maße und Gewichte, Jagdgeräte
Saal 29: Papyri und Schreibmaterial
Saal 24: Ostraka ("Schmierzettel" aus Ton) und Papyri
Saal 19: Darstellungen pharaonischer Götter und göttlicher Wesen
Saal 14: Sarkophage aus römischer Zeit, schöne Mumienportraits
*Saal 56: **Mumiensaal I**
(Zusatzticket £E 100 für beide Säle) Es ist die Frage, ob man (als Voyeur) mehr oder weniger entstellte Leichname besichtigen muss, die letztendlich kein Abbild des Verstorbenen zeichnen. Die alten Ägypter hatten alles getan, um den durch Mumienbinden verhüllten, unsichtbaren Leichnam ganz einsam und ganz allein der Unterwelt nahezubringen. Die modernen Ägyptologen setzen häufig genug alles daran, die Toten aus dieser Abgeschiedenheit

zu reißen und sie, der Mumienbinden entblößt, sensationsgierig zur Schau zu stellen.

Die **Besucher werden um Ruhe gebeten**, um die Totenruhe möglichst wenig zu stören. Dieser Appell wird nicht einmal von den Wärtern ernst genommen.

Die mit Edelgas gefüllten Särge sind parallel zu den Wänden aufgestellt. Vom Eingang rechts gehend, liegen

Sekenenre Taa II (17. Dynastie, 1600 vC), tödliche Kopfverletzung, ca. 40 Jahre alt

Amenophis I (18. Dyn.), noch vollkommen in Mumienbinden, ca. 48 Jahre alt

Merit-Amun (18. Dyn.), evtl. Tochter von Amenophis I, ca. 50 Jahre alt

Tuthmosis I (18. Dyn.), ca. 30 Jahre alt

Tuthmosis II (18. Dyn.), ca. 50 Jahre alt

Tuthmosis III, erstaunlich groß für damalige Verhältnisse

Thutmosis IV, (18. Dyn.), ca. 30 Jahre alt

Sitre-In, (18. Dyn), vermutlich Amme von Hatschepsut

Hatschepsut (18. Dyn), 45-60 Jahre alt, erst 2007 identifiziert

In der Mitte:

Sethos I (19. Dyn.), ca. 40 Jahre alt

Ramses II (19. Dyn.), größter pharaonischer Bauherr, ca. 90 Jahre alt

Merenptah (19. Dyn.), 13. Kind von Ramses II

Saal 52: Mumiensaal II

Ramses III (20. Dyn.), ca. 60 Jahre

Ramses IV (20. Dyn.), ca. 30 Jahre

Ramses V (20. Dyn.), ca. 30 Jahre

Ramses IX (20. Dyn.)

Hoher Priester (unter Pinudjem II)

Hemettawi (21. Dyn) Königin

Djedptahiufankh, jung verstorbener Prinz und Amun-Priester

Maatkare, Königin, zusammen mit Affe (als Haustier)

Nesikhomsher, königliche Gemahlin

Mit einer gesonderten Eintrittskarte kann (konnte) man die „New Exhibition" (Pfeile) oder auch **The Hidden Treasures of the Egyptian Museum**, d.h. die besten Stücke der in den Magazinräumen in Vergessenheit geratenen Schätze besuchen. Man geht zur linken Außenseite des Gebäudes und dort in den Keller. Es werden besonders schöne und zum Teil aufwändig restaurierte Einzelstücke gezeigt. Zur Zeit unserer Recherche war offiziell geschlossen, inoffiziell waren nur „Duplikate" von z.B. Tutanchamun aus Legobausteinen zu sehen.

Downtown

Jetzt wollen wir uns vom Midan Tahrir und seiner Umgebung lösen und uns auf der Sharia **Talaat Harb** stadteinwärts auf den Weg machen. Bald stoßen wir auf den Midan Talaat Harb, einen wichtigen Knoten, der von der Geschäfts- und Bankenstraße Qasr el Nil, der Sharia Talaat Harb und der Sharia Mohamed Bassiouni gekreuzt wird. Im spitzwinkeligen Gebäude zwischen den letztgenannten Straßen bietet das *Café Groppi* guten Kuchen (und schlechten Service), das noch den Namen seines aus Lugano eingewanderten Gründers trägt und wesentlich bessere Zeiten hinter sich hat.

Wenn Sie nun die Sharia Talaat Harb hinaufwandern und in die Sharia Adly rechts einbiegen (an der Straßenecke ein guter Softdrink-Laden mit frisch gepressten Fruchtsäften), werden Sie im letzten Block vor dem Opernplatz links das **Tourist-Information-Office** (Haus Nr. 5) finden, in dem Besucher stets unwillkommen zu sein scheinen. Nur wenige Häuser entfernt steht die 1905 erbaute Shar Hashamaim-Synagoge.

Genau gegenüber führt ein Eingang in das *„Garden Groppi"*. In dem Zweigbetrieb des Groppi vom Midan Talaat Harb sitzt man unter ein paar Bäumen im Freien und kann sich ausruhen (dort gibt es auch eine benutzbare Toilette).

Folgen Sie weiterhin der Sharia Adly, Sie landen auf dem **Midan Opera**. Das zugehörige Opernhaus brannte 1971 aus. Es war 1869, nach nur sechs Monaten Bauzeit, zur Eröffnung des Suezkanals und zur (nicht stattgefundenen) Uraufführung von Verdis Oper Aida eingeweiht worden. Über viele Jahrzehnte galt es als bedeutender Bestandteil des kulturellen und gesellschaftlichen Lebens. Heute steht ein Park-

4 Kairo und Umgebung kennenlernen

Midan Tahrir und Umgebung
M Metro-Eingang

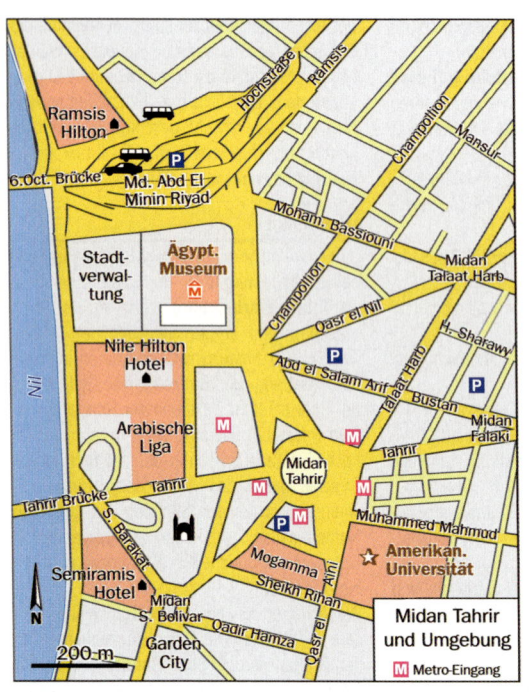

haus an seiner Stelle; ein Neubau wurde 1988 auf der Insel Gezira (siehe Seite 219) seiner Bestimmung übergeben. Um den Platz gibt es eine ganze Reihe von Textilgeschäften und Schneiderwerkstätten: Wenn Sie auf die Schnelle eine neue Hose brauchen, dann lassen Sie hier maßschneidern.

Vor dem unübersehbaren „Midan Opera Office Building" steht eine Reiterstatue des Ibrahim Pascha. Diese Gegend galt übrigens als Stadtzentrum bis etwa in die 1950er Jahre, als es sich mehr und mehr zum Midan Tahrir und Nil verlagerte. Damals gaben hier Hotels, wie das *Shephards*, das bei Unruhen im Februar 1952 in Flammen aufging, den Ton an. Auch heute noch zehren Hotels der Umgebung, wie das *Victoria* oder das *Windsor*, vom ehemaligen Ruhm.

Östlich hinter dem Midan Opera treffen Sie auf den **Midan Ataba** mit der **Hauptpost** (Sa-Do 8-15, Fr 8-13), dem Postmuseum und der Hauptfeuerwache. Postlagernde Sendungen gibt es auf der rechten Postgebäudeseite (Schild „Correspondence Delivery" über dem Eingang), Einschreiben werden nur im Paketpostamt (links auf der gegenüberliegenden Straßenseite) angenommen. An einem der Schalter können Sammler Briefmarken kaufen; „alle erdenklichen Marken ohne Umstände", schreibt ein begeisterter Briefmarkenfreund. Nicht nur Philatelisten dürften am **Postmuseum** (Sa-Do 9-13, £E 0,50) interessiert sein, das postalisches Wirken seit den pharaonischen Zeiten an Geräten, Uniformen und natürlich Briefmarken präsentiert. Tickets werden im Hauptpostamt verkauft, dann zum Eingang „L'Organisme Nationale des Postes" gehen und dort in den zweiten Stock.

An der Hauptfeuerwache vorbei und die Sharia Abd el Aziz überquert, stoßen Sie direkt auf den **Ataba Markt**, einen der lebendigsten täglichen Märkte Kairos. Sie sollten den kurzen Abstecher und Einblick in den Alltag nicht versäumen. Der eigentliche Midan Ataba wird von Hochstraßen „in den Schatten gestellt".

Links des Marktes beginnt die Sharia Al Azhar, die u.a. zum *Khan el Khalili Bazar* führt. Sie kreuzt bald die Sharia El Khaliq el Misr (früher *Bur Said*), die erst Ende des letzten Jahrhunderts dadurch entstand, dass der gleichnamige Kanal zugeschüttet und eine neue Verkehrsachse geschaffen wurde. Dieser Kanal bildete die Grenze der von den Fatimiden gegründeten Altstadt, dort zog sich auch die westliche Stadtmauer entlang, die heute verschwunden ist.

Downtown

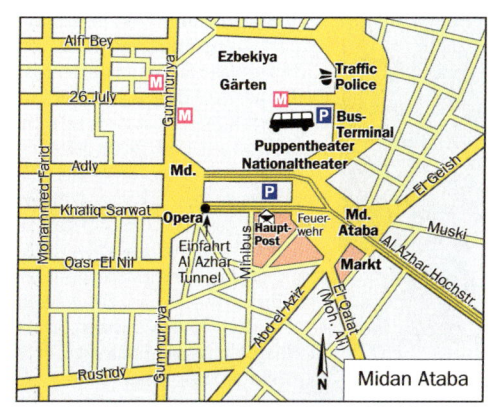

Damals trennte ein Damm während des Niedrigwassers des Nils den Kanal vom Fluss. Bei einem bestimmten Hochwasserpegel riss man die Sperre mit einer großen Zeremonie ein, dann wurden weite Gebiete überflutet.

Jetzt gehen Sie am besten vom Markt durch das Verkehrsgetümmel zurück zu den **Ezbekiya Gärten**, die während des U-Bahn-Baus als Lager dienten und danach weitgehend neu entstanden. Bis zur Mitte des 19. Jahrhunderts dehnte sich hier der Ezbekiya-See aus, ein für Kairo typischer Teich, der sich bei der Nilflut mit Wasser füllte und dann im Winter langsam austrocknete.

Um diesen kleinen See herum sind unter den Osmanen herrliche Paläste entstanden, häufig wurden illuminierte Wasserfeste mit bunten Booten veranstaltet. Schließlich schüttete man den See zu, 1870 legten französische Architekten Gartenanlagen mit exotischen Gewächsen an, die aber Umbauten zum Opfer fielen. Im Komplex zwischen dem Opera-Parkhaus (nicht zu verwechseln mit dem des Busterminals) und der Sharia 26.July finden Sie das **Cairo Puppet Theater** (Tel 2591 0954), das sich mit sehr farbenfrohen Shows an bis zu 7-jährige Kinder wendet (nur arabisch). In dessen Nähe findet der **Ezbekiya Büchermarkt** statt.

Sie können nun auf der Sharia Gumhurriya (sie begrenzt die Gärten im Westen) nach links, nach Süden bis zum Midan el Gumhurriya wandern und werden damit im eigentlichen Regierungsviertel landen. Links liegt der **Abdin Palast** aus dem 19. Jh, der heute als Sitz des Staatspräsidenten offiziellen Anlässen dient. Das unübersehbar ausgeschilderte **Abdin Palace Museum** (9-15, £E 15; Eingang quasi auf der Rückseite des Palastes) dürfte besonders für Waffenfreunde eine Fundgrube aller möglichen Handwaffen, aber auch alter Geschütze darstellen. Die Deutschen sind u.a. mit Schmuckwaffen der Nazis sowie einem Standbild von Kurfürst Friedrich III (!) vertreten. Es gibt außerdem Medaillen, Sil-

Gut für eine Pause im Schatten: Cafe Groppi in der Sharia Adly

4 Kairo und Umgebung kennenlernen

Überfüllte Moschee: Freitagsgebet auf der Straße

berarbeiten und Porzellan zu betrachten. Wenn Sie der Palast nicht interessiert, schlendern Sie vom Midan Ataba einfach Richtung Midan Tahrir zurück; unterwegs gibt es viel tägliches Leben zu sehen. Oder steigen Sie in die Metro, deren Station *Mohammed Naguib* in der Nähe liegt.

Ramsis Bahnhof, Midan und Sharia Ramsis

Interessanter als vom Midan Ataba zum Midan Tahrir zurückzukehren, ist es, entweder per Metro zum Ramsis Bahnhof (Station *Mubarak*) zu fahren oder der Sharia Gumhurriya nach Norden zu folgen, sie endet am Midan Ramsis. Er stellt einen ähnlich wichtigen Knotenpunkt wie der Midan Tahrir dar. Zentrales Bauwerk ist der **Hauptbahnhof** - *Ramsis-Bahnhof* -, an den sich östlich der Vorortbahnhof für Heliopolis, *Pt. Limoun*, anschließt.

Der Platz erhielt seinen Namen von einer Kolossalstatue des Ramses II, die dort über viele Jahrzehnte den hohen Umweltbelastungen ausgesetzt war und 2006 nach Giseh zum Bauplatz des neuen Ägyptischen Museums transportiert wurde.

In der Haupbahnhofshalle sind gleich links eine Polizeistation, ein Postamt zum Briefmarkenkaufen und eine Touristeninformation untergebracht (mehr Details zum Bahnhof selbst siehe Seite 311).

Den Bahnhofsvorplatz kann man entweder auf Fußgängerhochbrücken über- oder durch die Metro-Station Mubarak unterqueren. Auf der Südseite erhebt sich die mächtige El Fath Moschee mit ihrem hohen Minarett, die erst in den 1990er Jahren fertiggestellt wurde.

Wenn gerade kein Erdbeben stattfindet oder Feuer ausbricht, dann nehmen Sie doch den Lift ins Everest-Hotel im Hochhaus gegenüber der Moschee (oben kein Notausgang). Vom rund um die Uhr geöffneten Café im 15. Stock können Sie das Straßengewirr bestens überblicken, es fotografieren und sich einen Eindruck von der Umgebung verschaffen.

Am Nordende des Bahnhofsgebäudes (ca. 70 m rechts vom Eingang) liegt das zumindest für Eisenbahn-Fans und Nostalgiker sehenswerte **Eisenbahnmuseum**, das bereits 1933 eröffnet wurde (Di-So 8-14, ₤E 10, Fr ₤E 20) und heute fast charmant verstaubt-veraltet ist. Immerhin werden 700 Objekte bzw. Modelle ausgestellt, darunter alte Lokomotiven, Waggons und Signaleinrichtungen.

Einen interessanten Abstecher können Sie von hier aus zum modernen koptischen Zentrum mit dem Neubau der **Markus-Kathedrale** machen (222 Sharia Ramsis, Besichtigung und Gottesdienst nur mittwochs von 16-21 Uhr; Foto siehe Seite 121. Entweder Sie nehmen die Metro bis zur Station *El Demerdash* und gehen dort ca. 500 m südwärts; unterwegs sehen Sie die Kuppel der Kathedrale. Oder Sie fahren per Taxi ca. 2-3 km auf der Sharia Ramsis stadtauswärts. Auf der linken Straßenseite ist die von zwei Kirchtürmen flankierte, riesige Betonkuppel zu erkennen, das bedeutendste Gotteshaus der Kopten und seit den 1990er Jahren Sitz des Patriarchen. Zuvor war es die aus dem 19. Jh stammende (alte) Markus-Kathedrale zwischen Sharia Gumhurriya und Sharia Clot Bey, die aber kaum einen Besuch lohnt. Allerdings ermöglicht ein Spaziergang in diesem Bezirk viele Einblicke ins ägyptische Alltagsleben.

Insel Gezira - Botanischer Garten - Zoo

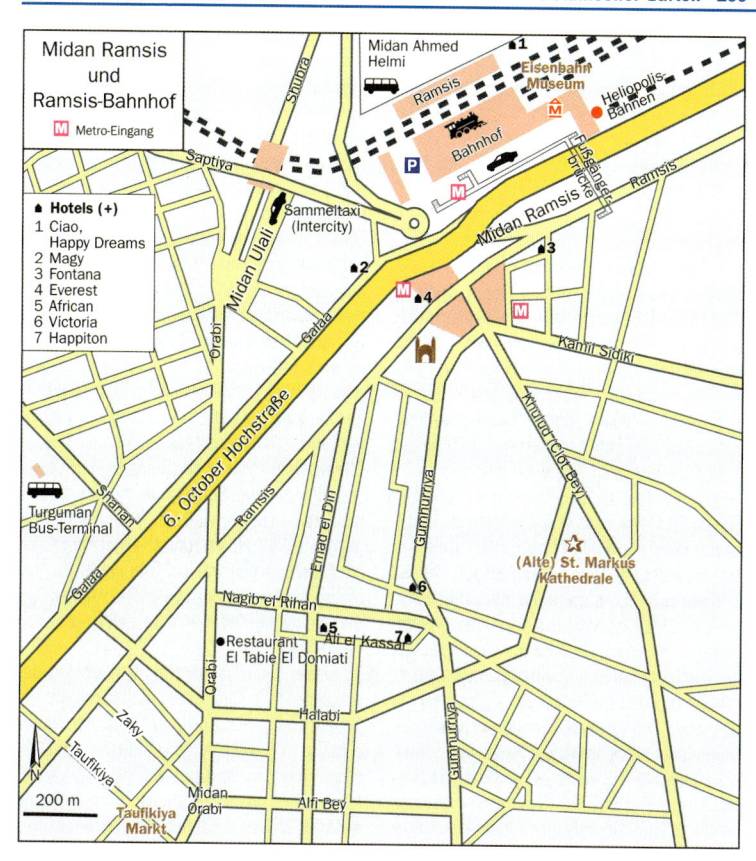

Hotels (+)
1. Ciao, Happy Dreams
2. Magy
3. Fontana
4. Everest
5. African
6. Victoria
7. Happiton

Die neue Kathedrale gilt als die größte christliche Kirche auf afrikanischem Boden. Die Gebeine des Heiligen Markus - der christliche Missionar Ägyptens - wurden bei der Einweihung der Kathedrale teilweise aus Venedig hierher zurückgeführt. Innerhalb eines Verwaltungskomplexes mit einer alten Basilika erhebt sich auf einem Grundriss von 100 x 150 m der mächtige, 1960 begonnene Bau mit seiner 41 m hohen Kuppel. Das nicht minder sehenswerte alte koptische Viertel Alt-Kairo ist ab Seite 258 beschrieben.
Man könnte meinen, dass die unweit der Markus-Kathedrale ebenfalls an der Sharia Ramsis stehende El Noor-Moschee als Antwort der Muslime auf die koptische Kathedrale verstanden werden sollte. Rein subjektiv wirkt ihre Baumasse unter den fünf grünen Kuppeln mit den zwei extrem hohen Minaretts sehr viel gewaltiger als die des christlichen Pendants.

Insel Gezira - Botanischer Garten - Zoo

Ein Ausflug zur Insel Gezira (das arabische *Gezira* heißt *Insel*) bietet als Hauptattraktion den Ausblick vom ****Cairo Tower** (£E 60, für £E 80 gibt es zusätzlich einen Drink nach Wahl; keine Studentenermäßigung, kein Warten in der

4 Kairo und Umgebung kennenlernen

Schlange der Einheimischen). Von oben gewinnen Sie einen vortrefflichen Überblick über die Stadt und ihre Lage am Nil; besonders schön ist die Sonnenuntergangsstimmung. Falls Sie oben speisen wollen, müssen Sie bereits unten am Eingang Gutscheine kaufen. Das Restaurant hat nicht den besten Ruf; vor allem bei Sonnenuntergang wartet man lange auf seine Bestellung.

Der Turm steht am Rand der Sportplätze, die meisten davon gehören dem Gezira Sporting Club. Vor allem gegen Abend wird hier eifrig trainiert. Im Postamt, links vom Turmaufgang, kann man telefonieren. Unweit vom Tower sind zwei Restaurantschiffe am Nilufer vertäut, die sich zum beliebten Treffpunkt der Ägypter entwickelten; bekannte Sängerinnen und Sänger treten während der Mahlzeiten auf.

Gegenüber dem Eingang zum Gezira Sporting Club, 1 Sh El Sheikh El Masrafi, steht ein exquisiter, kleiner islamischer Palast (1927 für einen Ururenkel des Khediven Ibrahim gebaut), der das ***Museum für islamische Keramik** (Di-So 10-4, 17-21, £E 20; www.icm.gov.eg) beherbergt. In den Sammlungen des Museums scheinen sich die besten Keramiken der islamischen Vergangenheit zu vereinen. Neben den arabischen und türkischen sind vor allem auch die andalusischen Stücke sehr sehenswert; ein Raum ist der pharaonischen Kunst gewidmet. Im Untergeschoss (östlicher, tiefer liegender Seiteneingang) finden wechselnde Ausstellungen zeitgenössischer ägyptischer Künstler statt.

Jetzt sind Sie bereits im Herzen von Zamalek gelandet, einem ehemals recht feudalen Wohnviertel auf der Insel Gezira, in dessen Straßen Sie manche vornehme alte Villa bewundern können. Noch heute besitzt Zamalek Anziehungskraft für die gehobene Mittelschicht, wie die Boutiquen in der Sharia 26.July und in den nördlichen Querstraßen zeigen. Aber auch die Diplomaten fanden mit ihren Botschaftsgebäuden Gefallen an dieser Gegend. Sollten Sie zur Deutschen Botschaft gehen, dann werfen Sie einen Blick in den **Gabalaya Aquarium Park**, Eingang Sh Hassan Sabri (der Park gegenüber der Botschaft). Er bot bis Ende des 20. Jh in labyrinthartige Grotten gehauene Aquarien mit Nilfischen; die Aquarien sind nicht mehr vorhanden. Der von König Ismail im 19. Jh angelegte Park ist gepflegt (9-15.30, £E 0,50). Achtung: In den Cafés im Park wird gern abgezockt; ein Leser bezahlte für zwei Tee und ein Mineralwasser £E 19,50.

Für einen Abstecher sollten Sie über die 6.October Brücke zum linken Nilufer fahren. Praktisch an deren Hochstraßen-Ende – Sharia Nadi el Seid - steht das durchaus sehenswerte ***Landwirtschaftsmuseum** (Di-So 9-13.30), dessen Name nicht umfassend ist. Denn neben landwirtschaftlich-botanischen Themen geht es auch um die Darstellung des täglichen Lebens im frühen 20. Jh (das Museum wurde 1938 eröffnet). Leider scheint seit jener Zeit nicht mehr viel zum Unterhalt beigetragen worden zu sein, denn es ist dunkel, weil zahllose Lampen ausgebrannt sind, und verstaubt – eigentlich schon ein Museum seiner selbst. Drei mächtige Ausstellungsbauwerke im etwas monströsen Stil der damaligen Zeit stehen in einem größeren Parkgelände.

Im ersten Gebäude wird im Erdgeschoss das Landleben mit Gipsfiguren dokumentiert, die so lebensecht aussehen, dass sie sich augenblicklich in Bewegung setzen oder singen und tanzen könnten. Im Obergeschoss warten unterschiedlichste ausgestopfte Tiere auf ihre Aufmerksamkeit. Im zweiten Gebäude geht es tatsächlich um Pflanzen, hauptsächlich aus der Landwirtschaft, die, akribisch geordnet, langsam zerbröseln. Interessant sind z.B. die vielen Brotsorten und ihre regionale Zuordnung oder die unzähligen Dattelsorten. Das dritte Gebäude ist hauptsächlich dem Baumwollanbau gewidmet. Jeweils Ende März findet hier eine Pflanzenausstellung statt, zu der die Blumen- und Pflanzenliebhaber aus ganz Kairo pilgern.

Wenn wir auf die Insel Gezira zurückkehren und eine Pause in gepflegter Umgebung einlegen wollen, dann sollten unbedingt das Gartencafé im Marriott Palace Hotel gewählt und dabei auch der Kernbau besichtigt werden. Dies ist ein

Insel Gezira - Botanischer Garten - Zoo

vom Khediven Ismail 1869 für die französische Kaiserin Eugenie gebauter Palast, der hervorragend restauriert wurde und den Glanz jener Zeit mit vielen erlesenen Details widerspiegelt.

Begibt man sich von hier aus ein Stück weiter nach Süden, so fällt ein Geschenk der japanischen Regierung an Ägypten unübersehbar auf, das an der nördlichen Seite der Sharia Tahrir liegende **Opernhaus**. Das 1988 eingeweihte Bauwerk ist einer fatimidischen Burg nachempfunden und bietet neben der Oper mit 1200 Plätzen in weiteren Sälen Kino, Musik und Unterrichtsräume. Kartenvorverkauf 10-13, 17-20; £E 15-50 (ausdrücklich nach Studentenermäßigung fragen). Häufig sind an der Abendkasse noch Plätze zu bekommen, die Preise liegen dann zwischen £E 5 und £E 30. Wenn gute Plätze leer bleiben, lassen die Platzanweiser ganz offiziell von den billigeren dorthin aufrücken. - Das Ganze hat allerdings einen Haken: „Full dress", d.h. Krawatte und Jackett (hier ausleihbar) sind für Männer obligatorisch, bei Damen bleiben die Übergänge zwischen Jeans und Nerz fließend.

Die künstlerisch sehr gelobte Oper bietet ein breites Repertoire von sehr guten Eigenproduktionen (z.B. Zauberflöte auf Arabisch) oder Ballettaufführungen wie auch von internationalen Gastspielen. Das Opernhaus (großer Saal, Konzertsaal und Freilichttheater) kann auch für £E 5 pP mit englischsprachiger Führung (11-14 außer Fr) besichtigt werden, ein durchaus lohnenswerter Einblick.

Das **Museum of Modern Egyptian Art** (Sa-Do 11-14, 17.30-21; £E 20) zeigt in drei Stockwerken Gemälde, Grafiken, Zeichnungen und Keramiken: im Erdgeschoss Werke ab 1975, im 1. Stock Pioniere ägyptischer moderner Kunst und Werke von Künstlern ab dem späten 19. Jh. Im oberen Stockwerk sind Meilensteine ägyptischer moderner Kunst zu sehen und wiederum Werke von Künstlern ab etwa der zweiten Hälfte des 20. Jh. Vor dem Museum stehen 60 Skulpturen. In diesem Komplex kann man noch

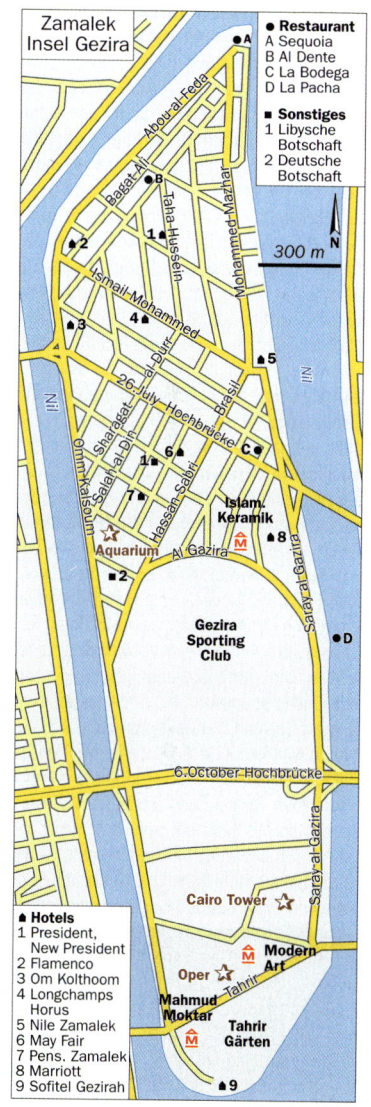

Zamalek Insel Gezira

● **Restaurant**
A Sequoia
B Al Dente
C La Bodega
D La Pacha

■ **Sonstiges**
1 Libysche Botschaft
2 Deutsche Botschaft

▲ **Hotels**
1 President, New President
2 Flamenco
3 Om Kolthoom
4 Longchamps Horus
5 Nile Zamalek
6 May Fair
7 Pens. Zamalek
8 Marriott
9 Sofitel Gezirah

Schreiben Sie uns bitte, wenn Sie Änderungen oder Neuigkeiten feststellen.

4 Kairo und Umgebung kennenlernen

das kleine **National Museum for Civilization** mit etwa 1600 Ausstellungsstücken und das **Planetarium** besuchen.

Sehenswert ist auch das kleine Museum des Bildhauers **Mahmoud Moktar** an der Sharia Tahrir, südlich kurz vor der Galaa Brücke, in der Nähe des Eingangs zum Cairo Club. Hier finden Sie über 100 Arbeiten Moktars, der moderne Kunst in Ägypten einführte und von dem übrigens die Plastiken auf der Pyramid Road stammen.

An der Südspitze der Insel Gezira erhebt sich der schlanke Rundturm des *El Gezira Hotels*. Sein Terrassenrestaurant, das fast wie ein Wellenbrecher der Inselspitze aussieht, bietet einen großartigen Ausblick Nil aufwärts, besonders der frühe Abend beschert schöne Stimmungen.

Wenn Sie jetzt den Nil nach Westen überqueren und vom Sheraton Hotel aus der Sharia Giseh zwei Blocks nach Süden folgen, stoßen Sie links auf das *****Mahmoud Khalil Museum** (Di-So 9.30-18; £E 25, Studenten £E 25, www.mkm.gov.eg; www.grm.gov.eg) im ursprünglichen Haus des Kunstsammlers. Die Kollektion impressionistischer Maler, wie van Gogh, Renoir, Gauguin, und anderer ist wirklich sehenswert. In einem schönen Garten großzügig angelegt – z.B. gibt es zwei Räume mit nur je einem Bild von Gauguin und van Gogh –, teilt sich die nahezu kontemplative Atmosphäre des Hauses dem Betrachter mit. Mahmoud Khalil war ein frankophiler, reicher Geschäftsmann und Politiker, der sich als einer der größten Kunstsammler Nordafrikas einen Namen machte. Auch seine Villa aus dem frühen 20. Jh strahlte französischen Glanz aus und war der entsprechen-

de Rahmen seiner Kunstsammlung. 1981, lange nach dem Tod Khalils, zog Präsident Sadat ins Nachbarhaus und benötigte zusätzlichen Platz. Die Kunstsammlung wurde in einen Palast in Zamalek verlegt und kehrte erst 1995 in das ohnehin sehenswerte Gebäude zurück. Ein Leser schreibt: „Der Besuch war ein absoluter Hit, ganz wenige Besucher, Villa und Einrichtung einzigartig, Bilder Weltspitze".

Ein Stück weiter liegen an der Sharia Charles de Gaulle (Verlängerung der Sh Giseh) der **Botanische Garten** und der ***Zoo** (8.30-17, £E 10). Der 1890/91 angelegte Zoo - einer der ältesten der Erde - wurde in den 1990er Jahren umgestaltet, aber immer noch sind viele Tiere nicht in artgerechten Gehegen untergebracht. 2003 wurde daher der Tiergarten mit immerhin 7000 Tieren aus dem internationalen Dachverband der Zoos (WAZA) ausgeschlossen. Die weit ausladenden Baumgruppen spenden Schatten; ein Spaziergang durch die schön angelegten weitläufigen Gärten, darunter ein Korallengarten aus der Zeit Mohammed Alis, kann Erholung und Abwechslung bieten. Der Zoo ist vor allem freitags und feiertags ein beliebtes Picknick-Ausflugsgebiet mit manchmal 25 000 Besuchern. Familien lagern in den Grünflächen, Kinder spielen und Radios plärren. Weit weniger Betrieb herrscht im angrenzenden Botanischen Garten, der mit weitläufigen Rasenflächen angenehmere Erholungsplätze unter ebenfalls alten Bäumen bietet.

Etwa 1 km weiter südlich treffen Sie auf den **Midan Giseh**, der, von einer Hochbrücke („Fly-Over") verdunkelt, ein wichtiger Knotenpunkt ist: Nach Süden geht es auf die oberägyptische Niltalstraße, nach Westen auf der breit ausgebauten Pyramid Road (Sharia El Ahram) zu den Pyramiden und weiter nach Alexandria.

Vom Zoo zurück zum Stadtzentrum gibt es den direkten Weg, aber wenn Sie noch Lust ha-

Angeln im Nil

Insel Gezira - Botanischer Garten - Zoo

ben, legen Sie einen kurzen Umweg über die Insel *Roda* ein.

Insel Roda (auch *Manial*)

In einem kleinen Park an der Südspitze der Insel (bei Ägyptern eher unter *Manial* bekannt) liegt der 715 nC erbaute ***Nilometer** (10-14, 16-20, £E 15), ein seit dem Nasser-Stausee bei Assuan außer Interesse geratenes, durchaus sehenswertes Bauwerk. Früher konnte aus dem Höchststand einer Überflutung der Ertrag der nächsten Ernte geschätzt werden; heute lässt die Messlatte nur noch ahnen, welch ungeheuren Unterschiede die Wasserstände erreichten. Gerade dieser so ins Auge springende Unterschied ist den Besuch des Nilometers wert. Außerdem erfreut die mit Ornamentfliesen dekorierte Kuppel das Auge, mit der Mohammed Ali das ältere Bauwerk abdecken ließ.

Im Komplex des Nilometers steht der prächtige **Palast des Manisterli**, der um 1850 Innenminister und eigentlich Belgier war. Das stilvolle Gebäude ist auch im Innern sehenswert, allerdings geht dies nur bei Veranstaltungen (im Winter finden hier öfters international besetzte Konzerte statt).

Gleich nach dem Eingang links wurde das **Umm Kulthum Museum** (10-17, £E 6) eröffnet. Auch für den Fremden wird die in Ägypten und im arabischen Raum einst hoch verehrte Sängerin mit ihren Kleidern, Auszeichnungen, Fotos, Briefen und einem kurzen Film lebendig.

Von hier aus führt eine Fußgängerbrücke ans westliche Ufer, d.h. quasi direkt Richtung *Alt-Kairo*. Es macht durchaus Sinn, einen Besuch Alt-Kairos mit Roda zu verbinden.

Mehr im Norden der Insel ließ ein Bruder von König Fuad, namens Mohammed Ali, zwischen 1901 und 1933 den ****Manial-Palast** (9-15, £E 35) erbauen, der heute samt angeschlossenem Jagdmuseum besichtigt werden kann. Gleich im Eingangsbereich stehen die ehemaligen Empfangsräume offen, im oberen Geschoss lag der reich dekorierte Ballsaal, daneben getrennte Räume für die Damen und Herren der Gesellschaft. Direkt neben diesem Gebäude (vom Haupteingang aus rechts) und dem Uhrenturm überrascht eine sehenswerte Moschee mit ihren blauen Blumenornament-Kacheln den Besucher. Mittags erhellen viele Lichtstrahlen das Gebäude, wenn die Sonne durch 81 gelbe Glasfenster in der Decke einfällt. Es folgt das erst 1962 gebaute Jagdmuseum mit Trophäen, Geräten und ausgestopften Tieren; beachtenswert ist u.a. eine Schmetterlingssammlung.

Ein Stück südlich - also geradeaus vom Eingang - steht im Garten der Wohnpalast des Prinzen Mohammed, dessen Architektur auf alte islamische Vorbilder zurückgeht. In den verschiedenen Salons mit erlesener Ausstattung kommt der verschwenderische Reichtum der Familie

---

Gepflegt relaxen

Vielleicht wollen Sie sich nach anstrengender Besichtigungsarbeit zwischendurch einmal gepflegt erholen: Im Hotel Fontana, Midan Ramsis, kann man am Swimmingpool zu $ 5 pP relaxen (aber laute Straße), im Hyatt Hotel gegen £E 60 in den Pool springen, im Cairo Sheraton zu £E 100, im Semiramis für £E 90, im Atlas-Zamalek in Mohandissin für £E 25, im Mena House mit Pyramidenblick und Lunch zu £E 100. Besonders schöne Swimmingpools bietet das Hotel Le Meridien Pyramids (£E 105), Alexandria Desert Road, Giseh (beim Abzweig zum Fayum): Sechs Becken unterschiedlicher Tiefe mit Blick auf die Pyramiden (£E 60). Spätnachmittags- oder Abendstimmung können Sie besonders auf dem Wasser genießen, indem Sie per Feluke auf dem Nilabschnitt der Stadt kreuzen; Kosten etwa £E 40-60 pro Boot und Stunde. Schiffe liegen am Ufer des Nile Hilton, des Shephards und des Hyatt Hotels. Achten Sie darauf, dass Ihr Boot betankt ist, sonst kostet das Tanken viel Zeit. Für längere Trips empfiehlt sich, eine Feluke am Grand Café in Maadi (Nilufer Zentrum) zu heuern, weil dort keine Brücken das Vorwärtskommen hindern. Nehmen Sie abends ein Antimückenmittel mit!

zum Ausdruck. Im anschließenden Thronpalast wurde der Thronsaal von Mohammed Ali, dem Gründer der Dynastie, wiederaufgebaut. Dann folgt, etwas weiter südwestlich, ein so genanntes privates Museum mit schönen Kalligrafien, Teppichen, Waffen und Einrichtungsgegenständen.

Kairos Altstadt: Islamisches Viertel

Ein paar Informationen vorab: In dieser Gegend steht Ihnen der Besuch einer ganzen Reihe von Moscheen bevor. Nach uralter Tradition betritt man islamische Gotteshäuser nur barfuß. In der Regel hinterlässt man seine Schuhe in einem Regal am Eingang; manchmal können auch Stoffüberschuhe gegen ein Bakschisch von £E 5-10 „gemietet" werden. Auch der Mann, der am Regal eher herumsteht als aufpasst, erwartet ein Bakschisch. Nimmt man stattdessen die Schuhe mit in die Moschee (was ungern gesehen wird), sollte man sie eher unauffällig und stets mit den Sohlen gegeneinander tragen und sie niemals mit den Sohlen auf dem Boden abstellen. Besuchen Sie Moscheen nicht während der Gebetszeiten, besonders der mittäglichen Hauptgebetszeit.

Vor einiger Zeit wurden die Eintrittsgelder für alle in Benutzung befindlichen Moscheen aufgehoben. Inzwischen hat sich eine Art „Mafia" entwickelt, die versucht, von ahnungslosen Touristen mit allen Tricks Geld zu kassieren. Wimmeln Sie alle Aufdringlinge ab. Lediglich für eine Minarettbesteigung gibt man ein paar £E Bakschisch.

Tauchen Sie ein in den Orient, in das quirlige, immer noch einen Hauch Mittelalter, einen Hauch Tausendundeine Nacht versprühende Leben des Islamischen Viertels. Hier, zwischen den stellenweise noch vorhandenen Stadtmauern, lag über viele Jahrhunderte das Zentrum Ägyptens; viele historische Bauwerke spiegeln das Auf und Ab der Geschichte seit der islamischen Eroberung wider (siehe auch *Islamische Monumente* unter ww.cim.gov.eg/)

Wandern Sie durch diese verschachtelte Welt mit ihren Moscheen und Palästen, zwischen denen immer wieder enge Ladenstraßen - *Souks* - auftauchen. Besonders in der nördlichen und südlichen Umgebung des Khan el Khalili Bazars werden Sie Souks finden, in denen Sie fast ausschließlich Ägyptern und nur selten Mitmenschen deutschen Zungenschlags begegnen. Doch bummeln Sie auch durch den *Khan el Khalili Bazar*, der zwar zu den üblichen touristischen Pflichtübungen gehört, dessen Kitsch-Kulissen aber nach dem zweiten oder dritten Besuch zusammenfallen und der dann sein sympathischeres Gesicht zeigt. Es gibt übrigens auch viele Shops im ersten oder zweiten Stock, die weniger von Touristen frequentiert sind.

Nehmen Sie sich viel Zeit für das *Islamische Kairo*, denn hier kommen Sie in Berührung mit dem sehr lebendigen ägyptischen Alltag; hier werden Sie ungezwungener als in anderen Städten die täglichen Freuden und Sorgen der Ägypter studieren können, weil hier Fremde zum gewohnten Bild gehören.

Dieser vor Ihnen liegende Komplex aus engen Gassen funktioniert heute in vieler Hinsicht noch wie vor Hunderten von Jahren. Wohn- und Arbeitsstätte gehen vielfach ineinander über; theoretisch herrscht hier immer noch eine ausgeglichene soziale Struktur - bis auf die Tatsache, dass sich in den letzten Jahrzehnten die Wohnbevölkerung mehr und mehr zurückzieht, die Kleinindustrie die billigen Flächen übernimmt und die damit verbundenen Belastungen, wie mangelnde Infrastruktur (z.B. überlastete Kanalisation) und zusätzlicher Verkehr, Unruhe und Umweltschäden sich entwickeln. Allerdings versucht man jetzt, den Prozess umzudrehen und größere Betriebe auszulagern.

Durch Umweltbelastung und mangelhaften Unterhalt verfallen die historisch wichtigen Bauwerke immer schneller. Zwar versucht die ägyptische Antikenverwaltung, zusammen mit ausländischen Partnern die Bauwerke zu erhalten und zu restaurieren, aber der Wettlauf gegen den Zerfall ist schon an vielen Stellen verloren. Hinzu kommt, dass weitere schwere

***Museum für Islamische Kunst

Schäden durch das Erdbeben von 1992 hervorgerufen wurden.

Die Häuser des Viertels - wie auch die vieler Neubaugegenden - rücken eng aneinander. Auf diese Weise entsteht während der meisten Zeit des Tages kühlender Schatten. Auch die Düsternis in vielen, vor allem historischen Gebäuden ist gewollt, da Lichteinfall Wärme erzeugt. Bevor wir uns auf die Wanderungen durch das Herz der Altstadt begeben, könnte ein Besuch des zum Thema passenden, quasi auf dem Weg liegenden Museums für die richtige Einstimmung sorgen:

***Museum für Islamische Kunst

Zur Zeit unserer letzten Recherchen wurde das Museum (immer noch) renoviert. Laut Auskunft der Museumsverwaltung sollten die Arbeiten 2008 abgeschlossen und alle Objekte an den jeweils alten Platz zurückgebracht worden sein. Doch es ist immer noch geschlossen, angeblich hat sich die Eröffnung durch einen Brand im Eingangsbereich verzögert. Wir veröffentlichen hier weiterhin unsere alte Beschreibung und hoffen, dass die räumliche Zuordnung nach der Wiedereröffnung noch einigermaßen stimmt.

Das weit über Ägypten hinaus bekannte Museum (9-16, F 9-11, 13.30-16, £E 40) besitzt die umfassendste Sammlung islamischer Kunst der Welt. Wenn Sie sich an Dingen erfreuen können, die Menschen geschaffen haben, denen die Darstellung ihrer selbst aus religiösen Gründen untersagt ist und die sich daher auf Ornamentik und Kalligrafie stürzten und in diesen Bereichen unübertroffene Meisterwerke hinterließen, dann dürfen Sie einen Besuch des Museums mit seinen 86 000 Objekten nicht versäumen. Andererseits ist es nicht so riesig, dass man es als normal interessierter Besucher nicht in 1-2 Stunden angeschaut haben könnte. Es liegt am Midan Bab el Khaliq, an dem sich die Sharia El Khaliq el Misr (ehemals Bur Said) und die Sharia Qala (Mohammed Ali) kreuzen, der Eingang ist jedoch an der Nordseite des Gebäudes in der Sharia Bur Said.

Auch dieses Museum benötigt - ähnlich wie sein pharaonisches Pendant - ein paar Augenblicke der Vororientierung. Leider sind die Nummern einiger Säle, wie auch die beiden Säle 17 und 18 (gegenüber älteren Angaben), abhanden gekommen. Da der ehemalige Haupteingang verlegt wurde, die Nummerierung aber dort begann, ist das ursprüngliche Ordnungssystem durchbrochen. (Es heißt, dass dieser Eingang wieder geöffnet werden soll.)

Obwohl wir bei der folgenden Beschreibung vom Nordeingang ausgehen, sollte man in Erwägung ziehen, die paar Schritte zum Ex-Haupteingang zwischen Saal 3 und 23 zu gehen und dem ursprünglichen Schema zu folgen, denn den großen Kunstepochen des islamischen Ägypten wurden die Säle 2-5 gewidmet. Die Exponate der anderen Säle beziehen sich jeweils auf ein bestimmtes Thema, z.B. Holz-, Keramik- oder Metallarbeiten, Fayencen, Teppiche etc. Auch im oberen Stockwerk gab es Ausstellungsräume mit Textilien und Teppichen, leider war der Zugang gesperrt.

Wichtige Exponate in den einzelnen Sälen:

7, 8: Aijubidische und mamlukische Holz- und Elfenbeinarbeiten

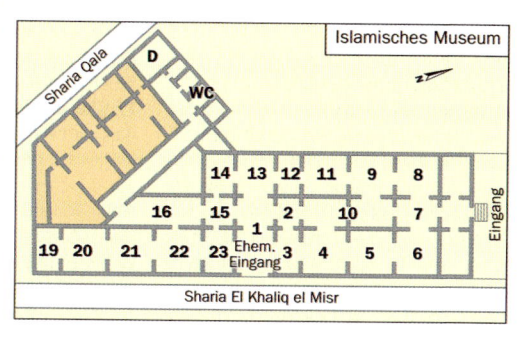

Eine Fülle von Holzschnitzereien und Haushaltsgegenständen. Zwischen Raum 7 und 6

ein großes Tor aus Damietta, dessen kleinere Flügel benutzt wurden, wenn die größeren geschlossen waren; im Übergang zum mittleren Raum 10 eine osmanische Mashrabiya, in deren linkem Gitter ein Löwe unter Palmen, rechts Krüge zu erkennen sind (besser von der anderen Seite); interessante Knochen- und Elfenbeinschnitzereien, viele aus Fustat; Holztafeln z.T. mit Goldintarsien

9: Möbel, Metallarbeiten
Möbel mit Perlmutteinlegearbeiten; bemalte und vergoldete Deckentäfelungen; Koranbehälter mit schönen Einlegearbeiten; schwerer Bronze-Kerzenständer aus dem 13. Jh (Wandseite); im Durchgang zu Raum 11 Türflügel aus der Moschee des Salih Talai mit Bronzebeschlag auf der Außenseite, Schnitzereien im Hochrelief auf der Innenseite

10: Sehenswerter rekonstruierter osmanischer Wohnraum
Marmorbecken mit buntem Mosaikboden, aus dem heraus eine Marmorsäule die reich dekorierte Holzdecke stützt (Licht einschalten lassen); Holztische mit schönen Intarsien

11: Metallarbeiten, mamlukische Epoche
In den Vitrinen Vasen und Leuchter mit feinem Design (ähnliche Stücke noch heute im Bazar); Haushaltsgegenstände; astronomische Instrumente; an der Decke Messingkandelaber, u.a. achteckiger Kandelaber aus der Sultan Hassan-Moschee; im Durchgang zu Raum 12 Doppeltür aus dem Imam Shafi-Mausoleum

12: Waffen
Vom Schwert bis zu Feuerwaffen; verschiedene (luftige!) Kettenhemden; Schwerter mit reich verzierten Scheiden; Pfeile; manche Waffen mit dem Namen des Eigentümers

13: Ägyptische Keramik
Herrliche Fayencen mit unterschiedlichen, z.T. floralen Motiven oder auch Tierdarstellungen, einige mit menschlichen Figuren (vermutlich koptisch beeinflusst); Töpfersignaturen; Fayumkeramik mit chinesischem Einfluss; Silber beschlagene Tür aus der Moschee von Sayida Zeinab; typischer Glasleuchter der Sultan Hassan Moschee (Vitrine zur Wand); schöner Weihrauchbrenner mit Silbereinlegearbeiten (Vitrine gegenüber der vorigen); im Übergang zu Raum 1 zwei fein gearbeitete hexagonale Metalltische; Teppichausstellung an den oberen Wänden

14: Keramik aus anderen Ländern
Keramik mit Darstellung der Kaaba innerhalb einer Moschee (rechts nach Durchgang); sehr dekorative Kacheln an den Wänden; Teppiche an den oberen Wänden

15, 16: Ausländische Töpferware
Wiederum schöne Kacheln; Steinformen für Metallguss; Öllampen; Spielzeugfiguren; fein gearbeitete Filter für Krüge und Kannenausgüsse; Grabsteine; Teppiche an den Wänden; am Ende des Ganges Teil einer Koranschule aus Rosetta, in der großen Nische saß der Lehrer, in den kleinen Nischen wurden die Bücher aufbewahrt

Von hier aus sollte man zur Münzsammlung in Raum D weitergehen, die dann ein wirkliches „Highlight" bietet, wenn die Münzen ausgestellt sind, die in den Ruinen eines Hauses im Islamischen Viertel gefunden wurden. Auch Medaillen, hauptsächlich aus der Mohammed Ali Dynastie. Danach wieder zurück und am besten zu Raum 19 durchgehen und von hier aus die Port-Said-Straßenseite besichtigen.

19: Kunst im arabischen Buch
Wertvolle Bücher in Bücherschränken aus der Sammlung von König Faruq (an beiden Außenwänden); sehr wertvolle Korane unterschiedlicher Herkunft; persische Miniaturen, mogulindische und andere Malereien

20: Textilien, Teppiche, Gebrauchsgegenstände
Reich dekorierte Textilien; Teppiche; emaillierte Keramik aus Asien; Pilgerflaschen; kleine Teller

21: Glas und Moscheenlampen
Glas aus dem 11.-15. Jh, vor allem Moscheenlampen (hauptsächlich in Syrien hergestellt); Stunden-Sanduhr (Vitrine in Raummitte); Flaschen, Parfümbehälter und Vasen (meist ägyptischen Ursprungs); persische Teppiche

22: Persische Kunst
Verschiedene Gefäße; Fayencen; Keramiken mit blaugrünem Dekor oder eingeritzten Moti-

Khan el Khalili-Bazar und umliegende Souks

ven; Fayence-Plastiken, wie Vögel, Tiere, Blüten; Teppiche

23: Eigentlich wechselnde Ausstellungen
Offensichtlich permanente Ausstellung von medizinischen Instrumenten, Schreibutensilien, Navigationsgeräten; Textilfragmente

1: (mit früherer Eingangshalle)
Koranbehälter des König Faruk mit einem Koran in Kufi aus dem 7. oder 8. Jh; Wanddekoration mit Teppichen (iranisch und türkisch); großer oktogonaler Messingleuchter (14. Jh)

2: Omayadische Kunstepoche (7.-8. Jh)
Schönes Fußbodenmosaik aus mehrfarbigem Marmor; Bronzekanne mit Blütenornamenten und Ausguss als krähender Hahn (Sassanidenzeit; Vitrine am Gang); hübsches kleines Arkaden-"Regal" an der Gangwand; Grabsteine mit Namen der Verstorbenen

3: Abbasiden, Tuluniden (8.-10. Jh)
Einflüsse aus Persien und der Türkei; Stuck- und Holzplatten an den Wänden; Keramik mit kobaltblauem und grünem Dekor; Ampeln mit Metallfarben, die beim Brennen oxydierten (Vitrine zur Straßenseite); imitierte chinesische Keramik aus Persien (Vitrine zum Gang)

4: Fatimidische Epoche (10.-12. Jh)
Erste Kalligrafien und Arabesken; zierliche Kufischriften in der Vitrine unter dem Fenster; Holzschnitzereien mit (noch) figürlichen Motiven; Wandmalerei aus Fustat (Person mit Trinkbecher, an der Wand zu Raum 3); schöner polygonaler Springbrunnen aus der Aijubidenzeit; im Durchgang zu Raum 5 Moscheenfenster aus durchbrochenem Stuck mit Glasmosaiken

5: Mamlukische Epoche (13.-16. Jh)
Starker syrischer Einfluss, z.B. Bronzegefäße mit Gold- oder Silbereinlagen; vergoldete und emaillierte Glasampeln (Vitrine Mitte); Glasmosaik-Fenster zur Straße; interessante Metallarbeiten in den Vitrinen; Wasserbecken eines Springbrunnens mit Marmormosaiken aus dem Kalaun-Mausoleum, im Durchgang zu Raum 6 große Holztüre aus der (nicht mehr vorhandenen) Madrasa des Salih Aijub

6: Fatimidische Holzarbeiten
Holzteile aus frühen Moscheen, u.a. tragbare Mihrabs (Sayida Zeinab-Moschee, Raummitte, Al Azhar-Moschee, Fensterfront); Holzpaneele aus dem fatimidischen Westpalast (Wand Richtung Garten).

Nach dem Besuch kann man die Beine im Museumsgarten ausruhen und dann die Sharia Port Said nur ein paar hundert Meter nach Norden bis zur querenden Sharia Al Azhar gehen.

Khan el Khalili-Bazar und umliegende Souks

Nun wollen wir unsere Wanderungen im Islamischen Viertel beginnen. Zur besseren Übersicht haben wir die in den Plänen auf Seite 228 und 229 angegebenen Nummern den folgenden Sehenswürdigkeiten jeweils in Klammern hinzugefügt. Vom Zentrum aus können Sie entweder einen Bus nehmen (fragen Sie nach „El Hussein") oder aber vom Midan Ataba der Sharia Al Azhar, der von einer Hochbrückenkonstruktion verunzierten Straße, folgen. Kurz nach dem Ende der Hochbrücke werden Sie eine Fußgängerbrücke quer über die Straße sehen, dort liegt das Zentrum des Viertels.

Als viel interessantere Alternative zur Sharia Al Azhar bietet sich eine Wanderung durch ihre nördliche Parallelstraße Sharia El Muski vom Midan Ataba aus an. Früher war diese

Zum Fastenbrechen im Ramadan werden Bedürftige zum Essen eingeladen - hier im Khan el Khalili

4 Kairo und Umgebung kennenlernen

Straße eine der Hauptverkehrsadern durch das Islamische Kairo. Sie führt heute durch lokale Souks, in denen es wirklich alles fürs tägliche ägyptische Leben zu kaufen gibt. Hierher strömen die Bewohner von überall her zum Einkauf. Besonders in der Nähe des Midan Ataba herrscht häufig ein unglaubliches, schier erdrückendes Gedränge. Doch keine Angst, es geht zwar hautnah zu, aber hier feiern Angebot und Nachfrage Orgien - vom Spottbilligstangebot des „billigen Jakob" über vergoldete Sitzgarnituren bis zum zentnerschweren Kronleuchter findet sich alles, was eine ägyptische Familie gebrauchen könnte oder sich aufschwatzen lässt. Die Sharia El Muski steigt leicht bergan, durchschneidet den Khan el Khalili Bazar und endet am Midan Hussein, dem großen Platz vor der Hussein Moschee.

Doch zurück zur unübersehbaren Fußgängerbrücke über die Sharia Al Azhar: Überqueren Sie diese zur linken Straßenseite und gehen Sie noch über die erste größere Kreuzung (Sh Muizz li-Din Allah) zurück. Biegen Sie danach in die erste enge Gasse rechts ab. Nach wenigen Schritten verstummt der Verkehrslärm, Sie hören das Klappern von Nähmaschinen oder das Feilschen um Kleider und Stoffe.

Gehen Sie geradeaus bis zur nächsten (engen) Kreuzung, dort links und dann wieder rechts. Bald wird Ihnen der Geruch von orientalischen Düften entgegenwehen: Sie stehen im jahrhundertealten Gewürzmarkt (Souk el Atarin). An dem kleinen Platz können Sie Gewürzmüller beobachten; starker würziger Geruch steigt in die Nase und reizt die seinesgleichen ungewohnten Schleimhäute. Die Gasse endet an der Sharia El Muski (siehe oben). Sollten Sie den „Einstieg" in die enge Gasse verpasst haben, können Sie auch der Sharia Al Azhar noch ein Stück bergab folgen und in die Gasse einbiegen, die spitzwinklig einmündet. Wenn Sie diese durchwandern, wird sich bald der Gewürzreiz in Ihrer Nase melden; biegen Sie dann rechts ein, um die laut dröhnenden Gewürzmühlen zu sehen und sich von dem feinen Staub, ähnlich wie von Schnupftabak, reizen zu lassen.

Aus dem Gewürzmarkt sollten Sie in die Sharia El Muski zur Fortsetzung des Spaziergangs gehen und dort bergauf bis zur nächsten Kreuzung

Wichtige islamische Monumente

Zahllose Bauwerke wurden seit der arabischen Eroberung in Kairo geschaffen, von denen heute noch ein Bruchteil mehr oder weniger erhalten ist. Die wichtigsten sind im Text beschrieben und hier als Überblick in chronologischer Reihenfolge, nach Fertigstellungsjahr, aufgelistet:

Abbasiden
Nilometer	814
Amr Moschee	827
Ibn Tulun Moschee	879

Fatimidische Epoche
Al Azhar Moschee	972
El Hakim Moschee	1013
Bab el Nasr, Bab el Futuh	1087
Bab Zuweila	1090
Hussein Moschee (alter Teil)	1154
Salih Talai Moschee	1160

Aijubidische Epoche
Zitadelle	1176
El Shafi Mausoleum	1211
Salih Aijub Mausoleum	1249

Mamlukische Epoche
Kalaun Mausoleum und Hospital	1284
Mausoleum El Nasir Mohammed	1296
El Nasir Moschee (Zitadelle)	1335
Beshtak Palast	1339
Aq Sunqur Moschee	1347
Sultan Hassan Moschee	1363
Moschee Madrasa Sultan Barquq	1384
Mausoleum von Sultan Barquq	1411
El Muayyad Moschee	1423
Mausoleum Sultan Ashraf Qaytbay	1432
Qajmas el Ishaqi Moschee	1481
Wakala el Guri	1504
El Guri Madrasa und Mausoleum	1517

Osmanische Epoche
Beyt el Suhaimi (Palast)	1648
Sebil Kuttab von Rahman Katkhuda	1744
Mohammed Ali Moschee (Zitadelle)	1824
Hussein Moschee (Bethalle)	1864-1873
Er Rifai Moschee	1911

mit Autoverkehr. Das ist nur ein kurzes Stück, die Straße heißt Sharia Muizz li Din Allah und ist die alte, unter den Fatimiden angelegte Nord-Süd-Achse der heutigen Altstadt. In der jüngsten Vergangenheit wurde sie gründlich renoviert und neu mit einem ziemlich holprigen Pflaster ausgelegt – das soll wohl die wilden Motorrad- und Autofahrer zur Raison bringen, vor denen man sich früher mit schnellen Sprüngen in Sicherheit bringen musste.

Rechts an der Sharia Muski steht die 1425 von Sultan **Ashraf Barsbay** erbaute **Madrasa** [19] (£E 8). Sultan Barsbay hatte den Gewürzhandel verstaatlicht und nutzte das hohe Steueraufkommen aus diesem Zweig unter anderem zum Bau religiöser Monumente (sein Mausoleum in der nördlichen Totenstadt ist unbedingt einen Besuch wert, siehe Seite 256). Barsbay baute hier Madrasa, Mausoleum und ein Sebil-Kuttab, das gleich links vom Eingang zu sehen ist: unten der Brunnen, oben die Koranschule. Im Korridor zur Madrasa verbirgt ein Holzgitter (Mashrabiya) den Wasserbehälter für den Brunnen. Im Nordwest-Liwan der Madrasa sind die Decken und marmorverkleideten Böden sehenswert. Werfen Sie auch einen Blick auf den Mihrab mit seinen schönen Intarsienarbeiten. Vom Minarett schweift der Blick direkt über den Khan el Kalili Bazar (und das Gerümpel auf den Dächern).

Links gegenüber erhebt sich die etwas angestaubte **Mutahar-Moschee** [18] mit Sebil-Kuttab (1744). Ihr Minarett und der Eingangsbereich stammen aus einer Moschee, die Katkhuda im 12. Jh hier erbauen ließ. Sie sollten nun links (nördlich) der Sharia Muizz li Din Allah folgen, an der sich in diesem Abschnitt Goldschmuckhändler niedergelassen haben und die bald den Souk der Kupferschmiede (Souk el Nahasin) durchquert. Wenn Sie der nächsten, rechts abzweigenden Gasse - der Eingang ist schmal und leicht zu übersehen - unverzagt folgen, werden Sie im Herzen des ****Khan el Khalili-Bazars** landen.

Dieser Bazar (sonntags weitgehend geschlossen) mit seinen zahllosen, häufig winzigen

Früher kam noch die Wahrsagerin ins Fishawi

Lädchen ist die Shopping-Adresse schlechthin für Touristen, die orientalische Souvenirs nach Hause schleppen wollen; er ist einer der bekanntesten Bazare Nordafrikas. Noch dazu hat er Tradition: 1382 wurde an dieser Stelle von Jarkas el Khalili, Stallmeister des Sultan Barquq, eine Karawanserei (Khan) gegründet, in der vor allem fremde Kaufleute ihre Waren anbieten durften. Bis ins 19. Jh wurde im Khan el Khalili-Bazar

---

Ein paar wichtige Begriffe

(Auszug aus *Glossar*, siehe Seite 701)
Liwan - nach drei Seiten geschlossene Halle einer Moschee
Khanqa - muslimisches Kloster
Madrasa - höhere theologische Schule
Mashrabiya - gedrechselte Holzgitter, ineinander verzapft
Mausoleum - Grabbau
Mihrab - Gebetsnische
Minbar - Gebetskanzel
Sebil-Kuttab - öffentlicher Brunnen mit angeschlossener (meist darüber liegender) Koranschule
Wakala - Handelshaus, Karawanserei

4 Kairo und Umgebung kennenlernen

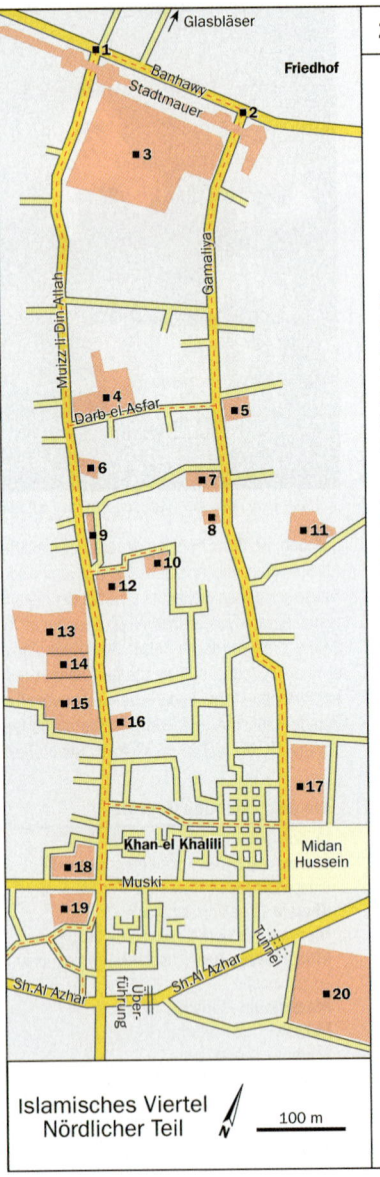

Islamisches Viertel Nördlicher Teil

Zeichenerklärung für beide Pläne

1. Bab el Futuh
2. Bab el Nasr
3. Hakim Moschee
4. Beyt el Suhaimi Palast
5. Beybar Mausoleum
6. El Aqmar Moschee
7. Wakalat el Bazara, Ustadar Mosch.
8. Tarar el Higaziya Moschee
9. Sebil-Kuttab von Katkhuda
10. Mithgal Moschee
11. Musafirkhana Palast
12. Beshtak Palast
13. Barquq Moschee und Madrasa
14. Nasir Moschee
15. Kalaun Komplex
16. Salih Aijub Mausoleum Khussru Pascha Sebil-Kuttab
17. Hussein Moschee
18. Mutahar Moschee
19. Ashraf Barsbay Madrasa
20. Al Azhar Moschee
21. Maison Zeinab Khatum
22. El Ghuri Moschee und Mausoleum
23. Wakalat El Ghuri
24. Fakahani Moschee
25. Muayyad Moschee
26. Bab Zuwela
27. Qajmas el Ishaqi Moschee
28. Zeltmacher-Bazar
29. Salih Talai Moschee
30. Mahmud el Kurdi Moschee
31. Mihmandar Moschee
32. Altinbugha el Maridani Moschee
33. Amir Gani Bak Madrasa
34. Ganim el Bahlawan Moschee
35. Bayt el Razzaz Palast, Sultan Shaban Palast
36. Aq Sunqur Moschee
37. Aytmish el Bagasi Moschee
38. Ilgay el Yusufi Madrasa
39. Bab Mangak el Silahdar
40. Muayyad Maristan
41. Madrasa des Amir
42. Er Rifai Moschee
43. Sultan Hassan Moschee

Khan el Khalili-Bazar und umliegende Souks

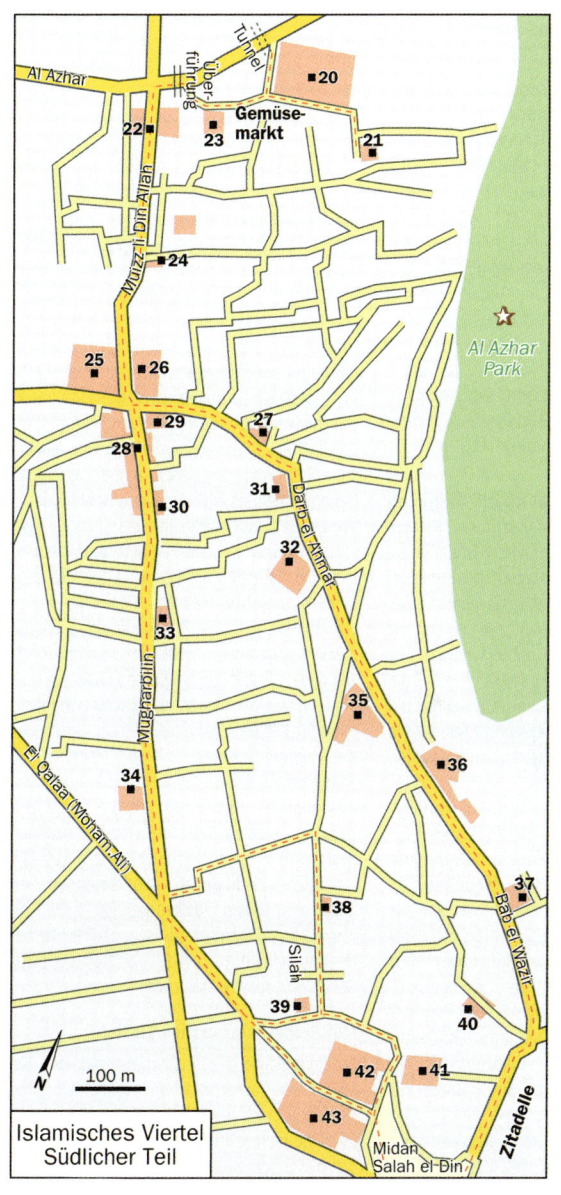

noch einer der bekanntesten Sklavenmärkte Nordafrikas abgehalten. Das Schachern um Menschen fand im noch vorhandenen, touristisch kaum interessanten Teil namens *Wakalat el Gallaba* statt, in dem jetzt hauptsächlich Waren für den ägyptischen Haushalt angeboten werden.

Heute erscheint der Bazar dem flüchtigen Besucher als eine große Nepp-Falle. Wenn Sie allerdings an mehr als dem üblichen Touristenkitsch interessiert sind, dann müssen Sie sich Zeit nehmen, viel Tee trinken und sich dem orientalischen Handel und Wandel anpassen. Dann öffnet der eine oder andere Bazari auch mal die Schublade, in der er die besseren Stücke für interessierte Kunden aufbewahrt. Mit etwas Gespür können Sie unter all dem Ramsch auch heute noch Kostbarkeiten finden. Freilich dürfen Sie sich nicht im illusionären Glauben wiegen, dass auch nur einer der Händler Ihre Finanzkraft unterschätzt.

Die enge Gasse steigt allmählich an. Etwa im mittleren Teil wur-

4 Kairo und Umgebung kennenlernen

> **Gedränge gab es schon immer...**
>
> *"In den Straßen, in denen man die beiden Seitenmauern beinahe mit dem Ellenbogen streift, galoppieren Esel, Saphis laufen vor einem trabenden Reiter her und schlagen mit der Karbatsche in die Menge, Kamele bewegen sich in langer Reihe vorwärts, beladen mit Bausteinen oder Balken, die quergelegt sind, so dass sie die Passanten zu zermalmen oder zu durchbohren drohen..."* (J.J. Ampere, 1844)
>
> *"Die arabischen Kutschenfahrer sind tollkühn und dickköpfig und schlagen sich wie wild durch die Menge, während ein 'Sais' oder Läufer mit einem langen Stock bewaffnet vorauseilt, um den Weg für das Gefährt freizumachen."* (M.I. Whatley, 1863)

de 2007 das **New Khan el Khalili Shopping Center** – links kurz vor dem Restaurant *Khan el Khalili* – eröffnet, ein komplett klimatisiertes, sehr großes Areal mit offenbar etwas besseren, zumindest aber teureren Geschäften, sogar eine Zweigstelle der Buchhandlung Lehnert und Landrock ist zu finden, neben weiteren 269 Shops in drei Stockwerken sowie einem Café. Als ob dem geplagten Besucher nicht schon mit den Hunderten der vorhandenen Läden nahezu übermenschliche Entscheidungskraft abgefordert würde.

Wenn Sie sich zum Schluss Ihrer Entdeckungsreise in die höher gelegenen Regionen begeben, stoßen Sie auf das Ende des Bazars und an die Mauern der ****Hussein Moschee** [17]. Sie ist eine der sehr beliebten Moscheen Kairos. In der großen Bethalle vertiefen sich fromme Männer ins Gebet, im Seitentrakt steht - unter einer mit Goldintarsien geschmückten silbernen Mausoleumskuppel - der verzierte Sarkophag mit dem Kopf Husseins. Ehrfürchtig umschreiten die Gläubigen das Heiligtum und murmeln Gebete, in denen sie Hussein ihre Wünsche mitteilen.

Hussein - der vierte und letzte der orthodoxen Kalifen - war der Sohn Alis und dieser wiederum der Schwiegersohn des Propheten. Er wurde 680 in der Schlacht von Kerbala im Iraq getötet. Aufgrund dieser Auseinandersetzung spalteten sich die Schiiten von den Sunniten; die Schiiten gedenken jährlich des Todes von Hussein mit blutiger Selbstkasteiung. Während der Regentschaft der schiitischen Fatimiden wurde 1153 der Kopf Husseins nach Kairo gebracht und in der eigens errichteten Moschee aufgebahrt.

Obwohl die Moschee einen stark schiitischen Hintergrund hat, ist sie bei den sunnitischen Ägyptern zu einer Art Institution geworden. An hohen Feiertagen fahren hier die Staatskarossen mit dem Präsidenten und den Ministern vor, nachts während des Ramadan oder beim *Mulid el Hussein* ist sie (erlebenswerter) Mittelpunkt von Festlichkeiten, die in Zelten ringsum stattfinden. Freitags fasst sie gewöhnlich nicht den Ansturm der Gläubigen, daher werden zusätzliche Gebetsmatten auf dem Vorplatz ausgebreitet.

Weil es sich hier sozusagen um einen heiligen Platz mit einer Reliquie handelt, sind Ungläubige, d.h. Touristen nicht gern - eigentlich sehr ungern, zumindest freitags - gesehen oder es wird ihnen häufig der Zutritt verwehrt. Frauen müssen angemessen gekleidet sein, sie müssen den östlichen Seiteneingang benutzen.

Eine ausgiebigere Verschnaufpause ermöglicht eins der Kaffee-/Teehäuser schräg gegenüber der Hussein-Moschee, z.B. im Eckhaus das *Teahouse El Shaikh Shaban*; beim Tee kann man ungestört dem ameisenhaften Treiben zuschauen. Leider werden Touristen hier maximal geschröpft: Erfragen Sie zuvor Preise. Wenn Sie stattdessen ins **Fishawi** in der ersten Parallelgasse zum Midan Hussein gehen, landen Sie in der stimmungsvollsten und altbekanntesten derartigen Institution, in der sich früher Schriftsteller und Journalisten trafen.

Nördliches Islamisches Viertel

Zur Fortsetzung des Spaziergangs wenden Sie sich in der Gasse zwischen Hussein Moschee und Bazar nach links (Norden). Nach etwa 15-20 Minuten (ohne Besichtigungen) werden Sie auf die Stadtmauer treffen. Die Straße heißt

Nördliches Islamisches Viertel

zunächst Sharia El Hussein, danach El Gamaliya wie auch das umliegende Viertel, in dem übrigens der Schriftsteller und Nobelpreisträger Nagib Machfus aufwuchs; hier spielen diverse seiner Erzählungen bzw. Romane.

Die enge Straße - eine der Haupt-Querverbindungen zwischen den ehemaligen Stadtmauern - verläuft anfangs an der Hussein-Moschee entlang. Die links abzweigenden Gassen führen in Außenbereiche des Khan el Khalili Bazars; aber dies sind schon touristische Randzonen, hier dominiert bald das normale tägliche Leben des Islamischen Viertels. Sollten Sie z.B. einen Friseurstuhl als Souvenir mit nach Hause nehmen wollen, so finden Sie in dieser Gegend das entsprechende Angebot.

■ **Shopping**
1 Kupfer, Messing
2 Galabeya
3 Bauchtanz
4 Antiquitäten
5 Teppiche
6 Silber
7 Beduinenschmuck
8 Schmuck
9 Gold
10 Parfüm
11 Gewürze

● **Restaurants**
A Khan el Khalili
B Teahouse Senussi
C Fishawi
D Hussein
E Egyptian Pancake

Die Straße verschiebt sich mithilfe einiger Kurven ein Stück nach Westen und verläuft dann wieder einigermaßen geradeaus. Die abzweigenden schmalen Gassen sind so genannte *Shillas*, Gassen, in denen jeder jeden kennt und die jeder gegen Eindringlinge in den Sozialbereich verteidigt. Die „Verkehrsfläche" einer solchen Gasse gehört den Kindern, sie spielen Fußball oder helfen den Erwachsenen. Aber nicht nur Kinder, sondern auch hin und wieder müssen sich ebenso Schafe oder Ziegen das bisschen Fläche mit den Autos teilen.

An der Sharia Gamaliya folgt bald links die Moschee **Gamal el Din el Ustadar** [7] aus dem 15. Jh, deren Mauern nach dem Erdbeben einzustürzen drohten; sie ist jetzt repariert und renoviert. Nach dem Namensgeber, einem mächtigen Amir, erhielt auch die Straße ihren Namen. Ursprünglich war der Komplex reich dekoriert, denn Gamal el Din wollte hier seinen „Ruhestand" verbringen - aber Sultan Barquq

Hier wuchs Nagib Machfus auf: Midaq Gasse

Der *Bügler in der Sharia Gamaliya*

beendete den Wunsch per Exekution. Westlich Wand an Wand liegt die **Wakala el Bazara** [7] (9-18, £E 20), eine Karawanserei aus dem 17. Jh., in der hauptsächlich Tabakhandel betrieben wurde (Zugang durch die Gasse links nach der Moschee). Auch hier ist die typische Aufteilung zu sehen: Im großen Innenhof wurden die Tiere der rastenden Kaufleute entladen und die Waren im Erdgeschoss gelagert, im ersten Stock standen entsprechende Verkaufsräume zur Verfügung und in den Wohnungen darüber - die sich intern teilweise über drei Stockwerke zogen - konnte der Händler samt Harem unterkommen.

Ein kurzes Stück weiter auf der Sharia Gamaliya steht auf der rechten Seite eine große Moschee. Es ist das 1310 errichtete (derzeit in Renovierung befindliche) **Kloster und Mausoleum (Khanqah) Beybars II** [5] (el Gashankir), eines nur ein Jahr regierenden und dann von seinem Nachfolger exekutierten mamlukischen Sultans, der während seines Aufstiegs eine Zeit lang Vorschmecker - *Gashankir* - war. Es handelt sich um das älteste Sufi-Kloster Kairos. Zwischen den beiden Hauptliwanen sind die Wohnzellen für die Sufis (muslimische Mystiker) angeordnet; bis zu 400 von ihnen lebten im 14. Jh hier. Das Mausoleum, in dem heute ein islamischer Heiliger ruht, erreicht man durch einen separaten Gang links vom Eingang. Über dem Eingang verläuft ein goldenes Spruchband, von dem ein Stück fehlt: dort stand einst der Name Beybars, den sein Nachfolger entfernen ließ.

In diesem Abschnitt der Sharia Gamaliya bieten viele Garküchen ihre Speisen an; besonders am frühen Abend kann man hier die friedliche Feierabendstimmung der Bewohner miterleben. Gleich an der nächsten Straßenecke hämmern (rechts in der Gasse) fleißige Kistenbauer wie wild und teilweise im „Fließbandverfahren" Obstkisten zusammen. Die „Straßenfabrik" mit ihren freundlichen Arbeitern ist sicher einen anerkennenden Blick wert.

Die Sharia Gamaliya zieht sich noch ein Stück hin, nach der nächsten Kreuzung rechts erkennt man eine alte, aber offensichtlich erneuerte Fassade mit Mashrabiyen. Sie gehört zur 1673 errichteten **Wakala und Sebil des Oda Basha**. Die größtenteils erhaltene Anlage wurde gründlich renoviert. Heute dient sie kleinen Handwerksbetrieben als Unterkunft. Schräg gegenüber (nach der nächsten Kreuzung links) lag die Wakala des Amir Qausum (1330), von der nur der Eingang erhalten blieb. Eine dritte, 1481 von Sultan Qaytbay errichtete Wakala steht – kaum noch erkennbar - direkt links vor dem Bab el Nasr. Die Nähe der drei Karawansereien zu den nördlichen Stadttoren kommt nicht von ungefähr, denn seit dem Mittelalter wurden die Waren, die über das Rote Meer verschifft worden waren, in Suez auf Kamele verladen und per Landtransport nach Kairo gebracht.

Schließlich führt die Straße durch das gut erhaltene „Stadttor des Sieges", das ***Bab el Nasr** [2]. Dieses und auch das gleich nebenan stehende Schwestertor ***Bab el Futuh** [1] (Tor der Eroberung) wurden 1087 von den Fatimiden unter dem Armenier Badr el Gamali erbaut, um sowohl die Hakim-Moschee in die ummauerte Stadt einzubeziehen als auch vorhandene Lehmziegelbefestigungen zu ersetzen. Es handelt sich um eins der bemerkenswertesten Stücke islamischer Militär-Architektur. Die soliden Steine sind z.T. pharaonischen Ursprungs aus Memphis, wie u.a. ein Nilpferd-Relief an einer

Glasschleifer für optische Gläser

Nördliches Islamisches Viertel

Treppe des Bab el Futuh beweist. Beide Tore sind von Türmen flankiert, zwischen denen ein Gewölbegang verläuft, in dem sich die Verteidiger in voller Deckung bewegen konnten.

Dieser Teil der Stadtmauer zwischen den Toren kann besichtigt werden (£E 8). In jüngster Zeit wurde ein großer Teil der Stadtmauer restauriert, alles sieht danach aus, als ob eine längere Strecke zugänglich gemacht werden soll. Zur Zeit unserer Recherche waren die Arbeiten noch voll im Gang. Aber schon jetzt wirkt die Mauer, von außen betrachtet, sehr imposant und wuchtig. Von oben blickt man über die Dächer hinweg in den Innenhof der El Hakim-Moschee und auf der gegenüberliegenden Seite in die Behausungen auf den Gräbern des gleich anschließenden Friedhofs.

Gegenüber dem Bab el Futuh ist noch eine **Glasbläserei** in Betrieb, die man wie folgt findet: Sie gehen aus dem Stadttor hinaus, überqueren die Hauptstraße, gehen auf der anderen Straßenseite nach rechts und biegen ein paar Schritte weiter in die erste Gasse namens Haret Elbeerkedar links ein. Am Ende - etwa 100 m nach dem Abzweig einer Gasse namens Atfet el Ghannam - raucht die „Glas Factory", in der Sie sowohl dem schweißtreibenden Umgang mit dem Blasrohr zuschauen als auch die gerade entstandenen Produkte in einem vollgestopften Laden kaufen können.

Wenn Sie die Nördliche oder Südliche Totenstadt nicht besuchen, dann können Sie in dieser Gegend einen Blick auf einen ägyptischen Friedhof werfen, der mit unseren Vorstellungen von Begräbnisstätten nicht viel gemein hat. Gehen Sie, schräg gegenüber dem Bab el Futuh, rechts und leicht bergan ca. 100 bis 200 m in den Parallelweg zur Hauptstraße. Links zweigen enge Gassen, dann Eingänge in die Totenstadt ab. Sie sollten auf einen manchmal nicht allzu freundlichen Empfang vorbereitet sein. Verhalten Sie sich daher zurückhaltend.

Die Totenstädte Kairos werden von vielen Lebenden bewohnt. Das sind zum Teil „Profis", nämlich Bewacher von noch intakten Grabanlagen, oder Leute, die besitzlose, d.h. aufgegebene Gräber als Wohnungen übernommen haben. Die Grabbauten bestehen aus der eigentlichen Familiengruft und oberirdischen Wohnbauten, in welche die Anverwandten während der Totenfeste einziehen.

Es gibt häufig Elektrizität und Wasseranschluss; verlockend genug für Zuwanderer oder sonstige Wohnungslose, sich pragmatisch mit den Umständen abzufinden und den Friedhof als Wohnumfeld zu akzeptieren. Mehr über die Gräber und ihre Bedeutung können Sie im Kapitel Totenstädte (siehe Seite 254) nachlesen.

Für den Rückweg nehmen Sie am besten die vom Bab el Futuh stadteinwärts führende Sharia Muizz Li-Din Allah, die aus dem Mittelalter stammende Hauptstraße (Qasaba), die sich von hier bis Fustat zog. Gleich nach dem Tor durchstreifen Sie den Knoblauchmarkt oder eher den Umschlagplatz für die Knollen. In dieser Gegend werden auch Wasserpfeifen (Shisha) produziert und gehandelt.

Links dehnen sich die Mauern der 990-1013 erbauten, wie eine Trutzburg wirkenden ****El Hakim-Moschee** [3] aus. Das recht klar gegliederte, imposante Bauwerk wurde unter dem Fatimiden El Aziz begonnen und von seinem religiös-exzentrischen Sohn El Hakim bi-Amr Allah (wörtlich *Herrscher durch Gottes Befehl*) fertiggestellt. Vorbild in Größe und Stil war offenbar die Ibn Tulun Moschee, allerdings ist der Eingang monumentaler. Ein fünfschiffiger Liwan mit dem Mihrab weist nach Osten in Richtung Mekka, die übrigen Liwane sind zwei-

Stadtmauer zwischen den beiden Stadttoren

4 Kairo und Umgebung kennenlernen

Einer der Innenhöfe im Beyt el Suhaimi-Palast

schiffig. Die beiden sehr schönen Minarette an den Enden der Westwand wurden nach einem Erdbeben 1303 im Basisbereich verstärkt. Die Moschee ist erst in den 1980er Jahren renoviert worden, nachdem sie über die Jahrhunderte einiges mitgemacht hatte: Gefangenenlager für Kreuzfahrer, Stallungen unter Saladin, Versorgungslager napoleonischer Truppen und Schule während der Nasser-Zeit.

Der Weiterweg ist zunächst nicht sonderlich aufregend, doch biegen Sie unbedingt in die zweite Gasse links *(Darb el Asfar - „Gelbe Gasse")* ab, sie wurde komplett renoviert und als Fußgängerzone hergerichtet. Gleich am Beginn liegen drei historische Gebäude (9-18, Winter 9-17, £E 25; Achtung: während Freitagsgebetszeit geschlossen, dann auch kein Rauskommen), beginnend mit dem *Haus des Gaafar* (1713, relativ klein, schöne Mashrabiyen, bemalte Holzdecke, Holz verschalte und bemalte Wände), dann der *Palast des Kharazati* (1881) und schließlich die Hauptattraktion, ******Beyt el Suhaimi Palast** [4] (1648; £E 30 Eintritt). Er gehörte dem gleichnamigen Stadtteil-Scheich aus dem 17. Jh; sein grüner Innenhof ist noch heute eine sehr erholsame Oase im Trubel der Umgebung. Hier finden Sie ein im Original vollständig erhaltenes Domizil, zum Teil noch mit den Einrichtungsgegenständen des Besitzers - im Grunde ein wesentlich authentischeres Beispiel der Vergangenheit als das auf Seite 253 beschriebene *Gayer-Anderson-Haus*. Sonntags um 19 Uhr wird Folkloremusik dargeboten.

Gleich hinter dem Eingang rechts befand sich der etwas nüchterne Essraum für Männer. Gehen Sie zunächst über den Innenhof in den hinteren Quertrakt und links die Treppe hinauf. Oben zieht sich der Harem - in dem die Frauen lebten - fast über den gesamten Quertrakt. Sie stehen im schönsten Raum mit farbenfrohen Kacheln, hübschen Holzgittern und vielen Sitzgelegenheiten. Links hinten im Harem führt eine Tür in einen kleinen Raum, in dem Wirbelknochen eines Wals liegen: Wenn die Damen siebenmal darüber schritten, sollte sie dies dem Wunsch nach einer Schwangerschaft einen Schritt näherbringen. Zum Harem gehörten außerdem eine Toilette, ein Massageraum und ein Dampfbad. Im gegenüberliegenden Trakt, an der Straßenseite im ersten Stock, war ein Raum für Schwangere eingerichtet und daneben ein Speisesaal für die Damen des Hauses. Nebenan in der Loggia empfing der Hausherr abends seine Freunde oder man traf sich im Erdgeschoss (Mitte links) in der *Manadara*, der sehr stimmungsvollen großen Empfangshalle mit Springbrunnen zur Kühlung der Raumtemperatur, Marmorverkleidungen und schönen Einlegearbeiten. Hier rezitierten Koranvorbeter oder es fanden auch sehr weltliche Empfänge mit üppigen Tafeln, Musikern und Tänzerinnen statt. Geschäfte dagegen wickelte der Hausherr im überdeckten Raum gegenüber, am Durchgang zum Garten, ab. Im renovierten Gartenbereich hinter dem Haus sind noch eine alte Ölmühle und ein Wasserschöpfwerk (*Sakiya*) neben einem sehr alten Olivenbaum zu sehen.

Zurück zur zuvor verlassenen Hauptstraße. Im nächsten Block kommen Sie links an einem

Nördliches Islamisches Viertel

palastähnlichen Gebäude vorbei, das gerade renoviert wird. Man kann aber jetzt schon einen Blick hineinwerfen. Es folgt die ***El Aqmar Moschee** [6], die 1125 für den Kalifen el Amir erbaut wurde. Sie gilt als ein gutes Beispiel der fatimidischen Architektur; einstmals markierte sie die Nordostecke des großen (östlichen) fatimidischen Palastes.

Am Ende des nächsten Blocks wird Ihnen ein spitzwinkliges Haus auffallen, dessen Stirnseite mit Holzgitterwerk geschmückt ist. Dieses **Sebil-Kuttab von Rahman Katkhuda** [9] („Brunnenhaus") aus dem Jahr 1744 gehört eigentlich zu den Schmuckstücken seiner Art. Es wurde Anfang der 1980er Jahre unter Mithilfe des Deutschen Archäologischen Instituts (DAI) renoviert; leider sieht man heute nicht mehr

Mittelalterlicher Luxus

Die Reichen im mittelalterlichen Kairo ließen ihre Paläste meist ungemein prunkvoll ausstatten. Die Wände waren mit Stuckornamenten, Mosaiken und Malereien dekoriert, in eingelassenen Nischen standen Nippesfiguren, Porzellangeschirr oder andere teure Dekorationsgegenstände. Entlang der Wände zogen sich mit Kissen ausgelegte Bänke, in den Haupträumen plätscherten Springbrunnen, um Kühle zu verbreiten. Anstelle von Schränken dienten Kupfer beschlagene Truhen als Aufbewahrungsorte. Es gab Destillationsapparate zur Wasserentkeimung, in vielen Badezimmern sogar fließendes warmes und kaltes Wasser. Über den Sultanspalast schreibt ein Zeitgenosse: *"Die Ausstattung der Räume sind das reichste, was man sich vorstellen kann. Sowohl die Wände als auch die Fußböden sind gänzlich mit den verschiedenartigsten polierten Steinintarsien aus weißem, schwarzem oder rotem Marmor, aus Serpentin (Schlangenstein), Porphyr, Kornalin und anderen erlesenen Steinen in verschiedenen Farbtönen verziert. Man kostet im Voraus die Wonnen des Paradieses."*

viel davon. Das direkt nach Norden anschließende Gebäude ist übrigens ein „Appartement Haus", Baujahr 1300.

Weiter auf der Hauptstraße liegt gleich links der sehenswerte ***Beshtak Palast** [12] (£E 8), der - als ältester Palast von Kairo - ebenfalls unter Mithilfe des DAI renoviert wurde und infolge des Erdbebens von 1992 einer erneuten Renovierung bedarf. Wegen dieser Arbeiten ist er immer noch für Besucher gesperrt. Der Erbauer Al Din Beshtak ließ 1335 eine Reihe älterer Bauten abreißen, um Platz für seinen überdimensionierten Palast zu schaffen. Eine ebenfalls im Weg stehende Moschee bezog er kurzerhand ins Gebäude mit ein. Der Palast war ursprünglich fünf Stockwerke hoch, die alle mit fließendem Wasser ausgestattet waren. Von der Architektur her geht das Gebäude auf die fatimidischen Palastanlagen zurück, die einst hier standen.

Heute betritt man die immer noch beeindruckenden Überreste des Beshtak-Palastes durch einen Seiteneingang von der schmalen, links abzweigenden Gasse aus. Eine Treppe führt in die große Empfangshalle, deren schöne Zedernholz-Kassettendecke gut drei Stockwerke hoch ist. In der Mitte der Halle erfrischte einst ein kunstvoller Marmorspringbrunnen die Atmosphäre, Musikanten und Tänzerinnen sollen ihren Teil zur Unterhaltung der Gäste beigetragen haben.

Von oben herab konnten die Haremsdamen des Hauses unbemerkt durch Holzgitter auf das Treiben in der Halle herunterschauen oder in der Halle selbst durch Gitter zur Straße das dortige Leben beobachten. Beides ist auch heute noch nachvollziehbar, der Ausblick ist jedoch weit nüchterner als zu Zeiten von Tausendundeiner Nacht.

Wenn Sie der kleinen Seitengasse (durch die Sie zum Hintereingang des Beshtak-Palastes fanden) folgen, werden Sie links das etwas unter Straßenniveau geratene Grabmal des Heiligen **Scheich Sinan** sehen. Am Ende der Gasse überspannt rechts die renovierte **Moschee des Amirs Mithgal** [10] einen Fußweg; der

4 Kairo und Umgebung kennenlernen

Amir war Chef der Eunuchen unter Sultan Shaban von 1361-1374. Sehenswert ist der schöne, aus grauem und rotem Marmor errichtete Mihrab.

Auf der Hauptstraße beginnt jetzt der ehemals prächtigste Teil der *Qasaba*, des Hauptverkehrsweges durch das mittelalterliche Kairo. Denn hier standen sich während der Fatimidenzeit der östliche und der westliche Palast gegenüber; spätere Generationen wollten gerade in diesem Straßenabschnitt mit großartigen Bauwerken glänzen. Von den beiden fatimidischen Palästen ist übrigens außer einigen schönen Holzschnitzereien im Islamischen Museum nichts übrig geblieben.

Garküche

Gegenüber dem Beshtak-Palast können Sie einen Blick auf die **Madrasa des El Kamil Aijub** werfen, eines der sehr wenigen Relikte aus der kurzen Aijubiden-Epoche. Gleich nebenan sehen Sie gewaltige Mauern aufsteigen, die sich in drei bekannte Bauwerke teilen. Das erste besteht aus der **Moschee und der Madrasa von Barquq** [13] (£E 6), 1384-86 erbaut. Die Machtergreifung von Barquq - eines aus Kaukasien stammenden Sklaven - verlief nicht gerade sanft, vielleicht baute er daher eine umso größere Madrasa (und eins der schönsten Grabmäler in der nördlichen Totenstadt, siehe Seite 255). Er war der erste der Burgi Mamluken; seine Regierungszeit dauerte immerhin von 1382 bis 1399.

Ein monumentaler Torbogen aus weißem und schwarzem Marmor und Bronze beschlagenen Toren führt in einen Korridor mit anschließendem Hof, um den sich vier Liwane gruppieren. Dort lohnt ein Blick in den rechts liegenden Hauptliwan, der trotz seiner Größe nicht erdrückend wirkt und dessen gut restaurierte Decke mit ihren vergoldeten Facetten von pharaonischen Porphyr-Säulen getragen wird. Man geht daran vorbei durch die hintere Türe zum Mausoleum. Bunte Glasfenster werfen ein diffuses Licht in den hohen Raum mit seinem Marmorboden und verschiedenfarbigen Wänden. Hier sind Familienangehörige bestattet, für den Sultan selbst war dieses Mausoleum wohl nicht gut genug.

Gegenüber dem Barquq-Komplex wurde ein Textilmuseum im Sebil von Mohamed Ali mit etwa 250 unterschiedlichen Textilien eingerichtet.

Gleich anschließend stoßen Sie auf einen ungewöhnlichen - gotischen - Moscheeneingang. Es handelt sich um **Mausoleum und Madrasa** von **El Nasir Mohammed** [14] (1296-1304 erbaut), einem Sohn von Kalaun (siehe nächste Moschee). Er regierte - mit zwei Unterbrechungen - 30 Jahre lang während der Hochblüte der Mamluken-Ära, baute etwa 30 Moscheen und das Aquädukt vom Nil zur Zitadelle. Das Eingangsportal ist ein Beutestück der Kreuzfahrerkirche von Akko (bei Haifa im heutigen Israel), das von Nasirs Bruder El Ashraf als Siegestrophäe über die Kreuzritter abmontiert und nach Kairo transportiert wurde. Der hinter dem Portal liegende Eingangsbereich wurde unter Mithilfe des DAI restauriert (schöne Decke), mehr ist eigentlich nicht zu sehen. Bemerkenswert ist noch das Minarett mit außergewöhnlich feinem Stuck.

Der wirklich dominierende Komplex dieser Gegend ist der des gleich anschließenden *****Kalaun Mausoleums** [15] (£E 10) mit Madrasa und Hospital. Kalaun (zu deutsch *Ente*), ein vom letzten Aijubidenherrscher Salih Aijub importierter mongolischer Sklave, stieg zum erfolgreichen Mamluken-Sultan auf, der sowohl die Mongolen als auch die Kreuzritter in Schach hielt und eine Dynastie gründete, die immerhin drei Generationen lang an der Macht blieb. Kalaun ließ an der Stelle, an der einst der Palast des fatimidischen Sultans Muizz li-Din Allah stand, ein imposantes und reich ornamentiertes Bauwerk errichten, das die Stilrichtung für viele nachfolgende Mamlukenbauten vorgab. In den 1284 erbauten Komplex integrierte er ein für die damalige Zeit sehr ungewöhnliches Bauwerk, ein Hospital (*Maristan*), von dem leider nur Ruinen übrig blieben. Aber auch heute noch wird eine Augenklinik unterhalten, die im rückwärtigen Bereich liegt (Zugang gleich hinter dem Komplex rechts).

Das ursprüngliche Hospital - das vom heutigen Haupteingang des Kalaun-Komplexes her betreten wurde - war in Kreuzform mit vier Liwan-Hallen und anschließenden Krankensälen angelegt. In jedem der Liwane wurden bestimmte Krankheiten behandelt, wie Fieber, Augenkrankheiten, Magen/Darmerkrankungen, und sogar Operationen durchgeführt. Dieses Hospital galt aus medizinischer und auch sozialer Sicht als eine Weltberühmtheit seiner Zeit. Es stand allen Patienten offen, die sogar durch Geschichtenerzähler und Musikanten unterhalten wurden. Damals mischten sich Patienten, Besucher und Betende im Korridor, der von der Eingangstür des Kalaun-Komplexes (gleich neben der Nasir-Moschee) zur Madrasa, zum Mausoleum und zum Hospital führte. Heute gehört er nur mehr den Betenden.

Versäumen Sie auf keinen Fall, einen Blick in den Kalaun-Komplex zu werfen. Man betritt ihn durch ein großes, mit geometrisch gemusterten Bronzeplatten beschlagenes Portal. Die erste Tür links im Korridor führt in die rechteckige Madrasa, deren Dach nicht mehr existiert; jede Ecke endet in einem Liwan. Bemerkenswert ist der östliche, nach Mekka ausgerichtete Liwan, der mit Stuckarbeiten reich verziert ist und mit seinen drei Gängen und klassischen Säulen an sein Vorbild, eine syrische Basilika, erinnert. Die Wölbung des Mihrab ist mit einem Goldmosaik geschmückt.

Die zweite Tür rechts öffnet sich zum Mausoleum. Diesen Eingang überwölbt ein schöner, mit Stuck verzierter Bogen. Die Mausoleumshalle selbst überrascht durch ihre ungewöhnliche Höhe und ihren in ein Quadrat gelegten oktogonalen Grundriss sowie die antiken Rosengranitsäulen. Glasmosaikfenster werfen bunte Strahlen in das Dämmerlicht der riesigen Halle. Die Wände schmücken sich im unteren Bereich mit schier endlosen Arabesken und Schriftzügen aus feinsten Marmorintarsien, darüber eine bemalte Holzkassettendecke. Der Sarkophag (eigentlich Kenotaph) ist durch eins der schönsten (und flächenmäßig größten) Mashrabiyen (Holzgitterwerk) Kairos vom Eingangsbereich abgetrennt. Ein interessantes Detail: An den Fensterlaibungen lässt sich erkennen, dass die Wand zur Straße unterschiedlich dick ist. Damit wurde im Innenraum die Ausrichtung des Mihrab (mit schönen Marmormosaiken) nach Mekka erreicht und außen die Anbindung an die vorhandene Straße.

Vom Minarett bietet sich übrigens ein eindrucksvoller Ausblick, der Wärter weist den Weg. Es geht auf syrische und andalusische Einflüsse zurück, was besonders im Stuck des oberen Stockwerks zum Ausdruck kommt.

Diese Teeküche in einer Hausnische muss eine Familie ernähren

4 Kairo und Umgebung kennenlernen

Gegenüber dem Kalaun-Komplex steht das **Mausoleum des Salih Aijub** [16] (Offizielle Bezeichnung *Al Salih Nadjmed Din Ayyub*; £E 10). Salih Aijub war der letzte Regent aus Saladins Dynastie und der „Erfinder" der Gebäudekombination aus Madrasa und Mausoleum, die häufig nachgeahmt werden sollte. Als Salih Aijub kurz vor der Schlacht von Mansura gegen die Kreuzritter starb, ließ seine Frau Shagaret el Durr das Mausoleum für ihren Mann bauen. Sie war übrigens die einzige Frau, die in der islamischen Epoche kurzzeitig Ägypten regierte.

Das Mausoleum wurde in den 1990er Jahren vom DAI sehr sorgfältig, mit viel Kunstsinn und Geschmack restauriert und im Originalzustand wiederhergestellt. Manches Detail des Bauwerks kam zum Vorschein, das in Schautafeln erklärt wird. Allerdings setzt der allgegenwärtige Verfall auch hier wieder ein: Der Sarkophag steht bereits wegen Bodenverwerfungen schief, nur noch ein Teil der Lampen brennt und die seltenen Besucher hinterlassen Fußspuren auf dem staubigen Boden. Für das Öffnen und das Eintrittsgeld ist der Wärter der Kalaun-Moschee zuständig.

Von der ursprünglichen Madrasa/Mausoleum-Kombination, die 1242-50 errichtet wurde, sind neben dem Mausoleum nur die heute weitgehend verdeckte, 70 m lange Westfassade und ein Minarett (fast an deren Ende) erhalten geblieben. Sie finden diese Reste, wenn Sie links in die nächste Gasse gehen; durch den Minarettsockel führt ein Durchgang zum Khan el Khalili Bazar.

Der folgende Bereich der Hauptstraße gehört zum *Souk el Nahasin*, dem Gebiet der *Kupferschmiede*, wie sich unschwer an den Auslagen der Shops erkennen lässt. Die nächste Gasse links führt direkt in den Khan el Khalili-Bazar.

Doch gehen wir noch ein paar Schritte weiter geradeaus. Bald stoßen wir auf die relativ breite Querstraße *Sharia El Muski*; ihr folgen wir nach Osten (links) und gönnen uns nach dem langen Spaziergang in einem der Teehäuser am Midan Hussein eine Pause. Sollte es Sie nach mehr als einer Tasse Tee gelüsten, so wäre das Hotel und Restaurant El Hussein (oberstes Stockwerk, guter Ausblick – besser als das Essen…) eine brauchbare Adresse (Eingang noch in der Sharia El Muski links, kurz vor dem Platz).

Beim Tee können Sie über das Leben vor etwa 900 Jahren in der unmittelbaren Umgebung sinnieren: Unter der Herrschaft des Kalifen Muizz entstand in dieser Gegend der so genannte *Große Palast*, der bis zum 11. Jh ständig durch neue Paläste erweitert wurde. Sie trugen Namen wie *Perlen-Pavillon* oder *Pavillon der Gazellen*. Sie waren verschwenderisch ausgestattet, durch unterirdische Gänge miteinander verbunden und enthielten Wasserbecken, die nicht zuletzt als Löschwasserreservoir angelegt worden waren. Gegen Ende der fatimidischen Herrschaft lebten und wirkten hier schließlich 12 000 Diener und die gleiche Anzahl an Sklavinnen.

Südliches Islamisches Viertel

Wenn Sie Lust haben, kann es im Islamischen Kairo weitergehen: Unterqueren Sie die Sharia Al Azhar durch den Fußgängertunnel. Auf der anderen Seite laufen Sie links direkt in das Tor der Barbiere der *****Al Azhar-Moschee** [20] (manchmal für Touristen gesperrt, Frauen müssen ein Kopftuch tragen). Die Moschee wurde nach den Erdbebenschäden von 1992 komplett renoviert. Mit der angeschlossenen Universität ist sie als der religiös-intellektuelle Mittelpunkt der islamischen Welt bekannt.

Hintergrund: Der 970 von dem fatimidischen Eroberer Gawhar errichteten Moschee wurde bereits 988 eine Madrasa angegliedert, um die ägyptischen Sunniten im schiitischen Denken zu unterweisen. 1005 bestimmte El Hakim, dass auch naturwissenschaftliche Fächer in den Lehrplan aufzunehmen seien. Damit ist die Al Azhar die älteste (mindestens jedoch zweitälteste) Universität der Welt.
1961 wurde sie modernisiert; von den 37 Fakultäten stehen seither neun für Frauen offen. Als Hauptfächer werden Theologie, Islamisches Recht und Arabisch, als Nebenfächer Geschich-

Südliches Islamisches Viertel

te, Geografie, Mathematik, Chemie, Biologie und Astronomie gelehrt. Die durchschnittliche Studienzeit beträgt 15 Jahre, die Studienbewerber werden schon in frühester Jugend, u.a. nach ihrer Religiosität, ausgewählt, wobei ein wichtiges Kriterium die strenge islamische Einstellung der Väter ist. Die Studentenzahl der Al Azhar liegt bei über 100 000; viele ihrer Fakultäten und Institute sind über ganz Ägypten verstreut.

Als Rektor der Universität fungiert der Imam (Vorbeter der Moschee), der gleichzeitig hochrangige Staatsämter wahrnimmt (z.B. Religionsminister), woran der Einfluss der Institution Al Azhar gemessen werden kann. Wenn auch heute bei weitem nicht mehr alle Studenten in der großen Gebetshalle der Al Azhar - in Gruppen um den Lehrer lagernd - unterrichtet werden können, so ist die Moschee dennoch das Zentrum der Uni geblieben. In den 1930er Jahren entstand direkt östlich ein großer Universitätskomplex mit modernen Hörsälen, Laboratorien etc. 1950 wurden im Osten der Moschee eine Aula mit 4000 Plätzen und ein weiteres Gebäude für die juristische Fakultät errichtet.

Die Al Azhar-Moschee besitzt drei Minarette, von denen sowohl das El Ghuri- als auch das Quaytbay-Minarett gegen ein Bakschisch bestiegen werden können, der Ausblick über die Umgebung und die Studentenquartiere ist interessant. Beim Dekan der Universität (gegenüber der Moschee) gibt es deutschsprachige Literatur über den Islam.

Die tausend Jahre Geschichte sind nicht spurlos am Gebäudekomplex vorbeigegangen. Im Laufe der Zeit haben Um- und Anbauten die Originale überdeckt oder verdrängt, sodass es sogar für Kenner schwer ist, die einzelnen Bereiche korrekt zuzuordnen. Dennoch wirkt dieses Konglomerat an Bauten harmonisch, majestätisch, fern vom Lärm der Außenwelt. Der Eingang führt heute durch das **Tor der Barbiere**, so genannt nach den Friseuren, die früher den Studenten die Schädel kahl schoren. Links liegt die *Madrasa El Akbughawija*, die jetzt als Bibliothek genutzt wird, rechts die *Madrasa El Taibarsija*, die 1309 erbaut wurde und den Mihrab aus der Gründerzeit beherbergt. Dieser Mihrab gilt als ein ganz besonderes Juwel; leider sind beide Madrasas nur mit besonderer Genehmigung zugänglich.

Besucher werden gern von (selbsternannten) Muezzims der Moschee angesprochen, die Führungen anbieten. Bei einem solchen - niemals kostenlosen - Rundgang sieht man u.U. Räume, die ein normaler Besucher nicht zu Gesicht bekommt.

Das Tor der Barbiere öffnet sich - nach einem Korridor - in den großen Innenhof, dessen Dimensionen noch dem Originalplan entsprechen. Drei Liwane, deren Decken von z.T. antiken Säulen getragen werden, umgrenzen den Innenhof. Im 80 x 50 m großen Ostliwan - dem Eingang gegenüberliegend - dominieren acht Reihen mit insgesamt 140 Marmorsäulen, von denen etwa hundert aus pharaonischen Quellen stammen. Der (oben erwähnte) schöne, mit Stuck verzierte Haupt-Mihrab im Zentrum

Ungezwungen im Café

4 Kairo und Umgebung kennenlernen

> **Goldgräber**
>
> Als in den 1980er Jahren bei Restaurierungsarbeiten an einer Moschee ein Arbeiter von Goldmünzen förmlich überschüttet wurde, sprach sich diese verheißungsvolle Nachricht wie ein Lauffeuer herum. Seither buddeln immer wieder Goldträumer in den Hinterhöfen des Islamischen Viertels. Nennenswerte Funde wurden bisher nicht gemeldet, aber einige der Goldgräber fielen ihrer Leidenschaft zum Opfer, weil die ungesicherten Gruben über ihnen zusammenstürzten. Selbst Zauberer aus Oberägypten wurden engagiert, um die bösen Geister - *Djins* - zu vertreiben, die über den Schätzen unter ihren Häusern wachen. 1998 kam wiederum ein junger Mann in der Nähe des Bab Zuwela kurz vor seiner Hochzeit in seiner selbstgebauten Grube ums Leben.

des Liwans erreicht nicht, wie üblich, die Abschlusswand, da diese im Laufe der Jahrhunderte weiter nach außen versetzt wurde. Dieser Liwan ist zugleich Betsaal und Auditorium der Universität.

Nach dem Besuch der Al Azhar können Sie sich noch zwei typische ehemalige Paläste anschauen: Gehen Sie links, die nächste Straße wieder links, bis diese – vorbei an Buchbinderläden - nach etwa 100 m ein Gebäude zu umgehen hat. Gleich nach der Kurve an dem kleinen Park macht ein Schild auf **Maison Zeinab Khatum** [21] (9-17, £E 15) aufmerksam, das, 1486 erbaut und 1713 erneuert, in den 1980er Jahren von den Franzosen renoviert und kurzerhand als *Maison* beschrieben wurde. Es handelt sich um ein altes arabisches Haus, das dem Besucher ein paar schöne Räume mit alten Mashrabiyen zu bieten hat. Wer aber nicht gerade ein Fan ist, sollte sich das Geld sparen und die interessanteren Räume, z.B. im Beyt El Suhaimi-Palast, anschauen.

Auf der anderen Seite des Parks wurde ebenfalls ein Palast von den Franzosen restauriert, **Beit el Harar** (*Maison Harabi*, 9-17, £E 15).

Dieses Gebäude wird für kulturelle Veranstaltungen genutzt; es bietet architektonisch nicht so viel wie der Nachbar, aber einige Räume besitzen bemalte Decken und sehr hübsche, alte Mashrabiyen, welche die Außenwelt abschirmen. In einem Shop zwischen den beiden Palästen verkaufen Künstler ihre kreativen Produkte.

Nun kehrt man wieder zurück, lässt den Obst- und Gemüsemarkt links liegen und wirft im nächsten Block einen Blick in die 1504 erbaute ***Wakala el Ghuri** [23] (£E 15), die ehemalige Karawanserei mit 365 Räumen, die heute für Kunsthandwerksausstellungen genutzt werden und in deren Innenhof die bekannten Derwish-Tänze stattfinden (siehe Seite 329).

Gehen Sie weiter in Richtung Fußgängerbrücke, biegen Sie jedoch links in die Verlängerung der Sharia Muizz Li Din Allah ein. Gleich die beiden ersten Gebäude rechts und links der Straße sind sehr dominant und wirken als eine Art harmonischer Einlass in diesen Teil der Qasaba, der ehemaligen Hauptverkehrsverbindung. Es handelt sich um die so genannte *Ghuriya* [22], ein 1503-05 erbautes, mit einem Schattendach verbundenes Doppelgebäude: rechts die *****Madrasa von Sultan el Ghuri**, links sein **Mausoleum Sebil-Kuttab**. Die Madrasa ist sehr ausgewogen in Kreuzform mit vier Liwanen angelegt, die Innenausstattung der Moschee wirklich sehenswert (kein Eintritt, für Gefängnis und Minarett ca. £E 10 Bakschisch). Ein Aufstieg auf das Minarett wird mit gutem Ausblick belohnt. Im Keller war einst ein Gefängnis untergebracht, dessen z.T. winzige Zellen den früheren Strafvollzug vor Augen führen.

Das *****Mausoleum** (9-17, £E 25) auf der linken Straßenseite sollten Sie auf gar keinen Fall auslassen. Dieser Gebäudekomplex gehört nach unserem Eindruck zu den stimmungsvollen des Islamischen Kairo. Der Eingang befindet sich allerdings am Gebäudeende in der Sharia Al Azhar. Man muss ein paar Stufen in einen schmalen Gang hinuntersteigen, weil das heutige Straßenniveau viel höher liegt als beim Bau der Anlage. Zunächst kann man den ummauerten Innenhof betrachten, der übrigens eine riesige Zisterne überdeckt. Man geht weiter in das Mausoleum, einen großen, mit einer Holzkuppel überwölbten Saal, dessen Wände oberhalb eines Marmorsockels mit Arabesken schön und harmonisch geschmückt sind und dessen Fenster – jeweils von einem blauen Glasstreifen eingerahmt – angeblich noch aus dem Originalglas aus dem 15. Jh bestehen. Unter dem Marmorfußboden ruhen nur die Frau des Sultans und eine Tochter, El Ghuris Leichnam ging nach der Schlacht gegen die Türken bei Aleppo verloren.

Dem Mausoleum direkt benachbart ist eine Kanqa mit drei Liwanen. Eine äußerst sorgfältig gearbeitete, mit Intarsien ausgelegte Holzkassettendecke mit einer Kuppel und ähnlichen Fenstern wie im Mausoleum gibt diesem herrlichen Raum ein ganz besonderes Flair. Seine Eleganz spiegelt Reichtum und Pracht vor 500 Jahren wider. Derzeit finden hier meist am Sonntagabend Konzerte statt. Auf den gepolsterten Stühlen lässt sich's zur Bewunderung der Wände und der Decke gut verweilen.

An der Straßenecke Al Azhar/Muezz des Komplexes sieht man ein großes Fenstergitter und davor eingedellte Marmorsimse: Sie gehören zum Sebil, dem Brunnenhaus, aus dem sich die Passanten Wasser holen oder einschenken lassen konnten und offenbar die Becher auf den Marmorbalken abstellten; dem abgenutzten Marmor nach zu urteilen, muss dieses Sebil sehr beliebt gewesen sein. Im Sebilraum wurde das Wasser aus einem Brunnen heraufgezogen, in eine Rinne geschüttet und dann über ein Rohrsystem an die Becken vor den Gittern verteilt. Oberhalb des Brunnenraums war das *Kuttab*, der Koranschulraum für Knaben. Von

Kuppel im renovierten El Ghuri-Mausoleum

hier ergibt sich ein interessanter Blick vor allem auf die Sharia Muezz li Din Allah, deren farbenfrohes Gedränge fast mittelalterliches orientalisches Leben vorzugaukeln scheint.

Beim Hinausgehen sollten Sie sich einen Augenblick lang vorstellen, dass früher hier die

4 Kairo und Umgebung kennenlernen

Seidenhändler ihre Ware aufbauten und lautstark verhökerten; sie waren beim Bau der Ghuriya bereits eingeplant, wie die Ladenfronten heute noch zeigen. Die Shops sollten zum Unterhalt der Bauwerke beitragen.

Nun folgen wir der Sharia Muizz Li Din Allah weiter nach Süden.

In einer leichten Kurve steht links das restaurierte **Sebil-Kuttab von Tusun Pascha** (auch Muhamad Ali Pascha) aus dem Jahr 1820. Das hübsche Gebäude gilt als typisches Bauwerk der Mohammed-Ali-Epoche. Der Sebil-Teil (links) kann besichtigt werden, indem man an dem schmalen Eisentor rüttelt und damit den Wärter herbeiholt. Die Besichtigung lohnt sich, denn unter dem Gebäude dehnt sich eine zugängliche, riesige Zisterne aus, die 455 000 Liter Wasser speicherte und sich während der Nilüberflutung quasi selbst füllte. Daraus konnten immerhin 1,5 Millionen Tassen verteilt werden. In dem oberirdischen Raum gibt es eine kleine Dokumentation über Mohammed Ali und seine Familie.

Unsere Straße mündet nach wenigen Minuten in das 1092 errichtete, gründlich restaurierte fatimidische Stadttor [26] **Bab Zuwela** (9-17, £E 15). Informationstafeln und ein kleiner Ausstellungsraum weisen auf interessante Details hin. Man kann und sollte auf das Tor und die beiden Minarett-Türme (die zur Muayyad-Moschee gehören) hinaufsteigen. Oben, in luftiger und stabiler Höhe, bieten sich viele Ausblicke, aber auch Einblicke in Innenhöfe und Schrottlager auf den Hausdächern.

Um dieses Tor ranken sich eine Menge Geschichten. Sein volkstümlicher Name lautet eigentlich *Bab el Mitwali* nach einem lokalen Heiligen, der hier lebte und viele Wunder wirkte. So wurden schmerzhafte Zähne gezogen und in die Planken des östlichen Torflügels gesteckt, weil der Geist des Mitwali dort wohnte, Linderung versprach und andere Wunder vollbrachte. Hier startete während der Mamluken-Epoche der Prozessionszug, der das neue Tuch (*Kiswa*) nach Mekka brachte, mit dem die Kaaba bedeckt wird. Häufig war das Tor beliebter Exekutionsplatz mit allen möglichen Arten der Beförderung vom Leben zum Tode; die Köpfe der Verschiedenen wurden meist am Tor aufgespießt. Die Osmanen erhängten hier den letzten Mamluken-Sultan Tuman Bey nach der Eroberung Kairos. Am Ost-Turm hängen noch Gewichte, die mittelalterlichen Sportlern zum Training dienten.

Links vor dem Tor wurde das **Sebil-Kuttab Nafisa Bayda** (£E 8) aus dem Jahr 1750 mit seinen schönen Mashrabiyen sorgfältig restauriert. Aber nur wenige Räume sind zugänglich (Wärter des Bab Zuwela schließen auf), deren Besuch sich eher nur für Kenner islamischer Architektur lohnt. Die kleine Straße, die hier nach Osten führt, ist die *Zuckergasse*, früher für ihre Süßigkeiten bekannt und heute, weil Nagib Machfus in seiner Trilogie über sie schreibt. Wenn Sie durch das Tor gehen, können Sie die alte fatimidische Stadtmauer noch ca. 100 m nach Osten verfolgen.

Rechts vor dem Tor erhebt sich die sehenswerte ***Muayyad Moschee** [25] aus dem 15. Jh., in deren kunstvolles Portal die berühmten Bronzetüren der Sultan Hassan Moschee eingesetzt wurden. Von dort kommt man in einen Vorraum, dann in das Mausoleum mit geometrischer Marmordekoration und schließlich in den Moscheenbereich. Dort überrascht ein großer Innenhof mit einem sorgfältig restaurierten, sehr stilvollen Reinigungsbrunnen aus Marmor. Vor dem Erdbeben von 1992, das die Moschee stark beschädigte, standen im Innenhof viele Bäume mit einer zwitschernden Vogelschar. Die Gebetshalle besitzt noch viel ihrer wertvollen Originalausstattung, wie die farbigen Marmorintarsien, den schönen Mihrab und die Vorbeterkanzel aus Marmor.

Es lohnt sich, vom Bab Zuwela geradeaus weiter in den überdachten Bazar zu gehen und sich dort die **Stoffapplikationen** und Baumwolltaschen anzusehen. Sie können der mit Souks gesäumten Straße - die z.B. sehr viel mehr das echte Leben Kairos widerspiegeln als der Khan el Khalili-Bazar - bis zur ehemaligen Sharia Mohammed Ali (heute Sharia El

Südliches Islamisches Viertel

Al Azhar Park

**Al Azhar Park

Man könnte eine Pause im Grünen mit herrlicher Aussicht einlegen: im neuen, von der Aga Khan-Stiftung finanzierten Park (£E 10) zwischen Sharia Salah Salem und den Resten der alten Stadtmauer. Nicht nur der gute Ausblick über das mittelalterliche Kairo, auch die grüne Insel oberhalb der Stadt, ihre gärtnerische Gestaltung und ihr Ambiente sind wirklich einen Besuch wert. Mehrere Restaurants und Cafeterias bieten ihre Dienste an, u.a. am kleinen See oder ein sehr gepflegtes Restaurant auf der nördlichen Anhöhe, auf der Eltern auch einen Spielplatz für ihre Kleinen finden. Siehe auch www.alazharpark.com. Das (unverständliche) Manko des Parks: Es gibt derzeit nur einen Eingang an der Südseite der Sharia Salah Salem (nordwestlich der Zitadelle). Anfangs war von einem weiteren Einlass in der Nähe der Al Azhar-Moschee die Rede, aber er existiert nicht. So lässt sich der Haupteingang eigentlich nur per Taxi erreichen, was von der Al Azhar Moschee aus kaum 10 Minuten dauern sollte (wenn man auf der bergauf führenden Fahrbahn startet). Eingefleischte Fußgänger könnten mit öffentlichen Verkehrsmitteln zur Kreuzung Sharia Al Azhar/ Sharia Salah Salem fahren und dann nach rechts ca. 1,5 km wandern.

Qala) und weiter bis zur Hassan-Moschee und Zitadelle folgen oder Sie kehren Richtung Bab Zuwela zurück.

Wir wollen aber unseren Weg fortsetzen, indem wir uns am Bab Zuwela nach links, nach Südosten in die Sharia Darb el Ahmar wenden. Würden Sie stattdessen der Straße rechts (Sharia Ahmed Maher) folgen, kämen Sie zum Islamischen Museum und unterwegs würden Sie Einblicke in weitgehend unverfälschten Alltag gewinnen.

Werfen Sie noch einen Blick auf die dem Bab Zuwela gegenüberstehende, durch ihre Schlichtheit bestechende fatimidische **Sali-Talai-Moschee** [29], die in den Boden gesunken zu sein scheint; in Wahrheit wuchsen die Straßen ringsum im Laufe der Jahrhunderte durch Schutt und Dreck immer höher. Das erste auffallende Bauwerk danach ist die **** Qajmas-el-Ishaqi-Moschee** [27], die 1481 inmitten einer ypsilonförmigen Straßengabelung errichtet wurde. Marmor-Arabesken schmücken die Innenwände und schöne Holzintarsien den Minbar-Aufgang.

Bald folgen rechts zwei quasi aneinander gebaute Moscheen, wobei die zweite - die **Ahmad el Mihmandar Moschee** [31]- 1324 errichtet wurde und zu den ältesten Bauwerken des Viertels zählt. Einen wiederum recht guten Platz zum Ausruhen finden Sie im nächsten sakralen Bauwerk rechts, der ***Altinbugha el Maridani Moschee** [32]. Von der Straße her auffallend ist ihre Zinnen bekrönte Außenmauer mit Nischen, Fenstern und einem umlaufenden

Koran-Spruchband. Sie wurde 1339 errichtet, ungewöhnlich ist eine Holztrennwand zwischen dem offenen, Baum bestandenen Innenhof und dem Ost-Liwan, der eigentlichen Gebetshalle. Diese mit schönen geometrischen Mustern versehene Wand zieht sich über eine beachtliche Länge hin.

Die Straße steigt weiter bergan. Das nächste historische Bauwerk auf der rechten Seite ist der **Palast des Bayt Ahmad Kakuda el Razzaz** [35], der von Sultan Qaytbay gebaut wurde, zu erkennen u.a. auch an den schönen Mashrabiya-Fenstern im zweiten Stockwerk. Das großflächige Bauwerk mit einstmals über 80 Räumen erstreckt sich bis zur Sharia Souk el Silah. Fast Mauer an Mauer folgt die frisch restaurierte **Umm el Sultan Shaban Madrasa**, die der Sultan Shaban 1368 für seine Mutter (*Umm*) baute, während sie auf Pilgerfahrt war. Schon die Fassade mit den rötlichen Mauerquerstreifen und dem sehr schön gestalteten Eingangsbereich ist beeindruckend, im Inneren ist derzeit nur ein Treppenhaus zugänglich, das aufs Dach führt. Von dort kann man das Minarett erklimmen und einen der besten Ausblicke der Umgebung genießen: nördlich auf den grün hervorstechenden Al Azhar Park, rechts herumdrehend auf die Zitadelle, dann auf die imposanten Baumassen der Er Rifai und der Sultan Hassan Moschee, gegen Westen mit etwas Glück auf die Pyramiden und schließlich auf das Islamische Viertel. Zum Eingang der Moschee muss man wieder aus dem Gebäude heraus und um seine östliche Ecke gehen. Die Madrasa ist kreuzförmig angelegt, rechts neben dem östlichen Liwan ruhen die Mutter und eine Tochter, links der Sultan und sein Sohn.

Nach der nächsten Querstraße namens Sekhet Darb el Kazzazin, gegenüber von Haus Nr. 40, finden Sie die 1346 erbaute ****Ak Sunqur-Moschee** [36], die wegen ihrer mit blauen Motiven geschmückten, persisch inspirierten Fayencen unter der Bezeichnung **Blaue Moschee** bekannt ist (wird immer noch renoviert). Man sollte aber nicht ein in Blau leuchtendes Gebäude erwarten; vielmehr liegt die Schönheit im Detail der Fayencen. Die Moschee wurde 1346 von dem Emir gleichen Namens erbaut, 1652-54 von Ibrahim Agha Mustahfizan nach Erdbebenschäden restauriert und teilweise mit den blauen Kacheln gefliest. Gleich links vom Eingang liegt das Grab des Sultans El Ashraf Kuchuk, der im zarten Alter von sechs Jahren für fünf Monate Sultan spielte, dann von seinem Bruder El Kamil Shaban abgelöst, in den Kerker der Zitadelle geworfen und drei Jahre später von eben diesem Bruder ermordet wurde.

Auf der rechten Seite des Innenhofs ist das mit blauen persischen Fayencen verkleidete Marmorgrabmal Ibrahim Aghas zu sehen, östlich davon das Grab Ak Sunqurs. Die Ostwand der Moschee wurde großflächig mit Fliesen verkleidet, die im Grunde eine Beziehung zur Moschee vermissen lassen; aber sie wurden damals von den Osmanen besonders geliebt und gern in Kairos Privathäusern verwendet. Sie tragen – ähnlich wie das Ibrahim Agha Grab – zarte Pflanzen- und Blumenmuster in blauem und türkisem Grundton. Der Marmor-Mihrab sollte wegen seiner sorgfältigen Intarsien beachtet werden, der Marmor-Minbar ist das älteste noch vorhandene Beispiel seiner Art.

Ein paar Schritte weiter folgen auf der linken Seite – frisch restauriert, aber nicht zugänglich – **Moschee** und **Mausoleum von Khayrbak**, der als erster ottomanischer Vize-König herrschte. Vorsichtshalber baute er bereits 1502 sein Mausoleum und erst 1520 die Moschee mit anschließendem Sebil. Für diese Bauten okkupierte er teilweise den Palastbereich von Alin Aq aus dem Jahr 1293, dessen imposante Ruinen sich an den Komplex anschließen. Alin Aq hatte unter Sultan Kalaun Karriere gemacht und konnte sich offenbar einen großen Palast leisten.

Noch einmal geht's ein Stück bergan, dann liegen an einer Gasse links wiederum zwei historische Bauwerke: zunächst das Sebil-Kuttab-Mausoleum von **Tarrabay el Sharifi**, das 1503-04 erbaut wurde. Danach folgt die **Aytmish el Bagasi-Moschee** [37] aus dem

Jahr 1383, die recht schlicht in Ausführung und Dekoration gehalten ist.

Die Straße steigt jetzt steil an, Kaffeehäuser und kleine Handwerksbetriebe säumen sie. Schließlich ändert sie ihren Namen in Sharia el Maghar. Kurz bevor sie gegenüber der Zitadellenmauer endet, zweigt rechts eine Gasse namens Sikkat el Gomi ab. Dort finden Sie auf der linken Seite die beeindruckenden Ruinen des **Muayyad Maristan** [40], eines mamlukischen Krankenhauses, das den Bezirk der Zitadelle versorgte. Einige wenige Bauarbeiter belegen, dass hier noch lange Stein für Stein restauriert werden wird.

Leider liegt der heutige Eingang zur Zitadelle genau auf der anderen Seite. Man geht rechts den Berg hinunter bis zum Midan El Qala, von wo man wieder bergan zum Haupteingang wandern muss; nehmen Sie lieber ein Taxi.

***Zitadelle

Hintergrund: Die Idee, eine Festung hoch über Ägyptens Hauptstadt zu bauen, geht auf Salah el Din Ibn Aijub (kurz Saladin) zurück. Er war eigentlich von Nur al Din, dem von Damaskus aus auch über Ägypten herrschenden Kalifen, geschickt worden, die Fatimiden in ihrem Kampf gegen die Kreuzritter zu unterstützen. Anstatt nach dem Sieg über die christlichen Heere nach Damaskus zurückzukehren, besann sich Saladin eines anderen und unterwarf schnell seine Gastgeber, die er schließlich auch noch von der schiitischen zur sunnitischen Glaubensrichtung bekehren musste. Damit nicht genug, gründete er die Aijubiden-Dynastie, baute 1176-82 die Zitadelle hoch über den Häusern von Kairo und erweiterte die Stadtmauern, die er im nördlichen Bereich bis etwa zum heutigen Ramsis-Bahnhof und südlich bis nach El Fustat verlängerte. Saladins Bruder und Nachfolger El Aldil befestigte die Zitadelle weiter, sein Neffe El Kamil verlegte im 13. Jh endgültig auch die Residenz hinter ihre Mauern.

Im 14. Jh beschäftigte sich Sultan El Nasir Mohammed mit größeren Um- und Neubauten; er konzentrierte die gesamte politische, militärische und administrative Macht in der Zitadelle und baute die nach ihm benannte Moschee. Schließlich riss Mohammed Ali im 19. Jh fast alle Bauten seiner Vorgänger nieder - soweit sie nicht durch eine gewaltige Pulverexplosion

Reich verzierter Reinigungsbrunnen in der Alabastermoschee

4 Kairo und Umgebung kennenlernen

im Jahr 1823 zerstört worden waren- und ließ seine Moschee sowie neue Paläste errichten. Als schließlich Ismail 1874 in den neuen Abdin-Palast im Zentrum Kairos umzog, gingen fast sieben Jahrhunderte politischer Macht in der Zitadelle zu Ende.

Aus einer Leserzuschrift: „In der Nähe der Zitadelle wurden wir zweimal von Männern angesprochen, die erklärten, die Zitadelle sei (aus unterschiedlichen Gründen) geschlossen, wir sollten lieber das Minarett einer nahe gelegenen Moschee besuchen, das sie uns zeigen würden. Wir lehnten dankend ab - die Zitadelle war natürlich nicht geschlossen!"

Das Mamluken-Massaker

„In dem Augenblick, da der erste Teil des Zuges durch das Tor el Azab hindurch war, befahl Salech Odsch, das Tor zu schließen, und enthüllte seinen Soldaten die Verschwörung. Die wendeten sich unverzüglich gegen die Emire, die sich genau in dem engen Durchgang eingezwängt fanden, der zum Bab el Azab hinabführt. Als die Emire sich angegriffen sahen, wollten sie auf der Stelle umkehren, doch das gelang ihnen nicht. Denn einerseits versperrten die Pferde den Durchgang, andererseits schossen die Soldaten, die auf den Felsen und Mauern postiert waren, von hinten auf sie. In ihrer Bedrängnis und da sie sahen, dass eine Anzahl der Ihren schon gefallen war, stiegen die Emire von den Pferden.... Doch in diesem Durcheinander wurden die meisten von ihnen getötet. Sobald die Soldaten (in der Stadt) Mohammed Alis die Neuigkeit erfuhren, fielen sie wie Heuschrecken über die Häuser der Emire und die Nachbarhäuser her, um zu plündern. Das geschah im Handumdrehen. Sie taten den Herrinnen Gewalt an und zerrten sie und die Frauen und die Sklavinnen hinter sich her, um ihren Schmuck und ihre Gewänder zu rauben. Mit einem Wort, sie ließen ihren Gelüsten freien Lauf."* (El Djabarti, 1811)

Sie betreten also ein Stück Erde, auf dem Geschichte in allen denkbaren Spielarten stattfand. Hier lag zeitweise zumindest ein faktisches Zentrum des Orients, immer aber das der Nil-Oase. Hier fanden Intrigen und trickreichste Morde statt, vielleicht zur gleichen Zeit verzauberten Liebesnächte und Märchen aus Tausendundeiner Nacht. Hier inszenierte schließlich Mohammed Ali das Mamlukenmassaker, das sogar die damals gar nicht so zimperliche westliche Welt in heftige Erregung versetzte.

Die Zitadelle wurde erst 1983 in wesentlichen Teilen der Öffentlichkeit zugänglich gemacht. Zu sehen gibt es vielerlei: Da ist zunächst einmal der fantastische Ausblick auf die Stadt zu nennen, dann sind innerhalb der Zitadellenmauern die Moscheen *Mohammed Ali* und *El Nasir* einen Besuch wert, weiterhin Mohammed Alis *Gawhara Palast* und sein Haremspalast, der heute (sinnigerweise) das *Militärmuseum* beherbergt, außerdem ein Kutschen-, ein Polizeimuseum sowie ein Museum für beschlagnahmte Gegenstände und schließlich der tiefe *Josephsbrunnen*. Insgesamt sollten Sie sich etwa einen knappen halben Tag Zeit nehmen.

▶ Die Zitadelle erreicht man mit öffentlichen Verkehrsmitteln, indem man zum Midan El Qala (in der Nähe der Sultan Hassan-Moschee) fährt. Hier gibt es aber nur das geschlossene Tor *Bab el Azab* (das einst den Mamluken zum Verhängnis wurde). Sie sollten sich nach Nordostenwenden und der Straße an der Festungsmauer folgen, bis Sie auf das Eingangstor stoßen. Da es ohnehin genug innerhalb der Festung zu laufen gibt, nimmt man entweder am Midan El Qala, besser bereits in der Stadt, ein Taxi direkt zum *Bab el Gebel* (Berg-Tor).

▶ Autofahrer nehmen die Sharia Salah Salem vom Nil her bis zum Abzweig *Mokattam*, biegen dort rechts ab und machen sobald wie möglich einen U-Turn zurück auf die Sharia Salah Salem, um diese bis zum Parkplatz unterhalb der Festung zurückzufahren.

▶ Am Eingang ist der **Eintritt für die gesamte Zitadelle** (8-18, Winter 8-16.30, freitags und während Gebetszeiten sind die

***Zitadelle

Moscheen geschlossen; £E 50) zu bezahlen, also nicht für jedes einzelne Objekt. Vermeiden Sie den **Besuch freitags und an Feiertagen**, weil viele Einheimische hierher strömen, um innerhalb der Festungsmauern zu picknicken und die Museen zu besuchen. Dann sind Gedränge und häufig nervige Anmache angesagt.

Mohammed Ali - der in Griechenland geborene Albaner, der 1805 die Macht übernahm und Ägypten auf den Weg in die Moderne führte - ließ die nach ihm benannte, allgemein als ***Alabaster Moschee** bekannte Moschee 1830-48 von einem bosnischen Architekten an der Stelle des mamlukischen Thron- und Justizpalastes bauen. Sie kann ihr Vorbild, die Blaue Moschee von Istanbul, nicht verleugnen. Obwohl sie stilistisch zumindest ein Unikat in Kairo, wenn nicht gar ein Fremdkörper ist, wurde sie mit ihren Kuppeln und 82 m hohen Bleistift-Minaretten zu einem Wahrzeichen der Stadt.

Vom Eingang her kommt man zunächst in den Vorhof, der von einem mit einer Kuppel überwölbten Arkadengang umgeben ist. Im Zentrum steht ein Brunnenhaus, dessen Kuppeldach den Reinigungsbrunnen überdeckt. Der neugotische Uhrenturm auf der Westseite des Vorhofs wurde Mohammed Ali vom französischen König Louis Philippe als Gegengeschenk für den Obelisken gemacht, der heute auf dem Place de la Concorde in Paris steht. Die eigentliche, etwas pompös ausgestattete Gebetshalle beeindruckt durch ihre Ausmaße und Höhe, immerhin „schwebt" die Zentralkuppel auf vier Pfeilern in 52 m Höhe über dem Boden. Auf den vier Seiten schließen sich Halbkuppeln und kleinere Kuppeln an. Auch der Mihrab ist von einer eigenen Halbkuppel überspannt. Rechts vom Eingang steht hinter einem vergoldeten Bronzegitter der Sarkophag Mohammed Alis, der 1849 starb.

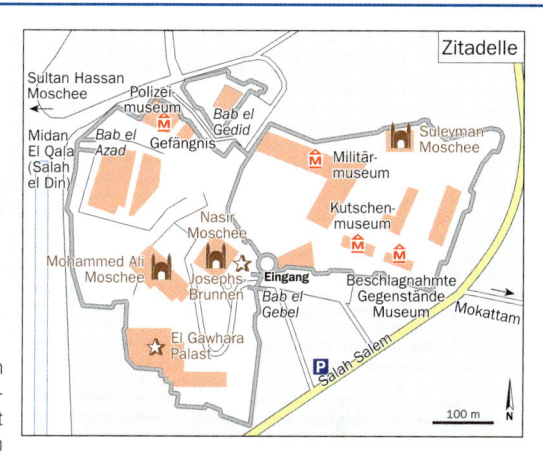

Unvergesslich wird der Ausblick sein, dem Sie sich von den Terrassengärten neben der Moschee unbedingt hingeben sollten: Direkt zu Ihren Füßen stehen die Moscheen Sultan Hassan und Er Rifai nebeneinander, dann folgt der Wald der Minarette des Islamischen Kairo, schon fast direkt dahinter die Hochhausketten auf beiden Seiten des Nils und in der Ferne - wenn Ihnen der Smog gnädig ist - markieren die Pyramiden von Giseh den Übergang des Fruchtlandes zur Wüste.

Östlich, fast gegenüber der Alabaster-Moschee erhebt sich die **El Nasir-Moschee**, die von Sultan El Nasir Mohammed, dem größten Bauherrn der Bahri-Mamluken-Periode, 1318-35 errichtet wurde und die über viele Jahrhunderte die Hauptmoschee der Zitadelle war. Auch sie ist gewaltig in ihren Dimensionen, kann sie doch 5000 Besuchern Platz bieten.

Zum Bau der Moschee wurden viele antike Säulen verschiedenster Epochen verwendet, wie sich aus den unterschiedlichen Kapitellen und Basen leicht erkennen lässt. Die Wände im Innenraum sehen etwas nackt aus, weil der osmanische Sultan Selim die gesamte Marmorverkleidung abmontieren und nach Istanbul schaffen ließ. Dieses Bauwerk gefiel uns von

4 Kairo und Umgebung kennenlernen

der Atmosphäre her besser als die Alabaster-Moschee, zumal man hier eine ruhige, fast besinnliche Pause ohne allzu viel Touristenrummel einlegen kann.

Ganz in der Nähe (östlich) ließ Saladin den 88 m tiefen, per Wendeltreppe begehbaren **Josephsbrunnen** z.T. von gefangen genommenen Kreuzrittern bauen; er erreicht das Nilgrundwasser und sicherte die Versorgung der Zitadelle auch im Kriegsfall.

Südlich der Alabaster-Moschee stehen die nach einem Brand im Jahr 1974 übrig gebliebenen Teile des **Gawhara- oder Bijou-Palastes** von Mohammed Ali. Hier lebte der Schöpfer des neuen Ägypten, hier wartete er auch das von ihm befohlene Massaker an den Mamlukenfürsten ab, das unterhalb des Palastes seinen grauenvollen Verlauf nahm. Das heute gezeigte Interieur mutet etwas simpel an im Vergleich zu der Persönlichkeit, die von diesen Räumen aus einst einem gedemütigten Land Selbstbewusstsein zurückgab.

> **Touristen?**
>
> *„...Und alles scheint in Mohammed Alis Moschee von unentweihbarem religiösem Frieden umfangen - da plötzlich lärmende Unterhaltung in teutonischer Sprache, schallende Stimmen und Gelächter! Ist's glaublich, hier in nächster Nähe des großen Toten? Eine Horde Touristen erscheint, nach der neuesten Mode gekleidet. Ein Führer mit albernem Gesicht betet die Sehenswürdigkeiten her, mit schallender Stimme wie ein Ausrufer im Zirkus. Und eine der Besucherinnen lacht über die zu großen Überschuhe, in denen sie stolpert, lacht mit einfältigem, fortwährendem Kichern, wie eine glucksende Pute. Gibt es denn keinen Wächter, keine Polizei in dieser heiligen Moschee? ... In jeder beliebigen Kirche Europas, wo Gläubige knien und beten, möchte ich sehen, wie man mohammedanische Touristen empfinge, die - wenn dies überhaupt möglich ist - sich so aufführten wie diese Barbaren!"* (Pierre Loti, 1907)

Im nördlichen, militärischen Teil der Zitadelle baute Mohammed Ali den **Haremspalast**. Heute finden Sie dort ein **Militärmuseum** mit Waffensammlungen der neueren ägyptischen Geschichte, wobei die Beutestücke aus den Kriegen mit den Israelis den chronologischen Abschluss bilden.

Auch für Nicht-Waffen-Fanatiker ist dieses Museum einen Blick wert, weil die Palasträume zumeist original erhalten sind und die unverfälschten Decken einen Eindruck vom Prunk an Mohammed Alis Hof vermitteln. Das Café neben dem Militärmuseum lädt zu einer Pause ein. Das **Kutschenmuseum**, das im östlichen Bereich der Zitadelle liegt, erhielt die prächtigsten Gefährte aus dem ursprünglichen Kutschen-Museum (86 Sh 26.July, etwa 100 m rechts von der Corniche aus), das in den ehemaligen königlichen Ställen untergebracht war und immer noch einige verstaubte Gefährte jener Zeit ausstellt (£E 15).

In naher Nachbarschaft verspricht das **Museum für gestohlene Gegenstände** *(Seized Museum,* auch *Museum of Stolen Things)* mehr, als es eigentlich zeigt: gestohlene und von der Polizei wieder entdeckte Artefakte quer durch die ägyptische Geschichte, von Sarkophagen über Statuen, Stelen bis hin zu Schmuck und Waffen; aber eigentlich würde man zusätzlich die Geschichten hinter den einzelnen Stücken erwarten.

Etwas abseits steht - in dieser Gegend - die kleine **Suleyman Pasha-Moschee**, die 1528 als erstes osmanisches Gotteshaus von ihrem Namensgeber erbaut wurde. Nach sorgfältiger Restaurierung ist sie zugänglich und mit ihren hübschen Intarsienarbeiten und kalligrafischen Bändern an den Wänden sicher einen Besuch wert.

In der Nähe des Bab el Gedid wurde auf einer Terrasse mit schönem Ausblick und einer Cafeteria (mit Toilette) ein **Polizeimuseum** in einer früheren Artillerieschule eingerichtet. Es zeigt alles, was mit Polizei, Kriminalität und Kriminellen zu tun hat. Auf dem Weg dorthin kommt man (rechts nach den Stufen) am ehemaligen

Sultan Hassan-, Rifai-Moschee

Klotz am Fuß: Gefangenenschicksal

Militärgefängnis (1882-1984) vorbei, das die Entwicklung der Zellen und ihrer Einrichtung seit 1882 zeigt. Der letzte Gefangene war der Mörder von Präsident Saddat.

Wenn Sie von der Zitadelle aus auf der Verlängerung der Sharia Salah Salem nach Südwesten Richtung Nil weiterfahren, werden Ihnen bald links hohe Mauern auffallen. Dies ist das 1311 unter El Nasr erbaute und im Lauf der Jahrhunderte mehrfach erweiterte bzw. renovierte **Aquädukt**, auf dem bis Mitte des 19. Jh Wasser zur Zitadelle befördert wurde. In dem hohen Gebäude an der Corniche, an dem das Aquädukt endet, schöpften einst sechs von Ochsen angetriebene Wasserräder das kostbare Nass auf das entsprechende Niveau. Derzeit betreibt die Verwaltung die Renovierung der Gesamtanlage, die als Touristenattraktion wieder in Betrieb genommen werden soll.

Sultan Hassan-, Rifai-Moschee

Hintergrund: Die Gelder für den Bau der Moschee verdankte Sultan Hassan - der eher ein willensschwacher Sohn des eisernen Bauherrn El Nasr Mohammed war - der Pest des Jahres 1348, da viele Besitztümer Verstorbener der Staatskasse anheim fielen. Sultan Hassan erlebte übrigens die Fertigstellung seiner Moschee nicht mehr; er wurde 1361 von seinem Mamluken-Fürsten hingerichtet (nach einer anderen Version verschwand er spurlos aus seiner Gefangenschaft).

Zu Füßen der Zitadelle liegt links an der Sharia el Qala - die in diesem Bereich Fußgängerzone ist - die 1356-1363 erbaute ***Sultan Hassan Moschee** [43] (9-16.30, £E 25). Sie gilt als das hervorragendste Beispiel arabischer Moscheen-Baukunst; angeblich ließ der Sultan dem Architekten die Hand abschlagen, damit er nicht ein weiteres, ähnlich schönes Bauwerk zeichnen könne. Der Zugang für beide Moscheen ist nur vom Midan Salah el Din, also von der Zitadelle her möglich.

Die Sultan Hassan-Moschee scheint von der Baumasse her alle Dimensionen des Islamischen Kairo zu sprengen; sie bedeckt fast 8000 qm, ist 86 m hoch, die Längswand misst gute 150 m. Durch Blendnischen mit Rundbogenfenstern wurden die riesigen Wände geschickt unterteilt, sie wirken aber dadurch eher noch imposanter. Vom Grundriss her stellt die Moschee ein unregelmäßiges Fünfeck dar, in das vier Liwane kreuzförmig eingebettet sind. Dieses gewaltige Bauwerk wirkt als eine Art Pendant zur Zitadelle - und zweimal wurde es auch als Wehrburg gegen die Inhaber der Festung benutzt: 1391 von rebellierenden Mamluken-Fürsten und 1517 als Zufluchtsort für den letzten Mamluken-Sultan Tumam Bey.

Man sollte nicht ein Gebäude in vollendeter Schönheit erwarten. Die Patina der Jahrhunderte hat sich als grauer Schleier auf ein ohnehin nur sparsam farbiges Gebilde gelegt. So wirken die Wände eher etwas düster (besonders im Vergleich zur Nachbarin Er Rifai). Erst die gewaltigen, in sich stimmigen Dimensionen des Bauwerks machen den gewichtigen Eindruck aus.

Man betritt die Moschee durch ein überdimensionales Portal von 26 m Höhe, das mit Stalaktiten und schönem Gesims verziert ist. Der Weg führt weiter in ein Vestibül, von dort durch zwei Korridore in den *Sahn* (Innenhof), dessen Zentrum ein sorgfältig gearbeiteter Brunnen schmückt. Alle vier Seiten des Sahn gehen in Liwane über, zwischen denen jeweils die Mad-

4 Kairo und Umgebung kennenlernen

rasas für die vier orthodoxen islamischen Riten untergebracht sind. Der Haupt-Liwan liegt dem Korridor gegenüber, aus dem man in den Innenhof trat. Aus allen Bögen hängen Ketten herunter, an denen früher Hunderte von Öllampen befestigt wurden, sicherlich ein stimmungsvolles Bild in der Dunkelheit.

In seiner Mitte steht eine Art Plattform - *Dikka* - für Koranlesungen. In der Ostwand sieht man den Mihrab und daneben den Minbar. Die beiden Türen in der Ostwand öffnen sich in das Mausoleum, wobei die rechte Originaltüre wegen ihrer Silber- und Goldintarsien sehenswert ist. Im Mausoleum - das von der großen, den Gesamtkomplex der Moschee überragenden Kuppel überwölbt wird - sind zwei Söhne Sultan Hassans bestattet.

Genau gegenüber der Hassan-Moschee stoßen Sie auf die **Er Rifai-Moschee** [42] (9-16.30, £E 25) aus dem Jahr 1912, die am Ruhm der Nachbarin zu partizipieren versucht und von Fremdenführern gern „Schwester" der Sultan Hassan-Moschee genannt wird. In Wirklichkeit bildet sie lediglich eine Art städtebauliches Gegengewicht zu der viel älteren Nachbarin. Sie wurde von der Mutter des Khediven Ismail initiiert, erhielt das Grab des lokalen Scheich-Heiligen Ali er Rifai und sollte als Grabmoschee der königlichen Familie dienen (nur Fuad und Faruk sind im Haupttrakt bestattet, die Stifterin, Ismail mit Familie und König Husayn Kamil im Nebentrakt an der Nordseite). Außerdem fand hier der letzte persische Schah Reza Pahlewi seine Ruhestätte.

Die Bauarbeiten begannen 1869; wegen finanzieller Probleme und des Todes von sowohl der Stifterin als auch des Architekten ruhte ab 1880 die Baustelle und erst 1905 wurde erneut begonnen. Da der Architekt keine Pläne für die Innendekoration hinterlassen hatte, nahm sich der Nachfolger Max Herz Bey die schönsten Stücke aus Kairos Moscheen als Vorlagen - schon von daher ist die Moschee einen Besuch wert. Denn die Wände und z.T. die Decken sind stilvoll dekoriert und erfreuen das Auge viel mehr als die der Nachbarin.

Ibn Tulun-Moschee, Gayer-Anderson-Haus

Wenn Sie von der Sultan Hassan-Moschee zur *Ibn Tulun-Moschee* gehen wollen, dann wandern Sie am besten den Fußgängerweg empor bis zum Midan Salah el Din (Richtung Zitadelle), biegen dort rechts und die dritte Straße *Sharia Saliba* wieder rechts ab und folgen ihr etwa 15 Minuten. Der Fußweg ist wegen der lärmigen Straße nicht besonders attraktiv, aber zu überstehen.

Das erste historische Bauwerk, das Ihnen schon bald auffallen wird, ist das **Sebil-Kuttab des Sultans Qaytbay** (£E 25, links der Straße) aus dem Jahr 1479. Dies war das erste frei stehende Sebil-Kuttab in Kairo. Es ist reich und sorgfältig dekoriert.

Etwas weiter stehen sich zwei alte Gebäude gegenüber. Es handelt sich um die **Moschee** (1349) (rechte Straßenseite) und die sehr große **Khanqah** (1355) (links) **von Amir Shaykhu**. Der Amir baute zuerst die Moschee, in der sich 20 Sufis (Mönche) niederließen, denen er später dann die *Khanqah*, das Kloster, und sein Mausoleum auf der anderen Straßenseite mit identischer Fassade folgen ließ. Die Moschee - eine typische Versammlungs-Moschee - bietet nicht allzu Überraschendes, aber mit einem grünen Baum im ziemlich großen Innenhof doch etwas Abgeschiedenheit gegenüber dem Straßenlärm. Die Khanqah beherbergte bis zu 700 Sufi-Derwische, die in Zellen um einen Innenhof untergebracht waren. Nach der folgenden Kreuzung stehen rechts der *Sebil von Umm Abbas* (1867), dann die *Madrasa Taghri Bardi* aus dem Jahr 1440 mit einer reich verzierten Marmorfassade.

Nach diesen beiden Moscheen sollten Sie rechts in die Sharia Suyufiya abbiegen. Nach ca. 100 m stehen rechts hohe Mauern, die den **Palast des Amir Taz** (8-17 außer Fr, kein Eintritt) zur Straße hin abschließen. Dahinter verbirgt sich einer der größten noch erhaltenen Paläste aus der Mamlukenzeit (1352 erbaut), der sorgfältig restauriert und Ende 2005 der Öffentlichkeit zugänglich gemacht wurde. Bei

Ibn Tulun-Moschee, Gayer-Anderson-Haus

Meisterhafte islamische Sakralarchitektur: Mihrab in der Sultan Hassan Moschee, Kairo

4 Kairo und Umgebung kennenlernen

Im Amir Taz Palast

der Besichtigung gewinnt der Besucher einen annähernden Eindruck von dem unermesslichen Reichtum und dem prachtvollen Rahmen, in dem die damaligen Mamluken-Fürsten lebten. Drei große, nebeneinander stehende Gebäudekomplexe mit zahlreichen Räumen umgeben gepflegte Innenhöfe, deren Palmen zum Teil die Dächer überragen.

Der zweite hintere Querflügel wird für das **Bahri Mamluk-Museum** genutzt, in dem die Geschichte dieser bewegten Zeit anschaulich anhand von Bildern und englischsprachigen Texten und (wenigen) Ausstellungsstücken dargestellt ist. Auch über das sehr unruhige, aber wohl zeittypische Leben des Herrn Taz wird berichtet. Besucher sollten zunächst dieses Museum besuchen, um ein besseres Verständnis für die Gesamtanlage zu gewinnen. Im mittleren Quertrakt wurde die Geschichte der Renovierung dokumentiert.

Andere Räume dienen Kunstausstellungen, der überwiegende Teil des Palastes steht jedoch leer, man kann ungestört herumwandern und z.B. die Wasserversorgung, Bäder und Sanitäreinrichtungen betrachten oder auf den Dächern spazieren. Leider fehlen Beschreibungen oder Hinweise über die Bedeutung der einzelnen Räume.

Wieder zurück zur Hauptstraße.

Schon bald tauchen links das unübersehbare Mauerrechteck und das Minarett mit der Wendeltreppe der *****Ibn-Tulun-Moschee** auf, die sich frisch renoviert präsentiert. Bei Betrachtung der großen, sehr klar gegliederten Baumasse spürt man, dass hier in erster Linie ein Platz zum Beten, zum Meditieren geschaffen werden sollte und - vielleicht - weniger ein Denkmal des Erbauers. Diese sehr alte Moschee sollten Sie in jedem Fall in Ihren Besichtigungsplan aufnehmen (kein Eintrittsgeld, nur Bakschisch für Überschuhe; das Tickethäuschen ist für das Gayer-Anderson-Haus zuständig).

Hintergrund: Ahmed Ibn Tulun, Sohn eines türkischen Sklaven des Abbasiden-Kalifen El Mamun, wurde 868 im Alter von 33 Jahren vom Kalifenhof in Bagdad als Gouverneur nach El Fustat geschickt und schon zwei Jahre später zum Gouverneur des gesamten Landes ernannt. Kurz danach machte er sich unabhängig und gründete eine kurzlebige Dynastie (bis 905), die der Tuluniden, die dem Land Wohlstand und Glanz bescherte. Er verschmähte die alte Hauptstadt El Fustat und gründete nordöstlich davon auf dem Hügel Yaskhur eine neue, äußerst prächtige Hauptstadt namens El Qatai mit seiner Moschee als Mittelpunkt. Als schließlich 905 die Abbasiden das Land zurückeroberten, machten sie El Qatai dem Erdboden gleich, ließen aber die Moschee unangetastet.

Die Ibn Tulun-Moschee ist das älteste islamische Bauwerk Kairos (879 nC), das weitgehend im Originalzustand erhalten ist (die ältere Amr Moschee wurde viele Male umgebaut). Es handelt sich um eine klassische Portikus-Moschee mit vier Liwanen, wobei der nach Mekka weisende Ost-Liwan fünfschiffig angelegt wurde, die anderen sind zweischiffig. Die Moschee ist mit einer zweiten Außenmauer versehen, so ergibt sich ein umlaufender Außenhof zwischen den Mauern. Diese Konstruktion war wohl nicht so sehr als Schutz gegen Feinde als vielmehr gegen die herandrängenden Läden der Bazaris und den damit verbundenen Lärm gedacht. Die schmucklose Strenge der inneren Mauer wird von 128 Fenstern und 23 Toren - die sich gegenüberliegend in der Außenmauer wiederholen - gemildert.

Die Konstruktion der Liwane weist zwei neue Merkmale auf: Zum einen wurden keine Säulen als tragende Elemente verwendet, sondern gemauerte Ziegelpfeiler, die mit Putz überzogen und säulenartig geformt wurden. Zum anderen kommen hier zum ersten Mal leicht hufeisenförmige Spitzbögen in den Arkaden vor. Auch die Verzierungen wurden mit viel Liebe hergestellt und nicht wie üblich aus vorgeformten Gipsabgüssen zusammengesetzt, sondern in den frischen Putz hineingeschnitten. Die Kapitelle der Pfeiler sind mit Knospen und Blättern entsprechend dem zeitgenössischen Geschmack verschönert, die Gewölbe zeigen erste Ansätze für Arabesken-Verzierungen.

Ein Abschlussfries aus Sykomorenholz verläuft unterhalb der Decke über alle Joche; in ihm sind etwa sechs Prozent der Koran-Suren in kufischer Schrift eingeschnitzt - immerhin ein Band von knapp 2000 m Länge. Der Minbar ist ein hervorragendes Zeugnis der frühen Mamlukenzeit, denn er stammt, so wie auch der Reinigungsbrunnen in der Mitte des Innenhofs, vom ersten Restaurateur der Moschee im Jahr 1296, dem Sultan Husam el Din Lagin. Der Haupt-Mihrab in der Mitte der Ostwand blieb original erhalten. Die Tür rechts daneben diente Ibn Tulun als Privatzugang zur Moschee.

Sehr ungewöhnlich ist auch das Minarett, das nach dem Vorbild des Original-Minaretts von Husam el Din Lagin offenbar neu aufgebaut wurde (wie aus verschiedenen Details hervorgeht). Ibn Tulun hatte wahrscheinlich das Minarett der Großen Moschee von Samarra, das wiederum von den Zigarrats in Mesopotamien inspiriert war, zum Vorbild genommen. Steigen Sie unbedingt hinauf, der Ausblick lohnt die geringe Anstrengung (Zugang im Bereich zwischen den beiden Mauerringen, also direkt hinter dem Eingang in der äußeren Mauer rechts gehen).

Auf dem Rückweg sollten Sie auf jeden Fall das rechts an der südöstlichen Ecke der Ibn Tulun Moschee liegende ***Gayer-Anderson-Haus** oder *Bayt el Kritliya* (9-17; £E 35) besuchen. Es handelt sich eigentlich um zwei alte arabische Häuser, die auf das frühe 17. Jh zurückgehen. 1934 wurden sie in verwahrlostem Zustand vom Staat übernommen und dem britischen Armee-Arzt Gayer-Anderson überlassen, der als Sammler islamischer Kunst bekannt war.

Gayer-Anderson fasste die Gebäude zu einem Doppelhaus zusammen, ließ sie renovieren und vor allem die Inneneinrichtung mit Originalelementen aus Abbruchhäusern so wiederherstellen, dass sie dem Stil eines vornehmen arabischen Hauses entsprachen. Allerdings stammt ein Teil der Möblierung aus islamischen Nachbarländern. Die einzelnen Räume und Einrichtungsgegenstände sind ausgeschildert, sodass man sich gut zurechtfinden kann. Hier können Sie den Komfort und den Luxus nachempfinden, mit dem sich wohlhabende Bürger vor

Reinigungsbrunnen der Ibn-Tulun-Moschee

4 Kairo und Umgebung kennenlernen

300 Jahren umgaben. - Üblicherweise wird man geführt; machen Sie Ihrem Führer deutlich klar, dass Sie das Museum in Ruhe anschauen wollen.

Nur ein kurzes Stück weiter (westlich) in der Sharia Saliba erhebt sich links die sehr hoch erscheinende **Madrasa der Emire Salar und Sangar**, die 1304 geschickt über einen Felshang gebaut wurde; ihre Außenmauer verdeckt den Hang und erzielt damit die optische Höhe. Unter den beiden Kuppeln befinden sich die Mausoleen der beiden engen Freunde Salar und Sangar (Emir unter Nasir Mohammed), die auch im Tod einander nah bleiben wollten.

Gar nicht weit von der Ibn Tulun Moschee entfernt liegt die **Moschee der Sayida Zeinab** am gleichnamigen Platz. Man geht die Sharia Qadry, die von der Sharia Saliba rechts abzweigt (quasi gegenüber dem Minarett der Tulun Moschee), bis zur Einmündung in die Sharia Port Said und dort nach links oder nimmt ein Taxi. Die Namensgeberin der Moschee war die Tochter Alis, d.h. die Enkelin des Propheten Mohammed. Sie gehört zu den drei „Stadtheiligen", um deren Segen viele Besucher bitten. Die heutige Grabmoschee stammt aus dem Jahr 1885; Nicht-Muslime sind hier ungern gesehen. Südlich der Moschee besteht ein lebendiger Stadtteilmarkt, auf den sich äußerst selten Touristen verirren.

Ganz in der Nähe, 17 Haret Monge, wartet normalerweise das schöne alte **Beit es Sinnari** (10-14) auf Besucher. Es wurde renoviert und scheint wieder auf dem Weg in die Vergangenheit zu sein. Bei unserem letzten Besuch machte es einen eher ungepflegten Eindruck mit Müll im Innenhof, dafür sollten wir £E 25 Eintritt zahlen. Es zählt zu den sehr wenigen noch erhaltenen Privathäusern aus dem 18. Jh. Der Erbauer kam als mittelloser Berber nach Kairo, gewann durch Wahrsagerei die Gunst des Emirs Murad Bey, der ihm das Haus bauen ließ. 1798 konfiszierte es Napoleon für sein wissenschaftliches Komitee, das letztendlich den Grundstock der Ägyptologie legte.

Die Totenstädte

Hintergrund: Wenn anderswo die Muslime ihre Toten in der Erde verscharren und das Grab namenlos mit einem Stein bedecken, so folgen die Ägypter - Muselmanen wie Christen - häufig 5000 Jahre alten Bräuchen. Sie errichten Mausoleen und bleiben über diese Bauwerke mit ihren Toten verbunden. Im Laufe der Zeit entstanden ganze Stadtteile für die Toten, die sich von unseren Friedhöfen völlig unterscheiden: Der Verstorbene hat sozusagen nur seinen Wohnsitz gewechselt, das Leben um ihn herum kann wie gewohnt weitergehen.

Auch gab oder gibt es den Brauch, die Nacht von Donnerstag auf Freitag, besonders aber die vom 14. zum 15. des islamischen Monats Shaban auf dem Familiengrab zu verbringen. Bei solchen Gelegenheiten herrscht reges Treiben mit fliegenden Händlern auf den Friedhöfen. Bei bestimmten Festen zieht die ganze Familie zur Familiengruft und veranstaltet dort ein üppiges Festessen zu Ehren der Verstorbenen.

Die eigentlichen Grabstätten bestehen meist aus einem ummauerten Hof, in dem ein mit einem Deckel verschlossener Schacht in die Familiengruft führt. Von diesem Schacht aus werden schmale waagerechte Stollen gegraben und nach dem Einbringen des Leichnams verschlossen. Ein Wärter, der traditionell im Friedhofsbereich mit seiner Familie wohnt, beaufsichtigt meist mehrere Grabanlagen. Bereits Mamlukenherrscher, wie die Sultane Barquq oder Barsbay, ließen Wohnungen für die Bediensteten der Grabmoscheen oder für Theologiestudenten um die Grabanlagen herum bauen.

In Kairo eroberten die Lebenden ganze Totenstadt-Bezirke; angeblich wohnen 150 000 Menschen auf den Friedhöfen. Wo immer eine Familiengruft nicht mehr beaufsichtigt wird, lässt man sich in den Innenhöfen nieder, respektiert aber weiterhin das eigentliche Grab. In den Fällen, in denen Anverwandte überraschend wieder auftauchen, macht man bei Festen bereitwillig Platz und begeht sie gemeinsam mit den Grabeigentü-

Nördliche Totenstadt

mern. Die Besiedlung hat schon so viel Tradition, dass die Stadtverwaltung Wasser- und Elektrizitätsversorgung auf den Friedhöfen installierte.
Doch das Ende der innerstädtischen Totenstädte scheint besiegelt zu sein. Denn der wertvolle Boden kann auch anders verwendet werden. Einer Auflassung stand bisher vor allem der religiöse Aspekt entgegen, dass die Totenruhe nicht gestört werden darf, Gräber praktisch unantastbar sind. Aber es konnte schließlich ein Einverständnis mit den religiösen Autoritäten gefunden werden, sodass in den kommenden Jahrzehnten mit der endgültigen Auflassung - bis auf die historisch wertvollen Mausoleen - zu rechnen ist. Sieht man von den Toten ab, so werden die in den Grabbauten Lebenden vor das Problem gestellt, andere preiswerte Unterkünfte zu finden. Den Hilfeversprechungen der Verwaltung traut man in der Regel nicht.
Fremden begegnet man abseits der Hauptstraßen manchmal mit Misstrauen, zumindest sollten Sie sich darauf gefasst machen, die Aufmerksamkeit von Kindern und Jugendlichen auf sich zu ziehen. Vermeiden Sie in jedem Fall die Dunkelheit; Frauen sollten nur in männlicher Begleitung unterwegs sein. Trotzdem lohnt ein Besuch, zum einen wegen des streckenweise blühenden Lebens auf den Friedhöfen, zum anderen wegen einiger sehr sehenswerter Bauwerke.
Geht (besser: fährt) man ein bisschen kreuz und quer durch die Totenstädte (besonders die südliche), so stößt man auf fast schon lauschige Plätzchen: Unter Schatten spendenden Bäumen versammeln sich die Bewohner, Hühner scharren im Sand, Schafe blöken, die Männer rauchen Wasserpfeife, Kinder tollen umher.

Es gibt zwei große Nekropolen, die eine liegt südlich der Zitadelle, die andere nördlich und zwar östlich der Sharia Salah Salem. Die interessantesten Gebäude finden Sie im nördlichen Gebiet; es ist auch etwas einfacher zu erreichen. Und hier sollten Sie nicht zu geizig sein mit der Zeit, wählen Sie wegen der Lichtstimmung den späteren Nachmittag.

Nördliche Totenstadt

▶ Viele Taxifahrer verstehen „Sultan Barquq" Mausoleum; falls nicht, lassen Sie sich auf der Sharia Salah Salem kurz vor dem Fly-over (dem ersten nach der Zitadelle) absetzen und gehen Sie in der rechts abzweigenden Straße einfach zu dem größten der Bauwerke mit den beiden Minaretts hinüber. Als Autofahrer verhalten Sie sich ähnlich. Den Eingang finden Sie an der Südwestecke des Gebäudes.

Der *****Mausoleumskomplex von Faraq Ibn Barquq** ist für uns eine der schönsten Grabmoscheen in Kairo. Ihr Besuch lohnt sich wirklich. Sie wurde 1400-11 von seinem Sohn Faraq als Khanqah, d.h. als Kloster und Mausoleum gebaut. Schon von weitem fallen die Zwillingsminarette, die Zwillingskuppeln und schließlich

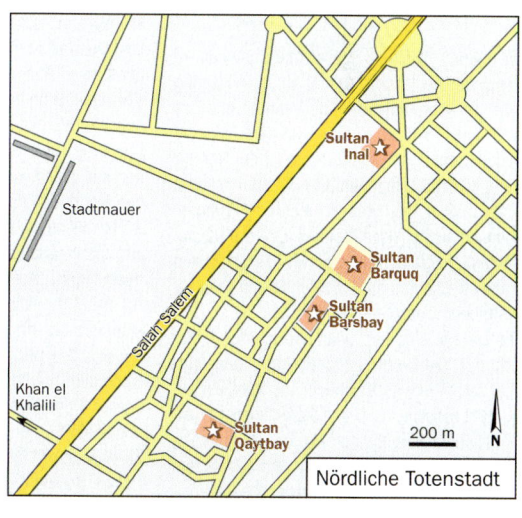

4 Kairo und Umgebung kennenlernen

> **Totenfest**
>
> *„Die Wohlhabenden bauen Häuser um ihre Familiengrüfte, in denen sie an hohen Festtagen weilen und der Toten gedenken. In dieser Nacht (Vollmondnacht des Totenfestes) saßen die schwarzen Frauen vielfach unverschleiert auf den Gräbern, damit sie von dem verstorbenen Gatten gut gesehen werden können, es ist das einzige Mal, dass das Ablegen des Schleiers außerhalb des Hauses von der Religion gestattet wird. Die Gräber, die ja nur Mauerwerk sind, das niemals mit Blumen geschmückt wird, zeigen je einen Pfeiler am Kopf- und Fußende. Auf diesen Pfeilern lassen sich nachts die beiden Frage-Engel nieder, Munkar und Nakir, sie fragen dem Toten das Glaubensbekenntnis ab, das jeder Gläubige nach Mohammeds Gebot fünfmal am Tag in der Richtung nach Mekka sprechen muss, es besteht also keine Gefahr, dass der Tote es nicht kennt. Sollte er es aber dennoch nicht aufzusagen wissen, so kommt Iblis, der oberste Teufel, und wie es dem armen Toten dann ergeht, kann man sich denken....“*
> (Hans Bethge, 1926)

die beiden gleichen Sebil-Kuttabs jeweils an den Enden der langen Fassade auf. Vom Eingang führt der Weg zunächst in ein Vestibül, von dort nach links in einen Korridor, an dem links die Wirtschaftsräume lagen, rechts ist der Hof mit dem Reinigungsbrunnen. Der Korridor mündet in den *Sahn*, den großen Innenhof mit einem schönen, achteckigen Brunnen. Ein paar Bäume mildern die graue Strenge des Mauerwerks und tragen besonders am späteren Nachmittag zur weltabgerückten Stimmung bei.

Die Liwane sind ein- oder zweischiffig, lediglich der Ost-Liwan ist dreischiffig angelegt. Hier steht ein wunderschöner Minbar. Das Eckquadrat zwischen Ost- und Nord-Liwan ist dem Mausoleum Barquqs vorbehalten, sein Sarkophag ruht auf einem Sockel aus schwarzem und braunem Marmor. Der gegenüberliegende Eckbereich dient als Mausoleum für die drei Frauen Barquqs.

Die Khanqah-Funktion (Kloster mit Mausoleum) wird an den „Studierzimmern" deutlich, die den Innenhof säumen. In der Nordwestecke führt eine Treppe in die oberen Stockwerke mit weiteren Zellen für die Derwische. Von hier kann - und sollte - man weiter hinauf aufs Dach und weiter auf eins der Minarette steigen. Dabei lassen sich sowohl die leichte, fast gebrechliche Konstruktion dieser Türme bewundern als auch der weite Ausblick über die Gräberstadt und besonders über das nördliche Kairo genießen.

Wenn Sie die Moschee verlassen, gehen Sie links die Gasse nach Süden, nach einem kurzen Stück fällt Ihnen auf der linken Seite ein lang gestreckter Komplex auf. Hier ließ sich ****Sultan Barsbay** bestatten, der von 1422-38 regierte. Auch dieses 1432 errichtete Bauwerk war ein Khanqah. Auffallend ist die dekorative, übermächtige Kuppel. Im Innern finden Sie die eindrucksvollsten Dekorationen der Totenstädte, unter den Strohmatten auf dem Boden verbergen sich beachtenswerte Marmormosaike. Der hölzerne Minbar, mit sehr feinen Elfenbein- und Perlmutt-Einlegearbeiten, wird als der geschmackvollste in Kairo apostrophiert. Im Mausoleum - am nördlichen Ende des Komplexes - überrascht zunächst die unerwartete Höhe der Kuppel. Aber auch der Mihrab direkt hinter dem Sarkophag gehört zum Feinsten und sollte beachtet werden.

Der Weg führt weiter nach Süden durch einen mit Wohnhäusern dicht bebauten Bereich des Nordfriedhofs. Die Straße macht ein paar leichte Windungen, dann erkennen Sie rechts den stark zerfallenen *Rab* des Qaytbay, einen ehemaligen „Apartment-Block", der als eine Art Hotel für Reisende und damit als Einnahmequelle für die Moschee diente. Heute ist nur eine lang gezogene Mauer übrig geblieben. Nach dem Rab folgt ein überdachter Brunnen, dessen Tröge für Tiere vorgesehen waren.

Verweilen Sie jetzt ein wenig auf dem kleinen Platz vor dem *****Sultan Qaytbay-Mausoleum**. Dieses Bauwerk gehört zu den ausgewogens-

Südliche Totenstadt

„Möblierter" Friedhof

ten der islamischen Grabbauten (daher auf der 1-Pfund-Note abgebildet). In der Mitte befindet sich das schöne Portal mit einem Medaillon aus Metall, links der Sebil-Kuttab-Komplex mit dem Brunnen an der Straße und - im Stockwerk darüber - die Koranschule. Über diesen Bereich ragt von hinten her die Mausoleumskuppel ins Bild, sehr dominant und sehr schön mit Arabesken und, kontrastbetont, mit geometrischen Sternmustern geschmückt. Rechts vom Portal erhebt sich das Minarett, es gehört zu den architektonisch gelungensten der Epoche: Die kubische Basis geht von einem oktogonalen Abschnitt in einen eleganten zylindrischen Schaft mit fein gearbeiteten Dekorationen über. Auch dieses Minarett ist ein guter Aussichtsplatz, besonders geeignet jedoch, um die Ornamente der Mausoleumskuppel aus der Nähe zu betrachten. Die in Kreuzform angelegte Madrasa hat einen (am späten Nachmittag) Licht durchfluteten, überdachten Innenhof mit einer sehenswerten Holzdecke. Hinter dem Ost-Liwan liegt das Mausoleum mit einer Kuppel von unerwarteter Höhe, die durch bunte Glasmosaikfenster erhellt wird. Gegenüber dem Mihrab ist ein Stück Fels mit dem Fußabdruck Mohammeds eingemauert, das Qaytbay bei einer Pilgerfahrt nach Mekka erwarb.

Südliche Totenstadt

Die südliche Totenstadt wird von der Sharia Salah Salem durchschnitten. Sie bietet für Touristen - obwohl seltener von ihnen besucht - ebenfalls interessante Objekte. Höhepunkt ist das ****Mausoleum des Imam El Shafi**, das knapp 2 km südlich des Midan El Qala an der Sharia Imam el Shafi liegt.

Hintergrund: Der Imam El Shafi war ein Nachkomme des Onkels des Propheten und daher schon von Geburt her ein wichtiger Mann. Er gründete den nach ihm benannten orthodoxen Ritus, der neben den drei anderen Riten in den meisten Madrasas gelehrt wird. El Shafi kam zu Beginn des 9. Jh nach Ägypten, wo er bis zu seinem Tod im Jahr 820 blieb. Zu seinen Ehren findet jeweils im 8. Monat des islamischen Jahres ab dem ersten Mittwoch ein großes, eine Woche dauerndes Fest (Mulid) in und an diesem Mausoleum statt. Wenn Sie zufällig zu dieser Zeit Kairo besuchen, sollten Sie das Fest nicht versäumen.

Der Imam El Shafi gilt als einer der größten muslimischen Heiligen. Ihm werden Wunder wirkende Heilkräfte zugesprochen: Muslime aus ganz Ägypten und dem Ausland besuchen sein Mausoleum, umrunden betend sein Grab und hoffen auf Genesung von Krankheiten. Hier,

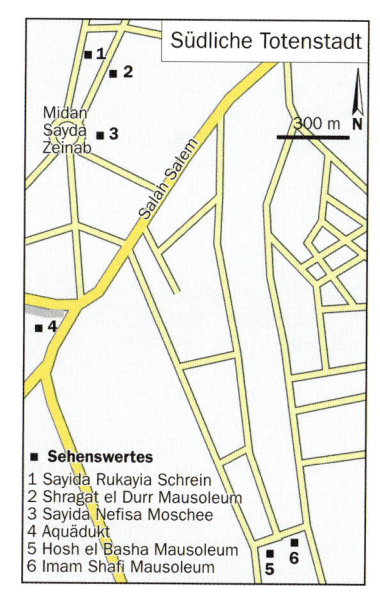

Sehenswertes
1 Sayida Rukayia Schrein
2 Shragat el Durr Mausoleum
3 Sayida Nefisa Moschee
4 Aquädukt
5 Hosh el Basha Mausoleum
6 Imam Shafi Mausoleum

4 Kairo und Umgebung kennenlernen

in einem der wichtigsten islamischen Heiligtümer Ägyptens, trifft man stets Besucher. Wenn Sie es besichtigen, nehmen Sie daher Rücksicht auf die Gefühle der Gläubigen, vermeiden Sie Gebetszeiten für den Besuch. Frauen dürfen nicht den Haupteingang benutzen, sondern müssen an ihm vorbei, rechts um die Straßenecke zum dortigen Seiteneingang gehen.

Das Mausoleum wurde erst 1211 von Saladins Neffen El Kamil wohl auch in der Absicht gebaut, nach der schiitischen Epoche ein Zeichen für die Sunniten Ägyptens zu setzen. Seither sind mehrere Um- und Anbauten vorgenommen worden, so auch die Kuppel des Mausoleums, die aus dem Jahr 1772 stammt und von der man nicht genau weiß, wie sehr sie dem Original ähnelt. Sie besteht aus einer mit Blei verkleideten Holzkonstruktion. Auf der Spitze ist ein halbmondförmiges Boot aus Kupfer angebracht - quasi das Symbol des Mausoleums -, das mit Körnern als Vogelfutter gefüllt wird.

Vom Midan El Qala unterhalb der Zitadelle kommend, unterquert man am Midan el Sayida Aisha den Fly-over der Sharia Salah Salem in östlicher Richtung. Die riesige Kuppel des Mausoleums ist bald zu sehen, lange bevor sie erreicht wird. An einem kleinen Platz treffen Sie rechts auf das gewaltige Bauwerk, das als das größte freistehende islamische Mausoleum Ägyptens gilt.

Der Haupteingang führt zunächst in eine Moschee, die 1891 anstelle der ursprünglichen Madrasa errichtet wurde. Man geht dann in das Mausoleum, dessen weiter Raum von diffusem Licht durchdrungen wird. Der mit einer Teakholzschnitzerei bedeckte Kenotaph des Imam Shafi ist ein Meisterstück seiner Zeit. Daneben steht noch der Kenotaph des Abd el Hakim, in dessen Grab der Imam Shafi zunächst beerdigt worden war.

Nur ein kurzes Stück hinter dem Mausoleum des Imam Shafi (davorstehend die erste Straße rechts, dann die erste links) erhebt sich ein renovierter Komplex mit fünf Kuppeln, der **Hosh el Basha** (£E 20) genannt wird und in dem die Mitglieder der Familie Mohammed Alis - außer ihm selbst - beerdigt wurden. Hier liegen die Söhne seiner Lieblingsfrau Tusun, Ismail und Ibrahim, neben weiteren etwa 40 Mitgliedern der Familie ebenso wie einige der von Mohammed Ali ermordeten Mamluken (!), Diener und hochrangige Mitarbeiter. Die reich verzierten Kenotaphen rechtfertigen den Abstecher: Vom Eingang führt ein kurzer Weg in eine dreifach unterteilte Halle. Geradeaus ruht die Mutter von Mohammed Ali, im ersten Raum links Ismail mit Familie, gegenüber die Mamluken, im letzten Raum links Ibrahim mit Familie.

Nördlich der Sahria Salah Salim liegt noch ein kleines Restgebiet der Totenstadt mit dem Midan Sayida Nefisa an der Sharia Ashraf (die an der Kreuzung von der Sharia Salah Salem abzweigt, an der diese nach Süden abknickt und man halbrechts, dem Aquädukt folgend, zum Nil kommt). Dort steht rechts die **Sayida Nefisa Moschee**. Die Namensgeberin war die Urenkelin von Hassan, dieser wiederum ein Enkel des Propheten Mohammed. Sayida Nefisa bewirkte bereits während ihres Lebens Wunder, nach ihrem Tod 824 versuchten viele Anhänger, durch ein Grab in ihrer Nähe an ihrem Segen teilzuhaben; einige abbasidische Gräber sind noch in der Umgebung vorhanden. Die heutige Moschee stammt aus dem Jahr 1897. Mit ihren Marmorböden und der großen Gebetshalle macht sie einen gepflegten Eindruck und lädt von der Atmosphäre her zum Verweilen ein. Sie zählt zu den beliebten Hochzeitsmoscheen von Kairo. Denn Sayida Nefisa gehört zu den drei Stadtheiligen, um deren Segen nicht nur die Hochzeiter, sondern auch viele andere Besucher bitten.

Alt-Kairo und Umgebung

***Alt-Kairo

Zentrum des hauptsächlich von Kopten bewohnten Alt-Kairo ist die altrömische Festung Babylon mit ihren schmalen, verwinkelten Gassen. Sie verleihen dem Viertel eine sehr eigene, erlebenswerte Atmosphäre.

***Alt-Kairo

Hintergrund: Es gibt ziemlich gesicherte historische Hinweise, dass die Römer sehr frühzeitig am Eingang zum Delta eine Legion stationierten und deren Lager bald befestigten. Trajan (98-117) und Arcadius (395-408) ließen diese Bastion, die Babylon genannt wurde, ausbauen und verstärken. Babylon war der Schlüssel für den Besitz Ägyptens, was sich deutlich während der arabischen Eroberung zeigte: Erst als diese Festung gefallen war, konnte das gesamte Land am Nil eingenommen werden.

Eingang zum Koptischen Museum neben dem Römischen Turm

Das Fort lag ursprünglich direkt am Nil, es war vom Grundriss her ein Vieleck mit diversen halbrunden Bastionen. Die Westseite zog sich geradlinig am Nil entlang; sie hatte keine Bastionen, dafür aber zwei Türme mit einer Zugbrücke. Noch heute sind die Reste des Befestigungsbauwerks eines der besterhaltenen Beispiele für die römischen Militärbauten. Auf dem linken Turm wurde die griechisch-orthodoxe Rundkirche St. Georg - deren Ursprünge bis ins 10. Jh zurückgehen - nach einem Brand 1904 neu errichtet; ihr schließt sich in nördlicher Richtung ein gleichnamiges Kloster an. Die erhaltenen Mauern des rechten Turms ermöglichen einen Einblick in die Bauweise.

▶ Zu erreichen ist das alte Viertel am einfachsten mit der Metro/Heluan-Bahn (Haltestelle *Mari Girgis*) oder per Nilboot. Autofahrer nehmen vom Tahrir aus die Corniche in südlicher Richtung, biegen an der Giseh-Brücke links ab (dort verläuft die Straße durch eine Unterführung) und den ersten Abzweig nach der Unterführung rechts; an der links liegenden Amr-Moschee vorbei bis zur nächsten Y-Kreuzung, dort rechts bis zur Polizeiabsperrung.

Als Zugang zu Alt-Kairo (8-17) dient das originale nördliche Tor - etwa 100 m nördlich der römischen Türme, gegenüber der Bahnüberführung -, zu dem eine Treppe hinunterführt. Durch den eigentlichen Haupteingang zwischen den beiden römischen Türmen gelangt man zum Museum. Leider sind innerhalb der ummauerten Festung nur noch die Kirchen (und natürlich die Souvenirshops) zugänglich, die übrigen Gassen wurden für Nichtbewohner gesperrt. Damit hat das Viertel seine Authentizität und Lebendigkeit verloren.

Hat man die Festungsmauer durch ein kleines Tor hinter sich gelassen, zweigt in der anschließenden Gasse bald links ein Weg zum Kloster St. Georg ab, das noch bewohnt ist. Die Kapelle des St. Georg kann besichtigt werden, sie bietet aber nicht viel. An der nächsten Kreuzung führt links eine Gasse zur Kirche der Hl. Jungfrau (*Qasirat el Rihan*) - das Gebäude fiel 1979 einem Feuer zum Opfer - und zur Kirche *St. Georg*, die nach einem Brand im letzten Jahrhundert erneuert wurde; beide sind wenig interessant.

Rechts und nach ein paar Schritten links finden Sie den tiefer als das Straßenniveau liegenden Eingang zur ****St. Sergius und Bacchus-Kirche.** (auch *Abu Sarga* genannt), der ältesten von Kairo. Sie ist den Märtyrersoldaten gleichen Namens geweiht und soll um die Wende vom 4. zum 5. Jh erbaut worden sein. Bekannt ist sie vor allem wegen ihrer schönen Holzintarsien aus dem 12./13. Jh auf der Abschlusswand

4 Kairo und Umgebung kennenlernen

zum *Heikal*, d.h. dem Sanktuarium mit den Altären. Die teils (noch) im Grundwasser stehende Krypta soll Josef und Maria auf der Flucht nach Ägypten Schutz geboten haben.

Östlich der Sergius Kirche steht die **St. Barbara-Kirche**, deren heutiger Bau aus dem 10. Jh stammt. Die Namensgeberin wurde von ihrem Vater wegen ihres Übertritts zum Christentum zu Tode gefoltert. Die Basilika soll einst die schönste in Ägypten gewesen sein. Nordöstlich wurde zu Beginn des 20. Jh eine Kirche angebaut, die dem ursprünglichen Namensgeber, St. Cyrus, geweiht ist. Nicht weit entfernt stößt man auf die **Ben Ezra-Synagoge**, die zunächst als Kirche erbaut und im 12. Jh. in eine Synagoge umgewandelt wurde. Sie ist gut restauriert worden und eine Besichtigung wert.

Zum Besuch des Koptischen Museums und der *hängenden Kirche* muss man das „Kirchenviertel" wieder verlassen und an der Bahnlinie nach Süden bis zu den römischen Türmen gehen, zwischen denen der Museumseingang liegt.

****Koptisches Museum

Das Koptische Museum (9-16, £E 50; www.copticmuseum.gov.eg) wurde ursprünglich wie ein koptisches Haus um einen rechteckigen Hof errichtet; viele Bauteile, wie Türen und Fenster, entstammen alten koptischen Gemäuern. Später musste man es um einen *New Wing* erweitern, um die insgesamt etwa 15 000 Ausstellungsstücke unterzubringen. Die beiden Flügel wurden während der sehr aufwändigen, aber auch sehr gelungenen Renovierung Anfang der 2000er Jahre so vereint, dass ihre unterschiedliche Entstehung nur im Korridor des oberen Stockwerks zu bemerken ist.

Das sehr sehenswerte Museum hat viel Atmosphäre und vermittelt einen guten Einblick in die koptische Kunst. Alle Stücke sind dreisprachig beschriftet. Im Shop neben der Kasse gibt es einen detaillierten Führer (Gawdat Gabra: *Cairo, the Coptic Museum & Old Churches,* The Egyptian International Publishing Company), der aber leider noch nicht auf die neue Situation aktualisiert wurde. Beim Besuch sollten Sie auch öfters einmal einen Blick nach oben werfen, denn die Decken vieler Räume entstammen alten Häusern und bergen sehr schöne Intarsienarbeiten.

Erdgeschoss

Raum 1: Eingangsbereich mit einem Springbrunnen, wie er in vielen besseren ägyptischen Häusern üblich war, und einem Gebäudeplan zur Orientierung

Raum 2: Meisterstücke aus der „Auswahl des Direktors": ein schöner Gobelin mit einem dunkelhäutigen Flötisten, ein Wandbild mit Mönchen und ein Fries mit Akanthusrollen, alle aus dem Jeremias Kloster von Sakkara

Raum 3: Stücke aus dem Kloster Anhas (am Bahr Yussef im Fayum, 3.-5. Jh), das Ende des 19. Jh ausgegraben wurde; deutlich griechischer Hintergrund der Skulpturen, z.B. Aphrodite entsteigt einer Muschel oder dem Meer, Leda mit dem Schwan etc.

Raum 4: Das Erbe des pharaonischen Ägypten wird u.a. an Kreuzdarstellungen gezeigt, die eindeutig auf das Ankh-Zeichen zurückgehen (rechts hinter dem Eingang)

Raum 5, 6: Hauptsächlich den Funden aus dem Jeremias-Kloster in Sakkara gewidmet; Säulen mit unterschiedlichsten, z.T. sehr fein gearbeiteten Kapitellen, ausdrucksstark bemalte Nischen mit gut erhaltenen Farben, Gebrauchsgegenstände des täglichen Lebens; werfen Sie in Raum 6 einen Blick auf die herrliche Holzdecke mit Durchbruch ins obere Stockwerk

Innenhof: Von Raum 6 führt eine Tür in den glasüberdachten Innenhof mit weiteren Skulpturen, Säulenkapitellen und einer Kanzel aus dem Jeremias-Kloster, mit hervorragenden Mashrabiyen dekorierte Wände

Raum 7, 8, 9: U.a. dekorative geometrische Muster und figürliche Wandbemalung aus dem großen Klosterkomplex Bawit (ca. 200 km südl. von Kairo); Kalksteinfriese und Skulpturen; sorgfältig und ausdrucksvoll bemalte Nischen; Fresko Adam und Eva nackt vor dem „Sünden"-Fall und ernüchtert abgedeckt danach; sehr fein gearbeitetes Marmorkapitell, das vermutlich

****Koptisches Museum**

später als Taufbecken genutzt wurde (Raum 9), Treppe ins obere Stockwerk

Obergeschoss

Raum 10: Ausgewählte Stücke zur koptischen Kultur; Bücher, Kleidung (Umhänge), Goldmünzen, Architekturfragmente

Raum 11: Vor allem Textilien mit religiösen Darstellungen, Gebrauchsgegenstände mit religiöser Dekoration, zeitlicher Zusammenhang mit der Bibelübersetzung ins Koptische im 3. Jh

Raum 12: Liturgisches Instrumentarium und Gewänder

Raum 13, 14: Textilien als Beispiele für Darstellungen religiöser und weltlicher Art

Raum 15: Dieser Raum ist den Manuskripten aus der Nag Hamadi Bibliothek gewidmet, die – aus dem 4. Jh stammend – 1945 in einem großen Krug gefunden wurden

Raum 16: Schreibgeräte, Bücher, Schriftrollen auf unterschiedlichsten Medien, wie Ostraka, Papyrus, Papier etc.

Raum 17: „The Psalms", ein Psalmen-Buch aus dem 4. Jh als einziges Ausstellungsstück

Korridor, Übergang zum Old Wing: Funde aus Kellia – viele Wandmalereien -, einst die größte Einsiedelei mit 1500 Unterkünften am westlichen Deltarand

Raum 18: „Nilszenen" über Fauna und Flora entlang des Nils

Raum 19: Tägliches Leben, Gebrauchsgegenstände vom Spielzeug bis zum Kamm, sehr schöne ausgemalte Holzdecke

Raum 20: Ikonen aus Kirchen mit Motiven von Christus, der Heiligen Familie, Szenen aus dem Alten und Neuen Testament

Raum 21, 22: Ikonen, Fliesen

Raum 23: Metallgegenstände aller Art, Schmuck, Behälter; auffallend: mächtige Schlüssel aus dem Weißen Kloster bei Sohag

Raum 24, 25: Keramik und Glas; Weinbehälter, Schalen, Abu Mena Flaschen aus dem Abu Mena Kloster westlich von Alexandria, Gläser

Raum 26: Zwischengeschoss: Hier steht u.a. ein geschlossener Kasten als hölzerne Sänfte zum geschützten Transport von Pilgerinnen auf dem Weg nach Jerusalem.

Nur wenig südlich des Museums bzw. des Festungs-Südturms „hängt" die auf das 4. Jh zurückgehende ****El Moallaka-Kirche**, die oft erwähnte Attraktion. Sie wird „die Hängende" genannt, weil sie über das Südwesttor gebaut wurde und dort zu hängen scheint.

Aber dieses Attribut sollte völlig unwichtig sein; die El Moallaka-Kirche ist die stimmungsvollste koptische Basilika in Alt-Kairo. Wenn sich am späteren Nachmittag das Licht der Mosaikfenster im Dachgewölbe bricht und eben jenen Zedernholz-Dachstuhl ausleuchtet und auch die Intarsienarbeiten im Kirchenschiff tiefer erstrahlen, dann kann man (konnte man - der Lärm hat sehr störend zugenommen) hier die abgeschiedene Stille einfangen und ein wenig meditieren - der sehr harmonisch wirkende Innenraum der El Moallaka verführt ganz einfach dazu. Aber auch Details, wie die fein gearbeitete Abschlusswand zum Heikal (Sanktuar mit den Altären) und die beachtenswerte Kanzel mit ihren schlanken Marmorsäulen, bestimmen

Sehenswertes
1 Mercurius Kloster
2 Amr Moschee
3 St. Georg Kloster
4 Kirche der Hl. Jungfrau, St. Georg Kirche
5 St. Sergius Kirche
6 St. Barbara Kirche
7 Synagoge
8 Griech.-orthodoxe St. Georgs Kirche
9 Koptisches Museum
10 Römischer Turm
11 El Moallaka Kirche
12 El Fustat

Alt-Kairo und Umgebung

4 Kairo und Umgebung kennenlernen

den Eindruck dieser altehrwürdigen Kirche. Die El Moallaka wurde im Übrigen im 7. Jh erbaut, von dem armenischen Statthalter Ali Ibn Jahja 840 zerstört und im 10. Jh unter dem Patriarchen Alexander schließlich wieder errichtet. Studenten und sonstige Freiwillige führen gerne Touristen durch die Kirche. Es lohnt sich, diesen unentgeltlichen Service zu nutzen.

Wenn Sie einen Abstecher in eine etwas ruhigere Gegend machen wollen, dann wäre vielleicht ein Spaziergang auf dem römisch-katholischen Friedhof gleich südlich der El Moallaka Kirche zu empfehlen. Viele französisch-arabische Namensverbindungen erinnern an frühere Zeiten.

Fustat

Hintergrund: Hier errichteten die auf die byzantinische Festung Babylon einstürmenden Araber unter Amr Ibn el Ass zunächst ein Zeltlager, aus dem sie auch nach der Eroberung der Festung - nach sieben Monaten - nicht auszogen. Später entstand anstelle der Zelte eine Stadt mit fünf- bis sechsstöckigen Häusern, Wasserversorgung und Kanalisation, die um die Jahrtausendwende größer und reicher war als Bagdad oder Damaskus, ja als die meisten europäischen Städte. Zumindest war sie wesentlich sauberer: Zu einer Zeit, als in Europa die Gassen der Städte mit Fäkalien und Abfall überhäuft waren, verfügte Fustat über eine zentrale Wasserversorgung und über ein Kanalisationssystem, an das Toiletten angeschlossen waren. Fustat verlosch im November 1168, als die Bewohner glaubten, sich nicht vor dem anrückenden Kreuzritterheer unter König Alamaric von Jerusalem retten zu können: Mit Lampenöl und Fackeln setzten sie ihre Stadt in Brand. Das Feuer wütete angeblich 60 Tage.

Gleich östlich der Ex-Festung Babylon stößt man auf **Fustat**, den in Ruinen liegenden Ursprungsort von Kairo. Ein großer Teil des Geländes ist heute mit einer hohen Mauer umgeben und als Parklandschaft gestaltet.

Man geht/fährt vom Eingang der El Moallaka Kirche aus um die Südwestecke von Alt-Kairo herum und hält sich immer parallel zur Mauer. Nach etwa 1 km stößt man auf eine stark befahrene Straße. Gegenüber fallen ziemlich neue Gebäude mit Kuppeln und Gewölben auf. Es handelt sich um das **Al Foustat Handicrafts Center,** das Ende der 1990er Jahre an der Stelle entstand, an der noch vor 20 Jahren Müll verbrennende Töpfereien in den Himmel stanken. Die Handwerker und Künstler freuen sich über Besucher und zeigen gern ihre Arbeiten (9-16, Tel 2364 3103, 012 2601976 Mr. Haithan). In einem der Gebäude ist das **Said el Sadi Museum** untergebracht, das dem Gründer des Fustat Töpfer-Geländes gewidmet ist. Es zeigt Arbeiten ägyptischer Töpfer.

Noch etwa 100 m auf der stark befahrenen Straße weiter nach Süden gibt es einen Weg zu den kümmerlichen Resten von Fustat. Der Besuch lohnt nicht einmal für Enthusiasten (£E 10).

In der Nähe, in Ain el Sira, wird das künftige **Museum of Egytian Civilization** errichtet, das Mitte 2009 (??) eröffnet werden soll. Es wird dort zusätzlich Kinos, eine Shopping Mall und Gärten geben.

Geht man die stark befahrene Straße in entgegengesetzter Richtung, stößt man an der nächsten Kreuzung eher unvermutet auf ein **Shoppingcenter** namens *Souk Fustat* mit dem üblichen Touristenkitsch, aber auch besseren Angeboten. Von hier aus sieht man bereits das nicht weit entfernte Minarett der ***Amr-Moschee**, die von dem islamischen Eroberer Amr Ibn el Ass vermutlich bereits im Jahr 641 gegründet wurde. Vom Ursprung her handelt es sich um die älteste Moschee Kairos, sie war einst das Zentrum von Fustat. Allerdings stammt das heutige, ziemlich mächtige Bauwerk aus unterschiedlichen Epochen. Im 9. Jh wurde das ursprüngliche Gebäude weitgehend durch ein größeres - etwa den heutigen Dimensionen entsprechendes - ersetzt; im 18. Jh wurden erhebliche Umbauten und vor einigen Jahren erfolgreiche Restaurierungsarbeiten durchgeführt. Beim Besuch sollten Sie einen Blick auf das Grabmal des Abdallah werfen (hinten links), der ein Sohn des Amr war und dessen Haus - in dem er beerdigt worden war - bei der Erweiterung im 9. Jh einfach in die Moschee integriert wurde. Schön ist der Brunnen mit dem vergoldeten Dach.

Es gibt viele Geschichten über die Amr-Moschee. In einer heißt es, dass vor langer Zeit an einem letzten Freitag im Ramadan (Orphan) die eine Hälfte der Moschee sich geradewegs ins Paradies erhob und alle Gläubigen mitnahm. Erst am Jüngsten Tag wird sie sich mit der noch vorhandenen Hälfte wieder vereinigen.

Ganz in der Nähe liegt das koptische **Kloster des Hl. Mercurius** (*Deir Abou Seifein*), ein Komplex mit drei alten koptischen Kirchen: Gehen Sie die Straße, die vom Eingang der Amr-Moschee Richtung Metrobahnlinie führt, bis fast zur Bahn. Dort kommt von rechts die Sharia Aly Salim. Direkt an der Kreuzung sehen Sie die Kirchengebäude hinter hohen Mauern. Die drei Kirchen *Mercurius* (vom Eingang her die letzte), *Anba Shenuda* und *El Adra Damjirja* (Jungfrau von Damjirja) stammen nach den Angaben auf der Beschilderung aus dem 4. Jh, in der Literatur ist vom 7./8. Jh die Rede. Die dem oberägyptischen Abt Schenute geweihte Kirche wird 743 anlässlich einer Bischofsversammlung erstmals erwähnt. Sie liegt heute 2 m unterhalb des Straßenniveaus, Säulenreihen teilen das Innere in zwei Seitenschiffe und ein Mittelschiff. Die Zedernholz-Altarschranke trägt sehr schöne Ikonen, in der Westwand des Narthex steht ein Schrein mit den Reliquien von Shenute und Wissa. Auch die Mercurius-Kirche besitzt wertvolle alte Ikonen.

Andere Attraktionen Kairos

*Pharaonic Village und Papyrus Institut

Dr. Ragab, Wiederentdecker der Papyrusherstellung, baute seit vielen Jahren auf einer Nilinsel Papyrus an. Mitten in dieser Pflanzung errichtete er nach alten Vorbildern ein typisch pharaonisches Dorf. Dort werden die alltäglichen Arbeiten jener Zeit durch Laienschauspieler vorgeführt. Wenn auch das Ganze den Eindruck eines pharaonischen Disneylands macht, so ist doch die Reise durch die Vergangenheit insofern informativ, als man zu den historischen Informationen (Sprache wählbar) auch gleich ein Abbild zum Anfassen vor sich hat. Es gibt unterschiedliche Führungsprogramme, die man mit Besuchen verschiedener interner Museen/Ausstellungen kombinieren kann. Für £E 119 sieht man nur die Museen und feste Bauten, bei £E 139 ist die Bootsrundfahrt inbegriffen, bei £E 159 auch ein Essen (www.pharaonicvillage.com).

Die Rundfahrt durch die papyrusgesäumten Kanäle passiert zunächst Götterstatuen, dann führen in handgewebte Originalkleidung gehüllte Komparsen das Landleben vor. Da wird gepflügt, gesät, geerntet und gedroschen, Brot gebacken, Feuer geschlagen und einiges mehr aus längst vergangenen Zeiten. Zum Schluss können Sie einen Tempel, das Haus einer reichen und einer armen Familie und Museen einschließlich des Tutanchamun-Grabes besuchen.

▶ Wenn Sie die Zeitmaschine in die pharaonische Vergangenheit besteigen wollen, fahren Sie am Westufer Nil aufwärts, 2,5 km südlich der Giseh-Brücke taucht links ein unübersehbares Schild *Pharaonic Village* auf (südliche Nachbarinsel von Roda). Vom Zentrum können Sie Bus Nr. 107 oder 109 nehmen. Wenn Sie nach dem Besuch Hunger verspüren, bietet das *El Shallal Restaurant* preiswertes und gutes Essen. Es liegt genau gegenüber dem hohen Ziegeleischornstein etwas nördlich des Village.

Dr. Ragabs Papyrus-Wiederentdeckung und -entwicklung fand viele Nachahmer, die vor allem im Pyramidenbereich ihre Fangarme nach Touristen ausstrecken und versuchen, viel Schund, aber nur wenig Gutes abzusetzen. Bevor Sie kaufen, lesen Sie vorsichtshalber die Tipps zum Thema auf Seite 86 nach.

Mokattam-Berge

Von der Sharia Salah Salem zweigt in nördlicher Richtung hinter der Zitadelle eine Straße ab, die in Serpentinen auf die etwa 200 m ho-

4 Kairo und Umgebung kennenlernen

hen Mokattam-Berge hinaufführt. Am Rand des Steilabfalls liegen einige Restaurants. Die oben am Hügelrand entlang führende Straße bietet bemerkenswerte Ausblicke über Kairo, soweit der Smog dies zulässt. Auch können Sie von dort den langen Weg des Pyramiden-Baumaterials verfolgen: In den Steinbrüchen vor Ihren Füßen wurden Verkleidungsplatten gebrochen, quer durchs Niltal transportiert, dabei über den Nil übergesetzt und schließlich die Anhöhe zu den Pyramiden hinaufgeschafft.

Müllprojekt und koptische Kirchen
St. Samaan (Höhlenkirchen)

Am *Mokattam* entstanden in den vergangenen Jahren zwei Projekte, die unter Touristen wenig bekannt, aber dennoch für diejenigen einen Besuch wert sind, die sich für die soziale Schattenseite des Lebens in Kairo interessieren und schließlich eine Fleißarbeit der Kopten kennenlernen wollen.

Hintergrund: Bis noch vor wenigen Jahren fuhren unförmige Eselskarren, randvoll mit Müll beladen und von Kindern gelenkt, quer durch Kairo zum Mokattam. Heute sind diese Karren weitgehend etwas betagten Kleinlastern gewichen, die ebenfalls, total mit Müll überladen, den Bergen zustreben. Auch diese Müllmenschen, *Zabbalin* genannt, sind ein Mosaiksteinchen im Bild Kairos. Es handelt sich hauptsächlich um Kopten, die im 19. Jh als Arbeitslose aus Mittelägypten, vornehmlich aus Assiut, nach Kairo zogen und keine andere Arbeit fanden. Sie schaffen gegen geringes Entgelt die Abfälle der Geschäfte, Restaurants und vieler Bürger in ihre Müllsiedlungen an der Peripherie Kairos. Dort sortieren sie per Hand den Unrat und verwerten ihn, so weit das möglich ist.

Der größte Teil der organischen Rückstände wird an die von den Zabbalin gehaltenen Schweine verfüttert, andere Abfälle gehen in die Hände von spezialisierten Altwarenhändlern. Insgesamt leben mehr als 50 000 Menschen in sechs Siedlungen am Stadtrand von Kairo, z.T. in primitiven Hütten inmitten der Müllberge und vom Müll - ein Los, das die ägyptische Gesellschaft kaum als besondere Tragik wahrnimmt.

Dieses System funktionierte jahrzehntelang perfekt, heute kommen die Zabbalin mit ihren klapprigen Lastwagen nicht mehr nach. Aber auch die städtische Müllabfuhr schafft die Aufgabe nicht, trotz modernerem Gerät und zu mehrfach höheren Preisen. So müssen, wie von alters her, Katzen, Ziegen, Ratten oder die (wenigen) streunenden Hunde bei der Stadtteilarbeit mitwirken.

Durch ausländische Hilfe wurden vor allem in der Zabbalin-Siedlung am Mokattam die Hütten durch Beton/Ziegelhäuser mit Elektrizität, fließendem Wasser, Toiletten und Kanalisation ersetzt, in deren Erdgeschoss der angelieferte Müll geschüttet wird. Noch in morgendlicher Dunkelheit macht sich der Vater mit seinen Söhnen und kleineren Töchtern auf den Weg in die Stadt, um Müll einzusammeln. Sobald das Fahrzeug vollgeladen ist, geht es zurück. Nun folgt die Arbeit der Frauen und älteren Mädchen, die den angelieferten Unrat mit bloßen Händen nach Wertstoffen sortieren; Verletzungen und Infektionen sind stetige Begleiter dieser Arbeit, besonders Krankenhausmüll führt sehr häufig zu Infektionen mit der gefährlichen Hepatitis C.

Früher wurde der in großen Mengen in der Siedlung anfallende Schweinekot unbehandelt an Farmer verkauft. 1984 gründeten engagierte Ägypter die **Association for the Protection**

Inzwischen selten: Zabbalin mit Eselskarren

Müllprojekt und koptische Kirchen St. Samaan (Höhlenkirchen)

Koptische Kirche St. Samaan mit Großprojektionsleinwand und Platz für 15 000 Gläubige

of the Environment (A.P.E.; Tel 2510 2723, ape1@idsc.gov.eg, www.ape.org.eg), die zunächst eine Kompostierungsanlage baute, um vor allem den Schweinemist zu hochwertigem Dünger zu verarbeiten. Die Kompostierung wurde wegen der Geruchsbelästigung inzwischen an einen anderen Ort verlegt. Dr. Leila Iskandar initiierte unter dem Motto „Learning and Earning" in einem neuen Gebäude am Rand des ehemaligen Kompostierungsfeldes eine Papier-Recycling-Anlage, eine Teppich-Webschule und Patchwork-Unterrichtsräume für junge Mädchen, die hier Alphabetisierungskurse absolvieren, systematisches Arbeiten, Hygiene und nicht zuletzt Selbstbewusstsein erlernen. Denn das Gesamtprojekt trägt sich inzwischen selbst und kann die Mädchen je nach Arbeitsleistung entlohnen; dies gibt ihnen in ihrer Familie und künftigen Ehe mehr Selbstständigkeit und Unabhängigkeit.

In den 1970er Jahren begannen die Zabbalin oberhalb ihrer Siedlung mit dem Freilegen alter Felsenkirchen, die ab dem 4. Jh in aufgelassene Steinbrüche gebaut worden waren. Mit Spenden der koptischen Christen entstand in den 1990er Jahren ein religiöses Zentrum zu Ehren von **St. Samaan** mit heute sechs Kirchen, einem Kloster, einem Krankenhaus und Schulen. Der Legende zufolge hatte Samaan (*Simon*), ein Schuster, in der fatimidischen Zeit die Kopten vor dem Untergang bewahrt, indem er durch ein Wunder den Mokattam-Berg spaltete, um den fatimidischen Herrschern die Kraft des christlichen Glaubens zu demonstrieren. Heute, gut 1000 Jahre später, überrascht hier eine Openair-Kirche in Form eines Amphitheaters unter einem mächtigen Felsvorsprung, die 10 000 qm Fläche einnimmt und etwa 15 000 Gläubigen Sitzfläche bietet. Hier - rechts vom Altar - werden auch die Reliquien des St. Samaan in einem Glaskasten aufbewahrt. Andere Kirchen sind vollständig in den Berg hineingebaut, auch sie bieten meist Platz für einige Tausend Besucher. Denn St. Samaan ist eine Pilgerstätte geworden, die Gläubige aus ganz Ägypten anzieht. Direkt am Abhang wurden Pilgerrastplätze angelegt. Sie bieten einen fast herausfordernden Ausblick über das Müllviertel im Vordergrund und die quirlige Metropole mit ihren Hochhäusern und Minaretten gleich dahinter.

Es lohnt aus zwei Gründen, sich auf den Weg in die Müllstadt zu machen: einmal, um das A.P.E.-Projekt kennenzulernen, am Ort der Entstehung handgemachte Souvenirs zu kaufen und damit die Frauen sowohl materiell als auch ideell zu unterstützen. Zum anderen lässt sich der Besuch mit dem des St.-Samaan-Zentrums verbinden, das in seiner frommen Zurückgezogenheit in krassem Gegensatz zu dem Viertel steht, durch das sich unzählige Pilgerbusse quälen. Vermeiden Sie allerdings das Wochenende wegen der vielen Pilger.

▶ **Anfahrt:** Es gibt keine öffentlichen Verkehrsmittel, zumindest keine zumutbaren. Die meisten Straßen im Viertel sind übelste, ungeteerte Wege mit tiefen Schlaglöchern, Müllgestank dringt in die Nase, Müllberge türmen sich vor und in den Häusern.

▶ Rufen Sie am besten Mr. Bekhit Rizk Mettry an, Tel 012 32 11 259, er ist Projektleiter und

4 Kairo und Umgebung kennenlernen

führt gern (täglich 8-15, außer So) sowohl zum Projekt selbst als auch zu den Höhlenkirchen. Falls Sie es auf eigene Faust per Taxi probieren wollen, sollten Sie sich im unten genannten Souvenirshop oder von Ihrem Hotelrezeptionisten die Adresse in Arabisch aufschreiben lassen, um sie dem Taxifahrer präsentieren zu können. Unterwegs sollte man die höchsten Sendemasten oben auf dem Berg im Auge behalten, quasi unter dem Turm mit der rot-weißen Spitze liegen die Kirchen (N30°01,84' E31°16,6'; in Google Earth ist diese Position markiert und die Openair-Kirche zu erkennen). A.P.E. unterhält auch einen **Souvenirshop** im kunsthandwerklich anspruchsvolleren Fustat Shopping Center *Souk Fustat* in der Nähe der Amr Moschee.

Engere Umgebung von Kairo

Wissa-Wassef-Werkstatt

Hintergrund: 1940 gründete der Architekt und Kunsterzieher Ramses Wissa Wassef eine private Grundschule in Alt-Kairo. Er versuchte, die natürliche Kreativität der Kinder zu wecken, indem er sie ihre eigene Vorstellungswelt in Skulpturen zum Ausdruck bringen ließ. Dies deckte sich mit den Ideen seines Schwiegervaters Habib Gorgy, der neben eigenen künstlerischen Aktivitäten ebenfalls als Kunsterzieher tätig war. Wissa Wassef erlernte das Teppichknüpfen und lehrte es einigen Kindern, die so ihre Ausdrucksmöglichkeiten erweitern konnten. Als sein Experiment Früchte trug, zog Wissa Wassef 1952 in das Dorf Haraniya südlich von Giseh und baute dort ein Kunstzentrum auf. Er ermunterte die Kinder von Fellachen, ihre Kreativität in die Teppichwebkunst einzubringen. Der herausgeforderte und gezielt geförderte Kunstsinn der Kinder führte zu fantastisch-naiven Werken, die sich zudem gut verkaufen ließen.

Trotz aller Erfolge verloren der Gründer und seine Nachfolger die selbst gestellte Aufgabe nicht aus den Augen, den jungen Menschen Schulbildung und eine Berufschance zu bieten. Der 1985 fotografierte junge Töpfer (siehe Foto rechts) ist z.B. heute noch dort tätig; inzwischen werden seine Kinder im Kunstzentrum ausgebildet. Wissa Wassef fand viele Nachahmer, die ihre sichtbar schlechtere Ware in den typischen Touristenläden anbieten.

Ein Besuch in der Original-Werkstatt (10-17) lohnt sich sehr, denn man kann in den Ausstellungsräumen einige der schönsten Stücke - Teppiche, Keramik und Batik - bewundern und natürlich auch kaufen sowie den Teppichknüpfern oder Töpfern bei der Arbeit zuschauen. Außerdem ist der in traditioneller Bauweise mit Kuppeldächern errichtete Gebäudekomplex sehenswert.

Kinderarbeit

Eine grundsätzliche Anmerkung: Auch wenn es sich bei der Teppichherstellung meist um - bei uns verbotene - Kinderarbeit handelt, so wäre es verkehrt, dieses Problem nur durch die Augen wohlhabender europäischer Besucher zu beurteilen, für die Kinderarbeit undenkbar ist. In Ägypten gehört Arbeit der Kinder zum gewohnten Alltag, sei es auf dem Feld, in der väterlichen Werkstatt, als Schuhputzer oder z.B. beim Teppichknüpfen. Selbstverständlich streichen die Carpet Schools den meisten Profit ein, doch auch die Kinder profitieren, indem sie kunsthandwerklich ausgebildet werden und mit dem kargen Lohn zum Lebensunterhalt ihrer Familie beitragen können. Es wäre fatal, wenn man deswegen keine Teppiche kaufen und damit den Kindern eine Chance verweigern würde. Die Lösung des Problems kann nur in der sozialen Entwicklung der ägyptischen Volkswirtschaft liegen, die es den Familien ermöglicht, auch ohne diese zusätzliche Einnahme auszukommen. Darüber hinaus ist es unabdingbar, dass Kinder zur Schule geschickt werden und die Unternehmer ihre jungen Mitarbeiter fair entlohnen.

Kamelmarkt

1985 als Kind beim Töpfern...    *... und heute noch als Familienvater*

▶ **Anfahrt**: Man fährt auf der Pyramid Road bis zur Ausschilderung *Sakkara, Ringroad* und zweigt dort links ab. 8 km entfernt biegt man rechts ins Dorf Haraniya und nach der Kanalüberquerung wieder rechts ab. An der linken Seite liegt die unscheinbare Einfahrt zum Haus des Wissa Wassef (daneben übrigens der Campingplatz *Salma Camp*).

El Awadly ist eine sehr ähnliche Werkstatt am anderen Ende des Dorfes, die 1976 von Fouad El Awadly und seiner deutschen Frau gegründet wurde. Allerdings sind fast ausschließlich erwachsene Weberinnen und Weber beschäftigt. Kontakt und Verkauf nur über die (fließend deutsch sprechende) Tochter Nina El Awadly, Tel 010 142 5544.

Weberdorf Kerdassa

In Kerdassa, einem traditionsreichen Dorf (heute schon eher Vorstadt) am nordwestlichen Stadtrand, weben viele Familien Teppiche nach der Schule von Wissa Wassef.

Die Hauptstraße ist mit Shops gesäumt, in denen nicht nur relativ preiswerte Teppiche zu finden sind, sondern auch Souvenirs aller Art (Lederarbeiten, Kupfer, Galabeyas etc.). Hier lohnt übrigens das Feilschen besonders wegen des reichhaltigen, vergleichbaren Angebots. Im Dorf selbst kann man Webern (meist Kinder und junge Frauen) bei der Arbeit zuschauen.

▶ **Anfahrt:** Etwa 30 m von der „Sakkara" Kreuzung der Pyramid Road fahren (nördlich, westliche Kanalseite) Minibusse nach Kerdassa; vom Midan Giseh der Bus 116. Als Autofahrer nehmen Sie die Pyramid Road stadtauswärts und biegen an der Kreuzung mit der Ausschilderung *Sakkara, Ringroad* nach rechts ab (links geht es nach Sakkara), aber auf die linke (westliche) Seite des Kanals, lassen nach gut 1 km das Restaurant *Andrea* links liegen und nach weiteren 5 km biegt man links in das Weberdorf ein. Es zweigen mehrere Straßen ab; nehmen Sie, die, die mit Souvenirläden vollgestopft ist.

Kamelmarkt

Eigentlich eine sehr traurige Angelegenheit: Das Ziel eines gut vierwöchigen Trecks vom Sudan bis nach Kairo ist - das Schlachthaus. Den letzten, eher qualvollen Zwischenstopp

4 Kairo und Umgebung kennenlernen

haben die Kamele auf einem tristen Marktplatz nördlich von Kairo einzulegen. Dort werden sie nach altarabischer Sitte verschachert. Manche der stolzen Wüstentiere scheinen ihr Schicksal zu ahnen und brechen zu einem letzten Fluchtversuch aus; aber die Händler sind allemal schneller und treiben die Ausreißer mit brutalen Schlägen zurück.

Leider ist der Markt vor Jahren von seinem traditionellen Standort im Vorort Embaba nach **Barkash** (auch *Birqash*), 30 km nördlich von Giseh, verlegt worden. Es empfiehlt sich, den Besuch für die Haupttage Samstag oder Dienstag, möglichst früh am Morgen, zu planen. Aber auch an anderen Tagen wird geschachert. Inzwischen wurde der gleichzeitige Esel- und Pferdemarkt in die Nähe des Barrages du Nil verlegt. Dadurch verlor das Geschehen an Attraktion. Ein Besuch (£E 20 Eintritt für Ausländer) kann nur dem empfohlen werden, der speziell an solchen Veranstaltungen und der Menge an Kamelen interessiert ist.

▶ **Öffentliche Verkehrsmittel:** Der Bus 214 fährt vom Midan Tahrir Richtung *Barkash*. Von der Endhaltestelle bzw. ca. 300 m in Rückrichtung verkehren Minibusse direkt zum Markt. Fragen Sie unterwegs nach *Barkash* und dann nach *Souk el Gimaal* . Eine Taxifahrt kostet etwa £E 120-150. Einige Traveller-Hotels organisieren Minibusfahrten ab etwa £E 40 pP.

▶ Als **Autofahrer** folgen Sie zunächst der Beschreibung zum Weberdorf Kerdassa (im vorigen Abschnitt) und dann dem Kanal noch 19 km nach Norden. Barkash liegt dort, wo rechter Hand etwas entfernt eine große Betonbrücke einen Kanal und die Eisenbahnlinie überspannt. Halten Sie sich hier halblinks, bis die Straße nach ca. 700 m wieder auf einen Kanal stößt, auf dessen anderer Seite die Eisenbahnlinie verläuft. Links breitet sich der Ort Barkash aus. Fahren Sie am Kanal 4 km weiter, bis rechts ein Schild auf eine Farm namens *Nimos* verweist, hier halblinks halten. Nach 3 km erneut links abbiegen, nach weiteren 2 km ist der schattenlose Marktplatz erreicht.

October War Panorama

Auf dem Weg zum Flughafen oder nach Heliopolis könnten Sie am **October War Panorama** (£E 20) Halt machen. Dieses an den Oktober-Krieg 1973 gegen Israel erinnernde Denkmal wurde von Nordkoreanern gebaut. Im zylindrischen Hauptgebäude wird u.a. der Durchbruch durch die israelische Bar-Lev-Linie dargestellt. Die Vorführungen finden täglich außer dienstags um 9.30, 11, 12.30, 17, und 18.30 Uhr statt, allerdings nur mit arabischem Kommentar in den beiden Seitensälen; im Hauptsaal sind Kopfhörer mit deutscher Übersetzung erhältlich; zu anderen Zeiten kein Einlass. Außerhalb des Hauptgebäudes sind Panzer, Flugzeuge und anderes Kriegsgerät ausgestellt. In der Umgebung befindet sich das Grab von Anwar el Sadat (1982 hier ermordet) und das des Unbekannten Soldaten.

Heliopolis und der Obelisk von Sesostris

Heliopolis, den meisten Besuchern nur als Flughafen-Vorstadt von Kairo bekannt, blickt auf eine sehr lange Vergangenheit zurück. Der altägyptischen Mythologie zufolge lag hier der Ursprungsort des Pharaonentums, daher war es über lange Zeiten hinweg religiöses Zentrum, von ähnlicher Bedeutung wie Karnak. Heute kündet nur noch der 22 m hohe ***Obelisk des Sesostris I** (12. Dynastie) von dem ehemaligen Ruhm des Sonnentempels. Er steht zusammen mit ein paar anderen altägyptischen Monumenten in einem Park im Dorf Matariya am nordwestlichen Rand von Heliopolis. Auf allen vier Seiten ließ Sesostris I gleichlautend berichten,

Letzte Station einer langen Reise - Kamelmarkt

Heliopolis und der Obelisk von Sesostris

dass er den Obelisken anlässlich seines Regierungsjubiläums stiftete.

In diesem weitab vom Massentourismus liegenden Openair-Museum (£E 15) freut man sich über jeden einzelnen Besucher. Gleich nach dem Eingang liegen wahllos und ohne Erklärung pharaonische Tempelfragmente von einem Tempel des Amenophis (Amenhotep) III sowie Steinsarkophage. Zwei Scheintüren fallen auf, aus einem treten Ramose und seine Frau (21. Dynastie). Der Obelisk selbst überrascht durch seine Höhe, die hier besser zur Geltung kommt, weil er quasi frei steht, ohne andere Bauten in unmittelbarer Nähe.

Sesostris-Obelisk

▶ **Anfahrt**: Am besten mit der Straßenbahn/Metro, El Marg Linie, bis zur Station *Midan Matariya*, von dort fünf Minuten per Taxi auf der Sharia Matariya bis quasi zu deren Ende folgen; dort ist links der Obelisk in einer kleinen Grünanlage am Rand eines großen Feldes zu erkennen. Oder mit Bus 50 zum Midan Hegaz, dort weiter mit Bus 55. Oder per Auto auf der stadtauswärts führenden Sharia Port (Bur) Said fahren, bis man auf einen breiten Kanal stößt; dort rechts auf der Sharia El Qablat bis zum Midan Matariya und diesen auf der gleichnamigen Straße verlassen.

Ganz in der Nähe gibt es eine weitere Sehenswürdigkeit: Im **Shargat Mariam** (£E 15) sollen Joseph, Maria und Jesus auf ihrer Flucht Halt unter einem Baum gemacht haben, dessen bizarrer Wurzelstock noch heute vorhanden und zu besichtigen ist. Durch ein Wunder entsprang dort eine Quelle und versorgte die Heilige Familie mit Wasser. Es ist heute untrinkbar, soll aber so aufbereitet werden, dass Pilger es als heiliges Wasser, abgefüllt in Flaschen, mit nach Hause nehmen können.

Die gesamte, lang gestreckte Anlage bietet dem Betrachter ein fast ungewöhnliches Bild von Sauberkeit. Der knorrige alte Baumstamm steht würdevoll im Schatten eines jüngeren Exemplars. Ein großes Wandgemälde in einem seitlichen Andachtsraum zeigt die Heilige Familie unter dem bewussten Baum.

Heliopolis besitzt auch einen interessanten neugeschichtlichen Hintergrund. Der Belgier Edouard Empain - vom armen Lehrersohn zum Multimillionär aufgestiegen - wollte zeigen, dass man auch in der Wüste Gärten anlegen kann und plante daher eine Oase im Norden Kairos. Ohne staatliche Hilfe begann er 1905 seine Ideen in die Tat umzusetzen: Es entstand eine gut durchdachte Siedlung mit einer Kathedrale im Mittelpunkt, mit Moscheen, Clubs, Luna-Park und einem feudalen Hotel. Die Einwohnerzahl stieg von 1000 im Jahr 1909 auf 24 000 (1928) und 1986 auf 200 000. Bevorzugt besiedelt wurde und wird der inzwischen vom auswuchernden Kairo eingefangene Vorort von Freiberuflern, höheren Staatsangestellten und Europäern.

▶ **Anfahrt**: Fußgänger nehmen am besten die Minibusse 27 oder 30 vom Midan Tahrir aus. Autofahrer halten sich auf der Sharia Salah Salem immer Richtung Flughafen und biegen vor der einzigen Unterführung bei der Ausschilderung HELIOPOLIS bzw. ROXI SQ rechts ab, machen einen U-Turn, überqueren die Sharia Salah Salem (hier Sharia Uruba), fahren auf der Sharia Said El Mirghany am Präsidenten-Palast (rechts) vorbei und sind bald im Herzen von Heliopolis. Vom Midan Roxy führt die Sharia Ibrahim Laqqani ins ursprüngliche Zentrum. Bald zweigt links die Einkaufsstraße Sharia al Ahram ab, an deren Ende die **Basilika** steht, die von einem belgischen Architekten der Istanbuler Haya Sofia nachempfunden wurde. Baron Empain und seine Familie sind hier begraben.

Hier und in der Umgebung können Sie sowohl alte Häuser als auch moderne Boutiquen anschauen. Eine weitere Attraktion vor allem für Familien ist der Merryland-Park in der Nähe

4 Kairo und Umgebung kennenlernen

des Midan Roxy, mit vielen Pflanzen, Bäumen und einer Delphinshow; die Seen und Wiesen werden vor allem freitags von Großfamilien gestürmt (Eintritt £E 30).

Baron Edouard Empain baute sich übrigens einen extravaganten Wohnpalast im Stil eines indischen Tempels, **Empain Palace** genannt, der nur drei Blocks in Richtung Flughafen nach der oben angegebenen Unterführung auf der rechten Seite steht. Leider ist das einst von grünen Gärten umgebene Gebäude, dessen Drehturm automatisch dem Sonnenstand folgte, arg heruntergekommen, nachdem es in den 1950er Jahren von der Familie des Barons verkauft wurde. Lange Zeit war es als Drogenszene verschrien, wurde dann vom Staat übernommen und soll jetzt renoviert werden - Ende unbekannt.

Eltern mit Kindern werden sich über das **Suzanne Mubarak Child Museum**, 34 Sharia Abu Bakr el Seddik, Tel 2259 7277, freuen, in dem die Kleinen Kultur, Geschichte und Geografie Ägyptens interaktiv - anfassen, fragen, antworten - erleben können.

Petrified Forest – Versteinerter Wald

Etwa 30 km südöstlich außerhalb Kairos liegt der Naturpark **Petrified Forest** (kein Eintritt) nördlich der Ain Sukhna Autobahn. Es handelt sich um ein etwa 6 km² großes Gebiet, in dem eine große Häufung versteinerter Baumstämme oder Teile davon herumliegen. Sie gehen auf das Oligozän zurück, sind also ca. 35 Millionen Jahre alt. Über ihre Entstehung und Ansammlung an dieser Stelle streiten sich die Gelehrten. Eine Theorie besagt, dass die Bäume ursprünglich in den Bergen der Östlichen Wüste wuchsen und von einem Nebenfluss des Nils, der dort entsprang, talabwärts transportiert wurden. Oder ganz einfach: sie wuchsen ursprünglich hier und versteinerten an ihrem Geburtsort.

Die Versteinerungen wurden vermutlich durch einen chemischen Prozess gebildet, der durch die Entstehung des ostafrikanischen Grabenbruchs verursacht wurde, also in diesem Fall des Teilbereichs Rotes Meer. Dabei setzten sich Säuren frei, die ins Grundwasser eindrangen und das Holz, das dieser Brühe ausgesetzt war, versteinerten.

Heluan

Schwefelhaltige Quellen und gesunde Luft begründeten schon im Altertum den heilkräftigen Ruf von Heluan. Die Khediven Ismail und Taufik ließen fruchtbare Erde aus dem Delta heranschaffen und legten ein mondänes Heilbad mit schachbrettartigen Straßenzügen an. Im Laufe der letzten Jahrzehnte rückte die Industrie der Stadt immer näher, von der guten Luft blieb fast nichts übrig.

Im Grunde bietet Heluan heute nicht mehr viel. Das alte Badehaus im maurischen Stil ist noch erhalten. Am einzigen **Japanischen Garten** (£E 1) im Nahen Osten - außerordentlich fremd in diesem Wüstenland - hatte der Zahn der Zeit schon arg genagt, die Buddha-Figuren schauten traurig in die Zukunft. Er wurde wieder hergerichtet und besitzt etwas Ähnlichkeit mit den Gärten in Japan. Der Kuriosität wegen ist die Anlage einen Blick wert, zumal sie von der Bevölkerung angenommen und mit regem Leben erfüllt wird. Der Garten liegt ein paar Blocks östlich der Endstation der Metro Kairo - Heluan, d.h. man geht die erste Straße links (in Fahrtrichtung des Zuges gesehen), bis man auf den Park stößt.

Knapp 2 km von der Endstation in Richtung Kairo entfernt, finden Sie direkt an der Westseite der Bahnlinie ein kleines **Wachsfigurenmuseum** (10-15.30, £E 10), das ein Syrer in den 1930er Jahren bauen ließ. Hier sind Begebenheiten der ägyptischen Vergangenheit in etwas naiven Szenenfolgen dargestellt, von pharaonischer Geschichte (Echnaton mit Gemahlin oder Kleopatra, sterbend mit Schlange am Busen) bis hin zu Bildern aus dem täglichen Leben. Leider hat auch hier der Zahn der Zeit an den Figuren genagt; ein Besuch kann vielleicht einen kleinen Beitrag zur Restaurierung beisteuern, die sich seit Jahren dahinschleppt.

Delta-Staudamm
(Barrages du Nil, arabisch *Qanater*)

1835 begann Mohammed Ali, am Eingang zum Delta Staudämme zur Regulierung der Nilfluten zu bauen, die knapp 20 Jahre später und nach vielen Missgeschicken fertiggestellt wurden; immerhin waren sie damals die größten Stauwerke weltweit. Im Laufe der Zeit mussten die Dämme mehrmals verstärkt werden, weil man die Unterspülung durch den Nil unterschätzt hatte.

Die Anlage wurde an der Stelle angelegt, an der sich der Nil in den Rosetta- und Damietta-Arm teilt. Die ursprünglichen Dämme sind 452 (Rosetta-Flussarm) und 522 m (Damietta-Flussarm) lang, das Wasser strömt durch insgesamt 132 Schleusentore. Ziemlich grotesk wirkt die in den Fluss verpflanzte Ritterburgen-Architektur der Dammoberbauten, zumal auf dem Landstreifen zwischen den beiden Flussarmen schöne Gärten mit alten Banyan-Bäumen den Kontrast noch unterstreichen. Sehenswert wäre das **Bewässerungsmuseum** (*Mathaf Zrahi*) im ehemaligen Verwaltungsgebäude mit einem Überblick über die Bewässerungstechnik und mit aktivierbaren Modellen; aber es war bei unserem letzten Besuch geschlossen (und sah nicht nach baldiger Öffnung aus).

Heute ist diese Gegend ein beliebtes Ausflugsziel. Besonders an Wochenenden strömen viele Familien und junge Leute aus Kairo hierher. Fahrrad- oder Motorrollertouren, ein Rummelplatz mit Karussellen und Skootern zählen zu den Freizeitangeboten.

▶ **Anfahrt:** Am schönsten ist eine Segeltour per Feluke von Kairo aus zu dem knapp 20 km stromabwärts liegenden Damm. Freitags und sonntags (je nach Jahreszeit auch an anderen Tagen) fahren Motorboote etwa ab 9 bis ca. 11 Uhr (eine Strecke 2 Std) nach Norden und zwischen 16-17 Uhr zurück (£E 10 pP) von der Maspero Station beim TV-Building (nebenan starten die Boote nach Alt-Kairo); ansonsten Bus Nr. 214 vom Midan Abdel Minin Riyad. Mit dem Auto bietet sich eine Rundreise an: z.B. auf der Sharia el Nil am linken Flussufer bis zum Damm nach Norden oder der Beschreibung zum Kamelmarkt folgen, im Ort Barkash aber über die Brücke bis zum Nil und flussabwärts zum Damm. Die eigentliche Dammstraße ist für Autos gesperrt, 1 km nördlich übernimmt die Brücke den Verkehr. Dort liegt der Freizeitpark. Schließlich geht es auf der ersten nilparallelen Straße oder auf der Agriculture-Road wieder zurück nach Kairo.

Die Pyramiden

Hintergrund: Erst in jüngster Zeit hat sich die Erkenntnis durchgesetzt, dass die Pyramiden nicht das Produkt harter Sklavenarbeit waren, sondern dass sich viele Menschen zusammentaten, um in religiöser Inbrunst Sakralbauwerke zu schaffen. Mit großer Wahrscheinlichkeit bestimmten auch innenpolitische (Macht)Überlegungen des Pharaos die Monumentalität. Es wäre daher sicher falsch, beim Anblick der Pyramiden nur an den Schweiß und die Mühsal der Arbeiter zu denken oder gar daran, dass sie zu ihrer Leistung geprügelt wurden.

Ein Bauwerk, zu dessen Errichtung Zehntausende benötigt wurden, konnte nur in gemeinschaftlicher Zusammenarbeit der Niltalbewohner erstellt werden. Nicht zuletzt bot es Arbeit während der drei- bis viermonatigen Untätigkeit in den Zeiten der Nilüberflutung und eine Gelegenheit zum besseren Verständnis der Menschen untereinander. Am Ende der Pyramidenzeit war der noch relativ junge ägyptische Staat ein hierarchisch gestuftes Gebilde mit einer sehr differenzierten Beamtenschaft; eine Entwicklung, die zumindest teilweise auf den Bau der Mammutprojekte zurückzuführen ist.

Sicher war es kein leichter Job, viele Tonnen schwere Steinquader neben den Pyramiden oder auf der östlichen Nilseite in den Brüchen des Mokattam, Tura (Außenverkleidung) oder gar bei Assuan (Granit) mit den damaligen Werkzeugen zu brechen, sie anschließend auf Holzschlitten zum Nil, dann per Schiff nach Giseh und schließlich bis zur Spitze der Pyramiden

4 Kairo und Umgebung kennenlernen

zu schaffen. Aber der Glaube, Stein auf Stein für das Überleben des Volkes aufzuschichten, versetzte buchstäblich Berge und machte den Arbeitern die Last leichter. Herodot berichtet (drei Jahrtausende nach dem Entstehen), dass 100 000 Arbeiter mit dem Bau einer Pyramide beschäftigt gewesen seien. Moderne Berechnungen ergaben, dass es ca. 25 000 Menschen in ungefähr 30 Jahren geschafft haben müssten, die 2,3 Millionen Steine der Cheops-Pyramide aufeinander zu stapeln. Dabei arbeiteten etwa 15 000 Mann direkt am Bau, die anderen hatten für die Infrastruktur und Logistik zu sorgen, vom Werkzeugbau über das Steinebrechen bis zum Transport und auch für die Administration und Verpflegung.

Dabei bewältigten die Erbauer technische Probleme, wie die Nivellierung des Bodens zu einer absolut waagerechten Ebene, die Ausrichtung der Cheops-Pyramide nach Norden (Fehler nur 5 Minuten, 30 Sekunden!), Abweichungen in der Waagerechten zwischen den einzelnen Steinschichtungen von nur wenigen Zentimetern und schließlich die Tatsache, dass die vier Kanten in der Pyramidenspitze wirklich zusammentrafen - eine Abweichung dieser Linien um nur 2 Grad hätte ein Auseinanderklaffen um 15 m (!) an der Spitze bewirkt.

Auch unter heutigen Verhältnissen wäre das Errichten einer solch großen Baumasse (die Cheopspyramide ist immer noch das vom Volumen her größte, jemals von Menschen

Zwei neue Theorien zum Pyramidenbau

Die französische Firma Dassault System ließ ein neues Modell zum Bau der Cheops Pyramide entwickeln. Unter Leitung des Architekten Jean-Piere Houdin recherchierten und rechneten 14 Ingenieure 2 Jahre lang, um eine 3-D-Simulation des Pyramidenbaus zu erstellen. Man ging von der Theorie innerer Rampen aus, die ab einer Höhe von 43 m – bis dahin wurde eine Außenrampe verwendet – als Materialweg im Inneren der Pyramide angelegt wurden. Auf insgesamt 21 solcher Rampen zogen je 10 Arbeiter die 2,5 t schweren Blöcke immer höher hinauf. Die Enden jeder Rampe führten zu einer offenen Ecke der Pyramide. Dort drehte man die Steinblöcke mit hölzernen Schwenkarmen um 90 Grad auf die weiterführende Rampe. Als nach weiteren 103 Höhenmetern die Pyramidenspitze erreicht war, schloss man die offenen Ecken und nichts war mehr vom Bausystem zu erkennen. Unter http://khufu.3ds.com/introduction können Sie diese Theorie nachvollziehen.

Prof. Dr.-Ing Dr. phil Frank Müller-Römer stellt in der Zeitschrift *Kemet* (4/2008) seine neue, sehr plausible Theorie vor. Dabei geht er von pharaonischen, historisch belegten Bautechniken aus und bezieht die in anderen Theorien (siehe oben) vernachlässigten Aspekte des gefahrlosen Aufsetzens der Pyramidenspitze und der Anbringung der Außenverkleidung als Voraussetzungen mit ein. Im ersten Bauabschnitt errichten die Arbeiter das stufenförmige innere Kernmauerwerk. Das Baumaterial wird stufenweise über steile, auf jeder Pyramidenseite an die Stufen angelehnte Rampen mithilfe von Winden heraufgezogen. Nach Fertigstellen des Kerns werden die Rampen rückgebaut. Nun muss die Außenverkleidung, von unten beginnend, angebracht werden. Im Takt des Arbeitsfortschritts werden Arbeitsplattformen um die Pyramide herum und wiederum Rampen für den Materialtransport angelegt. Bei Erreichen der Spitze setzt man das Pyramidion, den Abschlussstein, auf und beginnt nun von oben mit der Glättung der Außenverkleidung und dem gleichzeitigen Rückbau der Rampen und der Arbeitsplattform. Der Autor errechnet für die Mykerinos Pyramide von 5,6 und für Cheops 23,2 Jahre Bauzeit (siehe auch http://edoc.ub.uni-muenchen.de/8064/).

geschaffene Steingebäude) eine technische Meisterleistung - um wie viel höher müssen wir diese Präzisionsbauwerke bewerten, wenn wir uns vorstellen, dass die Pyramiden in der Steinzeit mit Steinwerkzeugen errichtet wurden: mit Dolerit-Hämmern, Quarzit-Poliersteinen und Bolzen aus Kiesel. Lediglich Beile und Sägen bestanden aus gehärtetem Kupfer. Als Transportmittel dienten von Ochsen gezogene Ziehschlitten.

Mit welchen Methoden die Pyramiden tatsächlich errichtet wurden, bleibt unter den Fachleuten wohl so lange umstritten, bis nicht ein archäologischer Beweis für die Bauweise gefunden wird. Als gängige Meinung herrscht vor, dass man Rampen angelegt habe, um das Baumaterial auf einer schiefen Ebene nach oben zu schaffen. Für diese Theorie gibt es unterschiedlichste Ansätze, von denen keiner eine endgültig befriedigende Antwort auf das Problem ist. Herodot spricht von „Maschinen" aus kurzen Hölzern. Eine Theorie, die diesen Gedanken aufgreift, geht von hölzernen Winden (Spills) aus, mit denen man die Steine über eine schiefe Ebene hinaufzog.

Doch neben der rein technischen Großtat müssen die logistische und die organisatorische Leistung in ebenso hohen Tönen gelobt werden. Denn die vielen Menschen mussten in eigens errichteten Dörfern untergebracht, verköstigt und sozial betreut werden. Ihre unterschiedlichen Tätigkeiten waren so aufeinander abzustimmen, dass jeweils das richtige Material zum richtigen Zeitpunkt an Ort und Stelle zur Verfügung stand, dass sich die Leute nicht gegenseitig auf die Füße traten bzw. stets dort waren, wo sie benötigt wurden - um nur einige der Probleme zu nennen.

Die Pyramiden haben eine deutliche Entwicklung durchgemacht. Das erste Bauwerk dieser Art, die Stufenpyramide des Djoser in Sakkara, stellt eigentlich nur eine vergrößerte Form der vorher gebräuchlichen Mastaba, des so genannten Bankgrabs dar, bei der das Grab mit einem rechteckigen Ziegelbau überdeckt wurde. Imhotep, der Architekt Djosers, ummantelte die Mastaba mit um 18 Grad nach innen schräg gestellten Steinen und setzte darüber fünf immer kleiner werdende Stufen. Dasselbe geschah noch mit dem nächsten Pyramidenbauwerk: In Medum ließ Huni, letzter Pharao der 3. Dynastie, auch eine Mastaba errichten und dann außen in ähnlicher Weise verkleiden.

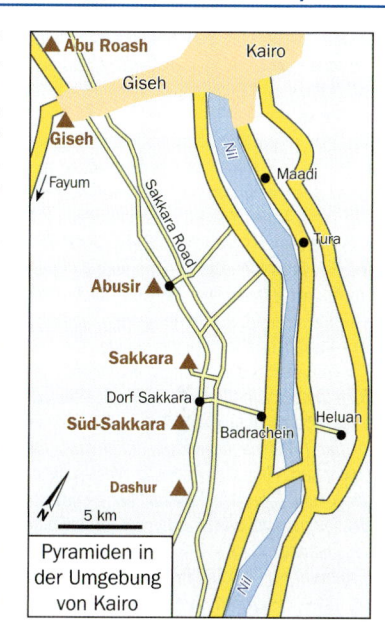

Sein Nachfolger Snofru begann mit dem Bau einer richtigen Pyramide bei Dashur, bei der die Bausteine waagerecht gelegt und dann im Böschungswinkel geglättet wurden. Sie wäre 140 m hoch geworden, wenn nicht der Baugrund nachgegeben hätte und man den Böschungswinkel verringern musste, um zu einem schnellen Ende zu kommen: Fertig war die Knickpyramide, die aber wegen ihrer Bauschäden nicht benutzt werden konnte. So ließ Snofru um 2610 vC die Rote Pyramide errichten, die erste „perfekte" Pyramide. Snofrus Sohn Cheops folgte dann in Giseh mit seinem monumentalen Bauwerk, das von

4 Kairo und Umgebung kennenlernen

keinem Nachfolger überboten werden sollte. Zwischen den Anfängen in Sakkara und dem Höhepunkt in Giseh liegen nur etwa zwei Jahrhunderte.

Aus der religiösen Bedeutung der Pyramide - dem toten Pharao (Gott) die Verbindung zwischen dem Reich der Lebenden im Osten und dem der Toten im Westen zu ermöglichen - entwickelte sich das typische Schema dieser Bauten. Ein Taltempel auf der Grenzlinie zwischen Frucht- und Ödland, mit dem Nil durch einen Kanal verbunden, diente den ersten religiösen Zeremonien und der Mumifizierung. Hier am Ende des Reichs der Lebenden endete auch die Trauerprozession. Die Mumie wurde dann auf einem überdachten Weg („Aufweg") zum direkt an der Pyramide liegenden Totentempel gebracht und schließlich in der im Westen (Reich der Toten) liegenden Sargkammer beigesetzt. Der Totentempel diente fortan den Priestern für den Totenkult.

Insgesamt sind rund 60 Pyramiden in der Nähe der alten Hauptstadt Memphis bekannt, von den meisten blieben keine nennenswerten Relikte zurück.

Die Pyramiden - die einzig noch erhaltenen Bauwerke der einst sieben Weltwunder - wurden bereits 1979 von der UNESCO in die Liste des **Weltkulturerbes** aufgenommen.

Fast 30 Jahre später will die ägyptische Altertümerverwaltung mehr Ordnung, Komfort und Sicherheit rund um die Pyramiden schaffen. Im Spätsommer 2008 wurde ein 18 km langer Sicherheitszaun um das Gelände mit 199 Kameras vom Kultusminister persönlich eingeweiht. In der nächsten Bauphase sollen Straßenbefestigungen angelegt und Autos, Busse, Kutschen sowie auch Kamele aus dem Gelände verbannt werden und innerhalb des Geländes nur noch Shuttlebusse verkehren – diese „Sterilität" kann man sich noch nicht vorstellen, eigentlich gehören Kamele, Pferde und Dragomane zum lebendigen Bild der Pyramiden, so wie die Steine, mit denen sie erbaut wurden.

****Pyramiden von Giseh

Die Pyramiden liegen direkt am Stadtrand, nicht mitten in der Wüste, wie raffinierte Taxifahrer glauben machen wollen! Von den beiden Eingängen zum Gelände sollten Sie für den Beginn den bei der Cheops-Pyramide oberhalb des Mena House-Hotels nehmen und das Gelände über den Eingang beim Sphinx verlassen.

Auf dem Weg vom Stadtzentrum her tauchen die Pyramiden, sobald man den Midan Giseh hinter sich gelassen und auf der Pyramid Road - *Sharia el Ahram* - ein Stück zurückgelegt hat, zunächst schemenhaft aus dem Dunst Kairos auf; bald wachsen sie in ihrer geometrisch klaren Form immer gewaltiger gegen den Horizont. Die Straße führt schnurgerade auf sie zu und erklimmt dann am Mena House-Hotel den Steilabfall der Wüste zum Fruchtland (Angaben zur Anfahrt siehe *Praktische Informationen* Seite 282).

Es gibt kaum eine andere Stelle in Ägypten, an der Touristen mit so vielen Tricks und Lügen ausgenommen werden wie an den Giseh-Pyramiden; hier kann man wirklich den Glauben an die sonst so freundlichen Ägypter verlieren. Hier lauert eine Horde von Bakschischjägern: Dragomanen (Führer), Kamel- und Pferdevermieter, selbsternannte Ticketverkäufer (ohne gültige Tickets!), Souvenirverkäufer etc. Versuchen Sie, alle Leute abzuwimmeln, Sie brauchen wirklich keinen einzigen.

Passen Sie vor allem als Orient-Neuling auf; die Händler merken sofort Ihre Unerfahrenheit und „ziehen Sie bis auf die Unterhose aus", wie ein Leser schreibt. Nur zwei von vielen Tricks: Sie sollen sich auf dem sitzenden Kamel fotografieren lassen, plötzlich steht das Kamel auf und Sie kommen nicht mehr ohne ein saftiges Bakschisch herunter. Oder: Taxis halten bereits in der Mena-House-Gegend an und den darin sitzenden Touristen wird erklärt, man könne um die Pyramiden nur reiten: Die Taxireise endet dann an einem der Reitställe. Ein Leser schreibt Ende 2005: „Leider haben Sie mit den Umschreibungen des Verhaltens der Ägypter bei den Pyramiden noch untertrieben..."

****Pyramiden von Gisen

Die beiden höchsten Pyramiden: links Cheops, rechts Chephren

Fünftausend Jahre lang standen die Pyramiden einsam am Rand der Wüste, jedermann konnte sie - kostenlos - besichtigen, sie besteigen oder ganze Steine als Souvenir davontragen. Das ist alles nicht mehr möglich; der Gesamtkomplex ist umzäunt, die Pyramiden dürfen nicht mehr bestiegen werden, da immer mehr Steine zerstört wurden. Ganz abgesehen von den vielen Todesopfern und Verletzten dieser Kletterpartien: Es sind zahllose vom Sand schlüpfrige, über 1 m hohe Stufen zu überwinden, einmal abgerutscht, findet man keinen Halt und stürzt nach unten. Das Verbot ist also sinnvoll. Man sollte sich daran halten, auch wenn immer wieder selbsternannte Führer zum Aufsteigen ermuntern. Wen die Polizei erwischt, der zahlt eine saftige Strafe.

Die Umweltbelastung des Großraums Kairo und der touristische Massenansturm der letzten Jahrzehnte setzen den Bauwerken, vor allem dem Sphinx, massiv zu. Daher wird seit einiger Zeit immer nur das Innere einer Pyramide zur Besichtigung freigegeben und auch nur für eine maximale Zahl von Besuchern pro Tag, um die tourismusbedingten Schäden zu minimieren. 20 Milliliter Flüs-

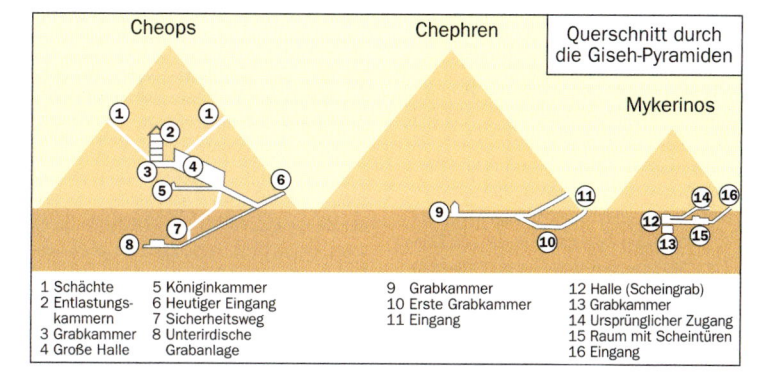

Querschnitt durch die Giseh-Pyramiden

1 Schächte	5 Königinkammer
2 Entlastungs- kammern	6 Heutiger Eingang
	7 Sicherheitsweg
3 Grabkammer	8 Unterirdische
4 Große Halle	Grabanlage

9 Grabkammer	12 Halle (Scheingrab)
10 Erste Grabkammer	13 Grabkammer
11 Eingang	14 Ursprünglicher Zugang
	15 Raum mit Scheintüren
	16 Eingang

4 Kairo und Umgebung kennenlernen

sigkeit lässt im Durchschnitt jeder von uns in einer Grabkammer zurück. Diese kondensiert an den kühleren Steinen, da sie sich nicht in die äußere Umgebungsluft verflüchtigen kann. In der Cheops-Pyramide hatte sich bis zum Ende der 1990er Jahre eine bis zu 3 cm dicke Schicht aus Salz und Schmutz abgesetzt, über 300 Risse waren im Gestein entstanden. Die Pyramide musste „repariert" und gereinigt werden, außerdem erhielt sie eine Belüftungsanlage, die künftige Schäden verhindern soll.

Der Pyramidenkomplex soll von seiner Umgebung her neu gestaltet werden: Ein Zaun mit Videoüberwachung rund um das Gelände wurde im Herbst 2008 fertiggestellt und ein neues Eingangsgebäude mit Kassen (und Toiletten) in Betrieb genommen.

▶ Am Eingang bezahlt man £E 60 **Eintritt**, damit darf man die Steinkolosse nur von außen bewundern. Wer das relativ weitläufige Areal per **Auto** befahren will, zahlt £E 2 zusätzlich. Für den Besuch der **Grabkammer** der Cheops-Pyramide wird man mit £E 100 Eintritt zur Kasse gebeten; allerdings ist das Kartenkontingent auf 150 Stück pro Halbtag begrenzt; Tickets werden jeweils ab 8 bzw. ab 13 Uhr so lange verkauft, wie das Kontingent reicht. Manchmal ist es in wenigen Minuten durch den Einkauf von Gruppen ausgeschöpft, daher unbedingt frühzeitig anstellen. Bei der zweiten Tranche nachmittags scheinen die Chancen größer zu sein, weil viele Gruppen dann andere Ziele ansteuern.

▶ Die Grabkammer der Chephren-Pyramide kostet £E 30, das Barkenmuseum £E 40 und die Mykerinos-Pyramide £E 25. Wer den weitläufigen Komplex nicht erwandern will, kann eine **Kutsche** zu ca. £E 60 für den Rundtrip nehmen. Maximal drei Personen haben Platz.

▶ Von außen darf man so viel filmen und fotografieren, wie man will, im Innern der Pyramiden sind **Fotos** oder **Filmen** verboten. Am Eingang der Cheops-Pyramide müssen Kameras abgegeben werden, es wird intensiv danach gesucht.

▶ Allgemeine Eintrittskarten werden am Haupteingang bei der Cheops-Pyramide und beim Taltempel verkauft, die speziellen bei den jeweiligen Objekten, d.h. die für Cheops in einem Häuschen neben den Toilettencontainern auf der Stadtseite.

Nehmen Sie für die Besichtigung der Grabkammern vorsichtshalber eine Taschenlampe mit. Das Pyramidenareal sowie die Grabkammern und das Barkenmuseum sind im Sommer von 8-17 (Winter -16 U) geöffnet; aus dem Pyramidenareal selbst wird man häufig eine halbe Stunde vor und spätestens eine halbe Stunde nach Toresschluss vertrieben; ab etwa einer Stunde vor Schließung wird man nicht mehr eingelassen.

Eine Leserin berichtet, dass morgens zunächst die zu Fuß gehenden Besucher ins Pyramiden-

---

Kaiserin Eugenie in Giseh

„Am linken Nilufer, der Insel Roda gegenüber, liegt das Dorf Giseh, wo sich gleichfalls ein vizekönigliches Schloß befindet. Dieses Giseh ist der Ausgangspunkt für den Besuch der Großen Pyramiden. Die schnurgerade Allee von Nilakazien, die man auf dem Wege dahin zurückzulegen hat, wurde seinerzeit von dem galanten Ex-Khediven Ismail Pascha einzig und allein der Kaiserin Eugenie zu Ehren angelegt. Damals war die (französische) Kaiserin noch die allgefeierte und allbeneidete Monarchin, deren Huld und Liebreiz auch den modernen Pharaonen bestrickt hatten. Gegen 30 000 arme Fellachen mussten in wenigen Wochen diese 4 km lange neue Fahrstraße abgraben, ebnen und mit Bäumen bepflanzen. Was der hübsche Weg an Schweißtropfen, vielleicht auch Blutstropfen, gekostet hat, ahnte die Kaiserin gewiss nicht, als sie bald darauf sechsspännig, mit goldbestickten keuchenden Läufern voraus, und gefolgt von einer schimmernden Kavalkade, in der alle Kostüme des Orients vertreten waren, über den glatten Wüstenkies dahinfuhr, an ihrer Seite der Prinz von Wales, ihr gegenüber der glückliche Khedive." (Aleph, 1904)

****Pyramiden von Giseh**

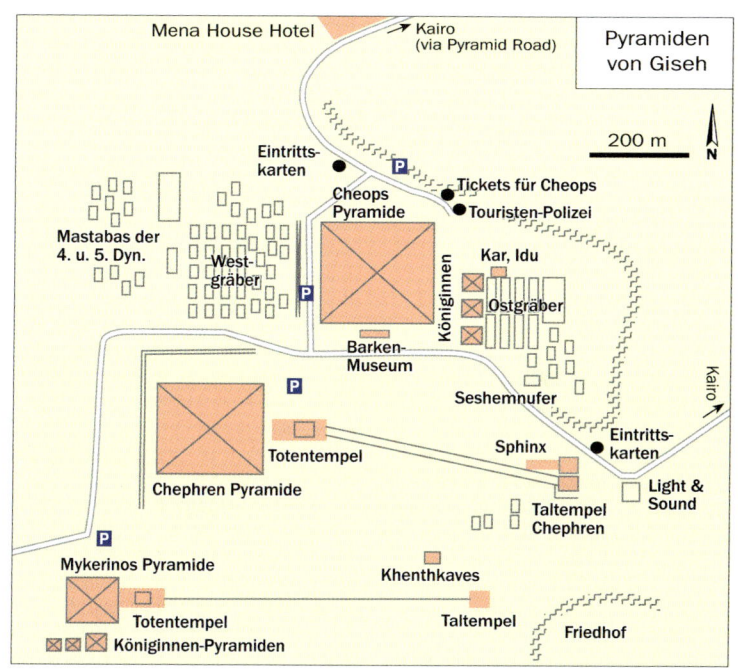

Karte: Pyramiden von Giseh

- Mena House Hotel
- Kairo (via Pyramid Road)
- Eintrittskarten
- Cheops Pyramide
- Tickets für Cheops
- Touristen-Polizei
- Mastabas der 4. u. 5. Dyn.
- Westgräber
- Königinnen
- Kar, Idu
- Ostgräber
- Barken-Museum
- Seshemnufer
- Sphinx
- Eintrittskarten
- Totentempel
- Chephren Pyramide
- Taltempel Chephren
- Light & Sound
- Mykerinos Pyramide
- Khenthkaves
- Totentempel
- Taltempel
- Friedhof
- Königinnen-Pyramiden

gelände eingelassen werden, damit sie einen entsprechenden Vorsprung vor den Bussen und noch die Chance haben, eins der 150 Cheops-Tickets zu bekommen. Zwischen etwa 11 und 13 Uhr sperren die Wärter die Pyramiden ab; auch wenn man Eintrittskarten hat, kommt man nicht hinein. Freitags ist der Besucherandrang höher, weil viele Ägypter den freien Tag für eine Besichtigung nutzen. Generell günstig ist ein sehr früher Besuch; dann ist die Gegend noch vergleichsweise menschenleer. Wer es ganz geschickt machen will, fährt möglichst früh zum rückwärtigen Eingang bei der Sphinx, die und zumindest noch den Taltempel hat man dann ziemlich für sich allein.

Ein wichtiger Hinweis: Die drangvolle Enge und die Hitze können Leute mit Engen/Platzangst (Klaustrophobie), Atemnot oder Kreislaufbeschwerden in ernste Gefahr bringen, besser: draußen bleiben.

Wenn Sie dem Gedränge hier aus dem Weg gehen wollen und dennoch unbedingt und preiswerter erleben wollen, wie es ist, wenn in einer Jahrtausende alten Grabkammer etwa eine Million Tonnen Gestein über einem aufgestapelt sind, dann besuchen Sie die Rote Pyramide in Dashur (siehe Seite 292). Dort gibt es keine Beschränkung der Besucherzahl, allerdings sind die Innenräume wesentlich bescheidener als die der Cheops-Pyramide.

Sollten Sie den Wunsch nach einem Führer - *Dragoman* - nicht unterdrücken können, nehmen Sie am besten einen lizenzierten Mann, er muss sich mit einer Messingplakette ausweisen. Die Kenntnisse dieser Leute werden geprüft, dadurch haben Sie Gewähr, mehr Fakten als Märchen zu hören. Übrigens kommen die meisten Dragomanen aus Beduinenkreisen.

Unentwegte, die auf einen Ritt um die Pyramiden nicht verzichten wollen, erkundigen sich

4 Kairo und Umgebung kennenlernen

am besten vor dem Pyramidenbesuch im Tourist Office gegenüber dem Mena House-Hotel; dort erfahren Sie die aktuellen Preise als Basis für Ihre Verhandlungen. Spätnachmittags sinken die Angebotspreise. Ein Kamelritt mag den Vorteil haben, dass man die Pyramiden aus einiger Distanz sieht und die Treiber die besten Fotoplätze kennen. In der Nähe der Pyramiden gibt es einige Reitställe; wer Interesse an größeren Reitausflügen hat, lese Seite 290 nach.

****Cheops-Pyramide
(altägyptischer Name *Chufu*)

Doch zu den Pyramiden selbst: Im Norden - exakt auf dem 30. Grad nördlicher Breite - erhebt sich die unter Cheops gebaute Pyramide, mit ursprünglich einschließlich Verkleidung 147 m, heute noch 137 m Höhe, d.h. höher als ein 40-stöckiger Wolkenkratzer. Sie ist die höchste und älteste der drei weltberühmten Bauwerke (siehe auch *www.cheops.org*). Mit dem hier verwendeten Steinmaterial könnte man eine Stadt für 120 000 Einwohner bauen, hat ein fleißiger Rechner herausgefunden.

Die Besichtigung der Grabkammer dieser Pyramide lohnt sich gegenüber den anderen am meisten; denn trotz aller Mühsal, schlechter Luft und Gedränge zeigen sich im Innern die Baumassen in ihren gewaltigen Ausmaßen sehr eindrucksvoll. Vom heutigen Eingang, einem ehemaligen Grabräuberzugang, führt der Weg zunächst leicht ab-, dann aufwärts. Würde man sich am Wendepunkt über einen 106 m langen Gang (teils kriechend) weiter in die Tiefe begeben, sähe man nur eine leere Kammer. Sie ist für die Öffentlichkeit gesperrt.

Nun steigt man weiter durch den ebenfalls engen Gang nach oben. Er öffnet sich schließlich in die (weiterhin ansteigende) *Große Halle* mit polierten und fast fugenlos aneinander gefügten Steinplatten, 8,5 m hoch, bis zu 2,15 m breit und 47 m lang (am Beginn der Halle zweigt ein horizontaler Gang zur *Königinkammer* ab). Man kann bis zum oberen Ende der Großen Halle und weiter durch eine niedrige Passage in die *Grabkammer*, die immerhin 42,3 m (gute 15 Stockwerke!) über der Pyramidenbasis liegt. Die Wände und auch die Decke bestehen aus rotem Granit, wobei die Decke selbst von gewaltigen, 5,65 m langen und 40 t (!) schweren Granit-Monolithen getragen wird, um überhaupt die Last der vielen Steinquader oberhalb auffangen zu können (daher wurden zur Lastenminderung fünf Hohlräume über der Decke ausgespart).

Etwas außerhalb der Mitte steht der leere Sarkophag, ohne jede Beschriftung oder eine Andeutung seines Besitzers. Lediglich weit oben in den Hohlräumen über der Kammer wurde mehrmals der Name Chufu gefunden. Zwei schräg nach oben führende Schächte sollten vermutlich den Flug der Seele zum Himmel ermöglichen. Die Grabkammer war ursprünglich mit Granit-Fallplatten verschlossen, von denen sich eine noch in der „Ausgangsposition" befindet.

Im westlichen **Gräberfeld** - rechts der Straße, an der Nordwestecke der Cheops-Pyramide - wurden einige Gräber restauriert und zugänglich gemacht: Das Grab des Senedjemib Mehi (5. Dynastie), Oberster Richter und Wesir, ist das uninteressanteste mit nur zwei kleinen Räumen, links daneben das Grab des Achetmehu Chenemente (6. Dynastie), Oberschatzmeister und Aufseher des Einbalsamierungshauses, größtes der drei Gräber mit vielen Reliefs und zwei voneinander getrennten Räumen. Das dritte Grab gehörte Senedjemeb Inti, 5. Dynastie, Oberster Richter und Wesir.

An der Ostseite der Pyramide erhob sich einst auf einer Fläche von 52 x 40 m der **Totentempel** des Cheops. Leider blieb nur noch die schwarze Basaltpflasterung erhalten. Der zugehörige Taltempel ist komplett verschwunden, ebenfalls fehlen vom Aufweg alle Spuren. Die drei **kleinen Pyramiden**, die sich südlich an den Totentempel anschließen, dienten Königinnen als letzte Ruhestätte, d.h. (von Nord nach Süd) der Königsmutter Hetepheres, die mittlere der Nebenfrau Merititis (Mutter seines Nachfolgers Chephren) und die dritte der weiteren Nebenfrau Henutsen. Die Grabkammern wurden restauriert und können besichtigt werden.

Allerdings geht es durch einen engen Gang in gekrümmter Haltung 10 m tief in den gewachsenen Fels - unten angekommen, sieht man nur enge leere Räume, bei Henutsen immerhin eine Art Sarkophag-Wanne im Boden. Die Mühe lohnt sich für den Normalbesucher in keinem der drei Fälle.

Neben der Hetepheres-Pyramide weisen die Wärter auf die **Mastabas von Kar und Idu** hin. Der Blick in die fast ebenerdigen Grabkammern kostet keine Mühe. Kar entschädigt mit seiner Statue in Begleitung von Verwandten, im rechten und linken Seitenraum sieht man die im Alten Reich üblichen Scheintüren, an verschiedenen Wänden Reliefs. Idus Grabkammer fiel etwas bescheidener aus; rechts in einer Wandnische mit Scheintür scheint er aus dem Jenseits aufzutauchen und seine Opfer einzufordern, denn er schaut nur ab Brusthöhe aus dem Boden.

An der Südostecke des Gräberfeldes liegt das **Grab des Seschemnefer IV**, Inspektor der Ärzte (Ende 5. Dynastie), dessen oberirdische Räume wenige, z.T. zerstörte Reliefs enthalten. Die Grabkammer selbst ist nur durch einen engen Durchgang erreichbar; hier steht noch der mächtige Steinsarkophag mit geöffnetem Deckel.

An der Südseite der Cheops-Pyramide wird Ihnen ein aus der Form geratenes Betonbauwerk auffallen, das ***Cheops Boat Museum** (£E 50). Hier ist eine erst 1954 am selben Platz gefundene **Barke des Pharao** ausgestellt. Sie war, in 1224 Einzelteile zerlegt, in einer hermetisch abgeschlossenen Kammer nahezu 5000 Jahre lang gelagert. In die Kammer konnten weder Feuchtigkeit noch Schädlinge eindringen. Versäumen Sie trotz des zusätzlichen Eintritts den Besuch nicht. Das Boot hat die lange Wartezeit nahezu unbeschadet überstanden, sein Anblick ist überwältigend: Ohne jegliche metallische Elemente (bis auf zwei Kupferstifte) zusammengefügt, übertrifft es die Größe heutiger Nil-Feluken bei weitem. Es maß 43 m vom Bug zum Heck und 5,66 m zwischen den Bordwänden. Die Hauptkajüte war bequeme 9 m lang und 2,50 m hoch, auch die Kapitänskajüte am Bug ist erhalten. Das Boot führt sehr deutlich den hohen Stand der Handwerkskunst sowohl in Planung als auch in der Ausführung vor Augen. Insgesamt fünf Boote waren in Gruben nahe der Pyramide untergebracht (an den Schutzgeländern erkennbar). Lediglich die beiden Boote an der Südseite blieben erhalten. Kleinere Boote lagen zwischen den Königinnenpyramiden.

***Chephren-Pyramide
(altägyptischer Name *Cha-ef-Ra*)

Sie ist 136,5 m hoch (früher 143,5 m) und überragt dennoch die Nachbarin, aber nur, weil sie auf einem etwas höheren Felspodest erbaut

Cheops-Barke: 1224 Einzelteile überstanden fast 4,5 Jahrtausende

wurde. Die Verkleidung an der Spitze blieb erhalten, sie lässt ahnen, wie die Pyramide ursprünglich aussah. Offensichtlich wurden die Baupläne während der Ausführung geändert, daher führen zwei Gänge in die Grabkammer, die - außer dem obersten Teil - im gewachsenen Fels direkt unter der Pyramidengrundfläche liegt. Der erste Gang verläuft unterirdisch, der andere senkt sich 15 m oberhalb der Grundfläche durch die Pyramide nach unten und trifft dann auf den ersten Gang. Der italienische Abenteurer Belzoni entdeckte 1816 die Grabkammer, die einen mit Geröll gefüllten Sarkophag enthielt, dessen Deckel zerbrochen war. Insgesamt ist dieses System bei weitem nicht so beeindruckend wie das der Nachbarpyramide.

Östlich der Pyramide erhob sich der Totentempel, von dem noch die Grundmauern erhalten sind. Von hier führte der immer noch gut erkennbare, von hohen Seitenmauern begleitete Aufweg hinunter zum Taltempel (Beschreibung weiter unten).

***Mykerinos-Pyramide
(altägyptischer Name *Men-Kau-Ra*)

Sie ist mit 62 m (früher 66,5 m) die kleinste und südlichste des Trios. Im unteren Bereich zeigt die noch vorhandene Granitverkleidung, mit welcher Sorgfalt die Baumeister arbeiteten. Auch diese Pyramide erfuhr während des Baus Änderungen bzw. Erweiterungen. Dies ist z.B. an einem heute blinden Gang zu erkennen, dessen Eingang mit der Erweiterung überbaut werden musste.

In das Innere gelangt man auf einer schrägen Rampe, die zunächst in einen Raum mit Scheintüren mündet. Weiter geht es über einen horizontalen Korridor in eine rechteckige, von Ost nach West orientierte Halle (Scheingrab). Hier endet auch der ursprüngliche Gang. Daher wurden die Halle tiefer gelegt und unter dieser die eigentliche Grabkammer in den Fels getrieben. Der schön dekorierte Sarkophag, der einst hier stand, ging auf dem Weg nach England (im 19.Jh) bei einem Schiffsunglück verloren. Eine Nebenkammer enthält sechs Nischen, die vermutlich für die *Kanopen* angelegt worden waren. Das Kammersystem wurde jüngst restauriert und mit einem ziemlich bescheidenen Ventilationssystem versehen, das bei unserem letzten Besuch auch noch abgeschaltet war. Die Frage ist jedoch, ob sich das zusätzliche Eintrittsgeld und die mehr als 90 Stufen (davon die meisten in gebückter Haltung) für praktisch leere, weitgehend undekorierte Räume mit schlechter Luft lohnen.

Neben der Pyramide stehen drei unvollendete, kleinere Pyramiden, die der königlichen Familie zugedacht waren. Die Reste des Totentempels auf der Ostseite der Hauptpyramide zeigen, dass zumindest hier in Eile gebaut wurde: Anstelle von Granitsteinen verwendete man teilweise Ziegel, die mit Stuck überzogen und dann schwarz angemalt wurden. Etwas entfernt wurden Gräber von Arbeitern aus der 4. Dynastie gefunden, die beim Pyramidenbau beschäftigt waren. Interessant ist, dass Armknochen mit Holzstücken geschient waren; ein Beweis, dass die Männer von Ärzten betreut wurden.

Von allen zugehörigen Tempeln ist nur noch die Ruine des Taltempels der Chephren-Pyramide übrig geblieben, die vom weltberühmten Sphinx

Präzisionsarbeit im Taltempel der Chephren-Pyramide

überragt wird. Eine Asphaltstraße zwischen Cheops- und Chephren-Pyramide führt steil hinab zum Tempel. Unterwegs treffen Sie auf den

****Sphinx

Im ersten Augenblick erscheint die ebenfalls weltberühmte Figur viel kleiner als erwartet, obwohl der Koloss 20 m hoch und 75 m lang ist. Nehmen Sie sich auch hier Zeit, um den Blick des Sphinx in die zeitlose Ferne zu erfassen, schauen Sie ihn zu verschiedenen Tageszeiten mit unterschiedlichem Lichteinfall an; der Kopf wird Sie, wie viele Generationen seiner Besucher vor Ihnen, zunehmend fesseln.

Die etwas rätselhafte Figur - von den Einheimischen *Vater des Schreckens, Abu Hol* genannt - gab und gibt noch heute zu vielen Spekulationen Anlass, wer sie aus welchem Grund aus dem Fels geschlagen haben könnte. Vielleicht trifft die simple These zu, dass sich der Rest eines Felsrückens im Steinbruch einfach anbot, daraus einen Sphinx als Wächter zu schaffen. Üblicherweise trug eine solche Wächterfigur die Gesichtszüge des Pharao und tatsächlich lässt sich eine gewisse Ähnlichkeit mit Cheops nicht verleugnen. Denn es gilt inzwischen als sicher, dass der Sphinx nie einen Zeremonialbart trug (ihm dieser auch nicht abgeschlagen wurde). Chephren huldigte dieser neuen Mode, sein Vater Cheops aber nicht. Als weiteres Indiz mag gelten, dass der Aufweg zu Chephrens Pyramide schräg verläuft, den bereits vorhandenen Sphinx also umgehen musste.

Dass er bereits auf die alten Ägypter Faszination ausübte, ist z.B. aus der so genannten Traumstele von Tuthmosis IV bekannt, die noch zwischen den Tatzen steht und berichtet, wie ihm der Sphinx im Traum erschien und seine Thronbesteigung voraussagte. Aus Dankbarkeit ließ er den Sand entfernen, der den Körper einhüllte.

Andererseits ist der Sphinx nicht mehr der, der er einmal war: In nachpharaonischer Zeit wurde er nicht gepflegt, sondern eher zerstört, z.B. benutzten ihn Mamluken als Zielscheibe und zerschossen sein Gesicht. Die Umweltprobleme

Blick in die Unendlichkeit

unserer Zeit setzten ihm bis ins Innerste zu. Eine falsche Renovierung in den 1980er Jahren schadete mehr als sie nutzte; erst eine neuerliche, fünfjährige Restaurierung in den 1990er Jahren konnte den Zustand stabilisieren. Eine wesentliche Ursache des ständigen Verfalls waren die unkontrollierten Abwässer des nahen, 350 Jahre alten Dorfes Nazlit El Saman und das gestiegene Grundwasser als Folge des Assuan-Staudamms. Im Zuge der Renovierung wurde jedoch der Grundwasserspiegel so weit abgesenkt, dass diese Gefahr gebannt zu sein scheint. Dennoch wurde 1994 beschlossen, die Siedlung wegen der Abgase und Erschütterungen zu verlegen - allerdings fehlt bisher noch der erste Handschlag.

Der nahezu vollständig erhaltene **Taltempel des Chephren** zeigt die meisterhafte Leistung der Steinmetze: Es gibt keinen noch so dünnen Spalt zwischen den übermannshohen Granitplatten. Einige Steine sind so geformt, dass sie Ecksteine bilden, also nicht rechtwinklig aufeinander stoßen. Mit seinen monolithischen Pfeilern und Deckenbalken stellt er die

4 Kairo und Umgebung kennenlernen

eindrucksvolle, aber schlichte Architektur des Alten Reichs deutlich dar. Vom Eingang führte die Prozession für den verstorbenen König in einen Vorraum, von dort in die Pfeilerhalle mit ihren monolithischen Granitpfeilern und der ehemals aus Monolithen bestehenden Decke und, nach den Zeremonien, vorbei am Sphinx zum Totentempel. Im Tal- wie im Totentempel standen Statuen des Königs; aus dem Taltempel stammt das berühmte Sitzbild des Chephren mit dem Falken im Nacken (heute Ägyptisches Museum in Kairo).

Hinweis: Vor dem Taltempel drücken sich viele selbsternannte Führer herum, die ein Statuen-Museum zeigen wollen. In Wirklichkeit geht es nur um ein paar Reliefs und kümmerliche Statuenreste hinter dem Tempel, die zum Teil im Freiluft-Toilettenbereich dieser Leute liegen.

Südlich des Sphinx steht auf einem kleinen Hügel die Ruine des Mastaba ähnlichen Grabbaus von **Khenthkaves**, vermutlich einer Tochter von Mykerinos. Die Grabkammer, die früher zugänglich war, ist verschlossen, wohl weil der steile Abstieg hinunter nicht ungefährlich ist.

Vom Pizza-Hut-Restaurant gegenüber dem Sphinx-Eingang kann man in klimatisierter Umgebung Sphinx und Pyramiden in aller Ruhe bewundern. Der Besitzer des dahinter liegenden Parfümladens lädt nicht nur zur Parfümprobe, sondern auch zu sehr überteuerten Pferderitten, u.a. nach Sakkara, ein.

Zu erwähnen ist noch das **Light and Sound**-Spektakel (£E 70, keine Sudentenermäßigung). Für manche Augen und Ohren geht es hart am Kitsch vorbei, bei manchen trifft es mitten hinein. Zumindest stehen die Pyramiden einmal in anderem Licht da; wir haben es letztlich der Licht- und Lasereffekte wegen nicht bereut. Die Show wird überwiegend in Englisch, sonntags und mittwochs jeweils als dritte Vorstellung (Winter 20.30, Sommer 22.30) in Deutsch abgespielt, demnächst über Kopfhörer in beliebigen Sprachen. Erkundigen Sie sich vorsichtshalber in einem der großen Hotels nach Termin und Anfangszeit der gewünschten Sprache. Nehmen Sie im Winter eine warme Jacke, im Sommer Mückenschutzmittel mit (oder beides). Der Eingang ist im Dorf Nazlit El Saman nahe dem Wendekreisel vor dem Taltempel bzw. Sphinx.

Wenn Sie die Show aus ungewöhnlicher Perspektive ohne Ton erleben wollen: Oberhalb des Friedhofs (südlich des Sphinx) ist ein guter Beobachtungsplatz. Sollten emsige Kartenverkäufer kommen - hier kostet das Zuschauen nichts. Auch vom Restaurant am Pool im Mena House-Hotel lässt sich die Show - tonlos und von der falschen Seite - verfolgen. So lange noch mit Lautsprechern gearbeitet wird, können Sie das Spektakel auch vom Pizza Hut oder St. Melodies-Restaurant im Dorf ohne Einschränkung erleben. Eine weitere Alternative: Hinter dem Busparkplatz öffnet abends das Restaurant „Barry's" (Eckhaus des sichtbar ausgeschilderten Pferdegestüts AA, im oberen Stock). Man isst dort hervorragend auf einer schönen Terrasse in orientalischem Ambiente bei gutem Service und genießt einen perfekten Blick auf Light & Sound.

Praktische Informationen

▶ **Anfahrt**: Am Mena House-Hotel liegt die Endstation der Bus- und Minibuslinien. Günstig für die **Anfahrt** ist ein Kompromiss: mit der Metro 2 bis zur Station *El Giza* fahren, am hinteren Bahnhofsende ins Freie direkt auf die Pyramid Road gehen und diese nach etwa 50 m stadtauswärts überqueren. Kurz nach einer weißen Moschee halten Minibusse (es wird „Aaram" gerufen), mit 50 Pt Fahrpreis steigt man am Mena-Hotel aus. Oder von der Metro aus per Taxi zu den Pyramiden (ca. £E 10-15), das ist billiger und vor allem schneller als per Taxi aus dem Zentrum. Die Buslinie 913 endet im Dorf *Nazlit El Saman* am *Sphinx*, etwa 500 m vom Taltempel entfernt, mitten im Ort; sie eignet sich besonders für die Rückfahrt, weil man nicht zum Mena House-Hotel zurückwandern muss. Da sie dort startet, gibt es fast immer Platz für müde Wandersleute.

▶ **Toiletten** gibt es links vom Haupteingang und im Bootsmuseum.

Pyramide von Abu Roash

8 km nördlich der Giseh-Pyramiden liegt in der Nähe des Dorfes Abu Roash ein Felsplateau, auf dem einst eine kleine Pyramide stand. Erneute Ausgrabungen in den letzten Jahren machten wieder auf sie aufmerksam. Der Sohn von Cheops, **Djedefre**, hatte dort mit dem Bau einer Pyramide begonnen, indem er zunächst auf einem 150 m hohen Felssockel eine 67 m hohe Pyramidenspitze bauen und sie mit Rosengranitplatten aus Assuan verkleiden ließ. Anschließend sollte der Felssockel pyramidenförmig abgetragen werden. Djedefre starb jedoch lange vorher und die möglicherweise höchste aller Pyramiden wurde nie vollendet. Im Gegenteil, bereits zur Römerzeit diente der fertiggestellte Abschnitt als bequemes Baumaterialdepot für die Ortschaften der Umgebung, sodass heute für den Normalbesucher kaum etwas zu sehen ist (das Gelände ist praktisch nicht zugänglich). Die Reste sind jedoch gut von der Alexandria Desert Road zu erkennen, wenn man ca. 10 km nach der Mena House Hotel-Kreuzung auf den hohen Hügel östlich der Straße schaut.

▸ **Anfahrt:** Bus 116 ab Midan Abdel Minin Riyad bis *Kafr Chatati*, von dort per Minibus (50 Pt.)

**Pyramiden von Abusir

Auf halber Strecke zwischen Giseh und Sakkara liegt das wenig besuchte, aber durchaus sehenswerte Pyramidenfeld von Abusir aus der 5. Dynastie. In jener Zeit wurde wesentlich bescheidener gebaut als in der 4. Dynastie, doch lässt sich hier das Grundprinzip des Pyramiden-Komplexes wiederum gut erkennen: Taltempel - heute nur noch wenige Blöcke, da schon im Fruchtlandbereich liegend - Aufweg, Totentempel und schließlich das Grab, die Pyramide.

Das Gebiet ist seit Jahren praktisch nicht öffentlich zugänglich, obwohl ein großzügiger Parkplatz, Ticketschalter und Toiletten angelegt wurden. Offiziell kann es nur mit einer Sondergenehmigung der Antikenverwaltung, 3 Sharia Abdel Bakr, Tel 012 25094 001 (Mr. Ashraf Salah) besucht werden; inoffiziell jederzeit gegen erkleckliches Bakschisch vor Ort; im November 2008 wurde – trotzdem - der Eintrittspreis mit £E 20 bekannt gegeben.

Insgesamt konnten 14 Pyramiden in Abusir identifiziert werden, aber nur vier - alle aus der 5. Dynastie - sind noch vorhanden: nördlich die Pyramide von **Sahu-Re**, südlich davon die von **Niuser-Re**, links und direkt daneben die von **Neferirkara** (unvollendet) und **Neferefre** (weitgehend zerstört).

Am besten ist die Pyramide von **Sahu-Re** erhalten. Der Totentempel liegt rechts vom neu angelegten Aufweg. Von den ehemals 16 Säulen des Hofes sind zwei am Eingang wiedererrichtet worden; auf dem Boden liegende Granitbalken zeigen die Kartusche des Königs. Die Wände waren einst mit sehr feinen Reliefs bedeckt, die erhaltenen befinden sich heute vor allem in den Museen von Kairo und Berlin. Neben dem hellen Kalkstein für die Wände wurde für Säulen, Fundamente, Schwellen und Architrave wertvolles „farbiges" Steinmaterial, wie Rosengranit aus Assuan und Basalt, verwendet. Ein gut erhaltenes Deckenfragment aus Kalkstein lässt sich eigentlich nicht übersehen, da es mit den typischen Sternen versehen ist. Am unteren Ende des Aufwegs sind die Reste des Taltempels erkennbar.

Zwischen den Totentempeln der beiden nördlichen Pyramiden liegen Mastabas, deren größte und interessanteste die des **Ptah-schepses** ist. Es lässt sich nachvollziehen, dass sie in üblichen Dimensionen begonnen, aber mit der Karriere des Eigentümers immer weiter ausgebaut wurde. Offiziell betritt man die Anlage durch zwei Eingangshallen - hier stehen Säulen mit den frühesten Beispielen von Kapitellen in Lotusform - und kommt dann in einen Opferraum mit drei Nischen. Links führt ein Durchgang in einen offenen Hof mit 20 quadratischen Pfeilern. Inoffiziell gelangt man nur über eine Mauer in die Pfeilerhalle, die Eingangshallen bleiben verschlossen. An der Westseite des Hofes liegt eine Nische, durch die man in die Grabkammer mit dem Sarkophag des Ptah-schepses und dem

4 Kairo und Umgebung kennenlernen

seiner Frau hinunterschauen kann (der Weg hinunter durch die anderen Kammern lohnt nicht). In der Südwestecke führt ein Durchgang zu zwei Gruben, die offenbar für Boote angelegt worden waren; ein Zeichen für die Bedeutung des Grabherrn, denn normalerweise nahmen nur Pharaonen Boote mit in die Ewigkeit.

Tschechische Archäologen entdeckten 1989 im Gelände von Abusir den von Grabräubern geleerten Sarkophag von Udja-Hor-resnet, einem Mann mit zweifelhaftem Ruhm: Er soll den letzten ägyptischen Herrscher der 26. Dynastie, Psammetich III., an den Perserkönig Kambyses verraten haben.

1996 fanden dieselben Wissenschaftler das unberührte **Grab des Iufaa**, des Vorlesepriesters und Palastchefs in der 26. Dynastie. Ein 28 m tiefer Schacht (neun Stockwerke!) führt zur Grabkammer, in der noch der versiegelte Sarkophag stand. Zunächst mussten aber die fragilen Wände und Decken gesichert werden, bevor man sich dem bisher fünften, unversehrt gefundenen Grab näher widmen konnte. Bei der Öffnung des Steinsarkophags im November 1998 stellte sich heraus, dass im Innern ein weiterer schwarzer Basaltsarkophag einen Holzsarkophag enthielt, der durch Feuchtigkeit sehr gelitten hatte. Die Wände der Grabkammer sind mit sehr gut erhaltenen und schönen Reliefs geschmückt.

Bei klarem Wetter bietet Abusir einen guten Weitblick. Im Norden erkennt man die Pyramiden von Giseh, im Süden zunächst die von Sakkara, dann sogar von Dashur.

Nördlich von Abusir, in **Abu Gurob**, steht das **Sonnenheiligtum des Niuser-Re**. Es ist etwa 1 km entfernt und in 20 Minuten zu Fuß zu erreichen, auf halbem Weg kommt man an den spärlichen Resten des **Sonnenheiligtums von Userkaf** vorbei. Das Heiligtum des Niuser-Re lässt die ursprüngliche Anlage noch gut erkennen, die Parallelen zum Pyramiden-Komplex aufweist: Am Fruchtlandrand steht der Taltempel, dem sich der Aufweg anschließt.

Das eigentliche Sonnenheiligtum bestand aus einem großen offenen Hof mit einem überdimensionalen Altar aus Kalzit-Alabaster (vor Ort erhalten). Dahinter erhob sich auf einem Sockel ein gewaltiger aufgemauerter Obelisk, das Kultsymbol für den Sonnengott Re, dessen Verehrung in der 5. Dynastie einen ersten Höhepunkt erlebte. An den Hof schlossen sich beiderseits Magazine und Schlachthöfe an, die Opferbecken sind heute noch vorhanden. Die Plattform des Obelisken konnte über einen mehrfach abgeknickten Gang erreicht werden; diesen Weg kann man noch nachvollziehen, während vom Obelisken selbst nichts mehr übrig geblieben ist. Sonnenheiligtümer findet man in vielen Tempeln des Niltals; die Obeliskenspitze wurde als Erstes von der Sonne beleuchtet und hatte eine hohe kultische Bedeutung.

In einer kleinen Kapelle im Hof und in einem geschlossenen Gang im Süden, der zu dem oben erwähnten Aufstieg führte, wurden überaus wichtige Reliefs gefunden, die zum einen das königliche Erneuerungsfest darstellen, zum anderen in der so genannten Jahreszeitenkammer in Naturdarstellungen das Wirken des Sonnengottes schildern (heute in Kairo, Berlin und München).

▶ **Anfahrt:** Per **Minibus**: dazu an der Sakkara-Kreuzung (siehe Seite 290, Anfahrt Sakkara) auf die östliche (also eigentlich falsche Richtung) Fahrbahn gehen und gegen Fahrtrichtung bis zur ersten kleinen links abzweigenden Straße, dort findet man Minibusse ins Dorf *Abusir*.

▶ Per **Auto:** von der Pyramid Road auf die Sakkara-Straße abbiegen (mit *Sakkara* und *Ringroad* ausgeschildert). Nach 14,5 km kurz nach dem Restaurant *Sakkara* rechts abbiegen, nach 1 km im Dorf Abusir vor einer Kanalbrücke rechts ab und am Kanal entlang, nach 1,4 km links über den Kanal, 300 m weiter liegt das Pyramidenfeld.

Folgt man von Abusir aus der schmalen Straße am Kanal geradeaus weiter nach Süden, so erreicht man nach etwa 2 km die Zufahrt zum Sakkara-Komplex (man muss also nicht wieder zurück zur Hauptstraße fahren).

Beginn des Pyramidenbaus: Djosers Stufenpyramide

****Pyramiden von Sakkara

Hintergrund: *Als am Ende des 4. Jahrtausends vC Ober- und Unterägypten zu einer politischen Einheit zusammenwuchsen, bildete sich an der natürlichen Nahtstelle zwischen Delta und Niltal die Stadt Memphis, „die Waage der beiden Länder". Sie war die Hauptstadt Ägyptens in der Zeit des Alten Reiches, zeitweise auch im Mittleren und Neuen Reich. Auch in den Zeiten, in denen das politische Zentrum des Landes in Oberägypten oder im Delta lag, war Memphis stets einer der religiösen Mittelpunkte Ägyptens. Von der einst mit weißen Mauern umgebenen Pracht ist fast nichts übrig geblieben, vieles versank im Nilschlamm; die meisten Bauwerke aber dienten als „Steinbruch" für die Umgebung, vornehmlich also für Kairo.*

Im Westen von Memphis, dort, wo das Reich der Toten beginnt, entstand die Nekropole der Hauptstadt. In der Nähe des heutigen Dörfchens Sakkara erhebt sich als deutliches Wahrzeichen die Stufenpyramide des Djoser. Sie ist die erste Pyramide überhaupt und die erhabenste von den 15 Pyramiden der näheren Umgebung. Weiterhin zeugen eine unübersehbare Zahl von Mastabas - die Bankgräber der Würdenträger - von der Bedeutung dieser Stätte.

Etwas verwirrend ist die Tatsache, dass hier noch bis zur Perserzeit Tote bestattet wurden. Dennoch handelt es sich hauptsächlich um eine Nekropole des Alten Reichs und aus dieser Epoche sind hier einige der interessantesten Dokumente zu finden. Betrachten Sie vor allem die Reliefs in den Gräbern als eine Art dokumentarisches Bilderbuch des Alten Reichs, das viele Lebensbereiche des vor fünf Jahrtausenden existierenden Gemeinwesens detailliert schildert.

Sakkara ist immer wieder für Überraschungen gut. 2006 stießen Archäologen auf Gräber aus der 5. oder 6. Dynastie mit sehr gut erhaltenen Holzstatuen und Sarkophagen. In einer Lehmziegel-Mastaba waren ein Schreiber und seine Frau bestattet worden. Als Grabbeigaben dienten 5 gut erhaltene hölzerne Statuen, wobei eine Doppelstatue des sitzenden Paares als ungewöhnlich gilt.

Die große Auswahl der zu besichtigenden Stätten droht den Besucher zu erschlagen. Es ist wichtig, sich vorher in die historischen Zusammenhänge einzulesen und sich ein Bild von dem zu machen, was einen hier erwartet:
- die früheste Steinarchitektur
- der Übergang vom Bank-Grab (Mastaba) zur Pyramide
- weiterentwickelte Pyramiden
- Scheinbauten von Kapellen und Heiligtümern (innerhalb der Umfassungsmauern der Djoser-Pyramide)

4 Kairo und Umgebung kennenlernen

- Mastabas der hohen Beamten (Pyramiden waren den Pharaonen vorbehalten), die reich verziert und ausgestattet den gewohnten Lebensstil nach dem Tod ermöglichen sollten
- Gräber der Beamten, die ähnlich wie die Scheinbauten den Grabherren wenigstens bildlich mit der verlassenen Umwelt umgeben und das Weiterleben nach dem Tod sichern sollten
- die Begräbnisstätte der heiligen Stiere (Apis) des Gottes Ptah.

Vor allem aber erwartet Sie eine riesige Bilddokumentation des täglichen Lebens vor 5000 Jahren, von der Wiege bis zur Bahre, vom Wohnen, Leben, Arbeiten bis zum Vergnügen; Hunderte von Quadratmetern an minutiösen Darstellungen dessen, was den Menschen damals wichtig erschien - wo sonst kann man so viel im Buch der Zeit lesen? Siehe auch *www.alien.de/horus/warum.htm*.

Das wichtigste und sehenswerteste Bauwerk ist die Pyramide des Djoser. Ganz Eilige sollten zusätzlich wenigstens die Gräber des Ti, Mereruka und Idut besichtigen (diese aber in Ruhe betrachten); wenn Zeit bleibt, einen Blick in die Persergräber und die Unas-Pyramide werfen. Die bemerkenswertesten der vielen Sehenswürdigkeiten Sakkaras (nicht immer sind alle zugänglich) sind im Folgenden kurz skizziert, jeweils örtlich zusammengefasst.

Aber zunächst sollte man sich nach dem Ticketkauf mit einem Besuch des kleinen, aber doch feinen **Imhotep-Museums** einstimmen, in dem einige bisher nicht zu sehende Funde aus Sakkara ausgestellt sind. Der Rundgang beginnt mit einem kurzen Einführungsvideo. Das Museum selbst ist thematisch Djoser, Imhotep und der Stufenpyramide gewidmet, viele Texttafeln und ein guter Übersichtsplan vermitteln zusätzliche Informationen. Leider sind einige Beschriftungen wegen der schlechten Beleuchtung und/oder kleinen Schrift nur schwer zu lesen. An Ausstellungsstücken sind u.a. Paneele mit blauen und grünen Fayence-Kacheln, die älteste Steindecke, eine Bronzestatue von Imhotep (etwa 1000 Jahre nach seinem Tod angefertigt), eine vergoldete Mumie aus der Ptolemäerzeit, verschiedene Holzstatuen und anderes mehr zu sehen. – Im recht gut geführten Café gibt es Sandwiches, Säfte, Cappuccino etc.

Bezirk der Djoser-Pyramide

****Stufenpyramide des Djoser (3. Dynastie): Der Komplex der Djoser-Pyramide ist von größtem Interesse, weil hier der erste monumentale Steinbau überhaupt entstanden ist (vorher Ziegelarchitektur). Das eigentliche Grab, die Pyramide, ist umgeben von einer ganzen Reihe von Bauten, die als Scheinarchitektur - nicht begehbar, innen massiv - dem verstorbenen König ins Jenseits mitgegeben wurden. Der Architekt dieser grandiosen Anlage ist bekannt: Imhotep, dem die „Erfindung" der Steinarchitektur zugeschrieben wurde, galt späteren Generationen als Weiser und wurde in der Spätzeit sogar ein Gott verehrt (Heiligtum in Philae).

Der Bezirk ist von einem Mauerviereck in Nischenarchitektur von 277 m x 544 m umgeben. Der einzige Zugang liegt im Südosten. Dort geht man zunächst durch eine Eingangshalle mit Pflanzensäulen und erreicht den offenen Hof vor der 62 m hohen Pyramide. Diese hat eine ziemlich komplizierte Baugeschichte: Ursprünglich als Mastaba begonnen, wurde sie mehrfach vergrößert, schließlich setzte man sechs Stufen aufeinander; damit war die erste (Stufen-)Pyramide entstanden. Von der Hofseite aus sind die Vergrößerungen deutlich zu erkennen.

Gehen Sie rechts an der Pyramide am *Haus des Südens* und dem *Haus des Nordens* – Entsprechungen des vereinten Reichs aus Ober- und Unterägypten - vorbei, das Sie betreten können; allerdings endet der Gang nach wenigen Metern, dann folgt der massive Kern. Im Eingang sind Besucherinschriften aus der Ramessidenzeit zu erkennen, vergleichbar den heutigen Touristen-Graffiti. Hinter der Pyramide (im Norden) liegen die Überreste des Totentempels, von dem aus ein Schacht zur Grabkammer und einem verzweigten Gangsystem hinunter-

Bezirk der Djoser-Pyramide

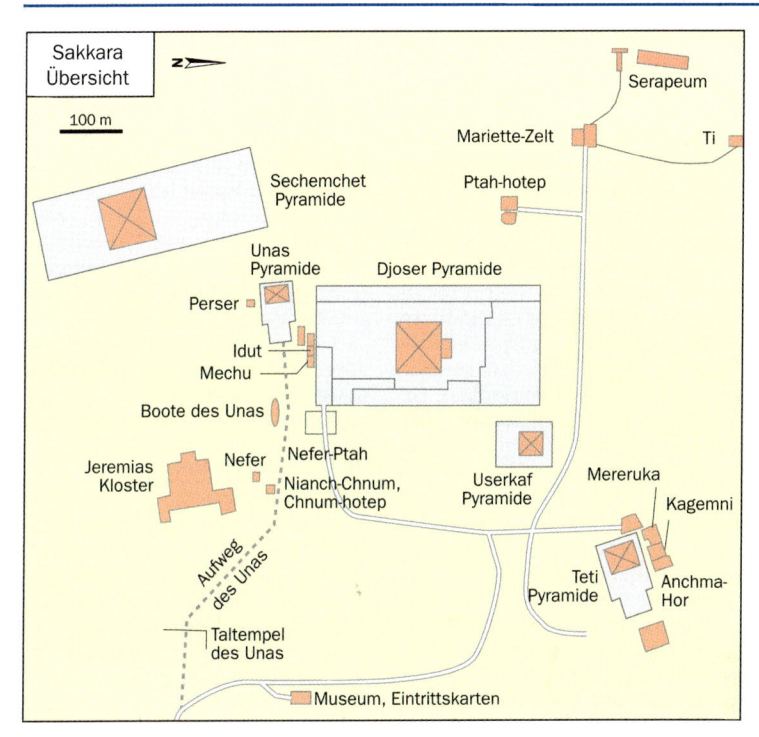

Sakkara Übersicht

- Serapeum
- Mariette-Zelt
- Ti
- Sechemchet Pyramide
- Ptah-hotep
- Unas Pyramide
- Djoser Pyramide
- Perser
- Idut
- Mechu
- Boote des Unas
- Jeremias Kloster
- Nefer
- Nefer-Ptah
- Nianch-Chnum, Chnum-hotep
- Userkaf Pyramide
- Mereruka
- Kagemni
- Aufweg des Unas
- Teti Pyramide
- Anchma-Hor
- Taltempel des Unas
- Museum, Eintrittskarten

führt (wegen Einsturzgefahr nicht zugänglich). Im Bereich des Totentempels steht eine kleine geschlossene Kapelle für eine Statue des Königs, in der heute nur eine Kopie zu sehen ist (Original im Museum in Kairo). Beim Rückweg nicht durch den Hof, sondern leicht links durch eine Reihe von Kapellen - wieder Scheinbauten - gehen.

Hier lässt sich gut der Übergang von der Lehmziegel- zur Steinarchitektur beobachten: Die geböschten Wände, die Hohlkehle, der Rundstab sind Elemente aus dem Lehmziegelbau, im Steinbau funktionslos und hier erstmalig als Schmuckform übernommen. Die Kapellen bilden Heiligtümer aus Ober- und Unterägypten nach und stehen wahrscheinlich in Verbindung mit dem königlichen Jubiläumsfest (*Heb-Sed*), das der Tote auch im Jenseits feiern sollte.

Am Südende des offenen Hofes liegt quer das Südgrab (nicht zugänglich) mit einem unterirdischen Kammersystem für ein rituelles Begräbnis der königlichen Seele (*Ka*).

**Mastaba des Wesirs Mechu (6. Dynastie): Die Reliefs sind wegen der besonders gut erhaltenen Farben von Interesse, die Motive entsprechen der Themenvielfalt am Ende des Alten Reichs: Fisch- und Vogelfang im Papyrusdickicht, Landwirtschafts- und Handwerkerszenen, lange Reihen von Opferträgern.

**Mastaba der Prinzessin Idut (6. Dynastie): In diesem Grab, das ursprünglich für einen Wesir namens Ihi bestimmt war, liegt der Darstellungsschwerpunkt auf der Ausfahrt der Grabprinzessin ins Papyrusdickicht (Rudern, Fischen etc.).

4 Kairo und Umgebung kennenlernen

**Persergräber (27. Dynastie): 25 m tiefe Schachtgräber. Die Wände sind z.T. mit feinsten Hieroglyphen und religiösen Darstellungen geschmückt.

***Unas-Pyramide (Ende der 5. Dynastie): In der Sarg- und Vorkammer finden sich erstmalig die so genannten Pyramidentexte. Sie sind eine Spruchsammlung aus älterer Zeit, die auf Rituale während der königlichen Bestattung anspielt, dem König den Übergang ins Jenseits und den Aufstieg zu den Göttern ermöglichen soll. Die Sargkammer ist schön ausgemalt. Auf der dem Eingang gegenüberliegenden Südseite ist eine Inschrift von Chaemwase (Sohn Ramses II) zu sehen, der die Pyramide restaurieren ließ.

Der zugehörige, östlich der Pyramide angelegte Totentempel ist praktisch nicht mehr vorhanden, weit östlich wurden Gruben für Boote in den Felsen gehauen. Der Aufweg zur Unas-Pyramide lässt sich noch etwa 700 m verfolgen. Er wurde teilweise freigelegt, Reste der ursprünglichen Reliefdekoration (Sternenhimmel, Säulentransport) sind noch zu sehen. Auch die spärlichen Ruinen des Taltempels können - in der Nähe des Tickethäuschens - noch ausgemacht werden.

Gräber am Aufweg des Unas (£E 25 zusätzlicher Eintritt): Östlich der Unas-Pyramide liegen am Aufweg einige Gräber von Beamten der 5. Dynastie, die relativ bald nach ihrer Errichtung bei der Anlage des Aufwegs zugeschüttet wurden und daher z.T. gut erhalten sind.

Westlich nach dem Knick des Aufwegs befindet sich das aus sechs Räumen bestehende Doppelgrab des **Nianch-Chnum** und des **Chnum-Hotep**. Die beiden Besitzer trugen jeder den Titel „Aufseher der Manikure am königlichen Hof". Da die Grabanlage schon frühzeitig verschüttet wurde, sind die hervorragend gestalteten, zum Teil ungewöhnlichen Reliefs sehr gut erhalten. Ungewöhnlich, weil die Männer stets gemeinsam und mehrfach in enger Umarmung dargestellt werden. Noch konnten die Archäologen bisher keine schlüssige Erklärung dafür finden, nicht einmal, ob es sich um Brüder oder Freunde handelt. Die Website *www.egyptology.com/niankhkhnum_khnumhotep/* vermittelt die Hintergründe.

Unweit südlich hat sich **Nefer** ein ebenfalls dekoriertes Felsengrab anlegen lassen, allerdings mit deutlich gröberen Reliefs.

Südöstlich dieser Gräber blieben vom ehemaligen **Jeremias-Kloster** fast nur noch Ruinen übrig, viele Einzelfunde sind im Koptischen Museum, Kairo, ausgestellt. Südwestlich der Unas-Pyramide sind Reste des unvollendeten Grabkomplexes des **Sechemchet** (Nischen-Architektur der Umfassungsmauer) zu erkennen, der noch größer als der Djoser-Bezirk werden sollte. In der 40 m tiefen Grabkammer wurden ein Sarkophag, im Zugang zur Kammer Goldschmuck (jetzt Museum Kairo) gefunden.

Bezirk der Teti-Pyramide

***Teti-Pyramide (6. Dynastie): Zwar ist die Pyramide von Teti, dem Gründer der 6. Dynastie, in ihrem Oberbau stark zerstört, doch sind die unterirdischen Kammern mit den Pyramidentexten gut erhalten.

***Mastaba des Wesirs Mereruka (6. Dynastie): Innerhalb des Grabkomplexes des Mereruka liegen auch die Räume für den Grabkult seiner Frau Watet-chet-Hor und seines Sohnes Merjtetj. Mit seinen insgesamt 32 Räumen ist diese Anlage der umfassendste private Grabkomplex des Alten Reichs. Der ursprünglich massive Oberbau der Mastaba ist jetzt vollständig „ausgehöhlt" und beinhaltet eine Abfolge von reliefdekorierten Räumen, die für den Totenkult zugänglich waren.

Wichtige Darstellungen: der Grabherr als Maler vor einer Staffelei im Eingangsbereich, dann Nilpferdjagd, im folgenden kleinen Raum Handwerksszenen (mit Zwergen), im rechten Längsraum Tanz- und Musikdarstellungen. Im großen Pfeilersaal findet sich eine beeindruckende Kombination von Grabstatue und Scheintür - überaus lebendig tritt eine lebensgroße Statue des Mereruka aus seinem Grab heraus. An den Wänden Schiffsdarstellungen und Szenen aus der Tierzucht (Geflügelhof, Mästen einer Hyäne). - Die nicht zugängliche Grabkammer mit

Sarkophag und Beigaben liegt ein Stockwerk tiefer, zu dem Schächte hinabführen.

**Mastaba des Wesirs Kagemni (6. Dynastie): Die Außenmaße der direkt an die Anlage des Mereruka anschließenden Mastaba übertreffen diese, doch ist das Grab im Innern weniger differenziert und enthält weniger dekorierte Räume.

**Mastaba des Wesirs Anchma-Hor: Gehen Sie die Gräberstraße weiter entlang und biegen Sie bei der ersten Möglichkeit nach links ab; vorbei an einigen Scheintüren führt der Weg zum Grab des Anchma-Hor, in dem einige der seltenen medizinischen Darstellungen - darunter eine Beschneidungsszene - bemerkenswert sind (im Durchgang vom Eingangsraum rechts zur Pfeilerhalle).

Nordwestlicher Bezirk

***Mastaba des Ti (5. Dynastie): Obwohl dieses Grab in seinen Ausmaßen deutlich hinter Mereruka oder Kagemni zurückbleibt, ist es wegen der Qualität seiner Reliefs und deren gutem Erhaltungszustand eines der bekanntesten Gräber des Alten Reichs; Sie sollten es auf keinen Fall versäumen. Aus der Fülle der Darstellungen, die das tägliche Leben und die Versorgung für das Jenseits schildern, seien nur einige besonders interessante herausgegriffen.

Im schmalen Korridor zur Kultkammer auf der linken Seite Transport der Statuen des Grabherrn, rechts Schiffsdarstellungen; in der ersten (kleinen) Kammer Szenen vom Backen und Bierbrauen; in der Kultkammer links vom Eingang landwirtschaftliche Szenen (von der Aussaat bis zur Ernte), auf der rechten Wand die berühmte Szene von der Fahrt des Ti ins Papyrusdickicht mit Nilpferd, Fischen, Bootsbau.

**Serapeum (wegen Baufälligkeit vermutlich noch länger geschlossen): Der Apis-Stier, die irdische „Variante" des Gottes Ptah, wurde nach seinem Tod mumifiziert und beigesetzt. Seit Amenophis III fand die Bestattung in Einzelgräbern statt, unter Ramses II wurde mit dem Bau einer unterirdischen Galerie für viele Gräber, dem Serapeum, begonnen. Der ehemals für Besucher zugängliche Teil stammt aus der Spätzeit (ab der 26. Dynastie); beeindruckend sind die gewaltigen, viele Tonnen schweren Sarkophage für die Stiermumien. Der letzte Sarg blieb mitten im Gang stehen. Rechts vom Eingang wurden zahlreiche kleine Nischen für Kultgegenstände des Apisstiers in den Fels geschlagen.

***Mastaba des Ptah-hotep (5. Dynastie): Obwohl kleiner in den Ausmaßen, übertrifft dieses Grab in der Qualität seiner Reliefs noch diejenigen des Ti. In einer einzigen Kammer (jenseits der Pfeilerhalle liegt die Kultkammer seines Vaters Achti-hotep) wird auf engstem Raum die Vielfalt altägyptischen Lebens wiedergegeben: Fischfang und Bootsbau, Weinherstellung und Tierschlachtung, Spiel und Musik, Jagd und Tierhaltung, Handwerker und Opferträger und immer wieder, deutlich größer dargestellt (Bedeutungsmaßstab), der Grabherr mit seiner Familie. Mit etwas Zeit entdeckt man hier immer neue Details.

Etwa 1,5 km südlich liegt die stark verfallene Nekropole Sakkara-Süd mit weiteren Pyramiden.

Fast 5000 Jahre blieben die Farben hervorragend erhalten

4 Kairo und Umgebung kennenlernen

Praktische Informationen

▶ **Besichtigung:** 7.30-16.30, £E 60; für einige Gräber wird zusätzlicher Eintritt erhoben, die Tickets (£E 30) dafür sind am Eingang der Djoser-Pyramide erhältlich.

▶ Einige Hinweise: Nehmen Sie vorsichtshalber eine lichtstarke **Taschenlampe** mit; zwar sind die meisten Gräber inzwischen „elektrifiziert", manchmal fällt der Strom mehr oder weniger zufällig zur Freude der Wärter aus. Auch geben bakschischgierige Wärter manchmal vor, Gräber seien geschlossen, um dann gegen Extra-Trinkgeld den Eintritt doch zu ermöglichen. Die Entfernungen zwischen den einzelnen Stätten sind beachtlich. Wer sich mit öffentlichen Verkehrsmitteln nach Sakkara begibt, sollte die zusätzlichen Wanderungen einkalkulieren und zwar sowohl in zeitlicher als auch in Schweiß treibender Hinsicht. Wenn Sie sich am Ende der Besichtigungsstrapazen erfrischen wollen: Im *Sakkara Palm Club* - kurz nach dem Imhotep-Museum rechts an der Straße nach Kairo - gibt es einen großen Swimmingpool am teuren Restaurant.

▶ **Anfahrt**: Sakkara liegt 20 km südlich von Giseh. Die preiswerte Anfahrt: Vom Abzweig *Sakkara* der Pyramid Road einen **Minibus** nach Abusir nehmen (70 Pt) und dort noch einmal nach Sakkara umsteigen. Dieser Bus überquert die Zufahrtsstraße nach Sakkara ganz in der Nähe des unteren Eingangs. Alternative: In der Nähe der o.a. Pyramid Road Kreuzung (ca. 100 m Sakkara Road stadtauswärts, bei 1. Kanalbrücke links in kleine Seitengasse) fahren direkte Minibusse nach Sakkara, aber nur relativ selten (£E 1); am gut sichtbaren Abzweig zu den Pyramiden aussteigen und von dort etwa 3 km zum Eingang wandern. Oder an der Endstation den Fahrer überreden, einen Abstecher zu den Pyramiden zu machen, bzw. ein Taxi nehmen. - Beachten Sie bei allen Busfahrten, dass Sie von Sakkara auch wieder zurückkommen müssen: Taxifahrer wissen das und verlangen dann so viel, wie man sonst für eine Rundreise hätte ausgeben müssen.

▶ Wenn Sie ein normales **Taxi** mieten, das nicht mehr als £E 100-130 insgesamt kosten sollte, kommen Sie auch wieder nach Kairo zurück. Legen Sie aber vor Abfahrt Preis und Konditionen (Aufenthaltszeit u.ä.) fest. Taxis in guter Auswahl stehen in Giseh auch in der Nähe vom Taltempel bzw. Sphinx; dort ist die Auswahl größer als am Haupteingang beim Mena House-Hotel. Man kann mit einer kleineren Gruppe auch einen Minibus für ca. £E 15-20 pP für die gesamte Rundreise mieten, der Fahrer wartet bei den Sehenswürdigkeiten. Eine ganze Reihe von Traveller-Hotels bieten Taxi- oder Minibusfahrten an, die in der Regel sehr gelobt werden. Dabei tragen zumindest indirekt die Hotels eine gewisse Verantwortung dafür, dass das Vereinbarte auch eingehalten wird. Oder Sie nehmen eine für Individualisten organisierte Tour (siehe weiter unten).

▶ **Auto:** Von der Pyramid Road beim Schild *Sakkara* und *Ringroad* nach Süden abbiegen. Nach 9 km passiert man das Städtchen Haraniya (Wissa Wassef, siehe Seite 266). Der Abzweig zu den Ruinen ist nach weiteren 10 km ausgeschildert; 3 km westlich liegt das Ziel.

▶ **Reiten:** In Giseh drängen Kamel- und Pferdetreiber jedem Fremden Ritte nach Sakkara auf. Ein solcher Ritt wäre eigentlich die dem Anlass und auch der Umgebung am besten angepasste Reisemöglichkeit, zumal auch noch die Pyramidenruinen von Abusir am Weg liegen. Vorausgesetzt allerdings, man hält körperlich den langen Ritt durch und reitet in der Wüste und nicht auf schmalen Straßen am Fruchtlandrand vorbei an Abfallhaufen. Da die Reitstallbesitzer häufig mit ihren Tieren gnadenlos brutal umgehen, nehmen Sie nur gesunde, wundfreie Tiere, deren Haut vor allem unter dem Sattel heil und nicht durchgescheuert ist. Als **Kamel**-Mieter sollten Sie sich nicht darauf einlassen, mit dem Führer für eine so lange Strecke auf einem Kamel zu sitzen, das wird unbequem und unangenehm.

▶ Es empfiehlt sich, vor Besteigen des trabenden Untersatzes den Preis und die

Konditionen fest auszuhandeln (gehen Sie von um £E 150-200 pP aus). Für eine Strecke ist mit etwa 2-3 Stunden zu rechnen, insgesamt etwa mit 10 Stunden. Uns sind Berichte bekannt, wonach die Treiber unterwegs den zuvor vereinbarten Preis mit der Drohung, die Fremden allein stehen zu lassen, rigoros in die Höhe trieben. Dagegen kann man sich schützen, indem man Bezahlung am Schluss vereinbart oder in einer größeren Gruppe reitet. Es passiert auch immer wieder, dass die auf etwa halbem Weg liegenden Pyramiden von Abusir als die von Sakkara ausgegeben werden, um den Trip kurz zu gestalten. Verlangen Sie auch, dass der Treiber in Sakkara zunächst mit zum südlich gelegenen Ticketschalter reitet, anderenfalls haben Sie später den Ärger, Eintrittskarten besorgen zu müssen. Stimmungsvoll ist die Rückkehr am späten Nachmittag, also bei den Giseh-Pyramiden im Sonnenuntergangslicht ankommen.

▶ Pferdegestüte findet man u.a. hinter dem Busparkplatz der Light and Sound Show (z.B. AA, Desertstorm und andere). Man kann dort auch Reitunterricht nehmen.

▶ **Organisierte Fahrten**: Wenn man das Selbstorganisieren satt hat, kann man z.B. bei Cairodantours, 13 Sharia Sabry Abou Alam (Nähe Midan Talaat Harb, Tel 2392 1336, tours@cairodantours.com, www.cairodantours.com eine Rundtour buchen. Auch die Rezeptionisten von Billighotels kennen Tour Operators. Die Preise liegen bei £E 30-35 pP für den ungehetzten Tagestrip. Außerdem bieten viele Reisebüros in Kairo organisierte Fahrten im vollklimatisierten Bus nach Sakkara/Memphis an, aktuelle Informationen z.B. bei MISR Travel.

4 km südlich des Sakkara-Abzweigs biegt man von der nach Dashur weiterführenden Straße links zum Dorf Mit-Rahina und nach *Memphis* ab, das nach 2 km erreicht ist.

Schreiben Sie uns bitte, wenn Sie Änderungen oder Neuigkeiten feststellen.

**Memphis

Hintergrund: Memphis, im Grenzbereich zwischen Ober- und Unterägypten gelegen, war die erste Hauptstadt des vereinigten Ägyptens. Zwar übernahmen im Lauf der langen Pharaonengeschichte auch andere Städte diese Funktion, aber Memphis spielte immer eine wichtige Rolle. Der Hauptgott der Stadt war Ptah, dem hier eine der größten Tempelanlagen des Landes erbaut wurde. Nach der Zeitenwende fiel die Stadt mehr und mehr der Bedeutungslosigkeit anheim, später diente sie den Baumeistern aus Kairo als reiche Fundgrube für Baumaterial.*

Da von Memphis (8-17, £E 30, Foto £E 10, Video £E 35) nicht viel erhalten blieb, kann der Besucher ein paar Minuten Rast unter einer Palme einlegen und darüber philosophieren, dass selbst 3000 Jahre lebendigster Geschichte eine Weltstadt nicht vor dem Auslöschen bewahren. Am Rand einer Palmenplantage sind zu besichtigen:

**Ramses II, liegend (19. Dynastie): Die in einer überdachten Halle untergebrachte Kolossalstatue wirkt hier überdimensional, da sie in ungewohnter Perspektive und noch dazu von einer Balustrade anzuschauen ist. Ihr Pendant, das ebenfalls hier gefunden wurde, trotzte jahrzehntelang den Autoabgasen am Ramsis-Bahnhof in Kairo; Ende 2006 wurde sie „in Sicherheit" auf das Neubaugelände des künftigen Ägyptischen Museums in der Nähe der Pyramiden gebracht. Weitere (kleinere) Ramses II Statuen wurden bei neueren Ausgrabungen entdeckt. Sie stehen im Freigelände.

Alabaster-Sphinx: Die mit gut 5 m Höhe imposante Figur stammt aus der ersten Hälfte der 18. Dynastie. Ursprünglich stand sie vor dem Eingang des Ptah-Tempels. In ihrer Umgebung liegen Architekturfragmente und Statuen, die nur noch eine schwache Vorstellung von der ehemaligen Bedeutung dieses Tempels vermitteln können.

Balsamierungshaus der Apis-Stiere: Etwa 200 m weiter an der Straße nach Sakkara fin-

4 Kairo und Umgebung kennenlernen

den sich die Überreste des Balsamierungshauses für die Apis-Stiere (die in Sakkara im Serapeum bestattet wurden). Erhalten blieben einige überaus fein gearbeitete Balsamierungstische aus Alabaster mit stilisierten Löwenkörpern an den Längsseiten.

Hathor-Tempel: Ziemlich unbeachtet sind die Ruinen eines kleinen Hathor-Tempels mit einigen Hathor-Köpfen. Vom Parkplatz (rechts hinten) führt ein Pfad in südwestliche Richtung, nach etwa 50 m finden Sie die Köpfe.

▶ **Anfahrt:** Wer einen Rundtrip nach Sakkara gebucht hat, sieht meist auch Memphis. Die äußerst umständliche Anfahrt mit öffentlichen Verkehrsmitteln ist nicht zu empfehlen, zumal Memphis vergleichsweise wenig zu bieten hat.

** Pyramiden von Dashur

Hintergrund: Noch fünf Pyramiden sind gut sichtbar. Näher zum Fruchtland reihen sich in einer Linie von Nord nach Süd drei Pyramiden von Pharaonen der 12. Dynastie (Mittleres Reich): von Sesostris III, Amenemhet II und Amenemhet III. Die nördliche und südliche sind aus Nilschlammziegeln errichtet, daher **Schwarze Pyramide***, die mittlere aus Kalkstein wird* **Weiße Pyramide** *genannt. Westlich davon liegen die 800 Jahre älteren Pyramiden des Snofru aus der 4. Dynastie, die* **Rote Pyramide** *(wegen ihres nachmittags rötlich schimmernden Kalksteins) und, südlicher, die* **Knickpyramide***, als die bekannteste von Dashur.*

Neuere Untersuchungen des Deutschen Archäologischen Instituts in Kairo zur Knickpyramide brachten interessante Ergebnisse zu einer recht komplizierten Baugeschichte zutage: Infolge eines nicht geeigneten Untergrunds (Absenkungen) ergaben sich mit dem Anwachsen der Pyramide und ihres enormen Gewichts Bodensenkungen und dadurch Schwierigkeiten in der Statik. Dem versuchte man zunächst durch eine Umschalung zu begegnen, dann durch das Auffüllen von Kammern und die beschleunigte Fertigstellung durch die Verringerung des Neigungswinkels. Er beträgt zunächst rund 54 Grad, im oberen Teil knickt er auf 43 Grad ab. Offensichtlich fruchteten die Maßnahmen nicht; so wurde diese Pyramide zwar vollendet, aber aufgegeben. Nördlich davon ließ Snofru eine weitere, die Rote Pyramide, errichten. Sie weist gleich von Anfang an den flachen Neigungswinkel des oberen Teils der Knickpyramide auf, außerdem erhielt sie ein stabiles Fundament aus Kalksteinplatten.

Man kann in die Rote Pyramide, die direkt neben der Straße steht und als einzige im Innern zugänglich ist, hineinklettern, um die leere Grabkammer zu besichtigen. Ob sich die Anstrengung lohnt, muss jeder selbst entscheiden, wenn er sieht, dass man vom recht hoch gelegenen Eingang (28 m hoch, 70 Stufen) in gebückter Haltung bis etwa auf Bodenniveau hinunterklettern und später auf demselben Weg, wieder gebückt, bei schlechter Luft hinauf muss. Dennoch besticht die leider durch eine Holzstellage verschandelte Kammer durch ihre Höhe und Architektur, nicht zuletzt auch durch die Präzision, mit der die Steinquader aufeinander gelegt wurden. – Menschen, die unter Atembeschwerden oder unter Klaustrophobie leiden, sollten draußen bleiben.

Etwa 2,5 km südlich erhebt sich - fast stolz ob ihres Knicks - die ungewöhnlichste Pyramide von der Kontur her. Ihre beiden Eingänge sind geschlossen, man kann hier lediglich die Bautechnik studieren. Dies ist insofern interessant, weil noch ein großer Teil der Verkleidung vorhanden ist. Und wenn man ein bisschen zusätzliches Glück hat, beschwert sich der hier wohnende langohrige Wüstenfuchs mit krächzendem Bellen und argwöhnischem Schauen.

Praktische Informationen

▶ Das Dashur-Pyramidenfeld liegt in militärischem Sperrgebiet; erst 1996 gab das Militär den größten Teil des Komplexes frei (8-17, Winter 16, £E 30, Auto £E 5). Besucher sollten sich entsprechend der Nähe zur militärischen Macht verhalten: Kamera und Fernglas nur auf die Historie richten. Auch sollte man sich nicht zu weit von den Pyramiden entfernen.

▶ Gewarnt wird vor dem Trick eines Polizisten, der sich Einzeltouristen aufdrängt, sie um die Pyramide herumführt, um dort ein Foto mit Kalaschnikow machen zu lassen. Dann verlangt er ein total überhöhtes Bakschisch in EUR - mit der Kalaschnikow in der Hand.

▶ **Anfahrt: Minibusse** oder **Taxis** fahren in Giseh von der Kreuzung Pyramid /Sakkara Road (siehe weiter oben) ab. Per Minibus nach Dashur zu kommen, stellt überhaupt kein Problem dar. Wenn kein Direktbus nach Dashur in Sicht ist, steigt man in Sakkara um (25 Pt). Allerdings muss man vom Ort aus noch ein ganzes Stück bis zu den Pyramiden marschieren: ca. 2 km bis zum Tickethäuschen am Wüstenbeginn und weitere 2 km von dort bis zur Roten Pyramide.

▶ Per **Auto** erreicht man die Pyramiden auf der Sakkara-Straße, fährt jedoch an Sakkara vorbei und noch 8 km weiter nach Süden bis zum Dorf Dashur. Dort, an der Kreuzung mit der Kanalüberquerung, biegt man rechts ab (auf die Straße, die eigentlich weiter ins Fayum führt, aber für Ausländer kurz hinter den Pyramiden wegen des Militärcamps gesperrt ist), fährt durchs Dorf zum Tickethäuschen und weiter zur Roten Pyramide (insgesamt 4 km). Biegt man zuvor am Tickethäuschen links ab und folgt dem Kanal, kommt man zu einem sehr reizvollen See, dessen Ursprung der Aushub für die Ziegel der Pyramiden ist.

Pyramiden von Lisht

Sie liegen 27 km südlich von Dashur. Im Gegensatz zu den Pyramiden der Umgebung entstanden sie erst zu Beginn des Mittleren Reichs (12. Dynastie), also gut 600 Jahre später als Sakkara. Die nördliche Pyramide wurde von Amenemhet I, die ca. 2 km südlicher gelegene von seinem Sohn Sesostris I errichtet. Vermutlich lag in der Umgebung auch die von Amenemhet I gegründete Königsstadt der 12. Dynastie. Beide Pyramiden sind stark zerstört und nur für totale Pharaonen-Freaks interessant. Die Grabkammer des Hohepriesters Senuseretanch im Gebiet der Südpyramide ist noch relativ gut erhalten.

▶ **Anfahrt:** Von Kairo aus bei km 57 von der Niltalstraße nach Westen abbiegen, 2 km geradeaus bis über eine Kanalbrücke, dort links, nach ca. 200 m rechts über den zweiten Kanal (kurz vor dem Kanal erhält man im „schönsten" Haus links den Schlüssel für das Grab des Senuseretanch); von hier aus rechts und dann wieder links zur Nordpyramide oder links, nach 100 m rechts, dann halblinks, nach 200 m erneut rechts zur Südpyramide.

*Pyramide von Medum

Hintergrund: Diese Pyramide (£E 35) erhebt sich mit ihrer gewaltigen Bau- und Schuttmasse majestätisch auf der Höhe des Wüstenabbruchs zum Fruchtland. Östlich steht ein kleines Heiligtum mit zwei unbeschrifteten Stelen. Es handelt sich eigentlich um den Totentempel, der hier erstmals im Osten angelegt wurde. Von ihm führt der Aufweg schnurgerade zum Rand des Fruchtlandes.

Medum-Pyramide

Am Ende der 3. Dynastie als siebenstufige Stufenpyramide begonnen, wurde das Bauwerk zunächst erweitert und auf acht Stufen erhöht; schließlich wurden in einer dritten Bauphase die Stufen aufgefüllt und die Pyramide erhielt die Verkleidung einer „echten" Pyramide. Ob diese letzte Bauphase abgeschlossen wurde, ist umstritten, vermutlich war Snofru für sie verantwortlich. Diese verschiedenen Phasen

4 Kairo und Umgebung kennenlernen

lassen sich in der Bänderung der Pyramide, die von den geglätteten und ungeglätteten Partien stammt, gut ablesen.
Unter dem Schuttberg rings um die Pyramide - der durch die Glättung der Außenflächen entstanden ist und aus kleinen Kalksteinsplittern besteht - wurde die vollständig erhaltene Verkleidung des unteren Drittels der Pyramide teilweise freigelegt. Das Verschwinden der oberen Verkleidungsblöcke kann mit dem Abtransport von Steinmaterial im Mittelalter, wie bei den anderen Pyramiden, in Verbindung gebracht werden.

Die Besichtigung - die kein großes Erlebnis ist - stählt wieder einmal die Beinmuskeln. Zunächst geht man am Schuttberg hinauf bis zum Eingang, um dann 195 Stufen in leicht gebückter Haltung hinunter (und wieder hinauf) zu kraxeln. Unten wird man mit drei aufeinander folgenden Kraggewölbekammern belohnt, die schlicht und archaisch wirken. Die eigentliche Grabkammer ist leer.

Der Pyramide gegenüber erhebt sich eine große **Mastaba** (Nr. 17), wohl aus der 3. Dynastie; die Identität ihres Besitzers ist nicht geklärt. Durch einen von Grabräubern angelegten sehr niedrigen Gang gelangt man in das Innere. Obwohl es ein bisschen anstrengend und staubig ist, sollte man diese Mühe auf sich nehmen. Am Ende geht's nur auf dem Bauch durch ein enges Loch in die Grabkammer; nichts für Leute mit Platzangst! Dann steht man in einem ebenfalls archaischen Raum, in dem ein gewaltiger Sarkophag die Blicke auf sich zieht. Er ist leer, unter dem halb abgeschobenen Deckel liegt noch ein Werkzeug der Grabräuber.

▶ Anfahrt per **Bus**: Vom Midan Monib fahren Minibusse über die Wüstenautobahn nach Beni Suef (£E 6). Der Fahrer biegt (auf Wunsch oder regulär) von der Autobahn auf die Niltalstraße ab, wenn die Pyramide zu sehen ist und kommt am Abzweig zur Pyramide vorbei. Man hat dann nur noch ein kurzes Stück zu laufen.

▶ Per **Auto**: Auf der westlichen Wüstenautobahn ab Abzweig von der Fayumstraße 53 km und dort links 6 km zur östlich sichtbaren Pyramide.

Halboase Fayum

Hintergrund: Das Fayum (mit der Provinzhauptstadt Medinet Fayum) ist eine nur an der dünnen Nabelschnur des Bahr Yussuf Kanals (ursprünglich ein Nil-Seitenarm) hängende Semi-Oase, die zur Libyschen Wüste hin vom Qarun-See (Birket Qarun) abgeschlossen wird. Von Beni Suef kommend, fließt der Bahr Yussuf auf 23 m Höhe ins Fayum ein. Seine Ab- und Drainagewässer münden schließlich in den 46 m unter dem Meeresspiegel liegenden Qarun-See, nachdem die bewirtschaftete Fläche von rund 4000 qkm mit einem Netz von Kanälen bewässert wurde.
Ursprünglich bedeckte der Qarun-See fast die gesamte Oase, nachdem der Nil vor etwa 70 000 Jahren die natürliche Barriere durchbrochen und die Senke aufgefüllt hatte. Die Pharaonen der 12. Dynastie begannen, den Bahr Yussuf durch Dämme und Schleusen zu regulieren, um der jährlichen Überschwemmungen besser Herr werden zu können und den Wasserspiegel abzusenken. Aus der Sumpflandschaft entwickelte sich fruchtbares Land. Da der See von Krokodilen wimmelte, lag es auf der Hand, dass hier der Kult des krokodilgestaltigen Gottes Sobek dominierte.
Bereits die Ptolemäer erkannten im 3. Jh vC, dass man per Wasserkraft das Wasser aus den Kanälen auf die höher gelegenen Felder schaffen konnte. Sie führten die für das Fayum typischen Wasserschöpfräder (Nuriyas) ein: Die ziemlich starke Strömung in den Kanälen treibt Schaufelräder an, an denen zugleich Schöpflöffel befestigt sind, die das Wasser bis zu 4 m hoch anheben und damit höher liegende Kanäle speisen. Daraus resultiert ein Durchmesser der Räder von bis zu 8 m. Insgesamt gibt es noch etwa 200 dieser Schöpfräder; erstaunlicherweise, denn sie sind bei einer Lebensdauer von etwa zehn Jahren ziemlich pflegebedürftig. Um diese überhaupt zu erreichen, werden sie geteert - da-

Halboase Fayum

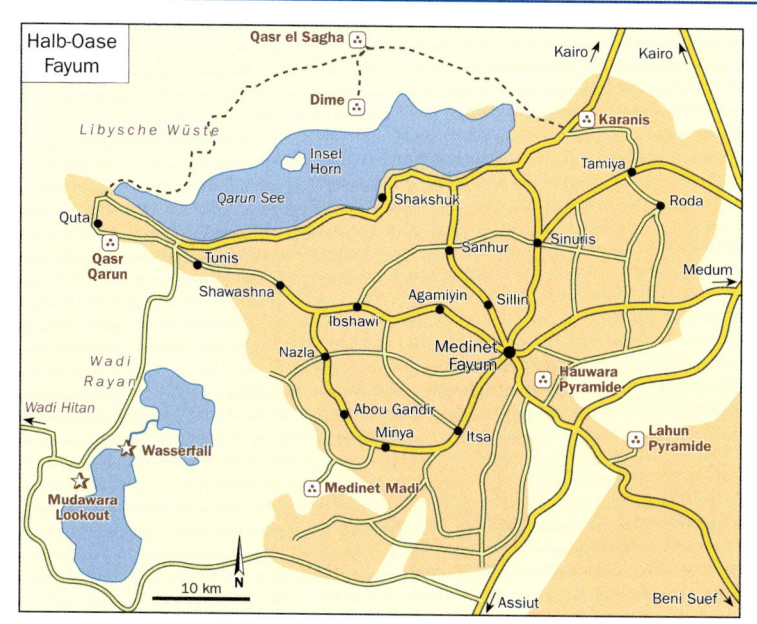

her das schwarze Wasserradsymbol der Provinz - und einmal jährlich bei Niedrigwasserstand im Januar gründlich überholt; sollte dies während Normalwasserstand nötig sein, werden angeblich 12 Männer gebraucht, um ein Rad anzuhalten. Sehr bekannt sind die vier Wasserräder im Zentrum und die sieben am Bahr Sinuris in Medinet Fayum, der Provinzhauptstadt.

Am historischen Eingang des Fayum, bei Lahun, wird seit dem Mittleren Reich der Wasserhaushalt mit Schleusenanlagen im Bahr Yussuf, mit seinen beiden hier abzweigenden Seitenkanälen Bahr Whasif und Bahr Wahbi, kontrolliert; Überschusswasser fließt zurück durch den Bahr Giza ins Niltal. In der Hauptstadt Medinet Fayum verschwindet der Bahr Yussuf dann endgültig von der Landkarte: Bei den Wasserrädern im Zentrum zweigt der Bahr Tanhala ab; wenig später, im Westen der Stadt, wird er in sechs Kanäle aufgeteilt.

Sehenswertes

**Wadi El Hitan, das landschaftlich sehr reizvolle „Tal der Wale", in dem viele versteinerte Skelette einer ausgestorbenen Walart zu sehen sind, Seite 305

**Wadi Rayan, hier entstanden - inmitten einer schönen Wüstenlandschaft - Seen aus Drainage-Wasser des Fayum, Seite 304

*Hauwara Pyramide, Lehmziegelruine der „Pyramide mit dem Labyrinth", Seite 302

*Karanis, ptolemäisch/römische Stadt- und Tempelreste am Eingang des Fayum, Seite 298

*Medinet Fayum, quirlige, erlebenswerte Hauptstadt des Fayum, Seite 299

*Nazla, ungewöhnliches Töpferdorf, Seite 302

*Tempel von Medinet Madi, einer der wenigen erhaltenen Tempel aus dem MR, Seite 301

4 Kairo und Umgebung kennenlernen

Kein Vorteil ohne Nachteil: Bei Dauerbewässerung muss per Drainage dafür gesorgt werden, dass die gelösten Salze im Boden nicht aufsteigen. Seit alten Zeiten leiten zwei große Kanäle alles überschüssige Drainagewasser in den Qarun-See. Aber der See ohne Abfluss kann nur so viel aufnehmen wie natürlich verdunstet. Überschwemmungen des salzigen Sees führten in der Vergangenheit zu großen Schäden auf den näher liegenden Feldern. Daher war wasserintensiver Anbau wie Reis nicht möglich.

Zur Abhilfe wurde eine Art Überlauf zum südwestlich gelegenen **Wadi Rayan** *(siehe Seite 304) durch ein unterirdisches Kanalsystem geschaffen, welches das Fayum ein Stück nördlich von Medinet Madi verlässt. Wadi Rayan ist eine 600 qkm große Depression, die vom Fayum völlig getrennt, 42 m unter dem Meeresspiegel liegt. Die Wasserableitung vom Fayum hat Seen mitten in der Wüste erzeugt, die inzwischen zur Fischzucht genutzt werden. Zunächst sammelte sich Wasser in drei Seen, von denen zwei inzwischen ineinander übergingen. Der nordöstliche See liegt auf einem Niveau von bereits -32 m, der südwestliche bei -42 m. Zwischen beiden plätschert ein Wasserfall. Nachdem in der Nähe wertvolle Fossilienfunde von Walen gemacht wurden, stellte man das Gesamtgebiet unter Naturschutz, will aber dennoch kommerzielle Aktivitäten, der Umgebung angepasst, zulassen. Unter anderem sollen 1700 Hektar Neuland westlich des unteren Sees gewonnen werden.*

Das Fayum ist der große Garten vor den Toren Kairos, der zumindest früher bei Reisenden Vorstellungen vom Garten Eden erweckte. Heute baut man vielfach Baumwolle an, die im April gepflanzt und im September geerntet wird. Auf sandigerem Boden ziehen die Bauern Tomaten, in den typischen, von Dattelpalmen beschatteten Gärten wachsen Bohnen, Melonen, Gurken, Kartoffeln, Gewürzpflanzen etc. Im zentraleren Gebiet dominieren Obstgärten mit Orangen, Limonen, Mangos, Feigen und anderen Südfrüchten.

Eine Reise durch die von etwa zwei Millionen Menschen bewohnte Halboase zeigt auf der einen Seite die mögliche üppige Natur (natürlich abhängig von der Jahreszeit), auf der anderen die Mühsal der Bauern, ihre Felder durch gezielte Bewässerung üppig zu erhalten. Von den historischen Stätten blieb nicht allzu viel übrig; ein Besuch des Fayum gilt mehr dem verschwenderischen Garten, dem Qarun-See und dem Wadi Rayan. Vermeiden Sie dabei den Freitag, dann herrscht viel lokaler Ausflugsverkehr.

Die Halboase gewinnt immer mehr an Bedeutung für Touristen und vor allem Wochenendbesucher aus Kairo, die der Großstadt kurzzeitig entfliehen wollen. Die Tourismusindustrie kommt diesem Trend entgegen, am Qarun-See wurden mehrere Feriendörfer errichtet, die hauptsächlich von Ägyptern genutzt werden.

Das Fayum gilt als eine der Hochburgen der **islamischen Fundamentalisten**. Manchmal werden - je nach aktueller Sicherheitslage - Ausländer am Eingang zur Oase höflich, aber bestimmt gebeten, nur freigegebene Orte zu besuchen oder von einem Besuch ganz Abstand zu nehmen und nach Kairo zurückzukehren.

Wir selbst konnten uns bei unseren nahezu jährlichen Besuchen in den letzten Jahren jedes Mal völlig frei bewegen - auch an Plätzen, von denen andere Reiseführer über eine Totalsperre für Touristen berichten. Die Touristenpolizei in Medinet Fayum war freundlich und hilfsbereit, erlegte uns aber niemals Restriktionen auf. Ein Tipp: Wenn Sie am Checkpost zum Fayum nach dem Reiseziel gefragt werden, geben Sie das Wadi Rayan an, dann ist die Chance groß, z.B. unbehelligt von Polizei bis Medinet Fayum zu kommen oder aber am Qarun-See entlang ins Wadi Rayan.

▶ **Öffentliche Verkehrsmittel**: Am besten fährt man von Kairo, Midan Monin, per Bus (stündlich von 6-20 Uhr) oder per Minibus nach *Medinet Fayum*. Auch vom Midan Helmi beim Ramsis-Bahnhof fahren Busse in ähnlicher Frequenz. Im Fayum selbst schlägt man sich

Halboase Fayum

Abstecher nach Qasr el Sagha und Dime

Schon von der Ferne ist *Qasr el Sagha zu erkennen, das ein bisschen trotzig auf einem Absatz des Tafelberges liegt. Der vermutlich im Mittleren Reich errichtete Tempel war dem Krokodilgott Sobek geweiht. Imposant sind die mächtigen Steinquader besonders der Frontseite, die hier zu einem Bauwerk aufgeschichtet wurden, das mit seiner Umgebung zu einer Einheit verschmolzen scheint. Selbst für heutige Verhältnisse steht man staunend vor diesen Kolossen, die millimetergenau zusammenpassen. Im Innern liegen sieben Nischen aus ebenso mächtigen Quadern nebeneinander – ein ungewöhnlicher und in seiner Funktion noch nicht geklärter Grundriss. In der Antike lag der Tempel praktisch am Ufer des Qarun-Sees, der früher weit mehr Wasser führte. Von Qasr el Sagha erblickt man am Horizont (im Süden) bereits die unverwechselbare Silhouette von *Dime;* wie Haifischflossen heben sich die gewaltigen Mauerreste gegen den Himmel ab.

*Dime ist die eindrucksvollste Stadtanlage aus griechisch-römischer Zeit im Fayum. Auch sie lag einst am See, auf den man heute herabblickt (er liegt gut 60 m tiefer und etwa 3 km entfernt). Nehmen Sie sich Zeit, durch das ausgedehnte Stadtgebiet zu streifen. Übrig geblieben sind bis zu 10 m hoch aufragende, mächtige Mauern, Tempel- und Wohnviertel; gelegentlich kann man sogar Reste der Stuckverkleidung der Wände entdecken. Interessanterweise handelt es sich größtenteils um grau-weiße Lehmziegelmauern – Millionen von Ziegeln müssen hier verbaut worden sein, die immerhin zwei Jahrtausende dem ewigen Wind und seinen Erosionsgelüsten standhielten. In Richtung See liegen noch zwei weitere Komplexe, von denen der erste zumindest noch einen Besuch wegen erhaltener Gewölbekonstruktionen wert ist.

▶ **Anfahrt**: Für den Trip werden Allradfahrzeuge empfohlen, besonders, um den Abstecher von Qasr el Saga nach Dime bewältigen zu können, (fahren Sie nicht allein).

▶ Kurz nach dem Eingang von *Karanis* (Kom Aushin) biegt man in einer leichten Linkskurve rechts ab (N29° 31,196′ E30° 53,99′), fährt zunächst durch eine Art Park, wendet sich dort nach Westen, später nach Nordwesten. Bald kommt man in ein von Baggern und Baufahrzeugen durchwühltes Gelände und schließlich auf die geschobene, leider extrem wellige Piste nach Qasr El Sagha und Dime. Nach rund 27 km ist Qasr el Sagha (N29°35,71′ E30°40,67′) erreicht.

▶ Alternativ zu dieser „klassischen" Route können 4WD-Fahrer etwa 23 km nach dem Fayum-Kreisel in Giseh bzw. bei N 29°48,34′, E 31°1,17′ von der Fayum-Schnellstraße rechts ins Gelände abbiegen und dann leicht südwestlich haltend unter Hochspannungsleitungen hindurch ca. 6 km bis zu einer einspurigen, gut erhaltenen, aber nicht mehr genutzten Militär-Asphaltstraße fahren und dieser ca. 30 km bis zu ihrem Ende im Nichts folgen. Dort wendet man sich nach rechts auf eine geschobene Piste, an der nächsten T-Kreuzung nach links und erreicht nach insgesamt 3 km bei N29°34,01′ E 30°47,72′ die oben erwähnte Piste. Dort rechts abbiegen, nach 13 km ist Qasr el Sagha erreicht.

▶ Um nach Dime zu kommen, fahren Sie vom Tempel aus ca. 1 km zurück und halten sich am Rand des Tafelberges rechts. Die folgende Piste ist praktisch nicht markiert, das Ziel verliert man allerdings kaum aus den Augen und erreicht es nach 9 km (N29°32,17′ E30°40,13′), die etwas mühsam zu fahren sind. Dime kann aber auch per zweistündigem **Bootstrip** von Shakshuk auf der anderen Seite des Sees her und dann nach knapp 3 km Fußmarsch erreicht werden.

▶ Der Qarun-See lässt sich umrunden, indem man von Dime 7 km zurückfährt und dann nach links (bei N29°35,30′ E30°40,44′) auf eine relativ gute Piste einschwenkt, die nach 39 km, kurz vor dem Westende des Sees, in eine Asphaltstraße mündet.

4 Kairo und Umgebung kennenlernen

per Taxi oder Sammeltaxi/Minibus zum Qarun-See durch. Nehmen Sie ein Sammeltaxi zum See (Pickups mit Sitzbänken) nach Sanhur. Dort müssen Sie umsteigen, die Fahrer nennen den See meist *El Birka*, Fahrpreis um £E 1 für die gesamte Strecke. Wer etwas mehr Zeit hat, sollte sich in Medinet Fayum ein Fahrrad mieten und dann zum Qarun-See radeln; so erschließt sich das Fayum wesentlich besser als per Bus.

Zu abgelegenen Plätzen, wie Wadi Rayan, kommt man nur oder einfacher per Auto, wobei ein Normal-Pkw genügt, da alle Straßen asphaltiert sind (Ausnahmen: Wadi Hitan, Anfahrt Medinet Madi Tempel). Mietwagen sind nicht so furchtbar teuer, vor allem, wenn sich mehrere Mitfahrer die Kosten teilen.

Entfernungen: Giseh - Medinet Fayum 85 km, Wadi Rayan 130 km, Wadi Rayan Rundreise insgesamt 330 km.

Zum besseren Kennenlernen schlagen wir drei Reiserouten vor: einmal von Nord nach Süd durch die Oase, mit Schwerpunkt Medinet Fayum; von dort eine Rundreise in den westlichen Bereich und schließlich eine „Drei-Seen-Fahrt" rund um das Fayum: am Qarun-See entlang zu den beiden Seen im Wadi Rayan und um den Süden des Fayum zurück.

Von Nord nach Süd durch die Oase

Anfahrt: Von der Pyramid Road kommend, fährt man am Mena House-Hotel rechts, am nächsten Kreisel links.

Nach 6 km: Abzweig

Rechts zur **Oase Bahariya** und zur **6.October City**

Nach 14 km: Abzweig

Links zweigt die westliche Wüstenstraße nach Assiut ab, ausgeschildert als *Assiut, Western Road*. Etwa 8 km nach dem Abzweig liegt westlich der Fayum-Autobahn etwas abseits ein Neubaufriedhof, außerdem eine Erste-Hilfe-Station.

Nach 32 km: Checkpost

Nach 5 km:

Karanis

Links, ein kurzes Stück südlich des heutigen Ortes *Kom Aushim*, liegen die **Ruinen von Karanis** (Sa-Do 8.30-16; £E 10). Dieser Ort entstand im 3. Jh vC unter den Ptolemäern und beherbergte etwa 3000 Bewohner. Straßenzüge und Grundmauern der Häuser sind noch gut erkennbar. Wie es sich für das einst krokodilreiche Fayum gehört, waren die Tempel dem Krokodilgott Sobek geweiht. Den südlichen Tempel begannen die Ptolemäer, die Römer unter Nero beendeten ihn. Seine Außenmauern sind noch gut erhalten, im Innern gibt es Kammern für Krokodile bzw. deren Mumien; vom Dach hat man einen schönen Ausblick weit in die Fayum-Ebene. Am ehemaligen Marktplatz vorbei führt der Weg zur nördlichen Tempelruine, einst neben Sobek auch Zeus-Amun gewidmet. Nördlich davon ist noch ein kleines Badehaus erhalten und in der Männerabteilung sogar Reste von Bemalung.

Das Museum wurde leider aufgelassen. Guter Rast- und Picknickplatz.

3 km nach Karanis: Abzweig

Wir wollen der rechts abzweigenden Straße folgen, sie führt zum Qarun-See. Geradeaus geht es über Sinuris direkt nach Medinet Fayum (24 km).

Sinuris, das 11 km vor der Provinzhauptstadt liegt, ist die zweitgrößte Stadt des Fayum. Sollten Sie samstags vorbeikommen, dann lohnt sich ein Halt wegen des regen Markttreibens.

Der **Qarun-See** ist auf längeren Abschnitten zugänglich; verschiedene Strandabschnitte wurden - im Wesentlichen durch Hotelresorts - erschlossen. Da das Wasser salzhaltig ist, können Sie unbesorgt vor Bilharziose im größten See Ägyptens baden, was vor allem freitags Busladungen mit Abwechslung suchenden Kairenern tun. Der See bietet etwa 90 Vogelarten Heimat; auf der Insel Horn gibt es eine Flamingokolonie. Man kann sich per Boot zur Insel oder zum anderen Ufer bringen lassen.

Ein Leser schreibt, der Qarun-See sei „nicht sehenswert". Tatsächlich hat diese riesige „Restwasserlache" nicht den Charme eines ober-

Von Nord nach Süd durch die Oase

bayerischen Gebirgssees, in dem sich die umliegenden Gipfel spiegeln. Sein etwas knirschender Reiz liegt im Gegensatz von Wasser und Wüstenumgebung und auch in der so deutlichen Trennung zwischen Fruchtland hier und Wüste in der Ferne.

Nach 5 km: Abzweig

Links halten, um 20 km über **Sanhur** und **Sillin** nach **Medinet Fayum** zu fahren; (geradeaus weiter über **Shakshuk** zu den Strandhotels und weiter zur Rundreise ins Wadi Rayan (siehe Seite 304).

Nach 7 km: **Sanhur**

Die Gegend um Sanhur ist das Zentrum des Obstanbaus mit besonders reichen Gärten.

Nach 4 km:

Sillin

Eine inzwischen versiegte Mineralwasserquelle lieferte den Anlass für ein beliebtes **Ausflugsziel** der Ägypter mit einem großen Picknickplatz, Restaurants und Vergnügungspark im Herzen des Fayum. Hier können Sie Körbe aller Art aus den nahen Korbflechtereien erwerben. Einige Anwohner entdeckten, dass sie aus dem Präsentieren ihrer Gärten und Häuser Geld machen können - es lohnt sich tatsächlich, einen Blick auf die üppig-grünen Grundstücke zu werfen und mit den hier lebenden Menschen in Kontakt zu kommen, gegen entsprechendes Bakschisch natürlich.

Nach 9 km:

*Medinet Fayum

Hintergrund: Die Stadtgeschichte geht bis weit in pharaonische Zeiten zurück, als das frühere Krokodilopolis ein Zentrum des krokodilköpfigen Gottes Sobek war. Die damalige Fayum-Hauptstadt lag im Norden der heutigen; die Kultstätten des Sobek bildeten das eigentliche Zentrum. In einem Wasserbecken wurden *heilige Krokodile für Sobek gehalten. Leider diente Krokodilopolis dem modernen Medinet Fayum als Steinbruch und Baustofflager, sodass von der einst sehr großen Stadt praktisch nichts mehr übrig blieb. Heute ist Medinet Fayum eine sehr sympathische und lebendige Provinzhauptstadt an beiden Seiten des Bahr Yussuf.*

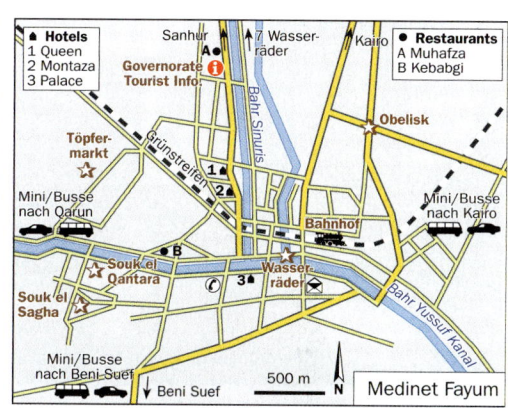

Das Stadtzentrum wurde um die letzte Jahrtausendwende ziemlich umgekrempelt. Man entfernte die hinderlichen Eisenbahnschienen und ersetzte sie durch (noch) gepflegte grüne Streifen mit Blumenrabatten. Um die vier, sich nur zur Schau drehenden **Wasserräder** am Bahr Yussuf entstand ein Park, dem leider die bekannte Cafeteria *El Medina* zum Opfer fiel; sie war ein beliebter Treffpunkt auch unter Travellern. Insgesamt macht das Zentrum für ägyptische Verhältnisse einen freundlichen, sauberen und aufgeräumten Eindruck. Es lohnt sich, am Kanal entlang und durch Seitenstraßen zu bummeln.

Aus pharaonischer Zeit blieb nur der 13 m hohe **Obelisk von Abgig** aus der 12. Dynastie erhalten, der aus dem gleichnamigen Dorf nahe Itsa stammt und in Wahrheit eine überlange Stele ist. Er wurde im ersten Kreisel der von Kairo kommenden Straße aufgestellt.

Neben den Wasserrädern im zentralen Park gehören die sieben „historischen" **Wasserräder**

4 Kairo und Umgebung kennenlernen

Wasserräder in Medinet Fayum

am *Bahr Sinuris* zu den Sehenswürdigkeiten. Sie liegen etwas außerhalb: Bei den Wasserrädern im Zentrum überquert man die Ex-Eisenbahnlinie (hinter dem Park), heute ein schienenbreiter Grünstreifen, der stellenweise mit Blumen bepflanzt ist. Links halten bis zum zweiten Kanal, der Bahr Sinuris heißt, und diesem unentwegt auf der rechten Seite folgen. Nach knapp 2 km stehen Sie am ersten Wasserrad (N29°19,64' E30°50,65'), etwa 300 m weiter folgen vier und 700 m weiter noch einmal zwei sich gemütlich drehende Räder. - Unterwegs, etwa auf halbem Weg zu den ersten Wasserrädern, liegt auf der linken Kanalseite der *Governorate Club* an der hier zweispurigen Einfahrtstraße von Sanhur/Sillin her.

Der mit seinen verwinkelten Gassen erlebenswerte **Souk el Qantara** für den täglichen Bedarf breitet sich in der Nähe des Bahr Yussuf aus; den Eingang findet man an der vierten Brücke nach den Wasserrädern. In den engen, sich ständig in beliebigen Winkeln kreuzenden Gassen könnte man sich verlieren, aber der Souk ist nicht so groß, dass man nicht wieder herausfinden würde. Für den Fremden dürfte die Gasse der Kupferschmiede besonders interessant sein. Der **Souk el Sagha**, der den Gold- und Silberhändlern vorbehalten ist, liegt hinter dem Souk el Qantara. Doch bei den verwinkelten Gassen ist er etwas schwierig zu finden, man muss sich durchfragen.

Jeweils dienstags und teilweise auch freitags finden „Stadtteilmärkte" statt, zu denen die Landfrauen ihre Produkte heranschleppen, häufig genug auf dem Kopf. Zeitgleich kommen in der Gegend der nördlich gelegenen Sharia Madaris Töpfer und Geflügelhändler zusammen. Wenn Sie dichtes Gedränge nicht scheuen, können Sie beste Einblicke in den ägyptischen Alltag gewinnen.

Praktische Informationen

▶ **Telefonvorwahl 084**
▶ Das **Tourist-Office**, Tel 26343 044, findet man im etwas abseits liegenden Governorate Gebäude (Sharia Saad Zaghlul); dort wurde auch ein kleines Museum mit Funden zur lokalen Geschichte eingerichtet.
▶ Wenn Sie durch die Stadt radeln wollen: Der gut englisch sprechende Manager des Hotels Palace, Ashraf Arafa, verleiht Räder gegen £E 5-10 pro Tag. Achtung: Kinder werfen manchmal mit Steinen nach radelnden Touristinnen. Zum Qarun-See radelt man etwa 2 Stunden, ein Taxi kostet ca. £E 15.
▶ Wie auch in anderen Städten muss man sich keine Sorge um das tägliche Essen machen; es gibt zahllose Restaurants.

Rundreise durchs westliche Fayum

Eine interessante Rundreise lässt sich von Medinet Fayum aus ins westliche Fayum nach **Medinet Madi** unternehmen. Dort scheinen nur selten Touristen aufzutauchen, daher reagiert die Bevölkerung wesentlich gelassener. Dieser Ausflug ist am besten per Auto/Taxi zu machen, zumal Medinet Madi - eines der lohnenswerten

Restaurants

Nur zwei Adressen aus der Vielzahl der Restaurants:
- **Kebabgi**, Sh Mustafa Kamil zwischen Bahr Yussuf und Sh Ramla, gute ägyptische Küche, preiswert
- **Nadi El Muhafza** (Governorate Club) auch westliches Essen - auch im Garten am Sinuris Kanal serviert, gute Atmosphäre

Übernachten

- **Karoun**, Zentrum, Tel 6309 423, altes Gebäude, extrem einf .... Dorm pP 7, E 10-15, D 15-25
- **Montaza**, 6 Sh Esmail el Medany, Tel 6348 662, fr, hb, sa, Ven, ru, mF .E+B 60, D+B 50, D+B+AC 90
- **Palace**, Sh Hurya, ca. 150 m von 4 Wasserrädern, Tel 6311 222, Fax 6311 277, rel gr Zi, se fr, se hb, sa, Ven, tlw AC, empf, mF (gut) .... E 30, E+B 60, D 50, D+B+AC 80
- **Queen**, 22 Sh Al Shaaheed Attallah Hassan, Mishaat Lotfallah, Tel 6346 819, Fax 6346 233, se sa, bestes Hotel, Zi tlw ohne Außenfenster, se fr, AC, SatTV, Kschr, Internet, mF............ E+B 150, D+B 200
- **Youth Hostel**, Lux Housing Block Nr.7, 4.Stock, Flat Nr.7 u. 8, (im sog. Erholungspark), Tel 6323 682, nahe Kairo-Bus-Bhf, derzeit wegen Renovierung geschlossen

Außerhalb von Medinet Fayum

- **Helnan Auberge-Fayum**, 5*, Qarun-See, Tel 698 1200, Fax 698 1300, auberge@helnan.com, www.helnan.com, nach Renovierung 2007 neu eröffnet, Pool direkt am Seeufer, se sa, SatTV, AC, Kschr, mF ....E+B $100-110, D+B 110-130
- **New Panorama Resort**, 4*, Shakshuk, Tel 683 0757, gr u gepfl.Hotelanlage am Seeufer, se großzügige Zimmer, se sa, ru, AC, SatTV, Kschr, Pool, Nightclub, HP................ E+B 220, D+B 340

Camping Fayum

- Im Fayum können Sie am ungestörtesten auf dem ausgewiesenen Campingplatz im **Wadi Rayan** campen. Auch das **Karanis Camp**, km 72 der Straße Kairo - Fayum, bietet Campmöglichkeit.

---

historischen Ziele - kaum per Bus zu erreichen ist. Ein Leser probierte die Reise mit öffentlichen Verkehrs mitteln, kam bis Abou Gandir mit Minibussen und musste anschließend auf ein Motorradtaxi umsteigen, das ihn bis fast zum Tempel brachte - allerdings dort nicht wartete. Der 3-km-Fußmarsch im Sand zurück zum Fruchtland war etwas anstrengend.

Medinet Fayum in Richtung Itsa (10 km) verlassen. 2 km nach Itsa-Kreuzung (N29°13,60' E30°46,65'), hier rechts halten.

Nach 4 km: **El Minya**

Größeres, ziemlich dreckiges Städtchen; an dessen Stadtausgang links auf eine schmale Straße abbiegen. Geradeaus würde es über Abou Gandir nach Nazla weitergehen.

Nach 3 km: Kanalbrücke

Etwa 100 m weiter stößt man auf eine Kanalverzweigung (N29°12,77 E30°43,34), d.h. nach rechts führen zwei Kanäle. Hier auf den Damm zwischen den Kanälen abbiegen und auf diesem für sieben miserable Kilometer bleiben. Dann (bei N29°13,13' E30°39,48') links über eine Brücke abbiegen und ziemlich schnurgerade durch das Dorf fahren. Am Ortsausgang einer der Pisten nach Südosten zum Grabungsgelände folgen; links weist eine Baumreihe auf ein Neulandprojekt hin, das aber am besten links liegen bleibt. Die 3 km lange Piste lässt sich bis kurz vor dem Hügel mit dem Grabungshaus relativ gut fahren; im Hügelbereich wird es ziemlich sandig, der Tempel liegt bei N29°11,63' E30°38,67'.

*Tempel von Medinet Madi

Hintergrund: *Der - relativ kleine - Tempel (£E 20) wurde im Mittleren Reich von Amenemhet III begonnen, von seinem Sohn Amenemhet IV fertiggestellt und von den Ptolemäern erweitert. Er gilt als eines der wenigen Architekturbeispiele eines kompletten Tempels aus dem Mittleren Reich und ist daher für Enthusiasten*

4 Kairo und Umgebung kennenlernen

des pharaonischen Ägyptens von besonderem Interesse.
Von der ehemaligen (ptolemäischen) Löwen- und Sphingenallee sind noch einige Exemplare gut erhalten. Auch der dem Krokodilgott Sobek geweihte Tempel des Mittleren Reichs hat die Jahrtausende in wesentlichen Teilen überdauert. Die noch erkennbaren Reliefs an den Wänden stellen meist Amenemhet III und seinen Sohn bei Opferungen dar. Im Sanktuar sind die drei Nischen vorhanden, in denen einst die Götterstatuen standen. An der Rückseite des Tempels aus dem Mittleren Reich finden Sie einen kleinen ptolemäischen Tempelbau. Die gesamte Anlage wird, nachdem sie in den 1960er Jahren freigelegt wurde, erneut vom Dünensand bedroht; die Sphingenallee ist bereits größtenteils unter einer Düne begraben. (Detailliertere Informationen im *The Fayum, History and Guide*, in Kairo erhältlich).
Fahren Sie zurück zum Dorf und biegen Sie nach der Kanalbrücke links ab. (Die folgende Beschreibung ist älteren Datums; sicherer ist es, nach Minya zurückzufahren und von dort nach **Nazla**).
Nach 5 km: Abzweig
Hier die Kanaldamm-Straße nach rechts verlassen und in den folgenden Dörfern geradeaus.
Nach 4 km: Kreuzung
Rechts nach El Minya, links nach Nazla halten.
Nach 3 km:

*Nazla

Die pitoresken **Töpfereien von Nazla** sind einen Besuch wert. Nach der Moschee biegt man rechts ab und blickt bald in das tief eingeschnittene Wadi Masraf, an dessen Ufer Töpfereien und Brennöfen stehen, umgeben von frisch geformten, zum Trocknen in die Sonne gestellten Gefäßen. Schwarze Qualmwolken steigen zum Himmel, fleißige Töpfer formen hauptsächlich *Bukla*, kugelige Wassergefäße, die fürs Fayum typisch sind. Übrigens wird die Porösität des Tons - die für die Wasserverdunstung und damit die Kühlung des Inhalts notwendig ist - durch Zugabe von Strohhäcksel zum Ton erreicht, das nach dem Brennen des Tons Kapillaren hinterlässt.
Es handelt sich um sehr hohe Brennöfen, die unten am Flußrand stehen und jeweils nach Befüllung befeuert werden. Am Talrand stehen ein paar Bänke für Touristen, dort kann man auch auf Pfaden zum Flußufer hinuntergehen.
Nach 7 km: Y-Kreuzung
Rechts 22 km nach Medinet Fayum über **Ibshawi**; unterwegs rechts halten über **El Agamiyin** (Zentrum von Korbflechtern).
Ende der Rundreise.

Zu den Fayum-Pyramiden

*Hauwara Pyramide

*Hintergrund: Amenemhet III (1844–1797 vC)ließ seine Pyramide (9-16, £E 30) aus Nilschlammziegeln erbauen. Die feste Außenschale aus hellem Sandstein wurde später als Baumaterial abgetragen, der Kern von der Witterung bis auf einen hohen Stumpf zerstört. Ebenso erging es dem daneben liegenden, im Altertum zu den sieben Weltwundern zählenden **Labyrinth**, das laut Herodot aus 3000 Räumen in zwei Stockwerken bestand und den eigentlichen Totentempel bildete. „Die Pyramiden übertreffen schon jede Beschreibung, aber das Labyrinth übertrifft die Pyramiden..." schreibt der griechische „Vater der Geschichtsschreibung" 1200 Jahre nach der Erbauung. Aber schon bald begannen die Römer, die riesige Anlage als Baumaterial auszuschlachten, nur noch Schutthügel lassen heute die wahren Dimensionen erahnen.*

In römischer Zeit lag hier eine ausgedehnte Nekropole; aus ihr stammen die meisten der sog. **Mumienporträts** der römischen Bevölkerung (3./4. Jh nC), mit viel Sorgfalt und Liebe auf hohem künstlerischen Niveau gemalte Porträts von Verstorbenen, die zu Lebzeiten angefertigt und der Mumie beigelegt wurden. Dargestellt sind Menschen jeden Alters, von Kindern bis zu Greisen, Frauen wie Männer, Afrikaner, Syrer, Nord- wie Süditaliener, Griechen oder Spanier.

Zu den Fayum-Pyramiden

Viele der Porträts können Sie im Ägyptischen Museum in Kairo in Saal 14 OG betrachten. Ein Besuch am späteren Nachmittag ist wegen der langen Schatten und des Blicks über die Umgebung recht stimmungsvoll.

▶ **Anfahrt**: Wenn Sie als **Fußgänger** von Medinet Fayum aus zur Hauwara-Pyramide gelangen wollen, nehmen Sie ein Taxi oder den Minibus Richtung Lahun/Beni Suef, aber in *Hauwara el Makta* aussteigen und dort zu Fuß oder am besten per Taxi weiter, denn zur Pyramide gibt es keine öffentlichen Verkehrsmittel. Als andere Alternative sei die Empfehlung eines Lesers genannt, der von Medinet Fayum zur Pyramide wanderte (ca. 14 km) und sich dabei durchfragte; als Lohn traf er auf freundliche Menschen und gewann ungestörte Einblicke ins ländliche Leben.

▶ Als **Autofahrer** verlässt man Medinet Fayum auf der Ausfallstraße nach Beni Suef. Etwa 8 km entfernt zweigt bei 29°14,86′ E30°54,50′ links eine schmale Straße über eine Kanalbrücke ab, die zur 5 km entfernten, weithin sichtbaren Pyramide (N29°16,5′E30°54,1′) führt. Noch einfacher ist die obige Abzweigung zu finden, indem man auf der Western Desert Road (die das Fayum östlich umgeht) die Abfahrt Beni Suef nimmt, dort 1 km Richtung Medinet Fayum fährt und rechts über die oben genannte Kanalbrücke zur Pyramide abzweigt.

▶ Zur Lahun-Pyramide fährt man über die Kreuzung mit der Westlichen Wüstenstraße 17 km weiter Richtung Beni Suef bis zur

Lahun-Pyramide (auch Illahun)

Am Ortsrand kreuzt man die Schleusen, die den Wasserhaushalt im Fayum kontrollieren. Die älteste, im 13. Jh unter Sultan Beybars erbaute, ist zwar noch erhalten, sie wurde aber 1943 außer Betrieb genommen. Sie darf jedoch wegen der strategischen Bedeutung der Gesamtanlage nicht näher besichtigt werden: Fotografieren ist streng verboten.

Die Ruine der stark zerstörten **Pyramide von Lahun** (9-16, £E 35), die von Pharao Swenwosret II (12. Dynastie) erbaut wurde, ist wegen ihres Konstruktionsprinzips interessant: Man hatte einen massiven Felsen als Basis genommen und darauf ein inneres Gerüst aus Kalksteinplatten aufgebaut, das bis etwa zur halben Pyramidenhöhe reichte. Die Hohlräume wurden mit ungebrannten Lehmziegeln aufgefüllt. Auch die Außenmauern bestanden aus ungebrannten Lehmziegeln, darüber lagen als äußerer Schutz wiederum Kalksteinplatten. Doch Grab- und Baumaterialräuber trugen das Brauchbare davon,

Fruchtland und Wüste stehen sich in Ägypten immer gegenüber, wie hier bei der Lahun-Pyramide

4 Kairo und Umgebung kennenlernen

übrig blieben die inzwischen zu einer gewaltigen Erdmasse zusammengeklumpten Lehmziegel und die Reste des inneren Kalksteingerüsts.
Im Norden liegen Mastaba-Gräber. In der zur Pyramide gehörenden, östlich gelegenen Stadt wurde ein umfangreiches Papyrus-Archiv gefunden.

▶ **Anfahrt**: Vor dem Überqueren einer modernen Eisenbrücke und vor den Schleusenanlagen zweigt man links ab und an der nächsten Kreuzung rechts über den Kanal, danach gleich wieder links und ca. 1 km durch das Dorf Lahun bis zu einer T-Kreuzung, dort links aus dem Dorf hinaus auf einen Damm, nach ca. 2 km ist das Ziel erreicht.
Von hier aus Rückfahrt nach Kairo über die Westliche Wüstenstraße nach Giseh. Unterwegs kann man Medum, die dritte Fayum-Pyramide, besichtigen, siehe Seite 293.

Zum **Wadi Rayan und Wadi Hitan

Ein durchaus ungewöhnliches Erlebnis können und sollten Sie sich gönnen, wenn Sie den ersten Abzweig der Qarunsee-Uferstraße (nach Sanhur, siehe Seite 299) links liegen lassen und geradeaus weiter am See entlang in Richtung Wadi Rayan fahren: Auf dem ersten Teilstück gibt es immer einmal wieder Möglichkeiten zum Baden, meist allerdings in oder bei Hotelanlagen.
Nach 37 km: Abzweig (ausgeschildert)
Links abbiegen
Nach 2 km: Kreuzung, geradeaus weiter
Links geht es nach Medinet Fayum bzw. etwa 3 km zum Dorf **Tunis** mit verschiedenen Töpfereien, z.T. europäischer Künstler, für Keramik-Interessierte sehr sehenswert.
Aber auch der 5 km weite Abstecher rechts von dieser Kreuzung zum *Sobek-Tempel von Qasr Qarun (£E 25) lohnt sich, der bald nach dem Ort Qarun links auftaucht. Der äußerlich eindrucksvolle ptolemäische Bau ist im Innern relativ gut erhalten (nehmen Sie eine Taschenlampe mit). Dort durchquert man drei Vorsäle bis zum Sanktuar, das aus drei Räumen besteht. An den Eingängen zu den Sälen und zum Sanktuar sind Uräusschlangen anstelle der üblichen Hohlkehlen angebracht. Von einem der Vorsäle führt eine Treppe in den unterirdischen Keller, von einem anderen zum Obergeschoss, an dessen Korridor vierzehn Räume liegen, drei davon sind Kulträume. Über eine weitere Treppe erreicht man das Tempeldach, das einen weiten Ausblick über die Wüste und ebenso über das von Sand bedeckte, gleich nebenan liegende Ruinenfeld von **Dionysias** bietet. Von dieser ptolemäischen Stadt und Garnison sind nur ziemlich unübersichtliche Trümmer übrig geblieben.

Nach 7 km (von obiger Kreuzung): Abzweig
Links über einen Kanal fahren.
Nach 2 km: Eingang zur
Wadi El Rayan Protected Area (WRPA). Eintritt kassierender Checkpost $ 3 pP, Auto £E 5). Dieses Naturschutzgebiet, das auch das Wadi El Hitan einschließt, wurde 1998 ausgewiesen.
Nach 14 km:

Wadi Rayan Wasserfälle

Links 3 km zum **Verbindungskanal der beiden Seen** mit einem dreigeteilten, etwa 3 m hohen Wasserfall. Dort erwarten Sie das meist verschlossene Visitor-Center und ein einfaches Feriencamp namens *Safari*. Der Wasserfall ist wahrlich nicht imposant, aber der einzige in der Wüste sowie der einzige des Landes und daher hoch gelobt. Doch das grün umsäumte Seeufer, das sich im Wasser spiegelt, zeigt die Grenze dieser fast unwirklichen Kulisse: Nur diesen schmalen Streifen vermochte der See zu begrünen, danach regiert die Wüste bis hin zum Horizont.
Fahren Sie auf der Asphaltstraße weiter, Sie werden mit einigen reizvollen Ausblicken auf den Unteren See, auf Zeugenberge und mit wunderschönen Dünen belohnt. Am Ufer dehnen sich Schilfgürtel aus, die von vielen Vögeln bewohnt werden; eine gute Gegend zu deren Beobachtung.
Nach 6 km:

„Wal mit Gräten"

El Mudawara Lookout
Die Hügel links der Straße sind als Aussichtsplatz prädestiniert. Offiziell ist hier auch ein (schattenloser) Picknickplatz ausgewiesen, der besonders freitags frequentiert wird.
Nach 10 km:
Hier (N 29°11,80' E30°20,4') zweigt eine 36 km lange, gut gepflegte Piste nach Westen ins **Wadi El Hitan** ab, in das Tal der Wale. Der ohne Allradantrieb gut zu bewältigende Abstecher lohnt sich einmal wegen der ungewöhnlichen Landschaft im Endbereich der Piste. Zum anderen stößt man hier auf versteinerte Skelette von Walen einer sehr frühen Spezies *(Basilosaurus, Zeuglodon)*, die vor etwa 40 Millionen Jahren in eine Falle gerieten, als sich durch tektonische Veränderungen der Ozean verflüchtigte, in dem sie lebten. Die beiden Namen sind darauf zurückzuführen, dass die Wissenschaftler nach der Entdeckung 1830 eine *Reptilienart* vermuteten (Basilosaurus), die sich später aber als eine ausgestorbene *Walart* herausstellte, der man dann den Namen Zeuglodon gab. 2005 wurde das Zeuglodonten-Wadi von der UNESCO zum **Weltnaturerbe** erklärt.

Am Ende der Piste (N 29°15,89' E30°1,43') kommt ein Ranger und kassiert Eintritt (£E 5 pP + £E 5 per Auto), offeriert aber auch in dem weitläufigen Gebiet Plätze mit gut erhaltenen Versteinerungen und einen abgegrenzten Bereich für Camping. Die noch vorhandenen Skelette liegen an ihren Fundstellen und sind durch Steinmarkierung oder Seile gewissermaßen gegen Übertretung und Berührung geschützt. Man kann der Piste ca. 5 km nach Norden folgen und sieht immer wieder neue Skelette. Es sollen insgesamt 200 gewesen sein, von denen bereits viele gestohlen wurden.

Zurück auf die Wadi Rayan-Straße, die jetzt die Südspitze des zweiten Sees umrundet und anschließend durch eine so herrliche Wüsten- bzw. Dünenlandschaft führt, wie man sie nicht sehr häufig in Ägypten findet. Lichtgelber Sand bedeckt weite Flächen oder lässt sich vom steten Wind zu hohen Dünen aufblasen, die sich, Schlangenspuren gleich, zu immer neuen Bil-

4 Kairo und Umgebung kennenlernen

dern formen (Fotografen sollten Nachmittagslicht abwarten).

Nach 10 km:

Schild *Outpost*, eine Rangerstation. 8 km entfernt, in der Einsamkeit bauten koptische Mönche das **Kloster Abu Markar** (N 29°4,88' E30°17,04') in schöner Wüstenumgebung wieder auf, das auf den Heiligen Markarius zurückgeht. Es macht einen etwas ärmlichen Eindruck. Aber die eifrigen Mönche erweitern und verbessern ihre kleine Kirche, die Gemeinschaftsräume und die als Höhlen in den Berghang geschlagenen Zellen kontinuierlich. Einige leben als Einsiedler in der Wüste und kommen nur sonntags zu den Gottesdiensten und um Nahrungsmittel mitzunehmen.

Der Weg dorthin führt querfeldein, häufig ohne sichtbare Piste, auch über ein paar Dünen. Ohne Führung durch z.B. einen Ranger ist die Anlage nur schwer zu finden.

Nach 33 km von der Rangerstation:

Links ziemlich schlechte Piste zum ausgewiesenen Campingplatz und zur Vogelbeobachtung.

Nach 4 km:

Ein Schild weist auf den südöstlichen Eingang zur Protected Area. Im weiteren Verlauf nähert sich die Straße den südöstlichen, gegen die Wüste herausfordernd grünen Feldern des Fayum. An der Straße werden preiswerte Tageserzeugnisse angeboten.

Nach 33 km: Kreuzung

Die westliche Wüstenstraße ist erreicht, geradeaus nach Beni Suef, links 123 km bis Fayum-Kreisel, Nähe Mena House-Hotel. Fährt man die Strecke als große Schleife, legt man etwa 330 km zurück.

Leser schrieben uns, dass man von dieser Kreuzung aus einen Abstecher zum **Kloster Deir Amba Samuel** südlich des Fayum einlegen kann. Man fährt ca. 30 km Richtung Assiut bis zum (vielleicht ehemals) ausgeschilderten Abzweig nach Süden (den wir nicht finden konnten). Von dort führt eine mit Pkw befahrbare landschaftlich schöne Piste 25 km nach Nordwesten zum Kloster am Gebel Kalamoun. Wenn man die Webseite *www.touregypt.net/featurestories/samuel.htm* anschaut, bekommt man Lust auf einen Besuch.

Vom Wind getrocknete „Lehm-Löwen" (Yardangs) - aus dem Sediment eines vor Jahrtausenden ausgetrockneten Sees im Wadi Hitan geformt

In Kairo zurechtkommen – Praktische Informationen –

Kairo für Fußgänger

Fußgänger in Kairo zu sein, hat etwas mit Überlebenskunst zu tun: Da jeder motorisierte Verkehrsteilnehmer den jeweils Schwächeren aussticht, ist der am Ende der Kette laufende Fußgänger der Dumme - in Kairo lernt auch der Faulste, um sein Leben zu rennen (aber nur sehr selten). Trotzdem sollten Sie auf Spaziergänge, vor allem in den Souks, nicht verzichten; nur als Fußgänger mit Muße werden Sie Blicke hinter die Kulissen werfen können.

Wenn Sie als Neuling stark frequentierte Straßen überqueren wollen, halten Sie sich an ägyptische Fußgänger, am besten an solche mit Kindern, da reagieren die Autofahrer noch vorsichtiger und der „Windschatten" ist breiter. Als Fortgeschrittener nehmen Sie Blickkontakt mit den Autofahrern auf, geben Sie ihnen eine Chance, auszuweichen oder zu stoppen. Wenn Sie sich plötzlich unsicher fühlen, bleiben Sie nach Möglichkeit stehen und winken abwehrend mit den Händen und der Einkaufstüte. Vermeiden Sie, in Panik zurückzulaufen.

Kairos Busse

Frauen sollten Busse meiden, weil Touristinnen-Grapschen beliebt ist und es im Gedränge kein Entkommen gibt.

Man steigt hinten in den Bus ein und vorne aus; der Kampf nach vorne ist notwendig, außerdem ist dort meist ein Hauch mehr Platz. Bleiben Sie in Türnähe und verteidigen Sie diesen Platz mit aller Standhaftigkeit, denn rauszukommen ist manchmal schwieriger als rein. Versuchen Sie, Ihre Mitfahrer von Ihrem Ziel in Kenntnis zu setzen, damit Sie rechtzeitig darauf aufmerksam gemacht werden.

Die Liniennummern der weißroten oder weißblauen öffentlichen Busse stehen oberhalb der Windschutzscheibe und neben der vorderen Tür; allerdings in arabischen Ziffern. Die Haltestellen sind durch eine im Original rote Stange und, falls noch lesbar, ein Schild der haltenden Busnummer und meist eine Traube Wartender gekennzeichnet. Die meisten Busse verkehren von 6-24 Uhr, während des Ramadan bis 2 Uhr nachts. Der Fahrpreis in der gesamten Stadt beträgt 25 Pt.

Die wichtigsten **Busbahnhöfe**:

- **Midan Abdel Minin Riyad:** Unter der Hochstraßenbrücke zwischen der Rückseite des Ägyptischen Museums und dem Ramsis-Hilton-Hotel, wichtigster innerstädtischer Busbahnhof.
- **Midan Ramsis:** Durchfahrende Linien *vom* Midan Tahrir halten in der Sharia Ramsis, neben der großen Moschee; die in Richtung *zum* Midan Tahrir unter der Hochstraße in der Sharia Galaa; alle anderen auf dem **Midan Ahmed Helmi** direkt hinter dem Ramsis-Bahnhof (rechts neben der Kirche, vom Bahnhof aus gesehen). Gleichzeitig wird dieser Platz auch von Minibussen benutzt, die Ziele innerhalb der Stadt anfahren.
- **Midan Ataba:** Normale Busse halten im Erdgeschoss des nördlicheren Parkhauses, während Minibusse das Parkhaus zwischen den beiden Hochbrückenrampen benutzen.
- Die meisten Fernbusse - siehe weiter unten - starten vom **Midan Turguman**.

Aus den mehr als 200 Buslinien haben wir eine Auswahl der für Fußgänger interessanten Linien zusammengestellt, siehe Kasten. (Vorsicht, die Liniennummern ändern sich immer mal wieder, fragen Sie unbedingt vor dem Einsteigen nach dem Ziel).

Eine Alternative zum normalen Bus sind die etwas teureren verbeulten **weißen Linien-Minibusse**, die tollkühn durch die Stadt rasen. Früher wurden nur Sitzplätze verkauft, heute ist dieses System „durchlöchert". Der Fahrpreis beträgt normal 50 Pt; die Busse fahren aller-

5 In Kairo zurechtkommen – Praktische Informationen –

Einige Buslinien in Kairo

Fahrstrecke	Linie
Md Ataba - Flughafen	948 ... ٩٤٨
Md Ramsis - Md Abdel Minin Riyad - **Dokki**	810 ... ٨١٠
Md Ramsis - Md Abdel Minin Riyad - **Maadi**	412 ... ٤١٢
Md Ramsis - Zamalek - **Pyramiden**	30 ... ٣٠
Md Ramsis - Zamalek - **Pyramiden** (AC Bus)	357 ... ٣٥٧
Md Abdel Minin Riyad - Md Ramsis - **Flughafen** (Terminal 1, Tag/Nacht)	400 ... ٤٠٠
Md Abdel Minin Riyad - Md Ramsis - **Flughafen** (Terminal 2)	949 ... ٩٤٩
Md Abdel Minin Riyad - Md Ramsis - **Flughafen** (AC-Bus)	356 ... ٣٥٦
Md Abdel Minin Riyad - **Sultan Hassan-Moschee** - Zitadelle	194 ... ١٩٤
Md Abdel Minin Riyad - Nazlit El Saman **(Sphinx, Pyramiden)**	997 ... ٩٩٧
Md Tahrir - Manial - **Pyramiden**, Haltestelle Mena House	998 ... ٩٩٨
Md Tahrir - **Khan el Khalili-Bazar**	186 ... ١٨٦
Minibusse	
Md Ataba - Md Tahrir - **Insel Roda**	59 ... ٥٩
Md Ramsis - Sharia 26.July - **Zamalek** (Nordspitze)	47 ... ٤٧
Md Abdel Minin Riyad (Tahrir) - **Zamalek** (Nordspitze)	49 ... ٤٩
Md Ramsis - Sharia 26.July - **Md Lebanon** (Mohandissin)	70, 72 ... ٧٠,٧٢
Md Abdel Minin Riyad (Tahrir) - Md Ramsis - Roxy - **Flughafen** (Terminal 1)	27 ... ٢٧
Md Abdel Minin Riyad - Dokki - **Pyramiden**, Mena House Hotel	82, 83 ... ٨٢,٨٣
Md Abdel Minin Riyad - Md Abbassiya **(Sinai Terminal)** - Roxy (Heliopolis)	30, 32 ... ٣٠,٣٢
Md Abdel Minin Riyad - Sharia Port Said - **Khan el Khalili**	77, 102 ... ٧٧,١٠٢

dings an den Endpunkten erst los, wenn alle Plätze besetzt sind.

Daneben gibt es diverse Strecken, die von privaten **Minibussen** versorgt werden, z.B. auf der Pyramid Road durch VW-Transporter aller Altersklassen. Man winkt sie an und nennt das Fahrtziel; wenn die Richtung stimmt und Platz ist, steigt man zu und zahlt um 100 Pt. Man kann z.B. vom Midan Tahrir zu den Pyramiden, nach Heliopolis oder von der Sharia Qasr El Aini Richtung Maadi/Heluan fahren; doch sind die Busse meist total überfüllt.

Grundsätzlich ist man in der Regel besser in einem Taxi aufgehoben, als sich der hautnahen Enge im Bus oder Minibus auszusetzen.

Die Firma **CTA** fährt mit ihren komfortableren **AC-Bussen** quer durch die Stadt: **Linie 356** startet am Flughafen (beide Terminals) zum Midan Abdel Minin Riyad alle 30 Minuten von 6.30-23.30 Uhr, die Nr. **355** und **357** pendeln zwischen Heliopolis, Midan Ramsis, Midan Tahrir/Midan Abdel Minin Riyad, Manial und den Pyramiden (Mena House Hotel). Die Haltestelle in Tahrir-Nähe liegt östlich vom Ramsis Hilton Hotel, bei den Blumenständen an der Sharia Galaa.

Die neuen grünen Busse in Kairo

Die Metro - Kairos U-Bahn

1987 wurde die von den Franzosen erbaute erste Linie der Metro eröffnet, die erste U-Bahn in afrikanischem Boden. Inzwischen ging auch die Linie 2 vollständig in Betrieb; die Planungen für die Linie 3 sind abgeschlossen, die Bauausführung verzögert sich jedoch.

Von Süden kommend, verschwindet die Stammstrecke (Linie 1) der Metro im innerstädtischen Bereich bei der Station *Saad Zaghlul* (Nähe Sharia Qasr El Aini, Parlament) in der Erde. Die nächste Station heißt *Anwar el Sadat* und liegt unter dem Midan Tahrir. Danach folgt die Station *Gamal Abdel Nasser* an der Straßenkreuzung Sharia 26.July/Ramsis, dann die Station *Ahmed Orabi* an der Kreuzung Sharia Orabi/Ramsis und schließlich die Station *Hosni Mubarak* unter dem Midan Ramsis vor dem Ramsis-Bahnhof; danach geht's wieder ans Tageslicht. Die Linie 2 verbindet Bulaq mit dem Midan Ramsis, fährt weiter über Midan Ataba zum Midan Tahrir, unterquert den Nil und endet nach verschiedenen Stopps oberirdisch am Midan Monib in Giseh.

Die Abfolge der Stationen - arabisch und englisch ausgeschildert - geht aus dem nebenstehenden Metroplan hervor. Oberirdisch weisen Schilder - rotes **M** in achteckigem Stern und arabischer Schriftzug für *Metro* - auf das Verkehrsmittel hin.

Einige Tipps

- Die Züge fahren zwischen 5.00 und 24 Uhr in wenigen Minuten-Abständen.
- Die Metro kostet auf dem gesamten Streckennetz £E 1, Kinder unter 10 Jahren fahren kostenlos. Tickets kauft man am entsprechenden Schalter jeder Station, meist an einer bzw. zwei Schlangen zu erkennen, die kürzere davon ist die für Frauen. Heben Sie das Ticket bis zum Aussteigen auf, Sie benötigen es für die Ausgangssperre.
- Die Züge sind zumindest während der Stoßzeiten von etwa 8-10, um die Mittagszeit und nachmittags ab etwa 15 Uhr brechend voll.
- **Für Frauen** sind die beiden mittleren Wagen reserviert (meist der vierte und fünfte Wagen), leicht erkennbar an einem roten bzw. grünen Streifen über den Türen mit einem Frauen-Symbol. Männer, die versehentlich einsteigen, müssen sich gegenüber der Polizei rechtfertigen, Frauen können natürlich auch andere Wagen benutzen

Die **Straßenbahn**, einst Hauptverkehrsmittel, dann Verkehrshindernis, ist nach dem Metrobau praktisch aus dem Innenstadtbereich verbannt worden.

5 In Kairo zurechtkommen – Praktische Informationen –

Als weitere Schienenverbindung ist die **Heliopolis-Bahn** zu nennen, die aus drei Linien besteht und eher eine Schnellbahn ist. Sie startet am Ramsis-Bahnhof und fährt weite Strecken auf eigenem Gleiskörper. Die drei Linien steuern, nachdem sie Zentral-Heliopolis (Roxy und Sh Al Ahram) hinter sich haben, unterschiedliche Ziele an: Sh El Mousa (rote Linie), Mirghani (gelbe Linie) und Higazi/Abdel Aziz Fahmy (türkis).

Motorboot-Liniendienst

Für 50 Pt Fahrpreis befördern blauweiße Linienschiffe Passagiere auf dem Nil; ein gerade für den Neuankömmling empfehlenswertes Verkehrsmittel, um - gemütlich - einen Eindruck von der Stadt beiderseits ihres Flusses zu gewinnen. Die Haltestellen (großes weißes Schild mit roter arabischer Schrift auf weißem Untergrund am blauen Anleger) liegen:
- rechtes Nilufer, nördlich der 6.October Brücke, nahe dem Radio & Television Building
- linkes Nilufer in Dokki, Nähe der Universität, nördlich der El Gamma-Brücke
- Insel Roda, südlich der El Gamma-Brücke
- Insel Roda, südlich der Giseh-Brücke
- linkes Nilufer in Giseh, südlich der Giseh-Brücke
- rechtes Nilufer Alt-Kairo, etwas südlich gegenüber dem Nilometer

Hinweis: Nicht alle Linien fahren alle Haltepunkte an, daher beim Einsteigen fragen, ob der gewünschte Halt tatsächlich angelaufen wird.

Von der Anlegestelle an der Embaba-Eisenbahnbrücke fahren auch Boote zu den Barrages du Nil ab (siehe Seite 271).

Taxi

Taxifahrten sind, verglichen mit den deutschen Preisen, spottbillig. Für die hiesige Grundgebühr fährt man in Kairo durch zwei Stadtteile, z.B. vom Midan Tahrir über den Nil nach Mohandissin.

Wer günstig davonkommen will, kennt den Preis für die Strecke im Voraus, hält passendes Geld bereit, zahlt kommentarlos beim Aussteigen (Profis steigen aus und zahlen durchs geöffnete Fenster) und lässt sich auf weiteres Feilschen nicht ein. In den Preis gehen eine Verkehrssituation, Tageszeit, Anzahl der Fahrgäste und eventuelles Gepäck mit ein. Mit etwa £E 5-15 kann man im Stadtzentrum zurechtkommen; z.B. die Strecke Midan Tahrir - Khan el Khalili abfahren, zur Zitadelle zahlt man £E 15-20, zu den Pyramiden ca. £E 30-40 (diese Preisangaben beziehen sich jeweils auf 1-2 Passagiere). Vergessen Sie den Taxameter; falls überhaupt eingeschaltet, zeigt er uralte Preise an. Wichtig für Billig-Mitfahrer ist, tunlichst die schwarzweißen, meist verbeulten Taximodelle (Fiat, japanische Modelle) anzuwinken; zwar sprechen deren Fahrer selten englisch, aber sie fahren mit ihren manchmal abenteuerlichen Rumpelkisten zu einem geringeren Entgelt.

Wenn man ein Taxi für einen Ausflug mietet, sollte man vielleicht auch den Hotelrezeptionisten mit einbinden, diese Leute haben meist einigermaßen zuverlässige Fahrer an der Hand, die unterwegs nicht erneut um den Preis feilschen. Das ist zwar immer deutlich teurer, weil der Taxler den Vermittler am Umsatz beteiligen muss; deswegen halten sich in der Nähe von besseren Hotels immer abrufbereite Taxis auf. Es handelt sich um etwas vornehmere Autos (bevorzugte Marke Peugeot), die mindestens doppelt so teuer wie die üblichen Klapperkisten sind, die Fahrer sprechen aber meist etwas englisch. Vereinbaren Sie für Fahrten, z.B. ins Fayum oder nach Sakkara, unbedingt vorher Preis, Fahrtroute, Dauer und eventuelle Sonderleistungen möglichst eindeutig und genau. Gehen Sie, vor allem bei nicht vermittelten Taxis, davon aus, dass Sie dem Fahrer unterwegs ausgeliefert sind und dass er diese Situation zum Erpressen höherer Preise nutzen kann. Nehmen Sie ältere Fahrer, die haben den etwas besseren Ruf; zahlen Sie erst nach der Rückkehr. Leser machten gute Erfahrungen mit Ahmed Fouad in Kairo/Bulaq, Tel 0122 780213.

Es gibt keine Taxi-Standplätze wie bei uns; man stellt sich möglichst dicht an den Straßenrand und versucht, durch Winken auf sich aufmerksam zu machen. Sobald sich ein Taxi interessiert nähert und bereits Fahrgäste befördert, rufen Sie Ihr Fahrtziel (möglichst bekannte Straße oder Stadtteil) dem Fahrer zu. Wenn dies an seiner Strecke liegt, nimmt er Sie mit. Leere Taxis fahren natürlich das gewünschte Ziel direkt an. Angesichts größerer Gewinnspanne halten Taxis bevorzugt bei Fremden. Lassen Sie sich unbekanntere Ziele im Hotel in Arabisch auf Zettel schreiben, die Sie dann dem Taxler oder seinen Gästen zeigen können, damit er Sie zum richtigen Ort bringt. Dazu gehört auch der Name Ihres Hotels für den Rückweg.

Doch bei dem verständlichen Wunsch, nicht vom Taxifahrer übers Ohr gehauen zu werden, sollte der Fahrgast auch an den Mann/Familienvater hinter dem Steuer denken: Sein durchschnittlicher Tagesverdienst liegt nach allen Abzügen bei £E 30-40. Wer würde sich in Deutschland für einen ähnlichen Hungerlohn einen Tag lang durch Abgasschwaden quälen? Gute/freundliche Fahrer sollte man mit einem zusätzlichen Trinkgeld belohnen.

Yellow Cabs sind eine neue, noch nicht häufig zu sehende Variante, die speziell für Touristen eingeführt wurde und derzeit nur telefonisch bestellt werden kann. Umweltschonend durch Erdgasbetrieb, klimatisiert, Sicherheitsgurte, funktionierende Taxameter für die Abrechnung, auch per Kreditkarte bezahlbar, der Startkilometer kostet £E 3,50, jeder weitere km £E 1, Wartezeiten (Stau) werden ebenfalls berechnet. Die Fahrer haben einen Englischgrundkurs hinter sich. Drei Firmen teilen sich den Kuchen, daher die folgenden Telefonnummern: International Cairo Taxi: **19155**, City Cab: **16516**, Cairo Cab: **19730**.

Besonders mutige Besucher können sich ein **Fahrrad** leihen (ca. £E 15/6 Std) bei Fahrradhändlern im Zentrum, in der Nähe der Kreuzung Sh Mohammed Farid/Qasr el Nil oder in Zamalek bei Hannafi Mohammed Mousa, 8 Sh El Said el Bakri.

Organisierte Bus-Trips

Natürlich freuen sich alle lokalen Reisebüros, Sie auf einen organisierten Busausflug („Kaffeefahrt"), z.B. zu den Pyramiden von Giseh und nach Sakkara, mitzunehmen; unter £E 100-120 ist ein derartiger Trip kaum zu bekommen. Aber eine Warnung: Gewöhnlich lassen diese Busse keinen Parfüm-, Teppich-, Papyrus- oder sonstigen Souvenirladen aus und halten mittags geschickt vor einem Restaurant mit angeschlossener Souvenirabteilung. Der Unternehmer/Fahrer ist mit bis zu 50 Prozent an jedem gekauften Objekt beteiligt - und Sie verlieren zusätzlich jede Menge Zeit, wenn Sie selbst nicht am Einkaufen interessiert sind, aber auf die anderen Fahrgäste warten müssen.

Anders verlaufen hingegen die Minibus-Trips, die von nahezu jedem Billighotel oder z.B. von Cairodantours, 13 Sharia Sabry Abou Alam (Nähe Midan Talaat Harb, Tel 2392 1336, tours@cairodantours.com, www.cairodantours.com angeboten werden und bei denen man schon (ohne Guide) für ca. £E 40-60 pP nach Giseh, Sakkara und Memphis kommt. Uns ist zumindest nicht bekannt, dass von diesen ähnliche Tricks angewandt werden. Dennoch sollten sie sich vorsichtshalber vor der Abfahrt vergewissern.

Fernverkehr

Züge

Die Fahrkartenschalter sind im **Ramsis-Bahnhof** einigermaßen unsystematisch angelegt; siehe Plan. Für Tickets nach Oberägypten muss man durch die Haupthalle gehen, die Gleise un-

Yellow Cab am Midan Tahrir

5 In Kairo zurechtkommen – Praktische Informationen –

Ramsis Bahnhof

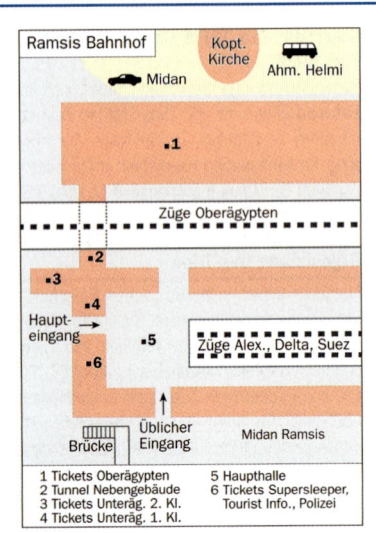

Kopt. Kirche — Midan — Ahm. Helmi

1 Tickets Oberägypten
2 Tunnel Nebengebäude
3 Tickets Unteräg. 2. Kl.
4 Tickets Unteräg. 1. Kl.
5 Haupthalle
6 Tickets Supersleeper, Tourist Info., Polizei

Züge Oberägypten
Züge Alex., Delta, Suez
Haupteingang
Brücke
Üblicher Eingang
Midan Ramsis

terqueren und in der ersten Schalterhalle Fahrkarten für die Erste Klasse, in der zweiten für die Zweite Klasse kaufen. Die Schalter öffnen um 6 Uhr; häufig sind die Zugnummern, für die Karten verkauft werden, angezeigt (allerdings in Arabisch, wie auch auf den Bahnhöfen; Zahlen siehe Seite 704). Fahrkartenkauf bedeutet häufig langes Anstehen; Frauen stehen in eigener, meist kürzerer Reihe an. Im Ramsis-Bahnhof gibt es aus Sicherheitsgründen keine Schließfächer mehr.

Aktuelle Zugfahrpläne siehe www.seat61.com/Egypt.htm, Tickets lassen sich auch aus dem Ausland reservieren unter www.egyptlegend.com/trainreservation2.htm, www.osoris.com/sleeping_train_services.htm.

Wer sich das Durcheinander am Ramsis-Bahnhof ersparen will, kann für **Fahrten nach Oberägypten** (außer Sleeper) auch vom **Giseh-Bahnhof** aus starten; dies wird sogar offiziell empfohlen. Dort kann man ebenfalls Tickets kaufen. Am besten fährt man mit der Metro, von deren Bahnhof folgt man dem Schild *Trains to Upper Egypt* die Treppe hinunter und steht am richtigen Gleis. Tickets gibt es links neben dem Ausgang. Die Züge fahren von Giseh aus etwa 15 Minuten später als von Ramsis ab. Häufig halten zuvor noch andere Züge nach Oberägypten, die aber so alt aussehen, dass man gar nicht auf die Idee kommt, einzusteigen.

Luxor und Assuan
Im Herbst 2008 waren neben dem komfortablen Schlafwagenzug (*Abela Egypt Sleeping Train*, www.sleepingtrains.com, reservation@sleepingtrain.com) drei Züge für Ausländer zugelassen, fragen Sie aber den aktuellen Stand ab.

▶ **Sleeper**: Abfahrt **20.00 Uhr**, Ankunft Luxor 5.10, Assuan 8.15, Fahrpreis incl. Dinner und Frühstück: Doppelkabine $ 60 pP, Einzelkabine $ 80 (ab Alexandria jeweils $ 5 mehr). Häufig fährt ein zweiter Sleeper um 20.30 ab.

Abfahrten
der zugelassenen Normalzüge
▶ **7.40**, Ankunft Luxor ca. 17.35, Assuan ca. 20.35

▶ **22.00**, Ankunft Luxor ca. 7.15, Assuan ca. 10.30

▶ **0.30**, Ankunft Luxor ca. 9.40, Assuan ca. 12.50

▶ **Fahrpreise** Luxor/Assuan: 1.Kl. AC; £E 90/109, 2. Kl.AC. £E 46/55, 2.Kl. £E 40/50

Die Züge verkehren derzeit wieder sehr unpünktlich. Nach den schweren Unfällen in der jüngsten Vergangenheit soll mehr Sicherheit durch langsameres Fahren gewährleistet werden.

Wenn Sie entgegen den Bestimmungen mit anderen Zügen fahren wollen, steigen Sie ein und kaufen das Ticket im Zug, allerdings gibt es dann keine Sitzplatzreservierung und das kann Stehen über lange Strecken bedeuten. Es sei denn, ein Ägypter kauft das Ticket mit Reservierung für Sie. Geeignete Züge mit 1. und 2. Kl. AC fahren ab um 11.00, 19.15 und 22.50.

Alexandria
Unterschiedliche Zugtypen mit unterschiedlichen Fahrzeiten verkehren auf dieser Strecke: zwei schnellere (etwa 2-2 Std 30 Min; 1.Kl £E 46, 2.Kl £E 25.) und langsamere Züge mit mehren Stopps unterwegs, die 3 Stunden und länger benötigen (2. Kl. £E 16, 3. Kl £E 7).

Abfahrten vom Midan Turguman

- Schnell: 8.00, 9.00, 12.00, 14.00, 18.00, 19.00, 20.00, 22.30 Uhr
- Langsam: 6.00, 8.10, 8.25, 9.30, 11.00, 11.15, 12.10, 14.10, 15.10, 16.00, 17.00, 18.15, 21.00 Uhr

Wer von Kairo nach Alexandria und dann nach Luxor weiterreisen will, sollte noch in Kairo das Ticket nach Oberägypten kaufen, da es dieses in Alexandria nicht gibt.

Fernbusse

Der Hauptterminal für Fernbusse befindet sich auf dem **Midan Turguman**, einem großen Platz nahe der Sh Shanan. Diese zweigt von der Sh Galaa ab, die von der Hochstraße zwischen 6.October-Brücke und Midan Ramsis verdunkelt wird. Vom Ramsis-Bahnhof oder vom (näher gelegenen) Metro Bahnhof Orabi kommend, auf der Sh Galaa bis zum Gebäude der *Industrial Development Bank of Egypt* gehen, dort rechts in die Sh Shanan abbiegen, nach ca. 100 m die erste Straße nach links (ohne Namen) nehmen, dort liegt nach 50 m rechts hinter einer Moschee der neue Busbahnhof. In der Umgebung ist der Terminal als **Cairo Gateway** ausgeschildert, (siehe auch Plan Seite 217).

In einer riesigen ebenerdigen Halle stößt man auf die Schalter der Busgesellschaften, elektronische Anzeigen darüber leuchten zeitweise auch in Englisch auf. Die Fernbusse fahren - in Abgaswolken stehend - im Tiefgeschoss ab, das (noch?) nicht sonderlich belüftet ist. Zur nordöstlich gelegenen U-Bahnstation Orabi läuft man etwa 400 m.

Von hier starten die Fernbusse der Upper Egypt Bus Co. T. 576 0261, West Delta Bus Co. T. 576 5582, East Delta Bus Co., T. 574 2841, und Middle Delta Co. sowie Superjet. Da nahezu alle touristisch interessanten Ziele bedient werden, beschränken wir uns im Wesentlichen auf diesen Terminal.

Eine Art **Nebenterminal** besteht ganz in der Nähe des **Ramsis Hilton Hotels** am Bürgersteig der Sh Galaa, etwa gegenüber der Auffahrt zur Nilbrücke, Nähe Blumenläden. Hier fahren einige Busse von El Gouna Transport Co nach **Hurghada**, Superjetbusse nach **Alexandria**.

Viele **Abfahrten** (oder Durchfahrten mit Stopp) **in den Süden** erfolgen vom **Midan Monib** in Giseh, der an der Sh el Nil, etwa 500 m südlich der Ring-Road-Brücke liegt. Dort warten auch **Sammeltaxis/Minibusse** nach Oberägypten. Erreichbar ist der Platz bequem mit der Metro 2, die dort endet.

Ein weiterer Terminal liegt am **Midan Arbud**, von dem Städte im Delta und die Suezkanalzone bedient werden. Am besten per Minibus vom Ramsis-Bahnhof aus erreichbar. Oder mit Metro 2 bis El Mazallat, dort ein Taxi nehmen oder ca. 400 m am Ismailiya-Kanal nach Osten laufen, in der Sh Ahmed Helmi rechts abbiegen zum Platz. Einige Linien halten auch am **Midan Almaza** in Heliopolis in der Nähe des Egypt Air Hospitals.

Da für das Niltal Züge deutlich besser geeignet sind und das Busfahren wegen der Restriktionen für Ausländer immer noch problematisch ist, verzichten wir hier auf detaillierte Angaben. Erst zwischen Luxor und Assuan ist das Busfahren wegen der höheren Frequenz der Verbindungen wieder interessant. Wer dennoch den Bus nehmen will, muss am Roten Meer entlang über Hurghada fahren.

- **Kairo - Assuan** über Luxor 17.00, £E 91, 12 Std Fahrzeit
- **Kairo – Luxor** 21.00, £E 91, 9 Std

Abfahrten vom Midan Turguman

Wir listen hier hauptsächlich Verbindungen von diesem zentral gelegenen Busbahnhof auf, da er verhältnismäßig einfach zu erreichen ist und praktisch alle Ziele bedient. Ergänzend einige Abfahrten vom **Midan Arbud**.

Turguman ist ein nagelneues großes Gebäude 300 m südlich des alten, 500 m NW der U-Bahnstation Orabi, sehr übersichtlich, oben die Schalter, unten die Bussteige, aber alles in Arabisch geschrieben, daher immer aufpassen, welche Fahrziele die Schaffner aufrufen.

5 In Kairo zurechtkommen – Praktische Informationen –

Delta, Mittelmeerküste
Superjet (arab. *El Etahat el Arabi)*, Tel 2579 8181
- **Alexandria:** ab 6.00 jede halbe Stunde (£E 25), weitere Abfahrten nahe Ramsis Hilton Hotel
- **Marsah Matruh:** dreimal täglich (£E 37)
- **Port Said:** ab 6.20 stündlich (£E 23)

West Delta Bus Co. (arab. *Sherka Gharb el Delta);* Tel 2575 2157
- **Alexandria:** 5.30-20.30 21.15-0.15 stündlich (2,5 Std, £E 25-35); ab Arbud 7.00-19.00 stündlich (£E 17)
- **Marsa Matruh:** 7.00 8.00 9.15 11.15 15.15 21.20 (£E 45-60, 6 Std; nach Siwa in M.M. umsteigen)
- **Siwa:** nur Mittwoch 20.00 (£E 55)

East Delta Bus Co. (arab. *Sherka Shark el Delta),* Tel 2419 8533
- **Mansura/Damietta:** 6.00-20.00 halbstündl. (3,5 Std, £E 15-19)
- **Port Said:** 6.00-9.30 jede halbe, 9.30-21.30 jede Stunde (3 Std, £E 17)
- **Suez, Ismailiya:** 6.00-20.30 halbstündl. (2 Std, £E 9)

Rotmeerküste, Oberägypten
El Gouna Transport und Co
- **Hurghada:** 7.00 8.30 10.30 13.30 16.30 23.30; Achtung, Abfahrt Nahe Ramsis Hilton Hotel

Superjet
- **Hurghada:** 7.30 14.30 23.15 (5,5 Std, £E 75)

Upper Egypt (arab. *El Wagh el Ebli)*
Tel 2576 0261
- **Assuan:** 17.00 (13 Std, £E 100)
- **Fayum:** ab Arbud 6.00-17.00 halbstündlich
- **Luxor:** 21.00 (11 Std, £E 95)
- **Hurghada:** 8.00 12.00 00.00 1.00 (6 Std, £E 55); ab Arbud 8.00 10.00 12.00 17.30 20.30 22.30
- **Kosir, Marsa Alam:** 13.30 18.30 23.00 (8 Std/11 Std, £E 81/£E 91)
- **Luxor und Assuan:** besser mit der Bahn

Sinai
Superjet
- **Sharm el Sheikh:** 7.30 15.10 23.15 (£E 85)

East Delta Bus Co.
- **Ain Sukhna:** 8.00, 10.00, 12.00
- **El Arish:** 7.30 16.00 (£E 37)
- **Katharinenkloster:** 11.00 (fährt über Sinai-Terminal; 8 Std, £E 40) (1/2 Std später ab Abasiya)
- **Nuveiba, Tabah:** 6.00 22.15 (8 Std/9 Std, £E 80)
- **Sharm el Sheikh:** 6.30 10.30 16.30 23.00 1.00 1.45 (8 Std, £E 75); ab Arbud 19.30 1.00 (£E 50) (1/2 Std später ab Abasiya)
- **Sharm el Sheikh, Dahab:** 7.15 13.00 19.30 00.15 (9 Std, £E 85; Sharm £E 10 weniger); ab Arbud 23.30 (£E 50) (1/2 Std später ab Abasiya)

Weitere Abfahrten vom Sinai Terminal
El Gouna Bus Co
- **Sharm el Sheikh:** 7.30 9.15 11.15 13.00 18.30 01.00. (6 Std, £E 65-75-100)

Oasen
- **Bahariya:** 7:00 und 8:00 h, (ca. 5 Std., 25 £E, Stop am Midan Mounib)
- **Bahariya, Farafra, Dakhla:** 8.00 18.00 (5 Std/2 Std/3 Std, £E 30/£E 40/£E 50) *)
- **Kharga:** 21.30 22.30 (10 Std, £E 56)
- **Dakhla** über Kharga: 7.00 18.00 19.30 20.30 (12 Std, £E 61)
- **Fayum:** sehr häufige Abfahrten, allerdings vom Midan Monib in Giseh

*) weitere Busse vom Midan Mounib in Giseh um 7.00, 8.00, 14.00 und 14.30, dort starten ebenfalls die Minibusse in die Oasen.

Internationale Busverbindungen
- Nach **Jordanien** kommt man sonntags und mittwochs mit *Superjet;* nach Benghazi und Tripolis in **Libyen** täglich mit *Superjet,* dienstags und donnerstags mit *West Delta.* Es sollen auch noch Busse nach Israel fahren; wenn (abhängig von der Sicherheitslage), dann vom Sheraton-Hotel in Giseh. Tickets im Misr Travel Büro (Tel 3335 5470).

> **Bitte schreiben Sie uns,** wenn Sie Änderungen oder Neuigkeiten feststellen.

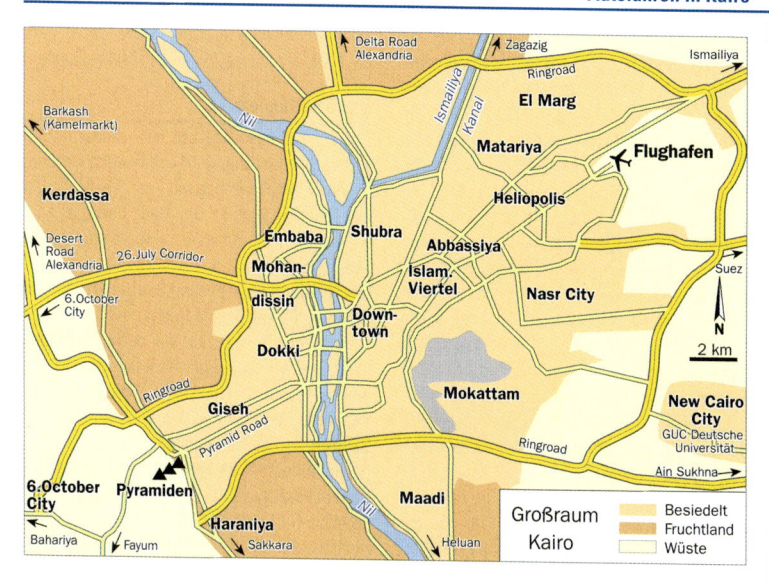

Autofahren in Kairo

Mitschwimmen im Verkehr

Tipps für Selbst(Mietwagen)fahrer

Fürchten Sie sich nicht! Kairo überrumpelt den ordnungsliebenden Mitteleuropäer mit dem anscheinend chaotischsten Verkehr der Welt - umgekehrt wird ein Ägypter über die Sturheit unseres Verkehrssystems nur den Kopf schütteln können. Dennoch, haben Sie keine Angst, sich in Kairo ans Steuer zu setzen, um z.B. nach Sakkara oder ins Fayum (Wadi Rayan) zu fahren.

Jeder Verkehrsteilnehmer ist ständig darauf gefasst, dass sich alle um ihn herum jederzeit alles erlauben: plötzlich ausscheren, abbiegen, bremsen, wenden, stehen bleiben, in zweiter oder dritter Reihe anhalten oder parken etc. Das alles geschieht hautnah, manchmal ein bisschen zu nah, weil keine Chance des Vorwärtskommens ungenutzt bleiben darf und jede auch nur handtellergroße Lücke sekundenschnell zu besetzen ist. Es ist erstaunlich, wie schnell man - mit etwas gutem Willen und ohne in Kairo mitteleuropäisches Verkehrsverhalten einführen zu wollen - sich in dieses System integriert. Mir machte es ausgesprochen Spaß, in dem Getümmel mitzumischen. Doch seit etwa 2007 sind wegen steuerlicher Erleichterungen so viele Autos unterwegs, dass hauptsächlich *stop*, selten *go* und damit jede Menge Frust angesagt ist. Das gilt natürlich auch für Taxis und Busse.

Die extrem flexible Verkehrsabwicklung ist überhaupt nur möglich, weil in der Praxis nur wenige Regeln anerkannt werden; denn es gilt, auf den verstopften Straßen voranzukommen und sich nicht durch abstrakte Gesetze behindern zu lassen. Allerdings bemüht sich die Obrigkeit neuerdings um mehr Ordnung: Ampeln wurden mit Rotlichtblitzanlagen ausgerüstet, Polizisten greifen mehr ein, Parkverbote werden durchgesetzt.

Der Hupenlärm erreicht, wie Messungen ergaben, am Midan Tahrir Werte von 105 Dezibel, also weit mehr, als bei uns als Dauerbelastung zulässig ist. Daher ist seit 1998 in Kairo das Hupen verboten, Zuwiderhandlungen kosten £E

5 In Kairo zurechtkommen – Praktische Informationen –

100 Strafe. Wenn seither für jeden Druck auf die Hupe auch nur £E 1 kassiert worden wäre, könnte Kairo schlagartig alle Finanznöte vergessen...

Als großes Problem - wie könnte es anders sein - erweist sich das **Parken**. An vielen Straßen hüten selbsternannte Parkwächter den arg begrenzten Raum. Häufig kann man - wenn nichts Wertvolles im Wagen liegt - Auto samt Schlüssel hinterlassen und der gute Mann wird es in die erste frei werdende Lücke bugsieren. Auch wenn Sie einen Platz gefunden haben, lassen Sie den Wagen ohne Bremse stehen, damit er hin- und her geschoben werden kann. Mehr und mehr werden wilde Parker abgeschleppt; allerdings kennt niemand die Regel, warum welcher der unendlich vielen Falschparker von der Bildfläche verschwindet.

In der Innenstadt gibt es nur wenige **öffentliche Parkflächen** bzw. -häuser. Hier die uns bekannten: offene Plätze (wohnmobilgeeignet) unter der 6.October-Brückenabfahrt zum Tahrir oder in der Sharia Abdel Salam Arif (Verlängerung der Sharia Bustan) kurz vor dem Midan Tahrir rechts. Ganz in der Nähe des Midan Tahrir steht ein Parkhaus: Fahren Sie in die Sharia Talaat Harb, dann gleich rechts in die Sharia Bustani und dort wiederum die erste Straße rechts, links sehen Sie das Schild. Quasi vor dem Mogammagebäude gibt es eine unterirdische Parkgarage, die allerdings schon bald morgens überfüllt ist. Eine weitere Tiefgarage wird derzeit vor dem Ägyptischen Museum gebaut. Auch am Midan Opera gibt es zwei Parkhäuser. Am Ramsis-Bahnhof kann man mit viel Glück gegen Gebühr direkt vor dem Haupteingang parken, der links neben dem üblichen Eingang liegt. In vielen Straßen im Zentrum wurden an den Straßenrändern „verschließbare" Parkplätze angelegt, die £E 20 pro Tag kosten und von einem Wärter betreut werden, der herbeieilt.

Sollten Sie Hilfe benötigen, können Sie sich an den *Automobil-Club of Egypt*, 10 Sharia Qasr El Nil (Nähe Midan Tahrir), wenden. Wenn Sie in Verkehrsprobleme verwickelt werden, z.B. Ihr Wagen abgeschleppt oder gestohlen wurde, erfahren Sie dies im *Cairo Traffic Department* am Ende der Sharia 26.July am Midan Opera.

Das Straßennetz

Das Fortbewegen in Kairo hat - leider - viele Schattenseiten. Die Stadt wurde einst für etwa 2 Mio Einwohner geplant, ca. 16 Millionen müssen sich jetzt in der Stadt bewegen, die wenigsten per Auto, aber diese verstopfen die Straßen schon genug.

Der Nil, der die westlichen Stadtteile vom größeren östlichen Gebiet trennt, kann im innerstädtischen Bereich nur auf sechs **Brücken** überquert werden (abgesehen von den beiden Ringroad-Autobahnbrücken); ihnen kommt fast eine Schlüsselfunktion zu. Die **15.May-Brücke** ist die nördlichste der über die Insel Gezira führenden Brücken. Auf ihr kreuzt die **Sharia 26.July** den Nil, die im Zentrum an den Ezbekiya-Gärten (Nähe Midan Ataba) beginnt, zunächst den östlichen Zentrumsteil und dann Zamalek durchquert. Am Westufer zweigt die sechsspurige Gamniat el Doval el Arabiya im Wohnviertel Mohandissin ab, es geht aber kreuzungsfrei weiter zum Midan Lebnon und dort auf den so genannten **26.July-Corridor**, der als Autobahn zur **Alexandria Desert Road** und dann zur 6.October-City führt und in die **Oasenstraße Richtung Bahariya** einmündet.

Die **6.October-Brücke** ist eine der wichtigsten innerstädtischen Verbindungen. Sie gehört zu einem Hochstraßensystem, das in Abbassiya im Nordosten beginnt und, als angeblich längste Brücke Afrikas, etwa dem Verlauf der Sharia Ramsis zum Ramsis-Bahnhof folgt, dann Richtung Midan Tahrir zielt, aber vorher zur 6.October-Brücke abknickt, auf dieser den Nil mit der Insel Gezira nach Dokki überquert und dort auch noch kreuzungsfrei über einige Straßen hinweggeführt.

Südlich der 6.October-Brücke überspannt die **El Tahrir-Brücke** (auch Qasr el Nil-Brücke) den Fluss bis zur Insel Gezira. Dort mündet sie in einen kleinen Platz mit einer von dem Bildhauer Mokhtar geschaffenen Statue von Saad Zaghlul, dem unerschrockenen Kämpfer für die Unabhän-

Das Straßennetz

Auf der Ringroad – um Kairo herum

Die Ringroad um Kairo konnte nicht als geschlossener Ring fertig gestellt werden, weil sie das Pyramidengebiet von Giseh durchschnitten und eventuelle archäologische Zeugnisse unwiederbringlich vernichtet hätte. Einige Ausfahrten sind nur arabisch oder so klein beschriftet, dass man sie übersehen kann. Wenn man den „Beginn" an die Auffahrt von der Alexandria Desert Road ganz im **Nordwesten** legt, dann ergeben sich folgende, für Ausländer relevante Abfahrten (die Entfernungsangaben wurden auf volle km gerundet; sie beziehen sich in der Regel auf den eigentlichen Kreuzungspunkt, d.h. die Ausfahrt zweigt ein Stück zuvor ab):

Nach 12 km: 26.July-Korridor
(zum Stadtzentrum)
Nach 8 km: Nilbrücke, linkes Nilufer
Nach 5 km: Ismailiya
Nach 4 km: Deltastraße nach Alexandria
Nach 8 km: Ismailiya Kanalstraße
Nach 11 km: Ismailiya Wüstenautobahn
Nach 10 km: Suez Wüstenautobahn
Nach 12 km: Nasr City, Qatamia
Nach 5 km: Suez Road (über Ain Sukhna)
Nach 2 km: Zahraa El Maadi
Nach 4 km: Zahraa, Maadi City Center
(Carrefour Supermarkt)
Nach 3 km: Maadi, Heluan
(Sharia Salah Salem)
Nach 5 km: Maadi Corniche,
anschließend Nilbrücke
Nach 2 km: Monib, Niluferstraße
nach Oberägypten
Nach 5 km: Straße nach Sakkara
Nach 3 km: **südwestliches Ende;**
von hier 7 km normale Straße zum Beginn der Rundfahrt im Nordwesten.

15. May-Brücke: täglich stehender Verkehr

Die Insel Roda dient zwei Brücken als Stützpunkt: der **El Gamma-Brücke** im Norden und der **El Giseh-Brücke** im Süden, welche die Pyramid Road mit der Sharia Salah Salem verbindet.

Weitere wichtige innerstädtische Verbindungen sind die Straßen zu beiden Seiten ,des Nils. Die östliche, die **Corniche el Nil**, nimmt im Norden den Verkehr vom Delta und von Alexandria auf und verläuft meist vierspurig immer am Nil entlang, quer durch die Stadt Richtung Heluan. Ihr gegenüber am Westufer befindet sich die **Sharia El Nil**, die ebenfalls von Norden in die Stadt führt, aber an der El Gala-Brücke, am Südende der Gezira-Insel, den Verkehr an die um einen Block vom Nilufer entfernte Sharia El Giseh abgibt. Erst südlich der El Giseh-Brücke wird der Nil wieder erreicht.

Eine, zumindest aus touristischer Sicht, sehr wichtige Aufgabe muss man der von den Pyramiden und damit der Wüstenautobahn von Alexandria (*Desert Road*) herführenden **Sharia El Ahram (Pyramid Road)** zusprechen, die Giseh durchschneidet und über die zweitsüdlichste Nilbrücke auf die breit angelegte Sharia Salah Salem führt. Diese wiederum umgeht die Zitadelle östlich und endet als Sharia El Uruba in gerader Linie am Flughafen in Heliopolis. Zuvor

gigkeit Ägyptens von den Engländern. Dann verläuft die Straße ein Stück auf der Insel und findet über die **El Gala-Brücke** Anschluss ans Westufer. Diese Strecke nimmt viel Verkehr vom Midan Tahrir in Richtung Dokki oder Giseh auf.

zweigen über einige Kreuzungen hinweg die Straßen nach Suez und Ismailiya ab.
Parallel zur Pyramid Road, und bereits etwas früher von der Desert Road abzweigend, führt die **Sharia Feisal** ebenfalls zum Midan Giseh. Eine weitere, als Schnellstraßen-Tangente angelegte innerstädtische Umgehung führt, von Suez bzw. dem Flughafen kommend, Richtung Zitadelle, biegt dort leicht links ab, lässt El Fustat rechts liegen und umgeht Maadi ebenso wie Heluan, um schließlich am Ostufer in die Niluferstraße zu münden.

Nützliche Adressen

Wichtige Organisationen, staatliche Stellen

- **Telefon-Vorwahl von Kairo 02**
- Informationen im Web zu Kairo siehe S. 45
- **Touristen-Information:** Hauptbüro 5 Sh Adly, Tel/Fax 22391 3454; Öffnungszeiten 9-19, Ramadan -15, Uhr. Weitere Büros finden Sie in beiden Flughafenterminals, Tel 2291 4277, im Hauptbahnhof, Tel 2579 0767 und Giseh Bahnhof, Tel 3570 2233, an der Pyramid Road, Tel 3383 8823, gegenüber dem Mena House Hotel.
- **Polizei:** Tel 122, auch 2931 0115, 2510 0122
- **Touristenpolizei:** 5 Sh Adly, Tel 126 oder 2390 6028, in Giseh gegenüber Mena House Hotel
- **Verkehrspolizei** (Unfall): Tel 128
- **Ambulanz:** Tel 123
- **Feuerwehr:** Tel 125
- **Cairo Traffic Department** (Verkehrsfragen): Ende der Sh 26.July am Midan Opera
- **Telefon-Auskunft**: 140/141
- **Telefon:** (Auslandsgespräche) und Telegramme mit 24 Std-Service: Central Telephone and Telegraph Office, Sh Adly (nahe Touristen-Information), Midan Tahrir, Sh Ramsis und Sh El Alfy
- **Hauptpost:** Midan Ataba, geöffnet 7-19 Uhr, postlagernde Briefe und Pakete (8-18, Fr 10-12) in der Seitenstraße rechts
- **Mogamma:** Behördensilo, u.a. Ausstellung von Visa-Verlängerungen etc., Midan Tahrir (Süd)
- **Antiquitätenverwaltung:** Supreme Council of Antiquities (SCA), 4d Sh Fakhri Abd el Nour, Abbassiya (direkt hinter Misr Travel Tower)
- **Flughafen**: Tel 2291 4255 (Operator)
- **Automobile and Touring Club of Egypt:** 10 Sh Qasr el Nil, Tel 2578 355
- **Tasrih-Ausstellung** für z.B. Gebiete der Libyschen Wüste: **Military Intelligence Group** 26 Sh Manshia el Bakry, Heliopolis
- **Deutsche Evangelische Oberschule** (DEO): 6 Sh El Dokki, Dokki, www.gega.net/deokairo
- **Deutsche Schule der Borromäerinnen:** 8 Sh Mohammed Mahmoud, Bab el Louk, www.dasan.de/dsbkairo

Botschaften

- **Bundesrepublik Deutschland**, 8 Sh Hassan Sabry/2 Sh Berlin, Zamalek, Tel 2728 2000, Fax 2728 2159, germemb@tedata.net.eg, www.cairo.diplo.de, Geschäftszeiten So-Do 9-11 Uhr
- **Republik Österreich**, 5 Sh Wissa Wassef/Sh El Nile Corner 5 (südlich neben der Universitäts-Brücke *Kubri el Gama*), Dokki, Tel 2570 2975, Fax 3570 2979, kairo-ob@bmaa.gv.at, www.austriaegypt.org
- **Schweiz**, 10 Sh Abdel Khalek Tharwat, Downtown, Tel 2575 8284, Fax 2574 5236, vertretung@cai.rep.admin.ch, www.eda.admi.ch/cairo
- **Jordanien**, 6 Sharia Guhainy, Dokki, Tel 2748 5566
- **Libyen**, 7 Sharia El Sallah Ayub, Zamalek, Tel 2735 0072
- **Sudan**, 3 Sharia Ibrahim, Garden City, Tel 2736 7863
- **Syrien**, 18 Sharia Abd el Rahim Sabri, Dokki, Tel 2335 8806
- **Deutsch-Arabische Industrie- und Handelskammer**, 21 Sh Soliman Abaza, Tel 3363 8183, info@ahk-mena.com, www.ahkmena.com

Kultur, Archäologie

- **American University in Cairo** (AUC), Public Relation Office, Hauptgebäude Sharia Sheikh Rihan (Nähe Tahrir)
- **Deutsches Archäologisches Institut** (DAI), 31 Sh Abou el Feda, Zamalek, Tel 2735 1460
- **Deutscher Akademischer Austauschdienst** (DAAD), 11 Sh Salah Ayoub, Zamalek, Tel 2735 2726
- **German University in Cairo** (GUC), New Cairo City, Main Entrance Al Tagamoa Al Khames, Tel 27589 9908, contact@guc.edu.eg, www.guc.edu.eg
- **Goethe-Institut**, 5 Sh Bustan (Nähe Tahrir), Tel 2575 9877, http//:www.goethe.de/na/kai; Bibliothek geöffnet Mo-Sa 9-14, 17-20, Fr 14-18, deutsche Bücher, Zeitschriften und Tageszeitungen
- **Österreichisches Archäologisches Institut**, 6A Sh Ismail Mohammed, Zamalek, Tel 2736 5426
- **Kulturforum der Österreichischen Botschaft**, 1103 Corniche, Garden City, Tel 2794 4063
- **Schweizer Archäologisches Institut**, 13 Sh Aziz Abaza, Zamalek, Tel 2735 9359
- **Pro Helvetia**, Schweizer Kulturinstitut, c/o Schweizer Botschaft, 10 Sh Abdel Khalek Tarwat, Downtown, Tel 2575 8284, www.prohelvetia.ch/cairo

Fluggesellschaften; Ferry nach Aqaba

- **Air France**, 2 Midan Talaat Harb, Tel 2770 6262, Flughafen Tel 2696 1609
- **Alitalia**, Nile Hilton Hotel, Tel 2578 5824, Flughafen Tel 2696 3745
- **Austrian Airlines**, 44 Sh Gesira, Zamalek, Tel 2735 2777, Flughafen Tel 010130 3828
- **Egypt Air**, Callcenter Tel 0900 700 00, Handy 1717; 6 Sh Adly, Tel 2390 0999; 9 Sh Talaat Harb, Tel 2392 7664; Flughafen Tel 2418 3690; weitere Büros in vielen Stadtteilen
- **Lufthansa**, 6 Sh El Sheikh el Marssafi, Zamalek, Tel 2739 8339; Flughafen Tel 2417 6419
- **Olympic Airways**, 23 Sh Qasr El Nil, Tel 2393 1277
- **Swiss International Airlines**, 6 Sh El Sheikh el Marssafi, Zamalek, Tel 2739 8500
- **Turkish Airlines**, 26 Sh Mahmoud Basyouni, Tel 2578 4634
- **Ferry Nuveiba-Aqaba**: Cairo Navigation Agency, 7 Sh Abdel Khalek Sarwat, Tel 2574 5755

Banken

Banken-Öffnungszeiten: außer freitags 8.30-13.30 Uhr, sonntags 10-12 Uhr. Die deutschen Banken sind nur durch Repräsentanten in Ägypten vertreten. Barauszahlungen mit Kredit- oder EC-Karte sind bei einer Vielzahl von Bankautomaten der MISR und der Cairo Bank möglich.

- **American Express**, 15 Sh Qasr El Nil, POB 2160, Tel 2760 5256 (täglich 8.30-16.30 U), auch 4 Sh Syria, Mohandissin, Tel 2760 1564, oder im Nile Hilton Hotel; Büros auch in den großen Hotels
- **Citibank**, Nile Tower, 21/23 Sh Giseh, Giseh oder 2 Sh Abdul Kader Hamza, Garden City, Tel 2792 2786
- **Commerzbank**, Banque Misr Tower, 22nd floor, 153 Sh Mohammed Farid, Tel 2390 7242
- **Misr International Bank**, 8 Sh Ibrahim Neguib, Garden City
- **Geldwechsel:** 24-Stunden Geldwechsel bietet die Bank im Nile Hilton Hotel. Von 9-21 Uhr hält **EIMCO** in der Sh Bustan Nähe Sh Talaat Harb offen. In der Sh Bustan sind noch weitere Wechsler zu finden, die in der Regel recht günstige Kurse bieten ebenso wie **Pharao**, Sh Qasr el Nil/Mohammed Farid.

Medizinische Versorgung

Nehmen Sie in Notfällen Kontakt mit Ihrer Botschaft auf: Deutschland Tel 02 2728 2000, Österreich Tel 02 3570 2975, Schweiz Tel 02 2575 82 84.
Die meisten der folgenden Angaben gehen auf die Zeitschrift *Papyrus* bzw. auf die sehr informative Internetsite **www.kairofamiliennetz.de** zurück, die in akuten Fällen wegen aktuellster Information kontaktiert werden sollte.

5 In Kairo zurechtkommen – Praktische Informationen –

- **Krankenwagentransport** Tel 123 (Doktor verlangen!) oder bei Krankenhaus anfordern; kann lange dauern, daher Taxi nehmen

Vertrauensärzte der Deutschen Botschaft (Allgemeinärzte und Innere Medizin)

- **Frau Prof. Dr. Mona Abu-Zekry** (deutschsprachig; sehr gut), 7 Sharia El Zouhour, Mohandissin, Tel 3760 0101, Praxis Stadtmitte 1 Sh Sherifein, Tel 2392 4195, privat 2736 4998, 012 2142 669
- **Dr. Nabil El Nahas**, 9 Sh Tahrir, Dokki, deutschsprachiger Internist (von Lesern empfohlen), Tel 3336 1688, privat 3337 0126, 010 412 4821

Hals-Nasen-Ohren

- **Dr. Ashraf Ragab** (deutschsprachig), 20 Sh Batal Ahmed Abdel Aziz, 3.Stock, Tel 3338 5480, 012 215 6722

Urologe

- **Dr. Hossam El Din Mustafa** 28 Sh El Mourad, Giseh, Tel 3573 5239, 012 311 8893

Gynäkologen

- **Frau Prof. Dr. Samira El Mallach**, (deutschsprachig), 21 Sh El Kalifa El Maamoun, Roxy Heliopolis, Tel 2291 8030, 010 660 0692
- **Dr. Sherif Hamza** (deutschsprachig), 53 Sharia El Zahraa, Mohandissin, Tel 3748 3424, 3760 7029, 012 211 1458

Augenarzt

- **Dr. Saleh Sherif Adel** (deutschsprachig), 5 Sharia Mossadek, Dokki, Tel 3761 0105, 010 142 3776

Zahnarzt

- **Dr. Nader Bashandi** (deutschsprachig), 310, Sh Sudan, Mohandissin, Tel 010 170 1729

Krankenhäuser

Bei Behandlung im privaten Krankenhaus wird meist Vorschusszahlung verlangt.

- **Anglo-American Hospital**, Tel 27356162-4, Zamalek, direkt neben dem Cairo Tower
- **Al Shorouk Hospital**, 5 Sharia Bahr el Ghazal, Mohandissin, Tel 3304 4901-2, Notfall 3345 9941
- **Misr International Hospital**, 12 Sharia El Saraya, Dokki (Nähe Midan Saad El Aly), Tel 3760 8261-9, Notfall 3749 4007, 3335 3567
- **Al Salam International Hospital**, Corniche el Nil, Maadi, Tel 2524 0250, Notfall 2524 0077.

Erste Hilfe bei Vergiftungen

- **Ain Shams Universitätsklinik**, Vergiftungsstation im El Demerdash Hospital, Abbasiya, Tel 2482 3314

Tierarzt, Tiermedizin

- **The Broke Hospital for Animals**, 2 Sh Beyram El Tonfi, Alt-Kairo, Tel 2364 9312

Apotheken (24-Stunden-Service)

- **El Ezaby Pharmacy, Dr. Alam**, 11 Sharia Syria, Mohandissin, Tel 3304 1847
- **Seif Pharmacy**, 76 Qasr el Aini, Tel 2794 2678
- **Isaaf Pharmacy**, 37 Sh Ramsis, Midan Isaaf, Tel 2574 3369

Reiseagenturen

Hunderte von Reisebüros bieten in Kairo ihre Dienste an; in der kostenlosen Broschüre *Cairo By Night And Day* finden Sie eine ausführliche Auflistung. Grundsätzlich muss man sich überlegen, ob man mehr Zeit fürs Anstehen und Buchen oder mehr Geld für eine organisierte Reise ausgeben will. Für diesen Fall können die folgenden Adressen von Nutzen sein.

- **Blue Sky Travel**, 14 Sh Champollion (Zentrum), Tel 2574 2201, besorgen Einzelplätze auf Nilkreuzfahrern (Büros in Luxor, Assuan)
- **Cairodantours**, 13 Sharia Sabry Abou Alam (Nähe Midan Talaat Harb, Tel 2392 1336, tours@cairodantours.com, www.cairodantours.com
- **De Castro Tours**, 12 Sh Talaat Harb, Tel 2574 3144, gegenüber Felfela Restaurant; guter Service, günstige Preise, Studentenrabatte
- **Eastmar**, 13 Sh Qasr El Nil (Nähe Tahrir), Tel 2574 5024, auf Nilkreuzfahrten spezialisiert, aber auch andere Angebote, seriös
- **Egypt For All**, 44 Sh Mostafa Sadek El Rafei, Heliopolis, Tel 23270 457, info@egyptforall.com, www.egyptforall.com; spezialisiert auf Behinderte, sehr engagiert, bietet sogar Wüstentrips an
- **MISR Travel**, Sh Demaskes Sour Nadi, Midan El Maadi Swaris, Tel 2359 6807, staat-

Shopping

liches ägyptisches Reisebüro, gut englisch-, auch deutschsprachiges Personal
- **Pan Arab Tours**, Alma Nagub, 55 Sh Gumhuriya, Tel 2902 133, deutschspr. Personal
- **Spring Tours**, Hauptbüro 3 Sh El Said el Bakry, Zamalek, Tel 2736 5972; Zweigbüro 11 Sh Talaat Harb, Tel 2392 2627. Wir machten gute Erfahrungen mit der Effektivität dieser Leute.
- **Thomas Cook**, 17 Sh Mahmoud Bassiouny, Tel 2574 3955, sehr freundlich und hilfsbereit
- **Travco**, 13 Sh Mahmoud Azmi, Zamalek, Tel 2736 2042, www.travco-eg.com, bekannte Agentur (Tochtergesellschaft von TUI)

Reiseführer

- **Nina El Awadly**, fließend deutsch sprechend (deutsche Mutter), fundiertes Wissen, Tel 010 142 5544, alexanina33@htomail.com
- **Mahmoud Bakkar,** 25 Moez El-Dawla, Nasr City, Tel 0122142352, drbakkar2000@yahoo.com
- **Serageldin Elhanafi,** guter deutschsprachiger Fremdenführer, Tel 2271 8651, 012 2152596, selhanafi@yahoo.com
- **Ahmed Elshebokshi**, gut deutsch sprechender Kairo-Führer, 9 Sh Riadshams, Nasr City, Tel 2287 3839
- **Ashraf Kamal**, 52 Sh El Zahara (Dokki), Tel 2761 1195, bietet häufig gelobte Minibus-Touren nach Sakkara, ins Fayum oder zu anderen Zielen an
- **Susanne Mlasko**, 89a Sh El Sheikh Rihan, Abdeen Tel 2396 0985, 010 44 50 715, susanne@mlasko.de, in Kairo lebende, kenntnisreiche Österreicherin

Reiseagenturen für Individualtouristen

Einige Reisebüros kümmern sich speziell um Individualisten. Rezeptionisten von Billighotels vermitteln ebenfalls diese Kleinunternehmer. Auch das folgende Büro startete so:
- ▸ **Cairodantours**, siehe linke Seite
- ▸ **Noga Tours**, 26 Sh Kodai, Shubra, Tel 2207 1224, 012226 069902, Fax 2206 3340, hsaied@hotmail.com, http://jump.to/egypt,

Mr. Hussein Saied, kümmert sich ebenfalls um Individualtouristen und bietet billige Touren in ganz Ägypten an bzw. arrangiert Übernachtungen auch in Billighotels.
- In diese Kategorie gehört auch **YEHIA M. EL TAWEL**, Heliopolis, Tel 012321 6053 yehia_John@yahoo.com, mit preiswerten vororganisierten Reisen nach Oberägypten.
- Auch **Samir Fayek**, Tel 01239 95147, samirfayek@hotmail.com, www.touregyptnow.net, der individualisierte Trips anbietet, wird von Lesern sehr gelobt.
- Eine Alternative zur Stadtrundfahrt im Touristenbus bietet die Deutsche Katholische Kirche mit den „**STATT-Rundgängen**" und den „KAIRO konkret"-Veranstaltungen. In kleinen Gruppen kann man hier unbekannte Seiten von Kairo in lockerer und unterhaltsamer Weise kennenlernen . Das aktuelle Programm gibt es unter www.kath.de/ kasdbk/kairo/, Tel 2795 7516. Teilnahmegebühr £E 40, Voranmeldung erforderlich.

Mietwagen

Lesen Sie hierzu auch die allgemeinen Informationen, siehe Seite 70.
- **Al Salam,** International Limousine (auch mit Fahrer), 2 Sh Bahgat Ali, Zamalek, Tel 2736 3551
- **AVIS**: 16 Sh Mamaal El Sukar, Garden City, Tel 2793 7400 (vermietet auch Allradfahrzeuge, z.B. Nissan Pathfinder), Airport, Tel 2265 2429, Nile Hilton Hotel, Tel 2579 2400
- **Budget**: Flughafen, Tel 2265 2395
- **Europcar** (früher MAX Rent a Car), Sheraton Heliopolis, Tel 2267 1815, führt auch Allradfahrzeuge (Jeep CJ8, Lada)
- **Hertz**, 195 Sh 26.Juli, Tel 2539 1380, auch Allradfahrzeuge
- **PAN ARAB TOURS**, 55 Sh Gumhuriya, Tel 2291 2503, Fax 2291 3506, vermietet ebenfalls Allradfahrzeuge (Toyota Landcruiser), Preis hängt von Verfügbarkeit ab
- **Sixt**, 3 Sh El Laselki, New Maadi, Tel 2755 0734
- **Smartlimo**, 115 Corniche, Maadi, Tel 2524 3006, www.smartlimo .com, eher bessere Fahrzeuge

5 In Kairo zurechtkommen – Praktische Informationen –

- **Thrifty**, 1 Sh El Entessar, hinter Sheraton Heliopolis, Tel 2266 3313

Kirchen in Kairo

- Koptisch: **St. Markus Kathedrale**, 222 Sh Ramsis, mit englischsprachigen Messen
- Katholisch: **Deutschsprachige Katholische Gemeinde**, 9 Sh Muhammed Mahmud, Bab el Louk (Deutsche Schule der Borromäerinnen; Auskunft Tel./Fax 2795 7516, kathkairo@gmx.net
- Protestantisch: **Deutsche Evangelische Kirche**, 32 Sh El Galaa, Boulak; Tel 2577 9177; **Schweizerische Evangelische Kirche**, 39 Sh 26.July

Sonstige Adressen

Internet-Cafés gibt es inzwischen überall, die Stundenpreise liegen bei 2-5 £E. Auch viele Traveller-Hotels bieten häufig günstigen Netzzugang. Zwei zentral gelegene Adressen:
- **4U Internet Café**, 6 Md Talaat Harb, **Five St@rs Net**, 6 Md Talaat Harb, beide DSL, beide im Haus des Lialy Hotels.
In Zamalek nahe dem Flamenco Hotel: **Sigma Net**, Sh Gezirat el Wusta.
- **LAW & TAX**, Anwaltskanzlei, Pyramid Road, 7 Saad Ibn Abi Waggas, Giseh, Tel 3582 8814, Fax 2582 8815, Law&Tax@link.com.eg; englisch-deutsche Kanzlei, falls Bedarf...
- **ISIC**, 23 Sh Manial, Roda, stellt Studentenausweise für Leute unter 30 aus, Studienbestätigung nicht erforderlich, damit halbieren sich viele Eintrittspreise (www.isic.org)
Wenn Sie gezielt **Kontakt mit Ägyptern** aufnehmen wollen, bietet die
- **Tourist Friends Association Egypt,** Kairo, 33 Sh Qasr el Nil, linker Gebäudeflügel, 9. Stock, (18-21, Winter 19-21 Uhr) die Möglichkeit dazu. Deren Mitglieder sprechen verschiedene Sprachen und sind in der Lage, Auskunft über Kultur, Kunst und Lebensart zu erteilen.

Sprachschulen

- **Arabic Language Institute** der American University in Cairo, Sh Sheikh Rihan (Nähe Tahrir), Tel 2354 2964, (bestes Institut, teuer)
- **International Language Institute** 3 Sh Mahmoud Azmy, Mohandissin, Tel 2346 3087
- **Zentrum für Deutsch**, 43, Sh. El Ansar/Moussadak, Dokki, Tel 2749 3043, me@zfd.info, www.zfd.info, neben Deutschkursen kann man hier auch (mehrfach gelobte) **Arabischkurse** belegen.

Shopping

Souvenirs

Die größte Konzentration und auch Ansammlung von Souvenirs bietet mit Abstand der Khan el Khalili-Bazar. Wenn Ihnen die Anmache dort zu sehr auf die Nerven geht, dann sehen Sie sich im Zentrum um, z.B. in der Sharia Talaat Harb. In den einschlägigen Shops finden Sie ein ähnliches Angebot, allerdings teurer. Vielleicht sollten Sie, bevor Sie sich ins Getümmel stürzen, die generellen Tipps über Souvenirs und Einkaufen auf Seite 86 nachlesen. Bei den folgenden Adressen können Sie ausgefallenere und anspruchsvollere Souvenirs zu allerdings entsprechend höheren Preisen kaufen:

- **Al Ain Gallery**, 73 Sh El Hussein, Dokki (Nähe Shooting Club), hochwertiges Kunsthandwerk im weitesten Sinn: Schmuck, Beduinenhandarbeiten, Messing, Kleinmöbel
- **Atlas**, im Khan el Khalili, schneidert aus reichhaltigem Stoffangebot auf Bestellung hochwertige Kleidung; relativ teuer
- **Dounia**, günstige Lage am Beginn der Sh Talat Harb direkt am Midan Tahrir, gehobene, auch kunsthandwerklich gute Souvenirs, die direkt von den ägyptischen Kunsthandwerkern kommen
- **Emad Fazi**, 7 Sh Adly (Eingang Ministry of Tourism, 1. St. rechts Nr. 44), schneidert hervorragend und preiswert vor allem Damenbekleidung
- **Mamelouk**, 4 Sh Hassan Assem, Zamalek (Nähe Alpha Market), Bronze-, Kupfer- und Glaswaren, Keramik, Bilder
- **Nagada**, 13 Sharia Refa'a, Dokki, ungewöhnliche, schicke Kleidung, Hemden etc., stilvolle Keramik aus dem Fayum

Sonstige Adressen

- **Nomad Gallery**, 14 Saraya Al Gezira, Zamalek (Nähe Marriott Hotel), Schmuck, Textilien und Kunsthandwerk der gehobenen Klasse, geschmack- und stilvoll (auch im Marriott und Nile Hilton Hotel)
- **Senouhi**, 54 Sh Abdel Khalek Tarwat (Nähe Midan Opera), 5. Stock, erlesenes Angebot alt und neu: Gefäße aus Silber, Kupfer, Messing, Keramik, Handgewebtes, Bücher, Stiche, Schmuck, Batiken, Wissa Wassef-Produkte; traditionsbewusst
- **Shahira Mehrez**, 12 Sh Abi Emama, Dokki (Nähe Sheraton) 6. Stock, traditionelle Kleider (alt und neu), Fayum-Keramik, Schmuck, Stickereien; edel, teuer
- **Sheba Gallery**, 6 Sh Sri Lanka, 1st Floor, Zamalek; moderner dekorativer Schmuck unter Verwendung alter jemenitischer Silberelemente (erlesen und teuer)
- **Samir el Guindi** (auch *Mud Factory*), 261 Sh Sudan (Nähe Midan Lebanon, Mohandissin), Tel 2347 3445, **ungewöhnlich schöne Arbeiten** der traditionellen ägyptischen Töpferkunst (Academy of Fine Arts), viele Ausstellungen im Ausland
- Künstlerisch außergewöhnliche **Teppichknüpfkunst** können Sie bei Wissa Wassef (siehe Seite 266) bewundern und erwerben, übliche Ware im Weberdorf Kerdassa kaufen
- Die mit am besten verarbeiteten **Leinentaschen** zu fairen Preisen gibt's bei Yosri M. Ouf, zwischen Bab Zuwela und Eingangstor zum überdachten Zeltmacher-Bazar, gegenüber der Sali Talai-Moschee. Er fertigt auch auf Bestellung innerhalb von 2-3 Tagen.
- Für **Papyrusbilder** wird häufig das Delta Papyrus Center, 21 Sh Ghouria, 3. Stock empfohlen; der Besitzer Said hat recht gute Kenntnisse - aber vergessen Sie nicht zu handeln
- **Tukul Crafts-Shop**, All Saints Cathedral, Sh Michel Lutfullah, Zamalek; schöne Handarbeiten von Flüchtlingen und anderen Selbsthilfegruppen aus Kairo www.refuge-egypt.org/tukul.
- Bei **Egypt Crafts/Fair Trade Egypt**, 27 Sh Yahya Ibrahim, 1. Stock (über Internetcafé), Zamalek, gibt es ebenfalls Handarbeiten von Selbsthilfegruppen aus ganz Ägypten: www.fairtradeegypt.org.
- Auch im **Fustat Shopping Center** (Souk el Fustat) zwischen Alt-Kairo und Amr-Moschee werden anspruchsvollere Souvenirs angeboten
- Das angeblich größte Angebot an **Heilkräutern** und Gewürzen - vier Stockwerke, eigene Gärten - hat der 1885 gegründete Harraz Herb Shop, 39 Sh Ahmed Maher
- In der Sh Muizz Li-Din Allah nahe der Sh Muski (gegenüber Ashraf-Barsbay-Moschee) am Khan el Khalili-Bazar finden Sie den Laden von **Khedr al Attar**; werfen Sie beim Bazarbesuch unbedingt einen Blick hinein, Augen und Nase werden sich freuen
- Falls Sie unbedingt **Parfüm** kaufen wollen, kann Ihnen z.B. im *Palace of Thousand Flowers Parfumes*, Sh Qasr El Nil, geholfen werden; Parfümhändler zählen zu den aufdringlichsten aller Bazaris
- **Bauchtanzzubehör** verkaufen Al-Wihalah-Mahmoud Abd El Ghaffar, 73 Sh Gawhar el Qayid oder Haberdashery, 73 Sh Muski (Paral-

Bauchtänzerinnen finden vielerlei Angebot

5 In Kairo zurechtkommen – Praktische Informationen –

lelstraße der Sh Al Azhar), allerdings in einer Seitengasse, fachkundiger Besitzer

- **Messing-Türschilder**, Stempel, Visitenkarten etc. bieten viele kleine Shops in der Sh Qala (früher Mohammed Ali), die zur Zitadelle führt. Hier gibt es auch preiswerte **Musikinstrumente**, mit Shops für Flöten, Trommeln, Lauten etc.; typisch ist die Gegend um die Nr. 160.
- Weitere **Messingwaren** findet man im Khan el Khalili-Bazar, z.B. bei Hassan Mohammed Said, 99 Sh Muizz Li Din Allah.
- **Maßgeschneiderte Galabeyas** kann man sich u.a. in einer kleinen Seitengasse der Sh Muizz Li-Din Allah, etwa gegenüber der Fakahami-Moschee machen lassen.
- **Stoff für Hochzeitszelte** gibt es im überdachten Zeltmacherbazar südlich vom Bab Zuwela und in der Darb el Ahmar, ganz in der Nähe der Maridani-Moschee (Nr. 31 auf der Karte *Südliches Islamisches Viertel*).
- **Musikkassetten** mit ägyptischer Musik konservieren allgegenwärtige akustische Eindrücke; fragen Sie nach der berühmtesten Sängerin Uum Kalthum oder dem Sänger Abdel Halim Hafez.
- Ausgefallenes können Sie vielleicht auch auf dem **sudanesischen Flohmarkt** am Ataba-Parkhaus finden.

„Normales" Shopping

Im Grunde ist ganz Kairo ein Einkaufszentrum, jedoch gibt es einige Schwerpunkte. Boutiquen mit den letzten Modehits finden Sie im Diplomatenviertel Zamalek. Ähnlich, etwas billiger und weniger elegant, hat sich Heliopolis herausgemausert: Der Midan Roxy und die Sharia Bagdad sind die ersten Adressen. An der Schnellstraße nach Suez (noch im Stadtbereich) entstand eins der modernsten Shopping Centers namens **City Stars** mit Kinos und Hotels. Ebenfalls bietet der bei Ausländern beliebte Vorort Maadi gute Einkaufsmöglichkeiten. Nicht zuletzt versucht man im Stadtzentrum, alles zu verkaufen, was ein Mensch begehren könnte. Das ist aber mehr auf den Normalverbraucher ausgerichtet und entsprechend billiger. **Preiswerte Kleidung** oder **Schuhe** werden zwischen Sh Khalek Tarwat und Sh Qasr el Nil angeboten.

Duty-Free
- Innerhalb von 24 Stunden nach der Ankunft lässt Ägypten noch den Einkauf in **Duty-Free-Shops** der Egypt Free Shops Company in der Stadt zu, z.B. in 19 Sh Talaat Harb (kein Alkohol und Zigaretten), 17 Sh Gumhuriya und im Sheraton Hotel. Notwendig sind - neben Geld - Pass und Flugticket.

Supermärkte
- **Al Bustan Commercial Center**, Sh Bustan, eher unscheinbares Gebäude (teils Parkhaus), ein Block von Sh Talaat Harb Richtung Midan Falaky, mit einer Unzahl von Schuh-, Hosen- und T-Shirt-Boutiquen westlicher Prägung
- **Arkadia Shopping Mall**, Corniche, etwa 300 m nördlich des World Trade Centers, mit 500 z.T. sehr anspruchsvollen Shops, wohl das größte derartige Center in Kairo; eindrucksvolles Gebäude mit Mosaiken an den Wänden, Restaurants, Diskos und Kinderspielplatz im Obergeschoss
- **Carrefour Maadi City Center**, Maadi, östlich der Metro-Bahnlinie, Abfahrt von der Ringroad beim Abzweig Maadi City Center, Hypermarkt mit 8500 qm Verkaufsfläche, in dem es alles gibt, vom Reiskorn bis zur Waschmaschine; Fastfood-Restaurant, Kino; ein zweiter Markt wurde an der Alexandria Desert Road kurz nach der Kreuzung mit „26th July-Corridor" eröffnet.
- **Metro Supermarket**, Sh El Misaha, Dokki, sehr gut und europäisch sortiert, eigener Hausbäcker; auch in einer Seitenstraße der Pyramid Road in Giseh (ausgeschildert) oder in Zamalek, Sh Ismail Mohammed

Bekannte Frischmärkte
- **Ataba** Markt am Midan Ataba (Fleisch u. Fisch)
- **Bab el Louk Markt**, am Midan el Falaki (Gemüse, Obst)
- **Taufikiya Markt**, am Midan el Orabi

„Normales" Shopping

Lebensmittel
- Bekannt für Bio-Lebensmittel ist „Nature's Best SEKEM" mit der Filialkette **Sekem**: 10 Sh Salah Magdy, Heliopolis; 29 Sh Mostafa Kamel, Maadi; 8 Sh Ahmed Sabri (nördlich parallel zu Sh 26.July), Zamalek (Näheres zur Farm SEKEM siehe Seite 585)

Bäckereien/Konditoreien
- **El Abd**, Sh 26.July/Sh Sherif, sehr gute lokale Bäckerei mit hervorragenden Süßigkeiten (weitere Filialen Sh Talaat Harb und Sh El Mosaddak in Dokki)
- **City Bakery**, Road 9, Maadi, deutsche Bäckerei mit deutschem dunklen Brot, ein Stück weiter in derselben Straße ist das **Café El Greco** mit hervorragendem Kuchen
- **Groppi**, Midan Talaat Harb (Café, Kuchen), Zweigbetrieb in der Sh Adly schräg gegenüber der Touristeninformation
- **Postres**, Sh Abu El Feda, Zamalek, (gehört zum Hotel Flamenco, Eingang Nilseite) nördlich der 26.July Brücke, gute Bäckerei und Konditorei, auch dunkles Brot
- In den folgenden **Hotels** gibt es **Bäckereien** mit Kuchen, Brötchen und dunklen Broten: Marriott (gutes Schwarzbrot), Nile Hilton, Sheraton, Semiramis, President (Graubrot); Vollkornbrot im Hotel Meridien Heliopolis.
- **Mandarine Koueider**, 17 Sh Sharaet El Dorr, Zamalek, sehr gute Konditorei nördlich Sharia 26.July

Lokaler Alkohol
- **Christos Orphanides** (Wein, Bier, Gin, Whisky), 23 Sh 26.July (Nähe Einmündung der Sh Talaat Harb).
- **Comparos**, 19 Sh 26.July,
- Weitere Shops in der Umgebung und der Sh Orabi, auch in der Sh Bassiouni/Hussein Pascha el Meamar. In Zamalek ebenfalls an der Sh 26.July, Nähe Marriott-Hotel (gegenüberliegende Straßenseite) oder im nördlichen Mohandissin nördlich der Sh Ahmed Urabi.

Blumen
- **Fleurop**, Sh 26.July, Zamalek, gegenüber von Tankstelle am Midan Orabi, in der Sh Zaky
- **Blumenstände** am Midan Abdel Minin Riyad, Nähe Ramsis-Hotel

Einige Kaufhäuser
- **Chalons**, Sharia Qasr El Nil
- **Cicurel**, Sharia 26.July
- **Hannaux**, Sharia Mohammed Bassiouni
- **Omar Effendi**, Sh Talaat Harb und in vielen anderen Straßen

„Brotstand" - wie eh und je findet Brotverkauf immer noch direkt auf der Straße statt

Buchhandlungen

Im Januar findet in Kairo die jährliche Buchmesse mit einem überwältigenden Angebot statt. Zwar geht es hauptsächlich um arabische Bücher, aber z.B. belegt die Amerikanische Universität eine ganze Halle mit englischsprachiger Literatur (stark ermäßigte Preise).

- **American University Cairo Press**, 11 Qasr el Aini, vielfältiges, englischsprachiges Angebot vor allem eigener Produktionen
- **Anglo Egyptian Bookshop** (englisch), 165 Sh Mohammed Farid
- **Diwan**, 159 Sh 26.July, Zamalek, (Ecke erste Seitenstraße rechts vom Zentrum aus), sehr gut sortiert, englisch und arabisch, auch CDs und DVDs, ungewöhnlich positive Buchhandlungsatmosphäre u.a. durch kleines Café
- **Lehnert & Landrock**, 44 Sh Sherif, (9.30-14, 16-19, So geschlossen), Tel 2392 7606, Buchhandlung und Kunstgalerie, größte Auswahl deutschsprachiger (Ägypten) Literatur, Karten, anspruchsvolle und sehenswerte Fotogalerie; weiterer Laden im Anbau des Nile Hilton Hotels, schräg gegenüber dem Eingang zum Ägyptischen Museum
- **Zamalek Bookshop**, 19 Shagaret el Dorr, Zamalek, gute Auswahl der von der amerikanischen Universität herausgegebenen Bücher
- Außerdem **Buchläden in den internationalen Hotels,** meist auch mit aktuellen deutschsprachigen Zeitungen. Fremdsprachige Zeitschriften werden auch von Straßenständen am Tahrir oder Midan Talaat Harb oder in der Sharia 26.July in Zamalek verkauft.
- Der **Ezbekiya Bookmarket** am Rand der gleichnamigen Gärten (siehe Seite 215) ist das größte Antiquariat der Stadt.

Foto

- **Kodak ProCenter**, 20 Sh Adly, Kodak Passage schräg gegenüber Panorama Hotel, (1 Std-Filmentwicklung, gutes Ergebnis), auch Profilfime
- **Photo Labib**, 26 Sh Sheikh Rayhan/Nubar), Tel 2795 1642, angeblich bester Reparateur Kairos

Sonstige Artikel

- **Dary**, 330 Sh Ahram (Pyramid Road), rechte Seite stadtauswärts, Do-it-yourself und Autoartikel
- **OffRoad Egypt** 4X4 Hardware and Accessories, 4 Sh Maahad Elsahaari, Heliopolis, Tel 012 316 9196, www.offroadegypt.com
- **Gaskartuschen** gibt es bei Adib (Mo-Fr 10-16), Sh Orabi (vom Midan Taufik in Richtung Sh Ramsis, 7. Geschäft links)

Was man alles unternehmen kann

Kairo ist eine Weltstadt und bietet Unterhaltung jeder Art. Typisch ägyptische Veranstaltungen von Derwish-Tänzen bis Bauchtanz, aber auch Konzerte, Theater, Oper, Kunstausstellungen und vieles mehr begeistern den Kulturbeflissenen. Nachtschwärmer müssen dem nicht nachstehen; zwar wechselt die Szene wie überall ständig, aber ein Urlaub wird nicht ausreichen, um alle Versuchungen zu testen. Nehmen Sie eine der englischsprachigen Zeitschriften in die Hand, Sie werden erstaunt über das Angebot sein. *Egypt Today* gibt sich nach unserem Eindruck am meisten Mühe und listet fast akribisch auf, was ein Monat zu bieten hat, sowohl in Kairo als auch in anderen wichtigen Städten.

In Hotels, Cafés, Restaurants und diversen Geschäften liegt **the COC** aus, ein handliches Heftchen mit einem guten Monatsüberblick. Darüber hinaus werden Restaurants, Cafés, Bars oder Lifebands empfohlen. Wir publizieren hier wegen der Schnelllebigkeit nur einen Ausschnitt des Geschehens.

Es sei noch hingewiesen auf die

- **Community Services Organisation (CSA)**, 4 Sh 21, Maadi, Tel 2350 5284, eine Organisation, die ein ziemlich breites Spektrum an Ausflügen - von Sakkara bis zu Besuchen bei Kupferschmieden oder Zeltmachern im Khan el Khalili-Bazar und einiges mehr - für Interessierte anbietet.
- Fast täglich kann man sehr interessante Konzerte (klassische arabische Musik, arabischer

Jazz, auch Rock-Musik) im **El Sawy Cultural Center** hören, auch *Sakiya* oder *Culturewheel* genannt. Das aktuelle Programm lässt sich im Internet unter www.culturewheel.com aufrufen. Neben Konzerten werden auch Ausstellungen und Lesungen angeboten. Das Zentrum ist unter der Sh 26. Juli in Zamalek kurz vor der Brücke nach Mohandissin zu finden.

Kunstgalerien, Kino, Theater

Die Webseite http://yallabina.com listet mit hoher Zuverlässigkeit alles auf, was mit Unterhaltung in Kairo zusammenhängt. Es lohnt sich, in einem Internetcafé die interessierenden aktuellen Themen abzufragen.

Galerien

- **Center of Arts, Akhnaton Halls**, 1 Sh Mahed el Swissry/26.July, Zamalek. In einer alten Villa direkt am Nil Ausstellungen moderner ägyptischer Kunst oder auch ausländische Ausstellungen
- **Egyptian Centre for International Cultural Cooperation**, 11 Sh Shagaret el Dorr/26.July, Zamalek, Tel 2736 5414. Das Zentrum besitzt zwar auch eine Galerie, dient aber mehr dem internationalen Austausch: arabische Sprachkurse, ägyptische Filme mit englischen Untertiteln, Volksmusikabende etc.
- **Cairo Atelier**, 2 Sh Karim al Dawla (Querstraße der Sh Bassiouni, Nähe Ägyptisches Museum), Ausstellungen junger Künstler, aber auch Lesungen, Filmvorführungen, Kunstdiskussionen; im kleinen Garten kann man ausruhen und etwas trinken
- **Townhouse**, 10 Sh Nabrawy (Seitenstraße Sh Champollion, Nähe Midan Talaat Harb), zeitgenössische Kunst im Ambiente eines alten Stadthauses, einschlägige Bibliothek und Internetzugang
- Das **Museum of Egyptian Modern Art**, neben der Oper, soll hier noch einmal mit seiner *Art Gallery* erwähnt werden

Kino

Nicht entgehen wird Ihnen die Kinoreklame. Filme bieten einen guten Blick hinter die Traum- und Wunschkulisse des jeweiligen Volkes. Wenn Sie von den ägyptischen Filmen auch kein Wort verstehen, so werden Sie dennoch die meist sehr einfache Handlung nachempfinden können. Die Vorstellungen beginnen gewöhnlich um 15.30, 18.30, 20.30 Uhr; Karten sollten vorab gekauft werden.

- Für Europäer mag ein **Open-Air-Kino** interessant sein, z.B. im **Gezira Sportclub** auf der Gezira-Insel oder Sphinx, Midan 26.July. Sehr gelobt wird das **Tahrir-Kino** in der Sharia Tahrir in Dokki; täglich wechselnde ausländische Filme, sehr gute Klimaanlage. Vielleicht wäre auch ein Besuch in einem der alten Paläste, wie **Metro** (35 Sh Talaat Harb) oder **Radio** (24 Sh Talaat Harb), etwas; dort werden häufig US-Filme mit arabischen Untertiteln gespielt, an denen das Publikum lautstark Anteil nimmt. Deutsche oder deutschsprachige Filme bietet das **Goethe-Institut**, in anderen Kulturzentren gibt es ebenfalls Filmprogramme.

Jährlich finden folgende **Festivals** statt: Dokumentarfilm im Juli, Experimentelles Theater und Folklore-Festival *Wafa el Nil* im September sowie Internationales Filmfestival im Dezember.

Aber vielleicht denken Sie eher an einen

Theaterbesuch

- **Balloon Theater**, Sh El Nil (südlich der 26. July-Brücke), Agouza, Tel 3304 3186: Folklore, arabische Stücke, ägyptischer Volkstanz etc.
- **Zaki-Tolaimat-Theater**, Midan Ataba: Arabische Avantgarde
- **Gumhuriya Theater**, 12 Sh Gumhuriya: Ausländische Bühnen, aber auch Arabic Music Troup
- **Sayid Derwish Concert Hall**, Sh Gamal el Din el Afghani, arabische Musikgruppen, Kairo Symphonie Orchester
- **Cairo Opera**, im Opernhaus auf der Insel Gezira gibt es eine große Opernbühne, vier Kinosäle und einen Musiksaal. Kartenvorbestellung 10-13 und 17-20 Uhr unter Tel 2737 0598. Jackett- und Krawattenzwang (werden dort verliehen). Die Eintrittspreise variieren je nach Vorstellung und, natürlich, Sitzplatz

Trommlerin bei einer Zar-Zeremonie

- **MAKAN, Egytian Center for Culture & Art** (Di und Mi 21.00), Sh Mansur/Sh Saad Zaghlul (neben Zaghlul Mausoleum bzw. gleichnamigem Metro-Halt), sehr gute traditionelle ägyptische Musik und ebenso gute Zar- und Sufi-Aufführungen, erlebenswert, Programm siehe www.egyptmusic.org

Anderes

- Auch der international reputierte **Ägyptische Nationalzirkus** ist durchaus einen Besuch wert. Sein Stammquartier liegt an der Sharia el Nil in Agouza, südlich der 26.July-Brücke (Nähe Balloon Theater), Tel 3347 0612, Vorverkauf ab 12.30 Uhr, täglich außer Dienstag, Vorstellungsbeginn 20 Uhr.
- Die **Ägyptische Nationalbibliothek, Darb El Kutub**, Corniche, gleich nördlich des Conrad Hotels, (Sa-Mi 9-21, Eintritt frei), stellt mittelalterliche Meisterwerke des islamischen Schrifttums, u.a. auch persische Miniaturen aus. Der Ausstellungsraum liegt gegenüber dem Eingang, leider gibt es nur Erklärungen in arabischer Schrift.

Besonders für Kinder geeignet

- Auch das **Cairo Puppet Theatre** (Oktober bis Mai, Midan Ataba) kann sehr unterhaltsam sein - vielleicht mehr wegen der jungen Besucher als wegen der eigentlichen Vorführung; denn hier ist der Fremde völlige Nebensache, er hat Muße, die aufgeregten Kinder zu beobachten und zu fotografieren
- **Crazy Water Park**, 6. October-City, Wellenbad, Wasserrutschen, Wasserspiele etc., am Wochenende überlaufen.
- **Dream Park**, 6. October-City, ca. 3 km nach Abzweig von Fayum Road, unübersehbar an der Straße Richtung Bahariya, Achterbahn, Geisterbahn, Riesenrad, Kinderland für kleinere Kinder.
- **Magic Land**, 6. October-City neben Hotel Mövenpick, soll deutlich besser als Dream Park sein, £E 40 Eintritt („Es ist ein Riesenspaß für Große und Kleine geboten, Rundfahrt durch die „Media City", Wildwasserfahrt, Dino-Park, Achterbahn und diverse andere Fahrgeschäfte, Gokart-Bahn , Zaubershow, Restaurants, hervorragende Delfin-Show und vieles mehr", schreibt eine Leserin mit 10jährigem Kind).
- **Filfila Village**, gehört zur gleichnamigen Restaurantkette, Maryutiya Canal in Giseh (Pyramid Road kurz vor Abzweig *Sakkara* rechts); hier gibt es zu typisch ägyptischen Gerichten orientalische Shows mit Akrobaten, Zauberern, Tanz und Gesang.
- In diese Rubrik gehört auch das **Suzanne Mubarak Child Museum** in Heliopolis, siehe Seite 270.

Nightlife

Im Gegensatz zu anderen arabischen Ländern bietet Ägypten ein reges Nachtleben. Als größte Attraktion (besonders für die orthodoxen arabischen Nachbarn) gilt der **Bauchtanz**, die ägyptische nationale Unterhaltungsshow schlechthin (die 10 erfolgreichsten Tänzerinnen zahlen angeblich zusammen etwa £E 400 Mio jährlich an Steuern!).

Eine solche Veranstaltung wird mit anderen Varieté-Einlagen verbrämt. An der Pyramid Road finden Sie eine ganze Reihe von (nicht sonderlich guten, aber teuren) Nightclubs mit „Oriental and Belly Dance"; außerdem bieten alle internationalen Hotels in ihren Nachtbars Bauchtanz und ähnliche Shows. Da die wirklich

Nightlife

guten Stars hauptsächlich in diesen Hotels auftreten, lohnt sich die Mehrausgabe für Weltklassedarbietungen gegenüber einer mittelmäßigen Veranstaltung. Bekannte Tänzerinnen sind u.a. Dina, Lucy, Camilla und Liza Liziza. Die mittelmäßigen Shows sind während der Woche wegen Besuchermangels noch weniger als mittelmäßig, man sollte sie nur am Wochenende besuchen. Jeweils im Juni findet ein internationales **Bauchtanzfestival** statt.

In den besseren Etablissements herrscht häufig Krawattenzwang. Erkundigen Sie sich auch nach einer Minimum Charge, falls Sie nur kurz hineinschauen wollen; es könnte sonst ein etwas teurer Kurzbesuch werden.

• Zum späten, nicht billigen **Dinner** kann man ins *Qasr El Nil* gegenüber dem Hilton, auf der Insel Gezira am Nilufer (gute Show ab 23 Uhr) gehen. Immer wieder gelobt: Das *Ramsis Hilton* mit gutem **Bauchtanz**, verbunden mit einem obligatorischen, aber guten und teuren Dinner. Wer es **exklusiv** erleben will: Im Nachtclub *Pariziana* (Pyramid Road) der bekannten Tänzerin *Lucy* tritt die Besitzerin von 3-5 Uhr auf. Im Rahmenprogramm weitere bekannte Künstler. Eintritt $ 50 (ohne Getränke), die sich nach Aussage von Kennern lohnen. Oder – **preiswerter** und „volksnäher" ins *New Arizona* (nur arabisch beschriftet), 6 Sh Alfi Bey, Nähe Nordende Sharia Talaat Harb (auch negative Kritik: „Ältliche Damen tänzelten lustlos zur lustlos spielenden Band..."); besser scheint es im *Palmyra*, Sh 26.July zu sein. Nicht ganz so gut/lustig, aber billiger ist *Sharazad* in der Fußgängerzone der Sharia Alfi.

• Alles auf einen Schlag: Bauchtanz, **Nilkreuzfahrt** und ein opulentes Abendessen während der 1,5 Stunden langen Fahrt. Es werden sowohl Tages- als auch Abendtouren auf dem Nil angeboten. Abends sehr schöner Blick auf die erleuchtete Stadt, gute ägyptische Atmosphäre, Musik und Tanz. Die Preise beginnen ab £E 100 pP einschließlich Dinner. Anbieter: *Aquarius*, Tel 2525 3690,

Derwishtänzer

Nile Crystal, Tel 2363 9021, *Nile Maxim*, Tel 2738 8888, *Nile Peking*, Tel 2531 6381, *Nile Pharao*, Tel 2570 1000, *Scarabee*, Tel 2795 4481.

• **Wirklich sehenswerte Derwish-Tänze** (*Al Tanoura Gruppe*) finden jeweils Mittwoch- und Samstagabend ab 20.00 Uhr (Achtung, Anfangszeit ändert sich häufiger) in der Wakalat El Ghuri bei freiem Eintritt statt (siehe Seite 240 und Plan vom Khan el Khalili-Bazar). Der Andrang ist groß, besser mehr als eine Stunde vor Beginn dort sein. Häufig scheinen alle Karten von Gruppen aufgekauft zu werden. (Achtung, keine Tonaufnahmen erlaubt, Fotos ja.) Es handelt sich um eine Vorstellung der *Al Tannura Traditional Troupe*, die 1988 vom ägyptischen Kulturministerium gegründet wurde. Sie vereint Elemente ägyptischer Volksmusik mit Derwisch-Drehtänzen bei wirklich eindrucksvollen Darbietungen.

• Spieler können in diversen **Casinos** - die in der Regel zu den großen internationalen Hotels gehören - ihr Geld riskieren: z.B. Hilton, Mena House, Sheraton, Shephards, Pyramisa und einige andere.

Eine ganze Reihe von Diskos, Bars und Pubs warten auf Publikum (die meisten allerdings in den internationalen Hotels). Hier ein paar Adressen:

• **After Eight**, 6 Sh Qasr El Nil, tagsüber Restaurant, abends gute Kneipe mit Bierausschank

- **Audio 9**, Wahba Building, 33 Sh Qasr El Nil, günstig im Hotelbereich gelegen
- **B's Corner**, 22 Sh Dr. Taha Hussein, Zamalek, Video-Bar, beliebter Treffpunkt der Ausländer in Kairo. Im selben Gebäude befindet sich auch das Restaurant *El Capo*
- **Balimoral** - The German Corner - 157 Sh 26.July, vom Zentrum kommend gleich rechts nach der Brücke, viele ausländische Geschäftsleute, gute Stimmung
- **Bull's Eye**, 32 Sh Jeddah, Mohandissin, (21.00-2.00), „IN-Kneipe", sehr gemütliche Bar, Jazz, Bier £E 10, Dart Board,
- **Cairo Jazz Club**, 197 Sh 26.July (Mohandissin), gegenüber Balloon Theater), Programm: www.cairojazzclub.com, Restaurant und Jazz Club mit Live Music (von Jazz, über Rock und Reggae bis Klassik) bis 2 Uhr, überwiegend Ausländer
- **Cellar Bar**, Hotel President, 22 Sh Dr. Taha Hussein, Zamalek, etwas dunkle, doch altbekannte Kellerbar - nomen est omen
- **Hard Rock Café**, Hyatt Hotel Cairo, Corniche El Nil, Garden City, der Eingang ist 30 m links vom Haupteingang des Hotels
- **Harris Café**, 7 Sh Baghdad, Korba, Heliopolis, (17.00-2.00)
- **Harry's Pub**, Marriott Hotel, Zamalek, (12.00-2.30), typisch amerikanische Bar mit guter Atmosphäre, viele Ausländer, freitags Karaoke
- **Indigo**, 8 Sh Abd El Rahman El Rafey, Mohandissin (Nähe Shooting Club), (17.00-2.00), unter Europäern recht beliebte Disko, relativ klein
- **Le Tabasco**, 8 Midan Amman, Dokki, (13.00-2.00), relativ kleines, aber gutes Restaurant, in dem ab 23 Uhr Jazz, Rock oder andere Musik die Räumlichkeiten platzen lassen
- **Magha**, 36 Sh Talaat Harb (neben Brazilian Burger), typische Bierbar, eher schmierig
- **Merryland**, Sh Hegaz, Heliopolis, bekannter Nachtclub, vornehmlich mit asiatischen Tänzern
- **Pizza Pomodore**, Corniche, neben dem World Trade Center, „IN-Restaurant" mit sehr guter Pizza und nachts bis 3.30 Uhr Live-Musik, junges Publikum
- **Pub 28**, Sh Sharagat el Dorr, Zamalek, gute Kneipe, internationale Küche, auch als Gay-Lokal bekannt
- **Taverne Du Champs De Mars**, im Nile Hilton Hotel, teuer, auch Gay-Treffpunkt
- **Windows On The World**, Ramsis Hilton, oberstes Stockwerk, 1115 Corniche El Nil, Zentrum, (13.00-4.00), ist für uns der obligatorische Platz in Kairo für den Sundowner: Mit Glück sieht man die Sonne (je nach Jahreszeit) im Dunst direkt hinter den Pyramiden versinken, die Lichter der Stadt flammen auf - ein fantastischer Ausblick; in dieser Bar kann man, etwas teuer zwar, den Abend bei Live-Musik verbringen
- **Windsor**, 19 Sh Alfi (Downtown), altes Hotel; Bar wurde als Offizierstreff englischer Truppen im Zweiten Weltkrieg bekannt, hat viel vom alten Geist herübergerettet, gute Atmosphäre, mittlere Preise
- **World Trade Center**, Corniche, hier ist für teure Unterhaltung und Abwechslung gesorgt: Im Bar-Restaurant *Piano Piano* kann man bis 3 Uhr bei Pianomusik gepflegt speisen, sich im *Upstairs* (13.00-4.00), einer American Bar, mit Cocktails aller Art vergnügen oder sich in der Disko *Downstairs* austoben

Hotels mit Dachterrassenbar und gutem Blick

- **Carlton**, 21 Sh 26.July und **Odeon Palace**, 6 Sh Abd el Hamid Said, Seitenstraße der Sh Talaat Harb, bekannte Bar, gute Atmosphäre, 24 h
- Hotels mit Terrasse am bzw. über dem Nil
- Le Meridien Cairo, Corniche El Nil, Garden City, herrlicher Panoramablick, Mindestverzehr £E 50
- **El Gezirah Sheraton**, 3 Sh Magles Quadet El-Thawra, südlichster Punkt der Gezirah-Insel, Terrasse auf dem Wasser, Mindestverzehr £E 35

Diskos

- **Churchill**, Baron Hotel, Sh Oruba, Heliopolis, Matinee So und Do 17.00-21.00, ansonsten täglich 22.00-3.00 außer Mo

- **Crazy House Cairo Land Entertainment Center**, 1 Sh Salah Salem, Disko in drei Stockwerken mit zwei Bars
- **Disko Horris**, im Hotel Horris, 5 Sh 26.July, Nähe Midan Opera, im 15.St. im Freien, eher langweilig, aber guter Blick
- **Jackie's Joint**, Nile Hilton Hotel, Corniche, (21.00-4.00); eine der besten Diskos, aber teuer, vor allem am Wochenende überfüllt, nur für Paare, häufig Live Music
- **Jimmy's**, beliebte Bar und Disko im Pyramisa Hotel (gegenüber Cairo Sheraton, Dokki)
- **Le Cameleon**, Disko im Safir Hotel, Midan El Messaha, Dokki, (ab 22.00), jeden Monat spezielle Nächte
- **Le Disco**, El-Gezirah Sheraton Hotel, Gezirah-Zamalek
- **Papillon**, Cairo-Heliopolis, Mövenpick Hotel, Sh El Horreya, Airport Road, (ab 22.30)
- **Saddle**, Mena House Oberoi Hotel, 4 Sh El-Tayaran, Nasr City, (22.00-3.00)
- **The Castle**, Shephards Hotel Cairo, Corniche El Nil, Garden City, (21.00-4.00)
- **Tamango**, Atlas Zamalek Hotel, Sh Gameat el Dowwal el Arabia, Mohandissin; preiswert und populär, nur für Paare

Sport

Wer in Kairo nicht auf sportliche Aktivitäten verzichten will, kann in einem der Sportclubs eine - in der Regel ziemlich teure - temporäre Mitgliedschaft erwerben und dann die angebotenen Möglichkeiten nutzen.

- Viel bietet der *Gezira-Sporting-Club* auf der Insel Gezira mit 20 Tennisplätzen, 18-Loch-Golfplatz, Bowling, Squash, Schwimmbad, Sauna, Reiten etc; Eintritt für Tagesgäste £E 20, Poolbenutzung nur für Mitglieder. Ein weiterer Sportclub mit Golfplatz wird vom *Oberoi Mena House Hotel* in Giseh unterhalten (auch z.B. Tennis und Schwimmen). Der *Merryland Park* in Heliopolis kostet £E 20 Eintritt, bietet große Rasenflächen, einen Wasserpark mit verschiedenen Pools und eine Delfin-Show. Der *Sakkara Country Club* (rechts ab von der Sakkara Road, etwa in Höhe der Abusir Pyramiden) bietet - neben sauberen Hotelzimmern - jede Menge sportlicher Aktivitäten: Schwimmen, Golf, Tennis, Reiten. Doch damit nicht genug, es gibt noch diverse weitere Clubs, andere sind im Aufbau.

- **Health Clubs** mit allen Marterwerkzeugen der modernen Gyms bieten vor allem die großen internationalen Hotels, wie Sheraton, Siag, Sofitel, Sonesta und andere.

- **Reiten** ist relativ preiswert. Entweder handeln Sie mit den Leuten, die Ihnen in der Nähe der Pyramiden ohnehin ein Pferd aufdrängen wollen, oder Sie gehen zu einem der renommierten Ställe ins Dorf Nazlet el Saman in der Nähe des Sphinx. Dort sind die bekannten Ställe „AA" (Tel 3385 0531) und „MG" (Tel 3358 3832) ausgeschildert, die im Übrigen auch Reitunterricht erteilen oder Pferde für den Ritt nach Sakkara vermieten. Die Pferde – die etwa £E 25/Std kosten - sind so billig, weil das Angebot von etwa 2000 Pferden bei weitem die Nachfrage übersteigt. Neben den Besitzern haben vor allem die Pferde darunter zu leiden. Das Ägyptische Nationalgestüt *El Zahra* mit seinen Araberpferden kann man vormittags in der Nähe des *El Shams Club* in Heliopolis besichtigen.

Ein paar Lesertipps zur Wahl des Pferdes: Schauen Sie, dass das Tier keine Blutflecken bzw. Narben hat, dass das Maul nicht blutig gerissen wurde und dem Sattel keine wundgescheuerten Stellen sind. Fragen Sie nach einem ruhigen Pferd. Für längere Ritte sollte man eine weiche lange Hose tragen, damit man sich nicht an den Beinen aufscheuert. Nicht zuletzt: sich dick mit Sonnencreme einschmieren.

- Im Wüstenland Ägypten wurden in den letzten Jahren verschiedene **Golfplätze** angelegt, die mit ihrem satten Grün im heftigen Kontrast zur umliegenden Wüste stehen. Als der derzeit schönste Platz gilt *Katamaya Heights*, der 23 km südöstlich vom Zentrum liegt.

Jährliche sportliche **internationale Wettbewerbe** sind der *Internationale Giseh Marathonlauf*, die *Pharao Ralley* im Oktober und ein *internationaler Ruderwettbewerb* auf dem Nil.

Restaurants

Wir haben versucht, eine gewisse geografische Zuordnung von Kairos Restaurants zu treffen, damit Ihnen auch aus diesem Blickwinkel die Entscheidung leichter fällt. Doch ist uns klar, dass wir nur einen kleinen Ausschnitt aus der Fülle von Essplätzen auflisten konnten. Einige Restaurants gehen mit der Zeit und bieten **Hotspots** für Laptopbesitzer an. - Wer Weihnachten oder Silvester in etwas teureren Restaurants diniert, muss meist zusätzlich 20 Prozent „Special Christmas and New Year's Tax" zahlen.

Zentrum

Internationale Küche (auch ägyptisch)

- **Arabesque**, [M] 6 Sh Qasr El Nil, Tel 2574 7898, 12-16 und 19-22 U, nahe Midan Tahrir; arabische und französische Küche in geschmackvoller Atmosphäre mit entsprechenden Preisen; angeschlossen ist eine Galerie mit Exponaten zeitgenössischer Künstler
- **Café Riche**, [N] 17 Sh Talaat Harb, Tel 2391 8873, 10-24 U, Nähe Midan Talaat Harb, altes Intellektuellen-Café (Bar) und Restaurant, restauriert, gut, Bier, mittlere Preise, AUC-Buchverkauf, kleine Galerie
- **Cilantro**, [U] 31 Sh Mohamed Mahmud, Tel 2792 4572, 9-01 U, Nähe Amerikanische Universität, gute Auswahl, preiswert (auch 157 Sh 26.July, Zamalek; im Carrefour, Maadi, Mohandissin), Hotspot
- **Excelsior**, [G] Sh Talaat Harb/Sh Adly; Tel 23925002, 9-24 U, lieblos, Weißwein, Stella-Bier
- **Kowloon**, im Cleopatra-Hotel (Hotelplan [29]), Tel 2575 7266, 11-23 U, Sh Bustan Nähe Midan Tahrir; gute chinesische und koreanische Küche, sehr sauber und gemütlich, freundlicher Service, Hotspot Laptop
- **La Chesa**, [H] 21 Sh Adly; Tel 2393 9360, 8-23 U, gutes Schweizer Restaurant, freundlich, hervorragendes Essen, gutes Frühstücksbuffet, nicht zu teuer, internationale Zeitungen
- **Le Grillon**, [M] 8 Sh Qasr El Nil; Tel 2574 3114, 11-02.30 U, ein bisschen lauschig eingerichtet, „französische" Küche, diese allerdings sehr abgewandelt und weniger schmackhaft, nicht billig
- **Nile Hilton**; Frühstücksbar, Tel 2578 0444, 24 Std, IBIS-Café, mehrere Restaurants, u.a. Dachrestaurant mit schönem Blick, sehr gute Küche, empfehlenswerte Abend-Buffets (besonders während des Ramadan), Preise angemessen bis teuer, Touristen-Treffpunkt. Gutes italienisches Restaurant, Hotspot; **Da Mario** Restaurant, auch Wein zu akzeptablen Preisen; mittags im zugehörigen Außenrestaurant gute ägyptische Spezialitäten
- **Greec Club**, [L] Sh Qasr el Nil, Tel 2575 0759, 19-24 U, direkt hinter Café Groppi, ehemaliger Club von Kairos Griechen, jetzt öffentlich, eher mittelmäßig
- **Peking**, [C] 14 Sh El Ezbekiya, Tel 2575 0822, 12-24 U, Nähe Kino Diana (auch in vielen anderen Stadtteilen), gute chinesische Küche, preiswert, auch Take-away-food

Ägyptische Küche

- **Abou Shakra**, 69 Sh Qasr el Aini; Tel 3344 4767 (auch in anderen Stadtteilen), bekanntes Spezialitätenrestaurant für Kufta und Kebab, viele leckere Vorspeisen, trotz relativ geringer Auswahl empfehlenswert
- **Abou Tarek**, [J] Sh Champollion/Sh Mansur, Tel 2577 75935, 6-01 U, auf drei Stockwerke verteilt, sehr bekannt für hervorragendes Kushari und andere ägyptische Gerichte, sehr sauber, preiswert
- **Alfi Bey**, [A] Sh Alfi Bey (Nähe Midan Orabi; 12-01 U, neben Nachtclub Shahrazad), Tel 2577 1888, brauchbare ägyptische Gerichte, gutes Lamm, freundlich, sauber, reichhaltige Portionen, sieht nobel aus, ist aber relativ preiswert
- **Haty El Guishe**, [S] Midan Falaki; Tel 2794 5438, 11-02 Uhr, sehr gut, teuer, unfreundlicher Service
- **El Tabie El Domiati**, 31 Sh Orabi, Tel 19122 (siehe Plan *Midan Ramsis*, Seite 217)

Restaurants

Restaurants im Stadtzentrum

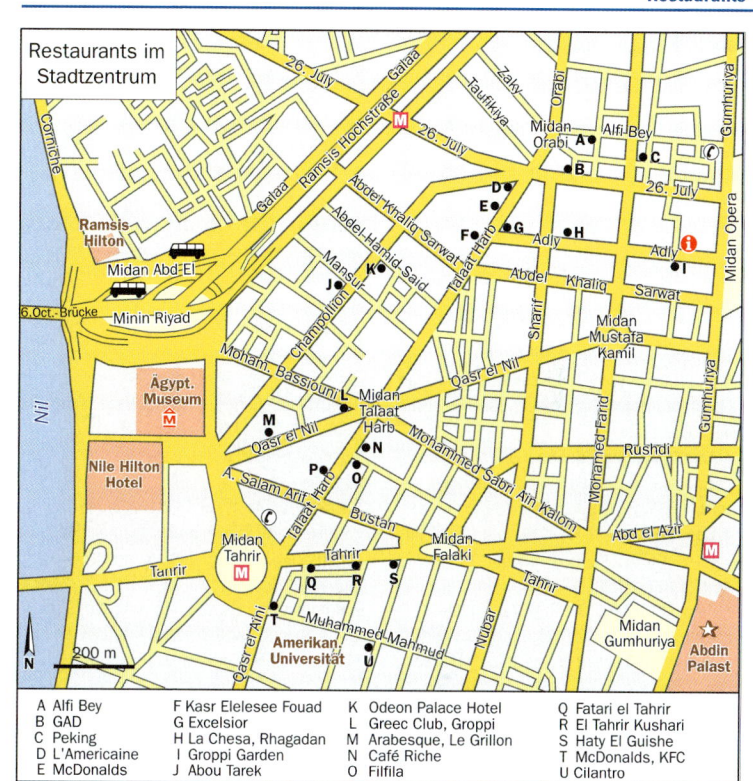

A Alfi Bey	F Kasr Elelesee Fouad	K Odeon Palace Hotel	Q Fatari el Tahrir
B GAD	G Excelsior	L Greec Club, Groppi	R El Tahrir Kushari
C Peking	H La Chesa, Rhagadan	M Arabesque, Le Grillon	S Haty El Guishe
D L'Americaine	I Groppi Garden	N Café Riche	T McDonalds, KFC
E McDonalds	J Abou Tarek	O Filfila	U Cilantro

7-02 U, vorwiegend vegetarisch, sehr gutes Salatbuffet, sehr gutes Foul - vermutlich das beste der Stadt - und Felafel, viel „ägyptischer" als das Restaurant Filfila, sehr preiswert, sehr sauber, viel Betrieb. Ein paar Häuser weiter (Nr. 21) kann man im Café *Umm Kalthum,* nur arabisch beschriftet, sehr gemütlich und gehoben ägyptisch Kaffee trinken und Shisha rauchen

- **El Tahrir Kushari**, [R] Sh Tahrir Nähe Midan Tahrir, Tel 2795 8418, 7-1 U, sehr gutes, preiswertes und reichliches Kushari

- **Filfila** (auch **Felfela**), [O] 15 Sh Hoda Shaarawy, Tel 2392 2751, Querstraße der Sh Talaat Harb, Nähe Midan Talaat Harb; „das Touristenrestaurant" mit ägyptischer Küche, empfehlenswert, relativ sauber, bekannt für viele Foul-Arten und gute Vorspeisen; Preise halten sich in Grenzen. Zum *Filfila* gehört eine Art Schnellimbiss (Eingang Sh Talaat Harb) mit preiswertem Take-away-food, Portionen eher spärlich. Weitere *Filfila* gibt es am Midan Ahmed Orabi, das wesentlich weniger von Touristen heimgesucht wird, ebenfalls an der Wüstenstraße nach Alexandria nahe dem Mena House Hotel

- **Filfila** (Fast-Food-Abteilung), [O] Sh Talaat Harb, Tel 2392 2833, 8-24 U

- **GAD**, [B] 13 Sh 26.July, Nähe Einmündung Sh Talaat Harb, Tel 2577 7962, 24 Std, preiswertes und gutes Schnellrestaurant, Take-away-food, mittags überfüllt von Büromenschen

5 In Kairo zurechtkommen – Praktische Informationen –

- **Kasr Elelesee Fouad Pacha** (früher *Zeina*), [F] 34 Sh Talaat Harb (gegenüber Einmündung Sh Adly); Tel 2576 0362, gute ägyptische Küche, relativ sauber, eher teuer, unpersönlich, man wird zur Eile getrieben
- **Odeon Palace Hotel**, [K] 6 Sh Abd el Hamid, Tel 2576 7971, 24 Std, Seitenstraße der Sh Talaat Harb; Dachterrassen-Restaurant und Bar im 10. Stock, internationale und ägyptische Gerichte, mäßig, relativ preiswert, einst Treffpunkt ägyptischer Künstler und Journalisten

Schnellimbisse, Garküchen

- Gute einheimische **Imbissstände** findet man östlich der Moschee am Ramsis-Bahnhof, auch am Midan Orabi.
- **American Fried Chicken**, 8 Sh Hoda Sharawi, Trendrestaurant, gute Pizza, Fleisch, Fisch oder Leberbrot, nicht billig, auch Take-away
- **Domiati**, Midan el Falaki/Sh Tahrir; Tel 2576 1166 oder 16015, 12-03 U, sehr gute kleine ägyptische Gerichte, preiswert
- **Fatari El Tahrir**, [Q] 166 Sh Tahrir, Nähe Midan Tahrir; 2795 3596, Spezialist für Feeter (ägyptischer Pfannkuchen), ägyptische Fleisch- oder Gemüsepastetchen, sehr gut, preiswert, 24 Std geöffnet, empfehlenswert
- **McDonalds** Tel 19991 [E][T] und **Kentucky Fried Chicken** Tel 19019 [T] sind in der Sh Mohamed Mahmud (südlich vom Tahrir abgehend) zu finden, aber auch in vielen anderen Stadtteilen, 24 Std, z.T. Hotspot
- **Pizza Hut**, Midan Tahrir, Tel 19000, 11-03 U, gute Lasagne, Pizzas, nicht billig

Kaffee- und Teehäuser

Typisch ägyptische Kaffeehäuser (arabisch *Ahwas*), in denen Besucher den Tag oder Abend mit Backgammon, Domino oder Schach verspielen, findet man in praktisch jeder Straße; am Midan el Falaki sowie in der ersten Querstraße rechts von der Sh El Ezbekiya am Midan Orabi sind es deutlich mehr - wer sich hier dazusetzt, wird ohne Anmache willkommen geheißen.

- **El Abd Konditorei**, 25 Sh Talaat Harb und Ecke Sharia Sherif/26.July; Tel 2392 4407, 9.30-24 U, sehr guter ägyptischer Kuchen und sehr gutes ägyptisches Gebäck, extrem beliebt bei Ägyptern, nur Verkauf, besser als Groppi
- **El Andalusia**, Sh 26.July, Nähe Grand Hotel, Tel 2574 7485, 9-02 U, sehr typisch, im 1. Stock ein Raum für Shisha rauchende Frauen
- **Groppi**, [L] Midan Talaat Harb/Sh Qasr El Nil; Te l257 43244, 8-23.30 U, eins der ältesten Cafés, große Auswahl an Kuchen und Süßigkeiten, schlechter Service
- **Groppi Garden**, [I] Sh Adly; Tel 2391 198, 8-23.30 U, hier sitzt man in Wein umrankten Gartenlauben, etwas besserer Service
- **Hurriya**, Sh Tahrir, Nordseite, Nähe Midan Falaki, Tel 2392 0397, traditioneller Stil, ägyptische Intellektuelle spielen Schach, es gibt auch Bier
- **L'Americaine**, [D] Sh Talaat Harb/Sh 26.July; Tel 2574 5344, 8-24 U, guter Kaffee, Torten, Snacks, Eis und Getränke, relativ teuer, langsamer Service
- **Rhaghadan**, [H] 25 Sh Adly; Tel 2392 7954, hervorragende ägyptische und internationale Kuchen und Kekse, nur Verkauf

Khan el Khalili

(Plan *Khan el Khalili* siehe Seite 231)

- **Al Dahan**, 4 Khan el Khalili (direkt neben El Hussein Hotel); Tel 2593 9325, 11-03 U, Kufta und Kebab, einfach, nicht sonderlich sauber
- **Chicken House**, Sh Muski, kurz vor Midan Hussein, gut und preiswert
- **Egyptian Pancake (Fatatry El Husseiny)**, Md Al Azhar, Tel 2590 8623, 24 Std, Nähe der Fußgängerunterführung unter der Sh Al Azhar; preiswerte und sehr gute Pfannkuchen, gute Pizza
- **Fishawi**, Midan Hussein/Khan El Khalili (erste Parallelgasse zum Midan Hussein), 24 Std; Tel 2590 6755, „altehrwürdiges", stimmungsvollstes Café und Teehaus von Kairo, in dem sich Intellektuelle trafen/treffen, berühmt, empfehlenswert
- **El Halwagy**, neben Egyptian Pancake, Tel

2591 7055, sehr gutes Foul und andere Gerichte, preiswert
- **GAD**, Sh Al Ahzar, Tel 2514 5900, 8-02 Uhr, Südseite Nähe Fußgängerbrücke, preiswert und gut
- **Khan El Khalili**, (ehemals *Nagib Mahfus*) Restaurant und Coffeeshop (Restaurant mittags häufig ausgebucht, viele Gruppen), Tel 2590 3788, 10-02 U, direkt im Khan el Khalili-Bazar an der Hauptgasse Sekhet el Badistan, geschmackvolles „Nobel"-Kaffeehaus im islamischen Stil; gute orientalische Gerichte, mäßiger Service; im zugehörigen Restaurant gutes Essen, sehr sauber, Preise angemessen, Vorausbuchung empfohlen

Gezira und Zamalek

(Plan siehe Seite 219)

Internationale Küche (auch ägyptisch)
- **Abou El Sid**, 157 Sh 26.July, Tel 27359640, sehr frequentiert, gemütlich eingerichtet, sehr gutes Essen, Alkohol, nicht billig, täglich 12-01:30 U, Vorausbuchung empfohlen, www.deyafa.net
- **Cairo Tower**, Insel Gezira, Tel 2736 5112, 9-01 U, Aussicht bestens, Menüs mittelmäßig bis gut, teuer, Drehrestaurant renoviert, Eintritt nur für Tower £E 60, £E 80 für Tower und ein Stück Kuchen
- **Dido's Al Dente**, [B] 26 Sh Baghet Aly (Nähe President Hotel), 24 Std, Tel 27359117, kleines italienisches Restaurant, gut, große Pasta-Auswahl, mittlere Preislage
- **Five Bells**, 9 Sh Adel Abou Bakr/Sh Ismail Mohammed, Zamalek; Tel 2735 8635, 12.30-01.30 U, sehr hübsch in einem Garten, gute internationale und ägyptische Küche, mittlere Preise
- **Hana**, 21 Sh Mahaad Swisry, Nähe Nile Zamalek Hotel, Tel 2738 2972, 12-22.30 U, koreanisch- chinesisch-japanisches Restaurant, sehr gut bei großer Auswahl, gehobene Preisklasse
- **La Bodega**, [C] 157 Sh 26.July, Zamalek; Tel 2735 0543, 12-01 Uhr, Bistro, Lounge, Bar, stilvoll in hohen Räumen, internationale Küche, sehr gut, nicht billig, Hotspot
- **La Pacha 1901**, [D] ein Restaurantschiff, Tel 2735 6730, 12-01 U, Sh Gezirah in Zamalek, etwa gegenüber dem TV-Gebäude; insgesamt sorgen sich neun Restaurants und Pubs um das Wohl der Gäste, teuer
- **Crave** (früher *101 Coffee Ology*), 22a Sh Dr. Taha Hussein, Tel 2736 3870, 11-02 U, im Gebäude des President Hotel, Studenten-IN-Kneipe und -Restaurant, italienisch geprägte Küche, mittlere Preise, neu eingerichtet, sehr sauber

Ägyptische Küche
- **Arabica**, Sh El Maraashly/Ahmed Heshmat, Tel 2735 7982, 9-01.30 U, tolle Feteers, Säfte, Salate, preiswert
- **Casino Qasr El Nil**, gegenüber Cairo Tower, direkt am Nilufer; Tel 2736 8023, teuer, aber nicht sonderlich gut
- **Sequoia**, [A] an der Nordspitze der Insel Zamalek, (bekannt in Giseh und Maadi) mit ausgezeichneter Küche, ein guter Essplatz am Nil, Trend-Restaurant, Pressestimme: „einer der besten Hang-outs in Kairo", teuer

Schnellimbisse und Garküchen
- **Maison Thomas**, Sh 26.July, Zamalek; Tel 2735 7075, 24 Std, gute Pizza, Sandwich, relativ teuer, Hotspot
- **Pizza Hut**, [C]Sh Abu El Feda, Zamalek, Tel 19000, 11-03 U
- **Zamalek Restaurant**, Sh 26.July, gleich hinter Sh Hassan Sabri; Tel 2730 9136, 24 Std, mehr Schnellimbiss als Restaurant, Felafel

Kaffee- und Teehäuser
- **Cafe Tabasco**, Sh El Maraashly/Ahmed Heshmat (schräg gegenüber von Restaurant *Arabica)*, gut, Hotspot

Agouza und Mohandissin

Internationale Küche (auch ägyptisch)
- **Chili's**, Sh El Fawakeh, Nähe Mustafa Mahmoud Moschee, Mohandissin, Tel 19002, 3761 7004, 12-01.30 U; gutes amerikanisch-mexikanisches Restaurant, nicht billig, Hotspot
- **Flying Fish**, 166 Sh El Nil, Agouza;

Tel 3749 3234, 12-01 U, sehr gutes Fischrestaurant, aber auch Kofta und Kebabs, gute Atmosphäre, teuer, Hotspot
• **Kandahar**, 3 Sh Gamiat el Dowal el Arabiya, Mohandissin; Tel 3303 0615, 12-01 U, gutes pakistanisches Restaurant mit Tandoori und Curries, Liveband, Vorausbuchung empf.
• **Marush**, 64 Midan Lebanon, 2. Etage, Mohandissin, Tel 3345 0972, 11.30-03.30 U, gute libanesische Küche
• **Papillon**, Sh 26.July, Mohandissin, gegenüber Sporting Club; Tel 3303 5045, 13-24.30 U, gute Atmosphäre, hervorragende libanesisch-arabische Küche, Bier und Wein, relativ teuer
• **Bukhara** (früher *Taj Mahal*), 5 Sh Lebanon, Mohandissin, Tel 3302 5669, 14-23.30 U, (Schwester-Restaurant in Maadi, 43 Sh Misr Heluan); gutes indisches Restaurant mit indischen Köchen, bekannt für gute vegetarische Gerichte, Take-away
• **Tikka Chicken**, Mohandissin, neben Hardee's Restaurant, 47 Sh Abd el Aziz/ Sh Gamiat el Dowal el Arabiya; Tel 19099, 11-03 U, sehr gutes Huhn, Salatbuffet; unten Take-away, oben Restaurant
• **Tirol**, Mohandissin, 38 Sh Gezirat El Arab; Tel 3344 9725, 9-02 U, österr. und deutsche Spezialitäten, vom Chef Alois Gartner zubereitet

Ägyptische Küche
• **Abou Shakra**, 17 Sh Gamiat el Dowal el Arabiya, Mohandissin (Filiale des Restaurants im Zentrum); bekanntes Spezialitätenrestaurant für Kufta und Kebab, viele leckere Vorspeisen, trotz relativ geringer Auswahl empfehlenswert, angemessene Preise
• **Al Omda**, 6 Sh El Gazayer (Nähe Atlas Hotel), Tel 3346 2701, 24 Std, sehr gute ägyptische Küche mit reichhaltiger Auswahl, große Portionen, schneller Service, preiswert
• **El Tabie El Domiati**, (siehe auch weiter oben), 17 Sh Gamiat el Dowal el Arabiya, vorwiegend vegetarisch, sehr gutes Salatbuffet, sehr gutes Foul und Felafel, sehr preiswert
• **Happy Dolphin**, 70 Sh Abdel Aziz Al Soud, Tel 2362 9660, 10-02 U, schwimmendes Restaurant südlich der Gamaa-Brücke, Mindestverzehr auf dem Schiff £E 25, im zugehörigen Landrestaurant nicht, sehr leckere Täubchen

Schnellimbisse und Garküchen
• **Kentucky Fried Chicken**, El Batal Ahmed Aziz, Mohandissin; gute Hamburger, Salat-Bar, reichlich

Dokki und Giseh

Internationale Küche (auch ägyptisch)
• **Andrea**, 59-60 Sh Maryutia am Maryutia Kanal in Giseh, Tel 3383 1133, 13-01 U, Gartenrestaurant, stadtauswärts auf der Pyramid Road/Kreuzung Sakkarastraße rechts ab (ausgeschildert); sehr bekannt und beliebt, mit guten Brathühnchen und ägyptischen Spezialitäten, preiswert, empfehlenswert
• **Café Ezbet Elkebeer** (früher *Café Guevara*), 48 Sh Iran, Seitenstraße der Sh Mohieddin Abul-Ezz, Dokki, Tel 3762 0970, 10-02 U; Bistro-Typ, Che Guevara grüßt von der Wand, orientalische Gerichte, recht gut und mäßig teuer
• **Le Chalet**, 3 Sh Ahmed Nessim, Dokki, Nähe University Bridge, Tel 3748 5321, 8-24 U; gute Snacks und Kuchen, im oberen Stockwerk **Le Chateau**, Spezialität: auf Holzkohle gegrillte Hühnchen und Steaks
• **Christo**, gegenüber Mena House Hotel (Pyramiden), Tel 33770086, 11-01 U, Pyramidenblick, ausgezeichnetes Fischrestaurant, große Auswahl an frischem Fisch, relativ teuer
• **Mena-House Hotel**, Pyramid-Road, Tel 3377 3222, 24 Std; empfehlenswerter Coffee-Shop *Khan El Khalili*, sehr gut mit Superblick auf Pyramiden, im *Moghul Room* wird indische Küche in "Mogul-Athmosphäre" serviert, teuer
• **St. Melodies**, **El Bahawia**, 8 Sh Abo El Holl, im Dorf Nazlet neben dem Sphinx, von hier aus hervorragende Sicht auf Light & Sound, jedes Wort zu verstehen, gute ägypt. Küche, Pizza
• **TGI Friday's**, 26 Sh el Nil, Giseh, Tel 3570 9685; amerikanische Kette, schwimmendes

Restaurant mit typisch amerikanischer Küche, nicht teuer

Ägyptische Küche
- **American Fish Market**, 26 Sh El Nil (über TGI Friday's) zwischen Gamma- und Giseh-Brücke, Tel 3570 9693; gutes, empfehlenswertes Fischrestaurant ägyptischer Küchenprägung, relativ große Auswahl, mittlere Preise, Platzreservierung unbedingt empfehlenswert
- **El Badawia**, 8 Sh Abo El Holl, im Dorf neben dem Sphinx, Tel 3771 1001, hervorragende Sicht auf Light & Sound, jedes Wort zu verstehen, gute ägypt. Küche, Pizza, täglich 10 bis Ende letzter Show (22.30, Winter 21:30 U)
- **Filfila** (auch *Felfela*), ziemlich zu Beginn der Wüstenstraße Kairo-Alexandria, Tel 3384 1111, 10-23 U, große Filiale des gleichnamigen bekannten Restaurants im Zentrum, gut, nicht teuer
- **Sun Shine**, Sh El Nil, Dokki, (Nähe University Bridge), Eingang neben Bowling Club, Tel 3336 1638; ägyptisches Lokal direkt am Nil, mit sehr angenehmer Atmosphäre, gutes Kebab, sehr preiswert, empfehlenswert

Kaffee- und Teehäuser
- **El Jasmeen**, westliches Ende der Sh Feisal im Gebäude der National Company, Nähe Pyramiden, Tel 3741 2774, 7-03 U; Teehaus mit erlesenen Tees, werden vor Ort gemischt
- **Swissair Coffeeshop** (*Le Chalet*), El Nasr Building, Sh Shahid Abdel Hady Salah Abdullah/Sh El Nil, Giseh, Tel 3748 5321, 7-03 U; Schweizer Kuchen, Käsespezialitäten, ziemlich teuer

Übernachten

Beachten Sie bitte: Die Unterkünfte sind zunächst nach Ortsteilen sortiert, dann nach Preisklassen (Sternen) und innerhalb der Preisklasse alphabetisch. Im Stadtzentrum gibt es keine 4*-Hotels.

Zentrum
(Stadtteile Taufikiyakia, Ezbekiya, Abdin und Khan el Khalili-Umgebung)
Die Zahlen in [ ] beziehen sich auf den Plan *Hotels im Stadtzentrum* (siehe Seite 339), die zusätzliche Angabe [**+**] auf den Plan *Midan Ramsis* (siehe Seite *217*).

Luxushotels
Wie bei allen Luxushotels gilt auch hier, dass Gruppen bis zu 50 % weniger bezahlen als Einzelreisende. Wer also diese Klasse als Individualist subventionieren will, bucht sich hier ein. Zuvor sollte man allerdings versuchen, über ein Reisebüro einen Voucher zu bekommen, in jedem Fall einen Blick auf die Internetseiten zu werfen, denn dort gibt es häufig Sonderangebote. Daher geben wir für diese Kategorie keine Details und Preise an.
Hier nur eine - beliebige – Auswahl.
- **Le Passage Heliopolis, 5*,** (ehemals Mövenpick), Heliopolis, Tel 22919400, Fax 24181077. www.lepassage-heliopolis.com
- **Four Seasons**, 5*, Nile Plaza, 1089 Corniche, Garden City, Tel 2791 7000, Fax 2791 6900, sehr gut, sehr teuer
- **Grand Hyatt Cairo**, 5*, Garden City (an der Südspitze der Insel Roda), Tel 2365 1234, Fax 2362 1927, cairo.grand.hyatt.com, sehr gut eingerichtet, Drehrestaurant auf dem Dach, gut und teuer
- **Conrad Cairo**, 5*, 1191 Corniche, Tel 2580 5000, Fax 2580 8080, cairoinfo@conradhotels.com, www.conradhotels.com, großzügig eingerichtet, alkoholfreie gute Restaurants, bekannte Disko
- **Helnan Shephards**, 5*, 1113 Corniche, Garden City, Tel 2792 1000, Fax 2792 1010, res@shepheard-hotel.com; unpersönlich, hat nichts mit dem 1952 abgebrannten *Shephards* gemein

- **Nile Hilton**, [28] 5*, Corniche (Md Tahrir), Tel 2578 0444, Fax 2578 0475, nile@hilton.com, www.hilton.com, das 1960 erbaute, erste westlich orientierte Luxushotel, zentrale Lage, wird ab 2009 renoviert und danach nicht mehr von Hilton gemanagt!
- **Ramsis Hilton**, [18] 5*, 1115 Corniche, Tel 2577 7444, Fax 2575 2942, reservationramses@hilton.com, reservationramses@hilton.com, www.cairo-ramses.hilton.com; toller Blick
- **Semiramis Intercontinental**, 5*, Corniche, Garden City (Nähe Md Tahrir), Tel 2795 7171, Fax 2796 3020, caiha-resvn@interconti.com, www.intercontinental.com; moderner Neubau, großzügige Lobby

3*Hotels

- **Ambassador**, [1] 31 Sh 26.July, (7.-10.St.), Tel 2578 3225, Fax 2574 3263; SatTV, Kschr, se sa, la, fr, AC, empf, mF ....E+B 240, D+B 330
- **Cairo Khan**, [9] Sh 26.July/Mohamed Farid, Tel 2392 2015, Fax 2390 6799, cairokhan@link.net, info@cairokhan.com, sales@cairokhan.com; SatTV, Internet, AC, se sa, Kschr, mF..E+B $90, D+B $117
- **Carlton**, [2] 21 Sh 26.July, Tel 2575 5022, Fax 2575 5323, reserve@carltonhotelcairo.com, www.carltonhotelcairo.com; zentral, Nähe Metro, fr, se sa, rel la, AC (häufig laut, defekt), SatTV, Balkon, Dachterr. mit Rest, Zi unterschiedl. Qualität (eher 2*), HP .. E+B 150-200, D+B 225-300
- **Cosmopolitan**, [24] 1 Sh Ben Taalab/Qasr el Nil, Tel 2392 3663, Fax 2393 3531, zentral, stimmungsvolles altes Hotel, se sa, fr, ang, SatTV, Internet, AC, Kschr, mF ....E+B $60, D+B $80
- **Cleopatra**, [29] 1 Sh Abdel Salam Arif/Ecke Md Tahrir, Tel 2575 9900, Fax 2575 9807, cleopatrapalace@hotmail.com, www.cleopatra_hotel.com; guter Blick, hb, se sa, la, AC,SatTV, Wäscheservice, für die Ausstattung zu teuer, günstig gelegen, Bar, koreanisches Restaurant, mF......E+B $60, D+B $70
- **Fontana**, [3+] Md Ramsis (genau Sh Seif el Din el Mahran), Tel 2592 2321, Fax 2592 2145, zentral, Dachterrasse mit Pool, Disco, AC, se la (Md Ramsis), se sa, fr, hb, TV, mF................ E+B $35, D+B $52
- **Grand**, [4] 17 Sh 26.July, Tel 2575 7700, Fax 2575 7593, gegenüber Taufik-Markt, grandhotel@link.net; www.grandhotel.clickhere2.net, gr Zi, „old fashion", stilvoll, gute Atmosphäre, la, AC, SatTV, se sa, ang, empf, mF...E+B $49, D+B $66
- **Happy City**, [27] 92 Sh Mohammed Farid, Tel 2395 9333,Fax 2395 9777, happycity@happylifehotel.com, Web-page: www.happylifehotel.com, günstig in Metronähe, Dachterrasse, se sa, gepflegt, AC, SatTV, Kschr, mF..E+B $40, D+B $50
- **Odeon Palace**, [19] 6 Sh Abdel Hamid Said, Tel 2576 7971, Fax 2576 7971, neben Cinema Odeon, zentral, etwas abgewohnt, Abholungsservice vom Flughafen, se sa, fr, rel ru, ang, AC, SatTV, Dachrestaurant, bekannte Nachtbar, F $3,.........................E+B $47, D+B $60
- **Talisman**, [12] 39 Sh Talaat Harb, 5.St, Tel 2393 9431, Fax 2393 6031, talisman_hoteldecharme@yahoo.fr, www.talisman-hotel.com; das „Hotel de charme" ist die mit Abstand beste Unterkunft außerhalb der 5*-Hotelketten im Herzen Kairos, jedes Zi individuell sehr geschmackvoll im islam. Stil dekoriert, arabischer Salon, AC, SatTV, Kschr, se sa, se fr, hb, mF......E+B € 62, D+B € 82
- **Victoria**, [6+] 66 Sh Gumhurriya, Tel 2589 2290, Fax 2591 3008, info@victoria.com.eg, www.victoria.com.eg, altes, gemütl. Hotel, se sa, se fr, z.T. se la, AC, SatTV, Internet, preiswert, empf, mF (gutes Büffett)... E+B $37, D+B $48
- **Windsor**, [6] 19 Sh El Alfy (Alfi Bey), Tel 2591 5277, Fax 2592 1621, windsor@link.net, www.windsorcairo.com, angeblich ältestes noch existierendes Hotel Ägyptens, gr alte Räume, altmodisch, teils stilvoll, teils abgewohnt, die Bar ist einen Besuch wert, familiäre Atmosphäre, Dachterrasse, Abholservice vom Airport $5 pP (mindestens 2 Pers.), sa, rel la, AC, se fr, se hb, Internet, mF.. E+B €46-62, D+B €59-74

Hotels Zentrum

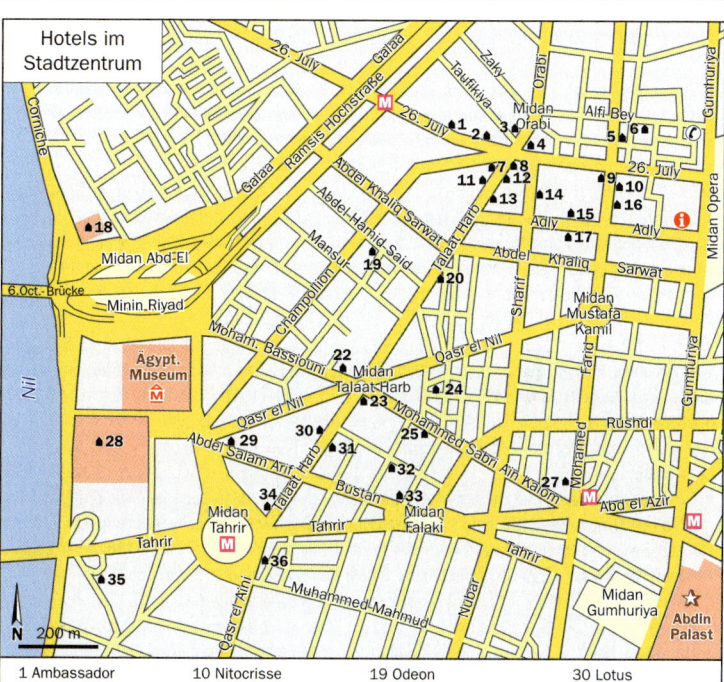

Hotels im Stadtzentrum

1 Ambassador	10 Nitocrisse	19 Odeon	30 Lotus
2 Carlton	11 Blue Bird	20 Luna	31 Paris
3 Sultan, Venice	12 Talisman	22 Dahab, Swiss Pension	32 Sara Inn
4 Grand	13 King Tut	23 Tulip	33 Amin
5 Horis	14 Richmond	24 Cosmopolitan	34 New Sun
6 Windsor	15 Select; Let Me Inn	25 Meramees	35 Garden City
7 Omayad	16 Roma	27 Happy City	36 Ismailiya House
8 Claridge	17 Panorama Palace	28 Nile Hilton	
9 Cairo Khan	18 Ramsis Hilton	29 Cleopatra	

Einfache Hotels

Alle Hotels in der Sharia Talaat Harb und der Sharia 26.July sind sehr laut, Lärmempfindliche buchen Zimmer zum Hof.

- **African**, [5+] 15 Sh Emad El Din, Tel 2591 7220, 3.St, gut plaziert bei Worldhostel, africanhousehotel@hotmail.com, se sa, se hb, Kaffee und Tee kostenlos, neu eingerichtet, organisiert Trips, Abhol. vom Flughafen, Internet WLAN, Küche, Wäscheservice, mF............. E 55, D 75, D+B 100
- **Amin**, [33] 38 Md Falaki/Bab el Louk, Tel 2393 3813, 6./10.St., abgewohnt, rel sa, la, gut für alleinr. Frauen, Balkon, F £E 5......................E 29, E+B 35, D 39, D+B 49, D+B+AC 5
- **Blue Bird**, [11] 42 Sh Talaat Harb, 6.St., Tel 2575 6377, se einf, sa, hb, fr, mF...E 45, D 50, D 60-70, D+B 100
- **Brothers**, 34 Sh Talaat Harb, 4.St, Tel 2579 6946, hostelbrothers@yahoo.com, von Select Hotel gemanagt, Wäscheservice, Internet, Flughafenabholung, AC, se sa, mF......................E+B 90, D+B 130
- **Ciao**, [1+] 2*, 28 Sh Ahmed Helmi, Tel 2235 2858, Fax 2236 9192, ciao@link.net, www.ciaohotel.com, (hinter Ramsis-Bhf, links neben Happy Dreams Hotel), la, se sa, se hb, Balkon, AC, Internet,

Wäscheservice, bestes Hotel in Bahnhofsgegend, empf, (Studentenermäßigung möglich) mF .... E+B 110, D+B 160
- **Canadian Hostel**, 5 Sh Talaat Harb, Tel 2392 5794, www.thecanadianhostel.com, canadianhostel@gotouregypt.com, 1 St., großzügige Zi, se sa, Internet, mF ... E 80, E+B 110, D+AC 100, D+B 110
- **Claridge**, [8] 41 Sh Talaat Harb, Tel 2393 7776, Lift manchmal defekt, hotelclaridge@yahoo.com, auch Eingang m. Lift in Sh Sherif, hübsche Cafeteria, bei Tourenangeboten Preise vergleichen, abgewohnt, se sa, fr, SatTV, mF .... E 45, E+B 75, D 70, D+B 85, D+B+AC 150
- **Dahab**, [22] 26 Sh Mahmoud Bassiouni, Tel 2579 9104, www.dahabhostel.com, info@dahabhostel.com; im Stockwerk über *Swiss Hotel*, nach Dahab-Vorbild wurden z.T. gemauerte „Hütten" (jetzt Zimmer) aufs Hausdach gesetzt, viele Blumen, interessante Atmosphäre, viele Traveller, Internetzugang, (Achtung, Schlepper am Eingang mit falschen Angaben über Dahab), kl Zi, se sa, se fr, se hb, Internet, empf, F £E 5, ...E € 4,00, E+B € 6,00, D €6,00, D+B €9,00
- **El Hussein**, 2*, Md Hussein (Khan el Khalili), Tel 2591 8664, Fax 2591 8479, z.T guter Blick auf Md Hussein, la, sa, mF.....................................E+B 90, E+B+AC 105, D+B 115, D+B+AC 130
- **Everest**, [4+] Md Ramsis, Tel 2574 2506, Fax 2574 2688 Hochhaus gegenüb. Ramsis-Bhf, (15. St., Vorsicht: nur Lift, Treppenh. vermutl. unzugängl.!), toller Blick, rel sa, bedingt empf, se einf, mF... E 23, D 37, D+B 60
- **Garden City House**, [35] 23 Sh Kamal el Din Salah (direkt an Abfahrt von Tahrir Brücke), Tel 2794 8400, Fax 2794 4126, garden77house@yahoo.com, www.gardencity.plus.com, tlw Nilblick, Balkon, Flughafentransfer, AC, se la, se sa, fr, hb, empfe 77 E+B+AC 125, D 116 D+B+AC 166
- **Happy Dreams**, [1+], 28 Sh Ahmed Helmi, (hinter Ramsis-Bahnhof, dasselbe Haus wie Ciao Hotel), Tel 2235 8699; 12 Stockwerke, hb, sa, Wäscheservice, Cafeteria im 12. St., Restaurant im 10. St, guter Blick, mF .... E 40, E+B+AC 55, D 70, D+B 80
- **Happiton**, [7+] 2*, 10 Sh Ali el Kassar (Seitenstr. der Sh Emad el Din), Tel/Fax 2592 8600, se sa, se fr, hb, SatTV, verkauft Bier, mF... E+B 76, D+B 97
- **Horris**, [5] 2*, 5 Sh 26.July (Rückgebäude), Tel 2591 0389, Fax 2591 0478, 14. St., Lift, AC, sa, TV, mF..E+B+AC 89, D+B+AC 127
- **Isis**, 33B Sh Ramsis, 16. St. Maroof Tower (re. am Ende der 6.Oct. Brücke Richtung Ramsis), Tel 2579 9757,www.isiscairo.com, isishotel2004@yahoo.com; toller Blick, Internet, 15 % Rabatt für Leser dieses Buches, SatTV, Kschr, sa, la, mF .... E 70, D 90, E+B+AC 130, D+B+AC 160
- **Ismailiya House**, [36] 1 Md Tahrir (Eingang li. Haus), Tel 2796 3122, Ismahouse@hotmail.com, www.ismailiahousehotel.com, 7./8.St., Lift, (demnächst alle Zi mit B, TV und teurer), Vorausbuchungen auch von Europa ok, zentral, viele Traveller, sa, se fr, la, Internet, mF.. Dorm pP 25-30, E 45-50, D 80, D+B 95, D+B+AC 180
- **King Tut**, [13] 37 Sh. Talaat Harb, 8.St, Tel 2391 7897, king_tut_hostel@hotmail.com; www.kingtuthostel.com, se sa, se fr, AC, SatTV, Internet, Airportservice, Wäscheservice, mF...E 70, E+B 85, D 90, D+B 120
- **Let Me Inn**, [15] 19B Sh Adly, 6.St., Tel 2396 0681, 012734 2168, letme_inn@yahoo.com; einf eingerichtet, se sa, se fr, Internet, mF..Dorm 35, E 45, D 70, D+AC 80.
- **Lialy**, 8 Md Talaat Harb (gegenüber Tulip [23], Tel 2575 2802, 3.St kein Lift, lialy_hostel@yahoo.com; www.lialyhostel.com, Traveller Hostel, se sa, tlw AC, Küche, Waschmaschine, Airportabholung, Internetzugang, arab. Halle mit SatTV, mF ....Dorm 30-50 pP, E 60, E+AC 115,D 80, D+AC 100
- **Lotus**, [30] 2*, 12 Sh Talaat Harb, 7.St, Tel 2575 0966, Fax 2575 4720, lotushotel@link.net,www.

Hotels Zentrum

lotushotel.com, Lift, Bar, Rest, se la, se sa, Internet, mF ...... E 85, E+B+AC 115, D 123, D+B+AC 154
- **Luna**, [20] 27 Sh Talaat Harb, Tel 2396 10 20, lunapension@hotmail.com, www.hotellunacairo. com; Lift, gr und gepfl. Zi, se sa, se hb, familiäre Atmosphäre, tlw Balkon, AC, Internet, Wäscheservice, mF .... E 100, D 100, D/B B 110
- **Magy**, [2+] 122 Sh El Galaa (nur ein paar Schritte vom Md Ramsis) Lift, 4.St., Tel 2574 2904, magyhotel@hotmail.com, www.magyhotelegypt.com; se la, fr, hb (z.B. Beschaffung von Zugtickets, Internat. Studentenausweis), kostenlose Softgetränke, mF ..Dorm €7pP, E+B+AC €10, D+B+AC €14
- **Meramees**, [25] 32 Sh. Moh. Sabry Ain Kalom, 5. u 6.St, Lift nur nach oben, Tel 2396 2318, neben kl. Moschee, merameeshotel@hotmail.com, Abholung v. Airport (wenn D und 2 Nächte), Küchenbenutzung, organisiert Touren, z.B. Weiße Wüste , se sa, AC, ang, fr, hb, Wäscheservice, Internet, mF .... Dorm 30, E 70, D 110, D+B 140
- **Nitocrisse**, [10] 171 Sh Moh Farid, Tel 2391 5166, gr Zi, Parkettb., se, mF.. E+B 79, D 120, D+B 112, D+B+AC180
- **New Sun**, [34] 2 Sh Talaat Harb/Md Tahrir, (Hotellift li. v. Eingang nur 15-8 U, Hauptlift nur 8-15 U), 9.St., frisch renoviert, Tel 2578 1786, 2579 7977, sunhotel@hotmail.com, www. newsunhotelcairo.com, se sa, fr, Ven, viele Traveller, Internet, Übern. auf Dach mögl, organis. preiswerte Touren, Wäscheservice, mF .... Dorm pP 25, E 80, E+B+AC 180, D 120, D+B+AC 200
- **Omayad**, [7] 2*, 22 Sh 26.July/Talaat Harb, Tel 2575 5103, Fax 2575 5212; omayahotel@ hotmail.com, se sa, Balkon, SatTV, AC, Kschr, hb, mF................................E+B+AC 165, D+B+AC 230
- **Panorama Palace**, [17] 20 Sh Adly, gegenüber der Synagoge, Tel 2392 9127, Fax 2390 5628, 4.St., Lift häufig kaputt (geht nur nach oben), sa, se fr, SatTV, Zi z.T. ohne Fenster („Panorama!"), mF .... E (se klein) 35, D+B 80, D+B+AC 90
- **Paris**, [31] 15 Sh Talaat Harb, 3.St, Tel 2395 0921, parishotel_2006@hotmail.com; einf, se sa, Internet, Abholservice Airport £E 100/Auto, AC, F £E 25 .... E+B $28, D+B $36
- **Pension Vienna**, [22] 26 Sh Bassiouni, 3.St., Tel 2579 9307, (im Haus v. H. Dahab u. Swiss Pension) ramadanvienna@hotmail.com, www.hotelvienna, Internet, einf. kl. Pension, Balkon, se sa, mF .... E 50, E+B+AC 85, D+AC 60, D+B+AC 120
- **Ramses II**, [13] 37 Sh Talaat Harb, 12.St, Lift, Tel 2395 0745; info@ramses2_hostel.com, ramses-ll_hotel@hotmail.com, www.ramses2-hostel.com; mit Rotana Palace Hotel unter gemeinsamen Management, se sa, SatTV, AC, mF... E E+B 100, D+B 140
- **Rotana Palace**, [13] 37 Sh Talaat Harb, 6.St, Tel 2390 4380; Lift, rotana_palace_hostel@ hotmail.com, www.RotanaPalaceHostel.com; se sa, AC, SatTV, Internet, Airportabholung, mF.. E +B 100, D+B 120
- **Richmond**, [14] 41 Sh Sharif, Tel 2393 9358, amarichmond@hotmail.com, eigene Lift, Internetzugang, Kü, Diskount für „Wiederkehrer", se sa, se fr, gr Zi, Ven, mF....................E 55, D 80
- **Roma** (Pension), [16] 169 Sh Mohammed Farid, Tel 2391 1088, Fax 2579 6243, pensionroma@ pensionroma.cm.eg, www.pensionroma.com.eg; 4.St./Lift, sympathisch eingerichtet, se sa, se fr, se hb, tlw la, vorab reservieren, da häufig ausgebucht, nur wenige Zi mit Bad (meist aber Waschbecken), empf, mF.. E 5, D 82, D+B 1181
- **Safari**, [3] 4 Sh Souk El Taufikiya, 5.St., Tel 2577 8692, safari_res@hotmail.com, (im Haus v. Sultan und Venice), se einf, Wäscheservice, mä sa, Küche., Internet, Ven, . Dorm 15, E 30, D 40-45
- **Sara Inn Hostel**, [32] 21 Sh Yousef El Gendi/Sh Hoda Shaarawy, 7.St., Tel 2392 2940, sarainn_@hotmail.com, www.sarainnhostel.com, (Nähe Filfila Rest.) Wäscheservice, Flughafenabholung frei bei Reservierung von Zi mit B, organis. Trips, se gepflegt, Kü, SatTV, se sa, Internet, mF.. Dorm pP 40, E 60, E+B+AC 120, D 100, D+B+AC 160

- **Select**, [15] 19 Sh Adly, 8.St., Tel 2393 3707, 2 Lifte, hostelselect@yahoo.com, Internet, neu eingerichtet, tlw AC, se sa, la, fr, Wäscheservice, Internet, mF .... E+B 80, D+B 120
- **Sultan**, [3] 4 Sh Taufikiya (im selb. Haus auch Venice), Tel 2577 2258, verdreckter Hauseingang, Lift liegt als Wrack im EG, se einf, Kü, Ven, mä sa, fr, ...Dorm pP 15, E/D 40
- **Swiss Hotel** *(auch Pension)*, [22] 26 Sh Bassiouni, 6.St., Tel 2574 6639, Traveller-Hotel, Gepäckdepot 1 £E pP/Tag, Lift nur rauf, zentral, se sa, mä ru, ... E 40, D 50, E+B 50, D+B 60
- **Tulip**, [23] 3 Sh/Md Talaat Harb, Tel 2392 2704, 4.St., tuliphotel@yahoo.com, www.tulip-hotel.com;; se sa, fr, la z. Straßens., se ru z. Innenhof, kl. Balkon, oft ausgeb., mF .... E 75, D 110, E+B 85, D+B 130, D+B+AC 170
- **Venice**, [3] 4 Sh Taufikiya (im Haus v. Safari u. Sultan),4.St., Tel 2574 3269, Venicehotelcairo@yahoo.com, fr, hb, mä sa, Ven, Kü, Wäsches., Internet, mF,.......................Dorm pP 15, E 35-40, D 50
- **Venus**, 38 Sh Ramses, 10.St., Tel 2577 8807, Nähe Everest Hotel, venus_hotel@yahoo.com, www.venushotel-eg.com, Lift, viele AC-Zi, sa, fr, einfach, F 7.. E 35, E+B 50, D 60, D+B 70, D+B+AC 80

Zamalek

Die Zahlen in **[ ]** beziehen sich auf den Plan *Zamalek,* siehe Seite 219.

5* und 4* Hotels

- **Cairo Marriott**, [8] 5*, 16 Sh Seray el Gezira, Tel 2728 3000, Fax 2735 6667, www.cairomarriotthotel.com; geschmackvoll renovierter Kern ist sehenswert, 1869 für Frankreichs Kaiserin Eugénie erbauter Palast, stilvoll eingerichtet, schöner Hotelgarten (auch für Nichtgäste einen Besuch wert)
- **Sofitel El Gezirah**, [9] 5*, Tel 2737 3737, Fax 2736 3640, H5307@accor.com, www.sofitel.com, runder Turm an Südspitze der Insel Gezira, großartiger Nilblick, kürzlich renoviert, se gepflegt
- **Flamenco**, [2] 4*, 2, Sh El Gezira el Wosta, Tel 2735 0815, Fax 2735 0819, sales@flamencohotels.com, www.flamencohotels.com; tlw kl. Zi, wenige mit Nilblick, AC, SatTV, Kschr, se sa, mF .... E+B $110, D+B $170
- **Om Kolthoom**, [3] 4*, 5 Sh Abu El Feda (nördl. der Sh 26.July), Tel 2736 8444, Fax 2735 5304, info@omkolthoomhotel.com; www.omkolthoomhotel.com; am Nil, 70% der Zi mit Nilblick, großzügig eingerichtet, gr Zi, se sa u. gepfl.,(kein Alkohol), AC, SatTV, Kschr, mF...... E+B $160, D+B $170

3* und einfachere Hotels

- **Horus House**, [4] 3*, 21 Sh Ismail Mohammed, 4.St., Tel 2735 3634, Fax 2735 3182, hotel_horus@yahoo.com, www.horushousehotel.4t.com; unterhalb Hotel Longchamps, Internet, gediegen Wohnhaus m. entspr. Flair, WLAN, AC, SatTV, Kschr, gr Zi, fr, se sa, mF .. E+B $52, D+B $72
- **Longchamps**, [4] 3*, 21 Sh Ismail Mohammed ..5.St. (ü. Horus Hotel), Tel 2735 2311, Fax 2735 9644, hotel.longchamps@web.de, www.hotellongchamps.com, in deutschem Besitz, fr eingerichtet in gr gepfl. Wohnhaus mit entspr. Flair, kl. Bibliothek, 2 Terrassen, Internetzugang in jedem Zi, jedes Zi hat eigenen Stil, Flughafenabholung £E 75 max 3 Pers., Wäscheservice, AC, Kschr, SatTV, la, se sa, se fr, se hb, se empf, mF ...E+B(Standard) €41, E+B (Excutive) €46 , D+B(Standard) €56, D+B (Excutive) €62
- **New President**, [1] 3*, 20 Sh Dr. Taha Hussein, Tel 2737 2780, Fax 2737 2781, se sa, se fr, AC, SatTV, Kschr, rel ru, kein Balkon, Internet (Wi-Fi), mF ....E+B -245, D+B 330
- **President**, [1] 3*, 22 Sh Dr. Taha Hussein, Tel 2735 0652, Fax 2736 1752, preshotl@thewayout.net, AC, SatTV, Kschr, ru, se sa, Internet, tlw Balkon, mF..............E+B+AC $55, D+B $65
- **May Fair**, [6] 9 Sh Aziz Osman, Tel 2735 7315, Fax 2735 0424, mayfaircairo@yahoo.com,

Hotels westlich des Nils

www.mayfaircairo.com, 10 % Rabatt für Leser dieses Buches, gr. Balkon, ru, se sa, se fr u. hb, tlw AC, SatTV, Kschr, Internet, mF .... E 130, E+B+AC 190, D 150, D+B+AC 220
- **Nile Zamalek**, [5] 2*, 21 Sh Aziz Abaza, am Midan Sidky, Tel 2735 1846, Fax 2735 0220, tlw Balkon, tlw Nilblick, Parkplatz, se sa, AC, Kschr, fr, rel ru, Dachterrasse, korean. Restaurant, mF .... E+B+AC 160, D+B+AC 180
- **Pension Zamalek**, [7] 6 Sh Salah el Din, Tel 2735 9318, Fax 2735 3773, pensionzamalek@msn.com; Flughafenabholung £E 100 max 4 Pers., keine unverheirateten Paare, se ru, gr Zi, einf möbliert, ang, Internet WLAN, AC + £E 25, Wäscheservice, se sa, 1 Bad für 2 Zi, mF .... E 100, D 150

Westlich des Nils (Agouza, Mohandissin, Dokki, Giseh, Sakkara)

5* und 4* Hotels
- **Cairo Sheraton**, 5*, Md El Galaa, Giseh, Tel 3336 9700, Fax 3336 4602, www.sheraton.com/cairo, csher@rite.com, beliebt bei Geschäftsleuten und Diplomaten
- **Atlas Zamalek**, 4*, 20 Gamiat el Dowal el Arabiyya, Mohandissin, Tel 3346 4175, Fax 3347 6958,atlas_zamalek_hotel@hotmail.com, viele Gruppen, unpersönlich, se sa, la, AC, SatTV, Kschr, Internet WLAN, Pool (im Schatten), F $3 .... E+B $60, D+B $80
- **Kaoud Delta Pyramids**, 4*, Sh King Faisal (westl. Ende, Pyramidennähe), Tel 3383 3000, Fax 3385 6989, Dalia@deltacasablancahotel.com, www.deltacasablancahotel.com; Bettenburg, Dachter., Westzi m. herrl. Pyramidenblick, se sa, se fr, AC, SatTV, Kschr, la, mF ...... E+B $90, D+B $100
- **Mena House Oberoi**, 5*, Ende Pyramid Road, Giseh, Tel 3377 3222, Fax 3376 7777, reservation@Oberoi.com.eg, www.oberoihotels.com; eines der stimmungsvollsten Hotels in Kairo, gr Garten, gr Pool, gute Restaurants. Alter Palast-Trakt mit nur 36 Zi ist ein orientalisches Prunkstück; aus jedem Zi Pyramidenblick. Dahinter der neue Trakt, uniform, ohne Atmosphäre, teils renovierungsbedürftig, vereinzelt Pyramidenblick
- **Middle East**, 4*, 85 Sh King Faisal, Tel 3740 6061, Fax 3740 6151, info@middleeasthotel.com.eg, www.middleeasthotel.com.eg, Familienhotel, Dachterrasse, SatTV, Kschr, se sa, la, fr, Zi zur Seite empf, mF .... E+B $70, D+B $85
- **Mövenpick Cairo Pyramids**, 5*, Alexandria Desert Road, Tel 3377 2555, Fax 2383 5006, resort.cairo.pyramids@mövenpick.com, www.mövenpick-cairo-pyramids.com; von einigen Räumen Pyramidenblick, guter Pool
- **Pyramisa**, 5*, 60 Sh Giza, westlich gegenüber Cairo Sheraton Hotel, Tel 3336 9000, Fax 3336 05347, cairo@pyramisägypt.com, www.pyramisägypt.com, gut, ang, se fr

3* und einfachere Hotels
- **Concorde**, 3*, 146 Sh El Tahrir (Nähe Sheraton Hotel), Dokki, Tel 3336 1198, Fax 3336 1189, concorde@online.com.eg, www.concordehotel-egypt.com, Bar, Wäscheservice, Internet, organisiert Touren, TV, Kschr, AC, Flughafenabholung, ... mF E+B $70, D+B $85
- **Noran**, 3*, 13 Sh Mohammed Khalaf, Dokki, (Metrostation Dokki), Tel 3760 4447, Fax 3760 4446, 8.St., Dachterrasse mit Bar, gr Zi, sa, fr, ru, AC, SatTV, Kschr, mF .... E+B $45, D+B $50
- **Vendome**, 3*, 287 Sh El Ahram, Tel 3779 9613, Fax 3585 4138, Zi nach hinten bzw. höhere Stockwerke besser, Disko, Nightclub, SatTV, AC, ru, viele Ägypter u. Kinder, sa, korean. Restaurant, mF .... E+B 170, D+B 230
- **Moon Light**, 2*, 465 Sh Ahram, Tel/Fax 3569 4941, Nähe Metro, sa, AC, SatTV, Disko, Nachtclub, mF .... E+B 180, D+B 250
- **Tiab House**, 24 Sh Mohamed Khalaf, Dokki, Tel 3761 8556, einf, Wäscheservice, auf derselben Straße wie das Noran Hotel, AC, TV, mF .... E 80, D 120

Heliopolis und Maadi

5* und 4* Hotels
- **Concorde El Salam**, 5*, 65 Sh Abdel Hamid Badawi, Heliopolis, Tel 2622 4000, Fax 2622 6037, ca. 10 Min. v. Flughafen, Pendelbus z. Flughafen alle 30 Min.
- **Meridien Heliopolis**, 5*, 51 Sh Orouba, Tel 2290 5055, Fax 2291 8533, salesoffice@lemeridien-heliopolis.com, www.lemeridien.com, Treffpunkt der Franzosen in Kairo
- **Novotel**, 4*, direkt am Flughafen, Tel 2291 8520, Fax 2291 4794, h0502@accor-hotels.com, www.novotel.com; Pendelbus z. Flugh. 30 Min, mF ....E+B €116, D+B ab $144
- **Sofitel Maadi**, 5*, Corniche Maadi am Ortseingang Maadi, Tel 2526 0601, Fax 2526 1133, H1526@accor-hotels.com, www.sofitel.com, www.accorhotels.com,
- **Cairotel**, 4*, Maadi Zentrum am ersten Abzweig von Maadi, Tel 2358 6787, Fax 2358 6787; se sa, SatTV, AC, Kschr, mF...E+B $79, D+B $116
- **Maadi Hotel**, 4*, 19 Sh Misr Helwan (Nähe Cairotel), Tel 2358 5858, Fax 2359 8710, mail@maadihotel.com, www.maadihotel.com; se sa, guter Pool, Internet, keine alkohol. Getränke, mF..E+B $80, D+B $90
- **Le Baron**, 4*, Heliopolis, neben Baron Empain Palast, Tel 2291 5757 Fax 2290 7077, resv@baronhotels.com, reservation@baroncairo.com www.baronhotels.com, AC, SatTV, Kschr, se sa, fr, Internet, F $10 .... E+B $130, D+B $150

3* und einfachere Hotels
- **Beirut**, 3*, 56 Sh Beirut, Heliopolis, Tel 2415 2347, Fax 2290 4065, res.ca@beiruthotels-eg.com;www.beiruthotels-eg.com, Abholung v. Flugh., se sa, AC, SatTV, Kschr, se gepfl., gute u. beliebte Bar, F $7 ....E+B $97, D+B $122
- **Gabaly**, 221 Sh El Hegaz, Heliopolis, Tel 2623 3896, Fax 2623 3985, se sa, fr, AC, SatTV, Kschr, (obere Etagen empf), mF..E+B 130, D+B 160
- **Pearl (Loloet El Maadi)**, 3*, Road 7/Road 82, Maadi, Tel 2358 5314, Fax 2378 0458, pearlhotel@link.net; www.pearlhotel.net; Nähe Metro, ru, se sa, AC(neu), SatTV, Kschr, ang, Wäscheservice, Flughafenabholung (2 Pers. £E 150), Internet WLAN, hb, mF............E+B $50, D+B $65

6th October City

In der neuen Wüstenstadt westlich von Giseh wurden neue Hotels eröffnet, die einen Tick besser als die alten sind. Zum Stadtzentrum fahren alle 30 Minuten Pendelbusse, Fahrzeit 30–45 Minuten.
- **Hilton Pyramids Golf Resort**, 5*, Nähe Dreamland Unterhaltungspark, Tel 3855 3333, Fax 3855 3338, pyramidsgolf@hilton.com, www.hilton.com/worldwideresorts, Golfplatz, Golfkurse
- **Mövenpick Media City**, 5*, 6. Okt City, in der Nähe der Media City, Tel 3855 5001, Fax 3855 5003, hotel.cairo.mediacity@moevenpick.com, www.moevenpick-cairo-mediacity.com, se ru, schöner Pool, kostenl. Besichtigungstour der Media City
- **Novotel 6th of October**, 4*, Sh 26.July neben M.U.S.T.Uni, Tel 3837 7200, Fax 3837 2070, h3359@accor.com, www.novotel.com, www.accorhotels.com, 2006 zum besten 4*Hotel Ägyptens gewählt, ... D+B ab $120

Camping

- **Salma Camp** (N29°58,17' E31°10,54'), Tel 3381 5062, an der Straße nach Sakkara: 4 km vom Abzweig Pyramid Road zweigt kurz nach der Ringroad-Überführung eine Straße rechts u.a. zum Wissa-Wassef-Zentrum ab (siehe Seite 186) und zum Camp (rechts daneben). Relativ saubere Sanitäranlagen, warme Duschen, Küche, ...£E 25 pP

6

Im Niltal von Kairo nach Abu Simbel

Kairo - Luxor

Hintergrund: *Die Reise am Nil entlang nach Süden wird Ihnen die unterschiedlichsten Eindrücke bescheren. Sie werden - je nach Fortbewegungsmittel - mehr oder weniger in das Alltagsleben der Ägypter hineingezogen und das emsige, ameisengleiche Gewimmel im Niltal mit seinen Licht- und Schattenseiten beobachten können. Sie werden viele freudige Überraschungen erleben, positive Eindrücke gewinnen und natürlich auch das Gegenteil. Und Sie werden als Fremder immer wieder Attraktion für Kinder oder Erwachsene sein, die sich, je touristischer ein Ort, desto Bakschisch heischender an Sie hängen. Auch das ist tägliches Leben in einem Land, das seit über zwei Jahrtausenden von Touristen heimgesucht wird.*

Landschaftlich bieten sich keine überwältigenden Höhepunkte auf diesem Abschnitt. Das Niltal ist nur ganz selten so breit, dass man die Wüste aus den Augen verliert, zumal sich der Nil ziemlich tief in das umgebende Kalksteinplateau eingegraben und im Osten und Westen meist deutliche Steilabfälle erzeugt hat. Von der Niltalstraße her bekommt man den Fluss nur sehr selten zu Gesicht; meist zieht sich die ziemlich stark von allen denkbaren Verkehrsmitteln frequentierte Strecke an Kanälen entlang. Doch melodramatische Sonnenuntergänge über den Bergrücken der Libyschen Wüste lassen alle Plackerei eines heißen Tages vergessen.

Dieses Tal birgt Zeugnisse aus fünf historisch nachvollziehbaren Jahrtausenden und noch einiges mehr aus grauer Vorzeit. Wer alle bekannten Stätten besuchen will, ist lange beschäftigt. Doch vermittelt eine auch nur knappe Auswahl der am besten erhaltenen Ruinen be-

Sehenswertes

- ******Tempel von Abydos**, einer der besterhaltenen Tempel des Neuen Reichs (von Sethos I gebaut), sowie ein interessanter Ramses III-Tempel, Seite 367
- ******Tempel von Dendera**, ein der Göttin Hathor geweihtes und noch sehr gut erhaltenes Bauwerk mit aufschlussreichen Reliefs, Seite 371
- *****Tell el Amarna**, der Ort, an dem der Monotheist Echnaton seine Hauptstadt errichtete, Seite 371
- *****Beni Hassan**, aus dem Mittleren Reich stammende Nekropole der dortigen Gaufürsten mit sehr lebendigen Darstellungen des täglichen Lebens; durchaus vergleichbar mit den Privatgräbern in Theben West, Seite 352
- *****Sawjet el Maitin**, eine von der Bevölkerung Minias auch heute noch benutzte Gräberstadt mit Tausenden von Kuppeln; gleich nebenan *Kom el Ahmar* mit Ruinen aus der 3. Dynastie, u.a. einer der ersten Pyramiden; in der Nähe die Nekropole *Techna el Gebel* aus dem Alten Reich und das koptische Kloster *Deir el Adra*, ab Seite 350
- ****Hermopolis**, das einst berühmte *Schmunu*, mit imposanten Resten eines Thot-Tempels und der Nekropole ****Tuna el Gebel** mit stilistisch ungewöhnlichen Malereien, Seite 354
- ****Minia**, eine sympathische Stadt mit, für Ägypten, gepflegter Uferpromenade, Seite 347
- ***Merit-Amun** in Achmin (Schwesterstadt von Sohag), kolossale und schönste pharaonische Frauenstatue, Seite 365
- ***Assiut**, lebhafte Provinzhauptstadt mit großem Souk, Seite 362

6 Im Niltal von Kairo bis Abu Simbel

reits einen guten Eindruck vom Leben in pharaonischen Zeiten.

Restriktionen: Wegen möglicher Gefahren durch islamistische Fundamentalisten in Mittelägypten dürfen sich Ausländer im Niltal theoretisch nur mit Polizeibegleitung bewegen, Ausnahmen sind die Stadtbezirke von Luxor und Assuan. Zu festgelegten Zeiten rasen daher Konvois aus PKWs, Taxen und Bussen von Luxor nach Assuan oder zum Roten Meer und jeweils zurück. Mittelägypten lässt sich nur per Bahn erreichen. In Städten, wie Assiut und Minia, werden Ausländer, sobald sie als Fremde erkannt sind, von Polizei bzw. Militär begleitet. Wer per Auto von Kairo nach Süden durchs Niltal fahren will, wird - wenn überhaupt möglich - im Privatkonvoi gegen stolze Gebühren zum jeweiligen Ziel eskortiert. Als Alternative bleibt ausländischen Autofahrern, entweder über die Oasenstrecke der Westlichen Wüste oder an der Rotmeer-Küste bis Hurghada und von dort im Konvoi nach Luxor und Assuan zu fahren; dabei muss man auf die Sehenswürdigkeiten Mittelägyptens verzichten.

Streckenbeschreibung

Öffentliche Verkehrsmittel: Die Eisenbahn fährt durch das gesamte Niltal; alle Orte sind erreichbar, wenn auch manchmal auf Umwegen. Busse verkehren sowohl als Überlandlinien mit wenigen Stopps als auch als örtliche Linien zwischen den Städten. Schließlich sind Sammeltaxis/Minibusse überall unterwegs (Abfahrt in Kairo vom Midan Monib am südlichen Stadtrand). Für die historischen Stätten Beni Hassan, Hermopolis und Tell el Amarna wäre Mallawi eine Ausgangsbasis, allerdings mit unzumutbaren Unterkünften. Wer Wert auf mehr Komfort legt, wählt Minia als Standort. Eisenbahnfahrer erreichen Abydos von Balyana aus, den Tempel von Dendera von Qena. Wegen der Einschränkungen für Touristen bei der Benutzung öffentlicher Verkehrsmittel gehen wir in diesem Kapitel nicht auf die Busfahrpläne ein.

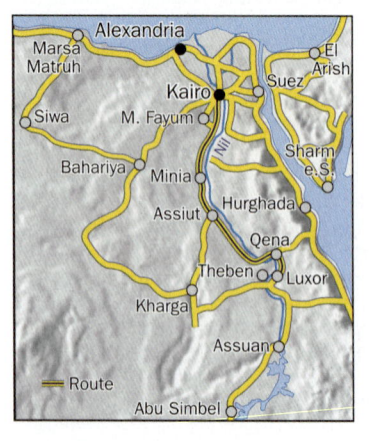

Von Kairo verläuft die traditionelle Straße 02 am Westufer dicht am Nil, in Nag Hammadi wechselt sie bis Assuan ans Ostufer. Sie wird von allen nur vorstellbaren Verkehrsteilnehmern frequentiert. Neuerdings wird sie auch *Agriculture-Road* genannt, ihr folgt unsere Beschreibung; wir sprechen dabei von der **Niltalstraße**. In den 1980er und 1990er Jahren wurden östlich und westlich jeweils außerhalb des Fruchtlands weitere Verbindungsstraßen nach Süden gebaut, zum Teil vierspurig.

Die **Ostuferstraße** – von Kairo bis Burumbul autobahnmäßig ausgebaut - verläuft im nördlicheren Teil in der Wüste, ab Assiut direkt im Niltal, ab Sohag und Nag Hamadi übernimmt sie den meisten Verkehr der Niltalstraße, ab Qena ist sie dann die wichtigste Verbindung über Luxor nach Assuan.

Am Westufer zweigt eine Wüstenstraße, offiziell **Western Desert Road** genannt und bisher nur teilweise in Karten dokumentiert, von der Fayum-Strecke ab und verläuft größtenteils weit westlich des Niltals nach Assiut und derzeit weiter bis Girga, wahrscheinlich sogar bis in die Nähe von Nag Hammadi. Dann schneidet sie das „Nil-Knie" ab, trifft bei N25°26,12' E32°11,39' die Kharga-Luxor-Straße, zweigt aber 14 km später nach Süden ab und endet in Assuan.

Beni Suef

▶ Die **Entfernungen der Niltalstraße** von Kairo aus: Beni Suef 115 km, Minia 235 km, Mallawi 280 km, Assiut 359 km, Sohag 452 km, Balyana (Abydos) 498 km, Qena 590 km, Kuft 615 km, Luxor 652 km, Esna 709 km, Edfu 762 km, Kom Ombo 822 km, Assuan 866 km, Abu Simbel 1151 km.

Kairo verlässt man am besten auf der *Sharia El Nil*, die am Westufer des Nils über den Midan Monib nach Süden verweist.

Nach 29 km: Abzweig

Links Nilbrücke nach Heluan; geradeaus weiter zweigt nach einem kurzen Stück rechts an einer Y-förmigen Kreuzung eine Straße zu den **Pyramiden von Dashur** ab (siehe Seite 292).

Nach 28 km: Abzweig

In einem kleinen Ort führt rechts eine Straße zum Rand der Wüste, zu den beiden **Pyramiden von Lisht** (12. Dynastie). Sie sind stark zerstört und im Innern nicht zu betreten. Die nördliche Pyramide war für Amenemhet I, die ca. 2 km südlicher gelegene für dessen Sohn Sesostris I errichtet worden. Diese ist so stark verfallen, dass ihre Grundkonstruktion recht gut zu erkennen ist (siehe auch Seite 293).

Nach 25 km: Abzweig

Rechts zur **Pyramide Medum** (siehe Seite 293).

Nach 33 km:

Beni Suef

Die Provinzhauptstadt Beni Suef – etwa 200 000 Einwohner - liegt an der mit etwa 25 km in Ost-West-Richtung breitesten Stelle des Niltals; dies wiederum gibt ihr eine wichtige Rolle als Handelszentrum für die Landwirtschaft. Die Stadt selbst quetscht sich, wie etliche andere im Niltal, zwischen Nil und Ibrahimiya-Kanal. Die Wohngebiete westlich des Kanals sind mehr oder weniger erst in jüngerer Zeit entstanden. Den älteren, aus dem Mittelalter stammenden Stadtteil mit Souks etc. finden Sie auf der östlichen Seite der Eisenbahn. An einem kleinen Park - neben dem Zoo in der Stadtmitte - wurde ein Museum (£E 15) gebaut, in dessen Erdgeschoss pharaonische und im Obergeschoss islamische Relikte zu sehen sind.

Am südlichen Ortsausgang links führt eine vierspurige Straße (vom südlichsten Bahnübergang aus) zur Nilbrücke ans Ostufer, die Verlängerung nach Westen ins **Fayum**. Beim 16 km westlich der Stadt gelegenen Ort *Ihnasiyat el Medina* können Pharaonenfans die Hauptstadt der Ersten Zwischenzeit, später **Herakleopolis** genannt, besuchen, in der noch Reste eines Tempels von Ramses II stehen.

• Im Hotel **Semiramis** kann man zur Not übernachten: neben Bhf, Tel 322 092, mä sa, fr, ang, ... E+B 60, D+B 75

• In der Nähe des Abzweigs nach Ihnasiyat soll es ein neues, besseres Hotel geben.

Nach 20 km: **Beba el Kubra**

Rechts 22 km nach **Deshasha**, eine von Gaufürsten des Mittleren Reichs am Wüstenrand jenseits des Bahr Yussuf angelegte Nekropole, von der eigentlich nur das Grab des Ateti einen Blick lohnt. Derzeit nicht zugänglich.

Nach 51 km: **Beni Mazar**

Rechts 15 km nach Behnasa, wo noch die letzten Reste der christlichen **Klosterstadt Oxyrhynchos** (in der Blütezeit von 10 000 Mönchen und 12 000 Nonnen bewohnt) zu finden sind. Links mit einer Fähre über den Nil und auf einer Asphaltstraße nach Ras Gharib am Roten Meer.

Nach 49 km:

**Minia

Hintergrund: Minia, die geschäftige Provinzhaupt- und Universitätsstadt mit etwa 250 000 Einwohnern, liegt inmitten einer vor Fruchtbarkeit strotzenden Region. Sie geht wahrscheinlich auf pharaonische Ursprünge zurück und ist, ähnlich wie Beni Suef, auf ca. 5 km Länge zwischen Ibrahimiya-Kanal und Nil eingequetscht. Dort prunkt sie mit einer breiten und erstaunlich gepflegten Uferpromenade, der Sharia El Nil (oder Corniche). Wie überhaupt fast alles in Minia einen Hauch gepflegter ist als anderswo in Ägypten. Vor der Nasser-Revolution residierten hier einige Baumwollbarone in Villen, die meist von italienischen Architekten gebaut worden waren.

6 Im Niltal von Kairo bis Abu Simbel

Zu deren Festen reisten angeblich sogar Gäste aus Kairo mit Freude an.

Vielleicht hat sich aus jener Zeit noch der Wunsch nach sauberen Straßen und Grünanlagen erhalten. Beste Beispiele sind der Midan Tahrir (laut offiziellem Stadtplan auch Midan Palace) auf der Sharia Gumhuriya vom Bahnhof zum Nil und die Sharia El Nil mit ihren schattigen Bäumen und der praktisch durchgehenden Grünanlage. Wenn Sie durch die Stadt bummeln, werden Sie vor allem an der Sharia Mahatta auf ein paar ehemalige Prachtbauten stoßen, die immer noch einen für ägyptische Verhältnisse guten Eindruck machen. Zusammen mit der Partnerstadt Hildesheim ist seit Jahren ein Museum geplant und nun am Ostufer des Nils im Bau, das hauptsächlich Objekte aus der Umgebung zeigen und auch die Ausstellungsstücke des Museums von Mallawi aufnehmen wird. Präsident Mubarak soll es 2008 (laut Tourist Office erst 2010) eröffnen.

Minia

- **Hotels**
  1 Mercure
  2 Aton
  3 Kleopatra
  4 Lotus
  5 Savoy
  6 Palace
  7 Beach
  8 Akhenaton

- **Restaurants**
  A KFC
  B Al Khalil
  C Al Bedaya

Achtung: Da der Bereich von Minia bis Qena als terroristisch aktiv gilt, stehen Besucher unter mehr oder weniger präsentem Schutz der Polizei, d.h. öffentliche Verkehrsmittel können kaum benutzt werden. Bei Besuchen der außerhalb Minias liegenden Sehenswürdigkeiten ist man auf Taxifahrten angewiesen, die meist von Polizeiwagen begleitet werden. Es gibt aber derzeit kaum noch Einschränkungen hinsichtlich der Ziele und Bewegungsfreiheit. Je nach Sicherheitslage kann man sich auch ohne Polizeibegleitung bewegen, wenn man schriftlich bestätigt, auf eigenes Risiko unterwegs zu sein und die Polizei - die vorher über alle Ziele informiert werden will - keine Verantwortung für eventuelle Zwischenfälle trägt.

Die sehr sympathische Stadt lohnt ganz sicher einen Besuch. Der Verkehr ist nicht so hektisch wie in Kairo, aufdringliche Händler kommen praktisch nicht vor, die Bewohner sind einen Tick freundlicher und herzlicher als anderswo. Touristen werden in Minia viel eher ins normale Leben integriert als z.B. in Luxor, d.h. man lässt sie gewähren. Allerdings stößt man häufiger auf Verständigungsprobleme, weil weniger Leute englisch sprechen oder es erst üben. Der montägliche Wochenmarkt, der früher im Stadtzentrum stattfand, wurde in den Süden der Stadt verlegt und hat an touristischem Reiz verloren. Die Sharia Taha Hussini ist eine der Hauptgeschäftsstraßen vor allem im südlicheren Bereich.

Auf der Ostseite des Nils steht ein Museum, das Funde der Umgebung beherbergen wird, vor der Eröffnung, die voraussichtlich 2010 stattfinden wird.

Da Minia über eine erstaunlich gute Hotel-Infrastruktur verfügt, dient der Ort gern als Standort für Besuche in die Umgebung bis hin nach *Tell el Amarna*. Man sollte daher wenigstens zwei Tage in Minia einplanen.

Fußgängern/Radfahrern bietet sich ein Spaziergang bzw. Ausflug über die Brücke ans andere Ufer und durch die Felder des Ostufers an, was recht stimmungsvoll sein kann. **Fahrräder** vermieten u.a. das Palace und das Akhenaton Hotel.

Praktische Informationen

▶ **Telefonvorwahl 086**

▶ Das **Tourist Office,** Tel 2371 521 (8-18) liegt an der Corniche, südlich der fatimidischen Lamady Moschee, nicht weit von der Nilbrücke. Hilfsbereite Mitarbeiter sind kompetent und geben sich Mühe, Besucher zu unterstützen. Man sollte hier Rat holen, wenn man die umliegenden pharaonischen Stätten besuchen will. Zeitweise sind dort auch deutschsprachige Prospekte erhältlich.

▶ Das **Telefonamt** ist im Bahnhof untergebracht, die **Post** in der Nähe am Beginn der Sh Gumhuriya.

▶ **Mini- und Bushaltestellen** findet man etwa 400 m südlich vom Bahnhof, unterhalb der Auto-Eisenbahnüberführung, also nicht an der Fußgängerüberführung. Von hier fahren stündlich Busse nach Kairo oder nach Assiut; allerdings dringt die Polizei auf Eisenbahntransport der Ausländer.

▶ Leser machten mit dem **Taxifahrer** George Yany, Tel 012 756 5351, für Ausflüge in die Umgebung sehr gute Erfahrungen, Tagespreis ca. £E 200. Sie engagierten zusätzlich John Ezat Fawzy, Tel 012 330 0816, als kompetenten Führer für ca. £E 100 pro Tag.

▶ Die **Bank Misr** am Midan Saha hat einen Geldautomaten (ATM).

▶ Am Nil sind die **Restaurantschiffe Hamis und Nefertiti** genau gegenüber der Einmün-

Nofretete überwacht als Denkmal den Kreisverkehr auf der Ostseite der Minia-Brücke

6 Im Niltal von Kairo bis Abu Simbel

dung der Sharia Gumhuriya in die Corniche vertäut, die bei entsprechender Nachfrage auch Nil aufwärts z.B. nach Beni Hassan (2-3 Stunden) fahren. Einzelreisende können sich Gruppen anschließen, sofern noch Platz vorhanden ist (ca. £E 15 pP). Zwei kleinere Schiffe mit den Köpfen von Nofretete und Echnaton am Bug offerieren ebenfalls Ausflüge. Einen sehr lohnenswerten Ausflug kann man von Minia aus am Ostufer des Nils unternehmen:

***Kuppelgräber von Sawjet el Maitin

Hintergrund: Nahe dem Dorf Sawjet el Maitin, auch als Zawiet el Amwad bekannt, bestatten auch heute noch die Einwohner von Minia ihre Toten in Kuppelgewölben, die sich tausendfach wie Bienenwaben am Wüstenrand entlang ziehen; ein kaum glaubhaftes Bild von Fleiß und Totenverehrung vieler Generationen - angeblich der größte Friedhof der Welt. Während des jährlich dreimal stattfindenden Totenfestes (in Vollmondnächten der muslimischen Monate Ragab, Shawal und Zoul Haga) zieht Leben in die Totenstadt. Die Familien besuchen ihre verschiedenen Verwandten in den Kuppelbauten. Plötzlich herrscht eine Art Jahrmarktstimmung mit Musik und Fernsehen; der Kontrast könnte kaum größer sein.

Restaurants

- **Al Bedaya**, Sh El Hussini, Tel 234 7264, ägyptisch, schnell, sauber, gut und preiswert
- **Al Khalil**, Sh Abdel Molem, Tel 233 4433, klein, sehr sauber, sehr gut, freundlich, preiswert
- **KFC Kentucky Fried Chicken**, Corniche, übliche Gerichte der amerikanischen Kette
- **ZAD,** Restaurant und Café, Corniche, Tel 010 9207500, freundlich, sehr sauber, preiswert
- Restaurant des **Lotus Hotels**, sehr gut, auch europäische Küche, freundlich, preiswert

Übernachten

- **Akhenaton**, 3*, Sh Moh. Tawfik Khashba/Corniche, Tel 236 5918, Fax 236 5917, kingakhenaton@hotmail.com, www.kingakhenaton.8m.com; Balkon, tlw Nilblick, AC, SatTV, Kschr, Internet, organisiert Trips, se sa, ang, hb, gutes Dachrest, empf, mF................E+B 100, D+B 130
- **Aton**, 4*, Corniche ca. 1 km nördl. vom Zentrum, gegenüber *Mercure* (aber deutlich besser), Tel 234 2993, Fax 234 1517, aton_res@yahoo.com, www.atonnilehotel.com; Bungalows direkt am Nilufer, bestgelegenes Hotel, se gepflegt, AC, SatTV, Kschr, Pool, se sa, rel ru, mF... E+B $40, D+B $50
- **Beach**, Sh Mahatma, Nähe Corniche, Tel 236 2307, tlw Balkon, la, se sa, mF...E+B 55, E+B+AC 60, D+B 55, D+B+AC 75
- **Kleopatra**, 3*, Sh Taha Hussini (ca. 1 km nördl. vom Zentrum) Nähe Mercure Hotel, Tel 237 0800, Fax 237 0801, cleopatramenia@hotmail.com; AC, SatTV, Kschr, se sa, se fr, Dachrest. mit gutem Blick, empf, mF..E+B 120, D+B 230
- **Sivanefertiti**, 4*, Corniche ca. 1 km nördl. vom Zentrum, Tel 234 1515, Fax 236 6467, www.siva-atonhotel.com; AC, SatTV, Kschr, se sa, schöner Blick, Internet, mF...E+B $58, D+B $80
- **Lotus**, 1 Sh Bur Said, Tel 2364 541, Fax 2364 576; rel la (kl. Hinterzi. ru), se sa, (laut Leserin eins der gepflegtesten Hotels Ägyptens in dieser Preisklasse), se fr, hb, AC, Kschr, tlw Balkon, Dachterrasse mit Rest, empf, mF (gut) ....E+B 65, D+B 90
- **Palace**, vom Bhf Sh Mahatta zum Md Palace (Tahrir), dort re Seite, Tel 236 4021, alt, ehem. Palast mit hohen Zi, leicht verstaubt, doch Charme, handgemalte pharaonische Motive an den Wänden, fr, rel sa, hb, Ven,...............E 20, E+B 28, D 26, D+B 37
- **Savoy**, gegenüber Bhf, Tel 236 3270, la, sa, se einfach (nur ägypt. Gäste) ...E 20, E+B 36, D 24, D+B 37
- **Omar El Khayam Hotel**, Tel 236 5666, nimmt in der Regel nur ägyptische Gäste auf..........(E 30, D 45)

Fast bis zum Horizont: Kuppelgräber von Sawjet el Maitin

Bei der Anfahrt kommt man zunächst am koptischen Friedhofsteil namens *Sanada* vorbei und fährt weiter bis hinter das eigentliche Dorf. Hier stößt man links auf ein eingezäuntes Gelände namens **Kom el Ahmar** (£E 12), in dem gleich nach dem Eingang ein Steinsockel aus der 3. Dynastie auffällt, auf dem einst eine (kleine) Pyramide stand. Sie gehört zu den Anfängen des Pyramidenbaus, war aber kein Grab. Bergaufwärts führt eine Treppe vorbei an Grundmauerresten, die vermutlich zu einem Tempel gehörten. Weiter oben am Berg sind einige Gräber aus dem Alten Reich und der 18. Dynastie erhalten.

Je höher man steigt, umso besser wird der Ausblick auf die **Kuppelgräberstadt** mit dem besten Fotoblick. Dort kann man, ohne zu stören, die Bienenwaben betrachten, vielleicht auch mit einem der Wärter eins der Grabbauwerke besichtigen.

Hoch oben am Berghang, kurz vor dem Gräberdorf, wird Kalkstein in halsbrecherischer Arbeit mit einfachsten Hilfsmitteln gebrochen und auf Klapperlastwagen zu Tal gekarrt. Vom Staub kalkweiß gefärbte Jugendliche bedienen die Steinmühlen am Nilufer (südlich des Dorfes), wo Feluken auf den Abtransport warten.

▶ **Anfahrt per Minibus:** Von der Nilbrücke oder an der T-Kreuzung auf der Ostseite nach Sawjet el Maitin fahren (am Ende des zweiten Dorfs aussteigen, wenn Kom el Ahmar links sichtbar wird). Alle im Folgenden genannten Plätze sind ebenfalls mit Minibussen und zum Teil erheblichen Fußmärschen erreichbar. Am besten den an der T-Kreuzung nach Norden fahrenden Minibussen das Fahrtziel zurufen.

▶ **Autofahrer** biegen an der T-Kreuzung nach der Nilbrücke rechts ab (dann nicht den Berg hinauf) und fahren durch Sawjet el Maitin (Sultan). Am Dorfende links ist der Eingang von Kom el Ahmar (etwa 5 km von der Kreuzung).

Techna el Gebel, Fraser Tombs, koptisches Kloster Deir el Adra

Auf der Ostseite, aber nördlich der Gräberstadt, liegen einige Sehenswürdigkeiten. An der T-Kreuzung nach der Brücke fährt man links (nach Norden) und zweigt nach 7,5 km rechts zu den so genannten **Fraser Tombs** ab. Es handelt sich um insgesamt 14 in den Fels geschlagene Gräber aus dem Alten Reich, 1889 von dem englischen Archäologen Fraser entdeckt. Über 100 Jahre später wurden die vier am besten erhaltenen restauriert und zugänglich gemacht (9-17, £E 20).

Das erste und interessanteste Grab gehörte dem Hathor-Priester **Ni-ka-Anch**, den man gleich links zusammen mit seiner Frau sieht, die ihm liebevoll den Arm um die Schultern legt. In der nächsten Szene sind auch die Kinder mit abgebildet. Die Seitenwände zeigen Reliefs mit Opfergaben, den Palast und lange Inschriften. Auch das zweite, ähnliche Grab gehörte Ni-ka-Anch, doch es ist mehr zerstört. Es fällt auf, dass hier die Frau an seiner rechten Seite steht und etwas korpulenter als die im ersten Grab ist; es handelt sich um seine Mutter, der Ni-ka-Anch ehrerbietig die „bessere" Seite anbietet. Das dritte Grab ist noch stärker zerstört, in ihm wie auch im vierten Grab versteckten sich Christen, die wohl auch

Bilderstürmerei betrieben. Die Grabinhaber sind unbekannt.

Weiter in nördlicher Richtung können Sie 11 km nach der Nilbrückenkreuzung erneut rechts abbiegen und **Techna el Gebel** besuchen.

Im nahe gelegenen Dorf gibt es zwei Möglichkeiten: Entweder Sie fahren am Eingang rechts über die enge Brücke, dann links bis zum Ende und wieder rechts auf schmaler Piste bis direkt unterhalb der Monumente (Sie können den Wagen auch stehen lassen und gehen das letzte kurze Stück zu Fuß) oder Sie durchqueren das Dorf und folgen nach rechts dem Wadi. Etwa 1 km nach dem Dorf den Berg hinaufgehen. Auf halber Höhe ist ein kleiner **Tempel** mit Sanktuar in den Fels gehauen (wahrscheinlich unter Nero), der obere Teil eines Säulenstumpfes mit Hathorkopf hängt von der Decke. In einem vergitterten Raum liegen Krokodilmumien, darüber Felsengräber. Am Fuß des Hügels (links, vom Tempel aus gesehen) liegt eine große unvollendete Säule von etwa 3 m Durchmesser.

Wenn Sie sich noch ein bisschen mehr umsehen wollen, folgen Sie der Piste; nach ca. 3 km rechts in ein Seitenwadi abbiegen; die Piste zieht sich durch eine Kalksteinwüste und steigt zuletzt steil auf das Hochplateau an, von dort hat man einen grandiosen Ausblick. Links sind Überreste eines auf pharaonische Zeit datierbaren Steinbruchs zu sehen, in dessen Felswand eine **kolossale Ramses-III-Statue** steht; außerdem liegen noch „frisch" gebrochene Steinquader herum.

Das im 4. Jh gegründete koptische Kloster **Deir el Adra** (21 km nach der T-Kreuzung) war früher sehr einsam. Heute ist das umliegende Dorf dicht bevölkert; ein Besuch ist wegen der alten Klosterkirche und der Lage auf dem Gebel El Ter (Vogelberg) am Rand des fast senkrechten Abfalls zum Fruchtland bedingt empfehlenswert. Zumindest lohnt sich die Anfahrt durch das offenbar selten von Fremden heimgesuchte Fruchtlandgebiet. Nachdem die Mönche im 19. Jh ihr Kloster verließen, leben heute wieder einige wenige dort. Jeweils am 22. August (Maria Himmelfahrt der Kopten) ist es Wallfahrtsziel für zahllose Gläubige. In der Friedhofsgegend wird eine enge Höhle als Unterkunft der Heiligen Familie bei ihrer Flucht nach Ägypten ausgegeben.

Noch ca. 4 km weiter nördlich blieben im pharaonischen Steinbruch bei **El Siririya** (auch *Saririya*) – von Techna el Gebel aus zu erkennen - Felsreste stehen, die zwei riesige Tore ergeben, *El Baben* genannt. Außer zwei Gräbern aus dem Alten Reich und einem Relief von Ramses III blieb eine kleine Felsenkapelle mit einem Relief von Merenptah mit Isis und Sobek erhalten.

Weiter im westlichen Niltal

22 km nach Minia: **Abou Kurkas**

Von hier führt eine Straße zum Nilufer. Dort, auf der gegenüberliegenden Seite, liegen die sehr sehenswerten

***Felsengräber von Beni Hassan

Hintergrund: Diese Gräber sind besonders deswegen interessant, weil sie von vermögenden Gaufürsten des Mittleren Reichs angelegt und sehr lebensnah ausgeschmückt wurden. Ähnlich wie die Privatgräber in Theben-West stellen auch hier die Fürsten - ein wenig prahlerisch vielleicht - ihre Welt dar. Wer also das tägliche Leben, Jagd, Sport, Handwerker etc. im Mittleren Reich sehen, ja eigentlich wegen der detaillierten, in Einzelphasen festgehaltenen Aktivitäten miterleben will, der sollte sich diese Illustrationen auf keinen Fall entgehen lassen, zumal sie gut 600 Jahre älter sind als die von Theben-West.

Im Prinzip wiederholen sich die Darstellungen in allen vier Gräbern. Ihre Besonderheit liegt in der ausführlichen Schilderung der Jagd in der Wüste, des Fischfangs und der Vogeljagd; in fast kinematografischer Abfolge sind Ringer-, Kampf- und Schlachtszenen in Hunderten von Einzelbildern oder viele unterschiedliche Handwerker bei der Arbeit dargestellt.

Beni Hassan hieß „das Dorf von Beduinen", die sich in der Zeit von Mohammed Ali dadurch hervortaten, dass sie Nilschiffe ausraubten und auch sonst nicht kleinlich mit dem Eigentum

***Felsengräber von Beni Hassan

Fremder umgingen. Mohammed Ali ließ die Anführer fangen, mit dem Tod bestrafen und ihr Dorf schleifen. Die pittoresken Ruinen ragen etwas entfernt rechts des Aufwegs in den Himmel.

Von den insgesamt 39 Gräbern sind sehenswert und zugänglich:

Grab Nr. 2 Amenemhet (12. Dyn.)
Auf einen Vorraum mit zwei Säulen folgt die Haupthalle mit vier Säulen und leicht gewölbter Decke. Die linke Eingangswand ist mit Handwerkerszenen (Schuhmacher, Schreiner, Töpfer etc.) dekoriert, die linke Seitenwand im oberen Register mit einer Jagdszene, darunter mit Statuentransport und Tänzern. Darunter empfängt der Grabherr Abgaben seiner Güter, in den beiden unteren Reihen sieht man das „Büro" des Amenemhet, u.a. mit Schreibern. Die Rückwand zeigt oben Ringer- sowie Kampfspiele um eine Festung, unten die Schiffsreise des Toten nach Abydos. In der Nische stehen stark beschädigte Statuen von Amenemhet mit Mutter und Frau. Auf der rechten Seitenwand dominiert der Grabherr vor dem Opfertisch mit Opfergaben, weiter rechts das ähnliche, aber kleinere Bild seiner Frau.

Grab Nr. 3 Chnumhotep (12. Dyn.)
Dieses Grab ist dem des Amenemhet im Aufbau sehr ähnlich. Auf dem nördlichen Teil der Eingangswand sieht man die Kanzlei des Grabherrn, z.B. notiert ein Schreiber die Getreidemenge, die zuvor gemessen und in die Scheune getragen wurde. Darunter zwei Reihen mit Feldarbeiten, dann die Reise der Mumie nach Abydos, ganz unten Rinder im Wasser. Die linke Seitenwand zeigt oben Chnumhotep auf der Jagd in der Wüste mit vielen Details, in der dritten Reihe die berühmte Semitenkarawane: 37 semitische Beduinen ziehen mit ihren Frauen, Kindern, Vieh und mit Augenschminke beladenen Eseln zum Grabherrn. Der Anführer wird übrigens als „Herr der Fremdländer" bezeichnet. Dies gilt als erster, bisher bekannter Hinweis auf die Hyksos. Auf der Rückwand beschäftigt sich Chnumhotep mit Fisch- und Vogelfang. Auf der rechten Seitenwand sieht man ihn vor dem Opfertisch mit vielen Gaben, die von Trägern herbeigebracht werden, weiter rechts seine kleiner dargestellte Frau vor dem Opfertisch. Der südliche Teil der Eingangswand ist Handwerkerszenen gewidmet, u.a. Wäscher, Schreiner, Töpfer, Holzfäller, Bildhauer (unten). Im 3. Register fährt die Mumie nach Abydos.

Grab Nr. 15 Baket (11. Dyn.)
Die linke Seitenwand zeigt Jagdszenen in der Wüste (z.T. Fabeltiere), darunter Barbier, Wäscher, Weber und Maler. Links unten schauen Baket und Frau auf vier Reihen mit Weberinnen, Sportlern, Vieh, Metallarbeitern oder Fischern. Auf der Rückwand gibt es wieder Ringer in kinematografischen Einzelbildern zu sehen, darunter Kampfspiele oder Training. In die hintere rechte Wand ist eine kleine Nische mit Statuensockel eingelassen. Rechts davon sind viele Einzelszenen in mehreren Reihen vor dem Grabherrn zu sehen, z.B. Tänzer und Tänzerinnen, Gabenträger mit Schmuck, Prügelstrafen, Töpfer mit Töpferscheibe etc.

Grab Nr. 17 Cheti (Sohn des Baket)
Die Bilder auf der linken Eingangswand zeigen Vogel- und Fischfang, z.T. im Papyrusdickicht. Die linke Seitenwand ist zunächst oben mit Jagd in der Wüste dekoriert, darunter Handwerker, dann Sportler, darunter Tänzer und Tänzerinnen, unten wieder Handwerker. Rechts davon scheint der Grabherr mit Frau und Hunden diesen Szenen zuzuschauen. Auf der Rückwand spielen sich wieder Ringkämpfe und Kriegsspiele in vielen Einzelszenen ab. Auf der rechten hinteren Seitenwand sieht man zunächst den Grabherrn mit Frau und Hund nach links gewandt, daneben dann nach rechts schauend und von Fächer-, Sandalenträgern, Krüppeln, Zwerg und Hunden begleitet. Auf dem vorderen Wandteil empfängt er Opfergaben. Die rechte Eingangswand enthält eine Scheintür, die Bilder zeigen Landleben und Opferungen.

Etwa 3 km südlich liegt rechts am Eingang eines ziemlich breiten Wadis eine unter der griechischen Bezeichnung **Speos Artemidos** bekannte, von Hatschepsut und Tuthmosis III

6 Im Niltal von Kairo bis Abu Simbel

erbaute Felskapelle der Löwengöttin Pachet. Diese Kapelle ist für Ägyptologen vor allem wegen einer langen Inschrift von Bedeutung, in der Hatschepsut ihre Regierungszeit lobpreist. Der Weg dorthin lohnt sich nur für Enthusiasten; man geht (oder fährt besser) vom Rasthaus aus nach Süden weiter bis zum nächsten Dorf und fast an diesem vorbei (fragen Sie nach *Estabel antr).* Das breite Wadi ist jedoch gut zu erkennen. Der Wärter mit dem Schlüssel kommt bei irgendwie nach Besuchern aussehenden Menschen aus dem Dorf gerannt.

Praktische Informationen

▶ Die beste **Besuchszeit** (9-17, £E 30) ist der frühe Vormittag, weil dann die Felsen noch nicht so stark aufgewärmt sind.

▶ **Anfahrt:** Wenn es Ihnen gelingt, nicht von der Polizei entdeckt zu werden, können Sie den traditionellen Weg per Minibus von Minia nach Abou Kurkas (£E 1) nehmen. Dort den Ibrahimiya-Kanal und die Eisenbahn überqueren, nach ca. 200 m gibt es einen Pickup-Standplatz; fragen Sie nach Beni Hassan und man wird Sie zur Anlegestelle der Fährboote bringen. Achtung, das letzte Schiff fährt angeblich um 16 Uhr. Alternativ müsste es auf der relativ neuen Straße am Ostufer von Minia aus Minibusverbindungen geben, die uns jedoch noch nicht bekannt sind. Falls Sie kein Risiko eingehen wollen oder von der Polizei entdeckt werden, bleibt nur ein Taxi (ca. £E 70-100) und Polizeibegleitung (kostenlos).

▶ Auf der anderen Nilseite karrt ein Minibus die Besucher das kurze Stück bis zum Rasthaus unten am Hang. Dort werden Eintrittskarten verkauft und dort wartet auch die Begleitmannschaft (Verantwortungsträger, Aufschließer und dessen Schlüsselträger, Beleuchtungsschalterbetätiger, Polizisten als Aufpasser etc.). Die Anlage wurde Ende der 1980er Jahre restauriert, der Weg den Berg hinauf neu angelegt und eine Beleuchtungsanlage in den wichtigsten Gräbern installiert.

▶ Autofahrer sollten auf der Straße, die von Minia aus nach Sawjet el Maitin führt, immer direkt am Nilufer stromauf fahren. Von Abou Kurkas weiter nach Süden:

Nach 15 km: **Roda**
Am Ostufer lag einst **Antinoupolis**, die Stadt, die Kaiser Hadrian seinem hier im Nil ertrunkenen Freund Antinos erbauen ließ. Die im 19. Jh noch ansehnlichen Ruinen wurden zum Bau der Zuckerfabrik von Roda verwendet; es blieb praktisch nichts zurück.
Nach 3 km: Abzweig direkt zu den antiken Stätten Hermopolis (6 km) bei **El Ashmunein** und zu der zugehörigen Nekropole Tuna el Gebel.

**Hermopolis

Hintergrund: Das antike Schmunu, jahrtausendelang Hauptstadt des oberägyptischen Hasengaues, galt als heilige Stätte, denn

Hermopolis, kolossale Pavianstatue im Freilichtmuseum

Hermopolis

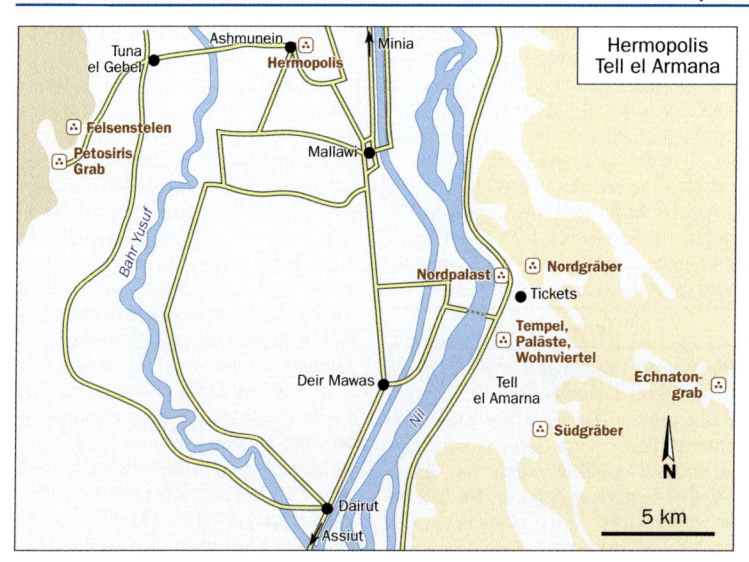

hier waren die acht Urgötter auf dem Urhügel beheimatet, der aus der Urflut aufgetaucht war, und hier schlüpfte die Sonne aus dem Ur-Ei. Vermutlich bestand bereits im Alten Reich ein Thot-Tempel, mindestens jedoch seit dem Mittleren Reich. Denn hier wurde der Gott der Weisheit besonders verehrt, den - sehr viel später - die Ptolemäer mit Hermes gleichsetzten und die Stadt in Hermopolis umtauften. Aus christlicher Zeit stehen noch Reste einer Basilika. Auch diese, im 19. Jh noch wesentlich besser erhaltene antike Stätte diente als Steinbruch und Düngemittellieferant *(Shebba, fruchtbare Schutterde)*.

Das riesige Ruinengelände steht teilweise im Grundwasser. Überall stößt man auf Reste von Statuen, Säulen, Kapitellen, Inschriften. Dazwischen liegen hohe Schuttkegel der antiken Stadt, die außerdem von den umliegenden Dörfern teilweise überbaut ist. In einem kleinen Freilichtmuseum an der asphaltierten Zugangsstraße im Nordwesten sind ein paar kolossale Fundstücke ausgestellt, u.a. ein 4 m hoher Pavian. Von dort führt die Straße weiter bis zur Agora, dem ehemaligen Marktplatz, an dem die Basilika aus dem frühen 5. Jh stand. Sie war auf einem dorischen Tempel aus dem 1. Jh vC erbaut worden, ihre z.T. wieder aufgestellten Säulen sind heute das sichtbarste Zeichen der antiken Stätte. Von hier aus erreicht man in nordwestlicher Richtung die Pylon-Ruine eines Tempels, den Ramses II errichten ließ. Viel mehr blieb nicht erhalten, aber der Pylon war angefüllt mit Steinen aus dem Aton Tempel von Amarna, deren Reliefs und Inschriften wertvolle historische Informationen lieferten. Leider wurde die Hälfte der 2000 Blöcke bald nach der Entdeckung von Raubgräbern gestohlen.

In der Nähe stand der Thot-Tempel aus dem Mittleren Reich, von dem nur noch Grundmauern erhalten sind. Ähnlich erging es einem nahe gelegenen Amun-Tempel aus der 19. Dynastie. Noch einmal ein Stück nördlich sieht man spärliche Reste eines weiteren Thot-Tempels, den der Hohepriester Petosiris (siehe weiter unten) in ptolemäischer Zeit verfallen vorfand und restaurieren ließ. An einigen Stellen tritt die ehemalige, sehr massive Umfassungsmauer zutage.

6 Im Niltal von Kairo bis Abu Simbel

▶ **Sammeltaxis/Minibusse** fahren mehrmals täglich von Mallawi nach Ashmunein, sind aber total überfüllt (von der Bushaltestelle etwa 1 km zu laufen). Von dort nach Tuna el Gebel ist man auf Taxi angewiesen. Ein Tages-Taxi für beide Orte kostet etwa £E 120-150. Eintritt für hier und Tuna el Gebel £E 20)
Geradeaus weiter nach Westen und an der nächsten Kreuzung links; noch 11 km bis zu einer etwas ungewöhnlichen Nekropole in der Nähe des Anstiegs zur Libyschen Wüste.

Tuna el Gebel

Hintergrund: Um den ca. 300 vC errichteten sehenswerten Grabtempel des Petosiris, der Hohepriester in Hermopolis war und dessen Grab sehr verehrt wurde, hatte sich eine regelrechte Stadt für Tote entwickelt. Aber Tuna el Gebel ist auch wegen seines großen Tierfriedhofs (zweitgrößter nach Sakkara) bekannt. In der kilometerlangen Katakomben-Anlage wurden hauptsächlich Mumien von Pavianen und Ibissen beerdigt, die im altägyptischen Tierkult eine Rolle spielten. Neuere geophysikalische Messungen des Hildesheimer Roemer- und Pelizaeus-Musuems zeigten, dass die von Sand bedeckte Anlage mehrfach größer ist als bisher angenommen.

Tuna el Gebel (9-16, £E 20, auch für Hermopolis), die Nekropole von Hermopolis, liegt wie üblich am Rand der Wüste. Man betritt eine weitläufige Anlage, die wegen der Fußmärsche um die Mittagszeit gemieden werden sollte. Es gibt ein kleines Resthouse mit Getränken und sauberen Toiletten.
Der **Grabtempel des Petosiris** - Abbild eines vornehmen Hauses seiner Zeit - war über Jahrtausende vom Sand zugeweht und blieb daher gut erhalten. Die Darstellungen in der eigentlichen Totenkapelle machen einen rein ägyptischen Eindruck, während die Bilder vom täglichen Leben in der Vorhalle stark von griechischen Elementen geprägt sind; schließlich gaben zur Zeit des Petosiris die griechischen Ptolemäer den Ton im ägyptischen Alltag an, die Totenriten jedoch folgten altägyptischer Tradition.
Kurz vor dem Gebäude steht links ein Höralter. Die Vorhalle wird nach außen von vier durch Schranken verbundene Säulen mit schönen Pflanzenkapitellen abgeschlossen. Auf der westlichen (rechten) inneren Schrankenwand sieht man Metallhandwerker bei der Arbeit, auf der anderen Seite oben Salbenherstellung, in den beiden unteren Reihen Schreiner; zwei Männer stehen an der ersten bekannten Darstellung einer Drehbank. Die linke Seitenwand zeigt Ernteszenen, die gegenüberliegende Rinderherden und Weinernte. Die Eingangswand zur eigentlichen Kapelle ist den Verstorbenen gewidmet, links oben trauern die Söhne, rechts die Töchter vor ihren Eltern.
Auf den Pfeilern der Kapelle sind lange Inschriften und der Tote beim Gebet zu sehen. Auf der linken Eingangswand spendet die Göttin Nut aus einem Baum heraus den Petosiris-Eltern Wasser, die linke Seitenwand ist Begräbnisszenen des Petosiris gewidmet, die Rückwand verschiedenen Familienmitgliedern und Petosiris (rechte Seite, zweite Reihe) beim Gebet vor verschiedenen Göttern. Ähnlich auch die rechte Seitenwand, wobei in der mittleren Reihe Petosiris das 18. Kapitel des Totenbuches betend spricht. Auf der rechten Eingangswand sieht man den Toten vor dem Opfertisch, darunter vor seinem Bruder, unten werden Rinder durchs Wasser getrieben. In der nicht zugänglichen Grabkammer waren Petosiris mit Frau und Sohn beigesetzt, sein Sarkophag steht heute im Ägyptischen Museum in Kairo.
Von den umliegenden Grabbauten sollte man noch den der **Isidora** besuchen, eines ertrunkenen Mädchens, dessen Mumie zu sehen ist. Aber schauen Sie sich auch das erhaltene und zur Zeit der Entdeckung noch voll funktionsfähige **Schöpfwerk** (*Sakija*) einschließlich eines 35 m tiefen Brunnens aus ptolemäischer Zeit an, zu dessen Mitteletage eine bequeme Treppe hinunterführt.
Ganz in der Nähe steigt man über Treppen hinunter in die düsteren Katakomben-Gänge des

Mallawi

Tierfriedhofs und kann ein seltenes Ensemble von Mumien und kleinen Sarkophagen aus Holz, Ton oder Granit besichtigen, die nicht nur von Priestern, sondern auch von frommen Pilgern hier beigesetzt wurden. Die Anlage dehnt sich in langen, aus dem rohen Fels gehauenen Gängen aus; vielleicht sogar bis Hermopolis, kann man in diversen Publikationen lesen.

Ca. 200 m vor dem Nekropolengelände führt westlich der Straße an einem Felshang ein Treppenaufgang (10 Minuten zu Fuß) zu heute verglasten **Felsenstelen** mit Statuen des Echnaton und seiner Familie. Es handelt sich um zwei von einst 16 Grenzstelen des Stadtgebietes von Achet-Aton (Amarna), das etwa gegenüber auf dem Ostufer lag. Eine weitere Stele ist ca. 3 km südlich zu sehen. Man erreicht sie über eine Wüstenpiste und ca. 500 m Fußmarsch auf steilem Sandanstieg.

Zurück auf die Niltalstraße
Nach 5 km:

Mumienmaske im Museum von Mallawi

Mallawi

Das Städtchen (auch *Mellauwi* geschrieben) hat sogar Atmosphäre, besonders wenn man spätnachmittags oder abends durch den Souk bummelt. An Markttagen (großer Markt samstags, kleiner Markt donnerstags) herrscht sehr buntes Treiben. Ein schöner Rastplatz, besonders für Abendstimmungen, ist die Nilufer-Promenade (über eine der Kanalbrücken, dann immer geradeaus).

Das **Museum** von Mallawi (Do-Di 10-16, F 9-12, 13-15; £E 10, Fototicket £E 10, hier darf noch fotografiert werden), dessen Funde demnächst ins neue Museum von Minia verbracht werden sollen, lohnt einen Besuch, so lange es noch besteht. Es beherbergt hauptsächlich Funde der Umgebung. Aus Tuna el Gebel stammen viele Tiermumien, insbesondere Ibisse, kunstvoll gewickelt, in Holzsärgen oder als Statuen; die schönste - vergoldet mit Göttin Maat - steht gleich im Erdgeschoss. Dort findet man auch eine Echnaton-Tochter als eines der wenigen Amarna-Objekte und weiter hinten eine Sitzstatue eines Paares aus dem Alten Reich. Im Obergeschoss sind hauptsächlich Gebrauchsgegenstände ausgestellt.

Es sollte noch erwähnt werden, dass gegenüber Mallawi - auf der Ostseite des Nils - das koptische Kloster **Deir el Bersha** steht (quasi am Ende des Wadi el Nachla). Im nördlichen Talhang gibt es Felsengräber aus dem Mittleren Reich, von denen das Grab des Djehutj-heteb einigermaßen gut erhalten und interessant ist (Besichtigung nur mit Genehmigung der Altertümerverwaltung).

Praktische Informationen

▶ In Mallawi gibt es nur eine **Übernachtungsmöglichkeit**: in der koptischen Kirche (vom Kanal kommend 20 m nach Museum links, nach einer leichten Kurve sieht man die Kirche; se sa, se fr; kostenfrei, dafür Spende von ca. £E 25/Nacht. Alternativ gibt es das einfache Hotel *Medina* mit Zimmern um £E 35 pP. Es liegt ca. 20 m links von der Hauptstraße in der Seitenstraße bei der zweiten Kanalbrücke.

5 km nach Mallawi:
Abzweig (zweite Kanalbrücke nach Mallawi, an einer kleinen Polizeistation erkennbar).

Links nach

***Tell el Amarna

Hintergrund: Pharao Amenophis IV, der sich in Echnaton umtaufte, nannte seine auf einem Wüstenplateau am Ostufer des Nils neu gegründete Hauptstadt Achet-Aton; heute sind die wenigen Ruinen unter Tell el Amarna bekannt.

Echnaton war der Ketzerkönig, der mit der Göttervielfalt Schluss machte und sie auf einen einzigen Gott Aton (die Sonne) reduzierte, weil das Sonnenlicht die Quelle allen Lebens sei. Er stemmte sich mit seiner neuen monotheistischen Lehre gegen die mächtige Priesterkaste, die dadurch praktisch ihre Privilegien verlor und entmachtet wurde. Dies ging so weit, dass er sogar im Haupttempel von Amun in Karnak die Götternamen löschen und gegen Aton ersetzen ließ. Einhergehend mit der neuen Lehre, setzte Echnaton auch neue Maßstäbe in der Kunst. Gegenüber den über viele Generationen gepflegten idealisierenden Darstellungen zieht jetzt Realität in die Bilder ein. Nicht zuletzt er selbst lässt sich so abbilden, wie er offenbar aussah: wulstlippig, mit lang gezogenem Kinn, Hängebauch über dünnen Schenkeln. Auch sein Familienleben ist nicht tabu; seine bildhübsche Frau Nofretete wird in nahezu intimen Szenen mit dem Pharao und häufig auch mit den Kindern dargestellt.

Echnaton führt eine neue Bautechnik mit wesentlich kleineren Steinen ein, aus denen sich Gebäude schneller errichten lassen. Im fünften Regierungsjahr verlässt er zusammen mit seiner Frau Nofretete Theben und erbaut hier im heutigen Amarna eine neue, prachtvolle Hauptstadt, Achet-Aton, mit Königspalast, großer Halle und Tempeln, die sich 2,5 km am Nil entlang zieht und in ihrer Blütezeit etwa 50 000 Menschen beherbergt. Es ist eine Gartenstadt, von Kanälen durchzogen, mit bis zu 40 m breiten Hauptstraßen. Sowohl der repräsentative Große Palast im Zentrum als auch der Wohnpalast im Norden sind bis ins kleinste Detail prachtvoll gebaut, Wände und Fußböden mit erlesenem Geschmack dekoriert; die noch wenige Jahre zuvor tote Wüstenebene am Ostufer des Nils ist voller Leben.

Die neue monotheistische Lehre überlebt allerdings ihren Gründer kaum. Nach dem Tod Echnatons kehrt Ägypten zum Pantheon der Götter zurück, tilgt, wo immer es geht, seinen Namen und lässt seine Hauptstadt schleifen und zerfallen. Daher sind heute nur noch Schutthügel im Raster der Grundmauern und eine Reihe von Felsengräbern mit interessanten Reliefs zu sehen.

Doch für den Besucher zählt eigentlich ein ganz anderes Erlebnis: Vom Eingang der Gräber fällt der Blick auf ein verlassenes Wüstenareal, das einst von prachtvollem Treiben erfüllt war, ins Leben gerufen einzig durch die Idee eines großen Mannes, der sich gegen die Übermacht von Traditionen stemmte und lange vor Buddha und Christus eine monotheistische Lehre verkündete - offenbar bevor die Zeit reif für seine Erkenntnis war.

1912 entdeckte der deutsche Ägyptologe Ludwig Borchert bei Ausgrabungen in Tell el Amarna eine bemalte, wunderschöne Frauenkopf-Büste, die unzweifelhaft Echnatons Frau Nofretete zugeordnet werden konnte. Er brachte sie nach Berlin und bis heute zweifeln die Ägypter die Korrektheit der Fundteilung an. Aber Nofretete schaut noch immer wie vor im Ägyptischen Museum in Berlin aus ihrer Glasvitrine, majestätisch der Blick in die Unendlichkeit gerichtet.

Sie sollten zumindest die **Nordgräber** besichtigen (8-16, £E 25; vorsichtshalber Taschenlampe mitnehmen, falls Beleuchtung defekt), von den insgesamt weniger interessanten Südgräbern ist im Wesentlichen das des *Teje* sehenswert. Der Weg führt quer durch die hauptsächlich als Bodenwellen sichtbaren Ruinen der Hauptstadt Echnatons. Man kommt am Gelände des **Palasts und Tempels** vorbei, der so weit ausgegraben wurde, dass die Grundmauern (z.T. durch neue Lehmziegelmauern ersetzt) sichtbar sind. Eine aus Beton rekonstruierte Säule und eine weitere halbe wurden aufgestellt, um ei-

***Tell el Amarna

> **Sonnengesang des Echnaton**
> (kurzer Auszug aus dem sehr langen Hymnus)
>
> *Schön erscheinst Du*
> *im Horizonte des Himmels,*
> *du lebendige Sonne,*
> *die vom Anbeginn lebt!*
> *Du bist aufgegangen im Osthorizont*
> *und hast jedes Land mit deiner Schönheit erfüllt.*
> *Schön bist Du, groß und strahlend, hoch über allem Land.*
> *Deine Strahlen umfassen die Länder*
> *bis ans Ende von allem, was du geschaffen hast.*
> *Du bist Re, wenn Du ihre Grenzen erreichst,*
> *wenn Du sie niederbeugst für deinen geliebten Sohn.*
> *Fern bist Du, doch deine Strahlen sind auf Erden;*
> *du scheinst auf die Gesichter, doch unerforschlich ist dein Lauf.*
> *Gehst Du unter im Westhorizont,*
> *so ist die Welt in Finsternis,*
> *in der Verfassung des Todes.*
> *Am Morgen aber bist Du aufgegangen im Horizont*
> *und leuchtest als Sonne am Tage;*
> *Du vertreibst die Finsternis und schenkst Deine Strahlen.*
> *Bäume und Kräuter grünen.*
> *Die Vögel sind aus ihren Nestern aufgeflogen,*
> *ihre Schwingen preisen Deine Kraft.*

nen (winzigen) Eindruck der ehemaligen Anlage zu vermitteln.

Bevor der Weg steil den Berg hinauf ansteigt, bietet ein Ticket- und Teehäuschen Erfrischungen, Toilette, Souvenirs und Schatten. Ein Stück zuvor, noch in der Ebene, zweigt nach rechts eine asphaltierte Straße zur Echnaton-Stele und zu seinem Grab ab (siehe weiter unten). Die Nordgräber wurden renoviert; die Reliefs zeigen neben dem jeweiligen Grabherrn viele, häufig private Szenen aus dem Leben am Hof. Deutlich ist der aufkommende Realismus in der darstellenden Kunst erkennbar.

Interessant sind:

Grab Nr. 1 Huje, Haremsvorsteher und Haushofmeister der Königsmutter Teje

Die Anlage besteht aus einer Säulenhalle mit einst zwei Säulen, einem Quertrakt, in dem rechts der Grabschacht eingelassen ist, und einer hinteren Kammer mit Hujes beschädigter Sitzstatue. Auf der linken Eingangswand sieht man Echnaton und Nofretete, denen Teje am Speisetisch gegenübersitzt, im unteren Register Musikantinnen und Höflinge. Auf der linken Seitenwand wird Echnaton in großem Gefolge vom Palast zu einer Empfangshalle getragen, um Tribute von Unterworfenen zu empfangen. Die ziemlich beschädigten Darstellungen der linken und rechten Rückwandhälfte zeigen jeweils das Königspaar, das dem Grabherrn Gold spendet.

Über der Tür sind drei Generationen versammelt: Amenophis III und Teje, Echnaton mit Nofretete und die Prinzessinnen. Auf der rechten Seitenwand führt Echnaton seine Mutter zum ihr geweihten Tempel von Amarna, darunter Huje mit Gefolge. Schließlich wiederholt sich auf der rechten Eingangswand die Szene

6 Im Niltal von Kairo bis Abu Simbel

Gedränge auf der Tell el Amarna Fähre

der linken, hier aber wird gegessen: Echnaton ein Stück Fleisch, Nofretete Geflügel. Und überall hält die Sonne ihre Strahlenhände schützend über das Königspaar.

Grab Nr. 2 Merire II
Haremsvorsteher und Schreiber

Das Grab ist ähnlich aufgebaut wie Nr. 1, aber nur die Säulenhalle wurde fertig gestellt. Auf der Rückseite der linken Eingangswand sitzt Echnaton unter einem Baldachin, Nofretete in Gesellschaft von drei Töchtern bedient ihn mit einem Trank, unten sieht man Musikanten. Die rechte Rückwand zeigt Merire II, der von Echnatons Schwiegersohn und Tochter Meritaton belohnt wird. Auf der rechten Seitenwand sitzt das Königspaar, umgeben von sechs Prinzessinnen, unter einem Baldachin und empfängt Tribute von Asiaten und Afrikanern. Die rechte Eingangswand zeigt, wie das Königspaar und die Prinzessinnen vom Balkon des Palastes Merire II mit Gold beschenken, während im Vorhof Wagen und Bedienstete warten. Darunter kehrt der Beschenkte nach Hause zurück.

Die folgenden Gräber liegen etwa 10-15 Minuten südlich entfernt.

Grab Nr. 3 Ahmose, Wedelträger

Das unvollendete, in Kreuzform angelegte Grab hat den größten Teil seiner Dekoration verloren. Auf der linken Seitenwand innen sieht man die königliche Familie, oberhalb dieser Szene sind Soldaten unterwegs und hinter ihnen der nur vorgezeichnete königliche Wagen. Die Grabschächte wurden in den Querkammern tief in den Boden getrieben.

Grab Nr. 4 Merire I, Hohepriester des Aton

Hier gelangt man durch einen Vorraum (mit Scheintüren und betendem Grabherrn) in eine Säulenhalle, deren linke Eingangswand Echnaton zeigt, wie er Merire I mit Gold beschenkt und ihn in sein Amt als Hohepriester einführt. Auf der linken Seitenwand fährt das Königspaar zum Sonnentempel, gefolgt von Prinzessinnen und Hofstaat. Die Szene wird auf der linken Rückwandhälfte fortgesetzt, wo am Tempeleingang Priester mit Opfertieren und Musikanten die Königsfamilie erwarten. Auf der rechten Wandhälfte ist das Haus des Merire I mit Garten, Teich und Speichern zu sehen.

Auf der rechten Seitenwand besucht die Königsfamilie den sehr detailliert dargestellten Aton-Tempel (ein wesentlicher Beitrag zu dessen heutigem Bild). Darunter empfängt der Grabherr Goldschmuck. Die rechte Eingangswand zeigt das Königspaar mit zwei Töchtern beim Opfern, unterstützt von Merire I und einem Priester, darunter der Hofstaat und eine sehr ausdrucksstark dargestellte blinde Musikantengruppe (unten rechts).

***Tell el Amarna

Grab Nr. 5 Pentu, Oberarzt, und Nr. 6 Panehsi, Aufseher der Speicher

Das Grab Nr. 5 ist stark zerstört, nur das Königspaar beim Gebet und ein Sonnenhymnus blieben als Dekoration erhalten. Im Grab Nr. 6 führt rechts in der Säulenhalle eine Treppe zur Sargkammer. Die Halle wurde von Kopten als Kirche benutzt, eine Scheintür in ein Taufbecken umgebaut. Auf der linken Eingangswand wird der Grabherr mit Gold beschenkt, auf der linken Seitenwand betet Echnaton im Sonnentempel, auf einem Altar stehend. Die gegenüberliegende rechte Seitenwand zeigt das Königspaar bei einem Wagenausflug, die rechte Eingangswand den Grabherrn beim Opfern vor dem Königspaar.

Zum entlegenen **Grab des Echnaton** (£E 20), das weltabgeschieden in einem fernen Wadi in der Wüste liegt, führt eine 11 km lange Asphaltstraße (ab Wärter/Souvenirhäuschen, dort fragen, ob Zugang möglich). Nach 2,5 km zweigt nach links eine kurze Strecke zu der am Hang eingeschlagenen Grenzstele des Echnaton ab.

Das Grab selbst ist nicht gerade überwältigend; viele der einstmals schönen Reliefs sind von modernen Grabräubern gestohlen worden. Der Weg in die Wüste lässt sich eher als Referenz an einen großen Mann rechtfertigen, der - vermutlich - hier seine letzte, aber leider nicht ungestörte Ruhestätte fand. Ziemlich gesichert scheint, dass es sich auch um ein Familiengrab handelte, denn in Eingangsnähe wurden Bruchstücke eines Sarkophags von Teje, der Königsmutter, gefunden. Im Grabraum zeigen die erhaltenen Reliefs u.a., wie das Königspaar mit Angehörigen um den Tod der Tochter Meketaton trauert (linke Wand) oder der aufgehenden Sonne Gebete und Opfer darbringt (linke Eingangswand). In das etwas komplex angelegte Grab führt ein Korridor über zwei Treppen hinunter zur Sargkammer, unterwegs zweigen zweimal Räume bzw. ein Korridor mit drei Räumen nach rechts ab, in denen Ausschmückungen zu sehen sind.

Die Südgräber liegen östlich des nächsten Dorfes. Zwar weist kurz nach der Anlegestelle ein Schild nach rechts, doch sollte man so schnell nicht aufgeben; die Route führt quer durch das Dorf und dann an der Fruchtlandgrenze entlang nach Süden; im nächsten Dorf nach Osten fahren. Unterwegs nach „El Makabr el Tschenobeja" fragen.

Von den **Gräbern der Südgruppe** lohnen nur die Gräber Nr. 9 und Nr. 25 den Besuch, obwohl sich in verschiedenen anderen interessante Details entdecken lassen. Im Grab des Polizeikommandanten Mahu (Nr. 9) wurde die Sargkammer vollendet, als einzige der Nekropole. In der vorderen Halle lassen sich alle Schritte der Reliefherstellung nachvollziehen wie auch Ausschnitte aus dem Leben und Dienst des Grabherrn.

Das **Grab des Eje** zählt zu den schönsten von Tell el Amarna. Der Grabherr war Fächerträger unter Echnaton und als Nachfolger Tutanchamuns später selbst Pharao (er wurde daher nicht hier, sondern im Tal der Könige in Theben-West bestattet). An den Türpfosten sieht man Eje im Gebet, darüber steht der bekannte *Große Sonnenhymnus*. Im kurzen Eingangskorridor kniet links das Königspaar, begleitet von Prinzessinnen und Hofstaat, auf der rechten Seite ist Eje in Amtstracht und betet gemeinsam mit seiner Frau. In der folgenden Säulenhalle wurden nur die Darstellungen auf der linken Eingangswand fertiggestellt: Das Königspaar steht - unter den Sonnenstrahlen - am Erscheinungsfenster des Palastes und wirft Eje mit Frau Schmuck zu. Eine der Prinzessinnen streichelt Nofretete am Kinn. Dahinter sieht man Vorratshäuser und den Harem mit ausländischen Frauen, im Palasthof den Hofstaat. Rechts davon hat Echnaton den Palast verlassen und „badet" in der Volksmasse, die ihm zujubelt.

Praktische Informationen

▶ **Anfahrt für Fußgänger:** Tell el Amarna ist derzeit nicht mit öffentlichen Verkehrsmitteln von Mallawi aus zu erreichen. Es bleibt nur ein Taxi, u.U. von Minia aus. Am Fähranleger auf der östlichen Nilseite (Personenfähre £E 1, Autofähre £E 16) zahlt man zunächst £E 30

6 Im Niltal von Kairo bis Abu Simbel

Eintritt und £E 1 als Sonderabgabe für das gesamte Gebiet, Echnaton-Grab £E 25. Dann fährt man per Minibus zu den Gräbern; der Trip zu den Nordgräbern und dem Palast kostet etwa £E 20, zu den Südgräbern einschließlich Aton-Tempel ca. £E 50, bei Einschluss des entfernt liegenden Echnaton-Grabes £E 70 (alle Preise pro Bus). Einzelreisende müssen meist auf Gruppen warten.

▶ **Autofahrer** fahren über den Kanal, an der ersten Kreuzung rechts, nächste Kreuzung links; 5 km nach Verlassen der Hauptstrecke endet die Straße in kleinem Dorf mit Anlegestelle der Fährboote. Hier können Sie mit der Lkw-Fähre Ihr eigenes Fahrzeug auf die andere Nilseite verschiffen; was sich wegen der Unabhängigkeit drüben lohnt, besonders dann, wenn Sie das Grab des Echnaton oder die Südgräber besuchen wollen. Von Minia aus ist angeblich eine Straße direkt am Ostufer im Bau, die aber Tell el Amarna noch nicht erreicht hat.

Weiter auf der Westuferstraße

Nach 23 km: Dairut
Der Bahr Yussuf, ehemaliger Nilarm und heutiger Seitenkanal des Ibrahimiya-Kanals, zweigt hier zu seinem Weg ins Fayum und schließlich in den Qarun-See ab. Die Schleusenanlagen sind nicht uninteressant. Aufgrund des hohen koptischen Bevölkerungsanteils gehört Dairut zu den Städten, in denen immer wieder Anschläge zwischen den beiden Religionsgruppen stattfinden; man sollte also derzeit einen Aufenthalt vermeiden.

Nach 6 km: **Kusiya**
Rechts 12 km zum koptischen **Kloster Deir el Muharraq** ,und zur Nekropole von Kussai, heute nach dem nahen Dorf *Meir* benannt. Im Klosterbezirk gibt es eine Höhle, in der Joseph und Maria während ihrer Flucht vor Herodes sechs Monate lang gelebt haben sollen. Das an dieser Stelle im 4. Jh gegründete Kloster wird als das erste in Ägypten angegeben, die Klosterkirche El Adra als das erste Gotteshaus. Allerdings sind die ursprünglichen Gebäude zerstört. Das neu erbaute Kloster zieht Ende Juni Tausende von Pilgern an.

▶ Wer das Kloster besichtigen will, sollte sich an Father Jerome (fatherjerome040907@yahoo.com, oder Tel 0129099841) wenden. Sehr gute englischsprachige Führung.

Im 6 km entfernten **Meir** sind zumeist schlecht erhaltene Gräber aus dem Alten Reich und dem Mittleren Reich mit Reliefs und Malereien zu sehen, wegen ihres Zustands aber hauptsächlich für Archäologen von Interesse. Von den Gräbern aus dem Alten Reich sind Nr. 1 und 2 für Besucher offen, aus der Gruppe des Mittleren Reichs die Gräber 3-6. Nehmen Sie vorsichtshalber eine Taschenlampe mit.

Nach 37 km: Abzweig rechts zur Oase Kharga
Nach 8 km:

*Assiut

Hintergrund: Ein langer geschichtlicher Weg liegt hinter der Provinzhauptstadt, ohne sie mit historischen Reichtümern gesegnet zu haben. Bereits in der ersten Zwischenzeit spielte der Ort eine gewisse politische Rolle, hielt sich über die Jahrtausende aber eher im Hintergrund. Im Mittelalter gewann die Stadt einen Ruf als der größte Sklavenmarkt Ägyptens, denn hier endete der mörderische Treck über die Darb el Arbein, die 40-Tage-Piste aus dem Sudan, die von den Sklaven zu bewältigen war.

Die heute größte Stadt Oberägyptens mit rund 400 000 Einwohnern dehnt sich bis zur westlichen Gebirgskette aus. Ein 833 m langer und 12,5 m hoher, im 19. Jh erbauter Staudamm sperrt den Nil, um den Ibrahimiya-Kanal zu speisen, der hier seinen langen Weg beginnt. Über den Staudamm verläuft eine Straße zum östlichen Nilufer (Achtung: Fotoverbot).

In Assiut und seiner Umgebung leben viele Kopten, wie die zahlreichen Kirchtürme neben den Minaretten beweisen. Andererseits gilt Assiut seit jeher als eine Basis islamisch-fundamentalistischer Strömungen.

Wir haben uns in Assiut immer sehr wohl gefühlt und das dortige Leben gern beobachtet und miterlebt; umso mehr bedauern wir, dass dem Ägyptenbesucher der sympathische Ort

*Assiut

nicht mehr oder nur noch eingeschränkt offen steht.

Assiut ist bekannt für sein Kunsthandwerk, hier werden viele Souvenirs für Kairo hergestellt. Allerdings dürften sich die Fabrikationsmethoden inzwischen mehr zur Massenherstellung entwickelt haben, man sieht kaum mehr etwas Attraktives.

Das Zentrum der Stadt liegt in der Nähe des Bahnhofs. Den großen **Souk**, der einen Besuch schon wegen der freundlichen Händler wert ist, finden Sie recht einfach: Die Straße, die genau gegenüber vom Haupteingang des Bahnhofs geradeaus verläuft, mündet in eine Souk-Straße. Dieser folgen, ein Stück weiter quert eine enge Gasse, die sowohl nach rechts als auch nach links streckenweise überdacht (oder mit alten Säcken überdeckt) ist. Hier gibt es alles zu kaufen, von Henna bis zu „Fleckerlteppichen" (Kilim) in kühnen Farbkombinationen.

Kurz vor dem Ortseingang wird Ihnen die Universität aufgefallen sein, die zu den größten des Landes zählt. Die Studenten suchen gern Kontakt zu Ausländern, sie bieten sich häufig fast selbstlos als Stadtführer an.

Sie können auch ein kleines Museum mit pharaonischen, koptischen und islamischen Relikten besuchen. In der Al Salam Schule gibt es ein interessantes Schulmuseum. Oder es bietet sich ein Ausflug zur Nilinsel **Geziret el Moz** an. Dort, wo die Sharia Salah Salim auf das Nilufer trifft, liegt die Anlegestelle der Fähre (Feluke), die zur Insel übersetzt. Ein schöner Spaziergang führt durch Nilauen, vorbei an Weingärten, Bananenpflanzungen, Orangengärten und wohlhabenden Gehöften.

In den Steilabfall der westlichen Gebirgskette sind **Gräber der Gaufürsten** des pharaonischen Sykomorengaues eingemeißelt. Der dort ruhende Hepdjefai misstraute den Totenpriestern so sehr, dass er die Verträge mit ihnen über die abzuhaltenden Rituale an seiner Grabwand niederlegen ließ. So konnte jeder kontrollieren, ob die Priester ihren Verpflichtungen nachkamen.

Leider sind die Gräber von militärischem Sperrgebiet umgeben und nur mit Sondergenehmigung zugänglich. Der Ausflug in diese Gegend lohnt sich dennoch, weil sich von hier aus Hunderte von Kuppelgräbern am Wüstenrand hinziehen. Sie liegen direkt westlich der Umgehungsstraße von Assiut und sind sichtbar, sobald diese an den Rand der Wüste stößt.

Dort, wo die Umgehungsstraße das Militärgebiet unterhalb der Felsengräber erreicht, zweigt nach Süden eine Straße ab, die zum **Convent Virgin Mary** führt; von den Ägyptern *Deir Doronka* genannt, von Assiut per Sammeltaxi erreichbar (ausgeschildert, 8 km). Diese größtenteils neu errichtete Klosteranlage klebt in fast kühner Betonarchitektur am Steilhang. Eine

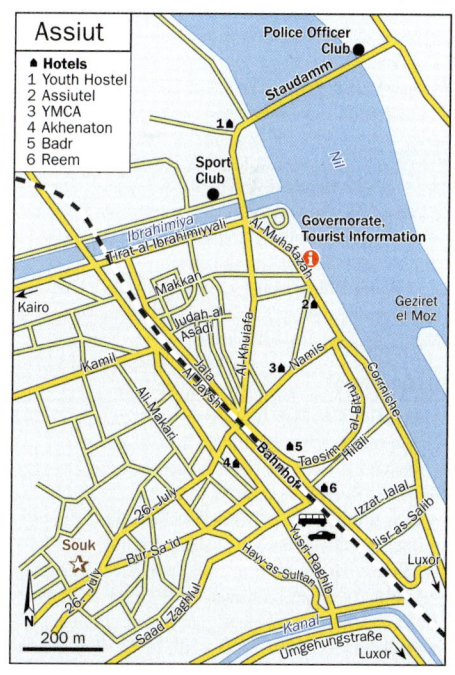

Assiut
Hotels
1. Youth Hostel
2. Assiutel
3. YMCA
4. Akhenaton
5. Badr
6. Reem

6 Im Niltal von Kairo bis Abu Simbel

freundliche Nonne führt Besucher in eine im 1. Jh nC errichtete Höhlenkirche, in der angeblich die Heilige Familie Zuflucht fand. Das Kloster ist von 6-18 Uhr geöffnet, nach vorheriger Anmeldung besteht Übernachtungsmöglichkeit (auch im nahen - darunter liegenden - katholischen Kloster). Sehr schön ist der Blick über das Fruchtland bis hin nach Assiut.

Praktische Informationen

Ausländische Besucher werden wegen der Terrorismusgefahr derzeit bei ihrer Ankunft meist von Militär empfangen und zu ihren innerstädtischen Zielen begleitet; Touristenautos dürfen nur mit Begleitschutz von Polizeifahrzeugen durch die Stadt fahren. In jüngster Zeit soll sich die Situation etwas gelockert haben.
▶ **Telefonvorwahl 088**
▶ **Touristen-Information** (Egyptian Tourist Authority), Sh El Saorah/El Hamara, Mr. Ramadan, Tel 0123 462 601. Im Governorate Building in der Sh Thawra beantragt man den Polizeischutz.
▶ Verkehrsknotenpunkt ist der Bahnhof. Gleich nebenan liegt der Busbahnhof und ca. 100 m südlich der Sammeltaxi/Minibusstand. Hier gibt es Verbindungen in die Umgebung, bis nach Kairo oder Luxor und in die Oasen. Die Sammeltaxi-Reise ist kaum teurer als der Bus. Sie können auch per Sammeltaxi nach Tell el Amarna fahren.

Bei der Weiterfahrt werden Sie öfter Taubenhäuser entdecken: wahre Burgen und Paläste für die Vögel, die zum einen als Delikatesse auf den ägyptischen Tisch kommen, deren Mist zum anderen als Düngemittel dient - wobei freilich fraglich bleibt, ob diese Düngung das wettmacht, was die Tauben von der Ernte wegfressen.

Nach 93 km:

Sohag

Provinzhauptstadt, 200 000 Einwohner, mit einem sehr lebendigen Souk in der Nähe des Bahnhofs und einer Nilbrücke ans Ostufer, von dort 5 km zur Schwesterstadt Achmin. Auch Sohag steht im Zeichen des Terrorismus, allerdings nicht so extrem wie Assiut. Touristen können sich meist nur im Geleitschutz bewegen. Die Stadt hat außer dem

Restaurants

- Das **Shayk Shepherd Akbar**, Sh Saad Zaghlul, Nähe Bhf, gutes lokales Essen
- **Express Restaurant**, Sh 26.July, nördl. vom Bhf nach Unterführung links, (Leser fanden es nicht gut)
- Auch die **Hotels** offerieren in der Regel brauchbare bis gute Gerichte, das beste ist das *Assiutel*; im *Akhenaton-Hotel* gibt es auch Bier
- Im **Police Officer's Club** (am östl. Nilufer) sind Gäste willkommen, guter Blick auf die rauschenden Wassermassen aus den Staudamm-Auslässen und auf den Nil, recht gutes Essen, ebenso wie im Sportclub auf der westlichen Seite.

Übernachten

- **Akhenaton**, Sh Moh. Tawfik Khashba/Sh 26.July, Tel 233 8181, Fax 2331600 nahe Bahnunterf., (gegenüber Casa Blanca Hotel) AC, sa, fr, TV, mF .... E+B 75, D+B 100
- **Assiutel**, 3*, Sh Thawra (Niluferstraße), Tel 231 2121, Fax 231 2122, bestes Hotel im Ort, AC, SatTV, Kschr, se sa, fr, mF..E+B $35-40, D+B $40-50
- **Badr Touristic**, 3*, Sh Nahda (hinter Bhf), Tel 232 9811, sa, AC, Kschr, fr, mF ..... E+B $29, D+B $32
- **Reem**, 3*, Sh Mahatta, Tel 2311 421, 2311 422 Fax 2311 424, schräg hinter Bhf, sa, fr, hb, AC, TV, Z: z. Bahn se la, mF.. E+B 100, D+B 155
- **YMCA**, Sh Salah el Din el Ayoubi, Tel 232 32118, Garten, sa, se fr, AC, TV, Kü, la, Zi nach hinten ru, empf (oberster Stock), ... alter Teil pP 8, neuer Teil E+B 30, D+B 40
- **Youth Hostel**, Lux Housing Bld. 503, Tel 223 4846, 8-Betten-Zi .... pP 5

Sohag

täglichen ägyptischen Leben nichts Besonderes zu bieten. Am Ostufer wurde ein Museum gebaut - gleich links nach der Brücke hinter dem Governerate-Gebäude -, dessen Eröffnung noch aussteht...

Die Hauptverkehrsader von Sohag führt von Norden her bald an den Nil und ein Stück parallel zum Ufer. An der ersten Ampel am Nil zweigt rechts eine Straße über die Bahn und zum Souk ab. Doch die Niluferstraße wendet sich schließlich auch nach Westen und folgt ein kurzes Stück einem Kanal und mündet dann in die westliche Straße Assiut - Qena.

Auch hier beobachtet das Auge des Gesetzes die Fremden und stellt sie unter Polizeischutz. Wenn man aber eine Einverständniserklärung abgibt, sich auf eigene Verantwortung zu bewegen, kann man ohne Polizeibegleitung herumlaufen.

Abstecher nach Achmin

Hintergrund: Achmin wurde auf die Grundmauern des pharaonischen Chente-Min gebaut, das dann unter den Ptolemäern Panopolis genannt wurde. Auch die Römer waren als Bauherren noch fleißig, die Christen gründeten eine Reihe von Klöstern.
Bei Ausgrabungen für einen Schulbau in den 1980er Jahren in einem belebten Stadtviertel und neben einem islamischen Friedhof entdeckten ägyptische Archäologen Reste eines pharaonischen Tempels. Es zeigte sich, dass Ramses II der Bauherr war und sich der sehr große Tempel unter einem islamischen Friedhof und einer stark frequentierten Straße fortsetzte. Die Ausgrabungsarbeiten gingen nur langsam voran, ein Teil des Friedhofs wurde nach langen Verhandlungen verlegt. Bisher ist wegen dieser Schwierigkeiten nur ein geringer Teil der Gesamtanlage freigelegt und zu besichtigen.

Das ziemlich tief unter Straßenniveau liegende Ausgrabungsgelände wird durch eine Mauer geschützt, es ist zugleich Freilichtmuseum (9-17, £E 25). Das bisher schönste Fundstück, eine 11 m hohe Statue, wurde am Fundort wieder aufgestellt: Es handelt sich um die Königin ***Merit-Amun**, eine Tochter Nefertaris, die nach deren Tod zur Hauptgemahlin von Ramses II avancierte. Sie erhielt hier ein kolossales und eines der schönsten pharaonischen Frauendenkmäler. Ferner gibt es noch einige Bruchstücke von Statuen und Säulen zu sehen, u.a. der griechischen Göttin Aphrodite. Wer den Eintrittspreis sparen will, schaut nur über die Mauer und hat die Statue bestens im Blick. Auf der anderen Seite der Straße (rechts der Merit-Amun) wird weiter gegraben, dort sind Teile einer großen Sitzstatue freigelegt.

Heute ist Achmin für seine Webereien, in denen hauptsächlich Baumwoll- und Seidenschals hergestellt werden, und für seinen Souk bekannt. Einige Webereien liegen praktisch gegenüber dem Eingang zur Ausgrabungsstelle. Hier kann man günstig Textilien kaufen und den Webern bei ihrer Arbeit zuschauen. Es gibt einen Shop namens *ATL The Weavers of Akhmin*, der zur Organisation *Fair Trade* gehört, die Waren von sozial Benachteiligten vertreibt.

Abstecher zum Weißen und Roten Kloster

Das Kloster **Deir Amba Bishoi** (*Weißes Kloster*; aus ehemals weißen Kalksteinblöcken des in der Nähe gelegenen pharaonischen Tempels von Athribis gebaut) und das **Deir Amba Shenuta** (*Rotes Kloster*; mit Ziegelumwallung) liegen am

Merit-Amun in Achmin

Wüstenrand bei Sohag. Beide Bauwerke, die aus dem 5. Jh stammen, besitzen teilweise erhaltene und für Gottesdienste genutzte Basiliken, beide können besichtigt werden. Das Weiße Kloster hat insofern für die koptische Kirche Bedeutung, als hier der Abt Schenute von 385 an wirkte. Unter seiner Leitung lebten in beiden Klöstern (mit einigen Außenstellen) 4000 Mönche, deren Tageslauf er streng regelte. Beim dritten ökumenischen Konzil in Ephesus spielte er eine bedeutende Rolle. Heute wird seiner im Juli mit einer Wallfahrt gedacht, an der Kopten aus ganz Ägypten teilnehmen.

Das *Weiße Kloster* wirkt am imposantesten durch seinen wuchtigen Rechteckbau und die noch besser erhaltenen pharaonischen Relikte innerhalb dieser Mauern. Im Hof rechts des Sanktuars steht ein Granitschrein aus Athribis unbeachtet herum, in der Nähe des Eingangs sind weitere Granitblöcke auszumachen. Im Hof sieht man nur noch wenige Säulen vom ehemaligen Langschiff der Basilika, von der lediglich das Sanktuar mit Fresken aus dem 12. Jh erhalten blieb. Auch die Basilika des *Roten Klosters* wird nur noch durch ein paar Säulen markiert, auch hier hat nur das Sanktuar (Fresken aus dem 14. Jh) die Zeiten überdauert.

Gläubige im Weißen Kloster

Doch muss man zugeben, dass sich die Besichtigung mehr für echte Klosterfans oder Leute lohnt, die ein besonderes Interesse am koptischen Christentum haben. Die Anfahrt mitten durchs unverfälschte ägyptische Landleben trägt einiges zum Erlebniswert bei.

▶ **Anfahrt:** Sie können von Sohag aus die Klöster per Sammeltaxi/Minibus erreichen, nach *Deir Amba Shenuta* bzw. *Deir Amba Bishoi* fragen. Als Autofahrer zweigt man am eher südlichen Ortsrand von der Niltalstraße nach Westen ab und fährt 4 km geradeaus, am Wüstenrand rechts abbiegen. Nach 1,5 km liegt Deir Amba Bishoi und weitere 4 km nach Norden Deir Amba Shenuta.

Praktische Informationen

▶ **Telefonvorwahl 093**

▶ Die **Bushaltestelle** und der **Sammeltaxistand** für die südliche Richtung und zu den Klöstern liegen etwa 300 m südlich des Bahnhofs, der Sammeltaxistand für die nördliche Richtung etwa 200 m nördlich, westlich der Sh El Mahatta; die meisten Busse halten auch vor dem Bahnhof. Nach Balyana und Qena verkehren Minibusse, Abfahrt am südlichen Busbahnhof.

▶ **Restaurants** oder Essensplätze finden Sie in Bahnhofsnähe, die besseren nach der Nilbrücke auf der Ostseite.

▶ Wenn Sie Abydos besuchen wollen und es ist schon später am Tag, dann sollten Sie wegen der besseren Unterkünfte **hier übernachten.**

Übernachten

• **Andalos**, Tel 2334 328, schräg li gegenüber Bhf, se la, kl. Zi, AC, mF .... E+B 70, D+B 120
• **Casalovy**, Ostseite, östl. vom Hotel Merit Amoun, Tel 4601 185, derzeit beste Wahl in Sohag, se sa, AC, SatTV, fr, mF .. E+B 100, B+D 150
• **El Safa**, Sh El Gomorrah, direkt am Nil, Tel 230 7703, Fax 233 0704, relativ neu, sa, Preis verhandelbar, mF .... E+B 100, D+B 150
• **Merit Amoun**, Tel 4601 985, Fax 460 3222 auf der Ostseite an d. Hauptstr. nach der Nilbrücke ca. 100 m re, abgewohnt, wird z.Zt. renoviert, mä sa, la, AC, mF (ni gut).................... E+B 40, D+B 60
• **Salam**, Tel 2333 317, gegenüber Bhf, se la, mä sa, AC, SatTV, se kl. Zi .... E+B 60, D+B 100

Girga

Ehemals bedeutende Stadt, inzwischen aber von Assiut überflügelt. Sie wurde vom Nil bedroht, der sich stetig westlich verlagerte und Häuser fortriss. Seit dem Bau des Assuan-Hochdammes ist die Gefahr praktisch gebannt. Noch heute künden Moscheen, Kirchen und Klöster (Girga ist koptischer Bischofssitz) von den besseren Zeiten der Stadt.

Nach 18 km: **Balyana**

Rechts zur Tempelanlage von

****Abydos

Etwa 10 km westlich liegt - in der Nähe des Dorfes El Arabat el Madfuna - am Rand des Fruchtlandes die berühmte Tempelanlage von *Abydos* (8-17, £E 30). Informationen zur Anfahrt siehe weiter unten.

Hintergrund: *Die Osiris-Legende hat Abydos zu einer in ganz Altägypten berühmten Wallfahrtsstätte gemacht, deren Mythos ein wenig an Varanasi in Indien erinnert; denn hier wie dort sollte bzw. soll sich beim Sterben ein Vereinen der Seele mit dem göttlichen Wesen vollziehen. Um den Hintergrund von Abydos zu verstehen, schnell eine Kurzfassung aus mehreren Versionen der Osiris-Legende: Aus Neid ermordet Seth seinen Bruder Osiris, zerstückelt seine Leiche und verstreut die Stücke in alle Himmelsrichtungen. Isis, Frau und Schwester von Osiris, sucht die Leichenteile und setzt sie wieder zusammen, wobei sie den Kopf in Abydos findet. Vom wiederbelebten Osiris empfängt sie den Sohn Horus, den sie heimlich aufzieht und der später seinen Vater rächt. Der auferstandene Osiris aber lebt als Gott im Reich der Toten. Diese Legende wurde auf das tägliche Leben übertragen, indem (zunächst) nur Pharaonen nach dem Tod die Gestalt und Bedeutung des Osiris einnahmen und sich damit eine Auferstehung sicherten. Später war das Weiterleben im Jenseits als Osiris jedem Ägypter möglich. Der Tod galt nur als Übergang in ein anderes, besseres Leben.*

Bereits ganz am Beginn der ägyptischen Geschichte war Abydos eine der wichtigsten Städte des Landes. Die Könige der 1. und 2. Dynastie und ihre Vorgänger (Dynastie „0") ließen sich hier bestatten. Ihre Gräber liegen weit draußen in der Wüste, an der Mündung eines Wadis, das sich in einem markanten Geländeeinschnitt von den Bergen bis in die Ebene herunterzieht. Die Oberbauten dieser Gräber, wahrscheinlich flache, rechteckige Massivbauten aus Ziegeln, sind nicht erhalten. Die unterirdischen Grabkammern, bereits im späten 19. Jh entdeckt und teilweise erforscht, werden derzeit vom Deutschen Archäologischen Institut systematisch ausgegraben und teilweise rekonstruiert. Es kamen aus Ziegeln gemauerte unterirdische Grabanlagen von 11 Herrschern der 1. und 2. Dynastie zutage. Sie bestehen aus einer großen Hauptkammer für den König und bis zu 200 Nebenkammern, in denen manchmal u.a. auch Diener, Hunde oder Löwen mit bestattet worden waren. Hier wurden auch die bisher ältesten Hieroglyphenzeichen auf Schrifttäfel-

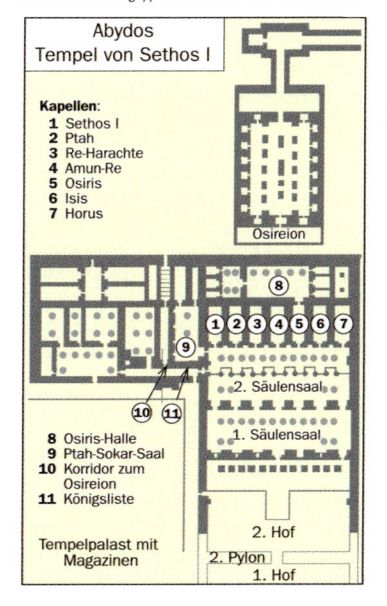

Abydos — Tempel von Sethos I

Kapellen:
1. Sethos I
2. Ptah
3. Re-Harachte
4. Amun-Re
5. Osiris
6. Isis
7. Horus

8. Osiris-Halle
9. Ptah-Sokar-Saal
10. Korridor zum Osireion
11. Königsliste

Tempelpalast mit Magazinen

Osireion · 2. Säulensaal · 1. Säulensaal · 2. Hof · 2. Pylon · 1. Hof

6 Im Niltal von Kairo bis Abu Simbel

chen (etwa 3200 vC) gefunden. Ganz im Norden ragen die gewaltigen Ziegelmauern des Osiristempels auf, dessen Existenz bis in die Frühzeit zurückreicht (weitere Informationen unter www.dainst.org/index.php?id=51).

Seit dem Mittleren Reich ließen sich manche Pharaonen zusätzlich zu ihrem eigentlichen Grab und Totentempel ein Scheingrab und einen zweiten Totentempel in Abydos errichten. Von den Tempeln der 18. Dynastie sind nur unscheinbare Reste bekannt. In der 19. Dynastie aber nehmen diese Tempel unter Sethos I und Ramses II monumentale Dimensionen an. Besonders der Sethos I Tempel ist gut erhalten; er zählt zu den großen Sehenswürdigkeiten Oberägyptens.

Einmal jährlich wurden in Abydos Mysterienspiele zu Ehren des Osiris veranstaltet, unzählige Gläubige pilgerten in die heilige Stadt. Viele von ihnen wollten mit Osiris begraben sein, um so die Auferstehung nach dem Tod sicherzustellen. Pragmatischerweise setzten die meisten diesen Wunsch in Form einer Stele oder eines Scheingrabes um. So bildeten sich ganze Gräberstraßen, in denen aber niemand bestattet war.

Der **Tempel von Sethos I** - dessen Reliefs zu den schönsten des pharaonischen Ägypten zählen - ist sieben Göttern geweiht, von denen jeder in einem eigenen Sanktuar verehrt wurde. Dieser Siebenteilung folgt die Tempelarchitektur durchgängig; so ist z.B. die Säulenzahl durch diese sieben Achsen bedingt. Die Mittelachse gehört dem Hauptgott Amun, obwohl in Abydos Osiris die größere Rolle spielte. Da es sich jedoch um einen Totentempel handelt, nimmt Amun - in den sich der Verstorbene verwandelt - die Hauptrolle ein. Der Rolle des Osiris wurden die Architekten durch einen geschickten Kunstgriff gerecht: Sie legten hinter die sieben Kapellen einen eigenen kleinen Osiris-Tempel (siehe *Osiris-Halle*, weiter unten).

Der ursprüngliche Eingangspylon ist zerfallen, der **Erste Hof** stark zerstört. An den Resten seiner linken Wand sind noch Reliefs der Kadesh-Schlacht von Ramses II erhalten (Ramses II stellte den im vorderen Teil unfertig gebliebenen Tempel seines Vaters fertig).

Über eine Rampe und die erhaltenen Reste des Zweiten Pylons geht man in den **Zweiten Hof**, der in einer erhöhten Vorhalle mit 12 Pfeilern endet; hier beginnt das eigentliche Tempelhaus. Von der Rückwand der Vorhalle führten ursprünglich sieben Türen - jeweils von einem Pfeilerpaar flankiert - in den Ersten Säulensaal. Ramses II ließ jedoch alle bis auf einen Durchgang in der Mitte zumauern. Auf der Wand links des Durchgangs berichtet der König, wie er den Tempel vollenden ließ und ihn einweihte. Neben dem ausführlichen Hieroglyphentext ist Ramses II unter anderem beim Opfern vor Osiris, Isis und dem vergöttlichten Sethos I (von links nach rechts) zu sehen. Auf den Pfeilern wird Ramses im Umgang mit den Göttern dargestellt, deren Heiligtümer an der jeweiligen Achse liegen.

Im **Ersten Säulensaal** stehen 24 Papyrusbündelsäulen mit geschlossenen Knospenkapitellen. Zwischen ihnen hindurch zogen die Prozessionen zu den sieben Kapellen. Ramses II ließ die Reliefs seines Vaters aushacken und durch eigene ersetzen. Sie handeln grundsätzlich von Ramses im Umgang mit den unterschiedlichen Göttern. Die Bilder der unteren Reihe der rechten Außenwand sind von deutlich besserer Qualität (von rechts nach links): Horus und Thot gießen über den König Weihwasser aus (dargestellt mit den Hieroglyphen *Leben* und *Reinheit*); der schakalköpfige Upuaut und der falkenköpfige Horus führen Ramses in den Tempel und halten ihm das Lebenszeichen *Anch* an die Nase; Ramses überreicht den Göttern einen Papyrusbehälter in Form einer Säule mit dem Falkenkopf als Deckel.

Nach dem ersten folgt - diesmal durch sieben Türen zugänglich - der **Zweite Säulensaal**. Hier tragen 36 Säulen das Dach, die in drei Reihen angeordnet sind. Die beiden ersten Säulenreihen haben geschlossene Kapitelle; die letzte Reihe, die auf einer 50 cm hohen Terrasse steht, wird aus Baumstammsäulen gebildet. Die Reliefs an Wänden und Pfeilern, die alle

****Abydos**

Abydos, Blick über die beiden ersten Höfe auf die Vorhalle

auf Sethos I zurückgehen, übertreffen die Darstellungen im Ersten Säulensaal ganz deutlich; sie sind fein und sorgfältig gearbeitet und eine genaue Betrachtung wert. Besonders die rechte Wand ist für die künstlerisch hohe Qualität der Bilder bekannt.

Es folgen die **sieben Kapellen**, die - von links nach rechts - Sethos I, Ptah (teilweise zerstört), Re-Harachte, Amun-Re, Osiris, Isis und Horus geweiht waren. Sie wurden einst mit hölzernen Flügeltüren verschlossen, die Decken sind „falsches" Gewölbe, weil sie aus überkragenden und dann von unten ausgehöhlten Steinbalken bestehen; in der Rückwand erkennt man jeweils eine Scheintüre. Hier wurden die Barken des jeweiligen Gottes abgestellt. Die unter Sethos I entstandenen Reliefs der Kapellen zählen zu den schönsten des Neuen Reiches, nicht zuletzt, weil sie zum Teil auch farblich sehr gut erhalten sind; man sollte sich hier viel Zeit nehmen, um die hervorragende Arbeit würdigen zu können.

Inhaltlich sind sich die Reliefs in den Kapellen recht ähnlich. Im Zentrum der Längswände steht beiderseits die Götterbarke. Davor sieht man den König beim Vollzug des täglichen Kultbildrituals - beim Anklopfen, Öffnen des Schreins, Begrüßen, Reinigen, Salben des Götterbildes, bei Opfer und Gebet. Auch die Nischen neben den ehemaligen Türen sind mit farbigen Reliefs geschmückt.

Sethos I wird in seiner reich verzierten Kapelle bereits vergöttlicht betrachtet. Er wird hineingetragen, sitzt dann auf seinem Thron, vor ihm der ibisköpfige Thot und eine lange Liste von Opfergaben. Weiterhin ist er mit verschiedenen anderen Göttern - Nechbet, Horus und Uto - dargestellt. In der *Isis-Kapelle* erscheint Sethos vor Isis, die von ihrem Sohn Horus begleitet wird. Daneben liegt die *Horus-Kapelle*, in der man den König vor Horus und Isis sieht.

Die *Osiris-Kapelle* öffnet sich anstelle der Scheintüre in der Rückwand zur schön ausgeschmückten **Osiris-Halle** mit zehn Säulen. Sie bildet den Mittelteil eines eigenen Tempels für den Hauptgott von Abydos. An die rechte Wand schließen sich drei kleine Kapellen an, von denen die rechte Horus, die mittlere Sethos und die linke Isis geweiht waren. In der gegenüberliegenden (linken) Wand führt ein Durchgang in einen kleinen Viersäulensaal, der ebenfalls von drei Kapellen abgeschlossen wird.

Aus dem Zweiten Säulensaal führen links (vor der Sethos I Kapelle) zwei Durchgänge hinaus. Durch den rechten gelangt man in den **Saal des Ptah-Sokar**, des Totengottes von Memphis. Die Decke wird von drei Säulen gestützt, die Wände sind mit schön gearbeiteten Reliefs bedeckt, die hauptsächlich Sethos I in Verbindung mit Ptah-Sokar zeigen. Die beiden rückwärtigen Kapellen sind Nefertum (links) und Ptah-Sokar gewidmet.

6 Im Niltal von Kairo bis Abu Simbel

Durch den zweiten Ausgang aus dem Säulensaal (links vom Ptah-Sokar-Saal) betritt man einen längeren Gang (Galerie), auf dessen rechter Wand die berühmte **Königsliste** aufgezeichnet ist. In historischer Reihenfolge hat Sethos I seine Vorgänger, beginnend mit Menes um 3100 vC, namentlich auflisten lassen; es fehlen allerdings die Pharaonen der beiden Zwischenzeiten und die von der Nachwelt verfemten Herrscher, wie Hatschepsut, und die Könige der Amarnazeit, Echnaton, Tutanchamun und Eje.

Von hier führt rechts ein hauptsächlich unter Ramses II mit Reliefs ausgeschmückter Korridor mit Treppe zum **Osireion**, das 8 m vom Haupttempel entfernt liegt. Die Reliefs zeigen sehr dynamische Szenen der Wildstierjagd. Das Scheingrab von Sethos I ist so tief in die Erde eingelassen, dass es heute vom Grundwasser erreicht wird (sein eigentliches Grab liegt im Tal der Könige, siehe Seite 410). Es war früher überdacht, den Eingang bildete damals der nördlich verlaufende Gang, der mit Texten und Bildern aus dem Pforten- und Höhlenbuch bedeckt ist und in einem ebenfalls dekorierten Vorraum endet. Von dessen Mitte führt links ein Gang in einen schmalen Quersaal, von dort weiter in eine Halle mit sehr massiven Pfeilern. An ihren Seiten befinden sich sechzehn, durch einen Wassergraben abgetrennte Kammern. Die „Insel" in der Mitte sollte den Urhügel inmitten des Urwassers darstellen, auf dem der Urgott die Welt erschuf. Vertiefungen im Boden waren vermutlich für den Sarkophag vorgesehen. Der Vorraum und die Halle sind mit Reliefs und Totenbuchtexten ausgeschmückt.

300 m nordwestlich liegt der **Tempel von Ramses II**. Man geht entweder vom Osireion aus oder vom Tickethäuschen rechts über die bald nach Nordwesten abbiegende Dorfstraße. Das aus den Anfängen der Ramses-Aktivitäten stammende Bauwerk gehört zu den farblich am besten erhaltenen Bauten des Neuen Reiches mit außerordentlich fein gearbeiteten Wandbildern.

Die noch vorhandenen Mauern - höchstens 3 m hoch, kein Dach - zeigen den klassischen Tempelgrundriss. Der Erste Pylon ist weitgehend zerstört, vom folgenden Ersten Hof sind noch die Umrisse erkennbar. Man betritt den Tempel durch den Zweiten Pylon zum Zweiten Hof mit Osirispfeilern (an der rechten Wand Schlacht- und Opferszenen). An seinem Ende steht ein Portikus. Von dessen Rückwand aus gesehen, auf der unter anderem Gefangenenszenen zu erkenen sind, liegen rechts und links je zwei Kammern; dann folgen der Erste und der Zweite Säulensaal. Von diesem führen Durchgänge in eine ganze Reihe von Nebenräumen. Der mittlere Raum auf der hinteren Seite ist das Alabaster-Sanktuar, in dem Teile der Granit-Decke auf dem Boden liegen.

Besonders lohnend ist ein Rundgang um die Außenwände des Tempels. Auf der rechten Seite und auf der Rückwand sieht man lange Reliefzyklen mit Darstellungen der Kadesh-Schlacht von Ramses II. Das Heer der Hethiter, das Schlachtgetümmel, die gefallenen Pferde und die im Fluss Orontes treibenden getöteten Feinde bestimmen das Geschehen auf der rechten Wand. Auf der Rückwand sind es die ägyptischen Pferdegespanne und Söldnertruppen der Schirdana (Seevölker) mit Hörnerhelmen, die besondere Aufmerksamkeit verdienen.

▶ **Anfahrt**: Offiziell können Sie zur Zeit wegen der terroristischen Gefahren nur im Konvoi von Luxor nach Abydos und über Dendera wieder zurück nach Luxor fahren. Für die Tempelbesichtigungen stehen dann jeweils nur etwa 1,5 Std zur Verfügung. Die Busreise von Luxor aus wird für £E 250 - 350 pP angeboten; ein Taxi kostet etwa ebenso viel, den Preis teilen sich dann aber alle Mitfahrer. „Inoffiziell" fährt man per Zug nach Balyana und nimmt von dort einen Minibus. Vermutlich wird Sie aber die Polizei bald entdecken und einigermaßen bestimmt in ein Taxi (ca. £E 20-30) bitten, um Sie nach Abydos und wieder zurück zu begleiten.

▶ Wer unbedingt in Abydos **übernachten** will, hat die Wahl zwischen dem relativ unsauberen Hotel **Seti I**, links vor dem Tempel, Tel

494 3517, zu etwa £E 50 pP in Zimmern ohne Bad, und dem etwas besseren Hotel **Abydos**, rechts vor dem Tempel zu ähnlichen Konditionen. Dieses Hotel soll renoviert werden, es besteht Hoffnung, dass sich der Standard etwas bessert.
Zurück zur Niltalstraße.
Nach 39 km:

Nag Hammadi

Als man noch glaubte, der Nasser-Stausee produziere eher zu viel als zu wenig Elektrizität, wurde hier ein Aluminiumwerk gebaut, obwohl die notwendigen Rohstoffe eingeführt und ein Teil des hergestellten Aluminiums ausgeführt werden müssen. Inzwischen betrachtet man den Stromfresser ziemlich reumütig.

Hier wechseln Eisenbahn und Nationalstraße auf die andere Nilseite. Besucher auf dem Weg nach Dendera bleiben besser auf der Westufer-Straße.
Nach 50 km: Abzweig
Rechts 1,5 km zum

**** Tempel von Dendera

Hintergrund: *Dieser schon im ältesten Ägypten heilige Ort war der Muttergöttin Hathor geweiht. Sie ist die kuhköpfige oder auch als Kuh dargestellte, mit dem Falkengott Horus verheiratete Dame. Ihr Sohn Ihi ist der junge Gott der Musik. Früher war Dendera Gau-Hauptstadt. Ihre Überreste liegen unter dem heutigen Fruchtland begraben, der Tempel war von einem riesigen Gräberfeld umgeben, das sich bis zu den Wüstenbergen hinzieht.*

Der Tempel stammt aus der Ptolemäer-Zeit, geht aber auf Vorgängerbauten zurück, die bis ins Alte Reich verfolgbar sind. Das jetzige Bauwerk lässt sich nicht genau datieren. Kartuschen an der Außenfassade besagen, dass die Dekorationen unter Augustus und Nero angebracht wurden. Im Innern sind die Königskartuschen häufig leer, also namenlos. Aus den spärlichen Hinweisen lässt sich schließen, dass der Tempel im Zeitraum von etwa 100 vC bis 100 nC entstanden sein dürfte. Das heißt, zwischen ihm und dem Sethos-Tempel von Abydos liegen immerhin gut zwölf Jahrhunderte, eine Zeitspanne wie zwischen dem Bau des Aachener Doms und dem des Münchener Olympiazeltes!

Innerhalb der nicht mehr in voller Höhe erhaltenen Umwallung aus Lehmziegeln (an der Basis bis zu 10 m dick) finden sich verschiedene Bauwerke: rechts vom Eingang ein Geburtshaus (Mammisi), dahinter die Ruinen einer koptischen Kirche, dann rechts vom eigentlichen Tempel ein älteres Mammisi, weiter hinten Reste eines römischen Sanatoriums und am Ende der Heilige See. In der Verlängerung der Achse des Hathor-

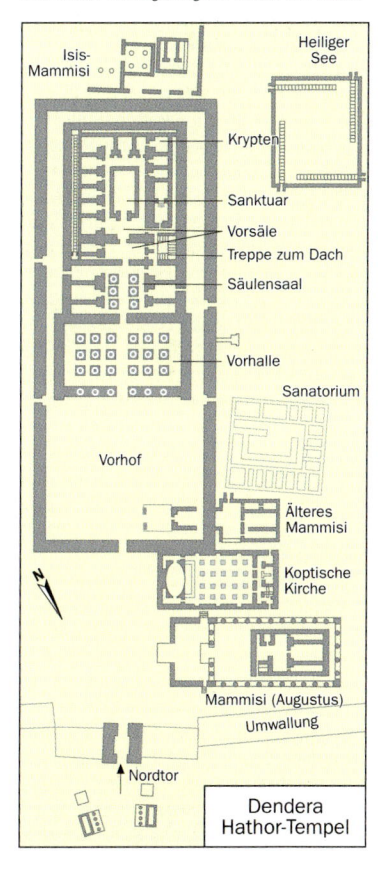

Tempels liegen Ruinen eines Isis-Mammisi mit Darstellungen der Isis-Geburt.

Die Rückwände aller Räume der Mittelachse sind als selbstständige Fassaden mit geböschten Seiten, Rundstab und Hohlkehle ausgeführt. Dadurch entsteht der Eindruck, die folgenden Räume bis zum Sanktuar seien ineinander geschachtelt, das Mysterium der Gottheit solle auf diese Weise vielfach umschlossen und geborgen werden. Auch in diesem Tempel steigen die Böden zum Sanktuar hin an, die Decken werden immer niedriger, die Räume immer dunkler (hier besonders gut nachvollziehbar), schließlich treffen sich - symbolisch - Himmel und Erde im Sanktuar, dort, wo die Gottheit wohnt.

Es handelt sich um ein Abbild des Kosmos; die Sockelreliefs der Wände zeigen den Pflanzen bewachsenen Erdboden, Säulen ragen als Pflanzen gegen die Decke empor, die mit Sternornamenten und astronomischen Darstellungen eindeutig den Himmel symbolisiert. Selbst in diesem späten Bauwerk wird deutlich, dass auch die Ptolemäer und Römer noch dem Dogma huldigten, dass ein Funktionieren der Welt von einem ungetrübten Verhältnis des Königs zum Gott abhängt. Allein er ist legitimiert, mit der Gottheit in Kontakt zu treten, wie Wandreliefs immer wieder zeigen. Nur stellvertretend nimmt im täglichen Leben der Hohepriester diese Funktion wahr.

Wie in vielen anderen Tempeln diente auch hier das Dach kultischen Zwecken. Nur in Dendera kann das Dach noch betreten werden, allerdings nur mehr der tiefer liegende Teil. Obwohl die Tempelbeleuchtung einigermaßen ausreichend ist, sollten Sie eine Taschenlampe mitnehmen, um Einzeldarstellungen besser ausleuchten zu können.

Aus den Trümmern der Umwallung ragt das Relief geschmückte Nordtor empor; ein Pylon war zwar geplant, wurde aber nicht mehr gebaut. Davor liegt eine römische Brunnenanlage, dahinter rechts das jüngere, von Kaiser Augustus errichtete **Mammisi**, an dem in ausführlichen Reliefs die Geburt des Hathor-Sohnes Ihi, seine Präsentation vor dem Vater und seine Erziehung dargestellt sind. Hier werden Sie auch mit Enttäuschung feststellen müssen, dass viele Reliefs von Bilderstürmern beschädigt wurden; erhalten blieben aber die Umrisse, sodass im Prinzip auch der Inhalt nachvollziehbar ist.

Das ältere Mammisi - hinter der koptischen Kirche gelegen - wird durch die unfertige Umfassungsmauer des Tempels (nicht mit der weiter entfernten Umwallung zu verwechseln) zerschnitten, daher baute man ein neues. Danach folgen rechts des Tempels die Ruinen des **„Sanatoriums von Dendera"**, eine Tempelklinik für Heilbäder, Heilschlaf und Orakel. Die Badewannen im Hof sind teils erhalten, um den Hof lagen die Krankenzimmer.

Der Weg vom Nordtor verläuft über einen **Vorhof** zur Vorhalle, deren vordere Säulenreihe schon von weitem den Hathor-Kopf als Kapitell erkennen lässt. Dieses besteht, genauer betrachtet, aus einem vierfachen menschlichen Gesicht der Hathor mit als Kopfputz aufgesetztem *Naos* oder vielmehr einer Tempelnachbildung und flankierenden Spiralen (stilisiertes Kuhgehörn). Es stellt das monumentale Abbild eines *Sistrums* dar, einer im Hathorkult benutzten Rassel. Die vordere Säulenreihe enthält sechs Säulenschranken, nur der Mitteldurchgang steht offen. Diese Fassade wurde mit Reliefs dekoriert, die im Wesentlichen Tiberius und Claudius als Pharaonen bei Opferhandlungen vor Hathor, aber auch vor anderen Göttern zeigen.

Auch im Durchgang zur **Vorhalle** (Pronaos) sieht man Tiberius und Claudius. Auf der linken und rechten inneren Eingangswand - den Säulenschranken - sind Krönungsszenen von Nero abgebildet. Rechts und links auf den beiden Außenwänden sieht man ihn im Umgang mit verschiedenen Göttern. Die hintere Wand zeigt ähnliche Szenen, aber mit Augustus und Caligula. Auch die 18 Säulen sind mit Reliefs versehen, die den König bei Opferungen oder vor Gottheiten darstellen. An der teilweise rußgeschwärzten Decke lassen sich erkennen (von links nach rechts): Himmelsgöttin Nut, Stern-

**** Tempel von Dendera

gottheiten mit Tages- und Nachtstunden, verschiedene Mondphasen, in der Mitte fliegende Geier und Sonnen, dann wiederholt sich das Ganze spiegelbildlich.

Der folgende **Säulensaal** (auch *Saal der Erscheinung)* beeindruckt mit sechs mächtigen, durchgängig mit Königsmotiven dekorierten Säulen mit Hathorkopf-Kapitellen. Während die Basis und die beiden folgenden Säulentrommeln aus Granit bestehen, hat man für den oberen Teil Sandstein verwendet. An den Wänden sieht man den (ungenannten) König in den oberen drei von vier Reliefreihen jeweils vor den lokalen Gottheiten von Dendera. Interessanter ist jedoch das untere Register, das in vier Szenen die Grundsteinlegung zeigt (rechts vom Eingang beginnend und weiter auf der Außenwand): Der König tritt aus dem Palast, er bearbeitet mit einer Hacke (symbolisch) den zu bebauenden Boden („erster Spatenstich"), und legt Ziegel und in Anwesenheit von Hathor den Grundstein. Links vom Eingang wiederholen sich die Bilder im Prinzip: Der König kommt aus dem Palast, bringt den Göttern Baumaterial dar, reinigt den Tempel vor Hathor und Isis, weiht den Tempel mit Ihi vor Hathor und Horus.

Auf beiden Außenseiten schließen sich Nebenkammern an den Säulensaal an, die vermutlich Magazinräume und „Labors" (z.B. Rezepte am Eingang des ersten linken Raums) waren. Die Reliefs stellen den König im Umgang mit Hathor und anderen Gottheiten dar.

Der Weg führt weiter in den **Ersten Vorsaal**, in dem der König in vier Reliefreihen vor Hathor, Horus und anderen Göttern opfert. Aus Neben-

Dendera, die Reste des einst mächtigen Eingangspylons

räumen links und rechts führen Treppen zum Dach hinauf (siehe weiter unten).

Im folgenden **Zweiten Vorsaal** weist rechts ein Durchgang zu einem Innenhof mit einem hübschen Kiosk. Hier feierten die Priester Hathors Geburtstag und das anschließende Neujahrsfest. Der Reliefschmuck der Wände bezieht sich auf den König und die Lokalgötter; an der Decke sieht man die Himmelsgöttin Nut, welche die Sonne gebiert und den symbolisch dargestellten Dendera-Tempel mit ihren Strahlen umschließt.

Von der Mitte des Zweiten Vorsaales gelangt man in das **Sanktuar**, in dem die Barken mit den Götterbildern standen. Die Reliefs schildern sehr detailliert die hier üblichen Zeremonien; denn nur der König oder sein Priester-Stellvertreter durften es am Neujahrstag betreten. Im dritten Register kann man eine Bildersequenz verfolgen, die links beginnt (der König geht die Stufen der Kapelle hinauf und bricht das Lehmsiegel); die nächste Szene folgt rechts (löst das Band des Isis-Schreins, das die

Tür verschließt, und öffnet den Hathor-Schrein), jetzt rechts (weihräuchert vor den Barken), nun links (der König erblickt die Göttin), rechts (betet vor ihr), links (Räuchern vor der Barke der Hathor), rechts (Räuchern vor den Barken der Hathor und ihres Sohnes Ihi).

Um den Barkenraum herum läuft ein Korridor, an dem elf Räume angeordnet sind. Die meisten dienten als Kapellen verschiedener Götter. Der Raum in Verlängerung des Sanktuars war der Hathor als Kapelle geweiht, deren Kultbild in einer Nische steht. Im Raum hinten rechts führen Treppen zu der derzeit zugänglichen östlichen **Krypta** hinab, in der Götterbilder oder Gerätschaften aufbewahrt wurden. Die Wände der zwölf engen und nur 2 m hohen Räume, die in die Tempelmauer eingelassen wurden, weisen die ältesten und auch schönsten Reliefs des Tempels auf. Einige davon sind so ungewöhnlich, dass sie zu lebhaften Spekulationen über hier hinterlegte Geheimnisse Anlass geben (Däniken, der Autor des Außerirdischen, lässt grüßen).

Die **Treppen zum Dach** hatten ebenfalls kultische Bedeutung: Auf ihnen zog am Neujahrstag eine feierliche Prozession - der König mit den Priestern - mit der Hathor-Statue hinauf, damit sich die Göttin bei Sonnenaufgang mit den Strahlen ihres Vaters, des Sonnengottes Re, vereinen konnte - eine Szene voller Symbolkraft. Sie ist auf den Wänden beider Treppenhäuser aufgezeichnet; links (Ostseite), linke Wand aufsteigend, zwei Züge: König und Königin führen die Prozession mit Priestern und den Schreinen an, in der zweiten Prozession zieht der König mit Priestern, Nil- und anderen Göttern zum Neujahrsfest der Hathor. Auf der rechten Wand dieselben Prozessionen, aber absteigend. Auf der Westtreppe sind ähnliche Prozessionen dargestellt.

In der Südwestecke des Daches steht ein schöner Kiosk mit Hathorsäulen. Interessant sind jedoch die beiden baulich identischen **Osiris-Kammern** an der Westseite (dort, wo die Westtreppe mündet) und gegenüber auf der Ostseite. An einen kleinen Vorhof schließt sich jeweils ein Zentralraum und dahinter eine nur schwach beleuchtete Kammer an. Im Hof der Ostseite wurde eine detaillierte Beschreibung der hier zu feiernden Osiris-Mysterien textlich niedergelegt. Im zweiten Raum schildert ein Bilderzyklus die Auferstehung des Gottes Osiris: der von Sethos ermordete Gott; die posthume Zeugung des Gottessohnes Horus; das Wiedererwachen von Osiris (die Beine lösen sich aus den Binden); das Wiedergewinnen der geistigen Kräfte (die Hand wird zur Stirn geführt); die Auferstehung des Gottes. Hier ist die Philosophie von der Unzerstörbarkeit des Prinzips Leben in eindringlichen Bildern dargestellt.

In der Decke des Zentralraumes ist der Gipsabdruck des berühmten **Tierkreises von Dendera** - einer aus Vorderasien übernommenen kreisförmigen Himmelsdarstellung - an der Stelle des Originals angebracht, das sich im Louvre befindet. An vielen Stellen auf dem Dach haben sich Besucher aus dem 18. und 19. Jh per Graffiti verewigt.

Auch die Außenwände des Tempels tragen fast durchgängig Reliefs. Im vierten Register der Ostwand sind in 18 Szenen über die gesamte Mauer (an der Säulensaalwand beginnend) die Gründungszeremonien des Tempels durch Augustus aufgezeichnet: wie der König den Palast verlässt, das Land vermisst, Sand und Ziegel darbringt und schließlich den Tempel Hathor und Horus weiht. Gegenüber auf der Westwand wird in 18 Bildern Augustus im Umgang mit verschiedenen Gottheiten dargestellt, im vierten Register wieder in 18 Szenen die Gründungszeremonie. Auf der Außenwand des Vorsaals verewigte sich Nero mit Hathor und anderen Göttern.

▶ **Anfahrt**: Wegen der terroristischen Gefahren können Sie derzeit den Tempel (9-17, £E 35) nur unter Sicherheitsvorkehrungen besichtigen, d.h. von Luxor aus per Konvoi mit **Bus oder Taxi** fahren und mit knapp 2 Stunden Besichtigungszeit rechnen. Unter normalen Verhältnissen fährt man bis Qena mit dem Zug und nimmt dort am besten ein Taxi oder den Bus Richtung Nag Hamadi; dem Fahrer

**** Tempel von Dendera

Reiche Ernte

6 Im Niltal von Kairo bis Abu Simbel

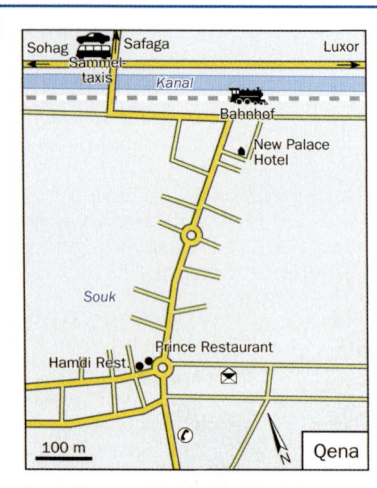

Bescheid sagen. Vom Stopp ca. 15 Minuten Fußweg.

Zurück zur Hauptstraße
Nach 3 km: Kreuzung mit Polizeiposten Geradeaus am Westufer ca. 55 km nach Theben-West und weiter nach Assuan, links Hauptroute nach Qena, Luxor und Assuan.
Nach 3 km:

Qena

Die Anfänge der Stadt mit heute etwa 210 000 Einwohnern gehen auf die Ptolemäer zurück; in islamischen Zeiten gewann sie Bedeutung als Ausgangspunkt für Karawanen ans Rote Meer und den damit verbundenen Handel mit Indien. Auch die nach Mekka ziehenden Pilger mussten sich hier für die Durchquerung der Arabischen Wüste versorgen. Heute ist Qena eine eher gemütliche Provinzhauptstadt mit, für ägyptische Verhältnisse, gepflegtem Stadtzentrum ohne Touristenrummel. Auch der neu an der Straße ab der Nilbrücke entstandene Ortsteil macht einen erstaunlich gepflegten Eindruck. Ins Stadtzentrum gelangt man südlich vom Bahnhof über eine Kanal- und Eisenbahnüberführung (alter Bahnübergang existiert noch).
Die Bahnlinie schneidet das eigentliche Zentrum von den östlichen Vororten ab; der Bahnhof liegt eher an dessen Rand. Allerdings halten außer Bummelzügen nur wenige bessere Klassen in Qena. Straßenmäßig ist der Ort dagegen ein bedeutender Verkehrsknoten, weil von hier eine breit ausgebaute Straße nach Port Safaga führt, eine der wichtigsten Verbindungen zum Roten Meer. Touristisch gibt es nichts Sehenswertes zu vermelden, die Attraktion liegt außerhalb: der Tempel von Dendera.
▶ Von den drei Hotels der Stadt ist das **New Palace**, Tel 3322 509, in Bahnhofsnähe das brauchbarste. Für Hungrige können das **Hamdi-** und das **Prince-Restaurant** empfohlen werden.
Nach 23 km:

Kuft (auch Qeft)

Am Ortsende links beginnt eine Straße nach Kosir am Roten Meer. Kuft war bereits zu pharaonischer Zeit wegen seiner Verbindung zum Hafen *Leukos Limen* als Handelsplatz für Waren bekannt, die per Schiff im Roten Meer transportiert und vor allem in Punt (heutiges Somalia) gehandelt wurden.
Seit den frühen pharaonischen Zeiten wurde hier der Gott Minh als Beschützer der Goldminen, Steinbrüche und Karawanen verehrt. Seinen großen Tempel ließ Kaiser Diocletian schleifen, weil die Einwohner der Stadt gegen ihn rebellierten. Daher blieben hauptsächlich Schuttberge und einige Säulen erhalten. Für die Besichtigung benötigt man eine Genehmigung der zuständigen Behörden in Luxor. Das Tempelareal liegt im heutigen Zentrum, also östlich der Niltalstraße. Auch ohne Genehmigung kann man von außen einen Teil betrachten (siehe auch www.koptos.com/). Die Niltalbusse halten an der Kreuzung mit der Hauptstraße von Qena nach Luxor, an der "to Nile" steht.

Nagada

Auf der westlichen Nilseite – etwa 25 km südlich von Qena – liegt die große, einst dem Gott Seth geweihte Ruinenstätte von Nagada aus vordynastischer Zeit. In Gräberfeldern mit insgesamt etwa 2200 Gräbern finden sich Relikte aus den drei Epochen Nagada I-III, die von

4200-3050 vC datiert werden. Verschiedene, aus Lehmziegeln gebaute Grabkammern werden als Vorläufer der späteren pharaonischen Grabbauten gesehen. Bei Naqada liegt die alte Stadt von Nubt mit Gräbern und Resten eines Seth-Tempels.

16 km nach Kuft: Kreuzung, rechts zum

Kunsthandwerkszentrum Garagos

Die hiesige koptische Gemeinschaft stellt Gebrauchskeramik her und webt ähnlich wie in Haraniya (siehe Seite 266) Teppiche, allerdings mit anderen Motiven und in grelleren Farben. Außerdem gibt es Holzarbeiten. Die Kopten beschaffen sich durch diese Aktivitäten Mittel für eine Sozial- und Krankenstation.

Für den Besuch die Kanalbrücke überqueren; danach ist ein erstes Hinweisschild GARAGOS CERAMIQUES zu sehen. Dann weiter über die Eisenbahnüberführung und anschließend über die der Zuckerrohrbahn, danach rechts abbiegen und der Ausschilderung folgen. 5,4 km nach Abzweig von der Hauptstraße im Dorf Garagos links ab, 200 m weiter links die „Pottery".

Fußgänger können von Luxor per Bus nach Qus fahren und dort ein Sammeltaxi nach Garagos nehmen.

Nach 16 km: Abzweig

Rechts 1,5 km nach **Medamud**.

Einst lag hier die nördliche Vorstadt von Theben, die im Alten Reich gegründet, im Neuen Reich vergrößert und besonders von den Ptolemäern ausgebaut wurde. Aus dieser Epoche sind spärliche Ruinen eines Month-Tempels geblieben.

Nach 5 km: Kreuzung, rechts 6 km bis **Luxor**.

Luxor, Karnak und Theben-West

Hintergrund: Theben ist die griechische Bezeichnung für die altägyptische Hauptstadt Waset. Zu ihr gehörten die heutigen Ruinen
- *des Amun-Tempels von Karnak*
- *des Luxor-Tempels in Luxor und*
- *die Nekropolen und Totentempel in Theben-West.*

Im Alten Reich war Theben Kultort des Falkengottes Month. Mit Vertreibung der Hyksos und Wiedervereinigung des Landes unter der aus Theben stammenden 11. Dynastie (2050 vC) gewann der Ort an Bedeutung. Durch die Gründung des Karnak-Tempels für Amun, den König der Götter, stieg Theben zum geistigen und religiösen Zentrum Ägyptens auf. Mehrmals war es im 2. und 1. Jahrtausend vC Hauptstadt Ägyptens, immer aber blieb Theben der

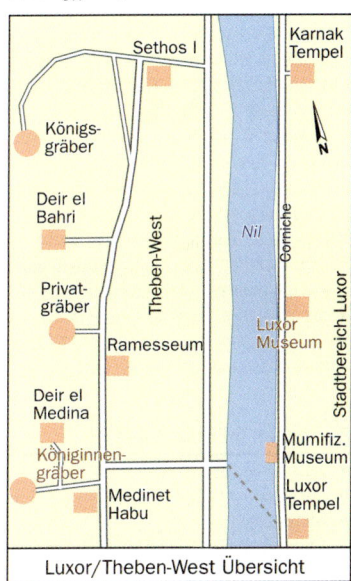

Luxor/Theben-West Übersicht

6 Im Niltal von Kairo bis Abu Simbel

*Mittelpunkt pharaonischer Kultur. Alle Könige des Neuen Reiches sind hier im Tal der Könige bestattet und noch die römischen Kaiser kamen hierher, um die Wunder des **Hunderttorigen Theben** zu bestaunen.*

Im Mittelpunkt Thebens stand der Tempel von Karnak, dessen Bedeutung u.a. aus den nüchternen Zahlen eines Papyrus aus der Zeit von Ramses III hervorgeht: Insgesamt standen 81 322 Männer im Dienst des Tempels; sie hatten sich um 421 662 Stück Vieh, 433 Gärten, etwa 2 395 qkm landwirtschaftliche Fläche, 83 Schiffe, 46 Baustellen und 65 Dörfer zu kümmern - übertragen auf die heutige Zeit handelte es sich um ein Großunternehmen; eine solche wirtschaftliche Konzentration zöge auch heute noch politische Aufmerksamkeit auf sich. Besonders dann, wenn man die Bedeutung des Großunternehmens Karnak mit der damaligen Bevölkerungszahl Ägyptens (geschätzt auf 4-5 Millionen) in Relation setzt, zeigt sich, dass sich hier ein wirtschaftlich erstrangiger Betrieb etabliert hatte.

Erst als die Ptolemäer Alexandria zu ihrer Metropole erkoren, verlor Theben endgültig an Rang, obwohl auch schon zuvor die politische Hauptstadtrolle von anderen Städten wahrgenommen worden war. Die Römer legten eine Garnison nach Theben; die Christen stürmten die noch sichtbaren „Götzenbilder" und funktionierten die Tempel zu Kirchen um; spätere Generationen nutzten die Trümmer als bequemes Baumateriallager.

Systematische Ausgrabungen seit Beginn des 20. Jhs förderten großartige Relikte zu Tage. Sie lassen erahnen, welch prächtige Bauwerke hier standen und welche künstlerischen und architektonischen Leistungen an diesem Ort vor Jahrtausenden erbracht worden waren.

Praktische Informationen

- siehe ab Seite 431
- Stadtplan 432
- Fernverkehr 432
- Fortbewegen Luxor, Theben-W. 436
- Besichtigungsprogramm 438
- Eintrittspreise Theben-West 439
- Wichtige Adressen 431
- Shopping 439
- Bazar/Souk, Tiermarkt 441
- „Bergsteigen" 442
- Restaurants 443
- Übernachten 445
- Infos zu Luxor/Theben im Web 44

Heute sieht es hier ein wenig anders aus. Der Ort **Luxor** mit knapp 500 000 Einwohnern gibt der Stätte seinen Namen, er bedeckt einen Teil des ehemaligen Theben. Er zieht sich vom Nil bis zur Eisenbahnlinie, ja quillt inzwischen darüber hinaus und dehnt sich weiter und weiter am Nilufer entlang nach Süden aus, immer mehr vom wertvollen Boden verschlingend. Im Osten am Rand des Fruchtlandes zur Wüste liegt der Flughafen.

Die parallel zum Nil verlaufende Straße heißt **Corniche**, ihre Uferpromenade ist besonders zur Sonnenuntergangszeit einen Bummel wert. Landmarke und eine Art Mittelpunkt der Stadt stellt der **Luxor-Tempel** dar, der gleich am Nilufer liegt. Ca. 3 km nördlich finden Sie, etwas abseits östlich des Nils, den Tempelkomplex von **Karnak**. Unterwegs kommen Sie am Luxor-Museum vorbei. Lässt man den Tempel rechts liegen, erreicht man das etwas ruhiger wirkende „Vordorf" *Karnak* mit ein paar Hotels der besseren Kategorie, u.a. Hilton.

Südlich des Luxor-Tempels gilt das **Winter Palace Hotel** als erste und älteste Adresse einer sich Nil aufwärts ausbreitenden Hotellandschaft. Die Verlängerung der Corniche von hier nach Süden heißt ab dem Iberotel *Sharia Khaled Ibn Walid*. Hier folgt ein großes Hotel der Luxus- bzw. gehobenen Kategorie dem anderen, vom *Club Med* über *Sonesta* und andere bis zum etwas versteckt liegenden *Sheraton*. Noch ein paar Kilometer weiter südlich ließ sich die Maritim-Kette auf einer idyllischen Nilinsel nieder.

Die Luxor gegenüberliegende Seite des Nils - **Theben-West** im Altertum und heute wieder so genannt - bietet dem historisch Interessierten viele Tage Beschäftigung: Am Rand des Fruchtlands blieben einige Totentempel sehr

Sehenswertes auf der Ostseite des Nils - Luxor

****Karnak, der große Tempel des Gottes Amun, über zwei Jahrtausende das bedeutendste Heiligtum der Ägypter, Seite 380

****Luxor-Tempel, eine aus der 18./19. Dynastie stammende, gut erhaltene Tempelanlage mit vielen sehenswerten Details, Seite 390

****Luxor Museum, das Museum mit hervorragendem Display; nicht zu viele, aber erlesene Stücke in guter Präsentation, Seite 393

**Mumification Museum mit interessanter Darstellung des Mumifizierungsprozesses, Seite 396

**Light and Sound-Spektakel abends im Karnak-Tempel, Seite 389

*Landmarkt, jeweils dienstags, Seite 441

*Besuch der Nilinseln, Seite 440

Sehenswertes auf der Westseite des Nils - Theben-West

****Tal der Königsgräber, in dem 62 Pharaonen-Gräber entdeckt wurden, darunter das nicht ausgeraubte Grab des Tutanchamun, Seite 399

****Privatgräber (Gräber der Noblen), Beamten und Würdenträger, in denen mit z.T. hervorragenden Bildern das tägliche Leben im Neuen Reich geschildert wird, Seite 412

****Tempel Deir el Bahri, Totentempel der Pharaonin Hatschepsut, förmlich in die Felswand des Steilabfalls hineinkomponiert, Seite 421

***Medinet Habu, der große, z.T. recht gut erhaltene Totentempel von Ramses III, Seite 427

***Ramesseum, Totentempel von Ramses II, auch in Trümmern liegend vermittelt er noch einen Eindruck seiner ehemals imposanten Größe, Seite 424

***Tal der Königinnen- und Prinzengräber, nicht so prächtig wie die Königsgräber, doch das ******Nefertari-Grab** weist mit die schönsten Grabbilder auf, Seite 419

**Grabtempel von Sethos I, durch mühsame Restaurierung wurden typische Tempelteile wiederhergestellt, Seite 421

*Memnon Kolosse, vereinsamte Wächterfiguren, die (noch) als einzige Reste des Totentempels von Amenophis III im Fruchtland stehen, Seite 429

---

gut erhalten; in der Wüste wurden bisher so viele Gräber entdeckt, dass die Besichtigung der relativ wenigen freigegebenen bereits einen sehr guten Einblick in das pharaonische Leben und Sterben vermittelt.

Zunächst mögen die vielen Sehenswürdigkeiten in Theben-West etwas unüberschaubar erscheinen. Doch ein Blick auf den Übersichtsplan zeigt die klare Zweiteilung in Tempelbauten am Rand des Fruchtlandes und Grabbauten in der nahen Wüste. Die Totentempel dienten der Abhaltung der nötigen religiösen Zeremonien für den jeweiligen toten Pharao, während sein Grab so versteckt wurde, dass es für immer vor Räubern geschützt sein sollte.

So sind von Nord nach Süd die noch erhaltenen **Totentempel** von Sethos I, Hatschepsut (Deir el Bahri), Ramses II (Ramesseum), Merenptah, Amenophis III (allerdings nur noch die Memnon-Kolosse) und Ramses III (Medinet Habu) mehr oder weniger dicht an dieser Fruchtland-Grenzlinie aufgereiht. Dagegen wurden die **Königsgräber** in einem weiter entfernten Tal in die Wüstenberge geschlagen. Viel näher zum Fruchtland, fast gegenüber dem Ramesseum, finden Sie die **Privatgräber** (auch *Noblengräber),* wieder etwas weiter in den Bergen die

Gräber der Arbeiter - welche all die Anlagen schufen - und ihre Wohnsiedlung *Deir el Medina*. In deren relativer Nähe liegt das Tal der **Königinnengräber**.

Es sollte noch an das **Fest** (*Mulid*) zu Ehren des **Heiligen Abu el Hagag** erinnert werden, das im islamischen Monat Shaban drei Wochen vor Ramadan-Beginn stattfindet. Dann wird eine Barke mit dem Bild des Verehrten in großer Prozession durch Luxor gezogen; Ähnlichkeiten mit pharaonischen Vorbildern sind rein zufällig. Das Fest dauert fünf Tage, in denen die Stadt von Menschenmassen überflutet wird.

Eine neuere Kreation ist das **Opet-Fest** jeweils am 4. November, das dem pharaonischen Fest gleichen Namens nachempfunden ist. Dann werden die ehemals lokalen Götter Amun, Muth und Chons per Boot vom Karnak- zum Luxor-Tempel gebracht. Die ganze Mühe nimmt man nur der Touristen wegen auf sich, die denn auch in Scharen herbeiströmen und die Rahmenveranstaltungen mitmachen sollen.

Laut einem Masterplan soll Luxor mitsamt Theben-West bis zum Jahr 2030 in ein großes „**Freilichtmuseum**" umgebaut werden. Der Bahnhof wurde bereits renoviert, die vom Bahnhof zum Luxor Tempel führende Sharia Mahatta massiv verbreitert und das Areal östlich des Tempels bis zur Sharia Karnak neu gestaltet. Diese Straße soll so verbreitert werden, dass sie die antike Sphingenallee einschließt, die schon vom Karnak Tempel bis zur Sharia Mohammed Farid freigelegt ist. Der gesamte Vorplatz des Karnak Tempels wurde bis zum Nilufer so umgestaltet, dass der Blick ungehindert nach Theben-West streifen kann. Auch dort sind Umwälzungen im Gang, die vor allem die Bewohner von Qurna hart trafen. Sie mussten ihre Häuser über den Gräbern verlassen und in ein neues, 10 km entferntes Dorf umziehen.

Mit diesen Maßnahmen einhergehend, kehrte deutlich mehr Sauberkeit in Luxor und Theben-West ein, die von einem Profiunternehmen aufrechterhalten werden soll.

Luxor kennenlernen

****Tempel von Karnak

Hintergrund: Im pharaonischen Ägypten wurde Karnak „Auserwählte der Stätten" genannt, denn hier stand über zwei Jahrtausende das größte Heiligtum der Ägypter.

Aus seinen Anfängen um 2100 vC entwickelte sich der Tempel des Amun-Re, des Königs der Götter, schon bald zu seiner überragenden Bedeutung, und mit ihm Theben zum religiösen und geistigen Mittelpunkt des Landes. Über mehr als zwei Jahrtausende haben fast alle ägyptischen Könige in Karnak gebaut, ange-

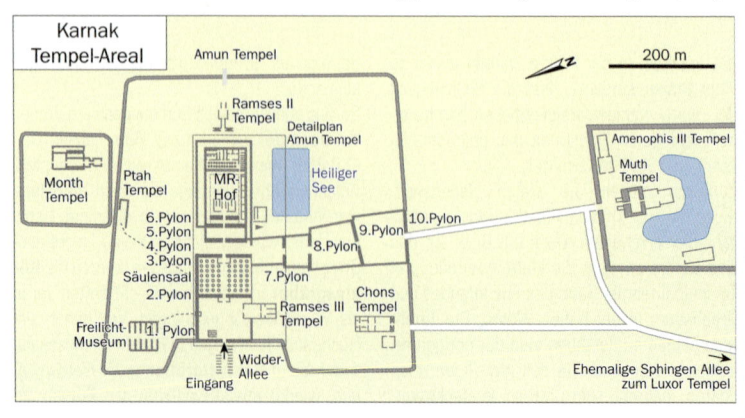

Luxor - ****Tempel von Karnak

baut, umgebaut, ließen Reliefs anbringen und Statuen aufstellen (oder abreißen). Im Dritten Pylon fanden sich z.B. Architekturfragmente von zehn früheren Epochen.

Von einem ursprünglichen Tempel im Mittleren Reich wuchs die Anlage immer weiter, teils nach Osten, hauptsächlich jedoch in westlicher Richtung. Daher stehen die jüngsten Gebäudeteile an der dem Nil nächsten Stelle, am heutigen Eingang. Dies zu wissen, ist ein wichtiger Schlüssel für das Verständnis des verwirrenden Komplexes.

Tuthmosis I, zweiter Pharao der 18. Dynastie, leitete im großen Stil die Baugeschichte des Amun-Tempels ein, indem er das vorhandene Heiligtum um zwei Pylone und eine Kolonnade in westlicher Richtung erweiterte. Seine Tochter Hatschepsut setzte ihre beiden großartigen Obelisken davor. Ihr Mitregent und Nachfolger Tuthmosis III baute die Festhalle östlich des Sanktuars. Amenophis III, der sich als Erbauer des Luxor-Tempels ein Denkmal setzte, ließ den Dritten Pylon, Haremhab den Zweiten Pylon bauen. Im Raum zwischen diesen beiden Pylonen begann Sethos I mit der Errichtung der Säulenhalle, die schließlich von Ramses II vollendet wurde. Damit hatte der Amun-Tempel seine endgültige Form (fast) gefunden. Vor diesen Komplex stellten Sethos II und Ramses III je einen kleineren Tempel; die Bubastiden der 22. Dynastie fügten eine große Kolonnade hinzu, in der 25. Dynastie ließ der Kushite Taharqa einige große Säulen errichten und schließlich begannen die Ptolemäer mit dem Bau des Ersten Pylons, der aber nie vollendet wurde.

Die Gesamtanlage ist von einem (teils modern rekonstruierten) Lehmziegelwall umgeben, der ein Quadrat von etwa 500 m Seitenlänge mit dem Amun-Tempel und weiteren Nebentempeln umschließt: am Nordtor der Tempel des memphitischen Schöpfergottes Ptah, am Osttor der Obeliskentempel von Ramses II, im Südosten der Heilige See, im Südwesten der Tempel des Gottes Chons, Sohn von Amun und Muth.

Bei neuesten Ausgrabungen vor dem Ersten Pylon kamen interessante Funde ans Tageslicht. Zwei öffentliche Bäder konnten freigelegt werden, die offenbar Tempelbesuchern zur (zere-

Frühmorgens auf dem Weg zum Ersten Pylon des Karnak-Tempels

moniellen) Reinigung gedient haben könnten. Bei einem Bad wurde ein Krug mit 300 Münzen aus der frühen ptolemäischen Zeit gefunden. Außerdem entdeckten die Archäologen eine große Rampe von Pharao Thaharqa, die es ihm ermöglichte, direkt von seinem Nilboot zum Tempel zu gehen. Diese Bauten und die abgelagerten Sedimentschichten beweisen, dass der Nil einst sehr nahe am Tempel vorbeifloss.

Karnak braucht Zeit; suchen Sie sich ruhige Stunden, z.B. nach 12 Uhr, aus, um einen Eindruck von der Atmosphäre dieses „Roms des alten Ägypten" gewinnen zu können.
Der **Amun-Tempel** (6-18.30, Winter 17.30; £E 65) entwickelt sich hauptsächlich an einer West-Ost-Achse, die beim modernen Zugang an einer Kultplattform beginnt; gleich südlich davon lag die antike Bootsanlegestelle. Von hier führt eine Widder-Sphingen-Allee zum **Ersten Pylon** [1]. Er ist unfertig, wie die ungeglätteten Wände und die Reste des seit Jahrtausenden verlassenen „Baugerüsts" aus Lehmziegeln auf der Süd-Innenseite zeigen, über dessen schiefe Ebene das Baumaterial hinaufgeschafft wurde (direkt davor ein informativer Übersichtsplan).
Durch den Pylontor betritt man den großen *Ersten Hof*. Hier stehen zwei kleinere Tempel, die ursprünglich außerhalb des Amun-Tempelareals erbaut worden waren, aber bei der weit späteren Anlage dieses Hofes integriert wurden: links ein kleines dreiteiliges Heiligtum von Sethos II für Amun, Muth und Chons, auf der rechten Hofseite ein **Tempel von Ramses III** [2] mit zwei Kolossalstatuen seines Erbauers.
An der linken und rechten Seite des Ersten Hofes werden Ihnen Widderfiguren auffallen; sie stehen hier seit 2200 Jahren „auf Halde", weil die ursprünglich bis zum heutigen Zweiten Pylon reichende Widder-Sphingen-Allee der späteren Erweiterung weichen musste. In der Hofmitte stand eine von dem Kushiten-König Taharqa (25. Dynastie um 700 vC) vor den damaligen Eingangspylon gebaute Kolonnade. Heute zieht die einzig erhaltene **Taharqa-Säule** [3] (von Rilke im Gedicht erwähnt) die Blicke auf sich. Vor dem Zweiten Pylon ist links noch eine von ehemals zwei Kolossalstatuen von Ramses II erhalten, vor der, in kleinerem Maßstab, seine Tochter Intanat steht. Die rechte Pharaonenstatue enthält so viele Königskartuschen, dass ihr Ursprung nicht mehr zuzuordnen ist. Der heute stark zerstörte Pylon wurde von Haremhab um 1300 vC am Ende der 18. Dynastie errichtet; er bildete für ungefähr ein Jahrtausend bis zum Bau des heutigen Ersten Pylons die Fassade der Tempelstadt.
Am Ende des Ersten Hofes weist links ein Schild zum **Open-Air-Museum** [4] (£E 25), Ticket vor der Anlage erhältlich), dessen Besuch sehr empfohlen wird. Dort sind verschiedene Bauwerke aus Baufragmenten rekonstruiert worden, die nach dem Abriss in der Antike als Füll- und Baumaterial, z.B. in Pylonen, eingesetzt wurden. So entsteht zur Zeit ein kompletter Tempel aus derartigem Material; französische Archäologen machten sich verdient, indem sie

> **Der Tempel von Ramses III**
>
> Der Ramses III Tempel ist ein typisches Beispiel für seine Gattung: Nach dem Eingangstor, das ursprünglich durch große, mit Bronze beschlagene Türflügel verschlossen war, folgt der Erste Hof, der auf beiden Seiten von Pfeilerfiguren des Königs begrenzt wird. Man geht über eine Rampe weiter zum Tor in den Säulensaal, dann in eine Vorhalle und schließlich in das Sanktuar (Allerheiligstes). Vom Eingang zum Sanktuar, vom Weltlichen zum Heiligen, steigt das Niveau des Fußbodens an; gleichzeitig werden vom Säulensaal bis zum Sanktuar die Raumhöhen immer niedriger, sodass sich gewissermaßen die Himmelslinie allmählich auf das Allerheiligste heruntersenkt, während die Bodenlinie - die Erdlinie - allmählich zum Sanktuar ansteigt. Auf diese Weise findet eine Berührung von Profanem und Sakralem, von Mensch und Gott, im Allerheiligsten statt, die in der Architektur symbolisch ausgedrückt wird.

Luxor - ****Tempel von Karnak

die vor 3000 Jahren zerstörten Tempelteile in einem großen Puzzle wieder zusammenfügten bzw. dies noch tun.

Ein erster Blickfang des Freilichtmuseums ist die vor wenigen Jahren fertiggestellte **Kapelle von Amenophis II**, die ursprünglich vor dem vierten Pylon stand, dann abgerissen und im Muth-Tempel verbaut wurde. Dort wurden die Steinblöcke freigelegt und hier - mit Obeliskenstümpfen an jeder Seite – wieder zusammengesetzt. Nicht weit entfernt beeindruckt die aus rötlichen Quarzit-Relief-Blöcken bestehende **Rote Kapelle der Hatschepsut**, die ursprünglich an der Stelle des heutigen Barkenraums stand. Zwar fehlten eine ganze Reihe Blöcke, aber aus den vorhandenen ließ sich das anmutige Gebäude wieder rekonstruieren. Auf dem Boden im Innern sind eine Opferwanne und zwei Opferplatten (die hintere mit Ablauf) eingelassen.

Am hinteren Ende des Geländes hat ein überraschend großer **Tempel von Thutmosis IV** schon deutlich an Gestalt gewonnen. Ausdrucksvolle, sich wiederholende Reliefs des Erbauers bei Kulthandlungen sind sehenswert.

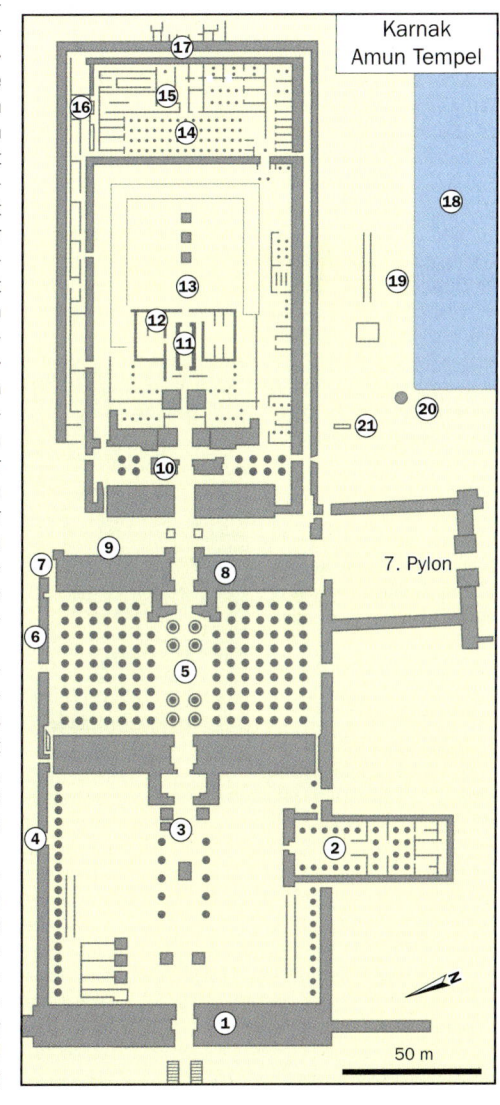

Auch die stilvolle **Weiße Kapelle des Sesostris I** (um 1950 vC, einer der Ursprünge von Karnak), wurde wieder zusammengesetzt. Am ursprünglichen Platz hatte sie Erweiterungen im Weg gestanden, war abgetragen und als Füllmaterial des Zweiten Pylons verwendet worden. Die Reliefs auf den Pfeilern, die ältesten bekannten in Karnak, zeigen Sesostris I, der vor Amun-Re opfert, der hier meist als männlicher Fruchtbarkeitsgott mit erigiertem Phallus dargestellt ist. Auf der südlichen und nördlichen Längsseite des Sockels sind die Gaue Ober- und Unterägyptens in geografischer Reihenfolge aufgelistet. Aus Detailangaben lässt sich die Länge des Niltals errechnen - das Ergebnis stimmt mit den heute gemessenen Werten weitestgehend überein. Rechts neben der Sesostris-Kapelle wurden Kapellen von Thutmosis IV und von Amenophis I (Amenhotep) aus riesigen Blöcken von Kalzit-Alabaster rekonstruiert. In der Südwestecke steht eine Reliefwand von Amenophis IV/Echnaton aus dem Beginn seiner Regierung, als er noch in Theben residierte; sie zeigt ihn (noch) im traditionellen Stil beim Erschlagen der Feinde.

Hier im weniger besuchten Freilichtmuseum können Sie sich auf dem Platz unter schattigen Bäumen ausruhen. Am Weg dorthin liegen links **Toiletten** (weitere im Café am Heiligen See). Auf dem Rückweg sollten Sie an der Außenwand des Ersten Hofes und des Säulensaals die detailreichen **Schlachtenreliefs von Sethos I** (um 1300 vC) anschauen (siehe übernächsten Absatz).

Wir gehen vom Ersten Hof weiter durch den Zweiten Pylon in den **Säulensaal** [5] mit 134 Papyrus-Säulen; ein in seinen Dimensionen überwältigender Raum, der - letztlich nicht erfassbar - nur beim Herumgehen sich als *Stein gewordener Heiliger Hain* etwas erschließt. Die mittleren Säulenreihen sind höher, ihr Kapitell zeigt jeweils naturgetreu eine geöffnete Papyrusdolde, denn sie erhielten von den (teils noch vorhandenen) Seitenfenstern Licht. Die anderen Säulenkapitelle, die im Halbdunkel der Decke stehen, sind - wie Pflanzen im Dunkel - mit geschlossenen Blüten dargestellt. Auf den Wänden und Säulen haben sich Sethos I und Ramses II mit Reliefs religiösen Inhalts verewigt.

Interessant ist die nördliche (linke) Außenwand [6] des Säulensaales. Sie trägt in mehreren übereinander liegenden Bildstreifen (nur die beiden untersten sind erhalten) **Szenen der Schlachten**, die König Sethos I am Anfang der 19. Dynastie gegen seine Feinde in Palästina und Syrien führte. Sie sehen links am Anfang der Wand zunächst den Marsch des ägyptischen Heeres durch Südpalästina im untersten Bildfeld, darüber die Einnahme der syrischen Stadt Jenoam. Deutlich erkennbar ist ein Kanal, in dem zahlreiche Krokodile schwimmen, eine Anspielung auf den Krokodilsee beim heutigen Ismailiya. Es folgt nach rechts eine Schlacht mit Schasu-Beduinen in Palästina. Auf der rechten Wandhälfte vor der Mitteltüre ist der Empfang des siegreichen Königs in Ägypten dargestellt. Zu beiden Seiten dieser Tür werden die Gefangenen vor Amun erschlagen, ein Motiv, das den Eingang beschützt.

Gehen Sie noch weiter zur Rückwand [7] des Säulensaales; gleich an der Ecke ist auf einem kurzen Wandstück eine weitere interessante Szene zu sehen: Sethos I stürmt in seinem Streitwagen auf die syrische Festung Pekanan zu. Die Belagerten stürzen von den Zinnen der Mauer und liegen, von Pfeilen durchbohrt, am Boden. Im Bildstreifen darüber ist Sethos I von seinem Streitwagen abgestiegen, Gesandte der belagerten und schließlich unterworfenen Stadt treten in kleinen Figuren vor ihn und ergeben sich. Dahinter ist ein Wald abgebildet, dessen Bäume gefällt werden.

Präzisionsarbeit in Stein

In der Nähe führt ein Pfad an die nördliche Umwallung zum kleinen, aber eindrucksvollen **Ptah-Tempel**. Im Sanktuar sind eine (kopflose) Ptah-Statue und nebenan die der Ptah-Gemahlin Sechmet aufgestellt. Bei geschlossener Tür fällt nur ein Lichtstrahl durch eine Öffnung oberhalb der Götterfigur - ein Beleuchtungs-

Luxor - ****Tempel von Karnak

Obelisken-Historie

Die Pharaonin Hatschepsut ließ zwei Obelisken für den Tempel von Karnak anfertigen und berichtet dazu: *„Sie machte es als ihr Denkmal für ihren Vater Amun in Karnak, dass sie ihm zwei große Obelisken aus dauerhaften Granit aus dem Süden errichtete, deren Oberteil mit bestem Weißgold aller Wüstenländer versehen ist und die man von beiden Seiten des Stromes aus sehen kann. Ihr Licht überflutet Ägypten, wenn die Sonne bei ihrem Aufgehen am Horizont des Himmels zwischen ihnen erscheint. Ich saß in meinem Palast und gedachte des Schöpfers. Mein Herz leitete mich, ihm zwei vergoldete Obelisken zu errichten, deren Spitzen sich mit dem Himmel vermischen sollten in der erhabenen Pfeilerhalle zwischen den beiden großen Pylonen des Königs Tuthmosis. Jeder von ihnen besteht aus einem einzigen Block von dauerhaftem Granit, nicht zusammengesetzt und ohne Flicken. Meine Majestät führte die Arbeit daran aus vom 1. Tag des 2. Wintermonats des Jahres 15 bis zum 30. Tag des 4. Sommermonats des Jahres 16. Das macht 7 Monate der Ausführung im Steinbruch. Ich handelte für ihn in richtigem Sinn, wie es ein König für jeden Gott tut. Es war mein Wunsch, sie ihm zu machen, mit Weißgold überzogen. Ich gab dafür Weißgold erster Qualität, das ich sackweise wie Getreide nachwog."*

trick, der die Statue geheimnisvoll ins Halbdunkel taucht. Hält man eine helle Fläche, z.B. den Umschlag dieses Buches, geschickt in den einfallenden Lichtstrahl, so lässt sich die Statue zusätzlich ausleuchten. Aber: Das Arrangement des Raumes entspricht nicht den antiken Verhältnissen, da die Edelmetall-Kultstatuen in Schreinen aufbewahrt wurden.

Gehen Sie nun zurück in den Säulensaal und in der Mittelachse weiter durch den **Dritten Pylon** [8], der von Amenophis III um 1380 vC

Thutmosis I ließ diesen Obelisken errichten

erbaut wurde. Er bildete damals das Eingangsportal zum Tempel und verdeckte den Vierten Pylon, der 150 Jahre zuvor von Tuthmosis I. errichtet worden war. Hier fällt Ihnen sicher der 20 m hohe **Tuthmosis I Obelisk** auf, der von einem quadratischen Sockel aufragt. Sein Pendant ist zerstört, Teile liegen noch auf dem Boden.

Die Ostwand [9] des Dritten Pylons wird nahezu vollständig von einem **Reliefbild der Götterbarke des Amun** eingenommen. In der Mitte sind der untere Teil des Götterschreins, rechts und links davon die Figuren des Königs Amenophis III erkennbar, die rechte führt das Steuerruder. Die Barke schwimmt auf einem niedrigen, durch Zickzacklinien angedeuteten Wasserstreifen. Sie wird von einer kleineren königlichen Barke gezogen, die dicht mit Ruderern besetzt ist.

Nun geht es weiter in das ziemlich unübersichtliche Gebiet des Vierten bis Sechsten Pylons. Gleich nach dem **Vierten Pylon** ragt der **Hatschepsut Obelisk** [10] auf (der obere Teil des südlichen Pendants liegt beim Heiligen See). Er ist der höchste und schönste in Karnak, 23 m hoch, 320 t schwer und aus bestem Rosengranit in Assuan gefertigt. Über seine Herstellung berichtet Hatschepsut nicht ohne Stolz in einer langen Inschrift auf dem unteren Teil des Obelisken.

Weitergehend auf der Mittelachse, endet der gerade Weg zunächst im **Granit-Sanktuar** [11], in dem die Prozessionsbarke des Amun-Re aufbewahrt wurde. Es wurde um 320 vC unter Philippus Arrhidäus, dem Nachfolger Alexanders des Großen, als Erneuerung eines Sanktuars von Tuthmosis III errichtet.

Kurz vor dem Sanktuar stehen links zwei überlebensgroße Statuen, in denen uns der göttliche Herr des Reichstempels von Karnak und seine göttliche Gemahlin entgegentreten: Amun auf der linken Seite, rechts neben ihm Amaunet. Beide Statuen (aus der Zeit von Tutanchamun) sind erst in moderner Zeit an dieser Stelle aufgestellt worden.

Die beiden monolithischen Granitpfeiler auf dem Vorplatz symbolisieren die beiden altägyptischen Landeshälften: der südliche Oberägypten mit der Lotusblüte als Wappenpflanze, sein Gegenstück trägt die Papyrusdolde als Wappenpflanze Unterägyptens.

An der Südwand des Sanktuars erblicken Sie eine ganze Reihe farblich gut erhaltener Reliefs, die den Auszug der Barke des Amun aus seinem Sanktuar zeigen. In den höheren Wandpartien ist teilweise ein rot aufgemaltes Quadratnetz zu erkennen, das dem Bildhauer die Zeichnung erleichtern sollte. An der Nordseite können Sie auf der dem Sanktuar gegenüberliegenden Wand, rechts von einer Tür, den in Jahre gegliederten, detaillierten Hieroglyphen-Bericht des Königs Tuthmosis III aus der Zeit um 1450 vC über seine Regierungszeit nachlesen („Annalen").

Die Tür in dieser Wand führt in einen kleinen Hof. Im Raum [12] gleich rechts fallen farblich gut erhaltene Reliefs auf, insbesondere auf seiner linken Längswand. Hier ließ Tuthmosis III Figuren der Königin Hatschepsut durch feine Meißelschläge aushacken. Hatschepsut hatte für ihren Stiefsohn Tuthmosis III über mehrere Jahre die Regierung geführt und sich dann als männlicher Pharao darstellen lassen. Dadurch verstieß sie gegen die Dualität des Männlich-Weiblichen, gegen die aus zwei gleichrangigen Partnern aufgebaute ägyptische Sozial- und Politikordnung. Daher wurde ihr Andenken im ganzen Land getilgt, aber so, dass man den Namen der Königin noch lesen kann: Jeder sollte wissen, wessen Name gelöscht wurde.

Hinter dem Granit-Sanktuar folgt der weite leere **Hof des Mittleren Reiches** [13] mit wenigen Spuren des ältesten Tempelteils (um 2000 vC), welcher in der wechselvollen Baugeschichte immer als ein besonders wichtiger Bereich im Urzustand frei gehalten wurde. Neben einigen Türschwellen aus Granit sieht man einen großen Block aus Kalzit-Alabaster, zu dem Treppenstufen empor führen. Auf der Oberseite sind Vertiefungen erkennbar, in denen einst ein hölzerner, mit Gold verkleideter Schrein aufgebaut war, in dem das Götterbild des Amun-Re (während des Mittleren Reiches) ruhte.

Luxor - ****Tempel von Karnak

Übermenschliche Dimensionen - im wörtlichen Sinn - im Säulensaal von Karnak

An den Hof schließt sich die quer liegende, fünfschiffige **Festhalle des Tuthmosis III** [14] an (um 1450 vC errichtet). Die Decke trägt noch Reste der Bemalung, d.h. den blauen Himmel mit goldenen Sternen; einige Pfeiler wurden mit christlichen Motiven übermalt.

Der Bereich hinter der Festhalle barg in verschachtelten Räumen das Allerheiligste des Amun-Tempels, das nur dem König als Hohepriester zugänglich war. Dort ist zunächst der so genannte **Botanische Garten** [15] eine genauere Betrachtung wert: Nach der Holztreppe liegt links ein kleiner, nur in Mauerfragmenten erhaltener Raum mit vier Papyrusbündelsäulen, an dessen Wänden in fein gearbeiteten Reliefs Tiere und Pflanzen Ägyptens und seiner Nachbarländer in einem Lehrbuch dargestellt sind; es handelt sich um Pflanzen und Tiere, die Tuthmosis III von seinen Feldzügen mitbrachte und die als eine Sammlung aus der damals bekannten Welt gelten können.

Das Umwandern des Skarabäus bringt Glück

Diese Naturdarstellungen sind ein Bildhymnus an den Sonnengott Amun-Re, der die ganze Welt mit seinen Strahlen belebt - eine Vorwegnahme der Naturschilderungen in den Reliefs der Amarnazeit.

Wenn Sie in diesem Raum - zwischen den beiden mittleren Säulen stehend - nach Norden schauen, sehen Sie einen großen Granitsockel, der ähnliche Vertiefungen aufweist wie der Kalzitsockel im Hof des Mittleren Reiches: An dieser verborgenen Stelle war im Neuen Reich das Götterbild von Amun aufgestellt. Nördlich davon liegt im Obergeschoss das **Sonnenheiligtum** [16], das über seine noch originale Steintreppe zugänglich ist.

Jetzt sollten Sie in der Mittelachse weiter auf einer Holzbrücke [17] über die innere Tempelmauer gehen. Im Hintergrund sehen Sie das hohe östliche Zugangstor in den Tempelbezirk. Es wurde in der 30. Dynastie um 380 vC errichtet. Wenn Sie in dessen Richtung weitergehen, stoßen Sie auf ein etwa quadratisches Steinpflaster, auf dem einst der größte ägyptische Obelisk stand. Es war der so genannte „Lateran-Obelisk", der seit dem 18. Jh in Rom vor der Kirche San Giovanni in Laterano steht, aber bereits im Altertum nach Italien gelangte. Er wurde von Tuthmosis III in Auftrag gegeben und von Ramses II mit einem Tempel umgeben, dessen Mauern und Säulen noch unmittelbar hinter der Obeliskenplattform zu erkennen sind. Wenn Sie von hier aus Richtung Haupttempel schauen, erkennen Sie an dessen Außenmauer Säulen und die aus einem mächtigen Kalzitblock gehauene Kapelle mit den Statuen des Amun und des Königs. Sie gehören zum Außentempel, der für das profane Volk als tempelnahe Kultstätte geschaffen worden war. Hier wurde in direktem Kontakt zum Allerheiligsten „Amun, der die Bitten erhört" als populäre Gottheit verehrt.

Von hier aus führt Sie der Weg um den Amun-Tempel zum **Heiligen See** [18], der als Wasserreservoir diente, aber ebenso kultische Bedeutung hatte. Die modernen Tribünen wurden für die Light and Sound Show angelegt; dort gibt es **Toiletten**. In der Cafeteria („Coca-Cola-Tempel")[19] kann man eine erholsame Pause einlegen. Von hier aus fällt der Blick auf die zweite Tempelachse, die - von Nord nach Süd - vom Säulensaal über den Siebten bis zum Zehnten Pylon (derzeit gesperrtes Areal) zum **Muth-Tempel** verläuft. Er liegt außerhalb der Umwaluung und ist - mit seinen eher spärlichen Ruinen - nicht zugänglich.

Der **Neunte Pylon** wurde in den letzten Jahrzehnten demontiert, da sein Kernmaterial aus Zehntausenden von Reliefblöcken von Amenophis IV (Echnaton) bestand, die hier nach

Ende der Amarna-Zeit als Baumaterial wieder verwendet wurden. Heute sind sie katalogisiert und in langen Reihen gelagert. Im Luxor-Museum ist eine Tempelwand aus diesen Fragmenten zusammengesetzt. Auf der Südseite des **Achten Pylons** stehen zwei imposante Statuen; am besten ist die von Amenophis I (westlich) erhalten.

Der westlich der Nord-Süd-Achse stehende **Chons-Tempel** ist eine klar überschaubare klassische Tempelanlage mit Sphingenallee, Pylon, Hof, Säulensaal und Sanktuar. Von seinem Dach bietet sich ein schöner Blick zurück zum Amun-Tempel. In der Umwallung südlich dieses Tempels befindet sich das ehemalige Südwesttor, von dem aus die Sphingenallee zum Luxortempel führte.

Vom Rastplatz am Cola-Tempel gehen Sie weiter am Heiligen See entlang. An seiner Nordwestecke steht der **Riesenskarabäus** von Amenophis III [20], dem Sonnengott Atum von Heliopolis geweiht. Gleich rechts liegt der erst in moderner Zeit dort abgelegte oberste Teil des zweiten **Obelisken der Hatschepsut** [21]. An der Reliefoberfläche der Obeliskenspitze - Amun mit der Doppelfederkrone krönt die vor ihm am Boden kniende Königin Hatschepsut - lassen sich ganz deutlich Unterschiede der Glättung und Färbung der Steinoberfläche erkennen: Die Gestalt des Amun war ausgehackt und später neu eingesetzt worden. In der Zeit von Echnaton - während der monotheistischen Sonnenreligion - wurden alle Darstellungen des Götterkönigs Amun getilgt. Erstaunlich und kaum fassbar ist, dass die Tilgung des Amun bis hinauf auf die Obeliskenspitze getrieben wurde: Um 1350 vC kletterten die Verfolger auf wackeligen Holzgerüsten nach oben, um sein Bild auszumeißeln. Etwa 50 Jahre später, nach Ende der monotheistischen Periode, stieg man zur Zeit von Sethos I erneut hinauf und setzte das Bild des Amun wieder an seine alte Stelle.

Als Abschluss des Besuchs fasst die ***Light and Sound Show** (Eintrittskarten zu £E 75/60) noch einmal die Eindrücke in buchstäblich anderem Licht zusammen, ein Besuch ist durchaus eindrucks- und stimmungsvoll. Man wandert etwa 45 Minuten durch die Tempelanlage und sitzt dann ähnlich lange auf den Tribünen (Tipp: Halten Sie sich beim dritten Stopp möglichst weit links hinten, dann kommt man schneller zur Tribüne und kann noch einen Sitzplatz ergattern); nehmen Sie etwas Trinkbares und im Winter eine **warme Jacke** mit. Im Grunde handelt es sich um eine Art illuminiertes Hörspiel, das manchmal etwas schwülstig, manchmal eindrucksvoll die Geschichte von Karnak zusammenfasst. Vielleicht macht es auch ein bisschen nachdenklich oder weckt Interesse, tiefer in die Philosophie einzusteigen, deren Brennpunkt Karnak zwei Jahrtausende lang war.

▶ **Anfahrt:** Üblicherweise „reist" man per Kalesche von Luxor nach Karnak. Das kostet heute etwa £E 25-40 hin und zurück, eine Taxifahrt kommt auf etwa £E 30-40 pro Fahrt. Sehr viel billiger (ca. £E 1) geht es per Mini-Linienbus. Dazu hält man Minibusse an, die nach Norden fahren. Die meisten haben das *Dorf Karnak* zum Ziel, was nicht stört. Wenn der Fahrer bei „Karnak" nickt, liegt der Karnak-Tempel an seinem Weg. Nehmen Sie Getränke

Ein riesiges Puzzle: archäologisches Lager in Karnak

mit; im Tempel gibt es nur in der Cafeteria am See etwas gegen den Durst - ziemlich teuer.

****Luxor-Tempel

Hintergrund: *Amenophis III (1390-1353 vC), Pharao der 18. Dynastie, nutzte die (noch) prosperierende wirtschaftliche Lage der Großmacht Ägypten, um sein Land mit Bauwerken zu verschönern - und, nicht zuletzt, sich selbst Denkmäler zu setzen (die Memnon Kolosse in Theben-West erinnern an seinen Totentempel). Nicht genug damit, dass er wesentlich am Muth-Tempel in Karnak mitwirkte und den Dritten Pylon baute, sondern er gründete 2,5 km südlich von Karnak ein neues, heute als Luxor-Tempel bekanntes Sakralgebäude anstelle eines kleinen und älteren aus der frühen 18. Dynastie. Der Tempel hieß altägyptisch „Südlicher Harem", er war der Ort der heiligen Hochzeit des Amun-Re. Amenophis III ließ dieses alte Gebäude durch ein neues ersetzen und einen Hof mit einer Kolonnade aus wohlproportionierten Papyrusbündelsäulen versehen.*

Sein Sohn und Nachfolger Amenophis IV (Echnaton) - der mit dem Sonnengott Aton den Monotheismus vorübergehend einführte - ließ alle Hinweise auf Amun tilgen, die unter dem Nachfolger Tutanchamun erneut angebracht wurden. Später baute Ramses II den Ersten Hof und den Eingangspylon. Alexander der Große ließ das Sanktuar renovieren. Nektabenes I (30. Dynastie) legte schließlich als Verbindung mit Karnak die über 2,5 km lange **Sphingen-Allee** *an, von der ein kurzes, aber sehenswertes Stück vom Tempeleingang aus freigelegt ist. Hier stehen auf jeder Seite 35 der insgesamt 365 Sphingen. Die Römer benutzten den Tempel als Militärcamp, die Christen als Kirche. Vom Militärcamp blieben vor dem Tempel deutliche Spuren erhalten, nördlich vom Ersten Pylon eine römische Kapelle, Reste des Schutzwalls etc. Die Tempelaußenwand ist - wie üblich - mit Szenen aus der Kadesh-Schlacht dekoriert.*

Das Tickethäuschen (6-22, Winter -21; £E 50) steht am nördlichen Ende des Tempels, an der Corniche am Tempeleingang. Hinaus kommt man nur noch gegenüber dem Eingang - links neben den Toilettenanlagen Richtung Bahnhof - zum Busparkplatz. Von der Stimmung her lohnt sich der Besuch am späten Nachmittag – dann quetschen sich allerdings die Massen durch den Tempel; während der Mittagshitze sieht es genau umgekehrt aus.

Der im Herzen der Stadt gelegene Tempel, in dessen Fleisch eine Moschee wie ein Stachel hineinragt, scheint ein Teil des täglichen Lebens von Luxor zu sein. Die beste Besuchszeit ist der frühe Morgen; aber auch der Abend hat seinen Reiz, wenn die Beleuchtung Details noch besser zum Vorschein bringt.

Den massiven **Pylon**, das Eingangstor zum Tempel, ließ sein Erbauer Ramses II wie üblich auf der Frontseite mit großflächigen Reliefbildern der Kadesh-Schlacht schmücken (ganz früh am Morgen oder bei abendlichem Kunstlicht gut sichtbar): Auf der westlichen Seite ist deutlich das Camp mit den Soldaten und Ramses II auf seinem Streitwagen zu erkennen, während auf dem östlichen Teil das Schlachtengetümmel um die Festung von Kadesh dargestellt ist. Vor dem Pylon stehen kolossale Sitz- und Standfiguren von Ramses II sowie ein Obelisk [1], dessen Bruder heute auf der Place de la Concorde in Paris (Geschenk Mohammed Alis an Frankreich) der ihm nicht gerade angemessenen Witterung ausgesetzt ist.

Hinter dem Pylon folgt der **Erste Hof** (von Ramses II), dessen Nordostecke von der Moschee des Ortsheiligen Abu el Hagag [2] belegt ist (die im Sommer 1968 zur Überraschung der abwesenden Archäologen noch ein Stück weiter in den Tempel hineingebaut worden war). Der Hof wird von Papyrussäulen eingerahmt, rechts steht eine **Kapelle der Hatschepsut** [3] mit vier gut proportionierten Säulen. Rings um den Hof ragen Kolossalstatuen von Amenophis III und Ramses II auf; vor dem Durchgang zur Kolonnade stehen je zwei Statuen von Ramses II aus rotem und schwarzem Granit; an der Seite der linken Statue taucht seine Frau Nefertari als kleine, kniehohe Figur auf.

Kolonnade im Säulenhof von Amenophis III - die Säulen zählen zu den ausgewogensten Altägytens

An der rechten Rückwand des Hofes, rechts von der kolossalen Sitzfigur Ramses II, sollten Sie das **Reliefbild der antiken Tempelfassade** [4] anschauen (etwa Mitte der Wand, rechts von einem Mauervorsprung). Sie erkennen die ursprüngliche Bestückung der Tempelfassade mit zwei Obelisken, vier Flaggenmasten, zwei sitzenden und vier stehenden Kolossalstatuen. Vor dieser Tempelfassade marschiert ein Zug von 20 Töchtern von Ramses II, an der westlichen Außenwand ließ der Herrscher 20 weitere Töchter und 25 Söhne darstellen. Außerdem sieht man hier fette Opferrinder, die unterworfene Länder symbolisieren. Bei einem wächst aus dem Gehörn ein Schwarzafrikaner (seine Arme sind die Hörner); das Schlachten des Opfertieres ist gleichzeitig die Vernichtung der Feinde Ägyptens.

Der anschließende, sehr eindrucksvolle **Portikus** aus 14 Papyrussäulen wurde noch von Amenophis III erbaut (der Nachmittag ist hier die beste Besuchszeit). Die Säulen sind zwar mit 16 m Höhe niedriger als die Hauptsäulen von Karnak, aber schlanker und daher eleganter in ihren Proportionen. Die Wände mit ihren aussagekräftigen Reliefs entstanden unter Tutanchamun; sie erzählen in sehr lebhaften, leider arg beschädigten Bildern vom 24-tägigen Opet-Fest, bei dem Amun, Muth und Chons in prachtvoller Prozession von Karnak nach Luxor ziehen. Die Westwand zeigt Priester, welche die Barken mit den Götterstatuen zunächst zum

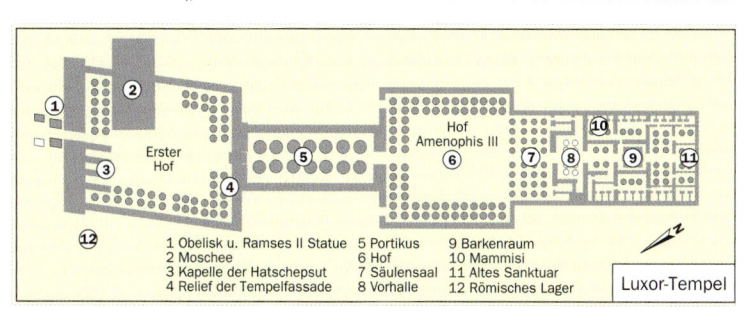

1 Obelisk u. Ramses II Statue
2 Moschee
3 Kapelle der Hatschepsut
4 Relief der Tempelfassade
5 Portikus
6 Hof
7 Säulensaal
8 Vorhalle
9 Barkenraum
10 Mammisi
11 Altes Sanktuar
12 Römisches Lager

Luxor-Tempel

Nil tragen und dort auf Boote verladen, dann unter dem Beifall der Gläubigen mit Musik und Tanz Nil aufwärts ziehen und schließlich in den Luxor-Tempel bringen. Der Rückweg in den Karnak-Tempel ist auf der Ostwand aufgezeichnet. Beim heutigen muslimischen *Mulid* im Monat Shaban werden drei kleine Segelboote aus der Abu el Hagag-Moschee heraus und durch die Stadt getragen. Die von zahllosen tanzenden und klatschenden Gläubigen gesäumten Straßen sind blumengeschmückt; wer kann das antike Vorbild leugnen?

Der Weiterweg führt durch den Portikus [5] zum **Säulenhof** von Amenophis III [6], der eine der stilvollsten pharaonischen Architekturschöpfungen ist. Die ausgewogenen Papyrusbündelsäulen umgeben den Hof auf drei Seiten in einer Doppelreihe, die ursprünglich von einer Decke überspannt war. Es lohnt sich sehr, hier eine Pause einzulegen und die Meisterwerke in aller Ruhe auf sich einwirken zu lassen.

1989 wurde zufällig bei Renovierungsarbeiten in diesem Säulenhof ein **Statuenversteck** („Cachette") mit insgesamt 26 Statuen aus der Zeit der 18.-25. Dynastie (ca. 1450-700 vC) etwa 3 m tief im Boden gefunden. Alle sind hervorragend erhalten und meisterhaft gearbeitet; schauen Sie sich die schönsten im Luxor-Museum an. Fachleute glauben, dass dies nur ein Teil möglicher weiterer Entdeckungen im Säulenhof ist. Zumindest stellt sich heraus, dass die Erde von Theben noch für manche Überraschungen gut sein wird.

An den Säulenhof schließt sich der **Säulensaal** [7] mit 32 Papyrusbündelsäulen an, der ursprünglich komplett überdeckt war und ebenfalls eine beeindruckende Leistung der antiken Baumeister darstellt. Allerdings fand hier eine nicht so strikte Trennung statt wie sonst: Säulenhof und Säulensaal gehen ohne Trennwand ineinander über. Reliefs an der Ostwand zeigen Amenophis III beim Opfern vor den Göttern von Theben. Die folgende erste Vorhalle mit ehemals acht Säulen wurde von den Römern zu einem römischen und später zu einem christlichen Heiligtum umgebaut.

An der Südwand (z.B. oben links) sieht man noch deutlich die Stuckschicht mit Bildern des römischen Kaiserkultes; an den Stellen, an denen sie entfernt wurde, kommen die pharaonischen Reliefs wieder zum Vorschein. Der Durchgang in der Mitte der Eingangswand zum Sanktuar wurde in römischer Zeit teils vermauert und in eine Apsis mit zwei korinthischen Säulen umgebaut.

Von hier führt der Weg durch einen Raum mit vier Säulen, den **Opfertischsaal**, zum **Barkenraum** [9]. Alexander der Große ließ in den Mittelteil des Raumes anstelle einer älteren Kapelle eine neue, nach Norden und Süden geöffnete Kapelle bauen; die Reliefs an ihren Wänden zeigen ihn als (römischen) Pharao. Interessant ist ein Vergleich der Außenwände der Kapelle mit den gegenüberliegenden Innenwänden des Barkenraums. Die Reliefs der Kapelle ähneln denen der Originalwände von Amenophis III sehr, wirken aber - obwohl ein Jahrtausend später entstanden - gedrungener und etwas plumper.

Östlich vom Opfertischsaal liegt das **Mammisi** [10], das Geburtshaus, in das man links vor dem Barkenraum durch die östliche Tür, dann gleich wieder links durch eine weitere Tür gelangt. Die (leider schlecht erhaltenen, am besten bei Nachtbeleuchtung erkennbaren) Reliefs auf der Westwand stellen den Mythos der göttlichen Zeugung und Geburt von Amenophis III dar. Mit am besten ist gleich nach dem Eingang die Töpferscheibe des Gottes Chnum zu erkennen, der das göttliche Kind modelliert. Auf dem Wandabschnitt etwa zwischen der ersten und zweiten Säule wird verschlüsselt die Zeugung dargestellt, bei der sich Amun und die Königsmutter auf einem Bett gegenübersitzen und sich mit ihren Händen berühren; die sich überkreuzenden Füße unterhalb des Bettes werden von Göttinnen gehalten. Vor dem Eingang zum Mammisi kann man mit etwas Phantasie eine (ebenfalls schlecht erhaltene) verschlüsselte erotische Darstellung betrachten: Der König rudert auf einem Nachen durch das Papyrusdickicht, ganz rechts steht Amun-Re mit erigiertem Phallus.

An den Barkenraum schließt sich nach Süden eine kleine Querhalle mit recht schönen Reliefs an, hinter der das ursprüngliche **Sanktuar** [11] lag; die Räume sind jedoch schlecht erhalten. Dort kann man an den beiden letzten Säulen und der Außenwand noch Reste von dem Podest erkennen, auf dem der Schrein für die Götterstatue stand.

Ein Abendspaziergang in der ersten Dunkelheit auf der Corniche am Tempel entlang lohnt sich sehr, denn die geschickte Ausleuchtung gibt ihm ein ganz neues Flair.

Museen in Luxor

Das erst 1976 eröffnete ******Museum von Luxor** (9-15, 17-22; Winter 9-15, 16-21; Ramadan 9-16, 20-22; £E 80) unterscheidet sich wohltuend vom Ägyptischen Museum in Kairo: relativ wenige, aber größtenteils sehr gute Stücke in mustergültigem Display mit englischsprachigen Erklärungen. Da verschiedene Namen in der deutschsprachigen Ägyptologie anders lauten, verwenden wir hier die uns geläufigen Bezeichnungen. Der Besuch lohnt sich ganz sicher, zumal die meisten Exponate aus der unmittelbaren Umgebung stammen und die Eindrücke von dort vertiefen. Gerade die Beschränkung auf wenige, aber durchwegs exzellente Stücke macht den Besuch zu einem absoluten Genuss. Als Museumsführer ist *Museum von Luxor* von Abeer el-Shahawy sehr zu empfehlen. Im Bookshop gegenüber dem Restaurant *Anubis* wird er deutlich billiger als im Museumsshop verkauft.

Im Eingangsbereich des Museums stehen drei Kolossalstatuen und ein Reliefblock (aus Karnak mit Amenophis II als Bogenschütze im Wagen, das Ideal des „sportlichen" Königs verkörpernd).

„Tiefparterre"

Ein besonderer Leckerbissen ist die Ausstellung der Funde aus dem Statuenversteck (siehe oben), von denen 16 Statuen im eigens gebauten „Tiefparterre", rechts nach dem Eingang (neben dem Souvenirshop), zu bewundern sind. Unter den außergewöhnlich qualitätsvollen Statuen gibt es auch einige neue, bislang unbekannte Typen.

Gleich links im Hauptraum sieht man Haremhab (Horemheb), kniend vor Gott Atum, (Haremhab wird von Amun gekrönt) und eine Sitzfigur der Göttin Junit. An der hinteren Querwand steht die überlebensgroße Statue von Amenophis III (Amenhotep III). Die außergewöhnlich schöne Darstellung zählt – für uns - zu den besten Stücken des Museums; beachten Sie auch die aufgerauten Flächen, die ursprünglich mit Blattgold belegt waren. Aus derselben Zeit stammen die perfekt erhaltene Sitzfigur der Göttin Hathor (rechte Längswand) sowie eine zweite Figur, die Haremhab (klein) vor dem in Heliopolis verehrten Gott Atum (groß) zeigt. Ziemlich einmalig ist die (kopflose) schlangengestaltige Statue des Gottes Amun Kamutef aus der 25. Dynastie (Taharqa). Im Nebenraum hinten links sind unter anderem eine Gruppenstatue des Götterpaares Amun und Muth, eine (kopflose) Kniefigur von Ramses II sowie ein Sphinx der Thutmosidenzeit ausgestellt.

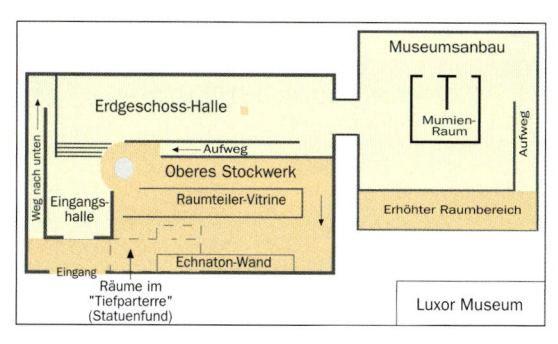

Erdgeschoss

Wir gehen zurück in den Eingangsbereich des Museums und sehen dort links einen Reliefblock aus Karnak mit Amenophis II als Bogenschütze im Wagen, das Ideal des „sportlichen" Königs verkörpernd, in der Mitte eine glanzvolle Statue von Tutanchamun in Gestalt des Amun-Re, rechts den makellos geschaffenen Kopf einer Kolossalstatue von Amenophis III aus rötlichem Granit, der in seinem gewaltigen Totentempel in Theben-West gefunden wurde. Aus dem Grabschatz des Tutanchamun stammt der vergoldete Kopf einer kuhgestaltigen Göttin, vermutlich der Hathor, der rechts in einer Nische sehr wirkungsvoll ausgeleuchtet wird.

In der Haupthalle steht an der linken Stirnwand ein Kolossalkopf des Königs Sesostris III. Seine altersgeprägten Züge sind charakteristisch für die Neuerungen in der Kunst des Mittleren Reiches, die das Individualporträt entwickelte (12. Dynastie, um 1850 vC). Um die Ecke, an der linken Längswand ist die (kopflose) Statue des Schreibers Mentuhotep bemerkenswert, die ihn ausnahmsweise nicht im üblichen jugendlichen Schönheitsideal zeigt, sondern mit einem erschlafften und dick gewordenen Körper. Historisch bemerkenswert ist die Säule von Antef II mit der bisher frühesten Erwähnung von Karnak. Mit der schwarzen Stand-Schreit-Figur von Amenhet III wird eine der klassischen Königsfiguren des Mittleren Reiches (um 1450 vC) gezeigt. Es folgt ein opfernder Sphinx aus Kalzit mit dem Kopf von Tutanchamun.

Etwa in der Mitte der Längswand steht – eigens optisch abgeteilt – die schwarze Statue von Thutmosis III, von welcher der Begleittext sagt, sie sei die schönste Arbeit, die je geschaffen wurde – dem ist nichts hinzufügen. In der Nähe, aber mitten im Raum wurde sehr wirkungsvoll die berühmte, aus einem einzigen Alabasterblock geschaffene 2,56 m hohe Gruppenstatue platziert, die Amenophis III in der Umarmung des krokodilköpfigen Gottes Sobek in schöner Harmonie darstellt – der Gott ist, wie es sich gehört, größer als der König. An der Längswand weitergehend, fällt ein Farbrelief mit Gott Amun-Minh auf, wobei der Gott schwarz gemalt ist. Am hinteren Ende der Wand sollte man die Statue von Amun mit Gemahlin Muth auf dem Thron von Sethos I beachten.

Museumsanbau

Ein Durchbruch in der Rückwand führt in den Anbau des Museums, den man keinesfalls beim Rundgang auslassen sollte. Gleich diesem Zugang gegenüber steht eine sehr schön gearbeitete Statue von Thutmosis III. Hier sitzt der erfolgreichste Kriegsherr Altägyptens auf seinem Thron. Auf der Stele links neben Thutmosis berichtet Kamose, 17. Dynastie, von seinen Siegen über die Hyksos (die sein Nachfolger Ahmose endgültig vertrieb). Gegenüber, an der linken Wand, hängt eine interessante Karte über die Ausdehnung Ägyptens während des Neuen Reiches. In einer großen Glasvitrine in der

Abendstimmung am Nil

linken Ecke ist eine Kutsche aus Tutanchamuns Grabschatz zu sehen, an der Wand gleich daneben ein Relief, auf dem Amenophis II das Bogenschießen übt, und zwar durch Kupfer, um seine Kraft zu zeigen. Das Thema wird mit unterschiedlichsten Pfeilen aus Tutanchamuns Grab fortgeführt.

Neu im Museum: Zwei einst ineinander verschachtelte Särge aus dem Grab des Imeni und der Geheset, die perfekt in einer ausgeleuchteten Nische gleich rechts neben dem Durchgang zum Anbau präsentiert werden. Dieses fast ungestörte Ensemble zweier reich bemalter Holzsärge wurde erst 2004 durch das Deutsche Archäologische Institut Kairo in einem zehn Meter tiefen Grabschacht in der Nekropole Dra Abu el Naga entdeckt. Erklärung auch in deutscher Sprache.

Rechts im Mitteltrakt sind zwei Mumien in abgedunkelten Räumen ausgestellt. In dem ersten ruht Ahmose, der die Hyksos vertrieb und das Neue Reich gründete, im zweiten die Mumie eines unbekannten Pharao, der eventuell Ramses I sein könnte. Diese Mumie lag ein Jahrhundert lang in einem Provinzmuseum in Niagara Falls, wurde dann nach Atlanta verkauft und schließlich als Geschenk nach Ägypten zurückgeführt. Weiter an der linken Wand sehen wir den jungen Amenophis II, kniend vor Amun-Re, der ihn krönt. Ganz hinten steht eine Alabaster-Kolossalstatue von Sethos I, rechts um die Ecke finden wir (seltene) Stücke von Außenposten: einmal die Statue des Nebre, Festungskommandeur an der westlichen Grenze beim heutigen Marsah Matruh, zum anderen Paser und Hennet vom Sinai. Bevor man die Rampe hinaufgeht, fällt der Blick auf den in einer Nische stehenden Ramses VI, der einen gefangenen Libyer am Schopf und in der anderen Hand die Streitaxt hält. Ein abgerichteter Löwe an der Seite des Königs unterstreicht die Machtdemonstration.

Erhöhter Raumbereich im Anbau

Oben angekommen, fallen zwei Köpfe der Löwengöttin Sehmet mit Sonnenscheibe auf, rechts daneben steht die Göttin in voller Größe. Es folgt eine Schreiberstatue von Amenophis, dem Sohn des Hapu, der unter König Amenophis III als Architekt für den Bau des Luxor-Tempels sowie des Totentempels von Amenophis III verantwortlich war und als intellektueller Vordenker seiner Zeit galt. An der Wand gegenüber steht eine gut ausgeleuchtete, allerdings beschädigte Statue von Ramses III. In der Vitrine daneben befindet sich eine Zeremonialbarke aus bemaltem Holz aus dem Grab von Amenophis II, weiterhin ein Boot mit Ruderern und ein kleines Boot mit Segeln. Weiter an der linken Wand fällt ein sehr dynamisch wirkendes Relief einer Siegesparade auf, deren Anführer unbekannt ist. Es folgen zwei Adelige, deren Schmuck, vor allem die aus Gold bestehenden Halsketten, sie als vom König besonders gewürdigt kennzeichnet. Interessant ist die Vitrine mit Architektur-Plänen vom Grab des Ramses IX und im Zusammenhang damit Bauhandwerkszeug, Schreibinstrumente und schließlich Vitrinen mit Werkzeugen zur Metallbearbeitung und Glasbläserei. Geht man die Rampe hinunter, stößt man auf eine Vitrine mit Entwürfen für königliche Statuen.

Erhöhter Raumbereich im Altbau

Wir kehren in den Altbau zurück. Links vom Durchbruch führt ein Aufgang in den erhöhten Raumbereich. Im Halbrund am Ende des Aufgangs sind u.a. blaue Grundsteinbeigaben, Schmuck, Kleinfunde von der Freilegung der Sphingen-Allee sowie byzantinische, römische sowie frühe islamische Gold- und Silbermünzen zu sehen. Man geht an einem Vitrinen-Raumteiler mit Grabmobiliar, Königsköpfen, Keramikkrügen aus einem frühen Grab, Opfertabletts und Leinenstoffen entlang bis zur hinteren Querwand. Hier fällt ein Reliefblock mit Hatschepsut, die sich – als große Ausnahme von ihrer gewohnt männlichen Abbildung - als Frau, vor Amun opfernd, darstellen lässt. Auf einem weiteren Reliefblock nehmen Thutmosis II und Hatschep Kulthandlungen vor.

An der anschließenden Längswand steht ein wieder aufgebautes Wandteil aus dem wichtigsten Komplex des Aton-Heiligtums von Ame-

6 Im Niltal von Kairo bis Abu Simbel

nophis IV-Echnaton in Karnak, das hier vor dem Umzug nach Amarna erbaut worden war. Nach dem Tod Echnatons abgerissen, wurden die Blöcke später im 10. Pylon von Karnak verbaut. Hier sind sie nun wieder zusammengefügt: links Echnaton beim Opfer vor Aton, rechts ein Blick in die Magazine und Wirtschaftsräume des Tempels mit zahlreichen Abbildungen des täglichen Bedarfs. Flankiert wird die Wand von Büsten der Kolossalfiguren des Echnaton aus diesem Tempel.

In den Vitrinen zwischen Raumteiler und Aton-Tempelwand sind erwähnenswert: ein sitzender Löwe aus der Frühzeit (um 2800 vC), eines der wenigen Reliefs aus der Zeit des Alten Reiches aus dem thebanischen Raum und einige Exponate aus dem Grabschatz des Tutanchamun. Von Interesse sind auch die vor den Wänden stehenden Statuen von Königen des Mittleren Reichs (Mentuhotep III, Sesostris I) in Gestalt des Gottes Osiris, so genannte Osiris-Pfeiler.

Auf dem Weg nach unten zeigen im Abgang aufgestellte Statuen aus römischer Zeit sowie frühchristliche (koptische) Grabstelen, dass mit dem Ende der pharaonischen Zeit die thebanische Region keineswegs in Vergessenheit geriet.

▶ Zum Museumskomplex gehört **nubis**, ein Restaurant und Coffee Shop mit Snacks und kleinem Essen bis 22 Uhr.

An der Wasserseite der Corniche, gegenüber dem Mina Palace Hotel (Nähe Luxor-Tempel), wurde in die Uferpromenade ein ****Mumification Museum** (9-13, 17-22, Winter 16-21; £E 50) geschickt in die Uferpromenade gebaut. Zu sehen gibt es u.a. mumifizierte Tiere und die Mumie von Maseharti, einem Priester und General aus der 21. Dynastie, mitsamt dessen ineinander geschachtelten Sarkophagen, Kanopen, Grabbeigaben, Mumifizierungs-Instrumenten und Informationen über die Technik der Mumifizierung. Ob dies alles den Eintrittspreis rechtfertigt, sei dahingestellt. Im Vortragskinosaal des Museums finden während der Grabungssaison im Winter jeweils am Samstagabend Vorträge von Grabungsleitern statt, im Sommer interessante Filmvorführungen.

Neu in Luxor ist die **Mubarak-Bibliothek**, die sich zwar an die lokale Bevölkerung wendet, aber auch für Ausländer einiges bietet. Das Zentrum ist erst im Aufbau, diverse Räumlichkeiten sind noch nicht in Betrieb. Neben Büchern existieren Interaktions-Angebote und Internet-Nutzung mit mehreren guten Computern für 1 £E/h. Der Eintritt für Touristen kostet 10 £E. Sie liegt unmittelbar an der Sphingen-Allee nahe der Kreuzung Sharia Karnak Tempel und der Ausfallstraße zum Flughafen.

Theben-West kennenlernen

Wie ein Blick auf die Karte von Theben-West zeigt, wurden in der beginnenden Wüste unweit des Fruchtlandes Grabanlagen für die Könige, weiter südlich für die Königinnen und zwischen beiden die Privatgräber und die Arbeitersiedlung angelegt. Die zu den Königsgräbern gehörenden *Totentempel* ließen die Erbauer meist an der Fruchtlandgrenze errichten. Der heutige Besucher muss sich also überlegen, was er in welcher Reihenfolge sehen will.

▶ **Praktische Informationen** dazu siehe Seite 431. Wer **von Luxor auf der Straße** herüberfährt, hat folgende Entfernungen zurückzulegen: zur Nilbrücke 9 km, quer durchs Fruchtland 5 km, dann wieder 9 km nach Norden bis Neu-Qurna.

An allen wichtigen (und vielleicht auch unwichtigen) Stellen stehen Soldaten mit dem MG im Anschlag - die einzige sichtbare Folge des tragischen Attentats in Deir el Bahri am 17. November 1997 und der daraus folgenden rigorosen Antiterrormaßnahmen der Regierung. Am Tatort oder in der Umgebung sucht man vergebens nach einer Gedenktafel oder entsprechenden Erinnerung an das Attentat. Verschiedene Straßen wurden extrem verbreitert, sodass ganze Panzerarmeen anrollen könnten. Vor den wichtigsten Sehenswürdigkeiten wurden große Parkplätze angelegt und Souvenirshops so aufgemauert, dass die

Theben-West kennenlernen

Theben-West
⊙ Tempel ☆ Gräber

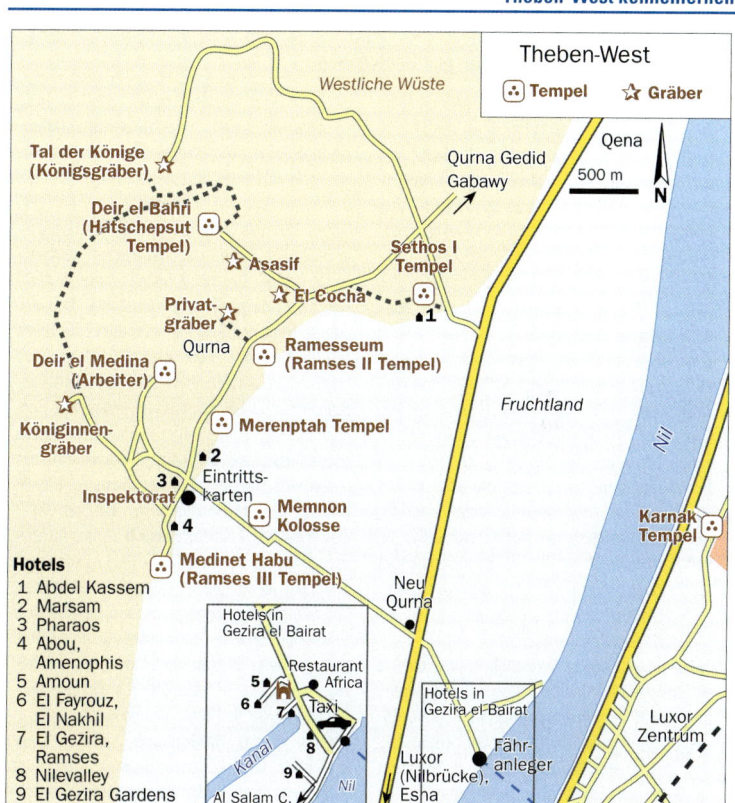

Map labels:
- Westliche Wüste
- Tal der Könige (Königsgräber) ☆
- Deir el-Bahri (Hatschepsut Tempel) ⊙
- Qurna Gedid Gabawy
- Qena
- Asasif ☆
- Sethos I Tempel ⊙
- Privatgräber ☆
- El Cocha ☆
- Qurna
- Ramesseum (Ramses II Tempel) ⊙
- Deir el Medina (Arbeiter) ⊙
- Fruchtland
- Königinnengräber ☆
- Merenptah Tempel ⊙
- Eintrittskarten
- Inspektorat
- Memnon Kolosse ⊙
- Nil
- Medinet Habu (Ramses III Tempel) ⊙
- Neu Qurna
- Karnak Tempel ⊙
- Hotels in Gezira el Bairat
- Restaurant Africa
- Taxi
- Kanal
- Al Salam C.
- Luxor (Nilbrücke), Esna
- Fähranleger
- Luxor Zentrum

Hotels
1. Abdel Kassem
2. Marsam
3. Pharaos
4. Abou, Amenophis
5. Amoun
6. El Fayrouz, El Nakhil
7. El Gezira, Ramses
8. Nilevalley
9. El Gezira Gardens

ankommenden Besucher zwangsweise daran vorbeizugehen haben. So treffen sich Sorge um die Besucher und Sorge ums Geschäft in edler Verbundenheit.

Die Straße zu den pharaonischen Sehenswürdigkeiten führt an einem jungen historischen Denkmal vorbei: **Neu-Qurna**, eine von dem bekannten ägyptischen Architekten Hassan Fathy konzipierte Lehmhaus-Siedlung. Ende der 1940er Jahre hatt<e ein dreister Grabraub die Regierung veranlasst, den Räubern das Handwerk legen zu wollen und das buchstäblich auf „goldenem" Boden stehende Dorf Qurna zu räumen. Fathy bekam gegen viele Bedenken den Auftrag, ein neues Dorf im Fruchtland zu bauen. Allerdings waren die Widerstände so stark, dass er sein Konzept nur zum Teil realisieren konnte und es schließlich als gescheitert einstufe. Fathy hatte lange nach einer besseren, aber zugleich nicht teureren Baumethode als der üblichen Ziegelbauweise für die Fellachen gesucht. Er entdeckte die Lehmbauweise wieder, die vor allem hervorragende klimatische Eigenschaften aufweist. Allerdings machten im holzarmen Ägypten Deckenbalken das Bauwerk wieder fast so teuer wie zuvor. Daher fand Fathy zum Gewölbe- und Kuppelbau aus Lehm zurück, der alle gewünschten Vorteile in sich vereinigte und den er durch geschickte Luftzirkulation zusätzlich kühlte.

Sonnenlitanei, Toten-, Pforten- und Höhlenbuch

Die Ausschmückungen der Königsgräber gehen auf einige wichtige Textsammlungen zurück, die in verschiedenen altägyptischen „Büchern" zusammengefasst sind. Bestimmendes Thema ist das ewige Leben des Pharao im Jenseits, das grundsätzlich an den Lauf der Sonne geknüpft ist. Tagsüber ist der Sonnenlauf für jeden nachvollziehbar, aber was geschieht, wenn die göttliche Sonne im Westen - das heißt für Niltalbewohner in der todbringenden Wüste - in die Nacht eingetaucht ist? Wird sie am nächsten Morgen wieder auftauchen oder wird der Himmel dunkel bleiben? Diese sicher uralte Menschheitsfrage lösten die Ägypter mit der Vorstellung von einem komplizierten Szenario, das die Sonne erfolgreich zu durchlaufen hatte, um unbeschadet am nächsten Morgen wieder in den neuen Tag eintreten zu können. Die vielen Gefahren, welche die Sonne als Gott Re zusammen mit dem verstorbenen Pharao - buchstäblich im selben Boot sitzend - zu bewältigen hatten, sind minutiös an Grabwänden und auf Papyri aufgezeichnet worden.

Die Beschreibung der Verwandlung des Toten in ein unsterbliches Wesen begegnet uns bereits sehr früh in den **Pyramidentexten** ab der 5. Dynastie in den königlichen Pyramiden, z.B. in Sakkara. Im Mittleren Reich werden sie als **Sargtext** auf Särge von Privatleuten geschrieben und im Neuen Reich als so genanntes **Totenbuch** weiterentwickelt.

Das Totenbuch erscheint zunächst auf Särgen und Totentüchern, dann als Papyrus und schließlich auch auszugsweise auf den Wänden der Königsgräber. Es ist eine Sammlung von Sprüchen, die deutlich voneinander abgegrenzt und mit Vignetten als zusammenfassende Illustration ergänzt sind. Sie beschreiben die Verklärung des Toten und geben ihm konkrete Hinweise, wie er sich im Jenseits zu verhalten hat und wie er vor dem Totengericht bestehen kann. Während der Bestattung und der Totenrituale rezitierten die Priester aus dem Totenbuch, das jeweils aus dem Fundus der Sprüche neu zusammengestellt wurde.

Im Neuen Reich entstehen parallel zum Totenbuch so genannte Jenseits- oder **Unterweltsbücher**, die zunächst nur von den Pharaonen genutzt werden. In ihrem Mittelpunkt steht die Nachtfahrt der Sonne. Im Grab von Tuthmosis III erscheint zum ersten Mal das vollständige, **Amduat** genannte Buch, die „Schrift des Verborgenen Raumes". Es ist gemäß den zwölf Nachtstunden in zwölf Abschnitte eingeteilt und vollständig illustriert, um die Fahrt des Sonnengottes durch die Nacht und die Funktionen der „Wesen" im Jenseits zu beschreiben. Jeder Stunde sind drei Bildregister zugeordnet, wobei das mittlere jeweils die Sonnenbarke mit dem zentralen Thema dieser Stunde enthält, das obere allgemeine Aussagen trifft, das untere sich mit dem speziellen Thema der Stunde auseinandersetzt (Beschreibung siehe Grab 35).

Das etwas jüngere **Pfortenbuch** ist dem Amduat sehr ähnlich und prinzipiell wie dieses aufgebaut. Erstmalig vollständig ist es auf dem Sarkophag von Sethos I niedergelegt. Es unterscheidet sich in vielen Details, am deutlichsten durch die Tore am Ende jeder Stunde. Die Sonnenbarke hat weniger Fahrgäste zu transportieren, nur den Sonnengott sowie die Götter Sia und Heka.

Anders ist das **Höhlenbuch** gestaltet. Zwar enthält es meist auch drei Register, aber es ist nicht mehr in zwölf Stundenabschnitte unterteilt. Das erste fast vollständige Buch ist im Grab von Ramses VI dargestellt. Es handelt wiederum von der nächtlichen Fahrt des Sonnengottes Re, der sich aber intensiver mit Osiris beschäftigt als in den anderen Büchern und u.a. in die „Höhle des Aker", des Erdgottes eindringt.

Dies sind nur die wichtigsten Werke, weitere werden bei den Beschreibungen der Gräber erwähnt. Der Ägyptologe Erik Hornung schreibt in seinem Buch *Tal der Könige* über die pharaonischen religiösen Bücher: *„Der Inhalt zeugt von einem geradezu wissenschaftlichen Eifer, das Schicksal der Toten zu ergründen; er erschließt uns ägyptische Jenseitsvorstellungen in Bildern voll visionärer Kraft, aber auch in nüchternen schonungslosen Beschreibungen."*

Doch ganz gescheitert ist es nicht, was ein kurzer Abstecher nach Neu-Qurna beweist. Zwar haben sich die Qurnawis erfolgreich gegen den Umzug gewehrt, von der Lehmarchitektur ist auch nicht allzu viel übrig geblieben. Geht man aber in die erste doppelspurige Querstraße nach der Kreuzung, so kann man die eigenwillige Moschee und den Kulturpalast (im Ort als *Theatre* angepriesen) bewundern; Lehmhäuser sind praktisch nicht mehr zu sehen. Von Fathys Ideen gingen jedoch viele Impulse aus, sodass in Ägypten mehr und mehr Lehmhäuser entstehen - freilich meist als extravagante Wohngebilde für Betuchte.

Anfang 2007 fiel dann doch das über Qurna schwebende Damoklesschwert: Über die Gräberlandschaft ziehende Staubfahnen zeigten an, dass Häuser abgerissen und die Bewohner in ein ca. 10 km nördlich neu und monoton errichtetes Dorf *Qurna Gedid ("Neu-Qurna")* zwangsumgesiedelt wurden. Zwar sollen einige der Lehmhäuser als Denkmäler erhalten bleiben, aber nun steht den Menschen, die einst vom Tourismus vor ihrer Haustür (und häufig genug den Schätzen darunter) lebten, ein langer Weg zu ihrer „Arbeitsstelle" bevor. Vielleicht finden sie Arbeit bei den Ausgräbern der vermuteten ca. 900-1000 Gräber unter ihrem ehemaligen Dorf.

Auch die vielen Alabasterfabriken am Wegesrand sollen verschwinden und an einem neuen Ort wieder aufgebaut werden.

Auch weniger spektakuläre Gräber, wie z.B. das Grab von Siptah, lohnen den Besuch, da man dort fast allein ist und die Atmosphäre besser genießen kann als in den völlig überfüllten Highlights. Eine Liste über aktuell geschlossene/geöffnete Gräber hängt übrigens am Ticketschalter aus.

**** Tal der Könige

Das vollkommen vegetationslose Wadi *Biban el Muluk* mit den Königsgräbern liegt versteckt, westlich einer Gebirgskette (auf der die „Herrin des Westens, die das Schweigen liebt", ihren Sitz hatte), unterhalb des pyramidenförmigen Berges *Horn*. Den stärksten Eindruck von dem einsamen Wadi gewinnen Sie, wenn Sie von Deir el Bahri zu Fuß oder per Esel über eben jene Gebirgskette hinüberwandern. Oder, noch besser, wenigstens ein Stück den Berg Horn hinaufklettern (siehe „Bergsteigen" bei *Praktische Informationen)*. Doch auch die Straßenführung durch das enge Trockental vermag die Abgeschiedenheit dieser Totenwelt zu vermitteln. Seit dem Massenansturm der Touristen wird das Tal jedoch von Unruhe und Lärm erfüllt.

Vom Parkplatz geht man durch das neue **Visitor Center**, in dessen Zentrum ein Modell des Tals steht, das für einen dreidimensionalen Überblick sorgen soll. Unterhalb der Oberfläche sind sogar die Grabgänge mit -kammern maßstabsgetreu angebracht (man muss sich bücken). Die relativ wenigen Info-Tafeln an den Wänden hängen hoch und sind daher nur schwer lesbar. Die Führer sollen die notwendigen Informationen zunächst hier sowie jeweils außerhalb der Grabanlagen vermitteln und dann die solchermaßen Belehrten allein in die Gräber entlassen.

Nach dem Ausgang des Visitor Centers sind rechts die Eintrittskarten zu lösen, daneben die für den Shuttle-Zug (£E 4 Hin- und Rückfahrt, ca. 300 m). Man erhält jeweils ein Ticket für drei beliebige Gräber, das am eigentlichen Eingang zum Tal abgerissen wird, gleich nach der Endstation der Shuttlezüge. Die einzelnen Grabwärter knipsen dann pro Grab jeweils ein Loch in die Karte, drei Besuche sind erlaubt. Wer also mehr als drei Gräber sehen will, sollte sich zwei Karten kaufen und eine davon selber abreißen. Zusatzkarten für das

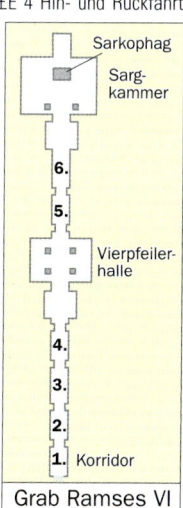

Grab Ramses VI
(Beispiel für Grabarchitektur)

Beschriebene Gräber

in chronologischer Reihenfolge
Nr. Name .... Regierungszeit

18. Dynastie
34 Tuthmosis III	1479-1425
35 Amenophis II*	1427-1401
43 Tuthmosis IV*	1401-1391
62 Tutanchamun	1335-1326
23 Eje....................................	1326-1322
(57 Haremhab.......................	1322-1295)

19. Dynastie
17 Sethos I*	1293-1279
8 Merenptah*	1213-1203
15 Sethos II*	1203-1196
47 Siptah	1196-1190
14 Tauseret/Sethnacht...........	1190-1184

20. Dynastie (Ramessiden)
11 Ramses III*	1184-1153
2 Ramses IV......................	1153-1146
9 Ramses VI*.....................	1142-1135
1 Ramses VII.....................	1135-1129
6 Ramses IX*.....................	1127-1109

*besonders sehenswert

Grab Tutanchamuns gibt es nur am Tal-Eingang, allerdings wird das Grab ab Januar 2008 auf unbestimmte Zeit geschlossen
Häufig stauen sich lange Schlangen vor den Gräbern und in Zeitnot geratene Gruppenführer drängen Einzelreisende rücksichtslos zur Seite. Wer sich mit dem Eintrittsticket für drei Gräber zufriedengibt, kommt mit der etwas ruhigeren Zeit von etwa 9-11 Uhr zurecht, sonst ist trotz größerer Hitze der mittlere bis späte Nachmittag vorzuziehen.

Und noch eins: Das Tutanchamun-Grab lässt zwar immer noch ein bisschen das Entdecker-Abenteuer nachempfinden, aber sowohl von der Anlage als auch Ausstattung her gibt es wesentlich interessantere Grabstätten zu besichtigen (bei Tutanchamun sehen Sie die allerwenigsten „Grabmeter" pro Ticket).

Vorbemerkungen zu den Königsgräbern:
• Ohne Verständnis für die Mythologie und Philosophie, die hinter diesen Grabanlagen stehen, sehen die Gräber wie bemalte Bergwerksstollen aus. Versuchen Sie dennoch, sich stimmungsmäßig in die hier dokumentierte Gedankenwelt versetzen zu lassen.

Unter dem Ansturm schwitzender Touristen verändern sich die klimatischen Bedingungen in den Kammern grundlegend. Es wird nicht mehr lange dauern, bis die eindrucksvollen Bilder zerstört sind. Denken Sie an diese spezielle Umweltbelastung und vermeiden Sie, die Reliefs z.B. durch Berühren zusätzlich zu belasten. Denken Sie auch daran, dass zum vollen Erleben Ruhe und Stille gehören.

• Gegenüber dem Tutanchamun-Grab wurde eine Art Rastplatz mit Schattendach und Ventilatoren errichtet, an dem man sich gut ausruhen kann. Dort wird aber nichts verkauft, daher Getränke und eventuell Verpflegung mitnehmen.

• Stecken Sie einen Tagesvorrat an Kleingeld ein. Anderenfalls einem der Bakschischjäger z.B. eine Zwanzigpfundnote zum Wechseln geben; die Leute haben meist genug Einpfundnoten.

Hintergrund: Als erste königliche Bestattung lässt sich Mentuhotep II im thebanischen Westgebirge ein Grab in den steilen Abhang und davor einen Totentempel bauen (heute noch vom 700 Jahre später von Hatschepsut errichteten Deir-el-Bahri-Totentempel zu sehen). Erst 400 Jahre nach Mentuhotep II legen Pharaonen der 17. Dynastie im heutigen Dra Abu el Naga Bereich ihre Gräber an. Mit Beginn der 18. Dynastie fällt dann die Wahl auf das abgelegene Tal der Könige, in dem alle Pharaonen des Neuen Reichs außer Echnaton bestattet werden.

Die Gräber sind zum Teil tief in den Fels getrieben. Das System der verschiedenen Korridore, Räume und Schächte lehnt sich an die Vorstellungen vom Jenseits an, das in der Zeit des Neuen Reichs in der Unterwelt liegt. Die textlichen und bildlichen Illustrationen an den Wänden und Decken gehen explizit auf diese komplizierte Welt ein. Sie beziehen sich auf eine Reihe von Textsammlungen, die im Kasten Seite 380 umrissen sind. Zum besseren Ver-

Theben-West - **** Tal der Könige

ständnis empfehlen wir sehr, diesen vor dem Besuch zu lesen.

Der aufmerksame Besucher Ägyptens wird sich in Theben-West die Frage stellen, warum verschwinden hier die Gräber möglichst unsichtbar im Berg und weit entfernt von den zugehörigen Totentempeln, wo doch im Alten Reich eine Pyramide genau gegensätzlich den Begräbnisplatz weithin sichtbar machte und der Totentempel zu ihren Füßen lag? Damals ermöglichte die Pyramide den Aufstieg des Pharaos zu den himmlischen Göttern. Im Neuen Reich hatte sich diese Philosophie weiterentwickelt: Der zu Osiris gewordene König steigt hinab in die Unterwelt und dort in die Nachtbarke des Sonnengottes Re, mit dem er eins wird und für die zwölf Stunden der Nachtfahrt verschmilzt, um am Morgenhimmel in „Personalunion" mit Sonnengott Re wieder aus dieser anderen Welt für die Tagesfahrt aufzutauchen.

Seit Sethos I wird am Grabeingang links dargestellt, wie der verstorbene König dem Sonnengott Re-Harachte (mit Sonnenscheibe auf dem Kopf) huldigt. Es folgt die so genannte Sonnenlitanei (auch „Buch der Anbetung des Re im Westen"). Im ersten Teil wird der Gott mit 75 Anrufungen gepriesen und angebetet. Im zweiten Teil setzt sich der Verstorbene mit dem Gott gleich: „Ich bin du, und du bist ich...", um mit ihm dem Lauf der Sonne zu folgen, das heißt, in den kosmischen Kreislauf einzutreten und den Tod zu überwinden.

Das unterirdische Grab stellt ein Abbild der Unterwelt dar, die der Sonnengott und der mit ihm vereinte Verstorbene auf seiner Nachtfahrt zu durchmessen hat. Der senkrechte Schacht nach dem schräg abfallenden Eingangstor gilt z.B. als „Höhle des Sokaris", ein gefährlicher unterweltlicher Raum, den der Tote durchqueren muss. Die Reliefs und Bilder stellen diese Unterwelt als eine eigene Welt mit Wegen, Kanälen oder Inseln dar, von Feuer speienden Schlangen, Dämonen und Ungeheuern, aber auch von hilfreichen Geistern bevölkert. In den zwölf Nachtstunden hat Re (mit dem Verstorbenen) Gefahren zu bestehen und Hindernisse zu überwinden, um am Ende als siegreicher verjüngter Gott zusammen mit dem verstorbenen König die Reise als Sonnenscheibe am Morgenhimmel zu beginnen.

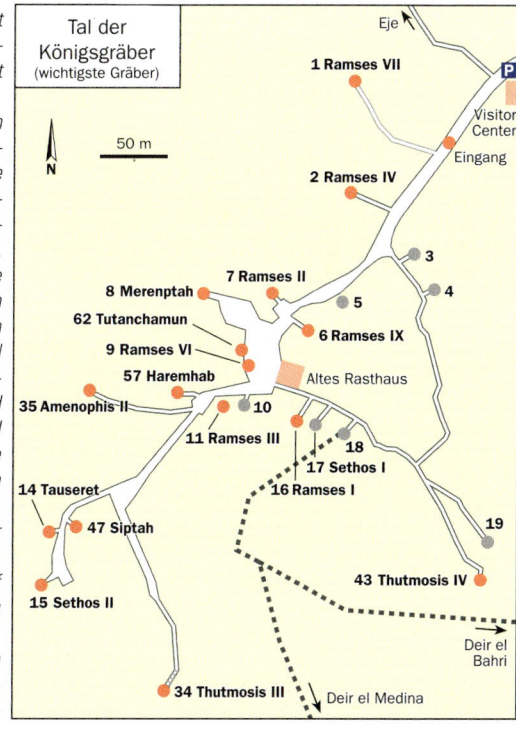

Tal der Königsgräber (wichtigste Gräber)

- Eje
- 1 Ramses VII
- P / Visitor Center / Eingang
- 2 Ramses IV
- 3
- 4
- 7 Ramses II
- 8 Merenptah
- 62 Tutanchamun
- 5
- 6 Ramses IX
- 9 Ramses VI
- 57 Haremhab
- Altes Rasthaus
- 35 Amenophis II
- 10
- 11 Ramses III
- 18
- 17 Sethos I
- 14 Tauseret
- 16 Ramses I
- 47 Siptah
- 19
- 43 Thutmosis IV
- 15 Sethos II
- Deir el Bahri
- 34 Thutmosis III
- Deir el Medina

6 Im Niltal von Kairo bis Abu Simbel

Im Zeitraum von 1550 bis etwa 1050 vC wurden in Theben-West Gräber als Stollen in zum Teil beachtlicher Länge in die Felsabhänge des Wüstenbeginns getrieben. Zu Beginn der 18. Dynastie weisen sie eine 90-Grad-Abwinkelung in ihrem Kammer- und Gangsystem auf. Die Korridore sind anfänglich nur grob aus dem Berg gehauen und nicht dekoriert. Sie münden zunächst direkt in die Grabkammer; erst ab Tuthmosis III kommt eine Pfeilerhalle kurz davor hinzu. In der Ramessidenzeit verläuft der Weg vom Eingang bis zur Sargkammer geradlinig, auch die Korridore sind nun bemalt, die Decken meist blau und mit Sternen übersät; damit war der Himmel im Grab wieder sichtbar. Bis Amenophis IV (Echnaton) wurde das Amduat offensichtlich von Papyrusvorlagen auf die Grabkammerwände übertragen. Sowohl der Schrifttyp - die so genannten „Totenbuchhieroglyphen" - als auch die Strichzeichnungen sind typisch für die Schreib- und Maltechnik der Papyri. Haremhab lässt seine Grabkammer nicht mehr mit dem Amduat, sondern mit verschiedenen Abschnitten aus dem Pfortenbuch ausmalen. Er führt auch das bemalte Flachrelief im Königsgrab ein. In späteren Gräbern werden auch andere Jenseitsbücher herangezogen.

In den nachfolgenden Beschreibungen ist von „Korridoren" die Rede, ein Begriff, der weitgehend in der Literatur zu den Gräbern verwendet wird. In der Regel ist ein *Korridor* durch zwei Mauervorsprünge abgegrenzt und daher beim Besuch leicht vom nächsten zu unterscheiden.

Von den insgesamt 64 Gräbern sind nur relativ wenige so gut erhalten bzw. interessant, dass ein Besuch lohnt. Davon ist auch nur ein Teil, häufig abwechselnd, zur Besichtigung freigegeben, um die Belastungen durch die Ausdünstungen der Besucher zu mindern.

Das Grab von Sethos I, das schönste des Königstals, bleibt wegen Restaurierung den Besuchern auch weiterhin verschlossen, ähnlich das Grab von Ramses I.

Ein wichtiger Hinweis: Gehen Sie nicht aus lauter Neugierde in eines der vielen noch offenen, offiziell jedoch nicht zugänglichen Gräber. Dort unten ist die Luft heiß und stickig, Fledermäuse flattern um den Kopf, die akustische Verbindung zur Außenwelt reißt sehr bald ab - ein Leser berichtet von panischer Reaktion. Eine Kanadierin, die sich verlief und in einen Schacht fiel, schrieb ihr Schicksal auf eine Postkarte, bevor sie verdurstete. Zwei Jahre später wurde ihr bekleidetes Skelett gefunden.

Wir folgen mit der Beschreibung der Gräber dem talaufwärts führenden Weg. Das ist die pragmatische Lösung für einen Besuch. Doch eine Besichtigung in chronologischer Reihenfolge ist interessanter, weil sich dann die Entwicklungsstufen als zusätzliches Element deutlich offenbaren.

Viele Besucher werden nur ein Ticket kaufen, das für maximal drei Gräber gilt - aber welche auswählen? Wir schlagen Ihnen zwei Kombinationen daraus vor:

Mumienversteck

Zwei Brüder aus dem Dorf Qurna hatten um 1874 in den Felswänden von Deir el Bahri das Grab des Hohepriesters Pinudjem (um 980 vC) entdeckt und begonnen, es auszuplündern. Hier lagen 40 Särge hochrangiger Persönlichkeiten, darunter bedeutende Könige des Neuen Reichs (Tuthmosis III, Sethos I, Ramses II u.a.). Als mehr und mehr unbekannte Kunstgegenstände auf dem Antiquitätenmarkt auftauchten, wurden Nachforschungen angestellt; schließlich gab einer der Brüder das Geheimnis preis. Um zusätzliche Plünderungen zu verhindern, wurden die Mumien 1881 auf einem Nildampfer nach Kairo in Sicherheit gebracht. Die Reise nach Norden war ein Trauerzug, bei dem die Bevölkerung vom Nilufer strömte und in Totenklagen wie bei aktuellen Begräbnissen ausbrach. Weitere Mumien wurden im Grab von Amenophis II entdeckt (neben Amenophis II die von Tuthmosis IV, Amenophis III, Merenptah) und später mit denen in Kairo vereint.

Theben-West - **** Tal der Könige

- Tuthmosis III (Nr. 34, ältestes Grab, am mühseligsten zu erreichen), Ramses III (Nr. 11), Ramses IX (Nr. 6) oder
- Amenophis II (Nr. 35), Sethnacht und Tauseret (Nr. 14), Ramses III (Nr. 11)
- Wenn Sie der historischen Entwicklung folgen wollen, sollten Sie sich entsprechende Gräber in der Tabelle im nebenstehenden Kasten aussuchen.

Nach der Endstation des Shuttle und dem offiziellen Eingang steht gleich links unter einem Schattendach ein Aluminium-Ständer mit einer sehr guten Übersichtskarte, in der die Gräber dreidimensional so eingezeichnet sind, wie sie im Berg verlaufen.

Nr. 1 - Ramses VII

Wenige Schritte nach dem Eingang geht rechts ein kurzer Weg den Hang hinauf, der am kleinen und - mit Recht - seltener besuchten Grab endet. Ramses VII ließ nur einen kurzen Korridor zur Grabkammer bauen und verzichtete auf die sonst typischen zusätzlichen Räume.

Am Eingang links sieht man den König vor dem Sonnengott Re-Harachte. Der schräg nach unten führende Korridor ist zunächst mit Szenen des Pforten-, dann des Höhlenbuchs geschmückt, die größtenteils stark beschädigt sind. Die Grabkammer selbst ist eher roh ausgehauen. Hier steht noch der in Form einer Königskartusche gestaltete Granitsarkophag. Die Reliefs an der linken Wand zeigen Szenen aus dem Buch der Erde. Lebendig dargestellt ist z.B. ein sich zum Hirten auf die Hinterfüße stellendes Schaf (oberes Register, letztes Drittel). Die ziemlich beschädigte Decke zeigt astronomische Darstellungen, die von der Göttin Nut überspannt werden. Das Grab enthält das älteste datierbare Besucher-Graffiti (griechisch 278 vC).

Nr. 2 - Ramses IV

Ein kurzes Stück talaufwärts und dichter an der Straße gelegen, wurde dieses Grab schon in der Antike ausgeraubt; die Mumie des Königs war allerdings im Grab von Amenophis II versteckt. Besucher in ptolemäischer Zeit hinterließen Graffiti in griechischer Schrift, später verewigten sich Kopten, die das Grab auch als Kirche benutzten. Es ist übrigens auf einem Papyrus (Museum Turin) relativ detailliert mit Plan beschrieben.

Ramses IV reduzierte gegenüber seinen ramessidischen Vorgängern die Anzahl der Räume, ließ dafür aber breite und hohe Korridore in den Fels treiben. Auch hier wird links nach dem Eingang der König vor Re-Harachte gezeigt, im

Tal der Könige: rechts überdachter Rastplatz, gegenüber Gräber von Tutanchamun und Ramses VI

1. und 2. Korridor die Sonnenlitanei, im 3. Korridor Ausschnitte aus dem Höhlenbuch. Nach einer Schräge folgt die mit Totenbuch-Kapiteln versehene Vorkammer. In der Sargkammer steht ein großer Granit-Sarkophag (mit 2,74 m Höhe und 3,30 m Länge der größte im Tal), dessen Deckel Ramses IV zwischen Isis und Nephthys zeigt. Ausschnitte aus dem Buch des Himmels mit der Göttin Nut überspannen die Decke. Die linke Wand dokumentiert die beiden ersten Stunden des Pfortenbuchs, die rechte die 4. und 5. Stunde. Hinter dem Sargraum führt ein kurzer Korridor zu einer Endkammer, an dem rechts und links je ein Seitenraum mit Dekorationen aus dem Höhlenbuch liegen. In den Nischen des Korridors sind opfernde Götter in Schreinen dargestellt.

Grab KV 5

Auf der linken Straßenseite sehen Sie eine Übersichtstafel von diesem Grab, in dem Söhne von Ramses II bestattet wurden. Es handelt sich um die mit weitem Abstand größte Grabanlage im Tal. Sie war wegen Felseinstürzen mehr oder weniger in Vergessenheit geraten. Seit Mitte der 1990er Jahre gräbt ein amerikanisches Team mit überraschenden Erfolgen; werfen Sie einen Blick auf den Plan und einen weiteren ins Internet unter www.thebanmappingproject.com. Dort ist bereits ein virtueller Rundgang möglich.

Nr. 6 - Ramses IX

Ebenso auf der linken Straßenseite folgt das erste geöffnete Grab aus der späteren Ramessidenzeit. Es ist relativ gut erhalten, wegen seiner breiten Korridore gut belüftet, geradlinig, ohne wesentliches Gefälle und daher „bequem" zu besichtigen.

Gleich nach dem Grabeingang sieht man Bilder des Verstorbenen, der vor Re-Harachte und Osiris steht (links), rechts vor Amun und einer Totengöttin. Auf der rechten Wand des 1. und 2. Korridors sind die ersten vier Abschnitte des Höhlenbuchs aufgezeichnet, im 3. Korridor die zweite Stunde des Amduat.

Die Decke des 1. Korridors zeigt Sternbilder und Dekanlisten; an der des 3. Korridors erheben sich „selige Verstorbene" von ihren Bahren zu neuem Leben. Am Eingang zum unvollendeten Vierpfeiler-Raum bringt rechts und links je ein Priester im Pantherfell und mit Zopf Opfer dar. In der nach einem kurzen Korridor folgenden Grabkammer ist eine Vertiefung für den nicht mehr vorhandenen Sarkophag zu erkennen, die Dekoration der Wände geht auf das Höhlenbuch zurück. An der rechten Wand, fast in der Raumecke, fällt ein Bild auf, in dem die nächtliche Sonnenfahrt durch den Bauch eines Krokodils stattfindet; morgens verlässt die rote Sonnenscheibe mit dem widderköpfigen Ba des Gottes das Tier. Die Decke wurde nur oberflächlich geglättet. Sie zeigt die Göttin Nut, die Ausschnitte aus dem Buch des Himmels einrahmt.

Nr. 8 - Merenptah

Das ziemlich tief in den Berg führende, sehenswerte Grab verlangt dem Besucher etwas schweißtreibende Beinarbeit ab: Etwa 150 Stufen sind über eine Holzrampe zu bewältigen. Es handelt sich um das zeitlich erste Grab, das sich nicht mehr versteckt, sondern seinen Eingang demonstrativ zur Schau stellt. Beachten Sie auf dem Türsturz über dem Eingang, wie Isis und Nephthys den Sonnengott anbeten, als widderköpfige Gestalt für die Nacht und als Skarabäus für die Morgensonne in der Sonnenscheibe dargestellt.

Gleich links nach dem Eingang sieht man die gut erhaltene Relieffolge vom König mit Atefkrone (mit schützenden Uräusschlangen) vor Re-Harachte, dann folgen im 1. Korridor der Titel (in Hieroglyphen), das Titelbild und der Text der Sonnenlitanei, der Lobpreisung des Re; das Titelbild besteht aus Sonnenscheibe mit Skarabäus und widderköpfigem Gott und den vor ihr fliehenden feindlichen Wesen in Tiergestalt. An den Wänden im 2. Korridor sind Szenen aus dem Pfortenbuch und aus dem Amduat (erster kleinerer Raum mit Schacht) aufgetragen. Es folgt ein größerer Raum, mit Hymnen auf Osiris und der 3. Stunde des Pfortenbuchs dekoriert. Rechts liegt ein völlig schmuckloser Nebenraum. Die Decken sind bis hierher als Sternenhimmel bemalt, danach fehlt auch an den

Korridorwänden jede Dekoration. Nach einem weiteren Korridor folgt ein Raum mit Pfortenbuch- und Amduat-Abschnitten, in dem der äußere Granitsarkophag steht.

Dann geht es erneut über Treppen in die erstaunlich große Grabkammer, einen Pfeilersaal aus drei Schiffen mit überwölbter Decke. Hier ist der Deckel des inneren Sarkophags aufgestellt, der, sorgfältig aus Rosengranit in Form einer Königskartusche gearbeitet, mit einem sehr ausdrucksvollen Relief des Merenptah versehen ist. Werfen Sie auch einen Blick auf die dekorierte Unterseite des Deckels. Die rechte Seitenwand der Grabkammer zeigt das großformatige Schlussbild des Höhlenbuchs, das den nächtlichen Sonnenlauf zusammenfassend wiedergibt: Die von zwei Armpaaren bewegte Sonne - die durch Finsternis (schwarzes Dreieck) und Wasserfluten (blaues Dreieck) ihren Weg ziehen muss - wird als Kind, widderköpfiger Käfer und dann als Scheibe dargestellt. Die Bas (Seelen, als Vögel symbolisiert) und Schatten (als Wedel) der Verstorbenen beten die Sonne an.

Nr. 9 - Ramses VI

(Nach einer im Herbst 2008 veröffentlichten Liste soll das Grab £E 50 Eintritt kosten.) Das Grab war ursprünglich für Ramses V bis zur Vierpfeilerhalle gebaut worden, wurde dann aber von Ramses VI tiefer in den Berg hinein erweitert. Es ist gut in den Farben erhalten, durchgängig bemalt und sehenswert. Nahezu alle bekannten Unterwelts- und Himmelsbücher sind hier festgehalten, nur für die Sonnenlitanei blieb kein Platz.

Am Eingang rechts und links steht Ramses vor den Göttern Re-Harachte und Osiris. Die Decke der Korridore ist durchgehend mit astrologischen Darstellungen bemalt. Im ersten Korridor sieht man links Abschnitte aus dem Pfortenbuch, rechts beginnt das erstmals komplett aufgezeichnete Höhlenbuch, das sich in den folgenden Räumen fortsetzt und in der Vierpfeilerhalle (kurz nach einem kleineren Raum) mit dem Durchbruch der Sonnenscheibe durch den Rand der Unterwelt endet. Auf den Pfeilern opfert der Pharao den Göttern. Eindrucksvoll sind auch die Bilder von Osiris rechts und links am Ende der Halle, vor denen Ramses Weihrauch abbrennt. An der Decke sieht man das Buch vom Tage und das Buch von der Nacht.

Der folgende Korridor ist mit Amduat-Abschnitten dekoriert, der anschließende Raum mit Bildern von Ramses vor den Göttern. In der Grabkammer liegen Trümmer des Granitsarkophags; die gut erhaltene Decke zeigt sehr schön die Göttin Nut, die wiederum Darstellungen aus dem Buch vom Tage und dem Buch von der Nacht überspannt (die Deckenseite, auf der die Sonnenscheibe durch den Leib der Nut wandert). Die Stirnwände enthalten Szenen aus dem Buch von der Erde, die nach unten von einem Fries mit geköpften Feinden abgeschlossen werden (rot steht für blutig, schwarz für nicht existent). Auf der rechten Wand sieht man im zweiten Register den Gott, „der die Stunden verbirgt". Sein erigierter Phallus ist durch gepunktete Linien mit den Stundengöttinnen verbunden, die aus ihm hervorgehen; sie halten jeweils eine rote Sonnenscheibe.

Nr. 62 - Tutanchamun

Seit Mitte 2008 ist das Grab wegen Restaurierung auf unbestimmte Zeit geschlossen.

Bauschutt aus dem oberhalb gelegenen Grab von Ramses VI verschüttete den Eingang zu Tutanchamuns Ruhestätte und erhielt sie für die Nachwelt. Zwar waren in der 20. Dynastie Diebe beim Einbruch in das Grab erwischt worden, aber ein hoher Beamter nahm eine Bestandsaufnahme vor und versiegelte den Eingang erneut - erst 1922 brach Howard Carter das Siegel.

Das einzige quasi unversehrte Grab im Tal der Könige zählt auch zu den kleinsten. Vermutlich war die Grabstätte ursprünglich für einen Beamten vorgesehen, man hatte sie dann aber in aller Eile für den mit 19 Jahren früh verstorbenen König herrichten müssen. Die kleinen Räume waren voll gestopft mit Grabbeigaben. Zehn Jahre wurden benötigt, um sie Stück für Stück auszuräumen und ins Ägyptische Museum nach Kairo zu transportieren.

Wer heute die zusätzliche Eintrittskarte zu £E 80 erwirbt, bezahlt hauptsächlich den Mythos. 16 Stufen führen in einen Gang, der in der Vorkammer (größter Raum) endet. An deren Längsseite liegt eine Seitenkammer, an der rechten Schmalseite die Grabkammer mit einem Magazinraum. In der Grabkammer - nur diese ist dekoriert - steht noch der Sarkophag. Die Wände sind großflächig bemalt; ungewöhnlich ist die Darstellung an der Nordwand: Nachfolger König Eje nimmt die Mundöffnung der Mumie vor. Die Mumie des Königs, die bis 2007 im äußeren der drei vergoldeten Särge ruhte, wurde in einen Plexiglaskasten umgebettet und die **maximale Besucherzahl auf 400** pro Tag (200 vormittags und 200 nachmittags) begrenzt. Tutanchamun starb, wie sehr gründliche Untersuchungen seiner Mumie vor der Umbettung ergaben, vermutlich an einer schweren Entzündung, die sich nach einer Verletzung am linken Bein bildete. Bisher war man davon ausgegangen, dass er ermordet wurde.

Rastplatz

Nach dem überdachten Rastplatz (ehemaliges Rasthaus) führt eine Straße nach links, an der die (derzeit geschlossenen) **Gräber von Sethos I, Ramses X** und ganz im Osten von Hatschepsut liegen sowie das von **Tuthmosis IV**, das geöffnet ist. Wer über den Berg klettern und nach Deir el Bahri wandern will, sollte sich diesen Abzweig für den Schluss aufheben, da man von hier aus losmarschiert.

Nr. 57 - Haremhab

Das in verschiedenen Stadien der Fertigstellung hinterlassene Grab ist leider vorläufig geschlossen. Es war durch einen Gewitterregen 1994 in Mitleidenschaft gezogen worden und wird seither restauriert. Es ist noch unklar, wann es (nach einer sehr kurzen Öffnungszeit 2003) der Öffentlichkeit wieder zugänglich gemacht werden wird.

Nr. 35 - Amenophis II

Amenhotep II ausgeschildert
Amenophis II, der Sohn von Tuthmosis III ließ sich ein ähnliches Grab anlegen wie sein Vater (Grab 34, siehe weiter unten). Die Grabkammer selbst zählt zu den schönsten, zumindest vollständigsten wegen der ausgezeichneten Dekoration. Über 85 Stufen insgesamt geht es hinunter; dort ist es sehr warm bei schlechter Luft. Die Korridore sind nackt; als Erstes überrascht der (überbrückte) Schacht mit Dekorationen an Decke und zwei Wänden in kräftigen Farben.

Dann folgt ein wiederum nackter Zweipfeilerraum, von dort führt eine Treppe in die eigentliche Grabkammer. Hier steht noch der Sarkophag, in dem Amenophis bei der Grabentdeckung lag. In der zweiten Seitenkammer rechts wurden neun andere Königsmumien gefunden, die dort offenbar hastig versteckt worden waren (alle heute in Kairo). Die Decke ist mit Sternen übersät, darunter läuft ein Band aus verschnürten Binsenbündeln („Cheker"-Fries). Die Bilder an den sechs Pfeilern - obwohl zum Teil nicht vollständig ausgemalt - zählen von ihrer Klarheit und Farbkomposition her für uns mit zu den schönsten im Tal. Sie zeigen den König vor verschiedenen Göttern.

Insgesamt sind die Farben der sehr sorgfältig ausgeführten Bilder und Texte hervorragend erhalten. An den Wänden kann man alle **12 Stunden des Amduat** verfolgen, das hier verkürzt, aber vollständig abgebildet ist. Das Sonnenschiff im Mittelregister fährt Stunde für Stunde durch die Nacht. Es beginnt seinen Weg in der linken Raumecke hinter dem Sarkophag und umrundet im Uhrzeigersinn den gesamten Raum. Die folgende, sehr knappe Erklärung gilt im Prinzip auch für andere Amduat-Aufzeichnungen:

Der Sonnengott taucht in der **ersten Nachtstunde** als widderköpfiger Ba (Seele) in die Unterwelt ein, deren Bewohner - bis auf die Feinde - das Erscheinen bejubeln. Nach dem senkrechten Balkenstrich folgt die **zweite Stunde**, in der die Sonnenbarke (Mittelregister) auf der Wasserfläche *Wernes* (blau) von anderen Booten begleitet wird. Im unteren Register heben Korngötter mit Ähren im Haar die Fruchtbarkeit dieser Gefilde hervor. Die **dritte Stunde** ist ähnlich aufgebaut, jetzt fahren die

Barken auf dem Gewässer des Osiris, der im unteren Register mehrfach zu sehen ist.

Die **vierte Stunde** zeigt ein anderes Szenario: Die fruchtbare Landschaft ist in die öde, von Schlangen wimmelnde Wüste *Rasetjau* übergegangen; das Boot muss getreidelt werden, die weiße, von oben nach unten verlaufende Zickzack-Linie symbolisiert den schwierigen Sandweg. Um diese Strecke zu bewältigen, verwandelt sich die Barke in eine Schlange. In der **fünften Stunde** hat der Sonnengott den Grabhügel des Osiris zu überwinden, auf dessen anderer Seite Schlächter und Schlangen drohen, die aber besänftigt werden. Das Boot erreicht die **sechste Stunde** und damit die tiefste Tiefe der Unterwelt. Hier vereinigt sich der Ba mit dem Sonnenleichnam, jetzt kann die Sonne wieder aufleben (das Stundenbild ist hier durch die Raumecke geteilt).

Die nach Mitternacht neu erstrahlende Sonne hat in der **siebten Stunde** allerlei Gefährdungen zu bestehen. Der Erzfeind *Apophis* lauert als gefährliche Schlange, aber hilfreiche Göttern fesseln und zerstückeln die Schlange mit Messern.

Ähnlich erhält Osiris im oberen Register Hilfe von einem Strafdämon, der die Feinde köpft. In der **achten Stunde** kommt die Sonnenbarke dank acht Ziehender zügig voran (Mittelregister). Oberes und unteres Register sind in Grüfte geteilt, in denen die Bewohner auf Stoff-Hieroglyphen „sitzen", weil es in dieser Stunde um die Bekleidung der Unterweltwesen geht. Dies setzt sich noch in der **neunten Stunde** oben fort. Im Mittelregister sind hier die Ruderer vor der Sonnenbarke angetreten. Unten sollen Uräusschlangen abschrecken und Feldgötter (mit Getreidehalmen) die Versorgung sicherstellen.

Wichtiges Thema der **zehnten Stunde** sind die durch Ertrinken zu Tode Gekommenen, die nicht bestattet werden konnten. Sie treiben im Urgewässer (Wasser im unteren Register), werden aber von Horus vor Verwesung bewahrt und damit gerettet. Im Mittelregister sieht man die Schutzmannschaft des Sonnengottes. Die **elfte Stunde** dient der Vorbereitung auf den Sonnenaufgang. Im Mittelregister wird die Schlange, in deren Leib sich demnächst die Verjüngung der Sonne ereignen wird, (von rechts) zur Barke ge-

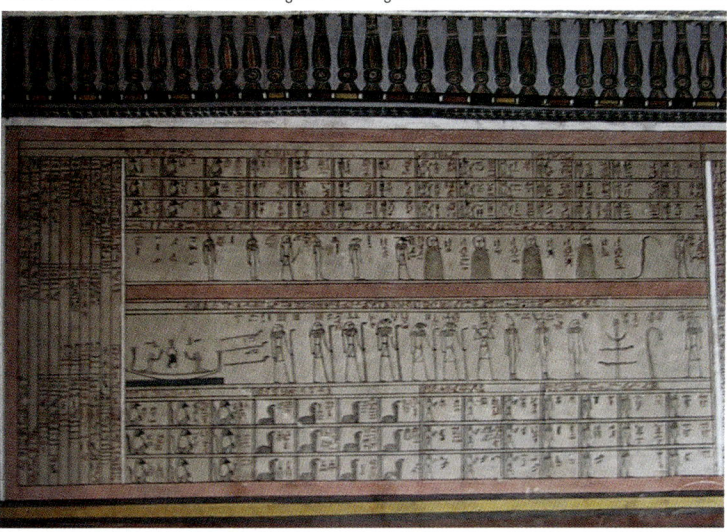

Erste Stunde des Amduat (Grab von Amenophis II)

tragen. Im unteren Register brennen die Feinde in feuergefüllten Gruben. Für die Neugeburt der Sonne in der **zwölften Stunde** muss die Barke, die auch alle „seligen Toten" enthält, durch den Leib der Schlange gezogen werden. Für diese schwere Arbeit ist die größte bisher engagierte Zugmannschaft nötig.

Wenn das Werk vollendet ist, fliegt die Sonne als Uräus in die geöffneten Arme des Gottes Schu, der sie an den Tageshimmel emporhebt und die Unterwelt wieder verschließt. Ihre Bewohner, die Toten, wie auch Osiris (unteres Register) fallen bis zum nächsten Erscheinen der Sonne erneut in Todesschlaf.

Nr. 11 - Ramses III

Es handelt sich um das drittgrößte Grab im Tal. Es war für den Vater von Ramses III, Sethnacht, angefangen worden, wurde aber aufgegeben, als es mit Grab 10 zusammentraf. Ramses III hatte weiter unten im Tal das Grab Nr. 3 bauen lassen, verzichtete aber wegen der schlechten Ausführung darauf und baute hier weiter.

Die 38-stufige Originaltreppe, die zum Einlass führt, ist in der Mitte mit einer „Rutschbahn" für den Sarkophag ausgestattet. Entgegen anderen Gräbern mit verstecktem Eingang wurde hier die Öffnung in den Berg mit je zwei Pilastern mit Hathorkopf rechts und links des Eingangs sogar betont; auf dem Türsturz das bekannte Relief mit Isis und Nephthys (siehe Grab 8). Gleich links nach dem Eingang sieht man den König vor Re-Harachte und als nächstes das „Titelbild" der Sonnenlitanei, mit der auch die Wände der ersten beiden Korridore ausgeschmückt sind, links beginnend. Insgesamt sind die Reliefs eher grob gestaltet und leider relativ schlecht erhalten.

Etwas weiter fallen links und rechts Seitenkammern mit ungewöhnlichen Darstellungen für Königsgräber auf. In der ersten Kammer links: Köche, Bäcker, Metzger; in der gegenüberliegenden: Schiffe auf dem Weg nach Abydos. Nach kurzem Abstand folgt die zweite Kammer links: Nilgötter und Fruchtbarkeitsgötter; gegenüber: heilige Tiere. Dritte Kammer links: Ortsgötter (auch Zwitter) bringen Opfer, Nilgötter; gegenüber: so genanntes Schatzhaus mit Krügen, Halsbändern, Betten etc. Vierte Kammer links: Schutzgeist des Königs, heilige Stiere, Schlangen; gegenüber: Feldarbeiten in heiligen Gefilden; fünfte Kammer links: an den Seitenwänden die heute ziemlich beschädigten, berühmten Harfenspieler vor Göttern (danach wurde das Grab früher benannt); gegenüber: zwölf verschiedene Osiris-Figuren.

Im dritten Saal sieht man den Schacht, der (versehentlich) im Grab des Amenmesse landete. An den Wände n opfert der König verschiedenen Göttern; rechts vor Ptah-Sokar-Osiris (grüne Hautfarbe) räuchernd und Wasser spendend, dahinter steht schützend Isis mit Flügelarmen. Der folgende Korridor wurde nach rechts versetzt, um den Nachbargrab aus dem Weg zu gehen. Die Wände sind mit Szenen des Amduat geschmückt. Eine kleinere Querhalle ist mit verschiedenen Götterfiguren ausgemalt, auf den Wänden der folgenden Vierpfeilerhalle sind die 5. (links) und 4. Stunde des Pfortenbuchs dargestellt. Links unten, an der Rückwand beginnend, die *Fremdvölkerszene* mit je zwei Asiaten (Spitzbart), Nubiern (schwarz) und Libyern. Die Pfeiler tragen Opferszenen des Königs. Von hier führt eine 34-stufige Holzrampe weiter hinunter. Über die Treppe zur Grabkammer eine Doppelszene mit Osiris. In der dritten, zum Teil eingestürzten und gesperrten Halle stand der Sarkophag, der sich heute im Louvre befindet.

Nr. 16 - Ramses I

In das unfertige und relativ einfache Grab (Ramses I regierte nur kurz) führen 89 Stufen in zwei Abschnitten in einem undekorierten Gang direkt in die Sargkammer. Hier steht noch der offene Sarkophag aus Rosengranit, auf den die schützende Isis gelb aufgemalt wurde und dies in Eile, wie aus Textfehlern zu schließen ist. Die Wände der Kammer sind mit kräftigen, gut erhaltenen Farben dekoriert. Die linke Eingangswand zeigt Ramses I vor Ptah und der Djed Säule, die linke Seitenwand zunächst in großem Bild den König mit Harsiesi (dem jungen Horus) und Anubis, dann folgen in drei Registern Szenen aus dem Pfortenbuch. In der

Theben-West - **** Tal der Könige

Nische der Rückwand sieht man einen widderköpfigen Sonnengott, der Osiris hält. An der Rückwand zunächst der König mit Salbe, dann kniend zwischen den Seelen des falkenköpfigen Re und des hundeköpfigen Nekhen (vergöttlichte vorgeschichtliche Könige), dann weiht er vier Kästen mit Kleidern vor Atum-Re-Khepri, dem abendlichen Sonnengott. Auf der rechten Hälfte der Rückwand wird er von Harsiesi und Atum mit Neith zu Osiris geführt. Die rechte Seitenwand zeigt wiederum Szenen aus dem Pfortenbuch, auf der rechten Eingangswand opfert der König dem Nefertem Wein.

Nr. 14 - Sethnacht und Tauseret

Das ursprünglich von Königin Tauseret angelegte Grab wurde später von Pharao Sethnacht übernommen und erweitert, nachdem sein Grab Nr. 11 das von Nr. 10 berührte (siehe oben). Den Namen der Vorbesitzerin ließ Sethnacht

„Drachendecke" im Siptah Grab

mit Stuck überdecken, der heute insgesamt ziemlich beschädigt ist. Durch drei Korridore gelangt man in einen kleineren, dann in einen größeren Raum, die beide mit Götterbildern dekoriert sind. Im nächsten Korridor liegt links ein Nebenraum, an dessen Rückwand Anubis mit dem aufgebahrten Leichnam gezeigt wird, unter dem die vier Kanopengefäße zur Aufnahme der Eingeweide bereitstehen. Nach einem mit Göttern und grimmigen Wächtern dekorierten Vorraum folgt die quer liegende Achtpfeiler-Grabkammer der Tauseret, in der jedoch kein Sarkophag steht. Dieser Raum ist unter anderem mit Szenen aus dem Pfortenbuch bemalt, an der Decke ziemlich zerstörte Sternbilder. Die rechte Seitenwand zeigt das großformatige Schlussbild des Höhlenbuchs nahezu genauso wie im Grab des Merenptah (siehe dort); darunter sieht man hier noch die Sonnenbarke über dem Erdgott Aker (als Doppelsphinx).

Dann geht es in einem Korridor weiter, in dem Reliefs in Mörtel vorgearbeitet sind; es handelt sich um die 6. und 7. Stunde des Amduat auf der linken, die 8. und 9. auf der rechten Seite. Die Grabkammer des Sethnacht entspricht der von Tauseret; hier steht der beschädigte Sarkophag in Kartuschenform. An den Seitenwänden erkennt man die Reste von Reliefs.

Nr. 47 - Siptah

Dieses Grab ist eher armselig und mit relativ wenigen Details ausgestattet; nutzen Sie Ihr Ticket besser für andere Gräber. Über dem Eingang fällt wieder das Relief mit Isis und Nephthys auf (siehe Grab 8); im Innern folgen schöne farbige Reliefs mit der Sonnenlitanei; im zweiten Korridor Auszüge aus dem Totenbuch mit großflächigen Bildern, z.B. links Anubis über dem Toten, dessen Kopf bereits mit der goldenen Totenmaske bedeckt ist; links daneben Isis, rechts Nephthys, darunter Anubis in Tiergestalt. Auch die Decke dieser beiden Korridore ist bemalt.

Im zweiten Korridor beginnt ein Ausschnitt aus der Sonnenlitanei mit einer Darstellung des Ba (Seele) des Sonnengottes als Vogel mit Widderkopf in der Sonnenscheibe; an der linken Seite Isis, rechts Nephthys, beide in Vogelgestalt. Danach sieht man nur noch rohe Wände. In der Sargkammer steht ein Granitsarkophag. Insgesamt hat man etwa 75 Stufen bis hierher zurückgelegt. 22

Nr. 15 - Sethos II

Das Grab gehört dem Gemahl von Königin Tauseret. Es wurde wegen seiner großen Korridore während der Bergung der Tutanchamun-Schätze als temporäres Lager benutzt. Die teilweise gut erhaltenen, häufig aber noch nicht farbig ausgemalten Reliefs sind sehr fein gearbeitet. Über dem Eingang sieht man einen der besterhaltenen Friese mit Sonnenscheibe und den Göttinnen Isis und Nephthys; hinter dem Eingang opfert der König dem Re-Harachte (rechte Wand) und empfängt dafür (links) ewiges Leben. Bald folgt die Sonnenlitanei mit ihrem großflächigen Titel und den langen Hieroglyphentexten. An der Decke erkennt man am Unterschied des Schnabels fliegende Geier und geflügelte Schlangen in Geierform.

Nach dem ersten Korridor wurden nur noch Vorzeichnungen fertig; erst nach dem dritten Korridor sieht man in einem Raum vor der Vorkammer wieder großflächige, mit kräftigen Farben gemalte Bilder von Götter- und Königsstatuetten, die als Beigaben dem König mit auf den Weg gegeben wurden. Links an der Wand liegt die Mumie eines unbekannten Mannes. Es folgt die Vierpfeiler-Vorkammer mit Bildern verschiedener Götter, aber auch diese ist nur zum Teil fertig gestellt; auf den Wänden Vorzeichnungen aus dem Amduat. In der Sargkammer fällt der hochgestellte Sarkophagdeckel auf, seine Unterseite lässt sich in einem Spiegel betrachten. Sie ist mit einem kräftig modellierten Relief der Isis dekoriert, die sich gewissermaßen auf den verstorbenen König legt, der mit ihr den Thronfolger zeugt. Isis erscheint auch an der Kammerdecke in Form der geflügelten Göttin.

Nr. 34 - Tuthmosis III

Das am engen südlichen Talende gelegene Grab erfordert die meiste Beinarbeit: Zunächst erklimmt man die 83 Stufen höher liegenden Eingang, dann geht es wieder 80 Stufen bis zur Vorkammer hinunter und schließlich noch weitere 22 Stufen zur Grabkammer. Diese „Barriere" hält eilige Besuchergruppen fern, andererseits scheint die Treppe (mit Reisepartnerln) ein beliebtes Fotmotiv geworden zu sein. Die Besichtigungsmühe lohnt sich vor allem, wenn man das Amduat - die zeitlich erste vollständige Ausgabe - detailliert und halbwegs in Ruhe betrachten will.

Sobald man den Schacht erreicht („Höhle des Sokaris", hier zum ersten Mal eingebaut), sieht man, dass die einstige Mauer durchbrochen wurde, um Zugang zum Grab zu finden. Nur die Decke ist mit Sternen auf blauem Nachthimmelgrund bemalt, direkt unterhalb verläuft an den Wänden ein so genannter Checker-Fries. Es folgt die Vorkammer, deren Decke ebenfalls mit Sternen übersät und unterhalb derer wiederum ein Checker-Fries zu sehen sind. An den Wänden stehen, quasi tabellarisch aufgelistet, die Namen aller 741 Götter und Dämonen, die im Amduat erwähnt sind.

Von hier führt eine steile Treppe zur Grabkammer mit dem roten Sandsteinsarkophag hinunter; in den Nebenkammern wurden Grabbeigaben gefunden. Sie ist oval in Form der königlichen Namenskartusche angelegt. Ihre schöne Sternen-Decke wird von zwei Pfeilern abgestützt, die hauptsächlich mit der Sonnenlitanei dekoriert sind, die erstmals hier in einem Grab vorkommt.

Bekannt ist ein Bild vom König mit seiner Familie - alle Mitglieder sind benannt -, rechts darunter wird der König von der Baumgöttin gesäugt (erster Pfeiler linke Seite; die Brust ist schon weitgehend abgegriffen).

An den Wänden kann man den Ablauf der Nacht im Amduat mit vorzüglich erhaltenen Darstellungen verfolgen, es scheint direkt vom Papyrus kopiert zu sein. Das Buch ist hier noch nach den Himmelsrichtungen ausgelegt; es beginnt in der hinteren rechten Raumecke quasi über einer Kammeröffnung und endet mit der Morgenszene kurz vor dieser Kammer. Nähere Details zum Amduat finden Sie bei der Beschreibung von Grab 35.

Wir wollen nun dem Weg folgen, der vom Rastplatz nach Osten abzweigt. Der dritte Eingang rechts führt in das Grab von Sethos I.

Nr. 17 - Sethos I

Das schönste Grab im Tal hat am meisten unter dem Besucheransturm gelitten, es ist seit Jahren gesperrt. Immer neue Wiedereröffnungstermine geistern durch die Medien - sollte es wahr werden, dann sollten Sie es wegen seiner

Theben-West - **** Tal der Könige

wunderschönen Reliefs und der gut erhaltenen Farben nicht auslassen.

Wenn Sie den Tempel von Abydos (siehe Seite 367) besuchten, dann werden Sie bestimmt auch das Osireion gesehen haben, das Scheingrab von Sethos I. Hier stehen Sie vor dem tatsächlichen Grab, und der (Toten)Tempel von Abydos entspricht dem hiesigen Totentempel von Sethos I (siehe Seite 421).

27 Stufen führen über eine Holztreppe in den ersten Korridor. Links sieht man Sethos vor Re-Harachte, dann folgt die Sonnenlitanei, die im zweiten Korridor (Treppe) u.a. mit 75 Darstellungen von Re-Harachte (obere Wandnischen) fortgesetzt wird. Im dritten Korridor ist auf der rechten Wand die 4. Nachtstunde des Amduat, auf der linken die 5. Stunde dargestellt. Man betritt dann einen quadratischen Raum mit tiefem Schacht, in dem der König vor verschiedenen Göttern zu sehen ist. In einer heute entfernten Mauer fand 1815 Belzoni, der Entdecker des Grabes, einen schmalen Durchbruch und damit die Fortsetzung der Anlage. Von hier führen ein paar Stufen in den Ersten Pfeilersaal. Auf den vier Pfeilern opfert der König den Göttern der Unterwelt. Auf der linken Wand ist die 4. Stunde des Pfortenbuchs, im unteren (beschädigten) Register Horus mit den vier Menschenrassen dargestellt, durch je vier Ägypter, Asiaten, Schwarzafrikaner und Libyer repräsentiert. Der Nebenraum enthält nur rot und schwarz vorgezeichnete Entwürfe aus dem Pforten- und Unterweltbuch.

Im vorigen Saal geht es links über 18 Stufen und durch zwei Korridore - mit Mundöffnungsszenen bemalt - in einen Vorraum, der mit Darstellungen vom opfernden König geschmückt ist. Nur wenige Schritte sind es zu einer Halle, die im vorderen Bereich von sechs Pfeilern getragen wird, im hinteren Teil als Gewölbe ausgeführt ist. Die linke und die Vorderwand zeigen die Stunden 1, 2 und 4 des Pfortenbuchs, die Pfeiler Opferungen des Königs vor den Unterweltgöttern, der linke Seitenraum Pfortenbuchausschnitte, der rechte die Himmelskuh mit Luftgott Schu, an den Wänden

Treppe zum Grab von Thutmosis III

den „Mythos von der Vernichtung der Menschheit durch die Götter". Der überwölbte Teil mit einer astronomischen Deckenzeichnung ist die eigentliche Grabkammer. Der durchscheinende und erstmals in Mumienform gestaltete Alabastersarkophag wurde von Belzoni nach London verfrachtet. An den Wänden sind Szenen aus dem Totenbuch zu sehen. Der linke Seitenraum enthält Opferszenen des Königs (auf den Pfeilern), an den Wänden das Amduat und das Pfortenbuch. Der rechte kleine Raum war die Osiris-Kammer, in der seiner gedacht wurde.

Nr. 43 - Tuthmosis IV

Das selten besuchte und angeblich kühlste Grab im Tal liegt am Ende der Straße tief im Berg. Bei der nur teilweise fertig gestellten Anlage sind zwei Vorkammern dekoriert, die Grabkammer selbst blieb nackt, nicht einmal Putz wurde aufgetragen. Sie zeigt andererseits die Sorgfalt, mit der bereits in dieser Phase ebene Wände aus dem Fels geschnitten wurden.

Man steigt 105 Treppen- und Rampenstufen durch kahle Korridore hinunter bis zum überbrückten Schacht. Auf dessen Wänden sieht man die ersten Dekorationen in schönen, kräftigen Farben: Verschiedene Götter halten das Lebenszeichen Anch vor die Nase des Verstorbenen, um ihm den Lebensodem zu spenden.

6 Im Niltal von Kairo bis Abu Simbel

Dieses Motiv wiederholt sich im Vorraum zur Sargkammer, die man nach Durchquerung eines kahlen Pfeilerraumes und Abstieg über weitere 65 Stufen erreicht. Auch die Grabkammer blieb undekoriert. Doch mit dem Sarkophag gaben sich die Künstler große Mühe, er zählt zu den schönen Exemplaren im Tal. An seinen Stirnseiten fallen eindrucksvolle Reliefs von Nephthys (links) und Isis (rechts) auf.

Wenn Sie nach Deir el Bahri wandern wollen und steiles Klettern nicht scheuen, dann nehmen Sie einen der schmalen Pfade rechts vom Grab. Ein etwas bequemerer Weg nach Deir el Bahri und Deir el Medina beginnt kurz nach dem Sethos I Grab.

Nr. 23 - Eje (englisch *Ay* oder *Aj*)

Sollten Sie noch nicht erschöpft und im Besitz eines zusätzlichen Tickets (£E 25) sein, schlagen wir einen Abstecher in die Wüsteneinsamkeit vor: zum Grab des Eje, das im abgelegenen West-Valley liegt. Es handelt sich um ein typisches Wadi gebirgiger Wüstenzonen mit steilen, häufig senkrecht abfallenden Felswänden, die am Ende fast zu einer Schlucht zusammenrücken. Falls Sie den Sinai oder die Gebirge der Ostküste nicht besuchen werden, dann können Sie sich hier einen - wenn auch bescheideneren - Eindruck verschaffen. Vor allem dann empfiehlt sich der ca. 30 Minuten lange Wanderweg durch die faszinierende Felsenwelt; andernfalls bringt Sie auch Ihr Taxifahrer gegen ein Bakschisch hinauf, falls Sie per Taxi kamen.

Man biegt am Visitor Center nach Westen auf eine ausgeschilderte Piste ab. In einer Kurve stehen zwei Häuser; rechts am Hang wohnt der Gafir (Wärter), der mit zum Grab geht, um aufzuschließen - ohne ihn kein Einlass. Ein zweiter Mann kommt hinterher, um den Generator für die Beleuchtung anzuwerfen.

Unterwegs zweigt ein Weg zum unzugänglichen Grab des Amenophis III ab. Das Eje-Grab ist fast am Ende der Schlucht erreicht. Es weist Ähnlichkeiten mit dem des Tutanchamun auf, dem Vorgänger von Eje, ist aber tiefer in den Berg gehauen. Insgesamt hat man knapp 60 Treppenstufen und etwa 90 einer Holzrampe durch völlig schmucklose Korridore zur Grabkammer hinunterzuklettern. Nicht nur die thematische Auswahl bei der Ausschmückung, sondern auch der Stil sowie die großfigürliche Gestaltung mit plakativen Farben erinnern stark an das Grab des Vorgängers. Ungewöhnlich für ein Königsgrab ist eine Jagdszene des Pharaos im Papyrusdickicht (rechts nach dem Eingang). Die ebenfalls zum Grabschmuck gehörenden zwölf Affen (rechte Seitenwand) gaben ihm nach der Entdeckung den Namen *Affengrab*. Der gewaltige Sarkophag trägt auf der Vorderseite ein schönes Relief mit Isis und Nephthys.

**** Privatgräber (auch *Noblen-Gräber*)

Hintergrund: In Theben-West gibt es über 400 dekorierte Gräber von Privatleuten, d.h. von Angehörigen der Oberschicht. Sie sind hochinteressant wegen der Darstellungen aus dem täglichen Leben, die oft in direktem Bezug zur Person des Grabinhabers, zu seinem Beruf bzw. seinen Ämtern stehen.

Schauen Sie sich diese Dokumentation des pharaonischen Alltags an und lassen Sie sich aus verflossenen Jahrtausenden erzählen. Der aufmerksame Beobachter findet deutliche Parallelen zu abendländischen Lehren. Wenn der Verstorbene laut Totenbuch den Totenrichter beschwört: „Ich habe kein fremdes Eigentum beschädigt, niemanden verleugnet, keinen Schmerz zugefügt, niemanden hungern lassen, keine Tränen verursacht. Ich habe niemanden getötet und auch nicht zu töten befohlen ...", dann ist der Weg zu den biblischen zehn Geboten nicht weit und man stellt betroffen fest, dass die grundsätzlichen Probleme der Menschheit vor 4000 Jahren schon allzu bekannt waren, die Lösung aber heute ebenso weit entfernt liegt wie damals.

Die Gräber folgen - bis auf das des Ramose - einer grundsätzlichen Architektur, die aus einem ungeschmückten Vorhof für die Totenfeste, einer Querhalle und einer anschließenden Längshalle besteht, der bei größeren Anlagen ein Pfeilersaal vorgeschaltet sein kann und in die hinten meist eine Nische für die Statuen eingelassen ist. Von

Theben-West - **** Privatgräber (auch Noblen-Gräber)

diesen Räumen gingen die Schächte hinunter zu den unterirdischen Grabkammern, in denen die Särge und die Grabausstattung abgestellt wurden. Während dieser Teil der Grabanlage verschlossen wurde, blieben die anderen Räume weiterhin für die Totengedenkfeiern zugänglich.

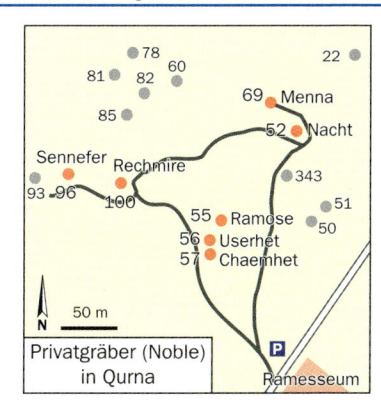

Für den Besucher stellt sich das Problem der Auswahl und Orientierung. Vereinzelte Schilder weisen zwar in Richtung einiger Grabstätten, die aber dennoch etwas schwer zu finden sind. Die Gräber liegen (von Nord nach Süd) in Dra Abou el Naga, Asasif, El Cocha, Qurna und Gurnet Murai, wobei die meisten der zur Besichtigung freigegebenen Gräber in **Qurna** zu finden sind. Diese Nekropole zieht sich um das gleichnamige, inzwischen weitgehend verlassene Dorf - westlich des Ramesseums - den Hang hinauf. Jugendliche bieten sich als Führer zu den im Gelände des Dorfes liegenden Grabstätten an.

Das Innere der sehenswertesten und geöffneten Gräber ist als Rundgang beschrieben, der (außer im Ramose-Grab) jeweils vom Eingang aus links herum (siehe Plan Grab Nr. 69 – Menna) verläuft. Wenn man vom Parkplatz den deutlich sichtbaren Weg rechts nach oben geht, kommt man auf etwa halber Höhe zum Grab des Nacht (Nr. 52). Man sollte aber zunächst noch weiter aufwärts zu einer Senke mit dem Grab des Menna (Nr. 69) wandern.

Wer nur die drei Gräber Nr. 55, 56 und 57 besichtigen will, geht vom Parkplatz den linken Schotterweg hinauf. Nach der Besichtigung kann man weiter den Berg hinauf zu den Gräbern Nr. 96 und 100 gehen.

Nr. 69 - Menna

(Zur Zeit unserer Recherche war das Grab geschlossen.) Der Feldvermesser Menna (unter Tuthmosis IV) ließ sein Grab u.a. mit erfrischenden Szenen aus seiner Tätigkeit schmücken, deren Farben noch gut erhalten sind. Der Grabherr ist am ausgehackten Gesicht zu erkennen; mit dieser Tat wollte ein Feind verhindern, dass er im Jenseits weiterlebt.

Links im Durchgang zur Querhalle sieht man Menna mit Frau und Tochter beim Beten; auf der linken Querhallenwand [A] bei der Arbeit: Ein Helfer zeigt auf den Grenzstein, die Vermessungsschnur wird gespannt, Schreiber halten die ermittelten Maße fest. Rechts bringen ängstliche Bauern Erfrischungen, um Menna gnädig zu stimmen. Im Bildstreifen darunter wird Getreide abgemessen und das Ergebnis notiert, Wagen und Pferde warten, es folgt das Dreschen mit Ochsen. Im nächsten Bildstreifen darunter beaufsichtigt Menna die Ernte, während sich zwei Mädchen an den Haaren ziehen und ein Junge Flöte spielt. Ganz unten wird gepflügt, ein Mädchen zieht sich einen Dorn aus dem Fuß.

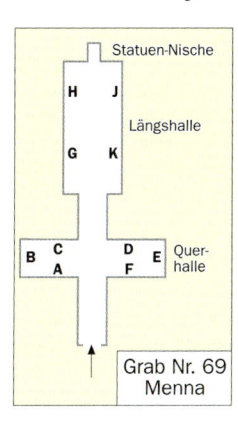

Auf der linken Querwand [B] betet Menna mit Frau zu Osiris, die rechte Seite der Querhalle [E] zeigt Opfer und religiöse Szenen. Im Durchgang zur Längshalle verlässt der Tote mit Frau das Grab für das Talfest. Auf der linken Wand der

Längshalle [G] sieht man in mehreren Bildstreifen Begräbnisszenen mit Opferträgern, der Grabausstattung, ein Boot mit Trauernden, den Sargtransport, Priester, Schlächter und Boote auf der Prozession zu Anubis, im hinteren Bereich [H] das Totengericht mit dem Herz des Toten auf der Waage. In der Statuen-Nische steht nur noch das Unterteil einer Sitzgruppe. Die rechte hintere Wand [J] zeigt den Toten mit Verwandten beim Opfern, dann beim Fischen und Vogelfangen und schließlich die Wallfahrt nach Abydos [K].

Nr. 52 - Nacht

Das - eigentlich winzige - Grab des Nacht zählt zu den schönsten Privatgräbern Ägyptens. Es hat durch die zahllosen Besucher so sehr gelitten, dass seine Wände völlig verglast und der Boden mit Dämm-Matten ausgelegt wurde, um Erschütterungen zu mindern. Höchstens vier Personen können sich gleichzeitig umschauen; im Vorraum stehen Wartebänke, eine kleine Ausstellung gibt Erklärungen. Der Grabherr Nacht war unter Tuthmosis IV hoher Beamter und angesehener Astronom.

Nur der Querraum ist dekoriert, zum Teil sogar unfertig. An der Wand links vom Eingang opfert Nacht zusammen mit seiner Frau; weiterhin beobachtet er Feld- und Erntearbeiten, die fast minutiös dargestellt sind. Die linke Querwand zeigt eine Scheintür mit dem Ehepaar Nacht beim kultischen Mahl. Auf der hinteren Längswand sieht man das Ehepaar beim Festmahl (unter einem Stuhl die Lieblingskatze) mit Tänzerinnen und Musikanten, eine der schönsten Szenen. Ein Sohn bringt Gänse und Blumen, eine spärlich bekleidete Dienerin hilft einer Frau beim Schmuckanlegen. Die Gäste sind in mehreren Reihen übereinander dargestellt.

Rechts der Mitteltür bringen Diener Tauben und andere Köstlichkeiten dem Ehepaar, das in einer Laube sitzt. Rechts davon Vogeljagd und Traubenernte. Dann wieder Nacht bei der Vogeljagd mit Bumerang und beim Fischen. Die rechte Querwand wurde nur teilweise fertiggestellt; man sieht wieder das Ehepaar bei Tisch und Personen mit Opfergaben.

Nr. 96 - Sennefer

Sennefer war zur Zeit von Amenophis II der Vorsteher von Theben, also Chef des größten pharaonischen Unternehmens; wohl daher konnte er sich ein so großes Grab leisten und es schön ausmalen lassen.

Nachdem man 43 Stufen hinunter gestiegen ist, kommt man zunächst in einen als Weinlaube konzipierten Vorraum, dessen Decke mit Ranken und Trauben geschmückt ist. Links sitzt Sennefer und nimmt Opfer von seiner Tochter und von Priestern entgegen; auf der rechten Wand bringen Diener die Grabausrüstung. Beiderseits der Tür zum nächsten Raum sieht man ihn betend mit seiner Frau.

Jetzt betritt man einen kleinen Saal mit vier Pfeilern, dessen Decke mit Weinranken und Flechtmustern dekoriert ist. Hier hat Sennefer geschickt einen schützenden Geier versteckt, der eigentlich den Pharaonen vorbehalten war. Links des Eingangs tritt der Grabherr mit seiner dritten Frau Merit aus dem Grab („um die Sonne zu sehen"). Die linke Wand zeigt die Leichenprozession, die hintere Wand Sennefer und Frau beim Mahl, Priester beim Opfern; die rechte Wand im hinteren Teil Sennefer mit Frau in einer Weinlaube beim Beten zu Osiris und Anubis; dann Anubis an der Bahre, danach gießt ein Priester Reinigungswasser über den Toten und seine Frau. An der rechten Eingangswand Sennefer mit Frau Merit und einem Sohn als Priester.

Nr. 100 - Rechmire

Das von der Architektur her ungewöhnliche Grab weist eine 29 m lange, eher schmale Längshalle auf, die nach hinten immer höher wird. Es diente lange Zeit als Wohnhöhle, daher sind die unteren Wandbereiche ziemlich beschädigt, die Farben verblasst. Rechmire war Wesir unter Tuthmosis III.

Auf den Bildern der Querhallenwand links vom Eingang [A] empfängt Rechmire in seiner Audienzhalle Bittsteller und Boten mit Abgaben. Die gegenüberliegende Wand [C] zeigt ihn beim Empfang von Abgeordneten - auch Frauen und Kindern - mit Geschenken aus Punt, Kre-

Theben-West - **** Privatgräber (auch Noblen-Gräber)

Die schöne Schwägerin des Grabherrn im Ramosegrab (siehe Buchumschlag)

ta, Nubien und Syrien (von oben nach unten). Rechts [D] Jagdszenen und Rechmire bei der Inspektion von Abgaben. In der Mitte der linken Längshallenwand [H] überprüft Rechmire Handwerker; hier sind Szenen des täglichen Lebens und Arbeitens sehr detailliert und lebendig dargestellt, u.a. Sattler, Schmiede (mit Blasebalg), der Metallguss einer Tür etc. Die gegenüberliegende Wand [J] zeigt (von hinten nach vorn) die Barkenprozession der Statue, ein Festmahl mit Musikern, Sängern und Gästen sowie heimkehrende Schiffe.

Nr. 56 - Userhet

Der Grabherr war Schreiber unter Amenophis II. Bei der Dekoration dominieren - ungewöhnlich - Rosa- und Rottöne. Auf der rückwärtigen Querhallenwand links [C] ist ein Festmahl (unter Stühlen hocken Affen!) mit Harfen- und Lautenspielern dargestellt, rechts [D] Inspektion der Rekruten, darunter Barbiere mit wartenden Kunden im Baumschatten. Es folgen vier Männerreihen vor Vorratshäusern, dann opfert Userhet dem Pharao Blumen und Früchte.

Die linke Wand der Längshalle zeigt eine sehr lebendige Jagdszene, u.a. werden Gazellen und Hasen vom Jäger (Userhet) und einer Hyäne verfolgt, außerdem sieht man Entenjagd mit Bumerang, ganz hinten beim Fischen. Auf der rechten Wand ist die Grabprozession mit Priestern und weinenden Frauen dargestellt. In der Nische befinden sich Statuenreste des Grabherrn und seiner Frau.

Nr. 57 - Chaemhet

Gleich neben Nr. 56 ließ sich der Speicheraufseher von Ober- und Unterägypten unter Amenophis III sein Grab anlegen, das mit einer zweiten Querhalle ausgestattet ist. Es weist ähnlich feine Reliefs mit sehr schönen Gesichtern und Gestalten auf wie das Grab des Ramose. Die rückwärtige Querhallenwand zeigt links [C] Chaemhet, der dem Pharao (unter dem Baldachin) den Erntebericht überbringt; auf der rechten Seite [D] eine ähnliche Szene; dort stehen hinter dem Grabherrn zwei Reihen dienstbarer Beamter. Auf der rechten Eingangswand [F] überwacht Chaemhet das Vermessen der Felder (wartender Wagen), darunter die Ernte. Die Reliefs der Längshalle sind weitgehend zerstört; in der folgenden zweiten Querhalle stehen rauchgeschwärzte Statuen in Nischen für den Grabherrn und seine Verwandten.

Nr. 55 - Ramose

Der Wesir unter Amenophis III und dann unter seinem Nachfolger Amenophis IV-Echnaton hatte seine angreifbare Stellung offenbar halten können und dies trotz der politischen Wende. Dies zeigt sich auch in seinem Grab, das zwar unvollendet blieb, aber gerade den künstlerischen Umbruch seiner Zeit deutlich vor Augen führt.

Man betritt eine große Halle mit 32 Säulen, die (heute) von Oberlicht beleuchtet wird. Man sollte beim Rundgang der historischen Entwicklung folgen und vom Eingang aus mit der rechten Wandhälfte beginnen, die noch im konventionellen Vor-Amarna-Stil ausgeführt ist. Hier empfangen Ramose, seine Frau und Verwandte von Dienern Opfer; unterhalb sitzt das Ehepaar mit Gästen aus Memphis am Tisch (ein Priester im Pantherfell). Zur Mitte der Wand sieht man den Grabherrn mit Frau (hinter ihm) und drei Töchtern mit Musikinstrumenten, dann mit seiner Frau und mehreren Beamten beim Opfern. Auf der linken Wandhälfte wird der Grabherr beim Weihen von Opfergaben dargestellt; daneben Gäste vor Ramose mit Frau und Verwandten, dann vier Paare von Verwandten vor dem Toten. Zweimal ist eine Gans (jeweils unter einem Stuhl) an dieser Wand während der Amarnazeit ausgehackt worden, da sie als Symbol des in jener Zeit verfemten Amun galt.

Die linke Querwand steht bereits unter dem Zeichen der Amarnazeit. Hier sieht man das Begräbnis mit der sehr ausdrucksstarken Szene von Klagefrauen und einer Männerprozession, die Grabbeigaben tragen. Schließlich stehen kahl geschorene Priester am Grab, rechts sprechen Ramose und Frau Hymnen zu Osiris. In der linken hinteren Ecke führt ein Gang zur (uninteressanten) Grabkammer.

Theben-West - Gräber in Dra Abu Nega

Auf der linken Hälfte der Rückwand herrscht wieder der konventionelle Stil. Nach Vorzeichnungen, erstem Herausarbeiten aus dem Stein bis zum kompletten Bild kann die Entwicklung verfolgt werden: Amenophis IV, der spätere Echnaton, lässt sich unter einem Baldachin mit Göttin Maat von Ramose huldigen. Die andere Hälfte der Wand, rechts der Tür, zeigt denselben Amenophis IV nun zusammen mit Nofretete auf dem Erscheinungsbalkon im Palast von Amarna, der von den Strahlen des jetzt einzigen Gottes Aton überdeckt wird. Vor ihnen wird Ramose geschmückt. Nach dem Ende der Amarnazeit wurde die Figur des Königs ausgehackt. Diverse Würdenträger, die dem Verstorbenen huldigen, sind nur vorgezeichnet.

Gräber von Asasif

Direkt südlich der Straße nach Deir el Bahri und kurz vor dem Parkplatz liegt die Nekropole von Asasif. Bis auf Grab Nr. 192 wurden hier erst in der 25./26. Dynastie Privatgräber angelegt, die stilistisch etwas ungewöhnlich sind. Für Interessierte lohnen die folgenden Gräber.

Nr. 279 - Pabasa, Haushofmeister

Die palastartige Anlage liegt trichterförmig tief in der Erde. Dort schließt sich an einen großen, Licht durchfluteten Hof eine Pfeilerhalle an, um die sich verschiedene Gräber und Kapellen gruppieren. Die Gräber, die auch für Familienangehörige bestimmt waren, sind als z.T. sehr tiefe Schächte angelegt. Der feine und sorgfältig gearbeitete Relief-Wandschmuck greift stilistisch auf frühere Epochen zurück und kopiert Vorlagen des Alten, Mittleren und Neuen Reichs. Man kann viele Szenen des täglichen Lebens betrachten, die sehr ähnlich in Sakkara-Gräbern zu finden sind, z.B. Schlächter, auch einen Imker. Die Hauptfiguren zeigen aber auch den Einfluss der nordsudanesischen Kunst der 25. Dynastie.

Nr. 414 - Anch-Hor
Gouverneur von Oberägypten

Die ziemlich große Anlage wurde von österreichischen Archäologen ausgegraben. Sie bietet außer einem Vorhof mit geschmückten Pfeilern (seltene Darstellung eines Imkers) keine großartigen Erlebnisse.

Nr. 192 - Cheriuf

Der Grabherr war Vermögensverwalter der Königin Teje in der 18. Dynastie. In der großen Anlage sind hauptsächlich die sehr fein gearbeiteten und dynamischen Szenen des *Heb-Sed Festes* (königliches Jubiläumsfest) in der Pfeilerhalle den Besuch wert. Auf der Wand links sieht man zunächst Prinzessinnen, die mit Wasserkrügen zum Grab kommen, links davon sehr grazile Tänzerinnen, die sich bis zum Boden herunterbeugen, im Register darunter die Musikkapelle. Beiderseits der Tür ist der thronende Amenophis III dargestellt, links gefolgt von der Göttin Maat und seiner Gemahlin Teje, rechts nur von Teje. Weiter rechts vom Eingang folgt, vom Ruß befreit, eine männliche Tanzgruppe, die sich bei weitem nicht so grazil bewegt.

Bergab, Richtung Abzweig der Deir el Bahri-Straße, liegt das Gräberfeld *El Cocha*. Wer Zeit hat, kann einen Blick auf die Gräber Nr. 36, 39, 49, 178 werfen.

Gräber in Dra Abu Nega

An der Straße, die vom Abzweig nach Deir el Bahri weiter zum Abzweig ins Tal der Könige führt, sind zwei Gräber geöffnet, von denen eins das Auge mit leuchtenden Farben und typischen Szenen aus dem täglichen Leben erfreut.

Nr. 255 - Rai (englisch *Roy*)

Hier lohnt der Besuch wegen der farbenprächtigen Bilder auf weißem Putz ganz besonders, obwohl es sich nur um einen einzigen ziemlich kleinen Raum handelt (rechts Grabschacht). Die Decke ist mit roten und schwarzen Sternen im Schachbrettmuster bemalt. Auf der linken Wand sieht man unten eine komplette Begräbnisszene mit Trauerzug, Klageweibern und dem Sarg des Verstorbenen. Darüber betet der Grabherr verschiedene Götter an. Er wird von Horus zu Osiris geleitet.

Nr. 13 - Shurai (englisch *Shuroy*)

Das in T-Form angelegte Grab ist sehr klein. Nur wenige der auf Stuck gemalten Bilder oder Vorzeichnungen sind erhalten.

***Arbeitersiedlung Deir el Medina

Hintergrund: In dieser sehenswerten Siedlung wohnten die Künstler, Steinmetze und Maler, die für die Anlage der Königsgräber im Tal der Könige zuständig waren. Für sich selbst legten sie am Hang über ihrem Dorf „nach Feierabend" ihre meist kleinräumigen Gräber an, die sich durch einen ganz eigenen Stil und eine oft recht eigenwillige Farbgebung auszeichnen. Am Rand der Siedlung steht ein kleiner, mit allen Nebenräumen erhaltener Ptolemäer-Tempel.

Die Grundmauern der engen, etwa 90 m² großen Häuser sind erhalten, manchmal sogar noch Stufen der Treppe in den oberen Stock bzw. aufs Dach. Sie standen in Reih und Glied an der Dorfstraße, die Rückwand war gleichzeitig die das Dorf umgebende Mauer. Die Ruinen ermöglichen eine gute Vorstellung von den damaligen Wohn- und Lebensbedingungen. Dies ist umso interessanter, als die meisten der altägyptischen Siedlungen, aus vergänglichen Nilschlammziegeln errichtet, nicht erhalten geblieben sind.

Übrigens konnten sehr viele Details über die Stadt und das damalige Leben rekonstruiert werden, weil hier zahllose, mit allen möglichen Notizen bekritzelte Ton- und Kalksteinscherben (Ostraka) gefunden wurden; allein 5000 in einem mit Abfall gefüllten unvollendeten Brunnen nordöstlich des Ptolemäertempels.

Nur einige Gräber sind zugänglich:

Nr. 1 - Sennedjen
Das sehenswerte Grab liegt dem Haus seines Besitzers gegenüber. 32 Stufen führen hinunter in eine sehr kleine überwölbte, perfekt ausgemalte Grabkammer, deren Farben tadellos erhalten sind. Auf der linken Eingangswand ist die Mumie zwischen Isis und Nephthys dargestellt, denen die Söhne opfern. Auf der linken Stirnwand betet der Grabherr mit Frau zu den Unterweltgöttern; die hintere Wand zeigt links die Mumie des Verstorbenen auf einer Bahre mit Anubis, rechts führt Anubis den Toten zu Osiris. Die rechte Stirnwand wird Sie wegen ihrer Schönheit überraschen: Oben im Halbrund der Wölbung beten Paviane die Sonnenbarke an, darunter ist in vier Registern das Elysium (Paradies) mit reifen Früchten an üppigen Bäumen aufgemalt, in dessen prächtigen Feldern der Tote mit Frau pflügt und erntet. Ebenso wie die Wände, so ist auch die Decke voll bemalt.

Nr. 359 - Inherchau
Das gleich nebenan liegende Grab erreicht man über 29 Stufen; es ist aber bei weitem nicht so gut erhalten, die Farben sind etwas verblasst. In einer einst ausgemalten Vorkammer sind noch Reste von Pforten- und Totenbuch zu sehen. Die enge Grabkammer ist mit Anbetungs- und Jenseitsszenen dekoriert.

Nr. 3 - Pashedu
Das Grab liegt relativ weit oben am Hang. Es ist ebenfalls sehr klein, weist aber gut erhaltene Farben auf. Die Bemalung zeigt hauptsächlich religiöse und familiäre Szenen.

Deir el Medina-Tempel
Die Ptolemäer ließen am nordöstlichen Ende der damals schon ruinösen Siedlung einen kleinen, kompakten Tempel für Hathor (Eintritt £E 25) errichten. Durch ein Sandsteintor betritt man den von einer hohen Ziegelmauer umgebenen Hof. Säulensaal und Pronaos sind zu einem Raum verschmolzen. Er wird von zwei Säulen und zwei Pilastern mit Hathorkapitellen gegliedert; zwischen ihnen befinden sich halbhohe Säulenschranken. Das Sanktuar wird von zwei Kapellen flankiert: rechts von einer schön dekorierten Hathor-, links von einer Osiris-Kapelle, in der - ungewöhnlich für einen Tempel - das Totengericht dargestellt ist (linke Wand).

An der rückwärtigen Außenwand blieben die Reste eines „Gegentempels" erhalten, der für das einfache Volk zugänglich war, während zum Haupttempel nur Priester Zutritt hatten.

Man kann von hier aus auf **schönen, aussichtsreichen Wegen** nach Deir el Bahri oder zum Tal der Könige immer am Steilabfall entlang wandern. Dazu erklimmt man die notwendige Höhe über die Polizeitreppe, die den Berg hinaufführt. Nach knapp 700 Stufen und dem Passieren der ersten Polizeistation biegt man rechts ab und erreicht – nach vielen wunderschönen Ausblicken - nach etwa 1 ½ Stun-

***Königinnengräber

Das südwestlich von Deir el Medina gelegene (Hoch)Tal der Königinnen birgt nicht nur Gräber von Königinnen, auch eine Reihe von Prinzen und Priestern wurde hier begraben. Die Anlagen ähneln denen der Könige, sind aber insgesamt bescheidener angelegt und ausgestattet.

****Nr. 66 - Nefertari

Hintergrund: Nefertari war die Lieblingsfrau von Ramses II. Ihr kurzes Leben lang hielt sie die Spitzenstellung an der Seite des Königs inne. Dies kommt besonders in ihrem von Ramses II erbauten Tempel in Abu Simbel zum Ausdruck. Wahrscheinlich starb sie um 1255 vC mit etwa 34 Jahren. Ihr 1904 entdecktes Grab, das auf der rechten Talseite liegt, ist durch die modernen Vorbauten und seine Abzäunung zu erkennen.

Das berühmteste Grab hatte unter Mineralausscheidungen (hauptsächlich Salz) sehr gelitten. In einem außerordentlich aufwändigen Renovierungsprozess wurde es wieder so hergerichtet, dass man es besichtigen konnte. Doch nach relativ kurzer Zeit musste es erneut geschlossen werden; es ist fraglich, ob es jemals wieder der Öffentlichkeit zugänglich gemacht werden wird. In der Hoffnung, dass irgendwann das Grab doch wieder geöffnet wird, drucken wir die Beschreibung weiterhin ab:

Die Grabanlage besteht aus einer Vorkammer mit zwei Nebenräumen, einem Treppenkorridor und der Grabkammer, an die drei Nebenräume gebunden sind. Die Darstellungen, mit denen Wände und Pfeiler bedeckt sind, überraschen mit so leuchtenden Originalfarben, als ob sie erst gestern aufgebracht worden wären. Die Bilder zählen, zumindest von den Farben her, zu den besten, die Theben-West überhaupt zu bieten hat. Sie wurden mit hoher Qualität und Sorgfalt gemalt, wenn auch für manchen Geschmack etwas zu starr. Die Themenwahl ist neuartig: Motive aus den Königs- und Privatgräbern wurden miteinander verbunden, ohne auf den Lauf der Sonne durch die Unterwelt einzugehen. Grundsätzlich stellen sie die Gemeinschaft der Königin mit den Göttern durch Auszüge aus dem Totenbuch dar.

Zum Eingang geht man eine kurze Treppe hinunter. An der West- und Nordwand der Vorkammer verläuft eine für Opfergaben vorgesehene Bank. Die Flächen darüber sind dem selten dargestellten 17. Kapitel des Totenbuchs gewidmet. In den Bildern, die links neben dem Eingang an der Südwand beginnen, sieht man die Königin unter einem Baldachin aus Bambus beim Brettspiel, ihre Seele (Ba) als Vogel, die kniende Königin die Sonne anbetend (auf der Westwand von zwei Löwen getragen), die

Grundmauern der Arbeitersiedlung Deir el Medina mit ptolemäischem Tempel (links)

Mumie auf dem Totenbett zwischen den falkenköpfigen Göttinnen Isis und Nephthys sowie weitere Götter. Auf der Ostwand (rechts) betet Nefertari vor Osiris zum Sonnengott Re-Harachte. „Re ist das, der in Osiris ist, Osiris ist das, der in Re ist"; dieses Gebet drückt das Verschmelzen des Gottes der Oberwelt mit dem der Unterwelt und umgekehrt aus.

Man geht rechts durch ein Vestibül (rechts Hathor und der falkenköpfige Re-Harachte mit Sonnenscheibe) in die Nebenkammer. Die rechte Wand (Süd) ist in mehrere Register unterteilt, deren Texte dem Kapitel 148 des Totenbuchs entstammen. Die Königin betet die sieben Himmelskühe und den Stier von Memphis an, welche die Verstorbenen in der Unterwelt mit Nahrung versorgen. An der Ostwand opfert sie vor Osiris und Atum. Auf der Nordwand ist das Totenbuch-Kapitel 94 dargestellt. Hier bittet Nefertari den Schreibergott Thot um seine Schreibutensilien. An der Westwand (links neben dem Eingang) überreicht Nefertari dem Gott Ptah Binden für die Einbalsamierung.

Auf der linken Seitenwand der Treppe zur Sargkammer opfert Nefertari zunächst vor Hathor, dann vor Nephthys und der geflügelten Göttin Maat, die auch auf dem Türsturz zur Kammer ins Auge fällt. Danach bewacht (oben) eine geflügelte Schlange die Namenskartusche der Königin, darunter Anubis, Isis. Auf der rechten Wand wiederholen sich die Szenen, allerdings mit Göttin Selket anstelle von Nephthys.

Die Sargkammer, die am meisten unter den Schäden gelitten hatte, gewann viel von ihrem ehemaligen Aussehen zurück. Besonders die vier Pfeiler zeigen sehr schöne Bilder. Die Ostwand ist dem Kapitel 146 des Totenbuchs gewidmet, die Westwand dem Kapitel 144.

Nr. 44 - Prinz Kha Emwaset

Dieses Grab ist mit seinen frischen Farben das sehenswerteste der drei derzeit zugänglichen Gräber. Der einst hier bestattete Prinz war ein Sohn von Ramses III und Sem-Priester. Bereits in jungen Jahren gehörte er zu den Priestern des Ptah. Das Grab besteht aus zwei Korridoren und dem Grabraum; am ersten Korridor liegen rechts und links je ein Nebenraum.

Bei den eindrucksvollen Bildern der Wände fällt immer wieder der junge Mann auf, der von seinem Vater den verschiedenen Göttern der Unterwelt vorgestellt wird. Besonders auf der rechten Seite des ersten Korridors sind die Reliefs sehr gut erhalten. Auf der Rückwand des Grabraums sieht man Osiris zweifach in Sitzhaltung.

Nr. 55 - Prinz Amun-Hir-Kopshef

Dieser jung gestorbene Mann war ebenfalls ein Sohn von Ramses III, der sich als Aufseher der königlichen Pferde und der Schreiber betätigte. Auch hier sind die Farben hervorragend und leuchtend erhalten.

Die Anlage besteht aus einem quadratischen Raum, einem Korridor, der Grabkammer und zwei Nebenräumen. Die Darstellungen an den Wänden zeigen hauptsächlich den König, der seinen Sohn den Göttern vorstellt. In der schmucklosen Grabkammer stehen der Sarkophag und rechts ein Glaskasten mit einem lieblos abgelegten, sechs Monate alten Fötus-Skelett.

Nr. 52 - Königin Tye

Leider sind die Reliefs der kleinen und engen Anlage sehr stark beschädigt, die Farben verblasst bzw. größtenteils verschwunden, aber die Harmonie der Darstellungen ist durchaus beeindruckend. Es gibt keinen Hinweis, welcher der Ramessiden der Gemahl dieser Königin war, da die Inschriften nur von der königlichen Gemahlin und königlichen Mutter sprechen. Nach einem Korridor gelangt man in einen quadratischen Raum, dessen linker Nebenraum die Grabkammer war. Im rechten Nebenraum ist die Dekoration noch etwas besser erhalten.

Grab- bzw. Totentempel

Hintergrund: *Mit Beginn des Neuen Reichs entsteht am Rand des Fruchtlandes eine Serie von Tempeln, in denen die Bestattungszeremonien und später die Totenrituale abgehalten werden. Sie gehören als Totentempel zu den im fernen Tal versteckten Königsgräbern. Von der am Rand des Steilabfalls von Nord nach Süd verlaufenden Serie sind nur noch die von Hatschepsut und Amenophis III sichtbar. Mit dem an der Fruchtlandgrenze liegenden Totentempel von Sethos I. beginnt im Norden von Theben eine zweite Serie von Sakralbauwerken, die vom Beginn der 19. Dynastie (um 1300 vC) in südlicher Richtung bis nach Medinet Habu (20. Dynastie) gebaut wurden. Die Tempel von Ramses II, Merenptah und Ramses III blieben mehr oder weniger erhalten.*

**Totentempel von Sethos I

Der von Sethos I begonnene und von seinem Sohn Ramses II fertig gestellte Tempel steht am nordöstlichen Rand des Fruchtlandes. In jahrelanger Ausgrabung gelang es dem Deutschen Archäologischen Institut, den Grundriss der Gesamtanlage wieder sichtbar zu machen und die erhaltenen Ruinen zu restaurieren.

Man betritt das Tempelareal von der Nordseite über einen Nebeneingang und erreicht die zentrale Achse direkt hinter dem weitgehend zerstörten 1. Pylon. Das Tempelvorfeld ist vom heutigen Dorf überbaut. Über das moderne Pflaster der Tempelachse führt der Weg zwischen hier gelagerten Reliefblöcken durch die Reste des 2. Pylons auf die Tempelfassade zu, vor der acht Papyrusbündelsäulen stehen. Auf dem Architrav berichtet Ramses II, dass er den Tempel für seinen Vater Sethos I fertig gestellt hat.

Ganz links führt eine Nebenachse in eine Kapelle, in der Ramses I, der Vater von Sethos I, verehrt wurde. Auf der Unterseite des Architravs der Eingangstür ist der Himmel dargestellt: Die Sterne bestehen zum Teil aus den Namen von Ramses I. Über der Innenseite der Eingangstür ist zweimal Ramses I zu sehen.

Die Mittelachse führt zum Barkenraum. Seine linke Längswand trägt ein prachtvolles Reliefbild der Götterbarke des Amun. Nach rechts führt eine Tür in den großen Hof des Sonnenheiligtums. Der Sonnenaltar zeigt auf der Nordseite ein Relief der Paviane, welche die Sonne anbeten. Auf einer Wand links hinten ist der Gott Osiris auf der Totenbahre zu sehen, von Klagefrauen flankiert. Auf seinem erigierten Phallus lässt sich (nur schwer erkennbar) Isis als Falke nieder und empfängt so den Horus.

Südlich des Tempels liegt ein mit Wasser gefülltes unterirdisches Heiligtum. Es ist, ähnlich wie in Abydos, ein Osirisgrab (siehe Seite 367). Die Grundrisse der Nebengebäude rings um den Tempel sind nach ihrer Ausgrabung durch das Deutsche Archäologische Institut durch Ziegelmauern angedeutet worden.

****Deir el Bahri, Hatschepsut-Tempel

Hatschepsut, die mächtigste Frau auf dem Pharaonenthron, ließ etwa ab 1475 vC ihren Totentempel direkt an den Gebirgsrand bauen: Er breitet sich wie eine überdimensionale

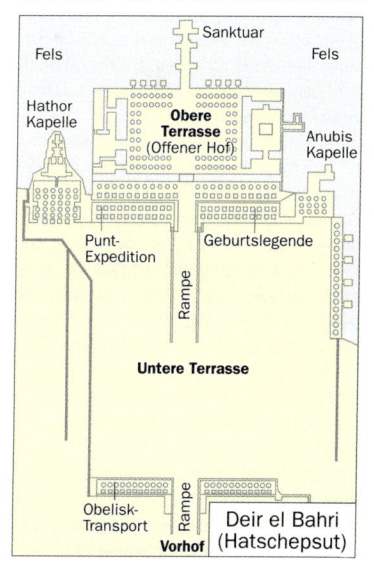

6 Im Niltal von Kairo bis Abu Simbel

Bühne aus, die mit ihrer Hintergrundkulisse aus senkrecht in den Himmel wachsenden Felsen verschmolzen ist. Bereits 700 Jahre zuvor hatte Mentuhotep II, ein König der 11. Dynastie, seinen Totentempel hier angelegt; direkt daneben ließ Hatschepsut bauen. Übrigens konnte 2007 die Mumie von Hatschepsut angeblich zweifelsfrei identifiziert werden, seither wird sie im Ägyptischen Museum in Kairo ausgestellt.

Der Totentempel besteht aus zwei Terrassen. Vom Vorhof führt eine Rampe zur Unteren Terrasse, von dieser eine weitere zur Oberen Terrasse. Wenn Sie etwas Zeit haben, machen Sie zunächst auf der Vorhofebene einen Abstecher zur Rückwand der linken Kolonnade. Ihre Reliefbilder zeigen, wie im Auftrag der Königin die großen Granitobelisken von Assuan nach Theben transportiert wurden. Einer von ihnen steht noch heute im Tempel von Karnak.

Sobald Sie auf die **Untere Terrasse** hinaufgestiegen sind, gehen Sie nach rechts außen zum **Anubis-Heiligtum**. Die Architektur dieser Kapelle ist typisch für Deir el Bahri. Der vordere Tempelteil steht frei, der hintere wurde als Höhlenheiligtum in den gewachsenen Felsen getrieben. In der Vorhalle sind rechts ein Reliefbild des Anubis vor einem großen Opfertisch, links das des Amun am Opfertisch zu sehen, beide farblich gut erhalten.

Die ausgehackte Gestalt in beiden Bildern zeigte die Königin Hatschepsut. Sie war um 1480 vC auf den Pharaonenthron gekommen, weil ihr Gemahl Tuthmosis II früh verstarb und der legitime Erbe, ihr Stiefsohn Tuthmosis III, noch ein Kind war. Hatschepsut nahm für ihn die Regierungsgeschäfte wahr und ließ sich später als männlicher Pharao darstellen. Dieser Anspruch widersprach der auf Dualität des Mann-Weiblichen aufgebauten Vorstellung vom Königtum. Ihr Andenken wurde daher von Tuthmosis III am Ende seiner Regierungszeit systematisch ausgelöscht.

Wir gehen vom Anubis-Heiligtum weiter nach links zur Kolonnade, auf deren Rückwand die **göttliche Geburt der Hatschepsut** gezeigt wird. Leider sind die so interessanten Reliefs nur noch aus einiger Entfernung zu besichtigen, weil Holzbarrieren zwischen den Pfeilern die Zuschauer zurückhalten. Das ist sicher gut für die historischen Relikte, aber für den Besucher extrem nachteilig. Waren viele Szenen schon aus direkter Ansicht nur noch schwer zu erkennen, so verschwinden sie jetzt im Halbdunkel. Nach dem siebten Pfeiler von rechts ist das Reliefbild der schwangeren Königin Jahmes zu sehen, der Mutter von Hatschepsut. Sie wird von der froschköpfigen Göttin Heket und von dem widderköpfigen Gott Chnum bei den Händen genommen und zur Geburt geführt. Unmittelbar links ist eine Szene zu sehen, die in der Chronologie dem vorigen Bild vorangeht: Der ibisköpfige Gott Thot, der Götterbote, verkündet der Königin Jahmes den Besuch des göttlichen Kindsvaters Amun und die bevorstehende Geburt eines menschlich-göttlichen Kindes. Analogien zur neutestamentarischen Geburtslegende drängen sich auf.

Gehen Sie an dieser Wand weiter. In Höhe des vorletzten Pfeilers ist die Heilige Hochzeit dargestellt: Amun und Jahmes sitzen einander gegenüber auf einem Bett. Der Gott (mit Doppelfederkrone) hält der Königinmutter das Lebenszeichen an die Nase, sie stützt mit ihren Händen die Ellbogen des Gottes, die Beine der beiden Figuren überschneiden sich - Symbol der körperlichen Vereinigung von Amun und Königinmutter.

Gehen Sie nun um die Rampe herum zur **Hathor-Kapelle** (links außen). Sie besteht wiederum aus normal gebauter Tempelarchitektur und Höhlenheiligtum. Im vorderen Teil stehen Pfeiler und Säulen mit Kapitellen, die als Gesicht der Hathor mit Kuhohren geformt sind. Auf der linken Innenwand sieht man die Hathorkuh, an deren Euter die Königsfigur trinkt; Symbol der unmittelbaren Abhängigkeit des ägyptischen Königs von der Himmlischen Mutter. Auf der rechten Wand findet eine Festprozession mit ägyptischen Soldaten statt, die Waffen, aber auch Ölzweige in den Händen halten.

Von hier aus können Sie einen Blick auf den **Totentempel von Mentuhotep II** werfen.

Theben-West - ****Deir el Bahri, Hatschepsut-Tempel

Hatschepsut-Totentempel in Deir el Bahri

Dieser Pharao ließ hier sein Grab 150 m tief im Berg anlegen und unmittelbar davor auf einem quadratischen Sockel seinen Totentempel. Der Kernbau ist noch deutlich erkennbar; er ahmt den Ur-Hügel von Heliopolis nach, das erste feste Land, das sich bei der Weltschöpfung aus dem Ur-Ozean erhob. Vermutlich wählte Mentuhotep diesen Platz, weil sich hier ein kleines Heiligtum der Hathor befand (bekannte Kuhszene im Kairo-Museum).

Es gab aber noch einen weiteren Bauherrn in diesem schwierigen Gelände: **Thutmosis III** ließ seinen Totentempel zwischen den des Mentuhotep und der Hathor auf eine inzwischen leider abgestürzte Bergterrasse bauen.

Nun gehen wir zur rechts der Kapelle anschließenden Kolonnade in die so genannte **Punt-Halle**. Hatschepsut hatte um 1475 vC eine Expedition nach Punt (wahrscheinlich Somalia) entsandt und dies hier dokumentieren lassen. Beginnen Sie mit der linken Schmalwand: Auf den - etwas schwer zu erkennenden - Reliefs sehen Sie die Palmenhaine in Punt mit pfahlbauähnlichen Hütten, zu deren Eingängen Leitern empor führen. Die Basislinien dieses Reliefs, ebenso wie auf der rechts anschließenden langen Wand, zeigen die Tierwelt im Roten Meer, über das die Ägypter an die ostafrikanische Küste segelten. Fische und Wasserschildkröten sind mit zoologischer Genauigkeit wiedergegeben. Auch die korpulente Königin von Punt ist abgebildet (hier ein Gipsabguss des Originals). Ganz rechts auf der Schmalwand sehen Sie noch, wie die Weihrauchbäume von Punt von Ägyptern an Tragstangen weggetragen werden.

Die Bilder setzen sich auf der Rückwand der Kolonnade mit dem Beladen der ägyptischen Schiffe fort. Weiter nach rechts, zwischen dem dritten und vierten Pfeiler, sind die Boote zu Hause angekommen. Die Weihrauchbäume werden sichtbar; zwischen dem vierten und fünften Pfeiler liegen hohe Haufen von Weihrauchfrüchten, die in die Magazine des Tempels von Deir el Bahri gebracht werden sollen. Ausgrabungen im 20. Jh haben übrigens nachgewiesen, dass im Vorhof von Deir el Bahri Weihrauchbäume gepflanzt worden waren.

Die **Obere Terrasse** stellt sich anders dar. Nischen mit kolossalen, nur wenigen erhaltenen Pfeilerfiguren - Hatschepsut in Gestalt des Jenseitsherrschers Osiris - ziehen sich über die gesamte Breite. Man geht durch ein hohes Tor in einen offenen Hof, an dessen gegenüberliegender Seite eine kleine ptolemäische Kapelle als später hinzugefügter „Vorbau" vor dem Zugang zum Sanktuar steht. Das Allerheiligste - von den Ptolemäern erweitert - ist ziemlich tief in den Berg hineingebaut; es ist leider nur über ein Gitter vor der Kapelle einzusehen. In die Abschlusswand am Berg sind Statuennischen eingelassen, in denen einst Götterstatuen standen. Der selbstbewusste Architekt Senemut ließ in jede Nische rechts und links seine Namenshieroglyphe so einmeißeln, dass sie bei geöffneter Holztür von einer Strebe verdeckt wurde, bei geschlossener war sie sowieso nicht sichtbar.

Die rechte Hofwand schließt ein Sonnenheiligtum ab, das wie üblich im Norden liegt. Leider bleibt es ebenfalls dem Besucher versperrt, man kann nur einen Blick durch die vergitterte Tür werfen.

Hier oben wird noch einmal die meisterliche Architektur, die Komposition in den Felsabbruch deutlich. Der Blick des Besuchers wird förmlich von der hinteren Tempelmauer den Fels hinauf in den ewig blauen Himmel Thebens gezogen.

Besonders gut ist die Tempelanlage von dem darüber liegenden Felsplateau aus zu bewundern (z.B. auf dem Fußweg ins Tal der Könige). Der (bessere) Weg über den Berghang beginnt unterhalb des Deir el Bahri-Eingangs und ist mit rotbraunen Punkten markiert.

Ganz in der Nähe des Einlasses (Ticketkontrolleur) weist ein Schild auf der Straße auf eine angeblich von einer Hathor-Expedition stammende Baumwurzel.

***Ramesseum

Ramses II, dessen Totentempel Sie hier besuchen, regierte in der 19. Dynastie (Neues Reich) von 1290 bis 1225 vC, also 65 Jahre lang. Er war einer der mächtigsten und bedeutendsten altägyptischen Könige. Leider blieben von seinem Grabtempel eher bescheidene Ruinen erhalten, im Vergleich zu den Spuren, die dieser Mann an anderen Stellen Ägyptens hinterließ. Daher zieht es auch relativ wenige Besucher hierher - man wird sich in ziemlicher Ruhe umsehen können.

Den Tempel betritt man von Nordwesten her durch den Ersten Hof mit dem teilweise eingestürzten **Ersten Pylon**. Man kann übrigens, wenn das Auge des Gesetzes wegschaut, vom Fruchtland her auf ihn hinaufklettern und hat von oben einen besseren Aus- und Überblick. Auf der südlichen Hofseite des Ersten Pylons künden Reliefs von der berühmten Schlacht von Kadesh, die Ramses II in seinem achten Regierungsjahr gegen den Hethiterkönig geschlagen hat, die zu einem Jahrzehnte langen Waffenstillstand zwischen den damaligen Großmächten des Ost-Mittelmeerraumes führte. Obwohl nach Berichten des Gegners eine Patt-Situation entstand, stellt die ägyptische Version einen grandiosen Sieg dar. Außer hier im Ramesseum ist die Kadesh-Schlacht noch in Karnak, im Luxor-Tempel, in Abydos und in Abu Simbel verherrlicht.

Auf der Südseite des Hofes, also links vom Pylon, sind Reste eines Tempelpalastes zu erkennen, genau an der entsprechenden Stelle, an der auch in Medinet Habu die Grundmauern des Tempelpalastes stehen (siehe Seite 427; Medinet Habu ist übrigens eine getreue Kopie des Ramesseums). Etwas links der Mittelachse liegen Überreste, Oberkörper und Gesäß einer kolossalen Statue des Königs. Die ehemals zwei monumentalen Sitzfiguren maßen jeweils mehr als 17 m Höhe und gute 1000 t an Gewicht; sie waren in Assuan hergestellt und hierher transportiert worden - mit den Mitteln der damaligen Zeit! Vermutlich wurden sie bereits in der Antike absichtlich zerschlagen und dienten dann als Steinbrüche. Wenden Sie sich zunächst noch der Rückwand des **Zweiten Pylons** zu, von dem nur noch Teile der nördlichen Hälfte stehen. Dort sehen Sie am rechten Ende wiederum die Schlacht um die Stadt Kadesh sowie den Fluss Orontes, in dessen Fluten die gefallenen Hethiter treiben.

Gehen Sie nun links am Zweiten Pylon vorbei in den **Zweiten Hof**. Ihr Blick wird von einem am Boden liegenden Kopf einer großen Figur von Ramses II gefangengenommen. Er gehörte zu einer Sitzfigur des Königs, die an der Rückseite dieses Hofes rechts der Mittelachse aufgestellt war. Ihr (einstiges) Gegenstück auf der linken Seite befindet sich heute im Britischen Museum.

Der **Säulensaal** erinnert ein bisschen an den des Karnak-Tempels. Auch hier sind die Säulen beiderseits des Mittelganges höher und ihre Kapitelle zeigen geöffnete Papyrusblüten, während weiter außen rechts und links die Papyrusdolden der Säulen geschlossen sind. Auf der rechten Seite der hinteren Wand zeigt ein großformatiges Relief Amun, der Ramses das Lebenszeichen (*Anch*) an die Nase reicht. Im entsprechenden Bild auf der linken Seite übergibt Amun dem König die Herrschaftsinsignien. Auf der Rückseite der Wand sind Prozessionen der Götterbarken dargestellt, die Priester auf Tragestangen aus dem Tempel heraus- und (links) wieder hineintragen.

Auf der rechten Hälfte der Rückwand des ersten **Vorsaales** ist ein großformatiges Relief zu sehen: Ramses II sitzt vor dem Heiligen Baum im Tempel von Heliopolis. Links schreibt Atum den Namen des Königs auf die Blätter des Heiligen Baumes. Rechts steht die Göttin Seschat, hinter ihr der ibisköpfige Thot; beide schreiben ebenfalls den Namen von Ramses II auf die Blätter des Heiligen Baumes und damit in das Buch der ägyptischen Geschichte.

Außerhalb des eigentlichen, aus Stein errichteten Tempels werden Ihnen ausgedehnte Ziegelgebäude auffallen; es handelt sich um die Magazine des Ramesseums. Gehen Sie ein paar Schritte auf die rechte Seite hinüber, um sich einen Eindruck über die riesigen Flächen dieser Lagerräume zu verschaffen.

*Totentempel des Merenptah

Hintergrund: *Das Schweizerische Institut für Ägyptische Bauforschung legte von 1971 bis 2002 den Totentempel des Merenptah (1212-1202 vC, 13. Sohn und Nachfolger von Ramses II), frei und trug die gefundenen Baufragmente so zusammen, dass heute - durch nur wenige Steinlagen angedeutet - der Grundriss des Tempels und seiner Nebengebäude wieder sichtbar wird. Fragmente von Statuen wurden teilweise in ihre frühere Position gebracht, Pläne sowie Strichzeichnungen der Reliefs erläutern den ursprünglichen Zustand. Zwei Ausstellungsräume im Fundament des Zweiten Pylons, ein Freilichtmagazin und ein Ortsmuseum ergänzen die Ein-*

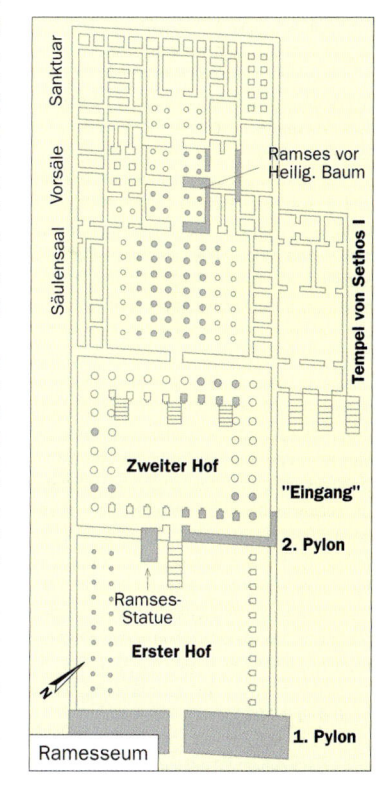

drücke. Allerdings kann sich das Ergebnis nicht etwa mit Medinet Habu messen, denn hier handelt es sich um die Veranschaulichung eines fragmentarischen Fundes. Der Besucher muss einige Phantasie und ein paar Grundkenntnisse über pharaonische Bauwerke mitbringen, um die Einzelteile zu einem Gesamtbild zusammensetzen zu können.

Zur Baugeschichte muss man wissen, dass Ramses II seinem Nachfolger ziemlich leere Staatskassen und weitgehend ausgeräumte Steinbrüche hinterlassen hatte. Daher ließ Merenptah gewissermaßen das Erbe der Vorfahren plündern und die Bauleute Material auch aus einem sehr nahe liegenden „Steinbruch" verwenden, dem damals schon gut 150 Jahre alten Grabtempel des Amenophis III (die Memnon-Kolosse sind heute größtes Relikt).

Der Eingang liegt links neben dem Hotel Marsam. Man geht durch den Ersten Pylon, der unschwer an der Breite seiner Grundmauern zu erkennen ist, und kommt in den **Ersten Hof**. Säulenfragmente zeigen die ursprüngliche Kolonnade an. Jenseits der linken Tempelmauer erkennt man eine Treppe. Sie gehört zum Tempelpalast, auf ihr schritt der König zum Erscheinungsfenster in der Hofmauer (siehe Seite 427, Medinet Habu). In der hinteren linken Ecke dieses Hofes steht am ursprünglichen Fundort eine Replik der bekannten Israel-Stele (heute im Ägyptischen Museum, Kairo), das älteste (und bisher einzige altägyptische) Dokument, auf dem der Name *Israel* wie folgt erwähnt wird:

„*Die Fürsten werfen sich zu Boden und flehen um Gnade, niemand unter den Neun Bogen erhebt sein Haupt, Libyen ist eingenommen, das Hethiterreich hält Frieden, Kanaan ist mit allem Übel beerbeutet, Askalon ist erobert, Gezer gepackt, Yenoam ausgelöscht und Israel liegt brach und hat keinen Samen mehr. Syrien ist zur Witwe geworden wegen Ägypten. Alle Länder sind in Frieden. Wer als Fremdling herumzieht, wird gebändigt (von Merenptah)."*

Lassen Sie sich vom Wärter die beiden Ausstellungsräume im folgenden Pylon-Fundament aufschließen. Im rechten (nördlichen) Raum stehen auf einem dort ausgestellten Block die Reliefs auf dem Kopf - dieser wie alle anderen Blöcke waren von Merenptahs Baumeistern wieder verwendet worden, man hat ihn in der Fundstellung belassen. Alle Blöcke stammen aus dem Grabtempel des Amenophis III. Ihre Reliefs sind auch in den Farben größtenteils gut erhalten, weil sie als Fundamentsteine des hiesigen Pylons dienten und daher im Erdreich geschützt waren.

Der folgende **Zweite Hof** war an drei Seiten mit Osiris-Pfeiler-Kolonnaden umgeben, wobei zwischen den Pfeilern der westlichen Seite Kolossalstatuen von Merenptah standen. Auch sie waren ursprünglich für Amenophis III angefertigt worden, Merenptah ließ sie für sich umwidmen. Von hier aus geht man durch den **Säulensaal** und einen Säulen-Vorraum in den Bereich des Allerheiligsten. Das Barkensanktuar für die thebanische Triade Amun, Muth und Chons und die Räume für den Totenkult sind ähnlich wie im Grabtempel von Sethos I angeordnet. Direkt nördlich davon lag ebenfalls ein Sonnenheiligtum, südlich eine Osiris-Kapelle. Die Grundmauern nördlich des eigentlichen Tempels gehörten zu den Tempelmagazinen; etwa nördlich des Säulen-Vorraums lag ein als „Schatzhaus des Amun" ausgewiesenes Silber-Magazin.

Links (an der Südumfassungsmauer) überdeckt ein großes Blechdach ein Freilichtmagazin, in dem weitere Fragmente ausgestellt sind, darunter ungewöhnliche Sphinxköpfe in Gestalt des schakalköpfigen Anubis. Da unterhalb des Kopfes Statuen von Amenophis III angebracht waren, liegt ihre Herkunft auf der Hand. Östlich vom Magazin wurde der Tempelbrunnen ausgegraben, der in diesem Fall kein Heiliger See war. Rechts vom Eingang errichteten die Archäologen ein Ortsmuseum mit kleinformatigen Figuren, Relieffragmenten und der Dokumentation der Grabung. Die sehr detaillierten Erläuterungen stellen eine weitere Hilfe zur Interpretation der Anlage dar.

*** Medinet Habu - Ramses III Tempel

Hinter einer gewaltigen Umfassungsmauer liegt der auch von den Dimensionen beeindruckende Tempel. Er ist der größte noch erhaltene Tempel in Theben-West, der 1180-55 vC in der 20. Dynastie erbaut wurde.

Man betritt die Anlage durch einen in der ägyptischen Architektur ungewöhnlichen Bau, das so genannte **Hohe Tor**, das an syrische Festungsbauten erinnert. Rechts und links auf der Eingangsseite zeigen großflächige Reliefs Ramses III, der Feinde am Schopf packt und zu erschlagen droht - eine ernste Warnung an jeden ungebetenen Eindringling. Im Durchgang links stehen Sitzfiguren der löwenköpfigen Kriegsgöttin Sechmet; aus der oberen Wand ragen in Stein geformte Köpfe von Asiaten, Nubiern und Libyern heraus, als ob die Körper in die Wand eingemauert wären; eine programmatische Darstellung des siegreichen Königs.

Im folgenden offenen Areal nach dem Hohen Tor stehen links kleine Grabkapellen für Priesterinnen der Spätzeit. Rechts liegt als selbstständiges Heiligtum der flache Bau des **Tempels der 18. Dynastie**, der bereits um 2000 vC angelegt worden war und bis in die römische Kaiserzeit in Betrieb blieb. Schaut man dagegen in gerader Linie, so ragt der mächtige Erste Pylon auf. Auch auf seinen Reliefs hält der König Gefangene am Schopf und schwingt eine Schwertkeule. Diese Drohgebärde richtet sich gegen jeden, der Ägypten in die Quere kommt. Auf dem linken Pylonturm geschieht dies vor Amun von Theben, auf dem rechten vor Re-Harachte von Heliopolis, dem Gott der nördlichen Landeshälfte.

Gehen Sie durch den Pylon hindurch in den **Ersten Hof**. Die Rückwand des Pylons berichtet von einem Krieg gegen die Libyer aus dem 11. Regierungsjahr von Ramses III. Auf dem nördlichen Pylonturm hält der König Gericht: Ägyptische Soldaten führen libysche Gefangene heran; Haufen von abgeschlagenen Händen und abgetrennten Penissen (etwa Mitte unten) zeigen die Anzahl der gefallenen Libyer an.

In der Mitte der linken Seitenwand öffnet sich, ein Stück oberhalb des Bodens, eine Art Türe, das so genannte Erscheinungsfenster, in dem sich - von außen kommend - der König dem im Hof versammelten Volk zeigt. Auf den Reliefs rechts und links neben dem Fenster erschlägt Ramses Feinde; aus der Wand ragen wieder gemauerte Köpfe von Libyern, Asiaten und Nubiern hervor; als Machtdemonstration zerstampft er ihre Körper.

Auch auf der dem Ersten Hof zugewandten Seite des **Zweiten Pylons** berichtet Ramses III von seinen Kriegen; auf der rechten Seite in einem langen Text über die Feinde im vorderasiatischen Bereich, auf der linken führt er Gefangene Amun und Muth vor. Gehen Sie nun durch den Pylon in den **Zweiten Hof**. Ab hier wandelt sich die Thematik der Darstellungen ins rein Religiöse.

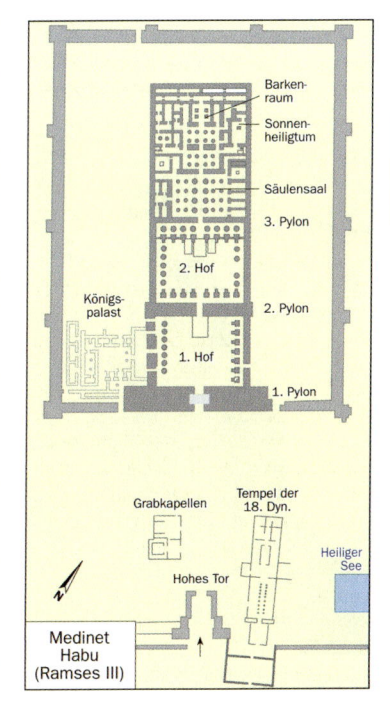

Durch eine Lücke in der Säulenreihe können Sie die Reliefs der Nordwand gut sehen. Im obersten Bildstreifen wird der König während einer Festprozession in einer Sänfte durch den Tempel getragen und rechts auf einer Tragestange das Kultbild des Fruchtbarkeitsgottes Min. Aus der Umwicklung ragt als Fruchtbarkeitssymbol der erigierte Phallus heraus. In der Folge weiter rechts ist ein Tuch über die Tragestange (farbig) gehängt, das fast bis zum Boden herunterreicht. Oberhalb des Tuches werden die kahlen Schädel von Priestern sichtbar, unter dem Tuchsaum ihre Füße.

Beiderseits der Rampe zum **Dritten Pylon** sind große, aber leere Statuensockel erhalten. Wenden Sie sich noch vor Durchschreiten des Pylons nach rechts und gehen Sie zwischen den Säulen und Pfeilern bis vor das letzte Säulenpfeilerpaar. Hier ist die blaue, mit Sternen übersäte Bemalung der Decke gut erhalten. Sie symbolisiert den Himmel, die Pflanzensäulen die Vegetation, die aus dem Tempelboden (als Erde) wächst. Die Farben auf der Pylonwand, ebenso wie auf diesem Teil der Nordwand, sind seit der Erbauung des Tempels erhalten, also seit mehr als 3100 Jahren! Zwischen der vorletzten und letzten Säule sehen Sie auf der Pylonwand im zweiten Bildstreifen von unten eine farblich ausgezeichnete Darstellung, die den König, von rechts kommend, vor einem großen Opferaufbau zeigt, den er der Göttergemeinschaft Amun, Muth und Chons (links) darbringt. Auch auf der nördlichen Hofwand befinden sich farblich gut erhaltene Reliefs, unter anderem die Barke des Amun mit einer Kajüte, in der unsichtbar in weißen Tüchern das Kultbild des Gottes eingehüllt ist. Bug und Heck sind mit seinem Symbol, dem Widderkopf, verziert.

Gehen Sie nun durch den Pylon in den **Säulensaal**, schauen Sie sich aber gleich die linke Seite der Pylonrückwand an. Im oberen Bildstreifen ist Ramses III beim Opfer vor Göttern dargestellt, unten beim Weihrauch- und Weihwasseropfer vor Chnum und Bastet. Darunter wird er von Thot und Horus zu Amun und Muth geführt, den göttlichen Herren dieses Tempels. Gleich rechts um die Tempelecke, an der Südwand, zeigen Reliefbilder beiderseits einer Tür, wie Ramses amoritische und libysche Häuptlinge als Gefangene der thebanischen Göttertriade vorführt: der König als Garant politischer Ordnung. Links der Türe erhält er die Symbole der Herrschaft als Dank der Götter.

Jetzt sollten Sie in der Mittelachse auf zwei Statuengruppen zugehen, die weiter hinten auf beiden Seiten des Ganges stehen; kurz zuvor war früher eine Wand, gehen Sie dort nach rechts zur Nordwand des Tempels. Dort steht ebenfalls eine Statuengruppe und dort führt eine Treppe zum Tempeldach hinauf. Unmittelbar davor biegen Sie links ab in einen kleinen offenen Hof. Hier wurde unter freiem Himmel ein **Sonnenheiligtum** errichtet, wie es sich in ähnlicher Weise in allen thebanischen Totentempeln jeweils auf der Nordseite wiederfindet. Auf dem Architrav gegenüber dem Eingang ist in der Mitte die Sonnenbarke mit dem Sonnengott Re dargestellt. Die Barke wird vom knienden König angebetet, in Begleitung von

Löwengöttin Sechmet als Wächterin am Eingang

Pavianen. Oben auf der Wand, links neben dem Eingang, überreichen sich die Göttinnen Isis und Nephthys die Sonnenscheibe.

Dem altägyptischen Totenbuch entnommene Bilder können Sie genau gegenüber in kleinen Räumen an der Südseite betrachten: der König beim Pflügen und bei der Kornernte, das zeigt, dass er auch im Jenseits einer geregelten Tätigkeit nachgehen muss. Im letzten Raum dieser Abfolge sehen Sie einen Stier und sieben Kühe, eine Anspielung auf die Fruchtbarkeit, die eine der wesentlichen Voraussetzungen für eine Fortsetzung des Lebens im Jenseits darstellt.

Gehen Sie nun wieder in die Mittelachse zurück und weiter zur hinteren Wand bis zu einem Raum, in dem die unteren Teile von vier quadratischen Pfeilern erhalten sind. Auf dem steinernen Sockel stand ursprünglich die große, mit Gold beschlagene Barke. In ihr nahm das Kultbild des Gottes Platz, um von Priestern auf Tragestangen aus dem Tempel hinausgetragen zu werden und in Prozessionen auf Kanälen und dem Nil umherzufahren. Der eigentliche Aufbewahrungsort des Kultbildes aber lag noch weiter hinten im Tempel in kleinen, schwer zugänglichen Räumen.

Es lohnt sich noch ein **Rundgang** außen um den Tempel herum, den wir - indem wir zurückgehen - an der Außenseite des Ersten Pylons nach rechts beginnen wollen. Wenn Sie um die Ecke biegen, liegen die Grundmauern eines kleinen **Tempelpalastes** vor Ihnen. Dieser Palast hatte in erster Linie religiöse Funktion, indem er dem verstorbenen König in alle Ewigkeit als Miniatur-Residenz zur Verfügung stehen sollte. An der Außenwand des Tempels führen direkt gegenüber dem Palast zwei Rampen zu einer Türe empor. Es ist das Erscheinungsfenster, das Sie bereits von der anderen Seite im Ersten Hof gesehen haben. Auf beiden Seiten der Türe ist auch hier das Erschlagen von Feinden dargestellt. Etwas weiter rechts davon, auf der Rückwand des Ersten Pylons, sehen Sie in zwei eindrucksvollen Bildfeldern den König bei der Jagd auf Wüstentiere (oben) und auf einen Wildstier, der in die Ufersümpfe des Nils geflüchtet ist (unten).

Wir gehen nun an der Tempelwand entlang; sie ahmt mit ihrer geböschten Sockelzone eine Festung nach. Diese Wand ist mit Inschriften über die regelmäßig darzubringenden Opfer bedeckt. Kurz vor der hinteren Tempelecke beginnen die bildlichen Darstellungen, in denen Ramses III den Göttern opfert, die sich bis zur nächsten Ecke ziehen. Auf der folgenden Längswand findet ein Themenwechsel statt. Kampfdarstellungen zeigen den König als den politischen Herrscher. In der Mittelachse der Wand bringt er vor Amun und Muth Gefangene dar. Gehen Sie nun weiter auf die nächste Tempelecke zu, kurz davor besteigt Ramses III den Streitwagen, eine Ankündigung dessen, was auf der nördlichen Außenwand gezeigt wird.

Dort sehen wir zunächst Ramses III in die Schlacht fahren. In der anschließenden Szene eine Landschlacht: Der König steht mit gespanntem Bogen im Streitwagen, unter seinen Füßen liegen gefallene Feinde. Danach werden ihm am Erscheinungsfester die Feinde vorgeführt, daneben wartet sein Gespann. Es folgen eine Ausfahrt des Königs im Streitwagen und eine Darstellung der Löwenjagd, dann, nach einer Tür, die groß angelegte, aber schwer überblickbare Darstellung einer Seeschlacht. Links davon werden dem König am Erscheinungsfenster Gefangene vorgeführt, dann steigt er vom Streitwagen ab und führt seinerseits Gefangene dem Götterkönig Amun vor. Auf dem Rest der Nordwand setzen sich die Kampfdarstellungen fort.

Falls Sie nach all dem Besichtigen relaxen wollen: In den Cafés gegenüber dem Eingang können Sie eine Erholungspause einlegen und das Gesehene direkt reflektieren; etwas hübscher sitzt man, ein paar Schritte nördlich, im Garten des Pharao Hotels.

*Memnon-Kolosse

Neben der Hauptstraße auf dem Weg zum Inspektorat stehen die gewaltigen, 18 m hohen Monolithkolosse mit z.B. 3 m langen Füßen.

Diese Torwächterstatuen sind fast alles, was vom einst hier errichteten Totentempel von Amenophis III – dem Vater von Echnaton - derzeit zu sehen ist. Ganz in der Nähe stand auch der Wohnpalast, zu dem wiederum ein 1 700 x 500 m großer künstlicher See gehörte, der dort ausgegraben wurde und dessen Spuren noch heute sichtbar sind.

Nilfluten, Sonnenglut, das Sandstrahlgebläse der Wüste und der Abbruch der Steine für andere Bauten haben nichts von dem Tempel aus dem 15. Jh vC stehen gelassen, der wohl der größte und prächtigste seiner Zeit war. „Gebaut aus weißem Sandstein, Gold, einem Boden aus Silber, mit Türen aus Elektrum" (wie es auf einer Stele im Ägyptischen Museum heißt). Erstaunlicherweise gab seit einem Erdbeben 27 nC die nördlichere der beiden Statuen bei Sonnenaufgang einen singenden Ton von sich, den vermutlich die wärmende Morgensonne durch Spannungen im Stein auslöste. Der römische Kaiser Septimius Severus wollte dem Torwächter Gutes tun und ließ ihn restaurieren - seither schweigt er.

Die Kolosse waren in griechisch-römischer Zeit eine der größten Touristenattraktionen der damaligen Welt. Die Griechen glaubten, es seien Statuen des legendären Memnon, König von Ethiopien und Sohn der Göttin der Morgenröte Eos/Aurora, der im Trojanischen Krieg von Achilles getötet wurde. Das Weinen sei die Stimme des Memnon, der seine Mutter jeden Morgen grüßte. Die Tränen der Eos um ihren früh gefallenen Sohn legten sich wiederum als Tau auf die Gräser. Seit Septimius Severus die Steinplomben einfügen ließ, erinnert nur noch der Morgentau an die griechische Tragödie.

Heute finden systematische Ausgrabungen des Deutschen Archäologischen Instituts statt, die schon verschiedene Statuen zutage förderten. Aber sie stehen im Grunde erst am Beginn einer Grabungskampagne, die vermutlich einige Überraschungen bieten wird.

Die Memnon-Kolosse im Nachmittagslicht

Praktische Informationen zu Luxor und Theben-West

▶ **Telefonvorwahl 095**

In Luxor herrscht der Touristennepp: Jeder versucht, Ihnen mindestens das Doppelte vom Üblichen abzuknöpfen, sei es für Tee oder ein Souvenir - informieren Sie sich möglichst vor der Ankunft über Preise und feilschen Sie unerbittlich (Souvenirtipps siehe Seite 86, allgemeine Preisbeispiele Seite 51).

Lassen Sie sich von den unzähligen Leuten nicht beirren, die Ihnen ständig Postkarten, Skarabäen oder Alabasterkunstwerke verkaufen wollen, die Ihnen Taxis, Pferdedroschken oder Felukas anbieten. Ein halber Augenaufschlag genügt und man wird Sie bis zum Über] druss bedrängen. Wenn Sie desinteressiert, jeden Augenkontakt verme idend und nichts sagend an all dem Plunder dahinwandeln, lässt man Sie (vielleicht) in Ruhe. Wenn sich ein Händler in den Weg stellt, gehen Sie um ihn herum oder schieben Sie ihn wortlos zur Seite. Das klingt und ist unhöflich, aber hier kommen Lernprozesse wohl nicht anders in Gang.

Während so mancher Ägyptenaufenthalte haben wir erlebt, wie Touristen physisch bedrängt, ja in die Enge getrieben wurden, wenn sie auch nur einen Augenblick Interesse am Angebotenen zeigten. Uns liegen viele Leserbriefe von netten Mitmenschen vor, die den Stories von den kranken Kindern, der gerade gestorbenen Großmutter etc. geglaubt haben und den vielfachen Preis vom Wert eines Gegenstandes oder einer normalen Taxifahrt zahlten.

Wichtige Adressen

▶ **Touristen-Information**: Das Hauptbüro zog im Herbst 2008 in ein nagelneues, nicht zu übersehendes Gebäude mit dem Namen **Tourist Information Center** (8-20 Uhr) gegenüber dem Bahnhof, Tel/Fax 237 3294, www.egypt.travel/. Weitere Büros sind im Flughafen, Tel 237 2306, und an der Uferpromenade der Corniche zwischen Metropolitan und Cababchi Restaurant schräg gegenüber dem Winter Palace Hotel.

▶ **Polizei**, Sh Karnak (nähe Luxor-Tempel), Tel 237 2350

▶ **Touristenpolizei**, Tel 237 6620

▶ **Ambulanz**, Tel 123

▶ **Hauptpostamt**, Sh Mahatta gegenüber dem Eingang zur Sh el Souk

▶ **American Express** und **Thomas Cook** vor dem Winter Palace Hotel, Informationen, Trips, Geldwechsel

▶ **Geldwechseln** können Sie in der National Bank of Egypt (an der Corniche) oder bei Banken im Stadtgebiet (8.30-14, 17-18). Bargeldautomaten für Kreditkarten (auch EC-Karte) bei fast allen Banken an der Corniche

▶ Falls Sie Ihr **Visum verlängern** lassen wollen/müssen, so finden Sie das ausgeschilderte **Passport Office** etwa gegenüber dem Club Med in der Sh Kalid Ibn el Walid.

▶ **Telefonieren** können Sie am preiswertesten aus dem Central Telefon Office, das in der Sh Karnak, einen Block südl. der Kreuzung mit der Sh Nefertiti, liegt (Zweigstellen vor dem Winter Palace Hotel u. am Bhf); in Kiosken oder auch Geschäften sind **Telefonkarten** erhältlich. Wer eine SIM-Karte kaufen will: z.B. bei **Vodafone** in der Sh Television

▶ **Internet Cafés** gibt es inzwischen überall, die Stundenpreise liegen bei £E 5-10. Z.B. im Aboudi Bookshop im Tourist Bazar, GBC vor dem Winter Palace Hotel, Heroes in der Sh Television

▶ Die meisten **Reiseagenturen** finden Sie an der Corniche. Für Nilkreuzfahrten können Sie sich u.a. an *Eastmar Travel*, *Misr Travel*, *Thomas Cook*, *Cheops Travel* wenden (alle Büros Nähe oder beim Winter Palace Hotel), *Hehpi* am Eingang Winter Palace Hotel (von Lesern gelobt) oder *Nawas Tourist Company*, *QEA Travel Agency*

▶ **Karten für Hughada-Sharm el Sheikh Ferry**: Jwana-Tours, Md Salah el Din, Tel 2282 340

6 Im Niltal von Kairo bis Abu Simbel

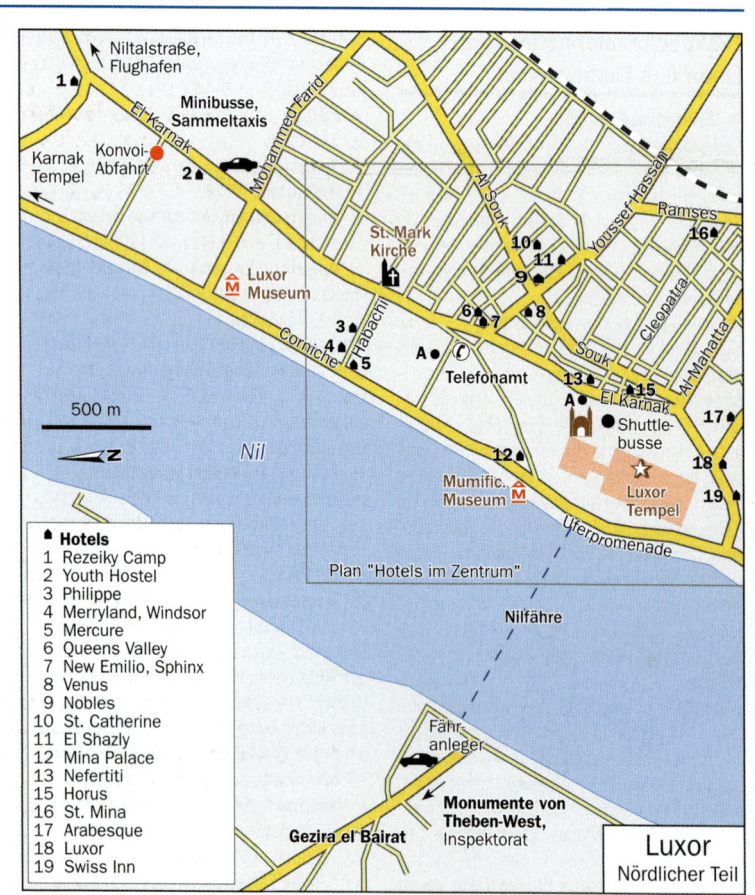

432

Luxor — Nördlicher Teil

Kartenbeschriftungen:
- Niltalstraße, Flughafen
- El Karnak
- Minibusse, Sammeltaxis
- Mohammed Farid
- Karnak Tempel
- Konvoi-Abfahrt
- Al-Souk
- St. Mark Kirche
- Ramses
- Luxor Museum
- Youssef Hassan
- Habachi
- Cleopatra
- Corniche
- Souk
- Al-Mahatta
- Telefonamt
- El Karnak
- Shuttlebusse
- Nil
- Mumific. Museum
- Luxor Tempel
- Uferpromenade
- Plan "Hotels im Zentrum"
- Nilfähre
- Fähranleger
- Gezira el Bairat
- Monumente von Theben-West, Inspektorat

Hotels
1. Rezeiky Camp
2. Youth Hostel
3. Philippe
4. Merryland, Windsor
5. Mercure
6. Queens Valley
7. New Emilio, Sphinx
8. Venus
9. Nobles
10. St. Catherine
11. El Shazly
12. Mina Palace
13. Nefertiti
15. Horus
16. St. Mina
17. Arabesque
18. Luxor
19. Swiss Inn

▶ In Theben-West, ja schon an der Corniche in Luxor in der Nähe der Fähre lauern zum Teil sehr penetrante **Taxifahrer** auf jeden Ankömmling. Hier gilt zähes Feilschen und zwar erst am Taxistandplatz beim Fähranleger.

Medizinische Versorgung

▶ Luxor Hospital, Tel 372 025 , 381 140.
▶ International Hospital, Tel 387 192/94/96
▶ Dr. Morries Masoud (deutschsprachig), Facharzt für Chirurgie und Allgemeinmedizin, Tel 375 758, 381 158, 012354 37 80

Fernverkehr

Nach wie vor sind nur wenige Züge offiziell für Ausländer zugelassen. Für die anderen Züge kann ein Nicht-Ägypter kein Ticket am Schalter kaufen, d.h. keinen Platz buchen. Wer aber die Tempel zwischen Luxor und Assuan besuchen will, steigt in einen der anderen Züge und kauft das Ticket beim Schaffner. Das funktioniert problemlos. Theoretisch geht man das Risiko ein, keinen Platz zu finden; praktisch fahren fast leere Züge im südlichen Ägypten. Nach Norden sieht es schlechter aus, weil sich dort die Züge für

Luxor - Fernverkehr

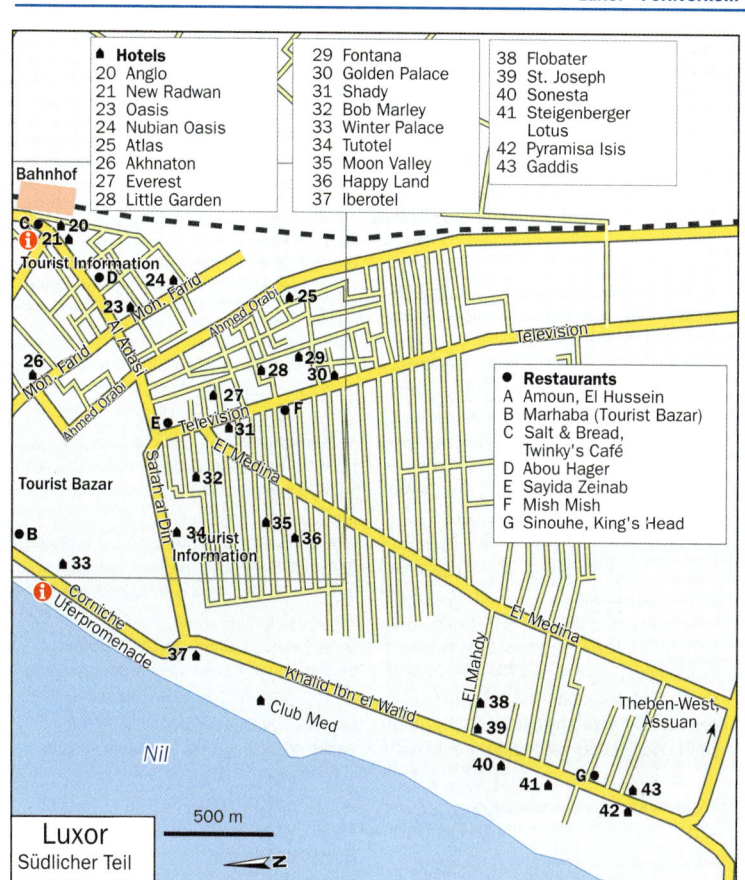

▲ Hotels	29 Fontana	38 Flobater
20 Anglo	30 Golden Palace	39 St. Joseph
21 New Radwan	31 Shady	40 Sonesta
23 Oasis	32 Bob Marley	41 Steigenberger
24 Nubian Oasis	33 Winter Palace	Lotus
25 Atlas	34 Tutotel	42 Pyramisa Isis
26 Akhnaton	35 Moon Valley	43 Gaddis
27 Everest	36 Happy Land	
28 Little Garden	37 Iberotel	

● **Restaurants**
A Amoun, El Hussein
B Marhaba (Tourist Bazar)
C Salt & Bread,
  Twinky's Café
D Abou Hager
E Sayida Zeinab
F Mish Mish
G Sinouhe, King's Head

Luxor
Südlicher Teil

500 m

Kairo füllen und man leicht den Sitzplatz verliert. Tipp: Bitten Sie einen Ägypter, für Sie das Ticket mit Sitzplatzreservierung zu kaufen.

In **Esna**, **Edfu** und/oder **Kom Ombo** nimmt man vom jeweiligen Bahnhof ein Taxi oder Sammeltaxi zum Tempel. Eine solche Besichtigungstour lässt sich für alle drei Orte oder nur Edfu und Kom Ombo bei geschicktem Timing als Tagesausflug für wenig Geld organisieren. Ein Leser, der mit Frau und zwei Kindern unterwegs war, startete um 7.15 Uhr in Luxor und erreichte nach Besichtigungen in Edfu und Kom Ombo gegen 16 Uhr Assuan. Theoretisch wäre noch Zeit für Esna gewesen. Man sollte von den Bahnhöfen jeweils ein Taxi nehmen und es warten lassen, weil meist nur Kaleschen an den Tempeln stehen. Alternativ geht es auch mit Linienbussen, die aber nicht so häufig fahren; oder man kombiniert beide Verkehrsmittel. Nehmen Sie jeweils einen Bus mit Endstation Esna bzw. Edfu, der hält dann im Ort und nicht, wie die Busse nach Assuan, auf der anderen Seite des Nils, von wo man sonst nur per Taxi/Minibus in die jeweilige Stadt kommt.

"Luxoriöse" Zeiten

Die Verwaltung von Luxor hat einen immerhin 25-jährigen Plan beschlossen. Demnach sollen die historischen Anlagen von Luxor und Theben-West in ein "Freilichtmuseum" umgebaut werden. Im Eilschritt wurde bereits 2005/06 die Sharia Mahatta (Bahnhofsstraße) verbreitert, indem ganze Häuserzeilen der Spitzhacke zum Opfer fielen. Der Bahnhof samt Vorplatz bekam ein neues Gesicht und ein Shoppingcenter angegliedert. Anstelle des kleinen Parks am Luxortempel entstand eine Art Paradefläche, z.T. mit Marmorplatten ausgelegt und von ein paar Palmen spärlich beschattet. Das noch vorhandene Polizeirevier wird demnächst den Abrissbaggern zum Opfer fallen, wie es schon dem Souvenirmarkt nebenan geschah.

Die Sharia el Souk erhielt einen neuen Eingang an der Ecke Sharia Mahatta/Karnak sowie Schattendächer über der touristisch besonders genutzten ersten Hälfte, der holprige Straßenbelag wurde durch einen Plattenbelag ersetzt. Wer die alte, etwas chaotische Marktstimmung erleben will, geht von der Kreuzung mit der Sharia Youssef Hassan weiter nach Norden. Aber auch dort werden demnächst die Lebensmittelhändler verschwinden und sich im bereits fertiggestellten, modern überdachten Souk Hadari an der Sharia Mohammed Farid zusammen mit ihren Kunden einfinden müssen.

Die Sharia Karnak soll so verbreitert werden, dass sie die antike Sphingenallee einschließt. Diese ist immerhin schon vom Karnak Tempel bis zur Sharia Mohammed Farid freigelegt. Das letzte Stück führt jedoch durch dicht besiedeltes Gebiet mit Moscheen und Kirchen. Vom Eingangspylon des Karnak-Tempels soll freie Sicht auf die thebanischen Berge herrschen, daher wurden alle Hindernisse wie Bäume, Verkaufsbuden etc. aus dem Weg geräumt und durch einen riesigen Platten belegten Platz mit wenigen Schatten spendenden Bäumen ersetzt.

Auch in Theben-West wird mit Macht (Gewalt) aufgeräumt. Nun konnten sich die Bewohner von Qurna in ihren „Graboberbauten" nicht länger gegen einen Umzug wehren, ihre Häuser fielen schweren Baggern zum Opfer. Ein neues Dorf wurde 5 km weiter nördlich aus der Wüste gestampft.

Für Touristen zugelassene Züge
Besorgen Sie sich Ihr Ticket einschl. Platzreservierung 1-2 Tage vor Abfahrt.
▶ **Assuan**: 7.15 9.40 17.35 (3 Std, 1./2. Kl. AC) £E 41/25
▶ **Kairo**: 9.30 21.15 23.15 (10 Std, 1./2. Kl. AC, £E 90/46)
▶ **Balyana (Abydos)**: 8.00 (£E 30/18), Assiut: 9.30 13.30 (£E 55/38)
▶ **Abela Egypt Sleeper**: 21.40, 00.50, Fahrzeit ca. 10 Std; Doppelkabine $ 120, Einzelkabine $ 80 einschließlich Dinner und Frühstück

Züge für Einheimische
▶ Assuan: 7.15 9.40 10.25 11.45 14.20 (hält überall), 21.00
▶ Kairo: 00.15 8.00 9.15 10.45 12.45, 13.10 15.30 19.00 20.15

Busverbindungen
Wegen der Terroristengefahr dürfen derzeit Ausländer in Fernbussen, Taxis und Privatfahrzeugen nur im **Konvoi** und nur zu bestimmten Zeiten fahren: **Konvois nach Assuan** um 7, 11 und 15 Uhr. Mit dem ersten Konvoi darf man (kurz) Edfu und Kom Ombo besichtigen. Erkundigen Sie sich also entsprechend frühzeitig, wann und ob überhaupt ein Bus in die von Ihnen gewünschte Richtung aufbricht. Diese Regelung wurde gelockert: Lokale Fernbusse/Minibusse dürfen bis zu vier Ausländer transportieren, ohne unter die Konvoipflicht zu fallen. Auch **Servicetaxis** nach Assuan, die - mit Stopps in

Ohne Konvoi ans Rote Meer

Autofahrer können eine andere Route als Qena-Safaga an die Rot-Meer-Küste nehmen und damit die Konvoi-Raserei nach Hurghada mit all ihren Unannehmlichkeiten vermeiden. Man fährt gemütlich zum Luxor Airport, biegt aber bei dessen Einfahrt links ab und folgt der vierspurigen Straße – die zunächst mit „Thebes", dann „Qena" und/oder „Safaga" ausgeschildert ist – nach Norden. Ab Einfahrt Aiport sind es bis zur ersten größeren Stadt, vermutlich Thebes, etwa 8 km, an der Kreuzung nach der Stadt (N25°44,52' E32°45,01') rechts halten. Bald verengt sich die Straße auf zwei Spuren. 40 km nach dem Airport stößt man auf die Kreuzung mit der Straße von Kuft nach Kosir N25°58,72' E32°53,54'). Der Checkpost hat sich zum Glück auf der westlichen Kreuzungsseite etabliert. Man biegt so schnell wie möglich nach Osten ab und erreicht nach 166 km auf gutem Asphalt die Küstenstraße in Kosir (siehe Streckenbeschreibung Seite 620). Der Checkpost 5 km vor Kosir ist freundlich und winkt durch (zumindest bei unserem Trip).

Esna und Edfu - im Konvoi mitfahren müssen, kosten £E 250-300.

Konvois nach Hurghada fahren um 8, 14 und 17 Uhr ab. Für Ausflüge nach **Dendera/Abydos** startet man um 8 Uhr mit dem Hurghada-Konvoi, wechselt in Qena den Konvoi und fährt entweder direkt nach Dendera oder mit einer anderen Gruppe nach Abydos, wo man zwischen 10.30 und 11 Uhr ankommt. Für die Besichtigung (nur Sethos-Tempel) stehen dann etwa zwei Stunden (sehr knapp) zur Verfügung, denn gegen 13 Uhr geht es zurück nach Luxor, unterwegs noch Halt in Dendera von etwa 1 – 2 Stunden. Die Busreise wird für £E 200-300 pP angeboten; ein Taxi kostet etwa ebenso viel, den Preis teilen sich dann aber die Mitfahrer. Bei Reisebüros in der Nähe des Winter Palace Hotels kann man einen Trip im Minibus zu etwa £E 100 pP bekommen, allerdings sind diese Fahrzeuge für die lange Strecke relativ unkomfortabel.

Der **Busterminal für Fernbusse** wurde in die Nähe des Flughafens verlegt, das **Ticket Office für Busse** in die rechte Shopping Mall am Bahnhof im 2. Block. Dort fährt jeweils 30 Minuten vor der Fernbus-Abfahrt ein Shuttlebus (£E 5) zum Fernbusterminal, außer bei den ersten beiden Morgenbussen. Ein Taxi kostet £E 20-30. **Vorsicht:** An der Bushaltestelle versuchen viele Schlepper, den Wartenden Sammeltaxis zum mehrfach überhöhten Preis anzudrehen!

Upper Egypt
- **Assuan:** 4.00.00 15.00 (3 Std, £E 15)
- **Dahab:** 17.00 (£E 120)
- **Sharm el Sheikh:** 21.00 (£E 110)
- **Hurghada, Suez:** 6.30, 8.30, 10.30, 14.30, 17.00, 19.00, 20.00, (£E 25-33 Hurghada, £E 50-60 Suez)
- **Kairo (über Hurghada):** 19.00 (10 Std, £E 90)

Superjet
- **Hurghada, Kairo**: 20.00 (£E 90 ,10 Std mit 1 Std Pause in Hurghada), 5* Bus

Taxipreise von **Luxor nach Dendera** £E 150 + Abydos 200, Esna 150, Edfu 200, Assuan 250, Hurghada 300, Kairo 450.

Nach Kharga und in die weiteren Oasen kann man jetzt Minibusse oder Taxis anheuern, Minibuspreis ca. £E 600-700.

Flugverbindungen

EgyptAir, Corniche, Tel 238 0581, bietet mehrere Verbindungen täglich nach Kairo, nach Assuan und Sharm el Sheikh an, Abu Simbel-Flüge

Im Konvoi unterwegs

nur mit Umstieg in Assuan. Aktuelle Daten holt man sich am einfachsten unter www.egyptair.com.

Fortbewegen in Luxor

Vorwärtskommen innerhalb von Luxor kann teuer werden, wenn man sich den in der Regel unverschämten Taxifahrern anvertraut, die selten die Güte haben, unter £E 20 ihre Dienste anzubieten - also zäh verhandeln.

▶ Innerhalb Luxors kommt man viel billiger mit **Linien-Minibussen** davon, die allerdings nur bestimmte Routen fahren. Daher sollte man einigermaßen genau wissen, wohin die Reise geht und das Ziel dem Fahrer zurufen. Wenn es seine Richtung ist, hält er und man kommt innerhalb des Stadtzentrums für ca. 50 Pt vom Fleck; vom Hotelviertel beim Isis Hotel zum Karnak-Tempel zahlt man £E 1. Minibusse starten südlich vom Isis-Hotel und folgen der Sh Khaled Ibn el Walid bis Iberotel, Beginn Sh Television, Bahnhof, Sh Cleopatra zum Karnak-Tempel bzw. Dorf Karnak, man steigt derzeit am besten an der Corniche aus, am riesigen Platz mit Blick auf den Tempel. Fragen Sie unbedingt beim Einsteigen, denn wegen des Einbahnstraßensystems kehren viele Minibusse an der Sh Karnak nach Süden um und fahren ihre Schleife zurück durch die Sh Mohammed Farid.

▶ Von Luxor nach Karnak können Sie auch mit der **Pferdekutsche** - Kalesche - reisen, die für etwa £E 20-30 pro Fahrt zu haben ist.

Nehmen Sie nur Kaleschen mit gesunden Pferden und versuchen Sie, den Kutschern mit geschundenen Tieren klar zu machen, warum Sie dort nicht einsteigen; möglichst nicht mehr als 4 Personen pro Kutsche, Frauen sollten in Begleitung fahren.

▶ Für die **Nilüberquerung** können Sie kleine Motorboote bzw. die Motorfähre oder - als Autofahrer - die Nilbrücke südlich von Luxor benutzen. Die Motorfähre, auch als „Volksfähre" bekannt, ist die übliche Lösung für Individualisten (£E 1 für Ausländer, £E 0,20 pro Fahrrad; 24-Stunden-Dienst, Abfahrt etwa alle halbe Stunde oder öfter). Sie legt gegenüber dem Eingang des Luxor-Tempels ab, ein Schild *National Ferryboat* weist den Weg. Motorboote jagen der Fähre Passagiere ab, die Fahrt kostet ebenfalls £E 1; sie starten, wenn zumindest die meisten Plätze besetzt sind. Sie liegen in der Nähe des Fähranlegers.

▶ **Hinweis:** Um zu den Sehenswürdigkeiten in Theben-West zu gelangen, sollten Sie versuchen, ein für Ihre Pläne optimales Angebot direkt am **Fähranleger auf der Westseite** zu bekommen, dort stehen jede Menge Taxis herum. Sie sind deutlich preiswerter als ein in Luxor angeheuertes Taxi und die (kurze) Nilüberquerung hat auch ihren Reiz.

Fortbewegen in Theben-West

In Theben-West stehen Ihnen beachtliche Entfernungen zwischen den einzelnen Sehenswürdigkeiten bevor. Neben dem (für Trainierte) möglichen Wandern bieten sich Sammeltaxi, Fahrrad, Esel oder Taxi als Fortbewegungsmittel an. Natürlich lässt sich auch ein komplettes Besichtigungsprogramm bei einem örtlichen Reisebüro buchen. Falls Sie sich mit eigener Kraft fortbewegen, nehmen Sie genug Getränke und eventuell Essen mit nach Theben-West. Auch eine Taschenlampe kann dunkle Wände ausleuchten helfen. Außerdem brauchen Sie Kleingeld für die Bakschischjäger, denen Sie nicht entkommen können.

Für manche Eintrittskarten (siehe unten) müssen Sie zunächst einen Stopp am Inspektorat

In der Kalesche unterwegs

Luxor - Fortbewegen in Theben-West

einlegen. Vom Fähranleger fahren viele Sammeltaxis (Pick-ups) am Inspektorat vorbei (danach fragen, denn einige Linien zweigen schon vorher ab). Vom Inspektorat aus kann man per Sammeltaxi zumindest bis zu den Privatgräbern von Qurna, dem Ramesseum und dem Grabtempel von Sethos I weiterkommen; auch Deir el Bahri geht (seltener).

Ein wichtiger Tipp: Auch als Auto-, Rad- oder Motorradfahrer sollten Sie sich überlegen, den Weg ins Tal der Könige zu Fuß über den Berg oberhalb von Deir el Bahri zurückzulegen, er ist sehr viel eindrucksvoller und einstimmender, als der nüchternen Asphaltstraße zu folgen. Wenn Sie noch mehr für die Einstimmung tun wollen: Klettern Sie zumindest zur Kante des Steilabfalls hinauf (vom Tal der Könige aus nicht ganz so anstrengend, und die Überraschung ist beim Blick aufs Fruchtland umso größer) und erleben Sie, bei klarer Sicht, den berauschenden Ausblick übers Niltal bis hinüber zur Arabischen Wüste.

Wer sich als Frühaufsteher eine besondere Freude gönnen will, plant den Trip auf den Berg für den Sonnenaufgang: Vielleicht ermöglicht der über dem Nil und dem Karnak-Tempel aufsteigende Sonnenball eine noch intensivere Einstimmung auf die pharaonische Philosophie, die doch so viel mit dem Weg der Sonne zu tun hatte.

Zu Fuß in die Berge

Leute mit gesunden Füßen können durchaus den folgenden „Spaziergang" antreten: ein Taxi zu den Königsgräbern nehmen, nach der Besichtigung zu Fuß über den Berg nach Deir el Bahri, weiter zu den Gräbern der Noblen, dem Ramesseum und - soweit die Füße noch tragen - zu den übrigen Taltempeln. Wenn man nicht mehr weiterkommt, hält man auf der Asphaltstraße ein Sammeltaxi an (was ganz sicher am Inspektorat möglich ist).

Auf dem Esel unterwegs

Sehr beschaulich war früher der Ritt auf dem Esel zu den Sehenswürdigkeiten. Der starke Verkehr auf den Straßen mindert das Vergnügen ziemlich stark. Reiten Sie nicht weiter als bis Deir el Bahri; für einen Besuch der Königsgräber kann man die Esel samt Treiber dort warten lassen, um den Weg zu Fuß über den Berg zu machen (ca. 40 Minuten). Ein Esel sollte um £E 45-60 pro Tag kosten, weiterhin erwartet der Treiber ein Bakschisch für die „Führung", d.h. eine Art Tageslohn um £E 20-30. Nehmen Sie Sättel ohne Steigbügel, es sei denn, Sie können die Füße dort einhängen; anderenfalls scheuern die Bügel die Beine wund. Einige Hotels oder Organisatoren bieten Eselstouren an, immer seltener findet man Eseltreiber am Fähranleger in Theben-West.

Unabhängig per Fahrrad

Unabhängiger werden Sie mit dem Fahrrad sein. Allerdings sollten Untrainierte die Entfernungen, besonders zum Tal der Könige, nicht unterschätzen (ca. 45 Minuten) und die Mittagshitze meiden. Fahrräder können Sie in Theben-West am Fähranleger oder in Luxor an vielen Stellen mieten, Kosten um £E 10-20 pro halber Tag (z.B. gegenüber New Emilio Hotel, Sh Nefertiti, Sh Television; Qualität des Rades, besonders der Bereifung und Bremsen, sehr kritisch prüfen; es wurden sehr unangenehme Erfahrungen gemacht).

Achtung: Es kommt vor, dass - z.B. im Tal der Könige oder bei zu wenig Bakschisch - bei den Privatgräbern Ventile aus den Fahrrädern gedreht und Luftpumpen gestohlen werden - dann ist eine teure Taxi-Heimfahrt fällig. Stellen Sie

Eselskarawane

Fahrräder möglichst in Sichtweite vom Ticketkontrollhäuschen ab und versprechen Sie dem Mann ein Bakschisch nach der Rückkehr.

Taxi oder Minibus

Taxis liegen je nach Saison bei £E 60-80 für die Rundfahrt. Nachmittagstrips sind sie billiger zu haben als am Vormittag. Eine Fahrt nur ins *Tal der Könige* kostet um £E 50 von der Anlegestelle aus. Man sollte grundsätzlich in Theben-West auf Suche gehen, da dort die Taxis billiger sind und man sich den zeitaufwändigen Umweg über die Brücke spart. Achtung: Taxifahrer erzählen gern, dass bestimmte Gräber geschlossen seien, um die Fahrzeiten abzukürzen - also nachprüfen.

Organisierte Touren nach Theben-West

Sie können ebenso eine der Sightseeing-Touren buchen, die von verschiedenen Hotels oder Reiseagenturen (z.B. Ibis-Hotel, MSR Travel, Happy Land Hotel, Everest-Hotel) für ca. £E 80-150 pP auch mit deutschsprachiger Führung in klimatisierten Bussen angeboten werden; die von Cheops Travel im Winter Palace Hotel vermittelte Theben-West-Tour mit deutschsprachigem Führer wird gelobt. Klimatisierte Busse sorgen besonders im Sommer für eine Abkühlungs- und Erholungspause. Diese Trips sind allerdings meist so organisiert, dass man in jedem Fall Alabaster- und Papyrus-Shops besucht, die Zeit wird dann bei den Sehenswürdigkeiten massiv eingespart. Versuchen Sie, Anbieter zu finden, die keine Shops anlaufen.

Besichtigungprogramm

Wenn Sie vorab wissen wollen, welche Sehenswürdigkeiten geöffnet sind, so informiert Sie www.cyclejp.com/luxor/indexE.html (mit Vorbehalt).

Beachten Sie, dass **Fotografieren und Filmen** in Gräbern und Innenräumen von historischen Gebäuden verboten ist, es gibt keine Fototickets mehr. Sondergenehmigungen kosten angeblich £E 1000. Ghafire (Wächter), die zum Fotografieren ermuntern, erwarten ein entsprechend hohes Bakschisch.

Vielleicht legen Sie Ihre **Hauptaktivitäten** auf die Zeit zwischen 13-15 Uhr, weil dann die Gruppen die Mittagshitze im Hotel verbringen, oder auf den sehr frühen Morgen (viele Stätten öffnen bereits um 6 Uhr). Ein imposanter Schattenplatz, auch während der Mittagszeit, ist der Säulensaal von Karnak.

In Theben-West fallen am frühen Morgen die Busse mit den Hotelgästen aus Luxor ein; gegen 11 Uhr kommt der Konvoi aus Hurghada an und wiederum stürzen sich Heerscharen auf die Sehenswürdigkeiten. Ab etwa 14 Uhr kehrt deutlich mehr Ruhe ein, die Luft in den Gräbern regeneriert sich etwas, der Schweißgeruch zieht ab. Draußen allerdings ist es besonders im Tal der Könige umso heißer, die Felsen strahlen die bis dahin gespeicherte Hitze zusätzlich ab.

Beim typischen Gruppenbesichtigungsprogramm werden innerhalb von zwei Tagen der Besuch der Tempel von Karnak und Luxor, des Museums, der Light and Sound Show und in Theben-West das Tal der Könige, Deir el Bahri, Gräber der Noblen, Ramesseum und Medinet Habu abgespult.

Ein mögliches, etwas geruhsames **Besichtigungsprogramm** ist unten aufgelistet. Die Zeiten sind so gewählt, dass zwischendurch Erholungspausen möglich sind. Sie können das Programm deutlich schneller abwickeln, Dinge auslassen oder es ausdehnen:

In Luxor

- 1 Tag Tempel von Karnak und Tempel von Luxor
- 1/2 Tag Luxor- und Mumifizierungsmuseum
- 1 Abend *Light and Sound* im Karnak-Tempel

In Theben-West

- Öffnungzeit für alle Objekte: 6.30-18, Winter -17; während Ramadan verkürzte Zeiten
- 1 Tag per Esel/Fahrrad/Taxi nach Deir el Bahri, Tal der Könige
- 1 Tag per Esel/Fahrrad/Taxi nach Medinet Habu, Tal der Königinnen, Deir el Medina
- 1 Tag per Esel/Fahrrad Privatgräber (Noble), Ramesseum

Wo gibt es Eintrittskarten?

Im Tal der Könige und der Königinnen und auch in Deir el Bahri werden die Eintrittskarten (Preise siehe weiter unten) jeweils direkt am Eingang verkauft. Für alle anderen Sehenswürdigkeiten von **Theben-West** müssen Sie Karten am Tickethäuschen beim Inspektorat (Plan siehe Seite 432) kaufen, also am Weg vom Nil zu den Grabtempeln und Gräbern. Besonders am frühen Morgen herrscht Gedränge an den Schaltern. Überlegen Sie sich vor dem Anstehen genau, welche Stellen Sie besuchen wollen. Die Eintrittskarten sind immer nur für den Tag des Kaufs gültig. Kartenrückgabe oder -umtausch sind selbst dann nicht möglich, wenn Sie die anvisierte Stätte verschlossen fanden, weil z.B. der Wärter spurlos verschwand. Zeigen Sie immer nur eine Karte vor; manche Wärter reißen sonst gleich alle ab.

Eintrittskarten für die Sehenswürdigkeiten in **Luxor** werden jeweils am Ort des Geschehens verkauft. Studenten sollten daran denken, dass sie verbilligte Eintrittskarten erhalten.

Eintrittspreise (£E) für Theben-West

Tal der Könige, 3 Gräber *)	80
Tutanchamun-Grab zusätzlich	100
(auf unbestimmte Zeit geschlossen)	
Ramses VI angeblich zusätzlich (Nov. 08)	50
Eje	25
Tal der Königinnen, 3 Gräber	35
(Nefertari, geschlossen	100)
Deir el Medina, 3 Gräber	30
Pashedu-Grab	15
Grabtempel	25

Privatgräber

Nacht + Menna	40
Rechmire + Sennefer	50
Ramose + Userhet + Chaemhet	30
Khonsu + Userhet + Benia	15
Rai (Roy) + Shurai (Shuroy)	15
Asasif- + El Cocha-Gräber	je 30

Totentempel

Medinet Habu, Ramesseum, Sethos I	je 30
Deir el Bahri mit Zusatzticket für	
Taf-Taf-Bahn zum Tempel	32

*) Wegen der durch Besucher verursachten Schäden dürfen offiziell nicht mehr als 3 Königsgräber besucht werden; tatsächlich kann man mehrere Tickets kaufen, es findet keine Kontrolle statt.

Für Theben-West und den Luxor-Tempel wird nur auf den Internationalen Studentenausweis (grün) **Ermäßigung** gewährt; der in Kairo käufliche Studentenausweis ist gelb und wird nur für Karnak anerkannt.

Bei den Wärtern ist die Preisangabe entscheidend; wenn Sie also mehrmals „Ramose" auf Ihren Tickets stehen haben, kann man damit auch andere gleichteure Gräber anschauen.

Shopping

Ca. 70 m vom Bahnhof entfernt, an der Sh Mahatta zum Luxor-Tempel, gibt es links eine gute *Bäckerei*, um die Ecke vom New Karnak Restaurant, die Konditorei *Twinky* mit sehr leckeren arabischen Süßigkeiten. Wein und Spirituosen verkauft *Mitcho-s Grocery* , 41 Sh Saad Zaghlul, Nähe Post, auch in der Sh Souk gibt es einen Bier- und Weinhändler (etwa in der Hälfte auf der linken Seite). Wer preiswert importierten Alkohol kaufen will, sollte innerhalb der ersten 24 Stunden nach der Flugankunft in den *Egypt Free Shop* nördlich vom New Emilio Hotel gehen; Johnny Walker kostet $ 12, es gibt aber auch Wein und Bier. Einen nur arabisch beschrifteten *Alkoholladen* gibt es gegenüber dem südlichen Eingang des Nefertiti Hotels.

In der neu gestalteten Sharia el Souk

Die üblichen Souvenirs kauft man am besten in der Sh el Souk; auch in der Sh Karnak nördlich des Luxor-Tempels gibt es kleinere Bazare. Von der Sh Karnak (etwa gegenüber Queen Valley Hotel) zur Corniche wurde ein neuer zweistöckiger „Edel-Bazar" namens *Savoy* eröffnet, in dem Händler unterkamen, die der Verbreiterung der Sh Karnak weichen mussten. Im Hotelviertel bieten viele und meist teurere Geschäfte ebenfalls das Standard- oder etwas gehobene Souvenirprogramm.

Etwas ungewöhnlichere Souvenirs können Sie bei *Fair Trade* in der Sh Karnak, direkt gegenüber dem Hinterausgang des Luxor-Tempels, kaufen und dabei kunsthandwerklich geschickte Ägypter der unteren sozialen Schichten unterstützen, die sonst keinen Marktzugang haben. Ein weiteres Geschäft namens *Naturally Egypt* für biologische Kräuter, Öle, Datteln und Schönheitsprodukte wird in der kleinen Seitenstraße zwischen den Hotels Sonesta und Meridien betrieben. Direkt gegenüber dem Emilio-Hotel bietet *Aisha* ebenfalls ein geschmackvolles, kunsthandwerklich orientiertes Sortiment.

Omar Gomla Supermarkt, Sh El Medina, gegenüber El Amir Hotel, große Auswahl, sogar diverse Sorten Müsli, Kasse mit Strichcode-Leser und ausgedruckter Quittung

„Außergewöhnlich schöne, aber teure Stoffe bei zurückhaltender Beratung kauft man in *Winter Akhmeen Gallery* im Winter Palace Hotel", schreibt ein Leser.

Erstaunlich gute **Bücher**, insbesondere Reiseführer und Literatur über Ägypten erhält man bei *Gaddis* am Winter Palace Hotel oder bei *Aboudi* im Tourist Bazar (zwei Läden nebeneinander, Internet Café).

Alabasterbearbeitung ist die Spezialität der Gegend: In Theben-West scheinen inzwischen die Dörfer nur noch aus Alabaster Factories zu bestehen, in denen vor allem pharaonische Motive kopiert werden. Das Rohmaterial wird nicht allzu weit entfernt gewonnen, aber Vorsicht, gern dreht man dem Laien auch schlichten Kalkstein an, der nicht viel aushält und schnell zerbrechen kann oder „Granit", dessen Lufteinschlüsse zeigen, dass es sich um Kunststein handelt.

Relaxen in Luxor

Auch für den **Abend und die Nacht** ist gesorgt: Wer in Ruhe bei schöner Aussicht ein Bierchen trinken will, kann dies auf der Dachterrasse des Hotels *New Emilio* tun. Die Nacht durchzechen kann man im *Kings Head Pub* (siehe *Restaurants* weiter unten). Nachts können Sie in den Hotels *Mercure Inn, Isis, Mövenpick* und *Winter Palace* **Bauchtänzerinnen** bewundern oder die Hoteldiskos (nahezu alle 4*- und 5*-Hotels) bevölkern. Sehr viel ägyptischer geht es spät nachts im *Mandaria* (Corniche, ca. 400 m vom Isis-Hotel stadteinwärts) und im *Tutanchamun* (Theben-West, direkt am Westufer des Nils; nahe der Fähre) zu; Frauen dürfen hier nur in männlicher Begleitung erscheinen.

Falls Sie einen **Badetag** einlegen wollen und nicht in einer der feudalen Herbergen wohnen, können Sie entweder im öffentlichen Bad links neben dem Sonesta Hotel (Sharia Khaled Ibn al Walid) oder in den folgenden Hotels den hauseigenen Pool benutzen (meist Verzehr im Preis eingeschlossen): *Winter Palace, Isis, Luxor, Mercure Inn, Emilio* (Pool auf der Dachterrasse mit gutem Blick) oder *El Shady*. In Theben-West lässt es sich im *Nilevalley* Hotel sehr gut am großen Pool (£E 20) aushalten.

▶ Einige **Nilinseln** dienen fleißigen Fellachen als Anbaufläche. Eine davon wird **Banana-Island** (südlich von Luxor) genannt, da sie voll mit Bananen bepflanzt ist. Die Bananenpflanzer verlangen Eintritt bis zu £E 10 pP, dafür kann man 3-4 Bananen im Souvenirshop essen. Eine Felukenfahrt zur 4 km von Luxor entfernten Insel kostet ca. £E 50-70 pP, durchaus stimmungsvoll am späteren Nachmittag, Rückfahrt bei Sonnenuntergang. „Individuelle Nilfahrten" per Feluke oder Motorboot bietet das deutsch-ägyptische Paar Silvia und Mohamed an, Tel 0106537070, 0162717521 (Silvia).

Allerdings ist das Ganze stark kommerzialisiert, Feluken-Kapitäne wie auch Bananenbauern schauen nur noch nach dem schnellen Geld. Legen Sie vorher eine Mindestaufenthaltszeit fest. Natürlich können Sie auch auf die Insel verzichten und sich nur an der Fahrt auf dem Nil in dem altertümlichen Boot erfreuen: Segeln Sie gemütlich am Westufer entlang, Sie werden schöne Aus- und gute Einblicke in das ländliche Leben gewinnen.

Die Bananen-Insel ist per Damm mit dem Festland verbunden, eine Straße führt über sie hinweg zur daneben liegenden, noch echten Insel namens **Crocodile-Island**. Diese wurde vom Schweizer Mövenpick-Konzern in eine Hotelinsel (gehört heute zur Maritim-Gruppe) verwandelt und von der Konzeption her als Erholungslandschaft angelegt; nebenbei werden hier bis zu 90 Prozent des Hotel-Obst- und Gemüsebedarfs ökologisch erzeugt.

Eine andere Art, Luxor zu betrachten, macht ein **Heißluftballon** möglich: Ab £E 600-700 pP können Sie in die Luft gehen. „Es ist wahnsinnig schön, über die Tempel und Gräber zu schweben", schreibt eine Leserin. Es gibt mehrere Anbieter: *Hod Hod Soliman,* Tel 370 116 und *Over Egypt* , Tel 376 515, *Magic Horizon* , Tel 365 060. Zu buchen ist das Vergnügen über Reisebüros. Der Start erfolgt am frühen Morgen zwischen 4 und 5 Uhr, zuvor gibt es am Boden ein Sektfrühstück. Der Flug dauert etwa 1-1,5 Stunden. Anfang 2008 gingen drei Ballons wegen ungünstiger Windverhältnisse in einer Bruchlandung mit insgesamt 7 Verletzten zu Boden.

Die Idee, mit einem Heißluftballon über Theben zu fliegen, stammt übrigens von dem bekannten Ägyptologen Ken Weeks, der Anfang der 1980er Jahre für seine Kartografierungsarbeit Luftbilder benötigte und einen Heißluftballon als schwebende Plattform einsetzte.

Alternativ sind auf dem Westufer schöne **Spaziergänge** möglich. Eine Leserin schreibt begeistert von der friedlichen Stimmung, die sie auf dem Weg entlang des Nilufers, südlich der Anlegestelle erlebte. Sie traf auf freundliche, unaufdringliche Menschen, die ihrer Arbeit nachgingen. Am Fähranleger auf der Westseite kann man auch Kamele zu etwa £E 35 pro Stunde mieten.

Oder man hängt einen **Ausflug** an eine Fahrrad-Besichtigungstour durch Theben-West und radelt z.B. von Medinet Habu ca. 100 m Richtung Nil bis zum ersten Kanal, an diesem entlang nach Süden. Unterwegs bieten sich interessante Einblicke in die Bewässerungstechnik und das ländliche Leben, nicht zuletzt werden Sie viele Vögel beobachten können. Irgendwann biegt man auf einen der größeren Feldwege nach Osten ab, fährt bis zur Asphaltstraße und kehrt zurück.

Wer die Nillandschaft reitend erkunden will, findet in Theben-West in der Nähe des Hotels Amon (Nähe Fähranleger) **Reitställe**. Ein Leser empfiehlt *Pharaos Stables Bakry el Gilany* mit gut gepflegten arabischen Pferden (um £E 50/Std) oder auch Kamelen.

Kirchgänger können eine katholische Kirche in der Sh Maabad El Karnak besuchen; es gibt auch eine evangelische Kirche, die etwa 300 m nördlich des Luxortempels, neben der (schönen) koptischen St. Markus-Kirche, steht.

Bazar/Souk, Tiermarkt

Das heutige Luxor ist erst in jüngster Zeit von einem Dorf zu einer Stadt mittlerer Größe gewachsen. Stimmungsvolle Bazare wie im Islamischen Kairo gibt es nicht, doch es gab einen „**Ägypter-Souk**„ (Slang der Droschkenfahrer), der bis etwa 2007 noch viele Gebrauchsgegenstände des täglichen Lebens bot. Dann wurde die schmale Straße verkehrsberuhigt, modernisiert, mit Schattendach versehen und nahezu ausschließlich dem Souvenirgeschäft gewidmet. Dennoch sollten Sie auf einen Bummel durch die **Sharia El Souk**, die an der Kreuzung Sh Karnak/Bahnhofsstraße (Sh Mahatta) hinter dem Luxortempel beginnt, nicht verzichten. Ein Spaziergang wird eine lebendige Abwechslung zum Besichtigungs-Pflichtprogramm sein; die Chancen, Ungewöhnliches zu finden, sind jedoch recht gering. Hier handeln viele Shops mit täglichem Bedarf, von Gemüse bis zu Wasserhähnen; man erlebt also ein Stück ägyptischen Alltag.

6 Im Niltal von Kairo bis Abu Simbel

Jeweils dienstags findet von etwa 6-10.30 Uhr ein ***Kamel- und Tiermarkt** statt (Touristen-Eintritt £E 5), der an der Südumzäunung des Flughafens abgehalten wird. Alle gängigen Nutztiere, von Kamelen bis zu Schafen, werden auf einem staubigen, etwa Fußballfeld großen Platz gehandelt. Doch gibt es auch Tage, an denen nur zwei einsame Kamele traurig in die Runde schauen.

Es sind aber weniger die Tiere, die einen Besuch interessant machen; es sind die Männer, die hier kaufen und verkaufen. Sonnengegerbte Gesichter mit Falten so tief wie Ackerfurchen, Männer, die Tiere beherrschen und einen trägen Wasserbüffel dazu bringen, fast wie ein junges Reh auf einen Pick-up zu hüpfen - Tierschutz engagierte Mitmenschen sollten den Markt weiträumig meiden. Taxifahrer verlangen Fantasiepreise, £E 30-50 sollten reichen.

▶ **Anfahrt** für Selbstfahrer: von der Stadt aus zum Flughafen fahren; sobald kurz vorher ein Schild *Luxor International Airport* nach links zeigt, rechts abbiegen und immer parallel zum Flughafen nach Süden halten. Zum Schluss sieht man die Südostecke. Hier links in ein Dorf abbiegen, durch dieses hindurch, bis nach einem kurzen freien Feld rechts eine Halle auftaucht, hinter der der Markt stattfindet. Er ist insofern nur schwer zu verfehlen, weil ständig Pick-ups mit Tieren hin und her preschen.

Samstags ist **Markttag** in Qurna in Theben-West, und zwar dort, wo von der nilparallelen Straße die Straße ins Tal der Könige abzweigt (Tempel Sethos I am Dorfrand). Dieser Markt ist rein lokal, ohne Kamele oder Esel. Wegen seiner Ursprünglichkeit und der Tatsache, dass Touristen nichts Ungewöhnliches sind, kann man hier relativ ungestört herumgehen. Die Leute sind sehr freundlich, sie lassen sich in ihren Marktgeschäften von den Fremden kaum stören.

"Bergsteigen"

Auf der Westseite gibt es zwei recht hohe „Berge", deren Besteigen eine schweißtreibende Angelegenheit ist, die jedoch mit toller Aussicht belohnt wird. Der eine, das **Horn von Qurna**, wird von Deir el Medina aus in Angriff genommen: Man steigt die lange Treppe zur Polizeistation hinauf und von dort zum Gipfel, allerdings mit einer etwas schwierigen Kletterstelle. Ein bergsteigerisch leichterer Weg führt entgegen dem Uhrzeigersinn rechts um den Gipfel herum, der unmittelbar hinter der Polizeistation beginnt und durch die „Tretminen" von deren Freilufttoilette verläuft. Vom Gipfel steigt man entweder wieder ab oder folgt einem Pfad nach Westen auf einen weiteren Gipfel oberhalb des Tals der Königinnen und weiter zur Abbruchkante eines Hochplateaus zur Libyschen Wüste. Dann wandert man mit wirklich atemberaubenden Ausblicken auf die Wüstentäler über das Hochplateau nach Norden, schließlich auf einem breiten Weg über einen Bergkamm parallel zum Tal der Könige und zu dessen Eingang am neuen Parkplatz hinunter (insgesamt etwa 15 km).

Die zweite Wanderung kann auf den **Thot-Berg** führen, der etwas höher ist und nördlich der Straße zum Tal der Könige liegt. Dort steht der einzige, auf einem Berg gebaute Tempel Ägyptens und einer der wenigen aus dem Mittleren Reich (von Mentuhotep III). Der Tempel wurde aus Nilschlammziegeln auf einer zuvor angelegten Terrasse errichtet. Erhalten sind der Eingangspylon und das etwa 100 qm messende Tempelgebäude mit Sanktuar und zwei kleinen Kapellen. Vom Berg lassen sich fast das gesamte Ost- und Westufer überblicken.

Wegen der Baumaßnahmen im Zusammenhang mit dem Abriss von Qurna und dem Neubau im Dorf Gabawy empfiehlt sich jetzt ein Startpunkt für den Aufstieg, der jenseits der äußersten nordwestlichen Ecke von Gabawy beginnt. Wenn man sich vom Neubaugebiet her nähert, muss man an der Nordwestecke einen Geröllhang hinuntersteigen (das Neubaugebiet ist aufgeschüttet worden), dahinter führt der Weg dann leicht erkennbar halblinks nach oben, das Ziel liegt bei N25°45' E32°36'. Der Aufstieg erfordert, wie alle Wanderungen in der Bergregion von Theben West, eine einigermaßen gute Kondition und Trittsicherheit. Selbstverständlich müssen ausreichend Wasser und etwas Verpflegung mitgenommen werden.

Die etwas gekürzte Beschreibung der Wanderwege stammt von Leser Dr. Hermann Hass, der auch auf die Mitarbeiter der Hilfsorganisation *Die kleine Pyramide* (www.die-kleine-pyramide.de) in El Gezira unweit des Fähranlegers, Tel 2314689 oder 0128010408 (Ahmed Ammar, spricht deutsch) verweist, die sich auskennen und nötigenfalls sogar Führung anbieten. Bei der Gelegenheit lohnt es sich, das mit viel Idealismus getragene Projekt zu besuchen (und eventuell zu unterstützen), was man auch ohne Wanderabsichten kann.

Tagesausflüge

Nach **Dendera per Schiff:** Jeweils So, Di, Do und Fr legt um 7.00 Uhr ein Nilkreuzer vom Hotel Iberotel ab und ca. 3 Stunden später in der Nähe von Dendera an, von dort Transfer zum Tempel. Rückkehr in Luxor gegen 19 Uhr. Direktbucher zahlen im Hotel ca. £E 400, bei Agentenvermittlung soll es preiswerter zu haben sein (Taxifahrten nach Dendera siehe weiter oben).

Restaurants in Luxor und Theben-West (Plan siehe Seite 432)

In Luxor hängen überall Restaurantschilder; es ist nahezu unmöglich, den Überblick zu behalten. Die unten aufgeführten Adressen können nur eine - eher zufällige - Auswahl aus dem vergleichsweise riesigen Angebot sein.

Wirklich preiswerte Essplätze findet man in der Bahnhofsgegend, im Soukbereich und in der Sh Television; die besseren liegen u.a. südlich in der Gegend des Isis-Hotels. In dem kurzen **Abschnitt zwischen Sonesta und Sheraton Hotel** gibt es ca. 15 meist gehobene Restaurants. In den preiswerten Häusern bekommt man das halbe Huhn für ca. £E 15, in der Mittelklasse kostet es £E 25 und in den teuren Häusern £E 35-40. Teuer sind die Restaurants in den internationalen Hotels.
(Wenn wir in der folgenden Liste keine Hausnummern angeben, dann daher, weil diese selbst den Besitzern häufig unbekannt sind.)

Luxor

• **Abou Ashraf**, Sh Mahatta, vom Bhf auf rechter Seite, etwa erstes Drittel, neben Restaurant *Abou Mesuhud*; relativ gutes Kushari, über dessen (eher überzogenen) Preis gehandelt werden kann, Vorsicht: Rechnung prüfen

• **Abou Hager**, Sh Abdel el Moneim el Adasi, zw. Bhf und Midan Salah el Din, vom Bhf aus linke Seite; sauber u. freundlich, AC, guter Blick aus oberem Stock, mittelmäßiges bis gutes Essen, preiswert

• **Abou Mesuhud**, Sh Mahatta, vom Bhf auf linker Seite, etwa erstes Drittel, neben *Abou Ashraf*; orientalisch, schmackhaft, gut, reichhaltig, preiswert

• **Ali Baba**, Terrassenrestaurant über dem Garten des *Luxor-Hotels*, guter Blick, relativ sauber, eher mäßige Küche, kleine Portionen, freundliche Bedienung, mittlere Preise

- **Amoun**, Sh Karnak, im 2. Stock des *Savoy Bazar* (Nähe Queen Valley Hotel), orientalische Küche, Pizza, vegetarische Gerichte, sauber, freundlich, sehr gut, preiswert
- **Anubis**, Corniche, neben *Mumification-Museum* direkt am Nil, guter Sonnenuntergangsplatz, mäßiges Essen, Stella-Bier, trotz Lage für das Gebotene zu teuer
- **Chez Omar**, Sh Youssuf Hassan, schräg gegenüber *Venus-Hotel*, sauber, gut, von Lesern mehrfach empfohlen, moderate Preise
- **Cocktail Sunset**, geschmackvoll als Bar eingerichtetes, am Nilufer vertäutes Boot, gegenüber dem *Mercure Corniche Hotel*; sehr gute Drinks, preiswertes Stella Bier, schöne Sonnenuntergangsstimmung über dem Nil
- **Class**, Corniche, südlich von Club Med, vor *Isis-Hotel*; Cafeteria und Bistro, empfehlenswerte einheimische und internationale Küche, gehobene Kategorie
- **El Hussein**, Sh Karnak, im 2. Stock des *Savoy Bazar* (Nähe Queen Valley Hotel), sauber, gute Auswahl, relativ preiswert
- **El Hussein**, Vorort Karnak, Nähe *Hilton Hotel*, ägyptische Gerichte, sehr gut, mittlere Preise, freundliche Bedienung
- **Gerda's Garden**, Vorort Karnak, gegenüber *Hilton Hotel*, www.luxor-german-restaurant.com; von einem deutsch-ägyptischen Ehepaar geführtes, gepflegtes Restaurant mit gutem Essen
- **Grand**, Sh Khaled Ibn el Walid, Nähe *Sheraton-Hotel*, sehr sauber (auch Sanitäranlagen), freundlich, schmackhafte orientalische und internationale Gerichte, mittlere Preise
- **Hames** und **Sindbad**, Sh Karnak im Garten des *Luxor Hotels*, schattig unter Palmen, preiswert und gut
- **King's Head**, Sh Khaled Ibn el Walid gegenüber *Lotus-Hotel*; von 10-2 Uhr durchgehend mit warmer Küche geöffnet, sehr britisch, gute Bar, Billard, auch indische Gerichte, preiswert
- **Korean Restaurant**, Sh Khaled Ibn el Walid, neben *Grand Restaurant*, gut, große Portionen (reichen u.U. für 2 Personen), mittlere bis höhere Preislage
- **McDonalds**, Sh Karnak/Mohammed Farid hinter Luxor-Tempel
- **Marhaba**, Corniche, im *Tourist-Bazar*, Dachterrasse mit schönem Blick (besonders abends auf Luxor-Tempel), Essen durchschnittlich, gute Nachspeisen, für Qualität zu teuer, Abrechnung prüfen
- **Merryland Hotel**, ein wegen Ausblick empfehlenswertes Dachterrassen-Restaurant am Nil, herrlicher Sonnenuntergangsblick, preiswertes Essen, nicht immer gut
- **Metropolitan Café**, direkt am Nilufer Höhe *Winter Palace Hotel*, Snacks, gut zum Relaxen
- **Mish-Mish**, Sh Television, mäßig, etwas teuer, Pizza, unbedingt Rechnung prüfen
- **Oasis**, Sh Dr. Labib Habashi, gegenüber *Philippe Hotel*, nicht groß, sehr gut, laut Eigenwerbung „Gourmet Meals", gehobene Preisklasse
- **Old-Winter-Palace Hotel**, relativ preiswertes Mittagessen am Pool, Pizza, Pasta und amerikanisches Fast Food
- **Pink Panda**, Sh Khaled Ibn el Walid, rechts neben *Pyramisa Isis Hotel*, sehr gute chinesische Küche, gut eingerichtet, nicht billig
- **Pizza Hut**, Sh Khaled Ibn el Walid, Nähe *Isis Hotel*
- **Rezeiky Camp**, [1+ Hotelplan] Sh Karnak Temple, Restaurant am Pool, gute Küche, Bier, Weizenbier und Wein, mittlere Preise
- **Ritz**, Sh Khaled Ibn el Walid, kurz vor *Pyramisa Isis Hotel* in rechter Seitengasse, relativ klein, gut bei reichlich Auswahl (ägyptisch und international), eher preiswert
- **Salt & Bread**, am Bahnhof; sehr preiswert, gut, aber etwas wenig
- **Sayida Zeinab**, Sh Television, sehr gutes Kushari, sehr preiswert, freundliche Bedienung
- **Sindbad**, Sh Karnak, vor *Luxor Hotel*, ansprechendes Gartenrestaurant, gut und preiswert, gilt auch für Stella und Rotwein
- **Sinouhe**, schräg gegenüber *Pyramisa Isis Hotel*; eher elegant, internationale und ägyptische Küche, reichhaltiges Abendbuffet, Disco ab 22.30 Uhr
- **Sunrise**, kurz vor *Pyramisa Isis Hotel*, „bürger-

Luxor - Übernachten

lich" (viele Gäste vom *Isis*), sauber, nicht zu teuer
• **Twinky's Café**, in Bahnhofsnähe, Sh Abdel el Moneim el Adasi, zw. Bhf und Midan Salah el Din,; ägyptische und internationale Kuchen, Tee und Kaffee sehr gut, relativ teuer, freundlich

Theben-West

• **African Garden**, Nähe Fähranleger, gute Atmosphäre, ansprechend eingerichtet, relativ geringe Auswahl, gut, mittlere Preise
• **El Fayrouz**, Hotelrestaurant, Nähe Fähranleger, sehr viele Gerichte, ägyptisch und international
• **El Gezira Hotel mit Dachrestaurant**, Nähe Fähranleger in einer Seitenstraße, gepflegt, schöner Blick auf Luxor-Tempel, etwas teuer
• **Hatschepsut**, Besitzer spricht deutsch, an der Straße zwischen Privatgräbern und Abzweig nach Deir el Bahri, Restaurant auf einer Alabaster Factory, schöner Blick
• **No Gallab**, an der Straße nach Deir el Bahri, im Erdgeschoss Alabasterwerkstatt, Dachterrassen-Restaurant mit tollem Blick, ausgezeichnetes Essen, preiswert
• Beim **Medinet Habu Tempel** liegen drei preiswerte Restaurants: *Ramses* Cafeteria & Restaurant, *Maratonga* Restaurant, *Happy Habou*
• **Nur el Gurna**, gegenüber dem *Inspektorat* (etwas nach hinten versetzt), gutes Essen, reichlich und preiswert
• **Ramesseum-Resthouse**, preiswertes Restaurant neben dem *Ramesseum*, z.B. für eine Mittagspause empfehlenswert

Übernachten

Hotelsuche: Am Bahnhof (manchmal sogar schon im Zug ab Qena) und am Flughafen Luxor warten zahlreiche **Schlepper** und versuchen, alle möglichen Hotels an den Gast zu bringen. Sie schrecken auch nicht vor „dirty tricks" zurück, wie z.B., die gewünschte Unterkunft sei ausgebucht, geschlossen oder ähnliche Stories. Immer mehr Hotels scheinen aufgrund der Konkurrenzsituation Schlepper zu beschäftigen. Lassen Sie sich nicht beirren und gehen Sie in das Hotel, das Sie sich schon zuvor ausgesucht haben. Oder fragen Sie, ohne den Schlepper mitzunehmen, in der Tourist-Information am Bahnhof nach, dort hilft man Ihnen gern. Im Übrigen sind während der Sommermonate die Hotelpreise häufig stark ermäßigt.

Ein nicht unwichtiges Argument für die Hotelwahl ist die Nähe zum Fähranleger beim Luxor-Tempel, wenn man in Luxor wohnen, aber mehrmals nach Theben-West übersetzen will. Sie können inzwischen auch in Theben-West sehr gut übernachten, siehe weiter unten.

Viele der preiswerten Hotels bieten **Fahrradverleih**, die Preise liegen zwischen kostenlos (selten) und £E 5-30/Tag. Prüfen Sie die Räder sehr gründlich. **Internetzugang** wird in den Hotels immer populärer. Die Preise schwanken zwischen kostenlos (selten) bis £E 30/h. Bei den Billighotels sollte man die oberen Etagen vorziehen.

In der folgenden Liste beziehen sich die Zahlen in [ ] sowohl auf den Plan *Hotels im Zentrum* zum schnellen Überblick (vorige Seite) als auch umfassend auf den Stadtplan *Luxor,* Seite 432/433.

Luxus- und bessere Hotels in Luxor

- **Luxor Hilton**, 5*, Karnak, Tel 2374 933, Fax 2376 571, luxhitw@brainy.ie-eg.com, abgeschieden, aber ländlich-idyllisch gelegen
- **Luxor Sheraton**, 5*, Sh Khaled Ibn el Walid, Tel 2374 544, Fax 2374 941, südlich vom Pyramisa Isis Hotel, direkt am Nil
- **Steigenberger Nile Palace**, [41] 5*, Sh Khaled Ibn el Walid, Tel 236 6999, Fax 236 5666, reservation@luxor-steigenberger.com, www.luxor-steigenberger.com; direkt neben dem Isis Hotel, gepflegtes Luxushotel mit allem Komfort, 4 Rest, Tennis, großem Pool direkt am Nil
- **Maritim Jolie Ville Resort** , 5*, Crocodile Island, Tel Tel 2274 855, Fax 2374 936,info@lux-maritim-jolieville.com, www.maritim.com; eine schöne abgeschiedene Nilinsel etwa 5 km südl. vom Stadtzentrum, Bungalows in einem üppigen Park, eigener Obst- u. Gemüseanbau, 2 Pools, Golf, Tennis, Billiard, se ru, gut für Kinder geeignet
- **Pyramisa Isis**, [42] 5*, Sh Khaled Ibn el Walid, Tel 2372 750, Fax 2372 923, nazab@rite.com, www.pyramisaegypt.com, 400 Betten, gr Pools, viele Gruppen, unpersönliche Massenabfertigung, mäßiger Service
- **Sofitel Karnak**, 5*, Sh Gebly, El Zinia 3 km nördl. v. Karnak, Tel 237 8025, Fax 237 8027, h5552@accor.com, www.softitel.com; bei einem kl. Fruchtlanddorf se ru in Palmengarten gelegen, große Anlage mit allem Komfort, Pool, Tennis, Sqash, kinderfreundlich
- **Sonesta St. George**, [40] 5*, Sh Khaled Ibn el Walid, Tel 2382 575, Fax 2382 571, manager@sonesta-hotel-luxor.com, www.sonesta.com, se gepflegt, se gut eingerichtet
- **Old und New Winter Palace Sofitel**, [33] 5*, Corniche, Tel 2380 422, Fax 2374 087, altes Traditionshotel (ehemals königlicher Winterpalast) mit schönem Garten und modernem Anbau, ang Atmosphäre; im Spätherbst 2008 wurde mit dem Abbruch des „New-Flügels" begonnen
- **Iberotel** , [37] 4* nahe 5*, Corniche, Tel 238 0924, Fax 2380 972, info@iberotelluxor.com, www.iberotel-eg.com, Pool-Bassin im Nil, AC, SatTV, Minibar,Internet DSL, se sa, gut eingerichtet, mF...E+B $ 98, D+B $ 135
- **Lotus**, [41] 4*, Sh Khaled Ibn el Walid direkt neben Nile Palace Hotel, Tel 235 6617, Fax 235 6620, lotus_luxor@yahoo.com; AC, SatTV, Kschr, se sa, se fr, mF ....E+B $50, D+B $75
- **Mercure**, [5] 4*, Corniche (Nähe Sh Nefertiti), Tel 2380 944, Fax 2374 912, h1800@accor-hotels.com, rel nahe Luxor-Tempel, gr Pool m. Garten, AC, SatTV, Rest/Bar, se fr, hb, viele Gruppen, guter Service, tlw renovierte Zi, empf, mF (sehr gut) ....E+B $75-128, D+B $90-128
- **Swiss Inn**, [19] 4*, Sh Karnak, neben Luxor-Hotel und hinter Luxor-Tempel, Tel 2373 321, Fax 2370 051, siluxor@swissinn.net, www.swissinn.net, Gartenlage, Internet DSL, Pool, AC, SatTV, Kschr, se sa, mF .... E+B $85, D+B $100

3* Hotels in Luxor

- **Arabesque**, [17] Sh Mohammed Farid, Nähe Luxor Hotel bzw. Tempel, Tel 0124249569, Fax 2372 193, arabesquehotel@hotmail.com, Dachterrasse mit Mini-Pool, Café und se schönem Blick, modern, Internet DSL, AC, SatTV, se sa, rel kleine Betten, schöne Zi mit Balkon, Preise verhandelbar, fr, rel la, empf, mF .... E+B $30, D+B $36

Luxor - Übernachten

- **Flobater**, [38] 3*, Seitenstr. d. Sh Khaled Ibn el Walid (neben St. Joseph-Hotel), Tel 227 0418, Fax 227 0618, gr. Dachterr. mit gr. Pool, Bar (Alkohol), SatTV, kl. Balkon, se sa, AC, Wäscheservice, mF .... E+B $28, D+B $40
- **Gaddis**, [43] Sh Khaled Ibn el Walid, Tel 2382 838, Fax 2382 837, gaddislxr@yahoo.com, gaddies@lxr.com.eg, www.gaddis-hotel.co.uk, gegenüber Pyramisa Isis H., obere 3*-Klasse, tlw Nilblick, Pool, Bar am Pool, kl. Dachterr., gut eingerichtet, Internet, gr Zi, tlw la, se sa, se hb, AC, SatTV, Kschr, mF .... E+B $30, D+B $40
- **Golden Palace**, [30] Sh Television, gegenüber TV-Tower,Tel 2382 972, Fax 2280 874, Internet, sa, fr, AC, SatTV, Rest/Bar, kl. Pool, schöne Dachterr., Disko, empf, mF (ni gut) .... E+B $30, D+B $55
- **Karnak**, Corniche, nördl. v. Karnak-Tempel, schräg gegenüber Hilton, Tel 2376 155, Fax 2374 155, khotel@lxr.com.eg, ständig Minibusse i. Zentrum, ländl.-ruhig, gr Pool, renoviert, Dachterr, Billard, Internet DSL, AC , SatTV, fr, se sa, empf, mF .... E+B $45, D+B $70
- **Luxor**, [18] Sh Karnak (direkt h. Luxor-Tempel), Tel/Fax 2380 018, altes Kolonial-H. in schö Garten, gr Zi, AC, Kschr, unter staatl. Management heruntergekommen, mä sa, Pool u. zugeh. Sanitäranlagen ungepfl., soll voraussichtlich ab Herbst 2008 renoviert und erweitert werden, mF .... E+B $25, D+B $35
- **Merryland**, [4] Sh Nefertiti, gegenüber Windsor-H., Tel 2376 903, Fax 2381 746, emadmancy@merryland-luxor.com, www. merryland-luxor.com, Flughafenabholung, Internet DSL, tlw Kschr, AC, SatTV, Balkon, Dachterr. m. Superblick und Restaurant (gut für Sonnenunterg.), z.T. gr Zi, se sa, fr, hb, la durch Muezzin u. Schule nebenan, mF .... E+B 70, D+B 95
- **Mina Palace**, [12] Corniche, nördl. v. Luxor-Tempel, Tel 2372 074, Fax 2382 194, Terrasse, AC, SatTV, Kschr, viele Zi mit 2 Balk. u. Nilblick, abgewohnt, se la, se sa, fr, mF ..... E+B ab 90, D+B ab 115
- **New Emilio**, [7] 3*, Sh Youssuf Hassan, Tel 2371 601, Fax 2370 000, emilio_hotel@hotmail.com, AC, SatTV, Kschr, Internet, Disko, Bar, se sa, se fr, se la, Dachterrasse mit Rest, guter Blick, Pool, Preise flexibel, mF (se gut) .... E+B €40, D+B ab €55
- **New Radwan**, [21]Sh Abdel Monheim (dir. a. Bahnhofspl.), Tel 2367339, Tel/, kl. Dachterr., kleiner Pool, se gut einger., Balkon, AC, tlw SatTV, se sa, gepfl., la (Moschee, Straße), empf, organisiert Trips, Wäscheservice, mF .... E+B 70, D+B 120
- **Pharaon**, nördl. v. Karnak-Tempel (Nähe Hilton), 2007 wegen Renovierung geschlossen
- **Philippe**, [3] (eher 4*), Sh Dr. Habib Habashy, Tel 2373 604, Fax 2380 050, info@philippeluxorhotel.com, www.philippeluxorhotel.com,; AC, SatTV, Kschr, Balkon, Dachterr. m.gr. Pool u. gutem Blick, Billard, Internet DSL, se gepfl., im neuen Trakt se gut eingerichtete gr Zi mit Holzparkettboden, se sa, fr, ang, empf, mF .... E+B $27-49, D+B $36-70
- **Queens Valley**, [6] 3*, Sh Yousef Hassan, Tel 237 0085, Fax 238 1738, info@queensvalley.net, www.queensvalley.net, 1 Block nördl. des Emilio Hotels und derzeit höchster Dachgarten im Zentrum mit tollem Rundumblick und großem Pool, AC, SatTV, Kschrk, se sa und gepflegt, Internet DSL, se fr, hb, mF .... E+B $28, D+B $40
- **St. Joseph**, [39] 3*, Sh Khaled Ibn el Walid (schräg gegenü. Club Med), Tel 2381 707, Fax 2381 727, stjosephhotel@yahoo.com, www.xanga.com/stjos, AC, SatTV, Kschr, Internet DSL, Pool m. Dachterr., u. Snack Rest, Nilblick (von einer Hotelseite, über Wasserwerk hinweg), se sa, se fr, empf, mF .... E+B €25, D+B €32
- **Shady**, [31] Sh Television, Tel 2281 262, Fax 2274 859, shady-hotel@hotmail.c om, etwas abgewohnt, se, fr, SatTV, AC, Betten ni bes. gut, Abrechnung prüfen, Dachterr., gu Pool (Nichthotelgäste können Pool mit Lunch zu £E 15 benutzen), Garten, Wäscheservice, Internet mF........ E+B 70, D+B 120
- **Tutotel**, [34] (besser als 3*), 1 Sh Salah el Din, Tel 2377 990, Fax 2272 671, schö Blick besonders v. Dachterr. (z.Zt. höchster Aussichtspunkt in L.), Disko, AC, SatTV, Minibar, mF .... E+B $34, D+B $42

6 Im Niltal von Kairo bis Abu Simbel

- **New Windsor**, [4] Sh Nefertiti, Tel 2372 847, Fax 2373 447, www.windsorluxor.com, gegenü. Merryland-H., AC, SatTV, tlw. Balkon, Kschr, Pool, Sauna, Fitness, Disko, Bar, Billard, Internet DSL, rel ru, se sa, se gr Dachterr. mit tlw schö Blick, Preise verhandelbar, mF .... E+B $25, D+B $35

Einfachere und Billig-Hotels in Luxor

- **Akhnaton**, [26] Sh Mohammed Farid, Tel 2373 979, kl. Zi (tlw ohne Fenster), se einf, mä sa, ungepflegt, fr, Ven, mF .... E+B 20, D+B 35
- **Anglo**, [20] südl. Bahnhofspl., Tel 2382133 /Fax 2381 679, Wäscheservice, organisiert Trips (£E 100 pP ohne Ticket, Guide), AC, SatTV, se sa, gepfl., la, se fr, empf, mF .... E+B 45, D+B 70
- **Atlas**, [25] Sh Atlas/Sh Ahmed Orabi, Tel 2273514,Fax 2273263, atlas_hotel2000@yahoo.com, Flughafenabholung, se la Muezzim, sa, Balkon, Internet, ru, gut für alleinr. Frauen, Wäscheservice, tlw AC, tlw Balkon, organisiert Trips, Fahrrad- u. Motorradverleih, mF ......E+B 25, D+B 30, D+B+AC 45
- **Bob Marley** (früher Sherif), [32] Sh Badr, kl. Seitenstr. Anfang Sh Television, Tel 010 6465503, sherifhotel@hotmail.com, sa, tlw AC, schöne Dachterrasse mit Pfanzen und Bar (Bier) und Schlafplatz (£E 5), Flure mit Wallpaintings, Küche, Waschmaschine, Internet DSL, Fahrradverleih, Motorradverleih, Diskount für Studenten, empf, (Trips nach THW £E 150pP inkl. Guide, Eintritte, 1 Essen, AC-Minibus; Eselstrip £E 50pP mit 3 Sehensw.) mF... Dorm 15, E 25, D 50, D+B+AC 60
- **El Shazly**, [11] Sh Youssuf Hassan, Tel 2372 146, ca. 300 m v. Bhf, mä sa, hb, (auch: unang., aufdringl.) se. einf, se la, tlw AC + £E 5, Ven, Besitzer verteilt Karten m. Ansicht von fremdem Hotel, ni empf, mF.. E+B 35, D+B 40
- **Everest**, [27] Seitenstr. d. Sh Television, Tel 2282 070, Fax 2282 090 ; everesthotel@hotmail.com, www.egypteasyway.com; ägypt.-dt. Management, Fahrrad u. Motorradverleih, organisiert Trips, sa, SatTV, AC, Kschr, ru, Internet, se fr, hb, mF .... E+B 25, D+B 35
- **Fontana**, [29] Sh Radwan, nördl. Parallelstr. der Sh Television, Tel 2280 663, info@fontanaluxorhotel.com, www.fontanaluxorhotel.com, AC, se sa, ru, Kü/Waschm., Internet, Fahrradverleih, Negativberichte: aufdringl., hält sich nicht an Preisabspr., unang, mF..........E 30, E+B 35, D 35, D+B 35
- **Happy Land**, [36] Sh El Kamar, Tel 2271 828, happylandluxor@hotmail.com, www.luxorhappyland.com, (von Sh Television re in Sh Medina, 7. Gasse re), Eigner Ibrahim zeigt, wie man besten Service auch ohne Sterne bieten kann, extrem sa, se fr, se hb, ru, Ven, ang, kl. Zi, Wäscheservice, Fahrradverleih, Internet DSL, se günstige Touren (1 Ps 150, 2 Pers 100, 3 P 95, 4 P 90, 5 P 85, 6 P 80, 7 P 75), tlw Kschr, tlw AC, schö Dachterr mit Mosaikdekoration und Jakusi, empf, mF (se gut) .... E 40, E+B+AC 55, D 46, D+B 60, D+B+AC 70
- **Horus**, [15] 2*, Sh Karnak, direkt hinter Luxor-Tempel, Tel 2372 165, se guter Blick auf Tempel, Str.-Zi se la, SatTV, Wäscheservice, AC (laut), se sa, fr, mF... E+B 45, D+B 65
- **Little Garden**, [28] Sh Radwan (Nähe Sh Telev.), Tel/Fax 2279 090, littlegardenlxregy@hotmail.com, www.littlegardenhotel.com, deutschsprachig, AC, SatTV, kl. hübscher Garten, gr Dachterr., Wäscheservice, Internet DSL, se sa, ru, se fr, mF .... E+B €14, D+B €18
- **Moon Valley**, [35] Sh Smoos, 5. Seitenstr. d. Sh Medina (siehe Hotel Happy Land; in lebendigem Wohngebiet), Tel/Fax 2275 710, se sa, ru, Küche, Dachterr., mF................E+B 20, D+B 40, D+B+AC 50
- **Nefertiti**, [13] Sh Sahaby, Tel/Fax 2372 386, www.nefertitihotel.com, info@nefertitihotel.com; se günstig im Zentrum gelegen, direkt westl. neben Sh Souk u. gegenüb Luxor-Tempel, Dachterrasse m. schö Blick, Billard, Flure ansprechend ausgestattet, gepflegt, rel. gr Zi, se sa, se fr, se hb, AC, gute Atmosphäre, se gute Preisleistung, Internet DSL, empf, mF .... E+B 50, D+B 80
- **New Mostafa**, Sh Ahmed Hashem, Tel 2270474, mostafa_hotel_luxor@yahoo.com; 2007 eröffnet, („altes", etw. billigeres Mustafa in der Sh. Television Tel 2274 721), AC, SatTV, Kschr,

Luxor - Übernachten

Wäscheservice, mF...E+B 60, D+B 100
- **Nobles**, [9] Sh Youssuf Hassan, Md Ahmose, Tel 2372 823, etwas abgewohnt, überw. ägyptische Gäste, fr, se sa, Ven, AC + £E 5, F £E 5.............................E 30, E+B 40, D 40 D+B 50
- **Nubian Oasis**, [24] Sh Mohammed Farid, Tel/ 236 2671 , mansmostafa@yahoo.com, tlw Balkon, Dachterrasse, Internet DSL, Aufbewahrung von Gepäck, organisiert Trips (Westbank Könige + Königin, Deir el Bahri, 120 £E kein Mahlz), Ven, se sa, Küche, empf, hb, mF.....E+B 15, D+B 25, D+B+AC 30
- **Oasis**, [23] Sh Mohammed Farid, Tel 010 3805 882,luxoroasis@hotmail.com, se sa, Dachterrasse, Waschm., Internet, Traveller-Treff, Fahrradverl., kürzl. renoviert, mF.. Dorm pP 12, E 20, E+B+AC 25, D 25, D+B+AC 40
- **Rezeiky Motel & Camp**, [1] Sh Fayek Fouad el Rezeiky (neben 1. Tkst an der nördl. Luxor-Einfallstraße), Tel 2381 334, 0101112990, info@rezeikycamp.com.eg, www.rezeikycamp.com.eg, Internet DSL, tlw SatTV, Rest., se fr, se hb, sa, Waschm., Pool, empf, mF ....D+B 90, D+B+AC 160
- **Saint Mina**, [16] Sh Cleopatra, Tel 2375 409, Fax 2376 568, Bhf-Nähe, Dachterr., Gepäckaufbew., Wäscheservice, Bar (Alkohol), SatTV, ru, se sa, gepflegt, fr, hb, AC (la), mF.... E 40, E+B 40, D/D+B 50
- **Sherif**, jetzt **Bob Marley,** siehe weiter oben
- **Sphinx**, [7] Sh Youseef Hassan, Tel 237 2830, se sa, einfach, gutes Preisleistungsverhältnis, F £E 5..E 20, E+B+AV 30, D 45, D+B+AC 55
- **St. Catherine**, [10] 2*, Sh St. Catherine, Tel 2374 195, 2008 wegen Renovierung geschlossen
- **Venus**, [8] Sh Youssef Hassan, Tel/Fax 2272 625, mä sa, la, Bettw. manchm. ber. benutzt, AC, Dachterr, Billard u. Alkohol (tlw se la), Nordzi besser, se la, Radverleih, mF .... E+B 40, D+B 60;
- **Youth Hostel**, [2] 16 Sh Karnak, Tel 2372 139,Fax 2370539, 1,5 km v. Bhf, im Winter 1 Monat vorreservieren, la, kein Raum f. Paare, fr, Ven,.......................Dorm. pP 10.25, Zi+AC 14.25, gr. Zi 16.25

Hotels in Theben-West

- **Abdel/Mohamed Kassem**, Nähe Sethos I Tempel, Tel 2313 248, Fax 2313 247, gehört zu „Alabaster Factory", schö Blick v. Dachterr., renoviert, sa, fr, mF............. E+B 50, D+B 80, D+B+AC 120
- **Abou**, bei Medinet Habu, Tel 2311 611, Fax 2370 736, se einf, fr, sa, ang, kl. Zi, Ven, mF .E 65, D 90
- **Amenophis**, 2*, Nähe Medinet Habu, Tel 206 0078, sayedm25@hotmail.com, www.luxor-westbank.com/amenophishotel.htm, gepfl., se sa, AC, gut einger., schö Dachterr., Internetzugang, Restaurant, mF..E+B 85, D+B 130
- **Amoun** (auch Funduq Ahmed Soliman), Nähe Fähre u. Mobil-Tkst, Tel 2310 912, Fax 2311 205, amounhotelluxor@hotmail, familiäres Gästehaus, Balkon, Dachterr., Garten (abends offenes Feuer), für alleinr. Frauen empf, gutes Essen, organisiert Trips etc, se sa, se ang, Ven, ru, se fr, empf .... E 100, D 120, D+B 180, D+B+AC 200
- **Desert Paradise Lodge**, im Dorf Gabawy, zwischen Carter Haus und Qurna Gedid, Tel 231 3036, contact@desertparadiselodge.com, www.desertparadiselodge.com; unter schweizerischer Leitung, angelegt für längere Aufenthalte mit Wanderungen, Wüstentrips, Besichtigungen etc, Minisuiten, se sa, se fr, hb, mF...E+B €40, D+B 70
- **El Fayrouz**, vom Fähranleger geradeaus, an Moschee li kl. Str., ca. 100 m, Tel/Fax 2312 709, info@elfayrouz.com, www.elfayrouz.com, dt.-äg. Management, Internetzugang, Taxi-Service, Ven/AC, schö Dachterr., Rest., rel gr Zi, se sa, fr, hb, mF................................E+B 80-110, D+B 130-150
- **El Gezira**, ca. 300 m von Anlegestelle, Tel/Fax 2310 034, gezira_hotels@yahoo.com, www.el-gezira.com, ägypt.-dt. Management, schö Blick a. Luxor, Dachterr., Garten, gutes Essen, se sa, se fr, hb, AC, Balkon, mF ....E+B 80, D+B 120
- **El Gezira Gardens**, rel. dicht am Nilufer, li vom Fähranleger, Tel 2312 505, Fax 2312 506,

geziragardens@hotmail.com, www.elgezira.com, Hotel u. Apartments (2-Zi m. Kü £E $45/Nacht), AC, Kschr, se sa, se fr, hb, mF.. E+B $35, D+B $50

- **El Moudira**, Luxushotel am Wüstenrand in Hager el Dabayiah, Tel 012 3928 332, Fax 2551 3484, moudirahotel@yahoo.com, www.moudira.com, Anfahrt: an Brückenstraßenkreuzung links (nördl.), nach 2 km links Richtung Wüste, an letzter T-Kreuzung links ca. 1 km. Besitzerin Zeina Abukheir hat das beste u. stilvollste Hotel Ägyptens inmitten einer kl. Oase am Wüstenrand geschaffen. Keins der 54 luxuriösen Gästezimmer - Suiten - gleicht dem anderen, alle Wände handbemalt, in einigen Zi arabischer Springbrunnen. 4 bis 8 der ungewöhnlich gr Zi (um 50 qm) gruppieren sich jeweils um einen Innenhof m. Brunnen u. blühenden Pflanzen, se großer Pool, mF..................... E+B € 140, D+B € 170, Suite D+B € 220
- **El Nakhil**, neben El Fayrouz Hotel, Tel/Fax 231 3922, office@el-nakhil.com, www.el-nakhil.com, 2005 eröffnet, Pool, Restaurant, interessantes Design („arabischer Stil"), große Zi teils mit Kuppel, teils behindertengerecht, se sa, se fr, AC, Balkon, mF..................E+B € 20-25, D+B € 30-35
- **Marsam** (ehemals Sheik Ali), Tel 2372 403, marsam@africamail.com, austral.-ägypt. Management unter Natasha Baron, im Winterhalbjahr häufig ausgebucht (viele Ägyptologen), sehr gute Atmosphäre, neue Zi m. B, sa, ru, Ven, schö Innenhof, se gu Essen, mF .... E 45, D 90, D+B 130
- **Nilevalley**, 100 m vom Fähranleger, Tel 2311 477, hotek@nilevallex.nl, www.nilevalley.nl, ägypt.-holländ. Management, Balkone, großer Pool, se sa; fr, hb, AC, mF...E € 15, D € 22, E+B € 21, D+B € 28
- **Ramses**, schräg gegenüber El Gezira, Tel /Fax 2312 748, luxor@ramsesshotel.com, AC, SastTV, Kschr, große Zi, Balkon, se sa, mF .... E+B 85, D+B 120
- **Pharaos**, Tel 2310 702, pharaoshotel@hotmail.com, www.hotelpharos.com; an Straße, die direkt nach Inspektorat li abzweigt, von Dachterr. Blick auf Medinet Habu, schö Garten, Radverl., AC, se sa, se fr, mF .... E+B €11-13, D+B €20-23
- **Sennefer Guesthouse**, Alt-Qurna neben Sennefer-Grab, Tel/Fax 231 3137, senneferguesthouse@yahoo.fr, www.senneferhotel.venez.fr; trotz Qurnas Abriss soll das Guesthouse überleben; gute Lage für Besichtigungen, schöner Ausblick, se ru, se sa, Ven, mF .... E 15, D 25, D+B 30

Ferienwohnungen

In Luxor und vor allem in Theben-West werden immer mehr Ferienwohnungen angeboten, in denen man unabhängiger, mit mehr Raum und Komfort (aber weniger Service) meist preiswert (bei wochenweisem Mieten) wohnen kann. Schauen Sie sich www.egypt-rentaflat.com für mehr Informationen und Auswahl an.

- Luxor: **Rezeiky Camp** (Adresse siehe weiter oben), 2-Raum-Ferienapartment mit 2 Bädern, AC, großer Küche und Balkon, Nilblick, € 40/Tag, Rabatt für längeren Aufenthalt
- **Theben-West**, Leserempfehlungen **Schöne Aussicht**, Ferienwohnungen von Helga Tröger und Mubarak Ali Hassan Maki (Taxifahrer), in El Ezba, 3 km vom Fähranleger, Tel 255 1735, 010 397 1201, www.luxor-info.com, 7 Wohnungen um 90 qm, komplett ausgestattet, AC, Kschr etc. 400-700/Woche; ruhige **preiswerte Wohnung** mit 3 Schlafzimmern, von Gahlan Hassan Ahmed, Tel 0480 310887
- Auch das **Hotel Fayrouz** vermittelt Ferienwohnungen in der Nachbarschaft.

Wenn es Ihnen in Luxor so gut gefällt, dass Sie dort eine - überaus preiswerte - Wohnung kaufen, bauen, mieten, umbauen, herrichten wollen, kann Ihnen die Bauingenieurin Souzan Gerges (eigene Firma *Horus For Construction*), Tel 238 4528, 01244 66348, horusoffic@yahoo.com kompetent dabei helfen.

Camping

- **Rezeiky Camp**, Adresse siehe weiter oben, begrünter Innenhof, Pool, gutes Rest mit gutem Dinner, Internet DSL, Kreditkarten akzeptiert, F 12.......................... Zelt pP 20, WoMo mit 2 Personen 60

> • **Theben-West: Al Salam Camp**, etwa 1,5 km südlich vom Fähranleger am Nilufer, Tel 010682 4067, comingsoon@gmx.de, Ahmed Omran schuf ein stetig komfortabler werdendes Strohhüttencamp nach Dahab-Vorbild mit sympathischer Atmosphäre, gut zum Relaxen, eigner Schlafsack und Handtuch empf, kleines Rest, organisiert günstige Trips, kann auch per Boot von Luxor angesteuert werden, sa, vorher anrufen, mF ....2-Bett-Hütte 25, Camping £E 1

Von Luxor nach Assuan

Im südlichen Niltal Oberägyptens finden Sie eine Reihe sehenswerter Tempel. Das Tal selbst erscheint dem Besucher enger als bisher; häufig rücken die Wüstenstreifen bis an den Nil heran; in Silsila geht das Ufer auf beiden Seiten direkt in die Wüste über. Diese nah beieinander liegenden Kontraste zwischen Wüste und üppiger Fruchtbarkeit machen andererseits den besonderen Reiz der Landschaft aus; nicht umsonst bevorzugen die Nilkreuzfahrer diese Strecke.
Eine sehr attraktive Alternative ist die **Reise auf dem Nil**, entweder mit teurem Dampfer oder auf einer Feluke (detaillierte Informationen über Feluken-Segelreisen siehe Seite 492). Eine weitere Alternative wäre die westliche Wüstenstraße zwischen Luxor und Assuan, die man nur erreicht, wenn man den Checkpost an der Westseite der Luxor-Brückenstraße umgeht oder, von Kharga kommend, diesen Checkpost nördlich liegen lässt und direkt nach Süden auf der Wüstenstraße nach Assuan weiterfährt (siehe Seite 565).

****Kreuzfahrten auf dem Nil

Obwohl der Nil von alters her die Hauptverbindungsader des Landes war, wundern wir uns immer wieder, wie wenig Lasten, z.B. im Vergleich zu europäischen Wasserstraßen, dort transportiert werden. Es gibt - abgesehen von Kairo - auch keine öffentlichen Motorboote, die Passagierdienste übernehmen.
Allerdings kreuzen im Gebiet zwischen Luxor (vor der Terrorwelle zwischen Balyana/Abydos) und Assuan die Luxusschiffe der Touris-

El Moudira Hotel - Traum am Wüstenrand

6 Im Niltal von Kairo bis Abu Simbel

Sehenswertes

****Horus-Tempel von Edfu, einer der besterhaltenen Tempel Ägyptens mit sehr informativen Bildern und Inschriften, Seite 456

***Tempel von Kom Ombo, in seiner Konzeption als Doppeltempel ungewöhnlich, schöne Lage am Nilufer, Seite 463

**Tempel von Esna, von dem nur die (sehr gut erhaltene) Vorhalle errichtet wurde, Seite 454

**Gebel el Silsila, antike Steinbrüche, Kapellen, Felstempel des Haremhab, Seite 460

**Reise auf dem Nil an Bord einer Feluke: Fortbewegen wie zu pharaonischen Zeiten

*El Kab, Ruinen und Gräber eines einst einflussreichen Zentrums, Seite 455

*Darau, bekannter Landmarkt (auch Kamele), Seite 465

---

ten, auf denen man sich gegen den Preis von Luxushotels einbuchen kann: vollklimatisiert mit entsprechend ausgestatteten komfortablen Kabinen, Restaurant, Bar mit Tanzfläche und mit meist kleinem, aber brauchbarem Swimmingpool. Die Nil-Kreuzfahrten mit gut ausgestatteten Motorschiffen sind ein besonderes Erlebnis. Man schwimmt in gepflegtem Ambiente an den tiefgrünen Niluferen entlang, die aus dieser Perspektive über lange Strecken wie unbewohnt erscheinen. Im Gegensatz zur Felukenfahrt sitzt man hier sehr viel höher und kann herrliche Ausblicke in das Fruchtland mit der dahinter liegenden Wüste genießen. Besonders Sonnenuntergangsstimmungen sind von einmaligem Reiz.

Was sagen die Sterne

Die große Nachfrage nach Kreuzfahrtbetten scheint sich mit umgekehrter Wichtung auf den Service an Bord niederzuschlagen. Ein Leser schreibt, dass sogar der ägyptische Vertreter seines Reisebüros zugestand, dass man dem gebuchten 5*-Schiff nicht einmal drei Sternchen verleihen könne. Die in ihrer Größe und Qualität sehr unterschiedlichen Kabinen im Unter-, Haupt- und Oberdeck wurden durch den Reiseleiter an Bord verlost. Besser: Man sollte bereits bei der Buchung darauf bestehen, eine Kabine wenigstens auf dem Haupt-, besser auf dem Oberdeck zu bekommen. Leser, die billig auf einem 4*-Dampfer reisen wollten, buchten Unterdeckpassage und erlebten eine Katastrophe: Neben verstopfter Toilette und Dusche sowie meist kaputter Klimaanlage ließen sie ständige Dieselabgase und penetranter Farbgeruch an Deck flüchten und auch dort schlafen.

Aber man lebt auch in einer anderen Welt, weit von der ägyptischen Wirklichkeit entfernt. Dass die Atmosphäre an Bord dem Niveau von Gruppenreisen angepasst ist und die Unterhaltung mit so genannter Folklore und *Fancy-Bällen* die Abende laut und aufdringlich ausfüllt, muss man akzeptieren. Unterwegs stellen die Tempelbesichtigungen in Esna, Edfu und Kom Ombo informative Unterbrechungen der Reise dar.

Einige Tipps und Informationen

• In Süd-Nord-Richtung, also von Assuan nach Luxor, bläst Ihnen der nahezu stetige Nordwind ins Gesicht und die Dieselabgaswolken nach hinten über Bord. In umgekehrter Fahrtrichtung mindert der Fahrtwind die erfrischende Brise, unter Umständen bleiben die Abgaswolken über dem Schiff hängen. Anderseits geht es Nil aufwärts auch langsamer und gemütlicher vonstatten, im Winter freut man sich über die geringere Windgeschwindigkeit.

• Buchen Sie, wenn irgend möglich, nur die reine Fahrzeit, nicht die Liegezeiten am Abfahrts- und Ankunftsort. Denn in Luxor oder Assuan liegen in der Regel mehrere Schiffe nebeneinander. Wer nicht zufällig ganz außen andockt und eine Kabine an der Außenseite hat, schaut von morgens bis abends auf Schiffswände. Schlimmer noch ist der Lärm der ständig laufenden Versorgungsmotoren und die vereinten Abgaswolken der Schiffspulks. Gerade bei Einzelreisenden lassen die Reedereien

El Tod

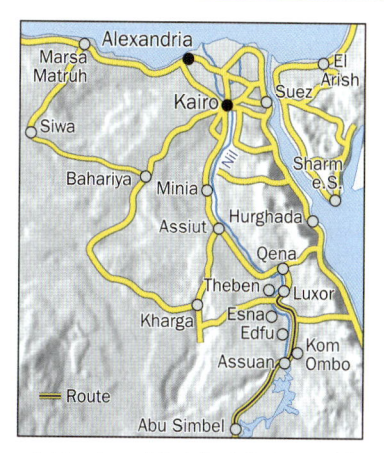

mit sich reden und die Aufenthaltsdauer auf die Fahrtzeit beschränken.

- **Wie bucht man am besten?** Einem Einzelreisenden sollte es eigentlich immer möglich sein, unter den etwa 300 Schiffen eine freie Liegestatt zu ergattern, zumindest außerhalb der Hochsaison. Als Tipp: Versuchen Sie bei einem Reisebüro zu buchen, das eigene Schiffe vermittelt; anderenfalls müssen Sie meist zusätzlich Provisionen zahlen. Klappern Sie die großen Reisebüros bereits in Kairo ab. In der Sommersaison sind die Preise stark reduziert.
- Versuchen Sie, eine Kabine möglichst weit oben, aber nicht unter der Disko zu bekommen. Weiter unten ist meist die Luft schlechter, sind die Motorengeräusche lauter.
- Vom Schiff/Veranstalter angebotene Landausflüge sind immer deutlich teurer als selbst organisierte Besichtigungen. So kostet z.B. der offizielle Ausflug zur Light & Sound Show des Karnak-Tempels etwa das Dreifache dessen, was man an der Kasse zahlt. Ähnlich verhält es sich bei den Abu Simbel-Ausflügen - niemand wird Sie daran hindern, mit dem öffentlichen Bus für derzeit £E 30 pro Fahrt um 8 Uhr nach Abu Simbel zu fahren und gemütlich am Nachmittag zurückzukehren. Es gibt dann zwar kein Lunchpaket, man kann aber 70-80 € gegenüber dem „Normaltrip" sparen.

Auch auf dem Nasser-Stausee werden Kreuzfahrten angeboten, siehe Seite 502.

Nun auf der östlichen Niluferstraße weiter nach Süden

Wichtiger Hinweis: Wenn Sie El Tod und/oder Moalla besichtigen wollen, fragen Sie zuvor am Tickethäuschen des Luxor-Tempels, ob dort die entsprechenden Eintrittskarten verkauft werden oder vor Ort - das scheint sich öfter zu ändern. Die beiden Orte erreicht man von Luxor am besten per Taxi, muss sich aber einem Konvoi nach Süden anschließen. Für Minibusse mit Ausländern gilt ebenfalls Konvoipflicht, d.h. man versucht, an der Konvoisammelstelle einen Platz zu finden, und steigt dann in Moalla aus. Der Rückweg nach Luxor über El Tod ist einfacher, weil man praktisch ohne Konvoi mit jedem Verkehrsmittel weiterkommt.

Ausländische Touristen im Auto (auch Taxi/Minibus) werden höflich, aber bestimmt gebeten, nach Assuan nur im militärisch eskortierten **Konvoi** zu fahren, siehe Seite 434. Als Alternative bieten sich **Bahnfahrten** an, siehe Seite 434.

9 km südlich von Luxor:

Abzweig zur Nilbrücke nach Theben-West
Nach 7 km: Abzweig (N25°35,6' E32°31,6')

El Tod

Etwa 3 km östlich liegt mitten im gleichnamigen Dorf eine fast malerische Tempelanlage (£E 15), deren Geschichte bis ins Alte Reich zurückgeht. Heute fallen vor allem die Ruinen eines Month-Tempels ins Auge, der aus der Ptole-

Detailgetreue Fischbilder in Moalla

märzeit stammt, an dem aber auch noch die Römer unter Antoninus Pius wirkten. Es ist nur noch die Mittelhalle mit einer Kapelle zu sehen, die beide mit gut erhaltenen und fein gearbeiteten Reliefs geschmückt sind. Ferner stehen noch Fragmente eines Tempels aus dem Neuen Reich, den Ramses II renovieren ließ.

Nach 19 km: Abzweig (N25°26,6' E32°32,6')

Moalla

Nördlich neben dem Dorf Naga Abul Said erhebt sich ein kleiner Hügel, in dem zwei **Gräber von Gaufürsten** aus der Ersten Zwischenzeit gefunden wurden (£E 10; Tickets vorab am Luxor-Tempel kaufen). Das des Anchtifi ist wirklich einen Blick wert: Im engen Raum stützen 30 sehr unterschiedliche, z.T. krumme Säulen die Decke, die offensichtlich einen Wald darstellen sollen. Einige davon sind bemalt, wie auch teilweise die Wände. Besonders die sehr detailgetreuen Bilder, wie Fische, Wasserpflanzen, Kühe oder Szenen aus der Landwirtschaft, hinterlassen einen bleibenden Eindruck. Die Inschriften auf den Wänden erlaubten den Ägyptologen, wichtige Rückschlüsse auf Vorkommnisse dieser verworrenen Zeit zu ziehen.

Die Anfahrt ist auch per Bummelzug möglich, der im Dorf Naga Abul Said hält; oder mit Pickup von Esna.

Nach 18 km:

Esna (Bahnhof)

Zum Besuch des ****Tempels von Esna** (9-16; £E 20) rechts 3 km zur Stadt Esna über den Nil. Nach der Brücke führt eine Straße am westlichen Nilufer nach Theben-West bzw. nach Assuan.

Hintergrund: Hier hat man es eigentlich nur mit der Vorhalle (Pronaos) des ansonsten noch unter der modernen Stadt begrabenen bzw. nur teilweise fertiggestellten Bauwerks zu tun. Im Lauf der Jahrhunderte wuchs die Stadt auf ihrem eigenen Schutt über den Tempel hinaus; sie liegt heute 9 m höher als zur Zeit des Tempelbaus.

Esna war die Hauptstadt des bedeutenden dritten oberägyptischen Gaues Ta-senet, Namensgeber der heutigen Stadt. Einen aus der 18. Dynastie stammenden Chnum-Tempel begannen die Ptolemäer völlig neu zu gestalten, danach ließen sich hier auch die römischen Kaiser von Claudius bis Septimius Severus verewigen. Der Tempel für den widderköpfigen Gott Chnum ist damit der späteste Tempelbau Altägyptens überhaupt. Ungewöhnlich sind im Innern einige Darstellungen römischer Kaiser, die mit dem altägyptischen Königskopftuch und altägyptischen Kronen, aber in römischer Kleidung gezeigt werden.

Die Vorhalle ist ein 33 m breites Bauwerk, dessen Decke im Innern von 24 über 13 m hohen Säulen getragen wird; sechs davon bilden - mit Säulenschranken verbunden - den vorderen Abschluss. Die Vorhalle weist viele Ähnlichkeiten mit der Vorhalle von *Dendera* auf (siehe Seite 371). Auf der Vorderseite sieht man Claudius (links außen), ansonsten Titus bei den üblichen Szenen der Reinigung und Einführung in den Tempel. Neben dem Mitteleingang gibt es noch rechts und links einen schmalen Durchgang, die Entsprechungen in der Tempelrückwand sind zugemauert. Der Architrav über dem Mitteleingang diente den Römern sozusagen als Propagandafläche. Die Kaiser Vespasian und Claudius lassen sich hier in Hieroglyphenschrift als Herren der Hauptstadt Rom hervorheben.

Die Säulen schließen mit Kapitellen ab, die in Schönheit und Vielfalt andernorts in Ägypten nicht erreicht wurden - ein letzter Höhepunkt altägyptischer Baukunst. Sie vereinen die klassischen Palmstamm- und Papyrussäulentypen mit ptolemäischen Komposit-Kapitellen und führen noch eine weitere Form, die Korbkapitelle, neu ein. Sie sind von pflanzlichen Motiven (Weintrauben, Blüten) überzogen und bilden eine Vorstufe des späteren christlichen Architekturschmucks. Die Säulenschäfte tragen vornehmlich Hieroglyphen-Texte, die neben Festkalendern und Ritualanweisungen lange philosophisch-religiöse Ausführungen zu Weltentstehung und -ende, zu Tod, Jenseits und Auferstehung enthalten.

Die Reliefs auf der Innenseite der Säulenschranken zeigen Szenen mit Trajan oder Domitian als Pharao im römischen Mantel(!); links neben dem Eingang steht eine kleine Kapelle. Auch auf den anderen Wänden sind Römer in jeweils mehreren Registern versammelt. Im unteren Register der rechten Außenwand fällt ein etwas ungewöhnliches, großflächiges Relief auf: Kaiser Commodus zieht, von Horus und Chnum unterstützt, ein Schlagnetz zu, in dem Fische und Vögel gefangen sind. Die Symbole des Bösen werden vom König, als irdischem Repräsentanten der Götter, unschädlich gemacht; Thot und Seschat, als Götter der Schrift,

Gefangenen-Relief im Tempel von Esna

Geschichtsschreibung und Ordnung, registrieren dies mit Wohlgefallen.
In der Südostecke kann man hoch entwickelte Kryptografie (ein in Internetkreisen wieder aktueller Begriff) betrachten: Die Priester entwickelten ihre Geheimschrift hier zu einem letzten Höhepunkt, indem sie einen Hymnus an den widderköpfigen Gott Chnum ausnahmslos in Widderzeichen mit nur minimalen Abweichungen und Zusatzzeichen - aus denen sich die Buchstaben-, Silben- oder Wortbedeutung ergeben - niederschrieben.
Die Außen-Seitenwände tragen die üblichen, hier zum Machtsymbol erstarrten Reliefs vom Erschlagen der Feinde, allerdings handeln hier nicht mehr der ägyptische Pharao oder der ptolemäische Herrscher im pharaonischen Ornat, sondern der unverblümt gezeichnete römische Kaiser (im Süden Titus, im Norden Trajan und Hadrian).

Vom Nil kommend, zweigt links vom Tempel eine Gasse in einen überdachten Bazarabschnitt ab; dieser Teil des Souk ist sehr viel ägyptischer als das vom Fluss herführende Stück (dort kaufen zur Freude der Händler die Kreuzfahrttouristen ihren Plunder für die Fancy-Bälle an Bord).

▶ Übernachten: **Hotel El Haramen**, Nähe Fußballplatz, nur für den Notfall, sehr einfach D+B 20
Nach 29 km:

*El Kab

Hintergrund: El Kab, das pharaonische Necheb, war während der Vorzeit, also vor Gründung des altägyptischen Reichs, Hauptstadt des oberägyptischen Reichs, später dann Hauptstadt des dritten oberägyptischen Gaues. Mit Hierakonpolis (beim heutigen Kom el Ahmar gegenüber auf dem Westufer) bildete es ein politisches Zentrum Oberägyptens.

Rechts der Straße sieht man die noch immer mächtigen, jeweils über 500 m langen **Mauern der antiken Stadt Necheb**, die der Geiergöttin Nechbet geweiht war. Zugang (£E 20, mit Wärter, der die einzelnen Objekte aufsperrt) vom neuen Rasthaus über die Eisenbahn und eine schmale Kanalbrücke zu einer Lücke in der Nordmauer. Innerhalb der Mauern liegen die fast nur noch aus Grundmauern bestehenden Ruinen eines Thot-Tempels und die etwas besser erhaltenen des Nechbet-Tempels. Denn im 19. Jh waren die Mauern begehrtes Düngemittel der Fellachen.
Links der Straße zieht sich der **Gräberberg** (frühe 18. Dynastie, £E 30 Eintritt) hin mit zum Teil ausgezeichnet erhaltenen Reliefs (Grab Nr. 3 des Peheri und Reni) und wichtigen historischen Texten im Grab Nr. 5 des Admirals Ahmose, der von der Vertreibung der Hyksos berichtet.
Von den Gräbern führt eine neue Straße nach Osten in das *Wadi Hilal*; nach 1 km links ein **Felsentempel** (ramessidisch, ptolemäisch umgebaut) und rechts ein kleiner Tempel des Vizekönigs von Nubien, Setau (Zeit Ramses II); vorbei am Geierfelsen (prähistorische Felsbilder),

nach 3 km ein kleiner Tempel des Amenophis III mit schönen, teils erst vor wenigen Jahren zerstörten Reliefs.

In Kom el Ahmar, dem antiken **Hierakonpolis** bzw. **Nechem** (altägyptische Bezeichnung), der Schwesterstadt von El Kab auf dem Westufer und Hauptstadt Oberägyptens in der prädynastischen Zeit, liegen wichtige Fundplätze jener Zeit. Im Tempel von *Nechem*, von dem nur wenig erhalten ist, wurden Ende des 19. Jhs Kupferfiguren von Piops I und Merenres, ein goldener Horuskopf und die berühmte Narmerpalette aus der 0. Dynastie gefunden (heute im Ägyptischen Museum Kairo). Jüngste Grabungen förderten Reste des frühesten bisher bekannten Tempels aus der Zeit um 3400 vC zu Tage, der mit einem Zedernholz-Gerüst verstärkt war und u.a. die ältesten bekannten Bierfässer enthielt, in denen Opferbier aufbewahrt worden war. In der Siedlung konnte die älteste Bierbrauerei der Welt identifiziert werden.

Etwas außerhalb stehen die immer noch mächtigen Grundmauern des sog. *Forts*, die eine Fläche von 3700 Quadratmeter umschließen und bis zu 5 m dick und 12 m hoch sind. Der letzte Pharao der 2. Dynastie, Khasechemui (Vater von Djoser), baute die Anlage aus ungebrannten Ziegeln, die größte ihrer Art in Ägypten und Vorgängerin von Djosers Bauten in Sakkara. Das Gesamtgebiet von Hierakonpolis wurde zur *Protected Antiquities Zone* erklärt.

• Nach 20 km:

Edfu (Bahnhof)

Für den Tempelbesuch fährt man über den Nil in die Stadt Edfu. An der Kreuzung 500 m vor dem Abzweig beginnt eine neu ausgebaute Straße nach Marsa Alam, auf der nun auch Touristen in Konvois ans Rote Meer fahren dürfen, siehe Seite 623.

Für den Tempelbesuch fährt man über den Nil in die Stadt Edfu. Etwa 1 km vom Nil entfernt erhebt sich der gewaltige ****Horus-Tempel von Edfu** (7-17, £E 50, 8-21). Er ist der am besten erhaltene Tempel Ägyptens, ein Besuch lohnt sich daher sehr (vormittags häufig von Kreuzfahrtgruppen überfüllt). Auf dem Plan Seite 138 ist der Tempel als typisches Architekturbeispiel im Grundriss wie auch im Aufriss dargestellt.

Hintergrund: Edfu, die Hauptstadt des gleichnamigen altägyptischen Gaus, spielte seit Beginn der ägyptischen Geschichte eine wichtige Rolle, denn hier lag vor der Ausdehnung des Reichsgebiets bis Assuan (vermutlich unter Djoser) die südliche Grenze Altägyptens; eine starke Verwaltung und eindrucksvolle Götter

1 Pylon
2 Hof
3 Kolonnade
4 Vorhalle (Pronaos)
5 Säulensaal
6 Vorsäle
7 Kiosk (Nut)
8 Sanktuar
9 Kapellen
10 Tempelumgang
11 Nilometer

Horus-Tempel

Edfu (Bahnhof)

Horus-Tempel, Eingangspylon mit Flaggenmastnischen

waren hier besonders wichtig. Um 3100 vC war noch die Doppelstadt El Kab/Hierakonpolis (siehe weiter oben) Hauptstadt und Reichsheiligtum der Geiergöttin Nechbet und des Falkengottes Horus. Noch im Alten Reich entstand am südlichen Rand des heutigen Edfu ein neues politisches Zentrum, dessen bis zu 20 m hohe Ruinenhügel an den Horus-Tempel grenzen, aber noch nicht ausgegraben sind.

Vermutlich stand hier auch schon damals ein dem Horus geweihter Tempel, über den aber nur wenige Zeugnisse bekannt sind; aus der Ramessidenzeit gibt es noch Pylon-Reste an der östlichen Mauer. Erst die Ptolemäer ließen anstelle der historischen Anlage einen neuen, viel größeren Tempel errichten. 237 vC wurden der Grundstein unter Euergetes I gelegt und das gewaltige Hauptgebäude mit seinen vielen Reliefs und Inschriften in der relativ kurzen Zeit von 30 Jahren fertiggestellt. In Folge von politischen Wirren traten danach massive Verzögerungen ein, sodass der Tempel erst 142 vC - immer noch unvollendet - dem falkengestaltigen Königs- und Himmelsgott Horus geweiht werden konnte. In den folgenden Jahrzehnten wurden noch die Vorhalle, der Hof mit den Kolonnaden und der Eingangspylon hinzugefügt und 57 vC fertiggestellt. 180 Jahre waren seit der Grundsteinlegung vergangen - denkt man an den vom Bauvolumen etwa vergleichbaren Kölner Dom, an dem insgesamt fast 350 Jahre lang, verteilt über 7 Jahrhunderte, gebaut wurde, dann ging es in Oberägypten sehr zügig voran.

Bis ins 19. Jh war der Tempelkomplex in das damalige Dorf Edfu einbezogen, Häuser standen auf seinem Dach, viele Räume waren mit Müll voll gestopft oder wurden als Lager benutzt. Der Italiener Mariette begann 1860 mit der Reinigung und Restauration, die von Maspero weitergeführt und erst 1903 vorläufig abgeschlossen wurde.

Nicht zuletzt wegen dieser Arbeiten betreten Sie den besterhaltenen pharaonischen Tempel, der zwar fast am Ende der 3000-jährigen Geschichte Altägyptens entstand, aber alle klassischen Merkmale in sich trägt. Hier lassen sich der antike Raumeindruck sowie die kultisch-

6 Im Niltal von Kairo bis Abu Simbel

religiöse Funktion weitgehend nachvollziehen. Die Tempelwände sind über und über mit Reliefs und Texten bedeckt, die unter anderem sehr genaue Auskunft über die Entstehungsgeschichte des Bauwerks geben. Zwar verloren sie nahezu alle Farbe, viele der Reliefs wurden von Bilderstürmern beschädigt, dennoch strahlt diese gewaltige Baumasse aus rötlichem Sandstein eine Atmosphäre aus, die den Besucher nicht erdrückt, ihn aber um Jahrtausende zurückversetzen kann.

Man betritt heute die Tempelanlage – nach dem üblichen Spießrutenlaufen vorbei an Souvenirshops – über einen Vorplatz mit (leer stehendem) Visitor Center und (zu wenigen) Toiletten. Nach einer kleinen Treppe steht links die von Euergetes II gebaute **Mammisi** (Geburtshaus), an dessen Wänden das Mysterium der göttlichen Geburt des Götterkindes Horus dargestellt ist. Das eigentliche Geburtszimmer wird von einem Schatten spendenden Kiosk überdacht, über dessen Säulen Figuren des Gottes Bes angebracht sind. An der rechten Wand stillt Hathor den Horus, umgeben von sieben musizierenden Hathorfiguren, auch die Entbindung ist dargestellt.

Das Mammisi liegt noch vor der antiken Ziegelmauer, die einst den gesamten Tempelbereich umschloss. Man geht durch den erhaltenen Rahmen eines Tors und blickt voller Staunen auf den riesigen **Pylon**, zweitgrößter nach Karnak. Zwei mächtige Steinfalken, Sinnbilder des Gottes Horus, stehen rechts und links des Eingangs. Die beiden Türme sind 36 m hoch (etwa 15 Stockwerke!), insgesamt ist der Pylon 79 m breit. Auf den Wänden erschlägt der Pharao in Gegenwart von Horus und Hathor Feinde - getreu dem ramessidischen Vorbild vor gut einem Jahrtausend. Zu beiden Seiten des Eingangstores standen in den rechteckigen Buchten Flaggenmasten, die weiter oben von Klammern - aus den verbliebenen Öffnungen heraus - gehalten wurden. Im Innern der Pylontürme liegen mehrere Stockwerke von Magazin- und Wirtschaftsräumen an Treppen, die zu den Öffnungen der Flaggenmasten und zum Dach hinaufführen.

Geht man durch das Tor im Pylon - das einst mit einer bronzebeschlagenen Zedernholztür verschlossen war, so kommt man auf einen großen **Hof**, der auf drei Seiten von einer **Säulenkolonnade** umgeben ist. Auch die vierte Seite, die Vorderfront der folgenden Halle, besitzt ähnlich mächtige, in die Wand integrierte Säulen. Werfen Sie einen Blick auf die Kapitelle der Säulen, die vielgestaltig mit pflanzlichem Charakter geschaffen sind (z.B. mit Blättern und Blüten). Sie stellen dem Boden entspringende Stützen des Himmels dar, der hier als freies Firmament den Hof überspannt. Architektur und Natur sind integrierende Teile des Kosmos, der Tempel ist Abbild und Bestandteil der Welt.

Die Wände hinter den Kolonnaden sind mit Reliefs bedeckt. Sie zeigen den König (ohne Namenskartusche) vor verschiedenen Göttern. Rechts und links des Eingangs, also auf der Rückseite des Pylons, sieht man den König auf dem Weg zum Tempel und seine rituelle Reinigung durch Horus und Thot. Darunter (unteres Register) ist die Nilfahrt der Göttin Hathor von Dendera zu ihrem (Göttergatten) Horus von Edfu dargestellt, ein jährliches großes Fest, das auf der gesamten Reisestrecke ausgiebig gefeiert wurde.

Auch vor dem nächsten Eingang standen einst zwei Falken, vom rechten ist nur noch das Kopfteil erhalten. Hier geht man in den **Pronaos** (Vorhalle) mit zwölf mächtigen Säulen (zusätzlich zu denen der Vorderwand), deren schöne und unterschiedliche Kapitelle wiederum beachtenswert sind. Spärliche Farbreste zeigen, dass der Tempel einst farbig ausgemalt war. Auf der Wand zum Hof bringt Euergetes II Opfergaben dar: in den Feldern beiderseits des Eingangs dem Horus von Edfu, in den Mittelfeldern Hathor und außen wiederum Horus. An diese Wand sind rechts ein **Bibliotheksraum** gebaut (eine Inschrift über der Tür besagt, dass hier unter der Aufsicht des Ritualpriesters die Schriftrollen für Horus aufbewahrt wurden) und links der **Reinigungsraum**, in dem die Gefäße für rituelle Waschungen standen (an dessen Rückwand wird der König von Horus und Thot gereinigt).

Neben dem Reinigungsraum beginnen Reliefs, die sich auf den Tempelbau beziehen (und an der Westwand fortsetzen), von der Weihe des Bodens über den ersten Spatenstich bis hin zur Präsentation des fertigen Bauwerks vor Horus. Auf den Säulen stehen Angaben zu den Tempelfesten, den Opfergaben und zu sonstigen Vorkommnissen. Die astronomischen Deckenbilder sind leider so rußgeschwärzt, dass man kaum Details erkennen kann. Rechts (östlich) führt eine Tür zum *Tempelumgang*.

Auf dem Architrav des nächsten Tors ist das interessante Relief stark beschädigt: Es zeigt die Sonnenbarke mit der Sonnenscheibe, die von zwei falkenköpfigen Horusfiguren geleitet sowie von Thot und Neth angebetet wird, weiterhin die vier Sinne (Hören und Sehen, links Geschmack und Verstand). Es folgt der innere **Säulensaal**, auch Festhalle genannt, dessen zwölf Säulen deutlich schlanker aufragen. Auch ihre Pflanzenkapitelle sind abwechslungsreich und schön gearbeitet, die Ausschnitte in der Decke werfen ein diffuses Licht in den Raum. Durch die Türen links und rechts wurden die Opfergaben während der Feste hereingetragen. Der linke hintere Nebenraum diente als „Labor" für kultische Salben und Parfüms, wie die ausführlichen Rezepte an den Wänden aussagen.

Der Weg geht weiter zum **Ersten Vorsaal**, in dem vermutlich der Altar für die Opfer stand, wie sich aus den rituellen Darstellungen an den Wänden schließen lässt. An beiden Seiten führen Treppen zum Dach, die ähnlich wie in Dendera den Prozessionen dienten (östlich aufwärts, westlich abwärts); die Wände zeigen die entsprechenden Szenen. Die ursprünglich auf dem Dach vorhandenen Holzkioske sind vernichtet.

Nun folgt der zweite oder **Innere Vorsaal**, in den das **Sanktuar** als eigener Baukörper quasi eingebettet ist. In dessen Innenraum fällt der mächtige Schrein aus Granit besonders auf. Inschriften von Nektanebos II (um 350 vC) zeigen, dass er aus älterer Zeit stammt. Auf den schwarzen Granitsockeln davor wurde die Barke abgestellt. Auf einem davon steht jetzt eine kleinere nachgebaute Barke (Original steht im Louvre). Die Reliefs der Wände zeigen rituelle Handlungen des Königs vor den Göttern Ho-

Horus-Tempel, Eingang zur Vorhalle

rus und Hathor in ihren Barken sowie vor der Öffnung des Schreins und die verschiedenen Opfer.

Um das Sanktuar herum führt ein Flur, an dem zehn **Kulträume (Kapellen)** liegen; für jeden lässt sich anhand der Inschriften die Bestimmung noch heute nachvollziehen. Auf der Ostseite öffnet sich ein Durchgang zu einem kleinen Hof mit einem **Kiosk** (ähnlich wie in Dendera), an dessen Decke die Himmelsgöttin Nut noch teilweise zu erkennen ist.

Um das eigentliche Tempelgebäude läuft, durch einen schmalen Gang getrennt, noch einmal eine hohe Schutz- oder **Umfassungsmauer**, die das Heiligtum vom außen liegenden Profanen schützen sollte. Alle Wandflächen sind mit Reliefs und Texten bedeckt. Die löwengestaltigen „Wasserspeier" sind Übel abwehrende Schutzmächte, die Böses vom Tempel abzuhalten hatten. Die Bildzyklen auf der westlichen Innenseite der Umfassungsmauer berichten vom Kampf zwischen Horus und Seth (oft als Nilpferd dargestellt). Die Begleittexte enthalten den Wortlaut der rituellen Aufführung dieses Götterdramas, das vollständige Textbuch und die Regieanweisungen. Auf den anderen Wänden sieht man den König mit und ohne Königin im Umgang mit den Göttern oder bei profanen Beschäftigungen, wie der Jagd.

In der nordöstlichen Umfassungsmauer führt eine unterirdische Treppe zu einem **Nilometer**. Südwestlich des Tempels steckt unter den hohen Schutthügeln noch die antike Stadt.

Recht schön liegt am Rand des Dorfes Edfu-Hagir am Fuß eines Tafelberges das **koptische Pachomius-Kloster**, daneben ein pharaonisches Grab. Sehenswert sind die Gärten des Klosters.

Praktische Informationen

▶ Vom Bahnhof fahren Taxis zum Tempel. Minibusse verbinden Edfu (Bahnhof) in häufiger Frequenz mit Luxor oder Assuan.

Restaurants
• **Happy Land**, ca. 50 m vor dem Tempel mit englischsprachigem Besitzer

• **New Egyptian Restaurant**, Sitzimbiss in der Nähe des Tempels

Übernachten
• **El Madina**, neben Busstation, ni sa, fr, hb, la (Muezzin), überteuert, nur für den Notfall, mF (üppig) .... pro Zi 60
• **Horus**, Sh 23. July, ca. 200 m vom Tempel, Neubau, se sa, AC, la .... D+B 125, D+B-AC 150

Weiter von Edfu Bahnhof. In einer Rechtskurve am Ortsausgang führt links eine Straße nach Marsa Alam am Roten Meer.

Nach 44 km (5 km nach einem Bahnübergang): Abzweig

Nach Checkpost und Kanalbrücke rechts ab zum

*Gebel el Silsila

Hintergrund: Durch die Sandsteinhügelkette Gebel el Silsila musste sich der Nil einen Durchbruch schaffen, der so eng war, dass man der Überlieferung nach im Altertum ein Seil (Silsila) zwischen den Ufern spannen und Schiffe aufhalten konnte. Hier dehnt sich über mehrere Kilometer das antike Steinbruchgebiet aus mit haushohen Wänden, mit Treppen und Höhlen und einigen unfertigen Werkstücken, das vor allem die thebanischen Tempel des Neuen Reichs und später die von Dendera, Esna und Edfu mit Baumaterial versorgte. Denn der hiesige, qualitativ sehr gute Sandstein konnte auf kürzesten Wegen auf Schiffe zum Weitertransport verladen werden. Zu Zeiten von Ramses II waren etwa 3000 Arbeiter in den Brüchen beschäftigt.

Die wichtigsten und am intensivsten ausgebeuteten Steinbrüche lagen am Ostufer der Hügelkette, dort lebten auch die meisten Arbeiter. Obwohl auf der Westseite auch senkrechte Felswände mit den typischen Abbau-Riefen zu sehen sind, handelt es sich bei diesem Gebiet vor allem um den religiösen Bereich mit dem Felsentempel des Haremhab sowie den Kult- und Grabnischen der Oberschicht der im Steinbruch Tätigen.

Fast am nordwestlichen Ende der Flussenge wurde eine Nilschiff-Anlegestelle am Westufer geschaffen, von der aus eine unter Haremhab (18. Dynastie) in den Sandstein getriebene **Felsenkapelle** (Speos, Eintritt £E 15) bequem besichtigt werden kann. Über dem heute einzigen Eingang sind die geflügelte Sonne und die Namenskartusche von Haremhab zu sehen; in der Nische links vom Eingang berichtet der Sohn Chaemwese von Ramses II über dessen dreißigjähriges Regierungsjubiläum. Der Speos selbst besteht aus einer relativ großen Querhalle und einem kleinen Sanktuar. Ein bekanntes Relief an der linken Querwand der Halle zeigt, wie die vor Gott Chnum stehende Göttin Thoëris dem noch kindlichen König die Brust reicht, der damit göttliches Wesen aufnimmt; Amun-Re beobachtet, hinter dem König stehend, die Szene. An der Rückwand links ist ein Triumphzug von Haremhab dargestellt, bei dem der König in einer Sänfte von Höflingen getragen wird. Über seinem Kopf schwebt die Sonnenscheibe, von der Lebenszeichen herabhängen; eine unübersehbare Folge der Amarnazeit. Vor dem König werden gefesselte nubische Gefangene geführt. Rechts vom Eingang zur Längshalle eine Stele von Chaemwese und Ramses II. An der Rückwand im Sanktuar sitzen sieben Götter, von links nach rechts Sobek, Thoëris, Muth, Amun-Re, Chons, Haremhab (der sich hier unter die Götter einreiht) und Thot. Die Nischen und Stelen in der Querhalle wurden in späteren Zeiten von Offiziellen und Besuchern eingefügt; viele Inschriften besitzen einen hohen historischen Wert für die Ägyptologie.

Vom Speos führt ein Uferpfad flussaufwärts, dem man möglichst bis zu seinem Ende folgen sollte (einer der Wärter wird als Begleiter mit marschieren und auf den richtigen Weg achten). Bald sieht man rechts am Weg Schreine

Sillsila, Südkapelle

mit bemalter Decke, die von besser gestellten Beamten (u.a. von einem Sennefer) angelegt wurden, um die Götter für die Arbeiten gnädig zu stimmen.

Nach weiteren 10 Minuten Fußweg muss man über eine Felskante hinunterklettern, um zum Schrein des Amenemhet, Aufseher der Priester von Ober- und Unterägypten (18. Dynastie), zu kommen. Zurück von diesem Abstecher geht es einen (manchmal gesperrten Weg) zunächst über Felsstufen hinauf und dann - an einem von Steinbrechern stehen gelassenen Felsrest mit „Kappe" vorbei - zu zwei Säulen begrenzten Felsschreinen des Gottes Hapi, die auf Merenptah (rechts) und Ramses II (links) jeweils in den frühen Regierungsjahren zurückgehen. Die Darstellungen auf der hinteren Wand der Nischen zeigen jeweils den opfernden König und Listen mit Opfergaben für den Flussgott. Zwischen den beiden Nischen steht in einer Art Scheintür eine dem Merenptah gewidmete Inschrift des Wesirs Peneshi und ein Relief, in dem Merenptah dem Amun ein Bild der Maat darbringt. Unweit südlich sind Konturen einer dritten, aber stark zerfallenen Nische zu erkennen, die unter Sethos I geschaffen wurde.

Blickt man über den Fluss zur **Ostseite**, so lassen sich diverse senkrechte Felswände der antiken Steinbrüche ausmachen. Mit einem Boot kann man geeignete Anlegestellen ansteuern und dann das Gebiet durchstreifen. Die interessanteren Abbau-Schluchten sind durch - meist unverschlossene - Gittertore versperrt. Es ist faszinierend zu sehen, welch ungeheure Mengen an Stein hier abgebaut wurden. Hin und wieder blieben enge Stiegen stehen, über die sich die Arbeiter, Akrobaten gleich, an ihre Arbeitsstelle hangeln mussten. Manchmal glaubt man, dass die fleißigen Heerscharen gerade in die Pause gegangen seien und jede Minute an die Steilwände zurückkehren müssten: Dann würde das eifrige Hämmern die Schluchten erfüllen, Staubfahnen in den Himmel aufsteigen und die rhythmischen Rufe der Steintransporteure zu hören sein.

Hier konnten in direkter Nähe der Abbaugebiete Schiffe anlegen und das Baumaterial abtransportieren. Denkt man an die Arabische Wüste, z.B. an den *Mons Claudianus*, wo der Nil und das Trinkwasser einige Tagesreisen entfernt lagen, dann bot der Gebel Silsila fast ideale Arbeits- und Transportbedingungen.

Ein Problem stellt die **Anreise auf dem Landweg** dar. Wenn es gelingt, aus dem Auto-Konvoi auszuscheren, dann sollte man gleich nach der oben genannten Kanalbrücke rechts auf der Asphaltstraße bis zu einer Auto- und Personenfähre am Nilufer fahren. Eventuell kann man dort ein Boot mieten und flussabwärts bis zur Anlegestelle für Kreuzfahrtschiffe am Westufer tuckern (N 24°38,78' E32°55,86'). Oder man setzt mit dieser Autofähre auf die andere Seite über, fährt zur Hauptstraße, biegt dort rechts und an der nächsten Kreuzung wieder rechts zum Nil ab, dann kommt man an der Anlegestelle an. Für die Steinbrüche am Ostufer muss man nach dem Abzweig von der Niltalstraße die zunächst kanalparallele Straße dort verlassen, wo diese nach Süden abknickt, und auf einer Nebenstraße den Kanal überqueren, um am Nil so weit wie möglich nach Norden zu fahren, und schließlich ein erklecklisches Stück wandern.

Die dritte Möglichkeit ist, das Ganze von Assuan aus auf der Westuferstraße zu versuchen. Mit öffentlichen Verkehrsmitteln muss man bis Kom Ombo fahren und von dort sein Glück per Taxi versuchen. Wer mit Feluke oder einer Dahabiya auf dem Nil unterwegs ist, kann problemlos die Anlegestellen anlaufen; Kreufahrtschiffe machen nur selten Halt.

Weiter auf der Niltalstraße

Nach 4 km: Abzweig

Links nach **Nasr City**, am Nordrand der weiten, fruchtbaren Ebene des Wadi Kom Ombo gelegen. Bereits zu Anfang unseres Jahrhunderts begann die Wadi Kom Ombo Gesellschaft, durch systematische Bewässerung das Trockental in fruchtbares Land umzuwandeln. Ein Netz von Kleinbahnen wurde angelegt, um das Zuckerrohr in eine ortsansässige Zuckerfabrik zu transportieren, die nur während der Erntezeit von Dezember bis Mai von dann etwa 4000 Arbeitern betrieben wird.

Hintergrund: Beim Bau des Assuan-Staudammes wurde beschlossen, in dieser Gegend die durch den Stausee vertriebenen Nubier anzusiedeln. Entsprechend der ursprünglichen geografischen Lage der Siedlungen fanden die drei unterschiedlichen Sprachgruppen der Nubier in 43 neuen Dörfern mit den alten Namen - allerdings mit dem Zusatz „Neu" – eine neue Unterkunft. Alle Häuser enthielten mindestens vier Schlafzimmer, Gästezimmer, Küche und Bad, einen Hof und einen Viehstall, aber keinen Innenhof, in dem sich bis dahin das Familienleben abspielte.

Dies war für viele Familien der zweite Umzug aus der angestammten Heimat. Denn nach dem Bau des alten Damms vor Assuan (1902) gingen bereits viele Siedlungen im Nil unter, die Bewohner zogen auf höheres Terrain und begannen quasi von Null, denn neben den Häusern waren auch die Felder und Palmengärten überschwemmt worden. Obwohl der Staat mit Zuschüssen half, zahlten die Nubier zumindest ideell den höchsten Preis für die sichere Wasserversorgung Ägyptens.

Als im Oktober 1973 der Umzug in die neue Heimat begann, steckten die meisten Nubier Erde aus dem alten Dorf in die Tasche und küssten die Mauern und Gräber, die sie für immer verlassen mussten. Wenn auch die neuen Siedlungen komfortabler sind, so wohnen die

Menschen hier eng beieinander, früher lebten sie in kilometerweit entfernten kleinen Weilern in der Weite der Wüste. Ihr Tagesablauf wird heute von dem streng organisierten genossenschaftlichen Zuckerrohranbau bestimmt, früher waren sie lediglich von den Nilüberflutungen abhängig. Heute gehen die Kinder zur Schule, die Kranken in Hospitäler.

Wenn Sie die Lebensbedingungen der Nubier interessiert, dann biegen Sie hier links ab und fahren auf den schmalen Straßen durch die Ebene. Nach 14 km:

***Kom Ombo

Die Stadt mit ca. 70 000 Einwohnern ist das Zentrum der umliegenden fruchtbaren Wadis. Der *****Tempel von Kom Ombo** (9-18, £E 30) liegt malerisch am Ufer einer Nilschleife am südlichen Ortsausgang, knapp 5 km vom Bahnhof entfernt. Selbstfahrer biegen am Ortsausgang rechts ab. Der Tempelbesuch lässt sich auch von Assuan aus als Minibus-Ausflug organisieren. Wer z.B. per Feluke am Tempel landet und dann weiter will, ist auf ein Taxi angewiesen. Falls kein Taxi wartet, kann man ca. 2 km Richtung Kom Ombo marschieren und an der ersten stark befahrenen Straße ein Sammeltaxi anhalten. Busse nach Edfu fahren etwa alle Stunde von hier aus. - Am Nilufer gibt es mehrere Cafeterias. In der Nähe der Sammeltaxistation liegt das *Noba Restaurant*, das einigermaßen sauber und preiswert ist. Achtung: Wenn Sie hier mit einem **Kreuzfahrtschiff** anlegen, sollten Sie sich den Namen gut merken, weil die Schiffe - bei entsprechendem Andrang - während Ihrer Besuchszeit häufig mehrfach den Ankerplatz wechseln müssen.

Hintergrund: *Der Tempel ist ein Doppelheiligtum. Entlang einer Mittellinie reihen sich a jeweils einer eigenen Achse alle Räume zweimal auf: Sanktuar, Opfersaal, Hof, selbst der Eingang wurde verdoppelt. Die rechte - südliche - Tempelhälfte ist dem krokodilköpfigen Gott Sobek (griechisch Suchos) geweiht, die linke - nördliche*

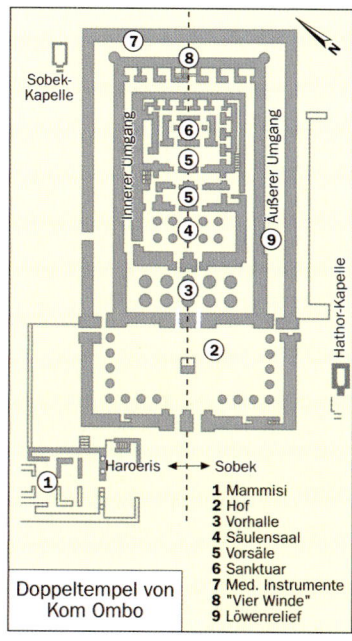

Doppeltempel von Kom Ombo

1 Mammisi
2 Hof
3 Vorhalle
4 Säulensaal
5 Vorsäle
6 Sanktuar
7 Med. Instrumente
8 "Vier Winde"
9 Löwenrelief

- dem falkenköpfigen Gott Haroeris. Beide sind Sonnengötter; Haroeris verkörpert die Sonne während des Tages, Sobek begleitet sie nachts durch die Wasser der Unterwelt bis zum morgendlichen Aufgang. Neben Sobek wurden noch Hathor und der jugendliche Mondgott Chons-Hor verehrt; auf der Seite des Haroeris waren es Tsentnofret (eine Hathor-Personifizierung) und Penebtaui (Herr der beiden Länder). Begonnen wurde der Tempelbau unter den Ptolemäern (Ptolemäus V) auf alten Grundmauern aus der Zeit von Tuthmosis III. Erst in der römischen Kaiserzeit - zum Teil erst im 3. Jh nC - schmückte man Hof und Umgang mit Reliefs aus.

Auch heute lässt der verbliebene Erhaltungszustand des Tempels noch die vollständige Rekonstruktion des Bauwerks zu, weil überall zumindest seine Grundmauern oder auch Mauerreste erhalten und sichtbar sind: Eine äußere und eine innere Umwallung schlossen die heili-

6 Im Niltal von Kairo bis Abu Simbel

gen Stätten gegenüber der Außenwelt ab. Die Vorhalle war deutlich höher als der folgende Säulensaal, den sie symbolisch beschützte, und dieser wiederum höher als die (heute weitgehend zerstörten) Sanktuare.

Ptolemäus XII Neos Dionysos hatte ein großes Eingangstor südlich der Anlage direkt am Nil bauen lassen, dessen linke Hälfte und auch Teile des Vorhofs der Fluss verschlungen hat. Die noch vorhandenen Reliefs zeigen den Erbauer beim Opfern vor den Göttern Kom Ombos. Man betritt eine große Terrasse, auf deren gegenüberliegender Seite noch ein paar Mauern des **Mammisi** (Geburtshaus) erhalten sind. Auf dessen hinterer (nordwestlicher) Wand sieht man den König Euergetes II auf einer Bootsfahrt im Papyrusdickicht vor Gott Min (dessen erigierter Phallus ausgemeißelt wurde); die Szene stellt einen Fruchtbarkeitsritus dar. An einem der Papyrushalme (links von denen, an denen der Pharao zupft) schleicht ein Löwe nach oben.

Den Eingang zur Tempelanlage überspannte früher ein **Doppelpylon**, von dem aber nur mehr Mauerreste bzw. etwas höhere Teile auf der rechten Seite stehen; hier ist Ptolemäus XII Neos Dionysos hauptsächlich im Kreis von Göttern beim Opfern vor der Sobek-Triade zu sehen. Auf der Hofseite des Pylons und der rechten Mauer findet man ein ähnliches Motiv mit Augustus, der einer langen Götterprozession voranschreitet.

Der **Hof** war ähnlich wie in Edfu gestaltet; an den Außenmauern zogen sich Kolonnaden entlang, deren Säulen allerdings höchstens noch bis zur halben Höhe stehen. Bei vielen Reliefs der Säulen sind die Farben der Götterbilder sehr gut erhalten. Im Zentrum des Hofs stehen noch Mauern des Altars, der dem Publikum zugänglich war. Zu den folgenden Räumen hatten nur der König bzw. die Priester Zutritt.

Auf dem Architrav in der Mitte über dem Eingang zur Vorhalle markieren links Haroeris in seiner Falkengestalt und rechts Sobek die Mittellinie des Tempels. Auf der linken Säulenschranke der Vorhallen-Außenwand wird Ptolemäus XII links von Thot und Horus vor Haroeris gereinigt, vor Sobek auf der rechten Seite. Man geht durch das doppelte Tor in die **Vorhalle** (Pronaos), auch diese durch eine unsichtbare Linie zweigeteilt. Im Innern ragen zehn Papyrusbündelsäulen mit Kompositkapitellen auf, die mit Reliefs und Texten geschmückt sind. Auch auf der Innenseite der Säulenschranken geht es wieder um Ptolemäus XII, der zu den Göttern schreitet (links vom Eingang) und (rechts) von ihnen gekrönt wird. Die Rückwand zeigt links Ptolemäus VII und (im dritten Register) Kleopatra II opfernd sowohl vor der Haroeris- als auch der Sobek-Triade, ähnlich rechts des Eingangs. Der Weg führt weiter in den **Säulensaal** mit zehn Papyrusbündelsäulen mit offenem Doldenkapitell. Auf der linken Innenwand ist wiederum Ptolemäus VII mit verschiedenen Opferhandlungen beschäftigt; außerdem sieht man zwei Prozessionen mit Ptolemäus VI sowie Kleopatra II und III. Es folgen drei reliefgeschmückte Vorsäle, deren Fußbodenniveau jeweils leicht ansteigt (so wie sich das der Dachhöhen des Tempels entsprechend absenkt, damit sich im Sanktuar bildlich Erde und Himmel berühren).

Die beiden **Sanktuare** sind allerdings weitgehend zerstört, erhalten blieben nur die Barkensockel. An der mittleren Wand vor deren Eingang lohnt sich der Blick auf ein bekanntes Relief, in dem Ptolemäus VI Philometor dem Horus einen Brustschild und dem Sobek-Re Wein anbietet (oben); darunter sind es Blumen dem Sobek und ein Salbgefäß in Form eines Sphinx darunter steht er mit Kleopatra VI vor Chons, der den Namen des Königs (in römischem Gewand) auf einen Palmzweig schreibt als Garant für lange Regierungszeit. Die Wand zwischen den beiden Sanktuaren enthält unter dem Fußbodenniveau Krypten, auf Sanktuarhöhe und darüber je einen engen Raum - der Zwischenboden ist deutlich im Gemäuer erkennbar.

Hinter den Sanktuaren kann man einen Blick in die sieben Räume werfen, die dort in die innere Umwallungsmauer eingelassen und weitgehend mit Reliefs geschmückt sind. Teilweise verblieben die Reliefs in ihren verschiedenen

Ausführungsstadien; die Arbeitsweise der Künstler lässt sich dort gut verfolgen.

Für den Rückweg können Sie den **Inneren Tempelumgang** nehmen, dessen erhaltene Wände ebenfalls dekoriert sind. Sie sollten aber unbedingt auch den **Äußeren Umgang** besichtigen, an dessen Wänden einige interessante Reliefs zur Betrachtung einladen. Am bekanntesten ist die Darstellung von medizinischen Gerätschaften in der Nordostseite (hinten links) der inneren Außenwand; vermutlich handelt es sich aber eher um tägliche Gebrauchsgegenstände. Schräg gegenüber, auf der Rückwand der inneren Umwallung, genau in der Mittelachse des Tempels, findet man eine Darstellung der vier Winde als geflügelte Wesen: Löwe, Stier, Adler und Mensch. Sie können als Vorgänger der Evangelistensymbole gedeutet werden.

Zur Südseite des Umgangs: Ebenso auf der Rückwand der inneren Umwallung sieht man Reliefreste vom „Schlagen der Feinde", wobei der König als Löwe in die Hände der Gefangenen beißt. In der Nähe, außerhalb des Tempels, steht ein kleines **Hathor-Heiligtum**, in dem heute Krokodilmumien aus einem nahe gelegenen Tierfriedhof aufbewahrt und gezeigt werden.

Nach 9 km:

Darau

Am Ortsrand Daraus fand früher einer der **größten *Kamelmärkte** Ägyptens statt. Inzwischen übernahmen andere Märkte weitgehend diese Funktion. Jetzt handelt es sich hier um einen immer noch sehr lebendigen Landmarkt für die Umgebung mit Wasserbüffeln, auch Kamelen, Schafen, Ziegen, Eulen, Schlangen etc. (jeweils dienstags). Auch können Sie nubische Handicrafts, Obst und Gemüse erwerben.

Falls notwendig, bietet in Darau die **Poliklinik** der Deutschen Evangelischen Mission medizinische Hilfe.

Nach Verlassen des Wadi Kom Ombo rücken die Wüstenberge wieder sehr eng ans Niluer. Bald ziehen sich links am Hang Häuser hinauf, die meistens vom Stausee vertriebenen Nubiern oder deren Nachfahren gehören.

Nach 25 km: Abzweig Assuan-Nilbrücke (44. Nilbrücke Ägyptens, 2002 eingeweiht)

Nach 5 km: Abzweig zum neuen Busbahnhof

Nach 5 km:

Assuan, die südlichste Stadt Ägyptens ist erreicht.

Kom Ombo - die vier Winde (unterer Bildteil)

Assuan – Nasser-Stausee – Abu Simbel

Blauer Nil, weiße Felukensegel, schwarze Kataraktfelsen, goldgelbe Wüste - die Attribute der Stadt ließen sich noch fortsetzen. In Assuan sollte man diese Stimmungen, die sich je nach Tageslicht anders mitteilen, genießen, sollte in Ruhe mit einer Feluke segeln, von den diversen Aussichtspunkten die ungewöhnliche Landschaftskulisse betrachten, vom Ufer den sich ständig neu bildenden Strudeln im Kataraktwasser zuschauen; kurz: sich Zeit nehmen und ein bisschen träumen.

Hintergrund: Assuan ist von alters her wegen seines trockenen und ausgeglichen warmen Klimas als Kurort bekannt. Wichtiger für die Bedeutung der Stadt waren die Stromschnellen im Nil, die ersten Katarakte von der Mündung her gesehen. Sie schützten Ägypten gegen von Süden eindringende Boote und stellten daher eine Art natürliche Grenze dar. Für unzählige Generationen von Ägyptern endete an den Katarakten die Vorstellung von der Bewohnbarkeit der südlichen Erde; in der Mythologie entsprang in dem „Grenzgebiet" sogar der Nil. Eroberungslustige Pharaonen schoben die Grenze dann immer weiter nach Süden ins Land der Nubier vor - die vielen im heutigen Stausee versunkenen Tempel beweisen derartige Aktivitäten.

Assuan war auch wegen seiner Granitsteinbrüche für die pharaonischen Ägypter von erheblicher Bedeutung. Im Gegensatz zum weiter nördlich vorkommenden Sand- und Kalkstein konnte der besonders widerstandsfähige Granit in den hiesigen Brüchen gewonnen, zu Kolossalstatuen oder Obelisken verarbeitet und ohne lange Landtransportwege verschifft werden.

Interessant ist, dass einst der Wendekreis des Krebses durch Assuan verlief, denn sonst hätte

Sehenswertes

- ******Assuan**, eine sehr lebendige orientalische Stadt mit bunten Souks und viel Atmosphäre, für viele Besucher die angenehmste Stadt Ägyptens
- ******Abu Simbel**, Tempelanlage von Ramses II, rd. 280 km südlich von Assuan, Seite 509
- ******Insel Philae**, einst als „Perle Ägyptens" apostrophierte Tempelinsel, heute, nach Versetzen auf die Insel Agilka, immer noch sehr sehenswert, Seite 484
- ******Nubisches Museum** mit 1200 Exponaten einer fast untergegangenen Kultur, Seite 470
- *** **Insel Elephantine** mit Museum, pharaonischer Stadt Elephantine und Nubierdorf, Seite 474
- *****Nilstaudämme**, d.h. besonders der Hochdamm: Sieg des Menschen über die Wassergewalten, Seite 481
- ****Kalabsha- und Beyt el Wali Tempel**, ebenfalls vor den Fluten des Stausees gerettete Bauwerke, Seite 488
- ****Unvollendeter Obelisk** in den Granitbrüchen, an dem deutlich die Arbeitsweise der pharaonischen Steinmetze zu erkennen ist, Seite 473
- ** **Pflanzen-Insel** (Kitchener Island), üppiger Botanischer Garten, Seite 478
- ****Ausflug mit einer Feluke** durch die Kataraktlandschaft, Seite 490
- ** **Gräber von Gaufürsten des Alten und Mittleren Reiches** am westlichen Steilufer, Seite 479
- ****Simeonskloster**, gut erhaltene Klosterruine in der westlichen Wüste, Seite 479
- ***Skulpturenpark**, urwüchsige Ausstellungslandschaft mit den Skulpturen, die während der jährlichen Bildhauersymposien in Assuan geschaffen wurden, Seite 472

Assuan - Die Stadt kennenlernen

Blick vom Turm des Mövenpick-Hotels auf das Stadtzentrum

der Ptolemäer Eratosthenes keinen schattenlosen Brunnen finden können. Im Lauf der seither verflossenen zwei Jahrtausende hat sich der Wendekreis ein ganzes Stück nach Süden verschoben. Nach fast jahrtausendelangem „Dornröschenschlaf" wachte Assuan mit dem Bau der Nilstaudämme auf und erlangte Weltberühmtheit: Der gegen Ende des 19. Jh von den Engländern errichtete alte Nilstaudamm zählte lange zu den größten seiner Art und regulierte die Fluten des Nils durchaus wirkungsvoll. Der neue Hochdamm, der von den Russen in den 1960er Jahren gebaut wurde und Ägypten in eine neue fruchtbare, von den Launen der Natur unabhängige Oase verwandeln sollte.

Schreiben Sie uns biite, wenn Sie Änderungen oder Neuerungen feststellen..

Praktische Informationen

▶ siehe ab Seite	494
▶ Stadtplan	468
▶ Verkehrsverbindungen	495
▶ Ein paar Tipps	496
▶ Restaurants	480
▶ Übernachten	498
▶ Umgebungsplan	483

Die Stadt kennenlernen

Das heute etwa 270 000 Einwohner zählende, aber immer noch wie eine gemütliche Kleinstadt wirkende Assuan zieht sich ausschließlich am östlichen Nilufer entlang, das westliche Ufer geht abrupt in Wüste über. Allerdings verbreitert sich gleich nördlich der Felsengräber auch die Westseite als Fruchtland, dort liegen am Wüstenrand einige Nubierdörfer. Die Katarakt-Inseln im Strom sind teilweise bewohnt;

6 Im Niltal von Kairo bis Abu Simbel

wo immer es geht, werden sie zumindest landwirtschaftlich genutzt.

Assuan unterscheidet sich deutlich von den Orten am Unterlauf des Nils. Die Stadt öffnet sich dem Fremden schneller, drängt sich ihm aber nicht so reißerisch auf wie z.B. Luxor. Andererseits gehören die Bazaris – besonders in der nördlicheren Sharia el Souk - zur Sippe der besonders aufdringlichen Verkäufer. Die Häuser und Straßen sind einen Hauch gepflegter (solange man nicht in die untouristischen Viertel gerät) – für viele Ägyptenbesucher ist Assuan die schönste Stadt des Landes.

Assuan erschließt sich vom Nil und der doppelspurigen Uferstraße *Corniche* her. Auf der Flussseite der Corniche ankern die Hotelschiffe, dümpeln die vielen auf Touristen wartenden Felukas. Fährverbindungen halten den Verkehr zur Insel *Elephantine* (südlichste Fähre, offiziell £E 0,25, von Touristen wird meist £E 1 verlangt), zum *Hotel Mövenpick* und zum Westufer aufrecht.

An der Ostseite der Corniche erheben sich einige moderne Verwaltungsbauten, wie Polizei, Post und Telegrafenamt, Banken, Hotels, das "Kaufhaus" Benzion, das "Hochhaus" des Police Department und Souvenirläden. Ganz am Südende der Corniche liegt das Doppel-Hotel *Old and New Cataract*; hier wollen wir das Kennenlernen beginnen.

Das **Old Cataract** (wegen Renovierung bis mindestens Mai 2010 geschlossen) hat sehr viel Ambiente aus alten Tagen herübergerettet. Agatha Christie arbeitete hier an ihrem Krimi *Tod auf dem Nil*, für dessen Verfilmung das Hotel ebenfalls eine passende Kulisse bot. Früher gehörte ein Besuch dieser durchaus stimmungsvollen Stätte fast zum Standardprogramm der Touristen, heute wird die Hotelhalle Fremden nur noch gegen einen teuren Verzehrbon geöffnet, der erst ab 12 Uhr eingelöst werden kann.

Gönnen Sie sich einen Drink auf einer der Terrassen bei Sonnenuntergang. Sie werden verstehen, dass nicht nur berühmte Reisende früherer Jahrzehnte gleich den ganzen Winter in Assuan verbrachten. Wenn Sie stattdessen

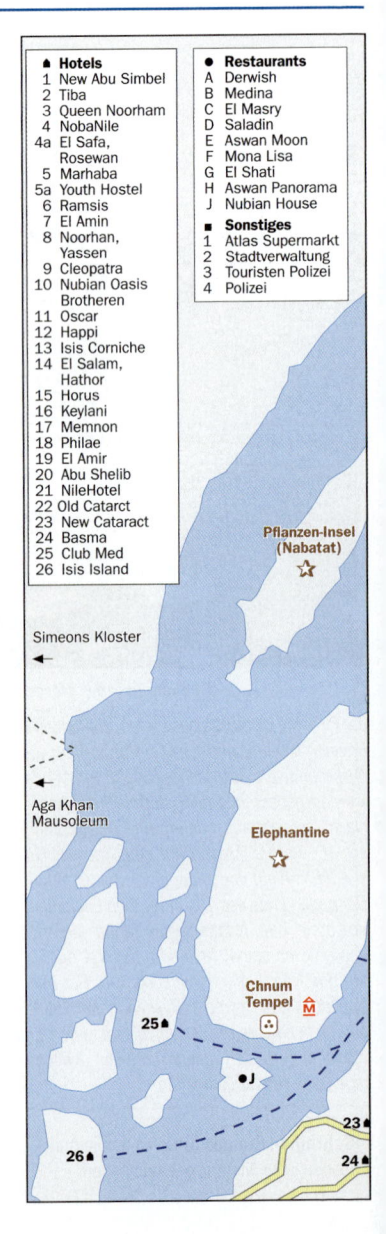

▲ **Hotels**
1 New Abu Simbel
2 Tiba
3 Queen Noorham
4 NobaNile
4a El Safa, Rosewan
5 Marhaba
5a Youth Hostel
6 Ramsis
7 El Amin
8 Noorhan, Yassen
9 Cleopatra
10 Nubian Oasis Brotheren
11 Oscar
12 Happi
13 Isis Corniche
14 El Salam, Hathor
15 Horus
16 Keylani
17 Memnon
18 Philae
19 El Amir
20 Abu Shelib
21 NileHotel
22 Old Catarct
23 New Cataract
24 Basma
25 Club Med
26 Isis Island

● **Restaurants**
A Derwish
B Medina
C El Masry
D Saladin
E Aswan Moon
F Mona Lisa
G El Shati
H Aswan Panorama
J Nubian House

■ **Sonstiges**
1 Atlas Supermarkt
2 Stadtverwaltung
3 Touristen Polizei
4 Polizei

Pflanzen-Insel (Nabatat) ☆

Simeons Kloster ←

Aga Khan Mausoleum

Elephantine ☆

Chnum Tempel

Assuan - Die Stadt kennenlernen

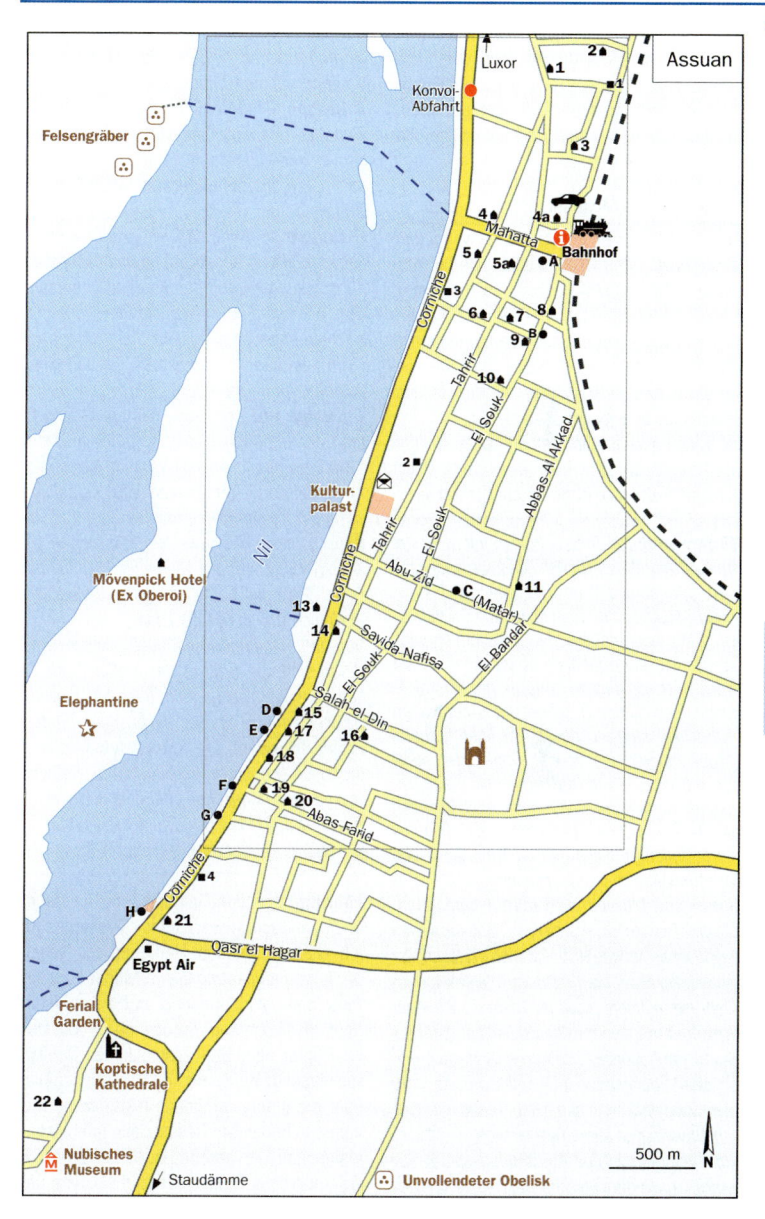

469

Assuan

Luxor
Konvoi-Abfahrt
Felsengräber
Mahatta
Bahnhof
Corniche
Tahrir
El-Souk
Abbas-Al Akkad
Kultur-palast
Nil
Mövenpick Hotel
(Ex Oberoi)
Abu-Zid
(Matar)
El-Bandar
Sayida Nafisa
Elephantine
Salah-el-Din
El-Souk
Abas Farid
Corniche
Egypt Air
Qasr el Hagar
Ferial Garden
Koptische Kathedrale
Nubisches Museum
Staudämme
Unvollendeter Obelisk
500 m
N

nördlich vom Hotel in den anschließenden kleinen Park *Ferial* („FRYAL" ausgeschildert, £E 5 Eintritt) zum Nil gehen, können Sie einen sehr ähnlichen Blick wesentlich billiger genießen, allerdings ohne Nostalgie. Aber der Parkbesuch ist ohnehin zu empfehlen.

****Nubisches Museum** *(Mathaf el Nuba)*

Begibt man sich vom Cataract Hotel weiter den Berg hinauf, so trifft man bald links auf das Nubische Museum (9-13, 15-21, auch 18-22; Fr 9-11, 17-21; £E 50). Es wurde 1997 nach 17-jähriger Planungs- und Bauzeit, finanziert von der UNESCO, eröffnet. Das Gebäude ist im Anklang an den nubischen Baustil harmonisch in den Felsenhügel eingepasst.

Die Museumsbroschüre enthält neben Bildern und Lageplänen auch eine lesenswerte Übersicht und Einführung in die Geschichte Nubiens.

Hintergrund: Die Außenanlagen mit einer Art Steingarten, Wasserläufen (der Nil lässt grüßen), Springbrunnen und auch einigen historischen Stücken sollte man nicht außer Acht lassen. Geht man in den Außenanlagen halbwegs um das Museumsgebäude herum, kommt man in eine Art künstliche Grotte, in der Felszeichnungen aus Nubien zu sehen sind (Achtung, im Halbdunkel stolpert man leicht über fußhohe „Mauerzungen" am Boden). Ganz unten steht ein nubisches Haus, das aber nur Theaterrequisiten enthält und daher nicht zugänglich ist; ganz oben ein Sheikh-Heiligtum und Gräber aus der Fatimidenzeit aus dem 11. Jh, die in den Museumsbereich integriert wurden.

Garten und Museum sind rollstuhlgerecht angelegt. Entworfen wurde das Gebäude vom ägyptischen Architekten Mahmud el Hakim, die Innendekoration stammt vom mexikanischen Architekten Pedro Vasquez (daher auch Ähnlichkeiten mit dem mexikanischen Nationalmuseum), der hauptsächlich Assuaner Rosengranit als Verkleidungsmaterial - selbst für die Vitrinen - verwendete; schon allein dieses harmonische Inventar ist einen Besuch wert.

Zum Verständnis der Ausstellung sollte man wissen, dass die nubische Geschichte von den Historikern nicht in Dynastien, wie im pharaonischen Ägypten, eingeteilt wurde, sondern in Gruppen, die alphabetisch sortiert sind:

***A-Gruppe** 3100-2700 vC (etwa ägyptische Frühzeit) - Felszeichnungen dokumentieren eine reiche Fauna (Elefanten, Giraffen etc.), es gab eine hoch entwickelte Keramik sowie Tumulus-Gräber.*

***B-Gruppe** bis etwa 2200 vC - wird häufig als Fortentwicklung der A-Gruppe und daher nicht als selbstständige kulturelle Epoche interpretiert; in dieser Zeit wurden die Beziehungen zu Ägypten enger (in den Diorit-Steinbrüchen von Toshka wurden z.B. Statuen von Pharaonen hergestellt).*

***C-Gruppe I-III** 2200-1550 vC - entstand während der Schwächephase Ägyptens in der 1. Zwischenzeit und setzt sich bis ins Neue Reich fort. Südlich von Unternubien dehnt sich gleichzeitig das Königreich Kerma aus.*

Danach folgen die nubischen Königreiche von Kusch (780-593 vC) und Meroe (593 vC-350 nC). Gegen Ende des 4. Jhs nC zog das Christentum in Nubien ein, ab 641 der Islam.

Von den eingelagerten 5000 nubischen Exponaten sind nur 1200 in der großen Halle im Untergeschoss ausgestellt, nach Meinung von Kritikern mit zu starker ägyptischer Tendenz bei der Auswahl. Die Stücke dokumentieren praktisch die gesamte Geschichte Nubiens, von der prähistorischen über die pharaonische bis zur islamischen Zeit. Die aktuelle Situation der Nubier kommt dagegen eher zu kurz.

Führung: Rechts neben dem Eingang stehen in einem Saal für wechselnde Ausstellungen u.a. Statuen aus dem Heiligtum des Heqaib der Insel *Elephantine* sowie Mumien; zu Anfang eine Widdermumie mit vergoldetem Kopf. Im Nebenraum wurde eine Fotoausstellung unter dem Titel „Versunkenes Nubien" zusammengestellt, die aber ausschließlich über die untergegangenen historischen Monumente berichtet. Dies ist dann interessant, wenn man die geretteten Monumente z.B. während einer Stauseekreuzfahrt (siehe Sei-

Assuan - ****Nubisches Museum (Mathaf el Nuba)

te 502) besucht. Die eigentliche Ausstellung wurde themenbezogen und historisch aufgebaut. Eine im Eingangsbereich verkaufte Broschüre (£E 15) gibt Hinweise auf die Lage der Objekte zur Zeit der Museumseröffnung.

Man geht eine Treppe in den tiefer liegenden Hauptsaal hinunter; dort zieht **Ramses II** [R] (Plan *Nubisches Museum*)) die Blicke als Kolossalstatue auf sich, die vom Tempel Gerf Hussein stammt, der endgültig im Stausee versunken ist. Im Vordergrund, zwischen Treppe und Ramses, ist in einem Vitrinentisch ein **Modell des Niltals** [1] mit Schwerpunkt Nubien ausgestellt.

Links von der Treppe beginnend, (siehe Plan) sind folgende Themenkreise bzw. Objekte von Interesse:

- [2] Nubien in prähistorischer Zeit
- Hier kann man sich gut über die Entwicklung informieren, interessant sind u.a. frühe Steinwerkzeuge oder auch Felszeichnungen
- [3] Nubien während des Neolithikums (5.-4. Jahrtausend)
- [4] 3. Jahrtausend, Pyramidenzeit
- Eine zwar kopflose, aber ansonsten perfekte Diorit-Statue von König Chephren (zweithöchste Pyramide in Giseh) ist der Blickfang
- [5] A-Gruppe
- Ein Grab, Handspiegel, Rasiermesser oder Amulette sind hier Zeitzeugen
- [6] C-Gruppe (2200-1550 vC)
- [7] C-Gruppe sowie Königreich von Kerma und von Kush (780-593 vC)
- [8] Buhen, Kerma, Elephantine
- [9] Ägyptischer Einfluss in Nubien, speziell auf Kerma, Kush und Napata
- [10] Fast im Schatten von Ramses II wurde die *Kapelle von Usersatet* aus dem Hügel Qasr Ibrim eingebaut, der unter Amenophis II zum Vizekönigreich von Kush gehörte
- [11] Ägyptische Zivilisation in Nubien, Nubier als Pharaonen der 25. Dynastie
- [12] Königreich von Meroe (593 vC-350 nC)
- [13] Ptolemäer, Römer, Spätantike
- Modell von *Philae*. Rechts hinten zwei lebensgroße Pferdefiguren aus Kostul, die dem verstorbenen Besitzer mitgegeben wurden, sie sind mit bestem Zaumzeug, z.T. aus Silber, ausgestattet. Ausstellungsbereich von Ballana und Kostul 4.-6. Jh nC
- [14] Christliches Nubien
- [15] Islamisches Nubien
- [16] Bewässerungssysteme am Nil von den frühesten Anfängen bis heute
- [17] Rettung der nubischen Tempel durch die UNESCO-Kampagne
- Ein beeindruckendes Modell demonstriert, wie tief die *Tempel von Abu Simbel* unter den Nilfluten stünden, wenn sie nicht gerettet worden wären
- [18] Leben und Arbeiten in Nubien
- Sehr lebensnahe Modelle über die Wohnkultur, die bäuerlichen und handwerklichen Aktivitäten der Nubier ziehen vor allem die lokalen

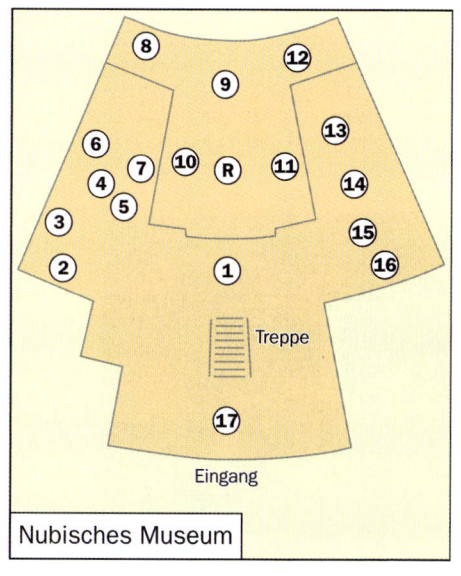

Besucher an, sind aber für den Fremden leider zu wenig erklärt. Hier wäre der beste Platz für Aufklärung über das im Nasser-Stausee versunkene Nubien und die Folgen für die Bevölkerung.

Seit 1995 findet im Winter in Assuan ein **Sculpture Symposium** unter der Ägide des international bekannten Künstlers Adam Henein auf einem Platz am Basma Hotel statt (gleich oberhalb des Nubischen Museums). Die fertigen Skulpturen verbleiben in Assuan in einem wirklich sehenswerten *Sculpture Park, den man wie folgt erreicht: Fährt man Richtung Insel Philae – am besten mit deren Besuch verbinden -, aber an deren Zufahrt vorbei und 1 km weiter, so sieht man neben einem (bisher ungeteerten) Abzweig links ein paar Skulpturen als Hinweis auf den Skulpturenpark links oben auf einem Hügel. Der Abstecher den Hügel hinauf, mitten in die urgewaltige Felslandschaft Assuans, ist schon wegen des herrlichen Ausblicks sehr zu empfehlen. Wenn Sie darüber hinaus sehr ungewöhnliche Bildhauerarbeiten betrachten wollen, werden Sie so bald nicht umkehren.

Autofahrer oder Besucher mit Taxi sollten der Museumsstraße den Berg hinauf folgen (sie trifft weiter südlich wieder auf die Straße zum Staudamm). Nach 1,1 km führt ein scharfer Abzweig nach rechts auf ein Plateau mit dem **Nubischen Haus**, auf dessen Terrasse man sich bei herrlichem Ausblick bewirten lassen kann. Das in Anlehnung an den nubischen Stil errichtete Gebäude bietet neben Atmosphäre und dem weitem Blick über die Kataraktlandschaft Einblick in ein paar typisch nubische Räume mit viel Ambiente. Für den Sonnenuntergang gibt es kaum einen besseren Platz in Assuan; dies entdeckten auch Reiseveranstalter und karren Busladungen an Touristen den Berg hinauf. Wer dem Straßenverlauf weiter folgt, findet nach ein paar Kilometern weiter südlich auf die Straße zum Staudamm.

Wenden wir uns vom Cataract Hotel nach Norden, dem eigentlichen Stadtzentrum zu. An der Kreuzung zur Hauptstraße sehen Sie rechts ein großes Kuppelgebäude mit Kreuz und zwei hohen schlanken Kirchtürmen. Hier ragt die neue koptische **Kathedrale St. Michael und St. Markus** gen Himmel. Der Grundriss des zweitgrößten Kirchengebäudes in Ägypten entspricht einem Kreuz. Die Kathedrale - die an dieser Stelle durchaus provokativ für Muslime wirken kann - entstand an der Stelle, an der während des Staudammbaus eine kleine anglikanische Kapelle stand. Die koptische Kirche konnte 1986 Kapelle und Grundstück übernehmen und begann mit den Bauarbeiten, die allein durch Spenden finanziert wurden. Besucher sind willkommen, Vater Kyrillos Salees führt auch in die anglikanische Kapelle mit drei Altären. Fragen Sie allerdings vorher, ob Eintritt verlangt wird.

Ganz in der Nähe (an der Verlängerung der vom Staudamm kommenden Straße zur Sharia Qasr el Hagar) wird zur Zeit ein **Stadttempel der Isis** aus der frühen Ptolemäerzeit restauriert. Er besteht aus einem schmalen Vorraum mit zwei Pfeilern und einem relativ engen Naos mit Reliefs, von denen viele in christlicher Zeit ausgehackt wurden. Er war von Ptolemäos III begonnen worden, seine Nachfolger ließen das Bauwerk fertigstellen. Es wird vermutlich noch einige Jahre dauern, bis der Tempel zur Besichtigung freigegeben wird.

Fußgänger können von hier aus einen Abstecher zum **Unvollendeten Obelisken** machen, indem sie ein kurzes Stück Richtung Flughafen am links liegenden, grün umzäunten Gräberfeld entlang gehen, das als **Fatimidischer Fried-**

Skulpturenpark mit schöner Aussicht

Assuan - ****Nubisches Museum (Mathaf el Nuba)

hof bekannt ist. Dort, wo eine größere Lücke im Zaun ist, geht man quer durch den Friedhof, der mit seinen sehr alten Grabstätten bis ins 10. Jh zurückreicht. Damals, in der fatimidischen Epoche, ließen sich hier Gouverneure von Assuan und andere Reiche in Kuppelmausoleen beisetzen. Einige Gräber lokaler Heiliger, zu denen häufig Pilger zum Beten kommen, sind mit Fahnen oder Tüchern geschmückt. Auf der anderen Seite des Friedhofs stößt man fast direkt auf das zum Obelisken gehörende Besucherzentrum.

Auto/Taxifahrer zweigen an der ersten Querstraße nach dem Friedhof links von der Flughafenstraße zum ****Unvollendeten Obelisken** (9-16, £E 30) ab. Dieser, wahrscheinlich wegen eines Sprungs im Stein nicht fertig bearbeitete, 41 m lange Granit-Gigant wäre der höchste und schwerste Obelisk geworden. Er wurde mit Dorit-Hämmern bearbeitet, die dadurch entstandenen Rillen sind noch zu erkennen. Am Aufstellungsort wäre er endgültig geglättet worden; so konnte man mögliche Transportschäden beseitigen. Es handelt sich hier übrigens um das Gelände des alten nördlichen Steinbruchs, das in das Besucherareal mit einbezogen wurde und in dem noch eine ganze Reihe von Bruchstücken aus alten Zeiten herumliegen. Überall sieht man Spuren der Bearbeitung im Fels.

Wenn man den eigentlichen Stadtspaziergang vom Cataract Hotel fortsetzt und an der Corniche von den *Ferial Gardens* aus Nil abwärts bummelt, fällt bald rechts das *Egypt Air Office* als eine Art Landmarke auf. Geht man ein paar Schritte in die hier am Kreisel einmündende Sharia Qasr el Hagar hinein, liegt links der Ein-

Die koptische Kathedrale zählt zu den dominanten Bauwerken Assuans

6 Im Niltal von Kairo bis Abu Simbel

gang zum **Deutschen Krankenhaus**. In einer von der Corniche her zugänglichen Kapelle findet sonntags um 10.30 Uhr ein evangelischer Gottesdienst statt.

Am Nilufer trifft man immer wieder auf Restaurants, die zum Essen und Verweilen einladen. Nur etwa 100 m weiter Nil abwärts vom Kreisel wird rechts hinter einer Baulücke ein **Chnum-Tempel** ausgegraben, der auf Domitian (1. Jh nC) zurückgeht, auch sein Nachfolger Nerva hinterließ Inschriften. Allerdings stehen die Ausgrabungen erst am Beginn.

Ein Stück nördlich ragt auf der rechten Seite der Corniche ein scharf bewachtes „Hochhaus" auf, das Polizeihauptquartier. Nachdem rechts zwei kleine Gassen abzweigten, folgt eine Ampel, an der rechts die Sharia Abas Farid bergan führt; die Hotels *El Amir* und *Abu Shelib* liegen an ihr. Direkt am letztgenannten Hotel endet/beginnt im Süden die **Sharia El Souk**, die Soukstraße, die sich bis zum Bahnhof Nil abwärts durch die Stadt zieht. Zum Standardprogramm aller Touristen gehört ein Souk-Bummel, mit dem man an dieser Kreuzung beginnen sollte. Denn hier im südlichen Bereich hat sich eine (relative) Ursprünglichkeit noch erhalten können, hier gibt es fast alles, was das Herz eines Ägypters (und vieler Besucher) erfreut. Weiter nördlich, ab der Sharia Sayida Nafisa, wurde die Sharia el Souk „modernisiert", d.h. der Straßenbelag höher gelegt und mit Steinplatten versehen, viele Shops von Größe und Aussehen her standardisiert – zu Lasten des orientalischen Flairs. In dem Abschnitt bis zum Bahnhof geht es fast ausschließlich darum, den Touristen Souvenirs aller Art anzudrehen.

***Insel Elephantine

Auf der Insel selbst erwarten Sie zwei Besichtigungsschwerpunkte: An ihrem südlichen Ende die vom Deutschen Archäologischen Institut und dem Schweizerischen Institut für Ägyptische Bauforschung ausgegrabene pharaonische *Siedlung Elephantine* und, im Kontrast dazu, gleich nördlich anschließend, die heutigen nubischen Dörfer. Seit der Freigabe des Ausgrabungsgeländes und der vorbildlichen Gestaltung eines Rundgangs hat Assuan ein in Ägypten einmaliges Denkmal über das Leben in einer altägyptischen Siedlung anzubieten. Dieses Denkmal übt insofern einen besonderen Reiz aus, als es die Geschichte einer Stadt über vier Jahrtausende förmlich aufblättert. Der Besucher wandert anhand ausgewählter Bauwerke durch die Jahrtausende, die sich als Schichten im Schutt der Siedlung abgebildet haben; eine einmalige Gelegenheit, nicht nur ein schmales Zeitfenster, sondern eine ganze Entwicklungsgeschichte nachzuvollziehen.

Man betritt das Gelände beim **Museum** (8.30-18, Winter 8-17; £E 30, gilt auch für Grabungsgebiet), Ex-Dienstvilla des britischen Ingenieurs, der 1902 den alten Damm baute. Es liegt in einem Blumengarten und ist einen Blick wert (z.B. sehr schöner prähistorischer Schmuck um 4500 vC im rechten Gebäudeteil). Doch im Grunde handelt es sich eher um eine Abstellkammer, in der lieblos antike Stücke herumstehen.

In einem so genannten *Annex* wurde vom Deutschen Archäologischen Institut quasi ein zweites, tatsächliches Museum mit wichtigen Grabungsfunden aus der direkten Nachbarschaft geschaffen, das man sich unbedingt anschauen sollte. Beachten Sie dort auch die Pläne über die Entwicklung Elephantines und das Modell der ptolemäischen Stadt, dann wird der folgende Rundgang durch das Gelände verständlicher. Im linken hinteren Raum steht links eine Vitrine mit Stücken aus dem Alltagsleben, die in ganz Ägypten verbreitet waren (Die gleichen Kacheln z.B. fand man auch im Delta).

Hintergrund: Auf Elephantine entstand die erste Siedlung namens Yebu (Elephant); die heutige Stadt Assuan war ursprünglich nur der Hafen von Yebu. Besiedlungsspuren reichen bis in die Vorzeit zurück. Ausgrabungen im südlichen Teil der Insel belegen, dass dieser Platz vom 4. Jahrtausend vC bis ins 1. Jahrtausend nC besiedelt war. Verschiedene Tempel der Stadtgöttin Satet (Bringerin des Wassers) waren im Lauf der langen Geschichte übereinander gebaut worden, der

Assuan - ***Insel Elephantine

jüngste in ptolemäischer Zeit, der älteste, rekonstruierbare in der 6. Dynastie. Dabei entstand die jeweils nächste Generation aus dem Baumaterial der Vorgängerin oder es wurde als Füllmaterial verwendet. Bei den Ausgrabungen ließ sich daher die Entwicklung sozusagen Stein für Stein rückwärts verfolgen. Andererseits lag eine solche Fülle von Bausteinen vor, dass sich die Tempel verschiedener Epochen in ihren Grundzügen rekonstruieren ließen, obwohl sie eigentlich mit dem Folgebau vernichtet zu sein schienen.

Die Bauten aus der 6. und 18. Dynastie sowie der ptolemäischen Zeit liegen heute immer noch quasi übereinander; die Bauten des Mittleren Reichs wurden in das nordwestliche Gelände ausgelagert und dort teilweise wiederhergestellt. Außerdem konnten Wohnbereiche freigelegt werden, auch die bis zu sechs Meter dicke Stadtmauer und verschiedene andere Tempel, z.B. des widderköpfigen Gottes Chnum oder des städtischen Schutzheiligen Heqaib.

Ein großer Teil der Gebäude und Anlagen wurde restauriert, sie können besichtigt werden. Ein empfehlenswerter, interessanter Rundgang ist ausgeschildert; ohne Hintergrundinformation bleibt aber vieles unverständlich. Da in Assuan keine Literatur erhältlich ist, hier eine ausführlichere Beschreibung (Die Zahlen in Klammern beziehen sich auf die im Gelände ausgeschilderten Objektnummern, insofern verzichten wir hier auf einen Plan):

Der Museumsgarten auf der Insel Elephantine bedeckt die Kataraktfelsen

Man geht durch den Blumen übersäten Museumsgarten - wo gibt es sonst einen solchen Eingang zu einer archäologischen Stätte? - und steht bald im Vorhof des jüngsten der **drei Satet-Tempel** [1]. Er entstammt ptolemäischer Zeit, allerdings ist außer diesem Vorhof nichts zu sehen. Doch den Blick zieht der gleich dahinter liegende Satet-Tempel [2] auf sich, den die Pharaonin Hatschepsut in der 18. Dynastie errichten ließ. Ungewöhnlich ist der um den ganzen Tempel herumführende Pfeilerumgang. Im Innern fallen zwei Pfeiler mit Hathorkapitell auf sowie ein schönes Relief, das Satet (mit Antilopenhörnern), Chnum und Tuthmosis III zeigt. Eine einst auf den Tempel zuführende Kolonnade ließ übrigens Pharao Amasis (26. Dynastie) 900 Jahre später errichten. Die Archäologen stellten diesen zweitjüngsten Tempel auf eine Betonplatte, damit der darunter liegende Tempel für Satet [3] aus der 6. Dynastie zugänglich bleiben konnte, der wiederum auf einem Heiligtum der Frühzeit entstand (inzwischen wegen der von Touristen herbeigeführten Schäden vergittert).

Geht man rechts weiter, stößt man bald auf den (örtlich versetzten) **Satet-Tempel von Sesostris I** [25], von dessen Götterbild im Innern nur die Füße erhalten blieben. Relieffragmente zeigen die Ausfahrt der Göttin auf dem Nil und das Nilflut-Fest (rechte Hälfte der Südwand). Im Sanktuar steht eine Statuengruppe, die nur im unteren Bereich erhalten ist, deren Inschriften das Götterbild Satet, Sesostris I und Anuket zuordnen lässt. An der Südwestecke des Tempels enthält ein etwas tiefer liegender Raum [27] ein Becken, in dem beim Nilflutfest Wasser als Kulthandlung eingelassen wurde (wie im Relief im Innern gezeigt). Weiter westlich steht der **Satet-Tempel von Mentuhotep II** [23], der wesentlich monumentaler baute als sein Vorgänger der 6. Dynastie; auf ihn folgte dann der Bau von Sesostris.

Jetzt muss man ein paar Schritte zurückgehen, um über Treppen direkt hinunter zum **Heiligtum des Heqaib** [18] zu gelangen, einem Stadtheiligen der 6. Dynastie. Es wurde ebenfalls mehrfach erneuert, der aktuelle Bau stammt aus der 12. Dynastie. Dem (vergitterten) Eingang gegenüber stehen rechts die Statue des Heqaib, links die des Gouverneurs Sarenput I - Beispiele für Statuen höchster Qualität, die im Mittleren Reich in diesem Heiligtum gestiftet wurden.

Man steigt jetzt ein paar Stufen hinauf und geht in südlicher Richtung zu einer eigens angelegten **Aussichtsplattform** [17]. Auf dem Weg kommt man am „Steinbruch" des antiken Bereichs vorbei. Als größtes Einzelstück ist ein viele Tonnen schwerer Naos zu bewundern. Neben dem Überblick über die historische Stadt bietet sich ein Blick über die Insel Elephantine mit dem Palmengarten und über die Umgebung.

Die Torpfosten eines späten Chnum-Tempels, des widderköpfigen Gottes, sind als einzige Reste und imposante Ruinen eines **Tempelbaus von Nektanebos II** [13] erhalten, ein kurzes Stück südlich davon das Tor des Amenophis II. Dessen Dekoration im Durchgang (im unteren Teil) wurde erst unter Ptolemäos I angebracht, während alle anderen 1100 Jahre früher, in der Zeit von Amenophis II, entstanden. Bei [6] stand einst das 18 m hohe Pylontor des späten Chnum-Tempels, bei [5] sind dagegen spärliche Bauteile eines älteren Chnum-Tempels zu sehen. Von [12] sollte man den kurzen Abstecher zum **Tor des Amenophis II** [14] einlegen. Man gewinnt von dort aus einen guten Überblick über die Siedlungsschichten, die von römischer über ptolemäische Zeit (z.B. das gut erhaltene Gewölbe links oben) bis ins Mittlere Reich weisen.

Schließlich gibt es noch **zwei Nilometer** zu besichtigen: am südlichen Ufer den des Chnum-Tempels in Art eines Heiligen Sees; an dessen nördlicher Treppe sind Skalen zur Wasserstandsmessung angebracht. Zum Satet-Tempel gehörte dagegen der nördliche Nilometer [10], der vermutlich aus spätptolemäischer bzw. frührömischer Zeit stammt. Die dort vorgenommenen Wasserstandsmessungen waren Grundlage für die Organisation der Feldarbeiten und nicht zuletzt der Steuerbeiträge in der Antike.

Die 1,5 km lange, von Gärten und Palmen gesäumte Insel bietet Platz für die **Nubierdörfer** Siou und Koti mit ihren Gärten, die sich zwischen Ausgrabungsstätte und das *Mövenpick-Hotel* zwängen. Ein Spaziergang vom Museum aus durch die Dörfer mit ihren wie Oasengärten angelegten Feldern, bis hin zum Mövenpick-Hotel, versetzt Sie in eine einfache und, von außen betrachtet, friedliche Welt. Die Nubierhäuser - wenn, dann ockergelb oder kräftig blau angemalt - rücken fast auf Schulterbreite zusammen, die Gassen winden sich um vie-

Assuan - ***Insel Elephantine

Nubisches Haus

le Kurven. Die Bewohner sind freundlich und selten aufdringlich, sieht man von den „Profis" ab, die Touristen bereits an dem Fähranleger abfangen.

Zwischen den beiden Dörfern hat die Lehrerin Asmaa Sobhy mit ihrem fremdenführenden Mann in ihrem Haus ein kleines Museum namens **Animalia** (Tel 010545 6420) mit Gebrauchsgegenständen und ausgestopften Tieren - fast die gesamte Inselfauna ist vertreten - eingerichtet. Auf der Dachterrasse kann man Tee trinken oder manchmal auch etwas essen und dabei den Blick auf die umliegenden Felder genießen. Asmaa Sobhy informiert dabei, unaufdringlich in gutem Englisch, über das nubische Leben.

Wenn Sie sich bei Ihrem Spaziergang immer in ungefähr nördlicher Richtung halten, werden Sie unweigerlich auf die hohe Mauer des Mövenpick-Hotels stoßen, welche die Nordseite der Insel abriegelt. Sie können in dieser Gegend mit der Felukenfähre zurück in die Stadt segeln oder zum Westufer der Insel gehen.

Dort, kurz vor der Hotelmauer, steht am Westufer ein **Nubisches Haus** mit Terrassen über drei Stockwerke, in dem Tee, Kaffee und geschmackvolles nubisches Kunsthandwerk angeboten werden und wo man sich mit Blick auf die Pflanzeninsel und die kreuzenden Feluken ausruhen kann.

Unterhalb des Hauses führt ein Weg direkt am Ufer entlang durch ein selten verschlossenes Eisengittertor in den Garten des Mövenpick Hotels. Dessen Betonturm aus den 1970er Jahren verschandelt besonders die Silhouette Assuans am Nil, wird aber seit der Bewirtschaftung durch Mövenpick wieder genutzt, von oben herrlicher Ausblick.

▶ **Anfahrt:** Am besten beginnt man am Südende der Insel mit der Besichtigung und nimmt eine öffentliche Fähre zum dortigen Nubierdorf; sie legt vom südlichsten Anleger an der Corniche ab, Nähe Telefonamt bzw. Egypt Air Office. Man muss sich dann auf der Insel zum nicht übersehbaren Grabungsgelände/ Museum links halten. Eine weitere Fährverbindung weiter Nil abwärts besteht zum zweiten, nördlicher gelegenen Dorf. Beide öffentlichen Fähren scheinen keine festen Fahrpreise zu haben, sondern eher auf Bakschischbasis zu agieren. In der Regel wird man als Tourist £E 1 zahlen müssen. Felukenleute behaupten gern, dass die Fähre nicht zum Tempelgelände führe und verlangen dann £E 20 oder mehr.

Zum Mövenpick-Hotel verkehrt eine kostenlose Hotelfähre, die etwa gegenüber dem Hotel von der Corniche ablegt.

▶ Vom Hotel aus kann man im nördlichen Inselteil mit der Hotelfähre zurück zur Stadt schippern. Oder aber Sie lassen sich von hier für wenige Pfund zur *Pflanzen-Insel* hinüberrudern. Für Fotografen: Nachmittags ab ca. 15 Uhr kreuzen die meisten Feluken zur Insel. In einer Elephantine-Bucht genau gegenüber dem südlichen Anleger der Pflanzeninsel liegt eine Fähr-Feluke des Kapitäns Abu Almaged Dahab Ali für Einheimische, auf der man für £E 1 mitreisen kann.

**Pflanzen-Insel (Gezira el Nabatat)

Nordwestlich von Elephantine umspült der Nil die ehemalige Privatinsel von Lord Kitchener („Kitchener Island", allerdings hört man den Namen aus der Kolonialzeit nicht mehr gern, daher eher Botanical Island), heute ein **Botanischer Garten** mit afrikanischen und asiatischen Tropenpflanzen (£E 10 Eintritt). Lassen Sie sich mit einer Feluke von der Stadt aus hinübersegeln - es gibt keine öffentlichen Fähren - und genießen Sie den Spaziergang durch sattes Grün vor dem nur einen Steinwurf entfernten Hintergrund der Wüste. Falls Sie keine Feluke finden, nehmen Sie die Fähre zur Insel Elephantine und lassen sich von der Westseite, wie oben erwähnt, hinüberrudern. Wenn Sie Zeit haben, bleiben Sie bis zum Sonnenuntergang am Ostufer der Insel. Dann beginnen die dort nistenden Kuhreiher-Scharen - nach ägyptischer Interpretation - mit ihrem *Abendgebet*, dem Ruf, der wie „*Allah-Allah-Allah*" klingt. Vermeiden Sie den Freitag, weil dann die Insel fest in der Hand der Einheimischen

Assuan - Das Westufer

ist. – Achtung, die Imbissstände verlangen hohe Preise.

Das Westufer

Als weithin sichtbare Landmarke steht oben auf dem Hang zum Steilufer das **Aga Khan Mausoleum**, in dem das 1957 verstorbene Oberhaupt der Sekte der Ismailiten in einem Marmor-Sarkophag ruht. Es ist auf Wunsch der Witwe Begum wegen des „unziemlichen Verhaltens der Touristen" leider nicht mehr zugänglich. Dies gilt auch, nachdem Begum Om Habibeh im Jahr 2000 starb und an der Seite ihres Mannes beigesetzt wurde.

Stattdessen bleibt in dieser Gegend des Westufers nur noch der lohnenswerte Besuch des Simeons-Klosters. Dazu muss man für Hin- und Rückweg eine Feluke anheuern oder ein Ruderboot. Eine schöne Alternative: Am Anlegeplatz angekommen, schickt man die Feluke nach Hause, besucht das Simeons-Kloster, wandert oder nimmt Kamele dann zu den Felsengräbern hinüber und nimmt von dort die öffentliche Fähre zurück nach Assuan. Dieser Weg ist umgekehrt ebenfalls möglich, man muss dann aber für den Rückweg eine Feluke finden, die - hoffentlich - zufällig hier liegt und natürlich den Preis diktiert.

Der Weg zum ****Simeons-Kloster** (9-17, £E 25) führt von der Anlegestelle etwa 15-20 Minuten bergauf; hier drängen sich auch Kameltreiber auf, die £E 30-50 für den kurzen Trip verlangen.

Aga Khan Mausoleum

Am Klostereingang warten selbsternannte Führer, die natürlich nicht umsonst herumführen. Ein neuer weißer Gebäudekomplex in der Nähe soll wieder als Kloster dienen.

Man stößt auf die Ruinen einer imposanten Klosteranlage, die einst zu den größten Ägyptens zählte. Im 7. oder 8. Jh gegründet und im 10. Jh weitgehend erneuert, wurde es schließlich 1173 von Saladin zerstört (nach anderen Quellen erst im 13. Jh wegen Wassermangels aufgegeben). Das wie eine Festung wirkende Gebäude war ursprünglich von einer bis zu 10 m hohen Mauer umgeben, deren unterer Teil aus Stein, der obere aus Lehmziegeln gebaut war.

Die Ruinen bergen auf der unteren Ebene die dreischiffige, heute dachlose Basilika mit gut erhaltenem Steinplattenboden und einer großen Apsis mit drei Nischen. In der mittleren blieben Freskenreste von Christus zwischen Engeln erhalten, in den umliegenden Räumen weitere Bemalungen und im Baptisterium ein Taufbecken. Eine Treppe führt zum ehemals dreistöckigen Wohngebäude hinauf, in dem vom imposanten Gewölbe-Flur Zellen für jeweils mehrere Mönche abgehen. In einigen sind die Steinbetten erhalten. Auch Reste des Refektoriums, einer Mühle und von Backöfen lassen sich noch identifizieren.

Vom Simeons-Kloster können Sie, wie gesagt, zu den Felsengräbern wandern (oder auch auf einem Kamel reiten): Entweder immer den Kamelspuren folgen (und dabei dauernd von Kameltreibern angequatscht werden) oder in nordöstlicher Richtung auf den Nil zuhalten und dann parallel zu dessen Ufer bis zu den Gräbern gehen. Allerdings muss man an den Gräbern zunächst zum Ufer hinunter, da dort die Eintrittskarten verkauft werden. Kalkulieren Sie ein, dass ein Fußmarsch durch den Wüstensand einigermaßen beschwerlich ist (Trinkwasser mitnehmen).

Vor allem durch ihre Aufwege sind die ****Felsengräber der Gaufürsten** aus dem Alten und Mittleren Reich weithin sichtbar, die sich am Hang des Hügels mit dem Scheichgrab

6 Im Niltal von Kairo bis Abu Simbel

Kubbet el Haua hinziehen (7-17, Winter 7-16, £E 25). Zum Westufer unterhalb der Gräber verkehrt etwa alle 10 Minuten eine Fähre (die Verbindung zu den Nubierdörfern) zu £E 1, die an der Stelle an der Corniche ablegt, an der die Straße vom Bahnhof einmündet.

Zu den Felsengräbern führt vom Tickethäuschen aus eine (antike) Treppe hinauf. Wer die vielen Gräber weiter Nil abwärts gesehen hat, wird hier nicht unbedingt Überraschungen erleben können - allerdings wird er hier weniger von anderen Besuchern bedrängt. Um es etwas überspitzt zu sagen: Für den Laien ist der Ausblick vielleicht das Schönste an den Gräbern. Für den Interessierten ergeben sich jedoch auch hier sehr aufschlussreiche Details.

Am südlichsten liegt das Doppelgrab von **Mechu** und **Sabni** (Nr. 25 und 26) aus der 6. Dynastie, zu dem zwei Aufwege den steilen Hang hinaufführen und an einer in den Fels gehauenen Terrasse vor den Gräbern enden. Eine Inschrift auf der Fassade berichtet, dass Mechu bei einem Feldzug nach Nubien umkam; sein Sohn Sabni zog in den Kampf und konnte den betreffenden Stamm strafen und den Leichnam seines Vaters zurückbringen. Man betritt eine etwas grob gearbeitete Halle, die von Säulen unterteilt wird, von denen sich einige wie Palmstämme, die ursprünglichen Stützen der Säulenhallen, nach oben winden. Die beiden Grabnischen in der Rückwand ähneln sich sehr: Sie sind jeweils mit einer Scheintür und Bildern ausgestattet, die den Grabherrn und die notwendigen Opfergaben zeigen. Schon allein das Bild vom reich gedeckten Opfertisch genügte, um den Toten für alle Ewigkeit mit Speis und Trank zu versorgen. Auf der Rückwand im Sabni-Teil zeigt ein Bild den Grabherrn mit Frau bei der Jagd im Papyrusdickicht; eine Szene mit erotischem Bezug.

Als Nächstes in nördlicher Richtung ist das besterhaltene und repräsentativste Grab Assuans geöffnet, das des **Sarenput II** (Nr. 31; etwa 1900-1850 vC, 12. Dynastie). Man betritt einen Pfeilersaal mit sechs Pfeilern, in dem rechts eine Opfertafel aus Granit steht. Von dort führt eine kurze Treppe in einen Korridor mit drei Nischen mit dem Toten als Osirisfigur, jeweils aus dem Fels herausgehauen. Der kleine Saal am Ende des Korridors wird ebenfalls von Pfeilern gestützt, an denen die Titulatur des Grabherrn zu lesen ist und die mit seinem Bild geschmückt sind: Der Grabherr schaut wie üblich zum Eingang hinaus, der aufgehenden Sonne entgegen. Das rückwärtige Ende der kleinen Halle geht in eine Kapelle über, die ursprünglich mit Türflügeln verschlossen werden konnte (Drehpfannen noch erkennbar). Hier stand eine Statue von Sarenput II (heute im Nubischen Museum). An der Rückwand sieht man den Verstorbenen am reich bestückten Opfertisch, sein Sohn bringt ihm Lotusblüten; an den Seitenwänden jeweils der Tote mit Familienmitgliedern (rechts mit Mutter, links mit Frau und Sohn).

Gleich nördlich des heutigen Treppenaufwegs wird derzeit eine koptische Basilika ausgegraben und restauriert. In der ehemaligen Apsis sind die Bilder der zwölf Apostel zu erkennen.

Die dann folgenden Gräber sind häufig verschlossen, nehmen Sie sich daher einen „Ghafir" mit, der aufschließt. Das Grab Nr. 34n ist bekannt, weil der Grabherr **Her-Chuf** an der Vorderwand sehr ausführlich von seinen Reisen nach Nubien und in den Sudan berichtet; unter anderem, dass er von König Pepi II beauftragt war, einen Tanzzwerg lebend mitzubringen und am Hof abzuliefern. Er lässt den kleinen Mann Tag und Nacht bewachen und aufpassen, dass er nicht ins Wasser fällt; sogar das lobende Dankesschreiben des Königs lässt er in den Fels meißeln. Auch der Nachbar in Grab Nr. 35, **Pepinacht** (offiziell geschlossen), schildert seine Feldzüge nach Nubien. Beide Gräber stammen aus der 6. Dynastie.

Ein Stück weiter nördlich liegt Grab Nr. 36 von **Sarenput I** (12. Dynastie, Großvater von Sarenput II). Werfen Sie, bevor Sie den Vorhof betreten, einen Blick auf das sehr präzise gearbeitete Relief auf einem Kalksteinblock rechts am Eingang, auf dem der Grabherr auf einem Stuhl mit Löwenbeinen sitzt. Im Hof selbst stehen Deckenpfeiler eines Portikus aus

Kalkstein - die einzigen dieser Art in Assuan, aus dem Norden stammend - mit Bildern und biografischen Texten des Toten, die Decke darüber ist nicht mehr vorhanden. An der Rückwand sind einige schöne Reliefs zu sehen: links der Tür unter anderem Sarenput mit Sandalenträger und zwei Hunden, rechts wieder der Grabherr mit Bogenträger und einem Hund. Ganz rechts sitzt Sarenput unter einem Baldachin, vor ihm stehen seine Frau, seine Mutter und zwei Töchter, darunter zwei Sänger und eine Sängerin, die an der ans Ohr gehaltenen Hand erkennbar sind. Durch den Eingang betritt man eine kleine Vierpfeilerhalle, der ein schmaler Gang zu einem Raum mit zwei Pfeilern und Kultnische folgt.

Ganz im Norden und etwas abgesetzt liegt das verschlossene Grab des **Ka-Gem-Em-Ahu**; durch das Gitter des Eingangs sind einige wenige Reliefs zu erkennen.

Ein noch grandioserer Aus- und Rundblick als von den Gräbern ergibt sich von der Spitze des Gräberberges, auf dem die Kuppelruine des Sheikh-Grabes **Kubet el Hauwa** steht. Wer die Diretissima - gleich links vom Aufweg über weiter hinaufführende Treppen - scheut, kann einem etwas nördlich der Gräber abzweigenden, bequemeren Pfad folgen. Von oben überblickt man die gesamte Katarakt-Landschaft in Nord-Süd-Richtung, bis hin zum Hochdamm am Horizont. Nach Osten liegt die geschäftige Stadt, direkt zu den Füßen tummeln sich Feluken auf dem Nil und nach Westen schweift der Blick in eine Wüstenlandschaft, die erst 5000 km entfernt am Atlantik endet - einer der spektakulärsten Ausblicke in der mit Aussichtspunkten nicht schlecht versorgten Stadt.

Die Fähre zu den Felsengräbern bedient eigentlich die **nubischen Dörfer** auf dem Westufer nördlich der Gräber. Diese Dörfer werden seltener von Touristen heimgesucht, hier sind die Leute weniger aufdringlich, Handicrafts etwas billiger. Fahren Sie doch einfach mit einem der Sammeltaxis von der Anlegestelle aus ein Stück Nil abwärts.

Felsengräber mit den Transportrinnen für die Sarkophage

***Die Staudämme

Hintergrund: *Bereits 1898 bis 1902 zogen die Engländer südlich von Assuan einen 2 km langen Staudamm quer durch den Fluss, der nach zwei Erhöhungen, 1912 und 1931, 51 m Höhe erreichte. 180 Tore regulierten den Wasserhaushalt so, dass der Stausee vor Beginn der Nilflut praktisch leer war; durch die dann voll geöffneten Tore konnte der Nil ungehemmt die Felder mit seinem fruchtbaren Schlamm überfluten. Im Herbst wurden die Wassermassen erneut gestaut. Der neue Hochdamm lässt dies nicht mehr zu: Der Schlamm verbleibt im Stausee, die Felder müssen künstlich gedüngt werden.*

Die Planung des Hochdammes geht auf deutsche Firmen zurück, die allerdings nicht beim Bau zum Zug kamen, weil die Finanzierung scheiterte. Der damalige Präsident Nasser war über die Behandlung durch den Westen so empört, dass er aus einer Reihe von Gründen die politische Linie radikal änderte und sich fortan an die Sowjetunion hielt.

*In einer Art Eiszeit der Beziehungen Ägyptens zum Westen errichtete die Sowjetunion in den Jahren 1960-71 den **Sadd el Ali** genannten Damm und weitgehend das elektrische Verteilernetz im Land. Das Bollwerk gegen die Nilflu-*

ten ragt 111 m über das Flussbett, an der Krone ist es 3,6 km lang und 40 m breit, an der Basis erreicht es eine Breite von 980 m. Diese gewaltige Dicke ist nötig, da der Damm allein durch sein Gewicht dem Druck des Wassers standzuhalten hat; andere Hochdämme sind gewölbt und im umliegenden Fels verankert, was hier nicht möglich war. Die aufgeschüttete Baumasse entspricht dem siebzehnfachen Inhalt der Cheops-Pyramide. Der Hochdamm staut im Nassersee den Nil über eine Länge von 550 km bis weit in den Sudan. Bei voller Turbinenleistung stehen 10 000 MWh elektrischer Energie zur Verfügung.

Durch das riesige Wasserreservoir konnten große Wüstengebiete urbar gemacht und bewässert werden; bis Ende der 1980er Jahre wuchs die Anbaufläche Ägyptens um ca. 25 Prozent. Weiterhin konnte vor allem in Oberägypten die traditionelle Beckenbewässerung (bei der das Hochwasser die Becken füllte) durch Dauerbewässerung abgelöst werden. Dadurch lassen sich zusätzliche Ernten erzielen, da die Felder nicht mehr monatelang unter Wasser stehen oder aber ausgetrocknet sind. Die gewonnene elektrische Energie machte überhaupt erst die Elektrifizierung der rund 4000 Dörfer Ägyptens möglich.

Immerhin bewahrte der Wasserspeicher Ägypten während der letzten Trockenphase im Zuflussgebiet des Nils vor erheblichen Problemen. Die lange Dürreperiode Mitte der 1980er Jahre ließ den Wasserstand bis auf ein Minimum sinken und nur sintflutartigen Regenfällen 1988 im Sudan war ein Auffüllen in buchstäblich letzter Minute - kurz vor dem Abschalten der Turbinen - zu verdanken. In den 1990er Jahren trat dann der umgekehrte Effekt ein. Heftige Regenfälle im Oberlauf des Nils füllten das riesige Becken bis zum Überlauf, aber Ägypten wurde vor verheerenden Überschwemmungen bewahrt, wie sie ohne den Damm unvermeidlich stattgefunden hätten.

Doch hat der Stausee auch **gewaltige Nachteile:**

• Die fruchtbare Schlammflut erreicht, düngt und entsalzt nicht mehr die Felder; dies musste durch eine drastische Steigerung der Kunstdüngeranwendung kompensiert werden. Doch ohne Kunstdünger ging es infolge der höheren Bodennutzung zuvor auch nicht mehr, denn etwa 80 Prozent des Schlamms lagerten sich in den Kanälen ab oder verschwanden im Mittelmeer. Die Düngekraft des Schlamms war ohnehin nur für eine Ernte pro Jahr ausreichend, sie hätte aber nicht die jetzt üblichen drei Ernten stützen können.

• Infolge der Dauerbewässerung steigen die Bodensalze an die Oberfläche und verderben den Boden, ein Problem, das nur per Drainage zu lösen ist. Früher übernahm die Natur die Entsalzung durch das Auswaschen der Felder während der Nilüberflutungen und die anschließende Austrocknung der Böden. Allerdings ist das Problem nicht neu; denn durch die seit Mohammed Ali großflächig eingeführte Bassinbewässerung entstanden bereits Bodensalze, die durch Drainage abgeführt werden mussten. Die großen Brücken und Wehre werden jedoch stark in Mitleidenschaft gezogen; ebenso nagt das aufsteigende Salzwasser an den Fundamenten vieler historischer Bauten.

• Gleichzeitig reinigte die Flut die Felder vom Flugsand; heute bleibt der Sand liegen. Man schätzt, dass längerfristig etwa 8 % des Fruchtlandes verloren gehen werden.

• Die Bodenabtragung an den Ufern und im Mündungsgebiet gleicht sich nicht mehr durch neue Anlagerungen aus, mühselige Erhaltungsarbeiten sind notwendig.

• Nicht zuletzt stellt der Damm ein Sicherheitsrisiko dar, vor allem aus militärischer Sicht. Bei seiner schlagartigen Zerstörung würden die freigesetzten Wassermassen in 1-2 Tagen Ägypten praktisch auslöschen. Allerdings fällt die Zerstörung insofern schwer, als sich die gewaltigen Erdmassen des Damms nicht so einfach aus dem Weg räumen lassen.

Weniger betont wird die Tatsache, dass im See die Heimat von etwa 120 000 Nubiern versank, die diesen Verlust weder wirtschaftlich noch emotional verkrafteten.

• Durch den 250 km südlich der Mauer gelegenen Überlaufkanal in die Toshka-Senke soll die Gefahr vor Dammüberflutung abgewendet werden. Hier lassen sich bis zu 120 Milliarden Kubikmeter Wasser zusätzlich speichern und für die geplante Bewässerung des New Valley – Oasen Kharga, Dakhla, Farafra – nutzen (der Stausee kann 200 Milliarden Kubikmeter maximal halten).

Andererseits wäre eine Rückkehr zum natürlichen Überflutungssystem kaum mehr vorstellbar. Die meisten Ägypter sehen den Damm als positive Errungenschaft, wenn auch die Euphorie der Vergangenheit einer kritischeren Betrachtung gewichen ist. Die ökologischen und wirtschaftlichen Folgelasten sind tatsächlich noch nicht endgültig abzusehen.

Noch in den 1980er Jahren vom Aussterben bedroht und durch ein Jagdverbot geschützt, fanden die **Nil-Krokodile** im Nassersee so ideale Bedingungen, dass sie sich sprunghaft vermehrten und heute eher eine Bedrohung darstellen. Besonders Fischer sind von den Reptilien bedroht, aber auch Touristen sollten am Ufer des Sees die Augen aufhalten.

Besichtigung: Sie können - und sollten - die beiden Nilstaudämme besichtigen, wobei der alte Damm meist bei der Anfahrt überquert wird. Ein Stopp am westlichen Ende des alten Staudammes (auf dem Damm striktes Halteverbot) ermöglicht einen Blick auf das einst berühmte Mammutbauwerk, das von 1898-1901 aus Granitquadern errichtet wurde und jahrelang den Rekord als weltweit größter Staudamm hielt. Nach Erweiterungen 1912 und 1931 staute er den

Fluss auf ca. 300 km Länge. Er konnte aber nur einen Bruchteil der Flutwelle des Nils auffangen, daher wurden bei Beginn der Flut die 180 Dammtore geöffnet und die Wassermassen rauschten mitsamt dem fruchtbaren Schlamm talwärts. Gegen Ende der Flut staute man den

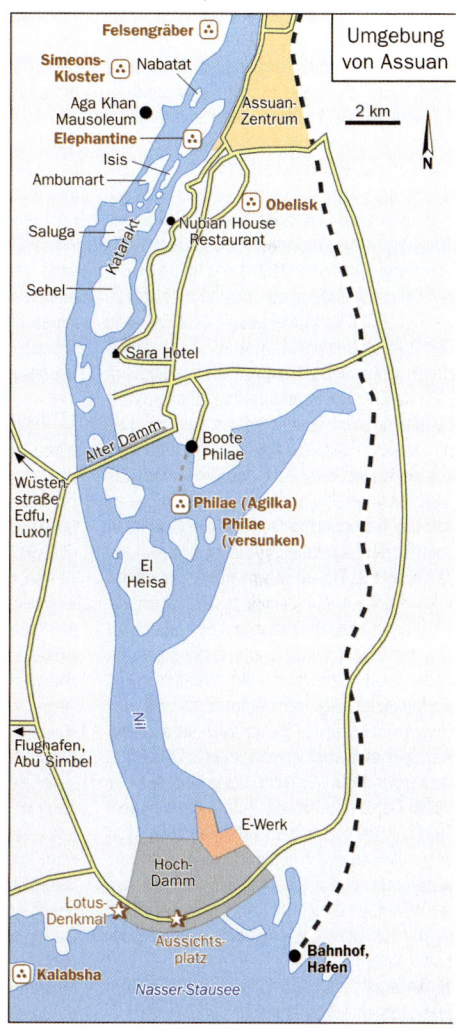

6 Im Niltal von Kairo bis Abu Simbel

See wieder auf. Doch der neue Damm hat ihm die Schau gestohlen.

Ein Tipp: Nur unweit vom Ostende des Damms liegt ein Dorf am Ufer. Von dort fahren immer wieder Boote zu den Inseln im unteren Staubecken, die zum Teil sehr einsam sind. Gegen ein Bakschisch kann man mitfahren, schreibt eine Leserin.

Die Besichtigung (£E 10) des neuen **Hochdammes** *(High Dam* oder - offiziell - *Sadd el Ali)* zu Fuß oder per Fahrrad ist nicht mehr gestattet; nur noch per Auto oder Motorrad, Aussteigen/Anhalten nur am Aussichtspunkt.

Kommt man von Westen her zum Damm, ragt bald nach dem Tickethäuschen das Denkmal der ägyptisch-russischen Freundschaft auf, eine hohe Beton-Lotusblume mit (häufig nicht funktionierendem) Lift auf eine Aussichtsplattform in 74 m Höhe mit gutem Ausblick weit über den See. Angeblich ist eine *Tasrih* für die Besichtigung notwendig, die man beim ca. 100 m entfernten Kontrollposten oder im grauen Gebäudekomplex im Westen des Dammes oder bei der Polizei in Assuan erhält. Doch der Wärter bietet eine Fahrt gegen Bakschisch nach oben bereitwilligst an - vielleicht hat er die Tasrih-Geschichte nur zur wundersamen Geldvermehrung erfunden. Südlich gegenüber dem Denkmal ist auf einem Hügel der Kalabsha-Tempel gut zu erkennen. In der Nähe steht ein Wasserturm, über dessen 170 Stufen man angeblich hinaufklettern und ebenfalls einen tollen Ausblick genießen kann. Wenn man unten freundlich fragt, dann geht jemand mit.

Etwa in der Mitte des Sadd el Ali liegt der Parkplatz, von dem aus man ungestört fotografieren kann, aber angeblich nicht filmen darf. Auf der Damm-Ostseite führt der erste Abzweig ein Stück hinunter zu einem größeren Platz, von dem aus man einen guten Blick auf das Elektrizitätswerk und die aus den Turbinen strömenden Wassermassen hat. Die Krone des Sadd el Ali setzt sich bis in die Nähe des Stausee-Eisenbahnhofs fort.

▶ **Anfahrt:** Zum Sadd el Ali kommt man per Taxi zu etwa £E 50-60 hin und zurück, eine Taxi-Rundfahrt mit möglichen Stopps (unvollendeter Obelisk, Insel Philae, Staudämme, Kalabsha Tempel) kostet etwa £E 70-100. Auch Minibusse fahren zum Staudamm. Eine nicht empfehlenswerte Alternative wäre eine Zugfahrt zum Staudammbahnhof; da keine Fußgänger auf dem Damm geduldet werden, kann man nur wieder umkehren. Zum alten Damm fahren die Busse 20 oder 59 (Haltestelle vor Hotel Abu Simbel oder Hotel Hathor) bis zum Dorf *Hazan*, von dort gibt es aber keine Verbindung mit öffentlichen Verkehrsmitteln zum neuen Hochdamm. Nicht empfohlen wird eine Radtour wegen der z.T. uninteressanten Landschaft und des Gegenwindes.

Wenn Sie einen Abu-Simbel-Besuch planen, dann ist bei organisierten Fahrten meist die Staudamm-Besichtigung eingeschlossen, zumindest lässt sie sich leicht damit verbinden. Das gilt auch für die Besichtigung des Kalabsha-Tempels.

***Insel Philae

Hintergrund: Die ursprüngliche Insel Philae – „Perle Ägyptens" - war einst vollständig mit schattigen Palmen und Tempelbauten bedeckt. Bereits die nubischen Könige der 25. Dynastie (750-660 vC) und der Saite Amasis hatten auf Philae gebaut. Nektanebos I (370 vC, vorletzter einheimischer Pharao) begann den Isis-Tempel, der später hauptsächlich von den Ptolemäern weitergeführt und erst in römischer Zeit beendet wurde.

Neben der Hauptgöttin Isis wurden Osiris, Nephtys und Hathor sowie die Kataraktgötter Chnum und Satet verehrt. Denn gemäß der altägyptischen Mythologie entsprang am ersten Katarakt der Nil, die Lebensader, von der Staat und Menschen in ihrer Existenz abhingen. Der Gott Chnum, der den Menschen auf seiner Töpferscheibe formte, wurde zwar als Wächter der Nilquelle besonders auf Elephantine, aber wegen seiner großen Bedeutung auch hier verehrt.

Philae war sowohl in ptolemäischer als auch in römischer Zeit der südlichste Tempel, denn

Assuan - ***Insel Philae

Insel Philae

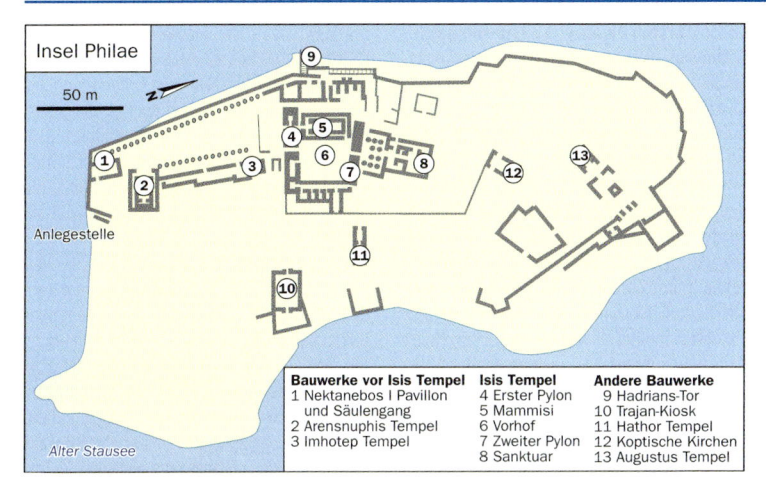

Bauwerke vor Isis Tempel	Isis Tempel	Andere Bauwerke
1 Nektanebos I Pavillon und Säulengang	4 Erster Pylon	9 Hadrians-Tor
2 Arensnuphis Tempel	5 Mammisi	10 Trajan-Kiosk
3 Imhotep Tempel	6 Vorhof	11 Hathor Tempel
	7 Zweiter Pylon	12 Koptische Kirchen
	8 Sanktuar	13 Augustus Tempel

hier verlief die Grenze zum nubischen Königreich von Meroe. In dieser Grenzregion lebten die Staatsreligionen Ägyptens jeweils am längsten. Die letztdatierten altägyptischen Inschriften stammen aus dem Jahr 452 nC. Als Justinian die Tempel im 6. Jh nC schließen und den Säulensaal des Isis-Tempels in eine Kirche umbauen ließ, zerstörten fromme Bilderstürmer viele Reliefdarstellungen. Auch das nachfolgende Christentum lebte auf Philae sehr lange; vermutlich zog erst im 13. Jh der Islam hier ein.

Etwa 700 Jahre später, nach dem Bau des alten Staudammes, versank die einst von Palmen und Blumen gesäumte Tempelinsel jährlich für zehn Monate im Wasser. Der neue Hochdamm ließ sie für immer untergehen, da sich der Rest des alten Stausees in der Höhe praktisch nicht mehr veränderte. Das alte Gemäuer drohte endgültig zerstört zu werden. Daher beschloss die ägyptische Regierung die Rettung durch Umzug: Nach dem Bau einer wasserdichten Spundwand um die alte Insel und dem Auspumpen dieser „Wanne" wurde der größte Teil der Bauten auf die benachbarte, ähnlich große Insel Agilkia umgesetzt (die heute unter Philae „firmiert"). Diese musste zunächst mit ziemlich großem Aufwand topografisch der ursprünglichen Insel angepasst werden.

Vom Anleger heraufkommend, betritt man den weitläufigen Tempelvorplatz. Links, am südlichen Ende, steht ein kleiner **Pavillon des Nektanebos I** [1], ursprünglich aus 18 Säulen mit Glockenkapitellen gebaut. Schräg gegenüber erhob sich ein **Tempel des Arensnuphis** [2] (ein nubischer Gott), von dem nur die Nordwand erhalten blieb. Hier im Süden beginnt ein **Säulengang** [1] mit einst 32 (heute 31) Säulen mit unterschiedlichen Kapitellen, der von Ptolemäus V Epiphanes gebaut wurde. Diesen stimmungsvollen Gang sollte man wählen, um zum Ersten Pylon zu gehen. Achten Sie sowohl hier als auch im Isis-Tempel auf die große Vielfalt der Kapitelle - es gibt fast keine identische Gestaltung.

Am Ende der zum Teil modern rekonstruierten Kolonnade (die ursprünglich nicht fertiggestellt worden war) steht auf der rechten Seite ein kleines, unscheinbares Tempelchen [3], das **Imhotep** (Asklepios) geweiht war, dem Erbauer der Djoser-Pyramide in Sakkara und zur Zeit des Tempelbaus in Philae längst als Gott u.a. der Medizin Verehrten. Ptolemäus V ließ es errichten, nachdem aus seiner siebenjährigen fruchtlosen Ehe ein Kind hervorgegangen war. Mythisch überhöht findet sich dieselbe Geschichte im Text der Hungersnotstele auf der Insel Sehel (siehe Seite 491) wieder.

Vor dem **Ersten Pylon** [4] des **Isis-Tempels** erhoben sich einst zwei Obelisken (heute in England); die noch vorhandenen Löwen sind stark beschädigt. Auf den großflächigen Reliefs der beiden Türme wiederholt sich das altbekannte Ritual: Der König (Ptolemäus XII) erschlägt gefangene Feinde vor Isis, Horus und Hathor. In der oberen Bildreihe überreicht er Horus und Nephtys die Kronen von Ober- und Unterägypten und räuchert vor Isis und dem kindlichen Horus (Harpokrates). Rechts des Pylons erhebt sich ein reliefverziertes, nach Osten weisendes Tor, das ursprünglich den Weg durch eine (nicht mehr vorhandene) Mauer freigab. Die Szene vom Erschlagen der Feinde auf dem rechten Pylonturm - teils durch das Tor verdeckt - wurde um die Ecke herumgeführt. Der linke Eingang im Ersten Pylon führt direkt in das Mammisi. Der Mitteleingang wurde noch unter Nektanebos I gebaut; im Durchgang rechts erinnert eine Inschrift aus dem „Jahr 6 der Republik" an Napoleons ägyptischen Kriegszug (und die Geburtszeit der modernen Ägyptologie). Rechts und links des Eingangs sind christliche Kreuze zu sehen, durch die der gesamte Tempel nach dem Einzug des Christentums quasi „christianisiert" wurde.

Die Achse des Isis-Tempels knickt zweimal ab, um das Gebäude an die Gegebenheiten des (ursprünglichen) Geländes anzupassen. Daher liegt das **Mammisi** [5] (Geburtshaus) hier auch im Vorhof [6] und nicht vor dem Tempel im rechten Winkel, wie es bei den Anlagen der griechisch-römischen Zeit üblich ist. Schöne Kompositsäulen mit Hathorkapitellen tragen das äußere Dach. Die Wandbilder schildern im zweiten Raum Geburt, Kindheit und Erziehung des Horusknaben, im Sanktuar den als Falke in den Deltasümpfen lebenden und von Isis behüteten jungen Gott, um ihn im Papyrusdickicht vor den Nachstellungen des Seth zu schützen.

Östlich, gegenüber dem Mammisi, steht eine Kolonnade aus der späten ptolemäischen Zeit mit vier dahinter liegenden Räumen. Blicken Sie zurück auf die Hofseite des Ersten Pylons: Vier Priester tragen die Isis-Barke, der König räuchert davor. Der kleinere **Zweite Pylon** [7], der den Vorhof nach Norden abschließt, ist wiederum mit Massaker- und Opferszenen des Königs geschmückt. Rechts wurde ein großer Felsen beim Pylonbau nicht abgetragen, sondern in der Linie der Pylonwand abgeschnitten und diese Schnittfläche als Stele benutzt, die über eine Landschenkung von Ptolemäus VI berichtet.

In der nun folgenden Halle zeigt sich die Verdichtung der Tempelarchitektur erneut sehr deutlich: Die Fläche wurde so verkleinert, dass rechts und links nur eine Säule als Andeutung des Vorhofs Platz fand, danach folgt die übliche Säulenschranken-Wand (an Mauerresten zwischen den Säulen noch erkennbar) und dahinter, ohne den üblichen Pronaos, der **Säulensaal**, allerdings nur mit einer einzigen Säulenreihe. Den Kopten diente dieser Gesamtraum später als Kirche, wie eingemeißelte Kreuze und eine Inschrift zeigen. An den Wänden sind wiederum Szenen dargestellt, in denen die Könige Sakralhandlungen vollbringen.

Nun betritt man eine Reihe kleinerer Räume, die z.T. im Dunkeln liegen. Auch hier sind die meisten Wände mit Opferdarstellungen geschmückt, hauptsächlich im **Sanktuar** [8], dem mittleren Raum ganz hinten, in dem noch der Sockel für die Barke des Isis-Kultbildes steht. Von der ersten westlichen Seitenkammer führten eine Treppe zum Dach (jetzt verschlossen) und ein Ausgang nach Westen. Von diesem aus geht man am besten ein paar Schritte zurück bis in Höhe des Zweiten Pylons zum **Osiris-Heiligtum**. An den Wänden ist die Osiris-Legende sehr ausführlich dargestellt. Etwa mittig gegenüber dem Mammisi steht das **Hadrians-Tor** [9], das einst dort in der Umfassungsmauer lag, wo man zur Nachbarinsel *Bigga* mit einem Osiris-Heiligtum fuhr. Im Vorraum rechts, in der Ecke der Längswand, zeigt ein bekanntes und anschauliches Relief die Nilquelle, die in der ägyptischen Mythologie beim ersten Katarakt liegt: Der Nilgott Hapi mit Papyruspflanzen-Kopfputz sitzt in einer Höhle der Kataraktfelsen, deren Eingang von einer Schlange beschützt

Assuan - ***Insel Philae

wird. Aus zwei Gefäßen in seinen Händen strömt das Nilwasser.
Die äußeren Wände des Tempels wurden unter Augustus dekoriert, der als Pharao vor den ägyptischen Göttern dargestellt ist.
Östlich des Isis-Tempels steht ein kleiner **Hathor-Tempel** [11]. Berühmt sind die Reliefs der Säulen (recht gut vom linken Seiteneingang aus erkennbar), auf denen Affen mit einer Laute musizieren, Figuren des Gottes Bes schlagen Harfe und Tamburin und tanzen dazu. Diese Bilder symbolisieren in etwas ungewöhnlicher Weise das Wesen der eng mit Bes verbundenen Hathor als Göttin der Liebe und Musik. Südlich davon erhebt sich das attraktivste und schönste Fotomotiv der Insel, der unvollendete, aber heitere **Trajan-Kiosk** [10]. Seine Säulen mit reich verzierten Kompositenkapitellen ragen anmutig und leicht in den immerblauen Himmel Nubiens. Von seiner Terrasse aus sieht man übrigens bei Niedrigwasser im Januar und Februar Teile der ursprünglichen Insel Philae, noch von Resten der Spundwand umgeben.
Am nordöstlichen Inselende steht das Tor des Diokletian am Ufer, in der Nähe Ruinen eines **Augustus-Tempels** [13] und zweier **koptischer Kirchen** [12].

Der Philae-Tempel kann auch bei einer **Light and Sound Show** bewundert werden (£E 80), keine deutschsprachigen Vorstellungen. Anfahrt zur beleuchteten Insel ist schön.

▶ **Anfahrt:** Per Taxi (ca. £E 40 inkl. Wartezeit) bis zur Anlegestelle unterhalb des alten Staudamms oder aber per Sammeltaxi von der Corniche oder mit einem der auf der Corniche nach Süden fahrenden Busse (oder vom Platz kurz hinter der koptischen Kathedrale, dort fahren auch Pick-ups), die meist bis zum alten Staudamm oder einem Dorf davor fahren. Am Beginn des alten Staudamms geht man links (östlich, Philae ist übrigens vom Staudamm aus zu erkennen) durch ein Dorf und immer am Stausee entlang zur Anlegestelle etwa 15-20 Minuten. Die Boote zur Insel fahren auf Zuruf (Hin- und Rückfahrt offiziell £E 25 (nachts £E 22) für ein 8-Personen-Boot), zuvor muss man die Eintrittskarten zu £E 50 (7-17, Winter 8-16 Uhr) am Tickethäuschen kaufen. Der Bootstrip dauert etwa 10 Minuten, man wird an Philae abgesetzt, dann parkt das Boot an der Nachbarinsel. Gewöhnlich wartet das Boot nur eine Stunde, das ist knapp. Wer sich etwas intensiver umsehen will, braucht länger. Merken Sie sich das Boot für die Rückfahrt. Einzelgänger sollten bis zum Eintreffen einer Gruppe warten

Der Philae-Tempel (vom Ankerplatz der Boote)

6 Im Niltal von Kairo bis Abu Simbel

bzw. - besser - sich mit anderen Individualisten zusammentun, wenn sie nicht allein den vollen Mietpreis für ein Boot zahlen wollen.

▶ **Autofahrer** nehmen in Assuan die nach Süden führende vierspurige Straße und biegen an dem Kreisel, an dem die Vierspurigkeit endet, nach links ab; nächste rechtwinklig abzweigende Straße rechts. Wenn Sie spätnachmittags die Insel besuchen, werden Sie eher allein sein und die Eindrücke umso mehr genießen können.

Biegt man nicht in die Zufahrt ein, sondern fährt die Straße Richtung Hochdamm 1 km weiter, so sieht man neben einem (bisher ungeteerten) Abzweig links ein paar Skulpturen als Hinweis auf den *Skulpturenpark (siehe Seite 472).

**Tempel von Kalabsha und Beyt el Wali

Hintergrund: Auch dieser, ehemals etwa 50 km südlich, im Ort Talmis am Bab el Kalabsha gelegene Tempel versank nach dem Bau des alten Staudamms, ähnlich wie der Philae-Tempel, jährlich im Wasser. Nach dem Bau des Hochdamms wäre er endgültig im Stausee untergegangen. Daher wurde er im Zuge der UNESCO-Rettungsaktion vom Deutschen Archäologischen Institut und der Firma HOCHTIEF auf eine westlich des Sees gelegene Granitkuppe etwa 1 km südlich des Hochdamms verlegt. Bei der Versetzungsaktion 1961-63 fand man wieder verwendete Blöcke eines älteren Tores, das dann der Bundesrepublik Deutschland als Dank für die Unterstützung geschenkt wurde. Es steht heute als Kalabsha-Tor, wieder aufgebaut, im Ägyptischen Museum in Berlin. Aus anderen Blöcken ließ sich eine Kapelle zusammensetzen, die auf der Insel Elephantine wieder aufgebaut wurde.

Das unter dem römischen Kaiser Augustus errichtete Bauwerk war der größte freistehende Tempel des ägyptischen Nubien. Er gehört zu den letzten Tempelbauten Altägyptens und ist dem nubischen Gott Horus-Mandulis geweiht, der in den Darstellungen meist von der Göttin Isis begleitet wird. Die Reliefdekoration des Tempels ist nicht fertiggestellt worden, teilweise wurde sie grob und oberflächlich ausgeführt.

Der Besuch des Tempels lohnt vor allem auch wegen seiner einsamen Lage hoch über dem See und der meist ungestörten Besichtigung (relativ wenige Besucher außer bei Ankunft der Kreuzfahrtschiffe). Nehmen Sie für im Halbdunkel liegende Reliefs eine Taschenlampe mit.

Vom Ufer aus geht man über eine breite Treppe auf die Ebene des Tempels hinauf. Der **Pylon** dreht sich etwas aus der Tempelachse heraus. Er blieb bis auf den Eingang schmucklos, lediglich die Schlitze für die Flaggenmasten unterbrechen die großen Flächen. Man betritt einen offenen Hof, der an drei Seiten von Kolonnaden umgeben war. Nur im Norden und Süden sind Säulen erhalten; beachten Sie die schönen Pflanzenkapitelle. In die Mauern wurden kleine Kammern eingelassen, in die Nordwand zusätzlich eine Tür zum äußeren Tempelumgang.

Nach hinten schließt der Hof mit den typischen Säulenschranken ab. Im Relief links übergießen Thot und Horus den König mit Weihwasser, das symbolhaft mit dem Anch- (Leben) und Was-Zeichen (Wohlbefinden) dargestellt ist. Rechts des Mitteldurchgangs ist ein Dekret in griechischer Sprache zu sehen, in dem Aurelius Besarion Schweinebesitzer anweist, ihre Tiere aus dem Tempel fernzuhalten. Auf der ganz rechten Schranke steht die berühmte, ebenfalls in Griechisch verfasste Denkschrift des Silko, eines nubischen Kleinkönigs aus dem 5. Jh nC, der mit christlichen Formulierungen Gott für den Sieg über die Blemyer-Beduinen dankt: Es ist das erste Dokument über die Verbreitung des Christentums in Nubien. Darunter ersticht ein Reiter, dem von einem Engel eine Krone aufgesetzt wird, einen Feind; eine völlig neue Ikonografie in Ägypten.

Es folgt eine nur teilweise dekorierte **Vorhalle** mit acht freistehenden Säulen mit Pflanzenkapitellen. An der Rückwand links des Durchgangs zeigt ein Relief einen ptolemäischen König, der Isis, Mandulis und Horus ein Feld als Opfer darbringt; daneben ist es Amenophis II - Gründer des Ursprungstempels etwa 1400 Jahre zuvor -, der Mandulis und Min Wein opfert. In den Außenwänden führen Türen zum inneren Tempelumgang.

Durch eine Tür in der Westwand der Vorhalle kommt man in drei hintereinander liegende Räume, deren Dekorationen hauptsächlich Augustus im Umgang mit Göttern zeigen, z.T. nur als Aufriss zur weiteren Bearbeitung vorbereitet. Der dritte Raum ist das **Sanktuar**, im ersten führt links eine Treppe aufs Dach des dritten Saales. Auf dem Dach des zweiten Saales kann man ein paar Stufen auf einer Treppe abwärts zu einer kleinen Kapelle gehen, die vermutlich Osiris geweiht war.

Es lohnt sich, den Tempel im inneren Umgang zu umrunden. An einem gut erhaltenen **Nilometer** auf der Südseite vorbei gelangt man zur Westwand. An der inneren Seite (westliche Außenwand des Sanktuars) opfert der König (Nordhälfte) vor Isis, Horus und Mandulis, auf der Südhälfte vor Osiris, Isis und Horus, auf der Wand gegenüber vor Mandulis. Löcher in der Wand weisen darauf hin, dass vermutlich einst ein hölzernes Vordach Schatten für eine kleine Kapelle spendete.

Auf einer Terrasse südlich des Tempels wurde der zierliche Bau des **Kiosks von Kertassi** wieder errichtet, der einst 40 km südlich von Assuan am Eingang eines Steinbruchs stand. Er sieht dem Trajan-Kiosk von Philae durchaus ähnlich, war aber der Hathor geweiht und entstand in ptolemäischer Zeit. Es blieben leider nur zwei Hathor-Sistrumsäulen und weitere vier mit Pflanzenkapitellen erhalten.

In der anschließenden Senke wurden Pfeiler und Blöcke mit Reliefs aus dem rund 100 km südlicher gelegenen, nicht geretteten **Ptah-Tempel von Gerf Hussein** aufgestellt. Das Gestein des Felsentempels war so brüchig, dass eine Versetzung nicht möglich schien. Der kushitische Vizekönig Setau hatte ihn für Ramses II in dessen 45. Regierungsjahr erbauen lassen. In den Darstellungen dieses Tempels, der weit entfernt vom orthodoxen Theben lag, erreichte die Selbstvergöttlichung des alternden Königs ihren Höhepunkt. Der Hauptteil der 60 m langen Anlage war im Berg verborgen, d.h. der Fels begann kurz hinter den hier wiedererrichteten Pfeilern. Die Statuen und auch die Reliefs sind eher grob geraten, aber für die Lage in der tiefen Provinz dennoch recht gut gelungen. Ramses II erscheint hier häufig als Gott unter Göttern, in gleicher Höhe oder sogar höher als die „Kollegen" dargestellt. Auf dem Relief hinten rechts ließ der König seinen Vater, Ramses I, gleichrangig mit Ptah und Sachmet wiedergeben.

Oberhalb dieses Ensembles steht eine aus Qasr Ibrim gerettete Felsenstele, die der Vizekönig Amenmope für Sethos I anfertigen ließ. Auf dem oberen Bild ersticht Sethos I einen Libyer mit einer Lanze vor einem Gott (Kopf nicht erhalten), rechts wartet der Streitwagen.

Südwestlich des Mandulis-Tempels wurde eine kleine **Felskapelle** mit einem Vorhof in der ursprünglichen Anordnung zum Haupttempel wieder errichtet, von der man bis heute nicht genau weiß, um was es sich handelt. Vieles spricht für ein nicht fertig ge;stelltes Mammisi, doch die wenigen Reliefs am Eingang zeigen nur einen namenlosen Pharao, der dem nubischen Gott Dedwen opfert.

Weiter nordwestlich steht der hierher versetzte Tempel von **Beyt el Wali**, den Ramses II größ-

Kalabsha-Tempel, Eingangspylon

tenteils in den anstehenden Fels in der Nähe von Kalabsha schlagen ließ. Er besteht aus einem **offenen Hof** und dem in die Felsen getriebenen **Vorraum** sowie **Sanktuar**. Alle Wände sind mit größtenteils farblich sehr gut erhaltenen Reliefs dekoriert, die interessantesten davon sind im offenen Hof zu sehen. In christlicher Zeit diente dieser als Kirche.

Der untere Teil des Hofes war aus dem Fels geschnitten, darüber standen Mauern, die ein Dach trugen. Nur noch die Felsenseitenwände sind original erhalten, während ein Teil des Mauerwerks modern nachgebaut wurde. Auf der **linken Wand** sind zunächst Szenen aus den Feldzügen gegen die Kushiten zu sehen: Ramses II und seine Söhne kämpfen in Streitwagen gegen Schwarze, die in ihr unter Palmen liegendes Dorf fliehen, einen Verwundeten abführen, dem Frau und Kinder entgegeneilen. Im zweiten Bildzyklus beobachtet der unter einem Baldachin sitzende König (ganz hinten), wie Tribute herangeschafft werden: Platte mit Fellen und Ringen, gefesselte Schwarze, Affen, Windhunde, ein Leopard, Giraffe, Rinder - auf einem ist ein Schwarzer zwischen den Hörnern gefesselt -, Gazellen, gezähmter Löwe, Frauen mit Kindern etc.

Die **rechte Wand** ist den Kriegen gegen Libyer und Asiaten gewidmet: Der auf asiatischen Feinden stehende Ramses II packt drei Gefangene am Schopf, während ihm weitere zugeführt werden; der König attackiert zusammen mit Prinzen eine Festung, von der Menschen um Gnade flehen; der König auf einem Streitwagen schlägt Beduinen in die Flucht; der König erschlägt einen libyschen Gefangenen mit zerbrochenem Bogen, während ihm Beamte Ehrerbietung zollen; der König thront in einem Kiosk mit Opfertisch, unter ihm sein Löwe; Prinz Amon-her-Chopeschef bringt ihm asiatische Gefangene.

Auf der linken Seitenwand des **Vorraums** opfert der König zusammen mit Hathor vor Horus und Isis (in Skorpiongestalt), auf der rechten Wand opfert er mit Anukis dem Widdergott Chnum und seiner Gemahlin Satis. Ungewöhnlich und interessant sind die beiden Nischen in der Rückwand: In der linken steht die Statue des Königs zwischen Horus und Isis, rechts zwischen Chnum und Anuket. Hier, außerhalb der Grenzen des Mutterlandes, lässt sich Ramses II als Gott zwischen Göttern darstellen, vergöttlicht sich selbst (diese Vergöttlichung wiederholt sich in den südlich folgenden Ramses II-Tempeln). Die Selbsterhebung klingt auch auf der Rückseite der Außenwand an, auf der Ramses Nubier und Libyer (rechts) unter der über ihm schwebenden Sonnenscheibe erschlägt, die ihn zum Gott erhebt.

Im **Sanktuar** sind die Götterfiguren in der Nische stark zerstört. Die Rückseite der Eingangswand zeigt Ramses II, wie ihm links Isis, rechts Anuket die Brust gibt, gewissermaßen als Stärkung vor dem Gang zu den Göttern. Vor diesen opfert er auf der linken Seitenwand vor Horus und Amun-Re, auf der rechten wird er von Satis und Chnum zu Amun-Re, Weihrauch opfernd, geführt.

▶ **Anfahrt:** Verbinden Sie Damm- und Tempelbesuch miteinander (Taxifahrer täuschen gern weite Entfernungen vor). Bei normalem Wasserstand des Stausees ist der Tempelbezirk (8-17, Winter -16, £E 35) nur per Boot erreichbar, das man gegenüber an der Fischfabrik, ganz in der Nähe des Hochdamms, mietet (£E 40-60). Falls der Wasserstand niedrig genug ist, kann man gleich links neben dem Lotusdenkmal durch das Gelände der Fischfabrik bis fast zum Tempel fahren oder etwa 30 Minuten gehen. Wenn Sie eine Nassersee-Kreuzfahrt gebucht haben, dann gehört der Besuch von Kalabsha zum festen Programm.

Katarakt-Ausflug mit einer Feluke

Am Nilufer dümpeln Segelboote, Feluken genannt, die noch aus pharaonischen Zeiten zu stammen scheinen. Sobald Sie sich in die Nähe eines Schiffes wagen, wird Sie der Kapitän zu einer Segelpartie einladen. Machen Sie nach unermüdlich-mühseligem Feilschen - am allerbesten direkt mit den Kapitänen in den Feluken und nicht mit den Schleppern auf der Straße - unbedingt Gebrauch davon (ca. £E 30-40 pro

Assuan - **Katarakt-Ausflug mit einer Feluke

Boot und Stunde, bei längerer Miete deutlich geringere Stundensätze).

Eine Segelpartie am späten Nachmittag gehört zu den stimmungsvollsten Erlebnissen, die Assuan bieten kann. Wenn man Glück hat und einen guten Kapitän findet, sollte man in den kleinen nubischen Dörfern halten; häufig gibt es abends unverfälschte nubische Musik mit Tanz am Lagerfeuer.

Üblicherweise führt die Reise zwischen Stromschnellen hindurch Nil aufwärts zu einer der Inseln, die von Nubiern besiedelt sind. Machen Sie sich darauf gefasst, dass diese Leute sehr auf Touristen eingestellt sind und das Wort *Bakschisch* ständig zu hören ist, aber dennoch ist ein Besuch der Dörfer nicht uninteressant.

Zum Repertoire eines Segeltörns gehört die **Insel Sehel** (£E 25 Eintritt), auf der u.a. Inschriften aus pharaonischer Zeit zu sehen sind. Am bekanntesten ist jedoch die so genannte **Hungersnot-Stele** auf der höchsten Erhebung im Südosten der Insel, die von einer siebenjährigen Hungersnot berichtet. Von ihren Autoren fiktiv in die Zeit von Djoser (2650 vC) datiert, in Wirklichkeit aber erst unter Ptolemäus V (um 200 vC) verfasst, sichert der Text die Rechte der Priester des Katarakt-Gottes Chnum. In dem langen Hieroglyphentext wird geschildert, dass König Djoser während einer siebenjährigen Hungersnot seinen Weisen und Baumeister Imhotep nach der Ursache forschen ließ. Dieser stellte fest, dass der Kult für die Kataraktgötter Chnum, Satis und Anuket vernachlässigt worden war. Nachdem Djoser durch Stiftungen den Tempelbetrieb wieder belebte, erlöste eine Nilflut das hungernde Land.

Die Hügelkette, auf deren südöstlicher Spitze die Stele in einen weit sichtbaren Felsen eingraviert ist, wurde mit einem massiven Eisengitterzaun eingefasst. Man bezahlt £E 20 Eintritt und kann viele andere Inschriften sehen sowie zusätzlich die schöne Kataraktlandschaft bewundern. Zur **Hungersnotstele** geht man vom Tickethäuschen zwischen den beiden Hügeln nach Süden und klettert, kurz vor Erreichen des südlichen Abhangs, links den Berg hinauf.

Ein Teil der umgebenden Kataraktlandschaft wurde übrigens zum Naturpark erklärt.

Man kann auch schneller und billiger zur Insel Sehel kommen: für etwa £E 5-10 per Taxi zum Nubierdorf *El Mahatta*, dann mit dem Ruderboot übersetzen.

Zu Ägyptens **Naturreservaten** gehören die beiden Inseln *Ghazala* und *Saluga*. Auf dem Weg nach Sehel segelt man an ihnen vorbei: Gleich südlich der Hotelinsel des Isis Island Hotels sieht man bereits die Insel Ghazala mit einer Anlegestelle und gleich danach Saluga. Diese Insel gilt als die interessantere der beiden. Nach einem etwas angestaubten Visitor Center führen gemauerte Pfade durch das Dickicht. Die besten Besuchszeiten sind der frühe Morgen oder der spätere Nachmittag. Ein Leser schreibt begeistert vom „Bird Man of Assuan" Mohamed Arabi, Tel 012 3240 132. Er kennt nicht nur die heimischen Vögel, sondern ebenfalls die Zugvögel in englischer und deutscher Sprache.

Etwa 10 km nördlich von Assuan liegen **Inseln mit Sandstrand**, die man leicht per Feluke er-

Felukenausflug

6 Im Niltal von Kairo bis Abu Simbel

reicht. Dort kann man ungestört den ganzen Tag in der Sonne liegen.

Per Feluke Nil abwärts

Eine Segelreise auf dem Nil mit einer Feluke ist ein ungewöhnliches, an längst versunkene Zeiten erinnerndes Erlebnis. Man folgt äußerst beschaulich dem Lauf des Flusses, die laute Welt des Niltals liegt in weiter Ferne, das üppige Ufergrün kontrastiert mit den Wüstenbergen im Hintergrund. Das Leben an den Uferdämmen scheint sich seit Jahrtausenden nicht geändert zu haben.

Der beste Ausgangsplatz für eine Felukenreise ist Assuan, weil man von dort mit der Strömung flussabwärts treibt. Üblich sind Trips nach Kom Ombo (1 Tag, 1 Nacht) oder Edfu (3 Tage, 2 Nächte), wobei die Edfu-Fahrt am häufigsten gebucht wird. In jüngster Zeit besteht die Tendenz, die Trips um einen Tag zu verlängern, indem die Vorbereitungen auf den Abreisetag gelegt werden und die Abreise verzögern. Als Schnuppertrip zum Kennenlernen oder für Eilige werden Tagesausflüge zu etwa £E 100/Feluke Richtung Kom Ombo angeboten; die Rückfahrt erfolgt dann per Bus oder Taxi.

Eine Alternative: Da die Reisen von Assuan aus flussabwärts boomen, scheint flussaufwärts von Edfu aus so wenig geboten zu sein, dass man große Boote sehr preiswert mieten kann. Bei gutem Wind (angeblich besonders in der Vollmondzeit) ist Assuan in drei bis vier Tagen erreicht. An der Anlegestelle für Steinfrachter, südlich der Kreuzfahrtschiffe, auf ankommende Boote warten.

Die Nächte verbringt man in der Regel unter freiem Himmel an Land oder auf dem Boot, häufig an mehr oder weniger gemeinsamen Ankerplätzen. Dort wird gekocht, gegrillt, Musik gemacht oder man unterhält sich. Es kann ziemlich laut werden, an einem einsamen Ankerplatz ist das Naturerlebnis intensiver. Basisausrüstung für die Nacht sind ein eigener Schlafsack und Moskito-Repellent.

Ein Boot zu finden, ist keine Schwierigkeit, da an der Corniche in Assuan gut englisch sprechende Broker unentwegt beschäftigt sind, Kundschaft und Kapitäne in Kontakt zu bringen. Die Vermittler erhalten eine Gebühr von etwa £E 5-10; nach der Vermittlung sieht man sie nie wieder, sondern muss mit einem Kapitän zurechtkommen, der häufig kaum englisch spricht. Selbstverständlich kann man sich auch direkt mit den Kapitänen in Verbindung setzen und sein Glück versuchen.

Erkundigen Sie sich am besten zunächst beim Tourist Office nach der aktuellen Lage. Auch dort werden Touren vermittelt, die wahrscheinlich teurer sind, aber man erspart sich u.U. viel Zeit und Nerven. Ähnliches gilt für Traveller-Hotels oder Restaurants an der Corniche, die Kapitäne und Interessierte vermitteln. In diesen Fällen kann man, wenn etwas nicht klappt, auf jemanden zurückgreifen.

Die Preise liegen – einschließlich Verpflegung – etwa bei: Assuan – Kom Ombo £E 120 pP, Assuan – Edfu £E 200 pP. Man kann sich auch selbst verpflegen. Gewöhnlich teilen sich vier Personen ein kleineres, bis zu acht Mitfahrer ein größeres Boot. Laut Polizei dürfen pro Feluke nicht weniger als drei und nicht mehr als acht Fahrgäste be-

Viehfuttertransport zwischen den Kataraktinseln

fördert werden. Will man nur zu zweit reisen, wird ein Strohmann bis zur Polizeikontrolle geladen.

Auf den Fahrpreis kommt noch eine Gebühr von £E 5 pP für eine Erlaubnis (*Tasrih*) der Touristenpolizei. Möglichst schon am Tag vor der Abreise muss der Pass bei der Polizei eingereicht werden. Diese Maßnahme dient dem Schutz der Fahrgäste, weil vor einigen Jahren zwei Touristen beim Streit mit einem allzu eiligen Kapitän ums Leben kamen. Die Polizei in Assuan kontrolliert die Feluken schärfer als früher, sogar ob Rettungswesten an Bord sind (die u.U. ein paar Minuten später an den nächsten Kapitän weitergeliehen werden).

Gesegelt wird von Sonnenauf- bis Sonnenuntergang, der Kapitän spielt häufig gleichzeitig Koch. Ein "einträglicher" Zeitvertreib während der Fahrt kann Angeln sein. Im Assuan Souk, in der Nähe der kleinen Moschee, können Sie die nötigen Utensilien erwerben.

Ein paar Tipps zum Segelvergnügen

• Preisvergleiche lohnen sich, vor allem, wenn man Kapitäne erwischt, die am Zielort zu Hause sind und nicht länger in der Fremde herumsitzen wollen. Allerdings kann sich ein Preisnachlass nicht nur in schlechter Stimmung des Kapitäns, sondern auch in der Essensqualität auswirken. Nehmen Sie möglichst eine größere Feluke, sie kommt besser voran und bietet mehr Bewegungsraum.

• Nehmen Sie sich Zeit bei der Suche nach dem richtigen Boot und reden Sie eine Weile mit dem Kapitän, um ihn besser kennenzulernen und beurteilen zu können. Legen Sie die Bedingungen möglichst genau fest: Preise, Fahrtziel, kein Segeln über Nacht, kein Schleppenlassen von einem stinkenden Motorkahn, maximale Anzahl der Mitfahrer und keine Aufnahme weiter flussabwärts, weil dann u.U. die Verpflegung nicht reicht oder die Bewegungsfreiheit noch stärker eingeschränkt wird.

• Schauen Sie sich das Boot gut an, Sie werden viele Stunden hauptsächlich sitzend dort zubringen. Können Sie gut sitzen, gibt es ausreichenden Sonnenschutz und Decken für die Nacht? Der eigene Schlafsack (zusätzlich) ist die bessere Wahl, denn die Nächte werden vor allem im Winter ziemlich kühl bis kalt. Da man unter freiem Himmel schläft, für Moskitoschutz sorgen.

• Versuchen Sie, über einen Aushang in Hotels bzw. im Tourist Office Mitsegler zu finden. Leser berichten sehr positiv von Fahrten, die über das Abu Simbel Hotel vermittelt wurden, andere waren mit der Hilfe des Tourist Office oder der des Mona Lisa Restaurants sehr zufrieden. Auch im Aswan Moon Restaurant treffen sich Interessierte. Bedenken Sie, dass Sie mehrere Tage jede Minute lang mit Ihren Mitreisenden zusammen sein werden; wenn man dann nicht einigermaßen harmoniert, kann der Trip zum Trauma werden. Es gab schon bösen Streit um Kleinigkeiten.

• Leisten Sie möglichst keine oder höchstens 50 Prozent an Vorauszahlungen. Geben Sie Ihren Pass nicht aus der Hand, sondern gehen Sie selbst mit dem Kapitän zur Polizei oder geben Sie ihm eine Passkopie, die in der Regel ausreicht. Denn wenn der Kapitän oder Broker Ihren Pass hat, sind Sie ihm ausgeliefert: Er kann zeitaufwändig weitere Mitfahrer suchen, verspätet abfahren etc.

• Vielleicht gelingt es, das Boot nicht entfernungsabhängig zu mieten, sondern zeitabhängig für einen gemütlichen Trip von z.B. vier Tagen bis Edfu. Dann hetzt der Kapitän nicht, Sie können auf längeren Pausen und Nachtplätzen abseits der üblichen, häufig verdreckten Ankerplätze bestehen. Andererseits kann es vorkommen, dass der Kapitän Sie gnadenlos an Land setzt, wenn die vereinbarte Zeit abgelaufen ist, unabhängig von der bewältigten Strecke. **Achtung**: Manche Kapitäne argumentieren, die Tasrih (Genehmigung) sei abgelaufen; das stimmt nicht, sie ist zeitlich unbegrenzt. Wenn Sie der Kapitän gegen Ihren Willen an Land setzen will, drohen Sie mit der Touristenpolizei.

• Begleiten Sie den Kapitän beim Einkauf für die Reiseverpflegung oder kaufen Sie selbst ein. Dann wird's vermutlich billiger und Sie können

6 Im Niltal von Kairo bis Abu Simbel

den eigenen Geschmack berücksichtigen. Auch Klopapier, Flaschen- und Dosenöffner sowie ein Buch für langweilige Strecken einpacken.

• Bestehen Sie darauf, dass Trinkwasserflaschen in ausreichender Menge mitgeführt werden und dass Nilwasser nicht zum Kochen und möglichst auch nicht zum Abspülen verwendet wird – einen Durchfall auf der Feluke zu kurieren, dürfte eine besondere Erfahrung sein.

• Bei heftigem Sturm kommt eine Feluke ganz schön ins Schaukeln, dabei gingen bereits Rucksäcke über Bord. Packen Sie Ihr Gepäck möglichst in wasserdichte Plastiksäcke ein, damit es bei einem Unfall eventuell schwimmt. Bevor die großen Stücke unter Deck verstaut werden, nehmen Sie alles für die Reise Notwendige heraus. Papiere und Geld sollte man am besten in einer Bauchtasche am Körper tragen.

• Als klimatisch beste Zeit (gute Brise, erträgliche Hitze) empfehlen sich die Monate Februar bis April und September bis Mitte November, Dezember und Januar können recht kühl sein.

• Für den fast absurden Fall, dass Ihr Boot nachts unterwegs ist, sollten Sie selbst unbedingt wach bleiben; denn der Kapitän wird sich wahrscheinlich schlafen legen und die Steuerung einer höheren Macht überlassen – die aber einen Zusammenstoß mit z.B. einem Kreuzfahrer vielleicht auch übersehen könnte. Es soll auch Kapitäne geben, die bei später Ankunft in Kom Ombo die zeitraubende Besichtigung am nächsten Tag dadurch abkürzen, dass sie nachts heimlich weiterschippern.

• Zum guten Schluss: Achten Sie darauf, dass Abfall vernünftig an Land entsorgt wird, auch unterwegs.

Praktische Informationen

▶ **Telefonvorwahl 095**

▶ Bevor Sie sich in Aktivitäten stürzen, sollten Sie im **Tourist Information Office**, Tel 2312 811, 2303 297, Bahnhofsvorplatz, vom Bahnhof kommend, gleich rechts vorbeischauen (ca. 9-15, 18-20, Fr 9.30) Uhr; sehr flexible Öffnungszeiten). Hier ist man sehr bemüht, den Gästen mit Informationen über Verkehrsmöglichkeiten nach Abu Simbel, Felukenfahrten, Taxipreise oder z.B. mit einem (bescheidenen) Stadtplan zu helfen. Fragen Sie nach Hakeem Hussein (er ist der Chef, privat Tel 010576 7594), sehr hilfsbereit und kennt sich gut aus.

▶ **Ausflüge** z.B. zum Hochdamm, Philae, Unfertiger Obelisk etc. Feluka-Trips vermitteln das Tourist-Office oder die preiswerteren Hotels

▶ Recht preiswerte und offenbar auch gut geführte **Rundfahrten** zu den Staudämmen, der Insel Philae u.a. bietet der **deutsch sprechende Führer** Refaat Abdel-Latif Atia, 237 Sh Abu Zid, Tel 2218 9294, an.

▶ Zum **Landmarkt von Darau**, dienstags, kommen Sie am besten mit dem Morgenzug oder ab 5.30 Uhr per Bus.

▶ **Banken** sind So-Do 8.30-14 und 17-20 Uhr geöffnet, alle liegen im südlichen Teil der Corniche. Die Bank du Caire, die Bank Misr und die Nationalbank haben Geldautomaten.

▶ **Zollfreier Einkauf:** Innerhalb von 24 Stunden nach Ankunft aus dem Ausland lässt Ägypten noch Einkauf in Duty-Free-Shops der Egypt Free Shops Company, 15 Corniche El Nil (Nähe Egypt Air Office) in der Stadt zu. Hier kann man unabhängig vom Visum günstig Alkoholika kaufen, z.B. Stella zu £E 5,00.

▶ **Internet Cafés:** Zwar ist Assuan noch nicht übersät mit Internet Cafés, doch man stößt immer wieder darauf. Wer schnell, aber etwas teurer kommunizieren will, geht ins *Keylany Hotel* (1 Mb/s £E 10/Std), 24 Stunden geöffnet. *Assuan Internetcafé* im Rowing Club, siehe unten

▶ **Atlas Shopping,** Supermarkt, ca. 1 km vom Bahnhof an der Mauer entlang nach Norden, gut sortiert, sauber

▶ **Bücher** mit u.a. Reiseführern in verschiedenen Sprachen, deutsche Zeitungen findet man im **Rowing Club Building** an der Sh Corniche, rundes Gebäude auf der Nilseite der Corniche, ca. 100 m Nil abwärts von Isis Hotel.

Wichtige Adressen

▶ **Polizei** Tel 230 2043

▶ **Touristenpolizei** Tel 230 3163

Praktische Informationen

▶ **Telefonamt,** südliche Corniche, rechts neben dem Egypt Air Office, 24-Stunden-Service
▶ **Hauptpost,** Corniche, neben dem öffentlichen Schwimmbad; postlagernde Briefe gibt es nur im alten Postamt (um einen Block von der Corniche versetzt, hinter *Philae Hotel)*
▶ **American Express,** (vermitteln günstige Abu-Simbel-Trips), im New Cataract Hotel
▶ **Thomas Cook,** Corniche, nördlich der Polizei, auch **Geldwechsel** oder bei **Egypt International Exchange,** Corniche, etwa Gegend Philae Hotel
▶ **Egypt Air,** südliche Corniche
▶ Für Not- und Krankheitsfälle: **Evangelisches Krankenhaus,** 23 Sh El Corniche, Tel 2317 176, 2302 176, bekannt unter *El Germania,* Nähe Egypt Air Office, Außenstelle in Darau
▶ Von einem Leser empfohlener **Zahnarzt**: Dr. Matta Joseph, Tel 0127 968 166

Verkehrsverbindungen

Bahnverbindungen (relativ aktuell unter www.seat61.com/Egypt.htm)
▶ Für Ausländer offiziell zugelassene Züge: 6.00 18.00 20.00 (1./2. Kl. AC; £E 110/55), Fahrtdauer Luxor ca. 3,5 Std, Kairo ca. 13,5 Std; Sitzplatzreservierung mindestens 1 Tag zuvor
▶ Sleeper: 18.30 (Kairo an ca. 6.45; Doppelkabine $ 120, Einzelkabine $ 80).
▶ Für Touristen eigentlich nicht zugelassene Züge, daher keine Reservierung möglich, Ticket mit Zuschlag im Zug kaufen:
1./2. Kl AC : 7.30 16.00, 19.00, 21.00 (£E 81)
2. Kl. AC: 13.30 (£E 47), Normal 9.30 (Kairo £E 15)
▶ Vor dem Bahnhof bieten Taxifahrer Ausflüge zum Staudamm etc. an; erkundigen Sie sich zunächst in der Tourist-Information nach Preisen und Konditionen.

Fernbusse

▶ **Busterminal** und **Minibus/Sammeltaxistand** wurden 4 km nördlich des Bahnhofs an die Ausfallstraße nach Darau/Luxor verlegt.

Minibusse dorthin fahren etwa 100 m nördlich der Touristen-Information ab (25 Pt); auf der Corniche verkehrende Minibusse stellen die Verbindung ebenfalls her (25 Pt). Ein Taxi kostet um £E 5.
▶ (Öffentliche Busse nach **Abu Simbel** siehe Seite 501)
▶ **Luxor (Kom Ombo, Edfu, Esna):** ab 6.00 ca. jede volle Stunde (£E 10-15, Luxor 3,5 Std) (nur 4 Ausländer/Bus)
▶ **Hurghada, Kairo:** 15.30 17.30 (£E 60, 14-15 Std)
▶ **Kairo** (über Hurghada): 15.30 (£E 95, 14 Std)
▶ **Marsa Alam, Shalatin**: 6.30 (£E 20, Shalatin 40)
▶ **Suez**: 6.00, 17.00 (£E 71)
▶ Per **Sammeltaxi/Minibus** nach Luxor: Die Fahrer behaupten gern, dass die Polizei keine Touristen durchlässt, für £E 20 statt £E 7,50 würde man es jedoch riskieren. Tatsächlich können Sammeltaxis problemlos im Konvoi mitfahren.

Konvois

▶ Touristen-Busse und Privatautos dürfen derzeit wegen der Terroristengefahr nur im **Konvoi** nach **Luxor um 8.00** (Stopps in Kom Ombo und Edfu möglich) und **14.00** (keine Stopps) fahren, was sich jedoch jederzeit ändern kann; aktuelle Situation bei der Touristen-Information erfragen. Sammelplatz für die Abfahrt ist die nördliche Corniche. Eine Sonderfahrt ohne Konvoi erfordert einen Begleitpolizisten, der ab £E 300 kostet. Andererseits dürfen in jedem beliebigen Bus Ausländer mitfahren, jedoch normalerweise nicht mehr als sechs.
▶ Konvois nach **Abu Simbel** um 4.00, 11.00, 16.00

Innerstädtisches Fortbewegen

▶ Assuan ist eine ziemlich **lang gestreckte Stadt**, Sie sollten bei der Planung Ihrer Aktivitäten daran denken. Auf der Corniche, der am Nilufer verlaufenden Straße, pendeln jede Menge Taxis und Pferdekutschen. Oder Sie nehmen eine **Kutsche** (Kalesche) für eine

6 Im Niltal von Kairo bis Abu Simbel

Rundfahrt: Von der hohen Sitzposition hat man einen recht guten Ausblick, der Trip ist gemütlich.

▶ **Taxifahrer** versuchen, Touristen zu schröpfen, wo immer es geht - der innerstädtische „Standardpreis" für Touristen von £E 20 lässt sich nur schwer auf die ortsüblichen £E 5-10 herunterhandeln. Am billigsten sind die Sammeltaxis, die sich für unsere Augen von den anderen nur dadurch unterscheiden, dass sie meist ziemlich voll besetzt sind. Eine Fahrt vom Egypt Air Office zum Bahnhof kostet nur £E 1. Eine **Taxifahrt zum Flughafen** kostet £E 50-70 für das gesamte Taxi. Eine Kaleschenfahrt die Corniche entlang sollte für etwa £E 10-15 zu haben sein.

▶ Oder Sie radeln. **Fahrräder** kosten um £E 20 pro Tag. Verleiher findet man im östlichen Teil der Sh Abu Zid (Bahnhofsgegend), Sh El Souk neben dem Hotel Saber oder beim Ramses Hotel, weitere Adressen im Tourist-Office.

Ein paar Tipps

• Wenn Sie Abkühlung im **Swimmingpool** suchen, können Sie auch als Außenstehender den Pool im *Cleopatra Hotel* (kleiner Pool, £E 10), *Isis Island Hotel* (£E 50, großer Pool), im *Mövenpick Resort* (£E 50) auf der Insel Elephantine, *Basma Hotel* (£E 50) oder den des *Club Med* auf der hoteleigenen Insel (£E 80 incl. Lunch oder Dinner; Boot-Shuttle ab Corniche, Nähe Egypt Air Office) benutzen.

• Sehenswerte **nubische und ägyptische Tänze** werden nur im Winter nur sonntags und donnerstags um 21 Uhr (1/2 Stunde vorher dort sein) im *Assuan Palace of Culture* - Qasr El Sakafaa - (zwischen Moschee und Hauptpost, gegenüber vom Rundbau des Ruderclubs) von der (welt)bekannten Folklore-Tanzgruppe Assuans aufgeführt.

• **Nubische Folklore**, versetzt mit Bauchtanzvorführungen, gibt es auch im *Old Cataract Hotel* (Mindestverzehr über £E 100 pP); wobei häufig die Darbietung ernüchternd, der Saal selbst ein Augenschmaus sind.

• Es existiert auch eine Art **Nightlife** in Assuan: Neben den Bauchtanzvorführungen kann man die Nacht in der *King Ramses Disco* im *Ramsis Hotel* totschlagen oder in der Disco *Shasha* im *New Cataract* (Mindestverzehr), in der *Osiris* Disco im *Isis Island Hotel* (ziemlich teuer) oder preiswerter in der Disco des Schwesterhotels an der Corniche. Auch die „Light and Sound Show" im Philae-Tempel kann als Bereicherung des Nachtlebens angesehen werden.

• **Achtung**: An der Corniche - vor allem an den Schiffsanlegestellen - bieten Kinder kleine Souvenirs, wie Postkarten oder Papyruslesezeichen, oder z.B. Euromünzen zum Tausch an. Einige sind als professionelle Taschendiebe spezialisiert: Sobald der Tourist seine Geldbörse öffnet, ziehen sie blitzschnell 50-Pfundscheine heraus und lassen sie ebenso blitzschnell verschwinden.

• **Souvenirs** kauft man in der Sh El Souk, die von Händlern wimmelt, die sich immer mehr auf das touristische Angebot eingestellt haben. Besonders im nördlichen Teil übertreffen sie sich an Aufdringlichkeit. Wer jedoch vom südlichen Ende her in die Straße geht, bleibt unbelästigter. Dort findet man auch viele Geschäfte fürs tägliche Leben oder auch die qualitativ besseren Angebote. An der südlichen Sharia Sadat - der Straße Richtung Alter Damm bzw. Philae Tempel - bieten verschiedene Tourist Bazars und Shopping Centers ihre Dienste an. Man erkennt die Gebäude meist von weitem daran, dass diverse Touristengruppen-Busse davor parken (deren Führer Provisionen abkassieren).

• Für Assuan typische Souvenirs sind **Gewürze**. Ein Leser empfiehlt: „*Hamedo Spices* in der Sh Ahmed Maher oder einfach nach *Ashraw* fragen, jeder kennt ihn dort, er ist ein liebenswürdiger Mensch, spricht gut deutsch und englisch und erklärt alle Gewürze mit Hingabe, auch in Bezug auf ihre Heilwirkungen."

> **Schreiben Sie uns bitte**, wenn Ihnen Neuigkeiten oder Änderungen auffallen.

Assuan - Restaurants

Restaurants

Wenn man in Assuan zum Essen geht, kommen die Restaurants am Nilufer der Corniche in die erste Wahl: Die meisten sind preiswert und gut, sie bieten alle - besonders abends - den stimmungsvollen Ausblick auf den Nil. Allerdings kann der Lärm, der von ankernden Nilkreuzern ausgeht, viel von der Stimmung verderben. In der folgenden Auflistung sind die am Nilufer liegenden Restaurants mit einem + gekennzeichnet. Im Plan der Doppelseite 432/433 ist die Lage der Restaurants markiert.

- **Abu Shelib Hotel,** Sh Abas Farid, mehrfach gelobt, Hotelrestaurant, gut und reichhaltig, sehr preiswert
- **+Aswan Moon,** Corniche, etwa Höhe Kaufhaus *Benzion*; von oberer Terrasse guter Nilblick über Schiffe hinweg, ägyptisch/nubische Küche, aber auch Pizza, meistens gut, gute Musik, nubische Veranstaltungen, relativ preiswert, aber Rechnung prüfen
- **+Aswan Panorama,** Corniche, schräg gegenüber Egypt Air Office; sauber, sehr schmackhafte ägyptisch/nubische Küche, Kräutertees, den nubischen Kaffee nicht versäumen, zeitweise nur bis 21 Uhr geöffnet
- **Café Mohammed,** gegenüber *Abu Shelib Hotel* [20], angenehme Atmosphäre, hilfsbereiter Besitzer, organisiert auch Felukenfahrten
- **Darna,** schön gelegenes Gartenrestaurant des *New Cataract Hotels* [23] zwischen diesem und dem Nil, sehr gutes Mittagsbüffet, teuer
- **Derwish,** gegenüber Bahnhof, am Beginn Sh El Souk; gut, freundlich, sauber, preiswert
- **El Esmailia Sons,** mitten im Souk zwischen Verkaufsständen, weiß gekacheltes, sehr sauberes Imbisslokal, preiswert, gut und freundlich
- **El Masry,** Sh Abu Zid (früher: El Matar); auch unter Ägyptern sehr beliebtes Restaurant, als „bestes Restaurant Assuans" häufig gelobt, „Charme einer Kantine" (Leser), relativ geringe Auswahl, vorzüglich vom Geschmack, sehr sauber, freundlich, mittlere Preise
- **+El Shati,** Corniche, nördlich des Police Department; billig, nicht immer sauber, nicht immer gut, nicht empfehlenswert
- **Gomhoreya,** gegenüber Bahnhof; gut und preiswert
- **La Luna,** Restaurant im *Hotel Philae* [18], italienisches Restaurant
- **Medina,** Sh El Souk, gegenüber *Cleopatra Hotel* [9], gutes Kofta und Kebab

Mint-Tee (Shay bi nana)

- **+Mona Lisa,** Corniche, südlich *Aswan Moon*; Fisch schmeckt am besten, lahmer Service, alkoholfreie Cocktails, Stella-Bier, kleine Portionen, mittelmäßig, mittlere Preise
- **Nefertari,** gutes arabisches Restaurant im *New Cataract Hotel* [23], teuer
- **Nobian Restaurant Al Dokka,** auf Insel direkt vor *Elephantine*, kostenloser Bootstransfer (Nähe Egypt Air Office), hervorragende nubische Gerichte, nubische Tänze, teuer
- **Nubian House,** an der Museums/Hotel-Basma-Straße, 1,1 km südlich vom Nubischen Museum (große Coca-Cola-Werbung und darunter kleiner Hinweis „Nubian House"), herrlicher Blick über Kataraktlandschaft, toller Sonnenuntergangsplatz, sehr stimmungsvolles, schön dekoriertes Gebäude im nubischen Stil, Essen gut, aber nicht billig, vom gesamten Ambiente her sehr zu empfehlen, inzwischen auch von Gruppenreisen entdeckt
- **+Saladin,** Corniche, auf Boot gegenüber Kaufhaus *Benzion*, Buffet, laute Musik, eher mäßiges Essen und Bedienung, relativ teuer; im gleichen Komplex Nightclub mit Bauchtanz

6 Im Niltal von Kairo bis Abu Simbel

Übernachten

Luxus- und bessere Hotels

- **Basma**, [24] 4*, Nähe Nubisches Museum, Tel 2310 901, Fax 2310 907, basma@rocketmail.com, www.southsinai.com, am Hang Nähe Nub. Museum, alle Zi mit Balkon, gr Pool, Internet, se gepflegt, ru, se sa, fr, AC, SatTV, Minibar, schö Garten, empf (Sommer 25 % Rabatt), mF.... E+B $120, D+B $165
- **Mövenpick Resort Aswan** (ehemals Oberoi Elephantine Island Resort), 5*, nördliche Elephantine-Insel, Tel 2303 455, Fax 231 3538, resortaswan@elephantine-island.com, www.moevenpick-aswan.com; nördlich vom Hotel gelegene Bauruine wird ausgebaut und ins Resort integriert, se schö Garten, viele Gruppen, die Panorama Bar im (hässlichen) Tower bietet von 15.00-23.00 Uhr Bar, Snacks etc., 70 £E Eintritt wird angerechnet – lohnt allemal für den tollen Ausblick über Assuan
- **Isis Island**, [26] 5*, Tel 2317 400, Fax 2317 405, isisislandassuan@hotmail.com, www.pyramisa-egypt.com, 400-Betten-Herberge auf einer Katarakt-Insel, se schön u. stimmungsvoll gelegen
- **Isis Corniche**, [13] 4*, Nilseite der Corniche, etwa Höhe Kaufhaus Benzion, Tel 2315 100, Fax 2315 500, isiscorniche@yahoo.com, www.pyramisa.com, zentral gelegen, se sa, AC, SatTV, Pool, Essen teuer, bei Reservation günst. Preis, mF (nicht üppig)............................ E+B $100, D+B $120
- **New Cataract-Sofitel**, [23] 5*, Sh Abatal el Tahrir, Tel 2316 001, Fax 2316 011, unpersönlich, nüchtern, „Neubau" neben Old Cataract Hotel
- **Old Cataract-Sofitel**, [22] 5*, Sh Tahrir, Tel 2316 000, Fax 2316 011, h1666@accor-hotels.com, www.accorhotels.com, berühmtes nostalgisches Luxus-Hotel, wg Renovierung bis 05/10 geschl.
- **Marhaba Palace**, [5] 4* (eher 3*), Parallelstr. zur Corniche, östl. El Salam Park, Tel 233 0102, Fax 233 0105, res@marhaba-aswan.com, www.marhaba-aswan.com; gute Dachterr. m. schö Nilblick, kl Pool, SatTV, AC, Kschr, Internet DSL, viele Gruppen, mF .... E+B €90, D+B €120

Unterkünfte anderer Klassen

Hinweis: Sh El Souk heißt auch *Sh Saad Zaghlul*. Die einfachen Hotels sind etwas einfacher als die in Kairo, aber manchmal macht es die Atmosphäre wieder wett.
- **Abu Shelib**, [20] Sh Abas Farid, Tel 2303 051, rel kl. Zi, sa, Ven, se fr, se hb, ang, rel ru (auß. Muezzin), gutes Rest, empf für alleinr. Frauen, mF ....E+B+AC 50, D+B+AC 60
- **Brotheren New Hotel**, [10] Sh El Souk, Nähe Nubian Oasis Hotel, Tel 2310 466, se einf, rel sa, ... E 15, E+B 20, E+B+AC 35, D30, D+B+AC(Ia) 50
- **Cleopatra**, [9] 3*, Sh El Souk, Tel 2314 001, Fax 2314 002, cleopatrahotel_aswan@hotmail.com, Bhf-Nähe, Bazarseite, Wäscheservice, Bar, z.T. dunkle kl Zi, la, se sa, fr, AC, Kschr, Dachterr. mit Pool, viele Gruppen, mF .... E+B $47, D+B $59
- **El Amin**, [7] Tel 2301 213, v. Bhf li in Sh El Souk, dort nach 300 m Hotelschild, tlw Balkon (nur die Doppelzi), mä sa, ziemlich ungepflegt, fr, Ven, ... E 15, D 25, D+B 35, D+B+AC 40
- **El Amir**, [19] 3* (kaum besser als 2*), Corniche/Sh Abas Farid, Tel 2314 735, Fax 2304 411, elamirhotel@yahoo.com, Lift, Wäsches., se sa, fr, la, AC, Preis verhandelbar, mF.... E+B 120, D+B 150
- **El Safa**, [4a] Sh Kamal Noor el Din (ca. 200 m nördl. v. Bhf, zw. zwei TkSt), Tel 2319 923, einf, sa, mF... E 25, D 30, D+B+AC 35
- **El Salam**, [14] 2*, 101 Corniche, neben Hathor Hotel, Tel 2303 649, Fax 2302 651, Dachterr., se sa, fr, hb, se la, Nilblick, tlw Balkon, AC, für alleinr. Frauen empf, mF...... E+B 60, D+B 90
- **Hathor**, [14] Corniche, Tel 2314 580, Fax 2303 468, neben El Salam Hotel, Dachterr. mit kl. Pool, Nilblick, se sa, se la, etwas abgewohnt, AC, Preise verhandelbar, tlw mF .... E+B 55, D+B 80
- **Horus**, [15] 2*, Corniche, Tel 2303 323, Fax 2313 313, arh20022002@yahoo.com, fr, zur Corniche se

Assuan - Übernachten

Hotels
1. New Abu Simbel
2. Tiba
3. Queen Noorham
4. NobaNile
4a El Safa, Rosewan
5. Marhaba
5a Youth Hostel
6. Ramsis
7. El Amin
8. Noorhan, Yassen
9. Cleopatra
10. Nubian Oasis Brotheren
11. Oscar
12. Happi
13. Isis Corniche
14. El Salam, Hathor
15. Horus
16. Keylani
17. Memnon
18. Philae
19. El Amir
20. Abu Shelib

Assuan Hotels im Zentrum

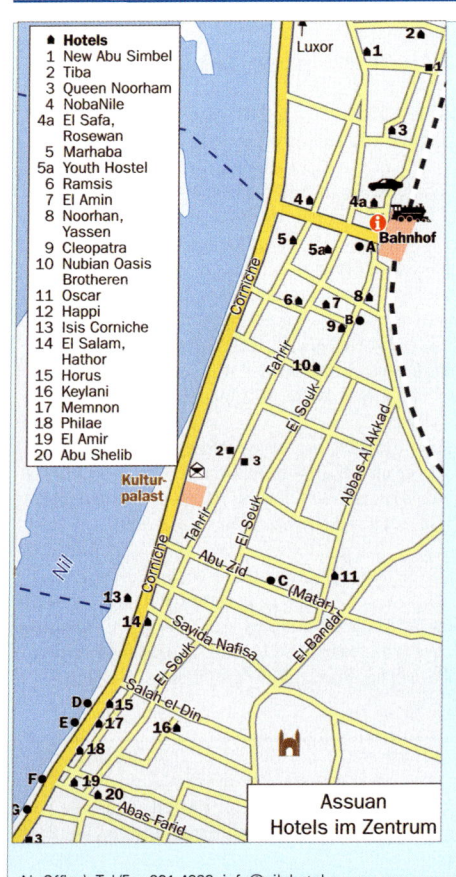

la, sa, AC, Balkon m. Nilblick, Dachterr. m. Bar, im Winter 2 Monate vorausbuchen, viele Reisegruppen, mF .... E+B 50-60, D+B 70-80

- **Keylani**, [16] 25 Sh Keylany, etwa 2 Blocks oberhalb Benzion Kaufhaus, Tel/Fax 2317 332, info@keylanyhotel, www.keylanyhotel.com, Internet Café (1Mb/s) (Internetprovider von Assuan), Hotspot (£E 25/Tag), von der Corniche Nähe Horus Hotel in Sh. Salah el Din einbiegen, nach ca. 200 m re Treppe hinauf, Wäscheservice, organisiert Trips, rel kl Zi, tlw mit Safe, häufig ausgebucht, Dachterr.kl. Pool, gute Atmosphäre, hb, se sa, se fr, AC, Kschr, empf,
 mF ..E+B $13-15, D+B $18.50-21,50
- **Memnon**, [17] Sh Abdal Tahrir (Corniche Rückseite über National Bank), Tel/Fax 2300 483, memnon_aswan@yahoo.com, www.memnonhotel-aswan.com, Dachterr. m. Pool, fr, se sa, se la, AC, Nilblick, Wäscheserv, mF ...... E+B 60, D+B 85
- **New Abu Simbel**, [1] Sh Abdal el Tahrir, Tel/Fax 2306 096, nördlich v. Bhf, ca. 350 m neben kl. Moschee, abgewohnt, ru, sa, hb, fr, AC, TV, mF .... E+B 60, D+B 85
- **NileHotel**, [21] 3*, 15 Sh Corniche (nördl. des Kreisels am Egypt Air Office), Tel/Fax 231 4222, info@nilehotel-aswan.com, www.nilehotel-aswan.com; ziemlich neu, se sa u. gut eingerichtet, einige Zi m. Balkon unterschiedl. Größe, guter Blick auf Elephantine, Kschr, AC, SatTV, Internet DSL, mF .... E+B $40, D+B $55
- **Noorhan**, [8] Tel 2316 069, Fax 232 6069, noorhan@yahoo.com, v. Bhf 2.Seitenstr. der Sh El Souk, AC + 5 £E, Dachterr., Wäscheservice, TV, fr, se sa, mF................................ E 25 D 35, E+B 30, D+B 40
- **NobaNile**, (auch NubaNile), [4] 3*, Sh Abdal el Tahrir re der Kreuzung m. d. Bahnhofstr., Tel/Fax 2313267, 2313553, hussein45@hotmail.com, ehem. Billighotel unter neuem Besitzer 2007 eröffnet, AC, SatTV, Internet DSL, Dachterrasse mit Pool, se sa, mF..E+B 120, D+B 150
- **Nubian Oasis,** [10] Sh El Souk, Tel 2312 123, Fax 2312 124, nubianoasis@hotmail.com, Dachterr., InternetDSL, zentral, einf, se sa, Ven/AC, obere Zi besser, gute Aussicht, organisiert Trips, fr, hb, Bier, Wäscheservice, SatTV (£E 5/Tag), mF ....E 25, E+B+AC 30, D+B+AC 40
- **Oscar**, [11] 2*, Sh Baraka, östl. v. Bazarbereich, südl. v. Bhf, Tel 2310 /42 Fax 2306 066, Dachterr.,

AC, Bar (Alkohol), gut eingerichtet, se sa, fr, mF.. E+B 70, D+B 90
- **Philae**, [18] 2*, Corniche, Tel 2312 090, Fax 2324 089, in dt. Besitz, Balkon, fr, se la, AC, se sa, Kschr,SatTV mF .... E+B 180, D+B 225
- **Paradise**, 3*, Sh Souk (1. Hotel v. Bhf), Tel 232 9690, Fax 232 9690, paradisehotel2002@yahoo.com, 2008 eröffnet, AC, SatTV, Kschr, Dachterr mit Sunsetplace u. Bar, rel. Kl. Zi, mF... E+B $30, D+B $45
- **Queen Noorham**, [3] nördl. v. Bhf, Tel 2316 056, Fax 2326 069, noorhan@yahoo.com, Internet DSL, alle Zi mit Balkon, AC, SatTV, Kschr, Wäscheservice, Internet, se sa, mF .... E+B 55, D+B 90
- **Ramsis**, [6] 2*, Sh Abdal el Tahrir, Tel 2304 000, Fax 2315 701, ramses-hotel@hotmail.com, Bhf-Nähe, tlw Nilblick, Lift, fr, se sa, rel ru, AC, Kschr, TV, mF (mä)................................... E+B 85, D+B 120
- **Resh**, Sh el Souk, Tel 2308 8929, einf, se sa, Wäsches., Dachterr.,fr, Vent, ...Dorm pP 10, E 15, D 20
- **Rosewan**, [4a] nördl. v. Bhf, z.Zt. unserer Recherche wg. Renovierung geschlossen
- **Sara**, 3*, Sh El Fanadek, Nasr City, Tel 2327 234, Fax 2327 326, res@sarahotel-aswan.com, www.sarahotel-aswan.com; auf den Felsen hoch über dem Katarakt u. weit südl. des Stadtzentrums gelegen, stündl. Shuttle Service zur City, herrl. Blick ü. Nil u. Wüste, Bar, Internet DSL, Pool, AC, SatTV, Kschr, rel gr Zi, Balkon, se sa, se ru, mF... E+B €45, D+B €55
- **Tiba**, [2] 2*, nördl. v. Bhf, Tel 2318 588, Fax 2302 889, rel gut eingerichtet, gr Zi, erstaunlich heruntergewirtschaftet (2000 eröffnet) , Ungeziefer (Flöhe) mä sa, ru, AC, mF .... E+B 40, D+B 60
- **Yassen**, [8] v. Bhf 2. li Seitenstr. der Sh El Souk, Tel 2317 109, neben Noorhan Hotel, Familienhotel, tlw Balkon, Dachterr., sa bis se sa, fr, hb, organisiert preiswerte Trips, rel gr Zi, empf, mF... E+B+AC 30, D+B+AC 40
- **October Hostel (Youth Hostel)**, [5a] 96 Sh Tahrir, 1.Block nach Bhf li, Tel 2302235, mä sa, se. einf, mF...(8-Bett-Zi) pP 10, (3-Bett-Zi) pP 25
- Eine **etwas ausgefallene Unterkunft**: An den Kataraktfluten der Insel *Sehel* liegt das **Hausboot** von Mohamed Beshir– ein gut englisch sprechender Nubier -, Tel 0123837725, www.hausboot-am-nil.de, mit 3 Doppelzimmern zu 36 €, nach Lesermeinung zu teuer für das Gebotene, zu abgelegen

Camping

- **Adam's Home**, Westufer, 2,5 km südl. d. Nilbrücke, Tel 010 6404 302, 02979101303, adam_your_home@yahoo.com, www.adamsnubiana.com, typisch nubisches Haus am Nil m. Assuan-Blick, kl „Museum", Besitzer Yahya spricht gut englisch, se fr, se hb z.B. bei Einschiffung für Wadi Halfa, gutes nubisches Dinner, F 15 .... pP 40, Camping 50/Auto od. Zelt, 25 pP

Adam's Home - nubisches Haus mit viel Atmosphäre

Unternubien, Nasser-Stausee, Abu Simbel

Anreise nach Abu Simbel

Per Flugzeug: Von Assuan aus verkehren mehrmals täglich Flugzeuge verschiedener Fluglinien nach Abu Simbel. Hin- und Rückflug kosten $100-120; rechtzeitig am Flughafen sein, Flugzeuge starten manchmal früher. Großer Nachteil: Für die Besichtigung bleiben nur etwa 1,5 Stunden Zeit, alle Fluggäste stürzen sich gleichzeitig auf die Tempel. Überspringen einer Maschine ist schwierig, aber möglich, z.B. erster Flug gegen 7.00 Uhr und mittags um 13.00 Uhr zurück. Wenn Sie jedoch die letzte Nachmittagsmaschine für den Hinflug nehmen und mit der ersten Morgenmaschine, die leer fliegt, nach Assuan zurückkehren, sollte es keine Probleme geben; sie müssen das nur dem Buchungspersonal verdeutlichen. Überlegenswert ist auch die Anreise per Bus, zurück mit der leeren Morgenmaschine fliegen.

Beim üblichen Landeanflug vom Stausee her sieht man von der linken Fensterreihe sehr schön auf die Tempel, rechts nicht. Vom Flughafen zum Tempel fahren Pendelbusse. Um *vor* diesen Bussen anzukommen, nimmt man ein Taxi zu den Tempeln zu ca. £E 30, bucht auch die Rückfahrt und ist ungebunden.

Auf dem Landweg: Die Tempelgruppe liegt 280 km südlich von Assuan. Auf dem Weg überquert man den nördlichen Wendekreis, unterwegs gibt es eine Raststelle (Getränke, WC).

Die Fahrt ist **nur im Konvoi** von Bussen, Minibussen und Taxis gestattet, Abfahrt um 4.00 und 11.30 Uhr. (Nehmen Sie Ihren Pass wegen möglicher Kontrollen mit.) Wenn sich die Fahrzeuge gesammelt haben, rast eine lange Fahrzeugschlange nach Süden, die sich immer weiter ausdehnt. Der Pulk der Reisenden stürzt sich bei der Ankunft auf das Tickethäuschen, Wartezeiten dort sind nicht ungewöhnlich. Eineinhalb bis zwei Stunden nach Ankunft geht es bereits wieder zurück. Man kann auch einen Konvoi „überspringen", d.h. erst nachmittags oder am nächsten Tag zurückfahren. Man muss aber einen sicheren Rückfahrplatz im Bus reservieren.

Fast jedes Hotel (Hathor Hotel wird immer wieder gelobt) und das Tourist-Office vermitteln Fahrten im **Minibus**, die Preise liegen etwa bei £E 100 pP. Wenn möglich, schauen Sie sich den Minibus vorher an; es gibt viele Klagen über engste Sitzverhältnisse, die man über viele Stunden zu ertragen hat (meiden Sie die engen Sitze hinter dem Fahrer bzw. Beifahrer), häufig ohne Klimaanlage. Der öffentliche Bus ist die bessere Alternative. Wer bei der Rückkehr den Kalabsha-Tempel, den Hochdamm und die Insel Philae zusätzlich besichtigen will, zahlt etwa £E 10 mehr.

Hinweis: Die lange monotone Fahrt ist als unfallträchtig bekannt. Im Herbst 2008 verunglückte in der Nähe von Abu Simbel ein Touristenbus und überschlug sich, wodurch 7 Menschen starben und 28 weitere verletzt wurden. Der Flug ist sicherer und nicht so anstrengend. Empfehlenswerter ist die Reise mit dem **öffentlichen Bus,** in dem offiziell nur 6 Ausländer mitfahren dürfen. Bei der Ankunft gibt es voraussichtlich kein Gedränge am Ticketschalter, mit Glück auch nicht innerhalb der Anlage. *Upper Egypt Co.* startet vom Busterminal um 8.00 und 17.00 (£E 25, Rückfahrt 6.00, 13.00); empfehlenswert ist der 17-Uhr-Trip mit Übernachtung in Abu Simbel.

Es geht auch **per Taxi:** Die Reise kostet hin und zurück ca. £E 100 pP und mehr, inklusive Hochdamm und Philae. Ein Taxi lädt bis zu 7 Personen, allerdings wird es dann für die lange Fahrtstrecke unbequem eng. Sollten sogar 8 Fahrgäste hineingequetscht werden, dann vermeiden Sie den Sitz auf dem Schalthebel zwischen Fahrer und Beifahrer, oder kaufen Sie sich beide Vorderplätze. Genug Trinkwasser für die Autofahrt mitnehmen.

Per Auto: Es besteht Konvoipflicht, siehe oben. Wie oben erwähnt, ist die Straße unfallträchtig - also erhöhte Aufmerksamkeit trotz oder wegen der Eintönigkeit.

Vom Zentrum Richtung Hochdamm fahren, am Abzweig Flughafen rechts abbiegen.

6 Im Niltal von Kairo bis Abu Simbel

Nach 2 km: Abzweig Assuan Airport
Nach 48 km: Abzweig nach Amada
Nach 43 km: Rasthaus
Nach 67 km: Nördlicher Abzweig Sebua
Nach 18 km: Südlicher Abzweig nach Sebua
Nach 29 km: Abzweig zur Sheikh Sayed Kanal Pumpstation (siehe Seite 518)
Nach 1 km: Brücke über Sheikh Sayed Kanal
Nach 3 km: Brücke über Toshka-Kanal
Nach 1 km: Kreuzung
Links nach Abu Simbel, rechts nach East Uwaynat, geradeaus zur sudanesischen Grenze (gesperrt)
Nach 53 km: **Abu Simbel** (siehe Seite 509)

Als weitere und bei weitem teuerste, aber auch schönste Anreise sei der folgende **Seeweg** genannt:

***Kreuzfahrt auf dem Nasser-See

Das Gebiet zwischen dem Ersten Katarakt bei Assuan und dem Zweiten Katarakt bei Wadi Halfa - **Unternubien** genannt - unterlag über lange Zeiten pharaonischem Einfluss, wurde aber auch immer wieder von nubischen Herrschern regiert. Mindestens seit der Unabhängigkeit gehört es endgültig zu Ägypten, allerdings wurde die bewohnte Fläche inzwischen von den Wassermassen des Nasser-Stausees verschluckt.

Derzeit ermöglichen eigentlich nur Kreuzfahrtschiffe Ausländern den Zugang zu den meisten der geretteten, d.h. auf höheres Niveau versetzten Tempel. Die Zugangsstraßen ab der Abu Simbel Straße sind fertiggestellt, dürfen aber von Touristen nur nach erheblichem bürokratischem Aufwand benutzt werden. Insgesamt sind sechs Kreuzfahrtschiffe auf dem See unterwegs.

Völlig unverständlich starten die vier Schiffe *Nubian Sea*, *Prince Abbas*, *Queen Nabila* (auch *Queen Abu Simbel*) und *Tania* zur gleichen Zeit, legen gleichzeitig bei den Sehenswürdigkeiten an, alle Passagiere stürzen sich in zwei, um eine Stunde erwartende Pulks auf die Tempel. Dort reden die Guides nahezu gleichzeitig auf die Besucher ein, die sich umeinander drängeln, fotografieren und über die Köpfe der bereits Anwesenden schauen müssen. Freitags findet dasselbe Spiel ab Abu Simbel Richtung Assuan statt (Auschecken montags). Es macht daher sehr viel mehr Sinn, auf der *Eugénie* oder *Qasr Ibrim* (Fr ab Assuan, Di ab Abu Simbel) zu buchen, auch wenn diese Schiffe teurer sind.

Nach der Einschiffung am Nachmittag legen die südlich fahrenden Schiffe am nächsten Morgen am Hochdamm ab, fahren nur quer über den See zum *Kalabsha-Tempel* (Beschreibung siehe Seite 488) und nehmen nach dessen Besichtigung die eigentliche Reise gen Süden auf.

Abends erreicht man *New Sebua*, wo das Schiff in Sichtweite der illuminierten Tempel an einem Felsen vertäut wird. Besichtigung der Ruinen am nächsten Morgen, anschließend Weiterreise nach *New Amada* und Besuch der Stätten am Nachmittag. Am folgenden Morgen werden die um Felsen geschlungenen Seile wiederum eingeholt; nach kurzer Fahrt hält man vor *Qasr Ibrim*, das bei Hochwasser bequem vom Deck aus betrachtet werden kann. Gegen Mittag hält der Kapitän direkt auf die Tempel von Abu Simbel zu. Die reine Fahrzeit beträgt 17-18 Stunden.

Abenteuer im Lake Nasser

Für **Angler** muss der Stausee ein Paradies schlechthin sein, denn mit Glück können bis zu 100 kg Fisch an der Angel hängen. Bei Interesse an dem nicht ganz billigen Vergnügen schaue man unter **www.african-angler.com.uk** nach oder bei dem im nächsten Absatz genannten Unternehmen, das ebenfalls Sportangeln anbietet. **Lake Nasser Adventure**, Tel 012 10 40 255, lakenasser@yahoo.com, www.lakenasseradventure.com, ein Schweizerisch-Ägyptisches Unternehmen, veranstaltet **Wander- und Safari-Kreuzfahrten** zwischen Assuan und Abu Simbel mit einem offenen Treckingschiff (12 Personen, Schlafen im Freien) und einem Kabinenschiff für 8 Personen. Dauer jeweils eine Woche, Kosten ab ca. € 900 pP ab Luxor je nach Boot und Jahreszeit.

Unternubien - ***Tempelgruppe New Sebua (auch Al Subu)

Relaxen an Bord - mitten auf dem Nassersee, mitten in der Wüste

***Tempelgruppe New Sebua (auch Al Subu)

Hintergrund: *Auch das Wadi Sebua versank in den Fluten des Stausees, sein Tempel wurde aber von den Ägyptern um 4 km nach Westen auf sicheres Land versetzt (N22°47,55' E32°32,75'), ebenso wie die weiter nördlich gelegenen Tempel von Dakka und Maharraka ganz in der Nähe wieder aufgebaut wurden. Zwischen dem südlicher gelegenen Sebua-Tempel und den beiden letzteren sind etwa 600 m zu marschieren (Eintritt £E 45 für alle Tempel).*

Wadi Sebua bedeutet Tal der Löwen nach der Löwen-Sphingen-Allee, die zum Tempel führt. Setau, unter Ramses II Gouverneur von Kush, ließ den Tempel für seinen König bauen. Ihm unterstand ebenfalls der versunkene Tempel von Gerf Hussein, dessen Plan hier als Vorbild diente. Der Sebua-Tempel war Re-Harachte und Amun-Re geweiht, später wurde er in eine koptische Kirche umgewidmet. Die figürlichen wie bildlichen Darstellungen sehen häufig etwas grob aus; sie stehen für einen nubisch beeinflussten Stil mit schwereren, massiven Proportionen. Interessant ist, dass sich Ramses II hier, fernab der Heimat, selbst als Gott in einer Reihe mit den Hauptgöttern darstellen lässt und diesen, also auch sich selbst, Opfer darbringt. Außerdem überragt er mehrfach als Opfernder die Götter ganz deutlich. All dies wäre im Umkreis von Theben undenkbar gewesen.

Sebua

Ursprünglich war der Tempel von Sebua von einer Lehmziegelmauer umgeben, deren Lage hier am neuen Platz nur durch eine Steinmauer angedeutet ist. Schon von weitem wird der Besucher von zwei großen Ramses II-Statuen begrüßt, die - ungewöhnlich - vor Sphingen auf hohen Steinpodesten stehen und den Eingang markieren. Diese Sockel sind mit gefangenen Afrikanern (links) und Asiaten sowie Libyern (rechts) dekoriert. Eine Stele von Setau in Abu Simbel berichtet übrigens, dass dort wie auch hier libysche Gefangene beim Tempelbau beschäftigt wurden.

Man betritt den **Ersten Hof**, in dem rechts und links je drei Löwensphingen mit Ramses II-Kopf mit Doppelkrone stehen. Auf den Podesten sind, wie am Eingang, Gefangene dargestellt. Durch die spärlichen Reste eines Pylons gelangt man in den **Zweiten Hof**. Dort setzt sich die Sphingenallee fort, allerdings mit (einst) vier verschiedenen falkenköpfigen Formen des Horus-Kopfes; zwischen den Vordertatzen steht jeweils eine Königsfigur.

Der Weiterweg führt dann auf eine Terrasse, auf der sich ein 20 m hoher **Steinpylon** als Eingang zum Tempelhaus mit ehemals vier kolossalen Figuren von Ramses II erhebt. Nur noch eine der Statuen ist erhalten, einen Stab mit Widderkopf als Symbol von Re-Harachte haltend. Reste der zweiten Figur liegen etwa 200 m entfernt am Weg zum Dakka-Tempel im Sand herum.

Die Front des Pylons ist mit verschiedenen und typischen Ramses-Reliefs geschmückt, bei denen der König Feinde vor Re-Harachte (rechts) und Amun-Re (links) erschlägt. Durch das Portal, das außen wie innen mit Reliefs von Ramses II und Opferdarstellungen dekoriert ist, betritt man einen **Offenen Hof** mit fünf Pfeilern auf jeder Seite, an denen Kolossalstatuen von Ramses lehnen, die Ähnlichkeit mit Osirisfiguren haben. Auf den ziemlich verwitterten Reliefs der Seitenwände kann der aufmerksame Betrachter insgesamt 53 Prinzen und 54 Prinzessinnen als Kinder von Ramses II zählen. Wieder führen ein paar Stufen auf ein höheres Niveau mit einer schmalen Terrasse, auf der rechts und links je ein kleiner, beschädigter Sphinx steht. Auf der Dekoration der dahinter stehenden Wand tritt der König von außen mit der unterägyptischen Krone im Süden, der oberägyptischen im Norden in den Tempel ein; ihm kommen die Götter des Tempels entgegen, links Amun-Re, rechts Re-Harachte, denen wiederum Ramses II als Gott folgt, die Hand auf die Schulter legend. Diese unbotmäßige Gleichsetzung (sogar Erhöhung, rechtes Bild) mit den Göttern leistet sich Ramses II nur hier in Nubien.

Jetzt betritt man die **Pfeiler-Halle** mit zwölf Pfeilern. Vor den Mittelpfeilern standen Osirisfiguren, die von den Kopten entfernt wurden, als sie diesen Raum als Kirche benutzten. Die Wände waren mit Bildern von Ramses II und Göttern geschmückt, aber nur wenige sind noch vorhanden. In den folgenden Räumen haben sich die Farben am besten erhalten.

Man geht weiter in eine schmale **Querhalle** mit Seitenräumen rechts und links, die sehr wahrscheinlich als Lager bzw. Schatzkammern für Wertobjekte, wie nubisches Gold, dienten. Auf der Rückseite der Eingangswand sieht man in gut erhaltenen Reliefs, wie Ramses II mit der Räucherpfanne Göttern opfert, wobei er selbst wieder vergöttlicht und gleichrangig (jeweils als Zweiter) dargestellt ist.

In Verlängerung der Tempelachse führt der mittlere Durchgang ins **Sanktuar**, rechts und links liegt noch je eine Kapelle, von denen die linke ausgeschmückt ist. In die Rückwand des Sanktuars wurde eine Nische eingelassen, in der ursprünglich die drei Gottheiten Amun, Ramses II und Re-Harachte als Statuen standen. Hier ist noch ein Teil des koptischen Gipsüberzugs zu sehen; dadurch ergibt sich das etwas absurde Bild, dass Ramses II dem Petrus zu opfern scheint; vor der Versetzung war noch ein Teil der Apsis erhalten, der aber nicht wieder eingebaut wurde. An der linken Wand opfert der König vor der Barke des Amun-Re, rechts vor der des Re-Harachte.

Zum Tempel von Dakka führt ein als Damm aufgeschütteter Weg, den man auch auf Kamelrücken bewältigen kann.

Dakka

Hintergrund: Der Tempel von Dakka, auf einem Hügel wieder aufgebaut, beherrscht mit seinem hohen Pylon die Szene. Bevor er von den Ägyptern hierher versetzt wurde, stand er 40 km flussabwärts. Er war dem Gott Thot (Weisheit), genauer dem Ortsgott Thot von Pnubs, geweiht und - ungewöhnlich - in Nord-Süd-Richtung parallel zum Nil ausgerichtet. Gegründet im 3. Jh vC vom meroitischen König Arkamani (Ergamenes), wurde er unter Ptolemäus IV um den Quersaal und von Ptolemäus VII um die Vorhalle erweitert. Die Römer fügten schließlich den Pylon und das Sanktuar hinzu. Diese Entwicklung zeigen auch seine Reliefs, die zunächst fein

Unternubien - ***Tempelgruppe New Sebua (auch Al Subu)

ausgearbeitet waren und sich später zu eher groben Darstellungen entwickelten.

Der 12 m hohe **Pylon** war ursprünglich durch Ziegelmauern, die nicht mehr existieren, mit dem Tempel verbunden. Er ist in klassischer Manier mit Rundstab und Hohlkehle dekoriert, zwei schmale Wandnischen sind für die Flaggenmasten vorgesehen. Über dem Portal ist eine geflügelte Sonnenscheibe zu sehen, die anderen Dekorationen sind eher skizzenhaft. Auf jeder Seite führen Treppen auf das Dach. Auf den Pylon folgte ein Hof, von dem aber nichts erhalten ist. Man betritt danach eine **Vorhalle**, deren Seitenwände mit Szenen von ptolemäischen Pharaonen bei Opferhandlungen dekoriert sind, an der rechten und linken Seitenwand ist Kaiser Augustus verewigt. An der Decke erkennt man geflügelte Kobras. Auf einen Quersaal, in dem hinten rechts eine Treppe zum Dach hinaufführt (nicht mehr zugänglich), folgt die **Kapelle des Ergamenes**. Ihre Wände tragen zahlreiche Reliefs religiösen Inhalts, die sich hauptsächlich um den Windgott Schu (mit Feder auf dem Kopf, auch als Thot) und die löwenköpfige Göttin des Wassers, Tefnut, drehen. Denn es waren diese beiden, die nach der altägyptischen Sage den Sonnengott nach Ägypten zurückholten, der sich enttäuscht von der Schlechtigkeit der Menschen nach Süden (dem Ursprung des Lebens) begeben hatte. In die linke Seitenwand wurde während der römischen Epoche eine schmale, ebenfalls dekorierte Kapelle gebrochen. An der Rückwand, links vom Eingang zum Sanktuar, hat Ergamenes festhalten lassen, dass er das Land von Assuan bis Takompso (Insel Nähe Maharraka) der Isis von Philae schenkt.

Ein Durchgang führt zum hinteren Ende des Tempels in das in römischer Zeit gebaute **Sanktuar** mit einem Granitschrein. Die groben Reliefs, die in starkem Kontrast zu denen der vorherigen Kapelle stehen, sind versenkt ausgeführt, eine Technik, die normalerweise nur an Außenwänden angewandt wurde. Es sind auch keine Namen angegeben, sondern nur noch *Pharao*. Die Reliefs beschäftigen sich wiederum mit religiösen Themen; meist bringt ein römischer Kaiser, als Pharao gekleidet, den verschiedenen Göttern Opfergaben dar.

Aufgang zum Tempel von Sebua

6 Im Niltal von Kairo bis Abu Simbel

Maharraka

Der Tempel stand ursprünglich 50 km nördlich, wurde nicht vollendet und später ziemlich zerstört, er bietet daher kaum etwas Interessantes. Er stammt aus spätrömischer Zeit und war dem Gott Serapis geweiht. Vom Eingang aus betritt man einen Hof, der auf drei Seiten von Säulengängen flankiert ist. Rechts (östlich) liegt ein schmaler Raum. Die Reliefdekoration ist nur an wenigen Stellen und meist unvollständig erhalten. In der Nordostecke konnte man auf der einzig bekannten Wendeltreppe Altägyptens zum Dach hinaufsteigen; sie ist neuerdings mit einer Holztür verschlossen und daher nicht mehr sichtbar.

An einem nahe gelegenen Hügel sind Bauarbeiten erkennbar. Dort sollen – seit Jahren!! – vor den Fluten gerettete Reliefs von Gedächtnisnischen aus **Qasr Ibrim** (siehe Seite 508) wieder zugänglich gemacht werden.

Per Kamel vom Schiff zum Tempel

***Tempelgruppe New Amada

Auch hier gibt es drei antike Stätten zu sehen (£E 45 für alle Tempel), die an einer Strecke von etwa 700 m liegen: den Tempel von *Amada*, den Tempel von *Derr* und das Grab des *Pennut* (von Nordost nach Südwest; die Schiffsanlegestelle liegt bei N22°44,35' E32°15,46).

Amada Tempel

Hintergrund: Der Tempel von Amada - Amun-Re und Re-Harachte geweiht - stand in einer großen Nilschleife, an der Stelle, wo der Fluss für ein kurzes Stück südwärts fließt. Er wurde unter Tuthmosis III, Amenophis II und Tuthmosis IV (15. Jh vC, 18. Dynastie) gebaut bzw. erweitert. Der Monotheist Amenophis IV/Echnaton ließ die Bilder des Amun-Re ausmeißeln, Sethos I erneuerte sie. Die Kopten nutzten den Tempel als Kirche, der von ihnen aufgebrachte Gipsverputz trug zur langfristigen Erhaltung der Reliefs bei, die heute zu den farbenfrohesten der nubischen Tempel zählen. Als 2000 Jahre später das Wasser des Stausees zu steigen begann, verpackte eine französische Firma den hinteren Tempelteil - der wegen seines brüchigen Baumaterials nicht zersägt werden konnte - mit einem Stahlkorsett, setzte ihn auf niedrige Wagen, verlegte Schienen und zog die 800 Tonnen Historie in dreimonatiger Arbeit 2,6 km weit und 65 m höher an den Rand des künftigen Stausees.

Der äußerlich reizlose Tempel ist nur im Kern erhalten, er besteht aus Pfeilerhalle, Quersaal und Sanktuar. Im Innern ist er jedoch sehr schön dekoriert, einige Inschriften berichten von wichtigen historischen Details. Das heutige **Portal** stand einst zwischen den Türmen eines Ziegelpylons, der nicht mehr existiert. Man geht wenige Schritte und sieht auf der linken Außenwand, wie Re-Harachte Amenophis II umarmt, rechts Tuthmosis III. Im Durchgang sind Amenophis II vor Re-Harachte und Month dargestellt, darunter berichtet Merenptah von einem Feldzug nach Nubien. Gegenüber (rechts) hat sich Setau, der nubische Statthalter von Ramses II und Erbauer des Sebua-Tempels, verewigt.

Die nun folgende **Pfeilerhalle** war ursprünglich ein offener Hof mit vier Säulen vor dem Tempelhaus, den Tuthmosis IV in eine gedeckte Halle mit zwölf Stützpfeilern umbauen ließ, deren äußere Pfeiler durch Mauern verbunden wurden. So ist dieser Raum auf den Wänden und Pfeilern mit Reliefs seines Erbauers in Gesellschaft

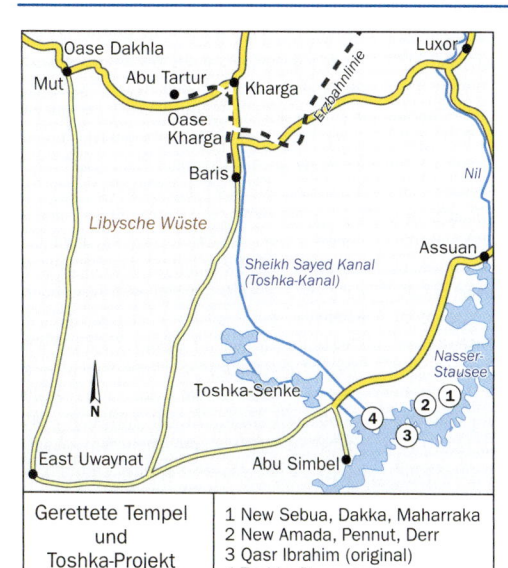

Unternubien - ***Tempelgruppe New Amada

Gerettete Tempel und Toshka-Projekt (Planung)	1 New Sebua, Dakka, Maharraka 2 New Amada, Pennut, Derr 3 Qasr Ibrahim (original) 4 Toshka Pumpstation

von Göttern geschmückt, während auf den vier ursprünglichen Säulen Tuthmosis III und Amenophis II zu sehen sind. Die Szenen auf der Rückwand zeigen (rechts und links neben dem Eingang zu den weiteren Räumen) Tuthmosis III, der von verschiedenen Göttern empfangen wird.

Man geht weiter in den schön dekorierten **Quersaal**. An der Rückseite der Eingangswand sieht man links Amenophis II, der von Horus (links) und Thot mit Weihwasser (dargestellt durch Anch-Hieroglyphen) gereinigt wird. An der linken Seitenwand absolviert er einen Kultlauf mit einem Ruder und einem Emblem in der Hand zu Amun-Re. Auf den anderen Wänden des Quersaals zeigen weitere Reliefs Szenen der beiden Tempelgründer mit verschiedenen Göttern. In der Rückwand führen Türen in drei Räume. Im rechten Raum sind die Zeremonien dargestellt, die Tuthmosis III bei der Grundsteinlegung und schließlich der Einweihung des Tempels absolvierte.

In der Mitte liegt das **Sanktuar** mit zwei kleinen Kultkammern im hinteren Bereich, die mit Opferszenen dekoriert sind. Auf den beiden Seitenwänden des Sanktuars ist links Amenophis II im Umgang mit Göttern, rechts Tuthmosis III in ähnlichen Szenen dargestellt. Auf der hinteren Wand sieht man Amenophis II in einem Boot, in dem er Wein dem Re-Harachte opfert. Darunter schildert er in einem langen Text, wie er auf einem Feldzug nach Syrien sieben Fürsten gefangen nahm, sie erschlug, auf der Rückreise die Toten an sein Schiff hängte, dann sechs von ihnen an die Mauern Thebens, die siebte Leiche an die von Napata in Unternubien als Warnung an seine Feinde.

Derr Felsentempel

Ramses II errichtete 12 km südwestlich des heutigen Standorts den Felsentempel von Derr, den einzigen nubischen Tempel auf dem Ostufer des Nils. Das bereits stark beschädigte Heiligtum wurde von der ägyptischen Antikenverwaltung versetzt. Äußerlich macht es keinen attraktiven Eindruck, denn nur die ehemals hauptsächlich im Fels verborgenen Teile, zwei Hallen und drei Kapellen, blieben erhalten. Ramses II ließ den *Tempel des Ramses im Haus des Re* in seiner Frühzeit errichten, denn hier hält sich seine Darstellung als gleichberechtigter Gott noch eher im Hintergrund. Die etwas groben, aber sehenswerten Reliefs sind dank koptischer Nachnutzung und Gipsabdeckung zum Teil auch farblich noch gut erhalten.

Landungs-"Brücke"

Der **Erste Pfeilersaal,** (offen, gleich nach dem heutigen Eingang) war anfangs gemauert und ging dann in den Fels über. Zwölf Pfeiler stützten die Decke ab, von denen nur die hinteren, an denen Statuen des Königs lehnten, noch in größerer Höhe vorhanden sind. Die Wände waren mit Szenen der nubischen Feldzüge von Ramses II dekoriert, jedoch sind sie heute stark beschädigt. Auf der linken Seitenwand erkennt man Teile des königlichen Streitwagens nebst Bäuchen und Beinen der sie ziehenden Pferde, auf der rechten fliehende Nubier. Links vom Eingang zur hinteren Halle erschlägt der von seinem zahmen Löwen - der einen Feind am Bein packt - begleitete König Feinde vor Re-Harachte, rechts vor Amun-Re. Ganz unten sind links acht, rechts neun Prinzen abgebildet.

Es folgt der **Zweite Pfeilersaal**, dessen mit Stuck überzogene Wände farbig angemalte Reliefs tragen. Die sechs Pfeiler sind auf allen Seiten mit dem König in Gesellschaft unterschiedlicher Götter dekoriert. Die Seitenwände zeigen die Prozession der Barke mit der Götterstatue. Auf der rechten Seitenwand wird die Barke aus dem Tempel herausgetragen; im hinteren Teil empfängt der kniende Ramses das Heb-Sed (Jubiläumssymbol) von Amun-Re und Muth. Auf der rechten Hälfte der Rückwand opfert Ramses II Amun-Re, dem vergöttlichten Ramses II und Muth, links nur Re-Harachte und Hathor.

Vorne auf der linken Seitenwand kehrt die von Priestern getragene und vom Hohepriester (im Pantherfell) begleitete Prozessionsbarke des, wie es in der Beischrift heißt, vergöttlichten Ramses II zurück und wird in derselben Szene vom irdischen Ramses II mit Blumenopfer begrüßt. Dann opfert Ramses dem Fruchtbarkeitsgott Amun-Kamutef (mit erigiertem Phallus) und der Göttin Hathor Wein; danach sieht man ihn vor dem heiligen Ishedbaum, auf dessen Blätter Thot schreibt; rechts vom Baum stehen Ptah und Sechmet.

Von den drei Kapellen, die man durch Türen in der Rückwand der Halle erreicht, diente die mittlere als **Sanktuar**, die beiden anderen vermutlich als Schatzkammern für Reichtümer aus Nubien. Auf dem vorderen Teil beider Sanktuar-Seitenwände sieht man den König mit Rauch- und Trankopfer vor der heiligen Barke, die auf ihrem Podest steht. Auf dem linken hinteren Teil opfert er Kleidung dem Ptah, rechts salbt er (mit dem kleinen Finger!) Re-Harachte. Die Kultstatuen an der Rückwand wurden von den Kopten ausgehackt, an den Resten lassen sich noch (von links) Re-Harachte, der vergöttlichte Ramses II, Amun-Re und Ptah erkennen.

Pennut

Das Grab des Pennut, eines nubischen Gouverneurs unter Ramses VI (um 1140 vC, 20. Dynastie), wurde von der UNESCO von seinem ursprünglich 40 km südlich entfernten Platz hierher versetzt und wieder in den Fels gehauen. Es ist zwar klein, aber mit einigen erfrischend leuchtenden Reliefs geschmückt, von denen leider ein großer Teil abgeschlagen und gestohlen wurde.

Dennoch lohnt die Besichtigung. Das Grab besteht aus einer ziemlich niedrigen Querhalle mit einer dem Eingang gegenüber liegenden Grabnische. Die linke Hälfte der Querhalle ist fast ausschließlich dem Jenseits mit Totenbuchtexten und entsprechenden Handlungen des Grabherrn gewidmet, während die rechte Hälfte Bilder aus dem täglichen Leben des Gouverneurs zeigt(e). Im Eingang links ist Pennut mit seiner Frau vor Thot dargestellt. Auf der Wand rechts des Eingangs beauftragt Ramses VI einen Statthalter, dem Pennut zwei silberne Vasen zu überreichen, dann wird er, die Vasen in Händen haltend, von Dienern geschmückt (Nordwand, weiter oben). Auf der Wand rechts neben der Nische opfert der Grabherr mit seiner Frau und sechs Söhnen vor Osiris. Links der Nische betet Pennut Hathor vor den Westbergen an (ganz links), rechts mit Frau vor Re-Khepri.

*Qasr Ibrim

Gegenüber der nubischen Provinzhauptstadt Miam (Aniba) ragte am Ostufer des Nils ein steiler, 70 m hoher Hügel auf, dessen strategische Bedeutung spätestens im Neuen Reich erkannt wurde, wie eine Stele von Amenophis I (1543 vC) und vier Felskapellen dokumentieren. Ein 680 vC von Taharqa auf der Spitze des Berges erbauter Lehmziegeltempel wurde später von den Kopten in eine Kirche umgewandelt und zu einer Kathedrale ausgebaut; erst 1528 wurde Qasr Ibrim endgültig islamisiert und die Kathedrale in eine Moschee umfunktioniert. Die Römer hatten - vermutlich auf ptolemäischen Ursprüngen - einen Festungswall um den Hügel errichtet, der erst 1812 von den Mamluken zerstört wurde.

Insgesamt durchlief Ibrim eine über Jahrtausende dokumentierte, abwechslungsreiche, meist von Wohlstand begleitete Geschichte - heute schauen bei Hochwasser nur noch die Mauerreste der Moschee und, östlich der Moschee, ein paar Gebäuderuinen aus dem See. Bevor die Flut stieg, wurden die vier Felskapellen gerettet, die best erhaltene (von Usersatet, Statthalter von Kush) ist im Nubischen Museum von Assuan ausgestellt, die anderen werden derzeit in einen Hügel im Gebiet von New Sebua eingebaut. Weil die letzten Relikte schon sehr fragil sind, dürfen Touristen die Insel nicht mehr betreten, sondern können nur vom Deck ihres Schiffes 15 Minuten lang hinunterschauen, dann geht die Reise weiter.

Einlaufen in Abu Simbel

Der Blick vom See auf die immer imposanter aus der Umgebung hervortretenden Tempel ist schon allein die Schiffsreise von Assuan her wert. Die Bordlautsprecher untermalen den Eindruck mit Aida-Musik - fast läuft einem eine Gänsehaut über den Rücken. Während der Schiffsbug auf Ramses II zuhält, meint man (zumindest bei Hochwasser), dem Steinkoloss die Hand reichen zu können - wir haben kaum jemals eine spektakulärere Schiffsankunft erlebt.

Die Schiffe bleiben über Nacht in Abu Simbel vertäut, abends kann man die unbedingt sehenswerte Light and Sound Show betrachten. Während die meisten Passagiere zurück nach

Moschee-Ruinen auf Qasr Ibrim

Assuan fliegen, nutzen andere die Chance und kehren per Schiff zurück. Dieser Gesamttrip dauert dann sieben Tage.

****Die Tempel von Abu Simbel

Hintergrund: Ramses II ließ mitten in der Einsamkeit der nubischen Wüste einen großen Tempel für sich und, wenige Schritte entfernt, einen kleineren für seine Gemahlin Nefertari in den vollen Fels eines Steilabfalls am Nilufer hauen. Bisher fanden sich keinerlei Hinweise, warum diese monumentalen Bauwerke an einem Platz errichtet wurden, der nicht besiedelt war und weit entfernt vom Mutterland lag. Dem selbstbewussten Herrscher ging es wohl darum, die gigantische Bauleistung zur Demonstration seines Einflussbereiches und auch zur politischen Sicherung der nubischen Provinz erbringen zu lassen. Nicht zuletzt lässt sich Ramses II hier – wie wir schon auf den weiter nördlich liegenden Tempeln sahen – als Gott darstellen. Hier, weit entfernt von den Priestern Thebens, ging dies umso unverblümter.

Nicht zuletzt stellte er die technologischen Fähigkeiten und die Finanzkraft Ägyptens unter Beweis, um es in heutiger Terminologie zu sagen. Denn hier wurden hochgradige Ingenieurleistungen erbracht: Man stelle sich nur die Aufgabe vor, ein derart umfangreiches, harmonisch gestaltetes Bauwerk fast 50 m tief in den Berg hineinzutreiben, den gewachsenen Fels in großen Volumina so zu entfernen, dass am Ende z.B. vollendete Kolossalstatuen stehen blieben, und zwar nicht nur eine, sondern vier identische - ein paar Meißelschläge zu viel hätten das Gesamtbild massiv beeinträchtigen können.

6 Im Niltal von Kairo bis Abu Simbel

**Abu Simbel
Großer Tempel**
Querschnitt

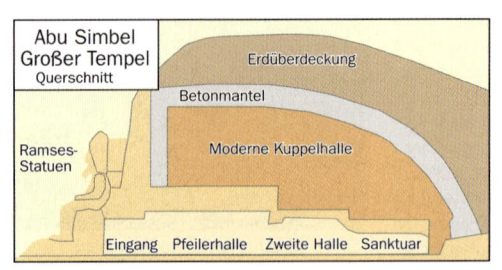

- Erdüberdeckung
- Betonmantel
- Ramses-Statuen
- Moderne Kuppelhalle
- Eingang
- Pfeilerhalle
- Zweite Halle
- Sanktuar

Sonnenspektakel

Da die Mittelachse des Großen Tempels genau nach Osten zeigt, beleuchtet die aufgehende Sonne am 21. Februar und 21. Oktober die Götterbilder im Allerheiligsten, ein etwa zehnminütiges, atemberaubendes Erlebnis. Diese Gelegenheit lassen sich viele Touristen, aber auch Tausende Ägypter nicht entgehen. Selbst aus anderen afrikanischen Ländern kommen Folkloregruppen und machen aus dem Ereignis ein Volksfest. Doch der Rummel verleidet inzwischen das Erlebnis, wer nicht spätestens um 3.30 Uhr dort ist, hat kaum eine Chance, das Schauspiel im Tempel zu erleben. Im Übrigen dauert die Ausleuchtung etwa fünf Sonnenaufgänge an, also zwei Tage jeweils mit zunehmender, dann mit abnehmnder Beleuchtung der Tempelrückwand. Außerdem ist zu berücksichtigen, dass sich die Sonne aufgrund astronomischer Einflüsse nicht unbedingt exakt an den jeweiligen 21. hält. Und wenn man Pech hat, findet der Sonnenaufgang im Dunst oder hinter Wolken statt...

In Abu Simbel begründen Tempelführer diese Daten mit dem Geburtstag von Ramses am 21. 2. und seiner Krönung am 21.10.; das Erstere ist völlig unbekannt, für das zweite Ereignis gibt es nur die vage Zeitangabe zwischen Juli und Oktober. Auch ist kaum anzunehmen, dass die Götterbilder im Sanktuar das eigentliche Ziel der Beleuchtung waren, denn sie wurden von der sehr großen Barke mit dem Kultbild förmlich in den Schatten gestellt. Das im Vordergrund stehende Kultbild selbst sollte wohl im frühen Morgenlicht erstrahlen.

Die Bauarbeiten begannen unter dem Vizekönig Iuny von Nubien während der ersten Dekade der Ramses II-Herrschaft, die Einweihung fand im Jahr 24 der Ramses II-Zeit (etwa 1250 vC) unter Vizekönig Hekanakht statt, wie Stelen dokumentieren. Schließlich geriet die Anlage in Vergessenheit, Sandverwehungen bedeckten sie. Jedoch wurden Stille und Einsamkeit Jahrtausende später nachhaltig gestört; 1813 entdeckte der Schweizer Forscher Ludwig Burckhardt die Tempel wieder, von denen nur ein Ramseskopf aus einer Sanddüne ragte. Eineinhalb Jahrhunderte danach drohten die Fluten des Nilstausees die Heiligtümer für immer zu versenken. Durch eine 40 Millionen Dollar teure Hilfsaktion der UNESCO gelang schließlich ihre Rettung. Das war keine leichte Aufgabe, denn hier handelte es sich nicht um ein Stein für Stein aufgeschichtetes Bauwerk, das man ebenso Stein für Stein abtragen und wieder zusammensetzen konnte. Sondern es ging um zwei monolithische Gebilde, die zunächst auch als Monolithe aus dem Fels getrennt und dann mit Hilfe von 440 Hydraulikpressen (Großer Tempel) 60 m angehoben werden sollten, eine nicht finanzierbare Lösung. Ein ägyptischer Bildhauer, Ahmad Osman, trug die Idee vor, die Tempel in transportfähige Stücke zu zersägen, auf Lkw zu verladen und am Bestimmungsort wieder aufzubauen. Gegen den Widerstand vieler Experten wurde dieser Vorschlag umgesetzt und tatsächlich kam es zu keiner Katastrophe, nicht einmal zu einer nennenswerten Beschädigung einzelner Elemente.

Als 1964 die Bauarbeiten mitten in der Wüste begannen, stieg der See bereits unaufhörlich. Die Tempel mussten zunächst in einem Wettlauf gegen die steigende Nilflut durch einen künstlichen Damm geschützt werden. Dann galt es, die Bauwerke aus dem umstehenden und darüber liegenden Fels zu befreien, sie in handliche Blöcke zu zersägen, an einen sicheren und höheren Platz zu transportieren und

****Die Tempel von Abu Simbel

wieder zusammenzusetzen. Diese gewaltige und rundum erfolgreich bewältigte Arbeit von zeitweise 3000 Menschen - unter der Bauführung der deutschen Firma HOCHTIEF, in Zusammenarbeit mit einer ägyptischen und weiteren vier europäischen Firmen - wurde im September 1968 mit der Wiedereröffnung der Tempel besiegelt. Man sieht den Bauten die Reise praktisch nicht an.

Der Große Tempel ist den Göttern Amun-Re (südlicher Teil) und Re-Harachte (nördlicher Teil) geweiht, den Hauptgöttern von Ober- und Unterägypten, der Kleine Tempel der Göttin Hathor. Zuvor waren die beiden Felsen lokalen Gottheiten bestimmt, ungewiss ist jedoch, ob sich bereits Vorgängerbauten hier befanden.

Der Große Tempel

Die 33 m (13 Stockwerke!) hohe **Tempelfassade** soll mit Hohlkehle- und Rundstabdekoration sowie der typischen Abschrägung den Tempelpylon darstellen. Vor ihr dominieren vier, im wörtlichen Sinn kolossale **Sitzstatuen von Ramses II** [1], die aus dem anstehenden Fels herausgeschlagen wurden, wobei die zweite von links ihren Oberkörper vermutlich bei einem Erdbeben um die Zeitenwende verlor; er liegt zu ihren Füßen. Trotz ihrer Höhe von 20 m wirken die Statuen nicht plump, sondern eher leicht und freundlich. Das Gesicht des Königs mit seinen weichen Zügen ist beim ganz linken Sitzbild am besten erhalten. Unter dem rechten Arm der dritten Figur ließ Sethos II bei Ausbesserungsarbeiten eine Stützmauer als Lehne anbringen. Im Bereich der Beine kamen die Familienmitglieder des Königs unter: seine Mutter Tui, seine Lieblingsfrau Nefertari und seine bis dahin geborenen Kinder.

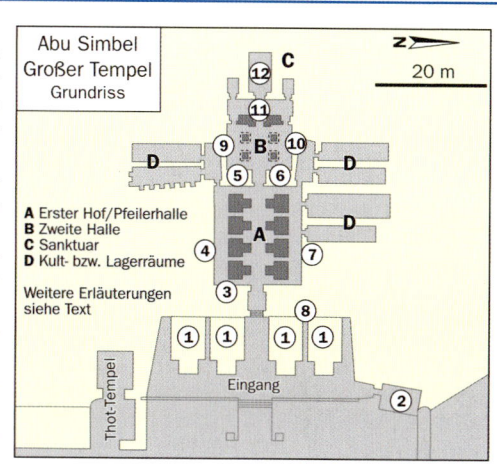

Über dem Eingangsportal wacht eine falkenköpfige Statue, die mit der rechten Hand einen Stab mit Schakalskopf (Hieroglyphe „User"), mit der linken eine Figur der Göttin Maat und auf dem Kopf eine Sonnenscheibe („Re") trägt. Daraus setzt sich der Thronname „User-Maat-

Blick beim Landeanflug auf Tempel und Ort Abu Simbel

6 Im Niltal von Kairo bis Abu Simbel

Weltweite Rettungshilfe

Als sich die Pläne für den Hochdamm konkretisierten, erhoben besorgte Wissenschaftler ihre Stimme und riefen zur Rettung der historischen Kulturgüter auf, die im Stausee zu versinken drohten. Die UNESCO nahm sich mit einer weltweit lancierten Kampagne der Problematik an. Ab 1960 wurden Maßnahmen für die wichtigsten zehn Tempel in Angriff genommen, um sie an höher gelegene, vor dem Stausee geschützte Standorte zu versetzen. Als das spektakulärste Projekt ging die „Reise" der Abu Simbel-Tempel in die Geschichte ein.

Aber es waren nicht allein die spektakulären Aktionen, die Jahrtausende alte Monumente an neue Standorte versetzen halfen, es gab auch unzählige „kleine" Rettungen, in denen durch die Initiative Einzelner wichtige historische Dokumente vor den Fluten in Sicherheit gebracht wurden. Zu diesen Männern gehört der Architekt Friedrich W. Hinkel, der als Angehöriger der Akademie der Wissenschaften der damaligen DDR mit großen persönlichen Anstrengungen maßgeblich an der Rettung im Sudan liegender Tempel beteiligt war.

Re" („Stark ist die Gerechtigkeit des Re") von Ramses II zusammen. Damit sagt der König, wer der Herr des Heiligtums ist: Ramses II. Links daneben sind Amun, rechts Re-Harachte sowie die Vornamen von Ramses II in den Fels geschlagen. Ganz oben begrüßen Paviane mit erhobenen Armen den Aufgang der Sonne. Besucherinschriften lassen sich von der griechisch-römischen Epoche bis in jüngste Zeit zurückverfolgen. Unter ihnen findet sich Fürst Pückler-Muskau mit Herzog Franz von Bayern einträglich vereint.

Die Kolossalfiguren des Königs - jede trägt auf der rechten Schulter einen eigenen Namen - sollen ihn vergöttlicht symbolisieren, d.h. im selben Rang wie die hier angebeteten Götter. Dies trifft auch für weitere Darstellungen an der Fassade und im Innern zu. Links der Statuen wurde eine kleine Felskapelle für Thot in den Berg getrieben (nicht zugänglich); südlich davon fallen recht große Fels-Stelen auf, die von hierher versetzten bzw. für die Tempel zuständigen Beamten in Auftrag gegeben worden waren. Rechts der Statuen steht ein kleiner offener **Sonnentempel** für Re-Harachte [2] mit einem Altar im Zentrum. Die von hier aus Richtung Nil verlaufende Mauer ist der Rest eines Pylons, der einst dort stand. Auf dem Hof sind noch Reste der alten Ziegelpflasterung erhalten sowie (rechts) der Ziegelumwallung, durch die ein Tor zum *Kleinen Tempel* führt.

Zwischen den beiden mittleren Statuen betritt man die 48 m tief in den Berg getriebene Anlage, die in der Raumfolge einem normalen Tempel entspricht. Die Seitenwände des Durchgangs zeigen Bilder von Gefangenen zur Abschreckung von Feinden. Der sonst offene **Erste Hof** [A] ist hier allerdings eine große,

Beide Tempel: links Ramses II, rechts Nefertari

****Die Tempel von Abu Simbel

Der Große Tempel von Ramses II

10 m hohe Halle mit acht Pfeilern, an denen kolossale Figuren des Gottkönigs mit Geißel und Krummstab lehnen; links mit der oberägyptischen Krone, rechts mit der Doppelkrone für Ober- und Unterägypten. Die Pfeiler selbst tragen Szenen vom opfernden König, seiner Gemahlin und seiner Tochter Bentanat. Die Decke ist im Mitteltrakt mit fliegenden Geiern, in den Seitengängen mit Sternen als Symbolen des Himmels bemalt, dadurch öffnet sie symbolisch den Hof nach oben.

Die großflächigen Reliefs an der Eingangswand - sonst typisch für Außenwände - zeigen links vom Eingang [3] den König, der nubische und andere Gefangene vor Amun-Re erschlägt; darunter stehen acht Prinzen, rechts [8] lassen Libyer vor Re-Harachte ihr Leben, unterhalb sieht man neun Ramses-Töchter. Im oberen Register der linken Seitenwand [4] ist der opfernde König über die gesamte Wandlänge in fünf Szenen mit Göttern dargestellt, die vorletzte zeigt ihn kniend vor Re-Harachte unter dem heiligen Ishedbaum, auf dessen Blätter Thot den Namen des Ramses schreibt. Das untere, wesentlich großflächigere Register stellt in eher gewalttätigen, künstlerisch dramatischen Szenen dar (von links nach rechts), wie Ramses II mit seinen Söhnen auf dem Streitwagen eine libysche Festung erstürmt, einen Libyer erschlägt und dabei einen anderen tottrampelt; schließlich kehrt er im Triumphzug mit zahmem Löwen und Gefangenen zurück.

Auf der linken Rückwand [5] präsentiert der König nubische Gefangene dem Amun-Re, ebenso seinem vergöttlichten Selbst (mit Sonnenscheibe) und Muth, wobei er sich nachträglich als Gott zwischen die beiden „quetschte", was man an der armen, an den Rand gedrückten Muth deutlich erkennt. Rechts der Tür sind es hethitische Gefangene [6], die er zunächst Re-

Harachte und der löwenköpfigen Göttin Isuaâs vorführte, nachträglich ließ er aber wiederum sein eigenes (Gott-)Bild einfügen.

Die rechte, nördliche Seitenwand [7] ist der Schlacht von Kadesh zwischen Ägyptern und Hethitern gewidmet. Untere Bildfolge von links: Die ägyptische Truppe marschiert an, dann (zwischen den Eingängen zu den beiden nördlichen Seitenkammern) lagert sie in einem aus zusammengestellten Schilden abgegrenzten Camp, in dem unter anderem Pferde gefüttert werden und rechts das königliche Zelt steht; im nächsten Bild hält der König Kriegsrat; darunter werden zwei Spione ausgeprügelt, danach sieht man das Schlachtgetümmel der Wagenkämpfer. Obere Bilder von links: Der von Feinden umzingelte König schlägt sich tapfer in seinem Streitwagen im Angesicht der Stadt von Kadesh - als großes Rund dargestellt - am Orontes-Flusslauf, in den Feinde stürzen. Nachdem sich der Schlachtenlärm gelegt hat, führen (rechts) Offiziere dem König die Gefangenen vor und zählen abgeschnittene Hände.

Von den Seitenwänden der Pfeilerhalle führen Durchgänge zu insgesamt acht **Kult- oder Lagerräumen** mit stellenweise aus dem Fels gehauenen Wandbänken bzw. Regalen. Aus den z.T schönen Reliefs geht die Bestimmung nicht eindeutig hervor; einige Räume könnten auch als Kapellen gedient haben, die Mehrzahl wohl als Schatzkammern für Gold, Elfenbein und andere Preziosen aus Nubien.

Die **Zweite Halle** wird von vier Pfeilern gestützt, die Ramses II bei der Aufnahme in den Kreis der Götter zeigen. Auf der linken Seitenwand [9] opfern der König und Nefertari vor der Barke von Amun-Re, die von Priestern bei einer Prozession getragen wird, rechts [10] eine ähnliche Szene mit der Barke des vergöttlichten Ramses; d.h. er bringt sich selbst Opfer dar. Auf der Eingangs- und Rückwand sind weitere Opferszenen zu sehen. Es folgt ein schmaler Quersaal [11], dessen Wände ebenfalls Opferszenen tragen. Der hintere mittlere Durchgang führt ins **Sanktuar** [12]. An seiner Rückwand sitzen nebeneinander vier aus dem Fels gearbeitete Götterfiguren: links Ptah von Memphis, dann Amun von Theben, der vergöttlichte Ramses II selbst und rechts Re-Harachte von Heliopolis. Vor den Götterfiguren steht der aus dem Fels gehauene, heute leere Sockel für die Barke mit dem Kultbild. Die Seitenwände sind mit Barken- und Opferszenen geschmückt. Zwei Nebenräume flankieren das Sanktuar.

Früher konnte man auch die moderne Technik besichtigen (was zumindest derzeit nicht mehr zulässig ist): Rechts vom Ramses-Tempel führt eine Tür in das Stahlbetonbauwerk, das den Tempel heute überdeckt, um wieder den Eindruck eines Felsentempels zu erzeugen. Der Blick hinter die Kulisse (mit Dokumentation der Technik und der Versetzaktion) ist interessant und überrascht wegen der Dimensionen.

Der Kleine Tempel

Dieser Tempel ehrt gleichzeitig die Göttin Hathor und die hier vergöttlicht dargestellte Große Königliche Gemahlin **Nefertari**. Vor der Fassade steht sie in kolossalen Standbildern mit dem Kopfschmuck der Göttin Hathor (Kuhgehörn mit Sonnenscheibe), jeweils zwischen den Figuren ihres Gemahls Ramses II in gleicher Größe. Zu Füßen der Eltern kamen kleine Statuen von Prinzen und Prinzessinnen (diese neben der Mutter) unter.

Die **Große Halle** im Innern wird durch sechs Pfeiler untergliedert, auf deren Mittelgangseite jeweils das Gesicht der Hathor mit *Sistrum* (Rassel) auf dem Haupt herausgearbeitet ist. Die anderen Pfeilerseiten sind mit der Königin und Göttern geschmückt. Die Thematik der größtenteils sehr gut erhaltenen und farbenfrohen Reliefs wird beherrscht von Opferdarstellungen, welche die Königin bzw. das Königspaar in Kulthandlungen vor den Göttern zeigen. Es fällt auf, dass die Figuren, insbesondere Nefertari, hier feingliedriger dargestellt werden als im *Großen Tempel*.

Lediglich an der Rückseite der Eingangswand sieht man die üblichen kriegerischen Darstellungen, allerdings in Anwesenheit von Nefertari: Links erschlägt der König einen Nubier vor Amun-Re, rechts einen Asiaten vor Horus. Die linke Seitenwand zeigt in vier Bildern - links

****Die Tempel von Abu Simbel

beginnend - Ramses vor Hathor, Krönung durch Horus und Seth, Nefertari vor Anuket, der König überreicht Amun ein Bild von Maat. Auf der rechten Seitenwand, ebenfalls von links: Ramses opfert Re-Harachte Wein, Nefertari vor Hathor, Ramses opfert vor dem widderköpfigen Gott Herischef, Ramses reicht Ptah Opferspeisen. Auf der Rückwand sieht man Nefertari links vor Hathor, rechts vor Muth.

Man geht weiter in den **Quersaal** mit zwei Nebenkammern und dem Sanktuar. Besonders schön und bekannt ist das Relief an der Eingangswand, in dem die Königin von Hathor und Isis zur Göttin gekrönt, das heißt, in den Kreis der Götter aufgenommen wird. Im **Sanktuar** sieht man in der beschädigten Nische die schlecht erkennbare Göttin Hathor als Kuh aus der Wand (dem Westgebirge) heraustreten, unter ihrem Kopf steht der von ihr beschützte König; an der linken Seitenwand die Königin bei einem Rauchopfer vor Muth und Hathor; auf der rechten Wand Ramses, der vor seinem vergöttlichten Selbst und vor der vergöttlichten Nefertari Rauch- und Trankopfer darbringt.

Praktische Informationen

▶ **Telefonvorwahl 097**

Der Ort Abu Simbel verdankt seine Existenz ausschließlich der Tempelanlage und ihrer Versetzung, d.h. letztendlich den Besuchern. Obwohl ein durch und durch künstliches Gebilde, hat sich inzwischen eine lebensfähige Siedlung entwickelt, die einen deutlich gepflegteren Eindruck macht als viele andere ägyptische Städte. Dennoch: Erwarten Sie nicht allzu viel; es gibt, abgesehen von den wenigen Hotels, keine touristische Infrastruktur.

▶ **Öffnungszeit:** (5.30)7-18 Uhr (Winter 8-17, manchmal auch vor Sonnenaufgang), £E 80 Eintritt für beide Tempel, einschließlich £E 8 Gebühr für obligatorischen Guide und £E 2 für örtliche Steuer; Foto und Video sind nur außen erlaubt. Das Ticket bleibt den ganzen Tag

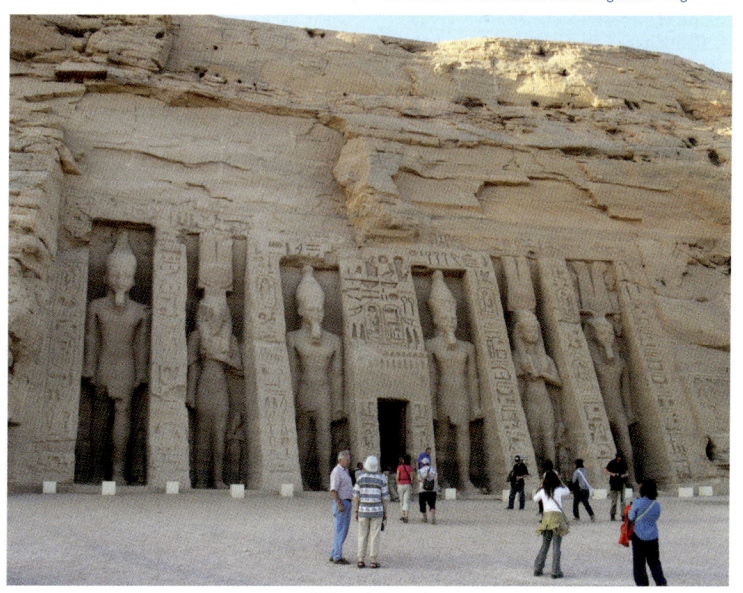

Nefertari-Tempel

6 Im Niltal von Kairo bis Abu Simbel

> **Übernachten**
>
> - **Abu Simbel Nefertari**, 4*, Tel 3400 509, Fax 3400 510, reservation@nefertarihotelabusimble. com, www.nefertarihotelabusimble.com; direkt am Stausee (viele Zi. mit Seeblick), 10 Minuten vom Tempel, ehem. Hotel der „Versetzungsingenieure" aus den 1960er Jahren, daher abgewohnt, SatTV, AC, Kschr, Pool mit Seeblick, Disco, sa, schlechter Service, zu teuer, (überbucht um den 20.2. bzw. 20.10.), mF .... E+B $110, D+B $140
> - **Abu Simbel Village**, 2*, Tel 3400 092, am Ortseingang, nubischer Stil, 3 km vom Tempel; sa, AC, mF .... E+B 110 D+B 150
> - **Eskaleh**, direkt am Seeufer, etwa 25 Gehminuten vom Tempel, Tel 097 3401 288, 012 368 0521, eskaleh@tele2.ch, www.eskaleh.110mb.com; von dem Nubier Fikry Kachif, der in der Schweiz studierte, erbautes Hotel im Stil eines nubischen Wohnhauses mit sehr viel familiärer Atmosphäre (Leser: „Oase der besonderen Art"); WLAN, es gibt nur 5 Zimmer, mF .... D+B €50 und €70
> - **Mercure Seti Abu Simbel**, 4*, Tel 3400 720, reservation@setifirst.com, www.setifirst.com, bestes Hotel in A. S., alle Zi. mit Seeblick, gepflegte Anlage direkt an einer Bucht, 20 Minuten vom Tempel; AC, 2 Pools, Kschr, SatTV, Safe, se sa, mF .... E+B $149, D+B $209
> - **Nobaleh Ramsis**, Tel 3400 118, daobod15@yahoo.com, Ortsmitte, ca. 25 Minuten vom Tempel, se sa , große hohe Räume, mF .... E+B 160, D+B 230
> - **Camping:** im Wohnmobil auf dem Busparkplatz beim Tempel oder beim Esklaleh Hotel

gültig, man kann also die Anlage mehrmals besuchen. GPS-Koordinaten: N22°20,20' E31°37,41'.

▶ **Besuchszeit:** Die Tempel werden von der Morgensonne beleuchtet, daher den Besuch möglichst für den frühen Vormittag planen. Am besten ist, in Abu Simbel zu übernachten und dabei Abend- und Morgenstimmung in der Wüste zu erleben (im Voraus Zimmer buchen). Zur Not vermieten auch die Bewohner „Privatpension" (im Ort oder bei den Tempel-Guides erfragen).

▶ Obwohl Abu Simbel die südlichste Sehenswürdigkeit Ägyptens ist, haben wir (und viele Leser) dort in den kühleren Jahreszeiten schon **bitter gefroren**. Der Wüstenwind bläst erbarmungslos und ist morgens sehr kühl - nehmen Sie eine warme Jacke mit.

▶ Gönnen Sie sich, wenn Sie hier übernachten, unbedingt die **Light and Sound Show** am Abend. Sie ist - da sie nicht die hier im Berg versteckten Tempelteile ausleuchten kann - ganz anders konzipiert und nutzt die Außenflächen als Riesenleinwand mit überraschenden Effekten. Für Fremdsprachen gibt es Kopfhörer.

▶ Wenn Sie individuell per Bus oder Flugzeug ankommen, lohnt es, sich bereits vor Ankunft mit den Tempeln vertraut zu machen, damit Sie einen zeitlichen Vorsprung vor den mitgereisten Gruppen gewinnen. Die Reiseführer dürfen keine Erläuterungen im Tempelinnern geben; so informieren sie gute 10-15 Minuten vorab, danach beginnt der Besucheransturm. Andererseits konnte man sich im Visitor-Center - wie die Gruppen - sehr gut mit modernster Animationstechnik über die Tempel informieren oder diese Gelegenheit zur Rekapitulation nach dem Besuch nutzen; bei unserer letzten Recherche 2008 funktionierte dort allerdings leider nichts mehr.

▶ Das gesamte Gelände ist fast schon wie ein Hochsicherheitstrakt eingezäunt und von Kameras überwacht; die Eingangskontrollen können mit Flughafenkontrollen mithalten.

▶ Ein Tipp: Gehen Sie vor dem Einlass noch zur **Toilette** (Toilettenhäuschen hinter den Verkaufsbuden), nach der Ticketkontrolle gibt es keine Möglichkeit mehr!

▶ Leser empfehlen das **Restaurant El Arab** in der Hauptstraße zum Flughafen. Im Zentrum gibt es weitere brauchbare Restau-

Nassersee - Sonnenuntergang

rants. Achtung: Hier sind die Restaurants sehr teuer, erst nach dem Preis fragen und nur das bezahlen, was bestellt wurde. Die Kellner stellen den Tisch voll und verlangen Fantasiepreise.

▶ Leser empfehlen den intelligenten und weltoffenen **Reiseleiter** Mostafa, Tel 010-1229172, mostafamohamedawad@yahoo.com. Der **Taxifahrer** Ahmed, Tel 0121 431576, ist clever und kooperativ

▶ Es gibt drei **Banken** und mindestens einen Geldautomaten

Toshka - das Jahrhundertprojekt

Anfang 1996 wurde das Toshka-Milliardenprojekt gestartet, das von den Kosten her den Bau des Assuan-Dammes weit übertreffen und voraussichtlich erst im Jahr 2015 fertiggestellt sein wird. Allerdings scheinen den Planern inzwischen Bedenken gekommen zu sein, denn die Idee eines etwa 800 km langen Kanals vom Nassersee bei Abu Simbel über Baris, Kharga, Dakhla bis nach Farafra verschwand im Papierkorb. Derzeit sollen nur 380 km gebaut werden, von denen bereits 80 Prozent fertiggestellt seien, der Rest soll bis 2009 folgen, siehe Karte Seite 507.

Dieses Projekt wird unter der Bezeichnung „Toshka" publiziert, obwohl das nur teilweise richtig ist. Denn das eigentliche Toshka-Projekt bezieht sich auf den Überlaufkanal des Stausees, der bereits in den 1980er Jahren in Angriff genommen und im regenreichen Jahr 1996 erstmals seine geplante Funktion übernahm, anderenfalls hätte am Staudamm Wasser abgelassen werden müssen. Da auch die Folgejahre ungewöhnlich viel Wasser brachten, füllte sich die Toshka-Senke und lief sogar in drei weitere Becken über, sodass derzeit drei Seen mitten in der Wüste liegen, deren Wasser verdunstet, aber nicht wirtschaftlich genutzt werden kann. Dieser - ältere - Kanal zweigt südlich des neuen vom See ab.

6 Im Niltal von Kairo bis Abu Simbel

Der neue Kanal zieht sich mit einer Breite von 60 m an der Oberfläche und 30 m am Boden quer durch die Wüste. Um die hohen Verluste durch Verdunstung nicht auch noch durch Versickern zu erhöhen, wird er in der gesamten Länge betoniert. Rund um die Uhr, sieben Tage die Woche, wird fernab von jeder Zivilisation gesprengt, gebaggert und der Boden mit schweren Maschinen bewegt. Der gigantische Aufwand kreiert natürlich viele Arbeitsplätze, aber die Menschen müssen in einfachster Umgebung mit Staub und Lärm, ebenfalls rund um die Uhr und fernab ihrer Familien, fertig werden.

Damit das Wasser durch natürliches Gefälle bis zum Ende des Kanals fließt, wird es zu Beginn am Nassersee 20 m über den maximalen Wasserstand gepumpt. Die **Pumpstation**, die in der Nähe von Abu Simbel beim umgesiedelten nubischen Dorf Toshka liegt, befördert mit derzeit 18 Pumpen 30 Milliarden Liter Wasser täglich in den Kanal. Sie ist die größte ihrer Art weltweit und muss mit 375 MW elektrischer Energie gespeist werden.

Die Finanzierung des insgesamt auf etwa 90 Milliarden Dollar geschätzten Projekts soll weitgehend durch Privatinvestitionen aufgebracht werden. So wurde das erste Kanal-Teilstück bis Kharga nach dem Investor in *Sheikh Sayed Kanal* getauft.

Mit diesen Maßnahmen soll die landwirtschaftliche Nutzfläche um rund 2 300 qkm erhöht und Lebens- sowie Arbeitsraum für Hunderttausende von Siedlern geschaffen werden. Die klimatischen Bedingungen erlauben vier bis fünf Ernten pro Jahr. Zudem reifen die Früchte früher als anderswo und können vor allen anderen Wettbewerbern die europäischen Märkte erreichen.

Experten üben allerdings Kritik, dass die Wasserentnahme aus dem Stausee viel zu hoch ist, weil sie letztlich zu Lasten des Niltals geht. Doch neben vielen unberücksichtigten ökologischen Folgen bereitet das Projekt auch den Prähistorikern ernsthafte Sorgen. Denn durch die Bauarbeiten werden Gebiete berührt und völlig „umgepflügt", in denen große prähistorische Schätze lagern und weitere vermutet werden. So gehört z.B. die Nabta-Ebene zu diesen hochinteressanten Plätzen, denn die savannenartige Gegend war nachweislich über etwa 5000 Jahre (mit Unterbrechungen während der Trockenphasen) ziemlich dicht besiedelt, die Hauptepoche lag um 5000-4500 vC. Sie musste endgültig verlassen werden, als um 2700 vC zunehmende Trockenheit die Wasserversorgung versiegen ließ (siehe auch www.tondok-verlag.de/ libysche_wueste/index.html).

Die Ebene war nicht nur ein Zentrum für die direkten Bewohner, sondern auch eine zeremonielle Begegnungsstätte, an der sich Menschen von weither versammelten. In einer eng begrenzten Region lassen 3 m hohe Steinmonolithe, ein sogenannter Kalender-Kreis von 4 m Durchmesser und weitere mysteriöse Steinansammlungen sowie Tiergräber auf ein Zeremonialzentrum schließen. Im Kalenderkreis stehen Steinpaare, deren Ausrichtung teilweise in Nordsüdrichtung justiert ist, ein anderes Paar schien auf den ausgehenden Sirius gerichtet zu sein, was aber durch Satellitenmessungen widerlegt wurde. Eine leicht nachvollziehbare Theorie besagt, dass die Bewohner nach Ausbleiben des Regens zum ständig Wasser führenden Nil abwanderten. Aus ihren Fertigkeiten entwickelten sich schließlich Technologien, die in die pharaonischen technischen Fähigkeiten eingingen und sie befruchteten.

Zeugnis anderer Zeiten: Schnecke in der Wüste

Die Libysche Wüste und ihre Oasen

Durch die Wüste - Oasen Bahariya, Farafra, Dakhla, Kharga

Völlig zu Unrecht geraten die Wüstenlandschaften gegenüber dem kulturhistorischen Angebot des Niltals ins touristische Hintertreffen. Unter Kennern zählt gerade die Libysche Wüste (auch *Westliche Wüste* genannt) zu einem der interessantesten Gebiete der Sahara. Über diese riesige Fläche erfahren Sie mehr ab Seite 567. Hier wollen wir Sie mit einem Leckerbissen bekannt machen, der, gefahrlos und vergleichsweise bequem, vor der Haustür des Niltals liegt: der Straße der Oasen.

Die typische Route verbindet die Oasen südwestlich von Kairo. Durch die (noch äußerst miserable) Straßenverbindung zwischen Siwa und Bahariya ergibt sich eine faszinierende Erweiterung dieser Reise: am Mittelmeer in Marsa Matruh starten und nach rund 2000 km Fahrt durch Wüstenlandschaften schließlich in Luxor den Nil erreichen. Obwohl Siwa eigentlich in den Zusammenhang dieses Kapitels gehört, belassen wir die Oase dort, wo von der Mittelmeerküste die Rede ist (siehe Seite 177). Denn Siwa orientiert sich eindeutig nach Marsa Matruh und ist derzeit auch von dort am besten zu erreichen.

In diesem Kapitel wollen wir von Kairo aus die Oase Bahariya, dann Farafra, Dakhla und Kharga besuchen, um schließlich das Niltal bei Assiut oder Luxor zu betreten. Diese Strecke zählt für uns zu einer der abwechslungsreichsten Wüstenrouten schlechthin. Da sind einmal die Oasen, die immer noch in einer etwas abgeschlossenen, eigenen Welt zu überleben scheinen. Spaziergänge durch die schattigen Gärten und Palmenhaine lassen den Lärm, das Gedränge und die Hektik des Niltals vergessen: Exotische Vögel zwitschern im Geäst, Kinder hüten weltvergessen Schafe und Ziegen, Esel traben hochbeladen in den heimischen Stall.

Aber nicht nur das Erlebnis der Oasen mit ihren freundlichen Bewohnern beeindruckt uns. Fasziniert sind wir immer wieder von der auf der relativ kurzen Strecke zwischen Bahariya und Farafra zusammengedrängten Kulisse der Wüstenlandschaften. Nach Reisen durch viele Wüstengebiete der Erde kennen wir kaum ein vergleichbares Stück, das in so kurzer Folge so viele unterschiedliche Landschaftstypen förmlich ausstellt.

Man durchfährt ein grandioses Erosions-Theater, das von schwarzen Tafelbergen zu weißen Kalksteindomen, von goldenen Sandmeeren zu Geröllebenen wechselt. Hier zeigt die Erosion, zu welchen nahezu künstlerischen und kraftvollen Leistungen sie fähig ist. In der **Weißen Wüste** hat sie - und man kann ihr bei der Arbeit zuschauen - ganze Säulen, Kegel, Pilze, Köpfe und

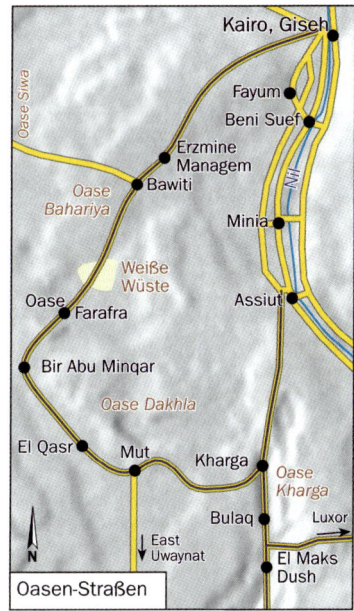

7 Durch die Wüste - Oasen Bahariya, Farafra, Dakhla, Kharga

Sehenswertes

- ****Tägliches Oasen-Leben und **erholsame Spaziergänge in den Palmenhainen**, besonders in Bahariya (Seite 525), Farafra (Seite 540) und Dakhla (Seite 544)
- ******Weiße Wüste** zwischen Bahariya und Farafra, auch als Gegensatz zur nördlich gelegenen **Schwarzen Wüste**, Seite 537
- *****Steilabfall der Dakhla-Senke** als Hintergrund der Dakhla Oase, Seite 544
- ****Hibis-Tempel, Nekropole** ****Bagavat** in Kharga, Seite 559
- ***El Qasr,** recht malerischer Ort in der Oase Dakhla, Seite 546
- ***Dush,** südlichste ptolemäisch-römische Siedlung mit Tempel und Gräbern, Seite 566
- ***Pharaonische Relikte** findet man in jeder Oase außer Farafra, nahezu alle sind einen Besuch wert
- ***Römische Forts** und **Tempel** in der Oase Kharga, ab Seite 557

viele Phantasiegebilde mehr aus dem Kalkstein herausgefräst. Ein kurzes Stück weiter weist sie das Endprodukt vor. Dort sind die Kalksteingebilde bereits abgeschliffen und eingeebnet, der Wind fegt über eine tote Ebene. Und noch eins: Die Wüstenlandschaft ist bisher nicht oder nur minimal umweltbelastet. Wer also möglichst unberührte Natur sucht, findet sie hier - und muss alles tun, um sie zu erhalten.

Hintergrund: Seit den 1950er Jahren hat sich die Regierung insofern der Oasen angenommen, als damals das **„New Valley Project"**, das Kharga, Dakhla und Farafra umfasst, gestartet wurde. Durch erweiterte Wassernutzung und Kulturlandgewinnung sollte zusätzlich zum (alten) Niltal ein neues, fruchtbares Tal mit viel Platz für Siedler aus Gesamtägypten geschaffen werden. Wie Analysen zeigen, lassen sich viele Wüstenböden in fruchtbares Land verwandeln, wenn sie entsprechend bewässert werden. Denn der Boden selbst birgt genug Nährstoffe für eine landwirtschaftliche Nutzung. Dazu lassen sich die (endlichen) unterirdischen Reservoire anzapfen, mit denen etwa zehn Prozent der theoretisch bebaubaren Fläche bewässert werden könnten. Aber auch vom weit entfernten Nil soll Wasser über ein Kanalsystem vom Nassersee herangeleitet und damit erheblich mehr Neuland geschaffen werden (Toshka-Projekt, siehe Seite 517. Im so genannten Neuen Tal - El Wadi el Gedid - sind seither ungeheure Summen investiert worden und der Investitionsbedarf wächst weiter.

Wenn sich die manchmal fast utopisch klingenden Pläne in reale Anwendungen umsetzen lassen, muss die Landkarte Ägyptens neu gezeichnet werden. Dann stellt nicht mehr allein das Alte (Nil)Tal die Lebensader dar, sondern im Neuen Tal könnte theoretisch eine fünfmal größere Fläche kultiviert werden. Die pharaonischen Ägypter sahen dort das Land des Todes, die modernen Ägypter beginnen, dieses tote Land in fruchtbare Felder zu verwandeln - hoffen wir, dass die Umweltfolgen nachhaltig bedacht und die Fehler der Vergangenheit nicht wiederholt werden.

Das New Valley Government (Kharga, Dakhla, Farafra und die Wüstenfläche bis zur Sudangrenze) wurde 1959 von rund 6000 Menschen bewohnt, 1981 waren es bereits 60 000 und zur Jahrtausendwende 152 000; in naher Zukunft wird sich diese Zahl weiterhin massiv erhöhen. Neben den landwirtschaftlichen Projekten soll erheblich in den Tourismus investiert werden. Zusätzlich zu den üblichen Besichtigungs- und Safarireisen soll der Gesundheitstourismus gefördert werden, d.h. Wasser- sowie Sandbäder und Anwendungen natürlicher Heilstoffe in pollenfreier Umwelt.

Als am 3. Oktober 1959 die ersten 3000 Siedler aus dem „alten Tal" Kharga erreichten, stellte man ihnen knapp einen Hektar Land zur Verfügung. Anfang der 1960er Jahre kehrten die

Hintergrund

meisten in ihre Heimat zurück, nur wenige Hundert Familien blieben. Erst seit 1981 bei den Neulandprojekten um Farafra den Siedlern drei Hektar gut bewässerbarer und vererbbarer Boden zugesagt wurden, setzte der Zuzug in größerem Umfang ein (bei Frank Bliss, Wirtschaftlicher und sozialer Wandel im Neuen Tal Ägyptens, können Sie viele Hintergrundinformationen nachlesen, siehe Seite 42).

Die ehrgeizigen Projekte ließen sich bisher nur zum Teil in die Tat umsetzen, auch heute noch müssen Lebensmittel vom Niltal eingeführt werden. Neben Dattelpalmen- und Olivenplantagen sind Klee, Getreide, Reis, Mais, Obst und Gemüse die Hauptanbauprodukte.

Der Boden, auf dem wir uns bewegen, besteht im Wesentlichen aus Kalk- und Sandstein. Während der Trockenperioden der Sahara blies die Winderosion weniger feste Gesteine als Sand davon, es entstanden tiefer liegende Flächen, in denen schließlich Wasser zutage trat - die heutigen Oasen. Falls dann noch Schlammablagerungen aus früheren Flüssen oder Seen hinzukommen, gibt es kein Halten bei der Vegetation.

Alle Oasen des New Valley liegen daher jeweils in einer um etwa 100-150 m tieferen Mulde bzw. Senke als das sie umgebende Wüstenplateau, dessen Ränder steil abfallen und früher nur an wenigen Stellen überwunden werden konnten. Fast dramatisch zeigt sich dies dem Besucher, der per Eisenbahn nach Kharga fährt. Die Schienen müssen weite Schleifen einlegen, um den Niveauunterschied zu bewältigen. Dieser Steilabfall macht auch einen großen Teil des landschaftlichen Reizes aus. Denn hier treten die Gesteinsschichtungen unverblümt zutage, wenn nicht der Wüstenwind Sandwehen bzw. -dünen hinuntergeweht hat. Aber auch sie fügen weitere Farbtupfer in die pastellfarbene Landschaft ein.

Die Oasen werden bisher ausschließlich von **Grundwasser bewässert**, das hier relativ nahe unter der Oberfläche lagert und daher einfacher erreichbar ist bzw. das in artesischen (unter natürlichem Druck stehenden) Brunnen

Sahara

Die ägyptische Sahara hat, wie auch die restliche Fläche dieses riesigen Trockengebiets, eine bewegte Geschichte aus mindestens sechs Feucht- und Trockenperioden in erdgeschichtlich jüngerer Zeit hinter sich. Während der letzten europäischen Eiszeit vor 70 000 bis 11 000 Jahren lag die Sahara unter einer Trockenglocke; dann folgte eine Feuchtperiode, die vor etwa 6000 Jahren wieder zur Trockenheit wechselte. Für die Menschen hieß es, sich nach Wasser umzusehen, eine der heutigen Sahel-Problematik nicht unähnliche Situation. Ziemlich gesichert ist, dass damals viele Bewohner der Ostsahara ins Niltal abwanderten und dort nicht unwesentlich zur kulturellen Entwicklung beitrugen.

leichter an die Oberfläche dringen kann. Doch dieses Grundwasserreservoir ist nicht unerschöpflich. Nach allen bisherigen Erkenntnissen handelt es sich um fossiles, d.h. etwa 20 000 bis 30 000 Jahre altes Wasser, das aus den regenreichen Zeiten der Sahara durch Versickern in speichernden Gesteinen übrig blieb. Dieses stark mineralhaltige Wasser sieht nicht immer sehr appetitlich aus, es ist eisenhaltig und daher häufig leicht rostbraun verfärbt. Aus diesem Grund entstehen an der Oberfläche in den Brunnen hässliche Bollen, die schließlich auch in die Kanäle treiben. Mehrere Leser waren davon so unangenehm berührt, dass sie nicht badeten - lassen Sie sich nicht abschrecken, auch nichtblaues Wasser kann erfrischend sein!

Die in den letzten Jahrzehnten stark intensivierte landwirtschaftliche Nutzung führte besonders in der Oase Kharga zu einem deutlichen Absinken des Grundwasserspiegels; einige Brunnen sind versiegt, bei anderen, früher artesischen, muss jetzt gepumpt werden. In Dakhla ist die Situation günstiger, der Verlust liegt bei etwa 1 cm pro Jahr. Das mineralhaltige Wasser lässt zudem die Böden schneller versalzen; dies wiederum muss mit aufwändigen Drainage-

7 Durch die Wüste - Oasen Bahariya, Farafra, Dakhla, Kharga

Systemen kompensiert werden. Auch aus der Wüste drohen Gefahren. Besonders den Oasen Kharga und Dakhla rücken einige Wanderdünen immer näher und beginnen, Kulturland zu vernichten.

Interessant ist, dass Bahariya, Farafra und Dakhla auf einem Niveau von etwa 100 m über Seehöhe liegen und dennoch aus artesisch gespeisten Quellen leben können, während Kharga mit -18 m und Siwa mit -17 m wie auch das Fayum mit -53 m die Nulllinie unterschreiten. Die unbewohnte Qattara Senke weist mit -133 m den tiefsten Punkt Ägyptens auf.

Alle Oasen waren bereits in pharaonischen Zeiten bekannt. Zeugen dieser Vergangenheit sind überall vorhanden, auch in Farafra, das jedoch in pharaonischen Inschriften genannt wird. Die Bedeutung der Monumente steht freilich hinter denen des Niltals weit zurück. Weniger schmeichelhaft ist, dass in jenen Zeiten die Oasen beliebte Verbannungsorte und Straflager waren. Ausgezeichnete historische Informationen bieten die Bücher von Fakhry (siehe Seite 42).

In keiner der Oasen gibt es im strengen Sinn **„Quellen"**, da es sich immer um natürliche (unter artesischem Druck stehende) oder gepumpte Austritte aus Grundwasser handelt und ein solches Geschehen wird im Deutschen **Brunnen** genannt. Wir sind daher von der fast liebgewordenen (und in der Reiseliteratur durchaus üblichen) Bezeichnung Quelle abgerückt und haben sie durch den unromantischeren Begriff Brunnen ersetzt.

Die Weiße Wüste und die Gilf Kebir Region wurden jüngst als Naturreservate deklariert, in denen die Natur besonderem Schutz unterliegt, d.h. die Besucher müssen sich dementsprechend verhalten. Die Tourguides wurden oder werden noch so geschult, dass sie die Regeln kennen und vermitteln können.

Verantwortung

Der Besuch sowohl der Oasen selbst als auch der Landschaft, in die sie eingebettet sind, vermittelt dem aufgeschlossenen Touristen sehr viel Hintergrund über die Lebensbedingungen in der Wüste. Andererseits legen die Einsamkeit und in gewissem Sinn die Unberührtheit der Wüste dem Besucher die Verpflichtung auf, das auch hier vorhandene Gleichgewicht der Umwelt nicht zu stören oder gar zu zerstören. Jahrtausendelang sind die hier lebenden Menschen durch ausbalancierte Regelmechanismen mit der Umgebung ausgekommen, sei es mit der Vegetation oder dem Wasser. Wir als flüchtige Gäste sind daher umso mehr verpflichtet, die vorhandene Vegetation nicht zu schädigen. Jede für's nächtliche Lagerfeuer herausgerissene Kameldorn-Pflanze fehlt dem eigentlichen Nutznießer und kann sich nicht mehr vermehren.

Selbst dann, wenn die folgende Zusammenfassung schulmeisterhaft klingt und einiges wiederholt, was bereits gesagt wurde, so fühlen wir uns doch verpflichtet, erneut an Ihr Verantwortungsbewusstsein und Ihr Verständnis zu appellieren:

- Wenn Sie in den Brunnen der Oasen **baden**, nehmen Sie unbedingt Rücksicht auf die Bewohner, deren Frauen niemals zusammen mit den Männern baden würden. D.h. Besucherinnen sollten in allgemein zugänglichen Brunnen grundsätzlich erst nach Anbruch der Dunkelheit ins Wasser gehen und das im einteiligen Badeanzug. Abgelegene Badebecken können Sie als Frau auch während des Tages benutzen, aber möglichst nur, wenn keine einheimischen Männer gleichzeitig baden.
- Baden **einheimische Frauen** in einem Brunnen, darf dieser nicht auch von Männern benutzt werden.
- **Frauen** sollten im eigenen Interesse **nicht allein** durch die Oasengärten gehen, denn die Oasen-Frauen gehen stets in Begleitung; Männer könnten das als herausfordernde Geste interpretieren.
- Gehen Sie **behutsam mit der Weißen Wüste** um: Der Wind benötigt Tausende von Jahren zum Formen eines Kunstwerks, das eventuell mit einem Fußtritt zerstört ist. Fahren Sie nicht unnötig bzw. zerstörerisch mit dem Auto zwischen den Kalksteingebilden herum.

Streckenbeschreibung

- Hinterlassen Sie **keine Abfälle** in der Wüste; nehmen Sie in jedem Fall Ihre Abfälle mit heraus, denn vergrabene Abfälle können Tiere oder der Wind wieder freilegen. Toilettenpapier verbrennt man nach der Benutzung.
- Die meisten größeren **archäologischen Stätten** werden durch einen Wärter beaufsichtigt, weil ausländische Amateur-Archäologen häufig nach Schätzen forschten und diese außer Landes karrten. Die Wärter sollen daher aufpassen, dass nichts passiert. Diese Leute sind also nicht allein Bakschischjäger, sondern haben eine Aufgabe, die man anerkennen muss.

Öffentliche Verkehrsmittel, Straßenzustand

Busverbindungen ab Kairo siehe Seite 313.
Achtung: Wegen der Terrorismusgefahr ist die Reise nach und von Assiut Restriktionen unterworfen. Besonders bedauerlich für Busreisende ist, dass sie auf den Wüstenstrecken nicht anhalten und ein Stück abseits der Straße durch die Erosionsgebiete wandern können. Sowohl in Bawiti als auch in Farafra werden jedoch Touren in die Weiße Wüste angeboten, machen Sie unbedingt Gebrauch davon.
Die gesamte Strecke ist asphaltiert; allerdings verstehen es die ägyptischen Straßenbauer, mit jeder neuen Lage von Asphalt die alten Bodenwellen liebevoll zu erhalten.

▶ **Entfernungen** von Kairo aus: Bawiti (Bahariya) 355 km, Weiße Wüste 493 km, Farafra 546 km, Mut (Oase Dakhla) 836 km, Kharga 1032 km, Niluferstraße bei Assiut 1245 km, Luxor (über Baris) 1412 km.

Wenn Sie sich abseits der befestigten Straßen bewegen wollen, lesen Sie bitte zuvor die Tipps ab Seite 91 nach.

Streckenbeschreibung

Abfahrt entweder in Giseh, Mena House Hotel, zunächst Richtung Alexandria, erster Abzweig (Kreisel) links. Ausschilderung lautet hier meist „6th October City". Später taucht dann das Schild *Oasis* auf. Oder man fährt auf der **nördlichen Ringroad** über Giseh hinaus bis zu deren Ende an der 6. October City, wo sie in die Oasenstraße einmündet und biegt dort rechts ab (16 km ab Kreuzung Alexandria Desert Road).

Abfahrt vom Mena House Hotel zum 1 km entfernten Kreisel, dort links abzweigen.
Nach 7 km: Abzweig
Rechts halten (geradeaus ins Fayum); die Straße ist im Bereich der Trabantenstadt **6.October City** („Sitta October") vierspurig ausgebaut.
Nach 3 km: Abzweig
Rechts zur nördlichen Ringroad
Als wir Anfang der 1980er Jahre zum ersten Mal diese Strecke fuhren, begann kurz hinter den Pyramiden die unendliche Weite der Wüste; heute scheint die Besiedlung nicht aufzuhören. Mit der 6.October City ist hier eine neue, inzwischen riesige Stadt aus dem Boden gestampft worden, deren Wachstum ungebremst weiterzugehen scheint. Wenn Sie ein bisschen Zeit haben, biegen Sie doch in einen der Abzweige zu dieser Retortenstadt ein. Sie finden hier die unterschiedlichsten Wohnviertel, von sozial schwach bis schwer reich. An unserer Straße hat sich u.a. die Filmindustrie niedergelassen, vielleicht sieht man daher vermehrt Luxushotels und Vergnügungsparks. Auch für die Toten ist gesorgt. Östlich der Durchgangsstraße entstand eine typische Totenstadt mit unzähligen, etwas uniformen Ziegelgebäuden über den Gräbern.
Nach 7 km: Abzweig
Nach rechts zweigt eine Straße zum „26.July Corridor" ab (siehe Seite 316); wer aus den Oasen hier ankommt, kann bequemer ins Stadtzentrum fahren als über die Pyramid Road.
Nach 10 km: Kreisel, in gerader Richtung weiter.
Rechts der Straße liegt ein längeres, zur 6.October City gehörendes Industriegebiet, dann ein Bereich, der mit *Green Valley* ausgeschildert ist und erst danach beginnt derzeit die Wüste.
Die Straße zieht sich bis Bahariya durch eine flache, relativ langweilige Steinwüste; sie verläuft über weite Strecken parallel zur Erztrans-

7 Durch die Wüste - Oasen Bahariya, Farafra, Dakhla, Kharga

port-Eisenbahn. Nach etwa 80 km liegt über eine längere Strecke beiderseits der Straße **versteinertes Holz**.

Nach 129 km: Tankstelle (häufig ohne Sprit, Teestube, einfach).

Nach 153 km:

Erzmine Managem

(Auch *Gedida*). Gleich nach dem Polizeiposten erstreckt sich rechts die Siedlung der Minenarbeiter mit einfachen Einkaufsmöglichkeiten. Im Club- und Resthouse besteht mit Genehmigung der Minenverwaltung eine einfache Übernachtungsmöglichkeit; relativ brauchbares Restaurant.

Nach 3 km Abzweig links zur eigentlichen Mine. An der Tankstelle der Mine kann man tanken, Tankgenehmigung bei der Minenverwaltung erhältlich.

Die Mine ging 1970/71 in Betrieb, nachdem eine Eisenbahnlinie (kein Personentransport) vom Stahlwerk Heluan bis zur Grube gebaut worden war. Die Erzvorkommen - mit hohem Eisenanteil im Erz - sind die größten Ägyptens. Die Mine zog natürlich Arbeitskräfte aus Bahariya an (oder ab, da sie dort der Landwirtschaft fehlen); etwa ein Drittel der Arbeiter stammt aus der Oase.

Nach 26 km: Naqb el Qaharia
Steilabfall in die Bahariya-Senke
Die Straßenführung folgt nicht der ehemaligen Karawanenroute, die einen der sechs natürlichen, weiter westlich liegenden Abstiege in die Oasen-Senke nutzte.

Oase Bahariya

Hintergrund: Die Oase - 95 km lang und bis zu 40 km breit - ist kein zusammenhängender wie in westlicheren Sahararegionen, sondern sie besteht aus sechs Ortschaften und weiteren kleinen Weilern. Sie alle leben von dem Wasser, das aus der Tiefe kommt, teils unter natürlichem Druck oder als Tiefbrunnen; etwa 400 Brunnen werden genannt. Insgesamt wohnen ca. 40 000 Menschen im Gesamtgebiet, davon rund 18 000 in der Doppelstadt Bawiti/ Qasr. Haupternährungsquelle sind die 150 000 Dattelpalmen, daneben wachsen aber auch reichlich Oliven und andere Obstbäume. Derzeit ist etwa ein Viertel des kultivierbaren Landes tatsächlich genutzt.

Nach 6 km: Abzweig
Links ca. 3 km nach **El Harrah**, kleiner Oasenkomplex (drei Dörfer) inmitten fruchtbaren Landes

Nach 4 km:
Rechts **Qasr Mohareb** auf einem Hügel (N 28°20.615', O 28°58.1'), spärliche Ruinen römischen Ursprungs, die aus einem Fort und Basiliken bestehen. Guter Blick von dort über den nördlichen Teil der Oase mit Salzseen und im Hintergrund dem Pyramidenberg, dem Gebel Dist.

Nach 2 km: Abzweig
Rechts Straße in die größeren Dörfer *Mandisha* und *Zabw*, die sich um ausgedehnte Palmengärten gruppieren. Mandisha ist im Norden auf einer schmalen Straße mit *Agouz* verbunden, nördlich davon liegen Salzseen. Links Abzweig zum Weiler Ain Ghoufar.

Nach 3 km: Agouz
Ein Dorf, das laut Ahmed Fakhry seine Gründung Verbannten aus Siwa verdankt (z.B. Frauen, die sich nicht an die strengen Sitten hielten); allerdings ist von dieser tragischen Legende den heutigen Bewohnern nichts bekannt.

Von hier führt eine ca. 4 km lange Piste zum Brunnen Bir Matar (siehe unter Bawiti). Unterwegs - nach ca. 1 km - zweigt links eine schlecht befahrbare) Piste in ein Wadi ab, die sich den Berg el Engliz hinaufschraubt, auf dem sich der ungeliebte englische Captain Williams (er sollte Truppenbewegungen der Senussi beobachten) eine „**Dienstvilla**", bestehend aus drei Räumen, im Ersten Weltkrieg mit Blick über die Oase baute. Heute stehen davon nur noch zinnenartige Gemäuerreste – mit bestem Blick über die Oase.

Nach 1 km:
Links an der Hauptstraße unterhält der Künstler Mahmud Eed (nach dem Vorbild von Farafra) das **Oasis Heritage Museum** mit angeschlos-

senem *Camel-Camp*, einer sehr einfachen Unterkunft. Zu sehen sind u.a. Werke des Künstlers, die das Leben der Oase dokumentieren sollen.

Nach 4 km:

Bawiti

Hintergrund: Von dem Hauptort Bahariyas gab es schon zu pharaonischen Zeiten - im Mittleren und Neuen Reich dokumentierte - Verbindungen ins Niltal oder, z. B. als Stützpunkt der Handelskarawanen, nach Libyen in der 22. Dynastie. Während der 26. Dynastie blühte die Oase vor allem durch Weinerzeugung zu großem Wohlstand auf; das Grab des Banentiu legt nur zu deutlich Zeugnis davon ab. Erneut stieg ihre Bedeutung unter den Ptolemäern und Römern an, wie die kürzlich entdeckten, häufig vergoldeten Mumien aus dieser Zeit bezeugen. Der erstaunliche Reichtum der Bestattungen lässt auf erhebliche landwirtschaftliche Aktivitäten schließen. In zeitgenössischen Texten werden Datteln, Oliven, Weizen, Gerste und Weintrauben als die Haupterzeugnisse der Oase genannt. Auch Hirse, verschiedene Sorten Gemüse und Linsen - noch heute ein wichtiges Grundnahrungsmittel in Bahariya - wurden angebaut.

Während der christlichen Epoche fand Bahariya ebenfalls Erwähnung (siehe Ruinen bei Ain Ris weiter unten), seit der Islamisierung ging bis zu Beginn des 20. Jahrhunderts die Bedeutung zurück. Mehr Interesse fand die Oase erst mit der Erschließung der Mine von Managem.

Das historische Zentrum lag in **El Qasr**, dem südwestlichen, heute mit Bawiti zusammengewachsenen „Vorort". Dort grub Ahmed Fakhry Reste eines Tempels, eines römischen Triumphbogens und andere Relikte aus. Mehr im Bereich von Bawiti wurden ein Ibis-Friedhof und das Grab des Banentiu sowie das seines Vaters entdeckt.

Im Sommer 1996 sorgte eine Bekanntmachung der ägyptischen Altertümerverwaltung für Aufsehen: In Bahariya sei das größte intakte Mumienfeld der bisherigen Grabungsgeschichte gefunden worden. 1993 (nach anderen Angaben 1995) war ein Esel in der Wüste, bei km 6 der Straße von Bawiti nach Farafra, in ein Loch eingebrochen, in dem es golden schimmerte: Der Esel hatte sozusagen das „Valley of The Golden Mummies" losgetreten bzw. entdeckt. Archäologen untersuchten den Fund und stellten fest, dass es sich um ein Gräberfeld aus der griechisch-römischen Epoche Ägyptens handelt.

Man vermutet etwa 10 000 Mumien, die in einem ausgedehnten Areal in sehr simplen, in den brüchigen Sandstein gehackten Grabhöhlen beerdigt oder eher gestapelt wurden. Denn viele, wenn nicht die meisten Mumien liegen übereinander in Grabhöhlen, wie sie auch heute noch von den Ägyptern für ihre Toten benutzt werden. In der römischen Zeit war die

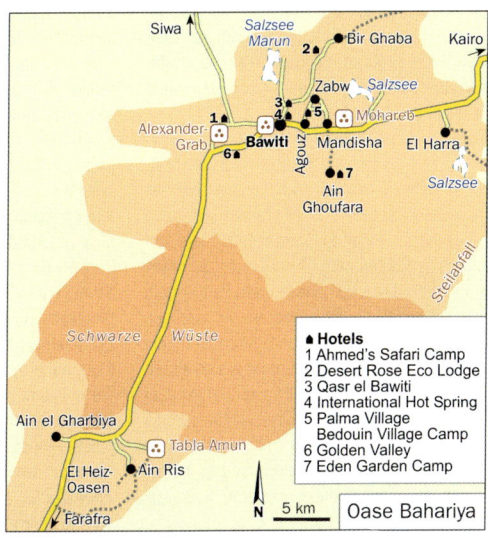

▲ **Hotels**
1 Ahmed's Safari Camp
2 Desert Rose Eco Lodge
3 Qasr el Bawiti
4 International Hot Spring
5 Palma Village Bedouin Village Camp
6 Golden Valley
7 Eden Garden Camp

Oase Bahariya

7 Durch die Wüste - Oasen Bahariya, Farafra, Dakhla, Kharga

Mumifizierungstechnik stark „rationalisiert", d.h. vereinfacht worden, sodass heute viele Leichname zu Staub zerbröseln. Daher bleibt das Grabungsgebiet für Besucher gesperrt. Zunächst soll dort ein Museum gebaut werden, das sicherstellt, dass die sterblichen Überreste klimatisch einwandfrei untergebracht werden. Einige Mumien aus dem ersten Fund wurden nach Bawiti transportiert und werden in einem Lagerhaus („Museum") ziemlich lieblos bei miserabler Beleuchtung zur Schau gestellt. Inzwischen – 2008 – ist es sehr still geworden um das Valley of the Golden Mummis, nur wenige Ausgräber finden noch den Weg nach Baharyia, die Medien widmen sich anderen Themen. Offensichtlich wurde die Ergiebigkeit des Valley (das eine Ebene ist) gewaltig überschätzt.

Abgesehen davon, scheint Bahariya ein bisschen stiefmütterlich behandelt zu werden, da die Oase nicht zum New Valley Project gehört, sondern verwaltungsmäßig zur weit entfernten 6.October City bei Giseh. Diese „Vernachlässigung" hat den Vorteil, dass die Orte Bahariyas etwas mehr Ursprünglichkeit bewahrten als die der Nachbaroasen. Andererseits scheint die Tourismusindustrie Bahariya wegen der relativen Nähe zu Kairo mehr und mehr zu entdecken, wie sich an den immer neu entstehenden Hotels ablesen lässt.

Bawiti, ein Städtchen mit freundlichen Menschen, befindet sich im Aufbruch in die Neuzeit. Die Durchgangsstraße nach Farafra hat den alten Markt abgelöst, an ihr reihen sich lokale Geschäfte, sogar ein „Supermarkt" und verschiedene Restaurants. Den Charme der alten Zeit findet man in den Gassen zum Palmenhain hin; dort lebten die Bewohner bis vor wenigen Jahrzehnten in traditionellen Lehmhäusern, die dem Klima weit besser angepasst waren als die modernen und meist einfallslosen Beton- oder Ziegelbauten. Allerdings verursachten heftige Regenfälle in den 1990er Jahren erhebliche Schäden an den Lehmhäusern, sodass eingestürzte Teile meist durch moderne Baumittel ersetzt wurden.

Der große, mehr oder weniger zusammenhängende Palmengarten war seit alters und ist nach wie vor die Lebensquelle Bawitis. Hier wird ständig im Schatten der Palmen angebaut und ständig geerntet. Spaziergänge unter den Palmen führen in eine (scheinbar) friedliche Welt fleißiger Bauern mit Vogelgezwitscher, grasenden Eseln, in Wasserläufen planschenden Enten.

Auch Hotels können Geschichte schreiben: Im Ortszentrum liegt links auf einer leichten Anhöhe das *Hotel Alpenblick*, auf dessen Terrasse das keimende Heimweh mit Tee oder Bier so lange ersäuft werden kann, bis die Alpen im Dunst sichtbar werden. Den Hotelnamen vergab in den 1970er Jahren ein Schweizer Reiseführer, der in Bahariya eine Zweitwohnung unterhielt. Er starb 1986 und wurde auf seinen Wunsch im Gebiet der Oase beigesetzt.

Das Hotel Alpenblick unter seinem Besitzer Salah war lange Zeit die einzige Übernachtungsmöglichkeit und als Traveller-Treff eine Institution in Bawiti, ja in den Oasen. Zu Beginn der 1990er Jahre musste es aufgrund von Hygiene-Auflagen praktisch neu gebaut werden - ein Stück Traveller-Romantik aus durchgelegenen, flohreichen Matratzen, miserablem Sanitärstandard, aber sehr relaxter Atmosphäre gehört seither der Vergangenheit an. Immerhin blieb das ursprüngliche Schild „HOTEL", aus simplen Brettern und einem Autoreifen zusammengefügt, noch als nostalgisches Markenzeichen erhalten.

Ahmed Abdel Rahim, der lange Zeit im Alpenblick mitarbeitete, baute 1991 etwa 4 km außerhalb Bawitis, in einem Oasengarten an der Straße nach Siwa, ein kleines Resort mit Campingplatz, Bungalows und kleinen Hütten als Einfachunterkunft. Trotz der Randlage ist der Platz auch zu einem viel genutzten Traveller-Treffpunkt geworden.

Der zunehmende Tourismus brachte neue Impulse, ein deutsch-ägyptisches Joint Venture baute ein International Health Center (heute als *International Hot Spring Hotel* im Alleinbesitz von Peter Wirth) am Ostrand Bawitis, das zu-

Ein Bild aus vergangener Zeit in Bahariya: Frauen tragen ihren Schmuck auch beim Wasserholen

7 Durch die Wüste - Oasen Bahariya, Farafra, Dakhla, Kharga

Abenteuer ohne Ende

Ahmed Abdel Rahim, Besitzer des gleichnamigen Safari Camp, kann spannende Geschichten aus seiner Studienzeit erzählen - besonders über die Reise von Bahariya nach Kairo oder umgekehrt. Denn die Asphaltstraße erreichte erst 1974 Managem und 1975 Bahariya. Zuvor benötigte ein zuverlässiger Lastwagen etwa sieben Tage für einen Trip nach Kairo, wenn alles gut verlief. Denn es gab etwa 100 km von Bahariya entfernt und wiederum 20 km vor Kairo Weichsandgebiete, in denen die LKWs häufig stecken blieben. Dann mussten die 30-40 Passagiere von der Ladefläche springen und vereint schieben oder anderweitig helfen, das Fahrzeug wieder flott zu machen. In der Regel transportierte der Lkw neben normaler Fracht 600-800 Liter Wasser, Holz fürs Kochen, Brot und einfache Verpflegung. Außerdem waren entsprechende Mengen Sprit für Hin- und Rückfahrt an Bord, denn in Bahariya gab es damals keine Tankstelle. Aber die Lkw-Omnibusse blieben nicht nur im Sand stecken, häufig genug nötigten technische Probleme der Schicksalsgemeinschaft auf der Ladefläche längere Pausen ab. Als bei einer Reise das Getriebe den Geist aufgab und nur noch 200 Liter Wasser vorrätig waren, schüttete der Fahrer Benzin in das überlebensnotwendige Nass. Ahmed fragte entsetzt nach dem Grund: „Dann wird nicht so viel getrunken", war die lapidare Antwort. Heute ist Ahmed der Meinung, dass ihnen allen damit das Leben gerettet wurde. Denn das Wasser schmeckte so miserabel, dass jeder nur das Allernotwendigste trank; sonst wären die 200 Liter bis zur Rettung durch einen zufällig vorbeikommenden LKW längst verbraucht gewesen. Bei einer anderen Reise hatten es die Fahrgäste besonders eilig, weil sie zum Id el Fitr Fest am Ende des Ramadan zu Hause sein wollten. Doch 45 km vor Bawiti brach das Fahrzeug zusammen, zwei Tage vor Id. An baldigen Ersatz war nicht zu denken. Die Besatzung beschloss, die letzte Strecke zu marschieren. Und es gelang: Nach zwei Tag- und Nachtmärschen, in denen man sich an den Sternen orientierte, konnte der junge Student zu Beginn des Festes an die Tür der erstaunten Eltern klopfen. Bei einem anderen Breakdown in der Nähe von Kairo musste man so lange auf Entlastung aus der misslichen Lage warten, dass die Ferien nicht mehr für die Heimfahrt ausreichten, sondern die Studenten umkehren und zurück zum College fahren mussten.

---

nächst als eine Art Erholungszentrum gedacht war, derzeit aber als die Unterkunft der besser gestellten Klientel gilt. Dem lokalen Stil passen sich die Hotels *New* und *Old Oasis* sowie Beshmo Lodge in der Nähe der *Brunnen Ain Bishmu* an, von deren Terrassen die Gäste über die grünen Palmwipfel der Gärten schauen.

In Bahariya wurde 2001 einer der weltweit größten Dinosaurier von einem amerikanischen Team ausgegraben; er war 8 m groß, 28 m lang und wog etwa 70 Tonnen. Die Fundstelle liegt in der Nähe des *Pyramid Mountain*. Der deutsche Paläontologe Ernst Stromer hatte den Fundplatz vor dem Zweiten Weltkrieg entdeckt.

Es ist übrigens nicht spontan möglich, von Bahariya nach Siwa zu fahren. Derzeit geht es nur mit einer Tasrih, die man bei der Polizei in Bawiti beantragen muss; das mag sich nach Fertigstellung der Asphaltstraße ändern.

Bahariya kennenlernen

Wie überall in Ägypten, so können Sie auch in Bawiti Geld für Souvenirs ausgeben; im Zentrum und in der Hauptstraße finden Sie Gelegenheit dazu.

Doch wenden wir uns den historischen Relikten zu. Seit dem Mumienfund gehört ein **Museumsbesuch** in Bawiti schon fast zum Muss; die Antikenverwaltung glaubt dies zumindest, wenn sie dem Besucher £E 45 für Sehenswürdigkeiten abverlangt, von denen anderorts deutlich weniger Aufhebens gemacht würde.

Bawiti

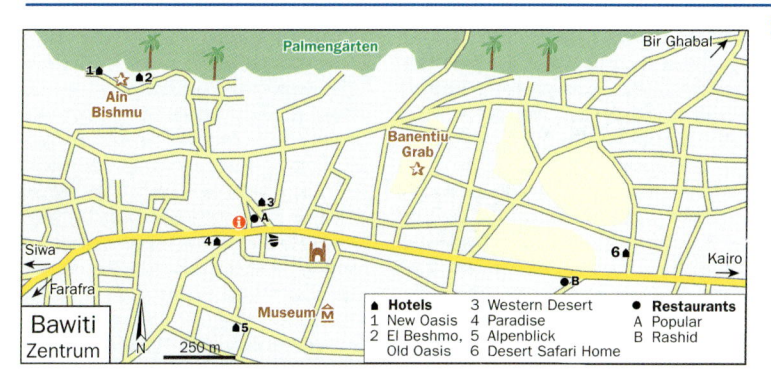

Hotels
1 New Oasis
2 El Beshmo, Old Oasis
3 Western Desert
4 Paradise
5 Alpenblick
6 Desert Safari Home

Restaurants
A Popular
B Rashid

Zum Umfang des Tickets gehören neben dem Museum ein Kapellenkomplex aus der 26. Dynastie bei Ain Muftella, der Tempel von Alexander dem Großen, die Gräber von Banentiu und seinem Vater Zed Amun en Ankh sowie von Amenhotep Huy, einem pharaonischen Gouverneur von Bahariya.

Tickets werden in Museumsnähe verkauft. Im Museum, einer ehemaligen Lagerhalle, sind **Mumien aus dem Golden Valley** - vier Erwachsene und drei Kinder - ziemlich lieblos ausgestellt. Es handelt sich um die ersten der bei km 6 gefundenen Mumien.

Das sehenswerteste historische Monument Bahariyas, das **Grab des Banentiu**, gab der Hügel Qarat Qasr Salim frei, nicht weit vom Museum auf der anderen Seite der Hauptstraße. Das Grab ist exzellent erhalten, seine Wände sind mit schönen Malereien geschmückt. Der reiche Weinhändler konnte sich eine Grabanlage leisten, die von Größe und Ausmalung her im Niltal politisch nicht opportun gewesen wäre, aber hier, weit ab von der Regierungsgewalt, gebaut werden konnte.

Ein etwa 6 m tiefer Schacht verbindet eine unterirdische kleine Halle mit der Außenwelt. Direkt nach dem Eingang rechts sieht man ein Relief, auf dem Banentiu von einem Priester dem Gott Amun-Re - hier als Kamutef - und Horus vorgestellt wird; hinter dem Grabherrn steht Anubis, der Schutzgott des Grabes. Auf dem Rest der Wand sind neben Horus fünf weitere Götter dargestellt. Auf der rechten Wand findet man zunächst Standarten mit Emblemen der sechs Götter, dann folgt der Eingang zu einer Nebenkammer und danach wird der Leichnam in Anwesenheit von u.a. Osiris einbalsamiert, Anubis hält ein Gefäß über das Gesicht des Toten. An der Rückwand wird rechts vom Eingang zur Grabkammer - der ebenfalls schön mit Horus (rechts) und Thot (links) dekoriert ist - die Reise des Mondes gezeigt, wobei Gott Shu (im unteren Register) das Wasser für die Barke mit dem Mond trägt, in dessen Kugel Gott Khonshu sitzt.

Links vom Eingang sieht man die Reise der Sonne in ihrer Barke. Wieder stützt Shu das Wasser der Barke, unterstützt von Affen und Göttern. In der Sonnenscheibe sitzt der Sonnengott Re-

Eine der sechs in der Lagerhalle abgestellten Mumien

7 Durch die Wüste - Oasen Bahariya, Farafra, Dakhla, Kharga

Harachte, vor ihm spielt die Göttin Sechmet mit Sistren (Rasseln). Vorn in der Barke steht der falkenköpfige Horus mit einem Speer zur Abwehr von Feinden des Sonnengottes, hinten hält er das Geschick des Bootes mit Steuerrudern in der Hand.

Auch die Grabkammer ist aufwändig dekoriert, ihr Thema ist das Totengericht. Auf der rechten Wand führt Maat Banentiu zur Waage; auf der rechten Schale liegt sein Herz, das gegen die auf der linken Schale sitzende Maat aufgewogen wird. Der Schreibergott Thot berichtet Osiris - vor einem Opfertisch mit dem Monster Am sitzend - über das Ergebnis (rechts auf der Rückwand). Links davon wieder Isis und Osiris, vor dem Banentiu demütig mit sieben Göttern im Gefolge steht (linke Seitenwand). Zurück in die Haupthalle, auf deren linker Seitenwand man Banentiu am Opfergabentisch sieht. Er erhebt betend beide Hände zu acht Göttern, von denen sechs rechts des Eingangs zu einer weiteren Seitenkammer stehen. Sowohl die vorigen als auch die folgenden Bilder auf der Eingangswand wurden z.T. nur skizziert; hier opfert Banentiu Osiris, Isis und Horus. Die Säulen der beiden Reihen sind jeweils auf der Seite zur Hallenmitte mit Bildern von Göttern versehen, die sich der Grabkammer zuwenden.

Gleich nebenan liegt das **Grab des Zed Amun Ef Ankh**, Vater von Banentiu, das ähnlich, aber kleiner als das des Sohnes angelegt ist. Im Vergleich zu dessen Anlage fallen die Bilder deutlich ab und sind auch schlechter erhalten. Die Wände des Viersäulen-Raumes sind mit religiösen Szenen und einer Reihe aufgemalter Scheintüren bedeckt. Durch diese hatten spätere Benutzer des Grabes insgesamt sechs Seitenkammern gegraben, ohne die Scheintür-Zeichnungen zu stark zu beschädigen.

Bei **Ain Muftella** (siehe weiter unten) wurden vier **Kapellen der 26. Dynastie** restauriert und zugänglich gemacht. Es handelt sich um schwierig zu interpretierende Anlagen, die zu einem Tempel gehörten, von dem nur diese Kapellen erhalten blieben. Der Hohepriester und spätere Oasengouverneur Djed-Chonsu-ef-Anche und dessen Bruder Schebenchons (auch Gouverneur) ließen die Anlagen errichten. Farbig ausgemalte Basreliefs schmücken die meisten Wände. In Kapelle I, der größten, wird meistens Pharao Ahmose II (Amasis) mit Djed-Chonsu und verschiedenen Göttern dargestellt. In Kapelle II taucht der Bauherr öfters auf, sie ist ihm als Hohepriester gewidmet. Die dritte Kapelle war offenbar eine Anbetungsstätte von Gott Bes, dessen großes Basrelief zumindest im unteren Bereich gut erhalten ist. In der vierten Kapelle gibt es nur ein nicht farbiges Relief von Ahmose II mit den Göttern Chnum und Horus.

Von hier aus kann man gleich zu den Überresten des **Tempels von Alexander dem Großen** weiterfahren, indem man die Richtung Siwa zu Ahmeds Safari Camp einschlägt; nicht weit hinter dem Camp liegen die Ruinen. Alexander der Große hatte 331 vC den Tempel errichten lassen, der als einziger sein Gesicht und seine Namenskartusche als Pharao zeigte. Der bekannte Oasenarchäologe Ahmed Fakhry entdeckte sie Mitte des letzten Jahrhunderts, inzwischen hat der Wüstenwind diese königlichen Symbole arg erodiert. Ein Besuch lohnt eigentlich kaum, man kann ihn eher als Referenz an den großen Alexander verstehen.

Das Grab des **Amenhotep Huy**, eines Gouverneurs aus dem Mittleren Reich, liegt an einem Hügelrand (Qarat el Hilwa), etwa 1 km nach dem Ortsende Richtung Farafra. Es ist das einzige Zeugnis aus dieser Zeit. An der Ostwand der Grabkammer sind Ernteszenen mit dem Grabherrn dargestellt.

Reste von historischen Bewässerungsanlagen sind *noch* erhalten. **Ain Hubaga**, ein unterirdischer ehemaliger Brunnen, der etwa 1985 austrocknete, bewässerte über Jahrhunderte die Gärten, entsprang aber 3 km entfernt hinter dem derzeitigen Museum, von der Hauptstraße gesehen). Ein breiter und tiefer Trichter, in dem jetzt eine Palme wächst und leider Müll abgeladen wird, zeigt wie tief die damaligen Bewohner graben mussten. Aber damit nicht genug; in dieser Tiefe musste ein Kanal durch das relativ brüchige Gestein geschlagen werden, der mit vielen Wartungsschächten versehen war, von denen der erste gleich daneben liegt. Dieses Wasserleitungssystem („Fugara") war im Orient weit verbreitet.

Ain Bishmu (pharaonisch *Wasserquelle*), der bekannteste und älteste Brunnen Bawitis, fördert zwar nicht mehr allzu viel Wasser, der tiefe Einschnitt des Ursprungs ist jedoch hübsch anzusehen. Eine weitere, aber kühlere Wasserader - Ain Bardir - kommt ein kurzes Stück weiter Bach abwärts zum Vorschein, sodass sich beide mischen und gemeinsam die Gärten versorgen. Ein Spaziergang nach Ain Bishmu lohnt sehr zum Kennenlernen der Oase. Von dort aus kann man auch in die Palmengärten weiterwandern oder zuvor im gleichnamigen Hotel einen Drink nehmen. Das New Oasis Hotel auf der anderen Seite des Gewässers gehört übrigens zum Ortsteil El Qasr.

Oder man geht ca. 30 Minuten bzw. fährt von Ain Bishmu am Rand der Gärten weiter durch El Qasr. Wer geschulte Augen hat, kann unterwegs an den für Bawiti unüblichen Bausteinen die spärlichen Reste des *Roman Arch* erkennen, der noch zu Fakhrys Zeiten als Torbogen existierte. Er fiel der Qualität seiner eigenen Steine zum Opfer, die als Baumaterial begehrt waren. Gehen Sie weiter am Palmengartenrand entlang und fragen Sie eines der Kinder nach **Ain Muftella** (N28°21,32′ E28°50,92′); dies war auch ein Brunnen aus alter Zeit, der am Fuß eines ziemlich hohen Dünenhügels lag. Man hat ihn aber ein Stück verlegt und in Beton eingefasst. Doch von der Spitze des Hügels bietet sich ein lohnenswerter Ausblick über die sattgrüne Gartenlandschaft Bawitis mit dem Pyramidenberg im Hintergrund. Gleich nebenan stehen die Kapellen der 26. Dynastie (siehe weiter oben).

Wüstentrips

Von Bawiti aus lässt sich gut die Wüste kennenlernen. Etwa 15 km außerhalb liegt in der Nähe des „Pyramidenbergs" *(Gebel Dist)* der Brunnen

Prächtige Blumen neben prächtigem Palmenhain

7 Durch die Wüste - Oasen Bahariya, Farafra, Dakhla, Kharga

Bir Ghaba, ein Ziel für einen Tagesausflug; in der Nähe gibt es zwei einfache Strohhütten-Camps. Im 38 Grad warmen Wasser kann man auch tagsüber weitgehend ungestört baden; zeitweise scheinen sich daher alle Touristen Bahariyas dort zu treffen. Unterwegs bietet sich ein Halt am Brunnen **Bir Matar** (N28°23,07' E28°54.66') an, dessen ursprüngliche Bohrung versiegte und der jetzt aus einer Nebenbohrung gespeist wird, die zum Baden zu heiß ist, doch die direkte Umgebung bietet Schattenplätze. In der Dunkelheit fährt man z.B. zum 40 Grad warmen Brunnen **Bir Roumellah** (N28°21,59' E28°5 2,54'), in dem dann Frauen unbeobachtet ins Wasser springen können.

Lohnenswert ist besonders in der Nachmittagsstimmung und bei Sonnenuntergang ein Ausflug zum **See Marun** (nicht zum Baden geeignet), in dem sich - ähnlich wie in Siwa - das Abwasser sammelt und verdunstet, denn abfließen kann es aus dem Kessel der Bahariya-Senke nicht. Üblicherweise wird man zu einer kleinen Landzunge im See geführt, die bei N28°24,44' E28°52,21' liegt. Man findet allein dorthin, wenn man Richtung Bir Matar fährt und der ersten links, in die Oasengärten abzweigenden Straße etwa 5,5 km folgt und sich zum Schluss an Abzweigen möglichst links hält.

Ausflüge nach Farafra mit Übernachtung in der **Weißen Wüste** (siehe Seite 537) werden immer wieder sehr gelobt. Ein Leser bemerkt: „Es war das am besten angelegte Geld der Reise"). Diese Trips sind eine gute Alternative für Leute, die per Omnibus kommen und sonst keine Chance für einen Abstecher in die Weiße Wüste haben.

Es gibt die unterschiedlichsten Veranstalter. Alle Hotels bzw. Camps bis hin zu Privatunternehmern mit 4WD-Fahrzeugen wollen an dem Kuchen partizipieren, der offenbar gutes Geld abwirft.

Aus der Vielzahl ein paar Anbieter:

- Ahmed Abdel Rahim, Ahmeds Safari Camp, Tel 3847 3399, altgedienter und routinierter Wüstenkenner mit Pioniercharakter, unterhält mehrere Fahrzeuge und bietet verschiedenste Touren an
- Aiman Toney, Tel 012 4661 465, englischsprachig, ökologisch orientiert, sehr erfahren, wird von in Kairo lebenden Ausländern gelobt
- Desert Friends Expedition, Tel 0122621565, lushi303@hotmail.com, unter diesem Namen bietet Lushi Mohamed Abdel Fatah, ein erfahrener Wüstenfahrer, Trips in der gesamten Westlichen Wüste an
- Desert Horses Safari, Tel 0122556279, samy_cotary@hotmail.com; Samy Kotary hält Pferde für Wüstentrips bereit
- Mohammed Abd el Kadr, Chef der Touristeninformation, Tel 3847 3025, hat gute Kenntnisse, auch sein Fahrer spricht englisch
- Khaled Khalifa und Rose-Maria Khalifa, Tel 3847 3399, 010 501 4595, info@khalifa-exp.com, www.khalifa-exp.com, wird von Lesern als profunder und einfühlsamer Wüstenkenner gelobt, auch Trips ins Gilf Kebir
- Senoussi und die Deutsche Stefanie Heine, Tel 3847 3439, aisha_kosa@menanet.net, gehen ebenfalls mit Besuchern auf Wüstentrips, empfohlen für kleine Gruppen und Frauen
- Peter Wirth vom International Hot Spring Hotel (siehe weiter unten), Tel 3847 3014, www.whitedeserttours.com, arrangiert auf Wunsch zunächst eine Schnuppertour in die direkte Umgebung, nach der sowohl Fahrer als auch Gäste gefragt werden, ob sie glauben, auf der längeren Haupttour miteinander auskommen zu können
- Yahia Kandil, Tel 3847 6754, chrisleber@web.de, desertshipsafari.com, bietet das gesamte Touren-Spektrum per 4WD, Kamel oder zu Fuß an. Seine deutsche Frau Christine unterstützt ihn dabei; sehr positive Leserrückmeldungen

Häufig werden auf der Straße wesentlich billigere Trips offeriert als von den Profis. Doch Vorsicht, es wird immer wieder von unguten Vorkommnissen bis hin zu massiver Aufdringlichkeit berichtet, weil diese Leute niemandem Rechenschaft schuldig sind. Sie sollten sich zumindest Personalien (gern werden falsche Namen angegeben) und Adresse in einem Hotel bestätigen lassen und gut einprägen, damit Sie

Bawiti

bei Unstimmigkeiten tatsächlich wissen, um wen es geht.

Leisten Sie nur geringe Anzahlungen und zahlen Sie den größten Teil erst nach erfolgreicher Reise. Denn leider wird hier gern geschludert: Unzuverlässige Autos oder der Ausflug beginnt nicht zur versprochenen Zeit, sondern so spät, dass man erst bei Dunkelheit ankommt.

Lassen Sie sich unbedingt mehrere Angebote machen; versuchen Sie, eine möglichst große Mitfahrergruppe zusammenzubekommen, weil der Preis pro Fahrzeug gilt. Es werden zwei unterschiedliche Trips in die Weiße Wüste angeboten: einmal schön brav per Landstraße, zum anderen auf der alten Piste quer durch die Wüste. Dieser Trip auf rauem Untergrund ist sicherlich faszinierender und abenteuerlicher; er kann aber auch als Desaster enden, wenn das Auto nicht durchhält und man weitab von Verkehrsmöglichkeiten strandet.

Hier einige **Tipps:**

- Fahrzeuge, auf deren Nummernschild „Taxi" steht, sind besser versichert (vor allem Personenschutz) und sollten daher vorgezogen werden.
- Sofern man tiefer in die Wüste vordringen will, sollte man aus Sicherheitsgründen immer mit mindestens zwei Fahrzeugen unterwegs sein.
- Gibt es genug und einwandfreies Trinkwasser, genügend Decken für die Nacht?
- Start am besten am späten Vor- oder frühen Nachmittag, damit man trotz aller Pausen die Weiße Wüste noch sicher vor Sonnenuntergang erreicht. Am nächsten Tag sollte auch für den Besuch Farafras genug Zeit zur Verfügung stehen.
- Verzichten Sie nach Möglichkeit nicht auf die Übernachtung in der Weißen Wüste, denn die Abend- und Morgenlicht zeichnet die Konturen viel besser ab als die harte Mittagssonne.
- Wenn Sie den Abend am Lagerfeuer verbringen wollen, muss Ihr Tourguide Holz mitnehmen; lassen Sie nicht zu, dass er vor Ort die letzten Pflanzen herausreißt.

Praktische Informationen

▶ **Telefonvorwahl 02**
(Bahariya gehört telefontechnisch zu Kairo!).

▶ Die **Touristen-Information** (8-14, 17-20) unter Mohammed Abd el Kadr, Tel/Fax 3847 3025, priv. 3847 2600, 012373 6567, ist im City Council (Neubau gegenüber Abzweig zum Hotel Alpenblick, neben Post und Bank) untergebracht.

▶ **Geld** können Sie bei der National Bank, Nähe Post, tauschen; allerdings nur Cash! Traveller Checks sind nicht in bare Münze umsetzbar.

▶ Ein von einem Leser empfohlener **Arzt**: Dr. Mohammad Ahmed Mebad, Tel Klinik 3847 2270, privat 3847 7160.

Busverbindungen

Tickets (alle Busse nach Kairo £E 20) gibt es (meist nur morgens und abends) in der kleinen blauen Bretterbude, Tel 3847 3610, neben dem Telefonamt und schräg gegenüber dem Paradise-Hotel; dort ist auch die Haltestelle (Tickets für die Weiterreise nach Süden nur im Bus). An der Bushaltestelle warten meist die Hoteliers bzw. deren Schlepper, um ankommende Gäste in ihr Hotel zu drängen. Orientieren Sie sich schon unterwegs anhand der untenstehenden Hotelliste in aller Ruhe über das aktuelle Angebot, um die Unterkunft Ihrer Wahl aufsuchen zu können.

▶ **Kairo:** 6.30 10.00 15.00 (starten in Bawiti), 12-13.00, 23-24 (aus Dakhla ankommend; 4,5 Std, £E 25)

▶ **Farafra, Dakhla:** 11.30-12.00, 23.30-24.00 (2,5 Std, £E 25)

▶ Je nach Bedarf fahren **Minibusse nach Kairo** zum Midan Mounib (£E 20); man steigt am besten schon auf der Pyramid Road kurz vor der Bahnunterführung aus, um mit der Metro ins Stadtzentrum zu fahren.

Preise für Ausflüge, Trips

Die folgenden Trips stehen auf dem Programm fast aller Anbieter; die Preisangaben basieren

7 Durch die Wüste - Oasen Bahariya, Farafra, Dakhla, Kharga

allerdings auf dem Angebot von Ahmed's Safari Camp.

Besichtigung Bahariya
▶ Rundfahrt zu allen mehr oder weniger sehenswerten Objekten innerhalb Bahariyas; erweiterbar auf Übernachtung an einer recht malerischen Düne (£E 50-100 pP).

Weiße Wüste
▶ Abfahrt gegen Mittag, Übernachtung in der Weißen Wüste im Zelt oder unter freiem Himmel. Entweder beide Strecken auf der Asphaltstraße oder eine Richtung auf der Piste. Die Preise liegen bei € 90 (Asphalt) bzw. € 100 (Piste) pro Fahrzeug.

Größere Ausflüge
▶ z.B. alle Oasen pP/Tag € 40
▶ **Gilf Kebir** € 90 pP/Tag
▶ Neben diesen Auto-Trips stehen fast überall auch **Kamelausflüge** (€ 30 pP/Tag inklusive Kamel, Autoanfahrt und 3 Mahlzeiten) oder Wandertrips in die Weiße Wüste oder sogar bis Siwa auf dem Programm. Mohammed vom Tourist-Office kann Interessenten weiterhelfen. Wenn Sie sich zu einer dieser Reisearten entschließen, sollten Sie die Tipps auf Seite 90 lesen.
▶ Bei einem Autotrip nach Siwa von Bawiti aus sollten Sie daran denken, dass Sie 400 km lang auf z.T. schlechter Piste durchgeschüttelt werden. Lesen Sie hierzu alle entsprechenden Infos im Siwa-Text, siehe Seite 188. Genehmigungen für die Fahrt erteilt die Military Intelligence (neben der Polizeistation), sie sind bei *Mohebee Sahara/Desert Lover NGO* zu beantragen. Das Büro befindet sich vorläufig (Herbst 2008) in einem Internetcafé ganz in der Nähe des Eintrittskarten-Kiosks beim Lagerhallen-Museum.

Shopping
▶ Gegenüber der Bushaltestelle beginnt eine Straße, an der die Verkaufsstelle von **Girls Work Shop** (10-13 Uhr) liegt. Hier wird von jungen Frauen hergestelltes Textil-Kunsthandwerk angeboten, das als leichtes Souvenir nach Hause getragen werden kann und die Einheimischen unterstützt.
▶ Auf dem Weg zum Hotel Beshmo weist ein Schild auf die Art **Exhibition von Naglaa Mohamed Sonusy** hin. In einem kleinen Raum stellt die in Bahariya geborene junge Malerin ihre Werke über die Oase zum Verkauf aus. Die Besichtigung kostet £E 10 und ein Foto der Kunstwerke oder der Künstlerin £E 20!
▶ **Ganoub Traditional Handicrafts**, Hauptstraße, kunsthandwerkliche Angebote, Bücher über die Oase

„Nightlife"
▶ – auch das gibt es, allerdings als Beduinen-Tanz-Show. Abgesehen von etwas besseren Hotels, die solche Veranstaltungen für Reisegruppen organisieren, bietet das **Bedouin Village Camp** am Rand von El Agouz jeden Abend ab 21 Uhr Shows dieser Art auch für Nichtgäste.

Restaurants
- **Cleopatra**, Hauptstraße Nähe Abzweig Popular Restaurant, nur 2 Tische, einfach, Essen mäßig
- **Popular Restaurant**, im Zentrum Nähe Polizei, gute, manchmal auch preiswerte Gerichte, Preis bei Bestellung vereinbaren
- **Rashid**, am Ortseingang nach der zweiten Tankstelle links, sauber, gute Küche, preiswert; gilt als derzeit bestes Restaurant in Bawiti
- **Titanic Café**, Nähe Cleopatra, nur Getränke und Wasserpfeife

Übernachten
An der Bushaltestelle werden die Fahrgäste von Hotelschleppern eher überfallen als angesprochen. Es empfiehlt sich daher, bereits vor der Ankunft eine Unterkunft ausgewählt zu haben und diese dann

Bawiti

gezielt anzusteuern. Leser beklagen, dass viele Hotelmanager nur an Wüstentrips interessiert sind und die Gäste ständig dahingehend belabern. Hotels mit Zahlen in **[ ]** siehe Seite 529, mit **[+]** Seite 525.

- **Ahmed's Safari Camp**, [+1] 4 km außerhalb an Siwa-Straße, Tel 3847 0001, 012 4925 563, Fax 3847 2090, ahmed_safari@hotmail.com, www.ahmedsafaricamp.com, Gäste werden auf Wunsch in Kairo abgeholt (£E 200/Auto bis zu 6 Pers.), gute Atmosphäre, viele Blumen und Grün, hb, fr, se sa, se ru, hb, Mahlzeiten erhältlich, mF....., E+B 80, E+B+AC 80, D+B 80, D+B+AC 150 (alle AC sind Lux.-Bungalows), Zweipersonen-Zelt bzw. Hütte pP 5, Backpacker-Bungalow 20 pP,
- **Alpenblick**, [5] Bawiti-Zentrum, Tel/Fax 847 2184, alpenblick_hotel_oases@hotmail.com, traditionsreiche Unterkunft unter Salah, deutscher Kontakt: ChristaBuck@web.de, schö Innenhof, Pool im Bau, gute Atmosphäre, se fr, ru, sa, se sa, mF............ E+B 70, E+B+AC 90, D 70, D+B 120, D+B+AC 160
- **Bedouin Village Camp**, [+5] El Agouz, Tel 849 6811, bedouinvillage@hotmail.com, www.bedouin. com, am Rand des Dorfes, se ru, fr, mF ....2-Bett-Hütte 70, Zelt 20
- **Desert Safari Home**, [6] Sh. Masr, 3847 1321, 012731 3908, khozamteego33@hotmail.com, www.desertsafarihome.com; relativ neu, viel Grün, hübscher Innenhof, WW-Trips, alkohol. Getränke, mF ....Dom 20 pP, E+B 35, E+B+AC 50, D+B 50, D+B+AC 75
- **Desert Rose Eco Lodge**, [+ 2] Bir el Matar (ca. 10 km vom Zentrum), Tel 0104004163, 0189825588, redatahoun@hotmail.com, www.desertrose-bahriyaoasis.com, se ru abseits gelegen, ökologisch orientiert, eigenes Gemüse u. Früchte, keine Elektrizität, se sa, se fr u. hb, 15% Discount für Leser dieses Buches, mF .... E+B 200 D+B 300
- **Eden Garden Camp**, [+ 7] Ain Ghoufara, Tel 3847 3727, edengarden@hotmail.com, www.eden-gardentours.com, etwa 5 km südl. des Abzweigs nach Mandisha, in kl. Oase mit ca. 30 Einwohnern am Rand der Schwarzen Wüste, Hütten, Gemeinschaftstoiletten, Feuerplatz, se sa, se ru, mF ... pP 30
- **El Beshmo Lodge**, [2] direkt an Ain Bishmu Quelle, Tel/Fax 3847 3500, elbeshmo@hotmail.com, Pool, einige AC-Zi, Ven, se sa, schön am Hang zu den Oasengärten angelegt, hellhörig, von alleinreis. Frauen empf., Preise werden gern höher angesetzt, HP...................... E+B 160, D+B 260
- **Golden Valley**, [+ 6] an Farafra-Straße ca. 2 km außerhalb, Tel 0124972 143, weitläufige Anlage mit gutem Ausblick, abends professionelle Bedu-Musik, Pool, sa, mF ...... E+B 85, D+B 155, Strohhütte 40 pP
- **International Hot Spring**, [+ 4] 3*, Tel 3847 3014, Fax 3847 2322, whitedesert@link.net, www.whitedeserttours.com, im Nordosten Bawitis, ausgeschildert, dt. Eigentümer u. Manager Peter Wirth, im Ort auch als *German Hotel* bekannt, organisiert Trips, Pool, Fitness Raum, Sauna, Ven, se sa, ru, se hb, schö Außenanlagen, Feuerplatz, empf, mF.................. E+B € 40, D+B € 50
- **Miramar**, ziemlich weit abseits am See Marun gelegen, sehr großzügig angelegte Anlage mit ebenfalls se gro Zi, HP .... E+B $25, D+B $45
- **New Oasis**, [1] an Ain Bishmu Quelle, Tel/Fax 3847 3030, max_rfs@hotmail.com, schö Blick auf Palmengärten, etwas abgewohnt, se sa, se ru, mF (mä)........E+B 60, E+B+AC 80, D+B 90, D+B+AC 160
- **Oasis Panorama**, am nordöstl. Ortseing. v. Bawiti, Tel 3847 3354, Fax 3847 3896, info@oasispanorama.net, ww.oasispanorama.net, schö. Blick auf Bawiti, Dachgarten, gepfl., Erweiterungsneubau mit Delux-Zi, neues gr Rest, AC, SatTV, se sa, se fr, mF .... E+B 130, D+B 175
- **Old Oasis**, [2] Nähe Ain Bishmu, Tel/Fax 847 3028, Fax 847 1855, saleh_ab@hotmail.com, www. oldoasissafari.4t.com, Internet, gr Palmengarten mit schö Blick über Oasengärten, Pool, gute Atmosphäre, tlw AC, ru, se fr, se sa, Ven, mF (se gut)............E+B 70, D+B 130, D+B+AC 180
- **Palma Village**, [+ 5] 3*, nördlich von Agouz, Tel 3849 6272, palmavalley@yahoo.com, Bungalows, se sa, innerhalb 1000 Palmen, se gr Zi, gr Pool, tlw AC, Kschr, HP .... E+B €55, D+B € 80
- **Paradise**, [4] im Zentrum an der Hauptstraße, untersteht Tourismusorganisation, Garten, se einf, fr, hb, mä sa..pP 10

7 Durch die Wüste - Oasen Bahariya, Farafra, Dakhla, Kharga

- **Qasr El Bawiti**, [+3] Eco-Hotel an der Straße nach Bir Ghaba, Tel/Fax 3847 1880, info@qasrelbawiti.com, www.qasrelbawiti.com, 2006 eröffnetes, ökologisch orientiertes Hotel mit eignen, ökologisch angebauten Lebensmitteln, Pool, Hotspring, großzügige Zi, se sa, mF ..... E+B €60, D+B €80
- **Western Desert Hotel**, [3] Ortszentrum, Tel/Fax 847 1800, westerndeserthotel@hotmail.com, Dachterrasse, Internet, Coffeeshop, SatTV, AC, se sa, mF .... E+B $20 D+B $30
- **Camping** Ahmed's Safari Camp (siehe oben) bietet Campingmöglichkeiten, ... € 3 pP/Nacht

Wir verlassen Bawiti auf der Farafra-Straße, die sich bald durch die **Schwarze Wüste** *(Sahara Suda)* zieht. Sie legt Zeugnis von längst erloschenen Vulkanen ab, deren Reste von der Erosion zerkleinert und oberflächlich verteilt wurden (wer von Siwa nach Bahariya fuhr, konnte diese Oberfläche bereits auf dem letzten Straßenabschnitt sehen). Die Straße wird von schwarz bedeckten, ca. 100 m hohen Zeugenbergen auf dunklem Wüstengrund gesäumt, die vor allem an den Abbruchkanten oder den Flanken mit goldgelben Sandverwehungen gesprenkelt sind; das richtige Kontrastprogramm zur später folgenden Weißen Wüste. Gönnen Sie sich eine Pause, klettern Sie auf einen der Hügel hinauf und lassen Sie die Weite, die Einsamkeit und Stille dieser Landschaft auf sich einwirken.

Nach 6 km: Abzweig der im Bau befindlichen Straße nach Siwa.

Nach 34 km: Abzweig
Hier etwa endet die Schwarze Wüste. Links 4 km zum kleinen Dorf Tabla Amun, das, wie die folgenden Weiler, bereits zur Dorfgruppe namens **El Heiz** gehört.

Nach 2 km: Abzweig
Links ein lohnenswerter Abstecher nach Osten zum ca. 4 km entfernten Dorf **Ain Ris**. Unterwegs liegen unübersehbar die Ruinen der **koptischen Basilika St. Georg** (nördlich der Stichstraße) und, südlich der Straße, die eines römischen Forts, das von Ahmed Fakhry entdeckt wurde. Den Ursprung der Bauwerke vermutet er im 1. oder 2. Jahrhundert. Die Straße endet im kleinen Weiler *Ain Ris*.

Nach 6 km: Abzweig mit Kontrollposten und **Cafeteria**. Rechts liegt der Weiler Ain el Iza, 4 km weiter westlich das Hauptdorf von **El Heiz**, Ain el Gharbiya.

Nach 32 km
Steilabfall(anstieg) der Bahariya-Senke. Die Straße hat das Niveau der umgebenden Ebene erklommen. Rechts sehr schöner Blick auf die Erosionslandschaft.

Gara Tropfsteinhöhle

Der deutsche Afrikaforscher Gerhard Rohlfs hatte an der Darb Assiut eine Tropfsteinhöhle namens Gara (Djara) entdeckt, die in Vergessenheit geriet und 1989 von dem deutschen Wüstenwanderer Dr. Carlo Bergmann wieder gefunden wurde. Sie birgt wichtige prähistorische Informationen, wie z.B. Bilder von damals dort lebenden Tieren. Die Höhle liegt bei N27° 24,189' E29° 38,224', sie ist vom Gelände her eher schwierig zu erreichen, Fahrzeuge und Insassen werden unterwegs heftig durchgeschüttelt. Das Ergebnis der mühsamen Anreise ist dann eher enttäuschend: Plötzlich tut sich im Boden ein größeres Loch auf, durch das man nach unten mehr rutscht als klettert. Die Fülle an Stalaktiten und Stalagmiten auf einer Fläche von etwa 250 qm und aus einer Zeit, in der es hier regnete, ist allerdings überraschend, aber derartige Eindrücke kann man viel bequemer auch in Europa sammeln. Die nüchterne Empfehlung: Die lange Anfahrt lohnt sich praktisch nicht. In Bahariya und Farafra werden mehr und mehr Trips zur Höhle angeboten. Die Prähistoriker fürchten um die Zerstörung der reichen Fundstelle und hoffen, dass sie sich nicht zu einer touristischen Attraktion entwickelt -schließlich gibt es genug andere Attraktionen von viel größerem Reiz in der Farafra-Senke.

****Weiße Wüste

Nach 15 km: **Crystal Mountain** *(Gebel el Izaz)* So wird ein von Kristallen eingerahmter Felsdurchbruch links der Straße genannt, der eine Betrachtung wert ist. Der größte Teil des Berges besteht aus Quarzkristallen, die teilweise durch Metalleinschlüsse gelb bis braun gefärbt sind. In der Umgebung sind noch weitere kristallisierte Felsen zu sehen.

Nach 23 km: Zeitweise Kontrollstelle der Polizei

Kurz nach einem TV-Übertragungsturm blickt man, etwas überraschend, über den Rand des **Steilabfalls zur Farafra-Senke**, ein lohnender Ausblick auf die kommenden Kalkstein-Erosionsgebiete, besonders gut gleich links auf der sandverwehten „Aussichtsplattform" zu sehen.

Nach 2 km: Pistenabzweig (N27°29,12' E28°14,50')

Am Fuß der Abfahrt in die Senke zweigt links die alte Straße ab, von der wiederum gleich rechts (östlich) eine knapp 3 km lange Piste zu einer langgezogenen Sandverwehung am Abhang von braunweißen Kegelbergen namens **El Agabat** führt (N27°27,71' E28°15,07'). Mit etwas Schwung kann man den Hang hinauffahren (4WD) oder man geht hinauf in eine etwas pittoreske Fels- und Dünenlandschaft. Sucht man sich die Auffahrt südlich vom zweiten großen bräunlichen Kegel (N27°27,64' E28°15,10') mit einem Knubbel obendrauf aus, so findet man oben eine fotogene Felsbrücke in einem der Hügel; nach Osten bieten sich schöne Ausblicke in die Giganten-Welt der Abbruchkante. Wenn Sie keine Wüstenerfahrung haben, lesen Sie als Selbstfahrer bitte auf Seite 91 die Informationen über das Pistenfahren nach. Das gilt auch für Fahrten in die Weiße Wüste - denn hier ist man versucht, sich immer weiter von der Asphaltstraße zu entfernen.

Nach etwa 10 km (guter Fotostandort) rücken westlich die ersten Kalkstein-Inselberge relativ nahe an die Straße, die als manchmal schneeweiße Felsgiganten über eine Strecke von etwa 20 km die Abbruchkante der Senke zu bewachen scheinen.

Nach 17 km: Pistenabzweig (Schild *White Desert Nationalpark*, N27°21,67' E28°10,13')

****Weiße Wüste

Wie das Schild besagt, betreten Sie einen National Park, und dafür wird demnächst Eintritt verlangt. Die Rede ist von den üblichen 5 $, wie bei vielen Parks dieser Art, und 10 $ für die Übernachtung.

In der Weißen Wüste (arabisch *Sahara el Bejda*) hat die Erosion phantastische Kunstwerke geschaffen, indem sie den weicheren Stein um einen härteren Kern durch jahrmillionenlanges Sandstrahlen entfernte. Das riesige Areal ist mit Kalksteingebilden übersät, in denen auch phantasielose Leute die tollsten Märchengestalten entdecken können. Ursprung war ein See, der vor etwa 1 Mio Jahren diese Gegend bedeckte. Als er austrocknete, blieben Kalksedimente tierischer Herkunft übrig, wie man z.B. an den vielen herumliegenden Muscheln leicht feststellen kann. Und dann machten sich Wind und Wetter an die Arbeit, das Ergebnis zählt

Reflexe wie auf einer Eisfläche - Sonnenuntergang in der Weißen Wüste

7 Durch die Wüste - Oasen Bahariya, Farafra, Dakhla, Kharga

zu den ungewöhnlichsten Wüstengebieten der Erde.

Es lohnt sich sehr, durch diese Kunstausstellung der Natur zu wandern und dabei auch die kleinen Begebenheiten zu beachten, wie z.B. den im Windschatten eines herumliegenden Steines stehen gebliebenen Kalksteinfleck oder die vielfältigen Versteinerungen von Schnecken, Muscheln oder sogar Zweigen. Denken Sie jedoch daran, dass die Monumente durchaus gebrechliche Gebilde sein können.

Östlich der Straße sind die Kalksteinmonumente kleiner und etwas zarter, während westlich mehr die Inselberg-Giganten vorherrschen - gestrandete, in der Sonne leuchtende Eisberge, deren Flanken steil abfallen. Auch enden auf der östlichen Straßenseite die Kalkmonumente sehr bald, während sie im Westen noch über eine weite Strecke zu sehen sind.

Für uns gehört die Weiße Wüste zu den großartigsten, aber auch unwirklichsten Landschaften weltweit. Wir verbrachten im Lauf der Jahre viele Tage und Nächte in dieser skurrilen Welt und staunen bei jedem neuen Besuch über die Launen der Erosion, die „einfach so" ihre Säulen, Pilze und Skulpturen in eine weite Ebene stellt oder den kaltweißen Kalkboden wie Schneewehen oder als „stürmische See" gleichsam erstarren ließ.

Unvergessliche Erlebnisse waren **Vollmondnächte** (wir planten mehrere Reisen entsprechend) in der Weißen Wüste: Die fahl vom Mondschein beleuchteten Kalksteinmonumente, die ihre Schatten auf gletschergleichen Untergrund warfen, schienen zu einem überdimensionalen Theaterspiel anzutreten, dessen Akteure zwar langsam, aber stetig Position und Aussehen änderten.

Für den Wanderer bietet die östliche Allee die besten Eindrücke, die Giganten im Westen sind nur über größere Entfernungen erreichbar und entfalten erst dann ihre volle Wirkung, wenn man ein Ensemble mehrerer Monumente von möglichst weit oben betrachtet, also auf den einen oder anderen Hügel hinaufklettert. Es sei denn, man dringt etwa 14 km **nach Westen vor** (wozu offiziell eine Genehmigung aus Kairo benötigt wird). Dort liegt bei N27°21.99' E28°2.95' ein großes Areal von zahllosen Pilzen und Säulen, das man bei geschickter Anfahrt über Dünen von der Höhe des Steilabfalls wie von einem hohen Aussichtsturm bewundern kann - Blick auf eine andere, fast unwirkliche Welt.

****Weiße Wüste

Beim weiter oben angegebenen Abzweig kreuzt die Asphaltstraße eine Art Allee von Kalksteingebilden, die sich nach Osten hinzieht und nach etwa 10 km an einem dürftigen, mit ein paar Palmen umstandenen Brunnen endet (*Ain Chadda*, häufig fälschlich *Magic Spring* genannt, dieser liegt jedoch weiter östlich). Er ist ein beliebtes Ziel der üblichen Touren - und sieht häufig danach aus. In der Nähe soll es eine Höhle mit drei Mumien geben.

Für den Allradfahrer bietet die „Verlängerung" der Weißen Wüste nach Süden das noch bessere Erlebnis. Schuf die Erosion im Nahbereich der Straße hauptsächlich pilzförmige Gebilde, so findet man im Süden unglaublich plastische und phantasievolle Statuen mit Gesichtern, die - je nach Tageslicht - zu reden scheinen, gähnen oder verträumt in die Ferne schauen. Allerdings ist die Anfahrt mit einigen längeren Weichsandstellen gespickt, die es zweiradgetriebenen Fahrzeugen zumindest schwer machen, dieses einzigartige Ziel zu erreichen.

Man fährt von der Straße aus **wie folgt:** 3 km auf den Hauptspuren nach Osten, bis rechts ein massiver Kalksteinhügel liegt, an dessen Fuß ein paar Palmen stehen (die ersten Palmen, die man hier überhaupt zu Gesicht bekommt). An der Ostecke dieses Hügels (N27°20,54' E28°11,04') biegt man rechts nach Süden ab und hält sich grundsätzlich südlich. Jetzt folgt man möglichst den Hauptspuren, die mehr oder weniger am Westrand meist grauer Kalksteinkegel - „Ebene der Maulwurfhügel" - entlangführen. Nach etwa 7 km ist der Skulpturengarten (etwa N27°17,20' E28°11,26') erreicht, der von den Tour Guides **New White Desert** genannt wird. In dem weitläufigen Gelände kann man viel Zeit zubringen und die Meisterwerke der Natur bewundern.

Bei einem mehrtägigen Besuch im Frühjahr 2001 raubten uns Fliegenschwärme tagsüber die Nerven. Die Tour Guides meinen, sie seien eine Folge der vor allem früher achtlos fortgeworfenen Abfälle.

Seit der Deklaration der Weißen Wüste als *Protected Area* sind die Gefahren gebannt, die der einmaligen Landschaft durch Neulandgewinnungsprojekte und Kalksteinabbau drohten.

Bei der Weiterfahrt auf der Oasenstraße erlebt man das tragische Ende des Schauspiels. Die Kalksteingebilde schrumpfen mehr und mehr, gehen schließlich ganz in Wüstensand über. Hier hat die Erosion ihr Ziel erreicht, die Oberfläche ist eingeebnet. Auf einigen Flächen ist der Kalkstein zu Mehl zerfallen und bedeckt als Schicht den Wüstenboden. Sandstürme geraten dann zu Kalkstaubstürmen, die sich, im Gegensatz zum bald herunterfallenden Sand, als

7 Durch die Wüste - Oasen Bahariya, Farafra, Dakhla, Kharga

trübe Staubschicht tagelang in der Luft halten können.
Nach 16 km: Polizeiposten
Etwa 120 km entfernt liegt **Ain Della**, ein strategisch sehr günstiger Platz, denn von hier aus lassen sich alle Oasen der Westlichen Wüste in Entfernungen von weniger als 200 km erreichen. Die Süßwasseroase wird nur als Militärstützpunkt genutzt; eine Genehmigung *(Tasrih)* zum Besuch muss man bei der *Military Intelligence* in Kairo beantragen (siehe Seite 318). Am Weg liegt Wadi el Ubayyid, ein Platz mit prähistorischen Relikten, die von italienischen Archäologen ausgegraben werden.
Nach 20 km: Polizeiposten

Oase Farafra

Ein Charakterkopf in Badrs Museum

Hintergrund: Mit ca. 20 000 Einwohnern (bei unserem ersten Besuch 1982 nur 280!!) ist Farafra von der Besiedlung her die kleinste, von der Senkenfläche her die zweitgrößte der Oasen und am weitesten vom Niltal entfernt. Sie zieht sich etwa 200 km von Norden nach Süden und bis zu 90 km in der Ost-West-Richtung. Die ursprünglichen Bewohner gelten als besonders ehrlich und offen; wahrscheinlich liegt (oder lag?) es an der Isolation abseits aller Wege. Obwohl auch Farafra auf eine lange Geschichte zurückblicken kann - erwähnt wurde die Oase zum ersten Mal während der 5. Dynastie im Alten Reich - ist sie erst mit dem New-Valley-Projekt und der 1978 fertig gestellten Asphaltstraße etwas mehr ins Licht gerückt.

Seit 1980 wird in Farafra nach Wasser gebohrt und bebaubares Land/Wüste planiert. Es zeigte sich, dass Grundwasser nahezu im Überfluss vorhanden ist, um im großen Stil Neuland durch Bewässerung zu gewinnen und die Versorgung für die nächsten Jahrzehnte sicherzustellen. Das meiste Wasser kommt sogar durch artesischen Druck an die Oberfläche; allerdings nimmt inzwischen diese vorteilhafte Selbstversorgung stetig ab, sodass in naher Zukunft mehr und mehr Pumpen eingesetzt werden müssen, was die Wasserkosten erheblich verteuern wird.

Auf der Weiterfahrt nach Süden werden Sie über lange Strecken Dörfer, Kanäle und eine Reihe abzweigender Straßen sehen. Hier wird massiv in die Fruchtbarmachung der Wüste investiert. Die überwiegende Zahl der etwa 20 000 Neusiedler kommt aus Oberägypten, aber auch einige Familien aus Kharga und Dakhla ergriffen die Gelegenheit. Wenn auch die meisten Neusiedler weit außerhalb des Kerndorfes leben, so zeigt sich der Einfluss auf die einst so abgeschiedene Oase immer deutlicher an den eher ausufernden, gesichtslosen Neubauten und den sozialen Problemen.

Auf der anderen Seite darf man nicht außer Betracht lassen, dass hier massiv in das ökologische System eingegriffen wird. Es stellen sich viele Fragen, z.B.: Wie lange wird das fossile Wasser tatsächlich ausreichen? Wie lange lassen sich die jetzt so fruchtbaren Böden mit dem mineralhaltigen Wasser bewässern, ohne dass die Mineralien eine weitere Nutzung zunichte machen?

Leider hat der Ortskern durch den Abriss einer ganzen Reihe alter Häuser sowie der alten Moschee (durch Neubau ersetzt) und die Verbreiterung der Hauptstraße seinen ursprünglichen Charakter und seine Atmosphäre nahezu vollständig verloren; nur noch wenige kühle Gassen sind zwischen den immer weniger werdenden Lehmhäusern erhalten geblieben. Das einst so sympathische Gesicht Farafras wurde innerhalb kurzer Zeit der Neuzeit geopfert.

Oase Farafra

Den Schatten der Oasengärten spenden hauptsächlich Dattelpalmen und Olivenbäume, zusätzlich werden Apfelsinen, Aprikosen und Zitronen angebaut. Neben dem Hauptort Farafra gab es noch den südlich gelegenen Weiler Ain Sheikh Murzuk mit acht Gehöften, der heute praktisch vom Neulandgebiet vereinnahmt wird.

Kern von Farafra war eine Speicherburg (Qasr) aus dem 18. Jh, die vermutlich auf viel ältere Anlagen zurückgeht. Bei Angriffen konnten sich die Bewohner in die Festung zurückziehen. Jeder Familie war ein Vorratsraum zugeteilt, in dem die wichtigsten Notrationen aufbewahrt wurden. Daher gruppierten sich die Häuser auch unmittelbar um die Qasr-Mauern. 1945 zerfiel die Anlage nach heftigen Regenfällen und stürzte 1958 endgültig zusammen. Heute ist nur noch ein Schutthügel (etwas nördlich der Moschee) sichtbar.

Um Farafra herum sind noch einige sog. Römerbrunnen (z.B. etwa 3 km nach Ortsende links der Straße nach Süden) aus grauer Vorzeit erhalten, die jedoch versiegen oder davon bedroht sind, weil sie aus einer Wasserschicht in 300 m Tiefe gespeist werden. Brunnenbohrer, die schnelle Erfolge erzielen wollen, bohren diese Schicht an, anstelle der in 900 m Tiefe.

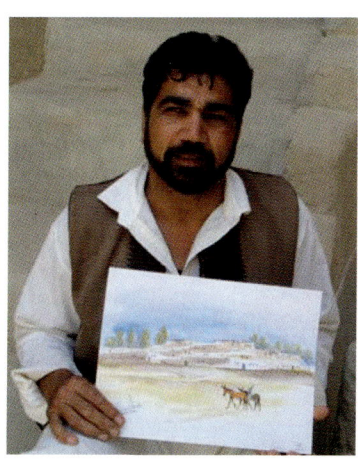

Der Künstler Badr mit einem seiner Aquarelle

Etwa 2 km nach dem Polizeiposten ist der **Ort Farafra** erreicht; hier zweigt halblinks eine neue Straße nach Osten ab, die sowohl als eine Art Umgehung fungiert als auch das Neubaugebiet östlich des ehemaligen Dorfkerns erschließt. In diesem neuen Farafra wohnen hauptsächlich Neusiedler aus dem Niltal.

Der Ort schmiegt sich an einen Hügel, auf dessen Plateau der Hauptplatz mit Moschee, Schule und Verwaltungsgebäude liegt. Geht man von dort links an der Moschee vorbei, kommt man bald in den alten Palmengarten der Oase. Links speist ein Brunnen namens *Ain el Balad* das Kanalsystem, der „leider" eingefasst wurde und sein altes Bild als aus der Erde hervorquellendes Wasser verlor.

Das ****Farafra Art Museum**, diese sehens- und erlebenswerte Institution, finden Sie vor den Toren des Ortes in einem eigens vom Besitzer Badr entworfenen und geschaffenen Gebäude. Der begabte Künstler Badr (Tel 012 1704 710) ist ein vom Dienst freigestellter Lehrer, der in sehr ausdrucksstarker Malerei und in Plastiken das Leben Farafras dokumentiert. Gesichter aus seinen Bildern lassen sich auf den Straßen wiedererkennen. Einige Museumsräume sind

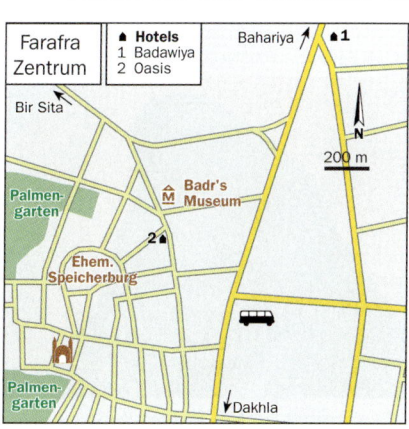

7 Durch die Wüste - Oasen Bahariya, Farafra, Dakhla, Kharga

ausgestopften Tieren der Oase und Wüste vorbehalten, ein nur äußerlicher Kontrast zu Badrs Kunst. Denn für einen derart mit seiner Heimat verwurzelten Mann gehören Fauna und Flora zur selbstverständlichen Umgebung. In seinem *Fantasiegarten* - im Innenhof des Museums - stehen wirklich fantasievolle Skulpturen, deren Ursprünge fast immer auf die Wüste zurückgehen. Auch die allermeisten Haj-Malereien an den Hausfassaden Farafras stammen von ihm.

Links am Ortseingang fällt der architektonisch gelungene Neubau des Hotels *El Badawiya* auf. Besitzer Saad (spricht sehr gut deutsch) und sein Team bieten **Touren in die Weiße Wüste** und zu anderen Zielen an, z.B. ins Gilf Kebir. Saad organisiert mit seinen Mitarbeitern während der Nicht-Saison Reinigungstrips in die Weiße Wüste und auch andere Gebiete, um die Abfälle der Touristen herauszuholen. Seine Website www.badawiya.com informiert näher über die Trips.

Auch die Lehrer Talat und Hassan betätigen sich als Tourguides in die Weiße Wüste; fragen Sie in einem der Restaurants nach. Neben den 4WD-Trips kann man ebenso mit Kamelen in die Wüste aufbrechen.

Einen erstaunlich großen Bekanntheitsgrad hat **Mr. Socks**, Tel 7510 134, gewonnen, der in alter Farafra-Tradition Socken und andere Wollsachen - meist aus Kamelhaar und Schafwolle - strickt bzw. stricken lässt und in seinem Shop u.a. im Badawiya Hotel verkauft.

In der Nähe wurde mit Entwicklungshilfe ein Kunsthandwerkszentrum für Frauen gebaut, dessen Architektur interessant ist und dem man nur wünschen kann, dass es in eine produktive Phase übergeht. Mr. Socks kennt den Weg.

Bekannt als Badeplatz ist der Brunnen **Bir Sita**. Der Weg ist relativ leicht zu finden: von Badrs Museum der Asphaltstraße nach Südwesten ca. 4 km bis zu einer Kreuzung folgen. Rechts führt ein Weg zum Hotel *Aqua Sun*, unterhalb des Hotelhügels liegt der Brunnen (N27°04,84' E27° 55,30'); links an obiger Kreuzung zweigt eine Asphaltstraße ab, an der nach ca. 1 km **Bir Hamsa** (N27° 03,75' E27°55,73') hervorsprudelt, dort kann man ebenfalls baden oder besser noch etwa 500 m weiter an einem noch einsameren Badeplatz.

Gleich rechts nach dem Polizeiposten am nördlichen Ortseingang zweigt eine Asphaltstraße zum Neulandprojekt **Abu Nos** mit neu gewonnenen Feldern ab. In einer Senke liegt eine phantasielose Neubausiedlung. Ganz in der Nähe ist aus dem Überschuss- und Drainagewasser der See *El Moufid* entstanden, der schon von vielen Wasservögeln entdeckt wurde. Früher konnte man dort baden, inzwischen ist er mit Schilf fast zugewachsen. Wer den Schilfsee am Wüstenrand besuchen und Vögel beobachten will: 7 km nach dem Polizeiposten biegt die Straße nach Westen ab, um das Fruchtland zu durchqueren; nach weiteren 5 km nach Norden. Nach 3 km endet der Asphalt an einem Pumpenhaus (N27°09,80' E27°55,89'), hier rechts abbiegen und ca. 600 m an dem Schilfgürtel entlang fahren, an dessen Ende kann man nach Westen abbiegen.

Von Farafra-Zentrum wurde eine asphaltierte Piste etwa 62 km nach Osten zu einem landwirtschaftlichen Entwicklungsprojekt namens **Bir Qarawein** angelegt, das seinen Namen nach einem seit alters bekannten Brunnen auf der Darb Assiut verdankt, der Karawanenroute ins Niltal. Da hier genug Grundwasser in der Erde liegt, soll ein großes Neulandgebiet entstehen.

Sehr selten in Farafra: traditioneller Schmuck

Oase Farafra

Übernachten

- **Aqua Sun**, Bir Sita, Tel 01063 57340, gut angepasster Stil in landschaftl. schö Lage, ökolog. Bauweise, großz. Räume, AC, se sa, se ru, HP .... E+B $45, D+B $55
- **El Badawiya Hotel & Safari**, Durchgangsstr. nördl. d. Zentrums, Tel 7510 060, Fax 7510 400, Badawiya@link.net, www.badawiya.com, im traditionellen Lehmbau, z.T. stilvoll einger. (bes. die D+B-Zimmer), se sa, Ven, z.T. AC, mF .... E+B €24-45, D+B €35-55
- **El Waha**, Nähe Museum, Tel 012 7200 387, elwahahotelelsafari@yahoo.com, einf, sa, mF .... Dorm 20, E+B 50, D+B 60
- **Sun Rise**, am nördl. Ortseingang, Tel 0127200 387, sun-ris2003@yahoo.com, www.farafrasunrise.com, 2008 eröffnet, Kuppelbauten, viele Blumenr, Ven, se sa, fr, mF .... E/D 80, E+B 110, D+B 150
- **White Desert**, ehemaliges Resthaus zwischen Sun Rise und Badawiya, se einf. .... D+B 50

Praktische Informationen

▶ **Telefonvorwahl 092**

▶ Es gibt zwar keine Touristeninformation, aber eine Station der **Tourist Police** am Weg zum Heliport/Bir Qarawein.

Busverbindungen

▶ **Kairo:** 10.00 und 22.00
(Bahariya ca. 2,5 Std, £E 10; Kairo 8-10 Std)

▶ **Dakhla:** 01-02.00 und 14-15.00

▶ Etwa 4 **Minibusse** fahren täglich nach Kairo.

▶ Für den Besuch des Präsidenten Mubarak wurde im Frühjahr 2008 innerhalb von 3 Wochen ein **Heliport** mit Empfangsgebäude an der Straße nach Bir Qarawein gebaut.

▶ **Safaris** per Jeep oder Kamel in die Weiße Wüste, zu den Oasen Bahariya, Farafra, Dakhla, Kharga oder Siwa, oder in die Westliche Wüste mit Gilf Kebir, Gebel Uweinat und Großes Sandmeer bietet das Hotel **Badawiya** an. Trips in die Weiße Wüste organisiert auch das Hotel *Sun Rise*.

▶ Im Ort bieten zwei **Tankstellen** Sprit an: eine Nähe Badawiya Hotel, die andere fast am südlichen Ende der „Umgehungsstraße" links.

▶ Die Durchgangsstraße streift den alten Ortsrand. Dort sind **Restaurants** zu finden, sauber und bekannt sind das *Ali* und das *Hussein Restaurant*. Direkt neben *Badr Museum* gibt es zwei Essplätze. Natürlich bieten die beiden Hotels entsprechende Restaurants.

Auf dem **Weiterweg** nach Süden reihen sich heute vier neue, ziemlich gesichtslose Dörfer allein an dieser Straße auf; die Wüste ist streckenweise grünen Feldern gewichen. Wenn man diese Entwicklung nachvollzieht, kommt man aus dem Staunen nicht heraus: Es ist unglaublich,

Das (eisenhaltige) Wasser verteilt sich an die „Endverbraucher"

7 Durch die Wüste - Oasen Bahariya, Farafra, Dakhla, Kharga

Von Farafra nach Dakhla auf dem alten Kamelpfad

Ein Erlebnis der besonderen Art ist eine 4WD-Reise (besser noch auf dem Kamel) von Farafra nach Dakhla auf dem alten Kamelpfad, der weit östlich der Asphaltstraße verläuft. Zunächst fährt man auf schwarzem Wüstenboden zwischen hohen, goldgelben Dünen, dann geht es über einen felsigen, aber fürs Auge auch beeindruckenden Part und schließlich - je näher man dem Felsabbruch kommt - folgt eine faszinierende Landschaft aus pittoresken Hügeln, Dünen und Felsen. Am Ende windet man sich so steil nach El Qasr hinunter, dass man sich fast dem freien Fall nahe fühlt. In umgekehrter Richtung gibt es kaum ein Hinaufkommen per Auto.

was Sonne, Wasser und menschlicher Fleiß einer scheinbar toten Wüstenfläche abringen können.

Nach 29 km:

Ain Sheikh Marzuk

„Weiler mit acht Gehöften und einst erholsamem Rastplatz auf der linken Straßenseite" - das konnte man vor wenigen Jahren noch schreiben, als Farafra aus nicht mehr als dem Ortskern und eben jenen entfernten acht Gehöften bestand. Dem damals Welt vergessenen grünen Fleck gegenüber entstand ein betriebsames Dorf und integrierte den Weiler in das neue Leben. Allerdings kann man auch heute noch unter ein paar schattigen Bäumen rasten und in dem Brunnen baden.

Nach 40 km:

Die Straße verlässt zwischen Zeugenbergen ansteigend die Farafra-Senke, um 5 km später den Blick auf eine riesige goldgelbe Sandebene freizugeben, die gute 200 m tiefer liegt als das eben erreichte Plateau.

Nach 25 km:

Bir Abu Minqar

Kleine, bereits unter den Römern kultivierte Oase am Rand einer blendend goldgelben Sandwüste. Im Zug des New Valley Projekts wurden hier landwirtschaftliche Versuche in größerem Stil durchgeführt. Weit abseits von der Zivilisation sind heute neue Dorfgemeinschaften entstanden, wachsen Kinder in einer neuen Heimat auf. - Ein kleines Restaurant an der Straße wartet auf Gäste.

Nach 23 km:

In dieser Gegend verschwindet die goldgelbe Sandebene allmählich, die Straße verläuft so weit westlich, dass rechts Dünenzüge zu erkennen sind, die ersten Vorboten des Großen Sandmeeres (siehe Seite 569). Bei N26°18,92' E27°45,15' erhebt sich westlich der Straße eine kleine Aussichtshügelgruppe, von der man einen Blick auf diese „Vor"-Dünenzüge werfen oder mit geeignetem Fahrzeug direkt bis dorthin fahren kann (ca. 2 km): Man wird über die Höhe der Dünen von ca. 50 m und die sich zum Horizont fortsetzenden Sandwellen wahrlich staunen.

Nach 109 km:

El Mawhub

Ein Ort, der im Zuge der New Valley Bewässerungsprogramme neu und monoton angelegt wurde, aber allmählich ein eigenes Gesicht entwickelt. Lange zuvor schon sieht man östlich der Straße grüne Felder bzw. Bewässerungsprojekte, die erst in den letzten Jahren entstanden. Wasser gibt es ab etwa 35 m Tiefe, es muss aber gepumpt werden.

Hier beginnt das Kerngebiet der

Oase Dakhla

Die landschaftlich schönste und mit inzwischen ca. 100 000 Einwohnern in 16 Orten und 25 Weilern neben Kharga bevölkerungsreichste der Oasen des New Valley ist erreicht.

*Hintergrund: Dakhla wird wegen des stets im Hintergrund schimmernden **rosaroten Felsabbruchs** auch Rosa Oase genannt. Der relativ kleine Wüstenabschnitt, an dem Rotsandstein an die Oberfläche tritt, heißt Rote Wüste. Funde beweisen, dass schon in der Steinzeit Jäger und Sammler das Gebiet durchstreiften. Damals füllte ein großer See das Becken der*

**Oase Dakhla

Oase weitgehend aus. Später entstanden feste Siedlungen, in denen auch Viehzucht betrieben wurde. Bereits im Alten Reich stand die Oase mit dem Niltal in Verbindung; der Hauptort lag vermutlich beim heutigen Ain Asil (siehe Seite 555), später, im Neuen Reich, übernahm Mut diese Rolle - und wohl auch den Namen der pharaonischen Göttin. Unter den Römern wurde die Landwirtschaft stark ausgebaut, besonders der Olivenanbau. Historisch lässt sich also die Kontinuität der Besiedlung praktisch lückenlos nachvollziehen. Zwar sind keine spektakulären Zeugen aus dieser langen Geschichte erhalten, aber die bekannteren lohnen einen Besuch durchaus.

Streckenweise führt die Straße durch schattige Alleen, gesäumt von sattgrünen Feldern. Hinter den Lehmmauern der Gehöfte hört man Wasserbüffel brüllen, in den Bäumen wetteifern Vogelscharen. Und das alles vor der stets präsenten Felskulisse des Steilabfalls zur Senke. Durchstreifen Sie mit Muße wenigstens ein paar Orte, Gärten und Felder; Sie werden sich manchmal in biblische Zeiten zurückversetzt fühlen.

Etwa 1,5 Mio. Dattelpalmen wachsen in der Oase, die knapp 100 000 Einwohner beherbergt. Neben den üblichen Früchten liegt der landwirtschaftliche Schwerpunkt bei Weizenanbau im Winter und Reis im Sommer. Es sind Bestrebungen im Gang, den wasserintensiven Reisanbau durch Wasser sparende Alternativen zu ersetzen.

In 2008 erfüllte sich ein Traum der Bewohner: Dakhla wurde an die innerägyptische Elektrizitätsversorgung angeschlossen, ein zweiter Traum steht kurz vor der Realisierung, der Bau einer direkten Straße vom Dorf Tineida nach Assiut, der den Weg ins Niltal halbieren wird. Der dritte Traum darf vorerst weitergeträumt werden, nämlich eine direkte Wasserleitung vom Nil, die schneller zu realisieren wäre als der Kanal des Toshka-Projekts.

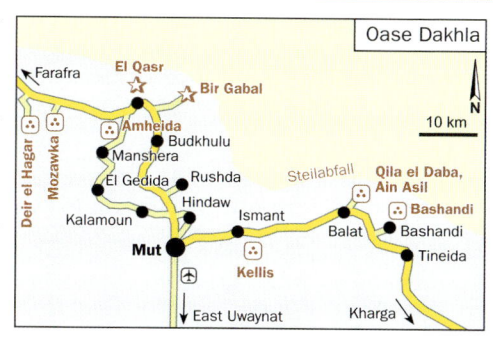

Auf dem **Weiterweg** nach *El Qasr* versucht die Straße, einem Wanderdünengebiet auf einem hohen Damm zu entkommen; vermutlich wird der Wettkampf zugunsten der Dünen ausgehen, wie das Schicksal der bereits vergrabenen alten Straßen nur zu deutlich zeigt. Doch eine verschüttete Straße zählt kaum im Vergleich zu den vielen Feldern und Dörfern, die im Lauf der Jahrtausende von Wanderdünen zugeweht (und teilweise wieder freigegeben) wurden. In dieser Gegend - etwa 27 km nach El Mahub - liegt rechts der **Jebel Edmondstone**, der höchste Berg innerhalb der Oase, an dessen Fuß Rohlfs mit seiner Expedition übernachtete und den er nach dem ersten Europäer der Neuzeit benannte, der Dakhla besuchte und darüber berichtete.

36 km nach El Mahub: Abzweig
Die erste, seit langem rechts abzweigende Asphaltstraße führt zu den römischen Tempel-

Zwiebelfeld in der fruchtbaren Oase Dakhla

7 Durch die Wüste - Oasen Bahariya, Farafra, Dakhla, Kharga

ruinen **Deir el Hagar** (£E 25): der Teerstraße folgen, die sich nach etwa 2 km durch ein Dorf windet (das man zuvor über eine Piste umgehen kann) und nach weiteren 4 km vor den Ruinen endet (N25°39,94 E28°48,77).

Der den Göttern Amun-Re, Muth und Konschu geweihte Tempel wurde unter Nero und seinen Nachfolgern aus Sandstein errichtet. Er war von einer Ziegelmauer umgeben. Man geht durch einen Pylon, den Säulensaal (nur noch Stümpfe vorhanden) und eine Vorhalle bis zum Sanktuar, dessen Wände mit Reliefs bedeckt sind. Der Tempel wurde noch viele Jahrhunderte in christlicher Zeit benutzt, dann aber unter einer hohen Düne begraben. Der deutsche Afrikaforscher Gerhard Rohlfs besuchte die Ruine 1874; sein gesamtes Team hinterließ Namengraffitis hoch oben an der ersten Säule links - was den damaligen Sandpegel dokumentiert.

In einer Nische der Umfassungsmauer links des Eingangspylons sind noch Reste von koptischer Kirchenmalerei erhalten.

Nach 3 km: Abzweig

Rechts ca. 1,5 km zu den römischen Gräbern **Mozawka** (£E 25), deren gut erhaltene, farbenfrohe Wandmalereien das Auge erfreuen. Die beiden grünen Türen zu den Gräbern sind leider immer noch wegen Einsturzgefahr geschlossen. Das Grab des Petosiris zeigt pharaonisch/griechisch/römische Szenen, an der Ostwand eine Bauchtanzszene. Im anschließenden Grab des Sadosiris findet man doppelköpfige Gestalten, die zurück ins Leben und in die Zukunft nach dem Tod schauen. Der kurze Abstecher ist auch z.B. von El Qasr aus per Taxi möglich.

Die Wärter zeigen statt der geschlossenen Gräber einige Grabhöhlen mit vergammelten Mumien; der Anblick ist nicht einmal den Weg dorthin wert, geschweige denn das erwartete Bakschisch.

Nach 5 km:

**El Qasr

Hintergrund: Der von zwei mit Bauhölzern gespickten Minaretten überragte ehemalige Ortskern gehört zu den malerischsten der Oasen.

Bekannt ist El Qasr wegen seines - leider stellenweise verfallenden - alten Dorfkerns, dessen ältestes Haus auf das Jahr 1519 zurückgeht. Vermutlich wurde die Siedlung sogar auf einen pharaonischen Tempel gebaut. Das jetzige Bild wird im Wesentlichen durch Bauten aus osmanischer Zeit geprägt. Die Regierung stellte den Dorfkern unter Denkmalschutz; die meisten Bewohner haben ihn bereits verlassen, weil nichts verändert werden darf. El Qasr soll als Museumsdorf erhalten bleiben, was tatsächlich auch in die Praxis umgesetzt zu werden scheint. Laut Touristen-Office kümmern sich nahezu 30 Leute um die Erhaltung des derzeitigen Standes.

Den ankommenden Fremden bieten sich Guides mit der Angabe an, Touristen dürften nicht mehr allein durch den Ort marschieren. Das stimmt zwar nicht, andererseits kann eine gute Führung unnötiges Suchen vermeiden helfen und im wörtlichen Sinn Türen öffnen, für die man als Tourist keinen Schlüssel hat. Ein fairer Guide ist der Rezeptionist des Tourist Resthouse, Mohammed Hussein Mohammed. Er vermittelt aber auch andere Guides oder günstige Trips, z.B. mit Kamelen in die Umgebung.

Ein Guide berichtet, dass häufig gefragt werde, ob es in den Lehmhäusern Toiletten gab. Die waren sehr wohl in einem eigenen, meist nach Süden gerichteten Raum vorhanden, in dem die Fäkalien in einem Behälter gesammelt und jeweils nach Benutzung mit Asche abgedeckt wurden. Der Inhalt diente schließlich als Düngemittel.

Das **Ethnographic Museum** soll die Vielfalt des Kunsthandwerks in den Oasen, besonders aber in El Qasr aufzeigen. Neben einer Reihe von Gebrauchsgegenständen, Stickereien und vielen, z.T. englisch beschrifteten Fotos ist das Gebäude selbst interessant. Es wurde 1785 gebaut und gilt als typisches Beispiel eines großen Privathauses. Man findet es sehr leicht: an der modernen Moschee mit dem weißen Minarett vorbeigehen und ein paar Schritte bergauf bis zur ersten Gasse, dort links, dann rechts.

Über diversen Türstöcken warten Querbalken aus Akazienholz mit schönen Holzschnitzereien

Nasr el Din Moschee

7 Durch die Wüste - Oasen Bahariya, Farafra, Dakhla, Kharga

auf Entdeckung, die meist den Eigentümer, den Erbauer und das Entstehungsdatum angeben; der älteste soll aus dem 10. Jh stammen. Auch über dem Museumseingang ist ein solcher Balken zu sehen, der das islamische Jahr 1090 (1722 nC) angibt.

Die **Nasr el Din Moschee** mit Madrasa (Koranschule) - sie liegt ein Stück rechts der modernen Moschee - stammt aus der omayadischen Epoche (11. Jh), ihr (erklimmbares) vierstöckiges Minarett ist das pittoreskere.

Ihr selbsternannter Führer wird Ihnen das Haus von Abu Nafir zeigen, das wahrscheinlich auf den Grundmauern eines ptolemäischen Tempels steht, zumindest wurden Steine im Türbereich davon verwendet. Darüber hinaus gibt es unter anderem eine Olivenmühle und eine -ölpresse, eine funktionierende Getreidemühle und den Dorf-Galgen zu sehen. Am südwestlichen Dorfrand werden in einer sehenswerten Töpferei ungewöhnliche Wasserkrüge (Gara) hergestellt, die seit alters nur in Dakhla zu finden sind. Handwerkliche Spezialität der Oase sind per Hand geflochtene Bastkörbe oder -sonnenhüte, die dem Besucher allenthalben angeboten werden.

Es ist durchaus eine Überlegung wert, bei der Reise von Farafra her in El Qasr den Bus zu verlassen, hier zu übernachten und am nächsten Tag mit lokalem Bus oder Minibus nach Mut weiterzufahren oder auch mehrere Nächte zu bleiben und per Pick-up Pt 25) die umliegenden Orte zu erkunden.

Auf dem Hügel hinter El Qasr wurde das zinnenbewehrte Hotel *Desert Lodge* errichtet, das von Ferne wie ein Kastell aussieht und das Dorfbild durchaus verfremdet - wenn nicht verschandelt.

▶ **Übernachten** siehe Seite 552.

Ab hier beginnt der malerische und stellenweise „biblischere" Teil der Oase mit ihren weiten Feldern, der von hohen Eukalyptusbäumen gesäumten Straße und immer wieder neuen Einblicken in das Leben zwischen Wüste und Steilabfall. Westlich verläuft der Saum des Sandmeeres, östlich stürzen die steilen Felswände vom Hochplateau in einem Farbenspiel aus Gold, Ocker oder Basaltgrau hinunter.

Nach 3 km: Abzweig

Links 5 km nach **Bir Gabal**, ein 54° heißer Brunnen, der in malerischer Landschaft neben einem schattigen Palmengarten liegt; er ist inzwischen durch eine Cafeteria „teilkommerzialisiert", Eintritt £E 10. Nebenan wurde das *Bir el Gabal Hotel* gebaut. Der kurze Abstecher lohnt sich für Motorisierte dennoch wegen der Ausblicke auf die kleinen Oasendörfer mit ihren fruchtbaren Feldern, wegen des wunderschönen Blicks - vor allem im späteren Nachmittagslicht - auf Wüste und Steilabfall. Am Ende der Asphaltstraße können Camper weiter Richtung Steilabfall fahren und dort ungestört die Nacht verbringen.

Nach 8 km: **Budkhulu**

Ein alter Ort, hinter dessen Neubauten sich der alte, verfallende Dorfkern versteckt, aus dem ein altes Minarett ragt. Wer sich in die engen Gassen wagt, kann geschnitzte Türstöcke finden. Auf dem Hügel hinter dem Dorf liegt ein osmanischer Friedhof mit für Dakhla typischen Grabbauten.

Nach 12 km: Abzweig

Rechts Straße nach **Kalamoun** und nach El Qasr.

Links weist ein Schild auf das BEDUIN CAMP & Village, des-

Töpferei in El Qasr mit nur hier hergestellten Wasserbehältern

Eine zusätzliche Runde von Kalamoun aus: Westlich der Hauptstraße zurück nach El Qasr

Wenn Sie ein bisschen Zeit mitbringen, lohnt es sich, hier noch einmal auf anderem Weg zurück Richtung El Qasr zu fahren und dann der Hauptstraße erneut Richtung Mut zu folgen - auch wenn man dieses Stück zweimal fährt, wird man wieder Neues am Wegesrand entdecken. Etwa auf halbem Weg von der Hauptstraße nach Kalamoun (dort, wo eine Bewässerungsleitung die Straße unterquert) zweigt links eine Piste zur *Magic Spring* oder auch *Bir Kalamoun* ab, einem alten Brunnen kurz vor der ersten Düne, in dem das Wasser so stark hervorbricht, dass Taucher immer wieder nach oben getrieben werden.

Nach 4 km breitet sich recht malerisch **Kalamoun** aus. Der sehr ursprüngliche Ort zieht sich Haus an Haus über einen Hügel, durchschnitten von engen, manchmal ziemlich verwinkelten Gassen. Kalamoun war in der mamlukischen und osmanischen Zeit Hauptort der Oase; aus dieser Epoche gibt es noch ein paar "bessere" Bauten. Der Ort steht ähnlich wie El Qasr unter **Denkmalschutz**; es lohnt sich, durch die Gassen zu bummeln, die leider mehr und mehr von zerfallenden Häusern gesäumt werden. Am Ortsende liegt der Friedhof mit ziemlich ungewöhnlichen Grabbauten.

Nach 6 km folgt **El Gedida**, ein relativ junger Ort, der für seinen Obst- und Gemüsemarkt bekannt war, der aber leider aufgegeben wurde. Links der Straße, am "Triumphbogen" (kurz bevor links der ungewöhnlich große Friedhof beginnt), wurde mit deutscher Hilfe eine Mashrabiya-Fabrik (gedrechselte Holzgitter) gegründet, in der man fleißigen Frauen bei der Arbeit zuschauen kann. Die Fabrik ist im Ort unter dem Namen "Arabesk" bekannt.

Es folgen weitere kleine Dörfer. Nach 10 km sieht man links der Straße über eine große Fläche verstreut Ruinen, die sich noch nahezu 10 km nach Westen ausdehnen. Es handelt sich um die ehemalige römische Siedlung **Amheida**, die größte der Oase vom 1.-4. Jh. Nur wenig ist heute noch von der einstigen Pracht zu sehen; wenn Sie das Gelände besichtigen wollen (£E 10), bleibt eher vieles zusammenhanglos und unklar. Die Columbia University gräbt hier seit 2001 und stieß seither auf viele interessante Details, z.B. verputzte Wände mit mythologischen Wandmalereien. Erstaunlich sind die Millionen von Tonscherben, die über die gesamte Fläche verstreut liegen.

sen Besitzer auch Kamel- und Jeeptouren arrangieren.

Eine zusätzliche Runde von Kalamoun aus: Westlich der Hauptstraße zurück nach El Qasr
Nach 5 km ist die Oasenstraße bei El Qasr erreicht.

Nach 3 km: Rechts hoher Erdwall
Dahinter verbirgt sich ein künstlicher See, in dem das Drainagewasser von Mut verdunstet. Die (nachfüllende) Pumpstation ist rechts neben der Straße zu sehen.

Nach 2 km: Abzweig
Hier, kurz vor dem Ortseingang von Mut, wurde nur ein paar Schritte rechts der Straße ursprünglich eine Art Badeanstalt *Bir Talata* (von den Leuten hier *Bir Mut talata - Brunnen Mut 3* genannt) mit Übernachtungsmöglichkeiten gebaut. Das Wasser stammt von dem 42 Grad warmen Brunnen Mut 3. Inzwischen wurde die Anlage von der Hotelgruppe Solymar übernommen. Man zahlt als Nicht-Gast Eintritt, muss sich allerdings nach dem Bad etwas aufwändig von den Schwebstoffen des Wassers befreien.
Nach 3 km:

Mut

Hauptort der Oase Dakhla mit 15 000 Einwohnern, kleinem Markt mit guten Versorgungsmöglichkeiten, Restaurants und Hotels. Mut ist in den letzten Jahren gewachsen und gewann

7 Durch die Wüste - Oasen Bahariya, Farafra, Dakhla, Kharga

ein eigenes Gesicht, das überschaubar und sympathischer als das eher unpersönliche von Kharga ist. Die Straßen werden professionell gereinigt und instand gehalten, auf den Mittelstreifen der Hauptstraßen wurden Blumen angepflanzt. Mut zählt eindeutig zu den gepflegtesten Städten der Oasen.

Unbedingt sehenswert ist das kleine, aber liebevoll und reichlich bestückte **Ethnologische Museum** (£E 5, Voranmeldung über Tourist-Office), in dem hauptsächlich der ehemalige Alltag in der Oase dargestellt wird. Versuchen Sie, eine Führung durch Ibrahim, den Schwager des Touristmanagers, zu bekommen. Er ist als Kulturbeauftragter zuständig, spricht gut englisch und erklärt die alten Geräte, Sitten und Gebräuche mit viel Enthusiasmus.

Übrigens ist ein von Dr. Kuper vom Kölner Heinrich Barth Institut angeregtes **Museum** über die Westliche Wüste in Planung, dessen Bauplatz bereits neben dem *Bedouin Oasis Village* Hotel auf dem Hügel am Eingang von Mut festgelegt wurde.

Vielleicht wollen Sie - bevor es zu spät ist - einen Blick auf **Alt-Mut** werfen, den wesentlich stimmungsvolleren Ursprung der modernen Stadt. Gehen Sie am einfachsten vom Restaurant des *El Forsan Hotels* über die Schutthügel hinüber zu den teils pittoresken Ruinen mit den engen Gassen. Allerdings verfallen von Jahr zu Jahr mehr Häuser, weil die meisten inzwischen verlassen sind und nicht mehr gepflegt werden. Am höchsten Punkt bietet sich von den Trümmern der ehemaligen Festung aus ein schöner Rundblick. Die herumliegenden Tonscherben stammen wahrscheinlich von Opfergefäßen eines Seth-Tempels, denn von der 18.-26. Dynastie lag hier das Zentrum der Oase.

Am Rand der Altstadt wird seit Jahren nicht mehr am Tourist Village Hotel gebaut, das architektonisch erwähnenswert ist: Es handelt sich um den letzten Entwurf von Hassan Fathy, den er kurz vor seinem Tod schuf. Hassan Fathy - der versuchte, seine Generation zur ursprünglichen ägyptischen Architektur zurückzuführen - zählt zu den international bekanntesten Architekten Ägyptens

Praktische Informationen

▶ **Telefonvorwahl 092**

▶ Das **Tourist Office** liegt an der Einfallstraße, gegenüber dem Abu Mohammed Restaurant. Der Manager – Chef der Touristinformationen von Farafra (noch nicht vorhanden), Dakhla und Kharga -, Omar Ahmed Mahmoud, Tel/Fax 7821 686, 0121 796467, (privat 820 782, desertlord@hotmail.com), kennt sich hervorragend aus, engagiert sich sehr und ist äußerst hilfsbereit. Man sollte nicht versäumen, ihn zu kontaktieren, besonders, bevor man sich für Ausflüge entscheidet. Omar vermittelt oder organisiert auch selbst Touren innerhalb der Oase oder nach Kharga und sorgt dafür, dass von Touristen keine überzogenen Preise verlangt werden. Z.B. hängen in allen Restaurants und Hotels vom Tourist-Office abgestempelte Preislisten, an die sich der Besitzer halten muss.

▶ **Geld** können Sie in einer Bank nahe der Polizeistation tauschen. Unterschiedlichste Shops fürs tägliche Leben finden Sie u.a. an der Kharga-Straße in der Nähe des Hospital.

▶ Ein Mini-**Souvenir-Bazar** direkt links neben der Touristen-Information wird von einer jungen Frau namens Asmaa betrieben, er ist einen Blick wert.

▶ Ein eher kleiner **Supermarkt** ist am Md Tahrir schräg gegenüber der Polizei zu finden.

▶ **Internetcafés:** Abou Mohamed und Anwars Restaurant (Modem, £E 2/h), im Shopping Center nahe dem Hospital, El Forsan Hotel (DSL £E 10/h)

Trips in die Umgebung

In Mut werden diverse Trips per Pick-up Allrad oder Kamel angeboten. Selbst Ausflüge in die Weiße Wüste stehen auf dem Programm. Konkrete Angebote sollte man über das Tourist-Office einholen und dann mit denen der privaten Anbieter, wie der Brüder des Anwar Hotels vom gleichnamigen Hotel/Restaurant, Ibrahim Abdallah vom Gardens Hotel oder im Bedouin

Camp von Abd el Hameed, vergleichen. Auch die Restaurants, wie Ahmed Hamdy oder Abou Mohammed, vermitteln ähnliche Trips.

▶ Für eine Rundreise durch die Oase muss man mit etwa £E 150 pP rechnen. Der „Wüstenfuchs" Nasser (Bruder von Restaurant-Hamdy und Besitzer des gleichnamigen Hotels im Dorf Sheikh Wali) verlangt etwa £E 450 pro Auto und Tag, mit Übernachtung und Essen £E 650, fährt aber auch Ziele in der Wüste an. Kameltouren sind für etwa £E 150 pP und Tag, Übernachtung mit Essen für £E 250 bei ihm zu haben. Als guten Führer empfehlen Leser auch Suleiman vom El Duhus Bedouin Camp.

Verkehrsverbindungen

Fernbusse

▶ Die **Bushaltestelle** liegt bei der großen Moschee, Upper Egypt hält auch am Md Tahrir (bei der Polizeistation), Al Herz am Parkplatz links hinter der Polizei; hier werden auch Tickets verkauft.

Upper Egypt

▶ **Kairo** über Farafra, Bawiti: 6.00 17.00 (Kairo £E 55, 10-12 Std, Bawiti £E 35, Farafra £E 25)

▶ **Kairo** über Assiut: 19.30, 20.00 (£E 55, ca. 10-12 Std), Achtung: Tickets 1 Tag voraus buchen (Ankunft/Abfahrt in Kairo Midan Turguman).

Al Herz Bus Co

▶ **Kairo**: 19.00 (£E 55) (in Kairo vom Midan Ataba, Abfahrt 21.00).

▶ **Assiut**: 6.00 10.00 17.00 (£E 25, 6,5 Std);

▶ Preiswerte **Verbindung nach Luxor**: 6.00 Bus ab Dakhla, ca. 12.30 in Assiut, Zug nach Luxor um 13.00 bequem erreichbar.

▶ Verschiedene Hotels bieten Transport nach Luxor oder Abholung an, z.B. Anwar £E 500/Auto

▶ Die **Flugverbindung** nach Kharga/Kairo wurde vorläufig ausgesetzt.

▶ Der **lokale Transport** wird in schneller Taktfolge mit Pick-ups bzw. Minibussen ab £E 1 abgewickelt. Wer streckenweise per **Taxi** in der Oase umherfahren will, sollte dies von Mut aus machen. In den kleineren Orten gibt es keine Taxis, selbst nicht in El Qasr.

Weiterfahrt nach Süden

Die Straße nach Kharga zweigt - von Qasr kommend - am Ortseingang, am ersten Platz mit Polizeistation und Egypt Air Office (Midan Tahrir), nach links ab.

Nach 6 km: Sheikh Wali, *„Nassers Hotel"*

Nach 6 km: Ismant

Ein größeres Dorf mit einem alten Lehmziegel-Ortskern.

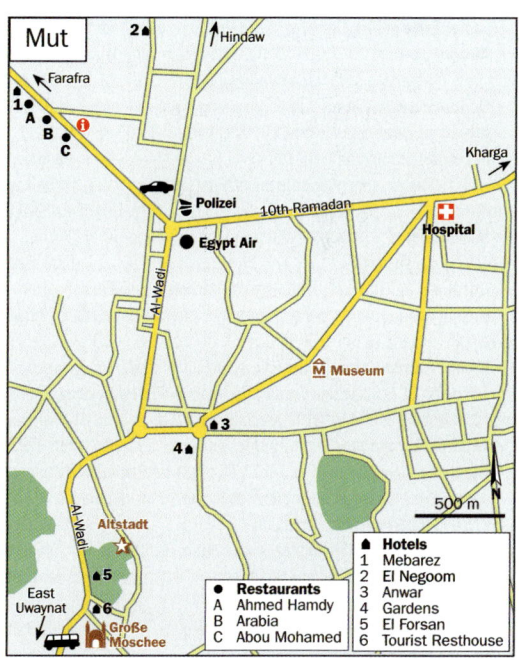

Hotels
1. Mebarez
2. El Negoom
3. Anwar
4. Gardens
5. El Forsan
6. Tourist Resthouse

Restaurants
A. Ahmed Hamdy
B. Arabia
C. Abou Mohamed

7 Durch die Wüste - Oasen Bahariya, Farafra, Dakhla, Kharga

Restaurants

- **Ahmed Hamdy**, ca. 100 m vom Mebarez-Hotel Richtung Ortsmitte, Tel 010611 0274, sehr gut, schmackhaft, sehr sauber, Traveller-Treffpunkt. Hamdy war sozusagen der Erfinder der Touristenrestaurants in Dakhla, alle weiteren Restaurants entlang der Einfallstraße kopierten ihn. Hamdy ist ein sehr hilfsbereiter Mensch, es lohnt sich, bei ihm einzukehren und Informationen von ihm einzuholen. Er bietet als Standard-Gericht gegrilltes Huhn mit Vor- und Nachspeise zu £E 25 an.
- **Arabia**, Bruder von Ahmed Hamdy, bietet ähnlichen Service zu ähnlichen Preisen
- **Abou Mohamed**, der dritte Bruder in der Reihe, gut, große Portionen, Bier, teurer (Preis bei Bestellung aushandeln), gute Infos, Wüstentrips, verleiht auch Fahrräder (am Tag vorher aussuchen, um Reparaturen veranlassen zu können)
- **Anwar's Restaurant** (auch Desert Paradise), im Zentrum, ebenfalls Traveller-Treffpunkt, Essen gut
- Neben der Großen Moschee gibt es einen „**Kaffee Shop**", der einen guten Eindruck macht Darüber hinaus findet man diverse Restaurants - z.B. Nähe Polizeistation oder Hospital -, die zwar nicht unbedingt über englischsprachige Speisekarten verfügen, aber meist preiswerte und gute Gerichte anbieten. Auch in den Hotels von Mut kann man gut (und meist teurer) essen

Übernachten

- In Dakhla waren z. Zt. unserer Recherche mindestens vier Hotels im Bau, zwei davon dürften besonders interessant sein: am Abzweig zu Bir el Gabal ein Zweighotel des **Badawiya**-„Konzerns" in Farafra, das um einen Hügel herum entsteht, und im Dorf El Mansura (17 km nördl. von Mut) das Ecohotel **Tarfa** der Fa. Orascom, die El Gouna bei Hurghada errichtete.
- **Anwar**, Zentrum, Tel 7820 070, 0125319355, eslam_desartfox@ yahoo.com, www.dfsafari.com, sa, Ven, Studentendiscount, Dakhla Trips, mF ....E+B 35 E+B+AC 45, D 50, D+B+AC 70
- **Bedouin Oasis Village**, am Ortseingang links auf einem Hügel, Tel 0162880433, mesha20042@hotmail.com, Lehmziegelarchitektur, Wüstentrips, se sa, HP (Buffet)........................Zelt £E 50, D+B 80
- **El Forsan**, Hauptstraße ca. 200 m vor Großer Moschee, am Rand der Altstadt, Tel/Fax 7821 343, elforsan1@yahoo.com, www.ahram0505.net/users/elforsan, tlw Balkon, großes Rest, Kinderspielpl., Internet (DSL) £E 10/Std, se sa, fr, mF..................E 25, E+B 35, E+B+AC 50, D 45, D+B 60, D+B+AC 76
- **El Negoom**, 2*, Seitenstr. Nähe Tourist Information, Tel 7820 014, Fax 7823 084, große Cafeteria, SatTV, se sa, se ru, mF ....E+B 50, E+B+AC 70, D+B 70, D+B+AC 100
- **Gardens**, Tel 7821 577, Travellertreff, Dachterr., schö Palmengarten, abends zahllose Kuhreiher in den Palmen, günst. Fahrradverl., famil. Atmosphäre, ziemlich abgewohnt, wW, mä sa, se fr, se hb, ru, F £E 5 ....E 12, E+B 15, D 16, D+B 25
- **Kamis Tourist Camp & Resort** liegt se stimmungsv. am südwestl. Ortsrand in Sanddünen, (gehört Ibrahim Kamis, Besitzer des Gardens Hotels), Tel 7821 435, (engl. sprechender Sohn Tel 010 124 9683, 0121 068192), khamiscamp@yahoo.com, www.khamiscamp.tk, eine sehr oasentypische Unterkunft, Hütten, sa, se ru, se fr u. hb, empf, F £E 5............................E 15, D 25
- **Mebarez**, Hauptstr., Tel/Fax 7821 524, mebareztoristhotel@hotmail.com, Manager Mohamed Hassan bietet ebenfalls Trips in Dakhla an, geräumige Zi, Pool, Internetcafé DSL se sa, wW, se fr, hb, Kschr, Rest., empf, mF.............................E+B 80, E+B+AC 90, D+B 120, D+B+AC 130
- **Solymar Mut Inn**, (Bir Talata), 3 km außerh. Richtg. Farafra, Tel 7821 530, modernis. ehem. Resthouse, Rest. Im etwas entfernten Nebengebäude, 2 Pools, se sa, rel gut eingerichtet, ru, HP ....E+B €50, D+B €70
- **Tourist Resthouse**, neben Busstation, se einf, ...pP 10

Außerhalb von Mut

- **Bedouin Camp & Village**, in El Dohous, 7 km nördl. von Mut, Tel 7850 480, info@dakhlabedouins.com, www.dahkhlabedouins.com, auf einem Hügel mit gutem Blick, das ursprüngl. Palmhütten-Camp wurde um Bungalowanlage in schöner Lehmarchitektur erweitert, se gepfl., se sa, se ru, se fr u. hb, gute Atmosphäre, empf, mF .... Strohhütten: E +B 80, D+B 120, Camping pP 20
- **Bir el Gabal**, Abzweig 3 km südl. von El Qasr, dort 3 km nach Osten, Tel 772 6600, elgabalcamp@hotmail.com, zum Resthouse El Qasr gehörend, Besitzer Hatem ist se hb, se schön nahe Felsabbruch gelegen, toller Blick, se ru, Zi m. natürl. Ventilation, wW von warmer Quelle, Pool, mF .... E+B 90, D+B 120, Camping pP 20
- Direkt neben Bir el Gabal steht das **Hathor-Chalet**, ein einfallsreicher, stimmungsvoller Lehmbau einer deutschen Tanzpädagogin, die zum längeren Verweilen und Besinnen einlädt, www.friedel-braun.de.
- **Desert Lodge**, El Qasr, auf einem Hügel östlich der Stadt, Tel 7927 727, info@desertlodge.net, www.desertlodge.net, ägyptisch-schweizerisches Projekt, ökologisch orientiert, weitgehend aus lokalem Baumaterial errichtet, solare Warmwassererzeugung, sehr dominant über El Qasr durch eher unpassende Architektur, mit DRV-Umweltpreis ausgezeichnet, eigene biolog. Farm, se sa, HP ...... E+B $90, D+B $120
- **Nasser's Hotel**, im Dorf Sheikh Wali ca. 5 km von Mut Richtung Kharga, Tel 7822 727, vom deutschspr. Nasser gebautes Hotel m. Garten am Dorfrand, se eigene Atmosphäre, Pool, sa, wW, ru, se fr, hb, VP mögl., Wüstentrips, mF .... pP ab 25, D+B 100
- **Tourist Resthouse El Qasr**, a. d. Hauptstr. in El Qasr, Tel 7867 013, sa, wW, schö Blick auf El Qasr, Bier, se fr u. hb, F £E 2, wird immer wieder gelobt, Manager Mohammed organis. preisw. Dakhla-Trips.. Dach pP 1, Dorm pP 5, D+B 15

Camping

- **Bedouin Camp** El Dohous, **Bir el Gabal** und **Kamis Tourist Camp** (siehe oben).

Nach 4 km: Abzweig (ca. 500 m nach Ziegelei auf linker Seite)

Rechts ca. 800 m auf welliger Piste zu den Ruinen von **Kellis** (auch *Ismant El Khorab* genannt, N25°31,12' E29°05,72'), das von der Straße deutlich zu erkennen, aber für die Öffentlichkeit wegen andauernder Grabungen nicht zugänglich ist. Es handelt sich um eine ausgedehnte Ruinenstätte, die bisher nur zum geringsten Teil freigelegt wurde, dabei aber interessante Ergebnisse erbrachte. Im Südwesten stehen die Ruinen des Haupttempels, unter den Ptolemäern begonnen und im 2. Jh nC unter den Römern fertiggestellt. Von größerem Interesse sind jedoch die christlichen Zeugnisse. Von den bisher drei bekannten Kirchen kann eine sicher auf das 4. Jh datiert werden, sie ist damit die älteste bekannte Kirchenruine in Ägypten. In Privathäusern wurden aufschlussreiche beschriftete Holztafeln mit vielen Aufzeichnungen aus dem täglichen Leben gefunden, u.a. mit einer Auflistung der Ernteergebnisse um 360 nC und administrativen Anweisungen (im Museum von Kharga ausgestellt).

Nach 8 km:

Balat

Balat ist eines der typischen Dörfer der Oase, in dem offenbar seltener Touristen Halt machen. Der alte, mit einer Wehrmauer umgebene Dorfkern, der bis auf mamlukische Zeiten zurückgeht, ist noch gut (fast besser als in El Qasr) erhalten. Es ist interessant, durch die engen, sich um einen Hügel windenden Gassen zu wandern, ungewöhnliche Fotomotive zu finden und die Lehmarchitektur zu bestaunen. Die meist dreistöckigen Häuser sind teils zugänglich, im oberen Stockwerk sind durchaus noch alte Backöfen und Vorratsbehälter zu sehen.

Direkt am Ortsausgang von Balat (N25°33,49' E28°16,19') - das früher Ausgangsort von Karawanen war - weist ein Schild nach Osten auf

7 Durch die Wüste - Oasen Bahariya, Farafra, Dakhla, Kharga

Von Mut durch die Westliche Wüste nach Abu Simbel

Von Mut aus wurde eine Asphaltstraße nach Süden gebaut, die in der Gegend von East Uwaynat nach Osten abbiegt und schließlich auf die Verbindungsstraße Assuan - Abu Simbel trifft.

In Kairo muss man beim Military Intelligence (Adresse siehe Seite 318) eine Genehmigung beantragen, dauert etwa 2 Wochen. Fragen Sie nach *East Uwaynat* bzw. *Dakhla - Tarfawi - Abu Simbel*, aber betonen Sie, dass Sie die Asphaltstraßen nicht verlassen werden. Bedingung für die Ausstellung ist, dass mindestens zwei Fahrzeuge im Konvoi fahren und dass ein Offizier teilnimmt, der in Mut zusteigt.

Im Grunde bietet diese 762 km lange Strecke bis Abu Simbel keine großartigen Landschaftserlebnisse – außer Wüste mit relativ wenigen Dünen, manchmal ein bisschen hügelig, aber überwiegend flache Geröllandschaft. Wirklich interessant ist East Uwaynat mit Umgebung durch die Bewässerungsprojekte, mit denen große sattgrüne Farmgebiete inmitten von Wüstensand geschaffen wurden. Ein weiteres Argument könnte die alternative Anfahrt nach Abu Simbel sein, aber die Bürokratie und die damit verbundenen Kosten stellen den Nutzen durchaus in Frage.

Abfahrt Mut, Große Moschee, nach Süden
Nach 10 km: Flughafen, 1. Checkpost
Nach 120 km: 2. Checkpost
Nach 107 km: 3. Checkpost
Nach 96 km: Abzweig
Links nach Bir Tarfawi; Funkturm, Militärstation. Auf dem Weiterweg bis East Uwaynat mehrere Abzweigungen zu supergrünen Plantagen mitten in der Wüste.
Nach 10 km:
Links Flugplatz, Frachtflughafen für den Export der landwirtschaftlichen Produkte
Nach 27 km:
East Uwaynat (N22°19,27' E28°45,23'), auch *Ain Village* ausgeschildert
Offenbar wird die Siedlung meistens *East Uwaynat* (arabisch *Sark Uwaynat*), manchmal auch *Bir Tarfawi* genannt. Die Ägypter planen und bauen hier ausgedehnte Neulandprojekte, deren Zentrum und Verwaltungsort diese Siedlung ist. Das lebensnotwendige Nass ist auch hier fossiles Wasser, das in großen Mengen unterirdisch lagert, aber nur durch Pumpen an die Oberfläche geholt werden kann. Zwei Tankstellen, ein bescheidenes Restaurant, weite grüne Felder und Bewässerungsanlagen machen den Ort aus. Hier werden auch einige landwirtschaftliche Versuchsprojekte, wie Rinderzucht, betrieben.
Nach 102 km: Siedlung
Nach 13 km: Kreuzung mit ein paar Häusern
Links nach Kharga, Schild *Kharga 374 km, Toshka 222 km, Darb el Arbain 130 km*. Die von Kharga kommende asphaltierte Straße (derzeit in schlechtem Zustand) folgt der Darb el Arbain Piste (siehe Seite 566), die von hier aus nicht asphaltiert zur Oase Selima im Sudan führt.
Nach 105 km: Gegend von Nabta Playa
Nach 100 km: Brücke über den Toshka Kanal
Nach 19 km: Kreuzung
Geradeaus 53 km nach Abu Simbel (siehe Seite 502), rechts zur sudanesischen Grenze (gesperrt), links 211 km nach Assuan

„**Balat Tombs**" hin. Hier erreichen Sie nach etwa 1 km die fünf Mastabas und weitere pharaonische Gräber von **Qila el Daba** (auch Al Adaba) (£E 25) aus der 6. Dynastie, einst die Begräbnisstätte der vor rund 5000 Jahren in Ain Asil lebenden Gouverneure von Dakhla. Die Grabanlagen waren tief unter Mastabas versteckt. Französische Archäologen legten mit großem Aufwand vier Mastabas frei, unter denen das 1977 entdeckte, weitgehend unversehrte Grab des Gouverneurs unter Pharao Pepi I, Khentika, am eindrucksvollsten ist

(Mastaba III). Es besteht aus einem Hauptraum für den Grabherrn und drei Kammern für Familienmitglieder. Sehr gut sind die Wandbilder des Verstorbenen und seiner Frau erhalten. Die reichlichen Grabbeigaben kann man im Kharga-Museum bewundern.

Etwa 1,5 km östlich von Al Adaba können Sie die Grundmauern von **Ain Asil** (N25°33,40 E29° 17,17′) betrachten, die in einer Senke liegen und nur per Allrad oder zu Fuß zu erreichen sind. Hier hat sich im Alten Reich während der Regierungen von Pepi I und Pepi II aus einer kleinen Festung eine 33 Hektar große, befestigte Stadt entwickelt und wohl bald die Rolle der ersten Verwaltungsstadt der Oase übernommen. Deutlich ist die Hauptstraße auszumachen, an der ein Palast stand und in der Nähe Heiligtümer von Gouverneuren, die sich über fünf Generationen zurückverfolgen lassen. Gegen Ende des Alten Reichs verwüstete ein Feuer die Stadt, sie wurde jedoch wieder aufgebaut und wohl am Ende des Neuen Reichs endgültig aufgegeben. Interessant ist, dass hier beschriftete Tontafeln anstelle der im Niltal üblichen Papyrusblätter gefunden wurden. Aus ihnen geht zum ersten Mal hervor, dass bereits damals enge Verbindungen zum Niltal bestanden.

Etwa 3 km nördlich steht das Grabungshaus der Prähistoriker des Heinrich-Barth-Instituts der Uni Köln.

Nach 4 km: Abzweig, links 3 km nach

Bashandi

Der ehemals wegen seiner Lehmarchitektur bekannte Ort hat nahezu allen Charme verloren. Verwöhnte Niltal-Besucher werden an den eher spärlichen **römisch-pharaonischen Gräber-Relikten** (£E 25) kaum Besonderes entdecken, doch die Leute hier sind stolz darauf. Der Wärter mit dem Schlüssel wird Sie bald entdecken und zum Grab des Ketenus führen, das aus sechs Räumen besteht, die teilweise dekoriert sind. Die Basis des nebenan liegenden Grabmals von Sheikh Bashandi ist römisch; das eigentliche Bauwerk darüber für den islamischen

Verschlungene Wege führen durch den alten Dorfkern von Balat

7 Durch die Wüste - Oasen Bahariya, Farafra, Dakhla, Kharga

Heiligen stammt allerdings aus jüngerer Zeit. Die Grabkuppel bietet einen überraschenden akustischen Effekt: über einen „Flüsterbogen" kann man sich z.B. Komplimente zuflüstern.

Eine Teppichknüpfer-Schule wirbt am Ortseingang um Besucher. Diese müssen £E 1,50 Eintritt zahlen und werden dann von perfekt arabisch – aber nicht englisch sprechenden Damen durch das am südöstlichen Ortsrand stehende Institut - ein ehemaliges Grabungshaus - geführt (Schild am Eingang „Nursery"). Zur Erinnerung kann man (kleine) Kelims ab £E 10 erwerben; das Design entspricht dem Preis.

Östlich der Straße zwischen Bashandi und Tineida liegt **Ain Birbiya**, wo ein aus römischer Zeit stammender Amun-Tempel nach der ersten Entdeckung wieder von Sand zugeweht und in den 1990er Jahren wiedergefunden und ausgegraben wurde.

Ungewöhnliche muslimische Gräber bei Tineida

Nach 4 km:

Tineida

Hintergrund: *1931 wurde dieses Dorf bekannt, weil drei völlig ausgemergelte Beduinen nach einem 21-tägigen Marsch vom etwa 675 km entfernten Gebel Uwaynat hier anklopften, um Hilfe für ihre dort praktisch ohne Wasser und Verpflegung wartenden Landsleute aus der Oase Kufra im heutigen Libyen zu holen. Etwa 500 Männer, Frauen und Kinder waren Hals über Kopf die über 300 Wüstenkilometer nach Uwaynat geflohen, als die Italiener Kufra einnahmen. Aber in Uwaynat hatte es Jahre lang nicht geregnet, es gab kaum Wasser und Verpflegung. Parallel zu den in Tineida angekommenen Männern hatte eine britische Patrouille zufällig einige eher herumirrende Beduinen getroffen und ebenfalls Rettungsmaßnahmen eingeleitet. Insgesamt konnten 300 Menschen aus der Wüste geborgen werden.*

Letztes und am östlichsten gelegenes Oasendorf von Dakhla; gleich links am Ortsausgang, kurz nach einem Polizeiposten, liegt ein Friedhof mit ungewöhnlichen, nur hier benutzten Grabsteinen in Haus-Form und einigen Scheich-Grabmalen.

Bis Kharga folgt sehr abwechslungsreiche Wüstenlandschaft.

Nach 6 km:

Hier stehen einige Felsen direkt an der Straße, die für prähistorische Felsritzungen bekannt sind. Erosion und moderne Graffiti-Schmierer („Grüße aus dem Allgäu 2000") haben den alten Bildern arg zugesetzt.

Nach 49 km: Checkpost

Links erste Felder eines ausgedehnten Neulandgewinnungsprojekts, das sich über mehrere Kilometer hinzieht.

Nach 50 km: Abzweig

Abu Tartur

Nachdem man eines der typisch uniformen Dörfer des New Valley passiert hat, folgt an dessen Ende ein unerwarteter grüner Fleck in der Wüste, der von einer 450 m tiefen Bohrung am Leben erhalten wird. Links zweigt eine 10 km lange Asphaltstraße zur Phosphatmine ab, deren Vorkommen übrigens von dem bekannten englischen Saharaforscher Beadnell entdeckt wurde.

Hier entstand eine der größten Phosphatabbaustätten der Welt, in der im Endausbau etwa 4000 Arbeiter beschäftigt sein werden. Aber der Zusammenbruch der Sowjetunion als Sponsor und Hauptabnehmer ließ die Erwartungen drastisch schrumpfen; derzeit rechnet man mit einem Viertel der ursprünglichen Kapazität.

Von Port Safaga, dem Phosphathafen am Roten Meer, wurde eigens eine Eisenbahnlinie nach Abu Tartur gebaut. Die notwendige gewaltige elektrische Energie wird über eine neue Hochspannungsleitung von Nag Hammadi herangeführt. In großen Mengen wird auch Wasser für die Phosphatanreicherung benötigt, das hier nur als fossiles Wasser aus Tiefbohrungen gewonnen werden kann. In der Siedlung der Mine sollen endgültig etwa 20 000 Menschen leben.

Nach 25 km: Dünengebiet

Gebiet mit großen **Sicheldünen**. Sie gehören zur *Abu Moharrik Düne*, die sich über 500 km von Nord nach Süd zieht und mit einer Geschwindigkeit von etwa 10 m pro Jahr alles überwandert, was sich ihr in den Weg stellt - wie man an der alten zugewehten Straße erkennen kann.

Nach 17 km:

Oase Kharga und Medinet Kharga

Hintergrund: *Khargas Ursprünge gehen weit in die Vergangenheit zurück. Wie der Hibis-Tempel zeigt, war die Oase bereits in pharaonischen Zeiten besiedelt. Die Römer legten eine Reihe von Befestigungen gegen Einfälle aus dem Süden an, vor allem aber, um die aus dem Sudan kommenden Karawanen zu beschützen. Unter den Christen geriet die Oase mehr zu einer Art Verbannungsort für Aufmüpfige und später ziemlich in Vergessenheit. Erst im 17. Jh gewann sie wieder an Bedeutung, als die Sklavenkarawanen auf der Piste Darb el Arbain aus Schwarzafrika die erste Wasserstelle nach langer Strecke ohne Verpflegung erblickten.*

Die Oase erstreckt sich, bei einer durchschnittlichen Breite von 15-40 km, etwa 220 km in Nord-Süd-Richtung. Im Osten bildet der 350 m hohe Steilabfall des Wüstenplateaus eine schwer zu überwindende Barriere. Insgesamt leben etwa 200 000 Menschen hier.

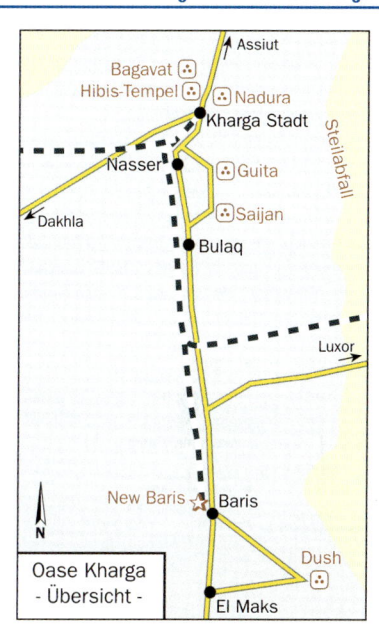

Medinet Kharga ist die Hauptstadt der Oase und des New Valley Projects. Hier wurden viele Ägypter aus dem Niltal oder durch den Assuan-Stausee vertriebene Nubier angesiedelt. Geplant waren eine ganze Reihe neuer Bewässerungsprojekte und zugehörige Siedlungen. Doch die Erwartungen erfüllten sich nicht wie erhofft; erst neuere Untersuchungsergebnisse über Grundwasservorräte und nicht zuletzt der Toshka-Kanal werden das notwendige Nass in die Oase bringen.

Auch Medinet Kharga hat sich in den vergangenen Jahren stark weiterentwickelt. Die Hauptstraße Gamal Abd el Nasser ist inzwischen mit Neubauten aller Art gesäumt, selbst die letzten weißen Flecken zwischen dem alten Ortskern und der Hauptstraße haben sich gefüllt. Die Verwaltung ist offensichtlich bemüht, Kharga einen gepflegten Anstrich zu geben, wie die breiten Straßen mit den begrünten

7 Durch die Wüste - Oasen Bahariya, Farafra, Dakhla, Kharga

Mittelstreifen und, ähnlich wie in Mut, relativ wenig Schmutz zeigen. Allerdings konnten wir im Kharga-Gebiet nur selten den Charme wie in den anderen Oasen entdecken.

Doch den Modernisierungsbemühungen stehen erhebliche Nachteile gegenüber. Die freistehenden Häuser sind an vielen Tagen im Jahr Sand- und Staubstürmen ausgesetzt; kein Baum ist hoch genug, um sie vor der langen Hitzeperiode mit über 40 Grad im Sommer zu beschatten. Viele Menschen, die sich eine Klimatisierung nicht leisten können, verlassen während dieser Zeit die Häuser und ziehen zu Verwandten, die noch in einem beschatteten Haus am Rand der Palmerien oder in einem Lehmhaus im alten Ortskern wohnen. Denn die engen Gassen schützen vor Stürmen, die dicken Mauern vor der Hitze. Insofern täuscht das moderne Stadtbild ein bisschen über die tatsächliche Situation hinweg. Wer einen echten Eindruck vom Leben der Oasen gewinnen will, sollte sich daher nicht auf Kharga allein beschränken, sondern - falls vom Niltal kommend - sich wenigstens noch den relativ kurzen Abstecher bis Dakhla gönnen.

Auch das Tourismusministerium hat die Westliche Wüste und ihre Oasen entdeckt und will die touristische Entwicklung vorantreiben. Immerhin hat man aus den zugepflasterten Küsten am Roten Meer und auf dem Sinai den Schluss gezogen, von der einst protegierten Gigantomanie abzurücken und die noch halbwegs heile Umwelt der Oasen erhalten zu wollen. Es sollen künftig nur kleinere Hotels mit maximal drei Sternen zugelassen und möglichst nur Bauten aus natürlichen Baustoffen, nach den Ideen des international geachteten Architekten Hassan Fathy, errichtet werden. Es bleibt abzuwarten, was davon Realität werden wird.

Kharga kennenlernen

Vom einstigen Kharga kann man gerade noch einen Hauch bei einem Bummel durch den **Souk der Altstadt** (arabisch *Darb el Sindadeia*) und die umliegenden Gassen verspüren. Die Altstadtfläche nimmt von Jahr zu Jahr nahezu dramatisch ab. Versuchen Sie, einen Blick

Kharga (Stadt)

▲ Hotels
1 Solymar Pioneer
2 Kharga Oasis
3 Montaza
4 Hamad Allah
5 Mahmoud Bader
6 El Waha
7 Dar El Bayda
● Internetcafés
A Governorate Info.
B Nasat

Oase Kharga und Medinet Kharga

Hibis-Tempel

in die wenigen übrig gebliebenen, überdachten und daher kühlen Altstadtgassen zu werfen. Wenn Sie weiter nach Dakhla fahren, so finden Sie dort sehr viel besser erhaltene Beispiele der Lehmarchitektur.

Vom historischen Kharga gewinnt man einen Eindruck beim Besuch des schmucken ****Hibis-Tempels** (£E 30) am östlichen Stadtausgang links, dessen Bau 588 vC begonnen, aber erst etwa 522 unter dem Perserkönig Darius I fertiggestellt wurde. Er war der thebanischen Triade Amun, Mut und Chons geweiht, Nektanebos II erweiterte und verschönerte ihn (4. Jh). Ursprünglich stand der Tempel am längst verschwundenen Heiligen See, eine Sphingenallee führte an einem Obeliskenpaar des Nektanebos II vorbei zum großen Säulensaal (Nektanebos I), dann zu einem kleineren Säulensaal und durch eine Vorhalle zum Sanktuar. Da der Tempel Jahrhunderte lang bis ins 20. Jh unter Sand begraben war, sind die dekorativen Elemente erstaunlich gut erhalten, vor allem die Reliefs. Eines davon zeigt Seth, den Gott der Oasen, mit blauem Körper und Falkenkopf.

Der Tempel war durch Bodenbewegungen über viele Jahre einsturzgefährdet und mit Baugerüsten gesichert. 2005 begannen die inzwischen abgeschlossenen Restaurierungsarbeiten – aber manche Experten sind immer noch der Meinung, dass die Gefahr für das Bauwerk noch nicht gebannt ist. Er war daher bis Ende 2008 noch nicht wieder eröffnet. Seit einiger Zeit kann man – inoffiziell - wieder einen näheren Blick auf die Anlage werfen. Nördlich des Tempels liegen die Ruinen der römischen Stadt Hibis.

Die ob ihrer Lage und Stimmung sehr lohnenswerte frühchristliche ****Nekropole el Bagavat** (8-17, £E 20) sollte man keineswegs missen. Sie liegt nordöstlich vom Hibis-Tempel an einem Hügel und kann entweder zu Fuß vom Tempel über einen gut 1 km langen Weg oder per Auto (Abzweig von der Straße nach Assiut, ca. 600 m nach Hibis-Abzweig) her erreicht

Nekropole Bagavat

werden. Die Ruinenstätte, die als einer der frühesten christlichen Friedhöfe gilt, umfasst 263 Grabbauten aus dem 4.-7. Jh. Außerdem gab es noch viele Gräber ohne Überbau.

Es handelt sich ausschließlich um Lehmziegelbauten, die sich Ton in Ton den Hang hinaufziehen. Die meisten von ihnen bestanden aus einem kuppelüberwölbten Raum, waren sehr häufig mit Stuck ausgekleidet und mit biblischen Szenen ausgemalt. Nur wenige Malereien sind erhalten: die *Kapelle des Auszugs (Nr. 30, Chapel of Exodus,* im Gelände ausgeschildert, ganz oben hinten) mit Szenen des Alten Testaments über den Auszug der Israeliten aus Ägypten, die in zwei Ringen die Kuppel schmücken. Diese Kapelle gilt als die älteste von Bagavat, sie stammt aus der ersten Hälfte des 4. Jh. Die *Kapelle des Friedens (Chapel of Peace,* im südwestlichen Bereich, ausgeschildert) ist mit byzantinischer Malerei geschmückt; unter anderen sind Adam und Eva nach dem Sündenfall, die Arche Noah oder der Apostel Paulus im Kuppelgemälde dargestellt. Von oben kann man zusätzlich den Ausblick über die Oase genießen, im Eingangsbereich unter Palmen angenehm relaxen und auch (einfach) essen.

Etwa 1 km auf einer Piste von Bagavat entfernt erheben sich die imposanten Ruinen des Klosters von **Deir (Mustafa) Kashif** (ausgeschildert am Bagavat-Eingang; verbinden Sie beide Besichtigungen miteinander). Ursprung war ein römisches Fort, das von Christen zu einem Kloster um- und ausgebaut wurde. Die Gegend war schon zuvor - seit dem Mittleren Reich - besiedelt. Hier kreuzten sich die Karawanenrouten Darb el Arbain aus dem Sudan und die Darb el Ghabari aus Dakhla. Das Kloster stellte daher auch Unterkunft für Reisende zur Verfügung. Ursprünglich war das Gebäude fünf Stockwerke hoch. Es sind noch einige Wohnzellen mit Gewölbedecken erhalten. Die zugehörige Kirche liegt in der Ebene unweit des Klosters, ebenfalls in Ruinen. Sie weist noch Inschriften aus dem 5. und 6. Jh auf.

Von Deir Kashif sieht man etwa 1 km nördlich eine schöne Mini-Oase namens **Ain Zaaf**. Ein christlicher Grabbau wie in Bagavat und die Grundmauern einer Kirche machen sie historisch interessant.

Östlich der Hauptstraße, etwa gegenüber dem Hibis-Tempel, stehen die spärlichen Ruinen des **Nadura-Tempels**, der im 2. Jh nC vom römischen Kaiser Antoninus Pius erbaut wurde. Da er früher als Zufluchtsstätte gegen Feinde genutzt wurde, wird er immer noch im Volksmund als *Zitadelle* bezeichnet. Man kann bis zum Fuß des Hügels fahren und dann den Hang hinaufklettern. Das Schönste dort oben sind der Blick über den nördlichen Oasenteil oder, am allerbesten, der Sonnenuntergang.

Mumienmaske im Museum

Das an der Hauptstraße, Nähe Tourist-Office, liegende **Museum** (8-17, £E 30) beherbergt hauptsächlich Funde aus dem New Valley, von denen viele einen Blick wert sind. Allerdings betrachtet die dahindösende Bedienungsmannschaft Besucher als Störenfriede; bestehen Sie darauf, dass die Beleuchtung eingeschaltet und angeblich kaputte Sicherungen ersetzt werden!

Das Erdgeschoss ist prähistorischen, pharaonischen und römischen Funden gewidmet. Die durchaus interessante prähistorische Abteilung finden Sie im rechten Seitensaal, der aber hauptsächlich Funden aus Balat/Dakhla (Qila el Daba und Ain Asil) gewidmet ist. Im Mittel- und linken Trakt sind pharaonische und römische Artefakte zu sehen. Rechts im Mitteltrakt, nach dem Eingang, steht das wichtigste Stück des Hauses, die Stele des Khent-ka in Form einer

Oase Kharga und Medinet Kharga

Scheintür aus der 6. Dynastie. Ihr Besitzer war Gouverneur der Oase. Gegenüber an der linken Wand wurden Teile des Grabes von Ima Bibi, ebenfalls aus Balat, zusammengefügt. Weiterhin sind Masken von Mumien ausgestellt, einige davon sind vergoldet. Interessant ist die Doppelstatue eines Gouverneurs und seiner Frau aus dem Alten Reich, die etwa in der Mitte steht. Im linken Seitenraum gleich links sieht man hölzerne Paneele, die aus Kellis (Dakhla) stammen; hier wurden Ernteerträge fein säuberlich notiert. Weiterhin kann man diverse Gebrauchsgegenstände, wie Flintmesser oder Tongefäße, aus dem Alten Reich bewundern, die im Wesentlichen aus Balat in der Oase Dakhla stammen. Im Obergeschoss sind koptische und islamische Exponate sowie Schmuck, Textilien und Münzen ausgestellt.

An der südlichen Ausfallstraße liegt ein Handicraft Center mit **Teppichweberei und Töpferei** (arabisch *Mansar el Chasaf*), sowohl zum Anschauen als auch als Shopping-Gelegenheit interessant. Zwischen September und November, während der Dattelernte, steht Besuchern eine **Dattelfabrik** in der Nähe offen.

Die Oase wurde besonders unter den Römern durch eine Reihe von **Forts** gesichert, von einigen nördlich gelegenen sind noch imposante Reste erhalten. Sie dürfen offiziell nur in Begleitung eines Mitarbeiters der Altertümerverwaltung besucht werden und sind nur per 4WD erreichbar. Entsprechende Trips lassen sich über das Tourist-Office organisieren.

37 km nach dem Bagavat-Abzweig der Straße nach Assiut und gute 11 km westlich von dieser entfernt liegt **Qasr Labekha** (N25°43.41' E30°33.48') am Kreuzungspunkt zweier Karawanenrouten. Das weitläufige Areal war bereits in ptolemäischer Zeit und unter den Römern bis ins 4. Jh besiedelt. Die landschaftlich sehr reizvolle kleine Oase direkt zu Füßen des Steilab-

falls ist Wasseradern zu verdanken, die durch kilometerlange unterirdische Kanäle (Qanate) auf die Felder geleitet wurden. Ein moderner Hobby-Farmer aus Kharga reinigte einen der Kanäle und legte wieder sattgrüne Pflanzungen an.

Aus der langen geschichtlichen Epoche blieben die Ruinen eines Forts, zweier Tempel und diverser Häuser erhalten. Die immer noch imposanten runden Türme und hohen Mauerreste des auf einem Hügel gelegenen Forts zeugen von der einstigen Bedeutung der Oase. Von den beiden Tempeln steht der am besten erhaltene Nordtempel gut 1 km entfernt ebenfalls auf einem Hügel mit schönem Ausblick. Im Innern sind u.a. noch das Sanktuar und einige Räume mit Resten bemalter Stuckverkleidungen zu sehen. Der zweite Tempel wurde unweit entfernt teils in einen Felsabhang geschlagen. Er war längere Zeit Pilgerziel, wie die dort gefundenen Votivtafeln aussagen. In zwei Nekropolen - die eine davon in einem hohen Felsabhang westlich des Forts - lagen noch viele, z.T. sehr gut erhaltene Mumien. Untersuchungen ergaben, dass die Menschen u.a. an Bilharziose, Tuberkulose und den Folgen von Mangelernährung litten.

Von Labekha führt eine schwierige Piste nach Westen nach **Ain Umm Dabadib**, das etwas

Bei der Feinarbeit in einer Kharga-Töpferei

besser von der Dakhla-Straße aus erreichbar ist. Schon von weitem fällt das Fort durch seine Hügellage und die noch ca. 15 m hohen eckigen Türme auf, die nur hier so gebaut wurden. Es handelt sich um eine ausgedehnte Siedlung mit den Ruinen vieler Gebäude, eines Tempels und einer von modernen Grabräubern 1998 stark zerstörten Kirche. Mit unendlicher Mühe gruben die Bewohner unterirdische Aquädukte (Qanate) bis zu Wasser führenden Schichten - mannshoch, in bis zu 30 m Tiefe und mit einer Gesamtlänge von 14,5 km. Ca. 600 „Serviceschächte" mussten angelegt werden, um den Aushub nach oben zu fördern (an den „Maulwurfshügeln" zu erkennen) und die Wasserleitungen ständig in Ordnung halten zu können. Diese in vielen Ländern verbreitete Technik geht auf die Perser zurück.

Östlich der Straße nach Assiut (in einem Dorf 18 km nach Bagawat rechts ab, dann 10 km nach Osten (N25°35.83' E30 °43.8'), benutzten einst Karawanen einen Pass hinaus aus der Oase, den es zu kontrollieren galt. Auch hier legten die Römer ein Fort an - heute **Ed Deir** genannt -, dessen Mauern und 12 runde Türme noch gut erhalten sind. Man kann auf die Umfassungsmauer hinaufsteigen und den Blick auf den Steilabfall sowie die Wüste schweifen lassen. Ein inzwischen versandeter Tiefbrunnen versorgte die Besatzung der Festung, ein weiterer Brunnen außerhalb der ausgedehnten Felder, die an den Spuren der Bewässerungskanäle noch erkennbar sind. Hier stand auch ein kleiner Tempel.

Das sehr einsame Fort **Ain Amur** mit einer ergiebigen Quelle versorgte einst die Karawanen auf dem Weg zwischen Kharga und Dakhla. Eine Tempelruine lohnt kaum den offenbar sehr mühseligen, von Wanderdünen immer wieder verlegten Weg in die Einsamkeit nordöstlich von Kharga.

Praktische Informationen

▶ **Telefonvorwahl 092**

▶ Bei Ankunft in Kharga sollten Sie sich mit der **Touristen-Information** in Verbindung setzen (8.30-16.00, 20.30-24.00), das Office liegt schräg gegenüber dem Kharga Oasis Hotel, in einem igluähnlichen Gebäude, Tel 7921 205/6, Fax 7921 1205. Der Manager, Mohsen Abd Al Moneam, Tel 012686 6299, mohsen_dL@yahoo.com, kennt sich bestens aus, ist hilfsbereit und informationswillig. Sein Assistent Farhat bemüht sich ebenfalls um die Gäste. U.a. wird ein ca. 2 Std-Ausflug in abseits liegende Dörfer angeboten, zu heißen Quellen und zum Dorf Ganha, das am Rand von malerischen Dünen liegt, die es jedoch mit einer Wandergeschwindigkeit von ca. 2 m/Jahr tödlich bedrohen.

▶ Auch eine *New Valley Tourist Friends Association* hilft gern weiter, Tel 7905 451 an.

▶ **Internetzugang**: Gouvernerate Information Support Centre, Sh. Nasser, kostenlos, Nasat Internet Café, Nähe Souk

▶ Nach des Tages Mühe kann man sich im **Schwimmbad** des Kharga Clubs für wenig Geld erfrischen (ab 15 Uhr).

Verkehrsverbindungen

Fernbusse

▶ Fernbusse starten am neuen Busterminal Nähe Midan Basatin, Nähe Hotel El Waha.

▶ Nach **Kairo** fahren *Upper Egypt Co* und der relativ neue Anbieter *Al Herz* (Terminal in Kairo am Midan Ataba/Sh Gumhuriya) über Assiut und die westliche Wüstenstraße. Upper Egypt um 20.00, 21.00 und 22.00 und Al Herz um 16.00, 21.00, 22.30 , beide zum Fahrpreis von £E 45-50, Fahrzeit 9 Std.

▶ **Assiut** (nur Upper Egypt): 6.00, 7.00 11.00, 22.30 (aus Dakhla kommend) (£E 8-12, 3-4 Std)

▶ **Dakhla:** 5.30-7.00 (aus Kairo kommend), 14.00 (aus Assiut kommend), 23.00 1.00 (£E 10, 2 Std)

▶ Wenn Sie von Kharga nach **Luxor/Assuan** mit öffentlichen Verkehrsmitteln weiterreisen wollen, dann bleibt nur der (preiswerte) Umweg über Assiut mit zeitlich ziemlich passendem Anschluss nach Luxor. Man kann alternativ in Kharga ein Taxi oder Sammeltaxi für die direkte Fahrt über Baris (siehe Kasten Seite 565) anheuern, das ca. £E 350-400

Oase Kharga und Medinet Kharga

Restaurants

Wer einen Essplatz sucht, kann in eines der Hotels gehen, z.B. in das *Solymar Pioneer Hotel*, das am besten und teuersten ist. Preiswerter kommt man im *El Ahram Restaurant* vor dem El Waha Hotel davon. Am Midan Basatin gibt es mehrere Restaurants, u.a. *Wimpys* (auch mit ägyptischen Spezialitäten). Im *Police Club*, gegenüber der Touristen-Information, können auch Fremde preiswert und gut essen. Im *Hamad Ala Hotel* gibt es auch Bier.

Übernachten

- **Dar el Bayda**, Tel 7929 393, am Eingang z. Altstadt, viele Ägypter, einf, erstaunl. sa, ...E+B 50, E+B+AC 85, D+B 65, D+B+AC 100
- **El Waha**, 3*, Sh El Basatten, Tel 7920 393, mä sa, abends se la, fr, hb....E 18, E+B 25, D 25 D+B 30
- **Hamad Allah**, Sh El Adl, Tel/Fax 7920 638, sa, ru, TV, 1 Bad für 2 Zi, mF.. E 40, E+B+AC 65, D 55, D+B+AC 85
- **Kharga Oasis**, 2*, Tel 7921 500, Fax 7924 940, viele Jahre bestes Hotel im Ort, 2006 renoviert, schö Palmengarten, SatTV, AC, fr, se sa, mF..E+B €22, D+B €33
- **Solymar Pioneer**, 4*, am Ortsausgang Richtung Assiut, Tel 7929 751, Fax 7927 983, bestes Hotel am Ort, se sa, AC, Minibar, SatTV, Preise verhandelbar, HP ....E+B € 81, D+B € 108
- **Youth Hostel**, Md Al Saha, ...10 pP

An der Straße Kharga - Baris

- **Amiret Baris Resort**, Ortseingang von Baris, Tel 010813 1472, einfaches Camp, sa, ...E+B 30, D+B 60
- **Bulaq Resthouse**, ca. 500 m vor Ortseing. Bulaq (Schild *Oyun el Wadi*) Tel 966 177, ru, fr, Garten, Brunnen, Camping-Möglichk., se einf, ... pro 4-Pers. Zi £E 50, 2 Pers. im Zelt pP 20
- **Hamad Allah Sahara City**, bei km 18, Tel/Fax 092 762 0240, Bungalow-Camp, Pool, AC, se sa, mF..E+B 70, D+B 115

Camping (nur südlich von Kharga City)

Beste Möglichkeit ist **Hamad Allah Sahara City** bei km 18, £E 40 per Wohnmobil; mit Einschränkungen **Bulaq Resthouse**; nur für Zeltler: **Nasser Tourist Camp**, km 23, Tel 7982 046, schö Blumengarten, Pool. Wer mit 4WD unterwegs ist, kann sehr einfach in einem Dünenfeld verschwinden: Vom Bahnhof aus 6 km bis zum ersten Dorf (N25°20,39' E30°33,33'), dort links, an nächster Y-Kreuzung halblinks, an nächster nach insgesamt 2 km rechts (N25°20,40 E30°34,83'), nach 1 km links auf geschobene Piste abbiegen und nach ca. 3 km in die Dünen.

kostet; angeblich verkehren sporadisch auch Minibusse für ca. £E 50 pP (Fahrzeit 3-4 Std).

Lokale Busse

▶ **Baris:** 6.00, 14.00 ca. 1.5 Std
▶ Alternativ: Minibusse oder Pick-ups die praktisch 24 Stunden Service bieten. Der örtliche Personentransport in Kharga findet auf Pick-ups statt, die zwischen den Ortsenden pendeln, Fahrpreis 25-50 Pt.
▶ Mohsem Abd Al Moneam vom Tourist Office organisiert Taxifahrten nach oder von Luxor zu € 50 pro Auto

Flug

▶ Kairo 7.00 - Kharga 17.00, nur sonntags

Die Eisenbahn der Phosphatbahnstrecke, die einmal wöchentlich mit einem Personenzug verkehrte, wurde eingestellt.

Ausflüge in die Umgebung

In Kharga bieten einige wenige – im Vergleich zu den anderen Oasen – Leute Touren in die Umgebung an. Zu den römischen Forts im Norden ist 4WD Voraussetzung, daher teurer. Alle anderen Sehenswürdigkeitem sind mit normalen PKW und daher billiger erreichbar.

▶ Bei Mohsen Abd Al Moaem vom Tourist Office (Tel. siehe dort), kostet ein 4WD-Tagestrip zu den nördlichen römischen Stätten € 200/Auto /Tag, ein 2WD-Ausflug, z.B. nach Süden, € 100.

▶ Mahmoud Youssef, Direktor des Museums, Tel 792 0084, 01130 85233, verlangt für den Tagestrip nach Labekha, Ed Deir, Bagawat, Hibis und Nadura 25 € pP und 100 € für ein 4WD-Fahrzeug.

Abstecher nach Süden

Ein Ausflug bis zur **südlichsten Oasensiedlung Ägyptens**, El Maks, bietet einige interessante Eindrücke. Die Straße folgt der alten Karawanenroute Darb el Arbain, die schon fast vergessen ist.

Allerdings wird sich in einigen Jahren die Wüstenlandschaft gerade hier massiv verändern, wenn der vom Nasser-Stausee abzweigende Toshka-Kanal (siehe Seite 517) dieses Gebiet erreichen und - so hoffen die Erfinder und Beteiligten - in eine grüne Oase verwandeln wird.

Nach 9 km (von der Hauptkreuzung, an der die Dakhla-Straße einmündet): Bahnhof für Personenzüge der Phosphatbahn

Nach 10 km: Abzweig

Links 2 km zu einem Hügel mit dem **Tempel von El Guita** (8-17, £E 25), der von 10 m hohen Mauern eines römischen Forts geschützt ist. Der aus persischer Zeit stammende und den Göttern Amun, Mut und Chons geweihte Tempel wurde unter den Ptolemäern erweitert. Im Innern - bestehend aus Hof, Säulenhalle und Sanktuar - gibt es nicht allzu viel zu sehen. Auf den Reliefs opfern ptolemäische Könige den Göttern. Im Sanktuar sind an der Rückwand einige Reliefs erhalten, u.a. eine Kartusche des Perserkönigs Darius I. Der Hügel bietet schöne Aussicht.

Bleibt man auf der Nebenstraße, so erreicht man nach etwa 5 km den Tempel von Saijan (siehe weiter unten).

Nach 5 km: Abzweig

Rechts zum **Nasser Camp** (beim Dorf Nasser) mit schönem Garten und 35° warmem Wasser; je nach Stand der Renovierung eventuell auch guter Rastplatz.

Nach 6 km: Abzweig

Links eine Asphaltstraße zum 5 km entfernten römischen **Fort und Tempel von Saijan** (£E 25) aus dem 2. Jh nC, der am westlichen Ortsausgang eines Dorfes liegt. Er stammt aus ptolemäischer Zeit und war, wie die anderen Tempel, der thebanischen Triade unter Amun-Re gewidmet. Der römische Kaiser Antoninus Pius renovierte ihn im 2. Jh nC. Dank ausgiebiger Restaurierung in den 1980er Jahren machen die Ruinen einen guten Eindruck, bieten dem Laien aber nicht allzu viel.

Nach 3 km:

Bulaq

Recht großer Ort mit Übernachtungs-, Bade- oder Campingmöglichkeit beim Resthouse. Südlich der Stadt stehen zwei bekannte Heiligtümer von Lokalheiligen. Die folgenden Dörfer entstanden in den 1960er Jahren und tragen Namen arabischer Städte, wie Sanaa oder Jedaah.

Nach 44 km: Abzweig (N24°48,63′ E30°34,91′)

Links zweigt die **Wüstenstraße nach Luxor** ab, große Schilder mit arabischer Beschriftung (siehe Kasten).

Nach 2 km: Bagdad

Kleiner Ort, in dem Kameltrips nach Luxor, Assuan oder Abu Simbel angeboten werden.

Nach 11 km: Rechts New Baris

Der bekannte Architekt Hassan Fathy wollte und sollte hier ein Neu-Baris in traditionellem Stil für die Desert Development Administration bauen, das als Vorbild für alle Neubauten von Oasendörfern gedacht war. Doch der Sechstagekrieg 1967 unterbrach jäh das begonnene Werk. Es blieb ungenutzt im Wüstensand stehen. Von der Straße lohnt ein Abstecher, um die Vorteile der angepassten Architektur zu studieren. Das zweite, sehr große Gebäude war als Markt gedacht. Der Nordwind kann von oben in die Gewölbe eindringen und sie kühlen. Der

Direkte Straße Kharga - Edfu/Luxor - Assuan

In den 1990er Jahren wurde eine asphaltierte Piste, die nahe dem Ort Bagdad direkt ins Niltal bei Luxor führt, zu einer Fernstraße ausgebaut. Nach dem Abzweig von der Barisstraße wendet sich die neue Strecke für etwa 20 km nach Nordosten, windet sich um diverse Zeugenberge und erreicht nach etwa 65 km das Hochplateau.

Kontrollposten stehen 4 km und 56 km (dort auch Erste-Hilfe-Station) nach dem Abzweig „im Weg", geben aber ohne Diskussion die Durchfahrt frei.

Auf der ziemlich langweiligen Hochebene scheint die Straße über lange Entfernungen schnurgerade mit dem Lineal gezogen zu sein. Die Wüste auf dieser Strecke kann man nicht einmal Landschaft nennen; sie ist hauptsächlich grau und platt. Erst ca. 190 km nach dem Abzweig tauchen die Rand-"Gebirge" auf und die Straße windet sich aus einer Höhe von etwa 500 m in das Niltal hinunter. Bei km 201 zweigt eine Straße nach Norden ab, die nach Nag Hamadi (132 km) führt. 14 km weiter (N25°32,15' E32°15,8') überrascht ein nur arabisch beschilderter Abzweig nach halbrechts, der nach 181 km ohne Kontrolle (bisher) in **Assuan am Flughafenkreisel** (der Abus Simbel Straße) endet. Die total uninteressante, aber schnelle Straße kann z.B. für die konvoifreie Fahrt nach Assuan eine sehr gute Alternative sein. Inzwischen sollen Checkposts eingerichtet sein. Unterwegs zweigen nach 35 km eine Straße nach **Esna** und 53 km nach dieser eine nach **Edfu** ab.

Fährt man an obigem, nur arabisch beschilderten Abzweig geradeaus, erreicht man schließlich nach weiteren 21 km an einer T-Kreuzung (N25°34,99' E32°27,22') die Verbindungsstraße am westlichen Nilufer zwischen Theben-West und Esna.

Wenn Sie in umgekehrter Richtung fahren: Da an der letztgenannten Kreuzung nur arabische Schilder stehen, sollte man 15 km südlich der Einmündung der Brückenstraße von Luxor aus (oder 32 km nach der Kreuzung mit der nördlichen Brücke von Esna) nach einem gut ausgebauten Abzweig nach Westen Ausschau halten, wobei diese Straße mit breiten gelben Seitenrändern und einem breiten weißen Mittelstreifen bemalt ist.

Achtung: Offiziell kann man von Luxor aus nicht auf dieser Strecke nach Kharga fahren, weil der Abzweig bereits im Konvoi-Bereich liegt. Als Alternative berichtet ein Leser von einem durch sein Hotel vermittelten Taxifahrer, der ihn, auf Umwegen an Polizeikontrollen vorbei, gegen ein saftiges Bakschisch auf die richtige Straße lotste.

Temperaturunterschied gegenüber draußen ist aufgrund der Luftführung und der dicken Mauern beachtlich. Leider besinnt man sich erst nach dem Tod (1989) des großen, aber verkannten Mannes wieder seiner Ideen.
Nach 2 km:

Baris

Beim Torbogen von Baris sind an beiden Seiten der Straße *Yardangs* zu erkennen, *Lehm-Löwen*, die vom ständig aus einer Richtung wehenden Wind aus dem Boden ausgetrockneter Seen geformt werden. Weiter im Süden, z.B. im Nabta Playa, entstanden viele dieser auch *Mud Pans* oder *Mud Fins* genannten Gebilde. In der Nähe zweigt links eine Straße nach Dush (18 km) ab, auf der man am bequemsten zu den dortigen Ruinen kommt.

Der erstaunlich große Ort Baris hat schon immer eine eigenständige Rolle als fruchtbarer Fleck im Süden der Kharga-Senke gespielt. Seine Einwohner verstanden die Lage an der Darb el Arbain zu nutzen und mit den Karawanen Handel zu treiben.
Nach 12 km: El Maks

El Maks bestand eigentlich aus zwei unabhängigen Dörfern: Maks Bahri („Nord") und Maks Qibli („Süd"). Der Ortsteil Maks Bahri war unter den Osmanen für die nach Norden gehenden

7 Durch die Wüste - Oasen Bahariya, Farafra, Dakhla, Kharga

Karawanen die zuständige Zollstation, der andere für die nach Süden ziehenden. El Maks bot sich als Rast- und Zollplatz insofern an, als hier diverse Brunnen Wasser spendeten und auch große Karawanen mit 1000 und mehr Kamelen versorgt werden konnten.

Nach 2 km: Abzweig (N24°30,37' E30°37,18')
Links zweigt eine Straße nach Dush ab, die parallel zu einer Telefonleitung verläuft. Die Hauptstraße führt 5 km weiter bis zum derzeit letzten bewohnten Fleck namens El Qasr. Folgt man dieser Strecke nach Süden (ab hier Genehmigung aus Kairo erforderlich), trifft man auf schlechter Straße auf die West-Ost-Verbindung East Uwaynat - Abu Simbel (siehe Seite 554).
Wir halten uns links.
Nach 12 km:

*Dush Ruinen

Hintergrund: Dush, in römischer Zeit bekannt als Kysis und alter Karawanenknotenpunkt, war damals ein blühendes Gemeinwesen mit gut entwickelter Landwirtschaft, dessen Ursprung auf ptolemäische Zeiten zurückgeht. Es lag an dem Kreuzungspunkt der Karawanenrouten Darb el Arbain und Darb el Dush, die nach Osten ins Niltal (Esna und Edfu) führten. An einem Hügel entstand eine Wehranlage, in die Kaiser Domitian Ende des 1. Jhs nC einen Tempel aus Sandstein bauen ließ, den später Hadrian und Antonius Pius erweiterten. Er war Isis, Osiris sowie Serapis geweiht. Trotz der römischen Bauherren entstand ein typisches Beispiel eines pharaonischen Tempels, der, weit abseits vom Touristenstrom, gerade in seiner Einsamkeit erhaben wirkt und einen Besuch lohnt. Französische Archäologen, die seit Jahren hier arbeiten, entdeckten 1989 in einem Korridor den Schatz von Dush mit vielen Artefakten, wie einem goldenen Pektoral (Brustschmuck), einem Diadem mit Gott Serapis unter einem Baldachin, vergoldeten Schmuck etc. Sie sind jetzt im Ägyptischen Museum in Kairo im Saal „Ancient Egyptian Jewellery" ausgestellt, siehe Seite 211.

Darb el Arbain

Seit alters gab es bestimmte Routen, auf denen die Karawanen zogen. Allerdings änderte sich die Streckenführung erstaunlich häufig; einmal aus politischen Gründen, zum anderen wegen versiegender Brunnen oder auch wegen räuberischer Überfälle. Die wohl bekannteste Route, die **Darb el Arbain**, die 40-Tage-Strecke, begann in Kobbe im Sudan und endete in Assiut am Nil. Auf ihr wurden Hunderttausende Sklaven und alle möglichen Schätze aus Schwarzafrika auf die Sklavenmärkte im Mittelmeerraum getrieben. Doch mit dem Ende des Sklavenhandels zu Beginn des 20. Jh geriet die Route in Vergessenheit und ist heute im Detail nur noch schwer rekonstruierbar. Nicht zuletzt dieser, in islamischer Zeit sehr wichtigen Karawanenstraße hat Kharga viel an Bedeutung zu verdanken. Denn in der Oase machten die Karawanen ihren ersten Halt: Wer hier als Sklave lebend ankam, war in der Regel 30-40 Tage lang in sengender Sonne, angekettet an den Nachbarn, durch die Wüste marschiert.

*Oben auf dem Hügel steht eine Gebäuderuine mit drei Gewölberäumen, die entweder ein weiterer Tempel war oder vielleicht die „Dienstvilla" des Garnisonskommandanten oder ein zusätzliches Fort - diese Interpretationen werden in der Literatur angeboten. In der umgebenden Ebene befinden sich zwei ausgedehnte Gräberfelder und, etwa 5 km westlich an der südlichen Zugangsstraße nach Dush, eine weitere kleine Tempelruine mit einem umgebenden Dorf namens **Ain Manawir**.*

Die Straßen von Baris und El Maks treffen sich etwa 2 km vor dem Grabungshaus der französischen Archäologen und enden dort (N24°34,95' E30°42,86').
Der Tempel (8-17; £E 25) steht, vom Grabungshaus gesehen, links etwas hinter dem Hügel. Auch heute noch ist er von Hausruinen und Tei-

len der Wehrmauer umgeben. Der Eingangspylon, der in den Ersten Hof führt, ist teilrekonstruiert. Es folgt der Zweite Hof mit einem weiteren Pylon, eine Säulenhalle mit nur vier Säulen und das Sanktuar, bestehend aus zwei hintereinander liegenden Räumen. Die Wände sind teilweise mit Reliefs geschmückt, wahrscheinlich waren sie einst vergoldet oder farbig bemalt. Auf das Tempeldach kann man hinaufsteigen.

Für das „Fort" muss man den Hügel hinaufkraxeln, oben gibt es außer dem Fernblick und einigen zusammengefallenen Mauern kaum etwas zu sehen. Hier kann man sich die einst mit Feldern begrünte Ebene am besten vorstellen, an die das notwendige Nass durch unterirdische Wasserkanäle (Qanate) geführt und auf denen Weizen, aber auch viel Wein angebaut wurde. Handwerker sorgten für Tongefäße, Arbeitsgeräte und Schmuck. Grundmauern der Wohngebiete sind erhalten.

Während der Grabungszeiten (Herbst, Winter) sind Areale, in denen die Archäologen arbeiten, meist nicht zugänglich.

Weiter von Kharga nach Assiut

Ausfahrt aus Kharga nach Nordosten.
Nach 3 km: Abzweig
Rechts zum Flughafen Kharga
Nach 17 km: Polizeiposten
Nach (ca.) 42 km: Naqb el Ramliya
Die Straße verlässt die Depression von Kharga, windet sich - ein letzter Blick zurück auf grandiose Landschaft - den hohen Steilabfall (einer der sieben möglichen Aufstiege aus der Senke nach Osten) hinauf und führt dann über eine relativ ebene Steinwüste zum Niltal.
Nach 2 km: Polizeiposten
Nach 44 km: Resthouse, Polizeiposten
Nach 17 km: Melonensteine
In dieser Gegend liegen östlich der Straße **„Melonen"-Steine** herum, die kugelrund und etwa melonengroß sind. Sie bestehen aus Feuerstein. Bei Kilometerschild 104/128, gleich rechts neben der Straße, liegt ein sehr großes Feld (fragen Sie vielleicht beim letzten Polizeiposten nach dem *Wadi el Battikah*). Die Steine entstanden einst auf seichten Meeresbuchten durch Anlagern von Mineralien an einem Reizkern, der von der Brandung sanft gerollt wurde. Ihr harter Kern hat sich jetzt durch Verwitterung aus den Meeres-Sedimenten herausgelöst.
Nach 74 km:
Rechts zum Flughafen
Nach 5 km: Kreuzung mit der Nilufer-Wüstenstraße: rechts nach Assiut, links nach Kairo

Faszination der Libyschen Wüste

Zwar gilt die Wüste dem Durchschnittsbesucher aus dem kühlen Norden immer noch als unheimlich, unkomfortabel und im Wesentlichen aus Sand bestehend. Dass dieses Bild völlig schiefliegt, kann nur ein Besuch wirklich klarstellen. Auch das folgende Kapitel soll das Trugbild ein bisschen korrigieren helfen.

Noch bis in die 1920er Jahre zeichneten die Ägypter auf ihren Karten alle Gebiete westlich der Oasenkette Siwa - Bahariya - Kharga als weißen Fleck ein - diese Gegend war allen menschlichen Bemühungen zur Eroberung so feindlich gesonnen, dass sie als große Unbekannte, als Reich der Toten sowohl im übertragenen als auch im wörtlichen Sinn über Jahrtausende erhalten blieb. Zwar durchstreiften immer wieder Beduinen die menschenleeren Flächen, aber nur selten erreichte einer die westlichen Oasen - und wenn, dann kaum in freundlicher Absicht. Umgekehrt bestand für die Bewohner des fruchtbaren Niltals kein Anlass, sich dieser lebensbedrohenden Unbekannten auszuliefern.

Der deutsche Afrikaforscher Gerhard Rohlfs (Geburtshaus und Museum in Bremen-Vegesack) hatte 1874 erste Forschungsreisen in die bis dahin von keinem Europäer betretene riesige Wüstenfläche unternommen, Anhaltspunkte durch Vermessungen geschaffen und Berichte veröffentlicht. Nach dem Ersten Weltkrieg befasste sich der Ägypter Hassanein Bey systematisch mit der Libyschen Wüste; er berichtete als erster über den Gebel Uwaynat. Wichtige Beiträge leisteten englische Forscher und der

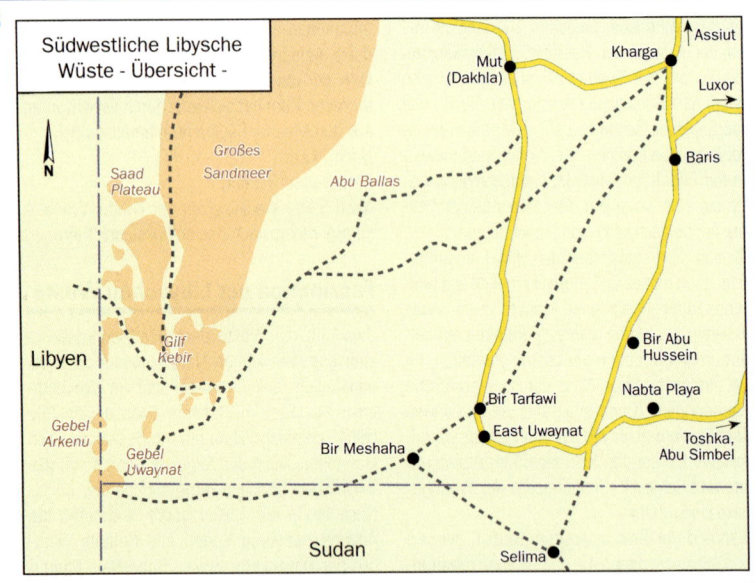

7 Durch die Wüste - Oasen Bahariya, Farafra, Dakhla, Kharga

Südwestliche Libysche Wüste - Übersicht -

ägyptische Prinz Kemal el Din, der auf Raupenschleppern und mit standesgemäßer Dienerschaft große Gebiete durchforschte und 1926 das Gilf Kebir („Großes Kliff") entdeckte; nicht zu vergessen der ungarische Abenteurer Graf Almasy, der sich dann intensiv mit dem Gilf Kebir beschäftigte und u.a. viele Felszeichnungen fand. Wer Gelegenheit hat, sein spannendes Buch „Schwimmer in der Wüste" zu lesen, der wird viel von der Faszination dieser Landschaft erahnen können.

Nach dem „historischen" Exkurs noch ein paar Fakten. Die Libysche Wüste wird heute von den Ägyptern heimlich-hoffnungsvoll als eine Art unterirdische Schatzkammer angesehen. Die bisherigen Explorationen ergaben, dass in der Gegend südlich von El Alamein Erdöl und Erdgas lagern (und auch ausgebeutet werden); in der Nähe der Oase Bahariya wird die größte Erzmine des Landes betrieben; bei Kharga (Abu Tartur) ist eine der größten Phosphatminen der Welt teilweise in Betrieb gegangen; bei Beni Suef gibt es Alabaster; im Fayum wird im großen Stil Salz gewonnen.

Die Libysche Wüste gehört zu den trockensten Gebieten weltweit oder

Kaum zu glauben, dass einst Giraffen im Gebel Uwaynat lebten; andererseits zeigt das Bild der gegenüberliegenden Seite, dass es möglich war

Faszination der Libyschen Wüste

hält sogar den Rekord an Trockenheit. In diesem größten hyperariden Raum der Erde regnet es an manchen Stellen Jahrzehnte, manchmal sogar Jahrhunderte nicht. Im Durchschnitt ist in vielen Gegenden mit 1 mm Niederschlag pro 10 Jahre zu rechnen, in der Oase Dakhla z.B. immerhin mit Wassermassen von 5 mm pro Jahr. Dagegen verdunsten dort, wo Wasser vorhanden ist, wegen der Hitze jährlich 6000 mm!

Ganz grob lässt sich die Libysche Wüste, die im Prinzip eine etwa 300 m hoch gelegene Kalksteinebene ist, in deutlich unterscheidbare Gebiete unterteilen. Nur wenige Kilometer von der Mittelmeerküste bei El Alamein entfernt, sinkt die Oberfläche bis zu 133 m unter das Meeresspiegelniveau ab. Diese Depression, **Qattara-Senke** genannt, erstreckt sich gute 150 bis 200 km nach Süden; etwa an ihren Südwestausläufern liegt die malerische Oase Siwa.

Das **Große Sandmeer** scheint tatsächlich ein Meer zu sein, dessen riesige Wellen im Sand erstarrt sind. Es dehnt sich (von Siwa beginnend) in Nord-Süd-Richtung fast 800 km aus, von Ost nach West streckenweise über 200 km. An der Ostflanke steht die erste Düne mit gut 50 m Höhe wie eine Trutzmauer in der Wüstenebene. Dahinter folgen weitere Dünenketten mit bis zu 100 m Höhe. Nach etwa der 10. bis 15. Kette gehen die Dünen häufig ineinander über und nur noch die Wellenkämme aus goldgelbem Sand „wogen" über die schier endlose Fläche. Im Süden stoßen die Ausläufer des Sandmeeres bis nahe an das Gilf Kebir Plateau, an einer Stelle haben sie es bereits überwunden.

Das **Gilf Kebir** besteht aus zwei Teilen, die durch einen Einschnitt (Gap) von ca. 20 km Breite getrennt sind. Das Gesamtgebiet ist insgesamt ca. 300 km lang und 50-80 km breit; flächenmäßig entspricht es etwa der Schweiz. Die riesige Felsbarriere steigt im Südosten aus dem 650 m hoch gelegenen Wüstenboden - allerdings mit einer etwa 150 m hohen Stufe - und erhebt sich allmählich bis auf 1060 m Höhe im nordwestlichen Bereich. An den Flanken bricht das aus sehr hartem Sandstein bestehende Plateau meist abrupt um ei-

Ein seltener Glücksfall: Es muss kurz vor unserer Ankunft im Gebel-Uwaynat-Massiv geregnet haben - die grüne Spur im Wadi Karkur Talh beweist es

7 Durch die Wüste - Oasen Bahariya, Farafra, Dakhla, Kharga

nige 100 m ab. Die zum Teil wild zerklüfteten, von tief eingeschnittenen Wadis unterbrochenen Steilabfälle machen die eigentliche landschaftliche Faszination des Gilf Kebir aus, wobei seine weitgehend ebene Oberfläche steinig und ziemlich öde ist. Die Nordseite besteht vielfach aus erodierten Sandsteinbergen. Die vielen Wadis entstanden in den vergangenen Feuchtzeiten durch Wasserablauf von der Oberfläche des Plateaus.

Im Nordteil des Plateaus (Abu Ras Plateau) gibt es drei bekannte Wadis, die sich viele Kilometer tief in das Gilf Kebir hinein gefressen haben: im Nordosten das von roten Sanddünen markierte, von Akazien bestandene **Wadi Hamra** (rotes Tal). Von Norden her treibt das **Wadi Abd el Malik** eine etwa 50 km lange Kluft in die Hochebene, in der viele, heute verdorrte Akazienbäume stehen. Am Südwestrand liegt das kurze, durch Felsbilder bekannte **Wadi Sura** mit der Höhle der Schwimmer, das durch den Film „Der englische Patient" eine Art von Weltruhm erfuhr. Auf den Wänden zweier Höhlen sind neolithische (5000-4000 vC) Malereien zu sehen, die u.a. Menschen beim Schwimmen - im heute trockensten Gebiet der ohnehin trockenen Westlichen Wüste - darstellen.

Der Gebirgsblock des **Gebel Uwaynat** ragt mitten in der Wüstenebene am Dreiländereck Ägypten/Sudan/Libyen mit immerhin 1898 m Höhe auf. An ihm verfangen sich manchmal Regenwolken, die sich von Süden bis hierher verirren. Noch vor 100 Jahren zogen Tebu Beduinen in Täler, die lange Zeit des Jahres begrünt waren. Damals lebten noch Wildschafe (Waddan) und Antilopen in dem Massiv. Heute dürften alle ausgestorben sein.

Aber nicht nur vor 100 Jahren, auch während der Feuchtperioden in prähistorischer Zeit siedelten hier Menschen. In einigen Wadis findet man Felsbilder, entweder mit Sandfarbe gemalt oder mit harten Steinen in den Fels geritzt. Im **Wadi Karkur Talh**, das im ägyptisch-sudanesischen Grenzbereich liegt, gibt es die meisten Felszeichnungen zu entdecken. Auf der anderen Seite der libyschen Grenze liegen, nicht weit entfernt, die einst von Senussen bewohnte Oase Kufra und der Gebel Arkenu. Dieser ist dem Gebel Uwaynat nicht unähnlich, jedoch deutlich kleiner.

Neben den ständig bewohnten Oasen gibt es einige bekannte Plätze in der Libyschen Wüste. Etwa 75 km nordwestlich der Oase Farafra liegt der Brunnen **Ain Della** mit brauchbarem Trinkwasser. Dieser Brunnen war stets ein Stützpunkt auf dem Weg nach oder vom Westen, einerlei ob für Räuber, Schmuggler oder Krieger. Heute ist Ain Della ein Militärstützpunkt, dessen Besuch nur mit einer Genehmigung möglich ist.

Eine weitere bekannte Landmarke ist das 230 Pisten-km südwestlich von Mut (Oase Dakhla) gelegene **Abu Ballas,** ein Felshügel, an dessen Fuß einst Wasserkrüge aus Sandstein als Wasserreservoir deponiert waren, von denen nur noch relativ wenige Scherben herumliegen. Aus ihnen lässt sich aber immer noch auf beachtliche Größe der Krüge schließen.

Etwa 85 km nordwestlich von Abu Ballas liegt **Regenfeld**, ein Lagerplatz der Rohlfs-Expedition aus dem Jahr 1874. Dort hatte Rohlfs einen der seltenen Regen erlebt, das Lager danach getauft und eine kleine Steinpyramide mit einer Botschaft errichtet. Außer diesem Steinhaufen, Botschaften der nachfolgenden Besucher und ein paar historischen Reminiszenzen gibt es nichts an diesem Platz.

Etwa 500 km südwestlich von Kharga grub der Engländer Beadnell 1928 einen 70 m tiefen Brunnen, um die von seinem Landsmann Ball aufgestellte Theorie zu beweisen, dass unter der Libyschen Wüste Grundwasser in konstanter Höhe vorhanden sei. Nach fünf Monaten harter Arbeit stießen die Brunnenbauer tatsächlich auf einwandfreies Trinkwasser. Beadnell taufte die Stelle **Bir Meshaha**. Über dem heute versandeten Brunnen errichtete er ein Holzhaus und in der Nähe einen Wegweiser.

Im Gebiet von **Bir Tarfawi**, ein Stück nordöstlich von Bir Meshaha, starteten die Ägypter eine landwirtschaftliche Versuchsstation, die sich als Ausgangspunkt eines großen Neuland-

Unterwegs in der Libyschen Wüste

Häufig zu spät

Die Prähistoriker bemühen sich, die hochinteressante Geschichte der auf den ersten Blick so öden Sahara Stück für Stück aufzublättern. Doch viel zu häufig kommen ihnen Mitmenschen in die Quere - von Rallyefahrern über Offroadtouristen bis hin zu Neusiedlern -, die wichtige Funde zerstören oder einsammeln und davontragen. Der Kölner Prähistoriker, Dr. Kuper, der ein großes Forschungsprojekt leitet, sagt: *„Wenn auch nur ein paar Stein-Artefakte aus einer Fundstelle als Souvenir eingesammelt werden, ist für uns der gesamte Zusammenhang zerstört. Das ist, wie wenn man aus einer mittelalterlichen Urkunde ein Stück herausreißt. Damit ist der ganze Kontext nicht mehr verständlich."*

gewinnungsprojekts entwickelte. Knapp 40 km südlich von Tarfawi entstand eine kleine Stadt namens **East Uwaynat**, die heute das Zentrum der Region darstellt.

Im Februar 2007 wurde das Gebiet des Gilf Kebir zum 26. Nationalpark Ägyptens mit 48523 qkm Fläche erklärt und unter Schutz gestellt. Damit treten eine Reihe von Regelungen in Kraft, die eigentlich schon längst überfällig waren: 30 Offiziere des Militärs werden als Ranger eingesetzt, die mit Sattelitentelefonen ausgerüstet sind und ständig mit ihrer Zentrale in Verbindung stehen. Sie sollen u.a. darüber wachen, dass die Besucher nichts zerstören, keine Felszeichnungen beschädigen und z.B. keine Gesteinsproben mitnehmen. Die Gruppen werden vor Reiseantritt entsprechend informiert, was per Unterschrift zu bestätigen ist. Um die Sicherheit der Gäste zu erhöhen, werden die Fahrer und Reiseleiter besonders geschult und die Fahrzeuge überprüft.

Unterwegs in der Libyschen Wüste

Um den Umfang dieses Buches nicht noch weiter anwachsen zu lassen und weil sich nur relativ wenige Touristen in die Libysche Wüste westlich der Oasenstraße „verirren", veröffentlichen wir detaillierte Informationen zu diesem Gebiet im Internet unter www.tondok-verlag.de/Libysche_Wueste.htm. Dort finden Sie ne-

Wogende Wellen im Großen Sandmeer

7 Durch die Wüste - Oasen Bahariya, Farafra, Dakhla, Kharga

ben den generellen Angaben im vorigen Kapitel Routeninformationen, Ortsbeschreibungen zum Großen Sandmeer, Gilf Kebir, Gebel Uwaynat und zu den südöstlichen Gebieten; außerdem weiterführende Links, u.a. zu über 20 Safari-Veranstaltern.

Es muss noch gesagt werden, dass aufgrund von drei Überfällen Krimineller aus dem Sudan oder Tschad in 2008 die generelle Reise-Situation im Gilf Kebir Gebiet bei Redaktionsschluss offen war. Neuigkeiten dazu werden wir auf obiger Webseite veröffentlichen.

Für Einzelreisende: Offiziell ist das Reisen in der Libyschen Wüste westlich der Oasenstraße nicht erlaubt. Genehmigungen (Tasrih) sind nur schwierig bei der *Military Intelligence Group, 26 Sharia Manshia el Bakry, Kairo-Heliopolis* zu bekommen. Ohne Tasrih in dieses Gebiet zu fahren, birgt zumindest das Risiko, als ungebetener Eindringling betrachtet, schlimmstenfalls beschossen, zumindest aber tagelang festgehalten oder eingesperrt zu werden. Aus Sicherheitsgründen müssen mindestens zwei Fahrzeuge gemeinsam unterwegs sein, außerdem ist ein Offizier mitzunehmen und zu bezahlen. Mit Satelliten-Navigation und -Kommunikation, verbunden mit der Möglichkeit, sich auch in dieser Welt vergessenen Gegend per Handy bei den Lieben daheim bemerkbar zu machen, sinkt zwar das Überlebensrisiko, aber eine wohl überlegte Vorbereitung und eine ebensolche Durchführung ersetzen diese Hilfsmittel nicht (siehe Seite 91, Tipps für Wüstenfahrten).

Die von der Libyschen Wüste erhältlichen Karten gehen z.T. auf Vermessungen vor dem Zweiten Weltkrieg zurück, die englischen Karten sind trotzdem recht zuverlässig. Satelliten-Karten und ziemlich genaue Karten russischer Herkunft vertreibt z.B. der Därr-Expeditionsservice in München. (Spezialliteratur zu diesem Thema siehe Seite 42).

Zahllose Dünenzüge, die, wie ein Gebirge, immer wieder zu überwinden sind

Suez-Kanal-Gebiet, Küste am Roten Meer

Hintergrund: *Der Suez-Kanal zählt zu den wichtigsten Kanal-Wasserstraßen der Welt; in den Augen vieler Experten ist er die bedeutendste Verbindung. Dennoch ist es erstaunlich und nachdenkenswert, dass die Weltwirtschaft während der israelischen Blockade von 1967 bis 1975 ohne den Kanal auskommen musste und diese Krise dennoch ohne ernsthafte Probleme meisterte.*

Schiffbare Verbindungen zwischen dem Nil (Mittelmeer) und dem Roten Meer gehen historisch weit zurück. Ein erster Kanal wurde vermutlich im Mittleren Reich gebaut, dann im Neuen Reich erneuert. Im 6. Jh vC begann Necho II mit einem Neubau, Darius I ließ 100 Jahre später die Arbeiten zu Ende führen. Der Kanalverlauf entsprach etwa dem des heutigen Süßwasserkanals nach Ismailiya; d.h. er verband den Nil (bei Bubastis, in der Nähe des heutigen Zagazig) mit dem Roten Meer bei Suez. Irgendwann versandete dieser Kanal. Unter dem römischen Kaiser Trajan entstand eine erneute Verbindung, die wiederum versandete und vom arabischen Eroberer Ibn Amr zu kurzzeitigem erneutem Leben erweckt wurde. Ab etwa dem 8. Jh verschwand auch sie sowohl aus der Realität als auch aus der Erinnerung.

Eine 1850 gegründete internationale Kommission schrieb eine Art Wettbewerb für die günstigste Strecke eines Kanals zwischen Mittel- und Rotem Meer aus. Der österreichische Ingenieur Alois von Negrelli legte als Einziger ein schleusenloses Konzept vor. Ferdinand de Lesseps, französischer Konsul in Ägypten, initiierte mit viel Tatkraft den Bau eines neuen Kanals - nach Negrellis Plänen, der kurz vor Baubeginn gestorben war. 1859 wurde begonnen. 20 000 ägyptische Arbeiter schufteten zehn Jahre; Tausende von ihnen bezahlten den Bau infolge von Cholera-Epidemien, Trinkwasserknappheit und wegen der katastrophalen Arbeitsbedingungen mit ihrem Leben. Daher musste - teilweise im Bett des antiken Kanals - ein Trinkwasserkanal gezogen werden. Nach Meisterung vieler technischer Probleme konnte die Wasserstraße 1869 mit großem Pomp eröffnet werden. Sie verkürzt den Seeweg von

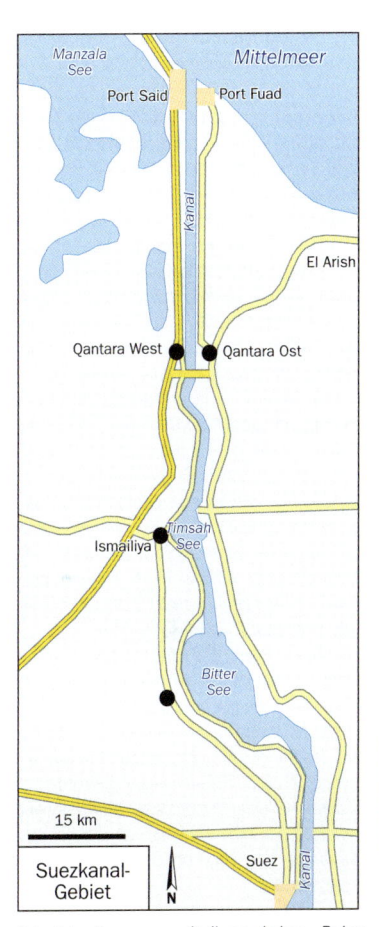

8 Suez-Kanal-Gebiet, Küste am Roten Meer

Sehenswertes

***Suez-Kanal** mit regem Schiffsverkehr
***Port Said**, sehr lebendige Hafenstadt mit internationalem Flair an der Mittelmeereinfahrt zum Kanal
*Ismailiya**, recht gepflegte Stadt am Kanal, guter Platz zur Schiffsbeobachtung, Seite 579
*Suez**, Kanalhafen am Roten Meer, Seite 583

Nordeuropa nach Indien um ein gutes Drittel und versetzt Afrika in den Stand einer Insel.
1956 verstaatlichte der ägyptische Präsident Nasser den Kanal. Israel, England und Frankreich griffen Ägypten militärisch an, um die Rückgabe zu erzwingen. Ägypten blockierte den Kanal durch Schiffsversenkung. Die UN konnten den Konflikt durch Verhandlungen beilegen, der Kanal wurde geräumt und 1957 wieder eröffnet. Ägypten entschädigte bis 1962 die Kanalgesellschaftseigner in Ratenzahlungen.

Als die Israelis im Krieg 1967 bis zum Kanal vordrangen, wurde die Durchfahrt durch versenkte Schiffe erneut blockiert. Im Oktoberkrieg 1973 überwanden die Ägypter die auf der Ostseite gebaute, als uneinnehmbar geltende israelische Bar-Lev-Befestigungslinie und bekamen den Kanal wieder unter ihre Kontrolle. Nach Aufräumungs- und Verbreiterungsarbeiten konnte ab 1975 der Schiffsverkehr wieder aufgenommen werden.

Der schleusenlose, 163 km lange Kanal (je nach Quelle variiert die Längenangabe von 139-190 km!!) ist derzeit nur an vier Stellen und im Bittersee für zweibahnigen Verkehr breit genug. Auf den übrigen Strecken werden Konvois von jeweils 20 bis 30 Schiffen in der einen oder der anderen Richtung durchgeleitet. Auf den zweibahnigen Strecken kreuzen sich die Konvois, die in Port Said um 7 und 13 Uhr, in Suez um 6 Uhr starten.

Der Kanal wurde neben dem streckenweise zweibahnigen Ausbau ständig vertieft und von ursprünglich 52 m auf jetzt bis zu 300 m Breite und auf derzeit 20 m Tiefe erweitert, sodass er heute allen unbeladenen Tankern kein Hindernis mehr bietet, voll beladen kommen immerhin noch 250 000-Tonnen-Tanker durch. Bis 2010 soll die Wasserstraße auf 22 m vertieft werden, sodass etwa 90 Prozent der weltweit registrierten Tanker passieren können. Zusätzlich wurde eine Pipeline zwischen Ain Sukna bei Suez und dem Mittelmeer (Alexandria) gebaut, um Tanker im Roten Meer entladen und das Rohöl auf dem Landweg zum Mittelmeer schaffen zu können.

Jedes Schiff wird von vier Lotsen gesteuert. Die Durchfahrt in täglich drei Konvois bei einer maximalen Geschwindigkeit von 14 km/h dauert etwa 15 Stunden; zur Zeit liegt die Kapazität bei ca. 80 Schiffen pro Tag. Durchschnittlich kassiert die Kanalbehörde $ 80-90 000 pro Schiff für die Durchfahrt.

Die Kanalgebühren tragen nicht unerheblich zum ägyptischen Haushalt bei, die Einnahmen liegen bei über 2 Milliarden $ pro Jahr. Zum Unterschied: Vor der Nationalisierung im Jahr 1956 erhielt Ägypten von der in englischem und französischem Besitz befindlichen Kanalgesellschaft jährlich 3 Millionen Dollar.

Die Strecke

▶ **Entfernungen** von Port Said aus: Ismailiya 80 km, Suez 170 km.

▶ **Öffentliche Verkehrsmittel:** Die Eisenbahn verbindet Kairo mit den Kanalstädten und diese untereinander. Die schnellere Alternative bieten Busse.

▶ Der **Kanal** kann bei Qantara, Ismailiya und Suez per Fähre bzw. bei Qantara auf einer neuen Hochbrücke überquert oder bei Suez im Tunnel unterquert werden (siehe Seite 582).

Die beiden Städte Port Said und Ismailiya heben sich positiv vom üblichen ägyptischen Stadtbild ab. Sie sind gepflegter oder, anders ausgedrückt, nicht ganz so schmutzig. Es gibt immer wieder kleine Parks oder grüne Inseln, vor allem die Hauptstraßen von Ismailiya sind relativ breit angelegt. Port Said mit seinen vielen Reklameschildern und unzähligen Shops erinnert eher an einen großen Bazar, Suez bietet, im Grunde genommen, nur die Kanaleinfahrt als Attraktion.

Der Besuch der Kanalzone vervollständigt das Ägyptenbild um eine weitere Facette, die man eigentlich nicht missen sollte.

**Port Said

Hintergrund: Diese Stadt (arabisch: Bur Said) hat ihre Existenz ausschließlich dem Kanal zu verdanken, einschließlich des Sandes, auf dem sie gebaut wurde. Nicht anders die „Schlaf- und Wohnstadt" **Port Fuad** auf der gegenüberliegenden Kanalseite, die per Fährschiff erreichbar ist.

Seit der Eröffnung des Kanals begrüßte Herr Lesseps als Kolossalstatue die Schiffe, bis ihn der Volkszorn 1956 von seinem Podest riss, als Präsident Nasser den Kanal nationalisierte. Ursprünglich hätte dort die heutige Freiheitsstatue von New York stehen sollen, die vom französischen Bildhauer Bartholdi als „Licht Asiens" für diesen Platz konzipiert worden war. Doch dem Khediven Ismail war sie schließlich zu teuer.

Seit der Gründung 1859 hat Port Said in einer kurzen, aber wechselvollen Geschichte alle Höhen und Tiefen erlebt. Tiefstpunkt war der israelisch-ägyptische Sinai-Krieg, in dem die Stadt stark von Bomben getroffen wurde. Nach der Wiedereröffnung des Kanals im Jahr 1975 erholte sich Port Said nicht zuletzt, weil es samt Hafen zur Freihandelszone erklärt wurde. Dieser Umstand führt zu ungeheurer Geschäftigkeit, das Stadtzentrum wurde ein einziges Einkaufsparadies, insbesondere für Ägypter. Auch heute noch machen zumindest das Zentrum und die Umgebung des Mittelmeerstrands einen deutlich aufgeräumteren und sauberen Eindruck als viele andere Städte.

Kanaleinfahrt

8 Suez-Kanal-Gebiet, Küste am Roten Meer

Ein typisches Gebäude aus der Kolonialzeit

Die noch vielerorts erhaltenen Kolonialbauten mit ihren Gitterbalkonen und Balustraden aus der Zeit, als hier die französische bzw. englische Kanalverwaltung mit ihren Angestellten den Ton angab, verleihen der Stadt ein eigenes, fast unägyptisches Flair. Damals legten fast alle Schiffe im Hafen an, heute fahren fast alle an Port Said vorbei.

Das relativ kosmopolitische Port Said ist für denjenigen, der dem Touristenrummel entgehen und nicht gerade das übliche Ägypten erleben will, durchaus einen Besuch wert. Es geht nicht nur um das preiswerte Einkaufen - das für Ausländer wenig interessant ist -, sondern um die Atmosphäre dieser Stadt. Hier muss man sich treiben lassen, das geschäftige Leben studieren, hin und wieder einkehren oder den Schiffen am Kanal zuschauen. Die für Ägypter relativ günstigen Preise ziehen vor allem am islamischen Wochenende (daher möglichst meiden) viele Einkaufswillige an.

Der Kai direkt am Kanal - die Ostseite der Sharia Palestine - wurde als Promenade mit Souvenirshops ausgebaut, auf der man abends gern flaniert. Hier legen vorwiegend die Kreuzfahrtschiffe an. An ihrem nördlichen Ende Nähe Sonesta Hotel stand die 1956 im Zuge der Kanalverstaatlichung gesprengte Lesseps-Statue, von der nur noch der Sockel vorhanden ist. Wichtige Einkaufsstraßen sind die Sharia Palestine, dann folgt nach Westen die eher ruhige Parallelstraße Sharia Memphis, die noch die meisten Kolonialbauten besitzt, und danach die Sharia Gumhuriya. Sie ist quasi die Hauptstraße, fast durchgehend von Arkaden gesäumt; hier findet man viele wichtige Institutionen, wie Hauptpost und Banken, aber auch unzählige Geschäfte und Restaurants sowie Cafés. Die von der Sharia Palestine nach Westen abzweigende Sharia El Nahda gleicht schon fast einem einzigen Bazar. Grundsätzlich gilt: Je weiter man nach Westen vordringt, umso niedriger werden die Preise und umso einfachere Waren stehen zum Verkauf. Mit die höchsten Preise hingegen zahlt man im etwas mondänen *International Commercial Center* in der Sharia Palestine in der Nähe des Sonesta Hotels.

Musterbeispiel ist das im maurischen Stil errichtete **Gebäude der Kanalverwaltung** - Suez Canal Authority - aus dem 19. Jahrhundert. Mit seinen drei an eine Moschee erinnernden Kuppeln drückt es der Stadtsilhouette am Kanal seinen Stempel auf. Es ist allerdings nur von außen zu betrachten.

Einen kostenlosen Ausflug kann man nach **Port Fuad** mit einem der stets pendelnden Fährboote unternehmen und dabei einen Blick auf die Wasserfront von Port Said werfen sowie ein bisschen durch Port Fuad bummeln, das sich selbst als Gartenstadt mit viel Grün versteht. Wer zusätzlich wenigstens ein Stück des Kanals vom Wasser her kennenlernen will, kann dies nur mit dem Restaurantschiff *Canal Cruize* erleben, es gibt keine Hafen- oder gar Kanalrundfahrten.

Im **Militärmuseum** (9-14, £E 8), Sharia 26.July, werden neben pharaonischen Schlachten detailliert die Kriege gegen Israel mit Beutestücken dargestellt. Im **Nationalmuseum** (9-16, £E 15; 2008 wegen Renovierung geschlossen), Sharia Palestine direkt am Kanal, sind Funde aus prähistorischer Zeit mit pharaonischen, schönen islamischen und koptischen Stücken sowie die Paradekutsche, die dem Khediven Ismail als fahrbarer Untersatz während der Kanaleinweihung diente, ausgestellt.

**Port Said

Port Said

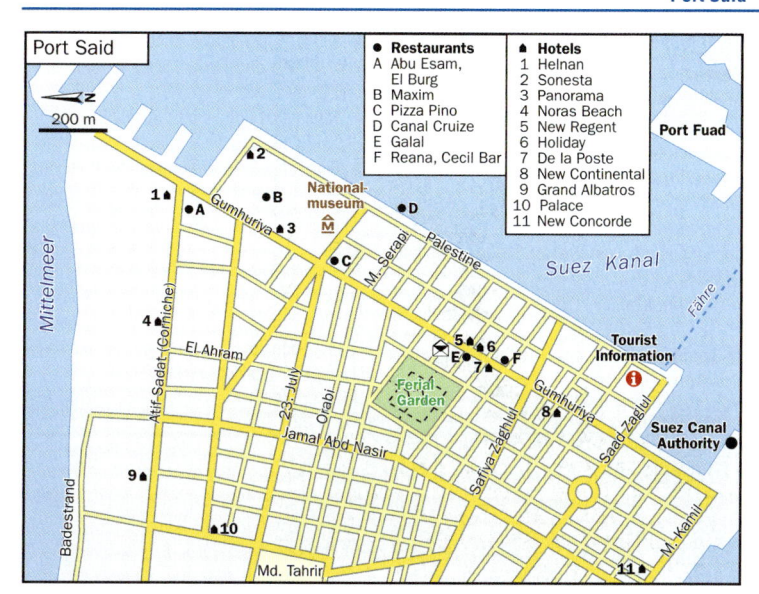

● Restaurants	▲ Hotels
A Abu Esam, El Burg	1 Helnan
B Maxim	2 Sonesta
C Pizza Pino	3 Panorama
D Canal Cruize	4 Noras Beach
E Galal	5 New Regent
F Reana, Cecil Bar	6 Holiday
	7 De la Poste
	8 New Continental
	9 Grand Albatros
	10 Palace
	11 New Concorde

Auch der **Mittelmeerstrand** westlich des Kanals wurde in den letzten Jahren neu gestaltet. Während der ägyptischen Sommerferien und der Badesaison wimmelt es auf der breiten und gepflegten Promenade von Menschen. Am etwa 100 m breiten Strand-Sandstreifen bieten fliegende Händler alles Nützliche und Unnütze für den einheimischen Tourismus, aber das beste Geschäft scheinen die Schattendachvermieter zu machen. In gewissen Abständen wurden Duschen und Toiletten eingerichtet.

Der westlich von Port Said gelegene **Manzala-See** ist ein Vogelparadies. Nach Matariya besteht eine Bootsverbindung (stündlich bis 15 U, £E 3,50, Fahrzeit 2-3 Std), für wenig Geld kann man geruhsam über den (umweltverschmutzten) See schippern und z.B. mit dem nächsten Boot zurückkehren.

Eine gut ausgebaute Straße führt auf dem Damm, der den Manzala-See vom Mittelmeer trennt, nach Damietta am gleichnamigen Nilarm (siehe Seite 198). Wer nach Kairo auf einer anderen Strecke zurückfahren will, kann diese Route wählen (es soll auch eine Busverbindung geben, sonst Sammeltaxi). Seit wenigen Jahren ist der so genannte „International Highway" fertiggestellt, der Damietta vierspurig mit Alexandria verbindet und die Fahrzeit drastisch verkürzt (siehe auch Seite 164).

Praktische Informationen

▶ **Telefonvorwahl 066**

▶ **Touristen-Information:** 43 Sh Palestine, Tel/Fax 235 289 (9-18, im Sommer zusätzlich 15-20); vom freundlichen und kompetenten Personal sind fundierte Informationen sowie ein guter Stadtplan erhältlich. Ein anderes Büro befindet sich im Hauptbahnhof 9.00-14.00.

▶ Der **Geldwechsler** EIMCO, 4 Sh Hafez Ibrahim, bietet wie in Kairo 24-Stunden-Service.

▶ **Geldautomaten** (ATM) bei vielen Banken u.a. in der Sh Gumhuriya, auch bei **Thomas Cook**, 43 Sh Gumhuriya.

▶ **Internet**: *Compunet* Nähe Ferial Gärten

▶ **Alkohol** gibt es bei Gatal, Sharia Gumhuriya, in der Nähe des EgyptAir Office.

8 Suez-Kanal-Gebiet, Küste am Roten Meer

Verkehrsverbindungen

Busse

Grundsätzlich sollte man die Stadt wegen der u.U. langen Wartezeiten an der Zollgrenze nicht per Sammeltaxi/Minibus, sondern per Bus verlassen. Alle Busse fahren von einem neuen Terminal im Südwesten an der Straße nach Kairo ab. Die Taxifahrt dorthin aus der Innenstadt kostet etwa £E 3-5, Minibus £E 0,50.

▶ **Alexandria:** East Delta (7.00 11.00, 14, 16, 18, 20 3 Std, £E 22)

▶ **Ismailiya:** East Delta 6-19,00 stündlich (1,5 Std, £E 5)

▶ **Kairo:** Superjet alle Stunde (7.00-20.00, 3 Std, £E 25), East Delta alle 60 Minuten von 7.00-21.00 (3 Std, £E 13-19)

▶ **Suez:** East Delta 6.00 7.30 10.00 13.00 16.00 (2,5 Std, £E 8)

▶ Eine zentrale Mikrobushaltestelle ist ganz in der Nähe des Md Manshea, von dort fahren Mikrobusse in verschiedene Richtungen

Bahn

▶ Täglich „kriechen" 4 Züge jeweils 4 Stunden nach Kairo, weitere 4 Züge enden in Ismailiya, wobei die gemütliche Bahnfahrt am Kanal entlang durchaus interessant sein kann. Nach 44 km (südlich von Port Said):

Restaurants

Die einfachste Möglichkeit, den Hunger zu stillen, ist ein Bummel entlang der Sharia Gumhuriya.
- **Abu Esam,** Sharia Atif Sadat, gutes und bekanntes Fischrestaurant, eher teuer
- **Cecil** und **Reana House,** Sh Gumhuriya/Sh El Nada, *Cecil* offeriert nur Kaffee, Tee und Bier, das darüber liegende *Reana*, südostasiatische Küche, gemütlich, sauber, auch dort Bier erhältlich
- **El Burg,** Nähe Große Moschee (überall dort bekannt), sehr preiswerte und gute Fischgerichte, liegt an derselben Straße wie *Abu Esam*
- **Galal,** Sh Gumhuriya/Sh Gaberti, Fischrestaurant, sehr preiswert
- **Maxim,** im Shopping-Center Nähe *Sonesta-Hotel*, schöner Kanalblick, gut, aber teuer
- **Pizza Pino,** Sh Gumhuriya/Sh 23.July; gute, preiswerte Pizza und italienische Gerichte
- **Suez Canal Authority Club,** Port Fuad, direkt links neben Ferry-Anleger, Einlass nur mit Pass, nur mittags, toller Blick, relativ preiswert
- Oder gönnen Sie sich eine Hafenrundfahrt auf dem **Restaurantschiff Canal Cruize** (früher *Noras*), Abfahrt jeweils um 17.00, 19.00 und 22.00 Uhr (gute europäische und orientalische Küche) $ 15 für Pastry und Softdrink, $ 25 für Dinner

Übernachten

Achtung: Preise sind häufig unterschiedlich für Kanal/Strandblick bzw. Stadtblick.
- **De La Poste,** 2*, 42 Sh Gumhuriya, Tel/Fax 3228 655, altes Haus, tlw gr Zi, SatTV, Kschr, fr, se sa, AC + £E 15, rel la, se ang, empf F £E 7 .... E+B 67, D+B 77
- **Grand Albatros,** 4*, Sh Corniche, Tel 333 2211, Fax 333 2010, info@pickalbatros.com, www.pickalbatros.com, 2005 eröffnete Anlage mit großzügigen Zi, AC, SatTV, Kschr, se gepflegt, se sa, mF .... E+B $100, D+B $120
- **Helnan,** 5*, 1 Sh Corniche, Tel 3320 890, Fax 3323 762, reshps@helnan.com, www.helnan.com, am Mittelmeerstrand, zwei Pools, AC, SatTV, Kschr, se sa, mF E+B $100, D+B $120
- **Holiday,** 3*, Sh Gumhuriya, Tel 3220 711, Fax 3220 710, AC, SatTV, Kschr, Balkon (kein Kanalblick)), se sa, rel la, mF .... E+B 2, D+B 320
- **Miriland** Sh Digla, Tel 3227 020, rel gr Zi, einf, für den Preis erstaunlich sa, kein F .... E 20, E+B 30, D 30, D+B 35???
- **New Concorde,** 3*, Ecke Sh Salah Salim/Mostafa Kamil, Tel 3235 341, Fax 3235 930, etwas abgewohnt, se sa, AC, SatTV, Kschr, mF .... E+B 120, D+B 180

- **New Continental**, 3*, 30 Sh Gumhuriya (schräg gegenüber von *Cecil Café*), Tel 3225 024, Fax 3338 088, tlw Kanalblick, Balkon, AC; Kschr, SatTV, se fr, se sa, mF .... E+B 90, D+B 10
- **New Regent**, 3*, Sh Gumhuriyya/ Muhammed Mahmud, Tel 3235000, Fax 3224 891, AC, SatTV, Kschr, sa, fr, mF .... E+B 200, D+B 240
- **Noras Beach**, 2*, Sh Corniche, Tel 329 834, Fax 329 841, pst@sedapnet.org.eg; gr Anlage am eigenen Strand, ziemlich ungepflegt, abgewohnt, rel sa, SatTV, AC, Kschr,mF .... E+B 100$, D+B 130$
- **Palace**, 19 Sh Ghandy, Tel 3239 450, Fax 3239 464, AC, SatTV, se sa, etwas abgewohnt, mF (mä) .... E+B 300, D+B 400
- **Panorama**, 3*, 72 Sh Gumhuriya, Tel 3325101, Fax 3325 103, günstig zur See und zum Center gelegen, obere Stockw. toller Blick, sa, AC, SatTV, Kschr, mF .... E+B 190, D+B 260
- **Riviera**, 2*, 34 Sh Ramsis, Tel 3328 836, Fax 3327 637, AC, Kschr, SatTV, einfach, sa, mF .... E+B 63, D+B 77
- **Sonesta**, 4*, Sh Sultan Hussein, Tel 3325 511, Fax 3324 825, reservations@sonestaportsaid.com, www.sonesta.com/egypt_portsaid, guter Blick auf Kanaleinfahrt, Pool, se sa, AC, SatTV, Kschr, mF ....E+B $120-1505, D+B $150-185
- **Youth Hostel**, Sh El Amin/Corniche, Tel 3228 702, Nähe Stadion, se sa, fr, ru, hb.................. pP 17

El Qantara

Eine alte Karawanen-Stadt, die der Kanal zweiteilt. Nach starken Kriegszerstörungen entstand sie neu und lieblos in Beton. Eine kostenlose Fähre verbindet beide Stadtteile. Hier verlässt die Hauptstraße das Ufer der Wasserstraße. Interessanter dürfte die schmale, den Kanal begleitende Straße sein, sie ist jedoch für Ausländer vom Militär gesperrt.

Nach 3 km: Abzweig

Rechts zur Auffahrt zur **Kanalbrücke** (£E 1,50). Die neue, 2001 von Präsident Mubarak eingeweihte Hochbrücke (**Mubarak Peace Bridge**) überspannt sehr elegant den Kanal und ermöglicht den ungehinderten Zugang zum Nordsinai. Vom Scheitelpunkt bietet sie einen atemberaubenden Ausblick auf den Kanal und die umliegende Landschaft. Leider gibt es keine Haltebuchten, sodass man bei langsamem Fahren die Augen weit öffnen muss, um den Ausblick einzufangen.

Die alte kostenlose Fährverbindung nach Qantara Ost ist noch in Betrieb.

Nach 27 km: **El Firdan**

Abzweig zur 6 km entfernten Eisenbahn-Kanalbrücke. Hier ragt seit 2001 die größte Bahndrehbrücke der Welt in den Himmel, deren zwei Drehteile innerhalb von 20 Minuten über den Kanal schwenken (von Krupp gebaut). Täglich um 9 und um 21 Uhr wird die Brücke geschlossen; leider ist der Aufenthalt für Ausländer am Kanal vom Militär verboten.

Nach 9 km:

*Ismailiya

Hintergrund: Auch diese, am Timsah(Krokodil)-See gelegene und für ägyptische Verhältnisse durchaus gepflegte Stadt verdankt ihre Existenz dem Kanal. Aus den „Gründerjahren" hat sie sich einen fast gemütlichen Stil erhalten, von dem auch heute noch eine ganze Reihe typischer Kolonialbauten mit Veranden und Gärten zeugen. Ismailiya beherbergt den Sitz der Suez-Kanalverwaltung und die Suez Canal University. Die Stadt wird durch die Eisenbahnlinie in Ost und West geteilt, wobei der Süßwasserkanal vom Ostteil wiederum ein Stück abtrennt. Auf der Kanal-Westseite verläuft eine der wichtigen Straßen, der Mohammed Ali Quay, die heutzutage offiziell "Salah Salem" heißt, ein Name, den aber offenbar niemand benutzt.

In der Nähe des Timsah-Sees zweigt halbrechts vom Mohammed Ali Quay eine Straße zur städtischen Universität ab, die u.a. am *Mercure-Hotel* vorbeiführt. Die nächstmögliche nach rechts abzweigende Straße nach der Hotelabfahrt endet am **Strandclub** (Eintritt £E 20). Hier kann man gut die durchfahrenden Schiffe beobachten und im Salzwassersee baden (allerdings ziemlich schmutzig). Andere Bademöglichkeiten erreicht man, wenn man der Sharia Talatini Richtung Timsah-Strand folgt.

Die nächste Straße nach dem Strandclub führt zur kostenlosen Kanalfähre Nr. 6 (Ferry Sitta). Von der Anlegestelle oder dem Hügel mit Moschee daneben kann man auch gut den Schiffsverkehr beobachten. Taxifahrer verstehen den Zuruf „Number Six" und bringen Sie vom Zentrum hin; es fährt auch ein Minibus. Auf der gegenüberliegenden Kanalseite erhebt sich das **1973 October War Memorial** in Form eines Bajonetts; von ihm bietet sich ein guter Ausblick auf den Timsah-See. Fährt man ein Stück weiter nach Süden, so kommt man an einem Museum vorbei, das der Geschichte der israelischen Bar-Lev-Linie am Kanal und ihrer ägyptischen Eroberung gewidmet ist.

Im kleinen **Museum** (9-14, £E 15) am Mohammed Ali Quay sind u.a. Stücke ausgestellt, die beim Kanalbau gefunden wurden. Besondere Beachtung findet ein Mosaik aus dem 4. Jh vC mit Darstellungen aus der griechischen Mythologie. Leider sind die Stücke nur arabisch und französisch erläutert. Ein Block weiter stadteinwärts lag der sog. Stelen-Garten, dessen Stelen aber inzwischen nach Port Said gebracht wurden. Ebenfalls am Mohammed Ali Quay steht das **Lesseps' House**, in dem der Mann lebte, der die treibende Kraft für den Kanalbau war. Das sehenswerte Haus ist nur bedingt zugänglich. Wenn Sie sehr interessiert sind, sollten Sie versuchen, bei der Suez Canal Authority (der das Haus gehört) eine Erlaubnis zu bekommen.

Ein Besuch des Suez Canal Research Center (das mit der Nord-Ostsee-Kanalverwaltung zusammenarbeitet) kann interessant sein. Anfahrt: Richtung Ferry Nr. 6, dann auf der linken Straßenseite. Man überquert zunächst die Schwenkbrücke, biegt rechts in die Allee und fährt noch etwa 500 m.

Praktische Informationen

▶ **Telefonvorwahl 064**
▶ **Touristen-Information:** Im neuen Governorate Building, Sharia Tugary, ca. 2 km nordwestlich des Bahnhofs, gibt es eine Art von touristischer Information. Man kann sich das frustrierende Erlebnis getrost sparen - es sei denn, man will -zig Menschen an leeren Schreibtischen vor sich hinstarren oder Zeitung lesend sehen.

Neuerdings wurden an vielen Straßen blaue Schilder mit Straßennamen in Arabisch und Englisch angebracht. Allerdings gibt es dabei Namen, die selbst den Anliegern völlig unbekannt sind. Z.B. spricht nahezu jeder von der

Modernes Hochhaus an der Sharia Sultan Hussein

*Ismailiya

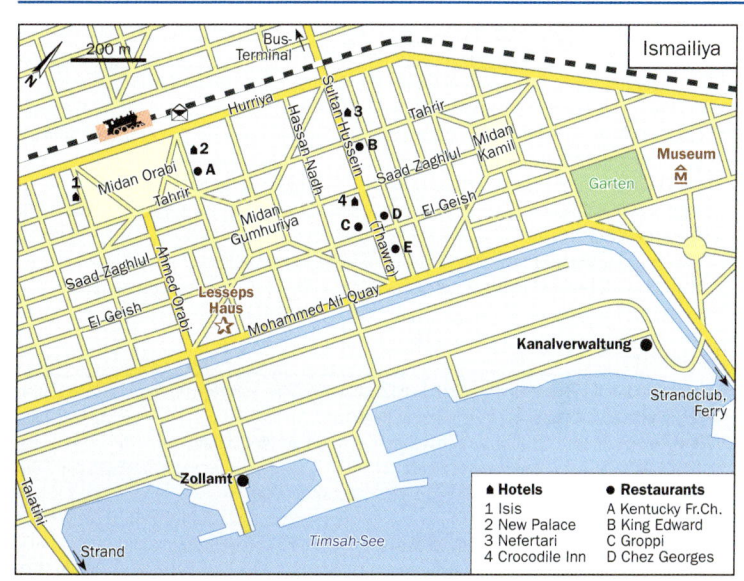

▲ Hotels	● Restaurants
1 Isis	A Kentucky Fr.Ch.
2 New Palace	B King Edward
3 Nefertari	C Groppi
4 Crocodile Inn	D Chez Georges

Sharia Sultan Hussein, nahezu niemand von der *Sharia El Thawra* laut Straßenschild.

Jeweils im Sommer (Ende August) findet ein internationales Folklore-Festival mit bis zu 30 teilnehmenden Ländern und stimmungsvollen Aufführungen (abends) in den Parks von Ismailiya statt.

▶ Von den **Internetcafés** liegt das *Rodu* ziemlich günstig in der Nähe der Kreuzung Sharia Hussein/El Geish.

Verkehrsverbindungen

Busse

Der Busterminal wurde in die nordwestliche Peripherie, an die Straße nach Husseiniya beim Sportstadion verlegt, etwa 3 km vom Bahnhof entfernt. In der Nähe fährt ein lokaler Bus zum Bahnhof (25 Pt), ein Taxi dorthin kostet etwa £E 10. Der Busbahnhof befindet sich an der Straße nach Husseiniya. Von dort fährt ein lokaler Bus, Abfahrt Nasser Straße (nahe Busbahnhof) zum Bahnhof.

▶ **Alexandria:** 7.00 14.30 (4 Std, £E 22)
▶ **El Arish:** 8.00-17.00 jede Stunde (3 Std, £E 9)
▶ **Hurghada:** 18.30 20.30
▶ **Kairo:** Alle halbe Stunde (3 Std, £E 7-9)
▶ **Port Said:** Alle halbe Stunde (1,5 Std, £E 5)
▶ **Sharm el Sheikh:** 6.30 11.00 12.00 13.00 14.30 16.00 17.30 21.00 22.30 23.00 (7 Std, £E 25)
▶ **Suez:** Sehr häufig (1 Std, £E 4)
▶ **Faqus**: Stündlich 9.20-15.20, 16 und 17, £E 3

Bahn

Die langsamen Züge verbinden Ismailiya mit Kairo, Suez und Port Said. In Kairo z.B. kommt man nach 3,5 Std an.

Sonstiges

Fahrräder kann man in den Seitenstraßen des Mohammed Ali Quays mieten.

Einen **EC-Bankautomat** der National Bank of Egypt findet man in der Sh El Thawra, linke Seite Richtung Mohammed Ali Quay.

Hafenrundfahrten bucht man beim Hafenamt.

Baden kann man am besten an den Stränden des Lake Timsah, die südlich der Stadt liegen,

Restaurants

- **Chez Georges,** Sharia Sultan Hussein, griechischer Besitzer, früher stadtbekannt für gute Küche und Shrimps, „übertuert, im Niedergang begriffen" schreibt ein Leser
- Ganz in der Nähe von *Chez Georges* gibt es quasi eine Sparausführung des Kairoer **Groppi Cafés** mit gutem Kuchen und Süßigkeiten
- **King Edward,** 171 Sh Tahrir, Fleisch- und Fischgerichte, Pizza, etwas teurer
- **Kentucky Fried Chicken,** Midan Orabi (Bahnhofsplatz), direkt neben *Palace Hotel*, im ersten Stock ein **Pizza Hut**
- Fischrestaurant **Nefertiti,** Sh Sultan Hussein, frische Fische, mittelmäßig, preiswert
- An der Bar im **Mercure Coralia Hotel** gibt es so etwas wie Nightlife. Im dortigen Restaurant kann man gut (und teuer) essen.

Übernachten

- **Crocodile Inn (El Temsah)**, 2*, 172 Sh Saad Zaghlul/ Sh Sultan Hussein (Thawra), Tel 3912 555, Fax 3912 666; Service se gut, sa, fr, abgewohnt, Balkon, AC, mF .... E+B 100, D+B 150
- **New Palace** (früher EL BORG), Bahnhofspl. (Midan Orabi), Tel 3916 327, Fax 3917 761, se sa, fr, hb, SatTV, AC, bestes der preiswerteren Hotels, mF .... E+B 90, D+B 140
- **Isis**, Bahnhofspl. (Md Orabi), Tel 3823 921, mä sa, Ven, abgewohnt, ungepfl .... E 18, E+B 35, D 30, D+B 50
- **Mercure Coralia**, 4*, Forsan Island, Tel 3916 316, Fax 3918 043, h3006@aacor.com, www.accor.com; AC, SatTV, tlw Kschr, 4.St. renoviert, übertuert, mF .... E+B $79-88, D+B $100-108
- **Nefertari**, 2*, 41 Sh Sultan Hussein (Thawra), Tel 3912 2822, bei unserer Recherche 2008 geschlossen
- **Youth Hostel**, Sh Omara, am Timsah-Strand (von der Stadt kommend, gleich links nach der Brücke), Tel 3322 850, sa, 2-6-Betten-Räume, mF .... Dorm 15-27, D+B 54, D+B+AC 74

Camping
Auf dem Gelände des Youth Hostel, siehe oben.

---

allerdings fest in der Hand von ägyptischen Badegästen aus Kairo sind, im Strandbad am Kanal: 10 LE

Bei der **Weiterfahrt** kann man auf die schmale, den Kanal begleitende Straße abbiegen, für die man keine Genehmigung mehr benötigt. Sie ist in ziemlich miserablem Zustand, verläuft allerdings parallel zum Strand des Bittersees, an dem viele Hotels und Feriendörfer für ägyptische Sommerurlauber liegen. Wir folgen jedoch der Hauptstraße, die in einiger Entfernung vom Kanal verläuft.

Nach 17 km: Kreuzung

Links zum sog. **Serapeum**, einer Felsenschwelle mit Resten eines Darius-Monuments und Spuren des antiken Kanals.

Nach 16 km: Fayid

Links (bei km-Schild 54) zur Kanalstraße am Großen Bittersee, die nur selten Zugang zum Strand erlaubt. Die Küste ist gesäumt von Hotels für Ägypter (nur arabisch beschriftet), denn diese Gegend ist von Kairo aus schnell erreichbar; im Sommer gehört sie zu den beliebten Feriengebieten. Richtung Ismailiya liegt ein **Helnan Morgan Hotel** mit allen Annehmlichkeiten einer 4*-Unterkunft. In die ähnliche Kategorie gehört *Shamousa Village*, ein Freizeitzentrum mit vielen Sportmöglichkeiten, Badestrand und Übernachtungsmöglichkeit.

Nach 37 km: Kreuzung

Links durch den **Kanaltunnel** zum Sinai, rechts zur Autobahn nach Kairo.

Die Fähre gibt es anscheinend nicht mehr. Als Radfahrer darf man aber auch durch den Tunnel.
Nach 15 km:

*Suez

Hintergrund: Auch diese, allerdings bereits im 15. Jh gegründete Stadt verdankt den wesentlichen Anteil ihrer Existenz dem nach ihr benannten Kanal. Sie hatte unter den Auseinandersetzungen zwischen Israel und Ägypten besonders stark zu leiden. Bei unseren ersten Besuchen fühlten wir uns allzu deutlich an das Nachkriegsdeutschland mit seinen zerbombten Städten erinnert. Inzwischen sind diese Wunden vernarbt. Heute leben über 600 000 Menschen in Suez.

In den letzten Jahren bemühte man sich, Suez ansehnlicher und sauberer zu gestalten. Eine in der Bucht neu aufgeschüttete, sechsspurige Straße - Corniche - nimmt den Verkehr von der Port-Taufik-Dammstraße Richtung Süden auf. Der Bereich zwischen diesem Damm und der ehemaligen Strandpromenade wurde aufgefüllt und dient jetzt als Erholungspark, der im südwestlichen Teil Moon Beach heißt. Auch das Zentrum ändert sein Gesicht fast stetig durch neue Bauten, denen eine ganze Reihe altbekannter Restaurants und sogar ein Hotel zum Opfer fielen.

Suez machte früher mit seinen Eisenbahngeleisen mitten in der Stadt den Eindruck eines großen Bahnhofs. Seit 2003 sind alle Schienen aus dem Stadtkern herausgerissen, der gewonnene Platz wird für Grünanlagen genutzt. Eine gern erzählte Attraktion von Suez liegt hinter der Bucht im Westen: Blickt man z.B. vom Summer Palace Hotel hinüber auf die Attaka Berge, dann scheint dort der liegende Ramses II aus Memphis abgebildet zu sein, mit dem Kopf nach Norden und den Beinen nach Süden.

Der Hafen befindet sich in **Port Taufik**, eine aus dem Kanalaushub vergrößerte und mit der Stadt über einen Damm verbundene ehemalige Insel. Hier finden Sie auch die **Kanaleinfahrt**, an der man sitzen und den Schiffen nachträumen kann. Eine Art Promenade mit Clubhäusern begleitet die ersten paar hundert Meter des Kanals.

Quasi die Verlängerung der Taufik-Dammstraße zum Zentrum ist die Hauptstraße Sharia Salam (auch El Geish). Rechts und links münden relativ

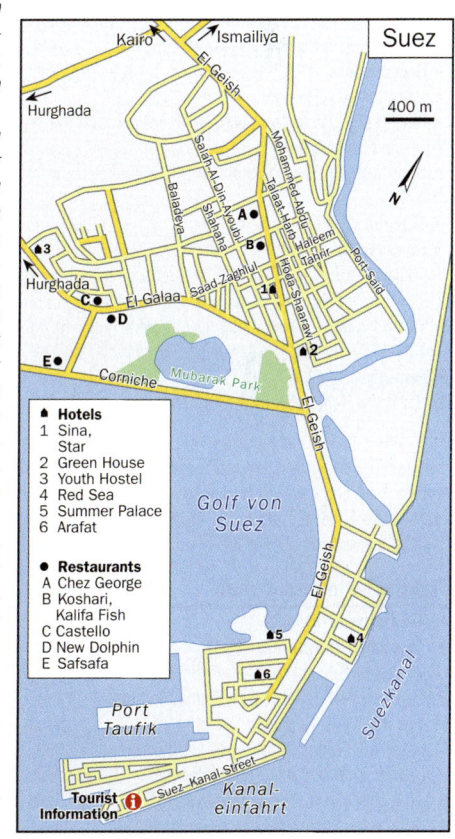

▲ **Hotels**
1 Sina, Star
2 Green House
3 Youth Hostel
4 Red Sea
5 Summer Palace
6 Arafat

● **Restaurants**
A Chez George
B Koshari, Kalifa Fish
C Castello
D New Dolphin
E Safsafa

8 Suez-Kanal-Gebiet, Küste am Roten Meer

Restaurants

- **Castello**, im Suez Society Club am 1. Kreisel der Sh Galaa, gehört zum Suez Club, gut, mittlere Preise
- **Chez George**, Sh El Geish, Zentrum Nähe Franziskanerkirche, gegenüber Alexandria-Bank, gut, es gibt Stella-Bier
- **Al Kalifa Fish Centre**, Sh El Geish, Zentrum, einfach, sehr gut, aus täglichem Fang auswählen und grillen lassen („beste Fischsuppe, die ich je hatte", schreibt ein Leser)
- **Kushari Palace**, Sh Zaad Zaghlul/El Geish, gutes und preiswertes Kushari
- **New Dolphin**, Sh Galaa, 200 m stadteinwärts von *Castello* neben einer Coop Tkst, außer dem Wort „Restaurant" nur arabisch beschriftet, frischer Fisch, mittlere Preislage
- **Safsafa Seafood**, Corniche, Nähe Moon Beach, gute Fischgerichte, mittlere Preise
- **Seaside**, Sh Saad Zaghlul, 24 Std geöffnet, Huhn, Fischgerichte, Bier, eine Niederlassung neben Safsafa

Übernachten

- **Arafat**, Sh Arafat, Port Taufik (kurz vor Hafeneinfahrt rechts), Tel 3338 355, hauptsächlich arabisch sprechendes Personal, kaum engl., mä sa, fr, TV, Ven....... E 32, E+B 45, D 3507-0740, D+B 55
- **Green House**, 3*, Richtung Pt Taufik, Tel 3191 553, Fax 331 554, greenhouse-suez@hotmail.com, Pool, se sa, Kschr, mF.. E+B $79, D+B $99
- **Red Sea**, 3*, 13 Sh Riad, Port Taufik, Tel/fax 3190 190, info@redseahotel.com, www.readseahotel.com, zählt zur besseren Klasse, se sa, fr, AC, SatTV, Kschr, Balkon, mF........E+B 283-325, D+B 355-397
- **Sina**, Tel 3334 181, Sh Bank Masr, Nähe *Star Hotel*, einfach, ungepflegt, sa, fr, la (Muezzim), Ven, TV .... E 30, D 44, D+B 54
- **Star**, Tel 3228 737, Sh Bank Masr, fr, rel sa .... E/D 30-35, E/D+B 40-50
- **Summer Palace**, 3*, Port Taufik, Tel 3221 287, Fax 3326 615, summer_palace_eg@yahoo.com, im Halbrund angelegt, drei Pools (ein se großer), schö Blick a. Bucht, AC, SatTV, Kschr, Balkon, neu möbliert, se sa, ru, fr, ang, mF .... E+B320, D+B 400
- **Youth Hostel**, Sh Tarik el Hurriya (dezentral gelegen), ein Stück nach Stadion, Richtung Hurghada auf rechter Seite, rel sa, la, hb, Mückenplage, pP 7,10, D+B (auch für Verheiratete)pP 12,50

Camping
Beim Youth Hostel, Sh Tarik el Hurriya.

---

enge, aber sehr lebendige Gassen ein, in denen man das tägliche Leben beobachten kann.
Kurz vor Port Taufik zweigt links eine mit *Ismailiya* ausgeschilderte Straße ab, die leider für Ausländer (wieder) gesperrt ist.

Praktische Informationen

▶ **Telefonvorwahl 062**
▶ **Touristen-Information** (8-15): An der Kanal-Promenade in Port Taufik (zwei Häuser neben Green Valley Tours bzw. Donald-Imbiss), Tel/Fax 319 1141. Sprechen Sie mit dem Manager Mr. Farouk Khozim oder der jungen Dame am Schalter, Miss Amira, die nach unseren Erfahrungen die hilfsbereiteste Frau der sonst meist gelangweilt reagierenden Tourismus-Damen Ägyptens ist. Verlässt man anderswo schuldbeladen das Informationsbüro, weil man die Damen bei allerlei privaten Aktivitäten störte, so freut man sich hier über die freundliche und kompetente Auskunft.

▶ American Express **Reiseschecks** wechselt nur die National Bank of Egypt in der Sh Saad Zaghlul.

Busverbindungen

Es gibt einen etwa 7 km außerhalb an der Kairo-Autobahn liegenden Busbahnhof, Tel 366 4853, den alle Busgesellschaften benutzen. Minibusse stellen die Verbindung zur Stadt für ca. £E 6 pP her. Die Eisenbahn nach Kairo oder in die Kanalzone dürfte höchstens für Nostalgiker

interessant sein, weil die Züge Ewigkeiten bis zum jeweiligen Ziel benötigen.
- **Alexandria:** 7.00 9.00 14.30 17.00 (5-6 Std, £E 25)
- **Assuan:** 5.00 17.00 (14 Std, £E 56)
- **Dahab:** 11.00 (6-7 Std, £E 35)
- **El Arish:** 8-17 Minibus alle Std (3 Std, £E 7)
- **Hurghada:** 7.00 8.00 9.00 17.00 20.00 (5 Std, £E 40)
- **Ismailiya:** 6-20 alle halbe Std (£E 5)
- **Port Said:** 7.00 9.00 11.00 11.30 15.30 (£E 10)
- **Kairo:** 6.00-21.00 jede Stunde (2,5 Std, £E 10)
- **Kosir über Safaga:** 10.00 14.30 21.00 (7,5 Std, £E 50)
- **Luxor:** 8.00 14.00 20.00 (10 Std, £E 46-50)
- **Nuveiba:** 11.00 15.00 17.00 (8 Std, £E 35)
- **Sharm el Sheikh** (alle Busse über Nuveiba): 8.30 11.00 13.30 15.00 16.30 18.00 (5 Std, £E 40)
- **St. Katharina:** 14.00 (6 Std, £E 25)
- **Tabah:** 15.00 17.00 (6,5 Std, £E 35)
- **Schiffsverbindungen nach Port Sudan** vermittelt Mena Tours, Sharia Shouda, Tel 322 8 82 1, sind nur mit Umweg über Jeddah in Saudi Arabien möglich. Das Transitvisum bekommt man nur, wenn das Schiff am selben Tag wieder abfährt.
- **Fahrradverleiher** findet man in der Parallelstraße zur Sh Salam hinter dem White House Hotel.

Verbindungsstraßen Kairo - Suez-Kanal-Gebiet

Insgesamt führen drei Straßen von Kairo quer durch die Wüste ins Kanalgebiet: je eine Schnellstraße nach Ismailiya und Suez und eine Landstraße nach Ismailiya. Diese so genannte Kanalstraße folgt dem Süßwasserkanal, der zur Versorgung der Bauarbeiter angelegt worden war. Vorsicht: Auf den Schnellstraßen finden Geschwindigkeitskontrollen statt.

Landstraße Kairo - Ismailiya

(Ausfahrt aus Kairo siehe 317) Die Straße trifft nach 120 km auf die Suez-Kanalstraße. Unterwegs kann man kurz vor Belbeis (ausgeschildert) die ***Sekem-Farm** besuchen.
1977 kaufte Dr. Ibrahim Abouleish, der in Graz Chemie, Pharmakologie und Medizin studiert hatte, hier mitten in der Wüste 70 Hektar Land und gründete eine stark anthroposophisch ausgerichtete Farm unter dem Namen Sekem. Mit großem Einsatz entstand eine künstlich bewässerte Oase, auf der biologisch-dynamischer Anbau praktiziert wird. Idee und Konzept waren so erfolgreich, dass heute Biolebensmittel, Baumwolle und Gesundheitsprodukte angebaut und in ganz Ägypten wie auch weltweit vertrieben werden. Aber Abouleish investierte ebenso in seine mehr als 2000 Mitarbeiter, indem er Kindergärten, Waldorfschulen, Kliniken und neuerdings eine Universität gründete. Sekem startete Niederlassungen in Ägypten und arbeitet mit

Suez-Vorort: Siedlung in der Wüste

8 Suez-Kanal-Gebiet, Küste am Roten Meer

vielen Bauern zusammen, die nach den Sekem-Prinzipien Anbau betreiben. 2003 erhielt Dr. Abouleish den alternativen Nobelpreis.
Besucher sind willkommen, bei Voranmeldung wird man von einem Mitglied der Sekem-Initiative durch die Farm geführt (sehr ausführlich, mehrere Stunden). Infos unter: www.sekem.com, www.schrotundkorn.de/2001/sk010111.htm.

Schnellstraße Kairo - Ismailiya

(Ausfahrt aus Kairo siehe Seite 317) Die vierspurige Straße (£E 3 Benutzungsgebühr) ist als *Desert Road Ismailiya* ausgeschildert; sie sollte demnächst in Industrie-Straße umgetauft werden, denn sie wird über lange Strecken von Industriebetrieben begleitet, besonders auch im Bereich der Wüsten-Satellitenstadt *10th Ramadan*, die man nach etwa 46 km (ab Airport-Abzweigung in Heliopolis) erreicht. 20 km später zweigt eine Straße nach Fayid am Kanal ab. Nach insgesamt 96 km vom Abzweig Ringroad ist Ismailiya erreicht.

Schnellstraße Kairo - Suez

Die Straße folgt dem alten Pilgerpfad von Kairo Richtung Mekka, der damals durch Wachtürme (nicht mehr vorhanden) gesichert war. Heute übernehmen Kasernen die Wachfunktion.

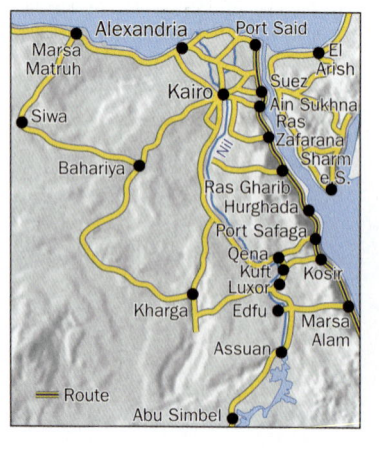

Ausfahrt aus Kairo beim Abzweig von der Airportstraße in Heliopolis, oder von der Ringroad (ausgeschildert).
Nach 12 km: Kreuzung mit der Ring Road
Nach 31 km: Abzweig
Links zur Wüstenstadt 10th Ramadan.
Nach 55 km: Checkpost und Abzweig
Links zum **Ahmed Hamdi Kanaltunnel** (Richtung Sinai), hier mit „Tunnel" ausgeschildert.
Nach 25 km: Suez

Küstenstraße am Roten Meer: Suez - Hurghada - Bir Shalatin

Hintergrund: Die Küstenstraße am Roten Meer zählt zu den landschaftlich reizvollen Strecken Ägyptens außerhalb des Sinai. Die Gebirgsketten der Arabischen Wüste treten mal dichter, mal etwas distanzierter an die Küste, sodass mit dieser grandiosen Kulisse immer für Abwechslung gesorgt ist. Unvergessliche Bilder erleben Sie, wenn die Sonne mit pompösem Farbaufwand hinter der Gebirgsbühne versinkt.

Übrigens verdankt das Rote Meer seinen Namen dieser Gegend, die im Altertum wegen der dominanten roten Farbe „Rotes Land" genannt wurde und die Farbbezeichnung auf das angrenzende Meer übertrug. Nach einer anderen Theorie stammt sie von zeitweise auftretenden Blaualgen, die sich explosionsartig vermehren und deren rötliche Pigmente das Wasser rot erscheinen lassen.

Ursache der Felsrotfärbung sind präkambrische Gesteine, die, ähnlich wie auf dem Sinai, als Scholle angehoben wurden und jetzt als Granit, Diorit, Gneis und kristalliner Schiefer zutage treten. Die Scholle erhebt sich bis zu 2000 m hoch, die Scheitellinie verläuft etwa 40 km westlich des Roten Meeres; von dort senkt sich das Land auf weiteren 80 bis 100 km zum Nil hin langsam zunächst in eine Sand-, dann in eine Kalksteinzone ab. Das Gebirge selbst birgt viele Schätze, angefangen von Gold bis hin zu Rosengranit, der einst bis nach Rom geschafft wurde. Ausflüge in die Wüstenumgebung zu alten Minen oder Steinbrüchen gehören zum

Sehenswertes

****Herrliche Unterwasserlandschaften, besonders südlich von Hurghada, ab Seite 592
***Küstenlandschaft mit Korallenriffen im Meer und streckenweise faszinierender Gebirgslandschaft im Hintergrund
***Hurghada ist *der Badeort* an der Küste, Seite 592
***Pauluskloster, sehenswertes Kloster aus dem 5. Jh, Seite 588
**Marsa Alam und Umgebung, hier entstanden und entstehen in unberührter Landschaft neue Touristik-Zentren, ab Seite 613

Standardprogramm nahezu aller Trips, die an der Küste angeboten werden.

Die eigentliche Küstenlinie besteht, wie könnte es im Wüstenland Ägypten anders sein, ebenfalls fast ausschließlich aus Wüste. Bei den wenigen Städten lässt sich kaum von Oasencharakter sprechen, denn sie entstanden nicht wegen Quellen mit fruchtbaren Böden, sondern aus kommerziellen Gründen.

Andererseits macht die Natur die auf der Erde fehlenden Farben unter Wasser bei weitem wett. Denn das bis zu 2300 m tiefe Rote Meer bietet mit seinen nie unter 20 Grad sinkenden Wassertemperaturen und seinem hohen Salzgehalt ideale Bedingungen für eine reiche Fauna und Flora (siehe hierzu Seite 97). Nahezu der gesamten Küste sind Korallenriffe vorgelagert, die jeden Schnorchler oder Taucher begeistern. An der gesamten Küstenlinie fallen immer wieder Inseln auf, insgesamt 39 an der Zahl. Durch ihre relativ geschützte Lage weisen alle Inseln einen mehr oder weniger großen Artenreichtum auf, der zudem sehr unterschiedlich ist. Vor allem die im nördlichen Bereich gelegenen spielen eine wichtige Rolle für den Vogelflug. Alle Inseln wurden unter Naturschutz gestellt.

An Historischem gibt es eigentlich nur das koptische Pauluskloster zu sehen, das wie eine Trutzburg im nahen Gebirge liegt, und etwas weiter landeinwärts das Antoniuskloster, das wir auf einer anderen Route besuchen (siehe Seite 618). Von dem regen Handel während der Ptolemäer- und Römerzeit über die Häfen Myos Hormos (bei Kosir) und Berenike blieben nur spärlichste Relikte übrig, lediglich an den ehemaligen Karawanenrouten durch die Östliche Wüste haben sich Wasserlager und Felsbilder erhalten (siehe dort). In pharaonischer Zeit suchten Bergleute an vielen Stellen nach Gold und edlen Steinen. Noch weiter in der Vergangenheit, in der Frühzeit, berichten Felszeichnungen, ähnlich wie in der Gilf Kebir Region, über Elefanten, Giraffen, Strauße etc., die nur in feuchtem Klima überleben konnten. Mit dem Ende der Monsunregen um etwa 4000 vC kehrte die Wüste zurück.

Warnung: Im unbebauten und nicht anderweitig genutzten Gelände an der gesamten Küste liegen immer noch **Minen**. Bekannte Felder sind (müssen aber nicht!) in den meisten Fällen durch Zäune und/oder Hinweisschilder gekennzeichnet, dennoch stolpern jährlich Leute in die Todesfallen. So verlockend das Verlassen der Straße ist, tun Sie es nur dort, wo Spuren anzeigen, dass vor Ihnen schon jemand im Gelände war. Militärstationen an der Küste sollte man keinesfalls fotografieren, auch nicht versehentlich. Der Aufenthalt am Strand nach Sonnenuntergang ist außer an Hotelstränden etc. verboten, weil das Militär dann massiv gegen Schmuggler vorgeht, auch vermeintliche.

Ein Leser schreibt bestürzt, dass er an einsamer Stelle, an der er vor Jahren badete, bei der Rückkehr zahlreiche Minen vorfand, die während der Winterstürme an Land gespült worden waren. Die Minen können übrigens auch im Gelände westlich der Straße liegen. An einigen Stellen soll noch Unterwasserstacheldraht vorhanden sein.

8 Suez-Kanal-Gebiet, Küste am Roten Meer

Streckenbeschreibung

An öffentlichen Verkehrsmitteln verkehren auf der Küstenstraße Busse und Sammeltaxis/Minibusse. Im Atlas finden Sie die Strecke auf den Karten VIIb, VIIIa und VIIIb.

▶ **Entfernungen** von Suez aus: Ras Zafarana 128 km, Pauluskloster 158 km, Ras Gharib 231 km, Hurghada 391 km, Port Safaga 447 km, Marsa Alam 671 km, Bir Shalatin 915 km.

Ausfahrt aus Suez: Vom Taufik-Damm as immer so weit wie möglich strandnah halten, die Straße führt an einer endlosen Ölraffinerie und Industriebauten vorbei. Sie drängt sich nach den südlichen Ausläufern der Stadt zwischen dem Gebirgszug des Gebel Ataka ziemlich dicht an der Küste entlang und zieht dann in die weite Ebene des Wadi Ghuweiba.

Nach 30 km: Ab etwa dieser Entfernung nach dem Suez-Zentrum beginnen Hotel-Resorts, die sich dicht an dicht am Strand entlang ziehen. Hier finden hauptsächlich Kairo-Müde einen schnell erreichbaren Zufluchtspunkt am Meer.

Nach 53 km: Abzweig
Rechts auf der so genannten Ain Sukhna Autobahn nach Kairo (siehe Seite 618).

Nach 5 km: Checkpost

Ain Sukna

Beim etwas nördlicher liegenden Ain Sukhna treten heiße Schwefelquellen an die Oberfläche, daher entwickelte sich hier ein bescheidenes Bad. Die im letzten israelisch/ägyptischen Krieg zerstörten Badeanlagen wurden wieder aufgebaut. Diverse, hauptsächlich von Ägyptern gebuchte neue Hotels und Resorts sind zusätzlich entstanden. Nach den an der Straße stehenden Hotelschildern zu urteilen, wird heute ein weit längerer Küstenabschnitt *Ain Sukhna* genannt als früher.

Kurz vor dem Checkpost liegt die Ölverladestation für die Pipeline nach Alexandria, die zu einem großen eingemauerten Areal gehört. Jetzt schiebt sich das Gebirge bis ans Meer: rechts die steil ansteigenden Berge, links das türkisblaue Meer, dessen Wellen häufig fast die Straße berühren. In dieser schönen, aber doch isolierten Lage entstanden immer mehr Feriendörfer bzw. sind noch im Bau. Der Bauboom setzt sich fast bis Ras Zafarana fort.

Nach 45 km: Windfarm
Rechts der Straße drehen sich viele Windmühlen einer ausgedehnten Farm, die mit dänischer und deutscher Unterstützung gebaut wurde. Hier soll die Windgeschwindigkeit am höchsten an der Küste sein.

Nach 10 km: Ras Zafarana
Ziemlich trostloser Platz mit Cafeteria/Restaurant und Motel namens *Sahara Inn* (in dem man übernachten kann, z.B. bei einem Besuch der nahe gelegenen Klöster; E+B £E 60, D+B £E 80), rechts Abzweigung nach Kairo und zum **Antoniuskloster**, das zwar im Zusammenhang mit der direkten Route beschrieben ist (siehe Seite 618), das aber auch von hier aus angefahren werden kann.

Nach 4 km:
Ganz unerwartet taucht das Hotel-Resort *Solymar Zafarana* (Tel 0122 288398) auf, eine 5*-Anlage „in the middle of nowhere", in der man vergleichsweise preiswert übernachten kann. Sieht man von bescheidenen Möglichkeiten in Ras Gharib ab, so ist dies das derzeit letzte Hotel vor El Gouna/Hurghada. Laut Leserangaben liegen nördlich des Hotels Minenfelder, das Hausriff ist intakt.

Nach 21 km: Abzweig (links Tankstelle)
Rechts 13 km Asphaltstraße zum

**Pauluskloster

Freitags oder feiertags besuchen unzählige Gläubige das Kloster. Frauen sollten (manchmal müssen sie) Schultern und Beine bedeckt halten. Während der Fastenzeiten kann das Kloster geschlossen sein. Erkundigen Sie sich am besten in Kairo bei der Koptischen Kirche St. Peter und Paul, 22 Sharia Ramsis in Abassiya. Dort wird man Ihnen eventuell auch bei der Anreise helfen.

Das in einem Wadi der Wüstenberge gelegene Kloster (N28°54,4′ E32°38,12′) stammt in seinen Anfängen aus dem 5. Jh und ist an der Stelle errichtet, an welcher der Einsiedler Paulus von Theben in einer Grotte lebte. Dieser Platz wurde mit einer Doppelkirche überbaut,

Ras Gharib

Fluchtturm im Pauluskloster

wobei in der Unterkirche das eigentliche Grabmal und alte Fresken aus dem 4. bis 7. Jh, in der Oberkirche jüngere Fresken und Ikonen zu sehen sind. Innerhalb der Wehrmauern liegen neben dem hohen Fluchtturm Wirtschafts- und Wohngebäude. An der westlichen Mauer tritt die Quelle hervor, die mit vier Kubikmeter pro Tag zwar nicht sehr ergiebig ist, aber bisher nicht versiegte und neben den Menschen auch recht große Gärten versorgt; heutzutage wird sie von Tankwagenlieferungen unterstützt.

In jüngster Zeit wurde eine weitere äußere Mauer errichtet, welche sozusagen die Grundstücksgrenze markiert. Außerhalb der ursprünglichen Wehrmauern entstanden diverse Erweiterungsbauten, um der Pilgerscharen Herr zu werden, so auch eine Kirche für Pilger, die auffallend auf einem Hügel kurz vor dem Kloster thront, und eine andere, weiter im Hintergrund, direkt an die senkrechte Felswand gelehnt.

Dem Kloster gehören etwa 80 Mönche an, von denen 60 ständig innerhalb der Mauern leben. Zwei Eremiten haben sich in die Berge zurückgezogen. Sie kommen nur einmal wöchentlich ins Kloster, um an der Messe teilzunehmen und sich mit dem Notwendigsten auszurüsten.

Ein Leser berichtet begeistert von der Ersteigung des hinter dem Kloster liegenden Gipfels wegen der Landschaftseindrücke und tollen Aussicht.

Nach 75 km:

Ras Gharib

Aufstrebende, bei einem Ölfeld mit 150 Bohrstellen gelegene Ölstadt, alle Versorgungsmöglichkeiten bietend, guter Supermarkt und andere Geschäfte mit deutlich freundlicherer Bedienung und niedrigeren Preisen als in Hurghada. Diverse Rasthäuser im Bereich dieser

Zum Mons Claudianus von Osten her

Wenn man wegen des Konvois nicht von der Qena-Safaga-Straße zum Mons Claudianus (siehe Seite 620) gelangen kann, dann erschließt sich für erfahrene Allradfahrer von Hurghada aus eine Möglichkeit, wie Leser Wolfgang Wildung schreibt: Abzweigung von der westlichen Umgehungsstraße Hurghadas (23 km nach nördlicher Abzweigung von der Hauptstraße) bei einer Zementfabrik bei N27°9,90' E33°45,48'. Mit 225° genau nach SW durch breites Wadi mit Weichsand zu N27°4,99' E33°39,00'. Weiterer Punkt N27°1,49' E33°36,06'. Ab N26°54,14' E33°30,83' im Zickzack durch Hügel zu Abzweigung bei N26°53,88' E033°29,49'. Hier links zu N26°53,34' E33°29,88'. Bei N26°50,56' E33°29,82' unscheinbare Kreuzung, die aber in Gegenrichtung sehr wichtig ist. Bei N26°49,38' E33°28,25' liegt ein großer rosa Granitwürfel, kurz darauf ist Mons Claudianus erreicht. Von dort führt ein Asphaltsträßlein zur Durchgangsstraße Safaga - Qena. Nach jüngsten Leserangaben wurde das Wadi durch eine etwa 1,50 m hohe Mauer blockiert, die man nur mit 4x4 Antrieb über eine ca. 300 m zuvor abzweigende Piste über einen Berg umgehen kann.

8 Suez-Kanal-Gebiet, Küste am Roten Meer

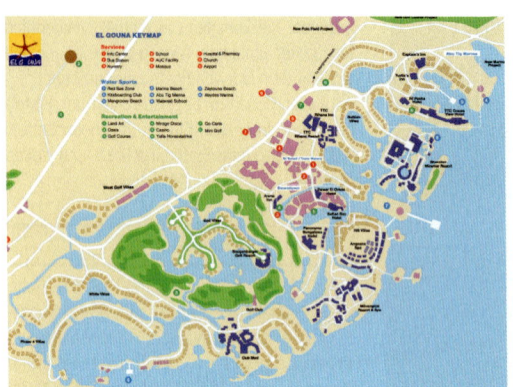

Künstliche Lagunenlandschaft von El Gouna (Ausschnitt offizieller Plan)

Kreuzung buhlen um die Gunst der Durchreisenden.

Rechts führt eine selten befahrene Asphaltstraße ins Niltal nach El Sheikh Fadl an der Ostuferstraße und Beni Mazar (Nilfähre). Der beherrschende, dreigezackte Gipfel im Westen ist der Gebel Gharib.

Nach 34 km: Ras Shukeir
Öl- und Gasfeld, Ölverladehafen
Nach 40 km: Tankstelle, Abzweig
Links zweigt eine Straße zum Zeit Oil Field und **Gebel el Zeit** ab, der nördlich des Ölfeldes liegt. In den 1980er Jahren führte eine französische Archäologengruppe Ausgrabungen auf dem *Gebel el Zeit* durch. Die Ergebnisse zeigten, dass im Mittleren und Neuen Reich laufend Expeditionen in dieses Gebiet kamen, um Galenit abzubauen. Reste eines kleinen Heiligtums, Bergwerksstollen, Vorratsräume und Arbeitsplätze wurden in der Umgebung des Gebel entdeckt.

Nach 19 km: Abzweig
Links 12 km nach **Ras Gemsa**, einem Militärstützpunkt. Ein paar Soldaten bewachen die Gegend. Dabei ist die Halbinsel recht malerisch, ihre Spitze teilt sich und schließt eine weite Lagune ein. Vor der Küste laden Korallenriffe zum Tauchen ein. Ras Gemsa wäre ein sehr viel reizvollerer Standort als Hurghada. Aber der Militärposten gestattet höchstens die Zufahrt auf das nach Süden ragende Landzipfelchen; die nördliche Hauptpiste führt zu Ölfeldern.

Nach 35 km:
Checkpost und **Konvoi-Sammelstelle**
Nordfahrende Ausländer müssen hier auf einen Konvoi nach Kairo warten. Erklärt man aber, man wolle nach Suez und auf den Sinai fahren, so darf man sich eventuell allein auf den Weg begeben; ob man dann bei Ain Sukhna nach Kairo abbiegt, kontrolliert kein Mensch. 2006 war ein neuer Checkpost ein paar km nördlich im Bau.

Nach 3 km: Abzweig, links 4 km nach

El Gouna

Hintergrund: Den Ursprung der Retortenstadt bildete eine natürliche Bucht, die frühe Siedlungsspuren eines Forts aufweist (südlich der heutigen modernen Siedlung). Samih Sawiris, ein Visionär und in Ägypten weit bekannter Geschäftsmann, kaufte eine 37 Quadratkilometer große Wüstenfläche zwischen Bucht und Straße. Dort ließ er sowohl internationale als auch ägyptische Architekten ein städtebaulich und architektonisch ungewöhnliches Konzept entwickeln und von seiner Firma ORASCOM in die Praxis umsetzen.

An natürlichen wie auch an neu angelegten Lagunen und Wasserarmen entstand eine heute sehr lebendige Siedlung mit derzeit ca. 10 000 Einwohnern, vierzehn 3-5* Hotels (z.T. mit Wellness- und Fitness-Zentren), einem Golfplatz in der Wüste, privatem Flugplatz, etwas Industrie und Villen- sowie Appartmentvierteln in sehr abwechslungsreichem, der Klimasituation angepasstem Baustil. El Gouna wurde so gut angenommen, dass der clevere Mann eine ähnliche Anlage südlich von Tabah auf dem Sinai (siehe Seite 666 und nach neuesten Infor-

El Gouna

mationen ein Feriendorf in der Schweiz baut. Inzwischen hat sich El Gouna zu einer sehr lebendigen Kleinstadt mit durchaus eigenem Flair entwickelt. Wenn während der Hauptsaison alle Wohnungen und Villen belegt sind, tummeln sich etwa 15 000 Menschen in dieser Oase am Roten Meer. Hinzu kommen die Gäste der ca 2700 Hotelzimmer.

Die Stadtplaner legten einen zentralen Ort namens **Kafr el Gouna** mit gepflasterten Straßen und verwinkelten Gassen an, der inzwischen als ein echtes Zentrum des eigentlich weitläufigen Areals angenommen wurde. Hier konzentrieren sich Boutiquen, Supermärkte und Restaurants. Ein so genanntes Museum (£E 10) stellt hauptsächlich Repliken pharaonischer Kunstwerke aus, gibt damit aber dem Touristen, der nicht ins Niltal fährt, einen Einblick in die Vergangenheit. Wer nicht ins Wasser will, kann sich im Aquarium (£E 40) kundig machen. Nach Sonnenuntergang herrscht in den schummrigen Gassen von El Kafr reges Leben, die Restaurants und Kneipen machen gute Geschäfte, das internationale Publikum flaniert auf den Straßen.

Den wichtigsten Freizeitvergnügen geht man an den Hotelstränden oder einem gut gepflegten öffentlichen Strand nach: Schwimmen, Schnorcheln, Kite Surfen, Parasailing und was es an Wassersport noch gibt. Zwei Marinas – ein weiteres Hafenbecken ist im Bau - ziehen immer mehr Yachten an, auf dem sorgfältig gepflegten Golfplatz tummeln sich betuchte Gäste. Aber auch Wüstentrips oder Ausflüge nach Luxor bzw. Kairo stehen auf dem Programm. Neben diversen Kneipen und Nachtbars sorgen Discos für Unterhaltung. Shuttle-Boote und -Busse betreiben den innerstädtischen Verkehr, öffentliche Busse die Anbindung an Hurghada. Neben den Hotelrestaurants bieten etwa 60 unabhängige internationale Lokale unterschiedlichste Küchen und Preise, sogar ein deutscher Biergarten beglückt seit Jahren die Landsleute. Weiterhin gibt es Post, Bank, Internet Cafés und ein sehr gutes Hospital (inklusive Dialysestation und Dekokammer für Taucher).

Selbstverständlich kann man sich in El Gouna eine Wohnung oder ein Haus kaufen, und, wie die letzten Jahre zeigten, stiegen die Preise kontinuierlich. Man lebt ziemlich international zusammen mit ägyptischen Nachbarn (etwa 50 Prozent), vielen Deutschen, Engländern und Italienern. Vor Ort oder per Internet (z.B. www.ohdrealestate.com) kann man sich Angebote machen lassen; sowohl für Immobilien als auch Schnupper-Mietverträge oder längerfristige Mietobjekte.

Es lohnt sich schon wegen der sehenswerten modernen Architektur, einen Abstecher (auch von Hurghada aus) nach El Gouna oder virtuell unter www.elgouna.com (mehrsprachig) einzulegen.

▶ Hotelinformationen zu El Gouna: Seite 604.

Vollmond-Abendstimmung an einer der El Gouna-Marinas

8 Suez-Kanal-Gebiet, Küste am Roten Meer

Weiter auf der Küstenstraße
Nach 3 km: Abzweig
Rechts „äußere" Hurghada-Umgehungsstraße (nur arabisch ausgeschildert) nach Port Safaga, die nach 33 km auf die südliche Ausfallstraße aus Hurghada einmündet.
Nach 7 km: Hotel-Resort Calimera, derzeit nördlichstes in Betrieb befindliches Resort Hurghadas.
Nach 11 km : Circle beim Telefonamt

**Hurghada

Korrekt heißt die Stadt „**El Ghardaqa**. So sollten Sie fragen, wenn Ägypter bei **Hurghada** den Kopf schütteln. Es geht um den größten Ort an der Rotmeerküste mit internationalem Flughafen, regelmäßigen Autobus- und Sammeltaxi-Verbindungen ins Niltal und allen Versorgungsmöglichkeiten für Touristen. Auch das Auge wird verwöhnt: Im Westen wächst eine hier besonders ausgezackte, pittoreske Bergkulisse der Arabischen Wüste in den Himmel, im Osten leuchtet das azurblaue Rote Meer mit den Korallenriffs und den vorgelagerten Inseln; sowohl Sonnenauf- wie -untergänge sind ein Erlebnis.

Hintergrund: In den 1920er Jahren siedelten sich britische Ölsucher in der Nähe einer kleinen Fischersiedlung an - damit tritt Hurghada gewissermaßen in die Geschichte ein. In den 1980er Jahren verschwanden die letzten Ölpumpen aus dem Stadtbild, heute sieht man sie wieder, wenn man die äußere Ringroad fährt.
Ende der 1970er Jahre baute Sheraton das erste Luxushotel und Club Med das Magawish Resort (heute zum Meridien Konzern gehörend). Bis dahin gab es nur ein paar bescheidene Unterkünfte in Dahar, von dort zum Hafen, mit dem heutigen Ortsteil Sekkala, fuhr man durch Wüste. Auch die beiden Luxusressorts im jetzigen Ortsteil Touristic-Center lagen praktisch in der Wüste und am endlos langen, einsamen Strand. In den 1980er Jahren setzte dann eine atemberaubende Entwicklung vom namenlosen Fischernest zum wohl größten und mondänsten Badeort in Nahost ein. Seit jenen Jahren lärmen hier Baumaschinen, um immer neue Hotelkomplexe aus dem Boden zu stampfen.
Heute genügt kaum mehr ein Fahrrad, um von einem zum anderen Ende der ausufernden Stadt zu gelangen. Wer vom derzeit südlichsten Hotelkomplex namens Coral Beach bzw. Oberoi Sheikh Hasheesh bis zum Hotel-Resort Calimera am nördlichen Stadtrand radeln will, ist bei dem ständigen Gegenwind ewig unterwegs: Hurghada zieht sich - schier endlos erscheinend - rund 50 km an der Küste entlang.
*Die Stadt ist für den Neuankömmling einigermaßen unübersichtlich, weil sie entwicklungsgeschichtlich sozusagen aus drei Klecksen auf der Landkarte besteht: Von Norden her erreichen Sie den Stadtteil **El Dahar** (vielfach auch **Downtown** genannt), das eigentliche Zentrum mit wichtigen öffentlichen Einrichtungen, in dem aber auch der Souk, viele Restaurants, eine Reihe Hotels bis hin zur besseren Kategorie zu finden sind. Die Haupt- und Durchgangsstraße ist die Sharia El Nasr, die allerdings nicht zur Küste führt. Im Zentrum wurde eine Fußgängerzone eingerichtet, die zu einer Art Khan el Kalili Bazar mit unzähligen Shops mutierte. Südlich von Dahar folgt an der Küste ein Hügel namens Afiwsh, an den sich schließlich eine kleine Hafenbucht anschließt, etwa 7 km vom Zentrum Dahar entfernt; die Gegend dort heißt **El Sigala** (auch Sekalla, Saqala oder weitere Namensvariationen).*
*Um den Hafen herum liegt die ursprüngliche Fischersiedlung. Im alten, nördlich gelegenen Kern von Sigala in der Hafengegend geht es noch recht ägyptisch zu; nach Süden entstand jedoch an der mehrspurigen **Sheraton Road** eine komplette Shopping- und Touristenmeile mit jeder Menge Souvenirgeschäften, Boutiquen, Supermärkten, Restaurants und Hotels. Wer hier unterkommt, kann sich direkt in der Nachbarschaft ins touristische Getümmel stürzen, wobei mit diversen Bars und Discos auch bestens für die Nacht gesorgt ist.*
Folgt man der Küstenstraße weiter nach Süden, dann stößt man am Beginn der nächsten Bucht auf den Rundbau des ehemaligen Sheraton Ho-

**Hurghada

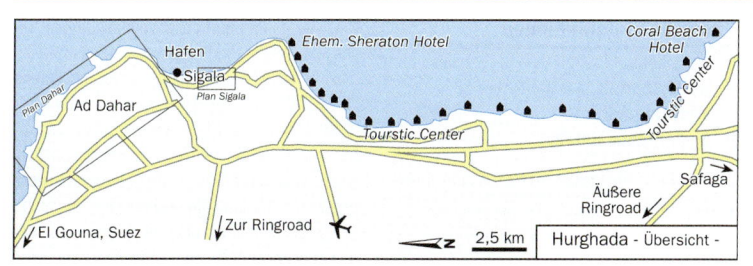

tels, der heute zum Meridien gehört. Hier beginnt **„Hotel-Hurghada"**, offiziell **Touristic Center** genannt, das sich am Strand der weit ausladenden Bucht bis zur fernen Hügelkette hinzieht und mit dem Coral Beach Komplex bzw. dem Oberoi Hotel nahezu am Horizont endet. In jüngster Vergangenheit wurde hier am Beginn eine autofreie **Shopping Mile** angelegt, die sich vom Marriott Hotel bis zum Grand Plaza nach Süden zieht und jede Menge Gelegenheiten zum Geldausgeben bietet.

Durch den anhaltenden Bauboom gleicht Hurghada vielerorts eher einer großen Baustelle; vielleicht verliert sich dieses Image mit dem ministeriellen Baustopp. Es ist schwierig für uns, auf dem Laufenden zu bleiben und all die neuen Unterkünfte, Restaurants oder sonstigen Neuigkeiten aufzulisten. Ebenso verhält es sich mit den Stadtplänen zu Hurghada, die nur eine grobe Orientierung ermöglichen. Versuchen Sie in Ihrem Hotel, das kostenlose **Red Sea Bulletin** zu bekommen, in dem immer wieder aktualisierte Stadtpläne veröffentlicht werden.

Etwa 250 Hotels und Ressorts sind inzwischen entstanden. Derzeit wohnen mindestens 60 000 Menschen in der Stadt, einschließlich der Fremdarbeiter leben etwa 130 000 nahezu ausschließlich vom Tourismus.

Das Hauptproblem Hurghadas war die Trinkwasserversorgung, die durch Pipelines vom Niltal her und durch Meerwasserentsalzung wesentlich verbessert wurde. Das heißt, jeder Liter Süßwasser muss entweder teuer erzeugt oder von weit her über die Berge gepumpt werden. Die Abwässer fließen übrigens nicht mehr ins Meer, sondern werden durch Kläranlagen so gereinigt, dass sie als Nutzwasser, z.B. für Bewässerung, weiterverwendet werden können. Als noch brisanteres Problem bereiten die Zerstörung bzw. die Belastung der Korallenriffe erhebliche Kopfschmerzen. Ab Ende der 1990er Jahre wurden Ankerbojen installiert, die von den Tauchbooten benutzt werden müssen, um das Riff nicht durch Anker zu beschädigen. Einige strandnahe Riffe wurden eingezäunt, damit Schwimmer und Schnorchler sich nicht mehr auf die „Steine" stellen und „Souvenirs" abbrechen können. Die Zerstörung wird inzwischen auch strafrechtlich mit € 4500 pro Quadratmeter geahndet. Über die Themen Biologie unter Wasser und Vogelzug berichtet Nik Polak unter http://nikswieweg.colibri-reisen.de/reisen/egypt/egypt3.htm sehr aufschlussreich.

Erwarten Sie nicht zu viel von Hurghada; besonders dann, wenn starker Wind das Schnorcheln/Tauchen kaum zulässt, dann kann es langweilig werden. Die verhältnismäßig weiten innerstädtischen Entfernungen sind ebenfalls nicht dazu angetan, zusätzliche Begeisterung für den Ort aufkommen zu lassen (mehrfach klagen Leser: „Hurghada - totaler Flop").

Wir selbst verstehen auch nicht so recht, was den Traveller lange in Hurghada halten kann. Vielleicht, weil man hier doch mehr seinesgleichen trifft als anderswo in Ägypten. Diese Stadt ist einerseits für Tauch- und Badefreunde geschaffen, andererseits wohl mehr für Pauschaltouristen, die sich nachts in der Hotel-Disko amüsieren und sich, wenn sie ausgeschlafen haben, am Hotelstrand in der Sonne braten lassen.

8 Suez-Kanal-Gebiet, Küste am Roten Meer

Praktische Informationen
- siehe Seite 598
- **Stadtpläne** ab nächster Seite
- **Wichtige Adressen** 600
- **Restaurants, Hotels** 602

Was man in Hurghada unternehmen kann

Natürlich Baden, Surfen, Schnorcheln oder Tauchen, denn die echte Attraktion von Hurghada sind Korallenbänke (wie man sie auch an der gesamten Küste findet). Aber hier ist alles kommerzialisiert, was zumindest für denjenigen vorteilhaft ist, der ohne entsprechendes Gerät anreiste (wer Platz hat, sollte seine eigene Schnorchelausrüstung mitnehmen, weil die geliehene qualitativ schlecht sein kann).

Baden und Schnorcheln

Das Baden hat an den Hurghada-Stränden durchaus auch seine Tücken für Ungeübte, denn Strömung und Brandung können Probleme bereiten. Schnorcheln oder Tauchen direkt an den Hurghada-Stränden sind nicht zu empfehlen, weil das Wasser zu trübe ist und der größte Teil der Korallen abgestorben ist.

Mit steigendem Bauboom nahmen die Bademöglichkeiten ab, weil die schönsten Strandabschnitte zugebaut wurden. Inzwischen hat man öffentliche Badestrände - *Public Beaches* - in Dahar südlich vom Geisum Restaurant, direkt südlich des alten Hafens und in der Nähe des Sporthafens (am Ende der Sharia Sakaya) in Sigala geschaffen. Wer in einem Hotel ohne eigenen Strand wohnt, kann sich auch als Tagesgast bei einigen Hotels gegen Gebühren um £E 10-50 am Hausstrand sonnen; z.B. Shedwan, Sand Beach, Magawish Tourist Village oder Titon Empire Village. In Segalla: Kite Beach, 1 km südlich Hotel Albatros.

Beim Baden - und auch generell - sollte man besonders für die kühlere Jahreszeit bedenken, dass fast ununterbrochen ein heftiger Nordwind weht, der alle körpereigene Wärme schnell davonblasen kann. Ohne Windschutz ist ein Strandaufenthalt unter Umständen nicht lange durchzustehen. Statistisch legt der Wind nur an zwei Prozent der Tageszeit eine Pause ein. Als nüchternes Argument für euphorische Weihnachtsurlauber: Im Dezember/Januar liegen die Durchschnittstemperaturen bei 18-25 Grad und das Wasser bringt es auf höchstens 20-23 Grad. Da muss schon ziemliche Windstille herrschen, um nicht zu frösteln. Auch die relative Luftfeuchte kann sich innerhalb eines Tages von angenehm bis unangenehm und wieder zurück ändern; langjährige Bewohner sprechen von „Four Seasons", die das Wetter innerhalb eines Tages bieten kann. Im Sommer dagegen steigen die Temperaturen bis auf 40 Grad und fallen nachts kaum unter 26 Grad.

Wer nicht nass werden und dennoch Fische sehen will, kann eine Fahrt mit einem **Glasbodenboot** ab € 20 pP buchen. Oder man geht per **U-Boot** in die Hurghada, in die Tiefe, wobei im Prinzip beim Schnorcheln mehr zu sehen ist, denn das Boot dreht jeweils eine Fensterseite zu den Korallen hin, die Fahrgäste der anderen Seite sehen dann nur blaues Wasser. Anbieter sind:www.sindbad-club.com,

- **Sindbad Submarine** (übliche Tauchtiefe 20 m), zu buchen u.a. beim Sindbad Resort und anderen Hotels, Tel 3444 6888, www.sindbadclub.com, € 45 pP/Trip.
- **Seascope Semi Submarine**, Hilton Plaza Marine, Tel 344 7974, www.seascope-submarine.com, ein Glasboden-Boot, dessen Boden etwa 1,80 m tief liegt.

Schnorchel- und Taucher-Bootsausflüge
- Veranstalter siehe *Reisebüros* Seite 601

Zum Standard-Repertoire Hurghadas gehören **Schnorchelausflüge zu den Korallen-Inseln** direkt vor der Haustür, zumindest für Rotmeer-Neulinge ein besonderes Erlebnis. Üblich sind Ausflüge zur großen und kleinen Insel **Giftun**, allerdings schwärmen täglich zahllose Boote aus. Die Trips sind total kommerzialisiert, die Korallen ziemlich beschädigt und zum Teil von Müll bedeckt. Ein Schnorchel-Tagesausflug dorthin kostet etwa € 15-25 pP einschließlich Mittagessen. Am preiswertesten in den Agenturen im Ort zu buchen, deutlich teurer in den Hotels.

Fahren Sie stattdessen möglichst mit Tauchbooten zum Schnorcheln, weil Sie dann zusammen mit den Tauchern an die besseren Plätze

Hurghada

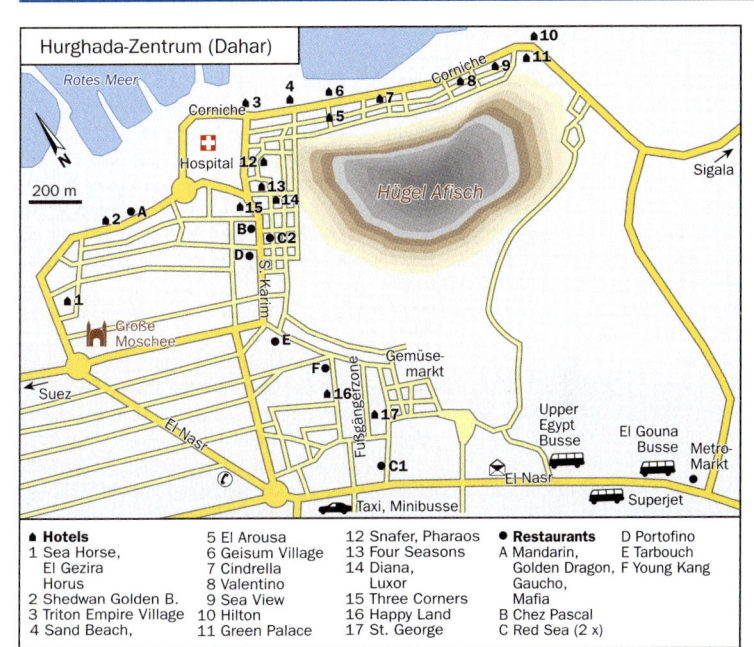

Hurghada-Zentrum (Dahar)

▲ Hotels	5 El Arousa	12 Snafer, Pharaos	● Restaurants	D Portofino
1 Sea Horse, El Gezira Horus	6 Geisum Village	13 Four Seasons	A Mandarin, Golden Dragon, Gaucho, Mafia	E Tarbouch
	7 Cindrella	14 Diana, Luxor		F Young Kang
	8 Valentino			
2 Shedwan Golden B.	9 Sea View	15 Three Corners		
3 Triton Empire Village	10 Hilton	16 Happy Land	B Chez Pascal	
4 Sand Beach,	11 Green Palace	17 St. George	C Red Sea (2 x)	

kommen, dort ist vielleicht nicht ganz so viel Betrieb, dafür gibt es mehr zu sehen; fragen Sie bei Tauchzentren/-basen nach, sie bieten diese Ausflüge meist preiswerter als Hotels oder Reisebüros an.

Gewöhnlich gibt es zwei einstündige Schnorchel- bzw. Tauchstopps und die Grill-Mittagspause am Sandstrand der Insel. Bei etwas stärkerem Wind wurden Fahrgäste seekrank. Denken Sie an Sonnenschutz und ausreichendes Trinkwasser. Will man zusätzlich Delphine beobachten, so werden entsprechende Ausflüge ab € 55 angeboten.

Wenn Sie von Hurghada auf den Sinai fahren, sollten Sie hier auf Schnorchelausflüge verzichten und lieber früher abreisen; denn am Sinai gibt es mehr unter Wasser zu sehen und dort können Sie an vielen Stellen bequem vom Strand aus schnorcheln.

Es gibt ein paar schlechte Erfahrungen mit diesen Ausflügen: Verzichten Sie bei starkem Wind darauf. Während des Trips wird Ihr Pass bei der Hafenpolizei hinterlegt. Sorgen Sie dafür, dass Ihr Hotelier, der die entsprechenden Formulare auszufüllen hat, alle Daten Ihres Reisepasses korrekt an die Hafenpolizei weitergibt. Bei Fehlern schippert das Boot vermutlich ohne Sie davon. Überprüfen Sie geliehene Taucher- und Schnorchelausrüstung bereits bei der Ausgabe penibelst z.B. auf guten Sitz und lassen Sie sich auf keinen Fall beschädigtes oder nicht passendes Material zuteilen!

Viele Touristen füttern leider Fische mit Essensresten; da dies in Massen geschieht, kann es nicht gut für die Unterwasserwelt sein. Immer noch brechen Besucher Korallen ab; tun Sie es bitte nicht und versuchen Sie, andere daran zu hindern. Stellen Sie sich nicht auf abgestorben wirkende Korallen, nur Fachleute können erkennen, ob die Polypen nur eingezogen sind oder ob es wirklich totes Material ist. Es gilt der bekannte Spruch: *„Nehmen Sie nichts mit außer*

8 Suez-Kanal-Gebiet, Küste am Roten Meer

Erinnerungen, hinterlassen Sie nichts außer Fußspuren im Sand".

Eine etwas andere Alternative bietet **Mamiya**, Tel 01119791, ein Tagesresort mit allen Versorgungsmöglichkeiten am Südstrand der großen Giftun Insel. Hier kann man in gepflegter, vom Umweltschutz getragener Umgebung den Tag verbringen, baden, schnorcheln und gut essen. Es gibt Toiletten und Duschen, Übernachten ist nicht möglich. Die resorteigenen Boote legen morgens um 9.00 Uhr an der Sheraton Marina ab und kommen am späteren Nachmittag zurück. Kosten ca. € 45.

Tauchen

An Tauchmöglichkeiten und Tauchkursen bietet Hurghada eine nahezu unüberschaubare Auswahl; doch Vorsicht: Bei weitem nicht alle Tauchlehrer besitzen Ausbildungszertifikate von CMAS oder PADI oder sie weisen gar gefälschte vor. Bei den von Europäern geführten Schulen dürfte diese Gefahr noch am geringsten sein. Größere Hotels kontrollieren zumindest aus Eigennutz ihre Tauchschulen auf Qualität und Zuverlässigkeit. Einige Anbieter, die wir in früheren Auflagen erwähnten, existieren nicht mehr, oft entstehen neue Unternehmen. Erkundigen Sie sich am besten schon zu Hause bei einschlägigen Internetadressen, in Tauchzeitschriften oder Vereinen und schließlich in Hurghada über den aktuellen Stand.

Einige deutschsprachig geführte Schulen:

- **Eagle Ray Divers**, Sun & Sea Hotel, Old Sheraton Road, Tel 0127 374 129, info@eagleraydivers-redsea.de, www.eagleraydivers-redsea.de
- **Panorama Divers**, Old Sheraton Road, schräg gegenüber dem Hinterausgang des Andreas-Hotels, für Individualreisende zu empfehlen, www.panoramadivers.com.
- **RedSea-Divers** Zahabia Beach (Nähe Palma de Mirette Resort), Tel 012 2300483, info@redsea-divers.com, www.redsea-divers.com
- **Seawolf-Divers**, Golden Five Resort, Touristic Center, Tel 0127 461 076, info@seawolf-diving.de, www.seawolf-diving.de. Seit 5 Jahren im hiesigen Geschäft, Tagesausflüge und Safaritouren.
- **SUBEX** Hurghada-Dahar, Tel 354 7593, www.subex.org , hurghada@subex.com , Dependance der Schweizer Tauchschule, hat allen Widrigkeiten widerstanden und zählt zu den bekanntesten und zuverlässigsten im Ort.

Auch Reisebüros vermitteln Tauchausflüge für ca. € 35-65 mit zwei Tauchgängen einschließlich Ausrüstung, teilweise auch mit Verpflegung.

Wichtig für Taucher: In Hurghada, El Gouna und bei Marsa Alam gibt es Deko-Kammern.

Einige der Tauchschulen haben sich unter einer Art Gütesiegel „Hurghada Quality Dive Club" zusammengeschlossen, um ein bestimmtes Maß an Qualitätsanforderungen sicherzustellen. Weiterhin sollte „HEPCA" ein Auswahlkriterium sein. Die Mitglieder der 1992 gegründeten *Hurghada Environmental Protection and Conservation Association (HEPCA)* Tel 3446674, info@hepca.com, www.hepca.com , verpflichten sich, die Naturschätze Hurghadas mit sämtlichen Tieren über und unter Wasser zu schützen und zu erhalten. Dazu gehörte u.a. die Installation von über 600 Mooringbojen, um Schäden durch wildes Ankern zu vermeiden. „Der offizielle Tauchführer Hurghada und Safaga", herausgegeben von der HEPCA, lohnt sich für Taucher; erhältlich in den lokalen Tauchbasen. Ebenso bietet das Internet jede Menge Informationen (siehe Seite 44)

Windsurfen, Kiten, Segeln etc.

Hurghada ist mit seinem nahezu ständigen Wind ein ideales Surfparadies. Viele größere Hotels unterhalten Surfschulen oder vermieten Surf-, einige auch Kite-Ausrüstung. Auch zum Segeln bietet Hurghada eine gute Basis, was von einigen Skippern erkannt wurde, die ihre Boote im Hafen festgemacht haben. Man kann auch Boote mieten, darf allerdings die ägyptischen Hoheitsgewässer nicht verlassen. Fragen Sie z.B. im Tauchcenter von Subex nach.

Banana-Riding, Jet-Ski, Wasserski, Kiten, Parasailing und Bowling gehören ebenfalls zum sportlichen Zeitvertreib in Hurghada.

Hurghada

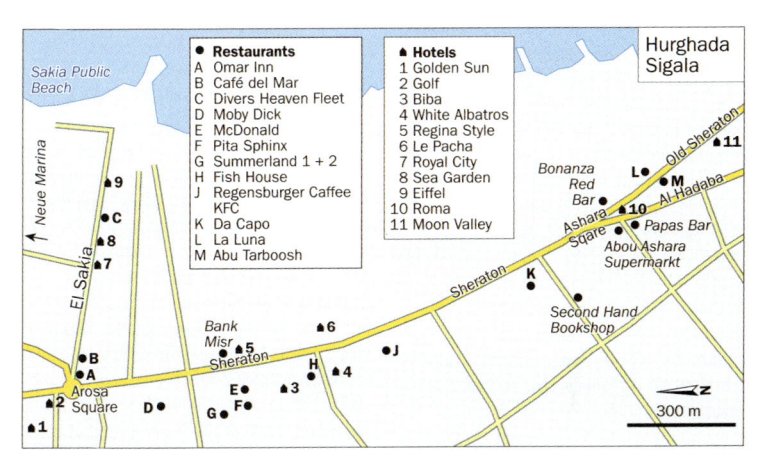

Restaurants
A Omar Inn
B Café del Mar
C Divers Heaven Fleet
D Moby Dick
E McDonald
F Pita Sphinx
G Summerland 1 + 2
H Fish House
J Regensburger Caffee KFC
K Da Capo
L La Luna
M Abu Tarboosh

Hotels
1 Golden Sun
2 Golf
3 Biba
4 White Albatros
5 Regina Style
6 Le Pacha
7 Royal City
8 Sea Garden
9 Eiffel
10 Roma
11 Moon Valley

Landausflüge

(Veranstalter siehe unter *Reisebüros* Seite 601). Der kürzeste Landausflug führt zum **Red Sea Aquarium** (9-21, £E 15) in Dahar (ca. 150 m nördlich des Triton Hotels), das einen Eindruck von den Riffbewohnern vermittelt. Man geht durch ein derzeit namenloses Restaurant in das Tiefpaterre eines derzeit im Bau befindlichen Gebäudes (Hotel?) und kann in gut gewarteten und beschrifteten Becken einige der vielen Fischarten bewundern. Die Räume sind relativ eng, daher sollte man die Mittagszeit wählen, wenn die Gruppen beim Essen sind.

Die örtlichen Reisebüros und viele Hotels bieten diverse **Ausflüge in die Wüste** - Desert Trips - an. Das geht bis zum Mons Claudianus (siehe Seite 620) oder zum näher gelegenen Mons Porphyrites oder in andere Wadis. Ein solcher Trip ist ein Erlebnis, für den sich der finanzielle Einsatz sehr lohnt, zumindest, wenn man dazu keine anderen ähnlichen Gelegenheiten während eines Ägyptenaufenthalts hat.

Beliebt sind kürzere Ausflüge, per Jeep oder Kamel, zum Sonnenauf- oder -untergang in die Wüste mit Besuch bei Beduinen, Tee und Essen im Zelt, Kamelreiten (ca. € 15-30 pP) etc. Diese ebenfalls total kommerzialisierten Abenteuer gehören fast schon in die Kategorie Disneyland, das reale Beduinenleben sieht deutlich anders aus, zumal die viele der „Beduinen" verkleidete Niltalägypter sind. Achten Sie beim Buchen auf kleine Gruppen, damit man nicht zu eng im Fahrzeug sitzt.

Oder man schaut sich ein bisschen weiter um: Sehr strapaziöse **Eintagesausflüge** werden sowohl nach **Kairo** (ab € 90, besser 2 Tage, da 8 Std Fahrzeit pro Strecke oder Flug) als auch nach **Luxor** (ab € 70 per Bus, 5 Std Fahrzeit pro Strecke oder Flug ab € 175) angeboten; wenn irgend möglich, sollte man mindestens zwei Tage buchen. Der Trip zum **Paulus- und Antoniuskloster** (ab € 45) ist dagegen an einem Tag zu bewältigen. Für Ausflüge an die Südküste zum Wadi el **Gimal Nationalpark** (siehe Seite 615) ist ebenfalls eine Übernachtung zu empfehlen.

Auch ein **Bowling Center** hinter dem Aqua Fun Resort ist für Interessenten geöffnet. Im südlicheren Touristic Center gibt es eine Go-Kart-Bahn, die nur selten besucht wird, dies gilt ebenso für **Aqua Fun**, einen überteuerten Wasserpark. **Reiter** finden Pferde in den Resorts Beach Albatros, Inter Continental, Sofitel oder im Reitstall *Yalla* in El Gouna. An verschiedenen Hotels oder Shops stehen **Quad Bikes**, vierrädrige Motorräder, die besser gemieden werden sollten. Mit viel Lärm kann man zwar die Wüste "umpflügen", zerstört aber das äußerst fragile Mikro-Ökosystem im Sand und Schotter, das mit den feindlichen Lebensbedingungen schon genug zu kämpfen hat - wobei die Vielzahl der „Pflugbewegungen" das Problem ist. Viele Hotels verfügen über Tennisplätze oder Plätze für andere Sportarten, z.B. Volleyball.

Am alten Hafen von El Sigala (etwas nördlich vom Fischmarkt, wohin eine deutliche Geruchsfahne den Weg weist) zimmern geschickte Schiffsbauer Holzboote zusammen. Es lohnt durchaus, auf dem Weg zwischen den Stadtteilen dort einen Stopp einzulegen, den **Bootsbauern bei der Arbeit** zuzusehen und/oder dem nebenan liegenden Fischereihafen einen Besuch abzustatten.

Praktische Informationen

▶ Telefonvorwahl 065
▶ Die **Touristen-Information** (8-20), Tel 3444 420, hat sich im Tourist Center neben der Tourist-Police in einem Neubau, etwa in der Gegend des Grand Hotels, schräg gegenüber Hurghada Sports Club bzw. neben dem International Hospital angesiedelt. Brauchbare Unterlagen gibt es leider nicht, aber doch den einen oder anderen nützlichen Rat.
▶ **Web-Infos** zu Hurghada siehe Seite 44.

In Hurghada werden allerlei **Meeresfauna** und -flora getrocknet und ausgestopft angeboten: ein Paradebeispiel für negative Tourismusfolgen. Jeder, der sich mit derartigen Souvenirs auf die Heimreise begibt, sorgt für die weitere und sinnlose Vernichtung der Umwelt. Bei der Ankunft sammelt der heimatliche Zoll viele dieser Souvenirs aufgrund des Artenschutzabkommens wieder ein; die Ausgabe war umsonst und zieht meist Strafen nach sich (siehe auch www.artenschutz-online.de/artenschutz_im_urlaub/artenuebersicht.php).

Fernverkehr

Flüge: *EgyptAir* fliegt täglich, *Orascom Aviation* zweimal wöchentlich von El Gouna nach Kairo.
Busse: Besaß bis vor wenigen Jahren *Upper Egypt Bus Co.* das Transportmonopol, so kann der Reisende heute unter vier Gesellschaften wählen, deren Terminals in der Sharia El Nasr zu finden sind (siehe Dahar-Plan).

Kurz vor Redaktionsschluss schrieb uns ein Leser: *„Wir fanden keine Busgesellschaft, die uns als Ausländer mitnehmen wollte. Upper Egypt Co verkaufte uns Fahrkarten, um uns dann am Abfahrtstag mit der Begründung, „die Regeln hätten sich geändert", nicht mitzunehmen! Wir mußten ein Auto mieten, um rechtzeitig in Kairo zu unserem Rückflug anzukommen."*

El Gouna Transport (auch *Go Bus* genannt) (Sh Nasser nördl. vom Metro Markt, Vorausbuchung empfohlen, Hotline Tel 19567)
▶ **Kairo:** Normal 2.30, 22.30 (£E 50)
V.I.P. : 8.00, 12.30, 19.30, 24.00 (£E 60)
First Class: 10.30, 13.30, 17.30, 21.30, 01.00, 02.00 (£E 70)
Royal Class: 03.00, 16.00 (£E 100, AC, Toilette, Tee und Wasser frei))
▶ **Alexandria:** 8.00, 12.30 (£E 86)
▶ **Suez:** 1.00 2.00 9.00 13.00 13.30 14.30 16.00 18.00 24.00 (5,5 Std, £E 40-65)
▶ **Von El Gouna nach Kairo:**
V.I.P.-Busse: 8.30, 13.00, 20.00, 0.30, £E 60
Royal Class (5 Std nonstop): 16.30, £E 100

High Jet Co. (Abfahrt in Sigala neben dem El Mina Polizei-Office)
▶ **Kairo:** 1.00, 02.00, 9.00, 12.00, 13.00, 14.00 17.00 (5,5 Std, £E 40-65)

Superjet
▶ **Kairo:** 12.00 14.30,17.00 24.00 (5,5 Std, £E 60)
▶ **Alexandria:** 14.30 (£E 85)

Upper Egypt Co, Tel 354 7582
▶ **Alexandria**: 9.00, 19.30 (£E 91)
▶ **Assuan:** 10.30 22.30 24.30 (9 Std, £E 50)
▶ **Kairo:** 7.00 10.30 17.30 19.30 21.00 22.30 24.00 1.00 (6 Std, £E 66)
▶ **Luxor:** 10.00 18.00 19.30 22.30 1.00 (6,5 Std, £E 35)
▶ **Marsa Alam:** 5.00 14.30 20.00 (4,5 Std, £E 25-35)
▶ **Sharm el Sheikh:** 21.30 £E 71
▶ **Suez:** 11.30, 13.00, 16.00, 17.00, 20.30, 23.00, 24.00, 1.00, 2.30 (4 Std, £E 35)

**Hurghada

▶ **Ein privater Bus** fährt jeweils um 10.00 zu £E 40 nach **Kairo**, Abfahrt von der Tankstelle in der Sh Nasser in Dahar, in deren Nähe die innerstädtischen Minibusse starten

▶ **Minibusse/Taxis** für innerstädtische und **außerstädtische Ziele,** wie Kairo, Suez, Safaga, Kosir oder Marsa Alam, stehen in einer Seitenstraße der Sh Nasser in Dahar, Nähe Tankstelle

Achtung: Getränke bzw. Snacks sind in den Fernbussen unverhältnismäßig teuer, handeln Sie einen günstigen Preis heraus, bevor Sie bestellen bzw. die hingelegten Chips fröhlich essen.

An den Bushaltestellen offerieren aufdringliche **Hotel-Schlepper** tolle Konditionen und freien Transport, den die meisten Hotels ohnehin anbieten - verweisen Sie, wenn's nachher ganz anders aussieht, auf die Preise unserer Hotelliste, das hilft häufig. Manchmal fahren sogar Schlepper im Bus von Luxor mit, um ihre Hotels an den Mann zu bringen. Glauben Sie auch diesen Leuten nicht, denn sie leben von den Provisionen, die sie von ihrem Hotel erhalten. Daher wird, wenn nötig, die gesamte Kiste von „Dirty Tricks" durchgespielt, z.B. das von Ihnen anvisierte Hotel sei ausgebucht oder pleite.

Konvois

Wie mehrfach erwähnt, können Ausländer von Hurghada auf der Straße nur ins Niltal gelangen, wenn sie sich einem Konvoi anschließen. Leider wurde auch noch die Strecke nach Norden einbezogen, die früher ausgespart war. Dies gilt nicht für Busse, in denen nicht mehr als sechs Ausländer mitfahren.

▶ Konvois nach Luxor fahren um 6.15, 9.15, 17.15 Uhr ab Phantasia Land (kurz vor dem Checkpost am südlichen Stadtrand) ab, Konvois nach Kairo um 3.00, 12.00, 17.00 Uhr am Checkpost nördlich von El Gouna. Informationen unter Tel 065 54 67 67.

Lokaler Transport

▶ **Minibusse** sind recht preiswert: Kurzstrecke - z.B. die gesamte Promenade in Sigala - 50 Piaster, längere Strecke z.B. vom nördlichen Sigala nach Downtown £E 1 (u.U. am Sigala Kreisverkehr umsteigen), von Sigala ins Tourist Center £E 2-3. Niemals nach dem Preis fragen, sondern immer beim Aussteigen zahlen, Fahrpreis abgezählt bereithalten, Wechselgeld wird Touristen nur unwillig herausgegeben. Am besten steigt man nur ein, wenn schon Einheimische zugestiegen sind. Sonst kann es leicht passieren, dass der Minibus plötzlich zu einem „special ride" Taxi mutiert und 25 oder 50 £E für den Trip gefordert werden!

▶ **H.T.C. City Busse** verkehren an festgelegten Haltestellen (Bus Station), viele an der Sh Nasser zum Md Sikala (£E 1), von dort per Minibus zum Flughafen (1 £E und 1 £E pro größeres Gepäckstück).

▶ Wer nachts am Flughafen ankommt, kann nur per Taxi in die Stadt fahren: £E 20-30 nach Dahar; hart verhandeln, von unwissenden Touristen können £E 80 verlangt werden.

▶ **Taxifahrer** wissen die Situation der ahnungslosen Touristen zu nutzen und verlangen Fantasiepreise. Reale Preisbeispiele: Sofitel - Hadar ca. £E 25, Flughafen - El Sigala £E 20-25 (sehr gut feilschende Touristen). Innerhalb von Sigala und Dahar sind allerdings nur selten Taxis unterwegs.

▶ **Fahrräder** werden am ehesten noch in der Souk-Gegend in Dahar oder im nördlichen Teil von Sigala von Fahrradwerkstätten zu £E 25 und mehr pro Tag verliehen. El Limby, ein Verleih im südlichen Tourist Center gegenüber dem Royal Palace Hotel, verlangt stolze £E 100/Tag; allerdings handelt es sich auch um gute Qualität.

Schiffsverbindung
Hurghada - Sharm el Sheikh

▶ Ein so genanntes Speed Boat, das bis zu 300 Passagiere nach Sharm el Sheikh befördert, fährt Sa (9.00), Mo (17.00), Di (9.00), Mi (4.00) und Do (9.00), Rückfahrt von Sharm el Sheikh außer Di und Mi jeweils am selben Tag um 18.00 bzw. 19.00 Uhr (im Winter häufigere Frequenz). Die einfache Fahrt kostet $ 40, ein Auto ca. £E 150 (maximale Höhe 1,90 m).

8 Suez-Kanal-Gebiet, Küste am Roten Meer

Tickets u.a. bei Eid Travel/Sherif Tours (Arkade des Sand Beach Hotels), Tel 3545 147, Fax 3547 992 oder bei der Sherif Group (gegenüber Hafeneinfahrt und hinter dem Hotel/Restaurant Fantasia, Tel 3344 856). Achtung: Die Fahrpläne scheinen halbjährlich zu wechseln.

Bei der Ankunft in Sharm el Sheikh muss man eine etwas umständliche Passkontrolle über sich ergehen lassen. Tun Sie sich bereits zuvor für Taxifahrten nach Naama (£E 20 per Wagen) mit anderen zusammen, dann wird es deutlich billiger. Noch billiger ist es außerhalb des Hafengeländes, dort ist die größere Auswahl.

Wer viel billiger, aber auch wesentlich umständlicher nach Sharm el Sheikh kommen will, fährt per Bus über Suez. Das kostet insgesamt ca. £E 60-80 und dauert etwa einen Tag.

Es gibt **drei Hafeneinfahrten** von Norden her: Die erste für die Taucher, die zweite für Ferrys nach Sharm el Sheikh (sog. Tourist Port), dann folgen die Bootsbauer und gleich daneben die Fischer.

Wichtige Adressen
Öffentliche Institutionen
- **Polizei**: Tel 3546 306
- **Touristenpolizei**: Tel 3447 774
- **Feuerwehr**: Tel 3546 814
- **Telefonamt**, Sh El Nasr, internationale Kartentelefone stehen davor auf der Straße; Informationen über lokale SIM-Karten siehe Seite 85).
- **Deutscher Honorarkonsul**: Peter-Jürgen Ely, 365 Sh El Gabal El Shamali, Tel 3445 734, 012211 8338, ely@access.com.eg
- **Egypt Air**, nördlicher Bereich des Touristic Centers.
- **Condor** (Neckermann, Thomas Cook etc.) im Office Blue Sky Travel, Sindbad Hotel, Touristic Center, Tel 3446 830, deutschsprachig
- **Geldwechsel**: Banken in der Sh El Nasr (Bank Misr hat Geldautomaten), private Wechselstuben bieten häufig bessere Kurse. Geldautomaten für Kreditkarten (Visa, Master und Eurocard) findet man inzwischen bei fast jeder Bank.
- **Alkoholische Getränke** werden in Egypt Free Shops verkauft, von denen es mehrere gibt, z.B. im Touristic Center zwischen Giftun Village und Grand Hotel. Bis 24 Stunden nach der Einreise kann man dort gegen Passvorlage verbilligten Alkohol und Zigaretten kaufen.

Medizinische Versorgung
- Krankenwagen Tel 065 123
- Hospital El Salam (Nähe Arabia Resort) Tel 3548 785
- Hospital El Gouna Tel 3580 014
- Allgemeines Krankenhaus, Sh Sayed Karim, Dahar (Nähe Shedwan Hotel), Tel 3546 841
- Militärhospital (Hadar) Tel 3549 513
- Dekompressionskammer, Tel 3358 011
- Dr. Mahmoud Gahnnam, Tel 3546 646, mobil 012 312 1665
- Dr. Zaher H. Saeed, Internist, Tel 3547 551
- Dr. Nagla Shatta, Gynäkologe, Tel 3548 772
- Dr. Hany Monir, Orthopäde, Sportmedizin, Tel 3544 622
- Dr. Emad Hindy, Zahnarzt, Tel 3548 808
- Dr. Ahmed Kamal, Zahnarzt, Dental Clinic, Sigala, Tel 344 5959, 0101 231400; europäische Zusatzausbildung

Apotheke
- Dr. Anowar W. Kalliny Pharmacy, Sigala, Sheraton Road gegenüber Regina Hotel, Tel 3446 355, eine der bestsortierten

Mietwagen
Diverse lokale wie internationale Firmen möchten Ihnen Autos vermieten. Grundsätzlich kann man zwischen Klein- und unterer Mittelklasse sowie 4WD (etwa ab $ 100) wählen. Der Toyota Corola, als eines der Standardmodelle, wird zu Preisen zwischen $ 50 und 70 pro Tag (100 km frei) einschließlich aller Versicherungen gehandelt.

- Avis, Sigala, Sheraton Road, Tel 3447 400
- Hertz Tel 3444 146
- Hera, Sheraton Road, Tel 012 314 0196
- High Line, Tel 012385 2853
- Thrifty, Tel 012224 7885
- Orascom Limousine Co., El Gouna, Tel 3549 702 Ext. 2338 bzw. 2339, stellt sehr günstig Kleinwagen bereit. Es kann sich lohnen, von

**Hurghada

Hurghada per Bus nach El Gouna zu fahren und dort den Wagen zu mieten.

Reisebüros
- Blue Sky im Sindbad Hotel, auch Flugumbuchung für Condor, Tel 3446 830
- Misr Travel, Tel 344 6600
- Thomas Cook, Dahar, Tel 3546 799
- Ein viel gelobter und zusätzlich preisgünstiger Veranstalter ist **SimSim-Reisen**, Tel 012 2367023, simsim@simsim-reisen.de, www.simsim-reisen.de, www.delphine-rotesmeer.de, Besitzer Samir ist Deutscher mit ägyptischen Eltern, spricht perfekt deutsch und arabisch, veranstaltet individuelle Land- und See-Ausflüge um Hurghada und in ganz Ägypten. Hier sollten Sie immer Preise abfragen und wenn es nur zum Vergleich ist (keine Adressenangabe, da Umzug kurz bevorstand).

Internetcafé
Zugang zum Netz wird in vielen Internetcafés, aber auch in Shops angeboten. Die Preise liegen bei 1,50-4 LE/15 Min. Wer seinen Laptop benutzen will, kann dies z.B. im Swissnetcenter neben dem Roma Hotel oder im Café del Mar oder Bulls etc., etc.

Shopping

Grundsätzlich gilt: Souvenirs kauft man bei größerer Auswahl am besten in Kairo, Luxor oder Assuan, auch wenn die Händler Hurghadas das Gegenteil behaupten.

Typische Souvenirs findet man zu Hauf in der Fußgängerzone von Dahar, die Vielzahl der Shops erleichtert Preisvergleiche. Wer dabei etwas mehr ägyptisches Alltagsleben sehen will, sollte sich in die Gebiete Sh El Nasr/ab Ecke Sh Soliman Mazhar begeben. Dort gibt es einige kleinere, hauptsächlich von Einheimischen

Haus des Deutschen Honorarkonsuls

frequentierte Restaurants und Cafés, in denen Fremde willkommen sind; Wasserpfeifen oder ähnliche Souvenirs sind deutlich preiswerter.

Aber auch Sigala oder die neue Shopping Mall im Touristic Center offerieren unzählige, aber meist teure Gelegenheiten zum Geldausgeben. Ganz neu als Shopping Paradies: Die Mitte 2008 eröffnete **Marina** in Sigala (nordöstlich vom El Arosa Square mit der Meeresjungfrau) mit vielen Geschäften, Restaurants, Bars und Discos.

In der **Zabargad Mall,** Sh Habada neben La Perla Hotel (an der südlichen Auffahrt auf den Hadaba Hügel vom Touristic Center aus), gibt es ein gutes Buchgeschäft. Ungewöhnliche Souvenirs verkauft **Karin Ely**, *Leben mit Kunst*, im Haus des deutschen Honorarkonsuls Peter-Jürgen Ely, Tel 012211 8338.

In Hurghada scheint es schon bald mehr Souvenirshops als Betten zu geben, obwohl insgesamt das Souvenir-Preisniveau deutlich höher als z.B. in Kairo liegt. Wesentlich preiswerter als in den Hotelarkaden kauft man in Dahar ein;

8 Suez-Kanal-Gebiet, Küste am Roten Meer

beginnen Sie Ihre Tour in der Gegend des Red Sea Restaurants und halten Sie sich östlich der Durchgangsstraße Sharia El Nasr.

Nightlife

Nach dem Baden und Tauchen kommt die lange Nacht von Hurghada, die man mit einem ausgedehnten Dinner beginnen kann, um später die Kalorien in einer der derzeit etwa 15 **Discos** auszuschwitzen. Informieren Sie sich z.B. im *Red Sea Bulletin* über aktuelle Angebote. Als ganz billiges Vergnügen: Von einem der städtischen Hügel den Sonnenuntergang genießen, dabei auf die touristisch-hektische Stadt und den Zusammenprall von Wüste und Meer schauen - vielleicht gewinnt dann Hurghada einen anderen Stellenwert.

Von Nord nach Süd bietet Hurghada allerhand:
- Treffpunkte von Tauchlehrern und ihren Schülern sind vor allem die **Juke Box** (schöner Dachgarten) und **Papas II**, beide im gleichen Gebäude direkt hinter dem General Hospital in Dahar. Samstagabend geht es im **Peanuts** rund, links neben Three Corners Empire Hotel. Wiederum links daneben bietet das **Nirvana**, eine kleine Rockkneipe, Sound der 1970er-1990er Jahre.
- Die größte Open-Air-Disco **Ministry of Sound The Beach** ist in die Marina in Sigala umgezogen.
- Das wohl europäischste Cocktailbar-Restaurant **Café del Mar**, 30 m vom El Arosa Square Richtung Papas Beach Club, erfreut sich unter schwedischer Leitung großer Beliebtheit. Gemütlich, gute Bar-Atmosphäre, empfehlenswert.
- **Bonanza Bar** ist in die Nähe von Bulls Restaurant umgezogen. Freitagabend Rockmusik live.
- Die beliebte Bar **Papa I** ist in die neue Marina umgezogen..
- **Mr. X**, neben Abou Tabusch, Old Sheraton Road, ist mehr eine improvisierte Disco als ein Restaurant, manchmal auch ägyptischer Pop, viele osteuropäische Gäste, billigstes Bier der Stadt.
- Wer vom Ashara Square südlich aus der Stadt den Anstieg der Al Hadaba Road ca. 1 km hinaufgeht, findet auf der rechten Straßenseite die **Calypso Disco**, überwiegend osteuropäische Gäste. Große Dachterrasse mit gutem Blick.
- **Hard Rock Café**, gegenüber El Samanka Hotel, relativ unattraktiver Ableger der weltweiten Kette.
- **Dutch Bar**, im Keller des Princess Hotel im Tourist Center (sehr laut), unter niederländisch-ägyptischer Leitung, gute Unterhaltung.
- **Hed Kandi** (ehemals Papas Liquid Lounge), etwa 300 m südlich vom Abu Shara Square links der Sheraton Road direkt Strand, besonders angesagt sind Full Moon Partys.
- Eine andere Möglichkeit, sich zumindest einen Teil der Nacht um die Ohren zu schlagen: Ab etwa 20 Uhr kann man sich der Illusion hingeben, in die Märchenstimmung von Tausendundeiner Nacht einzutauchen. **Fantasia, Alf Leila Wa Leila** am südlichen Ortsausgang, Tel 3442 5781, verspricht Ihnen dieses Erlebnis mit Folklore, Beduinen-Pferderennen und allerlei Bazar-Handwerkskunst. Bedenken Sie die weite Anfahrt..

Restaurants

Eine ganze Reihe von Hurghadas Restaurants hat sich auf europäische Pauschalurlauber eingestellt und kocht eher im Stil des Mallorca-Tourismus als nach ägyptischem Geschmack. Es macht keinen Sinn, hier die unzähligen Hotelrestaurants aufzulisten. Wir beschränken uns daher hauptsächlich auf die Gaststätten in Dahar und Sigala (von Nord nach Süd gelistet).

Dahar (Plan siehe Seite 595)

Vier Restaurants [A] sind in die Straßenfront des Shedwan Golden Beach Resorts integriert:
- **Gaucho,** sehr gut für Steaks, mittlere Preisklasse
- **Mandarin,** , libanesisches Restaurant, sehr gut, relativ teuer
- **Golden Dragon,** chinesische Küche, gut und relativ teuer
- **Mafia,** italienische Küche, gut, relativ teuer

Hurghada

- **Chez Pascal,** [B] links neben Three Corners, Empire Hotel (gehört dazu), sehr gute französische Küche, pfiffige Fischgerichte, ebenso gute Pizza, freundlich, teuer
- **Portofino,** [D] Sh Sayed Karim, sehr gutes Fischrestaurant und internat. Gerichte, deutschsprachig (schweizerisch-ägyptische Leitung)
- **Red Sea,** [C1] Dachrestaurant im Stadtzentrum, das In-Restaurant mit guter Atmosphäre, sauber, gut, relativ teuer, ein weiteres Red Sea (II) in der Sh Sayed Karim, [C2] Nähe Three Corners Hotel, auch dies gut (Pizza empfohlen), abends Traveller-Treff
- **Abou Tarbouch** [E] (auch Sea Food Restaurant), Nähe Shakespeare Hotel, einfache frische Fischgerichte und Pizza, die nicht ihrem Original gerecht wird, relativ preiswert.
- **Young Kang,** [F] vorzügliches koreanisches Restaurant, mittlere Preisklasse.
- In der Umgebung des Busbahnhofs gibt es gute **Kushari** und andere kleine **Einheimischenlokale**, **Cafés** etc.

Zwischen Dahar und Sigala

- **Villa Kunterbunt,** deutsch geführtes Restaurant im Hotel Arabia Resort. Kamelfleisch in allen Variationen und andere geschmackvolle Gerichte, gehobene Preise. Die Atmosphäre komplettieren häufige Aufführungen von Operettenmusik bis hin zum Kinderballett. Neue Filiale in der Neuen Marina.
- **Bierkeller,** Arabia Resort, quasi deutsche Küche mit Gerichten, wie Sauerbraten, gut und preiswert, aber relativ teure Getränke

Ortsteil Sigala (Plan siehe Seite 597)

- **El Mina,** ca. 300 m des nördlichsten Kreisverkehrs, sehr gutes preiswertes ägyptisches Fischrestaurant über drei Stockwerke
- **Omar Inn** [A] (direkt am El Arosa Platz), freundlicher Service, gute, preiswerte ägyptische Küche, leckere Fruchtsäfte, ohne den üblichen Touristennepp; leider sehr laut
- **Café del Mar,** [B] vom Arosa Square Richtung Strand, schwedische Leitung, sehr gute internationale Küche, u.a. Steaks und auch Kamelgulasch, gutes Preisleistungsverhältnis, entspannte Atmosphäre, Cocktail-Bar, Treffpunkt in Hurghada lebender Ausländer, Internetzugang
- **Divers Heaven Fleet,** [C] von obigem Restaurant weiter Richtung Strand, angenehm eingerichtetes Restaurant, preiswerte westliche Gerichte, schöne Barfront
- **Moby Dick,** [D] Nähe El Arosa Platz, mittelmäßige Gerichte von Fisch bis Hahn, nett eingerichtet, freundlich, nicht zu teuer. Es wird ohne Hast serviert und kassiert.
- **McDonald's,** [E] unübersehbar, mittig an der Sheraton Road
- **Pita Sphinx,** [F] Stichstraße parallel zur Sheraton Road links hinter McDonalds, gehobene Pommesbude mit preiswertem belgischen Fastfood, türkischem Einschlag (Pita) und ägyptischen Akzenten (Linsensuppenpüree, gefüllte Taube).
- **Summerland 1 + 2,** [G] erste Parallelstraße hinter Pita Sphinx, extrem preiswert, große Portionen, aber sehr mittelmäßige Qualität.
- **Fish House,** [H] Sh Sheraton, beliebtes Fischrestaurant, aber nur durchschnittliche Qualität, zügiger Service, mittlere Preise
- **Regensburger Caffee,** [J] El Souk Building neben KFC, Sheraton Road, deutsche Leitung, gut besucht, auch Wurst und Kartoffelsalat, www.regensburger-restaurant.de
- **Da Capo,** [K] Sheraton Road, gegenüber Seagull, gemütliches Café/Bistro, bayerische und italienische Hausmannskost, guter Kaffee.
- **La Luna,** [L] 100 m südlich vom Ashara Square an der Küstenstraße, empfehlenswerte Pizzen - vor allem Calzoni
- **Abu Tarboosh,** [M] gegenüber La Luna, kleine ägyptische und libanesische Gerichte, vor allem preiswerte empfehlenswerte Snacks. Ableger aus Dahar.

Südlich von Sigala

- **Felfela,** Old Sheraton Road (Verlängerung der Sheraton Road entlang der Küste zum Meridien), (Ableger des Filfila in Kairo), ägyptische Küche, mittlere bis gehobene Preise,

8 Suez-Kanal-Gebiet, Küste am Roten Meer

freundliche Bedienung, von einer Anhöhe direkt am Meer, schöner Ausblick, Qualität nahm ab
• **Bulls**, kurz nach *Meridien*, Beginn Touristik Center, unter einem Dach ein Steak House, eine gute Pizzeria, (beide mittlere Preise) und eine bekannte europäische Bäckerei, Internetzugang
• **Da Nanni**, Hotel La Perla, Al Hadaba Road (ca. 2,5 km vom Ashara Square), gute Pizzen, Salate, Pasti und andere italienische Gerichte. Beliebter Treffpunkt von Tauchlehrern, Internetzugang
• **Little Buddha**, Nähe Giftun Resort, eher exklusives Restaurant mit internationaler Küche, Schwerpunkt asiatisch, Cocktail Bar mit Tanz, entsprechende Preise

Übernachten in Hurghada und Umgebung

In Hurghada scheint kein Mangel an Sternen für Hotels zu herrschen; bei vielen Unterkünften der 3*-Klasse wundert man sich über die großzügige Vergabepraxis - erwarten Sie also nicht zu viel Komfort, speziell in dieser Kategorie. Versäumen Sie auf keinen Fall, um den Preis zu feilschen. Bei dem Massenangebot steht immer ein Bett leer, das man günstig bekommen kann. Wir erfassen hier nur einen Teil der zahllosen Unterkünfte und zwar nur in Dahar und Sigala. Die Resorts und Villages im Touristic Center werden nahezu ausschließlich von Gruppen belegt und sind meist nur gegen Halbpension zu belegen. Einzelreisende zahlen in der Regel bis zum vierfachen Preis!

Ortsteil Dahar (+ bedeutet Strandlage bzw. -nähe; Plan siehe Seite 595)
Entlang der Corniche Richtung Sigala
• **Sea Horse**, [1] 3*, Sh El Bahr, Tel/Fax 3548 704, seahorse.hotel@gmail.com, www.readseahorse.com, eig. Strand (1,5 km. Entf.), Tauchbasis, tlw Balkon u. Seeblick, se sa, se fr, Pool, AC, viele deutsche Gruppen), empf, mF...E+B € 20-30, D+B € 28-48
• **El Gezira**, [1] 3*, Sh El Bahr, Tel/Fax 354 8708, ramando2@hotmail.com, Strandbenutzung im Sand Beach H., die meisten Balkone am Nebenhaus, Lift, se fr, AC, SatTV, Kschr, se sa, ang, mF...E+B $24, D+B $30
• **Horus**, [1] 3*, Sh El Bahr, neben El Gezira H., Tel/Fax 3549 802, Strandben. im Sand Beach H., kl. Zi, abgewohnt, zieml. ungepflegt, sa, ru, fr, SatTV, AC, mF ....E+B $9, D+B $14
• **+Shedwan Golden Beach**, [2] 3*, Corniche, Tel 3547 007, Fax 3548 045, shedwan@redseahotels.com, www.redseahotels.com, (nicht zu verwechseln mit dem 4* Shedwan Garden Resort, das nur Gruppen aufnimmt) hübsche Anlage, gutes Restaurant, AC, SatTV, Kschr, se sa, se ru, fr, ang, eig. Strand, Pool, mF ....E+B $85, D+B $135
• **+Triton Empire Beach**, [3] 3*, Corniche, Tel/Fax 3548 116, triton@threecorners.com, www.threecorners.com; TUI-Hotel, se gepflegt, se sa, SatTV, AC, Kschr, gr Zi, tlw Seeblick, 3 Bars Disco,Hp...E+B $35-43, D+B $48-65
• **+Sand Beach**, [4] 3*, Corniche, Tel/Fax 3547 822, baian@yahoo.com, www.sandbeach-hurghada.com, Disko, se sa, fr, AC, SatTV, Kschr, kl Zi, ru, Pool, eig. Strand, mF.......................E+B €35, D+B €40
• **+El Arousa**, [5] 3*, Corniche, gegenüber Geisum-V., Tel 3548 434, Fax 3549 190, Elarosahotel@yahoo.com, eig. Strand, Pool, sa, war im Umbau, Zi mit Balkon, SatTV, Kschr, AC, mF .. E+B 110, D+B 160
Corniche zwischen Dahar und Sigala
• **+Cindrella**, [7] 3*, Corniche, Tel/Fax 355 6571, cindrella-seaview.com; se sa, fr, Balkon, AC, SatTV, Kschr, tlw Seeblick, eign. Strand ab 2009, empf, mF ....E+B 120, D+B 140
• **+Geisum Village**, [6] 3*, Corniche, Tel 3546 692, Fax 3547 994, info@geisum.com, www.geisum.com; viele osteurop. Gäste, eig. Strand, gr Pool, se sa, SatTV, AC, Kschr, Balkon, HP.. E+B € 35, D+B € 45
• **+St. Valentino**, [8] 3*, Corniche, Tel/Fax 3541 175, AC, SatTV, Kschr, Strand Jaysoom Public Beach gegenüber, gr Zi, hell u. freundl. eingerichtet, la, se sa, se fr, hb, empf, mF................E+B 90, D+B 150

Hurghada

- **+Sea View**, [9] 2*, Corniche, Tel 3545 959, Fax 3546 779, www.seaviewhotel.com.eg, se sa, fr, ang, AC, SatTV, Kschr, kl. Pool im Rest., Strandben. Geisum-H., mF .... E+B 90, D+B 120
- **+Hilton Plaza**, [10] 5*, Gabal el Haram (Corniche), Tel 3549 745, Fax 3547 597, typisches Luxushotel in guter Lage
- **+Green Palace**, [11] 3*, Corniche (gegenüber Hilton), Tel/Fax 3548 368, Dachgarten, tlw Zi mit Meerblick, AC, tlw Kschr, kaum englischsprachig, fr, etwas abgewohnt........ E+B 42, D+B 84
- **Arabia Beach Resort**, 4* (Schwesterhotel des Giftun), Corniche, Hafennähe, Tel 3548 790, Fax 3544 777, www.arabia-eg.et.com, Riesenanlage mit über 800 Zi, ziemlich fest in dt. Pauschal-Hand, AC, Pool, gr. Zi m. Balkon, se sa, fr, HP .... E+B € 37, D+B € 54

Westliche Seitenstraßen

- **+Snafer**, [12] Nähe Hospital, Tel/Fax 3540 260, snafer_hurghada_hotel@hotmail.com, Balkon, Geisum-H. Strand (£E 12), gr Zi, AC, SatTV, Kschr, ang, se sa, se fr, se hb, empf, mF .... E+B 65, D+B 100
- **+Pharaos**, [12] rechts versetzt hinter Snafer, Tel 3547 577, einf, rel gr Zi, tlw Balkon, mä sa, mF .... E 25, D 40, D+B 50
- **+Four Seasons**, [13] gegenüber Three Corners., Tel/Fax 3545 456, fourseasonshurghada@hotmail.com, www.hurghada-only.com; Meerblick, Strand in Sun Beach-H.. (£E), se sa, se hb, fr, mF .... E+B 60, E+B+AC 70, D+B 60, D+B+AC 80
- **Diana**, [14] 3*, gegenüber Three Corners H., Tel 3541 991, ismael_diana@yahoo.com, www. dianahotel-hurghada.com; 2007 eröffnet, AC, SatTV, Kschr, Strand Gheisum-H. £E 20, Bar, Dachterrasse, se sa, fr, mF .... E+B €25, D+B €40
- **Luxor**, [14] hinter Diana-H., Tel 3542 877, Fax 3542 875, info@luxorhotel-eg.com, www.luxor-hotel. eg.com, 2008 eröffnet, Strand bei Sand Beach Hot., Internet DSL, AC, SatTV, Kschr, Dachterrasse mit gutem Blick, "pharaonische" Dekoration, se sa, ang, se fr, hb, empf, mF .... E+B €20, D+B €30
- **Three Corners Empire**, [15] 3*, Sh Said Karim (Nähe Hospital), Tel/Fax 354 9200, triton@threecorners.com, www.threecorners.com, se sa, SatTV, AC, Kschr, Safe, Balkon, 2 Pools, Strand im Empire Beach-H., gr Zi, tlw Seeblick, Bar, mF .... E+B € ab 36 D+B € ab 48

Fußgängerzone

- **St. George**, [17] Tel 3548 246, medhatkf@yahoo.com, einf, sa, fr, hb, AC + £E 10, F £E 5 .... E 30, E+B 35, D 40, D+B 50
- **Happy Land**, [16] Sh Sheikh Sebaq, Tel 3547 373, Zentrum, sa, fr, hb, Ven, ... E 35, E+B 40, D+B 50

Ortsteil Sigala (Plan siehe Seite 597)
Entlang der Sheraton Road

- **Golden Sun**, [1] 3*, westl. Seitenstr. d. Sh Sheraton, ca. 300 m v. Sakia Beach, Tel/Fax 344 4403, goldenkhalid@hotmail.com, schattiger Vorgarten, AC, SatTV, Kschr, sa, se fr, hb, mF E+B 90, D+B 130
- **Golf**, [2] 2*, Sh Sheraton, am Arosa Square, straßenseitige Zi se la, Tel 3442 828, Fax 3444 328, se fr, hb, AC, SatTV, Kschr, mF .... E+B 100, D+B 150
- **Biba**, [3] 2*, 162 Sh Sheraton, Ecke 2. Stichstr. links neben McDonalds, Tel 3444 908, Fax 3442 565, info@bibahotel-hurghada.com, www.bibahotel-hurghada.com; straßenseitige Zi se la, Strandbenutzung Sakia Beach, Dachterrasse, AC, SatTV, Kschr, se sa, mF..... E+B 80, D+B 120
- **White Albatros**, [4] 3*, Sh Sheraton, Ecke 4. Stichstr. links neben McDo, Tel/Fax 3442 519, walbatros53@hotmail.com, www.walbatros.com; AC, Kschr, SatTV, Balkon, straßenseitige Zi se la, Dachterr. m. kleinem Whirlpool u. gutem Blick, se sa u. gepfl., mF .... E+B100, D+B 200
- **Regina Style**, [5] 4*, Sh Sheraton, links vom Le Pacha Resort, Tel/Fax 3442 274, überwiegend osteurop. Pauschaltouristen, AC, SatTV, Kschr, sa, mF .... E+B $30-60, D+B $60-140

8 Suez-Kanal-Gebiet, Küste am Roten Meer

- **Le Pacha**, [6] 4*, Sh Sheraton, Tel 344 4150, Fax 3443705, info@lepacharesort.com, www.lepacharesort.com, 2 Pools, eig. Strand, AC, SatTV, Kschr, se sa, fr, all inkl....................... E+B €80, D+B €120
- **Roma**, [10] 4*,zw. Sh Sheraton und Sh Al Hadaba, Tel 344 8140, Fax 344 8144, management@roma-hurghada.com, www.roma-hurghada.com, eigner Strand, überwieg. osteurop. Gäste, AC, SatTV, KSchr, Balkon, se sa, HP .... E+B $40-45 D+B $50-60
- **Moon Valley**, [11] 3*, Sh Sheraton, Tel/Fax 344 4098, www.moonvalleyresort.com, eig. Strand über die Straße, Garten, überwieg. osteurop. Gäste, AC, SatTV, Kschr, Billard, se sa, rel gr Zi, se fr, empf, mF (gut) .... E+B $ 18, D+B € 32

Sharia Sakia (vom Arosa Sqare zum Public Beach)

- **Royal City**, [7] 3*, Sh El Sakia, Tel 3447 729, Fax 3447 195, samgab77@hotmail.com, www.royalcityhotelhurghada.com, Sakia Beach, sa, ang, AC, la, mF .... E+B $ 90, D+B $ 140
- **Sea Garden**, [8] 3*, Sh El Sakia, Tel 3447 493, Fax 3447 492, seagarden@seagarden.com.eg, www.seagarden.com.eg, Strandnähe (Sakia Beach), AC, SatTV, Kschr, tlw Balkon, se sa, se gepfl., fr, la, mF... E+B $ 60, D+B $ 80
- **+Eiffel**, [9] 2*, Sh El Sakia, Tel 344 4570, Fax 344 4572, Strandnähe (Public Beach), Dachterr. m.gr Pool u. schö Blick, se sa, fr, ang, Zi zur Stranddisco und Anfahrtstraße se la, Kschr, SatTV, AC, eigener Strand (Sakia), mF .... E+B $ 20, D+B $ 26

Unter dem Motto **„Leben mit Kunst"** bieten Karin und Peter-Jürgen Ely (deutscher Honorarkonsul) in ihrem Gästehaus sehr ungewöhnlich und sehr geschmackvoll eingerichtete **Apartments** zu € 40 pP bei Halbpension in familiärer Atmosphäre an. Das Haus liegt auf dem Hadaba-Hügel hoch über der Stadt und bietet einen herrlichen Rundblick über die Wüste, über Sigala, das türkise Meer bis hin zu den vorgelagerten Inseln. Tel 3445 734, 012211 8338, ely@livingwithart.biz, www.livingwithart.biz

El Gouna (nördlich von Hurghada)

Von den 5* Hotels sei nur genannt: **Mövenpick Resort**, Tel 3544 501, Fax 3545 160, resort.elgouna@moevenpick.com, hervorragend angelegt

- **Three Corners Rihana Resort**, 4*, Tel 3580 025, Fax 3580 030, www.threecorners.com, außerh. d. Dorfes, se gute Architektur, AC, SatTV, 2 Pools (1 geheizt), kl. Kü, se sa, all incl... E+B € 50-56, D+B € 82-88

Im „Dorf" Kafr El Gouna liegen die stimmungsvollsten Hotels für Traveller.

- **Dawar El Omda**, 4*, Tel 3580 063, Fax 3545 061, res@dawarelomda-elgouna.com, www.dawarelomda-elgouna.com; rel kl Zi, Pool, gut angelegt, AC, Balkon, SatTV, Kschr, se sa, mF .... E+B € 42, D+B 76
- **Panorama**, 4*, Tel 012 111 8417, Fax 3358 0052, panorama@panoramabungalows.com, www.panoramabungalows.com, z.T. originelle Anlage mit im oder direkt am Wasser stehenden Chalets, Pool, SatTV, AC, Kschr, mF... E+B $110, D+B $160, Bungalow $190
- **Sultan Bey**, 4*, Tel 3545 600, Fax 3545 601, res.sultanbey@optima-hotels.com, www.optima-hotels.com, geschmackv. eingerichtet, schö Zi, Pool, eign. Strand, AC, SatTV, Kschr, mF........ E+B € 55, D+B € 80
- **Arena Inn**, 4*, Nähe Downtown, Tel 358 0078, Fax 3358 0079, gm@arenainn-elgouna.com, www.arenainn-elgouna.com, kl Zi, AC, SatTV, Kschr, Pool, se sa, mF.....................E+B € 27-32, D+B € 36-40

An der Abu Tiga Marina

- **Ali Pasha**, Tel 358 0088, rooms.ali@marina-elgouna.com, www.elgouna.com; 2 Pools, freundl. einger. Zi, AC, SatTV, se sa, se fr, mF .... E+B €45, D+B €75
- **Captain's Inn**, 3*, Tel/Fax 358 0170, captain_turtle@orascom.net, www.elgouna.com, gepflegt, tlw. Blick auf Marina, AC, SatTV, Kschr, mF .... E+B € 38, D+B € 54

**Hurghada

- **Turtle's Inn**, 3*, ähnlich wie Captain's Inn, Tel 3580 171, Taucherhotel, reservation@turtles-inn.com, www.turtles-inn.com, AC, SatTV, Kschr, schö Dachterrasse, se sa, mF .... E+B € 36, D+B €48

Makadi Bay (15 km südlich vom südlichen Stadtrand Hurghadas)
Die landschaftlich schöne und relativ einsame Makadi Bay beherbergt verschiedene Hotelkomplexe, die zum Teil weit entfernt voneinander liegen.
- In einem ziemlich dicht bebauten Komplex sind die vier Hotels **Makadi Sun, Makadi Club Oasis** (je 3*), **Makadi Marine** (4*) und **Makadi Beach** (5*) unter einer Betreibergesellschaft (Iberotel/TUI) zusammengefasst, die, wie auch die anderen der Umgebung, hauptsächlich auf Gruppen eingestellt sind. Besonders das *Makadi Beach Hotel* verführt mit sehr stimmungsvoller Architektur aus Kuppeln und Gewölben.
- Weiterhin kann man u.a. noch unterkommen im **Fort Arabesque**, (4*), Tel 3590 200, Fax 3590 209, fortarab@hurghada.ie-eg.com, www.fortarabesque.com, das architektonisch stimmungsvollste Hotel in Makadi, **Meridien**, 5*, Tel 3590 590, Fax 3590 595, lemeridien@hurghada.ie-eg.com, **Royal Azur**, 5*, Tel 3590 306, Fax 3590 304, royalazur@hurghada.ie-eg.com.

Camping
Camping ist praktisch nicht möglich in Hurghada. Wohnmobile konnten oder können vielleicht wieder beim Restaurant Shell Ghada (Nähe Safir Hotel, Sh Sheraton, Sigalla) stehen. Für längere Badepausen eignet sich Sun Beach bei Port Safaga sehr viel besser. Für wildes Campen südlich von Hurghada benötigt man offiziell eine Genehmigung (Tasrih) der Hurghada-Polizei. Eventuell genügt es, mit dem nächsten der zahlreichen Militärposten zu verhandeln und den Pass dort zu hinterlegen.

Weiterfahrt nach Süden
Die Straße von Hurghada nach Süden ändert ihren Charakter nicht grundsätzlich, der Abschnitt bis Port Safaga gehört jedoch zu den schönsten, weil hier die Gebirge mit ihren gezackten, urgewaltigen Felsen sehr nahe an die Küste rücken. Je weiter man nach Süden kommt, umso breiter wird der Küstenstreifen.
Wenn man vom Zentrum Dahars (Kreisel Nähe Telefonamt) auf der Durchgangsstraße weiter nach Süden fährt, so erreicht man nach gut 20 km einen Kreisel, von dem aus die äußere Ring Road, die Umgehungsstraße nach Norden, abzweigt; dann steigt die Straße eine Hügelkette hinauf, und man passiert nach 5 km den südlichen - fast pompösen - Checkpost von Hurghada.
Nach 11 km: Abzweig
Hier verläuft eine Straße parallel zur Hauptstraße (die nach 5 km wieder einmündet), von der verschiedene Stichstraßen zu den Hotels von **Makadi Bay** (auch *Abu Machadik*) abzweigen. Dort, in einer schönen lang gestreckten Bucht, wurden verschiedene Hotels der besseren Klassen eröffnet.
Nach 18 Km: Abzweig
Links 6 km zur Einfahrt von **Soma Bay**, einer Hotelansiedlung gehobener Klasse am Nordrand der weit geschwungenen Bucht von Safaga. Ein Golfplatz namens *The Cascades* zieht sich als sattgrüner Streifen quer durch den Wüstensand und zum Teil am Strand entlang. Von Soma Bay bietet sich ein sehr schöner Blick - der schon die Anfahrt lohnen kann - über die weite Safaga-Bucht mit den bizarren Bergen im Hintergrund und tollen Sonnenuntergangsstimmungen. Die durchwegs teuren und verkehrsmäßig abgelegenen Hotels sind für Individualtouristen weniger interessant.
4 km nach dem Abzweig von der Hauptstraße führt links eine schmale Asphaltstraße nach **Sharm el Naga**, einer kleinen Bucht mit einem leicht zugänglichen Korallenriff direkt am Strand. Hier entstand ein Tauchcenter mit Hotel und

Restaurant (bekannt für gutes Essen). Ohne eigenes Fahrzeug ist man ziemlich eingeschränkt.
Nach 5 km: Abzweig
Rechts zur Verbindungsstraße nach Qena
Nach 4 km: Abzweig
Links zweigt eine Asphaltstraße zum am Ende der Bucht beginnenden **Safaga Tourist Center** ab. Achtung Busreisende: Zu den Hotels im Tourist Center hier aussteigen, um ein teures Taxi von Safaga aus zu vermeiden.
Nach 7 km Zentrum von

Safaga

Auch als **Port Safaga** bekannte Hafenstadt mit sehr guten Versorgungsmöglichkeiten. Hauptumschlagsgüter sind in Ägypten abgebautes Phosphat und importiertes Getreide, das hier gelöscht wird. Dank der Wassertiefe von 25-34 m können auch große Schiffe sicher den Hafen anlaufen, der von der Insel Safaga geschützt wird. Die ägyptische Marine nutzt ihn als Hauptstützpunkt im Roten Meer. Der heutige Name der bereits in pharaonischen Zeiten bekannten Siedlung stammt übrigens vom arabischen *Safa gaah* ab, was „staubige Winde kommen" bedeutet.

Eine bei den Gastarbeitern in Saudi Arabien und den Pilgern beliebte Schiffsroute nimmt hier ihren Ausgang. Während der Pilgerzeit *(Haj)* wird der Hafen von Menschen überflutet. Anfang 2006 errang er traurige Weltberühmtheit, als die *El Salam Boccaccio* auf dem Weg von Debbah (Saudi Arabien) nach Safaga nach einem Feuer sank und vermutlich mehr als 1000 Menschen mit in den Tod riss. 1991 sank die Fähre *Salem Express* in der Safaga Bay mit offiziell etwa 700 Todesopfern.

Die direkt am Strand verlaufende Straße heißt wie üblich Sharia Corniche. An der Durchgangsstraße Sharia Gumhurriya findet man die Shops für den täglichen Bedarf sowie Restaurants. Im südlichen Stadtrandgebiet liegt der kleine „Souk" (eher eine Ansammlung von Shops) in der Straße Richtung Süden, die hier als Einbahnstraße, um einen Block vom Strand versetzt, verläuft; in dieser Gegend ist auch der **Busterminal**.

Nördlich der Stadt entstand ein moderner Badestrand-Komplex namens **Tourist Center** mit verschiedenen Hotels und der üblichen touristischen Infrastruktur. Hier sind die Strände sauberer, die vorgelagerten Korallenriffe geringer in Mitleidenschaft gezogen als in Hurghada und die Stadt ist nicht ausschließlich auf Tourismus angelegt, obwohl man im Tourist Center doch wieder ganz unter sich ist. Es scheint aber, dass Safaga den Durchbruch als Alternative zur Nachbarstadt nicht so richtig schafft, sondern touristisch eher stagniert. Die meisten Hotels verkaufen nur Halbpension, d.h. für das Abendessen ist in der Regel gesorgt. Es gibt aber sowohl in der Stadt als auch im Tourist Center diverse Restaurants, die sich auf Europäer eingestellt haben.

Neben den üblichen Schnorchelmöglichkeiten werden (meist von den Hotels) Bootsausflüge zum **Tobia Island** angeboten, einer eigentlich schattenlosen Insel, auf der aber jedes Hotel Schattenplätze errichtet hat. Der große Fischreichtum in Strandnähe verleitet zum Schnorcheln und Tauchen. Die Überfahrt dauert etwa eine Stunde. Weitere Tauch- und Schnorchelplätze sind das *Panorama Riff, Abu Suma, Tobia Kebir, Abu Kafan* und *Shaab Sher*. Es gibt in Safaga verschiedene Tauchcenter, die auch durchreisenden Touristen offenstehen.

Wegen des nahezu ständigen, nicht sehr böigen Windes gilt Safaga als idealer **Surfplatz**. Die Mistral-Surfcenter *Menaville* und *Lotusbay* verleihen die jeweils neuesten Geräte. Doch auch in Safaga bleibt das Angebot nicht auf Wassersport beschränkt, diverse Ausflüge in die Wüste sollen Abwechslung an Land bieten.

Im Zentrum rechts führt die einzige für Ausländer zugelassene Straße ins Niltal nach Qena (siehe Seite 620), die aber nur im Konvoi nach Luxor befahren werden darf, einerlei, ob man per Bus oder Pkw reist. Startzeiten um 7, 12 und 18 Uhr.

Praktische Informationen

▶ **Telefonvorwahl 065**

In Safaga legen alle **Busse** auf dem Weg aus oder zum Niltal einen Stopp ein. Mehrfach täglich fahren Busse nach Süden (Kosir und Marsa

Übernachten

(Nördliches) Stadtzentrum
- **Maka**, Durchgangsstr., Nähe Abzw. Qena, Tel 3251 866, viele ägypt. Gäste, mä sa, nur für Notfall pP 15
In der Umgebung gibt es mehrere einfache, sehr ähnliche Hotels.
- **Nemo**, direkt neben Toubia Hotel, Tel 3256 777, info@nemodive.com, www.nemodive.com, belg.-holl. geführt, eigener Strand, Dachterrasse, Balkon, AC, kostenl. Transf. v. Flugh. bei längerem Aufenthalt, se sa, spezieller Service und Zi für Behinderte, mF .... E+B € 26, D+B 40
- **Amira**, 3*, etwas abseits östlich der Durchgangsstraße, Tel 3253 821, Fax 3253 825, info@amirasafaga.com, www.amirasafaga.com, Pool, Strand etwa 300 m entfernt, AC, SatTV, Kschr, se sa, ru, mF .... E+B €25, D+B €40
- **Toubia** (auch unter *Hakim* bekannt), nördl. Sh Corniche, Tel/Fax 3251 294, hakim@hurghada.ie-eg.com, Besitzer Hakim spricht Deutsch, eigener Strand, AC, ru, se fr, sa, HP (se gut) .... E+B €17, E+B+AC 20, D+B € 32, D+B+AC 36

Tourist Center (5 km nördlich des Zentrums)
- **Lotus Bay** 4*, Tel 3990 480, Fax 3260 005, info@lotusbay.com, www.lotusbay.com, haupts. Gruppen, Pool, AC, SatTV, Kschr, gepfl., empf, HP .... E+B € 45, D+B € 70
- **Solymar Paradise Resort**, 4*, Tel 3260 017, Fax3260 016, sheriff.lashin@solymar.com, www.solymar.com, Pool, AC, SatTV, Fitness, Tauchcenter, Disko, se sa, mF .... E+B € 25, D+B € 40
- **Menaville**, 4*, Tel 3260 064, Fax 3260 068, mail@menaville.com, www.menaville.com, Pool, Tauchbasis, Disko, kleine Zi, AC, SatTV, Kschr, se sa, HP .... E+B € 45, D+B € 70
- **Sun Beach (Orca)**, Tel/Fax 326 0055, Fax 326 0054; sunbeach@hurghada.ie-eg.com; direkt am Strand, Taucherhotel, freundlich eingerichtet, AC, se sa, fr, hb, HP .... E+B € 23, D+B € 36
- **Shams Safaga**, 4*, Tel 3260044, Fax 3260044, info@shamshotels.com, www.shamshotels.com; AC, SatTV, Kschr, se sa, schöner Garten, Pool, Bungalows u. 96 Zi (überwg. eng u. schmal), AC, SatTV, Balkon, Pool .... E+B $55-75, D+B $76-80

Camping
- **Sun Beach (Orca)** (siehe oben) bietet einen schattenlosen Platz mit sauberen Sanitäranlagen zu € 5 pP

Alam). In vielen Fällen reist man besser per Minibus nach Süden oder Norden, z.B. kostet der Hurghada-Trip etwa £E 10.

Weiterfahrt nach Süden
Nach 58 km: Hamrawein, wenig attraktiver Phosphathafen
Nach 12 km: Checkpost
Gleich danach *Flamenco Hotel*,
nach 2 km *Mövenpick Resort*
Nach 7 km:

Kosir (auch *Al Qusayr, Quseir*)

Hintergrund: Hafenstädtchen mit etwa 50 000 Einwohnern und langer, seit pharaonischen Zeiten bekannter Vergangenheit. In der islamischen Epoche waren es Mekka-Pilger, zu deren Schutz Sultan Selim im 16. Jh ein Fort bauen ließ, dessen Ruine kürzlich renoviert wurde und sehenswert ist. Bis zu der Zeit, als Flugzeuge den Pilgertransport übernahmen, diente die Stadt als wichtiges Sprungbrett nach Saudiarabien (Flaubert berichtet sehr anschaulich davon).In der Antike lag in der Bucht direkt nördlich des heutigen Mövenpick-Hotels einer der bedeutendsten Rotmeerhäfen. Stets war die Rede von Leukos Limen, bis 1994 französische Forscher belegen konnten, dass es sich um **Myos Hormos** handelte. Sie hatten bei Ausgrabungen in Zerqa an der Straße nach Kuft Ostraka mit entsprechenden Texten gefunden.

Ein Bummel durch den sympathischen Ort mit einer Strandpromenade und mit freundlichen Menschen ist ein lohnenswertes Erlebnis, das

Restaurants

Im *Hotel Sea Princess* bekommt man gute Fischmahlzeiten. Es gibt aber auch schräg gegenüber ein kleines, gutes Restaurant. An der Strandpromenade, der Sh Port Said, stößt man bald auf das etwas originelle *Café del Mar* unter italienischer Leitung. Sehr empfohlen wird das familiäre Restaurant des *Hotels El Quseir*. Ebenso gut ist *Marianne* an der südlichen Sh Port Said mit schattiger Terrasse und vielseitiger Speisekarte; gute Informationsmöglichkeiten, beliebter Travellertreff. Am nördlichen Ende der Strandpromenade liegt *Sunboat*.

Übernachten

- **Fanadir**, 3*, ca. 1 km südl. d. Stadt, Tel 331 1414, Fax 3331 415, info@fanadir-hotel.com, www.fanadir-hotel.com; gut einger. Bungalows unter deutscher Leitung, fr, se sa, mF....... E+B $33, D+B $46
- **El Quseir**, 138 Sh Port Said, Tel 3332 301, an nördl. Strandpromenade, klein, aber stimmungsvoll in altem, original restaurierten Haus, fr eingerichtet, se sa, se fr, hb, se gutes Rest, Voranmeldung 2 Wochen empf, empf, mF...E 110, D 160
- **Flamenco**, 4*, 7 km nördl. d. Stadt, Tel 3350 200, Fax 3350 211, resquseir@flamencohotels.com, www.flamencohotels.com; Tauchzentrum, 3 Pools (einer geheizt), se sa, gr Zi, AC, SatTV, mF .... E+B $50, D+B $80
- **Mövenpick**, 5*, Sirena Beach (4 km nördl.), Tel 333 2100, Fax 333 2128, resort.quseir@moevenpick.com, www.movenpick-quseir.com, großzügig angelegtes Luxushotel in einer Kuppel-Bungalow-Siedlung mit Tauchzentrum, Pools etc.
- **Radisson SAS Resort Quseir**, am nördl. Stadtausgang, 5*, Tel 3350 260, Fax 3350 280, info.elquseir@radissonsas.com, www.elquseir.radissonsas.com; Luxusresort mit allem Komfort, 3 Rest, Bar, 2 Pools, Tennis, etc.
- **Sea Princess**, Nähe Bushaltestelle, 065 3331880, dünne Wände, Etagenbad sa, Ven, se fr, gute Fischmahlzeiten, kein direkter Strandzugang, mF .... E 25, E+B 50, D 40, D+B 90

Kosir - Marsa Alam - Berenice (von Nord nach Süd; Auswahl)

Bei den vielen neuen Hotelanlagen an diesem Küstenabschnitt handelt es sich meist um Ressorts, die sich fast ausschließlich auf Gruppenreisende spezialisiert haben. Einzelreisende werden häufig abgewiesen. Sie stellen eher eine Belastung dar, was zumindest aus den häufig auf das Doppelte gesteigerten Zimmerpreisen gegenüber Gruppenangeboten zu schließen ist. Ähnliches gilt für Tauchcenter, die nur dann zusätzliche Gäste aufnehmen, wenn Betten längerfristig frei sind. Daher hier nur wenige Angaben:

- **Kahramana**, 5*, 25 km nördl. v. Marsa Alam, Tel 065 3380008 , Fax 065 3380010., sales@balbaagroup.com, www.balbaagroup.com, hervorragend angelegtes Luxushotel, z.B. Drei-Kaskaden-Pool, Blumenrabatten inmitten der Wüste, geschmackvoll einger. Zi, z.T. mit Kuppel
- **Amaraya**, 4*, Kahramana-Schwesterhotel auf dessen Grundstück, etwas kleinere Zi
- **The Oasis**, 23 km nördl. Marsa Alam, Tel 0105052855, book@oasis-marsaalam.com, www.oasis-marsaalam.com; im nubischen Stil mit Tonnen- und Kuppelzimmern von Deutschen mit gestaltetes und geführtes Chalet-Hotel mit ökologischen Ansprüchen, abseits des Touristenstroms, se geschmackvoll eingerichtet, se ru, se sa, se gu Rest, gut für Erholung, Tauchen und Touren, kein TV, keine Disko, keine Animation, haupts. deutsche Gäste, empf mF.. Beduinenzelt am Strand € 25 pP, Chalets € 35-75 pP
- **Ecolodge Shagra Village**, 20 km nördl. v. Marsa Alam, Tel/Fax 0195 100 262, info@redsea-divingsafari.com, www.redsea-divingsafari.com, Tauchzentrum, se sa, nur VP ....Zelt pP € 35, Steinhütte (D) pP € 45, Chalet (D+B) € 110

Kosir (auch Al Qusayr, Quseir)

Blick von der Festung auf Kosir

ziemlich unverfälschtes ägyptisches Leben und deutliche Unterschiede zu Touristenorten, wie Hurghada, zeigt. Die Sharia Gumhurriya ist die Einkaufstraße sowohl der lokalen Bevölkerung als auch für Touristen. Souvenirshops findet man vor allem in der Gegend des Forts.

Das **Fort** (£E 15), das in jüngerer Vergangenheit restauriert und gleichzeitig zu einer Art Heimatmuseum ausgestaltet wurde, sollte man nicht rechts liegen lassen. Der Rundgang im Fort ist für ägyptische Verhältnisse außergewöhnlich gut dokumentiert, die Türme dienen als Ausstellungsräume. Vom Aussichtsturm bietet sich ein schöner Ausblick über Bucht und Stadt. Und unter dem Hofpflaster bekommt man einen Einblick in eine große Zisterne. Aber auch die älteren Moscheen, die ehemalige Quarantänestation sowie die alte Polizeistation (Fotografierverbot!) des Ortes sind einen Blick wert. Die Strände direkt am Ort sind durch die Hinterlassenschaften der ehemaligen Phosphatfabrik ziemlich verschmutzt, sie eignen sich zwar zum Baden, aber weniger zum Schnorcheln. Besser sucht man sich einen Platz ein Stück nördlich oder südlich von Kosir (der etwa 10 km südlich gelegene Strand Ashara ist ein guter Tipp).

Praktische Informationen

▶ **Telefonvorwahl 085**
▶ In Kosir werden Wüstentouren, Schnorchelausflüge, Stadtführungen oder Trips zum Kamelmarkt von Shalatin angeboten. Adel Hassan, lizenzierter Veranstalter und Besitzer des Restaurants **Marianne** (Tel 01277 49501) gehört zu den zuverlässigen Anbietern.

Busverbindungen
Abfahrt aller Busse vom neuen Terminal am nördlichen Stadtausgang, Nähe Wasserturm.

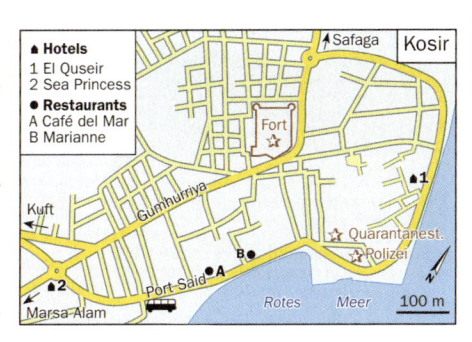

▲ **Hotels**
1 El Quseir
2 Sea Princess
● **Restaurants**
A Café del Mar
B Marianne

8 Suez-Kanal-Gebiet, Küste am Roten Meer

▶ **Hurghada** (wie Kairo, 2 Std, £E 15), **Kairo:** 6.00 7.30 9.00 19.30 20.30, (10 Std, £E 55)
▶ **Suez** (8 Std, £E 35): 6.00,
▶ **Marsa Alam, Bir Shalatin:** (2 Std, £E 10-15): 5.00, 9.00, 19.00, 20.00; (Haltestelle am Kreisel Nähe Sea Princess Hotel)
▶ **Sammeltaxis** verkehren regelmäßig nach Safaga (£E 9) und auch weiter nach Norden.
▶ Kosir ist derzeit die letzte gute Versorgungsmöglichkeit auf dem Weg nach Süden.
▶ **Internet**: Hot Line Internetcafé, Sh Port Said

Eine **Verbindungsstraße** zweigt nach Kuft ins Niltal ab (siehe Seite 622). Wenn man als Selbstfahrer Glück hat, wird man (selten) ohne Konvoi bei den Posten durchgelassen, bei Busfahrten sieht es ähnlich aus - aber Verlass darauf gibt es nicht.

Weiterfahrt nach Süden

Die Straße nach Marsa Alam wird jetzt einsamer. Häufig öffnen sich schöne Ausblicke über das manchmal postkartenkitschig türkisblaue Meer, das nur dünn die Riffplatte bedeckt, dahinter aber steil abfällt - dies sind die unter Tauchern gehandelten Paradiese der Rotmeerküste Ägyptens.

Allerdings nähert sich der internationale Tourismus mit großen Schritten auch diesem letzten unberührten Küstenstrich. Mit dem neuen internationalen Flughafen Marsa Alam gibt es kein Halten mehr. Diverse Hotel-Ressorts bzw. Feriendörfer sind bereits in Betrieb oder noch im Bau. Immerhin wurde für den Ausbau des gesamten Küstenabschnitts ein Masterplan für eine kontrollierte und umweltgerechte Entwicklung erstellt. Insgesamt sollen 18 000 Hotelzimmer in der Region entstehen. Später soll noch ein Ex-Militärflughafen bei Berenice, der bereits ausgebaut wird, den südlich von Marsa Alam gelegenen Küstenabschnitt bedienen.

Wenn Sie an der Küste südlich von Kosir campen wollen, werden die Militärposten Schwierigkeiten machen, denn ab Sonnenuntergang ist (wegen möglicher Schmuggler) der Aufenthalt in Strandnähe verboten. Manchmal kann man sich gegen Hinterlegung vom Pass und/oder Bakschisch an Traumplätzen einnisten.

Nach 91 km: Abzweig

Rechts 2 km zum neuen **Internationalen Flughafen Marsa Alam**. Dort warten (noch) keine öffentlichen Verkehrsmittel, auch keine Taxis, sondern nur Hotelbusse auf Gäste.

Nach 5 km: Abzweig

Links 2 km nach **Port Ghalib** (auch *Ghaleb*), einem neuen, ausschließlich touristisch ausgerichteten Hafen mit Liegeplätzen für Yachten und entsprechender Hotelinfrastruktur. Hier starten Tauchsafaris zu den umliegenden Inseln, die allerdings nur in Europa oder Hurghada zu buchen sind.

Nach 11 km (N25°28,0' E34°40,6'): Bucht Shaab Shauna

In den Seegraswiesen dieser Bucht grasen häufig **Gabelschwanz-Seekühe** (auch *Meeresjungfrauen, Sirenen* genannt). Auch als Schnorchler kann man diese etwas urtümlichen Säugetiere (etwa in der Mitte der Bucht) in 3-8 m Tiefe gut erkennen. Oft sind sie an der riesigen Staubwolke zu orten. Leider ist die Population durch illegales Abfischen inzwischen so gering, dass sie bald zusammenbrechen wird. Am linken Riffrand treten an mehreren Stellen - ca. 100 m vom Strand - in 2-4 m Tiefe kräftige kalte Süßwasserquellen aus, die an der starken Schlierenbildung zu erkennen sind.

Nach 28 km: Oasis Hotel

Darauf folgend nach jeweils 2 km das architektonisch gelungene Kahramana Resort, das

Ständiger Begleiter der Nord-Südstraße: das steile, gezackte Gebirge der Östlichen Wüste

bekannte **Tauchcenter Marsa Shagra** und danach eine Deko-Kammer.

15 km (nach The Oasis):
Rechts auf eine - gemessen an der Bedeutung der Gegend - feudale Autobahn, die nach 11 km Marsa Alam durchschneidet und nach weiteren 10 km wieder in die alte Küstenstraße einmündet.

Marsa Alam

Zur Zeit bietet das 6000-Einwohner-Städtchen ein eher trostloses Bild. Wenn es jedoch nach dem Willen der Tourismusindustrie geht, wird sich mit dem zunehmenden Besucherstrom das Leben hier bald ändern. Vor der Küste liegt ein sehr schönes und artenreiches Korallenriff, Hotelanlagen sind ringsum im Bau.

Dominierend sind die Minenarbeiter der Mining Corporation, die, im Grunde genommen, die pharaonischen Kollegen abgelöst haben, obwohl die Gold- und Halbedelsteinlager von damals weitgehend erschöpft sind. Heute wird hauptsächlich Marmor, Granit und Feldspat abgebaut.

Vor allem im südlichen Hinterland leben auch heute noch Ababda- und Baharya-Beduinen sehr ursprünglich. Allerdings macht ihnen die allgemeine Wasserknappheit zu schaffen und zwingt sie, mehr und mehr Jobs im Küstenbereich anzunehmen. Einige Hotels geben ihnen wöchentlich Raum, um Zelte aufzubauen und Handarbeiten zu verkaufen.

An der Verbindungsstraße zwischen Autobahn und (alter) Küstenstraße fällt die Tankstelle auf, die auch ein gut sortiertes Lebensmittelangebot hat. Daneben ein kleiner Supermarkt für elementare Bedürfnisse. Das eher rustikale Star-Hotel nebenan beherbergt hauptsächlich ägyptische Durchreisende. In der Nähe befindet sich auch der Busterminal. Im etwas landeinwärts hinter der Autobahn liegenden Neubaugebiet hat sich im hinteren Bereich ein lokaler Souk mit vielen kleinen Geschäften etabliert. Im Restaurant *Mekky* gibt es Seafood und daneben im *Abo El Maganeen (Zum verrückten Opa)* brauchbare Pizzen, das *Kings Cab* liegt an der Küste am nördlichen Stadteingang.

Einmal jährlich gewinnt Marsa Alam eine gewisse Bedeutung, wenn das Mulid des Sayyed el Shadhuli stattfindet, siehe Seite 624.

In den Bergen Bei Marsa Alam unterhält **Red Sea Desert Adventures** (unter holländisch-österreichischer Leitung), Marsa Shagra, Tel 0123 993860, inquire@redseadesertadventures.com, www.redseadesertadventures.

Im Süden säumen Mangroven den Strand über weite Strecken

8 Suez-Kanal-Gebiet, Küste am Roten Meer

Übernachten (von Nord nach Süd)

- **Riff-Villa Samak**, etwa 800 m südlich der Tankstelle, Tel 0124 624933, info@riff-villa.ch, www.riff-villa.ch, Taucher-Pension unter deutsch-schweiz. Leitung, die auch – bei freiem Platz - an Einzelreisende vermietet, se gute familiäre Atmosphäre, se sa, se hb, se fr, VP .. € 15 pP/Tag E+B € 235/Woche, D+B €350/Woche oder tageweise, dann 1/7 des Wochenpreises
- **Bedouin Valley Lodge**, 13 km südlich von Marsa Alam, Stein-Bungalows mit Palmblattdach und Terrasse mit Blick aufs Meer, se sa, gr Zi, Restaurant, Blick aufs Meer, ca 0,5 km vom Strand entfernt (dort Taucher-Infrastruktur), Camping möglich, ein weiteres ähnliches Camp namens *Samadai Oasis* ist nebenan im Aufbau, mF .... D+B €50
- **Shams Alam**, 4*, 50 km südl. v. Marsa Alam, Tel 012 244 4931 Fax 0122401425, alam@shams-dive.com, www.shamshotels.com, vornehmlich Taucherhotel, 1 km langer Strand, schö Architektur, Rest nur für Hausgäste, AC, SatTV, Kschr, se sa, fr, ru, HP .... E+B € 60, D+B €90
- **Lahami Bay Beach Resort & Gardens**, 5*, ca.120 km südl. von Marsa Alam, Tel. 01231 73344, Fax 01231 68410, contact@lahamibay.com, www.lahamibay.com, derzeit südlichstes ägyptisches Touristenhotel, viele deutsche Gäste, Transfer vom Flughafen Marsa Alam ca. 70€, Hurghada 100 € (4,5-5 Std), 1x wöchentlich Bauchtanz, 1x wöchentlich Film über Lahami Bay, se gutes Hausriff, Abgeschiedenheit, AC, SatTV, Kschr, se sa, HP.. E+B € 96 D+B €132
- **Dromedary Desert Safari Beduin Hospitality**, direkt neben Lahami Resort, unfr engl. bzw. austral. Manager, VP.. Zelt € 120 pP, Chalet € 160 pP

com, ein „**Astronomisches Center**" (www.astronomy-egypt.com). Dort, weit entfernt von störendem Streulicht, zeigt und erklärt ein Fachmann den jeweiligen Sternenhimmel sowohl im Teleskop als auch auf einem Wide Screen. Mit einem Laserstrahl wird die Richtung im Nachthimmel angezeigt, in welcher der gerade beobachtete Stern zu finden ist. Bei Vollmond dreht sich die Information um den Mond. Der Abendausflug dauert ca. 3 Stunden. Wenn Sie an Trips abseits der Küstenstraße ins Wadi Gimal oder in die Berge - z.B. Wadi Kuhda oder Wadi Abrak mit vielen Felszeichnungen - interessiert sind, sollten Sie sich bereits hier informieren.

Praktische Informationen

▶ **Telefonvorwahl 065**
▶ Es gibt keine Touristeninformation in Marsa Alam. Aber **Carsten Leupi** von der Riff-Villa Samak (siehe unten) kennt sich auch sehr gut aus und hilft weiter.

Busverbindungen
▶ **Kairo:** 19.00 20.00 (£E 55)
▶ **Qena:** 8.30 10.30

▶ Die Straße Marsa Alam – Edfu ist nun auch touristisch offen, täglich bricht ein **Konvoi ins Niltal** um 7.00 Uhr (weitere Starts nach Bedarf) auf, der sich in Edfu Richtung Luxor und Richtung Assuan aufteilt. Unterwegs diverse historische Relikte (siehe Seite 623).

Weiterfahrt nach Süden

Die gut ausgebaute Küstenstraße nach Süden und damit die Strecke in Richtung Sudan, Sudan, wurde erst 1998 für Ausländer freigegeben. Hier in der (nur noch zeitweiligen) Einsamkeit mag dem Reisenden besonders deutlich bewusst werden, dass er sich auf der gesamten Rotmeer-Straße am Ostrand der Sahara bewegt und dass nur der Nil Wasser quer durch die Wüste transportiert - als einziger Fluss zwischen dem Roten Meer und dem weit entfernten Atlantik.

Die Berge im Westen halten ziemliche Distanz; sie sehen mit den an die Hänge gewehten Dünen manchmal wie schneebedeckt aus. Die Straße bleibt meist in respektvollem Abstand zur Küste, doch Abstecher zum Strand sind häufig möglich, vor allem in den Buchten. Ins Auge fallen neben den wunderschönen türkisen Wasserflächen lange von Mangroven bewach-

sene Küstenstrecken. Doch die meisten der einstmals herrlichen, ungestörten Bade- und Schnorchelplätze gingen in jüngster Vergangenheit in die Hände von Hotelanlagen und Tauchklubs über; auch dieser Küstenabschnitt fällt dem Bauboom zum Opfer.
Nach 50 km:
Links **Hotel Shams Alam**, rechts, kurz nach dem Hotel, führt eine Piste zum Camp Fustat im

Wadi Gimal National Park

Hintergrund: Der 2005 eröffnete Nationalpark zählt etwa 6000 qkm an Land und 4000 qkm auf der Meeresseite. Das Wadi Gimal gehört zu den breitesten Wadis an der ägyptischen Rotmeerküste. Denn am Randgebirge schlagen sich – sehr selten zwar - im Frühling aus dem Süden „verirrte" Monsunwolken nieder, die im Lauf der Zeit das Tal auswuschen und genug Feuchtigkeit für das Überleben von Akazien und Sträuchern hinterlassen, die frei herumlaufende Kamele ernähren und zu einer erstaunlich großen Gazellenpopulation führten. Diese Konstellation hilft Ababda-Beduinen, hier als Halbnomaden zu überleben.

In römischer Zeit wurde am Mons Smaragdus, der zum Parkgebiet gehört, Smaragd abgebaut. An neun Orten - der bedeutendste ist Sikkait - sind noch Ruinen von Gebäuden und Tempelreste (ein Felstempel) der damaligen Minenarbeiter zu sehen; eine gefundene Münze als ältestes bisheriges Dokument stammt aus der Regierungszeit von Nero.

Nähere Informationen erhält man bei der Parkverwaltung südlich neben dem Shams Alam Hotel. Der General Manager Walid Ramadan (Tel 010123 1515) und seine Leute sind sehr hilfsbereit und vermitteln Touren zum Kennenlernen des Parks oder der weiteren Umgebung. Etwa 10 km vom nördlichen Parkeingang wurde das **Camp Fustat Wadi Gemal** errichtet. Von dort starten empfehlenswerte Kameltrips – sogar mit von Kamelen gezogenen Wagen -, die ein dichter bewachsenes, nahegelegenes Areal mit (angeblich) starker Tierpopulation besuchen. Dies ist die am strengsten geschützte Gegend des Parks, die nur mit Kamelen betreten werden darf. Die Ausflüge finden am frühen Vor- und/ oder Nachmittag statt. Begleitet wird man von recht aufgeschlossenen Beduinen, die den Gästen einen üblichen beduinischen Tagesablauf zeigen. Dies reicht von Gesang, über Spiele, bis hin zu Lager- und Essensvorbereitungen. Man ist etwa 6 Stunden unterwegs (€ 35 pP), es gibt auch Trips mit Übernachtung und Verpflegung zu

Steinreste eines prähistorischen Grabes im Wadi Gimal

60-70 €., Informationen und Buchung beim Manager Ahmed Rostom, Tel 0122405132, fustat@wadielgemal.com, www.wadielgemal.com.

Ein Leser schreibt, man solle den Ausflug mit Übernachtung in eine Neumondnacht legen: *„Belohnt wird man durch einen einzigartigen Sternenhimmel bei absoluter Stille. Eine unwirkliche Stimmung, Tier- und Pflanzenwelt an unerwarteten Stellen und Begegnungen mit Menschen, die sich die Kenntnisse dieser Bedingungen zu Nutze gemacht haben, sind ein Erlebnis der besonderen Art."*

Die Alternative zum *Camp Fustat* ist ein 4WD-Trip tief ins Innere des geschützten Bereichs. Der Park darf nur in Begleitung besucht werden. Bei Eintages-Touren werden in der Regel prähistorische (vermutlich) Gräber, ein römisches Wasserlager und ein römisches Smaragd-Abbaugebiet mit Minenresten, Hausruinen der Arbeiter und ein eher winziger Tempel gezeigt. Man sitzt stundenlang im Auto und rast eher nonstop über Stock und Stein – der Kameltrip erscheint uns als die bessere Alternative.

Red Sea Desert Adventures bieten diese Trips zu € 90 pP von Marsa Shagra aus an. Adresse siehe unter Marsa Alam.

Nach ca. 50 km: Schild Ababda Village
Links Badebucht und Ababda-Beduinensiedlung mit Schattendach und Souvenirverkaufsstand (die Angaben basieren auf einer Leserzuschrift, die uns erst nach unserer Recherchereise erreichte).

Nach 66 km (nach Shams Alam): Abzweig
Links nach Lahami Bay. In dieser Gegend entstanden einige Ressorts, weitere sind im Bau.

Nach 28 km: Abzweig
Links führt eine 11 km lange Stichstraße nach **Berenice**, das jedoch völlig in der Hand des Militärs liegt, denn die Zufahrt wird verweigert. Der Name Berenice geht auf eine etwas südlicher gelegene, ptolemäische Gründung namens Berenike aus dem Jahr 275 vC zurück. Damals war sie über viele Jahrhunderte einer der wichtigen Häfen am Roten Meer, denn bis hierher konnten die Segler ohne mühsames Kreuzen gegen den weiter nördlich stets blasenden Nordwind gelangen.

Die Randgebirge an der folgenden Strecke recken sich schroff, steil und gezackt mit Nadeln, Fingern und kantigen Spitzen in den Himmel; auch dies ein abwechselungsreicher Begleitfilm auf der nahezu geradlinigen Straße durch eine Sandebene.

Nach 99 km: Abzweig
Links nach **Bir Shalatin**. Der Ort ist das Versorgungszentrum der in dieser Gegend lebenden Beduinen der Stämme Ababda, Bishai und Rishai.

Auf dem mehr oder weniger ständig stattfindenden Kamelmarkt von Shalatin wechseln häufig etwa 1000 Kamele pro Tag den Besitzer. Denn die Sudanesen dürfen ihre Tiere nur bis hierher treiben, dann werden sie an ägyptische Händler verkauft. Lastwagen, aus denen sich Kamelhälse recken, künden schon lange vor der Ankunft von der Bedeutung des Marktes. Der Markt sollte bis 8 Uhr erreicht sein, ab 10 Uhr zeigen sich erste Auflösungstendenzen, ab Mittag ist kaum noch etwas zu sehen.

Die ausufernde Flächensiedlung zieht sich von der Küstenstraße etwa 10 km bis zum Strand hin, wo sie in einer kleinen Fischersiedlung endet. Von der Küstenstraße kommend, biegt

Sudanesische Kamelhändler

Experten begutachten die Kamele - fürs Schlachthaus

man nach etwa 1 km an der Tankstelle rechts zum Stadtzentrum mit Souk und dem einzigen *Hotel El Haramin* (£E 30 pP, Gemeinschaftsbad) ab. Ganz in der Nähe liegt der **Kamelmarkt** - *Souk Gamal* - (N 23°6.76'E35°33.43'). Dort findet man auch einige **Restaurants**, in denen u.a. Kamelfleisch serviert wird. Der Markt selbst findet auf einer großen, staubigen Fläche statt, grün gestrichene Holzbuden sind die einzigen Farbtupfer. Kamele humpeln mit einem hochgebundenen Bein herum oder werden zum Besitzer geprügelt. Dazwischen schachern die Händler und Anbieter lauthals und mit vielen Gesten. Am Ende werden die verkauften Kamele zu einer Laderampe getrieben und auf LKW geprügelt, zu ihrer meist letzten Reise ins Schlachthaus.

Nach Süden folgen noch zwei kleine Dörfer, **Abu Ramad** und schließlich der eigentliche Grenzort **Halaib**. Das Gebiet zwischen Bir Shalatin und Halaib war zwischen Ägypten und Sudan umstritten und wurde 2006 vom internationalen Gerichtshof endgültig Ägypten zugeschlagen.

Auf sudanesischer Seite geht die ägyptische Asphaltstraße bald in eine Piste über. Für Touristen ist der Grenzübertritt nach Süden bisher nicht möglich.

Aus dem Sudan kommend, sollte man tunlichst darauf achten, den notwendigen Papierkram so bald wie möglich zu erledigen. Grenzformalitäten und Zollabfertigung sind nach unserem Wissensstand frühestens in Safaga bzw. Hurghada möglich, bis dorthin ohne Aufenthalte weiterfahren und auf eine kritisch-umständliche Abfertigung gefasst sein.

Verbindungsstraßen Niltal - Rotes Meer

Hintergrund: Seit alters führten Verbindungswege, d.h. meist Karawanenpfade, vom Nil an die Küste des Roten Meeres. Bereits die Pharaonen beuteten die Mineral- und Erzvorkommen in der Arabischen Wüste aus oder unterhielten erste Hafenstädte an der Küste. Felsinschriften und Ruinen der Minen-Siedlungen zeugen von den Aktivitäten vor einigen Jahrtausenden und

8 Suez-Kanal-Gebiet, Küste am Roten Meer

von den Bedingungen, unter denen damals gearbeitet werden musste.

Bereits vor den Pharaonen durchstreiften Jäger und Sammler die Arabische und die weiter südlich gelegene Nubische Wüste. Sie hinterließen Felszeichnungen, die bis etwa in das 5. Jahrtausend vC zurückdatiert werden können. Die Bilder sind südlich der Linie Qena - Safaga und abseits der Asphaltstraßen zu finden.

Heute gibt es südlich von Kairo sechs Straßen, die vom Niltal her die Küste erschließen. Die landschaftlich langweiligste - abgesehen von den Verbindungen zum Suezkanal - ist die nach Ras Zafarana, alle anderen führen durch abwechslungsreiche Bergformationen. Die im Folgenden beschriebenen Strecken sind durchgehend asphaltiert; daneben gibt es einige Pisten quer durch den Gebirgsriegel.

Offiziell dürfen Ausländer nur die Strecken Qena-Safaga (und umgekehrt) wie auch neuerdings Marsa Alam-Edfu befahren, wenn sie sich militärischen Konvois anschließen. Auf den beiden südlicheren Routen kann man sein Glück vom Roten Meer her versuchen, indem man die jeweiligen Posten beschwatzt (eventuell Bakschisch) oder sie auf Pisten zu umgehen versucht. Auf den nördlichen Routen werden Ausländer toleriert.

Kairo - Ain Sukhna/Suez

Diese Route lohnt sich für diejenigen, die von Kairo ohne den Umweg über Suez nach Ain Sukhna oder weiter nach Süden fahren wollen. Sie ist kreuzungsfrei als Autobahn ausgebaut und kostet £E 5 Gebühren. Es herrscht starker Lkw-Verkehr, nicht zuletzt wegen diverser Zementwerke, die an dieser Strecke die Luft verpesten.

Auf dem östlichen Ringroad vom Nil aus nach Nordosten fahren und der Beschilderung Ain Sukhna folgen. Die Strecke steigt dann immer mehr an, durchzieht eine eintönige Hochebene, um sich schließlich einem manchmal abwechslungsreichen Wadi anzuschließen. Nach 116 km trifft man auf die Küstenstraße am Roten Meer.

Kairo - El Burumbul - Ras Zafarana

Wenn man von der Ringroad an der Nilbrücke von Maadi auf die Nil parallele Straße nach Süden abzweigt, erreicht man
nach 78 km: El Burumbul (auch Karaimat) (Diese Strecke soll neuerdings als Autobahn ausgebaut sein.) Am Ortsausgang schwenkt die Straße aus dem Niltal heraus nach Osten und folgt einem weiten Wadi ohne besondere Höhepunkte. Nehmen Sie Getränke mit auf diese wenig befahrene Strecke, um bei einer Panne nicht zu verdursten.
Nach 131 km: Abzweig
Rechts 15 km zum

**Antoniuskloster

Hintergrund: *In dem von einer alten, hohen Wehrmauer und, in weitem Abstand, von einer modernen Grundstücksmauer geschützten Komplex liegt der Hl. Antonius begraben, der im 4. Jh 300 m oberhalb des Klosters in einer Höhle lebte. Antonius, der aus reichem Elternhaus stammte, hatte sein Erbe verschenkt und sich in asketischer Einsamkeit in die Wüste bei Beni Suef zurückgezogen. Als er immer bekannter wurde und sich von Pilgern gestört fühlte, wich er in die Höhle über dem heutigen Kloster aus, in der er schließlich im Alter von 105 Jahren starb. Seine Anhänger gründeten das Kloster, das sich wegen seiner abgeschiedenen Lage lange Zeit ungehindert entwickeln konnte, bis es im 15. Jh von Beduinen geplündert und gebrandschatzt wurde. Die meisten der heute vorhandenen Bauten wurden nach dieser Katastrophe errichtet bzw. wiederhergestellt. Wie bei vielen Wüstenklöstern war auch hier der Zugang nur über einen Seil-Aufzug möglich; erst in jüngerer Zeit wurde ein Tor in die hohe Befestigungsmauer gebrochen.*

Freundliche Mönche sind zu einer Führung durch die Kirchen und Wirtschaftsgebäude gern bereit. Die ältesten Gebäude wurden sorgfältig restauriert, so auch das ursprüngliche Refektorium (6. Jh) mit seinem langen Steintisch und gemauerten Bänken. Größte Sehenswürdigkeit

**Antoniuskloster

ist die St. Antonius-Kirche mit ihren ausdrucksstarken, in den Originalfarben aus vermutlich dem 7. Jh erhaltenen Fresken, denen man die lange Vergangenheit kaum ansieht. Sie geben der Kirche in ihren alten Mauern eine eigene, sehr stimmungsvolle Atmosphäre.

Der Wehrturm mit Kapelle, geheimer Wasserversorgung und Aufenthaltsräumen, der häufig genug als letztes Refugium diente, war in halber Höhe nur über eine Zugbrücke erreichbar. Zum Rundgang gehört auch die Besichtigung der Quelle, die in einem Stollen im Berg entspringt und von der das Leben des Klosters bis in die Neuzeit abhing. Ferner stellen die Mönche ihre alten Getreidemühlen und andere Gerätschaften aus.

Die Höhle des Antonius liegt ca. 1200 neu gebaute Treppenstufen (ca. 2 Stunden) oberhalb des Klosters in den Bergen: Nach etwa einer Stunde erreicht man sie und wird mit einem sehr schönen Ausblick bis hin zu den Sinai-Bergen belohnt. Möglichst am frühen Morgen oder späteren Nachmittag gehen, Getränke und eine Taschenlampe mitnehmen; die Höhle selbst ist nach Leserangaben eher ein „stinkendes Loch", das an Sonn- und Feiertagen total überlaufen ist.

Früher konnten Klosterbesucher in einem Hostel übernachten, heute schließt man bei Sonnenuntergang die Tore und Besucher müssen sich woanders nach einer Bleibe umsehen. Das Antoniuskloster ist meist von 9-17 Uhr geöffnet, während der Weihnachtszeit geschlossen. Erkundigen Sie sich vorsorglich in Kairo unter Tel 2590 6025 nach dem aktuellen Stand.

Antoniuskloster

8 Suez-Kanal-Gebiet, Küste am Roten Meer

Für Rucksackreisende ist es schwierig, das Kloster zu erreichen. Ein Leser berichtet, dass er die gesamte Strecke von der Abzweigung bis zum Kloster zu Fuß ging, da kein Fahrzeug kam. Auch der Rückweg war mit langem Warten verbunden. Da es ihm offenbar nicht allein so erging, wurden inzwischen entlang des Weges vereinzelte Schattendächer installiert.

Eine landschaftlich beeindruckende Trekking-Strecke führt durch Wadis, Canyons, über Steilabfälle und Hochplateaus zum **Paulus-kloster**. Sie ist seit einiger Zeit für Alleingänger gesperrt, weil sich ein Tourist verirrte und umkam.

Von der Klosterabzweigung sind es noch 33 km nach Ras Zafarana, Rotes Meer

El Sheikh Fadl - Ras Gharib

Diese relativ selten benutzte, uninteressante Strecke hat erst seit der Fertigstellung der Ostuferstraße des Niltals an Bedeutung gewonnen.

Wer auf der Westuferstraße fährt, setzt in Beni Mazar über den Nil und fährt dann von El Sheikh Fadl 280 km nach Ras Gharib.

Qena - Safaga

Die am meisten befahrene Strecke von Oberägypten zum Roten Meer führt durch eine landschaftlich sehr eindrucksvolle Gebirgswelt, vor allem auf dem letzten Drittel Richtung Safaga. Es ist empfehlenswert, die Route in der beschriebenen Richtung und möglichst am späteren Nachmittag zu fahren, da dann die schroffen, häufig rotbraunen Berge am besten beleuchtet sind. Autofahrer sollten bei Kurven aufpassen, hier wurden die Fahrbahnen geteilt und in der Mitte ein reifenbreiter Schlitz im Asphalt belassen - eine bessere Radfalle ist kaum denkbar. Über lange Strecken begleitet die neu gebaute Phosphat-Eisenbahnlinie von Safaga nach Abu Tartur im Gebiet der Oase Kharga die Straße.

In früheren Auflagen beschrieben wir eine Piste über die Porphyrberge von Qena nach Hurghada, die aber sehr schwierig zu befahren und wegen der Konvoipflicht für Ausländer kaum mehr erreichbar ist.

83 km von Qena aus: Checkpost Restaurants und kleines Dorf Abu el Kasem; einziger Halt der Konvois von und nach Hurghada.

Nach 39 km: Abzweig (N26°41,60 E33°35,91)
Nach Erste-Hilfe-Station, kurz vor einem kleinen Resthouse, zweigt links eine Piste ab zum

**Mons Claudianus (Gebel Fatiri)

Der Abstecher zum Mons Claudianus lohnt sehr wegen seiner landschaftlichen Reize, der (relativen) Einsamkeit und nicht zuletzt wegen der interessanten Relikte aus der Römerzeit. Früher schien es unmöglich, aus den Konvoifahrten auszuscheren, nachdem sich aber seit einiger Zeit die Konvois am letztgenannten Checkpost auflösen, kann man nun die wirklich interessanten Steinbrüche wieder als Individualist besuchen. Allradfahrer mit GPS und Erfahrung können auch von Hurghada aus die Anfahrt (ohne Konvoisorgen) angehen, siehe Seite 589.

▶ **Anfahrt:** Für Autos mit einigermaßen Bodenfreiheit stellen weder die Asphaltstraße noch die Pisten größere Probleme dar; fahren Sie allerdings vorsichtig, weil in der Straßenmitte dicke Steine liegen oder im Sand verborgen sein können. Weichsandstellen mit etwas Schwung nehmen. Bei dem o.a. Abzweig steht nach einem runden Hügel links eine Teebude, dort nach links auf eine deutlich sichtbare Piste abbiegen und ca. 200 m bis zur alten Asphaltstraße fahren, dann ein ganz kurzes Stück zurück Richtung Qena, dort zweigt nach Nordosten (jetzt also nach rechts) die schmale Asphaltstraße Richtung Mons Claudianus ab. Nach 19 km können Sie links den römischen Wachturm **Bir Mitgal** mit 20 Meter tiefem Brunnen sehen; er gehörte zum Versorgungsnetz der Römer. Auch der nächste Brunnen namens *Bir Basha* (neben Bedu-Teebude) nach weiteren 4 km, an dem die Asphaltstraße endet, geht auf

Mons Claudianus (Gebel Fatiri)

die Römer zurück. Von hier aus fahren Sie noch ca. 800 m geradeaus (am ersten, schmalen Seitenwadi vorbei) und biegen dann rechts ins Wadi Um Hussein ab (N26°49,24' E23°28,14'). Nach 1,5 km im Wadi Um Hussein zweigt links ein Seitenwadi ab, in dem die **Verladerampe** für die Säulen lag, an unfertigen Werkstücken unschwer zu erkennen. Bleiben Sie noch im Wadi Um Hussein, indem Sie den Hauptpistenspuren folgen und sich leicht links halten, dann stoßen Sie nach 700 m auf das interessanteste Gebiet mit dem großen Lager **Claudianus II**.

Hintergrund: Einstmals wurde in dieser Gegend Quarzdiorit für das ferne Rom gebrochen und mühsam dorthin transportiert, z.B. die Frontsäulen für die Vorhalle des Pantheon, für das Forum Romanum und andere Bauwerke. Am emsigsten wurde hier unter den Kaisern Trajan und Hadrian gearbeitet, weil sie ein ganz besonderes Faible für das Material hatten. Vermutlich ging der Betrieb im 3. Jh nC zu Ende. Aus den verbliebenen Ruinen, vor allem der Anlage Claudianus II im Wadi Um Hussein, kann man sich durchaus ein Bild von den damaligen Arbeits- und Lebensbedingungen mitten in der Wüste machen.

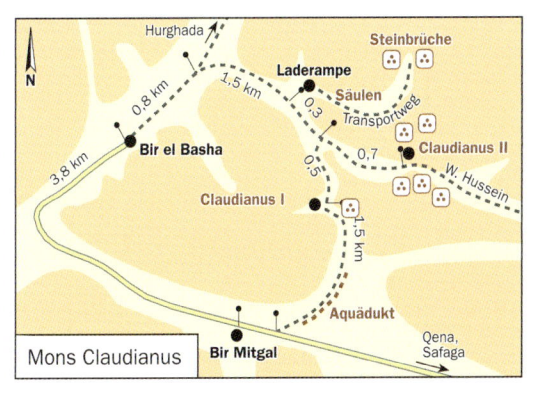

Die Steinbrecher fertigten Säulen, Pfeiler, Kapitelle, Blöcke, Sarkophage etc. auf Bestellung an. Die einzelnen Stücke wurden nahezu vollständig auf dem Werkplatz des jeweiligen Steinbruchs fertiggestellt, dann auf Rutschen, Rollen oder Schlitten zur Verladerampe trans-

Transportschaden: Diese Säule liegt seit fast 2000 Jahren beschädigt herum

8 Suez-Kanal-Gebiet, Küste am Roten Meer

portiert und dort vom Auftraggeber qualitätsgeprüft; nicht abgenommene Exemplare liegen dort noch herum. An der Rampe wartete ein mehrspänniger Wagen, der die viele Tonnen schwere Ware bis zum Nil nach Qena zu transportieren hatte. Dort begann die Schiffsreise ins ferne Bestimmungsland. Die schwersten Brocken mussten jedoch auf Schlitten oder Bohlen bis zum Nilufer geschafft werden. Schließlich wurden die letzten Feinarbeiten am Aufstellungsort durchgeführt, um Transportschäden ausbessern zu können.

Gut erkennbar ist ein **Kastell** mit Wehrtürmen und einer stabilen Mauer mit nur einem Eingang auf der Westseite, in dem sich einst die Wohnungen der Arbeiter befanden, die vermutlich mit ihren Familien hier lebten. Leider ist die Anlage ziemlich stark verfallen, aber ein Spaziergang durch das Areal beflügelt die Fantasie. Westlich schließen sich Ställe für etwa 300 Tiere an, in deren Südteil noch 88 Stützpfeiler für das Dach zu erkennen sind.

Imponiert haben uns die **Thermen**, die nordwestlich an der sog. Prozessionsstraße liegen. Einige Räume tragen noch den Originalverputz; deutlich zu erkennen sind Umkleide- und Baderäume, zwei Badebecken sind noch erhalten.

Die *Prozessionsstraße* führt leicht den Hang hinauf zu den Resten des **Serapis-Tempels**, der im Jahr 110 nC geweiht wurde.

Gehen Sie unbedingt den nördlichen Hang hinauf, wo auf halber Höhe Säulenreste herumliegen und Schleifspuren den ehemaligen Transportweg andeuten. Folgen Sie dem Trampelpfad, der Sie über eine Anhöhe in das eigentliche **Abbaugebiet** führt, das ins Wadi Hussein mündende Tal mit der Verladerampe. Hier sehen Sie diverse Steinbrüche und Säulenreste. Das imposanteste Stück liegt direkt am Wegesrand: eine gebrochene Riesensäule von über 18 m Länge, 2,70 m Durchmesser und einem Gewicht von 240 Tonnen! Immer wieder entdeckt man in den Felsen Kerben, in die Holz gesteckt und gewässert wurde, bis der Stein barst.

Für den **Rückweg** von Claudianus II sollten Sie nur etwa 400 m zurückfahren Richtung Abzweig bei Bir Basha; biegen Sie dort (N26°48,55' E33°28,83') auf die links einmündende Piste zwischen zwei Hügeln ab. Nach etwa 500 m sind rechts die Ruinen von **Claudianus I** zu erkennen. Bemerkenswert ist das gut erhaltene, 60 000 Liter fassende Zisternenbecken *(Hydreuma)*. Es wird vermutet, dass vom Brunnen Mitgal eine Wasserleitung - deren Trümmer auf dem Weiterweg gut zu sehen sind - das wertvolle Nass zumindest bis hierher schaffte. Die Piste mündet schließlich nach 1,1 km - 400 m oberhalb von Bir Mitgal - wieder in die Asphaltstraße.

Fahren Sie **zurück zur Straße Qena** - Safaga. Auf dem Weiterweg zur Küste erleben Sie das landschaftlich beeindruckendste Stück der Verbindungsstraßen durch die östliche Wüste.

Nach 38 km: Checkpost vor Safaga

Links zweigt eine Abkürzung Richtung Hurghada ab, geradeaus 3 km bis zur Küstenstraße.

Kuft - Kosir

Relativ schöne, gut ausgebaute Strecke durch das Wadi Hamamat. Bis in die moderne Zeit war diese Route eine der wichtigsten Verbindungen vom oberägyptischen Niltal zur Küste, einst von Koptos (Kuft) nach Myos Hormos (Kosir). Seit der Verbindung Qena - Safaga und dem Ausbau des dortigen Hafens verlor sie an Bedeutung.

Am südlichen Ortsausgang von Kuft zweigt man von der Niltalstraße nach Osten ab und stößt nach etwa 6 km am östlichen Ortsrand auf einen Kontrollposten an der Kreuzung der Wüstenstraße Luxor-Qena. Wenn man übrigens diese Straße ab Luxor-Airport nach Norden fährt und an obiger Kreuzung schnell rechts Richtung Kosir abbiegt, kann man der lästigen Konvoi-Fahrerei ans Rote Meer entgehen.

Nach 36 km: Laqeita

Inzwischen aufgegebene Siedlung der Ababda-Beduinen, seit alters Karawanenstation.

Nach 14 km: Qasr el Banat

Mons Claudianus (Gebel Fatiri)

Links ein großer, als *Schloss der Töchter* bekannter Sandsteinfelsen, bei dem einst eine römische Wasserstelle (Hydreum) errichtet war.

Nach 30 km: Bir el Hamamat
Links der sehenswerte Taubenbrunnen, nach dem das Wadi benannt wurde und in dem eine bequem begehbare, durch Mauerschlitze vom Brunnen her erhellte Wendeltreppe 30 m in die Tiefe bis zum Wasserspiegel führt.

Im Verlauf der Straße sind links nach dem ersten Felsvorsprung (oben steht ein Wachturm) prähistorische Felsritzungen zu sehen.

Nach 4 km: **Felsinschriften**
Für ca. 1 km hauptsächlich auf der rechten Seite der Straße etwa 150 z.T. sehr gut erhaltene Felsinschriften, die bis auf die 5. Dynastie zurückgehen, und Graffiti bis in die moderne Zeit.

Nach 9 km: Raststelle, ehemals Polizeiposten

Einst herrschte hier im Goldbergwerksgebiet von Bir Umm Fawachir rege Tätigkeit, wie die Stollen-, Werkstatt- und Siedlungsreste zeigen.

Nach 24 km:
Ab hier sind immer wieder römische Wasserlager zu sehen.

In dieser Gegend sehen Sie auf Bergkuppen gut erhaltene kubische Alamat („Steinmännchen" bzw. -haufen zur Wegmarkierung) aus römischer Zeit. Zusammen mit den **Wasserlagern** oder Karawansereien sind sie ein deutliches Zeichen dafür, dass diese Route besonders im Altertum hohe Bedeutung besaß und dass man unterwegs entsprechend ausgerüstete „Tankstellen" für die Transportmittel unterhalten musste. Entlang der bewehrten Umfassungsmauern der Karawansereien waren Räume angelegt, in der Mitte ein Brunnen oder eine Zisterne.

Nach 44 km: Bir el Bejda (*Weißer Brunnen*)

Ruinen eines römischen Wasserlagers an der Straße Kuft - Kosir

8 Suez-Kanal-Gebiet, Küste am Roten Meer

In der Nähe wurde in den 1930er Jahren Phosphat abgebaut und per Bahn nach Kosir gebracht. Die Straße führt jetzt durch das *Wadi Beida* mit weißen Kalksteinwänden.

Nach 10 km: Quelle inmitten üppiger Vegetation
Nach 5 km: Polizeiposten
Nach 5 km: Kreuzung mit der Küstenstraße

Edfu - Marsa Alam

Diese Strecke können neuerdings auch Ausländer im Konvoi (Bus oder Privatfahrzeug) befahren, wenn sie sich in Luxor oder Assuan den nach Marsa Alam fahrenden Konvois anschließen. Noch scheint es keine festen Abfahrzeiten für diese Strecke zu geben, erkundigen Sie sich bei der jeweiligen Touristeninformation. Gleich südlich nach Edfu-Bahnhof weist ein Schild nach Marsa Alam.

Nach 50 km: Abzweig

Rechts ca. 1 km Piste zu einem kleinen Tempel von Sethos I, den der Pharao in eine Bergwand schlagen ließ. Er war Amun-Re geweiht. In der Vorhalle mit vier Säulen sind hauptsächlich Darstellungen von Sethos I als Sieger über Kushiten und Asiaten zu sehen. In der Nähe lassen sich deutlich Ruinen einer Karawanenstation ausmachen, außerdem ist noch ein zum Tempel gehörender, etwa 40 m tiefer Brunnen vorhanden. Ebenso weisen die „Steinmännchen"-Wegzeichen (Alamat) auf den Hügeln auf die uralte Karawanenstraße hin, die von Edfu nach Berenice führte, einem damals bedeutenden Rotmeerhafen. Auch die prähistorischen Felszeichnungen (nach 22, 28, 29, 30, 31 und 35 km) beiderseits der Straße zeigen die Bedeutung dieser Route an.

Die Straße mündet bald in das relativ enge, nicht langweilige *Wadi Barramiya*. Später führt sie längere Zeit über ein Hochplateau und folgt dann dem weiten, mit vereinzelten Tamarisken bestandenen und sehr reizvollen *Wadi Besah* zur Küste.

Nach 33 km: Abzweig

Rechts zweigt eine Asphaltstraße nach Süden ab, die am 110 km entfernten Grab des **Sayyed el Shadhuli** (auch **Shazly**) endet. Dieser hochverehrte Sheikh zählt zu den wichtigen Sufi-Führern. Sein Mulid findet unter großer Anteilnahme der Bevölkerung am 15. des Monats Shawal (Folgemonat des Ramadan) statt.

Nach 90 km: Marsa Alam

Sinai

Faszination einer urtümlichen Landschaft

Hintergrund: Die Sinai-Halbinsel hat sich wie ein Keil zwischen Afrika und Asien geschoben. Im Süden, im Bereich der Keilspitze, ragen schroffe, bis zu 2500 m hohe Berge von fantastisch-faszinierender Schönheit in den Himmel. Je weiter nördlich, umso breiter und flacher wird der Keil, schließlich läuft er am Mittelmeer in einer von Dünen gekräuselten Sandebene aus. Der fast ständig blasende Nordwind verfrachtet Sand aus dem Mündungsbereich des Nils ins Landesinnere, einzelne Dünenzüge ziehen sich über 50 km weit nach Süden ins Land hinein.

Das verästelte Trockental Wadi el Arish, das bis weit in den mittleren Bereich des Sinai reicht, mündet bei der Stadt ins Mittelmeer, der es den Namen gab und Wasser spendet. Von der Mittelmeerküste nach Süden hin dehnen sich wüstenhafte Kalkstein-Geröllebenen aus, die allmählich ansteigen und mit dem Hochplateau Badiet el Tih (Wüste des Irrens) über 1000 m Höhe erreichen. Hier ist der Sinai besonders unwirtlich und lebensfeindlich.

An ihrem Südrand bricht die Wüste Tih schließlich steil um ein paar hundert Meter ab und geht in einen schmalen Sandstein- und Geröllgürtel über. Gleich anschließend wachsen Gebirgszüge empor, die durch das Auseinanderdriften der Afrikanischen und Arabischen Platte vor 20 bis 30 Millionen Jahren und die damit zusammenhängenden tektonischen Verschiebungen sowie Brüche entstanden sind. Viele fast geradlinig verlaufende Täler zeigen die Bruchrichtung an; schmale, wie mit dem Lineal gezogene Lavagänge legen manchmal kilometerlange Linien über Berg und Tal. Auch heute noch driften die Platten jährlich um 1 bis 2 cm auseinander; das Rote Meer wird also stetig breiter. Es ist ein Teil des ostafrikanischen Grabenbruchs, der vom ostafrikanischen Rift Valley über das Rote Meer bis hin zum Jordangraben reicht.

Die Gebirgszüge sind geologisch sehr alt, die Erosion konnte die ursprünglichen Deckschichten der Gesteine nahezu vollständig abtragen. Kristallines Urgestein, wie Granit, Gneis, Porphyr und Schiefer, prägen das Bild, das ständig in Farbvariationen von Rot, Rosarot, Purpur und Schwarz wechselt; durchkreuzt von schwarzen bis dunkelgrünen Lava-Adern.

In dieser Hochgebirgszone sammelt sich hier und dort in den Tälern ein bisschen Grundwasser und ernährt eine meistens spärliche und nur in einigen wenigen Oasen üppige Vegetation, wie z.B. im Wadi Feiran. Doch die Flora des Sinai ist erstaunlich vielfältig. Die Botaniker identifizierten etwa 1000 verschiedene Pflanzenarten, von denen 270 nur auf dem Sinai und nicht im sonstigen Ägypten und 39 nirgends sonst auf der Welt vorkommen.

Aber auch die Buchten zu beiden Seiten des Sinai sind des Betrachtens wert: Das Rote Meer ist im Golf von Suez verhältnismäßig flach mit Meerestiefen bis zu 85 m; ein langsam ansteigender Landstreifen ist meist dem Gebirge vorgelagert. Dagegen reicht das Rote Meer im Golf von Aqaba als Fortsetzung des ostafrikanischen Grabenbruchs bis in Tiefen von 1700 m.

Auf der Ostseite der Halbinsel fallen die Berge, die ebenfalls aufgrund tektonischer Verschiebungen aus der Tiefe angehoben wurden, manchmal fast senkrecht ins Wasser ab. Die Küste ist gesäumt von Korallenriffen (siehe auch Seite 97). Vereinzelte Oasen inmitten landschaftlich großartiger Kulisse bilden die Basis für ideale Schnorchel- und Tauchgründe.

Eine nicht zu unterschätzende Gefahr, zumindest für die Unterwasserfauna und -flora, ist der Massentourismus. Sinnloses Zerstören der Korallen durch bewusstes Abbrechen oder

Ankern der Taucherboote gehört – größtenteils zumindest – der Vergangenheit an. Inzwischen geht man mit der fragilen Unterwasserwelt behutsamer um und hat z.B. Ankerbojen für Taucherboote installiert oder die Tauchlehrer so sensibilisiert, dass sie gegen die Umweltsünden angehen.

Das größte Problem auf der Versorgungsseite liegt beim Trinkwasser. Es gibt keine Flüsse auf dem Sinai, nur schnell versickernde Wasserläufe während der Regenzeit. An der Nordküste wird Süßwasser aus dem Grundwasser und durch Sammeln von Regenwasser gewonnen, im Gebirgsstock des Südsinai ist man hauptsächlich auf Grundwasser angewiesen und auf Tiefbrunnen, die fossile Wasserreservoire anzapfen. El Tur verfügt über einen Tiefbrunnen, Sharm el Sheikh versorgt sich mit Brunnenwasser aus etwa 80 km Entfernung und zusätzlich durch Meerwasserentsalzung. Auch Dahab, Nuveiba und Tabah decken einen wesentlichen Anteil durch Entsalzungsanlagen ab.

Der Sinai blieb auch bei der Neulandgewinnung aus Wüstenregionen nicht unentdeckt. „The National Project for the Development of Sinai" sieht vor, dass die Halbinsel bis zum Jahr 2017 so entwickelt wird, dass die Bevölkerung auf 3,2 Millionen anwachsen kann und rund 800 000 Arbeitskräfte zur Verfügung stehen. Schwerpunkte dieser Entwicklung werden die nördliche und westliche Region sein - dies ist heute schon sichtbar.

Für das ambitionierte Ziel muss selbst der Nil bei der Versorgung herhalten: In der Küstenregion im Norden stützt eine 150 km lange, bis El Arish reichende, Nilwasser führende Leitung die Versorgung, genau wie eine 130 km lange Wasserleitung an der Küste des Golf von Suez, die bis Abu Zenima verlegt ist. Eine weitere, hochvolumige Wasserversorgung für den Nordsinai trägt die Hauptlast für die Neuansiedler.

Von modernster Technik in die Vergangenheit: Der Sinai war seit alters Pufferzone zwischen Asien und Afrika, er war genauso Aufmarschgebiet der Pharaonen, Babylonier, Perser, Griechen, Römer und wie sie alle hießen, schließlich auch der ägyptischen Soldaten unserer Generation. 1967 besetzte Israel endgültig - nach den beiden vorhergegangenen Kriegen 1948 und 1956 - den Sinai, 1973 eroberten ägyptische Soldaten Teile zurück. Am 26. März 1979 unterzeichneten der ägyptische Präsident Sadat und der israelische Premier Begin den Friedensvertrag zwischen Ägypten und Israel. Die Halbinsel wurde stufenweise ab 1980 zurückgegeben; am 25. April 1982 war dieser Prozess bis auf einen umstrittenen Streifen bei Tabah abgeschlossen, den Ägypten nach langem Tauziehen 1989 erhielt.

Im Friedensvertrag wurde auch vereinbart, eine Pufferzone mit abgestufter militärischer Präsenz und internationaler Überwachung zu schaffen. Diese aus zehn Ländern rekrutierte Multinational Force and Observers (MFO) ist in der Sicherheitszone C stationiert, die etwa zwischen der israelischen Grenze und der Linie Sharm el Sheikh - El Arish liegt.

Auch Moses wanderte mit den Israeliten auf dem Weg ins Gelobte Land vermutlich über die Landbrücke Sinai von Afrika nach Asien. Fast erstaunlich ist, dass die meisten Reiseführer die Wanderung der Israeliten als das erwähnenswerteste Ereignis auf dem Sinai überhaupt betrachten. Erstaunlich vor allem deshalb, weil die biblischen Angaben wissenschaftlich nicht gesichert sind und eigentlich nur Vermutungen darstellen.

Erstaunlich ist auch, wie flexibel die Beduinen auf die einigermaßen aufregenden Zeitläufte ihrer Heimat reagieren, sei es in der ihnen aufgezwungenen Politik oder Technik (der Pick-up parkt neben Kamel und Zelt) oder im Tolerieren der allen muslimischen Sittenvorstellungen entgegenlaufenden Touristenmanieren an den Stränden. Dennoch leben die Beduinen weitgehend nach ihren Gesetzen und Traditionen und sie erwarten, dass der Fremde ihre Lebensweise respektiert (siehe auch Beduinen Seite 107).

Dem Beobachter fällt auf, dass im Lauf der letzten Jahrzehnte die Ziegenhaarzelte immer weiter verdrängt und durch feste Steinhäuser (lei-

Faszination einer urtümlichen Landschaft

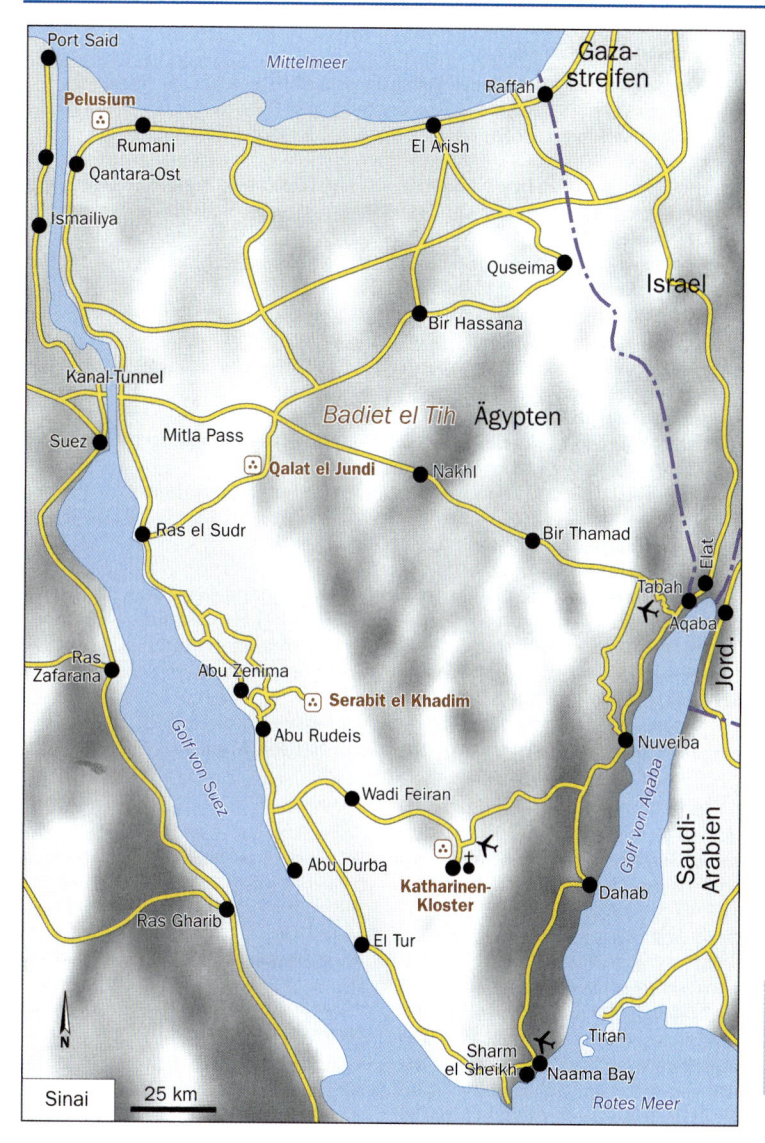

der viel zu häufig Betonbauten) ersetzt wurden. Das Nomadenleben findet meist nur noch als

Zeitvertreib bei Festlichkeiten statt. Die neuen Häuser gruppieren sich möglichst um neu er-

9 Sinai

Sehenswertes auf dem Sinai

- ******Faszinierende, berauschende Gebirgslandschaft** im Süden; z.B. die Umgebung der beiden höchsten Berge, des *Gebel Musa* und *Gebel Katharina*
- ******Katharinenkloster,** am Fuß des *Gebel Musa*, auf dem Moses die Gesetze empfangen haben soll, Seite 669
- ******Korallenriffe** an der Ostküste (Golf von Aqaba), laut Tauchexperten die schönsten und reichsten Schnorchel- und Tauchgründe weltweit, besonders an der Südspitze bei **Ras Muhammed**, Seite 633
- ******Coloured Canyon,** eine enge Felsschlucht mit herrlichen, von der Erosion geschaffenen „Malereien," Seite 682
- *****Serabit el Khadim,** spärliche Ruinen eines Hathor-Tempels, einsam auf einem Gipfelplateau gelegen, Seite 691
- *****Wadi Feiran,** größte und sehr malerisch gelegene Oase des Südsinai, Seite 667
- *****Wadi Arada,** wilde Canyons, Seite 676
- *****Kamel- und Trekkingtouren** in die Einsamkeit der Gebirgswüste, Seite 697
- *****Dahab** (Seite 646), **Nuveiba** (Seite 657), **Sharm el Sheikh/Naama** (Seite 636), beliebte Bade- und Tauchoasen an der Ostküste
- ****Qalat el Jundi,** Ruinen einer Burg Saladins inmitten von Wüsteneinsamkeit, herrlicher Blick, Seite 681
- ****Blaue Berge,** Landschaftsmalerei im Hochsinai, Seite 668
- ****Ain Hudra,** kleine Bilderbuch-Oase, Seite 678
- ****Mittelmeerküste** mit Dünenlandschaften und schönen Sandstränden, Seite 687
- ****Nawamis,** etwas geheimnisvolle Grabtürme aus grauer Vorzeit, Seite 678
- ***El Arish,** quirlige Hauptstadt des Sinai mit schönem Mittelmeerstrand, Seite 687
- ***Oase Quseima** mit Quelle Ain Gedeirat, wasserreichste Quelle im Nordsinai mit fruchtbaren Plantagen, Seite 690
- ***Forest of Pillars,** ungewöhnliche, röhrenartige Felsformationen, Seite 691
- ***Pharaonische Türkisgruben** und Arbeitslager am **Gebel Maghara**, Inschriften im **Wadi Mukattab**, ab Seite 695

standene Schulgebäude. Die Beduinen lernten aus der Vergangenheit und schicken heute ihre Kinder bereitwillig zur Schule; hier ist nun auch der Wille zur Bildung angekommen.

Die überaus karge Landschaft war immer auch Heimat für eine Handvoll nomadisierender Bewohner. Heute noch zählen etwa 120 000 der Sinai-Bewohner zu den Beduinen, die teils sesshaft wurden und sich zu allerlei Handlangerdiensten, z.B. bei den Ölbohrern oder auch im Touristikbereich, anstellen ließen. Der größte Anteil der Beduinen lebt zwar auf etwa 90 Prozent der Fläche, aber außerhalb des relativ fruchtbaren Gürtels im Nordosten der Halbinsel. Inzwischen haben leider der Drogenanbau und dessen Vermarktung erheblich zugenommen, weil durch die anhaltende Dürre die Felder ausgetrocknet sind und Hanf den größten Ertrag bei geringstem Anbauvolumen bringt.

▶ **Informationen zum Sinai im Web** siehe Seite 44.

Ein paar wichtige Tipps

• **Taucherbrillen und Schnorchel** können fast überall **geliehen** werden, sind aber häufig ausgeleiert. Nehmen Sie, wenn möglich, diese Utensilien von zu Hause mit und verkaufen oder verschenken Sie sie am Ende Ihrer Schnorcheleien (Brillenträger sollten Seite 48 nachlesen).

Faszination einer urtümlichen Landschaft

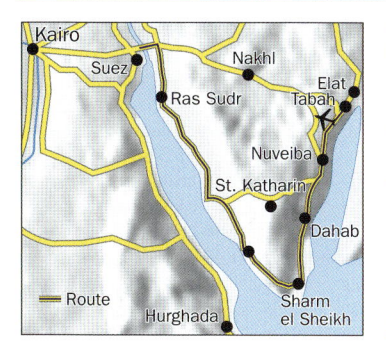

- Der Sinai wird alle paar Jahre von sintflutartigen **Regenfällen** heimgesucht, dabei wurden schon Pkws und sogar Busse von den Wassermassen fortgespült. Man sollte möglichst nicht, ganz bestimmt nicht bei Regen, in Wadis campen, zumal es häufig weit entfernt regnen kann und man urplötzlich von den Fluten erwischt wird. In der Wüste sind schon mehr Leute ertrunken als verdurstet - lautet eine alte Sahara-Weisheit.
- Sollten Sie dennoch von **Wassermassen überrascht** werden, stellen Sie Ihr Fahrzeug möglichst an einen Hang (Front abwärts bzw. in Richtung der Flut) und sichern Sie es mit um die Räder verkeilten Steinen. Bringen Sie sich selbst noch höher am Hang in Sicherheit.

Aus den letzten Kriegen auf dem Sinai liegen immer noch **Minen** herum. Meiden Sie unbedingt eingezäunte Flächen oder Gebiete, von deren Gefährlichkeit Sie hören.

- Wenn wir hier viele Sehenswürdigkeiten beschreiben, die nur per unabhängigem Fahrzeug zu erreichen sind, so können auch **Rucksackreisende** davon profitieren: Tun Sie sich mit anderen zusammen und lassen sich von Beduinen per Jeep oder Kamel die Naturschönheiten zeigen.
- Ein **Radfahrer** bat uns um Angabe der folgenden Infos über Steigungen: Tabah - Nuveiba: nur kleine Steigungen von insgesamt ca. 350 Höhenmetern. Nuveiba - Dahab: Kurz nach Nuveiba steigt die Straße steil auf 700 m, fällt dann langsam hinunter mit leichteren Gegensteigungen, unterwegs Bedu-Teebuden. Dahab - Sharm el Sheikh: auf 200 m hinauf, dann mit Gegensteigungen hinunter, unterwegs Bedu-Teebuden. Sharm el Sheikh - El Tur: bald nach dem Ort auf 200 m, danach flach, Windrichtung Nord-Süd.

Suez-Kanal - Sharm el Sheikh - Tabah

Fortbewegen

Zwischen Ägypten und dem Sinai - zwischen Afrika und Asien - bildet der Suez-Kanal eine Wasserbarriere, die an verschiedenen Stellen per Ferry über- und 17 km nördlich von Suez per Tunnel unter- bzw. bei El Qantara auf einer Brücke überquert werden kann. Der Tunnel - als *Ahmed Hamdi Tunnel* (N30° 05,74? E32°33,69) bezeichnet - ist (noch) die wichtigste aller Querverbindungen. Die 1600 m lange Röhre wurde in den 1970er Jahren 46 m unter Meeresniveau unter dem Kanal hindurch gebohrt.

Straßenzustand: Die gesamte Strecke ist asphaltiert, größtenteils neu und gut ausgebaut, ausreichendes Tankstellennetz. Zugelassene Höchstgeschwindigkeit auf den einsamen Straßen 90 km/h.

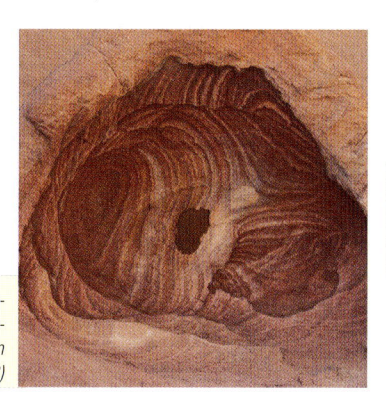

Die folgenden Bilder aus dem Regenbogen Canyon sollen die Natur als Künstlerin vorstellen - und Ihr Interesse wecken (siehe Seite 682)

9 Sinai

▶ **Entfernungen** vom Tunnel aus: Ras Sudr 61 km, Sharm el Sheikh 372 km, Dahab 480 km, Nuveiba 545 km, Tabah 610 km.

Anfahrt Suez-Kanal-Tunnel von Kairo aus: Autobahn Kairo - Suez, 89 km nach der Kreuzung mit der Ringroad blockiert ein Checkpost die Straße. Dort links abbiegen, dann geradeaus 25 km zum Tunnel. **Achtung:** Auf dieser Autobahn gerne Radarfallen; bei Geschwindigkeitsübertretung Strafe und Führerscheinentzug, Rückgabe der Papiere nur in Kairo!

Tunneldurchfahrt

Offiziell ist im Tunnel die Mitnahme von Reservekraftstoff und Gas verboten, was selten kontrolliert wird. Für die Durchfahrt müssen £E 1,75-3,50 pro Auto bezahlt werden.

Streckenbeschreibung

Eine gute Alternative zur direkten Fahrt nach Süden führt über den **Mitla-Pass** zur Festung *Qalat el Jundi* und bei Ras el Sudr wieder auf die Strecke zum Südsinai (siehe Seite 681). Wenn Sie etwas Zeit haben, lohnt sich der Umweg wegen der Festung und des abwechslungsreichen *Wadi Sudr*.

Direkt nach dem Tunnel geht es 2,5 km geradeaus zu einer T-Kreuzung, an der man rechts abbiegt. Nach 6 km folgt eine weitere **Kreuzung**, die man geradeaus überfährt. Die Straße rechts führt zum Kanal-Fährschiff, links nach Nuveiba über den Mitla-Pass.

19 km nach obiger Kreuzung: **Ain Musa**

Rechts der Straße beginnt die uralte Oase Ain Musa, was *Moses-Quelle* heißt. Hier entspringen einige Quellen, die Moses angeblich in Trinkwasser verwandelte, einer der Plätze, die mit dem Auszug der Israeliten aus Ägypten in Zusammenhang gebracht werden. In neuerer Zeit dienten die Quellen der Wasserversorgung von Schiffen und Reisenden auf dem Weg in den Sinai. In jüngster Zeit entstand hier ein kleines Touristenzentrum; Beduinenmädchen verkaufen Handarbeiten und Schmuck.

Diese Gegend war während des letzten Sinai-Krieges heiß umkämpft, in der Umgebung liegen einige eroberte israelische Stellungen. Unter dem Namen **Eyoun Mousa** restaurierte die ägyptische Armee ca. 2 km vor Ain Musa links der Straße einen Kommandobunker und Kanonenstellungen der israelischen Bar-Lev-Linie. Gegen £E 3,50 Eintritt führt ein gut englisch sprechender Sergeant durch die Anlagen, die - laut Führer - unversehrt erobert, dann aber von den Ägyptern zerstört und Mitte der 1990er Jahre restauriert wurden. Interessant ist die Darstellung der Schlacht aus ägyptischer Sicht. Immer wieder klingen die Ressentiments gegen die Israelis durch. Wer darauf besteht, kann in einer 20-minütigen Kurzführung einen Einblick gewinnen; die Routineführung dauert wesentlich länger.

Nach 3 km: Checkpost für den Südsinai

Auf dem Weiterweg werden Sie rechts der Straße eine ganze Reihe von Hotel-Resorts sehen, die seit Ende der 1990er Jahre aus dem Boden gestampft wurden bzw. noch werden. Mit mehr oder weniger Abstand zieht sich dieser Bauboom bis zu den Pharaonenquellen hin.

Nach 30 km:

Ras el Sudr

Das einst trostlose Städtchen war nach dem israelischen Teilrückzug bis zur vollen Rückgabe des Sinai die provisorische Verwaltungs-

Ras el Sudr

Etwas Abwechslung

Wer die Küstenstraße bereits kennt, kann 7 km nach Ain Musa (N29°14,60; E32°59,97) abbiegen und auf einer meist schmalen, aber durchgehend asphaltierten Straße quer durch die fantastische Bergwelt des Sinai, durch Wadis und einsame Landschaft fahren. Hin und wieder hat sich die Natur der Straße bemächtigt und ein Stück über- oder fortgeschwemmt, aber das lässt sich immer bewältigen. Die Straße führt zunächst nach Norden in das recht große Beduinendorf *Wadi Garandal* und biegt nach 1,5 km (N29°15,23' E32°59,38') rechts ab, und vor uns liegen 58 km einsamer Straße durch interessante und sehr abwechslungsreiche Landschaft. Unterwegs zweigen hin und wieder Pisten ab, bleiben Sie aber auf der Asphaltstraße, die Sie kurvenreich, aber stetig nach Süden bringt.

Nach 35 km mündet von rechts die alte Asphaltstraße Richtung **Serabit el Khadim** (siehe Seite 691) ein und nach 3 km (N29°04,82, E33°12,8) verlässt sie unsere Straße als Wellblechpiste. Wir bleiben auf der Asphaltstraße. Nach 8 km zweigt rechts eine breite Piste ab (N29°02,26' E33°12,26'), die man 2008 nehmen musste, weil die Asphaltstraße nach 5 km unüberwindbar blockiert war, anderenfalls hätte man bequem die Küstenstraße erreicht. Auf der gut zu fahrenden Piste mit LKW-Verkehr erreicht man nach 6 km die Küstenstraße bei (N29°0,83', E33°09,85'). Der Ort *Abu Rudeis* liegt 14 km weiter südlich.

stadt des Südsinai, dann musste es diese Rolle an El Tur abgeben. Verwaltungsbaracken prägten lange Zeit das Ortsbild, inzwischen verändern viele Neubauten den Charakter. Einige Hotelbauten am Strand werten den Ort zusätzlich auf.

Die relative Nähe zu Kairo lockt viele Wochenendausflügler zum Baden und Surfen an (vor allem bei den Dauerwinden im Frühjahr und Herbst interessant). Für einen Badeurlaub bietet der Ost-Sinai weit schönere Plätze.

Übernachten

- **Sudr Beach Inn**, 3*, am Strand von Ras el Sudr, Tel 031069 3400 884, AC, Kschr, sa, HP .... E+B 150, D+B 220
- **Cecela**, sa, AC, TV .... D+B 120

Neben dem obigen Hotel können Sie nördlich oder südlich von Sudr unter vielen anderen Resorts wählen.

Nach 4 km: Kreuzung
(Ortsausgang Nähe Wasserturm)
Links zum Wadi Sudr, 56 km bis **Qalat el Jundi** und weiter zum Nord- und Ostsinai (siehe Seite 681).

Nach 3 km: Abzweig
In einer Rechtskurve zweigt die alte Straße ins Wadi Garandal ab.

Nach 20 km: Die Straße erreicht den Strand, ein bei Wochenendlern beliebtes Bade- und Surfgebiet, das allerdings mehr und mehr von Hotel-Resorts eingeengt wird.

Nach 20 km: Abzweig (N29°13,57', E32° 56,60)
Rechts 4 km Asphaltstraße zur
Pharaonenquelle *(Hamam Faraun)*
Direkt am Strand entspringen schwefelhaltige, warme Quellen. Der Aufenthalt ist eigentlich nur von 6-18 Uhr gestattet, doch die Soldaten erlauben meist das Übernachten gegen Hinterlegen des Reisepasses. Seit vielen Jahren ste-

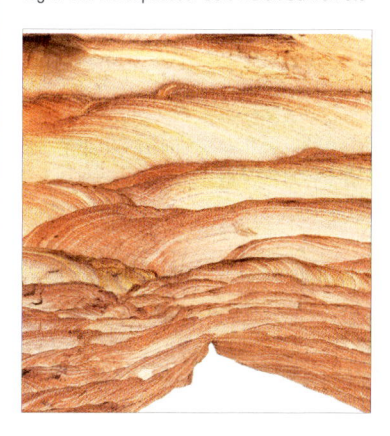

9 Sinai

hen hier Schilder, die eine touristische Entwicklung ankündigen.

Die Straße, die sich bisher durch die uninteressante Küstenebene zog, führt jetzt bis Abu Zenima durch abwechslungsreichere Bergformationen.

Nach 7 km: Abzweig (N29°13,5' E32°56,6')
Links zum Wadi Garandal, hier zur Alternativroute abbiegen, siehe Kasten.

Nach 3 km: Abzweig (N29°2,2' E33°7,9'),
Nach 25 km:

Abu Zenima

Der Ort spielte schon lange als Hafen für das in der Umgebung gewonnene Mangan eine Rolle, neuerdings aber auch als Ölstadt (ein pharaonischer Hafen namens Maghara lag etwa 8 km weiter südlich). Die Siedlung geht auf Scheich Abu Zenima zurück, ein Heiliger der hier ansässigen Fischer, der in einer Grotte ausschließlich von Kaffee lebte, den ihm Vögel aus Mekka brachten. Eine ganze Weile zuvor landeten hier die Schiffe der pharaonischen Bergbauexpeditionen, die dann nach Serabit el Khadim weiterzogen.

„Neu-Abu-Zenima", das inzwischen viel größer als die alte Siedlung ist, beginnt bereits etwa 3 km vor der eigentlichen alten Siedlung.

▶ Dort in der Raststelle, Tel 069 3420 444, kann man saubere Doppelzimmer mit Bad, AC oder Ven zu £E 80 mieten.

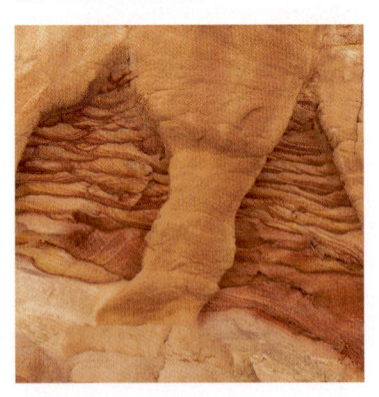

Nach 3 km: Abzweig (N29°2,1' E33°7,8')
Links nach **Serabit el Khadim**, zum **Forest of Pillars** und **Wadi Feiran**. Leicht zu verfehlende Kreuzung, jedoch einziger Abzweig nach links weit und breit, genau 1,5 km nach der alten Tankstelle von Alt-Abu-Zenima (Beschreibung der Strecke siehe Seite 691). Wenn Sie auch nur ein bisschen Zeit erübrigen können, gönnen Sie sich einen 7 km langen Abstecher bis zur Passhöhe des *Wadi Watalla* möglichst am frühen Nachmittag. Sie werden eine unglaublich grandiose Bergwelt erleben, die in immer neuen Formationen, immer neuen Farben überrascht.

Nach 11 km: Abzweig (N28°58, 52' E33°11,98')
Links führt eine landschaftlich reizvolle Strecke zu den Türkisminen des **Gebel Maghara** und weiter zum Inschriftental **Wadi Mukattab** und von dort zur Asphaltstraße ins **Wadi Feiran/ Katharinenkloster** (ausführliche Beschreibung siehe Seite 669).

Nach 9 km:

Abu Rudeis

Ölstadt, Bohrinseln im Meer. Angeblich gibt es hier sogar ein Diving Center. An der Straße werden Shopping-Möglichkeiten und Restaurants angekündigt. Links eine Straße - die bald in eine Piste mit einer Reihe von Weichsandstellen übergeht - ins Wadi Sidri und Wadi Mukattab.

Nach 23 km: Abzweig
Geradeaus Sackstraße nach Bilayim bzw. Abu Durba, links Richtung El Tur/Sharm el Sheikh und Katharinenkloster.

Nach 11 km: Abzweig, Polizeiposten
Raststätte *Manta Rest* mit Einkaufsmöglichkeit. Links geht es zum Katharinenkloster, wir fahren geradeaus weiter.

Nach 56 km: Checkpost
Danach verzweigt sich die Straße; links Umgehung von El Tur, rechts 3 km in die Stadt.

Nach 2 km: Abzweig
Die rechts abzweigende Asphaltstraße führt - als kleiner Abstecher - zum **Hamam Musa** (Moses-Bad) (£E 10), einer Heilwirkung ver-

sprechenden Quelle mit 26° warmem Wasser inmitten eines Palmengartens. Unter einem Kuppelbau wurde ein Becken für die Bäder eingerichtet, eine Cafeteria sorgt für das leibliche Wohl, ein Pool im Freien ergänzt die Anlage. Die Straße endet schließlich an einer T-Kreuzung mit der strandparallelen Straße. Nach rechts versperrt bald das Militär den Weiterweg; fahren Sie nach links bis zum Moses Bay Hotel, das sich am Anfang der Fischerhafen-Lagune einen recht hübschen Platz ausgesucht hat. Die Straße von dort bringt Sie quer durchs Zentrum von El Tur zur Umgehungsstraße am südlichen Stadtausgang zurück.

El Tur

▶ **Telefonvorwahl 069**

Das auf Korallenriffen gebaute und z.T. ehemals aus Korallen erbaute El Tur war über viele Jahrhunderte Quarantäne-Hafen für die aus Mekka kommenden Pilgerschiffe. Heute ist das aufstrebende Städtchen Verwaltungshauptstadt des Südsinai. Vom alten El Tur sind nur in der Hafengegend einige Reste - u.a. eine Moschee, eine Kirche und die Quarantänestation - übrig geblieben. Der Ort hat sich praktisch komplett landeinwärts verlagert und besteht fast ausschließlich aus Neubauten der ägyptischen "Plattenbau"-Variante, die sich unaufhaltsam und rapide in alle Himmelsrichtungen weiter ausdehnen und an Uniformität kaum zu überbieten sind. Im alten Hafen ankern heute nur noch Fischerboote.

Übernachten

• **Moses Bay**, 4*, am Strand neben Hafenlagune, "Surfzentrum" , Tel 3774 343, Fax 3774 345, moses_bay_resort@yahoo.com, www.mosesbayeltur.com, Windsurfer-Hotel, AC, SatTV, Kschr, se sa, fr, HP (se gut) ......E+B € 35, D+B € 50
• **Delmon**, Straße Richtung Hafen, Tel 3771 060, sa, AC, gut eingerichtet, mF.......E+B € 115, D+B 180
• **Makka**, a. d. inneren Durchgangsstraße, Eckhaus vor der Sh 6.October., Tel 3770 777, se sa, empf, mF...E 40, E+B+AC 65, D 55, D+B+AC 75

Unsere **Route** verläuft jetzt im Südwesten der Halbinsel auf einer ziemlich langweiligen Strecke, doch die Gebirgsmassive links der Straße vermitteln immer neue Bilder.
Nach 87 km: Abzweig (N27°50,15' E34°13,67') Rechts auf die östliche Zufahrtsstraße zum

****Nationalpark Ras Muhammed

Hintergrund: Auf unserer Route beginnen hier die **Korallenbänke** und Tauchgebiete des östlichen Sinai. Südlich treffen wir auf die Halbinsel Ras Muhammed (an der Halbinsel Sinai) mit ihren sehr fischreichen Korallengebieten. Sie hängt gewissermaßen an einer nur 700 m breiten und 3,5 km langen „Nabelschnur" am Sinai und spielt die Speerspitze bei der Teilung des Roten Meeres in den Golf von Aqaba und Golf von Suez.
Bereits unter den Römern erhielt sie den Namen Poseidon, die Araber nannten sie nach dem Propheten (wörtlich „Kopf Mohammeds"). Im Osten steigt sie aus Meerestiefen bis zu 100 Meter empor und ragt auch an Land noch steil auf, während sie im Westen in eine flache Sandbank ausläuft. Die Halbinsel besteht aus fossilen Korallen im Alter zwischen 750 000 und 20 Mio Jahren, die bei Erdbewegungen angehoben wurden und ein bizarres, eigentlich ziemlich ödes Landschaftsbild erzeugten - wären nicht neue Korallen in ca. 250 Arten als neue Attraktion unter Wasser entstanden. Ganz abgesehen von der ungeheuer vielfältigen Unterwasserwelt, ist die sichtbare Oberfläche auch

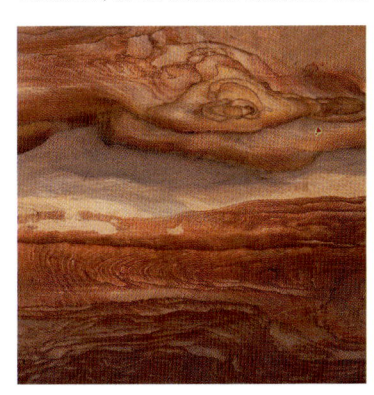

9 Sinai

Ras Muhammed

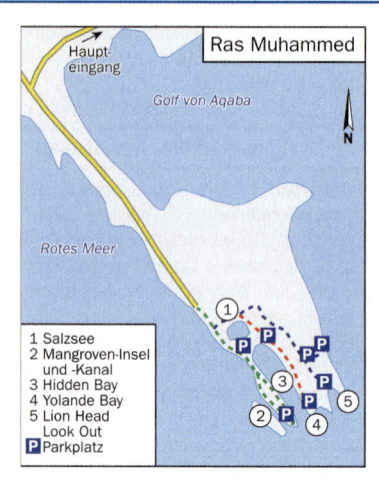

- Haupteingang
- Golf von Aqaba
- Rotes Meer
- 1 Salzsee
- 2 Mangroven-Insel und -Kanal
- 3 Hidden Bay
- 4 Yolande Bay
- 5 Lion Head Look Out
- P Parkplatz

nicht ganz so tot und öde; hier leben Füchse und Nagetiere, viele Vogelarten sind entweder ständige Bewohner oder legen erholsame Rast während des Trips nach Afrika ein. Im Frühling (April) und Herbst (Oktober) ist Ras Muhammed bevorzugter Rastplatz von Störchen und Greifvögeln während des Vogelzugs.

Gilt schon die Küste am östlichen Sinai als zumindest eines der schönsten und interessantesten Tauchgebiete der Erde, so werden Taucher in Ras Muhammed das Paradies schlechthin entdecken. Gründe dürften wohl sein, dass günstige und besonders nahrhafte Strömungen die Unterwasserwelt bestens versorgen und dass das Riff am offenen Roten Meer liegt.

Ras Muhammed wurde 1983 zum Naturschutzgebiet und 1988 zum Nationalpark - dem ersten Ägyptens - erklärt. Mithilfe der Europäischen Union schuf man ein wesentlich größeres Reservat als das ursprüngliche Naturschutzgebiet, aus dem zunächst einmal das Militär, unter Mitnahme aller Minen und sonstiger Explosivkörper, abziehen musste. Dann wurden die meist schon vorhandenen Pisten markiert, der überall herumliegende Müll beseitigt und Mülltonnen aufgestellt (die auch regelmäßig entleert werden). Professionelle Ranger kümmern sich um den Park und passen auf, dass sich die Besucher an die hier geltenden Regeln halten.

Etwas abseits der östlichen Zufahrtsstraße entstand ein architektonisch der Landschaft angepasstes Visitor Center, dessen Besuch eigentlich obligatorisch sein sollte - wenn es nicht inzwischen ziemlich „ausgedörrt" wäre. Hier wurden Hintergrundinformationen vermittelt, einschließlich eines Lehrpfades über die Entstehung des Riffs. Geblieben sind ein recht guter, 10-minütiger Film über den Park und ein Museum mit ausgestopften Tieren sowie ein Touchscreen-Computer, auf dem man Infos abrufen kann..

Ein paar Kilometer südlich wurden Forschungslabors angelegt, gleich danach zweigt eine Piste zu den im Park ausgewiesenen Campingplätzen entlang einer Bucht ab; allerdings wird hier außer einem Schattendach nichts geboten; Camping abseits der ausgewiesenen Plätze kostet £E 50 Strafe.

Die Korallen leiden zusehends unter dem Ansturm der Unterwasser-Touristen. Eine Untersuchungskommission stellte fest, dass in der Vergangenheit viele Korallen vor allem durch die Anker der Taucherboote, aber auch absichtlich zerstört wurden und dass bereits einige Fischarten das Riff verlassen haben. Wissenschaftler sehen das Nationalparkvorhaben immer noch als zu touristisch orientiert an, sie meinen, dass anstelle einer schnellen jetzt eine kontrollierte Katastrophe stattfinden

****Nationalpark Ras Muhammed

Nachmittagsstimmung an der Campingplatz-Bucht von Ras Muhammed

vor eine schmale Insel, die **Mangroven-Insel**. Im Kanal wachsen Mangroven, die zu den nördlichsten der Welt gehören.

Die von der grün markierten Piste abzweigenden Strecken enden mehr oder weniger alle an der Südspitze der Halbinsel. Einigermaßen zentral liegt der **Main Beach**, der anhand der blauen Markierung erreichbar ist. Wenn Sie dort Ihr Auto parken oder sich per Taxi dorthin bringen lassen, können Sie die anderen Punkte der Südspitze leicht erwandern.

wird und das Ende der Korallen absehbar sei. Umso wichtiger ist es, dass sowohl Schnorchler als auch Taucher das Riff behutsam und schonend behandeln.

Eingriffe in die Natur, wie Jagen und Sammeln - ob lebendiger oder toter Dinge - oder z.B. das Beschädigen der Korallen, sind in Ras Muhammed strikt untersagt; halten Sie sich sowohl aus Eigeninteresse (hohe Strafen) als auch aus Verantwortung gegenüber diesem herrlichen Stück Natur an die Bestimmungen. Taucher und Schnorchler oder Schwimmer dürfen nur an bestimmten, markierten Stellen ins Wasser. Das Füttern von Fischen ist untersagt, weil das natürliche Gleichgewicht damit außer Kraft gesetzt werden würde. Bis zum Sonnenuntergang muss der Park verlassen werden.

▶ Öffentliche Verkehrsmittel zum Ras Muhammed gibt es nicht. In Sharm el Sheikh bieten Taxi Tagesfahrten an.

Doch begeben wir uns nun endgültig in den Park ($ 5 pP und $ 5 per Auto Eintritt). Von der östlichen Zufahrt (die westliche wurde zugeschüttet) fährt man 20 km bis zur Spitze der Halbinsel, durchquert zuvor das auffällige Main Gate, nach 4 km endet die Asphaltstraße. Von hier führt eine Piste (grün markiert) geradeaus auf einer flachen Bank nach Süden, an der ersten Kreuzung zweigen alle anderen Farbmarkierungen nach links ab. Diese Bank ist durch eine Lagune vom Hauptkomplex getrennt. Nach Westen hin schiebt sich ein Kanal

Das Korallenriff zieht sich um die Spitze der Halbinsel herum, drei Stellen sind besonders bekannt: Wegen seiner reichen Fauna und des spektakulären Steilabfalls wird das Riff beim Shark Observatory von vielen Tauchern als einer der großartigsten Tauchplätze der Welt bezeichnet. Im glasklaren Wasser fällt das Riff bis zu 70 m steil ab; die Strömung bietet gerade hier reichlich Nahrung für unzählige Fischarten. Empfehlenswert ist in jedem Fall der Aufstieg zum **Shark Observatory** (Look Out). Das ist ein ca. 50 m hoher Felsen an der Südspitze, von dem man tief in das glasklare Wasser hinuntersehen und - mit etwas Glück - umherzie-

9 Sinai

Umgebung von Sharm el Sheikh

- Dahab
- Visitor Center
- Nabq Nationalpark
- 5 km
- Naqb
- Sharks Bay
- Detailplan Naama
- Naama Bay
- Sharm el Sheikh
- El Tur • Checkpost
- Detailplan Sharm el Sheikh
- Ras Muhammed Nationalpark
- Detailplan Ras Muhammed

hende Haifische beobachten kann. Ein Stück weiter westlich des Main Beach verbirgt sich hinter einer weiteren Hügelkette die **Yolande Bay** (nach einem hier gesunkenen Schiff, das Kloschüsseln geladen hatte), die auch gut als Schnorchelplatz geeignet ist, allerdings mit relativ weitem Anmarsch durch flaches Wasser.

Vor der großen Bucht liegen zwei ebenfalls sehr fischreiche Riffe. Ein dritter Tauchplatz namens Old Bay ist am Westufer zu finden. Dort, wo etwa 1 km nach der Abzweigung ein alter Steindamm ins Meer führt, fällt das Riff 40 m tief ab. Hier wachsen auffallend große Korallen, in deren Umgebung auch große Fische leben.

Jetzt wieder weiter auf der Hauptstraße

Nach 7 km: Checkpost

Dieser Checkpost kontrolliert Reisende in Nord-Süd-Richtung besonders penibel. Besitzer von Kurzzeitvisa nur für den Ostsinai, die aus Sharm el Sheikh kommen, müssen umkehren. Hier zahlt man außerdem £E 7 Eintritt für Sharm el Sheikh. Hinter der Kontrollstelle betreten Sie die im Camp-David-Friedensabkommen festgelegte, bis zur israelischen Grenze reichende Sicherheitszone C, in der nur ägyptische Polizeibeamte stationiert sein dürfen, kein Militär. Die Zone C wird besonders intensiv von den *Multinational Force and Observers (MFO)* überwacht. Sie soll die Gewähr dafür übernehmen, dass die entmilitarisierte Zone zur Friedenssicherung erhalten bleibt.

Gleich links zweigt eine 17 km lange Umgehungsstraße („Ringroad") von Sharm el Sheikh ab, die nördlich des Flughafens auf die Straße nach Dahab trifft.

Nach 4 km:

***Sharm el Sheikh

Hintergrund: Sharm el Sheikh mit seiner einzigartigen Unterwasserwelt - sei es direkt vor der Haustür oder in der Umgebung - gehört heute zu den beliebtesten Tauchplätzen der Welt. Immerhin wiesen spanische Seekarten bereits 1762 einen Ort namens Sharm el Sheikh an der Südspitze des Sinai aus. Der alte Kern dieser Siedlung liegt an und um eine malerische Hafenbucht. Auf dem Plateau Ras Umm Sid - an der Nordostseite der Bucht - errichteten die Israelis während der Besatzungszeit ab 1967 ein Touristenzentrum. In den ersten Jahren nach der Rückgabe des Sinai entstanden ein paar bescheidenere Unterkünfte, zunächst in der Unterstadt, die damals nur aus einer Tankstelle und ein paar Blechhallen bestand. Inzwischen wurden sie teilweise durch Neubauten für Restaurants und Boutiquen ersetzt. Die Straßen dahinter, kaum zehn bis fünfzehn Jahre alt, beherbergen weitere Restaurants, Tauchschulen, Supermärkte, Souvenirshops, Banken, Wohnungen und eine Bäckerei; kurz, es fehlt an nichts. Hier hat sich bereits das typisch ägyptische Leben mit seinen Shops, dem unabwendbaren kleinen, aber durchaus sympathischen Chaos und den Alltäglichkeiten fest eingenistet.

Das ehemalige Beduinendörfchen mit einer Handvoll Einwohner hat sich zum absoluten Vorposten der Tourismusindustrie auf dem südlichen Sinai entwickelt. Wer diesen Bauboom in der nahezu wasserlosen Wüste nicht miterlebte, traut heute seinen Augen nicht. Die fünf Hotels in der Region Mitte der 1980er Jahre vermehrten sich auf derzeit über 100 Herber-

***Sharm el Sheikh

gen. Diesen Boom mit all seinen positiven wie negativen Folgen lösten ein paar Faktoren aus, zu denen in erster Linie die Naturschönheiten unter Wasser und die schroff-schöne Bergwelt aus Urgestein über Wasser zählen, aber auch der nahe gelegene internationale Flughafen sowie eine entsprechende Entwicklungspolitik der ägyptischen Regierung.

War bis Mitte der 1990er Jahre die 12 km nördlich gelegene Badebucht Naama Bay das Touristenzentrum schlechthin - und Sharm el Sheikh spielte eine eher untergeordnete Rolle -, so hat der Ort einmal durch den Hotelboom, zum anderen durch eine ausgedehnte Wohnsiedlung in der Oberstadt El Hadaba die Hauptrolle wieder übernommen. Dort oben entstand neben Hotel-Resorts im Küstenbereich eine Kleinstadt mit dicht an dicht gebauten Häusern, die zum Teil von Ägyptern als Ferienhäuser genutzt, zum größeren Teil an die Besserverdienenden der Tourismusindustrie vermietet werden; die Mieten liegen ab $ 1000 pro Monat. Die vielen Wenigverdiener müssen lange Anfahrten bzw. -märsche in Kauf nehmen, sie wohnen meist außerhalb in Richtung der Berge.

Sharm el Sheikh zählt zu den **teuersten Pflastern** in Ägypten, auch für die Einheimischen. Es ist daher fast kein Wunder, dass nahezu alle billigen Unterkünfte aus dem Stadtplan verschwunden sind. Wer billig unterkommen will, hat nur die Chance, nach Dahab oder Nuveiba weiter zu fahren. Die Region von Sharm el Sheikh ist fest in der Hand von Pauschaltouristen. Wenn man Wert auf einen Urlaub im Massentrubel legt, dann sollte man ein günstiges Pauschalangebot buchen - individuell hier anzukommen, ist sehr viel teurer als an allen anderen Zielen in Ägypten.

Vom Checkpost vor Sharm el Sheikh kommend, fährt man zunächst an der Bucht gleichen Namens und der Hafenmauer vorbei. Dahinter legt das Boot nach Hurghada ab, links neben dem Eingangstor ist das Passport Office. Im Hafen ankern heute auch alle Taucherboote. Die Straße führt dann um eine Kurve und öffnet den Blick auf die zweite Bucht namens **Sharm el Maya** mit der landschaftlich schön gelegenen Siedlung. Bald breitet sich die Unterstadt Sharm el Maya aus: rechts zur Bucht hin Hotels, links geht es in den Shoppingbereich **Old Market** (auch *Old Sharm),* wo man preiswertere Souvenirs, aber auch Lebensmittel kaufen und sich in den Cafés bzw. Restaurants von der Anfahrt erholen kann. Es gibt aber auch teure Läden, z.B. das *Tiran Shopping Center* an der Ecke, an der sich die Straßen dreiecksförmig treffen.

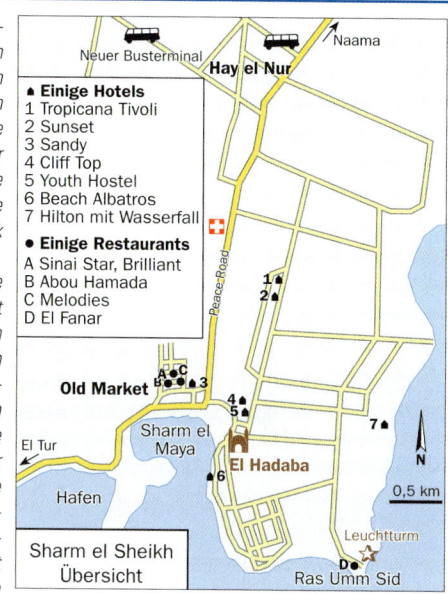

War über viele Jahre die vor Ihnen liegende Sharm el Maya Bucht zum Baden und Schnorcheln wegen des unsauberen Wassers und dem inzwischen verbannten Bootsverkehr nicht gerade geeignet, so haben sich die Verhältnisse deutlich verbessert und man kann auch hier wieder den Blick in die Unterwas-

---

Einige Hotels
1 Tropicana Tivoli
2 Sunset
3 Sandy
4 Cliff Top
5 Youth Hostel
6 Beach Albatros
7 Hilton mit Wasserfall

Einige Restaurants
A Sinai Star, Brilliant
B Abou Hamada
C Melodies
D El Fanar

Sharm el Sheikh Übersicht

9 Sinai

serwelt genießen, obgleich es bessere Plätze ringsum gibt.

In der Oberstadt **El Hadaba**, gleich rechts haltend, finden Sie u.a. Post und Telefon. Seit auch hier die Wasserseite mit Hotelanlagen zugestellt ist, wird Fremden der Zutritt zum Hotelstrand nur gegen durchschnittlich £E 20 gewährt. Auf dem Plateau selbst wurden - neben den Wohnstraßen - inzwischen diverse Hotels und Resorts gebaut, die keinen direkten Zugang zum Wasser haben. Das mag für Taucher kaum eine Rolle spielen, aber alle Bade- und Schnorchelbesucher werden dies sehr vermissen - schließlich sind sie nicht zuletzt deswegen angereist. Daher sollte man bei der Hotelwahl abfragen, ob ein Busservice zu einem Badestrand besteht. Es gibt nur noch wenige öffentliche Strände, z.B. am Ortseingang (Sharm el Maya Bucht) oder unterhalb des Leuchtturms **Ras Umm Sid** am fernen nordöstlichen Ende des Cliffs.

Die Hotellandschaft hat sich in den letzten Jahren weiter nach Norden ausgedehnt. Die ehemals recht einsame Badebucht **Sharks Bay** ist zum Kern eines neuen Bezirks geworden und schließlich endet das Konglomerat Sharm el Sheikh an der südlichen Grenze des Naqb Nationalparks. Dieser Bezirk wird logischerweise **Naqb** genannt.

Praktische Informationen

zu Sharm el Sheikh und Naama Bay
▶ **Telefonvorwahl 069**

Eine Touristinformation gibt es immer noch nicht an der Sinai-Südspitze. In Hotels liegen die gut gestalteten Broschüren THE BOOK oder auch *HELLO READ SEE* aus, die viele nützliche Infos und einen guten Plan der Gegend enthalten.

Wichtige Telefonnummern

- ▶ Polizei Tel 160 oder 3611 900
- ▶ Feuerwehr Tel 180 oder 3600 630
- ▶ Ambulanz Tel 123 oder 3600 554

Verkehrsverbindungen

Der Busterminal für alle Busse (Tel 3661 622) liegt im Stadtteil Hay el Nur an der Straße nach Naama, etwa 2 km nach dem „Pyramiden-Hospital" an einer Kreuzung mit einer großen Taubenskulptur in der Mitte und einer Mobil-Tankstelle auf der linken Seite. Dort in eine schmalere Straße einbiegen, nach ca. 200 m rechts die Haltestelle. Hier halten alle Busse. Ein brandneuer Terminal wurde an dieser Straße etwa 2 km bergauf gebaut. Dort starten alle Busse, man kann dort natürlich auch einsteigen.

Superjet
▶ **Kairo:** 10.00 12.30 14.00 14.30 16.30 23.00 (8 Std, £E 80)
▶ **Alexandria:** 14.30 (11 Std, £E 90)

East Delta Bus Co
▶ **Dahab:** 7.00 8.00 9.00 14.30 17.00 20.30 01.00 (1,5 Std, £E 11)
▶ **Kairo:** 7.30 9.30 10.30 13.30 14.30 16.30 17.30 23.00 24.00 0.30 (8 Std, £E 70, die letzten 3 Nachtbusse £E 85)
▶ **Ismailiya:** 8.00 9.00 10.00 11.00 12.00 13.00 14.00 15.00 (£E 40)
▶ **Luxor** (über Hurghada): 18.00 (12-14 Std, £E 120)
▶ **Nuveiba:** 9.00 14.30 17.00 (£E 27)
▶ **Suez:** 7.00 9.00 10.00 13.30 (6 Std, £E 35)
▶ **Tabah:** 8.00 9.00 (5 Std, £E 25)
▶ Zwischen **Sharm el Sheikh** und **Naama** verkehren ständig Minibusse (£E 1), Abfahrt Unterstadt. Die Hilton Hotels der beiden Orte sind mit einem Shuttle-Bus verbunden, den man als Nichtgast für £E 1 benutzen kann. Taxi kosten mindestens £E 15, z.B. Sharm - Naama, längere Strecken z.B. Flughafen £E 40.

Ihr **Egypt Air Flugticket** können Sie hier bei der Airline bestätigen lassen. Sie residiert in einem Marmorpalast an der Kreuzung Ober/Unterstadt, Tel 3661 056.

Tragflügelboot

▶ Zwischen **Sharm el Sheikh und Hurghada** verkehrt Sa, Mo, Di, Do Abfahrt 17.00 und Mi 18.00 ein Tragflügelboot (weitere Infos siehe Seite 599); Tickets zu $40 werden in verschiedenen Hotels oder Reisebüros sowohl in Naama als auch in Sharm el Sheikh verkauft (telefonische Auskunft 660 764), am besten hält man sich an Thomas Cook. Bei der Schiffsankunft muss man zunächst durch eine

***Sharm el Sheikh**

Gepäckkontrolle (rechts von der Anlegestelle) und nahe dem Ausgang zum Zoll. Am Hafentor warten Sammeltaxis und Minibusse nach Dahab, die Taxifahrt kostet etwa £E 20 pP, der Minibus £E 10.

Medizinische Hilfe

Im Hafenbereich steht eine **Dekompressions-Kammer** für 6 Personen, die praktisch für den gesamten Sinai zuständig ist. Der dortige Arzt Dr. Adel Taher (der auch Deutsch spricht) betreibt zusätzlich **Allgemeinmedizin** (10.30-18.00; Tel 3660 922, Fax 3661 011, hyper_med_center@sinainet.com.eg).
- International Hospital Dr. M. M. Shalaby, Tel 366 0894
- Sharm Medical Centre, Tel 366 1744
- Prof. Dr. Atef Khalil, Tel 012 2223 397
- Zahnarzt Prof. Dr. Hassan El Sharkawy, Tel 012 120 6078
- Tierarzt: Sharm Vet. Clinic Prof. Dr. Sheta, Sonesta Beach Resort, Tel 010 547 7795

Sonstige Informationen
Mietwagen, Geldwechsel, Reiseführer

Die Auswahl unter den Mietwagenfirmen ist so groß, dass sich Preisvergleiche unbedingt lohnen. Hier nur die Adressen der internationalen Anbieter:
- Avis, Sonesta Beach Resort, Tel 360 2400
- Europcar, Naama, Tel 02 2267 2439
- Auto Hyundai, Nähe Hard Rock Café, Leser machte gute Erfahrung

Fast alle **Banken** Ägyptens sind auch hier vertreten. Beim Geldwechsel sollte man nicht die nächstgelegene Institution nehmen, sondern Kurse auch bei privaten Wechselstuben abchecken. Wechselstuben gibt es in der Unterstadt von Sharm und im Fußgängerbereich von Naama. In vielen Hotels stehen inzwischen **Geldautomaten**, die auch auf EC-Karten mit Maestro-Zeichen £E ausgeben.

Reisebüros
▶ Eastmar Travel, El NOur, Sharm, Tel 366 1271
▶ Spring Tours, Mall 8, Naama, Tel 360 0131
▶ Thomas Cook, Gafy Mall, Naama, Tel 360 1808

Strand nahe Ras Umm Sid

▶ **Spirit of Sinai,** Sharm el Sheikh, Tel 366 4842, 012 770 7949, www.spiritofsinai.de; Jutta Brasch, die in Sharm el Sheikh lebt, bietet u.a. Frauenwanderungen auf dem Südsinai an.

Unterwasser

Taucher können in Sharm el Sheikh und Naama unter mehr als 50 Tauchschulen und -stationen wählen; Preisvergleiche lohnen sich sehr, aber auch ein Blick auf das Gerät und, nicht zuletzt, das Umweltbewusstsein der Crew. Das Tauchen kostet um $ 70 pro Tag. Zu den bekannten und guten Schulen zählen: *Camel Dive Club* (Naama, Camel Hotel), *Red Sea Diving College* mit eigenem Schulgelände (Naama), *Sharks Bay Umbi Diving*, Sharks Bay, *Sinai Divers* (Naama, Ghazala Hotel), *Subex* (Mövenpick Victoria, Naama). Angeblich tummeln sich hier an der Südostküste bis zu 1000 Taucher pro Tag im Wasser.

Schnorchler sind weitgehend auf die bzw. ihre Hotelstrände angewiesen. Es empfiehlt sich sehr, wenigstens einen Tag lang nach Ras Muhammed zu fahren und dort die ungeheuer lebendige Unterwasserwelt zu betrachten.

Nightlife

In fast allen der größeren Hotels gibt es Nachtbars, Diskos oder Pubs. Konnten früher die Discos die gesamte Umgebung mit lauter Musik eindecken, so müssen jetzt die Regler herun-

Restaurants in Sharm el Sheikh

Bevorzugt isst man Fisch, der tatsächlich meistens frisch vor der Haustür gefangen wurde. Die Liste der Restaurants ist lang, entsprechend häufig wechseln Namen und/oder Besitzer. Bummeln Sie doch durch das Shoppinggebiet vom *Old Market*, dort werden Sie sicher einen Tisch finden. Hier nur eine Auswahl (Plan siehe Seite 637)

- **Abou Hamada**, Old Market, nicht nur hier für guten und preiswerten Fisch bekannt
- **El Fanar**, unterhalb des Leuchtturms, guter Meerblick, italienisch, sehr gut, relativ teuer; der Nachbar **Acapulco Joe's** bietet sehr Ähnliches
- **Melodies**, neben Sandy Beach Hotel, der Chef lebte 10 Jahre in Rom, daher gute italienische Gerichte, große Portionen, sehr gute Pizza, preiswert
- **Sinai Star**, Old Market, eines der ganz „alten" und bekannten Fischrestaurants, gut, preiswert; bei der Gelegenheit sollte man einen Blick auf die Karte von **Gazelle Fish** gegenüber werfen.

Restaurants in Naama Bay

Die nicht wenigen Restaurants von Naama muss man ausprobieren - hier ein paar Tipps:
- **Ali Baba,** Dachterrasse, Fischrestaurant, gut, mittlere Preise
- **Danadeer,** mit nostalgischem Touch dekoriert, u.a. sehr gute Middle East Gerichte, relativ teuer
- **Libanesisches Restaurant,** Hotel Sanafir, sehr gut, mittlere Preise
- **Mövenpick,** gutes Café mit gutem Kuchen
- **Peking,** gutes chinesisches Lokal im Sanafir Hotel
- **Seerößle,** Schweizer Restaurant im Ghazala Hotel
- **Tam Tam,** orientalisches Restaurant, ebenfalls zum Hotel Ghazala gehörend, viel Atmosphäre, preiswert

Übernachten in Sharm El Sheik

Individualtouristen geraten hier immer mehr in Vergessenheit, preiswerte Unterkünfte gibt es nicht mehr. Selbst das Youth Hostel ist seit dem Umbau in höhere Preisregionen umgestiegen. Die relativ billigen Hotels liegen (bis auf Sharks Bay) meist weitab vom Strand. Die unten stehende Auswahl folgt keiner festen Regel. Wenn Sie die herrlichen Sonnenuntergänge hinter der Bergkulisse täglich sehen wollen, nehmen Sie die selten angebotene Südwestlage (Plan siehe Seite 637).

- **Hilton Sharm Waterfalls Resort**, 5*, [7] Tel 366 3232, Fax 366 3228, eins der feudalen Luxushotels mit einem künstlichen Wasserfall und einer Drahtseilbahn zum Strand...
- **Beach Albatros**, 4*, [6] an der Cliffstraße über Sharm el Maya Bucht, Tel 3663 924, Fax 3663 921, pickalbatros@internetegypt.com, www.pickalbatros.com, Zugang zum tiefer liegenden Strand per Aufzug/Treppe, Internetzugang, gr Zi, se sa, Pool, Tennis, SatTV, AC, Kschr, mF ....E+B $65-105, D+B $150-215

Die folgenden Hotels liegen in der ersten, nach der Moschee links abzweigenden Straße:
- **Cliff Top**, 3*, [4] Tel/Fax 3660 254, www.amfinternational.5u.net, urspr. von Israel gebaut, Pool, AC, SatTV, Kschr, mF .... E+B 200, D+B 250
- **Sandy**, 3*, [3] am Eingang Old Market, Tel 3661 177, Fax 3660 377, Pool, Strand 3 Min entfernt, AC, SatTV, feucht-muffig, Kschr, sa, mF ....E+B 150-180, D+B 250-300
- **Sunset**, 3*, [2] Tel/Fax 3663 014, sales.sunset@spartner-hotels.com, www.partner-hotels.com, Shuttlebus zu eigenem Strandabschnitt, 2 Pools, AC, Kschr, se sa, mF .... E+B $40, D+B $45
- **Tropicana Tivoli**, [1] 4*, Tel 3661 381, Fax 3661 380, gamal@tropicanahotels.com, www.tropicanahotels.com, Sh Council, gro Zi, mit kl. Küche, Pool, SatTV, AC, Kschr, se sa,

***Sharm el Sheikh

gepflegt; Shuttle-Service zum Strand, mF ....E+B $50 D+B 60
- **Youth Hostel**, [5] Nähe Moschee, Tel 3660 317, sa, mF ....Dormp P 55,25 D+B+AC 112,50

Übernachten in Naama Bay

In Naama wird die Hotellandschaft von der Durchgangsstraße in zwei ziemlich unterschiedliche Teile zerlegt: auf der **östlichen** Seite zum Strand hin in „teuer" und meist mit eigenem Strandabschnitt; **westlich** der Straße sinken die Preise, der Strand wird durch große Pools ersetzt bzw. der Gast muss hinüberwandern und sich meist irgendwo ein Plätzchen am ohnehin überfüllten Beach suchen. Die westlich der Straße gelegenen Herbergen werden im Folgenden mit *wstl* gekennzeichnet.

- **Camel Dive**, [2] 4*, Tel 3600 700, Fax 3600 601, info@cameldive.com, www.cameldive.com, liegt in zweiter Reihe vom Strand, an der Fußgängerzone neben Sanafir Hotel, se sa, AC, SatTV, Pool, mF .... E+B € 47-77, D+B € 56-106
- **Days Inn Gafy Resort**, 4*, [7] Tel 3600 210, Fax 3600 216, info@daysinngafy.com, www.daysinngafy.com, eigener Strandabschnitt, sehr großzügig angelegt, Pools, se sa, ang, AC, SatTV, HP .... E+B $100, D+B $130
- **Hilton Fayrouz Village**, 4*, [5] Tel 3600 137, Fax 3601 043, fayrouz@sinainet.com.eg, www.hilton.com, eigener Strandabschnitt, großes Bungalow-Hotel in gepfl. Gärten, AC, SatTV, se sa, mF .... E+B $100-120, D+B $130-150
- **Marriott Beach Resort**, 5*, [6] Tel 3600 190, Fax 3600 188, direkt am Strand
- **Marriott Mountain View**, 5*, wstl gegenüber Beach R., um gr Pool gebaut, qualitativ dem Schwesterhotel mindestens ebenbürtig, tolle Architektur
- **Maritim Jolie Ville Resort**, 5*, [4] Tel 3600 100, Fax 3600 111, info@src-maritim-jolieville.com, www.maritim.de; das ehemalige Mövenpick-Hotel (ein weiteres **Maritim Jolie Ville Royal Peninsula Resort** liegt in Richtung Flughafen und ist bekannt durch internationale Konferenzen und den nahegelegenen Golfplatz)
- **Ocean Club**, 3*, [1] Tel/Fax 3664 301, Fax 3664 302, frontdesk@ocean-ventures.com.eg, AC, SatTV, se sa, hübsche Zi, gr Pool, Shuttle-Service zum Naama Strand, empf, mF ...... E+B $32, D+B $44
- **Sanafir**, 3*, [3] Tel 3600 197, Fax 3600 196, an der Fußgängerzone, www.sanafirhotel.com, gute Atmosphäre, gutes Rest, nur noch von Gruppen belegt, keine Einzelgäste mehr!
- **Sofitel Coralia**, 5*, [8] Tel 3600 081, Fax 3600 085, H1970@accor.com, www.sofitel.com, mit am besten gelegen am Hang, am Nordostende der Bucht, herrlicher Blick, kl. aber geschmackv. Räume m.Tonnengewölbe, mickriges Bad

Sharks Bay (6 km nördl. von Naama, Ausschilderung *Conrad Resort* folgen u. 1.Str. re)
- **Tropicana Grand Oasis**, 4*, Tel 3603 931, Fax 3603 932, grandoasis@tropicana.com; schön an terrassiertem Hang vor der Küste gelegen, AC, SatTV, se sa, VP (all incl.) ...E+B € 58-75, D+B € 96-130
- **Umbi Sharks Bay**, Tel 3600 942, Fax 3600 944, reservations@sharksbay.com, www.sharksbay.com , direkt am Strand, schöne Bade- und Tauchbucht, Tauchcenter deutschsprachig, sa, ru, se fr, empf,
mF....Hütte E €14, D €17, Strandkabine mit AC E+B € 22, D+B € 33, Bedouin Village E+B €32, D+B €43

Camping
- Einen offiziellen Campingplatz gibt es nur im **Ras Muhammed Nationalpark** direkt am Riff.

tergedreht werden; es darf kein Schall mehr nach außen dringen. Auf der Website www.pachasharm.com kann man das aktuelle Angebot nachlesen.

Beliebt sind die Diskos **Hard Rock Café** in der Naama Mall, ebenso **Black House** oder **Pacha** (Hotel Sanafir) oder **Cactus** im Maritim Hotel, um nur einige zu nennen. Die **Bus Stop**

Disco veranstaltet jeweils donnerstags „House Music" mit häufig international bekannten DJs. Zu den guten Pubs zählen **Pirate's Bar** im Fayrouz Hilton Hotel und die **Land Bar** im Camel Hotel oder **Ali Baba**.

Auch das ziemlich neue „Unterhaltungszentrum" **Alf Leila Wa Leila** (Ecke El Fanar/Banks Street) Einlass ab 18.30, deutsche Shows Sa/So), ein riesiger Komplex in Hadaba mit kastellartiger Außenmauer und Zwiebeltürmchen, bietet neben Disco und Kino 2 Shows: die erste um 21.30 Uhr als Light & Sound Show über pharaonische Könige, die zweite um 23.30 Uhr als ägyptische Folklore mit Bauchtanz, Pferde- und Kameldressur etc., Eintritt in die Anlage £E 10; die Shows kosten zusammen $20.

Sonstige Aktivitäten

Ein **Ausflug** zum Nationalpark Ras Muhammed (siehe Seite 633) ist nahezu obligatorisch. Er wird von jeder Menge Taxiunternehmer angeboten (£E 100-150 pro Auto). Vereinbaren Sie einen Ganztagestrip vor der Abfahrt, legen Sie die Aufenthaltsdauer im Nationalpark und eventuell auch die dortigen Ziele fest. Achtung: Vergessen Sie Ihren Pass nicht! Ohne ihn gibt es kein Durchkommen beim Checkpost hinter Sharm el Sheikh.

Diverse lokale Veranstalter bieten **Ausflüge** nach Ras Muhammed (ca. $30), zum Katharinenkloster (ca. $50), zum Coloured Canyon (ca. $40) und diversen anderen Zielen auf dem Sinai an, sogar per Flugzeug nach Petra in Jordanien (ca. $350). Wer weiter nach Norden reist, sollte sich die Trips zu den Naturschönheiten, besonders die Kameltrips, für Dahab, Nuveiba oder St. Katharin aufheben, dort sind sie wesentlich billiger und man ist näher an den interessanten Zielen. In direkter Umgebung könnte man den Nationalpark Nabq (siehe Seite 645) oder das Wadi Kid (siehe Seite 646) z.B. per Kamel erkunden oder, schneller, im 4WD.

Bootsausflüge zu den Tauchgründen von Ras Muhammed oder zur Insel Tiran gehören ebenfalls zum Standardrepertoire. Tauchen, ohne nass zu werden: **Seascope** Submarine und Glasbodenboote, Sharm el Maya, Tel 012 778 4637.

An weiterem Zeitvertreib werden u.a. geboten: **GoKart fahren, Golfen, Reiten, Schlittschuhlaufen (!!), Bungee springen, Wasserski,** oder mit **Quads die Wüste durchpflügen.** Selbstverständlich werden auch Besichtigungstrips nach Kairo oder ins Niltal offeriert. Das Angebot für all diese Vergnügungen ist reichhaltig, man sollte Preise vergleichen und mit den Leuten feilschen - hier wird gutes Geld verdient.

Fahrräder kann man in Naama bei Holiday-Sun, am nördlichen Ende der Promenade zu £E 85/Tag ausleihen.

Shopping: Abgesehen von den vielen Souvenirshops und Boutiqen, dürfte ein Metro-Markt vielleicht auch von Interesse sein (am Beginn der Peace Road rechts etwa 200 m nach deren Beginn).

Eine vierspurige „Prachtstraße" mit Palmen auf dem Mittelstreifen und durchgehender Beleuchtung verbindet Sharm el Sheikh über Naama hinaus mit dem **Flughafen**. Links, am ehemaligen Ortsausgang, ein (zur Historie Ägyptens passender) pyramidenförmiger Glasbau, der das Krankenhaus beherbergt. In diesen Ortsteil namens **Hay en Nur** wurde der Busterminal verlegt (hinter der Mobil-Tankstelle).

Nach 7 km:

***Naama Bay

Hintergrund: Die ehemals malerische Bade- und Übernachtungsbucht (auch **Marina Beach**, arabisch Marsa al At genannt) ist von teuren Hotels und Tourist Villages total zugepflastert. Bereits am Eingang kündet der Vergnügungspark Fun Town an, dass hier Langeweile totgeschlagen werden muss. Naama ist noch touristischer als Sharm, hat nichts anderes zu bieten als Hotels, Shops und touristische Infrastruktur. Wer dieses Leben inmitten von Heerscharen von Pauschaltouristen aus ganz Europa mag, der ist hier bestens aufgehoben.

Die Bucht von Naama, während der Besatzungszeit von den Israelis mit zwei Hotels be-

***Naama Bay**

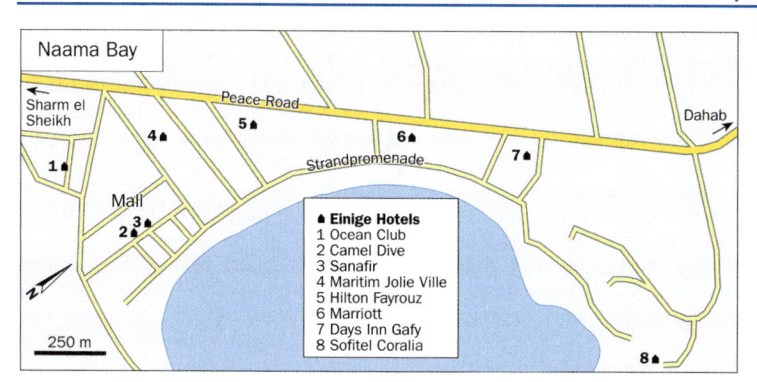

Karte: Naama Bay

Einige Hotels:
1. Ocean Club
2. Camel Dive
3. Sanafir
4. Maritim Jolie Ville
5. Hilton Fayrouz
6. Marriott
7. Days Inn Gafy
8. Sofitel Coralia

baut, blieb noch einige Jahre nach der Rückgabe des Sinai vom Massentourismus verschont. Damals war sie der Traveller-Treff im Südsinai; man schlief am Strand oder in einfachen Unterkünften und genoss die unverfälschte Natur. Doch als mit dem Fayrouz-Hilton Hotel der Startschuss für teure Neubauten gegeben war, wurde die schöne Bucht innerhalb weniger Jahre zugebaut und der Strand quasi privatisiert.

Der Besitzer des Hotels Sanafir, Adla El Mestekawy, gründete sehr bald eine Initiative mit dem Ziel, die Müllberge zu entsorgen und die bis dahin in einem künstlichen Teich gesammelten Abwässer zur Bewässerung zu nutzen. Außerdem stellte er sich hinter die Initiative verschiedener Ornithologen, die während des Vogelfluges rastenden Störche vor den Abwässern zu schützen. Derartige Initiativen waren für ein Land, in dem Umweltschutz noch keine allzu hohe Priorität besaß, sicher ungewöhnlich.

Die Gegend zählt auch zu einem wichtigen Rastplatz von Zugvögeln. Es handelt sich haupt-

Naama Bay

sächlich um Störche, die von Ende August bis Anfang November auf dem Flug nach Südafrika bzw. auf dem Rückflug von Mitte März bis Anfang Mai hier einen Stopp einlegen.

Nach den Attentaten der letzten Zeit sind sämtliche Hotelzufahrten gesperrt, der Schlagbaum oder die Kette öffnen sich erst, nachdem sich der Autofahrer ausgewiesen hat. Ein kurzes Parken für Besorgungen im Shop nebenan ist nicht mehr möglich. Auf der Westseite der Peace Road wurde ein Parkplatz eingerichtet, von dort sind u.U. lange Fußmärsche angesagt.

Die Durchgangsstraße *Peace Road* zerschneidet Naama in zwei zumindest preislich unterschiedliche Teile. Die westlich gelegenen Hotels oder Shops sind in der Regel deutlich billiger. Auf der östlichen Seite der Straße, zum Strand hin, liegen im südlichen Bereich einige kleinere Hotels in zwei Reihen parallel zum Strand, durch die Fußgängerzone **Naama Mall** getrennt. Schon bald besiegelt auf dem Weg nach Norden das Maritim Hotel das Ende der Mall, denn ab hier ziehen sich die Resorts jeweils von der Hauptstraße bis zum Strand hin. Nach dem Maritim folgen Hilton Fayrouz, Novotel, Al Bostan, Gafy Land und Sonesta. Zwischen dem Sandstrand mit zahllosen Liegestühlen und Hotels wurde ein durchgehender Flanierweg gepflastert.

In Naama kann ein Tourist alles kaufen, was das Herz begehrt, und er kann baden, schnorcheln, tauchen oder dies erlernen, er kann surfen, Wasserski fahren oder ganz simpel mit einem Pedaloboot herumschwimmen. Mehrmals täglich schippern **Glasbodenboote** von der Anlegestelle am südlichen Buchtausgang zu den Korallenriffen, von denen die meisten bereits abgestorben sind; und wenn über den noch lebenden Fische mit Futter angelockt werden, ist längerfristig auch deren Ende besiegelt.

Sehr viel spektakulärer bleiben **Tauchtrips** in die Straße von Tiran, nach Ras Muhammed oder, als besonderes Highlight, zu den Brother Islands in Erinnerung, die aber nur in Mehrtagesfahrten erreichbar sind.

Schöne, fischreiche **Schnorchelplätze** liegen gleich nördlich am Ende der Naama-Bucht, noch bessere ein Stück weiter „um die Ecke". Sie sind zu Fuß - immer am Strand entlang - in ca. 45 Minuten, die besseren mit zusätzlichen 30 Minuten erreichbar.

Wenn Sie Naama per Bus verlassen wollen, so fahren Sie besser nach Sharm el Sheikh und warten nicht an der hiesigen Durchgangsstraße; hier hält der Busfahrer nur, wenn er beste Laune hat.

Auch nördlich von Naama hören die Hotelburgen nicht auf. Die Küstenlinie bis zur Grenze des Nationalparks Naqb wird dicht an dicht zugebaut. Allerdings muss man den Architekten, die sich auf dem Sinai engagieren, zugestehen, dass sie nicht mehr uniforme Klötze in die Landschaft stellen, sondern durchaus reizvolle Ideen verwirklichen; dies gilt für Hotelbauten wie auch für Wohnhäuser.

Nach 6 km: Abzweig (Schild *Conrad Resort bzw. Savoy*)

Rechts zum östlich des Flughafens gelegenen Strand- und Hotelabschnitt und, erste Straße wieder rechts, zur **Sharks Bay**, eine kleine, noch vor wenigen Jahren recht einsame Bucht mit Tauchschule und preiswerter Unterkunft (Strandzugang £E 20 einschließlich Mitbenutzung der Duschen). Für Schnorchler sehr günstig, da man nicht über die Riffplatte gehen muss. Nachteil: etwas abgelegen, nur teure Taxis zum Fortkommen.

Sharks Bay

***Naama Bay**

Lange Strandabschnitte im Naqb Nationalpark sind mit Mangroven bewachsen

Nationalpark Nabq

Nördlich von Ras Nasrani wurde Mitte der 1990er Jahre ein Nationalpark mit Zentrum um die winzige Oase Nabq ins Leben gerufen (Eintritt $ 5 pP und $ 5 per Auto). Die hier lebenden Beduinen sind in das Projekt integriert und können, wie seit vielen Jahrhunderten, ihren Gewerben - hauptsächlich dem Fischfang - nachgehen, müssen dies aber im Einklang mit der Natur tun, d.h. sie dürfen das ökologische Gleichgewicht nicht stören. Einige hauptberufliche Ranger kümmern sich darum.

Der ziemlich einsame, wenig besuchte Park strahlt eine gewisse Faszination aus mit den schroffen, hoch aufwachsenden Bergen im westlichen Hintergrund, der hier meist sehr breiten Riffplatte und den Mangroven-Kolonien mit den dort lebenden Vögeln. Das Schwemmlandgebiet vor den Bergen wird immer wieder von kleinen Dünen unterbrochen. Vom südlichen Parkeingang verläuft eine relativ gut gepflegte, auch für Kleinwagen leicht befahrbare Piste parallel zur Küste. Nach 5 km trifft man auf einen Rastplatz mit Cafeteria, dann folgt nach 1,5 km Nakhet el Tal, die kleine, auf dem Schwemmland des Wadi Umm Adawi gelegene Oase. Sie ist wegen der in der Umgebung vorkommenden Mangroven bekannt. Es handelt sich um die nördlichsten Kolonien dieser Pflanzenart. Im Gegensatz zu den üblichen Vorkommen wächst hier nur eine einzige Art. 5 km weiter nördlich ragen die traurigen Überreste des in den 1950er Jahren gestrandeten deutschen Frachters Maria Schröder auf der Riffplatte am Strand auf. Auch hier siedeln sehr dichte Mangrovenkolonien.

3 km nördlich entfernt sieht man das etwas seltsame Gebäude des Visitor Centers (N28°11,65' E34°25,8'), das hier mehr vor sich hindämmert als genutzt wird. In einem Ausstellungsraum im oberen Stockwerk findet man – falls überhaupt geöffnet - einige interessante Informationen und einen guten Ausblick in das einsame Parkgelände. Weiter nach Norden liegen noch zwei weitere Mangroven-Siedlungen. Hier kann man nach Westen ins untere **Wadi Kid** abbiegen und erreicht nach 14 km die Asphaltstraße nach Dahab oder man fährt zum südlichen Eingang zurück.

9 Sinai

Nach 2 km: Abzweig
Rechts zum **Flughafen**, nach **Ras Nasrani**, zum Hotel- und Strandabschnitt **Nabq** sowie zum **Nationalpark Naqb** und ins untere **Wadi Kid**. Der etwas kleine, aber sympathisch-übersichtliche Airport bewältigt eine Menge Charterverkehr aus Europa und tägliche Flüge von und nach Kairo. Die Straße führt nordöstlich weiter und trifft bei Ras Nasrani auf die Küste (10 km vom Abzweig aus). Dort schaut man auf die mit 8 km engste Stelle der Straße von Tiran, auf zwei auf der Riffplatte gestrandete Frachter und auf die wasserlose **Insel Tiran**, die sich über 500 m hoch aus dem Meer erhebt. An diesem strategisch günstigen Platz lässt sich mit minimalem Aufwand der Schiffsverkehr in den Golf von Aqaba lahmlegen, was Ägypten auch zweimal demonstrierte. Mitte der 1990er Jahre wurde diskutiert, hier eine Brücke nach Saudi Arabien zu bauen, aber das Projekt scheint eingeschlafen zu sein.

Fährt man hier links, parallel zum Strand nach Norden, kommt man wiederum an zahllosen Resorts vorbei. Nach etwa 7 km wendet die Asphaltstraße in großem Bogen und kehrt zur Flughafenstraße zurück. An der Wende beginnt eine Piste, die nach knapp 1 km auf den südlichen Eingang zum Nabq National Park führt (siehe Kasten).

Weiter auf der Hauptstraße von der Flughafen-Abzweigung in nördlicher Richtung.
Die jetzt folgende, weiterhin vierspurig (!) ausgebaute Straße zieht sich durch fantastische Bergformationen, meidet bis Nuweiba die Küste und muss einige Pässe mit Höhen von bis zu 650 m überwinden. Leider wurde Ende der 1990er Jahre eine Hochspannungsleitung mehr oder weniger parallel zum Straßenverlauf gezogen, die - so nützlich sie auch sein mag - die bizarre Schönheit der Landschaft extrem stört - und nicht nur hier; Fotografen werden sie verfluchen.

Nach 2 km: Abzweig
Links 17 km lange Umgehungsstraße ('Ringroad'), die südlich von Sharm el Sheikh auf die Straße nach El Tur trifft. Etwa 6 km später liegt links das **Wadi Manir**. Dort bieten Beduinen mit Kamelen (bevorzugt Bustouristen) Kurzausflüge in die Berge an.

Nach 27 km: Abzweig (N28°10,65' E34°18,78')
Rechts beginnt eine Piste durch den **Nationalpark Naqb**, das untere **Wadi Kid** und zum Wrack der **Maria Schröder**. Wenn Sie zuvor nicht der weiter oben beschriebenen Strecke an der Küste gefolgt sind, lohnt sich hier ein Abstecher hinunter zum Strand und zu den Mangrovenwäldern im Nationalpark Nabq.

Nach 14 km: Abzweig (N28°16.35' E34 °17.8')
In einer lang gezogenen Linkskurve zweigt eine sehr steinige und teils versandete Piste zur **Oase Ain El Kid** im oberen Wadi Kid ab. Die Piste führt nach 14 km an einem erhöht liegenden Bedu-Dorf vorbei und endet nach knapp 20 km an einer Felsbarriere, die eine Schlucht abriegelt. An dieser Barriere scheint sich so viel Grundwasser zu stauen, dass die Palmen der dahinter liegenden, von hohen Felswänden eingeengten Oase bestens gedeihen (etwa 15 Minuten Fußweg). Die Oase wird von den Beduinen nur als Sommerlager benutzt, im Winter ist sie verlassen. Das Wadi Kid beginnt in 2190 m Höhe am Gebel Sheikh el Arab, wie auch die Wadis Nasb und Isla.

Nach 12 km: Sharira Pass (650 m Höhe)
Diese Strecke gehört zu den landschaftlich eindrucksvollsten der Ostsinai-Straße. Eine Bedu-Cafeteria offeriert Getränke.

Nach 10 km: Abzweig (N28°27,08' E34°24,02')
Rechts führt eine Piste ins Wadi Qnai el Rayan, die nach ca. 3 km endet. Von dort geht es zu Fuß durch eine sehenswerte Schlucht zum Strand der Südoase von Dahab.

Nach 6 km: Abzweig
Rechts auf vierspuriger, beleuchteter Straße nach Dahab; nach 3 km zweigt links eine Straße ab, die nach 3 km in Nord-Assalah in die Straße mündet, die zum *Blue Hole* führt. Geradeaus erreicht man nach 4 km

---

***Dahab

Der goldgelbe Sandstrand - von Korallenriffen gesäumt - gab dem schönen Schwemmlandfleck den Namen *Gold* (arabisch *Dahab*). Besonders die nach Süden verlaufende Gebirgskette

***Dahab**

bildet eine landschaftlich herrliche Kulisse als Hintergrund der Oase. Bisher schien hier der Baurausch noch nicht in dem Maße ausgebrochen zu sein wie anderenorts und der Strand noch nicht mit Feriendörfern zugepflastert zu werden - doch seit der vorletzten Auflage dieses Führers bekamen auch hier die Hotel-Resorts, besonders auf dem Weg zum Blue Hole, mächtig Zuwachs.

Die Asphaltstraße führt direkt zum Touristenzentrum, ein Hotelkomplex im südlicheren Oasengebiet, der ursprünglich von den Israelis mit dem Bau des heutigen Hotels Coralia gegründet wurde. Hier unten am Strand breiten sich die Hotels Coralia, Hilton, Ganet, Swiss Inn und - etwas weiter südlich - Helnan über jeweils große Flächen aus. Alternativ zu diesen eher mondänen Hotels errichteten die Beduinen neben ihrem Dorf El Assalah ein *Bungalow-Dorf*, das viele Traveller anzieht und häufig *Village* oder *Bedu-Village* genannt wird (siehe weiter unten).

Touristenzentrum

Die Bucht beim Touristenzentrum eignet sich hervorragend zum **Surfen**. Surfgerätschaften kann man u.a. in der von Deutschen geführten Surfschule im Ganet Hotel leihen, aber auch im Bedu-Village.

Ein Stück oberhalb des Touristenzentrums zweigt rechts eine Straße nach Süden ins eigentliche Zentrum ab, in dem ein modernes Verwaltungsgebäude die Präsenz der ägyptischen Bürokratie mehrstöckig demonstriert. Ein Stück den Berg hinunter treffen Sie auf Supermärkte, die Bushaltestelle, Post, Telefonamt, Bank, eine Bäckerei, verschiedene Shops und ein paar Restaurants.

Wenn man nicht ins öde Zentrum abbiegt, sondern nach Süden weiterfährt, passiert man zunächst das neue Helnan Hotel; dann geht die Straße in eine Piste über, lässt ein Stück später die Baustelle des Steigenberger Hotels rechts liegen und erreicht nach 4 km die **Südoase** am Wadi Gnein. Am Ende der Straße wurde in „splendid isolation" das *Happy Life Village* gebaut, eine von Lage und Ausstattung her exklusive Ferienanlage im 4*-Bereich. Diesem gesamten Strandabschnitt sind immer wieder Korallenriffe vorgelagert. Ein guter Tauchplatz liegt an der vorletzten Palmengruppe der Südoase. Zum Schnorcheln sind die „*Pools*" noch besser geeignet, die ca. 500 m weiter südlich zu finden sind. Es handelt sich um eine Kette von drei miteinander verbundenen Löchern im Riff, die fast am Strand beginnen.

Das Happy Life Village läßt sich besser über eine neue Asphaltstraße erreichen, die auf der Dahab-Zufahrtsstraße 1 km nach der weiter oben erwähnten Abzweigung zum Blue Hole rechts abzweigt und dann 7 km weit oberhalb von Dahab mit schönen Ausblicken zum Wadi Gnein und schließlich zum Hotel führt. Das **Wadi Gnein** mündet in einer sehr engen und hohen Schlucht in die Südoase. Weiter oben gibt es eine kleine Oase mit etwa 20 Palmen und einer Beduinenfamilie; dorthin werden Ausflüge angeboten.

Wenn Sie den Strandabschnitt über die Südoase hinaus erforschen wollen, geht es ab dem Happy Life Village wegen der steil ab-

Die Bucht von Dahab ist bei Kite-Surfern sehr beliebt

fallenden Berge nur zu Fuß oder per Kamel weiter.

Beduinendorf El Assalah

Hintergrund: Die alte Beduinensiedlung, in der die Muzeina-Beduinen leben, liegt etwa 45 Minuten Fußweg (ungefähr parallel zum Strand) nördlich des Touristenzentrums oder 3 km Asphaltstraße von der entsprechenden Kreuzung aus. Bei Bus-Ankunft warten meist Taxis an der Haltestelle, die ca. £E 5 pP für den Kurztrip verlangen. Assalah war der Ausgangspunkt einer erstaunlichen Entwicklung.

Südlich vor ihrem Dorf vermieteten die Beduinen in der Gründungszeit gegen Ende der 1980er Jahre Hütten aus allerlei Baustoffen, wie Palmblattgeflecht, Pappe oder Sperrholz, an junge Budget-Traveller. Doch diese simpelste Art von Baumaßnahmen gehört längst der Vergangenheit an. Daraufhin ging der Trend zu Camps aus Beton- bzw. Steinhütten, die zwar mehr Schutz gegen Diebstahl boten, freilich mit dem Nachteil, dass sich die Buden während des Tages stark aufheizten und nachts nur langsam abkühlten. Einige davon unterschieden sich in Aussehen und Einfallslosigkeit kaum von Gefängnisanlagen, andere wiederum waren originell und keineswegs uniform gestaltet.

Doch auch dieser Baustil gehört fast schon der Vergangenheit an. Inzwischen rüsten die meisten Camps auf Zimmer mit Bad und Aircondition um. Diese sind zwar immer noch recht einfach, kommen aber den kommerziellen Hotelzimmern schon sehr nahe. Aber immer mehr ehemalige Camps bauen ihre Anlagen zu besseren Hotels um oder es entstehen Neubauten teils unter neuem Namen.

Trotz aller Probleme hatte das Beduinendorf eine eigene, sehr charmante Identität entwickelt. Eine so lockere Institution wie diese etwas chaotisch-sympathische Ansammlung von Sammellagern, mit ihrer Unkompliziertheit und dem etwas naiven Kommerz, dürfte in ganz Nahost nicht wiederzufinden gewesen sein.

Das Dorf wuchs ständig in südlicher und nördlicher Richtung, angeblich hat jetzt die Verwaltung einen Baustopp verfügt. 2002 ließ sie die Strandpromenade pflastern, die bisher eine Schotterstraße war. Dabei räumte man leider auch mit den Beduinenrestaurants auf: Anstelle der Lotter-Liegen mussten „anständige" Stühle und Tische am Strand aufgestellt werden. Pflasterstraße und ordentliche Restaurants westlichen Zuschnitts raubten dem Relaxing-Ziel so vieler, vor allem jugendlicher Traveller eine Menge unbeschwerter Atmosphäre - sich hinlümmeln, Shisha (oder anderes) rauchen und in den Tag träumen, macht auf einem starren Stuhl viel weniger Spaß. Da kann man nur empfehlen: auf nach Nuveiba, am Tarabin Strand findet jetzt (noch) Dahab statt.

Inzwischen gibt es sogar eine Art professioneller Müllabfuhr. Das Dorf und die früher von Plastikabfall übersäte Ebene zum Touristenzentrum sind deutlich sauberer geworden. Auch ist die Wasserversorgung nicht mehr das zentrale Problem, seit eine Entsalzungsanlage Frischwasser liefert. Das Waschwasser vieler Camps oder auch Hotels wird allerdings meist noch aus einem eigenen Brunnen auf dem jeweiligen Grundstück gewonnen.

1989 hatte eine ziemlich starke Ruhr-Epidemie die Leute zum Nachdenken über die Entsorgung menschlich erzeugter Abfälle veranlasst; denn seit der Überflutung der Oase mit Touristen ließ sich dieses Problem nicht mehr einfach auf traditionelle Weise mit Sand verdecken. Die jetzt überall vorhandenen Sickergruben werden angeblich regelmäßig per Tankwagen entleert und deren Inhalt nicht ins Meer gekippt.

Kehrseite der Medaille ist das allgegenwärtige Drogenproblem, das von Anbeginn das Dorf begleitete. Wenn die Polizei ihre Drohungen ernst werden lässt, dann steht nicht Wenigen der Umzug in kahle Gefängniszellen bevor. Dealer können in Ägypten per Strick zu Tode befördert, in leichteren Fällen mit Gefängnis bis zu 25 Jahren bestraft werden (ein Dahab-Dealer beendete sein Leben auf diese Weise). Will man die Zeit in den hiesigen Gefängnissen auch ohne den Galgen überleben, braucht man zumindest eine äußerst stabile Gesundheit.

***Dahab**

649

- **Hotels und Camps**
1. Coral Coast
2. Mirage Village
3. Sirtaki
   Golden Europe
4. Sindbad
5. Alf Leila
6. Negm Paradise
7. Green Valley
8. Seven Heaven
9. Mohammed Ali Camp
10. Yasmina,
    Monica
    Gina
11. Nesima
12. Sphinx
    New Sphinx
13. Penguin
14. Christina
    Jewel of Dahab
15. Inmo
16. Oricana
17. Dyarna
18. Lagona Village
19. Sarah Village
20. Coralia
21. Hilton Dahab Resort
22. Swiss Inn

Blue Hole
Assalah
Ex-Leuchtturm
Masbat
Oxford Supermarket
Bazar-Str.
Mashraba
Sh.-Mashraba
Nuveiba, Sharm el Sheikh
Südl. Oase
Touristenkomplex ("Dahab City")
Golf von Aqaba
"Surfer's Paradise"
500 m
Dahab

Ehemaliges Zentrum der Aktivitäten war die Gegend um den (alten) **Leuchtturm**, an dessen Stelle jetzt das Sirtaki Hotel steht. Am Strand wurde eine durchgehende Promenade angelegt, die im nördlichen Dorf – also dem Zentrum der beduinischen „Ureinwohner" - beginnt, sich über Lighthouse und an der gesamten Bucht entlang bis zum Lagoona Hotel zieht. Der Promenadenabschnitt, der sich vom Sirtaki Hotel am Strand entlang nach Süden bis etwa zum Mohammed Alis Camp windet, bediente ursprünglich den attraktivsten Teil von Dahab-Bedu, den Ortsteil **Masbat**. Hier, auf der „Flaniermeile" am Strand, drängeln sich die Gäste, wetteifern die Restaurants und zahllose Souvenirshops um deren Gunst. Es war auch hier, an der südlichen Brückenseite, wo im April 2006 Attentäter ihre Bomben zündeten, mitten auf der Promenade - ausgerechnet in Dahab, einem Ort der jungen Leute, an dem sich vermutlich kein einziger Politiker oder größerer Entscheider je aufhält.

Südlich, etwa ab Mohamed Ali Camp, beginnt der Ortsteil **Mashraba** mit einer ganzen Reihe von Camps, Tauchschulen und Hotels. Es folgt eine lange Sandbank, an deren Beginn ein paar Hotels stehen. Sie geht schließlich in das weit ausholende Haff der Lagune über, an dem nicht gebaut werden darf.

Was man in Dahab unternehmen kann

Schnorcheln, Tauchen

In Dahab suchen mehr als 40 Tauchschulen nach Kunden. Wer hier - buchstäblich - einsteigen will, sollte sich gut informieren, sowohl von der Zuverlässigkeit als auch vom Preis her. Als erste derartige Schule in Dahab hat das deutschsprachige Inmo (**In**grid und **Mo**hammed El Kabany) alle Fährnisse der Zeit gemeistert und nennt ein ansehnliches Center mit Hotel sein Eigen.

In der unmittelbaren Umgebung von Dahab zählt man 17 Tauchplätze, von denen jeder seine eigene Faszination birgt. Der Strand direkt am Village ist an vielen Stellen ziemlich verschmutzt. Beim Sirtaki Hotel liegt eine Korallenbank, das *Lighthouse Riff*, die auch zum **Schnorcheln** gut geeignet ist.

Ebenso finden Sie nördlich der Beduinensiedlung entlang der Straße zum Blue Hole Korallenriffe. Etwa 600 m nördlich des Lighthouse Riff liegt der **Eel Garden**, in dem sich besonders viele Röhrenaale tummeln. 6 km nördlich zählt **El Hasha** (*Canyon*) zu den interessantesten Tauchplätzen des Sinai.

Die am Strand entlang führende Asphaltstraße nach Norden - an der immer mehr Hotels und Resorts entstehen - endet nach 8 km am **Blue Hole** (N28°24,32' E34°32,16'). Dort errichteten die Beduinen Cafeterias, die auch Leihschnorchel anbieten.

Das Blue Hole ist ein Loch in der Riffplatte von etwa 80 m Durchmesser mit großem Fischreichtum, das senkrecht bis unter die 50-m-Marke abfällt. Dort führt ein Tunnel ins offene Meer. Es ist zwar einerseits ein bequemer Einstieg in die Wasserunterwelt und ein guter Schnorchelplatz, der leicht vom Strand zu erreichen ist. Doch Achtung Taucher: Hier kamen mehrere tödliche Unfälle vor; das Loch ist heimtückisch und beim Tiefertauchen nur für erfahrene Taucher geeignet. Das Blue Hole wird lange vor Sonnenuntergang vom Schatten der umliegenden Berge verdunkelt, daher wegen besserer Sicht vorher ins Wasser gehen.

Das Blue Hole - als dunkelblaues Loch gut zu erkennen

Die Beduinen arrangieren auch Kameltrips vom Blue Hole zum Nationalpark **Ras Abu Gallum** (Anfahrt per Auto bzw. von Norden siehe weiter unten), die etwa 2 Stunden dauern; ein guter Test übrigens für weitere Aktivitäten auf dem Kamel. Allerdings ist die Piste entlang der hier steil ins Meer abfallenden Berge so schmal, dass man häufig das Kamel führen muss. Am recht einsamen Ras Abu Gallum (Teil des gleichnamigen Nationalparks) gibt es gute Schnorchel- und Tauchplätze.

Apnoe Tauchen - ohne Technik in die Tiefe, das kann eine neue Erfahrung sein, das Tauchcenter *Desert Divers* bietet Training an. In Dahab wurden Weltrekorde in dieser Disziplin gebrochen.

Windsurfen

Die Lagune von Dahab ist ein Paradies für Windsurfer und die damit verwandten Sportarten

Landausflüge

Bei organisierten Trips zum **Katharinenkloster** fährt man gegen 23 Uhr ab, Aufstieg zum Mosesberg vor Sonnenaufgang, anschließend Klosterbesichtigung, Rückkehr gegen 11 Uhr am nächsten Tag (vorsichtshalber Pass wegen der MFO-Kontrolle unterwegs und warme Klamotten für die kalte Gipfelnacht mitnehmen!). Alternativ werden etwas teurere Trips angeboten, bei denen die Teilnehmer um 8 Uhr Dahab verlassen und nach Klosterbesichtigung für den Sonnenuntergang auf den Mosesberg steigen.

Trips in die Berge bieten nahezu jedes Hotel, Restaurant oder vielleicht schon der Supermarkt an. Wer sich bei Profis besser aufgehoben fühlt, sollte u.a. mit *Blue Hole Travel* (südliche Dorfstraße), Tel/Fax 3640 388, blueholetravel@n2mail.com sprechen (Leser machten gute Erfahrungen) oder z.B. mit *Sinai Experience*, Beachpromenade, Tel 3640 447, www.embah.com (gehört der Engländerin Emma). Denjenigen, die nicht in Nuveiba Station machen, wird ein Trip zum **Coloured Canyon** (siehe Seite 682) sehr empfohlen, der häufig in Verbindung mit dem White Canyon organisiert wird. In den meisten Fällen sind es Beduinen, die Kamel- oder Jeeptouren durchführen. Also sprechen Sie zunächst mit ihnen. 2008 lagen die Preise bei:

▶ Kameltrips pro Tag pP £E 200-300 je nach Aufwand, 4WD-Touren £E 300-400 pP (ab-

Auf dem Weg zum Blue Hole

hängig von Personenzahl), Katharinenkloster mit Mosesberg £E 150-200 pP, Kairo 2 Tage, 1 Nacht ca. £E 700-1000 pP.

▶ Ein **Kameltrip** ist im Übrigen ein einmaliges Erlebnis, er wird Ihnen die Faszination und Einsamkeit der Sinai-Berge erst richtig erschließen. Informationen zu diesem Thema siehe Seite 697.

▶ **„Quads"**, vierrädrige Motorräder, gibt es zum Nachteil von Ohren und Umwelt zu mieten. Die Räder dieser Geräte graben tiefe Spuren in den Sand und pflügen die wenigen Pflanzen oder Samen für immer unter die Erde. Aber auch ganz normale Motor- oder Fahrräder stehen im Verleihprogramm.

▶ **Klettern** – der Sinai bietet hervorragende Gelegenheiten. Die erste Kletter-Schule in Ägypten betreibt Desert-Divers, siehe unten

▶ **Reiten** ist preiswert - etwa £E 30/Std - in Dahab. An der Beach Promenade bieten Beduinen immer wieder Pferde an. Im Übrigen kommt **Nordic Walking** auch hier immer mehr in Mode.

Sonstiger Zeitvertreib

▶ Im *Dive In Tauchcenter* im Sara Village Hotel hat sich das **Sinai Environmental Center** (www.sec-online.org) etabliert, das Kurse und Seminare zu den unterschiedlichsten Themen, wie Tauchen, Erlebnisreisen, Meeresbiologie etc., anbietet.

▶ Wer den **Pool/Strand** der besseren Hotels benutzen will: Im Swiss Inn zahlt man £E 25 (davon £E 20 Verzehr), Coralia £E 40 ohne Verzehr.

Praktische Informationen

▶ **Telefonvorwahl 069**

Leider gibt es **keine Touristen Information** in Dahab, aber die Bewohner – vom Hotelrezeptionisten bis zum Verkäufer im Supermarkt – sind sehr hilfsbereit und auskunftsfreudig. Sehr gute und aktuelle Infos auch im Web: www.dahab.net (auch deutsch), www.ilovedahab.com (englisch).

Wichtige Telefonnummern

- **Polizei** 3640 215
- **Tourist Police** 3640 188
- **Hospital Dahab** 3640 208

Ärzte

- Dr Ahmed Sadek 0123486 209
- Dr Heikal 0101433 325
- Zahnarzt: Dr Adel Ramadan 012-4515 998

Busverbindungen

Der Busterminal (Tel 3641 808) für beide Ortsteile wurde im Touristenzentrum in der Nähe des Telefonamtes eher versteckt. Von dort fährt eine Art Shuttle-Bus zu den wichtigsten Plätzen, also auch ins Dorf. Ein Tipp für Kairo-Busse: Nehmen Sie Plätze zwischen 1 und 20, da die anderen in Sharm el Sheikh vergeben werden und Sie dann Ihren Platz räumen müssten. Aktuelle Informationen finden Sie unter www.ilovedahab.com/tb-bustimetable.php.

▶ **Kairo:** 9.00 12.30 15.00 19.30 22.00 (9 Std, £E 85)

▶ **Luxor** über Suez, Hurghada**:** 16.00 (Ankunft Luxor 7.30, £E 120)

▶ **Nuveiba, Tabah:** 18.30 (1,5 Std, £E 10, Tabah 3 Std £E 25)

▶ **Sharm el Sheikh:** 8.00 9.00 10.00 12.30 15.00 16.00 17.30 20.30 21.30 (1,5 Std, £E 11-20)

▶ **St. Katharina:** 9.30 (£E 20, 2 Std), fährt nicht täglich

▶ **Suez:** 8.00 16.00 (7 Std, £E 35-55)

Achtung, es gibt Kairo-Busse, die nach Alexandria weiterfahren und kurz am Midan Abbassiya in Kairo halten. Wer die arabische Ansage nicht richtig interpretiert, ist plötzlich auf dem Weg nach Norden; möglichst vor dem ersten Stopp in Kairo abfragen, wohin die Reise wirklich weitergeht.

▶ **Sammeltaxis/Minibusse** verkehren häufiger (und sind etwas billiger als der Normalbus) nach Sharm el Sheikh, Kairo, Tabah oder zum Katharinenkloster. Vor Minibusfahrten nach Kairo wird wegen der Enge der Sitzplätze und der Raserei der Fahrer gewarnt. Der Normalbus braucht etwas Zeit, ist aber deutlich bequemer.

▶ **Taxis** innerorts sollten nicht mehr als £E 5-10 pro Auto kosten.

Ein paar Tipps und Infos

- Halten Sie in Dahab ein Auge auf Ihre Wertsachen bzw. Ihr Geld, hier wird **gestohlen** - nicht oder kaum von Einheimischen.
- Diverse **Internet Cafés** bieten ihre Dienste zu sehr günstigen Konditionen an, £E 4-5/h, z.B. *Felopater* und *Aladdin* an der Masbat Bucht.
- Mehrere **Apotheken** versorgen z.B. an Durchfall erkrankte Traveller mit Medikamenten.
- **EC-Bankautomaten** stehen z.B. bei der National Bank of Egypt und an weiteren Stellen der Strandpromenade, auch im Touristenzentrum.
- Verschiedene Telefonshops bieten internationale **Kartentelefone** an.
- Sogenannte **Supermärkte** offerieren eine brauchbare Auswahl an Lebensmitteln, sodass sich auch Selbstversorger gut durchschlagen können. Natürlich ist auch für die Souvenir-Kaufwut gesorgt. Es scheint, als ob viele der Händler von Kairos Khan el Khalili Bazar Dahab entdeckt hätten. Man kann hier zu ähnlichen Preisen ähnlich (nutzlose) Dinge erwerben wie in Kairo.
- Der Friseur **Salon Fair & Lovely** schneidet nicht nur Haare nach neuester Mode, sondern betreibt auch Wimpernkosmetik oder entfernt den Kundinnen Gesichtshaare nach alter ägyptischer Tradition durch Herausreißen.
- Eine **deutsche Bäckerei und Konditorei** im Haus *Alf Leila,* Ecke Freedom/Lighthouse Road bietet halbwegs heimische Backwaren und einen Wireless Internetzugang
- Das einer Beduinenfamilie aus der Gegend von Serabit el Khadim gehörende Tauchcenter **Desert-Divers**, Beachpromenade Nähe Lighthouse, Tel 3640 500, www.desert-divers.com, info@desert-divers.com, zählt zu den Unternehmen, die seit langem umweltbewusst agieren und dafür mehrfach ausgezeichnet wurden. Nicht nur Tauchtouren werden angeboten, sondern auch gute Safaris auf dem gesamten Südsinai, den der Chef Said Khader wie seine Hosentasche kennt. Er organisiert auch zweimal jährlich Beach Clean-ups, um die Strände und Tauchgründe von Unrat zu befreien. Daran nehmen auch andere Tauchschulen teil; helfende Gäste sind willkommen, die kostenlos tauchen können, aber mithelfen müssen.

Das **Nachtleben** von Dahab findet entweder in den vielen Restaurants am Strand oder in Hotelbars statt. Bekannt sind die von *Nesima* und *New Sphinx Hotel*. Preiswertes Bier gibt es z.B. im *Crazy House* oder *Al Zar Bar* (Nähe Dolphin Camp). Freitag und Samstag fungiert die *Tota Dance Bar* in Masbat auch als Disco.

Restaurants

In den meisten Restaurants werden hauptsächlich Fischgerichte von frisch gefangenem Fisch, aber auch die gesamte europäische Speisekarte von Pizza bis Steak, Softdrinks und vielfach auch (Stella-) Bier angeboten. An fast allen diesen Essplätzen - an der Beachpromenade liegen sie dicht an dicht - hängen Speisekarten aus, man kann sich über das aktuelle Angebot gut informieren.

▶ Wer extravagant, gut und teurer speisen will, geht in die Hotel-Restaurants, z.B. *Nesima* (Leserkommentar „Spitze"). Das *Dai Pescatori* (von einem Italiener geführt) in der Nähe des Golden Europe Hotels wie auch das *Karnak-Restaurant* an der südlichen Dorfstraße zwischen Nesima und Inmo Tauchcenter werden ebenfalls gelobt. Aber auch Allerweltsnamen, wie *Ali Baba, Napoleon* oder *Aladdin,* www.aladdin.smm1.com, (sehr guter Fisch, guter Service) sollten einen Blick wert sein.

▶ Leser empfehlen als gutes Fischrestaurant *Baby Fish*, neben Hotel Ganet im Touristenkomplex, oder das Restaurant *Jasmine* am Strand mit gutem Essen und entspannender Musik. Auch in der deutschen Bäckerei *Alf Leila* kann man gut essen, meist Pizza, einmal wöchentlich Barbecue.

9 Sinai

Übernachten

Während arabischer und israelischer Feiertage stark erhöhte Preise!! Die folgende Liste beginnt ganz im Süden und endet im Norden (Plan siehe Seite 649):

Touristenkomplex („Dahab City")
- **Happy Life Village**, 4*, herrl. u. einsam am südl. Ende der Südoase, Tel 010 6689892, Fax 010 6681385, www.happylifehotel.com, se schö. Anlage, Kschr, Tauchcenter, eig. Strand, AC, SatTV, gr Pool, Healthclub, Disco, Sportmögl., HP....................E+B €45 D+B €70
- **Ganet Sinai Village**, 3*, Tel/Fax 3640 440, info@ganetsinai.com, www.ganetsinai.com, Bungalowanlage, 2 Pools, se sa, fr, ru, Rest., AC, SatTV, Kschr, jedes Zi mit Terrasse, mF . E+B $45, D+B $60
- **Swiss Inn**, 4*, [22] Tel 3640 471, Fax 3640 470, goldenbeach@swissin.net, www.swissin.net, AC, SatTV, Kschr, gut eingerichtet, alle Zi mit Balkon, Pool, mF.........E+B $55-75, D+B $65-85
- **Hilton Dahab Resort**, 5*, [21] Tel 3640 310, Fax 3640 424, www.hilton.com, reservation.dahab@hilton.com,
- **Coralia**, 4*, [20] Tel 3640 301, Fax 3640 305, H1718@accor-hotels.com, www.accor.com, AC, SatTV, Kschr, ru, erholsam, se schö. u. gepfl. Garten, mF........ E+B € 100, D+B € 110-120

Zwischen Beduinendorf und Touristenkomplex
- **Sarah Village**, [19] Tel/Fax 3640 315, sarahvillage@gmx.net, sarahvillage-dahab.com, Tauchcenter, tlw AC, se sa, fr, mF..E+B €28, D+B €44
- **Lagona Village**, [18] Bungalows am Strand, Tel 3640 352, lagona_village@usa.net, www.lagona_dahab.com, Tauchcenter, se sa, se fr, tlw sa kl. Räume, SatTV, AC, mF ....E+ B $42-45, D+B $46-60

Einige Hotels in Mashraba und Masbat
- **Dyarna**, 3*, [17] Sh Mashraba, neben INMO Diving, Tel 3640 120, Fax 3640 122, dyarnahotel@menanet.net, www.dyarnahotel.com, eigener Strand, Pool, SatTV, AC, Kschr, se sa, se fr, hb, ru, mF ....E+B 220, D+B 250
- **Oricana**, [16] Sh Mashraba, Tel 3642 501, Fax 3642 5021, oricana.hotel@oricanahotel.com, AC, SatTV, Kschr, Pool, Internet, gut eingerichtet, se sa, se fr, mF................E+B €28, D+B 34
- **Inmo**, [15] Sh Mashraba Tel 3640 370, Fax 3640 372, inmo@inmodivers.de, www.inmodivers.de, deutsch-ägypt. Management, Tauchcenter und Taucher-Hotel, Kamel-/Tauchsafaris, bei Vorausbuchung günstige. Preise, se sa, se fr, mF ....E € 23, E+B € 33, E+B+AC 44,50, D € 30, D+B € 43 D+B+AC 58,50
- **Jewel of Dahab**, [14] Sh Mashraba, Tel 012733883, se sa, mFE+B 80, E+B+AC 100, D+B 80, D+B+AC 100
- **Christina Residence, Beach Palace** und **Christina Pool**, [14] Sh Mashraba, schweiz.-ägypt. Management, Tel 3640 390, Fax 3640 296, christina_resid@link.net, wwww.christinahotels.com, 3 Hotels mit untersch. Komfort, tlw. Ven, tlw AC, z.T. tlw. schöne Kuppel-Zi, Pool, WLAN, se sa, fr, mF .... E+B € 14-36, D+B €20-48
- **Penguin**, [13] Sh Mashraba, Tel 3641 047, Fax 3640 117, info@penguindahab.com, www.penguindahab.com, schön zwischen Palmen am Strand, Tauchcenter, tlw Balkon, se sa, se fr, mF ...., E+B 70, E+B+AC 80-120, D 50, D+B 90 , D+B+AC 100-180
- **Sphinx**, 2*, [12] Sh Mashraba, Tel/Fax 3641 941, rooms@sphinxdahab.com, www.sphinxdahab.com, AC, se sa, eigener Strand, mF...E+B 80, D+B+AC 100
- **New Sphinx Resort**, 3*, [12] Schwesterhotel direkt nebenan, Tel/Fax 3640 494, info@sphinx-hotels-dive.com, www.sphinx-hotels-dive.com, Pool, Tauchbasis, AC, SatTV, Kschr, se sa, gepflegt, mF...E+B €25-30, D+B 30-40
- **Nesima Resort**, 2*, [11] Sh Mashraba, Tel 3640 320, Fax 3640 321, reservation@nesima-resort.com, www.nesima-resort.com, eig. Strand, hübsche Räume, Kschr, gepfl. Anlage, Pool, se sa, hb, AC, SatTV, mF..E+B € 41-46, D+B € 54-59

***Dahab**

- **Monica**, [10] Bazarstraße, Tel/Fax 3640 030, tlw AC, Küche, se sa, fr, hb, mF .... E+B 70, D+B 100
- **Gina Motel**, [10] Nähe Monica-H., Tel 640 485, einf., se sa, AC. mF .... D+B 100
- **Yasmina**, 3*, [10] Bazarstraße, Tel/Fax 3640 461, Pool, SatTV, AC, Kschr, tlw Balkon, se sa, mF .... E+B 100, D+B 180
- **Sirtaki**, 3*, [3] Zentrum, direkt vor Lighthouse Reef, Tel/Fax 3640 414, www.sirtakidive.com, Umbau während Recherche 2008, evtl. Besitzerwechsel und evtl. **neuer Name**
- **Alf Leila Bed & Breakfast**, [5] Ecke Freedom/Lighthouse Road, Tel 0104263 088, info@alfleila.com, 595andreasdunker62@yahoo.de, www.alfleila.com, se.stimmungsv. kleines Hotel über der gleichnamigen Bäckerei, ungewöhnlich eingerichtet, se sa, AC, SatTV, ... D+B €35
- **Golden Europe**, [3] Zentrum, direkt vor Lighthouse Reef, Tel/Fax 3640 212, www.golden-europe.com, AC, SatTV, Kschr, se sa, fr,mF..E+B €35, D+B €40
- **Mirage Village**, [2] El Malil (nahe Lighthouse), Tel 364 0341, Fax 364 0332, mirage@sinainet.com.eg, www.mirage.com.eg, Tauchcenter, AC, Kschr, Rest, priv. Strand, se sa, se fr, mF.. E+B € 25, D+B € 30
- **Coral Coast**, [1] El Malil, Tel 364 1195, coralcoasthotel@link.net, www.thecoralcoast.com, eigen. Strand, Rest, se sa, AC, mF...E+B €30-40, D+B € 35-48
- **Nirvana**, (Nähe Sirtaki Hotel), Dachterrasse zum Ausruhen u. guter Ausblick, ru, se sa, mF... D 30-50, D+B 40-60

Einige (wenige) Camps in Mashraba

- **Bishbishi Camp**, südl. Dorfstr., Tel 3640 727, rooms@bishbishi.com, www.bishbishi.com, keine Strandlage, rel gr Zi, stimmungsvoller Palmeninnenhof, se sa, ru , empf .... E 30, E+B 50, E+B+AC 60, D 40, D+B 60, D+B+AC 70-90
- **Auski**, südl. Dorfstr., Tel 3640 474, auskicamp@hotmail.com, Tauchcenter, Strandlage, durchaus gepflegt, se sa ....E 20, E+B 50, D 30, D+B 70
- **Meramar** neben Nesima Hotel, Tel 3640 247, se sa, se hb, mF .... E+B 30, D+B 35
- **Mohammed Ali**, [9] im Zentrum kurz vor Beach Promenade, Tel 3640 268, Fax 3640 380, clubredsea@sinainet.com.eg, www.club-red.com, Infos, Tauchbasis, beliebt, sa (auf frischer Bettwäsche bestehen), türkisches Bad............................E+B 40, E+B+AC € 80, D+B 50, D+B+AC € 100

Einige Camps bzw. Excamps im Ortsteil Masbat

- **Seven Heaven**, [8] Beach Promenade, Tel/Fax 3640 080, www.7heavenhotel.com, sevenheavenhotel@hotmail.com, gepfl. Innenhof, se sa, camp-ähnlich, zweistöckiges Gebäude, Zi oben m. kl. Balkon, Strohhütten, Rest (nur frische Kost), Internet, mF.. E 30, E+B 60, E+B+AC 80, D 30, D+B 60 D+B+AC 80
- **Green Valley**, [7] Tel 3640 097, greenvalleysafari@hotmail.com, Camp mit Nostalgie: noch ein paar echte Strohhütten, allerdings mit Bad, begrünter Innenhof, se sa, fr, empf ....2-Bett-Hütte 60, E+B 40, D+B 80, D+B 120
- **Negm Paradise**, [6] Beach Promenade, Tel 010 1510447, dodo_hanem_he3he3@yahoo.com, Palmen-Innenhof, tlw Kschr, sa, fr,Surf-Schule, ... Einfachraum E 25, E+B+AC 85, D+B+AC 120
- **Red Sea Relax**, Beach Promenade, Tel 3641 309i, chris_tomley@hotmail.com, www.red-sea-relax.com; 2008 eröffnet, Pool, rel. gr. Zi, AC, SatTV, Kschr, se sa, fr, mF..E+B €32-34, Dorm € 11, D+B 37-39
- **Moon Valley**, Beach Promenade, Tel 01075 49360, sa, alle Zi AC, einf. Hütte (2 Betten) .... €5-8, E+B €8-10, D+B €10-15
- **Sindbad**, [4] Nähe Sirtaki Hotel, Tel 3641 005, ahmedmatter2000@hotmail.co, sa, se fr, se ru, gute Betten .... E/D 20-30, E/D+B 45-1000,

9 Sinai

> **Einige Hotels nördlich von Assalah bzw. am Weg zum Blue Hole**
> • **Bedouin Moon**, nördl. Ortsausgang von Assalah, Tel/Fax 3640 695, bedouinmoon@menanet.net, www.reef2000.com, gehört Beduinen, daher alle Bräuche original, se sa, schö Zi, gut eingerichtet, Pool, AC oder Ven, Kschr, Balkon, mF..............Dorm (3 Betten, Bad) pP € 12, E+B € 26-36, D+B € 38-49
> • **Blue Field** (Nähe Bedouin Moon), Tel 016 445 1000, Fax 3642 562, pinkhotel@gmail.com; privater Strand, Pool, Balkon, se sa, se fr, ru, AC, SatTV, Kschr, hb, mF.................... E+B $16, D+B €25
> • **Sea & C**, Tel 01048539 55, info@sea-and-c.eu, www.sea-and-c.eu, deutsch orientiertes Taucherhotel, Trips/Wüstenwanderung mit deutschsprachigen Führern siehe Website, rel gr Zi, se sa, se fr, familiäre Atmosphäre, mF..............E+B €28-31, E+B+AC 33-36, D+B 38-44, D+B+AC 43-49
> • **Daniela Dahab**, 3*, etwa auf halbem Weg zum Canyon, Tel 012 2253999, Fax 012 2297082, karim@daniela-hotels.com, www.daniela-hotels.com, se gut eingerichtet, geschmackv. Anlage, se sa, Pool, AC, Kschr, tlw SatTV, mF .... E+B €40, D+B €51
> • Eine **Alternative sind Apartments**, die mehr und mehr angeboten werden. Einen guten Über- und Einblick mit Fotos finden Sie unter www.dahab.net/german/Apartments_D/Apartments_D.html. Oder z.B. Bedouina Real Estate, Tel 3640 460, bedounia@sinainet.com.eg (z.B. 1 Woche 2 Zi € 240)
> **Camping**
> Camping ist in einigen Camps im Beduinendorf möglich, dort auch Duschen/ Toiletten. Die Preise orientieren sich stark an den Zimmerpreisen. Z.B. beim oder neben dem Restaurant **Lagon Dreams,** etwa 7 km nördl. v. Assalah, auf dem Weg zum Blue Hole (Duschen/ WC im Rest). Camping möglich bei Restaurantbenutzung.

Zur Fortsetzung unserer Sinai-Umrundung müssen wir zum Abzweig vor Dahab zurück. Bei der **Weiterfahrt** erleben Sie wiederum grandiose Landschaften. Die Straße schraubt sich erneut in die Berge und erreicht kurz vor Nuveiba immerhin knapp 800 m Höhe.
Nach 6 km: Abzweig
Links Schild *Wadi Zaghara* zur Piste durchs Wadi Nasib und Zaghara zum Katharinenkloster (siehe Kasten).
Nach 34 km: Abzweig
Die links abzweigende, gut ausgebaute Straße führt zum **Katharinenkloster** (siehe Seite 669). Sehr empfehlenswert ist zumindest ein

> **Durch die Wadis Nasib und Zaghara zum Katharinenkloster**
>
> Nachdem Sie vorsichtshalber vollgetankt und sich mit einer Genehmigung (Tasrih) der Polizei von Dahab ausgerüstet haben (erhältlich beim Posten am Touristenzentrum; manchmal nicht erforderlich), können Sie durch die faszinierende Gebirgslandschaft des Wadi Nasib zum Katharinenkloster fahren. Die Piste ist streckenweise leicht versandet, Allradantrieb und einigermaßen Bodenfreiheit werden empfohlen. Bei km 9 und km 21 (nach Abzweig von der Asphaltstraße) eingezäunte Minenfelder, bei km 57 öffnet sich eine Schlucht, und man trifft auf die malerische Kleinoase Bir Nasib mit Palmen und kleinen Gärten, die sich zwischen hohen Felswänden hinzieht. Bei km 60 steht der erste Checkpost, der ohne Tasrih die Weiterfahrt in der Regel nicht zulässt. Selbst dann, wenn dieser Posten gut gelaunt ist, kann der nächste annehmen, Sie hätten den ersten umfahren; einen Leser kostete dies viel Zeit und letztlich £E 200 Strafe. Danach Passüberquerung mit ziemlichem Weichsand, bei km 73 der zweite Checkpost. Bei km 85 zweigt rechts eine Piste ab. Bei ca. km 93 öffnet sich der Blick auf die Blauen Berge; man durchfährt ihre Hochebene und erreicht bei km 101 das Grab des Nebi Salih - 12 km vor dem Katharinenkloster - und damit die Asphaltstraße. In umgekehrter Richtung ist die Piste sinnigerweise ohne Tasrih befahrbar (dabei fährt man zu den Blue Mountains und bleibt auf der Hauptpiste nach Osten).

Abstecher zum Nationalpark Ras Abu Gallum

Der dritte Naturpark am Golf von Aqaba bietet dem Normaltouristen keine Überraschung, sieht man von der auch hier faszinierenden Landschaft ab. Für Taucher gibt es schöne Riffe. Die übliche Anfahrt erfolgt von Nuveiba-El-Sayadin aus, indem man immer auf der (sehr ausgefahrenen) Schotterpiste am Strand nach Süden und schließlich wieder zurück fährt. Eine anstrengendere, von den Landschaftseindrücken aber wirklich lohnenswerte Anfahrt kann man über Bir Zrair einlegen. Die breite Schotterpiste erreicht nach 7 km **Bir Zrair**, eine kleine Oase und Beduinensiedlung, die ihr ursprüngliches Gesicht Betonbauten und einer uniformen Schule geopfert hat, aber trotzdem noch etwas Idylle aufweist. Der lohnenswerte Abstecher bis hierher beeindruckt bereits mit großartigen Bergformationen und am Ende mit einem giftgrünen Dattelpalmen-Farbklecks rund um eine Quelle.

Zum Nationalpark fährt man geradeaus weiter. 8 km hinter Bir Zrair zweigt links eine Piste auf einen hohen Berg mit Sendemast ab. Jetzt auf der schmaleren und deutlich schlechteren, einen felsigen Pass erklimmenden Piste weiterfahren. Es steht eine eindrucksvolle Fahrt durch ein besonders farbenfrohes, im letzten Abschnitt schluchtartiges Wadi mit mächtigen Felsformationen in vielen Rotschattierungen zur Küste bevor - diese einsame Felswelt lohnt allemal die rüttelnde und mühsame Fahrerei. Die stark ausgefahrene Strecke kann von robusten Fahrzeugen auch ohne Allrad bewältigt werden. Die Küste ist nach 30 km (N28°39,47' E34°34,97') vom Abzweig von der Hauptstraße erreicht. Biegt man dort nach rechts ab, so steht man nach ca. 2 km auf den Sandbänken und -stränden des **Ras Abu Gallum**. Von dort geht es bald nur noch zu Fuß (siehe weiter oben, *Blue Hole*) nach Süden weiter in Richtung Dahab.

Man fährt jetzt parallel zum Strand nach Norden. Nach 1 km kommt man an der südlichen Rangerstation des Parks vorbei; nach 12 km erreicht man das Visitor Center (N28°45,56' E34°37,34'), knapp 1 km danach den nördlichen Parkeingang. Nach 26 km fährt man in Nuveiba auf die Asphaltstraße.

---

etwa 9 km langer Abstecher Richtung Kloster zu einer bizarren Felsbarriere und, wenn möglich, zur **Oase Ain Hudra** (siehe Seite 678).
Nach 10 km: Abzweig (N28°53,02' E34°34,58') Rechts zweigt eine Piste nach Bir Zarir ab und zum **Nationalpark Ras Abu Gallum** (siehe Kasten).

Von der Passhöhe führt die Hauptstraße nahezu schnurgerade mit starkem Gefälle hinunter zum Meer; häufig genug veranschaulichen Autowracks die Gefährlichkeit der Strecke.
Nach 12 km:

***Nuveiba

Die Straße hat nach einem eindrucksvollen Bogen durch die Granitberge die Küste wieder erreicht. Die Oase Nuveiba besteht aus zwei größeren Siedlungen im Norden und Süden eines relativ großen Schwemmlandgebiets. Hier zweigt rechts eine Straße zum **El Sayadin Village** des gleichnamigen Beduinenstammes ab und führt dann weiter zum 1984 gebauten Hafen, **Nuveiba Port** genannt. Von dort aus fahren Fährschiffe nach Aqaba.

Die ursprünglich aus Abfallbrettern, Pappkartons und Wellblechstücken zusammengezimmerten Hütten des Dorfes waren der Prototyp der halbfesten Beduinensiedlungen. Doch seit Eröffnung des Hafens änderte sich das Bild stetig. Der einst recht kleine Ort hat sich ausgedehnt und wird von einigermaßen einfallslosen Betonsiedlungen für die Hafenbediensteten eingekreist. Die Beduinen selbst entwickelten Interesse an besseren Behausungen; die Hütten wurden durch feste Häuser, häufig aus Natursteinen gemauert, ersetzt. Dieser gehobene Konsum bedeutet für die Beduinen zumeist eine Verschuldung mit dem Zwang, mehr Geld zu

9 Sinai

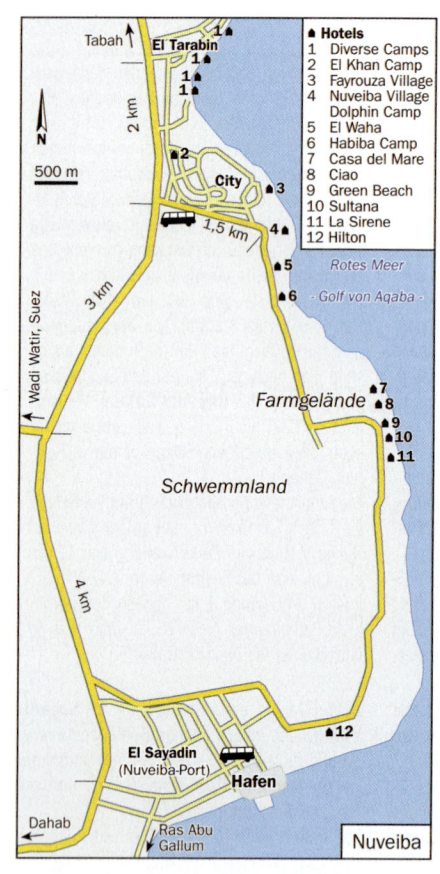

Hotels
1. Diverse Camps
2. El Khan Camp
3. Fayrouza Village
4. Nuveiba Village Dolphin Camp
5. El Waha
6. Habiba Camp
7. Casa del Mare
8. Ciao
9. Green Beach
10. Sultana
11. La Sirene
12. Hilton

Süden zum **Ras Abu Gallum** verläuft. In *Abdallahs Café* an der Strandstraße kann man preiswert übernachten. Es wurde durch einen zahmen Delphin bekannt, den Abdallah angelockt hatte und der sich über Jahre in der Bucht zu Hause fühlte. Inzwischen ist er „ausgewandert"

Nach 1 km: Abzweig

Rechts Hauptstraße zum Hafen Nuveiba Port, kurz vor der Hafeneinfahrt drei Banken (Nationalbank of Cairo, Misr Bank mit Geldautomat und Bank of Alexandria) mit günstigeren Öffnungszeiten als in Nuveiba City, die Busstation, mittlere Hotels und Restaurants. Die Fähre nach Jordanien sowie die Nachtbusse nach Kairo starten hier.

Ein gutes Stück vom Hafen entfernt hat Hilton einen exklusiven Hotel-Komplex gebaut.

Nach 4 km: Abzweig

Links ins landschaftlich sehr schöne Wadi Watir, nach Ain Furtega und über Nakhl zum Suez-Kanal-Tunnel. Der 15 km weite Ausflug durch die grandiose Schlucht zur Mini-Oase Ain Furtega (leider durch Überschwemmungen stark zerstört) ist ein lohnenswerter Abstecher. Noch lohnender ist es, von dort aus weiter zum Coloured Canyon (siehe Seite 682) zu fahren.

Nach 3 km:

Nuveiba City

An der Tankstelle rechts auf einer vierspurigen „Prachtstraße", neben der ein Park namens „6.October" angelegt wurde, rollt man nach Nuveiba City. (Eine Karte der Umgebung mit Treckingzielen finden Sie auf Seite 698.)

Hintergrund: *Nuveiba ist unter Individualreisenden einer der beliebten Bade-/Schnorchel-/Tauch-Orte des Sinai. Einst sah es aus, als ob sich diese Oase eher zum „mondänen" Badeplatz entwickeln würde, aber inzwischen haben*

verdienen. „Das Leben wird komplizierter", hört man sagen - während sich das Gesicht kaum vom Fernseher abwendet, der auch hier Einzug gehalten hat und unentbehrlicher als der Kühlschrank zu sein scheint.

Einige Beduinen vermieten Jeeps für Rundreisen in die Umgebung. Man muss im Dorf bzw. in den Cafés herumfragen und wird bald auf Anbieter stoßen.

Im Dorf zweigt rechts eine Straße ab, die später in eine Piste übergeht und auf dem schmalen Streifen zwischen Gebirgskette und Strand nach ihr andere den Rang abgelaufen. Als besonderes Plus gilt, dass sich der Ort als der beste Ausgangspunkt für Kamel- und Jeeptouren zu den schönsten Plätzen des Ostsinai anbietet (Einzelheiten siehe Seite 661).

Vom schönen Sandstrand öffnet sich vor allem am Spätnachmittag ein spektakulärer Blick auf das Panorama der hoch aufragenden Berge im Westen, oder dann, wenn die letzten Sonnenstrahlen auf die rotbraun glühenden Gebirgsketten Saudi-Arabiens fallen, die zum Greifen nahe scheinen. In dieser herrlichen Umgebung bauten die Israelis eine Touristenanlage mit Hotel, Restaurant, Tauchstation und Campingplatz. Dieser Kern expandierte gewaltig nach fast allen Seiten, scheint aber die derzeitige Entwicklung in Richtung Nobel-Hotelburgen nicht mitzumachen, wie z.B. Sharm el Sheikh oder Dahab.

Mit Freigabe des Militärflughafens von Nakab (siehe Seite 682) auch für den zivilen Bereich können Touristen nun ganz in die Nähe der Küste fliegen; damit ist der Umweg über das israelische Elat oder Sharm el Sheikh nicht mehr nötig. Dies könnte wiederum zu höheren Investitionen in Hotels verleiten.

Mit Beginn der Intifada 2001 waren israelische Touristen total ausgefallen. Sie hatten zuvor die Majorität der Übernachtungen an dem Küstenabschnitt von Tabah bis hin nach Dahab, mit Schwerpunkt Nuveiba, gestellt. Es herrschte fast schon eine gespenstische Stille an der Küste. Nach Ende des Irak-Krieges 2003 standen plötzlich, anlässlich eines jüdischen Festtages, 30 000 Israelis vor den z.T. verschlossenen Herbergen, die aber in Windeseile geöffnet wurden. Nach dem Anschlag auf das Tabah Hilton Hotel im Herbst 2005 brach der Touristenstrom wieder zusammen, es herrscht erneut eine ziemliche Stille - jedem Neuankömmling wird schon fast ein roter Teppich ausgerollt.

Der erste Abzweig von der Prachtstraße führt links in die „**City**". Dort gibt es die üblichen Versorgungsmöglichkeiten, wie Post (internationales Telefon), mehrere Supermärkte, Restaurants, Gemüse-, Obst- und Souvenirläden.

Wenn Sie der Straße aus der City heraus Richtung Strand folgen, stoßen Sie quasi in der Rechtskurve auf einen weißen Neubau mit der Bäckerei. Bald folgt das **Nuveiba Village Hotel**.

Ideal zum Relaxen - Café am Tabarin-Strand

Die Straße führt weiter an ehemaligen, von den Israelis gegründeten Farmen vorbei. Gleich nach der ersten Exfarm zweigt links eine Straße zum Strand ab, wo ebenfalls Camps bzw. Hotelanlagen entstanden. Die jetzt strandparallele Straße endet in *Nuveiba Port* bzw. im *Sayadin Village*.

Ein Stück nördlich des Nuveiba Village Hotels, auf dem nach der großen Düne gelegenen feinsandigen Strandabschnitt, entstanden zunächst Billigcamps, die als „Tarabin" nach der gleichnamigen Beduinensiedlung bekannt sind. Inzwischen gehören auch hier sanitäre Anlagen zum Mindeststandard. In den letzten Jahren wurden bessere und teurere Camps bzw. Hotels errichtet. Hier spielt sich (noch) das ungezwungenere Strandleben ab, das viel von der relaxten Atmosphäre des alten Dahab übernommen hat.

In der Nähe der Dünen kommen Schnorchler und Taucher auf ihre Kosten. In der Tarabin-Bucht erstreckt sich ein **Korallenriff** direkt am Strand entlang.

Am Weg parallel zum Strand steht die Ruine einer aus dem Jahr 1892 stammenden osmanischen **Festung**, die kaum etwas Interessantes bietet. Danach folgt die Beduinensiedlung Nuveiba el Tarabin.

Etwa 1,5 km nach der Tankstelle an der Hauptstraße nach Tabah macht rechts ein Schild auf **El Khan** aufmerksam, ein Camp, das dem Deutsch sprechenden Beduinen Anis gehört. Ein Besuch zeigt, was mit Tatkraft und Fleiß aus der Wüste gemacht werden kann: Das Grundstück war einst so tot wie die umliegenden Steinfelder, inzwischen ist eine kleine, dschungelgrüne Oase herangewachsen. Anis war einer der ersten, der Kamel-Touren in die Bergwüste anbot und hier, damals mitten in der Steinwüste, ein festes Haus baute.

Nach 3 km: Abzweig
Rechts zur Beduinensiedlung Nuveiba el Tarabin
Auch diese ehemalige Palmblatt- und Pappschachtelsiedlung hat sich zu einem festen Steinhaus-Ort entwickelt.

Praktische Informationen

▶ **Telefonvorwahl 069**

Es gibt keine offizielle Touristen-Information. Der mit einer Schweizerin verheiratete Mohamed El Sonee vom *Swiss Market* gegenüber dem Nuveiba Village Hotel, Tel 012461 3279, gibt bereitwillig Auskunft. Auch der *Mondial Supermarket*, an der Beach Promenade in Tarabin, an dem *Information* steht, vermittelt bereitwillig lokale Informationen über Busverbindungen etc. Er betreibt auch eine kleine Bibliothek mit deutscher, englischer und französischer Unterhaltungsliteratur.

Verkehrsverbindungen
Nuveiba ist, was die öffentlichen Verkehrsmittel betrifft, etwas ins Abseits geraten. Bushaltestellen liegen in der Nähe des Hospitals und im Hafen von Nuveiba Port. Manchmal fahren die Busse aber einfach an der Stadt vorbei; wer sicher gehen will, stellt sich an den Abzweig von der Durchgangsstraße. Die offiziellen Abfahrtzeiten an der Haupthaltestelle der *East Delta Bus Co* im Hafen:

▶ **Dahab, Sharm el Sheikh:** 6.30 16.00 (1 Std/2,5 Std, £E 17)
▶ **Kairo:** über Tabah, Nakhl (10 Std, £E 65) 6.00 16.00
▶ **Suez:** 6.00 (6 Std, £E 35)
▶ **Tabah:** 6.00 16.00 (2 Std, £E 20)
▶ **St. Katharin:** 8.00 nach Dahab, ca 9.00 ab Dahab, Ankunft 11.00

Wenn Sie zur Grenze nach Tabah weiterfahren wollen, bringt Sie auch ein Sammeltaxi direkt bis zum Schlagbaum.

Nach **St. Katharina** wurde die Busverbindung eingestellt. Es bleiben nur zwei Möglichkeiten: entweder mit sehr teurem Taxi zum Kloster fahren oder versuchen, sich einer der örtlich angebotenen Bus/Minibus-Touren anzuschließen. Innerhalb der Oase gibt es keine Busverbindungen.

Die **Fähren nach Aqaba** sales@abmaritime.com.jo, www.abmaritime.com.jo, die **nur in US$** zu bezahlen sind, verkehren mit sehr flexiblen Abfahrtzeiten etwa wie folgt (Hafeninformation Tel 352 0427), Preise für Economy:

▶ Autofähre tgl 15.00 ($55 pP)
▶ Tragflügelboot 14.00 ($65 + £E 50 Tax).

Einchecken jeweils 2 Stunden vor der Abfahrt, Autofahrer sollten noch früher im Hafen mit dem Prozedere beginnen. - Wer nicht nach Syrien weiterreisen will, kann auch den Landweg über Elat nach Aqaba nehmen, für den man einschließlich aller Grenzabfertigungen etwa 4 Stunden benötigt.

Ein Leser schreibt: *„Bei der* **Ankunft in Nuveiba** *herrscht das größte Chaos, das ich je in Ägypten erlebt habe. Wenn man nicht arabisch spricht, kann man sich leicht verlieren. Man besteigt einen Bus, der einen zum Zollterminal bringt. Von dort aus geht man in eine der Banken und erhält für 15 USD die Visummarken. Dann muss man das Gebäude suchen, in dem man seinen Pass erhält: Es ist ein rotes Gebäude, das, wenn man mit dem Rücken zum Zollabfertigungsausgang steht, rechts hinter dem ummauerten Areal liegt. Im Zweifelsfall einfach den Reisegruppen hinterherlaufen. Wenn man dann durch den Zoll ist, kann das Feilschen um ein Taxi bzw. Bus beginnen. Nach Dahab sind £E 30 pP angebracht".*

Sonstige Informationen
▶ **Fahrräder** verleiht das Nuveiba Village Hotel (teuer).
▶ Bei der **Bank** im Nuveiba Village Hotel steht ein EC-Automat.
▶ Am Eingang zu Nuveiba City hat ein **Alkoholladen** eröffnet (kaltes Stella für 10 £E).
▶ Derzeit gibt es zwei von Deutschen geführte **Tauchbasen**; eine ist dem Nuveiba Village, die andere dem Sirene Hotel angeschlossen.

Ausflüge
Typische Jeeptouren führen zum Coloured Canyon, zur Oase Ain Hudra, zur Oase Ain Um Ahmed oder auf Pisten zum Katharinenkloster. Bei voll besetztem Wagen muss man mit etwa £E 250-300 pP/Tag rechnen, Kameltouren sind teurer.

Jeep- und/oder Kamel-**Touren in die Ostsinaiberge** bieten unter anderen an:
▶ Anis (deutschsprachig), der Besitzer von El Khan (Adresse siehe dort), mit dem wir - allerdings vor Jahren und auch 2008 - sehr gute Erfahrungen machten. Seine Trips kosten (als Beispiel): Kameltrip €30 pP mit VP, Führer €20/Tag und Koch €15, Transfer Airport €50 pro Auto für eine Richtung, Trip Katharinenkloster €100 per Auto, 4WD in die Berge €40 pP/Tag inkl. VP.
▶ **Farag Soliman**, Tel 010188 1852, farag_soliman2003@yahoo.com, spricht sehr gut Englisch, Kameltrips im Sinai, £E 180 pP/Tag inkl. VP
▶ **Maged el Said**, dem das Habiba Camp gehört
▶ Der gut Englisch sprechende **Guide Hatem Abed**, Tel 3771 650
▶ Auch die Restaurants **El Sharkawi** und **Dr. Shish Kebab** sowie viele Camps vermitteln Jeep- und Kameltouren.

Wie schon an anderer Stelle erwähnt, sollten Kameltouren wenigstens drei Tage dauern, um das Erlebnis vertiefen zu können. Da bietet sich ein Trip zum Coloured Canyon förmlich an, der in drei Tagen gut zu bewältigen ist und durch herrliche Landschaft führt.

Restaurants

Nuveiba wartet mit einer Menge Essplätzen auf. An der Beach Promenade in Tarabin kann man von einer in die andere Restauranttür fallen. Dort begann alles mit dem **Blue Bus**, einem ausgedienten, zu einer Essbude umfunktionierten Bus, aus dem sich ein respektables und gutes Restaurant entwickelte (Bus steht heute nicht mehr am ursprünglichen Platz)

- **Cleopatra**, Nähe Nuveiba Village /El Waha Hotel, sehr guter Fisch, Bier, nicht billig
- **Dr. Shish Kebab** im Zentrum, kleine Portionen, aber gute Infos, Kameltrips
- **Han Kang** in der Nähe des Nuveiba Village Hotels, chinesisch/koreanisch, mittelmäßig, Stella auch zum Mitnehmen
- **Morgana** zwischen Nuveiba Village Hotel und El Waha am Strand, gut, aber nicht billig

9 Sinai

- **Habiba**, Camp südlich des Nuveiba Village Hotels, exzellente Küche, nicht billig, reichhaltiges Mittagsbuffet, Restaurant direkt am Strand

Übernachten

Alle folgenden Unterkünfte sind von Süd nach Nord sortiert (Plan siehe Seite 657)

Nuveiba-Port
- **Hilton**, [12] 4*, Tel 3520 320, Fax 3520 327, haupts. Gruppen, Super-Büffet, ... E+B $75, D+B $90

Nuveiba City - südlich vom Nuveiba Village Hotel
- **La Sirene**, 3*, [11] Bungalow-Hotel, Tel/Fax 3500 701, deutsches Tauchcenter, se sa, SatTV, Kschr, AC, SatTV, mF .... E+B $34, D+B $50
- **Sultana**, [10] südl. des Farmgeländes, Tel 3500 490, info@sultanavillage.net, www.sultanavillage.net , AC, sa, ru, mF .... E+B $25, D+B $40
- **Green Beach** [9] (als Beispiel für einige der Camps, die sich in der relativ ruhigen Gegend angesiedelt haben), Tel 010 196 4131, greenbeach2000@yahoo.com, Hütten, einf, tlw mit Elektriklampe, rel sa, F £E 5.. pP 20
- **Ciao**, 3*, [8] Duna Beach, Tel/Fax 3501 205, ciao@sinai4you.com, www.sinai4you.com, Pool, AC, SatTV, Kschr, rel kl Zi, se sa, mF... E+B $25, D+B $45
- **Casa del Mare**, 3*, [7] Duna Beach, Tel/Fax 3501 213, asser@casadelmareresort.com, www.casadelmareresort.com, AC, SatTV, Kschr, Internet, rel gr Zi, gut geschnitten, Balkon, se sa, fr, mF .... E+B $30, D+B $50
- **Habiba Camp**, [6] Tel 3500 770, habiba@sinai4you.com, www.sinai4you.com/habiba, sehr aktiver Besitzer, keine Musik - aber Stille, „Beduin Saloon", Kamelreitschule, Stein-Bungalows, AC, Internet, se sa, se fr u. hb, se gute Kü, mF .... Hütte E €10, D €18, E+B €39, D+B €45
- **El Waha Village**, 5] Tel/Fax 3500 421, Fax 3500 420, info@elwahavillage.com, www.elwahavillage.com, Bungalows, AC, SatTV, Kschr, Internet, sa, fr, mF (mä) ....E+B $20-25, D+B $40-45
- **Dolphin Camp**, [4] zum Nuveiba Village gehörend, Tel etc. siehe dort, Restaurant u.a. können mitbenutzt werden, eign Strand, se sa 2-Pers-Hütte 50
- **Nuveiba Village**, 4*, [4] Tel 3500 401, Fax 3500 407, res@nuweibavillageresort.com, www. nuweibavillageresort.com, gepfl. Bungalow-Anlage unter angebl. 1000 Palmen, eig.Strand, dt. Tauchzentrum, Internet, SatTV, Kschr, AC, hb, se sa, mF ..... E+B $50, D+B $65, Holzhütte E $10, D $15
- **Fayrouza Village**, [3] ca. 2 Minuten am Strand entlang nördl. vom Nuveiba Village Hotel, Tel 350 1133, fayrouza@sinai4you.com, www.sinai4you.com/fayrouza, gepfl. Camp direkt am Strand, Ven, ru, se fr, se hb, se gu Restaurant, mF (reichhaltig, se gut)... E 55, D 80

El Tarabin [1] - nördlich vom Nuveiba Village Hotel

Noch bis vor kurzer Zeit besaß dieser Strandabschnitt alle Chancen, die Atmosphäre vom ehemaligen Dahab zu erhalten. Bei unserem Besuch 2008 hatte sich das gründlich geändert. Viele der Strohhütten-Camps waren verschwunden, stattdessen stehen nun an vielen Stellen Beton-Hütten bzw. –Bungalows in Reih und Glied. Die Strandstraße ist zwar noch nicht gepflastert, aber das dürfte nicht lange auf sich warten lassen.

- **Soft Beach Camp**, Tel 01036 47586, info@softbeachcamp.com, www.softbeachcamp.com, deutsch-ägypt. Management, südlichstes Camp von Tarabin, direkt an eig. schö Strand, abschließbare Hütten auf Betonboden, se sa, Restaurant, untersch gr Hütten mF ....Hütte pP 30-40
- Zusätzlich **Blue Bird Motel**, einfache Zi mit Ven/AC und Bad WC .... pP 60, 2 P 100
- **Blue Bus**, Tel 0109883854, info@blue-bus.de, www.blue-bus.de, deutsch-äg. Management, Kameltrips, se sa, gepfl. Platz an der Seite des guten Restaurants am Strand neben der Düne, F £E 7-15...2-Pers-Hütte 30

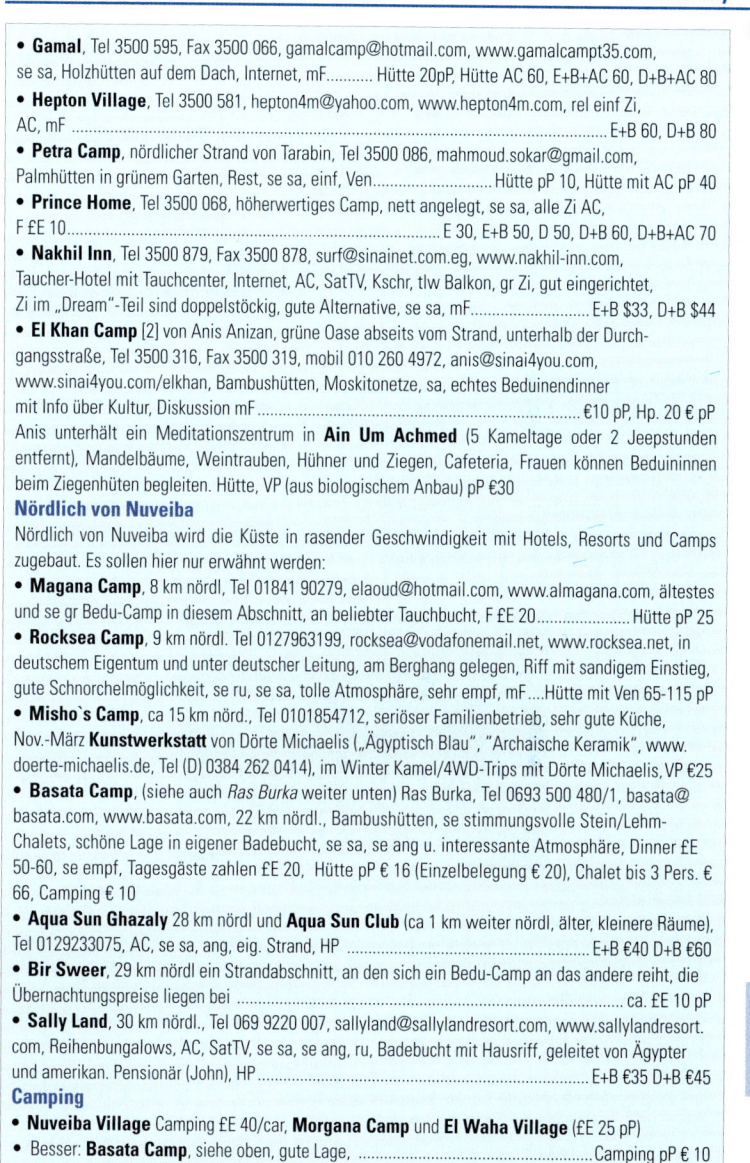

Nuveiba City

- **Gamal**, Tel 3500 595, Fax 3500 066, gamalcamp@hotmail.com, www.gamalcampt35.com, se sa, Holzhütten auf dem Dach, Internet, mF........... Hütte 20pP, Hütte AC 60, E+B+AC 60, D+B+AC 80
- **Hepton Village**, Tel 3500 581, hepton4m@yahoo.com, www.hepton4m.com, rel einf Zi, AC, mF .... E+B 60, D+B 80
- **Petra Camp**, nördlicher Strand von Tarabin, Tel 3500 086, mahmoud.sokar@gmail.com, Palmhütten in grünem Garten, Rest, se sa, einf, Ven............................ Hütte pP 10, Hütte mit AC pP 40
- **Prince Home**, Tel 3500 068, höherwertiges Camp, nett angelegt, se sa, alle Zi AC, F £E 10 .... E 30, E+B 50, D 50, D+B 60, D+B+AC 70
- **Nakhil Inn**, Tel 3500 879, Fax 3500 878, surf@sinainet.com.eg, www.nakhil-inn.com, Taucher-Hotel mit Tauchcenter, Internet, AC, SatTV, Kschr, tlw Balkon, gr Zi, gut eingerichtet, Zi im „Dream"-Teil sind doppelstöckig, gute Alternative, se sa, mF............................ E+B $33, D+B $44
- **El Khan Camp** [2] von Anis Anizan, grüne Oase abseits vom Strand, unterhalb der Durchgangsstraße, Tel 3500 316, Fax 3500 319, mobil 010 260 4972, anis@sinai4you.com, www.sinai4you/elkhan, Bambushütten, Moskitonetze, sa, echtes Beduinendinner mit Info über Kultur, Diskussion mF .... €10 pP, Hp. 20 € pP

Anis unterhält ein Meditationszentrum in **Ain Um Achmed** (5 Kameltage oder 2 Jeepstunden entfernt), Mandelbäume, Weintrauben, Hühner und Ziegen, Cafeteria, Frauen können Beduininnen beim Ziegenhüten begleiten. Hütte, VP (aus biologischem Anbau) pP €30

Nördlich von Nuveiba

Nördlich von Nuveiba wird die Küste in rasender Geschwindigkeit mit Hotels, Resorts und Camps zugebaut. Es sollen hier nur erwähnt werden:

- **Magana Camp**, 8 km nördl, Tel 01841 90279, elaoud@hotmail.com, www.almagana.com, ältestes und se gr Bedu-Camp in diesem Abschnitt, an beliebter Tauchbucht, F £E 20 .... Hütte pP 25
- **Rocksea Camp**, 9 km nördl. Tel 0127963199, rocksea@vodafonemail.net, www.rocksea.net, in deutschem Eigentum und unter deutscher Leitung, am Berghang gelegen, Riff mit sandigem Einstieg, gute Schnorchelmöglichkeit, se ru, se sa, tolle Atmosphäre, sehr empf, mF ....Hütte mit Ven 65-115 pP
- **Misho`s Camp**, ca 15 km nördl., Tel 0101854712, seriöser Familienbetrieb, sehr gute Küche, Nov.-März **Kunstwerkstatt** von Dörte Michaelis („Ägyptisch Blau", "Archaische Keramik", www.doerte-michaelis.de, Tel (D) 0384 262 0414), im Winter Kamel/4WD-Trips mit Dörte Michaelis, VP €25
- **Basata Camp**, (siehe auch *Ras Burka* weiter unten) Ras Burka, Tel 0693 500 480/1, basata@basata.com, www.basata.com, 22 km nördl., Bambushütten, se stimmungsvolle Stein/Lehm-Chalets, schöne Lage in eigener Badebucht, se sa, se ang u. interessante Atmosphäre, Dinner £E 50-60, se empf, Tagesgäste zahlen £E 20, Hütte pP € 16 (Einzelbelegung € 20), Chalet bis 3 Pers. € 66, Camping € 10
- **Aqua Sun Ghazaly** 28 km nördl und **Aqua Sun Club** (ca 1 km weiter nördl, älter, kleinere Räume), Tel 0129233075, AC, se sa, ang, eig. Strand, HP .... E+B €40 D+B €60
- **Bir Sweer**, 29 km nördl ein Strandabschnitt, an den sich ein Bedu-Camp an das andere reiht, die Übernachtungspreise liegen bei .... ca. £E 10 pP
- **Sally Land**, 30 km nördl., Tel 069 9220 007, sallyland@sallylandresort.com, www.sallylandresort.com, Reihenbungalows, AC, SatTV, se sa, se ang, ru, Badebucht mit Hausriff, geleitet von Ägypter und amerikan. Pensionär (John), HP .... E+B €35 D+B €45

Camping

- **Nuveiba Village** Camping £E 40/car, **Morgana Camp** und **El Waha Village** (£E 25 pP)
- Besser: **Basata Camp**, siehe oben, gute Lage, ... Camping pP € 10

9 Sinai

An dem jetzt folgenden Küstenabschnitt bis Tabah sind in den letzten Jahren zahllose Camps und Hotelanlagen entstanden. Die gesamte Küste ist mehr oder weniger zugebaut, der Zugang zum Strand nur noch an wenigen Stellen ohne Restriktionen möglich. Dieser Bauboom brach etwa ab 1997 aus, nachdem die Wasserversorgung durch den Einsatz von Meerwasserentsalzungsanlagen in größerem Maßstab gesichert wurde. Wer den Sinai noch aus den Jahren nach der Rückgabe von den Israelis kennt, wird diese Entwicklung sehr bedauern, aber sie lässt sich nicht aufhalten - außer durch mangelnde Nachfrage.

Nach 14 km: Taba Holiday Resort, mehrere Luxus-Resorts am Strand, Sonesta, Radisson Hotel an der Straße

Nach 6 km:

Ras Burka

Der Name steht für einen Felsen, der einem verschleierten Kopf gleicht, rechts eine Polizeistation. Daneben führt eine Straße hinunter

---

Pionier in der Wüste

Sherif el Ghamrawy, studierter Bauingenieur, war seiner Zeit mindestens um ein Jahrzehnt voraus, was die touristische Entwicklung des Sinai betraf. Als noch kein Mensch über die Grenzen der wenigen Orte hinaus dachte, gründete er sozusagen „in the middle of nowhere" das inzwischen fast legendäre Basata Camp, 22 km vom damals noch sehr bescheidenen Stützpunkt Nuveiba entfernt, ohne Wasseranschluss und ohne Stromversorgung. Seine ökologische Grundkonzeption war ebenfalls der Zeit weit voraus: Einfachste Unterkünfte aus natürlichem Material, kein Lärm, kein Tauchen, keine Hektik, sondern Ruhe und Achtung der Natur sind sein Credo. Die Unterhaltung seiner Gäste besteht aus Gesprächen, Diskussionen oder Meditation. Kein Wunder, dass die meisten Stammgäste wurden und viele Male ihren Urlaub in Basata verbrachten.

Im Camp gilt Vertrauen: Die Gäste bedienen sich, bis auf die Abendmahlzeit, aus den Vorräten selbst und rechnen beim Auschecken ab. Der Koch bereitet tagsüber Brotfladen, Brot, Kuchen oder Pizza, zum gemeinsamen Abendessen gibt es abwechselnd frische Fischgerichte oder Vegetarisches. Eigenverpflegung durch Mitgebrachtes ist unerwünscht, allerdings kann sich jeder Gast aus dem vorhandenen Angebot auch selbst kochen. Koch- und Brauchwasser werden von einer Entsalzungsanlage erzeugt.

Fröhliche Kinder im Camp

Sherif hob zusammen mit Gleichgesinnten ein NGO-Müll-Recycling-Projekt aus der Taufe, in das die Mitglieder aus dem weiteren Umkreis ihre Abfälle, nach Arten sortiert, einliefern. Helfer trennen die gesammelten Stoffe weiter bzw. verdichten sie. Organische Abfälle erhalten die Beduinen zur Weiterverwertung, die meisten anderen Stoffe gehen nach Kairo zur Weiterverarbeitung. So ist ein erster Schritt getan, das leidige Müllproblem anzugehen und Schritt für Schritt ein Umweltbewusstsein in dieser Richtung zu entwickeln.

Basata wurde 2006 ausgezeichnet mit dem 2. Preis „Highly commended for protection of marine life", Sherif wurde als "Sozial Interpreneur of Egypt for 2008" gewählt.

Der "Fjord" lässt eine gewisse Ähnlichkeit mit den nördlichen Originalen nicht verleugnen

zu einer beliebten Bade- und Schnorchelbucht; ein idealer Platz für Anfänger, weil der Einstieg flach und sandig ist.

Sherif el Ghamrawy - der fließend Deutsch spricht - hat hier zusammen mit seiner deutschen Frau Maria das **Basata Camp** aufgebaut, siehe Kasten. Sherif bietet darüber hinaus interessante Ausflüge in die Umgebung an: z:B Kamletrips, Jeeptouren oder spezielle Frauentouren, die von Bedufrauen geführt werden. Etwas schwierig ist die An- und Abreise mit öffentlichen Verkehrsmitteln. Nehmen Sie den Bus nach Tabah und lassen Sie sich in Basata absetzen. Einige Taxifahrer sind in Basata stationiert, mit denen Sherif feste Preise vereinbarte.

Nach 6 km: **Bir Sweer** (Sueir)

Hier wird der Küstenstreifen von vielen Bedu-Camps gesäumt, die mit einfachster Ausstattung, geringen Preisen und phantasievollen Namen, wie Magic Land, Love Beach, Nirwana oder Luna, um Gäste werben. Zur Zeit unserer Recherche war von Plänen die Rede, den Gesamtkomplex von der Wasserversorgung und -entsorgung mit gemeinsamem Sicherheitszaun und angehobenem Niveau auch für Familien zu verbessern und auf diese Weise auch andere Gäste anzulocken als die immer wieder ausbleibenden Israelis.

Nach 18 km: **Tabah Heights**

Hier entsteht nach dem Vorbild von El Gouna bei Hurghada eine neue Touristenstadt mit kompletter Infrastruktur, beginnend beim kleinen Supermarkt von Tante Emma bis hin zum Spielcasino im Luxushotel, von denen ein Teil der Küste bereits in Besitz genommen wurde. Vier Luxushotels - Intercontinel, Hyatt, Marriott, Sofitel -, ein Spielcasino und ein Golfplatz sind in Betrieb, Privatwohnungen werden verkauft. Das Dorf selbst hat Gestalt angenommen. Ansonsten ist eine Rundfahrt – zur Not mit dem stündlich alle Hotels verbindenden Shuttle Bus – wegen der interessanten Architektur empfehlenswert.

• Das einzige „billigere" Hotel ist **The Three Corners El Wekala**, 4*, Tel 3580 150, elwekala@threecorners.com, www.threecorners.com, im Ort Taba Heights gelegen, eig. Strand nur per Shuttlebus erreichbar, se gr Pool, schöner Blick, gut einger. Zi, AC, SatTV, Kschr, se sa, all inkl..E+B €83, D+B €138

Nach 8 km: **Fjord**

9 Sinai

Coral Island

Ein fjordähnlicher Einschnitt ins Gebirge hat eine malerische Bucht geschaffen; kurz zuvor führt eine Piste zum Strand. Nördlich vom Pistenende erstreckt sich ein Riff mit schönen Korallen; die Gegend ist auch zum Schnorcheln gut geeignet. Der Sun Pool ist eine kleine, vom Meer abgeschlossene Lagune, die sich - von der Straße her uneinsehbar - hinter den Bergen versteckt, die den südlichen Abschluss der Fjordbucht bilden. Derzeit scheint allerdings der Zugang durch ein Militärareal blockiert zu sein. An der Straße steht ein Restaurant mit gutem Blick auf den Fjord.

Nach 3 km: Abzweig

Links Richtung Kairo über die anfangs landschaftlich faszinierende Straße nach El Nakab, von dort weiter über Nakhl, El Hamdi Tunnel. Hier entstanden zwei Hotels namens Seastar und Sunny Village.

Nach 3 km:

Coral Island

auch *Pharaoon Island* bzw. *Jezirat Farun*.

Unweit vom Strand liegt die von Korallenbänken umgebene Insel mit den pittoresken, teilrestaurierten Ruinen einer Kreuzritterburg aus dem Jahr 1115 nC. Nach der Eroberung von Jerusalem 1187 durch Saladin wurde sie zu einer Festung gegen die Kreuzritter umfunktioniert. Sehr attraktive Schnorchel- und Tauchgründe liegen an der Südspitze mit guter Sicht in klarem Wasser, aber auch die Ostseite bietet schöne Korallen.

Auf der Landseite gegenüber der Insel wurden ein Motel und ein Restaurantgebäude errichtet. Von dort legen Fährboote von 9-17 Uhr zur Insel ab; Boottickets zu £E 10 in der Cafeteria, Eintritt $ 10.

Nach 6 km: Tabah

Tabah

Grenzstation nach Israel.

Das Dorf Tabah - nur 7 km vom israelischen Elat entfernt - war viele Jahre Zankapfel zwischen Israel und Ägypten. Beide Länder erhoben Anspruch, weil alte Landkarten des Osmanischen Reichs den Grenzverlauf mal auf der einen, mal auf der anderen Seite zeigten. Die Israelis gaben daher 1982 dieses Stück nicht an Ägypten zurück, sondern bauten flugs im „Niemandsland" ein weithin sichtbares Luxushotel, das heute *Tabah Hilton* heißt. Durch internationalen Schiedsspruch fiel der umstrittene Abschnitt an Ägypten; die Israelis räumten im Frühjahr 1989 den Platz und verkauften dem Nachbarn den Hotelkomplex. Der schmale Streifen hat immer noch einen gewissen Sonderstatus; von israelischer Seite darf man ohne große Formalitäten bis zum Hotel fahren - aber nicht weiter. Auf ägyptischer Seite bestehen keine Einschränkungen. Im Herbst 2005 war das Hotel Ziel eines Terroranschlags mit vielen Toten und Verletzten sowie großen Gebäudeschäden.

Verkehrsverbindungen

▶ **Dahab, Sharm el Sheikh:** 9.00 15.00 (3,5 Std, £E 26)

▶ **Kairo:** 10.30 16.30 (beide Superjet, je £E 60), 16.30 (Pullman, £E 65)

▶ **Nuveiba, St. Katharin:** 7.00 9.00 15.00 (£E 15)

Die Grenzformalitäten werden von den Ägyptern relativ unkompliziert abgewickelt, siehe Seite 54. Da in Israel 7-Tage Besuchs-Visa - allerdings ausschließlich für die Ostküste des Sinai - unbürokratisch ausgestellt werden, machen viele Israelis oder auch andere Touristen von Kurzbesuchen des Sinai Gebrauch.

Übernachten

● **Salah El Deen**, 3*; Motel in der Bucht von Pharao Island, 8 km südlich von Tabah, Tel 069 922 0003 Fax, Stein-Bungalows, Pool, la, sa, fr, SatTV, Kschr, Safe; 2 Pools, Disko, 2 Rest,

AC, HP .... E+B $55, D+B $50-55
- **Tabah-Hilton**, 5*, Tel 096 3530 140, reservation.taba@hilton.com, direkt an der Grenze zu Israel, Privatstrand, gr Pool, gepflegt
- **Tobya Boutique Hotel**, 4*, 2 km vor Tabah, Tel 069 353 0275, info@tobyaboutiquehotel.com, www.tobyaboutiquehotel.com, Pool, AC, SatTV, Kschr, se sa, gut eingerichtet, mF .... D+B € 68

Abu Rudeis - Katharinenkloster - Nuveiba

Die Fahrt quer durch die Sinai-Hochgebirgsregion gehört zu den landschaftlich eindrucksvollsten Strecken Ägyptens überhaupt, zumal die Asphaltstraße sowohl in Richtung Kloster als auch dann zur Ostküste keiner landschaftlichen Schönheit aus dem Weg geht. Die Straße verläuft über weite Strecken durch das Feiran Wadi-Bett, d.h. bei starkem Regen rauscht das Wasser auf dem glatten Asphalt umso besser zu Tal. So wird in schöner Regelmäßigkeit die teure Asphaltdecke in die Wüste befördert.

▶ **Entfernungen:** Katharinenkloster 93 km, Ostküstenstraße 161 km.

Die Strecke

Unsere Beschreibung schließt an die vorige Route an und zwar bei der **Kreuzung mit dem Rasthaus Manta Rest** und Polizeiposten, siehe Seite 632. Hier links ab. Die Straße folgt dem zunächst noch recht breiten Wadi Feiran.
Nach 19 km: Pistenabzweig
(N28°47,82' E33° 27,92')
Links Piste ins **Wadi Mukattab**, das Wadi der Inschriften (Beschreibung siehe Seite 695).
Man verlässt die Asphaltstraße (mit pistentauglichem Gefährt) nach links, kurz vor einem links abseits liegenden Dorf, dort, wo die meisten/tiefsten Spuren zu sehen sind, und folgt der Piste in einen Taleinschnitt. Nach 5 km verzweigt sich kurz vor einem Felsplateau die Piste erneut; dort links halten. Knapp 8 km nach Verlassen der Asphaltstraße liegen links, in der Nähe zweier Schilder WADI MAKTAB, die mit den Inschriften bedeckten Felsen.

Nach 7 km: Pistenabzweig
Links Piste durch das erstaunlich dicht besiedelte Wadi Agir und weiter zum Forest of Pillars (siehe Seite 694).
Nach 23 km:

***Wadi Feiran

Hintergrund: Vom 4. bis 7. Jh war Feiran Bischofssitz und, laut Klosterangaben, die erste christliche Stadt überhaupt. Eine Bischofskirche (Kathedrale) und mindestens vier weitere Kirchen (eine davon auf dem Gebel Serbal) prägten damals das Bild der Oase. Die Grundmauern der Bischofskirche und Reste von Befestigungsanlagen sind auf dem Hügel Tell el Meharred gleich neben dem heutigen Nonnenkloster zu sehen. Im Übrigen lohnen die paar Schritte den Hügel hinauf, von oben bietet sich ein schöner Blick ins Tal. Im Hintergrund ragt das eindrucksvolle Massiv des 2078 m hohen Gebel Serbal empor, der nach Meinung verschiedener Theologen in Konkurrenz zum Gebel Musa auch der Berg Horeb sein könnte, auf dem Moses die Gesetzestafeln erhielt. Sein nördliches Gegenüber, der Gebel Banat, ist nur 1510 m hoch.

An den Talrändern werden Sie Löcher im Berg erkennen. Das waren einstmals Grabkammern für zumeist wohl sogenannte Sekundärgräber, die nur an den Verstorbenen erinnern sollten. Diese Löcher gaben der Oase (nach einer Version) den Namen: „Feiran" heißt „Mäuse".

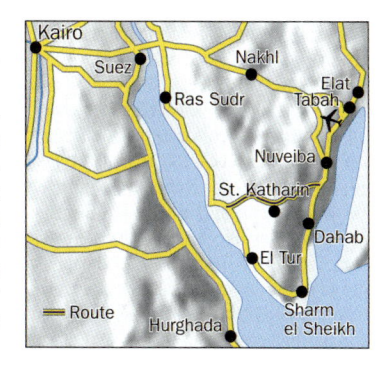

9 Sinai

Im jetzt sehr engen Wadi taucht nahezu unerwartet die Oase mit ihren sattgrünen, üppigen Palmenhainen auf. Der vielfach als *Perle des Sinai* bezeichnete Ort hat über 1000 Einwohner. Er zieht sich über viele Kilometer durchs enge Tal und gilt als der fruchtbarste Platz im Sinai, sieht man von den heutigen Neulandprojekten ab.
Etwa in der Ortsmitte liegt rechts **Deir Zeghir** (N 28° 42,33'; E 33° 37.99'), ein kleines, zum Katharinenkloster gehörendes griechisch-orthodoxes **Nonnenkloster** (9-13) mit schönen Gärten und einer relativ neuen Basilika (Moseskapelle), zu erkennen an den einzigen Bogenarkaden der Oase. 2008 war ein Museum im Bau. Die fünf Nonnen vermieten gut eingerichtete Zimmer (siehe Seite 672); eine echte Alternative zur Übernachtung in Milga. Der gepflegte Garten trägt reiche Früchte, die im Herbst und Winter auch verkauft werden, z.B. Orangen, Datteln, Grapes, Mandarinen oder Zitronen. Im Dorf gibt es bescheidene Restaurants und ein Hospital. Von hier aus kann man in etwa 6 Stunden den Gebel Serbal besteigen.
Nach dem Ende der lang gestreckten Oase folgt die Straße bald dem breiteren Wadi Sheikh.
Nach 42 km: Oase Tarfa el Qidarein
Rechts steht ein gemauertes Schild *El-Sheikh-Awaad*. Fährt man hier ab und auf der Piste etwa 10 km, kommt man zu einem neuen, sehr einsamen Beduinencamp namens **Eco Lodge**. Dieses ganz aus Baustoffen der Umgebung errichtete Camp soll Besuchern das Leben in der Einsamkeit nahe bringen: Es gibt keinen Strom, auch relativ wenig Wasser, aber Ruhe und Naturverbundenheit. Leider ist die Piste extrem ausgefahren.
Nach 11 km: Abzweig, Tankstelle, Checkpost
Links zur Ostküste, geradeaus nach Milga und zum Kloster. Nur etwa 500 m entfernt steht links der **Grabbau des Nebi Saleh**.
Das weiße Grabmal des von den Beduinen besonders verehrten Heiligen steht auf einem kleinen Hügel, am Hang sieht man Gräber von Menschen, die in der Nähe des Heiligen ruhen wollen. Nebi Saleh gilt als einer der bedeutendsten Heiligen der Beduinen. Im Sommer nach der Dattelernte wird ein großes Fest zu seinen Ehren veranstaltet, an dem Tausende teilnehmen sollen. In dieser Zeit werden alle Feindschaften eingestellt. Nebi Saleh, der übrigens per Kamel sowohl vom Mosesberg als auch von Kairo, Mekka und Damaskus zum Himmel aufstieg, ist außerdem insgesamt dreimal im Vorderen Orient begraben - was bei Heiligen aller Religionen vorzukommen scheint...
Knapp 500 m nach dem Grabmal zweigt links eine Piste ab zu den

Blauen Bergen

Auf der ziemlich ausgefahrenen Piste erreicht man nach etwa 6 km den Beginn eines Hochplateaus namens Hallawi (N28°36,70' E34°02,39'). Dort können Sie Landschaftsmalerei bewundern: Der belgische Künstler Jean Verame malte von Oktober bis Dezember 1980 einige der Felsen-Hügel oder, genauer gesagt, großen Steinbrocken blau an *(Blaue Berge)* und nannte sie „*Peace Junction*", Farbverbrauch: 10 Tonnen. Diese zunächst absurd erscheinende Tat hat die stille Hochebene in eine eigene Stimmung versetzt, die sich dem Betrachter bald mitteilt. Im Lauf der vergangenen Jahre verblasste die Farbe schon deutlich, dennoch

---

Nilwasser nach Milga

Ein Projekt, das schon lange in einigen Köpfen geisterte, näherte sich 2008 der Fertigstellung: dem chronischen, immer stärker werdenden Wassermangel an den früher nie versiegenden Quellen durch Zugabe von Nilwasser zu begegnen. Das mag einfach klingen, ist aber mit hohen Kosten verbunden, sowohl in der Bau- als auch in der Betriebsphase. Denn die Leitung muss in den felsigen Untergrund verlegt und das Wasser mit erheblichem Energieaufwand auch 1500 m Höhe gepumpt werden. Doch die Niederschläge werden auch im Sinai immer unergiebiger und immer seltener, Menschen, Tieren und Anpflanzungen muss geholfen werden.

blieb die Ausstrahlung der Gesamtkomposition erhalten. Natürlich kann man sehr geteilter Meinung sein über das „Beschmieren" von Felsen mit blauer Farbe.

Wir haben mehrfach viele Stunden und einige Nächte zwischen den Blauen Bergen zugebracht; jedes Mal waren wir fasziniert von der Bergkulisse und fast ergriffen von der gelösten Stimmung, die von den blauen Farbtupfern inmitten der rotbraunen Umgebung ausgeht. Sie verführt förmlich zum Verweilen und Meditieren - probieren Sie es einmal aus. Sie sollten bis ins Zentrum der Ebene fahren und von dort den Rundblick, aber auch die Details der Malerei erleben.

Leider ist das Übernachten verboten, allerdings wird es nicht allzu streng kontrolliert. In Milga lassen sich auch Taxis zu den Blauen Bergen für £E 30-40 anheuern; der Fahrer muss mit den Pässen der Reisenden eine Erlaubnis bei der Polizei besorgen.

Die Piste, auf der Sie zu den Blauen Bergen fuhren, durchquert die Hochebene am Nordrand und führt durch einsame Gebirgslandschaft nach Bir Nasib und weiter durchs Wadi Nasib nach Dahab (siehe Seite 656). Sollten Sie diese Strecken fahren wollen, erkundigen Sie sich zuvor bei der Polizei in Milga, ob Sie eine Genehmigung benötigen (wahrscheinlich nicht).

Nach 5 km: Abzweig
Links zum Hotel Morgenland
Nach 9 km: Kreuzung, geradeaus nach Milga, links 1,5 km zum

****Katharinenkloster

Hintergrund: Bereits im 4. Jh lebten in diesem Tal christliche Einsiedler, die aber immer wieder Überfällen herumstreifender Nomaden ausgesetzt waren. Der oströmische Kaiser Justinian I, dessen Mutter Helena eine Marienkapelle am Platz des brennenden Dornbusches gespendet hatte, ließ Mitte des 6. Jh ein Kloster anstelle der Marienkapelle und direkt an der einzigen Quelle dieser Gegend errichten. Vermutlich vertauschten die Mönche recht erfreut ihre Einsiedeleien mit dem sicheren Klosterplatz.

Diese Festung frommer Christen stand nahezu immer unter dem Schutz der jeweiligen Potentaten und wurde durch Schenkungen am Leben erhalten. Sogar der Prophet Mohammed soll einen Schutzbrief ausgestellt haben, der das Kloster häufig genug vor Annexionen rettete. Irgendwann im 10. Jh träumte ein Mönch, dass auf dem heutigen Katharinenberg die Gebeine der Heiligen Katharina lägen - sie wurden geborgen und als Reliquie ins Kloster verbracht.

Ursprünglich war die Klosterfestung, in der jetzt etwa 30 Mönche leben, nur durch einen (heute restaurierten) Rollenaufzug zugänglich; erst im 19. Jh wurde eine niedrige und enge Tür in die Außenmauer gebrochen. Es handelt sich übrigens um ein griechisch-orthodoxes Kloster, das mit 3500 Manuskripten die wertvollste religiöse Bibliothek neben dem Vatikan und eine einmalige Sammlung frühbyzantinischer Ikonen besitzt. Griechisch-orthodoxe Christen können daher die sonst nicht zugänglichen Räume besichtigen.

Hier im Zentralsinai leben die Djebeliyeh-Beduinen, die angeblich Nachfahren christlicher Sklaven aus der rumänischen Walachei sind. Justinian soll sie zum Klosterbau und als Diener der Mönche auf den Sinai beordert haben, erst vor ein paar Jahrhunderten konvertierten sie zum Islam. Heute verdienen sich die Beduinen ein Zubrot, indem sie Touristen zu Trekking-Touren in die Berge führen. Näheres über diese Touren - die wir sehr empfehlen - lesen Sie auf Seite 699.

Einen wichtigen Hinweis ist das **Visitor Center** wert: Um die Jahrtausendwende von der EU finanziert, fristet es heute ein Dämmerdasein. Wann immer man spontan dorthin geht, wird man voraussichtlich vor verschlossenen Türen stehen, vielleicht hilft das *Protectorate Office*, Tel 3470 032, weiter. Der Gebäudekomplex - links vor dem Kreisel zum Kloster - bietet allerbeste Informationen und diese sind sehr gut aufbereitet (nur in Englisch). Fünf Themengruppen ist jeweils ein Haus am Hang gewidmet: den Naturreservaten Ägyptens, der

9 Sinai

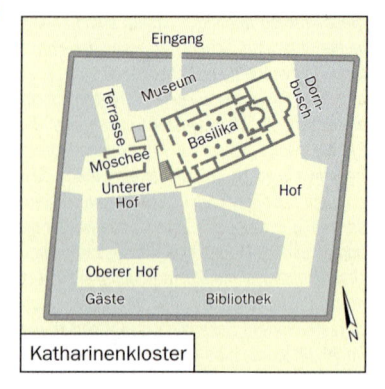

Katharinenkloster (Kartenskizze mit Beschriftungen: Eingang, Museum, Terrasse, Basilika, Dornbusch, Moschee, Unterer Hof, Hof, Oberer Hof, Gäste, Bibliothek)

Naturgeschichte des Sinai, der Archäologie, den Beduinen und dem Kloster. Schautafeln erläutern Hintergründe, im Naturgeschichterraum hört man zusätzlich Vogelstimmen in sehr guten Tonaufnahmen. Für wenig Geld gibt es Trecking-Broschüren für verschiedene Unternehmungen oder allgemeine Informationen.

Das **Katharinenkloster** (N28°33,68' E33° 58,17') beherrscht wie eine Festung ein enges Tal in 1570 m Höhe am Fuß des Mosesberges. Es ist außer freitags, sonn- und feiertags von 9-11.45 Uhr, freitags von 10.30-11.45 Uhr geöffnet (Eintritt frei); weibliche Knie müssen bedeckt sein, sonst muss eine Kutte ausgeliehen werden. Gruppen haben bei der Besichtigung Vorrang. Manchmal werden Gruppen auch an Feiertagen eingelassen, Einzelreisende können sich dann eventuell anschließen (Auskunft über Feiertage, an denen das Kloster geschlossen ist, erteilt auch die Klosterniederlassung in Kairo: *Mount Sinai Monastry of Saint Catherine*, 18 Midan el Daher, 11271 Cairo, Tel 02 2482 8513, Fax 02 2482 5806, Kloster: 069 3470 343 bzw. 349. Das Fotografieren der Mönche ist verboten.

Der Besucherandrang ist fast unerträglich, nahezu im wörtlichen Sinn: Zeitweise herrscht ein Gedränge wie in einer japanischen U-Bahn, in der professionelle Schieber die Leute auf engsten Raum zusammendrücken. Gruppenführer leiern in allen Sprachen ihre Litanei herunter, die Massen schieben durch die schwach beleuchtete Basilika. Auch die Mönche verlieren zeitweise die Nerven und reagieren unfreundlich. Leider gibt es keinen Trick, diese Situation zu umgehen, weil die Öffnungszeiten zu kurz sind.

Man betritt das Kloster durch ein enges neueres Tor auf der Westseite. An der Innenseite der Außenmauer liegen die Wohn- und Wirtschaftsräume. Innerhalb der Mauer sind eine Reihe von Gebäuden ineinander geschachtelt, die wenigsten davon für Besucher zugänglich. Am interessantesten ist die dreischiffige Basilika, die im 6. Jh unter dem Klosterarchitekten Stephanos errichtet wurde. In das Gebäude wurde hinter der Apsis die Kapelle des Brennenden Dornbusches einbezogen.

Im Vorraum (Narthex) ist eine kleine Ausstellung von Ikonen und alten Handschriften zu sehen. Die Tür zum Innern stammt noch aus dem 6. Jh, sie wurde aus Libanonzedernholz geschnitzt. Das Kirchenschiff, durch zwei Säulenreihen in Mittel- und zwei Seitenschiffe geteilt, wirkt fast etwas überladen. Die zwölf Säulen sind den zwölf Monaten eines Jahres zugeordnet; eine zeigt jeweils den zu verehrenden Heiligen eines Monats an. Eine prächtige, im 17. Jh von Mönchen geschaffene Ikonostase trennt den Altarbereich von der Apsis ab. Die Apsis-Halbkuppel erhielt bereits im 6. Jh ein Mosaik mit der Verklärung Christi, das auch heute noch komplett erhalten ist und zu den schönsten seiner Art zählt. Unter einem Baldachin rechts vom Altar steht ein Marmorschrein mit den Reliquien der Hl. Katharina.

Von hier aus betritt man die Kapelle des Brennenden Dornbusches, der heiligste Platz des Klosters. Der Altar der Kapelle steht über den Wurzeln des Busches, der an der Außenmauer blüht. Dieser wächst übrigens nur ein einziges Mal auf dem Sinai; alle Versuche, ihn auch an anderen Stellen zu ziehen, schlugen angeblich fehl.

Seitlich der Basilika (rechts über dem derzeitigen Klostereingang) wurde ein **Museum** (auch *Galerie*, £E 20) eröffnet, in dem Artefakte aus

****Katharinenkloster

Die erhabene Kulisse des Katharinenbergs

den Klosterschätzen gezeigt werden, wie z.B. kostbare Pilgergaben, Priesterroben, Manuskripte oder alte Handschriften. Zu den wertvollsten Stücken zählen die Ikonen, von denen viele auch aus anderen Ostkirchen stammen. Die weithin berühmte Bibliothek ist seit Eröffnung des Museums für Normalbesucher nicht mehr zugänglich.

Manch einer wird über die Moschee innerhalb der Klostermauern staunen (gegenüber dem Eingang zur Basilika). Sie wurde im 12. Jh für durchreisende Moslems und sicher auch aus taktischen Überlegungen erbaut.

Im Garten außerhalb der eigentlichen Klostermauern steht die Tryphon-Kapelle, die als Beinhaus für verstorbene Mönche dient (Zugang nur bei Anwesenheit eines Mönches). Wegen des beschränkten und felsigen Erdreichs werden verstorbene Mönche zunächst auf dem kleinen Friedhof beerdigt. Nach einer angemessenen Zeit gräbt man ihre Gebeine wieder aus und verwahrt sie in der Kapelle.

Am Rand des Gartens steht das ehemalige Hostel des Klosters, das zur *Auberge St. Catherine* umgebaut wurde. Angeschlossen ist eine Cafeteria/ein Restaurant.

Praktische Informationen

▶ **Telefonvorwahl 069**

Sie sollten gleich an der Kreuzung aus dem Bus aussteigen, wenn Sie nur zum Kloster und nicht ins Dorf wollen. Denn von dort aus stehen Ihnen sonst etwa 3 km Fußmarsch zurück bis zum Kloster bevor.

Geradeaus etwa 2 km geht es zum Dorf namens **Milga**. Dieser Name ist nicht allzu bekannt, er heißt so viel wie *Versammlungsplatz*, weil sich früher hier die Beduinen einmal jährlich zu einem 15-tägigen Fest trafen. Offiziell steht *St. Catherine Village* auf dem Ortsschild.

Im Ort gibt es Restaurants, eine Bäckerei (gegenüber der Moschee, morgens einkaufen, Preis kontrollieren), diverse „Super"märkte, Gemüseläden und Touristenbazare. Trekker können sich in den Shops halbwegs mit dem Notwendigsten eindecken.

In den Souvenirshops werden recht gute Führer/Beschreibungen des Klosters oder von Bergregionen angeboten, denen man viele Details entnehmen kann.

In Milga endet der Bus, die Haltestelle liegt neben der Moschee. Der einzige Bus nach Kairo fährt um 6 Uhr ab, der aus Dahab kommen-

9 Sinai

Restaurants

In den Hotels gibt es der jeweiligen Kategorie entsprechende Restaurants, die besten und teuersten im Plaza Hotel.
- **Coffeeshop Ahmed**, am Ortseingang, relativ gut
- **El Ekhlas Bedouin House,** hinter Telefonamt/Bäckerei, eher Coffeeshop, gut und preiswert, relativ sauber, hilfsbereit
- **El Milga**, Nähe Sheikh Mousa, gut
- **Panorama**, kurz vor Telefonamt, gut, etwas teurer
- **Resthouse**, „Restaurant" ausgeschildert, schräg gegenüber der Moschee, preiswert, mäßig sauber, Travellertreff

Übernachten (Plan siehe Seite 674)

- **Auberge St. Catherine**, direkt am Kloster, Tel/Fax 3470 353, ehemaliges, aber modernisiertes Hostel des Klosters, gut u. zweckmäßig eingerichtete Einzel- bis 5-Bettzimmer, Heizung, se sa, fr, HP .... E+B $35, D+B $60
- **Catherine Tourist Village**, 4*, Tel/Fax 3470 324, rahahot@giga.net, www.misrsinaitours.com, Bungalow-Dorf am Abzweig z. Kloster, gr Zi, etwas abgewohnt, AC, Kschrk, SatTV, sa, ru, Preise verhandelbar, HP .... E+B $60, D+B $100
- **Catherine Plaza**, 4*, Tel 3470 293, Fax 3470 292, ccatherineplaza@catherineplaza.com, www.catherineplaza.com, vor Ortseingang Milga, Pool, Bookshop, AC, SatTV, Kschr, se sa, ru, fr, mF .... E+B $55, D+B $70
- **Daniela Village**, 3*, vor Ortseingang Milga, Tel/Fax 3470 379, scarabee@ie-eg.com, www.daniela-hotels.com; AC, Kschr, se sa, ru, mF .... E+B $40, D+B $60
- **El Wadi El Mouquuduss**, 3*, vor Ortseing. neben Plaza H., Tel 470 225, se sa, AC, SatTV, Kschr, HP .... E+B $40, D+B $70
- **Foxcamp**, untere Straße Richtung Milga, Tel/Fax 3570 344, gabalfox2003@yahoo.com, www.desertfoxcamp.com ; schön um einen Felshügel angelegtes Camp mit Garten, gute Atmosphäre, se sa, fr, Trips, empf, mF .... D+B 70, Dorm 30pP
- **Safari Moon Land Beduin Camp**, untere Straße, unterhalb Plaza Hotel, Tel 3470 085, Fax 3470 162, mnland2002@yahoo.com, gr Garten, Kü, einf, se sa, mF. Dorm pP 20-25, D 80, D+B 130
- **Sheikh Mousa** (Milga Bedouin Camp), sheikmousa@yahoo.com, www.sheikmousa.com, am Mountain Office, Tel 010641 3575, Fax 3470 042, familiäre Atmosphäre, Waschmaschine, Kü, Tee, Kaffee, Kakao gratis, se einf, se sa, Dusche mit Ww .. Zelt, F 10-15, Dorm pP 20, E 50, neue D 80

Auf dem Weg nach St. Katharin

- **Morgenland**, 3*, 6 km vor Kloster-Kreuzung, Tel/Fax 3470 331, atif@starnet.com.eg, Pool, AC, SatTV, Kschr, se ru, se sa, se fr, HP .... E+B $45, D+B $70, Dorm pP $20
- **Deir Zeghir**, im Kloster in der **Oase Feiran**, Tel 069 385 0071, (Schwester Nektaria verlangen), sinai.oasisfaran@yahoo.com, sehr schöner Klostergarten, weltabgeschiedene Stimmung, se sa, se ru, AC, HP .... E+B $35 D+B €50-80, Apartment für 5 Pers. mit Küche €150
- **Ecolodge El-Sheikh-Awaad**, Tel 3470 032, www.ecolodges.saharasafaris.org/alkarm, vom Dorf Tarfa el Qidarein etwa 10 km Piste in herrlicher Bergkulisse, traditionelle zementlose Steingebäude, kein Strom, Wasser aus Brunnen, Management und Service ausschließlich von Beduinen.

Camping
- **Foxcamp**, £E 10 pP, **Safari Moon Land Beduin Camp** £E 15 pP.

****Katharinenkloster

de kehrt um 13.00 zurück, falls er überhaupt kommt. Auch der Standplatz der Sammeltaxis/Minibusse, die relativ häufig zu festen Preisen an die Ostküste oder nach Suez/Kairo fahren, ist in Milga.

In Milga sind zwei Personen über die Ortsgrenzen hinaus bekannt. **Salima**, eine Beduinin aus dem Jabaliyastamm, gründete ein Hilfsprojekt für Frauen. In einer Werkstatt in Milga – gegenüber den Hotels gelegen – werden geschmackvolle Taschen so weit vorgefertigt, dass Beduinenfrauen sie in Heimarbeit fertigstellen können. Inzwischen werden sie unter dem Namen **Fansina** weltweit exportiert. Den Weg zum Projekt kennt jeder, Selema ist erreichbar unter fansina@sinainet.com.eg.

Ahmed Mansour, der Herbalist (wird gern Dr. Ahmed genannt), kennt sich mit allen Pflanzen des Sinai bestens aus, besitzt ein umfangreiches Archiv und hat einen großen Kräutergarten gegenüber den Hotels unweit von Selemas Werkstatt angelegt. Er weiß natürlich auch, bei welchen Krankheiten welche Kräuter anzuwenden sind und konnte schon in fast aussichtslosen Fällen weiterhelfen.

Trekking im Zentralsinai ist ein großartiges Erlebnis. Wir haben alle Informationen dazu in einem eigenen Kapitel zusammengefasst, siehe Seite 699.

▶ **Safaris** auf dem **gesamten Sinai** bietet **Foxcamp** (Adresse siehe Übernachten) an: Von allen und zu allen interessanten Plätzen per Kamel oder 4WD. Kosten: 2 Pers £E 200/Tag pP, bei über 5 Pers £E 150 pP.

***Ausflug auf den Mosesberg

(auch *Gebel Musa* oder *Gebel Sinai*)
Eine detaillierte Beschreibung können Sie im Internet nachlesen: www.touregypt.net/walkingtours/mountsinai.htm.

Der etwa zwei- bis dreistündige, unproblematische, aber anstrengende Aufstieg auf den 2285 m hohen Berg (man startet auf 1535 m), auf dem Moses die Gesetzestafeln empfangen haben soll, wird mit einem atemberaubenden Ausblick auf die Gebirgswelt des Sinai belohnt.

Naturschutzgebiet
St. Catharine Protectorate

Santa Katharina und seine weite, nach Süden verlaufende Umgebung wurden zum Nationalpark erklärt. Fest vorgegebene Trekkingrouten sollen das Müllproblem lösen helfen und verhindern, dass die Tiere in ihren Rückzugsgebieten gestört werden. Eine Broschüre der Verwaltung besagt: Ziel ist es, Natur und Kultur des Gebiets zu wahren, gleichzeitig den Lebensraum der ansässigen Beduinen zu erhalten und es den Besuchern zu ermöglichen, einige der gebietseigenen Besonderheiten zu erleben. Auch den Bewohnern ist klar geworden, dass sie ihre natürliche Umgebung erhalten müssen; sie lassen sich mehr und mehr in Idee und Programm einbinden. 2002 erklärte die UNESCO 610 qkm um das Kloster aus dem 4300 qkm großen Protektorat zum Weltkulturerbe. Dies darf auch als Lohn für die Anstrengungen der vergangenen Jahre gesehen werden, in denen sehr viel für die Erhaltung der Natur (und des Klosters) getan wurde. Ein neues Visitor Center (kurz vor der Klosterkreuzung links am Berghang) soll durch gutes Informationsmaterial dabei helfen - wenn es denn geöffnet ist (siehe weiter oben).

Man versteht, dass dies ein würdiger Platz für die Überreichung von Gesetzen ist. Auch den Moslems ist der Mosesberg heilig, weil Mohammeds Pferd Buraq bei der Himmelsreise diesen als letzte Stufe zum Himmel berührte.

Ein unvergessliches Erlebnis bietet das Schattenspiel beim Sonnenuntergang, noch berauschender ist es, den Sonnenaufgang von der Bergspitze aus zu beobachten. Allerdings hat sich dieses Ereignis unter Touristen so herumgesprochen, dass es für viele eher zum Alptraum gereicht. Wenn kurz vor Sonnenaufgang Hunderte von Landsleuten auf die Gipfelplattform keuchen und um die besten Fotostandpunkte ringen, ja auf dem begrenzten Platz förmlich

9 Sinai

kämpfen, dann verliert das Schauspiel seinen Reiz (ca. 100 000 marschieren jährlich hinauf). Schläfer werden häufig bereits um 3 Uhr morgens von laut betenden, Choräle schmetternden Pilgern aus dem Schlaf gerissen. Vielleicht sollte man eher an eine andere Tour in die echte Einsamkeit des Sinai denken (siehe Seite 699). Der Berg darf nurmehr in **Begleitung eines Führers** bestiegen werden, den man am Eingang zu £E 85 anheuert.

Wenn Sie am frühen Nachmittag gemütlich aufsteigen und nicht nachts auf den Berg stolpern wollen, dann werden Sie eventuell Chancen haben, relativ ungestört auf dem Gipfel zu sein und in Stille die Sonne in all ihrer Pracht zwischen den Bergen versinken zu sehen. Ein noch eindrucksvolleres Erlebnis ist übrigens eine Vollmondnacht auf dem Mosesberg. Nehmen Sie für den Rückweg eine gute Taschen-/Kopflampe mit (im Notfall kann man oben eine kaufen). Trinkwasser und Essen nicht vergessen.

Wenn Sie oben übernachten, müssen Sie im Freien schlafen. Sie sollten daher einen warmen Schlafsack und warmen Pullover, oder besser, zusätzlich einen winddichten Anorak im Gepäck haben; die Nächte können schon im Frühherbst **sehr kalt** (unter 0°) sein, ohne Schlafsack kaum auszuhalten, im Winter kann es schneien. Unterwegs und auf dem Gipfel verkaufen Beduinen Getränke, Snacks und Kerzen. Unterwegs und auf dem Gipfel gibt es Toiletten. Dass alles, was hier verkauft wird, teurer ist, sollte eigentlich verständlich sein - wer schleppt schon kostenlos Wasser und Esswaren auf einen Gipfel!

Zum **Übernachten** vermieten die Beduinen Schlafplätze und Decken zu £E 10 pro Stück. Auf dem Gipfel schläft man im Freien, weiter unten auch in Steinhütten. Allerdings herrscht zeitweise auch nachts heftiges Gedränge; es gibt Nächte mit über 100 Schläfern auf dem Gipfel. Dann - oder bereits vorsorglich - sollte man ein Stück hinunter bis zur Einsiedelei gehen und dort schlafen, es ist auch nicht ganz so kalt an dieser Stelle.

Wählen Sie nach Möglichkeit eine Nacht, nach der das Kloster geschlossen ist; denn die per Bus herangekarrten Massen sollen auch das Kloster besichtigen. Dann erwarten morgens wesentlich weniger Menschen die aufgehende Sonne, mit großer Wahrscheinlichkeit herrschen mehr Stille und kein Gedränge.

Konnte man früher noch vom „heiligen Müllberg" sprechen und begleiteten die Gipfelbesucher im letzten Abschnitt Fäkaliengestank und Ratten, so hat sich inzwischen die Situation grundlegend geändert. Jeder Besucher sollte daher dafür sorgen, dass es so bleibt oder noch besser wird. Dazu gehört, alle Abfälle wieder mit nach unten zu nehmen. Falls Sie während der Nacht, die Sie auf dem Berg verbringen, Ihr Hauptgepäck unterstellen wollen, geht dies in der Auberge im Kloster. Das Catherine Tourist Camp nimmt auch Gepäck in Verwahrung.

Vorsicht: am Mosesberg stürzte 1990 ein junger Franzose tödlich ab, weil er in der Dunkelheit vom Pfad abgekommen war. Immer wieder werden Todesfälle vor allem älterer Menschen infolge von Herz- oder

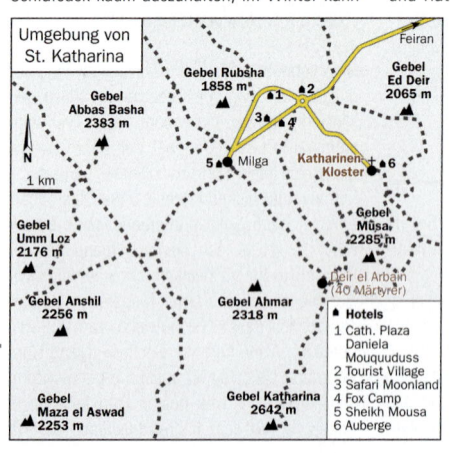

Umgebung von St. Katharina

Feiran
Gebel Rubsha 1858 m
Gebel Ed Deir 2065 m
Gebel Abbas Basha 2383 m
Milga
Katharinen Kloster
Gebel Umm Loz 2176 m
Gebel Musa 2285 m
Deir el Arban (40 Märtyrer)
Gebel Anshil 2256 m
Gebel Ahmar 2318 m
Gebel Maza el Aswad 2253 m
Gebel Katharina 2642 m

▲ Hotels
1 Cath. Plaza Daniela Mouquduss
2 Tourist Village
3 Safari Moonland
4 Fox Camp
5 Sheikh Mousa
6 Auberge

****Katharinenkloster

Kreislaufbeschwerden durch Überanstrengung beim Marsch in der dünneren Höhenluft gemeldet.

Gipfelsturm

Hinauf auf den Gipfel führen **zwei Wege**, für beide startet man in 1530 m Höhe auf dem Klosterparkplatz. Eine Diretissima *(Stufen der Reue)*, ein von einem Mönch angelegter Treppenpfad mit 2 591 Stufen (ein Leser zählte mit!), der rauf wie runter kräftige Beinmuskulatur erfordert, jedoch mit herrlicher Aussicht entschädigt. Der Pfad zweigt etwa 300 m nach dem Kloster vom unten beschriebenen bequemeren Weg ab. Man benötigt ca. 1 1/2 bis 2 Stunden.

Ein bequemerer, dennoch anstrengender Fußweg (4 km lang, 2,5-3 Stunden) steigt in Verlängerung des Klosters an (links an dessen Außenmauern vorbeigehen). Er wurde vom Khediven Abbas (siehe Seite 700) im 19. Jh so angelegt, dass er auch zu Dreiviertel per Kamel bewältigt werden kann. Nach ca. einer halben Stunde zweigt links ein Pfad zur weißen Kapelle auf dem 1854 m hohen Gebel Monega ab. Nach gut einer Stunde durchquert man eine enge Felsschlucht. Man kann auch per Kamel bis zur Felsschlucht reiten (£E 85), was die Anstrengung erheblich mindert, muss dennoch zu Fuß wieder hinunter, weil der Kamelritt wegen der Steilheit zu riskant ist.

Nach der Felsschlucht liegt rechts in einem Talkessel der Elias-Ebene eine von Zypressen beschattete, verlassene Einsiedelei mit einer Kapelle; links führen 753 Stufen auf den Gipfel. Oben stehen eine verschlossene Kirche aus dem Jahr 1934 und eine Moschee. Die Moschee ist geöffnet; leider wird sie von unsensiblen Touristen als Schlafunterkunft benutzt. Wiederholt kam es zu heftigen Auseinandersetzungen wegen der verschmutzten Moschee.

Wenn Sie die Morgenstille wirklich genießen wollen, warten Sie etwa bis eine Stunde nach Sonnenaufgang, dann sind in der Regel alle Touristen wieder verschwunden.

Auf dem Weg zum Mosesberg eröffnen sich immer wieder neue Ausblicke auf die gigantische Bergwelt

9 Sinai

Falls Sie für den Rückweg die Treppe nehmen wollen, gehen Sie zur Elias-Ebene, den Zypressen, hinunter, die um einen alten Brunnen stehen. Die knorrige größte der Zypressen soll über 1000 Jahre alt sein. In der Nähe wurde ein Damm gebaut, der das Kloster vor Überflutungen schützen soll. Die weiße Doppelkapelle erinnert an Elias und seinen Nachfolger Elischa. Elias war angeblich hierher geflohen, nachdem er die Propheten von Baal getötet hatte.

Rechts vom Damm sieht man einen kleinen gemauerten Torbogen, der den Beginn der Treppe anzeigt. Der Torbogen wird *Obere Beichtpforte* genannt, weil hier der heilige Stephanos im 6. Jh den Weg nach oben erst nach Beichte und Absolution freigab. Beim zweiten Torbogen, dem ein Stück weiter unten liegenden *Tor des Glaubens*, gaben die Mönche den Weg nur für „Gute und Gerechte" frei.

Natürlich lassen sich Sonnenunter- wie -aufgang von jedem beliebigen Gipfel beobachten (z.B. Gebel Abbas Pascha, siehe Seite 700), am besten vom höchsten:

***Ausflug auf den 2639 m hohen Katharinenberg

Sowohl die Beduinen als auch Polizei und Militär achten darauf, dass man nicht allein durch die Gegend stiefelt, weil dies ähnlich wie beim Mosesberg verboten ist. Der Aufstieg zum Katharinenberg ist nicht problematisch, allerdings anstrengend.

Ein Guide ist über Sheikh Musa, Mountain Tours Office, El Sheikh Musa, Tel 069 470 457 (Handy Tel 010641 3575), für € 25-40 pP/Tag anzuheuern. Häufig rennt er in wenigen Stunden auf den 2639 m hohen Berg, lässt oben kaum Zeit und eilt wieder runter - vorbei ist die Beschaulichkeit. Das muss aber nicht sein; uns liegen auch Berichte von einfühlsamen, informationsfreudigen Guides vor, machen Sie dies dem Sheikh klar. Leser berichten, dass sich in den Cafeterias Beduinen als preiswertere Guides anbieten.

Der Blick vom Katharinenberg ist noch grandioser als vom Mosesberg, bei klarem Wetter auf den Golf von Aqaba, Golf von Suez und das Rote Meer. An dem Platz, an dem Mönche die Gebeine der Katharina fanden, steht eine Kapelle.

Weiterfahrt zur Ostküste: 12 km zurück zum Abzweig beim Grab des Nebi Salih und dort rechts abbiegen.

Nach 5 km: Abzweig
Geradeaus zum 5 km entfernten, aus der Mode gekommenen Flughafen, links weiter nach Nuveiba. Die Straße führt durch eine fantastische Gebirgskulisse mit engen Wadis, bizarren Fels- und Bergformationen. Nehmen Sie sich Zeit.

Nach 47 km: Abzweig
Rechts Piste ins Wadi Saal, nach 3 km Bir Saal und weiter zum Flughafen Katharinenkloster (30 km; meist militärisch gesperrte Piste). Diese alte Pilgerroute zum Kloster, eine häufig als besonders schön apostrophierte Strecke, erschien uns weniger abwechslungsreich als die Asphaltstraße.

Nach 3 km (N28°48,19' E34°17,97'):

***Wadi Arada

Links stehen gewöhnlich eine Beduinen-Teebude und dahinter ein Zelt. Auf einem Schild werden Ausflüge u.a. ins Wadi Arada angekündigt. Fußgänger können von hier aus wandern oder ein Kamel mit Führer anheuern, nach nur 5 km beginnt das (auch bis dahin schöne) Wadi, wirklich interessant zu werden.

Autofahrer mit 4WD sehen links Pistenspuren abzweigen, von denen man sich die beste heraussucht, um den Anfang durch ziemlichen Weichsand zu schaffen. Danach ist die Piste ausgefahren und weist keine nennenswerten Schwierigkeiten auf.

Das wirklich erlebenswerte Wadi Arada sollten Sie sich nicht entgehen lassen. Dort hat die Erosion mal wieder Meisterwerke geschaffen. Weil es so schön war, wanderte ein Leser zweimal ins Wadi und benötigte vier Stunden pro Trip. Auch wenn Sie nicht wandern, nehmen Sie genügend Wasser mit!

2,9 km von der Abzweigung ragt rechts eine **Felswand mit vielen prähistorischen**

***Wadi Arada

Zeichnungen (N 28°49.29; E34°17.16) nahezu senkrecht empor. Es gibt nicht viele Stellen im Sinai mit so zahlreichen und eindrucksvollen Darstellungen. Z.B. sind ganz deutlich Kamele zu erkennen, deren langgestreckte Hälse auf ein Rennen oder zumindest große Eile hindeuten. Unterhalb dieser Szene nabatäische Inschriften, wiederum darunter allerhand kriegerische Darstellungen (sehr frech ein Kämpfer mit Schild). Im rechten Abschnitt diverse Tierbilder, wie z.B. der hier längst ausgestorbene Vogel Strauß, und ein Boot, mit dem die Meerengen von Aqaba oder Suez überquert worden sein könnten. Ca. 400 m weiter finden Sie erneut Gravuren an einem großen, isoliert stehenden Felsblock.

5 km nach der Asphaltstraße ist mit einem fast unscheinbaren Seitenwadi nach links das Ziel erreicht (N28°50,26' E34°16,40'). Hier teilt sich das Wadi in zwei Arme namens *Arada el Sarir* und *Arada el Kebir*.

Am besten parkt man vor dem Ausgang des unteren Armes und wandert dann in den nur ca. 100 m talaufwärts liegenden oberen Arm hinein. Schon bald verengt sich der Canyon sehr; häufig muss man über Engpässe hinaufklettern.

Schließlich erreicht man ein Plateau, das mit bizarren Steinformationen übersät ist. Folgen Sie den dürftigen Wadispuren (oder denen Ihrer Vor-Gänger) bis zu einer senkrechten Felswand. Dort hat sich der (seltene) Wasserstrom in einem unglaublichen Kraftakt einen senkrechten Schlund von vielen Stockwerken Höhe geschlagen. Die Wände sind, den Wasserwirbeln folgend, manchmal kreisrund, manchmal spiralförmig ausgehöhlt. Dieser weißgrau schimmernde Schornstein mit einer kleinen Öffnung in den stahlblauen Himmel kann sicher zu den Naturwundern des Sinai gezählt werden.

Von hier aus wandert man wieder zurück - aber nicht ohne neue Überraschungen. Denn der Rückweg sollte durch den anderen, den südlicheren Seitenarm des Wadi führen, er bietet manche Kletter- und sogar Rutschpartie (Achtung: Nach Regenfällen steht noch ziemlich lange Wasser im Wadi). Auch hier haben die seltenen Wassermassen einen meist nur schulterbreiten Canyon ausgehöhlt und überaus sichtbare Spuren ihrer Wirbel und ihres Ansturms gegen den Fels hinterlassen. Man steht immer wieder staunend vor neuen Schlünden und Durchbrüchen. Um schließlich am Aus-

Die Kräfte der Erosion führt das Wadi Arada drastisch vor

gangspunkt wieder anzukommen, bedarf es durchaus etwas bergkletterischen Geschicks. Also nichts für ungelenkige Menschen, die Angst haben, einen Schlund hinunter zu rutschen. Vorsichtshalber sollte man die Tour nicht allein unternehmen.

Für den gesamten Abstecher sollte man etwa einen halben Tag einplanen. Doch das Wadi ist eigentlich einen längeren Aufenthalt mit Wanderungen kreuz und quer wert; es zählt neben dem Coloured Canyon zu den wirklich attraktivsten und reizvollsten Sinai-Trockentälern.

Wenn Sie schließlich zur Asphaltstraße zurückgekehrt sind, brauchen sie diese nur zu queren, um durchs **Wadi Safra** nach Osten zu fahren. Sie werden bei den unten beschriebenen Nawamis herauskommen. Allerdings benötigen Sie hier ein gut geländegängiges Fahrzeug. Auch diese Strecke ist landschaftlich sehr reizvoll, zumal sie zum Schluss durch ein größeres Dünengebiet führt. Man folgt der Piste durch das Wadi und trifft an dessen Ende auf eine große Ebene. Hier verzweigt sich die Piste zum ersten Mal, links (nördlich) geht es zu den Nawamis, geradeaus nach Dahab. Ein bald folgender Abzweig nach Nordwest führt durch ein Dünengebiet ebenfalls zu den Nawamis.

Nach 10 km: Pisten-Abzweig
Querung eines Wadis, rechts eine Schirmakazie. Etwa 200 m weiter (N28°52,38′ E34°22,62′) zweigt rechts eine Piste ab zu den

** Nawamis

Hintergrund: Nawamis sind immer noch etwas rätselhafte Rundgräber, die höchstwahrscheinlich Ende des 4. Jahrtausends vC von Jägern und Hirten, die aber auch nach Bodenschätzen des Sinai gruben, angelegt wurden. Grabbeigaben lassen darauf schließen, dass es sich um Siedler aus Ägypten handelte.

Ein Namusiyeh (Singular von Nawamis, was in der Beduinensprache Moskitos bedeutet) ist sorgfältig aus Steinen 2 m hoch aufgeschichtet, hat etwa 4 m Außendurchmesser und war ursprünglich mit einer großen Steinplatte abgedeckt; sie gehören damit zu den ältesten stein-

Nawami

gedeckten Strukturen der Welt. Ein kleines, immer nach Westen weisendes Portal diente offensichtlich kultischen Zwecken. Nawamis sind nur an wenigen Stellen des Süd- und Zentralsinai errichtet worden.

Nach einer anderen Theorie handelt es sich um Schutzbauten der damaligen Bewohner, die sich vor Heeren der pharaonischen Ägypter verbergen wollten (daher wurde immer das Gestein der Umgebung „Ton in Ton" verwendet), und die so ausgerichtet wurden, dass die nur im Gefahrenfall einziehenden Bewohner von der Anhöhe die Lage besser überblicken konnten.

Wenn Sie die 30 einsamen und stummen Zeugen einer weit zurückliegenden Vergangenheit besichtigen wollen (wir möchten es sehr empfehlen), dann parken Sie unter der Akazie und wandern etwa 2,2 km durch das Wadi. Die Nawamis stehen rechts auf einem kleinen Plateau und sind nicht zu übersehen (vom oben angegebenen km-Schild aus sind sie leicht per Fernglas zu entdecken). Die Piste durchs Wadi ist ziemlich versandet und eigentlich nur mit Allradfahrzeugen zu befahren; der tief ausgefahrenen Spuren wegen gibt es andererseits kein Verirren. Man kann die Nawamis noch auf anderen Pisten erreichen, diese sind aber schwieriger zu finden.

Nach 3 km:

***Ain Hudra

(N28°52,47′ E34°24,54) Links asphaltierter Parkplatz, von dort Fußweg zur sehr maleri-

***Ain Hudra

schen Oase Ain Hudra. Man wandert (Beduinen bieten hier auch unverhältnismäßig teure Kamelritte an) ungefähr im rechten Winkel zum Straßenverlauf in nördlicher Richtung in die Wüste (Allradfahrer können auch fahren). Nach etwa 20 Minuten Fußmarsch stößt man auf einen großen, teilweise mit einer Mauer geschützten Sandsteinfelsen, der mit Inschriften übersät ist.

Die Wanderung sollte in gleicher Richtung zu einem deutlichen Einschnitt im Kreidefelsen fortgesetzt werden, der nach etwa 15 Minuten erreicht ist. Von dort bietet sich ein toller Blick auf die Bilderbuch-Oase Ain Hudra mit ihren umzäunten Palmenpflanzungen und Gärten. Der Abstieg dauert etwa 30 Minuten, er ist von hier aus nicht per Fahrzeug möglich (Anfahrt nur von der anderen Seite durchs Wadi Ghazala).

Die Beduinen bieten Hütten und Zelte für Übernachtungen an oder backen das typische Bedu-Brot im Sand (schmackhaft!). Weiteres Essen muss allerdings mitgebracht werden. Außerdem gibt es eine saubere Toilette.

Wer in der glücklichen Lage ist, sein Fahrzeug bis direkt hinter den UN-Kontrollposten weiterfahren lassen zu können (z.B. Taxi, Bus), kann für den Rückweg aus der Oase den Weg durch den sog. **Weißen Canyon** wählen, falls man einen Führer, in jedem Fall jedoch einen Kompass oder GPS mitnimmt und sich genauestens orientiert. Dazu verlässt man Ain Hudra durch ein Wadi, das (in Richtung Kreideeinschnitt gesehen) gleich links seitlich in die Oase mündet. Zunächst muss man einige Felsstufen überklettern (kein Problem) und findet bald in das stille, zunächst nicht besonders aufregende Wadi. Seine weißgrauen Wände werden allmählich immer enger, schließlich klettert man über eine schon weit mit Sand zugewehte Leiter auf eine Hochebene, auf der man sich zum wartenden Auto durchschlagen muss. Der Weg ist in ca. 1-1,5 Stunden zurückzulegen; wenn Sie sehr viel länger unterwegs sind, haben Sie sich verlaufen - am besten auf den eigenen Spuren zurück zur Oase gehen.

Nach 2 km: Kontrollposten (Ägypter und MFO-Friedenstruppe)

Gleich nach dem Posten stoßen Sie auf sanftbraune Felsformationen. Die Erosion hat dort einmal wieder Meisterleistungen vollbracht: Die Steilwände der Felsen sind von Bändern mit kleinen Höhlen gesäumt, deren Eingänge von zerbrechlichen Säulen flankiert werden.

Die Beduinen dieser Gegend bieten preiswerte und meist gut organisierte Kameltrips in die von Naturschönheiten gespickte Umgebung an.

Nach 5 km:
Anhöhe mit sehr schönem Blick in die Umgebung.

Nach 5 km: Abzweig
Die Küsten-Asphaltstraße ist erreicht: Links nach Nuveiba, rechts nach Dahab.

Im Weißen Canyon unterwegs

9 Sinai

Suez - Mitla-Pass - Nakhl - Nuveiba/Tabah

Diese Strecke ist die wesentlich kürzere Verbindung zwischen Kairo und Nuveiba als die über Sharm el Sheikh. Sie kann als nördlicher Abschnitt einer Südsinai-Rundreise dienen, zumal sie den Zentralsinai mit der Wüste Badiet el Tih erschließt und dann durch die grandiosen Granitfelsen des Ostsinai abwärts zum Golf von Aqaba führt. - Auf vielen Karten ist als Straßenverlauf die ursprüngliche Piste eingezeichnet, in der Realität folgt die Straße dieser nur bedingt.

Verheerende Regenfälle spülten schon mehrmals einen Teil der Straße bei Ain Furtega und teilweise auch die kleine Oase selbst davon. Inzwischen ist alles wieder bestens asphaltiert - bis zum nächsten Regen.

Wir beschreiben im zweiten Abschnitt eine reizvolle, nördlicher verlaufende Alternativ-Strecke, die sich in El Nakab von der geschilderten Route trennt und ebenfalls zum Golf von Aqaba führt. Die nördliche Straße bietet einen landschaftlich ähnlich grandiosen Eindruck wie die südliche Verbindung durchs Wadi Watir. Wenn Sie uns fragen, welche der beiden eindrucksvoller ist - wir könnten uns nicht entscheiden und würden empfehlen, beide zu fahren - was sogar als Rundreise von Nuveiba aus bequem an einem halben Tag machbar ist.

▶ **Entfernung:** Suezkanal-Tunnel bis Nakhl 123 km, Nakhl bis Abzweig El Nakab 104 km, von dort zur Küstenstraße bei Nuveiba 99 km.

Suez - Nakhl - Nuveiba

Hintergrund: Die Route ist Teil der alten Pilgerstraße Darb el Hagg (oder Haj) von Nordafrika nach Mekka. Diese umging den Mitla-Pass nördlich durchs Wadi el Hagg; dort sind noch Steinhaufen zu sehen, die von Pilgern beim Bewerfen des Teufels erzeugt wurden. Pilgerpiste und Asphaltstraße suchen schließlich gemeinsam einen Weg aus dem Tih-Randgebirge am Gebel Heitan.

Die Darb el Hagg wurde 1883 zum letzten Mal offiziell von einer Pilgerkarawane benutzt, war aber schon seit etwa dem 9. Jh „in Betrieb". Zeitweise machten sich bis zu 10 000 Menschen auf den beschwerlichen, ca. 35 Tage währenden Weg nach Mekka. Für die Sinai-Durchquerung benötigten sie etwa neun Tage.

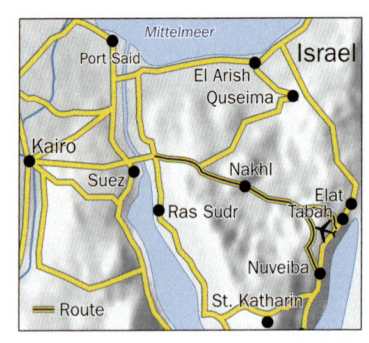

Die Straße führt über den in den Sinai-Kriegen heiß umkämpften **Mitla-Pass**. Bis zur Passhöhe steigt sie stetig und langweilig durch ein Sandgebiet an; danach ist die Landschaft bis etwa zum Checkpost abwechslungsreicher.

Nach dem Suez-Kanal-Tunnel geradeaus, nach 2,5 km rechts und nach 6 km links ab.

Nach 1 km: Jugoslawischer Friedhof

Links steht eine große Frauenskulptur auf einem jugoslawischen Friedhof, das einzige Andenken an eine jugoslawisch-mazedonische Flüchtlingssiedlung des Zweiten Weltkriegs mit 30 000 Menschen, die 1946 in die Heimat zurückkehrten. Siedlung und Friedhof wurden während der israelisch-ägyptischen Kriege total zerstört, der Friedhof mit 256 Gräbern aber 1985 renoviert.

Nach 34 km: Abzweig

Links zweigt eine schmale Asphaltstraße durch ein Militärgelände ab. Nach genau 7,3 km liegt links in einer leichten Linkskurve auf Sanddünen folgend ein Steinhügel, der durch einen Pfad deutlich gekennzeichnet ist. Wenn Sie hier parken und diesem Pfad folgen, werden Sie hinter dem Hügel letzte Ruinen einer **Karawanserei** aus dem 14. Jh finden. Im engen Wadi nebenan waren Stauanlagen und ein

**Qalat el Jundi

Saladin baute im 12. Jh eine Festung auf die Spitze eines einsamen Tafelbergs. Von oben bietet sich - als vielleicht beeindruckendstes Erlebnis - ein berauschender Rundblick. Wer die Wüste noch nicht kennt, kann von dieser Aussichtsplattform in aller Ruhe ihre typischen Formen betrachten: Zeugenberge im Westen, tief eingekerbte Wadis zu Füßen der Festung und die Geröllebenen der Wüste Tih im Osten. Von der Mächtigkeit der ehemaligen Anlage künden noch Befestigungsmauern und gut identifizierbare Gebäudereste. Eine Inschrift am Eingangstor nennt das muselmanische Jahr 583, also 1187 nC. Zu dieser Zeit hatte Saladin die Kreuzritter, gegen die er die Festung errichtete, bereits entscheidend geschlagen.

Der 23 km weite Abstecher zu Saladins Burg Qalat el Jundi lohnt sich. Die Festung, deren Mauerreste sich wie eine Krone um die Bergkuppe winden, ist schon von Ferne rechts der Straße sichtbar, allerdings im selben Farbton wie die Umgebung. Der Aufstieg dauert etwa 1/2 Stunde; nur 10 Minuten, wenn man auf einer Piste (nach Autospuren suchen) bis zum Fuß des Berges fährt. Der Aufstieg mit einem etwas kritischen Steilstück beginnt direkt an dieser Stelle; eine etwas bequemere und längere Route führt rechts am Berg nach oben. Dort sind die Ruinen der Moschee mit der darunter liegenden riesigen Zisterne, das Haus des Kommandanten und ein großes Magazin imposant. An der Südmauer ist u. a. ein kleines Bad erkennbar.

und, der Flora nach zu urteilen, offenbar wasserreich. Ohne viel Phantasie kann man sich die Pilgerscharen vorstellen, die hier hinaufkeuchten und noch endlose Tage in Backofenhitze ihrem Ziel entgegenzustreben hatten.

Nach 10 km: Abzweig, Checkpost

Links nach Bir Tamada, El Arish (siehe Streckenbeschreibung ab Seite 689), rechts nach ca. 100 m Abzweig ins Wadi Sudr zur Festung **Qalat el Jundi** (siehe Kasten). Auf der Höhe der Festung befindet sich ein kleiner, aber gut ausgestatteter Laden, der hungrigen Radfahrern etliche Lebensmittel zu bieten hat. Folgt man der (ab hier streckenweise schlechten) Asphaltstraße weiter, so belohnt sie dies mit abwechslungsreicher, sehenswerter Landschaft durch das fast wilde Wadi. Nach 100 km ist Ras el Sudr und damit die Route in den Südsinai (siehe Seite 630) erreicht.

Zurück zur Hauptstrecke nach Osten. Sie führt jetzt durch einen ziemlich flachen und langweiligen Abschnitt, der typisch für die Tih-Hochebene ist.

Nach 55 km:

Nakhl

Hintergrund: *Nakhl war die wichtigste Wasserversorgung der Pilger auf dem Weg durch die Badiet el Tih. Bereits Sultan Hassan ließ hier Reservoires anlegen. 1331 baute Malik el Dykandar eine Festung, in deren Mauern ein großer Brunnen, eine zweistöckige Karawanserei und eine Moschee lagen. Leider wurden alle Gebäude 1956 im Sinai-Krieg zerstört; die letzten Reste sind noch gegenüber der Cafeteria zu sehen. In alten, noch nicht lange zurückliegenden Zeiten wurden zwei Monate vor Beginn der Haj Bullen vor die Schöpfräder gespannt, um die riesigen Zisternen für die Pilgerscharen zu füllen.*

Wasserreservoir installiert, deren Reste deutlich zu erkennen sind.

Nach 13 km: Abzweig *Wadi El Giddi*

Die links abzweigende schmale Straße überquert zunächst den Gebirgsriegel im Norden und kreuzt dann das Wadi el Hagg, um schließlich auf die Giddi-Pass-Straße zu stoßen. Das Wadi el Hagg ist hier landschaftlich recht schön

Am zentralen Platz entsteht derzeit eine Unterkunft, die aber noch nicht bezugsfertig ist.

Bei der **Weiterfahrt** ändert sich das Bild der Strecke insofern, als unerwartet Hügel und Tafelberge aus Muschelkalk auftauchen.

Nach 60 km: Bir el Thamad, Restaurant

Nach 41 km: Beschilderter Abzweig mit Tankstelle, Supermarkt und Café.
NUVEIBA bzw. EL NAKAB AIRPORT
Rechts halten, die links abzweigende Straße führt am Flughafen vorbei nach Tabah. Von hier aus senkt sich die Strecke allmählich und taucht schließlich in die rotbraunen Gebirgsmassen ein.
Nach 56 km: Rechts Bedurestaurant, links Bedusiedlung Sheik Atia
Nach 9 km: Abzweig
Links Piste zum

Rainbow Canyon

Dieser Canyon – der nach einer bogenförmigen Felsbrücke am unteren Eingang (N29°9,25' E34°31,73') benannt ist - besteht aus zwei Wadis, das eine eng und hoch mit nur eher vereinzelten Erosionsbildern, das andere, von den seltenen Wassermassen mit aller Naturgewalt ausgewaschen, ist breit und kurvig. Hier reiht sich auf einer Strecke von wenigen 100 m ein Felsbild an das andere. In den Bildern dominiert natürlich rote Farbe vom roten Sandstein, aber das Spektrum reicht vom Gelblichen bis schwach Blau. Im ersten Abschnitt tritt weißes Steinsalz an einer Stelle kurz nach dem unteren Eingang links zu Tage. Diese Wunderwelt des Sinai wird bisher nur relativ selten besucht, man kann die Bergwelt meist allein genießen und stolpert nicht über Zivilisationsmüll (Ende bei N29°9,33' E34°31,88'). Der Canyon ist etwas schwer zu finden (ca. 1 Std Fußmarsch) und sollte nur mit Führer besucht werden.
Nach 2 km: Abzweig
Rechts Piste nach Bir Sora
Nach 3 km: Abzweig
Rechts beginnt eine Piste zur reizvollen **Oase Ain Um Ahmed** und weiter nach Ain El Akhdar.
Nach 6 km:
Links - N29°07.07' E34°31.71' - zweigt eine Alternativ-Piste zum Coloured Canyon ab, die laut Leserzuschrift bis ca. 1 km vor Parkplatz B mit Normal-PKW (Toyota Corolla) befahrbar ist.
Nach 12 km: Oase Ain Furtega

Mit der ergiebigsten Quelle des Südostsinai ist Ain Furtega zumindest ein wasserreicher Platz, der auch sehr malerisch war, bis ihn, wie bereits erwähnt, heftige Fluten heimsuchten und stark zerstörten. Nehmen Sie eine Palmengruppe und eine Bedu-Teebude als Orientierungshinweis. Links (N29°02,92' E34°33,45') zweigt eine Piste ab (ins einzige Seitenwadi) zum wunderschönen

***Coloured Canyon

Dieses Naturwunder des Sinai wartet mit senkrechten, in allen Rotschattierungen leuchtenden Felswänden auf, die sich zu einer schulterbreiten Schlucht verengen, an deren Wänden die Erosion nahezu expressionistische Gemälde schuf. Häufig hält man die fein geschwungenen Pinselstriche für das Werk begabter Künstler und kann kaum glauben, dass hier die Natur am Werk war. Sie hat über Jahrtausende hin gearbeitet und im ständigen Schatten des engen Canyons Spuren im Sandstein der einzelnen Schichten sichtbar bleiben lassen, die bei greller Sonne sehr schnell verblasst wären.
Seit allerdings der Massentourismus den Canyon bestürmt, hat er ein Stück von seinem Reiz verloren und stattdessen viel Müll angesammelt. *„Der Canyon ist auf jedem Meter mit PET-Flaschen und Ähnlichem verschmutzt. An einigen Stellen drängt sich das Gefühl auf, er solle mit Flaschen aufgefüllt werden. Der White Canyon hingegen ist makellos sauber und mehr empfehlenswert, Arada deutlich romantischer und menschenleer,"* schreibt ein Leser.
Morgens und vormittags kommen in der Regel die meisten Besucher; ab spätem Mittag oder Nachmittag legen sich sogar die Beduinen in ihren Teebuden schlafen, weil kaum noch jemand zu erwarten ist. Man marschiert dann zwar in praller Sonne zum Canyon, in der Schlucht selbst ist es aber schattig und ruhig. Erst dann, wenn die Schweißwolken der Mitmenschen abgezogen sind und Stille eingekehrt ist, lässt sich das Naturereignis *Coloured Canyon* wirklich erleben. Wenn Sie nicht selbst fahren wollen, dann können Sie in Nuveiba

***Coloured Canyon

Jeeptouren buchen oder sich per Kamel auf die Reise begeben.

Von Parkplatz A (siehe *Anfahrt*) führt ein Serpentinenweg zunächst auf ein Zwischenplateau, in dessen Mitte eine Akazie steht. Halb rechts weiter stößt man auf einen rötlichen Felsabbruch, den man in der Mitte links am besten hinunterklettert. Hier unten stehen zwei Akazien ungefähr hintereinander zum Zeichen, dass man auf dem richtigen Weg ist. Ca. 100 m weiter zweigt etwas spitzwinklig nach links ein erstes, zunächst breiteres und sandiges Wadi ab. Hier hinein, nach ca. 200 m steht man plötzlich am engen (unteren) Einlass zum Coloured Canyon.

Wenn Sie in die enge Schlucht hineingehen, werden Sie bald auf die oben genannten Felsstufen stoßen, die den Weiterweg scheinbar versperren, versuchen Sie, hinaufzuklettern. Falls Sie das nicht schaffen: Bis zur ersten hohen Stufe haben Sie das schönste Stück des Canyons gesehen. Es lohnt sich dennoch, den engen Windungen des Wadi zu folgen, bis die Schlucht wieder weiter wird. Dort können Sie nach links zum oberen Parkplatz B hinauswandern und dann am Abbruch entlang zum Parkplatz A zurückgehen. Oder besser: umkehren und die Schönheiten des Canyons noch einmal bewundern.

Falls Sie zuvor an den Stufen gescheitert sind, dann gehen Sie den Canyon vom oberen Parkplatz B an. Von dort geht bzw. klettert man den Hang hinunter, hält sich unten rechts und findet direkt in die Felsschlucht. Dies ist dann der einfachere Weg, wenn man die gesamte Schlucht durchwandern will. Irgendwann scheint ein dicker Stein den Durchgang zu versperren, man kriecht drunter durch.

Eine in jedem Fall **interessantere Alternative** ist: vom Parkplatz (A), wie zuvor beschrieben, hinunter, aber von den beiden Akazien aus nicht in das erste Wadi zum Coloured Canyon gehen, sondern ein kurzes Stück weiter bis zum nächsten links abzweigenden Wadi. Dieses auch

Im Regenbogen-Canyon

9 Sinai

sehr eindrucksvolle und enge Tal durchwandern (manchmal ein bisschen klettern) und am oberen Ausgang links über eine Art Zwischenrücken zum oberen Eingang des Coloured Canyon hinübergehen. Machen Sie diesen Weg nur, wenn Sie über ein gutes Orientierungsvermögen verfügen; am besten, Sie fahren zunächst zum Parkplatz (B) und prägen sich die Umgebung ein.

Die Cafeteria am oberen Parkplatz B bietet einfache Zimmer mit Matratzen auf dem Boden zum **Übernachten** zu ca. £E 25 für ein Einzelzimmer ohne Frühstück an, die Toiletten und Duschen (kalt) sind sehr gut.

Anfahrt: Wer die 12,5 km lange, vom Jeep- und Lkw-Tourismus sehr ausgefahrene Piste selbst fahren will, strapaziert auf dem brutalen Wellblech sein Auto sehr stark. Erfahrene Fahrer können aber durchaus ihr Glück mit Zweiradantrieb und entsprechender Bodenfreiheit versuchen; die Bedu-Pick-up-Fahrer machen es vor. (Alternativ: Piste 12 km weiter nördlich benutzen). Der Weg ist nicht zu verfehlen, wenn man den ausgefahrensten Spuren folgt.

Wenn Sie etwa 12 km nach der Abfahrt - kurz nach dem Unterqueren von Hochspannungsleitungen - in einer stark hügeligen Gegend mit steilen Auf- und Abfahrten eine Bedu-Teebude erblicken, liegen noch einige sehr steile Hügelstrecken vor dem Ziel, dem Parkplatz A für das Canyon-Ende (N29°08'30 E34°35,68'). Sollte Ihnen die Strecke zu schwierig sein, fahren Sie zum oberen Parkplatz B. Dazu geht es vom Parkplatz A nach links (aus der Richtung gesehen, aus der Sie kamen) und am Rand des Abfalls entlang bis zur nächsten Bedu-Teebude mit Parkplatz B (N29°08,80' E34°35,42') am oberen Eingang zum Coloured Canyon.

Doch zurück nach Ain Furtega. Bis zum Bau der Straße pflegten die Kameltouren von Nuveiba aus die Strecke hierher per Tagesritt zu bewältigen; damals ein schönes und beeindruckendes Erlebnis in der Stille des engen Wadis. Heute rauscht man per Auto in 15 Minuten an den Felsmassiven vorbei.

Nach 17 km: Kreuzung
Die Küstenstraße ist erreicht, links 3 km nach Nuveiba (siehe Seite 658).

Nakhl - Tabah

Bis El Nakab bleiben wir auf der oben beschriebenen Strecke. An dem auf Seite 682 erwähnten Abzweig NUVEIBA bzw. EL NAKAB AIRPORT) nicht rechts abbiegen, sondern geradeaus halten.

Nach 7 km: El Nakab
Nach 1 km: Abzweig rechts zum **Internationalen Flughafen Tabah** (Naqab).
Nach 5 km: Abzweig

Geradeaus „INTERN. BORDER", rechts „TABAH" ausgeschildert; rechts halten, da die andere Richtung, die nach Elat führt, nach wenigen Kilometern gesperrt ist. Sie würden den Pass Ras el Nabq erreichen, der wegen seines herrlichen Ausblicks von Mekkapilgern viel gepriesen wurde. Denn über ihn schraubte sich die Pilgerstraße Darb el Hagg in steilen und gefährlichen Windungen zu Tal. Heute fährt man von der Passhöhe auf israelischer Seite auf einer gut asphaltierten Straße bequem nach Elat hinunter.

Schon bald senkt sich unsere Straße in die Granitberge und folgt

Nach langer Wanderung ist die Minioase mit Brunnen in Sicht

Suez - El Arish - (Raffah)

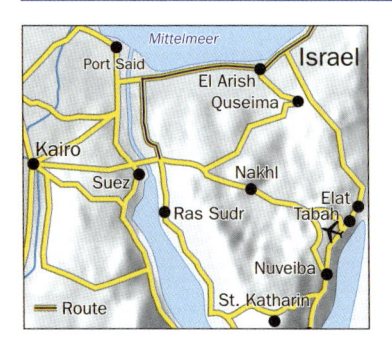

dann einem engen, meist nur straßenbreiten Wadi. Links und rechts ragen bizarre rotbraune Felsenberge in den Himmel. Besonders der erste Teil des Abstiegs ist landschaftlich sehr abwechslungsreich und reizvoll. Später dann flankieren Giganten die Straßenränder, die schon am frühen Nachmittag Schatten über die Straße werfen.

Nach 12 km: Restaurant und Bedusiedlung Taba Restaurant und Camp, das von Beduinen betrieben wird.

Nach 14 km: T-Kreuzung
Küstenstraße, links 10 km nach Tabah, rechts 50 km nach Nuveiba.

Suez - El Arish (- Raffah)

Die Landschaft des Nordsinai bietet bei weitem nicht das, was der Südsinai vorzuzeigen hat. Den flachen Wüstenebenen wurden und werden durch Bewässerung fruchtbare Böden abgerungen, die seit den 1990er Jahren das Bild der suezkanalparallelen Straße über weite Strecken völlig neu zeichnen. Abwechslung und durchaus Charme bringt dann die weite Dünenlandschaft ins Bild, die sich an der Mittelmeerküste hinzieht. Normalerweise führt von Kairo aus die Reiseroute zum Nordsinai über Ismailiya zur Kanalbrücke bei Qantara. Wir beginnen unsere Beschreibung beim Ahmed Hamdi Kanaltunnel und können so die östliche Kanalstraße mit einbeziehen. Es empfiehlt sich sehr, für die Hin- und Rückreise unterschiedliche Kanalrouten zu nehmen.

Nach der Tunnelausfahrt 2,5 km bis zur T-Kreuzung fahren, dort links halten. Die Straße führt mehr oder weniger parallel zum Kanal und dessen Seen. Viel zu selten kann man auf den Kanal und *„die Schiffe, die durch die Wüste fahren"* schauen. Die Straße verläuft später in der Nähe des Bittersees. Ab hier wird man staunen, welch große Landflächen die Ägypter der Wüste durch Bewässerung abtrotzen konnten und wie sich diese zu fruchtbaren Feldern entwickelten.

Nach 44 km: **Militär-Denkmal Tall Sallam**
Während des Oktoberkrieges 1973 eroberten die Ägypter den links der Straße liegenden israelischen Stützpunkt, Teil der als unüberwindbar geltenden Bar-Lev-Linie. Die Armierung von etlichen Raumdecken wurde aus abmontierten Eisenbahnschienen der ehemaligen Linie El Arish - Suezkanal hergestellt. Schlecht oder wenig Englisch sprechende Soldaten führen durch die Anlage, von der man zumindest einen guten Ausblick hat.

Nach 9 km: Abzweig
Links zur Kanal-Fähre nach Ismailiya (verkehrt nur während des Tages).

Bald sieht man in der Ferne zwei mächtige „Stahlpyramiden", welche die beiden Brückenarme der Eisenbahnbrücke über den Kanal bilden. Es handelt sich um eine riesige Drehbrücke (von einer deutschen Firma gebaut), die sich nur

9 Sinai

während der Pause des Fahrtrichtungswechsels im Kanal schließen kann. Die Eisenbahnlinie geht auf die einstige Schienenverbindung zurück, die Palästina mit Ägypten verband. Sie wurde von den Israelis nach dem 67er Krieg abmontiert und für militärische Befestigungszwecke verwendet. Die neue Linie soll ebenfalls über Raffah hinaus nach Palästina führen.

Nach 24 km: Abzweig
Links zur *Mubarak Peace Bridge*, der Brücke, die seit 2002 in schwindelnder Höhe von über 70 m den Kanal überspannt.

Nach 9 km:
Die Straße verläuft durch Qantara-Ost, der uninteressanten östlichen Hälfte von Qantara; an der großen Kreuzung rechts, nach Osten abbiegen.

Nach 24 km: Abzweig (N31°0,12' E32°33')
Etwa 2 km vor Felusiat zweigt links eine Straße ab, die in Port Said endet. 4 km nach dem Abzweig sieht man an dieser Straße die Ruinen von

Links zum historischen Pelusium, das noch größtenteils unter dem lang gestreckten Hügel von Tell el Farma begraben ist und dessen ganze Masse ausmacht. Rechts der Straße sieht man die Ruinen einer byzantinischen Kirche. Anzuschauen gibt es nicht allzu viel in Pelusium, aber die Fahrt über die mit Säulen fast übersäte Hügellandschaft und der Blick auf die gut erhaltene, leider nur teilweise freigelegte Festungsmauer sind den kurzen Abstecher wert.

Nach 13 km: Rumana
Die Straße hat jetzt Küstennähe erreicht. Sie zieht sich bis El Arish durch sanfte Dünenlandschaft, der Strand bleibt aber fast immer in unsichtbarer Ferne. Eigentlich handelt es sich um eine Halbwüste, deren Fruchtbarkeit stellenweise durch künstliche Bewässerung nachgeholfen wird.

Die Siedlungsdichte in diesem Gebiet nimmt von Jahr zu Jahr zu - bald sieht es in dieser Gegend wie im Niltal aus. Auch hier ziehen die mehr ortsgebundenen Beduinen aus ihren

Pelusium

(auch *Tell el Farama* oder *Farma*)
Hintergrund: *In der Pharaonenzeit erstreckte sich der Ostrand des Nildeltas mit dem pelusischen Nilarm bis hierher. Pelusium, das von den Ptolemäern auf- und ausgebaut wurde, erfüllte eine wichtige Wächteraufgabe gegen Feinde aus dem Osten. Hier fand auch eines der Dramen statt, das den Niedergang Ägyptens zu einer römischen Provinz einleitete. Pompejus wurde hier ermordet, der als Vormund der Kinder von Ptolemaios XII vom römischen Senat eingesetzt worden war. Dies war Anlass oder Vorwand für Julius Cäsar, in Ägypten einzumarschieren, was den nächsten Akt einleitete. Später dann eroberten die Araber zunächst Pelusium, bevor sie sich an die Eroberung von Babylon, den Ursprung Kairos, machten. Den endgültigen Todesstoß versetzten die Kreuzritter der Stadt, die sie 1118 in Brand steckten. Der Überlieferung zufolge suchte hier auch die Hl. Familie bei ihrer Flucht nach Ägypten Schutz.*

Frieden am Kanal?

Das Grün dieser einstigen Wüstenlandschaft kommt nicht von ungefähr. Mit gigantischem Aufwand soll ein Wüstenstreifen von 1600 qkm bis hin nach El Arish bewässert werden und zwar mit Nilwasser, das durch einen insgesamt 175 km langen Kanal namens *Peace Canal* vom Nil herangeleitet und entsprechend lokal verteilt wird. Im neu gewonnenen Land sollen - so die ursprüngliche Planung - bis zu 3 Millionen Menschen angesiedelt werden. Doch sowohl in Ägypten als auch international stößt das Projekt zumindest auf sehr viel Skepsis. Der so genannte „Friedenskanal" stiftete bei den Archäologen viel Beunruhigung, weil in dem bewässerten Land noch viele historische Relikte vermutet werden. In großer Eile begannen in den 1990er Jahren Grabungen, um möglichst viele versandete archäologische Schätze zu bergen.

Schilfhütten in Betonbauten um - der letzte Schritt einer langen Wanderung.

In Rumana, in Kosriot, in El Gads und Felusiat im Gebiet der El Bardawil Lagune gibt es spärliche Ruinen aus römischer Zeit.

Nach 39 km: Bir el Abd

Größere Stadt mit langer Vergangenheit. Irgendwo im Stadtgebiet gibt es Reste eines Kornspeichers aus dem 15. Jh nC.

Zur Mittelmeerseite hin liegt jetzt die Lagune **Sabkhet el Bardawil**, die durch eine in der Ferne verlaufende, stellenweise 1 km breite Landzunge vom Meer getrennt ist, wenige Durchlässe schaffen eine Verbindung mit der offenen See. Nur im Winter ist Fischfang in dem nährstoffreichen Gewässer erlaubt, im Sommer werden die Schleusen zum offenen Meer geschlossen. Damit sind die jungen Fische gefangen und können sich gefahrlos entwickeln. An der Südküste kristallisiert im Sommer Salz aus, das gewonnen wird und dem Fotografen sehr bizarre Motive bieten kann.

Die Lagune und die Dünenlandschaft, die bis zu 50 km landeinwärts reicht, sind ein Werk des nahezu konstanten Nordwindes, der den Sand, den der Nil mühselig ins Mündungsgebiet geschafft hatte, wieder landeinwärts verfrachtet.

Nach 41 km: Abzweig Zaranik-Naturschutzpark Zwischen Straße und Strand wurde der **El Zaranik-Naturschutzpark** eingerichtet, denn hier leben bzw. rasten während der Vogelzüge im Frühjahr und Herbst etwa 250 Vogelarten, nicht wenige in ihrer Existenz bedroht. Seit Generationen beschäftigten sich allerdings die Beduinen damit, die Vögel bei ihrer Rast zu fangen. Nur langsam können sie vom Gegenteil überzeugt werden. Es gibt Pläne, den Park für den Ecotourismus zu erschließen, nicht zuletzt, um den Bewohnern eine Alternative für den Lebensunterhalt zu bieten (Camping beim Visitor Center – Sa-Do 9-17, $ 5 pP - möglich). Eine (schlechte) Straße führt 7 km in das weite Marschgelände, das z.T. auch der kommerziellen Salzgewinnung dient. Am Ende der Straße stehen Vogelbeobachtungshäuser, von denen aus je nach Saison Flamingos, Pelikane, Königsfische u.a. zu sehen sind. Die beste Beobachtungszeit wird zwischen Mitte August und Ende September angegeben.

Nicht-Ägypter können nur während des Tages ohne Tasrih in das Gebiet fahren, um Vögel zu beobachten. Nachts will das Militär ungestört bleiben.

Nach 22 km: Westliche Stadtgrenze des Großraums El Arish

▶ Rechts an der Straße ein Büro der **Tourist-Information.**

El Arish ist in den letzten Jahren und Jahrzehnten immer mehr gewachsen; von der Stadtgrenze aus fährt man 11 km zum Zentrum. Links rückt der Strand zwar sehr nahe, ist aber zumeist unerreichbar. Er wurde mit Privathäusern und Feriensiedlungen zugestellt, wobei auch einige ansprechende Bauten entstanden sind, die hier - Seltenheit in Ägypten - häufig mit blumenreichen Vorgärtchen geschmückt sind.

Nach 11 km:

El Arish

Hintergrund: Die Hauptstadt des Sinai wartet mit guter Infrastruktur auf: Verwaltungsdienststellen, Krankenhaus, Polizei, Post, Telefon etc. Die Oase selbst ist erstaunlich groß und lebendig, schließlich wohnen hier etwa 200 000 Menschen. Sie wird vom breiten, in der Wüste Tih beginnenden Wadi el Arish geteilt, das nach Regenfällen im Nordsinai (Mitte Oktober bis März) etwa drei- bis sechsmal pro Jahr Wasser führt.

El Arish blickt auf eine lange Vergangenheit an der uralten Karawanenroute Via Maris zwischen Ägypten und Palästina zurück. Die Ruinen verschiedener Befestigungsanlagen an der Sinai-Mittelmeerküste künden davon. Die Stadt wurde schon in ptolomäischer Zeit gegründet und befestigt. Sie diente lange Zeit als Lager für Strafgefangene, denen man angeblich zur Kenntlichmachung die Nase abschnitt.

In moslemischer Zeit wurde aus der Via Maris eine Pilgerstraße. Der osmanische Sultan Soleiman el Kanuni baute 1570 die im Nordwesten gelegene Soleiman Zitadelle auf pharaonischen Fundamenten. Sie wurde von napoleonischen Truppen 1799 erobert und von den Briten im 1. Weltkrieg zerstört. Nur noch spärliche Ruinen - kaum mehr als die Reste einer dicken Ziegelmauer - sind erhalten. Letzter geschichtlicher Wechselfall war die israelische Besatzung von 1967-79, während der viele Bewohner flüchteten. Inzwischen sind nicht nur diese Flüchtlinge längst zurückgekehrt. Zusätzlich kamen oder blieben Flüchtlinge aus Palästina, die etwa ein Viertel der gut 200 000 Bewohner des Nordsinai ausmachen.

Die Lage von El Arish mit schattigen Palmen und hellgelbem Sandstrand lockt vor allem im Sommer viele ägyptische Urlauber an. Zu bieten hat die Stadt allerdings nicht allzu viel außer dem Badevergnügen am einigermaßen sauberen Mittelmeerstrand. Westliche Touristen gehören in El Arish zur Ausnahme und wenn sie am Strand auftauchen, lassen sich neugierige bis aufdringliche Kinder und Jugendliche kaum abschütteln. Ab Dunkelheit ist der Aufenthalt am Strand offiziell verboten.

Die sehr geschäftige Hauptstraße Sharia 23.July zieht sich etwa parallel zum Wadi-Bett durch die Stadt. Ziemlich am südlichen Ende liegt rechts an einem größeren Platz - Midan Baladiya - der Busbahnhof und, schräg gegenüber, der Souk, dessen reiches Angebot dem Reisenden aus den Sinai-Wüsten die Augen überlaufen lässt. Kein Wunder, die Stadt ist von blühenden Gärten und Feldern umgeben. Je nach Saison gibt es hier fantastische Pfirsiche, Apfelsinen, Datteln oder anderes Obst.

Die Dattelpalmenhaine erfüllen noch einen weiteren Zweck: Sie ziehen sich zum Teil - malerisch - am Strand entlang und spenden neben der Augenweide den Badenden nur dort spärlichen Schatten, wo sie noch nicht in den Hausbesitz einbezogen wurden. Die Ost-West-Ausdehnung der strandparallelen Straße, die Sharia Fouad Zakry (auch „Fatah"), beträgt gute 15 km, Fußgänger sind auf Taxi bzw. Sammeltaxis angewiesen.

Donnerstags wird nicht weit vom normalen Souk in der Nähe der Zitadellen-Ruinen ein farbenfroher Beduinenmarkt abgehalten, auf dem es von Hühnern über Pflanzen bis zu Kleidern und Schmuck – manchmal noch alte Stücke - alles zu kaufen gibt. Der Markt namens *Souq el Kamis* beginnt mit Sonnenaufgang und endet gegen Mittag. Im März und April sowie im September und Oktober finden Kamelrennen zusammen mit großen Beduinenmärkten statt.

Am östlichen Stadtrand liegt ein kleines **Volkskundemuseum** (Sinai Heritage Museum, Sa-Do 9-14, £E 2), in dem hauptsächlich das tägliche Beduinenleben dokumentiert

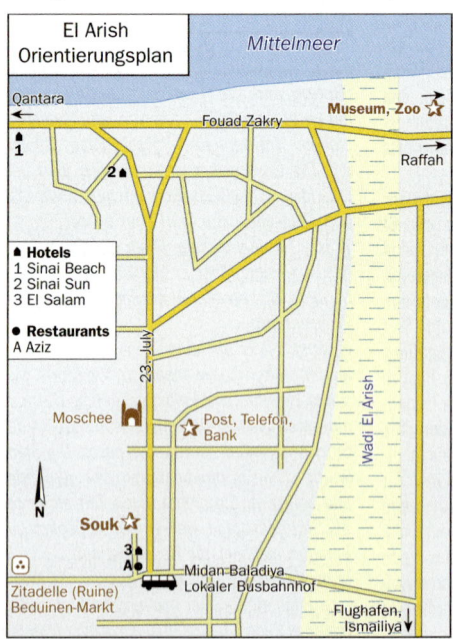

El Arish Orientierungsplan

▲ Hotels
1 Sinai Beach
2 Sinai Sun
3 El Salam

● Restaurants
A Aziz

El Arish

Restaurants

- Das **Restaurant Aziz** ist die beste Adresse im Kerngebiet der Stadt, Sh 23.July, Ecke Midan Baladiya (Gebäude des El Salam Hotels)
- In der Sh 23.July finden sich noch eine Reihe von Imbissstuben und Restaurants. Sehr viel teurer können Sie im *Semiramis Hotel* oder *Arish Resort* dinieren.

Übernachten

- **Arish Resort** (einst *Egoth Oberoi),* 5*, Sh Fouad Zakry (direkt am Strand), Tel 3351 321, Fax 3352 352, arish@oberoi.com.eg, www.oberoihotels.com, Pool, se gepfl., se sa, SatTV, Kschr, mF .... E+B $70 D+B $90
- **El Salam**, 23 Sh July, Tel 3351 219, (in Durchgang neben Aziz-Rest), nahe Bus-Bhf, rel sa, la, familiär, Traveller-Treff .... E 10, D+B 20
- **Moonlight**, Sh Fouad Zakry (am Strand), Tel 3361 362, mä sa, se abgewohnt, E+B 15-25 D+B 25-35
- **Semiramis**, 4*, (hat nichts m. d. Semiramis-Kette zu tun), Sh Fouad Zakry (direkt am Strand) Tel/Fax 3364 166, schö Sandstrand, Pool, gr Zi, AC, SatTV, se sa, mF .... E+B $35, D+B $40
- **Senen**, Tel 3363 713, Sh Fatah (direkt am Strand), se einf, viele Ägypter, mä sa .... Chalet D+B 80
- **Sinai Beach**, 3*, Sh Fouad Zakry, Tel 3361 713, kein eig. Strand, AC, SatTV, la, se sa, gr Zi, mF .... E+B $30 D+B $35
- **Sinai-Sun**, 3*, Sh 23. July, Tel/Fax 3361 855, AC, sa, einf, rel la, mF .... E+B $14-21, D+B $18-25

wird. Daran angeschlossen ist ein **Zoo**, der als eines der Negativbeispiele für Tiere in Gefangenschaft gelten kann.

Die Altertümerverwaltung baut ein Nationalmuseum in El Arish, das die Funde des Sinai der Öffentlichkeit zugänglich machen soll.

Praktische Informationen

▶ Telefonvorwahl 068

Das **Tourist Office** im Stadtzentrum, Sh Fouad Zakry, Nähe des Sinai Beach Hotel, ist eher auf das Informationsbedürfnis ägyptischer Besucher ausgerichtet; häufig genug findet man keine englisch sprechende Person.

Busverbindungen

▶ **Kairo**: Sowohl *Superjet* als auch *East Delta* zweimal täglich (ca. £E 25, 5 Std)

▶ **Ismailiya**: Ab 7 Uhr alle 1,5 bis 2 Std (ca. £E 15, 3,5 Std)

Der im Stadtplan eingezeichnete Busbahnhof wird nur von lokalen Linien benutzt; *East Delta* Busse halten weiter außerhalb.

Raffah, die geteilte Stadt an der Grenze Ägypten - Israel, liegt 35 km von El Arish entfernt; sie ist auf einer guten Straße zu erreichen.

Suez-Kanal - Mitla-Pass - El Arish

Diese Alternative zur hauptsächlich benutzten Küstenstraße nach El Arish bietet sich z.B. für eine Rundreise auf dem Nordsinai an; außerdem herrscht nur wenig Verkehr. Allerdings stießen wir über Jahre an geschlossene Schlagbäume, die sich einmal ohne Fragen öffneten, ein andermal stur geschlossen blieben. Am besten besorgt man sich vorher bei der *Military Intelligence Group* in Kairo-Heliopolis, 26 Sh Manshia el Bakry, eine Tasrih. Die folgende Beschreibung ist daher für bessere Zeiten gedacht.

Vom Suez-Kanal-Tunnel bis zum folgenden Abzweig deckt sich die Streckenbeschreibung mit der Beschreibung der Strecke Suez - Nuveiba, siehe Seite 681.

45 km nach dem Beginn der o.a. Streckenbeschreibung: Abzweig, Checkpost

Hier links abbiegen. Die Wüste ist auf der folgenden Strecke flach wie eine Tischplatte.

Nach 30 km: Kreuzung, Checkpost

Links nach Bir Gifgafa und über den Khatmia-Pass nach Ismailiya, geradeaus weiter.

9 Sinai

Nach 47 km: Bir Hassana
Ein überraschend großer Ort mit einigen nicht sonderlich gemütlich wirkenden Betonneubauten.
Die Straße führt nach Norden auf direktem Weg weiter nach El Arish (ca. 85 km). Der Umweg über Quseima bringt Sie in eine grüne fruchtbare Oase. Daher am Ortsausgang rechts abbiegen.
Nach 38 km: MFO- und ägyptischer Checkpost
Nach 33 km:

*Quseima

Hintergrund: *Ain Gedeirat ist die wasserreichste Quelle weit und breit; sie wurde bereits im 8. Jh vC erwähnt. Oberhalb der Quelle bauten die Amalekiter eine Kasemattenfestung. Im Wadi selbst sind noch die Ruinen einer achttürmigen Festung zu sehen, die bisher nicht datierbar ist. Auf alte Besiedlung weisen auch Spuren von Dämmen und Bewässerungskanälen hin, die einst an den Berghängen geführt waren. Erst in den 1930er Jahren wurde die Quelle unter Anleitung des Engländers Jarvis wieder gefasst: Zehn Jahre später blühten bereits die Obstgärten.*

Bereits von Ferne ist der hohe Eukalyptushain der Oase sichtbar. Daneben tränken die in der Umgebung lebenden Arishina-Beduinen ihre Herden an einem sehr ergiebigen Brunnen. Cafeterias und ein Gemüsestand, Beduinenhütten, dahinter mehrstöckige Betonbauten der Militärs und Verwaltungsleute - eine etwas seltsame Ansicht. Das Schönste an Quseima ist die Weiterfahrt ins Wadi, das von der Quelle **Ain Gedeirat** bewässert wird. Man fährt, vom Eukalyptuswald kommend, am Brunnen vorbei und hält sich dann links. Die Piste führt 11 km ins Wadi hinein, in dem satte Dattelpalmen- und Olivenplantagen dominieren, von fleißigen Bauern gehegt.
Nach 29 km: Abzweig
Rechts zur ägyptisch/israelischen Grenze.
Nach 19 km: Kreuzung, Abu Aweigila
Links nach Bir Gifgafa, Kathmia-Pass.
Nach 21 km: Abzweig, Checkpost
Dieser Posten ist recht rigoros, er verlangt eine Tasrih besonders dann, wenn man von El Arish nach Süden fahren will.
Nach 10 km: **El Arish**

Abstecher von den Hauptstraßen des Sinai

In allen folgenden Beschreibungen geht es auf Pisten in zum Teil sehr einsame Regionen des Sinai. Lesen Sie daher bitte vorher die einschlägigen Informationen zu Pistenfahrten auf Seite 91.
Eine weitere Vorbemerkung ist noch notwendig. Der Ursprung der folgenden Streckenbeschreibungen geht auf die 1980er und frühen 1990er Jahre zurück, als der Sinai gegenüber heute noch gänzlich unberührt erschien. Damals musste man sich den Weg noch ziemlich mühselig selbst suchen - heute wird man in schienengleichen, meist tief ausgefahrenen Pisten schon fast automatisch zum Ziel geleitet. Das hat seine Vorteile, aber häufig hauptsächlich den Nachteil, dass sich die Pisten in übelste Wellblechstrecken verwandelt haben, die man entweder nur ganz langsam oder aber mit mindestens 50-60 km/h fahren muss, um quasi nur auf den Wellenkämmen vorwärtszukommen. Das mag riskant sein, wenn das Fahrzeug ins Schwimmen gerät oder die Schlaglöcher zu tief sind. Andererseits bleibt man nur noch auf wenigen Teilstücken im

Sand stecken, weil dieser bis auf den festen Untergrund weggefegt ist.

Urheber sind einmal die Touristen-Kollegen, deren 4WD-Fahrer zeigen müssen, was sie können. Zum anderen wird an vielen Stellen Gestein abgebaut und per Lkw zur Weiterverarbeitung gekarrt - auch ein Laster muss auf Wellblech schnell fahren. Schließlich steht inzwischen vor nahezu jedem Beduinenzelt ein Pick-up, der ebenfalls die Pisten befährt, allerdings meist recht behutsam.

Nicht zuletzt zeigen uns die Pick-up-Bedus, wie man ohne Allradantrieb die schwierigsten Strecken bewältigt. So mancher 4WD-Besitzer sollte bei diesen Naturburschen erst einmal Fahrunterricht nehmen.

Außerdem ist noch anzumerken, dass auch neue Asphaltstraßen gebaut wurden und werden.

Serabit el Khadim und Forest of Pillars

Von der anfangs beschriebenen Küstenstraße zweigt kurz hinter Abu Zenima (siehe Seite 632) eine Straße ab, die einen sehr lohnenden Ausflug zum einzigen pharaonischen Tempel auf dem Sinai und - je nach Lust - zu interessanter Landschaft verspricht. Für die Strecke wird 4WD sehr empfohlen.

Die Straße, mit deren Asphaltierung 2008 begonnen wurde, führt zunächst durch das enge, landschaftlich sehr beeindruckende Wadi Matalla mit unglaublich imposanter und stets wechselnder Bergwelt. Wenn Sie einen Pass überklettert haben, windet sich die Straße durch weitere, aber nicht mehr so schöne Wadis. Dennoch wechseln Landschaft, Farben und Formationen der Berge unentwegt, hin und wieder tauchen Beduinenzelte oder weit verstreute Viehherden auf. Nach 20 km kommt man bei N29°4,78' E33°12,73' an eine Verzweigung, hier links halten und der breit ausgefahrenen Piste 9 km folgen. Aus unerfindlichem Grund geht sie dann in Asphalt über, auf dem man für 7 km bleibt. Kurz nach einem Neubaudorf mit Moschee und Schule zweigt rechts, N29° 6,51'E33°21,26', die uralte, extrem löchrige Asphaltstraße Richtung Bir Nasib ab. 6 km später,

9 Sinai

bei N29°4,09' E33° 23,22' (rechts ein überhängender Felsen), geht es links nach Serabit el Khadim. Geradeaus kommt man nach 4 km nach Bir Nasib.

Bevor Sie nach Serabit fahren, sollten Sie noch den Abstecher nach **Bir Nasib** (N29°02,43' E33°24,05') machen. Dort finden sich Überreste eines auf pharaonische Zeiten zurückgehenden Kupferverhüttungszentrums. Zwei weiße Sheikh-Kuppelgräber zeigen an, dass die richtige Stelle gefunden ist. Der deutlich erkennbare Schlackenhaufen soll etwa 100 000 Tonnen Abraum umfassen.

Sie können diesen Abstecher noch verlängern und eine Geisterstadt besuchen: Brunnen und Schule von Bir Nasib rechts liegen lassend, folgen Sie einer gut ausgebauten Piste zur teilaufgelassenen Mine von **Umm Bugma**. Die Route schraubt sich durch das weitläufige Gelände der Mangan-Minengesellschaft bis auf schließlich etwa 600 m Höhe und endet förmlich auf der Terrasse der Dienstvilla des Ex-Minenchefs. Von hier aus bietet sich ein herrlicher Blick auf das Vorgebirge und den Golf von Suez. Derzeit scheint zumindest ein Teil der Mine wieder in Betrieb genommen worden zu sein; der genaue Stand ist uns leider nicht bekannt.

Doch zurück zum Abzweig nach Serabit. Nach einem kurzen Stück Weichsand geht es unerwartet auf eine neue Asphaltstraße, die durch das Dorf Serabit und am Camp des Ahmed Barakat vorbei bis zu einem 2008 noch nicht eröffneten Hotel führt (N29°02,71' E33° 26,27', 7 km seit dem Abzweig). Hier beginnt ein gut ausgebauter Fußweg hinauf auf den Berg.

Wenn Sie ohne eigenes Auto unterwegs sind, können Sie mit Sheikh Barakat vom **Ahmed Barakat Camp**, Tel 0105362435, www.falconofdesert.com, Kontakt aufnehmen. Er lässt Sie in Abu Zenima abholen, zeigt Ihnen Serabit el Khadim, bietet Unterkunft im einfachen „Village" und bringt Sie am nächsten Tag zurück; Kosten um £E 200. Machen Sie sich übrigens darauf gefasst, dass in dieser Gegend besonders die Kinder aufdringlich und die Erwachsenen zähe Preisverhandler sind. Im Barakat-Village kostet die Übernachtung im E 50, D 60, man kann in der Küche selbst kochen oder Frühstück (£E 10, Lunch £E 20, Dinner £E 25 bestellen). Barakat bietet auch Kameltrips zu £E 100 pP/Tag oder 4WD-Safaris an.

Für den Tempelbesuch ist ein Führer obligatorisch (£E 50), der sich bald nach Ankunft melden wird. Beim Aufstieg können Sie zwei recht große Stollen der **pharaonischen Minen** besichtigen. Sie liegen auf dem oberen Plateau, ca. 20-30 Minuten vor dem Tempel unweit vom Pfad. Die Stollen sehen aus, als hätten die pharaonischen Arbeiter erst kürzlich die Werkzeuge fallen lassen.

***Serabit el Khadim

Hintergrund: Der Ursprung des Tempels von Serabit el Khadim geht auf die Türkisminen zurück, die in unmittelbarer Nähe liegen. Gegen Ende des Mittleren Reichs waren die Türkisgruben des 17 km entfernten Wadi Maghara (siehe Seite 695) nahezu erschöpft; hier wurde sogar leichter abbaubarer Ersatz gefunden, denn die oberste Sandsteinschicht des sich 850 m hoch erhebenden Plateaus ist völlig erodiert. Daher liegen die türkishaltigen Schieferschichten fast unterhalb der Oberfläche; sie konnten verhältnismäßig einfach durch senkrechte Stollen ausgebeutet werden.

Der Tempel liegt am Ostende des Plateaus, das nur nach Süden mit dem umgebenden Hochland verbunden ist. Er bestand eigentlich nur aus zwei Verehrungsgrotten, von denen eine der Hathor, die andere dem lokalen Sinai-Gott Sopdu geweiht war.

In der Umgebung der Grotten waren Stelen aufgestellt, von denen noch eine ganze Reihe erhalten sind. In den Türkisgruben und auf den Kultobjekten des Tempels wurde von Flinders Petrie die „protosinaitische" Schrift entdeckt, bei der die Hieroglyphen zu alphabetischen Schriftzeichen weiterentwickelt worden waren (siehe auch Wadi Mukattab, Seite 695). Phönizier brachten die Zeichen nach Griechenland,

wo sie letztlich zur Grundlage auch unserer Schrift wurden.
Die reich beschrifteten Stelen (von denen allerdings die meisten im Ägyptischen Museum gelandet sind) geben u.a. Aufschluss über die Schwierigkeiten des Bergbaus weitab der Heimat und der Versorgungsmöglichkeiten. Die bis zu 1400 Teilnehmer zählenden Bergbauexpeditionen wurden von Bauern begleitet, die Kühe, Schafe, Ziegen und Hühner mitführten und mit Eselskarawanen laufend Wasser herbeizuschaffen hatten. Zudem gehörten Priester, Schreiber, Bildhauer, Kupfermacher für die Werkzeuge, Ärzte und Skorpionbeschwörer zum Tross.

Den verwöhnten Besucher des Niltals erwarten hier keine imposanten Ruinen, er trifft „nur" auf eine etwas ungewöhnliche Tempelanlage. Das, was diesen Besuch ausmacht, ist das Erlebnis der Lage: absolute Stille und Einsamkeit der Berge, weiter Blick auf die umliegenden Täler.

Die **Weiterfahrt** von Serabit el Khadim zum *Forest of Pillars* bietet interessante Eindrücke. Die Piste führt im ersten Drittel häufig durch Weichsandstellen. Die dann folgende Weiterfahrt vom Forest zum Wadi Feiran erfordert sogar ein geländetaugliches Fahrzeug mit hoher Bodenfreiheit (anderenfalls auf dem Hinweg zurückkehren). Alternativ kann man sich von Serabit-Beduinen im Jeep zum Forest of Pillars bringen lassen.

Die folgende Streckenbeschreibung stammt aus der Mitte der 1990er Jahre. Wir fanden seither keine Zeit und Gelegenheit, die Pisten erneut zu fahren, rechnen Sie daher bitte mit der einen oder anderen Änderung gegenüber dem Text: Man fährt von Serabit ca. 4 km zurück und dann rechts auf eine ausgefahrene Piste. Nach 1,6 km: Beduinenhäuser, rechts Ziehbrunnen; es folgen viele ausgefahrene Weichsandstellen; bei quer verlaufenden Pisten geradeaus halten.

5 km entfernt steht auf einer kleinen Anhöhe das weiße Grabmal des Sheikh Habus mit den meist verlassenen Unterkünften für Pilger. Herumliegende Knochen und Fellreste beweisen den regen Besuch der Stätte. Nach knapp 1 km muss man die letzte Weichsandstelle und das

Felsformationen in der Nähe von Serabit el Khadim

9 Sinai

Wadi-Bett queren (rechts Militärstation auf einem Hügel).
Von hier führt eine eigentlich gut zu fahrende Piste schnurstracks zum Forest of Pillars, wenn man sich bei Ab- oder Verzweigungen möglichst an die linke (nördlichere) Spur hält. Allerdings ca. 10 km später aufpassen: Hier (rechts ein Steinhaufen) schräg rechts fahren, wobei man rechts an zwei schwarzen Hügeln vorbei leicht bergab fährt. Die Piste verläuft in stets respektablem Abstand zum nordöstlich liegenden Steilabfall der Badiet el Tih. Wenn Sie an irgendeinem Abzweig auf deutlich weniger befahrene Pisten geraten, dann sind Sie zu weit nördlich: umkehren und der Hauptpiste folgen. Der Forest of Pillars liegt dort, wo sich der Gebel Raqaba nach Süden vorschiebt.
Nach 22 km: Abzweig (nach Durchfahren einer Hügelkette) links ins Wadi Fuga (arabisch *Säulenwald*)
Nach 1 km

*Forest of Pillars

Die Piste endet an einem „Parkplatz" (N29°01,01' E33°40,76'). Die Hauptansammlungen der Steine liegen links, von der Anfahrt aus gesehen (gehen Sie vom ersten Steinplatz noch ein Stück weiter über den nächsten Hügel).
Für denjenigen, der seltener besuchte Stellen auf dem Sinai sehen will, mag ein Ausflug zum Forest of Pillars einige Pistenmühe wert sein. Es handelt sich um ein eng begrenztes Gebiet mit röhrenartigen Felsformationen, die stellenweise etwa knie- bis hüfthoch aus dem Boden ragen.
Von „Wald" kann kaum die Rede sein. Die größte Ansammlung der Röhren dürfte vielleicht die Fläche eines halben Fußballfelds bedecken. Und „Säulen" stellt man sich ebenfalls größer vor; doch die Anfahrt im Sichtweite des Gebel el Tih und die Wüsteneinsamkeit sind mindestens so attraktiv wie die Steinformationen, die im Übrigen nur noch an einer Stelle in Russland in dieser Form vorkommen sollen. Christoph Heithorst hat an der Uni Clausthal-Zellerfeld ein Stück Röhre untersuchen lassen. Dabei stellte sich heraus, dass die Kornstruktur aus Quarzkörnern und die Matrix, die sie untereinander verkettet, aus unterschiedlichen Materialien, u.a. Kalk, bestehen. Aber noch ist nicht geklärt, wie und warum ausgerechnet an dieser Stelle die Röhren entstanden.
Weniger geländetaugliche Fahrzeuge sollten hier am Forest umkehren und auf dem Weg, den sie gekommen sind, zurückfahren.
Doch es gibt auch die **Weiterfahrt ins Wadi Feiran:** Für diese einsame, landschaftlich sehr reizvolle Strecke sind Pistenerfahrung, eine gute Sinai-Karte und ein Kompass/GPS unerlässlich, da die Orientierung, zumindest in der Anfangsphase, schwierig ist. Auch hat sich die Pistenbeschaffenheit, vor allem im Wadi Beiraq, sehr verschlechtert, sodass Bodenfreiheit ganz wichtig ist.
Vom Forest of Pillars aus ist die Routenführung ziemlich unübersichtlich, weil eine Vielzahl von Pisten kreuz und quer durchs Gelände läuft. Versuchen Sie daher, mit Karte und Kompass auf die Piste zu kommen, die sich in südwestlicher Richtung bis zum Wadi Beiraq durch die Berge windet. Dabei werden Sie nach etwa 13 km rechts einen Felsen mit Felsbildern und Inschriften passieren. 2 km weiter mündet von links eine Piste im spitzen Winkel. Nach nochmals 2 km ist an einem arabisch beschrifteten Markierungsschild mit vier Pfeilen (links auf einem Hügel; irgendwann wurde es um ca. 500 m westlich an die Piste des Wadi Seih versetzt - wer weiß, wo es noch landen wird) die Piste des Wadi Beiraq erreicht. Die hier folgenden km-Angaben beziehen sich auf den ursprünglichen Schildstandpunkt:
Dem Wadi nach Südosten folgen und bei km 0,5 geradeaus, bei km 1,5 links halten. Das Wadi ist übersät mit rostbraunen Steinen, die natürlich auch in die Piste hineingerollt sind. Früher waren übrigens die Wadis Beiraq und Labwa ein Teil des Weges von Suez zum Katharinenkloster.
km 12,4: Passhöhe, schöner Blick auf die vorausliegende Talebene des Wadi Labwa. 0,7 km

entfernt zweigt rechts eine Piste durchs Wadi Agir ab, die ins untere Wadi Feiran führt. Wenn Sie dieser unproblematisch zu fahrenden Piste folgen wollen: Nach ca. 1 km liegt ein kleines Dorf mit Schule und Ziehbrunnen, dann folgen weitere Beduinensiedlungen. Im Wadi können Sie rechts mehrmals sehr ungewöhnliche, wie aus großen Quadern aufgehäufte „Steinbauwerke" bewundern. Nach 25 km ist die Asphaltstraße des Wadi Feiran erreicht.

Geradeaus weiter, vorbei an einem ausgetrockneten Brunnen mit spärlichen Schirmakazien. Nach gut 6 km mündet links im spitzen Winkel eine Piste ein, die einen sehr lohnenden, etwa 5 km weiten Abstecher in die malerisch gelegene Bergoase **Bir Iqna** mit mehreren Brunnen, Palmen, Gemüse- und Obstgärten ermöglicht.

Geradeaus weiter dem Wadi Labwa folgen, das jetzt herrliche Ausblicke auf die Berge im Süden bietet. Nach etwa 4 km kommt ein kleiner Friedhof. Apropos: Im Wadi Labwa liegen noch **viele Minen**.

Nach ca. 7 km passiert man Militärstellungen mit Stacheldrahtbegrenzungen und erreicht nach weiteren 11 km die Wadi-Feiran-Asphaltstraße; unterwegs hält man sich immer geradeaus.

*Gebel Maghara und *Wadi Mukattab

Wie auf Seite 632 erwähnt, zweigt von der Küstenstraße 7 km (N28°58,48' E33°11,91') vor Abu Rudeis links eine landschaftlich reizvolle Strecke zu den Türkisminen des Gebel Maghara und weiter zum Inschriftental Wadi Mukattab und von dort zur Asphaltstraße ins Wadi Feiran ab.

Die Piste erfordert Bodenfreiheit und Allradantrieb. Gehen Sie nur mit einem entsprechend ausgerüsteten Fahrzeug auf diese Strecke, anderenfalls vom Wadi Feiran aus abzweigen (siehe Seite 667) und nach der Besichtigung wieder zurückkehren.

Die im rechten Winkel abzweigende Asphaltstraße führt schnurgerade zu den Bergen und biegt nach 5 km an der ehemaligen Endstation einer vom weit entfernten Manganbergwerk Umm Bugma herführenden Transportseilbahn ziemlich scharf nach rechts, um dem Fuß der Berge zu folgen.

Nach 2,5 km links in die Berge abbiegen und nach 7 km (N28°56,13' E33°18,28') die Asphaltstraße, die im Bogen nach links führt, geradeaus verlassen und einer geschobenen, noch gut zu fahrenden Piste folgen. Nach 2,5 km folgt ein steiler Anstieg auf ein Hochplateau (Budra-Pass). Knapp 6 km entfernt ein umzäuntes (Minen?)Feld; von rechts kommt im spitzen Winkel die Piste von Abu Rudeis durchs Wadi Sidri, die, obgleich stark versandet, ebenfalls als Anfahrt dienen kann; hier nahezu rechtwinklig nach links abbiegen. Jetzt folgt die Piste teilweise ziemlich sandigen Wadis.

2 km später zweigt links eine Piste ab, halten Sie sich rechts. Nach 1 km steht rechts die weiße Grabkuppel des **Sheikh Suleiman**. Hier zweigt links eine Piste in ein Seitenwadi namens Qenaia (N28°53,38' E33°22,25') ab, dort liegt der **Gebel Maghara**, in dem

Warten in der Wüste

Bedu-Winterlager im Baum

in pharaonischen Zeiten Türkis abgebaut wurde.

Am besten lässt man weniger geländegängige Wagen hier stehen und wandert etwa 1 km ins sandige Wadi hinein (auch dort links halten, auf halbem Weg zweigt rechts das Wadi Iqna ab). Bald führt ein ziemlich steiler Pfad den Berg hinauf. An einer Gabelung geht es links zu den aufgelassenen Türkisminen. Rechts steigt der Pfad dann weiter bis fast zur Spitze des Hügels an.

Am Ende des Pfades ist ein ausdrucksvolles pharaonisches Basrelief aus der 3. Dynastie in eine senkrechte Felsplatte gemeißelt (der Pharao schlägt mit einer Keule auf die Mentu, die damaligen Sinaibewohner). Für Fotografen: Das Relief liegt ab Mittag im Schatten.

Es gibt noch ein weiteres Basrelief, das besser erhalten ist, aber schwieriger zu erreichen ist. Links des beschriebenen Reliefs durch eine Felsspalte (in die eine Fußstütze zementiert wurde) hinaufklettern, dann rechts weiter über eine sehr schmale Felskante. An einer senkrechten Felswand finden Sie das Relief.

Der etwa 150 m hohe **Gebel Maghara** (*Höhlen*) war schon in prähistorischer Zeit für Türkis bekannt. Hauptsächlich im Alten und Mittleren Reich wurden die Vorkommen ausgebeutet - außerdem durch Sprengungen Anfang des 20. Jhs, denen die historischen Minen weitgehend zum Opfer fielen. Entdeckt wurden die Minen 1840 von McDonald, Flinders Petrie ließ 1905 über 40 pharaonische Reliefs abschlagen und ins Kairoer Museum schaffen, um sie vor Raub zu schützen.

Gegenüber auf dem Hügelplateau an der Gabelung von Wadi Qenaia und Wadi Iqna lagen im Alten Reich die Arbeitslager (noch zu erkennen), später wurden sie an den Hängen des Hügels errichtet. Ein Stück oberhalb im Wadi Iqna sind Reste einer ehemaligen Talsperrenmauer sichtbar.

Zurück zum vorigen Pistenabzweig und etwa 6 km dem Wadi Mukattab folgen. Bei N28°50,00' E33°25,58' steht rechts ein Schild *WADI MAKTAB*.

*Wadi Mukattab

Hauptsächlich auf den Felsen der rechten Wadiseite finden Sie Inschriften, die bis in pharaonische Zeiten zurückreichen. Einige sind kulturhistorisch insofern bedeutsam, weil hier wie in Serabit el Khadim Schriftzeichen entdeckt wurden, bei denen die Hieroglyphen der Ägypter zu Einkonsonantenzeichen modifiziert worden waren. Das am 725 m hohen *Gebel Mukattab* liegende Wadi - einst die Hauptverbindung zwischen Feiran und Suez - forderte offenbar Durchreisende aller Zeiten zu Graffiti auf. Ein griechischer Söldner schrieb: *„Eine üble Rasse! Ich, Lupus, ein Soldat, schrieb dies mit eigner Hand."*

Allerdings: Amerikanische Archäologen entdeckten in den 1990er Jahren im Wadi el Hol zwischen Abydos und Luxor alphabetische Schriftzeichen, die sie auf etwa 1800 vC zurückdatieren. Das heißt, dass nach dieser Entdeckung bzw. Theorie bereits im Mittleren Reich derartige Zeichen entstanden sind.

Kamel an der Flasche

Ein kurzes Stück nach dem Schild zweigt links eine Piste ins Wadi Seih ab. Wenn Sie dieser zwar steinigen, aber relativ problemlosen Piste bis hinter den Gebirgsriegel folgen, dann kommen Sie auf die Route Serabit el Khadim - Forest of Pillars.

Geradeaus weiter im Wadi Mukattab treffen Sie nach 8 km auf die Verbindungsstraße Feiran - Abu Rudeis (siehe Seite 667).

Kamel- und Trekkingtouren auf dem Sinai

Die meisten Sinai-Besucher stürzen sich auf die üblichen und bekannten Orte, wie das Katharinenkloster oder die Bade-Oasen an der Ostküste. Darüber hinaus gibt es aber noch eine ganze Reihe von Zielen, die mindestens ebenso einzigartig sind, sich jedoch nicht so einfach erreichen lassen und die man daher am besten zu Fuß oder im Kamelsattel angeht.

Wir glauben, dass sich der Sinai erst wirklich mitteilt und in seiner Großartigkeit erschließt, wenn man die asphaltierten Straßen verlässt und in die Einsamkeit der Berge und Wadis zieht. Dazu gehört auch, die Nacht unter freiem Himmel zu verbringen, keinen anderen Laut als das Rauschen seines eigenen Blutes zu hören und - nach Monduntergang - einen Sternenhimmel zu bewundern, wie wir ihn in Europa auch nicht annähernd in seiner Pracht erleben können.

Natürlich können Sie sich überall auf dem Sinai in die Einsamkeit absetzen. Es lohnt sich aber, bei dieser Gelegenheit einmalige Ziele auszusuchen und dabei die Gewalt der nackten Berggiganten zu erleben. Grundsätzlich gibt es zwei Gebiete, in denen Touren ohne Hast sehr viel Gewinn bringen. In den Randgebirgen des Golfs von Aqaba sind Kameltouren sehr beliebt; im Hochsinai, in der Gegend des Katharinenklosters, bieten Hochgebirgswandertouren (neudeutsch: Trekking) einzigartige Erlebnisse, Eindrücke und Ausblicke.

Doch zum Trekking in diesen schönen Bergen gehört auch Verantwortung. Es muss noch einmal deutlich gesagt werden: Lassen Sie keine Abfälle liegen, nehmen Sie alles wieder mit zurück. Sollten sich Ihre Führer anders verhalten, versuchen Sie, auf sie einzuwirken und vor allem mit gutem Beispiel voranzugehen. Falls Ihnen die Umweltsünden zu schlimm vorkommen, schreiben Sie an das *Ministry of Tourism, Burg Masr al Siaha, Qasr el Aini, Cairo* und beschweren Sie sich ganz konkret. Nur dann, wenn viele Briefe dort eingehen, wird sich etwas bewegen.

***Kameltrips an der Ostküste

Man startet am besten von den Orten Nuveiba, Dahab oder eventuell Sharm el Sheikh/Naama Bay aus. Auch das Basata Camp nördlich von Nuveiba bietet Touren an, die sehr positiv bewertet werden. Es kann sein, dass man bei geringerem Besucheransturm in Dahab bessere Konditionen erhält als in Nuveiba, das wesentlich näher an den attraktiven Plätzen liegt. In den genannten Orten erkundigt man sich entweder bei einem der Hotels oder - am besten - bei den Beduinen selbst und vereinbart Kon-

9 Sinai

ditionen. Tipps zur Ausrüstung etc. finden Sie auf Seite 90.

Um ärgerliche Begleiterscheinungen auszuschließen, hier die Empfehlungen eines Lesers, der uns jüngst schrieb: *Über den Tagessatz lässt sich kaum verhandeln, eher über die Anzahl der benötigten Kamele. Die benötigte Zeit wird gern reichlich veranschlagt. Unterwegs wird dann nur wenige Stunden geritten und der Tag durch mehr Rasten gefüllt. Also auch andere Angebote einholen und Zeitansätze vergleichen. Wer über Gebiete mit inzwischen hoher Besucherdichte und fast ständiger Begleitung durch Jeepspuren hinaus gelangen will, muss mehr als drei Tage einplanen.*

Wir selbst sind zweimal von Nuveiba aus per Kamel in die Berge aufgebrochen und möchten diese eindrucksvollen Erfahrungen nicht missen. Erst bei Fußgängergeschwindigkeit hat man Muße, all die vielen Details zu betrachten, die - von der Erosion geschaffen - den Wegesrand säumen. Der wiegende, in steter Gleichmäßigkeit und Lautlosigkeit dahinschwankende Kamel-Hochsitz stimmt den Körper auf Ruhe und Beschaulichkeit ein.

Man sollte wenigstens drei Tage unterwegs bleiben, um wirklich sehenswerte Ziele erreichen und sich auch besser in das Leben auf dem Kamelrücken einfinden zu können. Als Beispiel einer für uns unvergesslichen, jederzeit nachvollziehbaren Tour eine kurze Beschreibung der Strecken, die wir gemeinsam mit dem Beduinen Anis (El Khan in Nuveiba, siehe Seite 660) zurücklegten:

Start am frühen Morgen in die Berge westlich der Nuveiba-Oase, Übernachtung in einem der höher gelegenen Wadis. Am nächsten Vormittag Ritt zum **Coloured Canyon.** Von dort zu Fuß durch tief eingeschnittene Wadis zum Nachtplatz **El Qatar el Melcheh**, einem von steilen Schotterwänden eingerahmten Kessel. Am letzten Morgen Abstecher zur nahe gelegenen Quelle **Bir el Melcheh**; dann Rückweg nach Nuveiba. Bei einer Viertagestour kann man **Bir el Biyria** mit dem sogenannten Brücken-Canyon einschließen. Längere Touren haben Ain Umm Ahmad oder Ain Hudra zusätzlich zum Ziel.

Es gibt in der Gegend von Nuveiba auch andere Ziele. So bietet Sherif, Besitzer des Basata Camps bei Ras Burka, neben Touren in den Coloured Canyon auch Trips ins **Wadi El Hajisch** und ins **Wadi Smeila** an. Beide Wadis liegen nördlich von Nuveiba und sind von der Küstenstraße her zugänglich. Beim Wadi Smeila geht der Weg durch ein geologisch interessantes Gebiet auf einen ziemlich hohen Berg, von dem sich eine weite Sicht auf den Golf von Aqaba bietet und auf dem man übernachten kann, um den Sonnenaufgang über dem Golf zu erleben. Hinunter können die Bergsteiger rollen, ein sandbewehter Abhang macht den Abstieg zu einem eher lustigen Unterfangen. Eine weitere Tour ins **Wadi Wishwashi** ist ein bisschen abenteuerlich und nur für Unerschrockene zu empfehlen. Denn dabei muss geklettert werden, man kann leicht ausrutschen und in das Wasserbecken, das Ziel des Trips, fallen.

An Ausflügen von **Naama Bay/Sharm el Sheikh** aus ist uns - außer eher uninteressanten Angeboten - nichts Besonderes bekannt. Anstelle von langweiligen Trips an der Küste entlang wäre ein Ritt ins obere Wadi Kid bis zur Oase Kid eine gute Alternative.

Hochsinai

Unsere Trekking-Erfahrungen auf dem Hochsinai gehen auf eine Zeit zurück, als man dort noch ohne irgendeine Restriktion losmarschieren konnte. Heute gibt es Trails und Organisation. Daher betrachten Sie die Angaben weiter unten als grundsätzliche Information.

Wandern und Klettern im Hochgebirge („Trekking"), das klingt sehr dramatisch und anspruchsvoll. Es ist aber vom Klima und den bergsteigerischen Bedingungen her ein großer Unterschied, ob man in den Alpen auf 2300 m hinaufsteigt oder im Sinai. Während man in den Alpen mit lockerem Gestein, Wetterstürzen und allerlei anderen Unbilden rechnen muss, bietet der Sinai meist festes Gestein und daher sicheren Tritt und Halt, fast ständig klare, weite Sicht und schönes Wetter. Zwar ist man in den Wintermonaten nicht immer vor Regenschauern (im Extremfall Schnee) sicher, aber vom frühen Frühjahr bis zum späten Herbst geht mit dem Wetter kaum etwas schief.

Die Touren im Hochsinai stehen unter dem Privileg der dort lebenden Gabaleja-Beduinen. Ihnen „gehört" die Gegend und sie sehen es als eine ihrer Verdienstquellen an, Fremde durch ihre faszinierende Heimat zu führen. Daher vermieten sie Kamele, die Proviant, Schlafsäcke etc. zu den jeweiligen Übernachtungsplätzen befördern; d.h. man trifft meist nur abends auf diese Begleittruppe und muss deshalb den Tagesbedarf selbst schleppen.

Für Bergwanderungen müssen Sie sich beim Mountain Office, **Sheikh Mousa** (Milga Bedouin Camp), Tel 010641 3575, Fax 3470 042, sheikmousa@yahoo.com, www.sheikmousa.com, melden. Das ist von Regierungsseite her obligatorisch. Das Büro finden Sie, indem Sie der Straße zur Stadtverwaltung folgen. Wenn die Straße kurz vor den Verwaltungsgebäuden ansteigt, biegt man rechts ab zu einem etwa 200 m entfernten blau-weißen Gebäude mit einem Supermarkt nebenan. Die Leute im Dorf werden Ihnen helfen, jeder weiß, wo man den Scheich findet. Er teilt die Führer zu. Versuchen

Immer wieder sieht man Lava-Adern über die Berge laufen, wie hier auf dem Weg zum Katharinenkloster

Sie, einen etwas älteren Beduinen zu finden, der hat es in der Regel nicht so eilig wie die jungen. Wenn man Glück hat und sich mit dem Führer verständigen kann, erfährt man viel über Menschen, Flora und Fauna.

Die von Beduinen geführten Wanderungen kosten € 30-60 pP/Tag, einschließlich drei Mahlzeiten und Kameltransport, wobei eine Übernachtung mit zwei Tagessätzen zu Buche schlägt. Schlafsack wird nicht gestellt! Bei Gruppen ab zehn Personen ist die erste und letzte Nacht kostenlos. Neuerdings werden Bergklettertouren in die Berge vor der Haustür oder Meditationstrecking von bis zu vier Wochen angeboten. Weitere Informationen zu Ausrüstung etc. finden Sie auf Seite 88.

Die (israelische) Sinai-Karte *Map of Attractions*, die gewöhnlich in den Hotelbuchläden erhältlich ist, zeigt einen Kartenausschnitt im Maßstab 1:50 000 mit den Wanderrouten im Gebiet des Katharinenklosters. Weiterhin finden Sie im Internet sehr gute (englischsprachige) Informationen zu diesem Gebiet unter www.touregypt.net/walkingtours/wadiArbaein.htm oder www.touregypt.net/walkingtours/ jebelAbbasPasha.htm

Andere Anbieter von Trekkingtouren sind: **Sheikh Sina**, www.sheikhsina.com, eine von Beduinen geführte Organisation, die vom Entwicklungsprogramm der EU unterstützt wird, um Beduinen aller acht Stämme zu schulen, damit sie am Tourismusgeschäft teilhaben können. Auf dem Programm stehen 25 Touren unterschiedlicher Länge im Südsinai. Einzelheiten erfahren Sie im Mountain Office Sheikh Mousa oder im Fox Camp.

Der Beduine **Ramadan Moussa**, offeriert Touren im Südsinai, Tel 0104607406, sinaimylove@yahoo.com, www.ssinai.com. Nicht zuletzt engagieren sich die Hotels in Milga oder vermitteln Trekks.

Eine Dreitagesrundtour, die ungeübte Trekker zwar anstrengt, aber nicht überfordert, kann so aussehen: Am ersten Tag durchs Wadi Zawateen auf den Gipfel **Abu Mashour**, dann hinüber zum „Schwestergipfel" **Abbas Basha**, auf dessen schwindelnder Höhe die Grundmauern eines Palastes (siehe unten) und - mehr noch - der grandiose Ausblick bis hin zum Golf von Suez zu bewundern sind.

Von dort ins **Wadi Tiniya** hinunter zum Übernachten. Am zweiten Tag über einen ziemlich steilen Pass zum Gelta (Wasserbecken) **El Azraq**. Dort wagt sich ein dünnes Rinnsal ins Freie und füllt die zwei Becken eines natürlichen kleinen Stausees (Gelta): Glasblaues Wasser spiegelt den Himmel zwischen hochaufragenden Felswänden, von Büschen und Bäumen eingesäumt. Nachtplatz im **Wadi Umm Secha**. Am dritten Tag Besuch eines Gelta im **Wadi Shag**, am frühen Nachmittag Rückkehr nach Milga.

Zum Gipfel Abbas Pasha (2383 m) ist eine Erklärung nötig: Ein Enkel von Mohammed Ali namens **Abbas Hilmi I**, der von 1849 bis 1854 selbst Pasha (Vizekönig) Ägyptens war, litt unter Asthma (oder Tuberkulose). Im Hochsinai erhoffte er sich Linderung und wollte auf dem heute nach ihm benannten Gipfel einen standesgemäßen Palast erbauen lassen. Dazu musste von El Tur aus zunächst ein Fuhrwerksweg bis zum Gipfel angelegt werden (auf dessen Reste man auf der Tour stößt), dann konnte 1853 der Bau beginnen. Als die Grundmauern noch nicht ganz fertig waren, erstach (vermutlich) einer der Kammerdiener seinen Herrn in einem Wüstenpalast außerhalb Kairos. Zurück blieb eine Bauruine in „allerbester Lage" und mit einem der schönsten Ausblicke des Hochsinai.

Die gewaltigen Mauerreste sind übrigens per Fernglas, z.B. von der Kreuzung aus, an der es links zum Katharinenkloster geht, gut zu sehen. Der Gipfel liegt etwa in der Verlängerung der zur Kreuzung führenden Straße durch das Wadi Ghariba.

Wer nur den Abbas Basha Gipfel besteigen will, kann dies an einem Tag bei frühem Aufbruch und später Rückkehr schaffen, wenn er dem „Prinzenweg" folgt und nicht zusätzlich den Abu Mashour erklettert. Die Tour muss dann aber gut vorbereitet werden.

10

Anhang

Glossar

Altägyptische und Architektur-Begriffe
- **Apsis** - meist halbkreisförmige Altarnische, mit einer Kuppel oben abgeschlossen
- **Architrav** – waagerechter, auf Stützen ruhender (Stein)Balken, der die Decke trägt
- **Basilika** - antike Halle, später dreischiffige Kirchenbauform mit überhöhtem Mittelschiff
- **Böschung** – geböschte Wände verjüngen sich nach oben
- **Dekan** – in der altägyptischen Astronomie einer der den 36 bestimmten Dekangöttern zugeordneten Dekanabschnitte, in die der Tierkreis eingeteilt wurde; seit etwa 2100 v. Chr. bekannt, z. B. Sirius und Orion; die Dekane galten als schicksalbestimmend für den Menschen
- **Hohlkehle** – Ausrundung des Übergangs von der Wand zur Decke
- **Hypostyl** – gedeckte (überdachte) Säulenhalle
- **Ikonostase** - grch. *Bilderwand* - mit Ikonen geschmückte Trennwand vor dem Altarraum (orthodoxer Kirchen)
- **Kanopen** – Eingeweidegefäße; jeweils vier Krüge dienten nach der Leichenmumifizierung zur Aufbewahrung der Eingeweide
- **Kartusche** – ovales Schild; stilisierte Umrandung der Geburts- und Krönungsnamen eines Königs/Pharaos
- **Kenotaph** – Scheingrab
- **Kiosk** – orientalisches Gartenhaus, pavillonartiges Bauwerk, dessen Dach von Pflanzensäulen getragen wurde
- **Kolonnade** – Säulengang, -reihe
- **Mammisi** – Geburtshaus; kleiner Nebentempel, in dem die Geburt des Gottessohnes in Form von "Mysterienspielen" rituell nachvollzogen wurde
- **Mastaba** – Bankgrab
- **Naos** – Götterschrein, in dem das Kultbild aufbewahrt wird
- **Narthex** –- Vorhalle über die gesamte Breite einer Basilika, häufig für Taufen genutzt
- **Obelisk** – grch. *Himmelsnadel* - Monolith, meist aus Rosengranit, auf quadratischer Grundfläche; seine Spitze gilt als Sitz der Sonne
- **Ostrakon** – griechisch *Scherbe* - Tonscherbe, die als "Schmierzettel" verwendet wurde
- **Pronaos** – Vorraum des Säulensaals (seit Neuem Reich), zur Hofseite offen oder Säulenschranken
- **Pylon** – griechisch *Einzugstor* - mächtiger Torbau in der Tempelachse, der die Vorderfront eines Tempels bildet
- **Rundstab** – rundes Profil an Gebäudekanten; in der Ziegelarchitektur wurde auf die Kante als Schutz ein Stab aufgebracht
- **Sanktuar** – Allerheiligstes, innerster Raum eines Tempels mit dem Naos
- **Sarkophag** – großer Steinsarg
- **Säulenschranke** – Wand zwischen zwei Säulen, die nicht die volle Deckenhöhe erreicht
- **Scheintür** - angedeutete Tür, durch die z.B. Verstorbene ins Grab treten oder es verlassen können
- **Sistrum** - Rassel
- **Sphinx** – Mischwesen aus Löwenleib und Menschenhaupt, das Tempel bewacht und Feinde abwehrt; in Ägypten, im Gegensatz zu Griechenland, nahezu ausschließlich männlich
- **Stele** – Grab- oder Gedenkstein, auf dem wichtige historische Ereignisse festgehalten wurden
- **Uschebti** – kleine Fayence-Figürchen in Mumienform, die als Grabbeigabe den Toten ins Jenseits begleiten und dort an seiner Stelle die Arbeit erledigen
- **Uräus** – Stirnschlange als Übel abwehrendes Wesen auf Königs- oder Götterdarstellungen

Islamische Begriffe

- **Bab** – Stadttor
- **Dikka** - erhöhte Plattform für Vorbeter, hauptsächlich für Rezitationen genutzt
- **Gami** - Freitagsmoschee
- **Imam** - Vorbeter, religiöses Oberhaupt
- **Khan** - Handelsplatz oder –gebäude für Güter aller Art (Karawanserei)
- **Khanka** - Wohn(kloster)bereich als Unterkunft für Sufis, muslimische Asketen etc.
- **Liwan** –Halle, nach drei Seiten geschlossen, vierte zum Innenhof hin geöffnet
- **Madrasa** – Hochschule für religiöses Recht
- **Mausoleum** – Grabbau
- **Mashrabiya** – gedrechselte Holzgitter, ineinander verzapft, als Fensterblende genutzt
- **Mihrab** – Gebetsnische
- **Minarett** – Turm des Gebetsrufers
- **Minbar** – Gebetskanzel
- **Muezzin** – Gebetsrufer
- **Qibla** - Richtung nach Mekka, Gebetsrichtung
- **Sebil Kuttab** – öffentlicher Brunnen mit direkt angeschlossener Koranschule
- **Sahn** - zentraler Hof einer Moschee
- **Shisha** - Wasserpfeife
- **Souk** – Markt, Bazar
- **Wakala** – Handelshaus, Karawanserei

Mini-Sprachführer

Der folgende Mini-Sprachführer soll nur die notwendigste Hilfe zur Verständigung bieten, er kann kein Lexikon ersetzen. Bei vielen Neuauflagen versuchten wir, Verbesserungen und Optimierungen des Wortschatzes zu erarbeiten;.Dr. Nabil Osman, der das *Usrati Institut für Arabisch* in München betreibt, hat das Vokabular in Hinblick auf Aussprache und Betonung überarbeitet. Da wir vermeiden wollen, dass man sich die offiziellen Lautzeichen aneignen muss, verwenden wir einfache Zeichen.

Ein paar Hinweise zur Betonung

("): Explosionslaut vor a, i oder u, wie der Stimmabsatz vor den Wörtern 'es, 'ist, oder im Wort Post"amt

(°): vor bzw. nach einem Buchstaben entspricht einem kehligen Reibelaut und bedarf viel Übung!!
(**gh**): ein nicht rollendes Gaumen-r
(**'h**): ein scharfes, ganz hinten in der Kehle gesprochenes und fast heiser klingendes h
(**w**): ein w, wie in dem englischen Wort wine
(**z**): wie stimmhaftes deutsches s in Rose
(:): Vokal mit Doppelpunkt wird langgezogen gesprochen.

Wichtige allgemeine Ausdrücke

ja/nein	ajwa/la
bitte (als Äußerung eines Wunsches)	min fadlak (mask)
bitte	min fadlik (fem)
danke	schukran
bitte (als Antwort auf einen Dank)	°afwan
ich möchte	ana °a:wiz
gibt es	fi:
nein, gibts nicht	la, mafi:sch
jetzt	dilwa'ti
gut	kuwajjis
nicht gut	musch kuwajjis
schlecht	wi'hisch
genug, stop	bass, kifa:ja
o.k.	tama:m

Wichtige allgemeine Wörter

Apotheke	agzacha:na
Arzt	dokto:r
Bank	bank
Brief	gawa:b
Briefmarke	ta:bi°
Bruder	ach
Frau	mada:m
Geld	fulu:s
gestern	imba:ri'h
groß	kibi:r
heute	innaharda
kalt	ba:rid
klein	sughajjar
Krankenhaus	mustaschfa:
Mann	ra:gil
morgen	bukra

Mini-Sprachführer

Moschee .... masgid, ga:mi°
Museum .... mat'haf
Mutter .... umm
Polizei .... buli:s
Post .... bosta
Quittung .... faturah
Reisescheck .... schi:k sija:'hi:
Sache .... 'ha:ga
schlecht .... wi'hisch
Schmerzen .... alam, waga°
Schwester .... ucht
Sohn .... ibn
Telefon .... telefo:n
Tochter .... bint
Unfall .... 'ha:dis
Vater .... ab
viel .... kiti:r
warm .... suchn
wechseln (ich) ...... ana °a:wiz
wenig .... schuwajja
Zoll .... gumruk

Fragen

wer? .... mi:n?
wo? .... fe:n?
wohin? .... °ala fe:n?
was? .... e:h?
warum? .... le:h?
wann? .... imta?
wie? .... izzaj?
wie teuer? .... bi ka:m?
wieviel? .... ka:m?
wie bitte? .... bit'u:l e:h?
was möchtest Du?.. °a:wiz e:h?
ist es möglich ...? ..mumkin ...?
nicht möglich .... musch mumkin

Persönliches

ich .... ana
du (mask.) .... inta
du (fem.) .... inti
er .... huwwa
sie .... hijja
wir .... e'hna
ihr .... intu
sie .... humma

Reisen

Ägypten .... masr
Auto .... °arabijja
Bahnhof .... ma'hatta
Brücke .... kubri:
Bus .... otobi:s
Deutsche .... alma:nijja
Deutscher .... alma:ni
Deutschland .... alma:nijja
direkt .... °ala tu:l, dughri:
Droschke .... arbeya "hantur
Ermäßigung .... tachfi:d
Fahrkarte einf. .... tazkara ra:ji'h
Fahrpreis .... ugra
Fahrrad .... biskilitta
Flughafen .... mata:r
Flugzeug .... tajja:ra
Hafen .... mi:na
hin und zurück ...... ra:ji'h gaij
Kairo .... alqahi:ra
Kreuzung .... mafraq
Minute .... daqi:qa
Österreich .... innimsa
Österreicher .... nimsa:wi
Reisepass .... basbo:r
Schiff .... markib
Schweiz .... siwisra
Schweizer .... siwisri:
Segelboot .... felu:ka
Stadt .... madi:na
Straße .... scha:ri°
Stunde .... sa:°a
Tourist .... sa:ji'h
Weg nach ... . tari:" ila:
Zug .... atr

Ortsbestimmung

geradeaus .... °ala tu:l, dughri:
links .... schima:l
rechts .... jimi:n
nach .... ila:
hier/dort .... hina/hina:k
zurück .... ra:gi°
Norden .... schama:l
Osten .... schar'
Süden .... ganu:b

10 Anhang

Westen ....gharb

Landschaft

Berg ....gabal
Hügel ....tall
Brunnen ....bi:r
Quelle ....°ein
Wüste ....sa'hara
Oase ....wa:'ha
Haus ....be:t

Restaurant/Hotel

bezahlen ....adfa°
Doppelzimmer ......o:da bisri:re:n
Einzelzimmer ....o:da bisri:r
essen (ich) ....a:kul
Fleisch ....la'hm
Fisch ....samak
frei (Zimmer) ....fa:di:
Gemüse ....chuda:r
Hotel ....funduq, ote:l
Huhn ....farcha
Kaffee ....ahwa
mit Frühstück ....bil fita:r
Obst ....fakha
Salz ....mal'h
Tee ....scha:j
Toilette ....dorit majja, tuwalitt
trinken (ich) ....aschrab
Wasser ....majja
Zucker ....sukkar

Markt/Einkaufen

Banane ....mo:z
billig ....richi:s
Brot ....°e:sch
Datteln ....bala'h
Eier ....be:d
Feigen ....ti:n
Fruchtsaft ....°asi:r
Granatapfel ....rumma:n
Guaven ....gawa:fa
Kartoffeln ....bata:tis
kaufen ....aschtiri:
Kilo ....ki:lo
1/2 Kilo................nuss ki:lo
Mango ....manga
Markt ....su:q
Melone ....batti:ch
Milch ....laban
Orange ....burtu'a:n
teuer ....gha:li:
Tomaten ....tama:tim
Zitrone ....lamu:n
Zwiebeln ....basal

Zahlen

0 .... ٠ ....sifr
1 .... ١ ....wa:'hid
2 .... ٢ ....itne:n
3 .... ٣ ....tala:ta
4 .... ٤ ....arba°a
5 .... ٥ ....chamsa
6 .... ٦ ....sitta
7 .... ٧ ....saba°a
8 .... ٨ ....tama:nja
9 .... ٩ ....tis°a
10 .... ١٠ ....°aschara
11 .... ١١ ....hida:schar
12 .... ١٢ ....itna:schar
13 .... ١٣ ....talata:schar
14 .... ١٤ ....arba°ta:schar
15 .... ١٥ ....chamasta:schar
16 .... ١٦ ....sitta:schar
17 .... ١٧ ....saba°ta:schar
18 .... ١٨ ....tamanta:schar
19 .... ١٩ ....tisa°ta:schar
20 .... ٢٠ ....°ischri:n
21 .... ٢١ ....wa:'hid wa °ischri:n
30 .... ٣٠ ....talati:n
40 .... ٤٠ ....arba°i:n
50 .... ٥٠ ....chamsi:n
60 .... ٦٠ ....sitti:n
70 .... ٧٠ ....saba°i:n
80 .... ٨٠ ....tamani:n
90 .... ٩٠ ....tis°i:n
100 .... ١٠٠ ....mijja
200 .... ٢٠٠ ....mite:n
300 .... ٣٠٠ ....tultumijja
400 .... ٤٠٠ ....arba°mijja
500 .... ٥٠٠ ....chumsumijja
600 .... ٦٠٠ ....suttumijja

700	٧٠٠	sub°umijja
800	٨٠٠	tumnumijja
900	٩٠٠	tus°umijja
1000	١٠٠٠	alf

Redewendungen

Ich spreche nicht arabisch	ana mat kal limsch arabi
Sprich langsam, bitte (mask.)	mumkin tit ka lim bischwi:sch
Sprich langsam, bitte (fem.)	itkallimi: bi schwi:sch
Ich verstehe Sie nicht (mask.)	ana misch fahmak
Ich verstehe Sie nicht (fem.)	ana misch fah mik
Darf ich fotografieren?	mumkin asawwar?
Ich weiß nicht	ma°rafsch
Ist das gut?	il haga di kuwajjisa?
Wie weit ist es bis ...?	e:h il masa:fa li ...?
Wo ist der Bahnhof?	il ma:hatta fen?
Was kostet das?	bikam da?
Ich bin krank	ana åjja:n
Wo ist der nächste Arzt?	fen aqrab dok to:r?
Verschwinde!	imshi: !

Begrüßung

Herzlich willkommen	ahlan wa sahlan	Antwort:	ahlan bi:k
Friede sei mit Dir !	as sala:mu °alaikum	Antwort:	°alaikum as sal:am
Guten Morgen	saba:'hil che:r	Antwort:	saba'hin nu:r
Guten Tag/Abend	masa:'il che:r	Antwort:	masaba'in nu:r
Wie geht's dir (mask.)?	izza jjak?	Antwort:	al hamdulillah
Wie geht's dir (fem.)?	izza jjik?	Antwort:	al hamdulillah
Aufwiedersehen	ila: li qa:'		
Entschuldigung	a:sif	Antwort:	ma°alisch
Wie heißt du? (mask.)	ismak e:h?	Antwort: Ich heiße ...	ismi: ..
Wie heißt du? (fem.)	ismik e:h?	Antwort: Ich heiße ...	ismi: ..

Schreiben Sie uns bitte,

falls Sie neue und/oder bessere Informationen haben und solange diese Infos wirklich noch aktuell sind (also möglichst gleich nach Rückkehr schreiben).
Wenn wir Ihre Zuschrift verwerten können, schicken wir Ihnen ein Freiexemplar von einem der unten aufgeführten Titel aus unserer Verlagsproduktion (von anderen Reise Know-How-Verlagen ist das leider nicht möglich):

(__) ÄGYPTEN - Das Niltal von Kairo bis Assuan
(__) JORDANIEN
(__) Exemplar der nächsten Auflage dieses Buches

Wir freuen uns sehr, wenn Sie Ihre Infos als Email oder gut leserlich per Post schicken. Bei Email vergessen Sie bitte nicht, auch Ihre Postanschrift anzugeben.

Unsere Anschrift:
Reise Know-How Verlag Tondok,
Nadistr. 18, D-80809 München,
info@tondok-verlag.de

Ihre Anschrift:..
....
....

Besuchszeit: ....

Besuchte Gegend: ....

Erfahrungen:

KulturSchock

Diese Reihe vermittelt dem Besucher einer fremden Kultur wichtiges Hintergrundwissen. **Themen** wie Alltagsleben, Tradition, richtiges Verhalten, Religion, Tabus, das Verhältnis von Frau und Mann, Stadt und Land werden nicht in Form eines völkerkundlichen Vortrages, sondern praxisnah auf die Situation des Reisenden ausgerichtet behandelt. Der **Zweck** der Bücher ist, den Kulturschock weitgehend abzumildern oder ihm gänzlich vorzubeugen. Damit die Begegnung unterschiedlicher Kulturen zu beidseitiger Bereicherung führt und nicht Vorurteile verfestigt.

Über 40 Titel sind lieferbar, darunter:

Dörte Jödicke, Karin Werner
KulturSchock Ägypten
204 Seiten, reichlich illustriert

Muriel Brunswig-Ibrahim
KulturSchock Vorderer Orient
ca. 240 Seiten, durchgehend farbig illustriert

Martin Ferner
KulturSchock Türkei
264 Seiten, reichlich illustriert

Muriel Brunswig
KulturSchock Marokko
240 Seiten, durchgehend farbig illustriert

Rainer Krack
KulturSchock Thailand
264 Seiten, durchgehend farbig illustriert

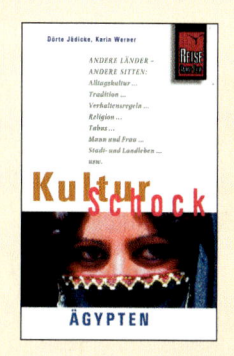

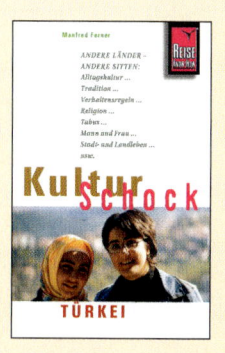

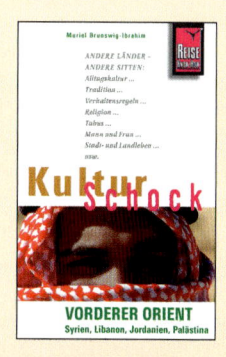

www.reise-know-how.de

Die Reiseführer von REISE

Reisehandbücher
Urlaubshandbücher
Reisesachbücher
PANORAMA

Edition RKH, Praxis

Agadir, Marrakesch, Südmarokko
Ägypten individuell
Ägypten/Niltal
Alaska ↔ Kanada
Argentinien
Äthiopien
Australien – Auswandern
Australien, Osten und Zentrum
Australien, Westen und Zentrum

Baikal, See u. Region
Bangkok
Bolivien kompakt
Botswana
Brasilien
Brasilien kompakt

Cabo Verde
Chicago
Chile, Osterinsel
Chinas Osten
Costa Rica
Cuba

Djerba & Zarzis
Dominikanische Republik
Dubai, Emirat

Ecuador, Galápagos
El Hierro
Erste Hilfe unterwegs

Fahrrad-Weltführer
Florida
Fuerteventura

Georgien
Gomera
Gran Canaria
Guatemala

Havanna
Hawaii
Honduras
Hongkong, Macau, Kanton

Indien, der Norden
Indien, die schönsten Orte u. Regionen
Indien, der Süden
Iran

Japan
Jemen
Jordanien

Kalifornien und USA Südwesten
Kalifornien, Süden und Zentrum
Kambodscha
Kamerun
Kanada, USA Kanadas Maritime Provinzen
Kanadas Osten, USA Nordosten
Kanadas Westen, Alaska
Kapstadt – Garden Route (Südafrika)
Kapverdische Inseln
Kenia
Kenia kompakt
Kerala (Indien)
Krügerpark – Kapstadt (Südafrika)
KwaZulu-Natal

Ladakh, Zanskar
Lanzarote
La Palma
Laos
Lateinamerika BikeBuch
Libyen

Malaysia, Singapur, Brunei
Marokko
Mexiko
Mexiko kompakt
Mongolei
Motorradreisen
Myanmar

Namibia
Namibia kompakt
Neuseeland BikeBuch
Neuseeland Outdoor
New York City
New York im Film

Oman
Outdoor-Praxis

Panama
Peru, Bolivien
Peru kompakt
Phuket (Thailand)

Rajasthan

San Francisco
Senegal, Gambia
Shanghai
Singapur
Sri Lanka
St. Lucia, St. Vincent, Grenada
Südafrika
Südafrika: Kapstadt – Garden Route
Südafrika: Krügerpark – Kapstadt
Südafrika: KwaZulu-Natal
Sydney, Naturparks
Syrien

Taiwan
Tansania, Sansibar
Teneriffa
Thailand
Thailands Süden
Tokyo, Kyoto, Yokohama
Transsib
Trinidad und Tobago
Tunesien
Türkei, Hotelführer
Türkei, Mittelmeerküste

Uganda, Ruanda
USA, als Gastschüler
USA, Kanada
USA, Canada BikeBuch
USA Nordosten, Kanada Osten
USA, der große Süden
USA Südwesten, Kalif., Baja California
USA, Südwesten, Natur u. Wandern
USA, der ganze Westen

Venezuela
Vereinigte Arabische Emirate
Vietnam

Westafrika – Sahel
Wo es keinen Arzt gibt

Yucatán, Chiapas (Mexiko)

Know-How auf einen Blick

Tschechien
Türkei, Hotelführer
Türkei, Mittelmeerküste

Ukraine, der Westen
Umbrien
Usedom

Venedig

Wales
Wangerooge
Warschau
Wien

Zypern, der Norden
Zypern, der Süden

Wohnmobil-Tourguides

Dänemark
Kroatien
Provence
Sardinien
Sizilien
Südnorwegen
Südschweden

Edition RKH

Durchgedreht –
  Sieben Jahre im Sattel
Eine Finca auf Mallorca
Geschichten aus dem
  anderen Mallorca

Mallorca für Leib
  und Seele
Rad ab!

Praxis

All inclusive?
Bordbuch Südeuropa
Canyoning
Clever buchen,
  besser fliegen
Clever kuren
Drogen in Reiseländern
Expeditionsmobil
Feste Europas
Fiestas Spanien
Fliegen ohne Angst
Frau allein unterwegs
Geolog. Erscheinungen
Gesundheitsurlaub
  in Dtl. Heilthermen
GPS f. Auto, Motorrad
GPS Outdoor-
  Navigation
Handy global
Höhlen erkunden
Inline Skating
Islam erleben
Kanu-Handbuch
Kartenlesen
Kreuzfahrt-Handbuch
Küstensegeln
Langzeitreisen
Marathon-Guide
  Deutschland
Mountainbiking
Orientierung mit
  Kompass und GPS

Paragliding-Handbuch
Pferdetrekking
Radreisen
Reisefotografie
Reisefotografie digital
Reisekochbuch
Reiserecht
Schutz vor Gewalt
  und Kriminalität
Schwanger reisen
Selbstdiagnose
  unterwegs
Sicherheit in Bären-
  gebieten
Sicherheit Meer
Sonne, Wind,
  Reisewetter
Spaniens Fiestas
Sprachen lernen
Survival-Handbuch
  Naturkatastrophen
Tauchen Kaltwasser
Tauchen Warmwasser
Transsib
Trekking-Handbuch
Volunteering
Vulkane besteigen
Wann wohin reisen?
Wildnis-Ausrüstung
Wildnis-Backpacking
Wildnis-Küche
Winterwandern
Wohnmobil-
  Ausrüstung
Wohnmobil-Reisen
Wohnwagen
  Handbuch
Wracktauchen
Zahnersatz, Reiseziel

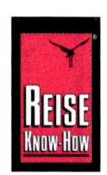

KulturSchock

Familienmanagement
  im Ausland
Finnland
Frankreich
Irland/Nordirland
Italien
Leben in fremden
  Kulturen
Polen
Rumänien
Russland
Schweiz
Spanien
Türkei
Ukraine
Ungarn

Wo man unsere Reiseliteratur bekommt:
Jede Buchhandlung Deutschlands, der Schweiz, Österreichs und der Benelux-Staaten kann unsere Bücher beziehen. Wer sie dort nicht findet, kann alle Bücher über unsere **Internet-Shops** bestellen.
Auf den Homepages gibt es **Informationen** zu allen Titeln:

www.reise-know-how.de oder **www.reisebuch.de**

Die Reiseführer von REISE

REISE KNOW-HOW

Reisehandbücher
Urlaubshandbücher
Reisesachbücher
Wohnmobil-Tourguides
Edition RKH, Praxis

Algarve, Lissabon
Amrum
Amsterdam
Andalusien
Apulien
Auvergne, Cévennen

Barcelona
Berlin, exotisch
Berlin, Potsdam
Borkum
Bretagne
Budapest

City-Trips mit Billigfliegern, noch mehr
Cornwall
Costa Blanca
Costa Brava
Costa de la Luz
Costa del Sol
Costa Dorada
Côte d'Azur,
  Seealpen,
  Hochprovence

Dalmatien Nord
Dalmatien Süd
Dänemarks
  Nordseeküste
Disneyland
  Resort Paris
Dresden

Eifel
Elba
El Hierro
Elsass, Vogesen
EM 2008 Fußballstädte

England, der Süden
Erste Hilfe unterwegs
Estland
Europa BikeBuch

Fahrrad-Weltführer
Fehmarn
Föhr
Formentera
Friaul, Venetien
Fuerteventura

Gardasee, Trentino
Georgien
Golf von Neapel,
  Kampanien
Gomera
Gotland
Gran Canaria
Großbritannien

Hamburg
Helgoland
Hollands
  Nordseeinseln
Hollands Westküste

Ibiza, Formentera
Irland
Island, Faröer
Istanbul
Istrien

Juist

Kalabrien, Basilikata
Katalonien
Köln
Kopenhagen

Korfu, Ionische Inseln
Korsika
Krakau,
  Tschenstochow
Kreta
Krim, Lemberg, Kiew
Kroatien

Landgang
  an der Ostsee
Langeoog
La Palma
Lanzarote
Latium mit Rom
Leipzig
Ligurien,
  Cinque Terre
Litauen
London

Madeira
Madrid
Mallorca
Mallorca,
  Leben/Arbeiten
Mallorca, Wandern
Malta, Gozo, Comino
Mecklenb./Brandenb.:
  Wasserwandern
Menorca
Montenegro
Moskau
Motorradreisen
München

Norderney
Nordseeinseln, Dt.
Nordseeküste
  Niedersachsens
Nordseeküste
  Schleswig-Holstein
Nordspanien,
  Jakobsweg
Nordzypern
Normandie
Norwegen

Ostseeküste
  Mecklenburg-Vorp.

Ostseeküste
  Kreuzfahrthäfen
Ostseeküste
  Schleswig-Holstein
Outdoor-Praxis

Paris
Piemont, Aostatal
Polen Ostseeküste
Polens Norden
Polens Süden
Provence
Provence, Templer
Pyrenäen

Rhodos
Rom
Rügen, Hiddensee
Ruhrgebiet
Rumänien, Rep.
Moldau

Sächsische Schweiz
Salzburg,
  Salzkammergut
Sardinien
Schottland
Schwarzwald, südl.
Schweden, Astrid Lindgrens
Schweiz, Liechtenstein
Sizilien,
  Liparische Inseln
Skandinavien,
  der Norden
Slowakei
Slowenien, Triest
Spiekeroog
Stockholm, Mälarsee
St. Petersburg
St. Tropez
  und Umgebung
Südnorwegen
Südwestfrankreich
Sylt

Teneriffa
Tessin, Lago Maggiore
Thüringer Wald
Toscana

Know-How auf einen Blick

Tschechien
Türkei, Hotelführer
Türkei, Mittelmeerküste

Ukraine, der Westen
Umbrien
Usedom

Venedig

Wales
Wangerooge
Warschau
Wien

Zypern, der Norden
Zypern, der Süden

Wohnmobil-Tourguides

Dänemark
Kroatien
Provence
Sardinien
Sizilien
Südnorwegen
Südschweden

Edition RKH

Durchgedreht –
  Sieben Jahre im Sattel
Eine Finca auf Mallorca
Geschichten aus dem
  anderen Mallorca

Mallorca für Leib
  und Seele
Rad ab!

Praxis

All inclusive?
Bordbuch Südeuropa
Canyoning
Clever buchen,
  besser fliegen
Clever kuren
Drogen in Reiseländern
Expeditionsmobil
Feste Europas
Fiestas Spanien
Fliegen ohne Angst
Frau allein unterwegs
Geolog. Erscheinungen
Gesundheitsurlaub
  in Dtl. Heilthermen
GPS f. Auto, Motorrad
GPS Outdoor-
  Navigation
Handy global
Höhlen erkunden
Inline Skating
Islam erleben
Kanu-Handbuch
Kartenlesen
Kreuzfahrt-Handbuch
Küstensegeln
Langzeitreisen
Marathon-Guide
  Deutschland
Mountainbiking
Orientierung mit
  Kompass und GPS

Paragliding-Handbuch
Pferdetrekking
Radreisen
Reisefotografie
Reisefotografie digital
Reisekochbuch
Reiserecht
Schutz vor Gewalt
  und Kriminalität
Schwanger reisen
Selbstdiagnose
  unterwegs
Sicherheit in Bären-
  gebieten
Sicherheit Meer
Sonne, Wind,
  Reisewetter
Spaniens Fiestas
Sprachen lernen
Survival-Handbuch
  Naturkatastrophen
Tauchen Kaltwasser
Tauchen Warmwasser
Transsib
Trekking-Handbuch
Volunteering
Vulkane besteigen
Wann wohin reisen?
Wildnis-Ausrüstung
Wildnis-Backpacking
Wildnis-Küche
Winterwandern
Wohnmobil-
  Ausrüstung
Wohnmobil-Reisen
Wohnwagen
  Handbuch
Wracktauchen
Zahnersatz, Reiseziel

REISE KNOW-HOW

KulturSchock

Familienmanagement
  im Ausland
Finnland
Frankreich
Irland/Nordirland
Italien
Leben in fremden
  Kulturen
Polen
Rumänien
Russland
Schweiz
Spanien
Türkei
Ukraine
Ungarn

Europa

Wo man unsere Reiseliteratur bekommt:
Jede Buchhandlung Deutschlands, der Schweiz, Österreichs und der
Benelux-Staaten kann unsere Bücher beziehen. Wer sie dort nicht findet,
kann alle Bücher über unsere **Internet-Shops** bestellen.
Auf den Homepages gibt es **Informationen** zu allen Titeln:

www.reise-know-how.de oder **www.reisebuch.de**

Kauderwelsch?
Kauderwelsch!

Die **Sprechführer der Reihe Kauderwelsch** helfen dem Reisenden, wirklich zu sprechen und die Leute zu verstehen. Wie wird das gemacht?

- Die **Grammatik** wird in einfacher Sprache soweit erklärt, dass es möglich wird, ohne viel Paukerei mit dem Sprechen zu beginnen, wenn auch nicht gerade druckreif.
- Alle Beispielsätze werden doppelt ins Deutsche übertragen: zum einen **Wort-für-Wort**, zum anderen in "ordentliches" Hochdeutsch. So wird das fremde Sprachsystem sehr gut durchschaubar. Ohne eine Wort-für-Wort-Übersetzung ist es so gut wie unmöglich, einzelne Wörter in einem Satz auszutauschen.
- Die **Autorinnen und Autoren** der Reihe sind Globetrotter, die die Sprache im Lande gelernt haben. Sie wissen daher genau, wie und was die Leute auf der Straße sprechen. Deren Ausdrucksweise ist häufig viel einfacher und direkter als z.B. die Sprache der Literatur. Außer der Sprache vermitteln die Autoren Verhaltenstipps und erklären Besonderheiten des Landes.
- **Jeder Band** hat 96 bis 160 Seiten. Zu fast jedem Titel ist ein **Tonträger** (ca. 60 Min) erhältlich.
- **Kauderwelsch-Sprechführer** gibt es für über 100 Sprachen in **mehr als 200 Bänden**, z. B.:

Hocharabisch – Wort für Wort
Band 76, 160 Seiten

Ägyptisch-Arabisch – Wort für Wort
Band 2, 160 Seiten

Hieroglyphisch – Wort für Wort
Band 115, 160 Seiten

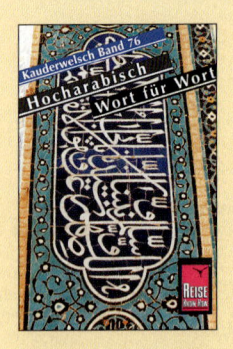

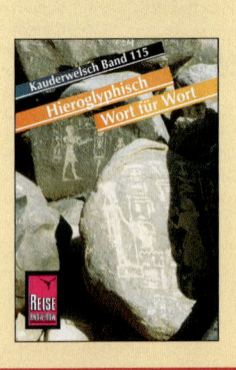

www.reise-know-how.de

Index

A

Ababda-Beduinen 107
Abbasiden 116
Abbas Pasha Gipfel 700
Abflug, Kairo 61
Abou Mena 191
Abu Ballas 570
Abu Moharrik Düne 557
Abu Roash-Pyramide 283
Abu Rudeis 632
Abu Simbel, Anreise 501
Abu Simbel Tempel 509
Abusir 169
Abusir-Pyramiden 283
Abu Tartur 556, 568
Abu Zenima 632
Abydos 367
Abydos, Ramses II Tempel 370
Achet-Aton 358
Achmin 365
Agami 157
Agriculture Road 195
Ägyptische diplomatische Vertretungen 34
Ägyptologen 36
Ahmed Hamdi Tunnel 630
Ain Asil 555
Ain Bishmu 531
Ain Della 540, 570
Ain Gedeirat 690
Ain Hudra 678
Ain Musa 630
Ain Ris 536
Ain Sheikh Marzuk 544
Ain Sukhna 588
Ain Umm Dabadib 561
Al Qusayr 609
Alex, Abukir 156
Alex, Agami 157
Alexander der Große 142, 172
Alexandria 141
Alex, Anfushi 145
Alex, Atarin-Viertel 152
Alex, Badestrände 155
Alex, Bibliotheca 148
Alex, Buslinien 157
Alex, Fort Kait Bey 145
Alex, Gr.-Röm. Museum 152
Alex, Hotels 162
Alex, Kom el Dik 151
Alex, Kom el Shukafa 154
Alex, Krankenhaus 159
Alex, Mamura-Strand 156
Alex, Mareotis-See 142
Alex, Meerwasser-Aquarium 146
Alex, Montaza-Park 156
Alex, Mustafa Kamel 154
Alex, National-Museum 152
Alex, Nekropole von Anfushi 145
Alex, Nusha und Antoniadis-Gärten 155
Alex, Opernhaus 153
Alex, Pharos 141, 143
Alex, Pompejus-Säule 153
Alex, Prakt. Informationen 157
Alex, Ras-el-Tin-Palast 145
Alex, Sayed Darwish Theatre 153
Alex, Schmuckmuseum 153
Alex, Serapeum 153
Alex, St. Marcus Kathedrale 150
Alex, Straßenbahn 157
Alkohol 24, 80
Allah 116
Almosenpflicht 118
Altes Reich 123
Amada Tempel 506
Amarna, Tell el Amarna 358
Amduat 398
American Express 319
Amheida 549
Amonia 172
Amun 135
Anbiedern 28
Ankunft/Abflug Hurghada 62
Ankunft/Abflug, Luxor 62
Ankunft/Abflug, Sharm el Sheikh 62
Ankunft/Abreise Alexandria 63
Ankunft/Abreise Nuveiba 63
Ankunft/Abreise Sollum 65
Ankunft/Ausreise Tabah/Elat 64
Ankunft, Kairo 59
Anreise 53
Antoniuskloster 588
Anubis 135
Apis 135
Araber 105
Arabeske 119
Arabische Republik Ägypten 99
Arabische Wüste 96
Archäologen 36
Archimedische Schraube 96
Areg Oase 189
Artenschutzabkommen 62
Assiut 362
Assiut, Gaufürstengräber 363
Assuan 466
Ass., Beyt el Wali 489
Ass., Cataract Hotel 468
Ass., Elephantine 474
Ass., Elephantine-Museum 474
Ass., Felsengräber 479
Ass., Feluke 490
Ass., Kalabsha-Tempel 488
Ass., Kitchener Island 478
Ass., Koptische Kathedrale 472
Ass., Nubisches Haus 472
Ass., Nubisches Museum 470
Ass., Pflanzen-Insel 478
Ass., Philae 484
Ass., Sadd el Ali Staudamm 483
Ass., Sehel 491
Ass., Simeonskloster 479
Ass., Skulpturenpark 472
Ass., Souk 474
Ass., Staudämme 481, 483
Ass., Unvollendeter Obelisk 473
Aton 135
Atum 135
Aufenthaltsdauer 35
Aufenthaltserlaubnis 35, 63
Ausrüstung 46
Austrian Airlines 319
Auto 70
Auto, als Frachtgut 38
Autofahrer 37, 315
Auto, Wüste 91
Awlat Ali Beduinen 107
Ayat 116

B

Baby 47
Badiet el Tih 681
Badr (Farafra) 541
Bagavat (Kharga) 559
Bahariya 524
Bahr Bela Ma 193
Bahrein Oase 189
Bahr Yussuf 96, 294
Bakschisch 26
Balat 553
Baltim 167
Banken 51
Baramus Kloster 194
Baris 565
Barkash 268
Basata-Camp 665
Bashandi 555
Basilika 121, 140
Bauchtanz 328
Baumwolle 103, 126, 190
Bawiti 525
Beadnell 556, 570
Beduinen 107, 628
Begrüßungsformeln 22
Behinderte 33, 609
Beni Hassan, Felsengräber 352
Beni Suef 347
Benzin 51
Berenice 616
Bes 135
Beschneidung 111, 118
Bettler 27
Bevölkerungszahl 101
Beyt el Wali, Tempel 488
Bier 51, 80
Bir Abu Minqar 544
Bir el Gabal 548
Bir el Hamamat 622
Bir Gimal 615
Bir Hassana 690
Bir Meshaha 570
Bir Nasib 692
Bir Shalatin 616
Bir Tarfawi 570
Bir Zrair 657
Bishoi Kloster 193
Blaue Berge 656, 668
Blue Hole 650
Borg el Arab 169
Böser Blick 110
Botschaften, ägyptische 34
Brillenträger 48
Brot 325
Bubastis 196
Bürokratie 101
Bur Said 575
Bus-Fahrpläne 69
Busfahrten 68

C

Camp-David-Abkommen 128
Carnet des Passages 38
Champollion, Jean-Fr. 165
Chnum 135
Chons 135
Christentum 120
Christliche Religionen 122
Claudianus 622
Coke 51
Coloured Canyon 682, 698
Convent Virgin Mary 363
Coral Island 666

D

Dahab 646
Dakhla 544
Dakka Tempel 504
Damietta 198
Dämonenglaube 109
Darau 465
Darb el Arbain 566
Darb el Hagg 680
Dashur Pyramiden 292
Dattelpalme 99
Deir Amba Bishoi 120
Deir Amba Samuel Kloster 306
Deir Amba Shenuta 365
Deir el Adra 352
Deir el Hagar, Dakhla 546
Deir el Muharraq Kloster 362
Deltastraße 195
Demotische Schrift 123
Dendera 371
Derr Tempel, Nubien 507
Derwisch 110
Desert Road 190
Diebe 83
Diesel 51
Dime 297
Dionysias 304
Djin 110
Djoser 123
Dragoman 277
Dreck 28
Drogen 24
Dromedar 98
Dush 566
Duty-Free 59
Dynastien 123

E

East Uwaynat 571
Echnaton 358
Ed Deir, Kharga 562
Edelsteine 87
Edfu 456
Egypt Air 319
Ehrenmal, El Alamein 170
Eigentümer, Fahrzeug 37
Einkaufstipps 86
Einladungen 22
Einreise 35
Einreise per Auto 63
Einreise, Yacht 66
Eisenbahn 67
El Alamein 170
El Amiriya 191
El Arish 687
El Daba 171
Elektrogeräte 47
El Gouna 590
El Heiz 536
El Kab 455
El Mawhub 544
El Qasr, Dakhla 546
El Tod 453
El Tur 633
England 126
Eratosthenes 141
Erdöl 104
Esna 454
Essen 77

F

Fahrrad 74
Fahrradfahrer 49

Index

Fahrradkauf 38
Familienplanung 101
Farafra 540, 541
Faruk 126
Fasten, koptisch 121
Fathy, Hassan 397, 550, 564
Fax 86
Fayid 582
Fayum 294
Fayum, Qarun-See 298
Feiertage 52
Feiertage, islamische 53
Feilschen 25
Fellachen 106
Felsinschriften 622, 696
Felszeichnungen 677
Feluke 451, 492
Fernsehen 85
Feste 110
Filmen 24
Filmkamera 47
Fjord 665
Fladenbrot 51
Flöhe 76
Flora 98, 99
Flughafen Kairo 59
Flughafen Tabah 684
Flugticket, verloren 48
Forest of Pillars 694
Foto 47
Fotografieren 24, 47
Fotografierverbot 47
Frau, gesellschaftl. Stellung 111
Fruchtland 95
Frühzeit 123
Führerschein 36, 72
Fundamentalisten 119, 120

G

Garagos 377
Gara, Oase 176
Gaskartuschen 326
Gast 25
Gastfreundschaft 22
Gastgeschenke 25
Gebel el Zeit 590
Gebel Maghara 696
Geld 50

Geld, Rücktausch 51
Geldtausch 36
Gerf Hussein 489
German University in Cairo (GUC) 205
Geschäftemacher 27
Geschwindigkeit 71
Gesten 21
Gewerkschaft 105
Gewürze 87
Ghardaqa 592
Gianaklis 195
Gilf Kebir 96, 569
Girga 367
Giseh, Khenthkaves Grab 282
Giseh, Light and Sound 282
Giseh Pyramiden 274
Glasbläser 87
Götter, pharaonische 134

H

Hagar, Deir el 546
Haikal 140
Haj 118
Handeln 25
Handy 85
Hathor 135
Hauwara-Pyramide 302
Hepatitis 82
Herakleopolis 347
Hermopolis 354
Hibis-Tempel (Kharga) 559
Hierakonpolis 456
Hieroglyphen 123
Hinkel, Friedrich W. 512
Höchstgeschwindigkeit 71
Hochzeit 113
Höflichkeit 21, 22
Höhlenbuch 398
Homosexuelle 26
Horus 136
Horus-Tempel von Edfu 456
Hotels 75
Hunde 36
Hund, reisen mit 33
Hungersnot-Stele 491
Hurghada 592
Hurghada, Baden 594
Hurghada, Landausflüge 597

Hurghada, Nightlife 602
Hurghada, Restaurants 602
Hurghada, Schnorchel- und Taucher-Bootsausflüge 594
Hurghada, Tauchen 596
Hurghada, U-Boot 594
Hurghada, Windsurfen 596
Hyksos 124, 394, 455
Hypathia 142

I

Ibrahimiya-Kanal 362
Ikonostasis 140
Impfpass 37
Impfungen 36
Isis 136
Islam 115
Islam, Grundsätze 116
Islamische Epoche 125
Islamische Feiertage 53
Islamische Monate 120
Ismail 126
Ismailiya 579
Ismant 551
Israel, Grenzübergang 64

K

Kaaba 115
Kairo 202
Kairo, Abdin-Palast 215
Kairo, Abu Gurob 284
Kairo, Ägyptisches Museum 206
Kairo, Airport 59
Kairo, Ak Sunqur-Moschee 244
Kairo, Alabaster Moschee 247
Kairo, Al Azhar Park 243
Kairo, Al Azhar-Universität 238
Kairo, Al Foustat Handicrafts Center 262
Kairo, Altinbugha el Maridani Moschee 243
Kairo, Alt-Kairo 258
Kairo, Amir Taz-Palast 250
Kairo, Amr Moschee 262
Kairo, Aquädukt 249
Kairo, Arzt 319
Kairo, Ataba Markt 214

10 Anhang

Kairo, Bab el Futuh 232
Kairo, Bab el Nasr 232
Kairo, Bab Zuwela 242
Kairo, Bäckereien 325
Kairo, Barquq Mausoleum 255
Kairo, Barquq-Moschee 236
Kairo, Barrages du Nil 271
Kairo, Barsbay Madrasa 227
Kairo, Barsbay-Mausoleum 256
Kairo, Beit el Harar 240
Kairo, Beit es Sennari 254
Kairo, Beshtak Palast 235
Kairo, Beyt el Suhaimi Palast 234
Kairo, Blaue Moschee 244
Kairo, Botanischer Garten 220
Kairo, Botschaften 318
Kairo, Buchhandlungen 326
Kairo, Cairo Tower 217
Kairo, Eisenbahnmuseum 216
Kairo, El Awadly Teppichwerkstatt 267
Kairo, El Guri Madrasa u. Mausoleum 240
Kairo, El Guri, Wakala 240
Kairo, El Hakim-Moschee 233
Kairo, El Moallaka-Kirche 261
Kairo, El Nasir Mohammed 236
Kairo, El Nasir-Moschee 247
Kairo, Empain, Edouard 269
Kairo, Empain Palace 270
Kairo, Er Rifai-Moschee 250
Kairo, Ezbekiya Gärten 215
Kairo, Fahrrad 311
Kairo, Frischmärkte 324
Kairo, Fustat 262
Kairo, Gabalaya Aquarium Park 218
Kairo, Gayer-Anderson-Haus 253
Kairo, Geologisches Museum 206
Kairo-Giseh, Cheops Pyramide 278
Kairo-Giseh, Chephren Pyramide 279
Kairo-Giseh, Mykerinos-Pyramide 280
Kairo-Giseh, Sphinx 281
Kairo, Glasbläserei 233

Kairo, Hauptbahnhof 216
Kairo, Hauptpost 214
Kairo, Heliopolis-Bahn 310
Kairo, Heliopolis-Obelisk 268
Kairo, Heluan 270
Kairo, Hosh el Basha 258
Kairo, Hotels 337
Kairo, Hussein-Moschee 117, 230
Kairo, Ibn-Tulun-Moschee 252
Kairo, Imam El Shafi Mausoleum 257
Kairo, Internet-Cafés 322
Kairo, Kalaun Mausoleum 236
Kairo, Kamelmarkt 267
Kairo, Kerdassa 267
Kairo, Khan el Khalili Bazar 227
Kairo, Kloster des Hl. Mercurius 263
Kairo, Kloster St. Samaan 265
Kairo, Koptisches Museum 260
Kairo, Koptisches Zentrum 216
Kairo, Krankenhäuser 320
Kairo, Kunstgalerien 327
Kairo, Light and Sound 282
Kairo, Manial-Palast 221
Kairo, Markus-Kathedrale 216
Kairo, Mausoleum Beybar II 232
Kairo, Merryland-Park 269
Kairo, Metro 309
Kairo, Mietwagen 321
Kairo, Mohammed Ali 271
Kairo, Mohammed Ali Moschee 247
Kairo, Mokattam-Berge 263
Kairo, Motorboot-Liniendienst 310
Kairo, Muayyad Moschee 242
Kairo, Museum für islamische Keramik 218
Kairo, Museum of Egyptian Civilization 262
Kairo, Museum of Modern Art 219
Kairo, Mutahar-Moschee 227
Kairo, Nightlife 328
Kairo, Nile Hilton Hotel 205
Kairo, Nilometer 221
Kairo, Papyrus Institut 263

Kairo, Parfüm 206
Kairo, Parken 316
Kairo, Pharaonic Village 263
Kairo, Polizeimuseum 248
Kairo, Post 214
Kairo, Postmuseum 214
Kairo, Pyramiden von Abusir 283
Kairo, Pyramiden von Dashur 292
Kairo, Pyramiden von Giseh 274
Kairo, Pyramide von Abu Roash 283
Kairo, Qasaba 233
Kairo, Qaytbay-Mausoleum 256
Kairo, Ramsis-Bahnhof 216
Kairo, Said el Sadi Museum 262
Kairo, Sali-Talai-Moschee 243
Kairo, Sayida Nefisa Moschee 258
Kairo, Sayida Zeinab Moschee 254
Kairo, Schlepper 206
Kairo, Sebil-Kuttab Nafisa Bayda 242
Kairo, Sebil Kuttab von Rahman Katkhuda 235
Kairo, Shargat Mariam 269
Kairo, Souvenirs 322
Kairo, Sport 331
Kairo, Stadtzentrum 204
Kairo, Straßennetz 316
Kairo, St. Sergius und Bacchus Kirche 259
Kairo, Sultan Hassan Moschee 249
Kairo, Supermärkte 324
Kairo, Tahrir 204
Kairo, Taxi 310
Kairo, Töpfer-Museum Said el Sadi 262
Kairo, Topografie 202
Kairo, Totenstadt 233
Kairo, Totenstädte 254
Kairo, Traffic Office, Giseh 72
Kairo, Tusun Pascha Sebil-Kuttab 242
Kairo, U-Bahn 309
Kairo, Übernachten 336

Index

Kairo, Umm Kulthum Museum 221
Kairo, Wachsfigurenmuseum 270
Kairo, Wakala el Bazara 232
Kairo, Wissa Wassef 266
Kairo, Zabbalin 264
Kairo, Zeinab Khatum Maison 240
Kalabsha Tempel 488
Kalamoun 548
Kalif 116
Kalligrafie 119
Kamel 98
Kameltrips 90, 697
Kamera 47
Karanis 298
Karten 43
Katarakt 95
Katharinenberg 676
Katharinenkloster 670
Kellis 553
Keramik 87
Kernkraftwerk 104, 171
Kertassi 489
Kfz- Haftpflichtversicherung 37
Kharga 557
Kinder 328
Kinder, mit K. in Ägypten 32
Klapprad 74
Kleidung 24, 46
Kleinkinder 47
Kleopatra 172
Klimaerwärmung 98
Klimatabelle 52
Kloster 120
Kloster Abu Markar 306
Kocher 48
Kom el Ahmar 456
Kom Ombo 463
Konvoi 434, 453, 495, 590, 599, 608, 614, 622
Konzil 120
Kopten 106, 120
Koptisches Kloster Waldsolms 46
Koralle 97
Korallen 92
Korallenriffe 593
Koran 116

Kosir 609
Kreditkarte 50
Kreditkarte verloren 48
Kreuzfahrt 452
Kreuzzug 198
Kuft 376
Kupfergefäße 87
Kuraufenthalt 58

L

Labekha 561
Lahun-Pyramide 303
Landschaft 95
Landweg nach Ägypten 54
Libysche Wüste 96, 567
Liebesabenteuer 31
Lisht Pyramiden 347
Lisht-Pyramiden 293
Literatur 39
Liwan 139
Lufthansa 319
Luxor 377
Luxor, Asasif-Gräber 417
Luxor, Badetag 440
Luxor, Bazar 441
Luxor, Bergsteigen 442
Luxor, Chons-Tempel 389
Luxor, Crocodile-Island 441
Luxor, Deir el Bahri 421
Luxor, Deir el Medina 418
Luxor, Dra Abu Nega Gräber 417
Luxor, Eintrittskarten 438
Luxor, Esel 437
Luxor, Fahrrad 437
Luxor, Fortbewegen 436
Luxor, Grabtempel 421
Luxor, Hatschepsut-Tempel 421
Luxor, Heißluftballon 441
Luxor, Hotels 445, 498
Luxor, Karnak 380
Luxor, Königinnengräber 419
Luxor, Königsgräber 399
Luxor, Luxor-Tempel 390
Luxor, Medinet Habu 427
Luxor, Memnon-Kolosse 429
Luxor, Merenptah-Totentempel 425
Luxor, Museum 393
Luxor, Nefertari 419

Luxor, Neu-Qurna 399
Luxor, Nightlife 440
Luxor, Nilinseln 440
Luxor, Privatgräber (Noble) 412
Luxor, Ptah-Tempel 384
Luxor, Ramesseum 424
Luxor, Relaxen 440
Luxor, Restaurants 443
Luxor, Tal der Könige 399
Luxor, Taxi 438
Luxor, Theben-West 396
Luxor, Tiermarkt 441
Luxor, Totentempel 421
Luxor, Übernachten 498

M

Maat 136
Madrasa 139
Maharraka Tempel 506
Makadi Bay 607
Makarios Kloster 194
Malaria-Prophylaxe 37
Malesh 21
Mallawi 357
Mammisi 371, 392, 464, 486
Managem 524
Mangroven 645
Mansura 198
Manzala-See 198, 577
Markus 120
Marsa Alam 613
Marsa Matruh 171
Mashrabiya 140
Massawa 66
Mausoleum 139
Medamud 377
Medina 116
Medinet Fayum 299
Medinet Madi Tempel 301
Medum Pyramide 293, 347
Meir 362
Mekka 115
Memphis 291
Mena-Kloster 191
Mendes 197
Messinglampen 87
Mietwagen 72
Mihrab 139
Milga 671

10 Anhang

Military Intelligence 318
Minarett 139
Minbar 139
Minen 168, 629
Mineralwasser 51, 79
Minia 347
Minia, Fraser Tombs 351
Minia, Kom el Ahmar 345, 351
Minia, Sawjet el Maitin 350
Minibus 68
Minibusse chartern 67
Mini-Sprachführer 702
Mir 362
Mittelmeerküste 97
Mittleres Reich 124
Moalla 454
Mohammed 115
Mohammed Ali 126
Mönch 121
Mönchsgemeinschaft 194
Mons Claudianus 620
Moschee, Architektur 139
Mosesberg 673
Moskitos 46
Motorrad 74
Motorradfahrer 49
Mozawka 546
Mubarak, Hosni 128
Muezzin 139
Mulid 110, 195, 380
Mulid, jüdisch 195
Multiple-Entry-Visum 35
Museen, ägyptische im deutschspr. Raum 43
Muth 136
Myos Hormos 609

N

Naama Bay 642
Nagada 376
Nag Hammadi 371
Nagib, General 126
Nakhl 681
Napoleon 126, 142
Nasr City 462
Nasser, Präsident 127
Nasser-See, Kreuzfahrt 502
Nasser-Stausee 96
Nationalpark Nabq 645
Nationalpark Ras Abu Gallum 657
Nationalpark Ras Muhammed 634
Nawamis 678
Nazla (Fayum) 302
Necheb 455
Nechem 456
Nefertari 419
Neues Reich 124
New Sebua, Tempelkomplex 503
New Valley 521
Nil 95
Nil-Kreuzfahrt 452
Nilometer 476
Nilüberflutung 482
Nubier 108, 462, 482, 491
Nubische Folkore 496
Nut 136
Nuveiba 658
Nuwaimis Oase 189

O

Oase Bahariya 524
Oase Dakhla 544
Oase Farafra 540
Oase Kharga 557
Oase Siwa 177
Öffnungszeiten (Banken, Behörden) 51
Öffnungszeiten (Shops) 51
Ohropax 69
Oktober-Krieg 1973 128
Omayaden 116
Oneway-Flüge 54
Osireion 370
Osiris 136
Oxyrhynchos 347

P

Pachomius Kloster 460
Paket 86
Papyrus 99
Papyrusbilder 87
Parfüm 87
Pass, verloren 48
Patriarch 120
Pauluskloster 588
Pelusium 686
Pennut Grab 508
Pfortenbuch 398
Pharaonenquelle 631
Pharaonenzeit 123
Pharaoon Island 666
Phosphat 557
Pilgerfahrt 118
Pi-Ramesse 196
Pistenfahrten 91
Port Fuad 575
Port Safaga 608
Port Said 575
Post 86
Postkarte 86
Preisbeispiele 51
Ptah 137
Ptolemäer 124
Pyramiden 271
Pyramide von Hauwara 302
Pyramide von Lahun 303
Pyramide von Medum 293
Pyramidentext 288, 398
Pyramiden von Abusir 283
Pyramiden von Dashur 292
Pyramiden von Giseh 274
Pyramiden von Lisht 293, 347
Pyramiden von Sakkara 285
Pyramidenzeit 130

Q

Qantara 579
Qantara-Ost 686
Qarun-See 296
Qasr el Sagha 297
Qasr Ibrim 508
Qattara Senke 569
Qena 376
Qila el Daba 554
Quseima 690
Quseir 609

R

Radfahren, Sinai 629
Radio 84
Raffah 64, 689
Ramadan 24, 117
Ras Abu Gallum 651, 657
Ras el Bar 198
Ras el Sudr 630

Index

Ras Gemsa 590
Ras Gharib 589
Rashid 165
Ras Muhammed 633
Ras Nasrani 646
Ras Zafarana 588
Raubüberfälle 83
Re 137
Regenfeld 570
Reiseagenturen 320
Reisekosten 52
Reisekrankenversicherung 37
Reisepass 35
Reiseplanung 56
Reiseplanung, Zeitbedarf 59
Reieschecks 50
Reisezeit 52
Reiseziele 56
Religion, pharaonische 134
Rettungsdecke 47
Roda 354
Rohlfs, Gerhard 567
Rollstuhlfahrer 33
Römer 124
Römische Epoche 124
Rommel 170, 172
Rosetta 165
Rosetta, Fort Kait Bey 167
Rotes Kloster 365
Rotes Meer 97, 586, 625
Rote Wüste 544
Routenvorschläge 56
Rückkehr 62
Rumana 686
Rundfunk/Fernsehen 84
Rundreise per Taxi 67

S

Sabkhet el Bardawil 687
Sadat, Präsident 127
Sadd el Ali 96
Safaga 608
Sakija 96
Sakkara 285
Sakkara, Djoser-Pyramide 286
Sakkara, Memphis 291
Sakkara, Reiten 290
Sakkara, Teti-Pyramide 288
Sammeltaxi 68, 69
Sandmeer 96, 544
Sandmeer, Großes 569
Sanktuar 121, 138, 140
Sargtext 398
Sawjet el Maitin 350
Schaduf 96
Scheidung 114
Schenute, Abt 366
Schiff, Anreise Alexandria 63
Schiff Hurgh./Sh.el Sheikh 599
Schiiten 116
Schlange 99
Schlepper 61, 76
Schmutz 28
Schnorchel 48
Schnorchler 92
Schulbesuch 101
Sebua Tempel 503
Sechmet 137
Sechs-Tage-Krieg 127
Sekem-Farm 585
Senussi 178
Serabit el Khadim 692
Serapis 137
Seth 137
Sextourismus 31
Sham el Nessim 53
Sharia 114, 119
Sharm el Naga 607
Sharm el Sheikh 636
Shay 79
Sheikh Mousa 672, 699
Sheikh Sayed Kanal 518
Shenuda III 120, 122
Shisha (Wasserpfeife) 80
Shorts 24
Sicherheit 83
Sidi Abd el Rahman 170
Silber 87
Silsila 460
Sinai 97
Sinai, Pistenfahrten 690
Siririya 352
Siwa 177
Siwa, Bir Wahed 183
Skorpione 99
Sleeper Train 67
SMS 86
Sobek 137
Sohag 364
Sollum 176
Soma Bay 607
Sommersaison 76
Sonnenlitanei 401
Souvenirs 322
Souvenir-Tipps 86
Sowjetunion 127
Spannung, elektrische 47
Spätzeit 124
Speos Artemidos 353
Sphinx 281
Spirituosen 80
Sport 331
Sprachführer 702, 703
Staat 99
Stausee, Assuan 482
Stella 80
Straßenzustand 72
Streik 105
Studentenausweis 36
Studentenausweis, Verlust 36
Sudan, Anreise Küstenstr. 614
Sudan, Einreise Wadi Halfa 66
Suez 583
Suezkanal 126, 573
Suezkanal-Tunnel 630
Sufi 110
Sunna 116
Sunniten 116
Sure 116
Surian Kloster 194

T

Tabah 666
Tampons 47
Tanis 197
Tanta 195
Taposiris Magna 169
Taschendiebtrick 84
Taschenlampe 47
Tasrih-Ausstellung 318
Taucher 92
Taucherbrillen 48
Tauchunfälle, tödlich 94
Tausendundeine Nacht 20
Techna el Gebel 352
Tee 79
Telefon 85
Telefonkarte 85
Telefonvorwahl-Nummern 85
Telegramm 86
Tell el Amarna 358
Tell el Farma 686
Tell el Roba 197
Tell Timai 197
Tempel, altägyptischer 137
Theben-West 396
Thoeris 137
Thot 137
Tiere 99
Tiere, Einreise 36
Tipps, allgemeine 46
Tiran 646
Tod 110
Toiletten 76
Toilettenpapier 48
Töpfer 302
Toshka-Projekt 102, 517

Totenbuch 398
Tourismus 104
Traffic Office, Giseh 72
Travellerschecks 50
Trekking 697
Trekkingtouren 699
Trinken 77
Trinkwasser 626
Trinkwasser in der Wüste 88
Tuna el Gebel 356
Tunis-Töpfer 304
Türkisminen 692, 696

U

Übernachten 75
Umm Bugma 692
Umm el Sultan Shaban Madrasa 244
Umweltbewusstsein 29
UNESCO Liste des Weltkulturerbes 274
Unfall 71
Unternubien 502
Unterwäsche 88
Unterweltsbuch 398
Uwaynat, Gebel 570

V

Verantwortungsbewusstsein 522
Vereinigte Arabische Republik 127
Vergewaltigung 84
Verhaltensregeln 22
Verhaltensweisen 20
Verkehrsstrafe 72
Verkehrsunfall 71
Verlängerung Aufenthaltserlaubnis 63
Via Maris 687
Videokamera 24
Visum 35
Vollmondnächte 538

W

Wadi Arada 676
Wadi El Hitan, Wal-Tal 305
Wadi Feiran 667
Wadi Gnein 647
Wadi Hamamat 622
Wadi Mukattab 632, 696
Wadi Nasib 656
Wadi Natrun 193
Wadi Rayan 296
Wafd-Partei 126
Wakala 140
Wanzen 76
Wäsche 76
Wasserpfeife 80
Weingut Gianaklis 195
Weißer Canyon 679
Weißes Kloster 365
Weiße Wüste 537
Westliche Wüste 96, 519
Wind 96
Windeln 47
Wohnmobil 49, 72
Wüstenautobahn 190
Wüstentrips 88
Wüsten-Trips 56
Wüstenwanderungen 88

Z

Zagazig 196
Zaghlul, Saad 126
Zeichensprache 21
Zeitungen 85
Zeitverschiebung 53
Zelt 48
Zivildienstleistende 36
Zollbestimmungen 37
Zollfreier Einkauf 88
Zugvögel 99
Zweitpass 64
Zwischenzeit, Dritte 124
Zwischenzeit, Erste 124
Zwischenzeit, Zweite 124

Platz für Notizen

Platz für Notizen

Reise Know-How Verlag Tondok

Zuverlässige Informationen gehören zu den "Essentials" beim Reisen: Wo gibt es brauchbare Hotels, ein sauberes Restaurant, wo liegen die Sehenswürdigkeiten und wie findet man sich dort zurecht. Wie reagieren die Menschen auf Besucher, auf bestimmte Situationen? Dies und noch viel mehr erfahren Sie aus unseren Reiseführern:

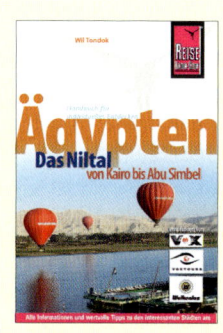

ÄGYPTEN - DAS NILTAL
von Kairo bis Abu Simbel

Am Nil, der Lebensader Ägyptens, pulsiert seit Jahrtausenden das Leben, haben viele Generationen ihre Spuren hinterlassen - heute touristische Ziele von Weltrang. Dieser Führer konzentriert sich kenntnisreich auf alle Belange einer Nilreise, auf Nilkreuzfahrten, auf die Reisepraxis und den kulturellen Hintergrund.

2. Auflage 2008; ISBN 3-89662-463-5, 444 Seiten, komplett in Farbe, 70 Pläne und Karten, Niltal-Atlas, 110 Fotos, 16,90 €

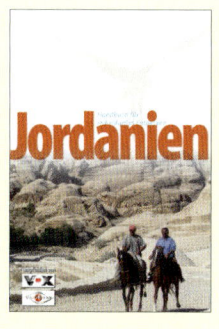

Jordanien
Reisen zwischen Jordan, Wüste und Rotem Meer

Alles über das kaum bekannte, aber sehr attraktive Land zwischen Jordan und Wüste. Tipps und fundierte Empfehlungen zum täglichen Reiseleben, detaillierte Beschreibungen der vielen Sehenswürdigkeiten, beginnend bei den römischen Ruinen im Norden, über Amman und die Königstraße nach Petra, weiter ins Wadi Rum und nach Aqaba.

4. Auflage für 03/2009 in Vorbereitung, über 400 Seiten, 50 Karten, komplett in Farbe mit vielen Fotos, ISBN 3-89662-456-7, 20,50 €

Atlas-Detailkarten

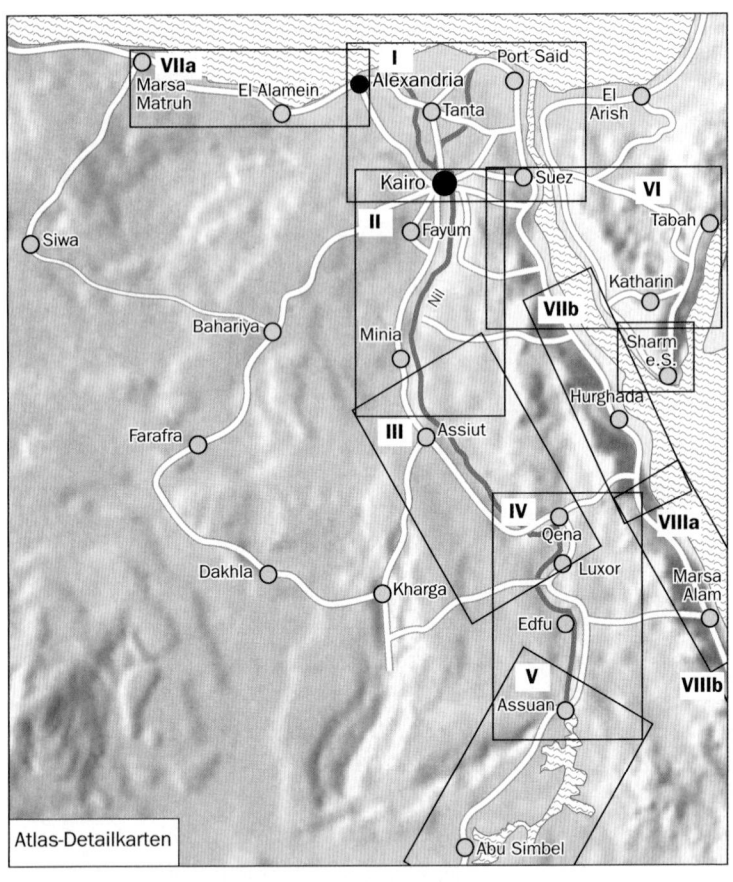

Der folgende Atlas stellt die wichtigsten touristischen Ziele dar, allerdings ohne die Gebiete der Libyschen Wüste. Dort kann man sich auf den wenigen Straßen ohnehin kaum verirren, daher sollte zur groben Orientierung die Übersichtskarte im hinteren Umschlag genügen. Wer detaillierte Informationen sucht, sollte sich die Reise Know-How Karte Ägypten bzw. Sinai zulegen.

Die Detailkarten mögen in ihrer Reihenfolge etwas verwirrend sein. Aus Platz sparenden Gründen wurde zunächst das Niltal von Nord nach Süd mit den Karten I bis V dargestellt, dann der Sinai mit Karte VI. Es folgt die Karte VIIa mit der westlichen Mittelmeerküste von Alexandria bis Marsa Matruh. Die letzten drei Einzelkarten zeigen die Rotmeer-Küste von Suez bis zur sudanesischen Grenze.

Karte I
Mittelmeer
Abu Kir
Rosetta (Rashid)
Karte VIIa
Idku
Burullussee
Baltim
Fuwa
Sidi Salim
El Hamul
El Satamuni
Biyala
Ras el Bar
Damietta (Dumyat)
Manzalasee
Port Said
Damanhur
Disuq
Kafr el Sheikh
Shirbin
Dikirnis
El Matariya
El Mansura
El Mahalla El Kubra
Tanta
Zifta
Mit Ghamr
Nil (Damietta-Arm)
El Simbillawein
Faqus
Abu Kebir
Zagazig
Tanis
Qantara West
Qantara Ost
Pelusium
Rumani
Nahal Yam
Suez Kanal
Ismailiya
Al-Tassa
Bittersee
Fayid
Ramadan City
Bilbeis
Minya el Qamh
Benha
Shibin el Qanatir
El Khanka
Qualyub
Kairo
Giseh
Pyramiden von Giseh
Minuf
Shibin el Kom
Nil (Rosetta-Arm)
Ashmun
Sadat City
Kafr el Zaiyat
Hosh Isa
Abu el Matamir
Wadi Natrun
Deir el Baramus
Deir el Surian
Deir Amba Bishoi
Deir el Makarios
Karte II
Karte VI
Ferry
Suez
Qualat el Jundi
10 km
N
1
7
8
9
6
3
44
33
55
66

Karte II

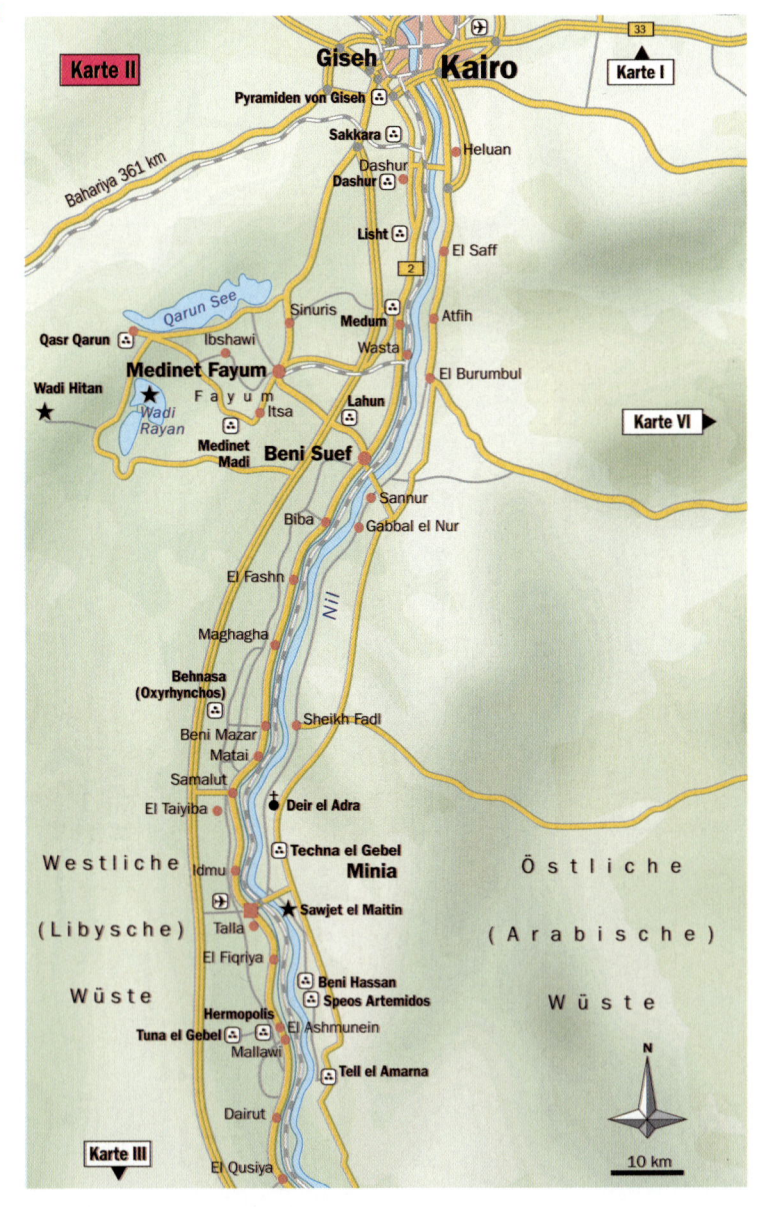

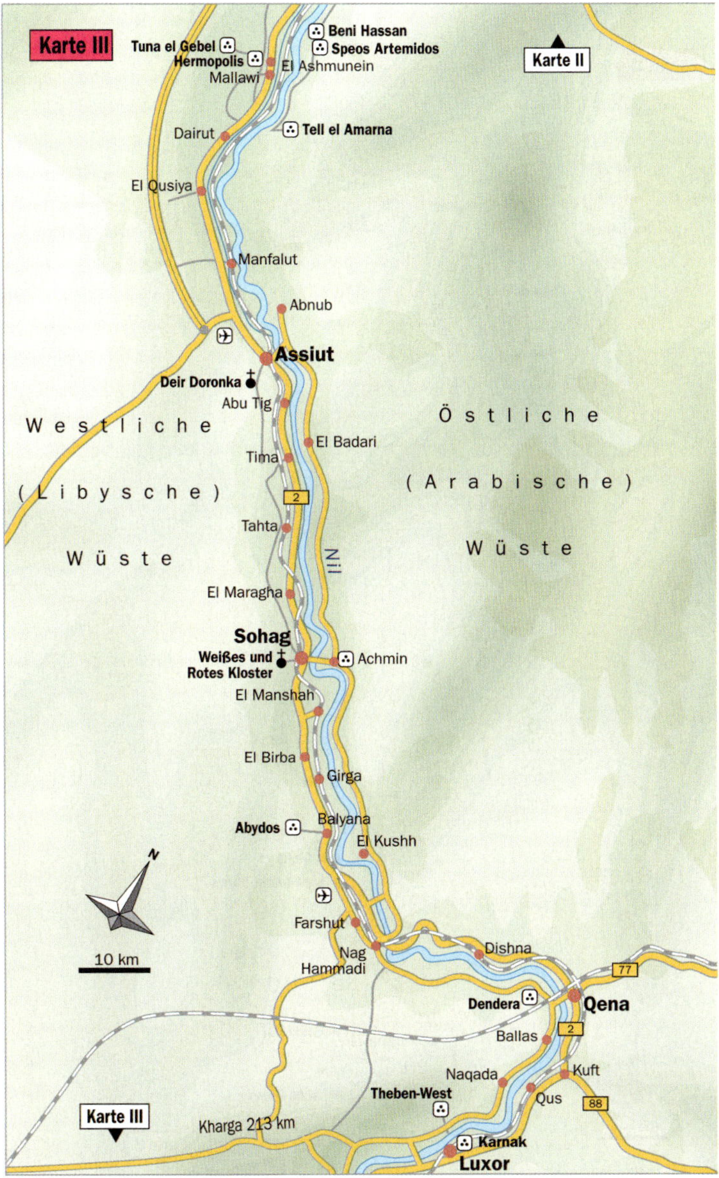
Karte III
Tuna el Gebel
Hermopolis
Mallawi
El Ashmunein
Beni Hassan
Speos Artemidos
Karte II
Dairut
Tell el Amarna
El Qusiya
Manfalut
Abnub
Assiut
Deir Doronka
Abu Tig
El Badari
Westliche
(Libysche)
Wüste
Östliche
(Arabische)
Wüste
Tima
2
Tahta
Nil
El Maragha
Sohag
Weißes und Rotes Kloster
Achmin
El Manshah
El Birba
Girga
Abydos
Balyana
El Kushh
N
Farshut
Nag Hammadi
Dishna
10 km
77
Dendera
Qena
Ballas
2
Naqada
Kuft
Theben-West
Qus
88
Karte III
Kharga 213 km
Karnak
Luxor

Karte IV

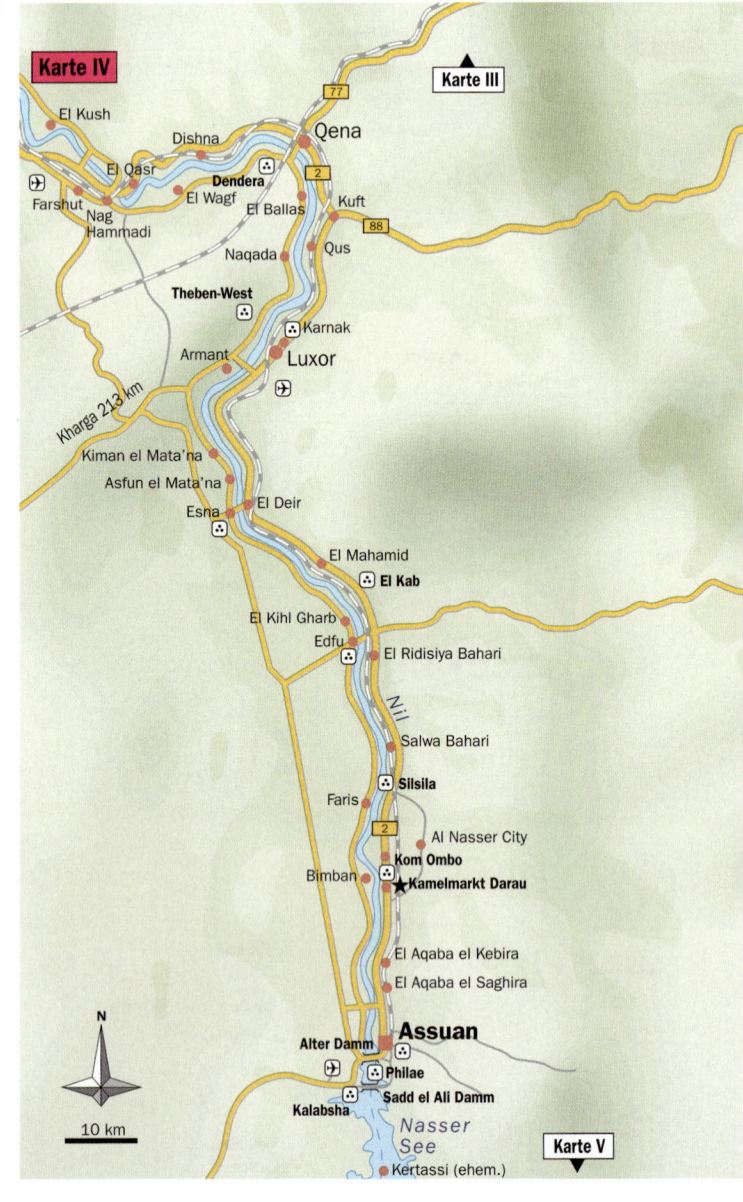

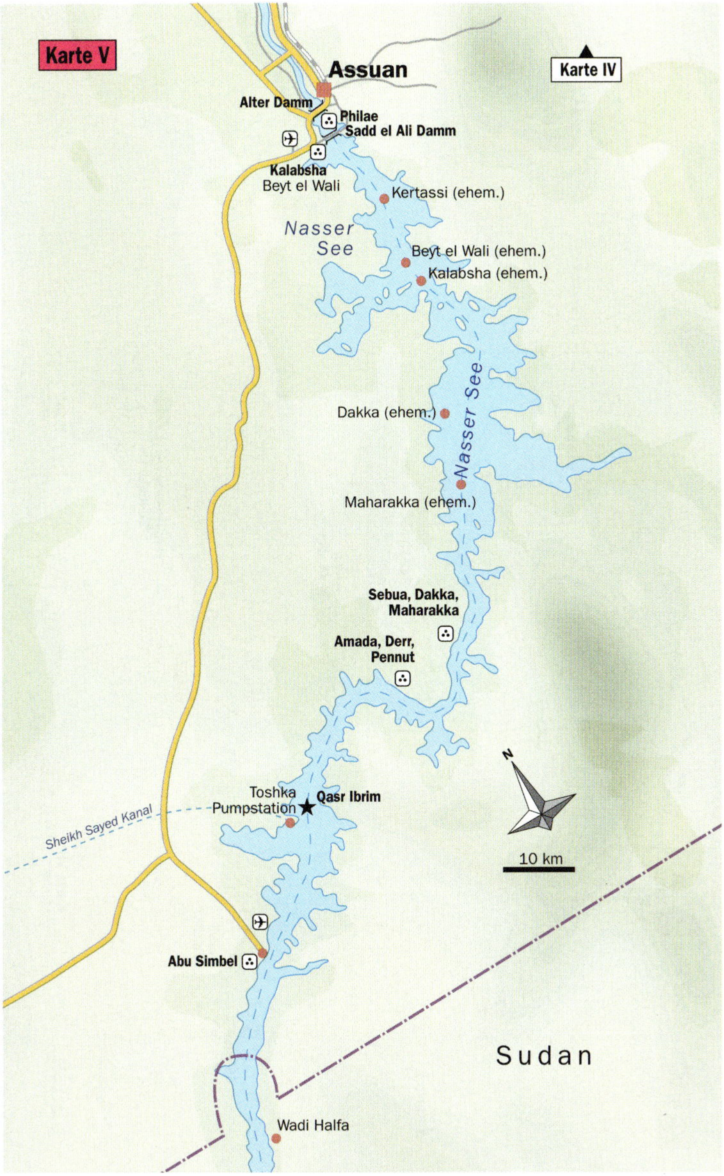
Karte V
Karte IV
Assuan
Alter Damm
Philae
Sadd el Ali Damm
Kalabsha
Beyt el Wali
Kertassi (ehem.)
Nasser See
Beyt el Wali (ehem.)
Kalabsha (ehem.)
Nasser See
Dakka (ehem.)
Maharakka (ehem.)
Sebua, Dakka, Maharakka
Amada, Derr, Pennut
Toshka Pumpstation
Qasr Ibrim
Sheikh Sayed Kanal
N
10 km
Abu Simbel
Sudan
Wadi Halfa

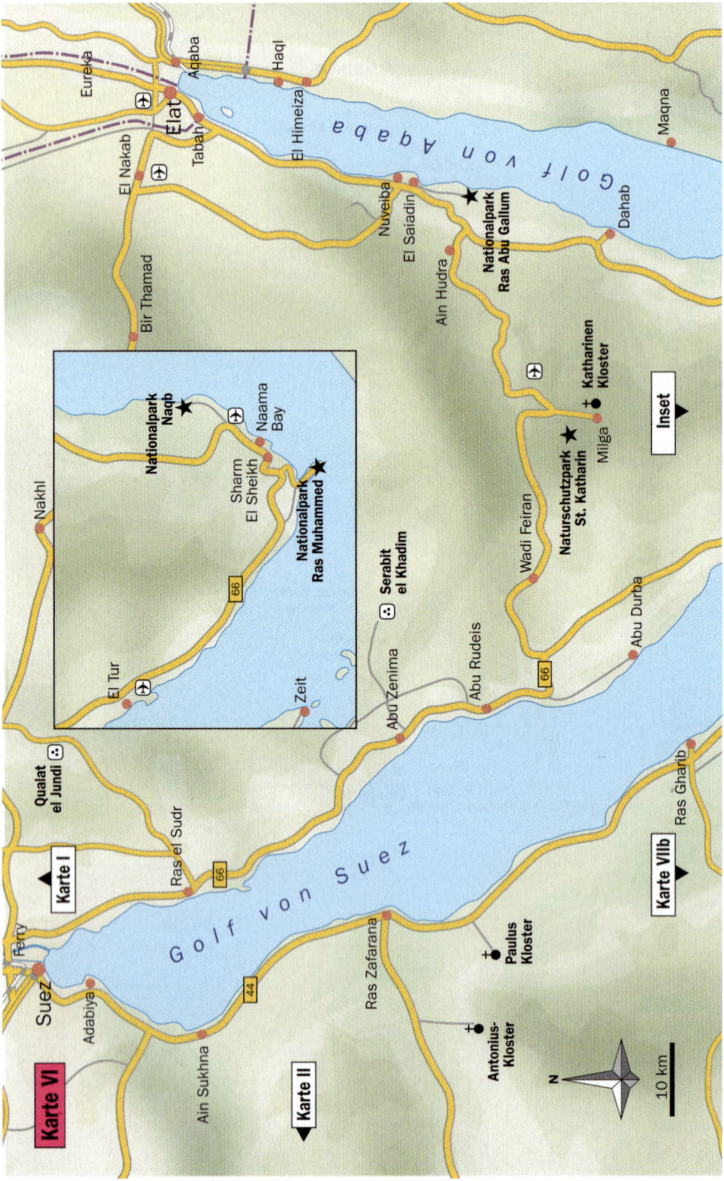
Karte VI
Golf von Aqaba
Golf von Suez
Eureka
Aqaba
Haql
Elat
Tabah
El Himeiza
El Nakab
Nuveiba
El Saiadin
Nationalpark Ras Abu Gallum
Dahab
Maqna
Ain Hudra
Bir Thamad
Katharinen Kloster
Milga
Naturschutzpark St. Katharin
Inset
Nationalpark Naqb
Naama Bay
Sharm El Sheikh
Nationalpark Ras Muhammed
66
El Tur
Zeit
Nakhl
Serabit el Khadim
Wadi Feiran
Abu Zenima
Abu Rudeis
Abu Durba
Qualat el Jundi
Ras el Sudr
Karte I
Karte VIIb
Ras Gharib
Ferry
Suez
Adabiya
44
Ras Zafarana
Paulus Kloster
Antonius-Kloster
Ain Sukhna
Karte II
N
10 km

731

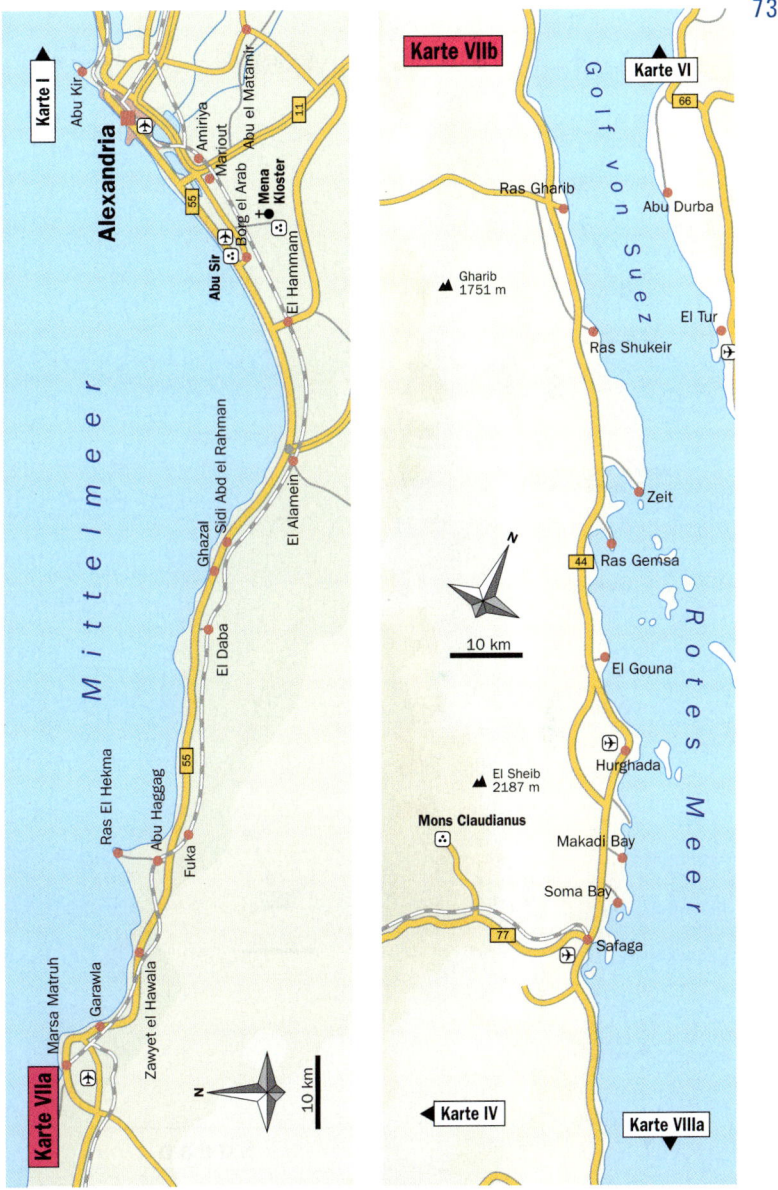

Karte VIIIa
Karte VIIb
Karte IV
Hamrawein
88
Kosir
N
10 km
Rotes Meer
Port Ghalib
Internat. Flughafen Marsa Alam
Blondy Beach
44
Marsa Shagra
Marsa Alam
Sheik Shazly
Abu Ghusun
Hamata 1977 m
Hamata
Karte VIIIb

Karte VIIIb
Karte VIIIa
Berenice
Ras Banas
44
Rotes Meer
Bir Shalatin
N
10 km
Halaib
Sudan